श्रीविश्वनाथकविराजकृतः

साहित्यदर्पणः

विद्यावाचस्पति-साहित्याचार्य-शालिग्रामशास्त्रिविरचितया

विमलाख्यया हिन्दीव्याख्यया विभूषितः

श्रीविश्वनाथकविराजकृतः

साहित्यदर्पणः

विद्यावाचस्पति-साहित्याचार्य-शालिग्रामशास्त्रिविरचितया

विमलाख्यया हिन्दीव्याख्यया विभूषितः

मोतीलाल बनारसीदास

दिल्ली, मुम्बई, चेन्नई, कोलकाता,
बंगलूरू, वाराणसी, पटना

अष्टम् पुनर्मुद्रण: दिल्ली, 2016
नवम संस्करण: 1977

ISBN: 978-81-208-2253-5 (सजिल्द)
ISBN: 978-81-208-2254-2 (अजिल्द)

मोतीलाल बनारसीदास

41 यू.ए. बंगलो रोड, जवाहर नगर, दिल्ली 110 007
236, नाइंथ मेन, III ब्लॉक, जयनगर, बंगलूरू 560 011
8 महालक्ष्मी चैम्बर, 22, भुलाभाई देसाई रोड, मुम्बई 400 026
203 रायपेट्टा हाई रोड, मैलापोर, चेन्नई 600 004
8 कैमेक स्ट्रीट, कोलकाता 700 017
अशोक राजपथ, पटना 800 004
चौक, वाराणसी 221 001

आर.पी. जैन के द्वारा एन ए बी प्रिंटिंग यूनिट,
ए-44, नारायणा, फेज़-1, नई दिल्ली 110 028 में मुद्रित
एवं जे.पी. जैन द्वारा मोतीलाल बनारसीदास
41 यू.ए., बंगलो रोड, जवाहर नगर, दिल्ली-110 007, के लिए प्रकाशित

प्रथम संस्करण की पूर्वपीठिका

"साहित्यसंगीतकलाविहीनः साक्षात् पशुः पुच्छविषाणहीनः" भर्तृहरिः

आज लगभग दो हजार वर्ष हुए तब महात्मा भर्तृहरि के मुँह से ये शब्द निकले और दिग्दिगन्तों को प्रतिध्वनित करते हुए आकाश सागर में विलीन हो गये। तब से अनेक बार इनका आविर्भाव, तिरोभाव हुआ। हजारों लाखों बार बिजली की तरंगों के समान उदय होकर इन्होंने अपनी भावच्छटा दिखाई और अब भी समय समय पर भावुक जनों के निर्मल हृत्पटलों में अपने चमकीले भावचित्र को अङ्कित करके समाहित हो जाया करते हैं। आज हमारे सामने भी इनकी एक तरंग उपस्थित है और उस पर हमें विवेचनादृष्टि से कुछ विचार भी करना है।

सबसे पहले हम यह जानना चाहते हैं कि महात्मा भर्तृहरि ने ये शब्द क्यों कहे? जिन्होंने अपनी वैराग्य संपत्ति के कारण चक्रवर्ती राज्य पर लात मार कर गिरिगुहा का रास्ता लिया, जिनके शृङ्गारशतक में भी पद पद पर वैराग्य की छटा छिटक रही है, उन्हीं राग-द्वेषविहीन तपस्वी, प्रशान्तहृदय, मनस्वी, महात्मा भर्तृहरि के मुँह से ऐसे कठोर शब्द कैसे निकले? साहित्य और संगीतकला से रहित बड़े २ धुरन्धर विद्वानों को, माननीय महापुरुषों को, उन्होंने ऐसे कड़े शब्द—शिव! शिव!! 'पशु'—कहकर क्यों याद किया?

यह बात भी समझ में नहीं आती कि काव्य साहित्य से अत्यधिक प्रेम होने के कारण उन्होंने अन्य विषय के अभिज्ञों को दुरदुराया है और साहित्य की मर्यादा बढ़ाने के लिये ऐसा कह डाला है। पहले तो एक विरक्त तपस्वी का किसी एक विषय (साहित्य) से अनुचित प्रेमाधिक्य ही कैसा? और फिर यदि यह ठीक भी हो तो दूसरे लोगों के लिये ऐसे अभद्र शब्द कह डालना भद्रजनोचित कार्य नहीं है। फिर एक साहित्यमर्मज्ञ के मुँह से फूहड़पन की बात निकलना तो और भी आश्चर्यजनक है।

यह ठीक है कि भर्तृहरिशतक की लोकोत्तर कविता की धाक संस्कृतसाहित्य पर अक्षुण्ण है। यह भी ठीक है कि भर्तृहरि ने साहित्य के कई ग्रन्थ बनाये थे—जिनका प्रमाण 'तदुक्तं भर्तृहरिणा' कहकर साहित्य-दर्पणकार तथा अन्य आचार्यों ने दिया है, परन्तु इसका यह अर्थ नहीं कि उन्हें दूसरे शास्त्रों का ज्ञान नहीं था, या साहित्य की अपेक्षा शास्त्रान्तरों का ज्ञान कम था, अथवा यह कि दूसरे शास्त्रों के धुरन्धर लेखक और प्रामाणिक आचार्य भर्तृहरि की प्रतिष्ठा साहित्यज्ञों की अपेक्षा कुछ कम करते थे।

पाणिनीय व्याकरण में कैयट की प्रतिष्ठा बहुत अधिक है। स्वतन्त्रप्रज्ञ—लक्ष्यैक चक्षुष्क तीन महर्षियों (पाणिनि, कात्यायन, पतञ्जलि) को छोड़कर अर्वाचीन आचार्यों में इनका आसन सबसे ऊँचा है। इन्होंने इस व्याकरण का जो उपकार और उद्धार किया वह किसी से न बन पड़ा। लोगों का तो यहाँ तक खयाल है—और ठीक है—कि यदि कैयट ने 'प्रदीप' न बनाया होता तो आज पातञ्जल महाभाष्य का समझना असंभव होता। इसी प्रदीप के आरम्भ में अपनी शीलसम्पन्नता और निरभिमानता सूचन करने के लिये महामना कैयट ने एक पद्य लिखा है—

'भाष्याब्धिः क्वातिगम्भीरः क्वाऽहं मन्दमतिस्ततः। छात्राणामुपहास्यत्वं यास्यामि पिशुनात्मनाम्॥'

इसके आगे जो आपने अपनी आशा का सहारा दिखाया है, वह विशेष ध्यान से पढ़ने योग्य है। आप लिखते हैं—

'तथापि हरिबद्धेन सारेण ग्रन्थसेतुना। क्रममाणः शनैः पारं तस्य प्राप्तास्मि पङ्गुवत्॥'

कितनी श्रद्धा और भक्ति से भरे वचन हैं!! कितने निर्मल हृदय का पवित्र भाव है!!! आप कहते हैं कि "यद्यपि महाभाष्य जैसे अति गम्भीर सागर का पार पाना मेरे जैसे मन्दमति को अशक्य और उपहास्य है, तथापि हरि (भर्तृहरि) के बनाये 'सार' नामक ग्रन्थरूप सेतु के सहारे मैं धीरे धीरे पंगु की तरह उसका पार पा सकूँगा। जैसे 'हरि' (श्रीरामचन्द्र) के बनाये सेतुबन्ध के द्वारा आज पंगुल (जिसके दोनों

पैर निकम्मे हों) भी धीरे धीरे समुद्र पार कर जाता है उसी प्रकार मैं भी भर्तृहरि के बनाये 'सारसेतु' के सहारे भाष्यसागर का पार पा सकूँगा।" ये हैं भर्तृहरि के सम्बन्ध में, व्याकरण के पारंगत एक धुरन्धर आचार्य के भक्ति भरे वचन! क्या अब कुछ और भी सुनने की इच्छा है?

उक्त 'सार' नामक ग्रन्थ 'हरिकारिका' और 'भर्तृहरिकारिका' के नाम से भी प्रसिद्ध है। क्या इस 'सार' के लेखक केवल वैयाकरण थे? कदापि नहीं प्रथम तो कोरा वैयाकरण, महाभाष्य जैसे सर्वपथीन आकर ग्रन्थ पर टीका लिखे, यही असंभव है। फिर यदि कोई अनात्मज्ञ ऐसा साहस कर भी बैठे तो उस पर साधारण लोगों की भी श्रद्धा होना कठिन होगा। कैयट जैसे महापुरुषों की तो बात ही क्या? इसके अतिरिक्त आपके बनाये कई साहित्यग्रन्थों का भी पता चलता है। बृहदारण्यक उपनिषद् पर भर्तृप्रपञ्च नामक आपका एक उद्भट वेदान्तग्रन्थ भी विद्यमान है। भर्तृहरिशतक तो अत्यन्त प्रसिद्ध है। आपका 'वाक्यपदीय' नामक व्याकरणग्रन्थ प्रकृत 'सार' से भिन्न है। इससे निःसन्देह सिद्ध होता है कि भर्तृहरि अनेक शास्त्रों के प्रकाण्ड पण्डित थे। क्या साहित्य, क्या व्याकरण, क्या न्याय और क्या वेदान्त, इन्हें सब करामलकवत् भासित थे। वस्तुतः हमारी संमति में तो भर्तृहरि जी योगिराज थे। उनकी अप्रतिहत प्रज्ञा लौकिक और अलौकिक सभी विषयों में निर्बाध प्रसार पाती थी। कोई बात उनसे छिपी नहीं थी। उन्हीं जैसे महानुभावों के सम्बन्ध में यह कहा जाता है :—

'आविर्भूतप्रकाशानामनुपप्लुतचेतसाम्। अतीतानागतज्ञानं प्रत्यक्षान्नातिरिच्यते ॥

अतीन्द्रियानसंवेद्यान् पश्यन्त्यार्षेण चक्षुषा। ये भावान्, वचनं तेषां नानुमानेन बाध्यते ॥'

अब प्रश्न यह है कि यदि ये सब बातें ठीक हैं, तो फिर ऐसे उच्चकोटि के महापुरुष ने ऐसी अनुचित बात क्यों कही कि :—

'साहित्यसंगीतकलाविहीनः साक्षात् पशुः पुच्छविषाणहीनः'

क्या सचमुच वैयाकरण और नैयायिक, मीमांसक और ऐतिहासिक (इतिहासवेत्ता) निरे पशु ही होते हैं! और फिर पशु भी कैसे! 'साक्षात् पशुः' !! तिस पर तुर्रा यह कि 'पुच्छविषाणहीनः'—बे सींग-पूँछ के पशु !! आखिर बात क्या है? क्या इसमें कुछ रहस्य है! यदि नहीं तो एक प्रशान्त तपस्वी के मुख से ये कठोर उद्गार क्यों निकले! कैलाशपर्वत के बरफीले शिखर से ज्वालामुखी की विकराल ज्वाला का यह कडुआ धुंआ क्यों प्रकट हुआ! न तो यही जी चाहता है कि एक साधारण आदमी की बौखलाहट की बड़बड़ाहट में निकले अण्ड-बण्ड शब्दों के समान महात्मा भर्तृहरि के इन वचनों की भी उपेक्षा कर दी जाय, और न यही साहस होता है कि अन्य शास्त्रों के विद्वानों के सम्बन्ध में ऐसी नाकिस राय कायम की जाय। समस्या कुछ जटिल अवश्य है। इसकी विवेचना होनी चाहिये।

हमारी संमति में इस उलझन को सुलझाने के लिये सबसे पहले यह जानने की आवश्यकता है कि 'पशु' किसे कहते हैं! और साहित्य क्या वस्तु है? इन दोनों की ठीक २ मीमांसा हो जाने से बात कुछ सरल अवश्य हो जायेगी। एवं अनौचित्य, फूहड़पन और कठोरता का भयानक भूत भी कागज का शेर हो जायेगा।

'पशु' शब्द रूढि शब्दों में से है। इसका प्रवृत्तिनिमित्त एक जाति विशेष है और व्युत्पत्तिनिमित्त है 'अविशेषदर्शित्व'। सर्वम् अविशेषेण पश्यतीति पशुः—दृशेः कुः। जो सबको अविशेषरूप से देखे—जिसे वस्तुओं में विशेषता का ज्ञान न हो अर्थात् अधिकांश जिसका ज्ञान सामान्यरूप ही हुआ करे वही 'पशु'—कहाता है। बैल को स्त्री और पुरुष व्यक्तियों का ज्ञान है। वह यह समझता है कि यह गौ है, यह बैल। परन्तु गौओं में उसे मनुष्यों की भाँति, गम्य अगम्य का ज्ञान नहीं है। माता और बहिन की विशेषता का बोध उसे नहीं है, गौ यह जानती है कि घास मेरा भक्ष्य है। जहाँ कह वहीं उसे पायेगी खा जायेगी। यदि उसी के नन्हे से बच्चे के लिये दो एक मुट्ठी कोमल घास किसी ने रक्खी है तो वह उसे भी न छोड़ेगी। वह कभी न सोचेगी कि इसे बच्चे के विनोद के लिये छोड़ देना चाहिये। इस प्रकार पशुओं की अविशेषदर्शिता के हजारों उदाहरण दिन रात सामने आया करते हैं।

नवीन नैयायिकों के मतानुसार पशुत्व जाति नहीं, बल्कि धर्म है। वे लोग लोमवत् लांगूल (बालोंदार पूँछ) को ही पशुत्व मानते हैं। सिर्फ लांगूल कहने से नाके और गोह प्रभृति भी पशुओं में घुस पड़ते, इसलिये

'लोमवत्' विशेषण दिया गया है। दुम पर बाल भी होने चाहिये। जलचर जीवों की दुम सपाट होती है। उस पर बाल नहीं होते।

हम इस अप्रकृत बात पर यहाँ व्यर्थ विस्तृत शास्त्रार्थ खड़ा करना नहीं चाहते, परन्तु इतना अवश्य कहेंगे कि शौकीनों ने अपने कुत्तों की दुमें जड़ से उड़ा दी हैं या जिन शिकारी हाथियों की पूंछ शेर उड़ा ले गया है अथवा जिन घोड़े गौ आदि की पूंछ किसी कारण गिर गई है उन्हें या तो पशुत्व से ही बाहर करना पड़ेगा, या फिर नैयायिकों को अपनी 'लोमवत् लांगूल' में ही कुछ निवेश करना पड़ेगा। बिना लोमवत् लांगूल के उनमें पशुत्व की प्रतीति कौन करायेगा ?

इसके सिवा दरियाई घोड़ा, समुद्री हाथी, दरियाई गौ आदिक जिन जीवों की शंकल सूरत पशुओं से मिलती है, जिनके फेफड़े ईश्वर ने ऐसे बनाये हैं कि वे स्थल में भी पशुओं के समान ही श्वास प्रश्वास ले सकें और एक-दो दिन नहीं, महीने-दो महीने नहीं, बरसों केवल स्थल में रहकर आराम से जीवन व्यतीत कर सकें, जिनका भोजन और रुधिर बहुत अंशों में पशुओं से मिलता जुलता है, उन सबको नैयायिकों की इस 'बालोंदार-पूंछ' के भरोसे पशुत्व कोटिसे निकाल बाहर करना साहसमात्र है। केवल जलचर कह देने से यहाँ काम नहीं चल सकता।

बहुत से प्राणिशास्त्रवेत्ता तो भैंस को भी जलजन्तु मानते हैं। बहुत दिनों से केवल स्थल में रहने के कारण उसकी दुम पर दो चार बाल जम आये हैं। देह अब भी दरिआई घोड़े के समान सफाचट रहा करती है। और भी बहुत सी बातें इसकी जलजन्तुओं से मिलती हैं। रहा दूध देना, सो ह्वेल मछली भी मनों दूध देती है। दूध देने से कोई पशु नहीं हो सकता। फिर लक्षण तो केवल 'लोमवत्' ही है। दूध, दही से आपको क्या मतलब ? यदि इसे उपलक्षण मानें तब तो—

'गड़ुआ गढ़त है गई भेर'

कोई लोग 'लोमवल्लांगूल' को उपलक्षण मानते हैं, पर हमारी संमति में इसे विशेषण मानना ही अधिक युक्तिसंगत है। इस अनावश्यक झगड़े को हम यहीं छोड़ते हैं।

यद्यपि रूढि और योगरूढि शब्दों के प्रवृत्तिनिमित्त और व्युत्पत्तिनिमित्त साथ ही साथ रहा करते हैं। एक के बिना दूसरे के अभिप्राय से किसी शब्द का प्रयोग नहीं किया जा सकता। परन्तु यह नियम केवल अभिधाशक्ति के लिये है। लक्षणा से अन्यतर अर्थ की उपस्थिति में कोई बाधक नहीं होता। प्रकृत पद्य में 'पशु' शब्द लक्षणा से ही आया है। मुख्य और लक्ष्य अर्थों में अविवेचकत्वरूप सम्बन्ध है। अज्ञानातिशय बोधन करना लक्षणा का प्रयोजन है। इस प्रकार प्रकृत पद्य में 'पशु' शब्द का अर्थ है अविशेषदर्शी अर्थात् किसी बात या वस्तु की विशेषता (बारीकी) को न समझने वाला स्थूलदर्शी।

और साहित्य क्या है ?

साहित्य वह शास्त्र है, जिसमें भावना और भावुकता की पद पद पर आवश्यकता है। जिसमें प्रकृति देवी के प्रसन्न गम्भीर कौशलों को परखने की प्रतिभा नहीं है, जिसकी भावना की अप्रतिहतधारा, न केवल मनुष्यों के बल्कि पशु पक्षियों तक के हृदयतल में निलीन गहरे से गहरे भावों को स्पष्ट सामने नहीं रख देती, उसे साहित्य-शास्त्र में प्रवेश करने का अधिकार नहीं है। जिसे दूसरों का भाव समझने के लिये शब्दों की आवश्यकता नहीं है, जो प्राणियों की प्रत्येक चेष्टा का तात्पर्य समझ सकता है, हाथ, पैर और आँख नाक का ही नहीं, अपितु किसी की अस्वाभाविक रीति से ली हुई सांस का भी भाव जिसकी समझ में साफ आता है वही इस शास्त्र का उपयुक्त पात्र है।

इसके सिवा एक बात की आवश्यकता है, और बहुत बड़ी आवश्यकता है। वह क्या ? वही भावुकता। किसी की दुःखभरी 'हाय' को सुनकर जिसके दिल में दर्द नहीं पैदा होता, जिसका हृदय जङ्गल पर्वत और पवित्र मन्दाकिनी की धारा को देखकर एकदम शान्तिनिमग्न नहीं होता, नासमझ बच्चों की तोतली वाणी और भोली भाली चेष्टाओं को देख, तन्मय होकर जो बच्चा नहीं बन जाया करता, जिसका हृदय स्वच्छ जल में खिले कमलों पर विहार करते राजहंसों की लीला और वासन्तिक कोकिल की कल काकली को सुनकर मस्त नहीं हो जाता, एवं वियोग शृंगार की दर्दभरी चुभती हुई कथायें सुनकर जिसका हृदय 'मुर्गेबिस्मिल' की तरह तड़फने नहीं लगता उसे इस शास्त्र का दरवाजा खटखटाने की जरूरत नहीं।

मतलब यह कि जिसका हृदय निमल दर्पण के समान स्वच्छ और मक्खन के समान कोमल है, जिस पर प्रत्येक भाव का प्रभाव अविकलरूप से प्रतिबिम्बित होता है और जो तुरन्त तन्मय हो जाता है, वही साहित्य-शास्त्र का उत्तम अधिकारी कहा जा सकता है। (साहित्य के स्वरूप पर 'अर्वाचीन साहित्य विवेचना' में हमने विस्तृत विचार किया है।) केवल रटने के बल पर सरस्वती के घर में टांग अड़ानेवाले लोगों की दाल यहां नहीं गलती। रट्टू आदमी साहित्य का पण्डित कहलाये, यह असंभव है। क्यों ? उत्तर स्पष्ट है।

साहित्य का तात्पर्य समझने के लिये वक्ता के शब्दों का और उनके अर्थों का जान लेना काफी नहीं है। यहाँ तो बोलनेवालों के हृदय में घुसना पड़ता है। वक्ता के शब्दों का नहीं, बल्कि उसके हृदय का तात्पर्य निकालना पड़ता है। दूसरे शास्त्रों में अभिधावृत्ति का बड़ा आदर है। साफ़ साफ़ कही हुई बात सबसे उत्तम सबसे मज़बूत सबसे प्रामाणिक समझी जाती है। परन्तु यहाँ उस वृत्ति की बुरी तरह छीछालेदर की गई है। असली बात को—प्रधान तात्पर्य को—अभिधा से कहना दोष है, गँवारपन है। शृङ्गाररस में यदि शृङ्गार का नाम ले लिया कि बस, लोगों के नजरों से गिर गये। फिर तात्पर्य का भी कुछ ठिकाना है। शब्द तो कहते हैं कि **'भ्रम धार्मिक'** (भगतजी आप मजे में घूमिये), पर इसका असली तात्पर्य है कि **'बच्चू खबरदार ! इधर आये कि मारे गये !'** शब्द कहता है कि **'न गता'** (तू नहीं गई), पर तात्पर्य है कि **'अवश्यं गता'** (अवश्य गई) शब्द कहता है कि **'उपकृतं बहु'** (आपने बड़ा उपकार किया), लेकिन तात्पर्य है कि **'तुम से बढ़कर नीच कोई नहीं'**। अब भला बताइये कि सिर्फ शब्दों का सीधा सीधा मतलब समझनेवाला ऋजुबुद्धि पुरुष यहाँ क्या झख मारेगा ? उस बेचारे के पल्ले तात्पर्य क्या पड़ेगा ? यहाँ शब्दों के सीधे अर्थों पर आस्था ही नहीं। अभिधाशक्ति की कुछ इज्जत ही नहीं। सीधे शब्दों का उलटा और उलटे शब्दों का सीधा मतलब निकाला जाता है, और निकाला जाता है बोलनेवाले के हृदय की गहरी से गहरी तह को परख कर। यह नहीं कि जहाँ जो जी में आया कह बैठे। कही सुनी बात के लिये उपपत्ति चाहिये, युक्ति चाहिये, और चाहिये कहने में तासीर, जो सुननेवालों के दिलों में घर कर जाय।

देखना तकरीर की लज्ज़त कि जो उसने कहा। मैंने यह जाना कि गोया यह भी मेरे दिल में है॥

इसीलिये अलंकारशास्त्र के प्रधानतम आचार्य श्रीयुत आनन्दवर्धनाचार्य (ध्वनिकार) ने कहा है—

'शब्दार्थशासनज्ञानमात्रेणैव न वेद्यते। वेद्यते स हि काव्यार्थतत्त्वज्ञैरेव केवलम् ॥'

अब बताइये कि जिसमें भावना नहीं, जिसमें भावुकता नहीं, जिसमें प्रकृति की परख और प्राणियों के हृद्गत भावों को जानने की अप्रतिहत प्रतिभा नहीं, वह इस शास्त्र में घुसकर भी क्या पायेगा ? केवल रट्टू आदमी यहाँ से क्या निकालेगा ?

इसके अतिरिक्त जिसे सब शास्त्रों का ज्ञान नहीं और अच्छे प्रकार प्रमेयों का विशुद्ध परिचय नहीं, उसकी भी यहाँ गुजर नहीं। कवि लोगों की प्रतिभा सर्वपथीन होती है। जिधर नज़र उठी उसी को बांध दिया। उसके समझने और समझाने के लिये उन सब बातों को जानने की आवश्यकता है। किसी की दृष्टि न्याय पर पड़ी तो उसने—

साध्ये निश्चितमन्वयेन घटितं बिभ्रत्सपक्षे स्थितिं व्यावृत्तं च विपक्षतो भवति यत्तत्साधनं सिद्धये ॥ (मुद्राराक्षस) इत्यादि लिख मारा। किसी ने योग की तरफ देखा तो—

'आत्मारामा विहितरतयो निर्विकल्पे समाधौ सत्त्वोद्रेकाद्विघटिततमोग्रन्थयः सत्त्वनिष्ठाः।
यं वीक्षन्ते कमपि तमसां ज्योतिषां वा परस्तात्' (वेणीसंहार) कह दिया। कहीं सांख्य और वेदान्त की याद आई तो—

'त्वामामनन्ति प्रकृतिं पुरुषार्थप्रवर्तिनीम्। त्वद्दर्शिनमुदासीनं त्वामेव पुरुषं विदुः ॥' (कु० सं०) बन गया।

वेदान्त की बहार के श्लोक देखनें हों तो नैषध के अनेक स्थल देख जाइये। देखिये कितनी चोजभरी बात है—

नास्य द्विजेन्द्रस्य बभूव पश्य दारान् गुरोर्यातवतोऽपि पातः।
प्रवृत्तयोऽध्यात्ममयप्रकाशान् नह्यन्ति नह्यन्तिमदेहमासान् ॥ (नैषध २२ सर्ग)

कहने को तो श्रीहर्ष ने यह न्याय और वैशेषिक की हँसी उड़ाई है कि—

मुक्तये यः शिलात्वाय शास्त्रमूचे सचेतसाम्। गोतमं तमवेक्ष्यैव यथा वित्थ तथैव सः ॥

ध्वान्तस्य वामोरु विचारणायां वैशेषिकं चारुमतं मतं मे। औलूकमाहुः खलु दर्शनं तत्क्षमं तमस्तत्त्वनिरूपणाय।'

परन्तु जिसे नैयायिकों के मुक्ति का स्वरूप और उस पर किये गये वेदान्तियों के मार्मिक आक्षेपों का पता नहीं, वह इस उपहास को समझाते समय क्या स्वयं ही उपहसनीय नहीं बन जायगा? जिसने वैशेषिक की जन्म कहानी नहीं जानी है और जिसने यह नहीं समझा है कि वैशेषिक के प्रायः सभी ग्रन्थों में अन्धकार पर विचार किया है, वह इस उपहास को क्या समझेगा? फिर 'उलूक' 'गोतम' और 'दर्शन' को तो देखिये। क्या इसके लिये कुछ कम मर्मज्ञता की आवश्यकता है? निदान, साहित्य के समझने के लिये हर एक शास्त्र के अच्छे ज्ञान की आवश्यकता है।

साहित्य क्या शिक्षा देता है?

अब लगे हाथों इस ओर भी दृष्टि डाल जाइये कि साहित्य सिखाता क्या है? सबसे पहले साहित्य की शिक्षा का फल साहित्य के अधिकारों को सुसम्पन्न बनाना है। साहित्य के अधिकारियों का विवेचन करते हुए पीछे जिन अधिकारों की चर्चा आई है उन्हें यथावत् सम्पादित करना साहित्य-शिक्षा का प्रथम उद्देश्य है। संक्षेप में यों समझिये कि भावना को निर्मल करना और भावुकता को परिष्कृत करना साहित्य शिक्षा का प्रथम सोपान है। जिन लोगों को भावना और भावुकता के संस्कार ईश्वर ने दिये हैं उन्हें निर्मल और स्वच्छ बनाना साहित्य का काम है। जिस प्रकार खान (खनि) से निकला हीरा जब तक शान पर न चढ़ाया जाय तबतक उसमें राजमुकुट पर चढ़ने की योग्यता नहीं आती और न उसकी असलियत ही खुलती है इसी प्रकार साहित्य की रगड़ के बिना भावना और भावुकता का परिमार्जन और परिष्कार नहीं होता।

यह और बात है कि प्रतिभासम्पन्न पुरुष साहित्यज्ञान के बिना भी कविता आदि करें और कोई अच्छी कल्पना भी कर लें, परन्तु उसका परिमार्जन परिष्कार एवं विवेचना शक्ति इसके बिना नहीं आ सकती। उनकी प्रतिभा के जौहर इसके बिना नहीं खुल सकते।

वाणी आदि के द्वारा प्रकाशित किये भावों में प्रभावुकता उत्पन्न करना साहित्यशिक्षा का दूसरा अङ्ग है। यदि भावना ने किसी दुःखी के दुःख दर्द को हमारे हृदय में अविकलरूप से पहुंचाया है और भावुकता ने उसका यथावत् अनुभव कराके हमारे हृदय को तन्मय (दुःखमय) बना दिया है तो साहित्य-शिक्षा के सहारे हम उस हृद्गतभाव में इतनी प्रभावुकता पैदा कर सकते हैं, जिससे हमारे शब्दों और अर्थों को सुनने समझने वाले भी हमारी ही तरह उस भाव के प्रभाव से प्रभावित हो सकें। यदि सुननेवालों में वासना नामक संस्कार की एक बूंद भी विद्यमान है, यदि उनके हृदय से प्रेम, शोक, हँसी, क्रोध और उत्साह आदि के बीज बिलकुल निर्मूल नहीं हो गये हैं, यदि उनमें बात सुनने और भाव समझने की शक्ति का एकदम विलोप नहीं हो गया है तो निःसन्देह साहित्यशिक्षा से सुसम्पादित वचनावली के प्रभाव से उनका हृदय शृंगार, करुणा, हास्य, रौद्र और वीर आदि रसों में तन्मय हुए बिना न रहेगा। रहा प्रभाव का तारतम्य, सो वक्ता और श्रोता की योग्यता के तारतम्य पर निर्भर है।

पूर्वोक्त सम्पूर्ण अधिकार और फलों की विवेचना करना साहित्यशिक्षा का अन्तिम अङ्ग है। भावना, भावुकता और प्रभावुकता को परखना, इनके गुणों को जानना और दोषों को पहिचानना, इनमें औचित्य-सम्पादन करने और अनौचित्य का परिहार करने की योग्यता उत्पन्न कर देना साहित्यशिक्षा की चरम सीमा है। इस प्रकार इस पूर्व सन्दर्भ से यह स्पष्ट हो जाता है कि भावना को निर्मल और अप्रतिहत बनाना, भावुकता को परिष्कृत और परिमार्जित करना एवं प्रभावुकता को सुसम्पादित करना साहित्यशिक्षा का फल है।

यद्यपि अप्रकृत होने के कारण संगीत पर यहाँ हमें विशेष विचार नहीं करना है, परन्तु जिस कारण महात्मा भर्तृहरि ने इन दोनों को प्रकृत पद्य में एक साथ मिलाया है उसे प्रकट कर देना आवश्यक प्रतीत होता है। साहित्य शिक्षा का दूसरा फल (प्रभावुकता) संगीत के फल से बहुत कुछ मिलता जुलता है। जिस प्रकार साहित्य से सहृदय पुरुषों के हृदय करुण, शान्त और वीर आदि रसों में निमग्न होते हैं इसी प्रकार संगीत से भी होते हैं। सच पूँछिये तो संगीत में प्रभावुकता साहित्य से भी कहीं बढ़ कर है। साहित्य का प्रभाव पढ़े लिखे अथवा सहृदय मनुष्यों तक ही परिमित है, परन्तु संगीत तो पशुओं पर भी अपना प्रभाव दिखाता है। बैजू बावरे आदि की अनेक दन्तकथायें प्रसिद्ध हैं। किसी ने जंगली हिरनों को अपने गाने से मोहित करके उनके गले में मालायें पहनाईं। किसी ने मस्त हाथी को वश में किया। किसी ने कुछ किया, किसी ने कुछ। राग-

रत्नाकर नामक संस्कृत के संगीतग्रन्थ में लिखा है कि एक साल का बच्चा और एक साल का बैल जिसके गाने से यथावत् प्रभावित नहीं होता वह गवैया ही नहीं। प्रभावुकता में साहित्य और संगीत का बड़ा घनिष्ठ सम्बन्ध है। एक के विना दूसरा एक प्रकार व्यर्थ ही रहा करता है। ये एक गाड़ी के दोनों पहिये हैं।

भरतनाट्य में स्वर और छन्दों का भी नियम बताया है। वहाँ इस बात पर अच्छा विचार किया है कि किस रस के लिये कौन २ छन्द और कौन कौन स्वर उपयुक्त होते हैं।

इस बात को सभी आलंकारिक लोग मानते हैं कि रागों से रस निष्पन्न होते हैं। रसागङ्गाधर में पण्डितेन्द्र जगन्नाथ ने लिखा है—'रागस्यापि रसव्यञ्जकताया ध्वनिकारादिसकलालंकारिकसंमतत्वेन' इत्यादि। यदि करुणरस के काव्य को उसी रागिनी के स्वरों में पढ़ा या गाया जाय जो करुणरस को अभिव्यक्त करती है तो सोने में सुगन्ध हो जाय। एक ही रस के अभिव्यञ्जक काव्य और राग के मिलने से उनमें कितनी प्रभावुकता आ सकती है, यह बात सहज ही समझी जा सकती है।

प्रकृत पद्य (साहित्यसंगीतकलाविहीनः) का कई प्रकार से अर्थ किया जाता है। १ साहित्य और संगीतकला (गानविद्या) से विहीन—२ साहित्य, संगीत और कलाओं (वाद्य, नृत्य आदि) से विहीन—३ साहित्य और संगीत की 'कला' अर्थात् संस्कार (वासना) से विहीन। पूर्व दो मतों में लक्षणा से 'साहित्य' और संगीत' पद इन संस्कारों के बोधक होते हैं। तात्पर्य यह है कि जिन संस्कारों से मनुष्य साहित्य और संगीत का पात्र बनता है उन (भावना और भावुकता) का होना आवश्यक है। यह आवश्यक नहीं कि साहित्य के ग्रन्थों की तोतारटन्त भी की जाय। परन्तु यदि साहित्य की सहायता से वे संस्कार निर्मल भी हो गये हों तो फिर कहना ही क्या है!

अब साहित्य और संगीत के संस्कारों—भावना, भावुकता और प्रभावुकता—को ध्यान में रखते हुए संसार के बड़े २ महापुरुषों के जीवन पर दृष्टि डालिये और यह सोचिये कि वे इतने बड़े क्यों हुए! संसार ने उन्हें इतना क्यों अपनाया? उनमें वह कौन सी बात थी जिसने उन्हें सर्वसाधारण की कोटि से उठाकर संसार के शिखर पर बिठा दिया?

संसार में ऐसे कितने बच्चे हैं जो प्रतिदिन अपनी विमाताओं की झिड़कियाँ सुना करते हैं। पर ध्रुव में वह कौन सी बात थी जिससे वे विमाता की एक कड़वी बात सुनते ही सब राजपाट छोड़कर बचपन में ही अति कठोर तपस्या करने को उद्यत हो गये? यदि उनमें भावना और भावुकता न होती तो उन्हें राज्य छुड़ाकर तपस्या के कष्टों की ओर कौन घसीटता? और आज आप उनके पवित्र नाम को इतनी श्रद्धा और भक्ति के साथ कैसे लेते?

महात्मा बुद्ध के जीवन से साहित्य के इन संस्कारों को अलग करके जरा देखिये कि फिर उनमें क्या बचता है। यदि वह दीन-दुःखियों के दुःख की भावना न करते और उनके दुःख से दुःखी न होते तो अपने राज्य को लात मार कर, नवजात प्रथम शिशु और तरुणी रमणी को ईश्वर के भरोसे छोड़कर क्या जंगल और पर्वतों में भटकते? यदि उनकी वाणी में प्रभावुकता (तासीर) न होती तो क्या यह संभव था कि इतनी अधिक संख्या में लोग उनके अनुयायी बनते?

पुरानी बातें जाने दीजिये—हम पूँछते हैं कि भारतीय वर्तमान राजनीतिक्षेत्र के भास्कर, प्रातःस्मरणीय भगवान् तिलक को इतना बड़ा स्वार्थत्याग करने के लिये किसने विवश किया? यदि दरिद्र भारतीय भुक्खड़ जनसमुदाय के दुःख दर्दों से उनका भावुकतामय कोमल हृदय बिध न गया होता, यदि यहाँ के दीन दुःखियों की दर्द भी 'हाय' ने उन्हें क्षण क्षण में बेचैन न किया होता तो अत्याचारियों के ऊपर उन्हें नृसिंहरूप कौन धारण कराता? यदि भावना और भावुकता उनमें न होती तो सब सांसारिक सुखों को छुड़ाकर उन्हें कण्टकाकीर्ण पथ पर चलने को कौन विवश करता? जो 'लीडरम्मन्य' लोग कौमी गम में हुक्कामों के साथ चाट उड़ाया करते हैं, जिन्हें महामना अकबर ने यह फबती सुनायी है कि:—

"कौम के गम में डिनर (Dinner) खाते हैं हुक्काम के साथ।
रंज 'लीडर' को बहुत है, मगर आराम के साथ॥"

क्या जगत्पूज्य तिलक इन सबसे कुछ कम धनोपार्जन कर सकते थे? यदि नहीं, तो फिर वह कौन सी सचाई थी जिसके कारण इन सब सुखों को नरक समान समझकर उन्होंने मण्डाले की प्रतिकल जलवायु में रहना पसन्द किया और जेलखाने की जली भुनी रोटियों को प्रेमपूर्वक अपनाया?

त्याग की मूर्ति और भावुकता के अवतार महात्मा गान्धी को ही देखिये। किसके बलपर उन्होंने आज संसार को डांवाडोलकर रक्खा है? क्या भावना और भावुकता के सिवा कुछ और भी है जिसने इन्हें अतिकष्ट-सहिष्णु और तपोमूर्ति बना दिया? क्या आप बता सकते हैं कि भावना, भावुकता और प्रभावुकता के सिवा और किसने इन सब महापुरुषों को संसार के हृदयमन्दिर में ऊंचे से ऊंचा आसन दिलाया है?

यह सब तो मनुष्यों की कथा हुई। पर हमारी धारणा तो यहां तक है कि देवताओं का देवत्व और ईश्वर का ईश्वरत्व भी इन्हीं पूर्वोक्त संस्कारों के आधार पर कायम है। ईश्वर को शास्त्रों ने दीनबन्धु और भक्त-वत्सल कहा है। भगवद्गीता में लिखा है—

'चतुर्विधा भजन्ते मां जनाः सुकृतिनोऽर्जुन। आर्तो जिज्ञासुरर्थार्थी ज्ञानी च भरतर्षभ॥'

इन चार प्रकार के भक्तों में 'आर्त' को सबसे पहले स्थान दिया है। भगवान् जिज्ञासु और ज्ञानी भक्तोंकी पुकार सुनकर स्थिर रह सकते हैं। अर्थार्थी की प्रार्थना को थोड़ी देर के लिये टाल सकते हैं। परन्तु आर्तबंधु भगवान् आर्तभक्त की दुःखभरी पुकार सुनकर अधीर हो उठते हैं। उस समय एक एक क्षण उन्हें भारी होता है। भरी सभा में अपनी लाज जाती देख अनन्यशरणा द्रौपदी का आर्तनाद, अशरणशरण भगवान् के हृदय में मर्म-वेधी बाण से भी अधिक वेदना पैदा करता है। उस समय उनके मुँह से सिवा इसके और कुछ नहीं निकलता कि—

'कैसे धरौं धीर मोको द्रौपदी पुकारी है'। ग्राह से पीड़ित गजेन्द्र को दुःखभरी 'हाय' को सुनकर वे गरुड़ की प्रतीक्षा न कर नंगे पैरों दौड़ पड़ते हैं। यदि भगवान् में दीनों के दुःखों की भावना न होती, यदि वे भावुकतावश उनके उद्धार के लिये आतुर न होते तो उन्हें दीनबन्धु कौन कहता? वे भक्तवत्सल कैसे कहाते? और यदि यह कुछ न होता तो वे हमारे किस काम के थे? जिसे हमारे दुःखदर्द से कुछ सरोकार नहीं, उस ईश्वर को लेके हम क्या करते? वह हमारे किस मतलब का?

यह मत समझिये कि पूर्वोक्त संस्कार सबको दुःखों की ओर ही घसीटते हैं। वस्तुतः सुख का परिणाम दुःखमय हुआ करता है। महापुरुषत्व का सुवर्ण, विपत्ति की अग्नि में पड़कर ही कुन्दन बनता है। संसार में कोई भी ऐसा महापुरुष नहीं जिसने विपत्तियों का सामना विना किये अपना पद प्राप्त किया हो। विपत्तियाँ ही पुरुष को महापुरुष बनाती हैं। अपने ऊपर विपत्तियों का स्वागत करके दूसरों को विपत्ति से छुड़ाना ही महापुरुषत्व का परिचायक है। इस प्रकार की विपत्तियों से डरना कायरता है।

अब उक्त संस्कारों से शून्य—विशेषज्ञानरहित—(स्थूलदर्शी) पशुओं की ओर आइये। घोड़े के सामने यदि उसका मालिक पहुंचेगा तो वह दुम हिलाकर और हिनहिनाकर उसका स्वागत करेगा। 'यह मेरा स्वामी है'—अथवा 'यह मेरा हितचिन्तक है' या 'यह मेरा खिलाने पिलानेवाला है' कुछ इसी प्रकार का ज्ञान घोड़े के मन में उदित होगा। इससे अधिक कुछ नहीं। उसका स्वामी चाहे जुए में १० हजार हारकर घोड़े के सामने जाय, चाहे मुकद्दमा जीतकर उसके आगे पहुंचे, चाहे स्त्री के वियोग से दुःखी हो, चाहे नवीन विवाह की खुशी में हो, घोड़े पर इन विशेषताओं का कुछ प्रभाव नहीं पड़ेगा। उसका हिनहिनाना और दुम हिलाना सब दशाओं में समान होगा। स्वामी की दशा-विशेष के अनुसार उसमें कोई अन्तर न दीख पड़ेगा।

अब एक ऐसे पुरुष की कल्पना कीजिये, जिसमें न भावना है, न भावुकता। उसे किसी के सुख दुःख से कुछ मतलब नहीं। उनका उस पर कोई असर नहीं। उसे अपने मतलब से मतलब है। यदि किसी पर उसके १० रु० चाहिये तो वह यह न सोचे कि मेरा ऋणी इस समय मुर्दे को उठा रहा है, या चिता चुन रहा है, वह अपना तकाजा ठोंक दे, तो आप ही बताइये कि आप उसे क्या कहेंगे? नर या 'नरपशु?' पूर्वोक्त पशु में और इसमें क्या भेद है?

जिसमें भावना और भावुकता नहीं, वह चाहे सम्पूर्ण व्याकरण भी भक्षण कर गया हो, चाहे आद्यन्त न्यायशास्त्र को चबा गया हो, या कुछ और कर बैठा हो, पर उसे मनुष्य कहना कठिन है। जिसमें 'मननशी-लता' नहीं उसे मनुष्य कहलाने का कोई अधिकार नहीं।

मान लीजिये कि एक आदमी मनों गणित चाटकर "गोबरगणेश" बन गया—पर मनुष्योचित व्यवहार से एकदम शून्य रहा। अपने सुख दुःख के सिवा दूसरों के दुःख दर्द का उस पर कोई असर नहीं। रूखेपन की मूर्ति और उजड्डता का अवतार है। भावना और भावुकता से बिलकुल कोरा है, तो आप उसे नर कहेंगे या नरपशु?

पशु तो बेचारा मनुष्यों को कुछ हानि नहीं पहुँचाता। तिनके खाकर जीता है और मरकर मनुष्यों के पैर की जूती तक बनता। पर यह नरपशु तो इस काम की नहीं। 'बारह आने' या, 'छः आने रोज' का अन्न खाकर मनुष्यों का भक्ष्य कम करता है। और फिर अपने दुर्व्यवहार से मनुष्यजाति को कलङ्कित करता है।

चाहे भावना और भावुकता के नाम से पुकारिये, चाहे वासनाविशेष कहिये, चाहे साहित्यसंगीतकला कहिये, चाहे कोई और नाम रख लीजिये, पर वह बात एक ही है, जो मनुष्य में मनुष्यता का सम्पादन करती है। वही विशिष्टमात्रा और समुज्ज्वलरूप में होने से पुरुष को महापुरुष बनाती है। एवं निरतिशयकोटि में पहुँच कर देवत्व या ईश्वरत्व की प्रकाशक होती है।

जो इस तत्त्व से बहिर्मुख है उसे पशु कहना, पशुओं का अपमान करना है। पशुओं के सैकड़ों ऐसे उदाहरण हैं जिनसे उनमें सहानुभूति और समवेदना के संस्कारों का पता चलता है। पूर्वोक्त प्रकार का नरपशु तो उन पशुओं से कहीं बदतर है। इसीलिये तो महात्मा भर्तृहरि ने उसे 'पुच्छविषाणहीन' कहा है। शृङ्ग और पुच्छ पशु के शोभाधायक हैं, उसकी रक्षा के साधन हैं। पूंछ से वह मक्खी मच्छड़ों को फटकार सकता है और सींगों से 'नरपशु' की खबर ले सकता है। महात्मा भर्तृहरि नरपशु को शोभा और रक्षा के साधन देना उचित नहीं समझते— अतएव पहले 'साक्षात्पशुः' का रूपक खड़ा करके उसमें उन्होंने क्रम से हीनता दिखानी प्रारम्भ की है। प्रकृतपद्य के उत्तरार्ध में यह बात और भी स्पष्ट कर दी है—

'तृणं न खादन्नपि जीवमानस्तद् भागधेयं परमं पशूनाम्'

पशु, सींग पूंछ से सम्पन्न है, और केवल तृणचर्वण से सन्तुष्ट रहता है। परन्तु नरपशु शोभा से वञ्चित और मनुष्यों के भक्ष्य का घातक है।

इस प्रकार विचार करके देखने पर महात्मा भर्तृहरि की उक्ति में न कहीं अनौचित्य दीखता है, न कठोरता। वह एक सीधी, सच्ची बात है। और बड़ी कोमलता के साथ प्रकट की गई है। क्रमिक न्यूनता का प्रकाश करना ही इसका पूरा प्रमाण है। महात्मा भर्तृहरि के अतिरिक्त और कोई इसी भाव से यदि इस बात को कहता तो इससे कहीं कठोर भाषा का प्रयोग करता।

'साहित्यसंगीतकला' से जिन संस्कारों की ओर आपका इशारा है, वे मनुष्यता के सम्पादक हैं—उनके बिना मनुष्यशरीर पाने पर भी कोई मनुष्य कहलाने का अधिकारी नहीं हो सकता। अतः न इसमें अनौचित्य है, न कठोरता। फूहड़पन की तो बात चलाना ही फूहड़पन होगा। उन्होंने जो कुछ कहा, ठीक कहा—महात्मजनोचित कहा और प्रत्यक्षर सत्य कहा कि—

"साहित्यसंगीतकलाविहीनः साक्षात्पशुः पुच्छविषाणहीनः। तृणं न खादन्नपिजीवमानस्तद् भागधेयं परमं पशूनाम्॥'

संस्कृत में, अन्य शास्त्रों के समान, साहित्य पर भी अनेक गम्भीर विचारपूर्ण ग्रन्थ बने हैं। ऋषियों ने, मुनियों ने और प्राचीन तथा अर्वाचीन अनेक आचार्यों ने बड़ी गहरी छानबीन के साथ इसके हर एक अङ्ग की विवेचना की है। (हमने 'अलंकारनिर्णय' नामक संस्कृतनिबन्ध में इन सब बातों पर विचार किया है)।

संस्कृतसाहित्य में 'साहित्यदर्पण' अपने गुणों के कारण बहुत प्रसिद्ध है। प्राचीन ग्रन्थों को पढ़ने से जो बात मिलती थी, वह इस अकेले में ही मिल जाती है, और साङ्गोपाङ्ग मिल जाती है। दृश्य और श्रव्य काव्यों की सभी ज्ञातव्य बातें इस अकेले ही से जानी जा सकती है। विषय के निरूपण की शैली इसकी प्राञ्जल और विशद है। भाषा सरल एवं मनोहर है। इन्हीं कारणों से पठन-पाठन में इसका बहुत प्रचार है। प्रायः सब प्रान्तों की परीक्षाओं में यह नियत है। बङ्गाल की 'तीर्थ' काशी की 'आचार्य' पञ्जाब की 'विशारद' तथा अन्य परीक्षाओं में भी यह नियत है। अंग्रेजी में संस्कृत लेनेवाले छात्रों को भी एम. ए. परीक्षा में इसका कुछ अंश पढ़ना पड़ता है।

इसके रचयिता विश्वनाथ कविराज विक्रम की चौदहवीं शताब्दी में हुए थे। यह उत्कल ब्राह्मण थे। इनके पिता का नाम चन्द्रशेखर था। इनका कुटुम्ब विद्या और विभव दोनों से सम्पन्न था। इनके अनेक कुटुम्बी बड़े २ विद्वान् और ऊंचे २ राज्याधिकारों में लब्धप्रतिष्ठ थे। विश्वनाथजी भी सान्धिविग्रहिक (राजमन्त्री) थे। इन सब बातों का पता साहित्यदर्पण से ही लग जाता है। यह विश्वनाथ कविराज न्यायमुक्तावली के कर्त्ता विश्वनाथ पञ्चानन से भिन्न हैं। उनके पिता का नाम विद्यानाथ था और वह पञ्चानन थे। यह कविराज हैं। संभवतः वह विद्यानाथ वही हैं जिनके मत का खण्डन अप्पय्यदीक्षित ने चित्रमीमांसा में किया है। प्रकृत विश्वनाथ

कविराज के इतिहास के सम्बन्ध में बहुत कुछ छानबीन हो चुकी है। अतः हम उन सब बातों का पिष्टपेषण करना नहीं चाहते।

प्रकृत ग्रन्थ (साहित्यदर्पण) विक्रमीय चौदहवीं शताब्दी में लिखा गया और अपने गुणों के अनुसार इसने पर्याप्त प्रतिष्ठा तथा प्रचार प्राप्त किया।

१६२२ शक संवत् (१७५६ विक्रम सं०) में श्रीरामचरणतर्कवागीशजी ने इसकी एक विस्तृत, गम्भीर संस्कृतटीका लिखी। संभव है, इसके पहले भी कोई टीका रही हो, पर आज इससे प्राचीन कोई टीका उपलब्ध नहीं होती।

इसके बाद और भी कई टीकायें बनीं। उनमें से कई तो इसी की चोरी—फूहड़पन के साथ चोरी—कही जा सकती है और कुछ इसी के रूपान्तर हैं। स्वतन्त्रविचारपूर्ण टीका इसके अतिरिक्त कोई नहीं बनी।

जीवानन्दविद्यासागर की टीका में तो इसकी बहुत सी तद्रूप पंक्तियां और बहुत सी विकृत पंक्तियां मिलती हैं। और बातें भी प्रायः एक हैं।

हिन्दी या और किसी प्रचलित भाषा में इसका अनुवाद हुआ या नहीं, इसका हमें पता नहीं, पर संस्कृत में 'रुचिरा' नाम की एक तुन्दिल टीका हमारे एक मित्र ने हमें दिखाई थी और बड़े आग्रह से उसकी समालोचना करने को भी विवश किया था। यह आलोचना 'रुचिरालोचन' के नाम से, लेखमाला के रूप में, मुरादाबाद की 'प्रतिभा' में निकल चुकी है।

हमारी दृष्टि में श्रीरामचरणजी की टीका के अतिरिक्त और कोई ऐसी प्रामाणिक अथवा विचारपूर्ण टीका नहीं, जिसको गम्भीर और विस्तृत विचारों का लक्ष्य बनाया जा सके। इसी कारण हमने 'विमला' में स्थान स्थान पर श्रीतर्कवागीश जी के विचारों पर ही अपना मत प्रकट किया है। अन्य टीकाकारों का स्पर्श नहीं किया, 'प्रधानमल्लनिबर्हण' न्याय से इन्हीं की आलोचना में इनके सब पिछलगुओं की समालोचना एक प्रकार से हो गई।

निर्णयसागर में छपे साहित्यदर्पण में जयपुरीय श्री पं० दुर्गाप्रसादजी की एक टिप्पणी है। उसमें बहुत सी बातें हैं जिन पर विचार किया जा सकता था, परन्तु कई कारणों से हमने अभी उस ओर दृष्टि नहीं दी है। एक कारण यह भी है कि उसमें अधिकांश बातें किसी न किसी ग्रन्थ से ही उद्धृत की हैं। ऐसी बातें बहुत ही कम हैं जिन्हें हम टिप्पणीकार का स्वतन्त्र मत कह सकें। यह और बात है कि वे उस प्रकरण में कहीं २ असम्बद्ध और अनुपयुक्त पड़ गई हों, परन्तु हैं सब किताबी बातें। 'तहरीरी सबूत' सबका मौजूद है।

टिप्पणीकार ने जहाँ अपनी ओर से कुछ कहा है वहाँ—साहित्य की सूक्ष्म बातों की तो बात ही क्या—मामूली व्याकरण की भी मोटी २ भूलें की हैं, और वह भी व्याकरण की प्रक्रिया दिखाते हुए ही। दशम परिच्छेद में 'अन्तःपुरीयसि' इत्यादि पद्य की टिप्पणी में 'अमृतद्युतिदर्शम्' का विग्रह किया है 'अमृतद्युतिमिव दर्शनम् अमृतद्युतिदर्शनम्'। मूल के 'दर्शम्' का आपने 'दर्शनम्' बना डाला। उस पर तुर्रा यह कि 'कृन्मेजन्तः' लगाकर इसकी अव्यय संज्ञा की, न तो आपको यह दिखा कि इस 'दर्शनम्' के साथ में 'अमृतद्युतिम्' में द्वितीया कैसे हो गई और न आप यही समझ सके कि नित्य समास के अन्तर्गत 'अमृतद्युतिदर्शम्' का स्वपद विग्रह नहीं हो सकता। साथ ही आपको यह नहीं सूझा कि 'दृष्टः प्रियाभिरमृतद्युतिदर्शम्' में कर्म उक्त है, उसमें द्वितीया नहीं हो सकती, 'अमृतद्युतिरिव दृष्टः' कहना चाहिये। इसी कारण में 'इन्द्रसञ्चारम्' का अर्थ किया है—'इन्द्र इव सञ्चरणम्।' यह भी अनर्गल प्रलाप है। हम इन तुच्छ बातों में अपना समय नष्ट नहीं करना चाहते।

सबसे पहले संवत् १९६४ के लगभग, जब हम कांगड़ी गुरुकुल में अध्यापक थे, साहित्यदर्पणकार के कई सिद्धान्तों पर सन्देह हुआ। उनकी निवृत्ति के लिये जब कई टीकायें देखीं तो औरों पर तो अश्रद्धा हो गई, परन्तु श्रीतर्कवागीशजी की टीकाको देखने से बराबर उलझन बढ़ती ही गई। 'मरज बढ़ता गया ज्यों २ दवा की'।

यह दशा बहुत दिनों तक रही। इस अन्तर में साहित्यदर्पण और श्रीतर्कवागीशजी की विवृति को पढ़ाने और विचारने के अनेक अवसर आये। काव्यप्रकाश और रसगङ्गाधर आदिकों को भी कई बार आद्यन्त पढ़ाया, इन्हें परीक्षा के लिये तयार भी किया, परन्तु पिछले सन्देहों पर इन सबका कुछ असर नहीं हुआ। वे ज्यों के त्यों

रहे। इसके अतिरिक्त यह धारणा दृढ़ होती गई कि श्रीतर्कवागीशजी ने साहित्यदर्पण का तात्पर्य समझाने की अपेक्षा उसे अन्धकार की ओर अधिक घसीटा है।

छात्रों के आगे, मित्रमण्डली में और गुरुजनों के सामने भी अनेक अवसरों पर अपना मत प्रकट किया, इसके अनन्तर कई ऐसे संस्कृत निबन्धों में भी उनका सांगोपांग वर्णन किया, जो विद्वानों की सभाओं में पढ़े गये थे (उनमें से एक नोट इसी पुस्तक में दिया गया है)। इन अवसरों पर प्रायः सभी विद्वान् निबन्धों के मत से बराबर सहमत होते रहे। अन्ततः कई सज्जनों ने साहित्यदर्पण की एक टीका लिखने का अनुरोध किया। यह अनुरोध—बल्कि आग्रह—दिन प्रतिदिन बढ़ता ही गया, अतः सम्वत् १९७२ वि० में इसकी टीका लिखने का संकल्प किया, और अपने वेदान्तगुरु पूज्यपाद श्री ६ पं० काशीनाथजी शास्त्री से इसके लिये आज्ञा मांगी। अमोघ होने के कारण हम आपकी संमति को सबसे अधिक आदरणीय और गौरवास्पद समझते हैं। आपने प्रसन्नतापूर्वक अनुमति दी, परन्तु हिन्दी भाषा में लिखने का आदेश किया। थोड़े से वाद-विवाद के अनन्तर संस्कृत में टीका लिखने का अपना विचार त्याग दिया और उनकी आज्ञा शिरोधार्य की।

इसके अनन्तर चाहे **'ज्ञातसारोऽपि खल्वेकः सन्दिग्धे कार्यवस्तुनि'** के अनुसार समझिये, या **'बलवदपि शिक्षितानामात्मन्यप्रत्ययं चेतः'** के अनुसार समझिये, हमारे मन में अपने विचारों की ओर भी प्रामाणिकता जानने की इच्छा उत्पन्न हुई। उस समय हमारे साहित्यगुरु महामहोपाध्याय श्री पं० गङ्गाधर शास्त्री सी. आई. ई का देहावसान हो चुका था, अतः अपने शास्त्रान्तर-गुरु सर्वतन्त्रस्वतन्त्र आराध्यपाद महामहोध्पायाय श्री ६ शिव कुमार शास्त्रीजी को तथा अन्य कई धुरन्धर विद्वानों को अपने कुछ नोट सुनाये। उन्होंने इसे संस्कृत में ही लिखने की सम्मति दी, परन्तु हम हिन्दी में ग्रन्थ लिखने को बचनबद्ध हो चुके थे, अतः दूसरी टीका संस्कृत में भी लिखने की बात कहकर उनसे क्षमा मांगी और टीका के आरम्भ में—**संस्कृतं मार्गमुत्सृज्य विद्वांसः केऽपि कोपिताः। यत्कृते सा ममेदानीं मातृभाषा प्रसीदतु**—कहकर सन्तोष किया।

इस बीच में अनेक जटिल स्थलों पर आराध्यपाद श्री पं० काशीनाथजी शास्त्री से परमार्थ करने और अपने विचारों की तात्त्विकता के निर्णय करने का अवसर पड़ा। वस्तुतः उन्हीं की कृपा और आशीर्वाद से यह टीका पूर्ण हो सकी।

सं० १९७३ की विजयादशमी को ऋषिकुल हरिद्वार में नियमपूर्वक इस टीका का आरम्भ हुआ और चैत्र शु० ९ सं० १९७४ में, छः मास के अनन्तर वहीं, इसकी समाप्ति हुई। उस समय वहां की परिस्थिति की प्रतिकूलता के कारण, हम और हमारे मित्र व्याकरणाचार्य, न्यायशास्त्री पं० गिरिधर शर्मा विद्यानिधि ऋषिकुल छोड़ने को आतुर हो रहे थे। इधर यह भी विचार था कि जैसे भी हो सके, यह टीका हरिद्वार की पवित्र जल-वायु में ही पूर्ण हो जानी चाहिये। इसलिये बड़ी शीघ्रता में इसे पूरा किया गया। सब परिच्छेद क्रम से न लिखे गये। विशेष शास्त्रार्थ पूर्ण स्थलों को पहले लिख लिया। षष्ठ परिच्छेद सबसे अन्त्य में और सबसे अधिक शीघ्रता में लिखा गया। इसी कारण उस पर विशेष विचार प्रकट करने का बहुत कम अवसर मिला। हम चाहते थे कि दृश्य काव्य (नाटकादि) के विषय को भी सुचारु रूप में पाठकों के सामने रक्खें, परन्तु इस समय तक ऐसा न हो सका। संभव है अगले संस्करण में, यदि ईश्वर ने कृपा की तो इसके कई अंश, जो हमारी दृष्टि में अभी अपूर्ण हैं पूर्ण हो जायँ।

यदि यह टीका संस्कृत में होती तो संभवतः इसकी प्रतिष्ठा बहुत अधिक होती। यह ठीक है कि केवल हिन्दी जाननेवाले लोग इस टीका को देखकर भी प्रमेयों का पूरा पता नहीं पा सकेंगे। साथ ही यह भी ठीक है कि हिन्दी का नाम सुनते ही संस्कृतज्ञ लोग—जो इन विचारों के उपयुक्त पात्र हैं—एकदम नाक-मुंह सिकोड़ने लगेंगे, इसे उपेक्षणीय समझेंगे और हेय नजर से देखेंगे। परन्तु हमें यहाँ इस विषय में कोई उपपत्ति देना नहीं है कि यह टीका हिन्दी में क्यों लिखी। यद्यपि ग्रन्थ के आरम्भिक श्लोकों में इस ओर भी कुछ प्रकाश डाला है, परन्तु यहाँ उस बात को उठाना नहीं है। कर्पूर-मञ्जरी (सट्टक) के रचयिता महाकवि राजशेखर के शब्दों में यही कहना है कि यदि विचारों में उपादेयता और उपयोगिता है तो—**'भासा जा होइ सा होदु'**—भाषा चाहे कोई हो, लोग उसे देखेंगे। आज न सही कल, कल न सही परसों, देखेंगे अवश्य। उन्हें देखना पड़ेगा। **'देर है-अन्धेर नहीं'** की कहावत प्रसिद्ध है। यदि बात में कोई गुण है, तो गुणज्ञ पैदा हो ही जायँगे।

'कालो ह्ययं निरवधिर्विपुला च पृथ्वी' —यदि वस्तु में कोई गुण नहीं तो चाहे कोई भाषा क्यों न हो, असारता का प्रकट होना अनिवार्य है । बाँझ गौ के गले में घंटे लटकाने से उसकी कीमत नहीं बढ़ सकती।

इस पुस्तक के लिखते समय प्राचीन लिखी तथा छपी असंलग्न, असम्बद्ध और खण्डित पुस्तकों को ठीक करने में जो परिश्रम हुआ उसे हमारे वेदान्तगुरु श्री पं० काशीनाथजी शास्त्री ने देखा है । उन्होंने अपनी संमति में इसकी चर्चा भी की है। निर्णयसागर में छपी पुस्तक भी अशुद्ध और अनेक स्थानों में खण्डित है । कई जगह कई कई पंक्तियां गायब हैं । विराम चिह्न के उलट फेर ने तो अर्थ का अनर्थ करने में बेतरह धमाचौकड़ी मचाई है । हम समझते हैं इन बातों की यहां चर्चा व्यर्थ है । जिन्हें ईश्वर ने समझ दी है, जिनको आँखें हैं, वे स्वयं ही सब बातें प्रत्यक्ष कर लेंगे । हम तो केवल यही कहेंगे कि—

"तं सन्तः श्रोतुमर्हन्ति सदसद्व्यक्तिहेतवः । हेम्नः संलक्ष्यते ह्यग्नौ विशुद्धिः श्यामिकापि वा ॥"

इस पुस्तक में भी बहुत सी अशुद्धियाँ रह गई हैं । उनमें से बहुत सी तो उन प्रेस के भैरवों के ताण्डव का फल है जो **'ईश्वर की रचना'** के स्थान में **'९ सेर की रचना'** कम्पोज़ कर दिया करते हैं। बहुत सी संशोधकों के दृष्टिदोष और हमारे भ्रम, प्रमाद का भी फल हो सकती हैं । मनुष्य की कृति में इन सबका न होना ही आश्चर्य है, अतः विमला का यह अन्तिम पद्य—

दुर्मोषो दोषसंघः क्षणमपि न दृढा शेमुषी मानुषीयम्, गम्भीराम्भोधितुल्यं दुरधिगममहो शास्त्रतत्त्वं च किंचित् ।
श्रद्धा बद्धाञ्जलिस्तद् गुणगणनिकषान्प्रार्थये प्रार्थनीयान्, जोषं जोषं विदोषं कलयितुमखिलं जोषमेवानतोऽहम् ॥

कहते हुए इस बात को यहीं समाप्त करते हैं ।

यद्यपि यह टीका सं० १९७४ के आरम्भ में ही समाप्त हो गई थी, परन्तु कई विघ्न-बाधाओं के कारण अब तक प्रकाशित न हो सकी । छपाई के लिए कई जगह बातचीत की, परन्तु कहीं ठीक ढंग न बैठा । अन्त्य में, विश्वास के कारण, मुरादाबाद के एक प्रसिद्ध प्रेस में छपाने का प्रबन्ध किया । सं० १९७५ आषाढ़ कृ० ५ को छपाई के ४००) रु० इसलिये अगाऊ दे दिया कि निर्णयसागर से नया टाइप मंगाया जा सके । ३८ रीम कागज़ भी जमा कर दिया । परन्तु सं० १९७८ तक तीन वर्ष में केवल १७ फार्म छप सके । वे भी पुरानी घिसे टाइप में बहुत बुरे । नये टाइप में और लोगों की पुस्तकें छपती रहीं । १० फार्म छपने के बाद सबका सब कागज़ ही गायब हो गया । छपे फार्म इस लापरवाही से कहीं पड़े रहे कि सैकड़ों फ़ार्मों को दीमक ने चाटके चलनी बना दिया । परन्तु भेजते समय इतनी बुद्धिमानी की गई कि उन सबको इकट्ठा नहीं रहने दिया । दस दस बीस बीस अच्छे फ़ार्मों के बाद एक दो विनष्ट फ़ार्म दबा दिया गया । इसका पता तब चला जब द्वितीय खण्ड का शेष भाग नवलकिशोर प्रेस में छप चुका और जिल्द बाँधने के लिये फार्म खोले गये ।

यद्यपि इस तीन वर्ष के अन्तर में बहुत कुछ लिखा पढ़ी हुई, तीव्र पत्रव्यवहार हुआ, पर किसी का कुछ फल न निकला । हम यही गनीमत समझते हैं कि उस प्रेस से छपे फार्म, विना छपा कागज और बाकी का रुपया चाहे किसी तरह सही, मिल तो गया ।

एक तो इस झंझट से चित्त इतना खिन्न हो चुका था कि पुस्तक छपाने की इच्छा न रह गई थी। दूसरे कागज आदि की अतिमहर्घता के कारण हिम्मत नहीं पड़ती थी । परन्तु माननीय मित्रों के प्रबल अनुरोध से विवश होकर यह सब करना पड़ा । किन्हीं २ महानुभावों ने तो पुस्तक छपाने के प्रोत्साहन में संसार की अनित्यता और शरीर की नश्वरता का भी उपदेश दे डाला था । वस्तुतः उन्हीं की सत्कामना का फल है, जो हम इस समय यह ग्रन्थ पाठकों की भेंट कर सके । सुभिक्ष के समय जो कागज दस पैसे पौंड मिलता था और दुर्भिक्ष में छः आने मिलता था वही इस महादुर्भिक्ष में ग्यारह बारह आने पौंड लेना पड़ा । छपाई भी करीब २ तिगुनी देनी पड़ी । यह जो कुछ भी हुआ, पर पुस्तक निकल गई ।

अब—

यद्यस्ति वस्तु किमपीह तथाऽनवद्यं द्योतेत तत्स्वयमुदेष्यति चानुरागः ।
नो चेत्कृतं कृतकवाग्भिरलं प्रपञ्चैर्निर्दोहधेनुमहिमा नहि किंकिणीभिः ॥

—

द्वितीय संस्करण की पूर्वपीठिका

'विमला' का यह दूसरा संस्करण आपके सामने है। टीका की जन्म-कथा और उसके प्रकाशन की विघ्न-बाधाओं का वर्णन हम प्रथम संस्करण की भूमिका में कर चुके हैं। उन दिनों यह कौन जानता था कि इतनी जल्दी इसके पुनःसंस्करण की नौबत आयेगी। हम तो आरम्भिक विघ्नों से परेशान होकर इसके प्रकाशन का इरादा ही छो ट थे। परन्तु 'मेरे मन कछु और है, कर्ता के कछु और'। टीका छपी, और थोड़े ही समय में, भारतवर्ष के समस्त प्रान्तों में—मद्रास और रंगून तक में—उसकी पहुंच हो गई। साथ ही मर्मज्ञ तथा धुरन्धर विद्वानों ने मुक्तकण्ठ होकर उसकी प्रशंसा की।

हम समझते थे कि हिन्दी के नाम से ही संस्कृतज्ञ विद्वान् इसे तुच्छ समझेंगे, पर यह बात न हुई। हमारे आराध्यदेव श्री ६ गुरुजी महाराज सर्वतन्त्रस्वतन्त्र महोपाध्याय श्री पं० काशीनाथजी शास्त्री का आशीर्वाद सफल हुआ।

आपही की आज्ञा से हमने यह टीका हिन्दी में लिखी थी। जब हमने आपसे कहा कि संस्कृत के विद्वान् हिन्दी-टीका न देखेंगे, तब आपने गम्भीरतापूर्वक उत्तर दिया था कि—'जे सुजन बा, से प्रत्यक्ष देखी, और जे दुर्जन बा, ओहू के एकान्त माँ देखै का परी'—आपका यह कथन हमारे लिये आशीर्वाद हो गया। विद्यार्थियों ने जब टीका के अनुसार प्रश्न करने आरम्भ किये तो अनेक अध्यापक भी चक्कर खाने लगे और विवश होकर टीका देखनी पड़ी।

काशी के विद्वानों में भी इसने समुचित आदर प्राप्त किया। सबसे पहले बनारस हिन्दू यूनिवर्सिटी की एम्० ए० परीक्षा के पाठ्यक्रम में यह (टीका) नियत हुई। अनन्तर इलाहाबाद, आगरा आदि अन्य कई यूनिवर्सिटियों में भी इसकी पहुँच हुई। अन्य ऊँची-ऊँची परीक्षाओं में भी इसे स्थान मिला। पञ्जाब में भी खूब प्रचार हुआ।

इधर यह सब हुआ और उधर हिन्दी के कई ठेकेदारम्मन्य ईर्ष्यालु महानुभावों के पेट में पानी बढ़ने लगा। कुछ दिनों बाद समय पाकर वह फूट निकला। बात कुछ नहीं, पर गन्दी गालियों के बड़े बड़े पतनाले बह चले। 'गर्र—फूं—फुश' की वह गुर्राहट शुरू हुई, मानों किसी पिंजड़े में बन-विलाव फँस गया हो।

चुन-चुनकर हमारे ऊपर ऐसी ऐसी गालियों की बौछार हुई कि लोगों को 'लोमड़ीदास भटियारा' और 'घोड़ीदास कुंजड़ा' याद आ गया। साहित्यिक जनता में खलबली मच गई। हमारी मित्रमण्डली में भी तहलका मचा। किसी ने कहा लेना है, कोई बोला पकड़ो, जाने न पाये, एक बोला मैं इसे ठीक किये देता हूँ। कुछ विद्यार्थियों ने कहा कि आप ठहरिये, हम ही इसका कचूमर निकाल देते हैं। 'जितने मुँह उतनी बातें'। आखिर हमारे कानों तक भी इस चिल्ल-पों की गुहार पहुँची। कई मित्रों ने हमारी मौनमुद्रा की लानत-मलामत भी की, पर यहाँ 'मटिया ठस' टस से मस न हुए। औरों को भी कुछ लिखने-बोलने से यह कहकर मनाकर दिया कि—

'अनुहुँकुरुते घनध्वनिं न तु गोमायुरुतानि केसरी।'

और लोग तो मान गये, परन्तु सम्पादकजी (पं० पद्मसिंहजी शर्मा) पर हमारी बातों का कुछ असर न हुआ। वह न माने। उनका स्वभाव बड़ा हठीला था। जिस बात की जिद पकड़ लेते, फिर वह कराके ही छोड़ते। आखिर मजबूर होकर हमें एक नोट लिखना पड़ा। इसलिए नहीं कि प्रत्येक आक्षेप का उत्तर दिया जाय, बल्कि इसलिये कि आक्षेपकर्ता की योग्यता का नमूना लोगों को दिखा दिया जाय। इसके लिये प्रथम आक्षेप का विवेचन ही पर्याप्त समझा गया। कागज के शेर का काम तमाम करने के लिये एक दिया-सलाई ही काफी हुई।

और लोगों को सन्तोष हो गया, पर सम्पादकजी बोले कि 'अभी कुछ और'। हमने कहा, इसका जवाब आने दीजिये, फिर आगे देखा जायेगा। पर वहाँ जवाब देने का दम ही किसमें था? कालीन का शेर भी कहीं शिकार किया करता है? इस कर्महीन का जन्म तो चारो ओर की लातें खाने के लिये ही होता है।

किराया देकर मातम करने के लिये बुलाई हुई नीच स्त्रियाँ चीखती तो बड़े जोर से हैं, पर आँसू किसी के नहीं निकलते। और किराये पर गालियाँ देने के लिये उभारा हुआ गुंडा उबलता तो बड़े जोरों पर है,

परन्तु उसके पैर नहीं जमा करते । दूसरी ओर से करारी फटकार पड़ते ही खिसकने लगता है। चार यारों का हुलकारा हुआ बुली उसी समय तक भूंकता है जब तक दूसरी ओर से सिर पर डंडा नहीं पड़ता। और जो कहीं हुलकारनेवालों के सिर पर भी करारी चपत बैठ जाय, तब तो फिर बुली दुम दबाकर भागता ही नजर आता है। साहित्यदर्पण की टीका पर धूल उछालने के लिये की गई संघटित गुंडई का भी ऐसा ही हाल हुआ।

हाँ, तो सम्पादकजी की 'कुछ और' की जिद न छूटी। हमने भी सोचा कि एक बात पर करीब करीब एक हजार वर्षों से साहित्य के आचार्यों में भ्रम फैल रहा है। चलो, इस पर कुछ लिख ही डालें।

'न्यक्कारो ह्ययमेव मे यदरयः'

इत्यादिक पद्य अनेक साहित्यग्रन्थों में आया है और सबने इसकी व्याख्या तथा प्रशंसा भी की है। 'ध्वन्यालोक' में भी यह उद्धृत है और उसके टीकाकार श्री अभिनवगुप्तपादाचार्य ने इसमें क्रोध को व्यङ्ग्य माना है। इसके बाद महाराज भोज के चचा महाराज मुञ्ज के दरबारी कवि आचार्य धनिक तथा धनञ्जय ने इसमें निर्वेद ही निर्वेद की बातें बताते रहे। श्रीतर्कवागीशजी ने भी इसमें वही कही। हमारा मत इन सबसे भिन्न है। हम श्रीअभिनवगुप्तपादाचार्य के मत के समर्थक हैं। हमने इस पर विस्तार से प्रकाश डालना उचित समझा और दो लेख लिखे, जो एक मासिक पत्रिका में प्रकाशित हुए। सम्पादकजी भी सन्तुष्ट हो गये और अन्य मित्र-मण्डली के मन की मुराद भी पूरी हो गई।

जिज्ञासु जनों के लिये अत्युपयोगी समझकर ये दोनों लेख इस संस्करण के परिशिष्ट में छपा दिये हैं। प्रथम नोट का आवश्यक अंश भी प्रथम परिच्छेद की प्रथम कारिका की टीका में ही समाविष्ट कर दिया है। और भी अनेक स्थानों पर बहुत पाठ बढ़े हैं।

द्वितीय संस्करण में परिवर्धित विषय

प्रथमावृत्ति की भूमिका

प्रथम परिच्छेद

प्रथमकारिका की व्याख्या

द्वितीय परिच्छेद

पञ्चमकारिका

षष्ठकारिका

धर्मगत फल लक्षणा का उदाहरण

तृतीय परिच्छेद

'उपचरितेन कार्यत्वेन कार्यत्वमुपचर्यते'

'पल्लवोपमिति०'

चतुर्थ परिच्छेद

'गाढकान्तदशन'

'सज्जेहि सुरहिमासो'

'धम्मिल्ले नवमल्लिका'

'सुभगे पञ्चसंख्यत्वम्'

'मल्लिकामुकुले'

'अलं स्थित्वा'

'अनयोः स्वतःसंभविनोः'

५१ ध्वनिभेदाः

'अयं स रशनोत्कर्षी'

'जनस्थाने भ्रान्तम्'

'प्रधानगुणभावाभ्याम्'

पञ्चम परिच्छेद

रस और राग का साम्य

प्राप्तसत्त्वाद्रसादेः

गृहे श्वनिवृत्त्या विहितं भ्रमणम्

सप्तम परिच्छेद

हतवृत्तत्व

पतत्प्रकर्ष

वाच्यानभिधान

भग्नप्रक्रम

'आपातसुरसे भोगे'

कथितपदत्व का गुणत्वनिरूपण

अष्टम परिच्छेद

षोडशकारिका

दशम परिच्छेद

रूपक

परिणाम

अतिशयोक्ति

दृष्टान्त

समासोक्ति

इत्यादि

---

* साहित्यदर्पणस्य विषयानुक्रमणी *

॥ श्रीः ॥

श्रीमद्विश्वनाथकविराजप्रणीतः

साहित्यदर्पणः

विमलाविभूषितः

प्रथमः परिच्छेदः ।

ग्रन्थारम्भे निर्विघ्नेन प्रारिप्सितपरिसमाप्तिकामो वाङ्मयाधिकृततया वाग्देवतायाः सांमुख्यमाधत्ते—

विमला

वन्दे वृन्दावनत्राणं प्राणं गोगोपसुभ्रुवाम् ।
इन्दिरानयनानन्दं गोविन्दं द्युतिमन्दिरम् ॥ १ ॥

आशोणा कोणदेशाद्, विकसितकुमुदामोदिनी पार्श्वभागा-
न्नीलेन्द्राक्रान्तकान्ता कलिकलुषहरा संसरन्ती च मध्यात् ।
व्योमस्थेव त्रिवेणी, त्रिगुणवशकरी देवतेव त्रिरूपा,
त्रीन् संस्कारान् धमन्ती जयति नयनयोः कापि कान्तिर्भवान्याः ॥ २ ॥

साहित्याद्वैतसिद्धान्तनिष्कलङ्कसुधाकरम् ।
वन्दे वाराणसीप्रेष्ठं रसगङ्गाधरं गुरुम् ॥ ३ ॥
ध्यायं ध्यायं शिवं धाम दिव्यं साहित्यदर्पणे ।
यथामति कृता व्याख्या 'विमला'ऽर्थप्रकाशिनी ॥ ४ ॥
सुलभाः संस्कृतविदुषां सन्दर्भाः प्रायशोऽनेके ।
हिन्दीज्ञानां न तथा तस्माद् हिन्दीं समालम्बे ॥ ५ ॥
संस्कृतं मार्गमुत्सृज्य विद्वांसः केऽपि कोपिताः ।
यत्कृते सा ममेदानीं मातृभाषा प्रसीदतु ॥ ६ ॥

यद्यस्ति वस्तु किमपीह तथाऽनवद्यं, द्योतेत तत्स्वयमुदेष्यति चानुरागः ।
नो चेत्, कृतं कृतकवाग्भिरलं प्रपञ्चैर्निर्दोहधेनुमहिमा नहि किङ्किणीभिः ॥ ७ ॥

श्रीविश्वनाथ कविराज अपनी बनाई साहित्यकारिकाओं की व्याख्या करने के अभिप्राय से मङ्गलाचरण के पद्य का प्रयोजन और औचित्य बतलाने के लिये अवतरण देते हैं—ग्रन्थारम्भे इति—जिसका प्रारम्भ करना चाहते हैं उस ('प्रारिप्सित') 'ग्रन्थ का आरम्भ करने से पूर्व' ग्रन्थकार, निर्विघ्नपूर्वक समाप्ति की इच्छा से, शास्त्रों में अधिकृत होने के कारण, भगवती सरस्वती की आराधना करते हैं। तात्पर्य यह है कि निर्विघ्न समाप्ति के लिये विघ्नध्वंसकारी मङ्गलाचरण प्रयोजनीय है और सब शास्त्रों की अधिष्ठात्री भगवती सरस्वती का आराधन ही शास्त्रारम्भ में उचित है।

यहाँ 'ग्रन्थारम्भे' इस पद में 'आरम्भ' शब्द लक्षणा से आरम्भ के पूर्वकाल का बोधक है। मुख्य अर्थ के बाधित होने से प्रयोजनवती लक्षणा हुई है। 'ग्रन्थ' शब्द का अर्थ है 'प्रतिपाद्य विषय का बोधक सन्दर्भ'—अर्थात् जिस विषय का प्रतिपादन करना चाहते हैं उसका बोधन करनेवाले वाक्यों का समूह। और 'आरम्भ' का

शरदिन्दुसुन्दररुचिश्चेतसि सा मे गिरां देवी ।
अपहृत्य तमः सन्ततमर्थानखिलान्प्रकाशयतु ॥ १ ॥

अर्थ है पहला अवयव । परन्तु प्रकृत मङ्गलाचरण में केवल इष्टदेवता की आराधना की गई है, प्रतिपाद्य विषय के सम्बन्ध में कुछ नहीं कहा गया, इस कारण यह मङ्गल, प्रतिपाद्य विषय का पूर्वावयव नहीं हो सकता, अतः मुख्यार्थ के बाधित होने के कारण लक्षणा से आरम्भ' शब्द आरम्भ के पूर्वकाल का बोधन करता है—इससे पूर्वोक्त अर्थ सिद्ध हुआ। मङ्गलाचरण और ग्रन्थारम्भ इन दोनों क्रियाओं के बीच में अव्यवधान का सूचन करना इस लक्षणा का प्रयोजन है । लक्षणाओं का साङ्गोपाङ्ग विवेचन दूसरे परिच्छेद में होगा।

मङ्गलाचरण से प्रतिबन्धक विघ्नों का नाश होता है और विघ्नों के नाश से निर्विघ्न समाप्ति होती है—इस प्रकार मङ्गल, विघ्नध्वंस का तो साक्षात् कारण होता है और समाप्ति का परम्परा से (विघ्नध्वंस के द्वारा) कारण होता है ।

यद्यपि विश्वनाथ कविराज ने अपनी कारिकाओं की व्याख्या भी स्वयं ही लिखी है, अतः कारिकाकार और वृत्तिकार के एक होने के कारण अवतरण में उत्तम पुरुष के एक वचन (आदधे) का प्रयोग होना चाहिये, प्रथम पुरुष (आधत्ते) का नहीं, क्योंकि यह प्रयोग अन्य के लिये ही बोला जा सकता है, अपने लिये नहीं, तथापि भेद का आरोप करके इस प्रकार का प्रयोग किया है । ऐसे बोलने की रीति संस्कृत तथा अन्य भाषाओं में प्रचलित है—जैसे **'जीवत्यहो रावणः'**–**'नागेशः कुरुते'**–**'पण्डितेन्द्रो जगन्नाथशर्मा निर्माति'**–**'सुन्दर कहत'**–**'कह गिरिधर कविराय'** इत्यादि । इस प्रकार के प्रयोग से कहीं तो निरभिमानता सूचित होती है, क्योंकि 'अहम्' पद से जो अहंकार का भास होता है वह प्रथम पुरुष के प्रयोग से नहीं होता—और कहीं-कहीं प्रसिद्धि के अनुसार लोकोत्तर वीरभाव तथा अपूर्व पाण्डित्यादिक ध्वनित होते हैं– जैसे **'रावणः'** और **'जगन्नाथशर्मा'** से होते हैं ।

शरदिन्दुसुन्दरेति–१– शरद् ऋतु के चन्द्रमा के समान सुन्दर कान्तिवाली 'वह' (शास्त्र, पुराणादि प्रसिद्ध) भगवती सरस्वती अज्ञानरूप अन्धकार को दूर करके सब (वाच्य, लक्ष्य तथा व्यंग्य) अर्थों को मेरे हृदय में सदा प्रकाशित करे । इस श्लोक का और भी दो प्रकार से अर्थ होता है । उसमें पदों का सम्बन्ध कुछ भिन्न करना पड़ता है—जैसे 'गिराम्' का सम्बन्ध 'देवी' के साथ न करके 'तमः' के साथ किया जाय और ऐसा अन्वय हो—२—**'शरदिन्दुसुन्दररुचिः सा देवी, मे गिरां सन्ततं तमः अपहृत्य अखिलानर्थान् (मे) चेतसि प्रकाशयतु'** अर्थात् शारद चन्द्र के तुल्य सुन्दर कान्तिवाली वह 'देवी' (प्रकाशकर्त्री = सरस्वती) मेरी वाणी के तमोगुण = अभिलापन के असामर्थ्य अर्थात् जो भाव मन में है उसे वाणी के द्वारा प्रकट न कर सकने को दूर करके सब प्रकार के पूर्वोक्त अर्थों को (मेरे) हृदय में प्रकाशित करे ।

ग्रन्थकार में अपने भावों को वाणी के द्वारा यथावत् प्रकाशित करने की शक्ति का होना अत्यन्त आवश्यक है । यदि उसकी वाणी में कोई भी त्रुटि है तो वह अपने हृदय की अच्छी से अच्छी बात को भी श्रोताओं के चित्त में नहीं जमा सकता, इसलिये वाणी के तम = अभिलापनाऽसामर्थ्य को दूर करने की इष्टदेव से प्रार्थना करना उचित ही है । इस अर्थ में यद्यपि 'गिराम्' का सम्बन्ध 'देवी' के साथ न होने के कारण 'वाग्देवी' यह अर्थ स्पष्टतया नहीं निकलता, तथापि 'शरदिन्दुसुन्दररुचिः' इस विशेषण के बल से और देवी शब्द के योगार्थ (ज्ञानप्रकाशकर्त्री) से वह स्पष्ट हो जाता है, अतः कोई क्षति नहीं । अथवा 'गिराम्' पद की आवृत्ति करके उसका दोनों ओर सम्बन्ध हो सकता है । इसी प्रकार प्रत्यासत्तिन्याय से अथवा आवृत्ति से 'मे' पद का सम्बन्ध 'गिराम्' और 'चेतसि' इन दोनों के साथ होता है । एवं 'सन्ततं' का 'तमः' और 'प्रकाशयतु' इन दोनों के साथ सम्बन्ध हो सकता है ।

३—तीसरे पक्ष में **'तमः अपहृत्य'** इन पदों का आर्थिक सम्बन्ध 'अर्थान्' के साथ होता है । इस पक्ष में, "वाच्यादि अर्थों का जो तम = अप्रकटरूपता—जिसके कारण उन पदार्थों का स्वरूप यथावत् प्रकट नहीं होने पाता—उसे दूर करके भगवती सब पदार्थों को हृदय में प्रकाशित करे," ऐसा अर्थ होता है । इन तीनों अर्थों में 'तमः' के सम्बन्धभेद से ही अर्थभेद होता है । पहले अर्थ में 'तमः' का सम्बन्ध 'चेतसि' के साथ है—उसमें तम का अर्थ है—अज्ञान, क्योंकि चित्त में अज्ञान ही विकार पैदा करता है । दूसरे में उसका

सम्बन्ध 'गिराम्' के साथ है और वाणी का तमोगुण = अभिलापनाऽसामर्थ्य विवक्षित है। तीसरे अर्थ में पदार्थगत तमोगुण = अस्पष्टरूपता के दूर करने का तात्पर्य है। ये तीनों अर्थ ग्रन्थकार को अभिलषित हैं, क्योंकि ग्रन्थ बनाने के लिये हृदय का अज्ञान, भावों को प्रकट करने का असामर्थ्य और पदार्थों की अरमणीयता--ये तीनों दोष दूर करने आवश्यक हैं। इनमें से एक के रहने पर भी ग्रन्थ ठीक नहीं बन सकता। इसी कारण इस पद्य की पदरचना इस प्रकार की गई है, जिससे ये तीनों अर्थ विना कष्टकल्पना के निकल सकें।

यद्यपि अन्धकार दूर करने में सूर्य भी प्रसिद्ध है, परन्तु वह सन्तापदायक है और भगवती सरस्वती सदा शान्तिदायिनी है एवं उसका स्वरूप भी चन्द्रमा से मिलता है, अतः उसी की उपमा दी है। अन्य ऋतु के चन्द्रमा में उतनी ज्योति और शान्ति नहीं होती, अतः 'शरत्' शब्द का ग्रहण किया है। शरदिन्दु भी बाहर के ही अन्धकार को दूर कर सकता है—हृदय और वाणी के अन्धकार को दूर करने में उसका कुछ सामर्थ्य नहीं—इसी अभिप्राय के सूचन करने के लिये 'सा' पद दिया गया है। 'सा' वह = पुराणादि प्रसिद्ध—जिसके तनिक कृपाकटाक्ष से ही अत्यन्त मूढ पुरुषों का भी विद्वन्मुकुट होना प्रसिद्ध है—वही सरस्वती देवी। इस अर्थ में व्यतिरेकालङ्कार व्यङ्ग्य है, क्योंकि हृदय के अन्धकार को दूर करनेवाली भगवती का प्रभाव, केवल बाह्यान्धकार को दूर करनेवाले उपमानभूत चन्द्रमा से अधिक प्रतीत होता है (आधिक्यमुपमेयस्योपमानाद्...व्यतिरेकः) इस भाव को व्यक्त करने के लिये 'शरदिन्दुसुन्दररुचिः' इस पद में यदि 'पञ्चमी' योग-विभाग से अथवा 'सुप्सुपा' से पञ्चम्यन्त का समास कर लिया जाय (शरदिन्दोरपि सुन्दरा रुचिर्यस्याः)—तो व्यतिरेक स्पष्ट ही हो जायगा।

साहित्यदर्पण के अतिप्रसिद्ध तथा प्राचीन और सर्वोत्तम संस्कृतटीकाकार श्रीरामचरण तर्कवागीशजी ने इस पद्य को दुर्गापरक भी लगाया है—यथा—देवी दुर्गा मे गिरामर्थान् (प्रतिपित्सूनाम्) चेतसि प्रकाशयतु--कीदृशी शरदिन्दुसुन्दररुचिः—शरदिन्दुसुन्दरे शिवे रुचिरभिलाषो यस्याः सा। एतत्पक्षे वाङ्मयाधिकृततयेति कर्तृविशेषणम्—वाङ्मयाधिकृतो ग्रन्थकृदित्यर्थः। 'अवाग्देवतायाः' इति गोपनीयदेवतायाः। इष्टदेवताया गोपनीयत्वमागमे प्रसिद्धम्।

कदाचित् तर्कवागीशजी की गोपनीय देवता श्रीदुर्गाजी थीं—इसीलिये उन्होंने क्लिष्टकल्पना के द्वारा इस अस्वारसिक अर्थ को भी इस पद्य में से निकालने के लिये खींचातानी की है। उक्त अर्थ में कई दोष भी हैं। १—सबसे पहले तो 'वाङ्मयाधिकृततया' इसे कर्त्ता का विशेषण बनाने और 'वाग्देवता' का 'अवाग्देवता' पदच्छेद करने में शब्दों की स्वारसिकता और रचना की स्वाभाविकता इस क्लिष्टकल्पना से नष्ट होती है। २—दूसरे 'मे गिराम्' का 'अर्थान्' के साथ सम्बन्ध करने में दूरान्वय दोष होता है। ३—तीसरे 'चेतसि' के साथ सम्बन्धी पद न रहने से वाक्य अधूरा रह जाता है और उसके लिये अप्रसक्त 'प्रतिपित्सूनाम्' का अध्याहार करना पड़ता है। ४—चौथे इस पद्य का सबसे प्रधान पद 'शरदिन्दुसुन्दररुचिः' एकदम विफल हो जाता है। सरस्वती को शरदिन्दु की उपमा देने से उसका अन्धकार के नाश करने और शान्ति देने में सामर्थ्य, बड़ी सुन्दरता से प्रकट होता है, किन्तु श्रीतर्कवागीशजी के कथनानुसार यदि 'शरदिन्दुसुन्दर' का अर्थ 'शिव' माने तो—या तो 'शरदिन्दुना सुन्दरः' यह तृतीया-तत्पुरुष मानना पड़ेगा—या 'शरदिन्दुरिव सुन्दरः' इस विग्रह में 'उपमानानि सामान्यवचनैः' इस सूत्र से उपमानसमास मानना पड़ेगा। इनमें से पहला इसलिये ठीक नहीं कि शिवजी के सिर पर जो चन्द्रमा है वह शरद् ऋतु का नहीं। वह तो सदा एकरस रहता है और सदा एकसा प्रकाश करता है। उसे किसी विशेष ऋतु का बताना ठीक नहीं। इस पक्ष में 'शरत्' पद न केवल व्यर्थ ही है, प्रत्युत दोषाधायक भी है। ग्रन्थकार का यदि यह अभिप्राय होता तो वे 'इन्दुसुन्दर' इतना ही कहते 'शरत्' शब्द न रखते।

५—यदि दूसरा समास माने तो 'शरदिन्दुसुन्दररुचिः' यह सबका सब विशेषण अनुपयुक्त हो जाता है। दुर्गा का शङ्कर में अभिलाष सूचन करने से कोई विशेष उपयोग सिद्ध नहीं होता। यदि 'विद्याकामः शिवं यजेत्' इत्यादि वचनों के अनुसार प्रकृत में शिव का प्राधान्य सूचन करना अभीष्ट था तो नमस्कार भी उन्हीं को करना उचित था। प्राधान्य तो सूचित करें शिव का और प्रणाम करें दुर्गा को! यह कहाँ का न्याय है !!

इसके अतिरिक्त यह भाव मान भी लिया जाय तो इसमें 'शरदिन्दुसुन्दर' पद की विशेषता कुछ नहीं सिद्ध होती। चाहे तृतीया समास कीजिये, चाहे उपमा समास मानिये, दोनों में (चन्द्रमा के कारण सुन्दर

अथवा चन्द्रमा के सदृश सुन्दर इन अर्थों में) चन्द्रमा का सम्बन्ध शिव के साथ है, दुर्गा से तो उसका कुछ सरोकार है ही नहीं। वह तो 'चन्द्रसुन्दर शिव में अभिलाषमात्र करती हैं। फिर वह बेचारी अन्धकार के हरण करने में समर्थ कैसे होंगी ? यदि चन्द्रमा या चन्द्रमा से सुन्दर वस्तु में अभिलाषमात्र करने से यह सामर्थ्य हो जाता हो तो चकोरों में भी होना चाहिये ! बहुत से काले कलूटे, लँगड़े, लूले भक्तों में भी होना चाहिये। वास्तव में तर्कवागीशजी के इस उग्र तर्क के फेर में पड़कर इस 'शरदिन्दुसुन्दर' विशेषण की शोभा नष्ट हो गई।

इसके सिवा श्रीतर्कवागीशजी इष्टदेवता को गोपनीय बताते हैं और आगम की साक्षी भी देते हैं। '**इष्टदेवताया गोपनीयत्वमागमे प्रसिद्धम्**''। परन्तु हमारी समझ में नहीं आता कि आपके इस प्रकार व्याख्यान करने पर भी वह गुप्त कैसे रह सकी ? आपके इतने 'वा याणार' करने पर भी वह '**अवाग्देवता**' कैसे बनी रही ! यदि आपका व्याख्यान ग्रन्थकार को भी अभिमत है तो उन्होंने भी जिसके लिये कई पंक्तियों में व्याख्या सहित स्तुति लिखी है, वह 'अवाग्देवता' कैसे हो सकेगी ! सरस्वती से हटाकर दुर्गापरक अर्थ लगाने के लिये आपने 'वाग्देवता' का 'अवाग्देवता' कर डाला था, परन्तु वही पद आपके विरुद्ध हो बैठा। सरस्वती का विरोध फल गया।

वस्तुतः साहित्यदर्पणकार को यह विचित्र अर्थ अभीष्ट नहीं, अन्यथा वह ऐसे पद जिनसे उनके गोप्य इष्टदेव का जरा भी प्रकाशित होना संभव था—कभी न रखते। तर्कवागीशजो की तरह विष्णु आदि की स्तुति कर लेते।

कई लोग (तर्कवागीशजी भी) यहाँ 'सा' का अर्थ करते हैं '**एन विष्णुना सह वर्तमाना**' 'अ' अर्थात् विष्णु के साथ रहनेवाली। हमारी सम्मति में यह भी ठीक नहीं, क्योंकि तत्शब्द (सर्वनाम) बुद्धिस्थ विषय का परामर्श करता है और सरस्वती देवी के अनेक महत्त्वों को व्यञ्जित करके इस पद्य की शोभा को कई गुना बढ़ा देता है। वह बात इस अर्थ में छू तक नहीं गई और न विष्णु का साहचर्य प्रकृत में कुछ उपयुक्त है, अतः यह पद्य सरस्वती की आराधना में ही प्रयुक्त है। स्वभावतः इसके अक्षर उसी ओर प्रवृत्त हैं। अर्थान्तर करने में क्लेश और दोष हैं, अतः पूर्वोक्त ही इसके ठीक अर्थ जानना।

आजकल अनेक अनधिकारी और 'ज्ञानलवदुर्विदग्ध' लोग भी साहित्यशास्त्र में टाँग अड़ा कर उसे गन्दा करने लगे हैं। इन्हीं में से किसी का कहना है कि प्रकृत पद्य में श्रीतर्कवागीशजी ने 'श्लेष' के द्वार दोनों अर्थों की सत्ता मानी है। जिज्ञासु जनों की सुविधा के लिये हम यहाँ 'श्लेष' के विषय को कुछ स्पष्ट कर देना चाहते हैं। 'श्लेष'-शब्द 'श्लिष' धातु से बना है, उसका अर्थ है चिपकना, चिपटना या मिलना। साहित्य में यह शब्द पारिभाषिक है, और जहाँ एक शब्द से दो अथवा अधिक अर्थों की प्रतीति होती है, वहाँ इसका प्रयोग होता है। एक शब्द में चिपके हुए से अनेक अर्थ जहाँ एक ही शक्ति—अभिधा—के द्वारा बोधित हों, वहाँ श्लेष माना जाता है। दोनों अर्थों का बोध कराने में उस शब्द का सामर्थ्य होना चाहिए, वह शब्द उन अनेक अर्थों का वाचक होना चाहिए, अभिधा-शक्ति के द्वारा अनेक अर्थों को उपस्थित कराने का सामर्थ्य उस शब्द में होना चाहिए, तभी श्लेष होता है, अन्यथा नहीं। श्लेष में दो (या अधिक) अर्थ समान रूप से बोधित होते हैं। दोनों में शब्द की एक ही शक्ति (अभिधा) काम करती है। दोनों में से किसी एक अर्थ का दर्जा ऊँचा या नीचा नहीं समझा जाता। दोनों अर्थ एक साथ—समान रूप से—कन्धे-से-कन्धा मिलाकर खड़े हुए दिखाई देते हैं। यह नहीं होता कि एक अर्थ सामने आकर खड़ा होता हो और दूसरा किसी खिड़की से झाँकता हो या उसकी केवल 'छाया' दीखती हो या सिर्फ 'झलक' दिखाई देती हो। जहाँ किसी कारणवश एक ही अर्थ प्रकरण के उपयुक्त सिद्ध हो जाय और दूसरे की सिर्फ छाया या झलक दिखाई पड़े अर्थात् एक अर्थ अभिधा-वृत्ति के द्वारा उपस्थित होता हो और दूसरा व्यञ्जना वृत्ति के द्वारा, वहाँ शब्दशक्ति-मूलक ध्वनि मानी जाती है, श्लेष नहीं। श्लेष वहीं होता है, जहाँ दोनों अर्थ साथ पैदा हुए भाइयों की तरह सामने आवें, बराबर के हिस्सेदारों की तरह उपस्थित हों। श्लेष वहीं होता है, जहाँ कहनेवाले का तात्पर्य दोनों अर्थों को बोधित करने से हो, वक्ता अविकल रूप से दोनों अर्थों को एक ही शब्द से, अभिधा-वृत्ति के द्वारा, उपस्थित कराना चाहता हो। श्लेष का यही चमत्कार है कि उसमें अर्थ एक शब्द से इस प्रकार चमकें, जैसे एक गुच्छे में जुड़े दो फल। इस श्लेष के प्रकरण में कहीं तो शब्द एक

ही रूप से दोनों अर्थों का ज्ञान कराता है और कहीं उसके किसी अंश को थोड़ा तोड़ना-मरोड़ना पड़ता है। पहली दशा को अभङ्ग और दूसरी को सभङ्ग कहते हैं। "राजा और सूर्य कर के द्वारा जगत् को जीवन-दान करते हैं" यह शिलष्ट वाक्य है। इसमें 'कर' और 'जीवन' पदों में श्लेष है। 'कर' का अर्थ है किरण और टैक्स, एवं 'जीवन' शब्द का अर्थ है पानी और प्राण अथवा जीवनोपयोगी सामान। राजा टैक्स के द्वारा जगत् की प्राण रक्षा करता है, अर्थात् लोगों को जीवन के उपयोगा—विद्या, तथा पालन-पोषण आदि के सामान पहुँचाता है, और सूर्य किरणों के द्वारा पृथ्वी के जल को खींचकर फिर उसे बादलों के रूप में पहुँचाता है, एवं उससे भरण-पोषण की सामग्री पैदा करता है। "अच्छा ऋषि और बुरा राजा कुशासन से प्रेम करता है"—यह भी शिलष्ट वाक्य है। यहाँ 'कुशासन' शब्द में श्लेष है। अच्छा ऋषि कुश के आसन (कुशासन) से प्रेम करता है, और बुरा राजा कुत्सित शासन (कु-शासन) से प्रेम करता है। यह सभङ्ग श्लेष कहाता है। इसमें एक जगह 'कुश-आसन' ऐसा पदच्छेद किया गया और दूसरी जगह 'कु-शासन' ऐसा माना गया। इस प्रकार के शब्दों का अर्थ करते समय लोग 'पक्ष' शब्द से काम लेते हैं, जैसे उक्त वाक्य की टीका करते समय कोई लिख सकता है कि राजा के पक्ष में 'कु—कुत्सित शासन' अर्थ है और ऋषि के पक्ष में 'कुश का आसन'। संस्कृत में भी इसी प्रकार टीकाकार लोग लिखते हैं—"राजपक्षे कुत्सितं शासनम्, ऋषिपक्षे कुशस्य आसनम् इति च्छेदः।"

इससे स्पष्ट है कि शिलष्ट पदों का अर्थ करते समय या तो 'और' शब्द से काम लिया जाता है या 'पक्ष' शब्द से। संस्कृत में 'च' और 'पक्षे' का प्रयोग होता है। क्यों? इसलिये कि श्लेष में अनेक अर्थों का समुच्चय होता है। दोनों अर्थ एकसाथ उपस्थित होते हैं। उन दोनों को साहचर्य-बोधन करने के लिये किसी ऐसे शब्द की आवश्यकता होती है, जो समुच्चय का बोधक हो। ऐसे शब्द 'च' 'और' इत्यादिक हैं। 'पक्षे' कहने से भी वही बात सिद्ध होती है।

"सूर्य और सरस्वती जाड्य दूर करते हैं", इस वाक्य में जाड्य का अर्थ है शीत और अज्ञान। इसे यों भी कह सकते हैं कि सूर्य के पक्ष में जाड्य का अर्थ है शीत और सरस्वती के पक्ष में उसका अर्थ है अज्ञान।

'पीपर तर मति जाइए दुहुँकुल आवति लाज", यहाँ 'पीपर' का अर्थ है पीपल का वृक्ष और 'पीपर' पराया प्रिय अर्थात् पर-पुरुष। कोई स्त्री यदि पीपल के वृक्ष के नीचे चली जाय, तो उसके दोनों कुलों में लाज आने का कोई कारण नहीं; अतः यहाँ संकेत-स्थल का पीपल और परपुरुष, दोनों ही शिलष्ट हैं। इन दोनों का अभिधा-वृत्ति के द्वारा ही बोध होता है।

जहाँ अभिधा-वृत्ति किसी कारण से एक ही अर्थ में रुक जाय, और उसके रुकने पर भी दूसरा अर्थ झलकता रहे, वहाँ शब्द-शक्ति-मूलक ध्वनि मानी जाती है। अभिधा के रुक जाने पर भी जो दूसरा अर्थ प्रतीत होता है, वह व्यञ्जना वृत्ति के द्वारा उपस्थित होता है। इस प्रकार के अर्थ को ध्वनित, व्यञ्जित, भासमान, प्रतीयमान या झलकता हुआ कहा जाता है। यह मुख्य अर्थ नहीं होता। मुख्य अर्थ वही होता है, जो अभिधा-वृत्ति के द्वारा उपस्थित हो। मुख्योऽर्थोऽभिधया बोध्यः—यह नियम है। मुख्य अर्थ को झलकता हुआ नहीं कहा जाता, क्योंकि वह पूरे रूप से सामने आता है। झलकता हुआ उसी को कहा जाता है, जिसकी जरा-सी छाया-मात्र दीख पड़े। जैसे—

'कवि सुन्दर कोप नहीं सपने।'

पतिप्राणा नायिका का वर्णन करते हुए उक्त वाक्य कहा है, अतः प्रकरणवश उसका सीधा अर्थ यही है कि स्वप्न में भी क्रोध न होना सती का चिह्न है। परन्तु वहाँ एक दूसरा अर्थ झलकता है। 'कोप' शब्द के पहले अक्षर को पूर्व शब्द के साथ और दूसरे अक्षर को अगले शब्द के साथ मिलाकर पढ़िए तो एक ऐसा अर्थ प्रतीत होगा, जो कवि को हर्गिज अभीष्ट नहीं। जैसे—

'कवि सुन्दर को पनहीं सपने।'

कवि सुन्दर अपने लिये स्वप्न में पनहीं (जूती) पाने का वर्णन करने इस पद्य में बैठे हैं,—यह कोई नहीं मान सकता। उनके वर्णन का प्रकरण इस अर्थ को रोक देता है, अतः अभिधा-वृत्ति के द्वारा इस अर्थ की उपस्थिति नहीं हो सकती, व्यञ्जना के द्वारा होती है। इसी से यहाँ श्लेष भी नहीं कहा जा सकता; क्योंकि यहाँ जो दूसरा अर्थ प्रतीत होता है, वह वक्ता को अभीष्ट नहीं। श्लेष वहीं होता है, जहाँ वक्ता दोनों अर्थों का समान रूप से—अभिधा-वृत्ति के द्वारा—बोध कराना चाहता हो। जैसे—

"दुःख तम दूरि भए मित्र के उदय तें।"

'मित्र' का अर्थ है सूर्य और सखा। ये दोनों यहाँ वक्ता को अभीष्ट हैं। सूर्य के उदय से दुःखदायी तम (अन्धकार) दूर हुआ और सखा के उदय (उत्कर्ष) से दुःखरूप तम दूर हुआ। यह श्लेष है।

"श्लिष्टैः पदैरनेकार्थाभिधाने श्लेष इष्यते।"

अनेकार्थक पदों से जहाँ कई अर्थों का 'अभिधान' अभिधा-वृत्ति के द्वारा (व्यञ्जना के द्वारा नहीं) बोध हो, वहाँ श्लेष होता है।

"शब्दैः स्वभावादेकार्थैः श्लेषोऽनेकार्थवाचनम्।"

अनेक अर्थों के वाचन = अभिधान अर्थात् अभिधावृत्ति के द्वारा बोधन में श्लेष होता है। ये दोनों लक्षण साहित्यदर्पण के ही हैं। पहला शब्द-श्लेष का है, दूसरा अर्थ-श्लेष का। दूसरे लक्षण की व्याख्या में मूलग्रन्थकार ने लिखा है—"वाचनम् इति ध्वनेः (व्यवच्छेदः)" अर्थात् 'वाचनम्' = अभिधान से ध्वनि का व्यवच्छेद होता है। दोनों अर्थ अभिधा के द्वारा उपस्थित होने चाहिए, तभी श्लेष होता है। यदि दो में से एक ध्वनित हुआ—व्यञ्जना या ध्वनि के द्वारा उपस्थित हुआ—तो श्लेष नहीं होगा।

इन दोनों श्लेषों के उदाहरणों की टीका करते हुए श्रीतर्कवागीशजी ने सब जगह 'पक्षे' या 'च' शब्द कहकर व्याख्या की है। संस्कृत-साहित्य को आदि से अन्त तक देख जाइए, श्लेष के प्रकरण में समुच्चय के बोधक इन्हीं शब्दों के द्वारा की हुई व्याख्या मिलेगी। समुच्चय ही श्लेष का प्राण है। जहाँ यह न होगा, वहाँ श्लेष भी न होगा। एक ही शब्द से जहाँ दो अर्थ समान रूप से उपस्थित होंगे, वहाँ यह होगा, अन्यथा नहीं। सिर्फ़ दो अर्थ प्रतीत होने से ही श्लेष नहीं हो जाता। यदि दोनों अभिधा से बोधित नहीं हैं, तो—"कवि सुन्दर कोप नहीं सपने" इत्यादि में—श्लेष न होगा।

दो अर्थ विकल्प और संशय में भी प्रतीत होते हैं, परन्तु वहाँ श्लेष नहीं होता। कहीं अँधेरे-उजेले में सामने किसी वस्तु को देखकर आपके मन में सन्देह हुआ कि "यह खम्भा है या आदमी", तो इसे श्लेष का स्थल नहीं कह सकते। "भागनेवाला या तो देवदत्त है या यज्ञदत्त", "कमरे से घड़ी चुरानेवाला या तो विष्णुमित्र है या शिवदत्त" इत्यादिक वाक्यों में भी दो वस्तुएँ उपस्थित होती हैं, लेकिन इसे श्लेष का स्थान नहीं कह सकते। यहाँ वक्ता का तात्पर्य दोनों वस्तुओं को उपस्थित करने में नहीं है। वह एक ही को बताना चाहता है, लेकिन वह यह निश्चय नहीं कर पाता कि उसकी अभीष्ट वस्तु इन दो में से कौन-सी है, इसीलिये वह दो वस्तुओं का उल्लेख मात्र करता है। यह संभव नहीं कि जिस वस्तु को आप सामने देखकर खम्भा और पुरुष का सन्देह कर रहे हैं, वह खम्भा भी हो जाय और पुरुष भी हो जाय। है तो वह कोई एक ही। लेकिन आप यह निश्चय नहीं कर पाते कि वह इन दोनों में से क्या है, इसीलिये दो शब्दों का निर्देश करते हैं। यदि आपको यह देख पड़े कि सामने खड़ी हुई उसी चीज़ के ऊपर कौआ आकर बैठ गया, तो निश्चय हो जायगा कि यह पुरुष नहीं, खम्भा है। और यदि वही चीज़ हिलने-डुलने लगे, तो आप उसे पुरुष समझ लेंगे। संशय और विकल्प में जो दो वस्तुएँ उपस्थित होती हैं वे उसी समय तक स्थिर रहती हैं, जब तक किसी के विरुद्ध कोई प्रमाण न मिले, यदि एक के विरुद्ध कोई प्रमाण मिला, तो दो में से एक ही रह जाती है, दूसरी चल देती है। श्लेष में यह बात नहीं होती। वहाँ वक्ता का तात्पर्य ही दो वस्तुओं से होता है, अतएव आदि से अन्त तक दोनों वस्तुएँ स्थिर रहती हैं, कोई हटती नहीं।

यदि किसी ने कहा कि "स्थाणुर्दृष्टः", तो अब आपको सन्देह होगा कि यहाँ कहनेवाले का तात्पर्य खम्भे से है या शिव से। 'स्थाणु' दोनों को कहते हैं। यदि आपको कोई ऐसा प्रमाण मिल गया, जिससे इन दोनों में से किसी एक का निश्चय हो सके, तब तो आप उसी का नाम लेंगे; परन्तु यदि कोई निर्णायक हेतु न मिला, तो आप इसकी व्याख्या करते हुए लिखेंगे, "शिव अथवा खम्भा"। यदि किसी ने कहा—"सैन्धव लाओ", तो अब सुननेवाला देखेगा कि कहनेवाला भोजन कर रहा है, तो वह नमक लाएगा, और यदि देखेगा कि वक्ता जाने को तयार है, तो घोड़ा लाएगा।

आपको यदि यह न मालूम हो कि यह वाक्य किस प्रकरण का है, तो आप इसका अर्थ करेंगे—नमक अथवा घोड़ा। मतलब यह कि जहाँ श्लेष होता है, वहाँ समुच्चय होने के कारण व्याख्या में 'च' 'पक्षे' या 'और' शब्द लिखे जाते हैं, परन्तु विकल्प तथा संशय के स्थल में 'अथवा' 'यद्वा' 'किंवा' और 'या' आदि शब्दों से काम लिया जाता है।

अस्य ग्रन्थस्य काव्याङ्गतया काव्यफलैरेव फलवत्त्वमिति काव्यफलान्याह—

चतुर्वर्गफलप्राप्तिः सुखादल्पधियामपि।

सारांश यह कि १—श्लेष तब तक नहीं होता, जब तक दोनों अर्थ मुख्य न हों। यदि एक अर्थ गौण और एक मुख्य होगा, तो श्लेष नहीं हो सकता। २—श्लेष की व्याख्या में टीकाकार लोग 'च' 'पक्षे' आदि शब्दों से काम लेते हैं। ३—यदि कहीं 'यद्वा' 'किंवा' 'अथवा' आदि शब्द हों, तो उसे विकल्प या संशय समझना चाहिए, यह श्लेष का स्थल नहीं हो सकता। श्लेष केवल समुच्चय में होता है, विकल्प और संशय में नहीं।

श्रीतर्कवागीशजी ने भी प्रकृत मङ्गलाचरण (**शरदिन्दुसुन्दररुचिः**) का अर्थ सरस्वतीपरक किया है। 'गिरां देवी' का अर्थ है वाणी की देवता, जो केवल सरस्वती काही बोधक है। यही बात "**गिरां देवी इत्यनेन सरस्वत्या उपन्यासः**" लिखकर सरस्वतीपरक अर्थ को बिलकुल समाप्त कर देने के बाद श्रीतर्कवागीशजी ने लिखा है—"**अथवा देवी दुर्गा मम गिरामर्थान् व्युत्पित्सूनां हृदये प्रकाशयतु।**" जिसने अलङ्कार-शास्त्र का ककहरा भी किसी सद्गुरु से पढ़ा है, वह केवल 'अथवा' शब्द को देखकर ही समझ लेगा कि यहाँ विकल्प किया जा रहा है। श्रीतर्कवागीशजी दुर्गापरक अर्थ को विकल्प के रूप में उपस्थित कर रहे हैं, समुच्चय के रूप में नहीं। यदि उन्हें समुच्चय अभीष्ट होता, तो 'च' शब्द का प्रयोग करते और 'सरस्वती दुर्गा च' ऐसा लिखते, या 'सरस्वतीपक्षे' और 'दुर्गापक्षे' कहकर व्याख्या करते 'अथवा' शब्द कभी न लिखते। आप सम्पूर्ण संस्कृत साहित्य को आदि से अन्त तक देख जाइए, ऐसा एक भी उदाहरण नहीं मिलेगा जहाँ श्लिष्ट अर्थों में से किसी एक का सम्पूर्ण वर्णन समाप्त कर देने के बाद 'अथवा' कहकर दूसरे अर्थ की व्याख्या आरम्भ की गई हो। यह बात संशय और विकल्प के स्थलों में ही होती है, समुच्चय में नहीं, और समुच्चय के विना कहीं 'श्लेष' हो ही नहीं सकता।

किसी एक अर्थ के साधक या दूसरे के बाधक प्रमाण मिल जाने पर संशय और विकल्प दूर हो जाते हैं। समुच्चय अन्त तक बना रहता है। प्रकृत पद्य में भी दुर्गापरक अर्थ के बाधक और सरस्वती पक्ष के साधक प्रमाणों का निरूपण किया जा चुका है, अतः 'शरदिन्दुसुन्दररुचिः' इस पद्य में 'श्लेष' बताना अलङ्कारशास्त्र से अनभिज्ञ साहित्यिक-मूर्खों का ही काम है।

"**सिद्धार्थं सिद्धसम्बन्धं श्रोतुं श्रोता प्रवर्तते। शास्त्रादौ तेन वक्तव्यः सम्बन्धः सप्रयोजनः**"—"**प्रयोजनमनुद्दिश्य न मन्दोऽपि प्रवर्तते**" इत्यादि वचनों से यह स्पष्ट सिद्ध है कि किसी कार्य में प्रवृत्ति के लिये उस कार्य का फल जानना आवश्यक है, निष्फल कार्यों में कोई प्रवृत्त नहीं होता, अतः शास्त्र के आरम्भ में उस शास्त्र का फल अवश्य बताना चाहिये। इसी के अनुसार इस ग्रन्थ का फल निर्देश करनेवाली कारिका का अवतरण करते हैं—**अस्येति**—यह ग्रन्थ काव्यों का अङ्गभूत है अर्थात् काव्यों के फल को सिद्ध करने में यह भी एक कारण है, अतः काव्यों के अध्ययनादि से जो फल होते हैं, इसके भी वेही प्रधान फल होते हैं, इस कारण काव्यों के फल कहते हैं।

साहित्यदर्पण, रघुवंशादि काव्यों का अङ्ग अर्थात् अवयव तो हो ही नहीं सकता, अतः '**काव्याङ्गतया**' इस पद में 'अङ्ग' शब्द का अर्थ है 'अप्रधान कारण'। कारण कार्य का होता है और कार्य साध्य होता है, किन्तु रघुवंशादिक जिनकी इस ग्रन्थ में विवेचना होगी, सिद्ध हैं—साध्य नहीं, अतः लक्षणा से यहाँ 'काव्य' शब्द का अर्थ है काव्यफल अर्थात् वक्ष्यमाण चतुर्वर्ग। इस प्रकार यहाँ 'काव्याङ्गतया' का अर्थ है 'काव्यों के फल को सिद्ध करने में अप्रधान कारण होने से'। जैसे प्रयाजादिक यज्ञ के अङ्ग होते हैं वैसे ही यह ग्रन्थ काव्य का अङ्ग है। यद्यपि अलङ्कारों का ज्ञान, गुण दोषों का परिचय और ध्वन्यादिकों की विवेचना भी इस ग्रन्थ के पढ़ने का फल अवश्य है, किन्तु वह गौण है और 'फलवत्त्व' शब्द में प्रशंसार्थक मतुप् प्रत्यय है, इस कारण काव्यों के प्रशस्त या प्रधान फल (चतुर्वर्ग) को ही इसका प्रधान फल कहते हैं।

चतुर्वर्गेत्यादि—अल्पबुद्धिवालों को भी सुख से—विना किसी विशेष परिश्रम के—**चतुर्वर्ग अर्थात्**

काव्यादेव यतस्तेन तत्स्वरूपं निरूप्यते ॥ २ ॥

धर्म, अर्थ, काम और मोक्षरूप फल (**चतुर्वर्ग एव फलम्**) की प्राप्ति काव्य के ही द्वारा हो सकती है, अतः उसके स्वरूप (लक्षण) का निरूपण किया जाता है।

इस कारिका में यह बतलाया गया है कि चतुर्वर्ग, जो काव्याध्ययन का प्रयोजन है, वही इस ग्रन्थ के पढ़ने का भी प्रयोजन है। जो चतुर्वर्ग के अभिलाषी हैं वे ही इस ग्रन्थ के पढ़ने के अधिकारी हैं। काव्यविवेचना इस ग्रन्थ का प्रधान विषय और उसके साथ ग्रन्थ का प्रतिपाद्य-प्रतिपादकभाव सम्बन्ध है। इन्हीं चारों—प्रयोजन, अधिकारी, विषय और सम्बन्ध—को अनुबन्धचतुष्टय भी कहते हैं।

श्रीरामचरण तर्कवागीशजी ने इस कारिका का अर्थ दूसरे प्रकार से किया है। वे 'यतः' पद को हेत्वर्थक नहीं मानते, किन्तु इसे 'काव्यात्' का विशेषण समझते हैं। यथा—"**यत इति काव्यादित्यस्य विशेषणम्—एवञ्च प्राचीनसम्मतं नीरसकाव्य चतुर्वर्गासाधनत्वान्न निरूपणीयमिति फलितम्**" अर्थात् 'यतः' यह पद 'काव्यात्' का विशेषण है। इससे यह तात्पर्य निकला कि प्राचीन सम्मत नीरस काव्य का यहाँ निरूपण नहीं किया जायगा, क्योंकि वह चतुर्वर्ग का साधक नहीं हुआ करता। बस, यही तर्कवागीशजी की उक्त पंक्तियों का आशय है। इनके मत में प्रकृतकारिका का यह अर्थ होगा कि "जिस काव्य से चतुर्वर्ग की प्राप्ति अल्पबुद्धि पुरुषों को भी सुख से होती है उसके स्वरूप का निरूपण किया जाता है।"

१—हमारी सम्मति में यह अर्थ ठीक नहीं, और इससे जो तात्पर्य निकाला गया है वह तो अत्यन्त असंगत है। वह तात्पर्य विश्वनाथ कविराज का कभी हो ही नहीं सकता, क्योंकि इन्होंने रसात्मक वाक्य को ही काव्य माना है। यह नीरस को काव्य नहीं मानते। किन्तु तर्कवागीशजी के इस कथन के अनुसार कि "**जिस काव्य (सरस) से चतुर्वर्ग की प्राप्ति होती है उसी का निरूपण किया जायगा**" यह भाव निकलता है कि सरस और नीरस दोनों ही काव्य तो हैं, किन्तु नीरस काव्य चतुर्वर्ग का साधक नहीं होता। यह भाव विश्वनाथ जैसे ग्रन्थकार का कभी नहीं हो सकता, जो नीरस को काव्य ही नहीं मानते।

२—दूसरे सरस काव्य से ही चतुर्वर्ग की प्राप्ति होती है, नीरस चाहे चमत्कारपूर्ण हो तो भी उससे नहीं होती, यह कहना भी कठिन है। तपोवन वर्णन और गङ्गा-प्रपात वर्णनादिक साक्षात् तथा परम्परासे धर्मादि के साधन होते ही हैं।

३—तीसरे 'यतः' को यदि 'काव्यात्' का विशेषण माना जायगा तो उस के आगे पढ़ा हुआ 'एव' शब्द अनन्वित और व्यर्थ हो जायगा, क्योंकि 'यतः' और 'एव' दोनों ही व्यवच्छेदक हैं और दो भिन्न प्रकारों से विशेषता दिखलाते हैं। 'यतः' पद तो काव्यत्वसामान्य की व्यावृत्ति करके काव्यविशेष (सरसकाव्यमात्र) का बोधन करता है और 'एव' शब्द वेद, शास्त्रादि की व्यावृत्ति करके काव्यत्वसामान्य का बोधन करता है। इन दोनों भिन्न प्रकार के व्यवच्छेदक पदों का एक साथ ही व्यवच्छेद्य 'काव्य' के साथ सम्बन्ध नहीं हो सकेगा, अतः उस दशा में इनमें से किसी एक का अनन्वित और व्यर्थ हो जाना अनिवार्य है।

४—यदि 'यतः' के साथ 'काव्यात्' का सम्बन्ध करेंगे तो यह अर्थ होगा कि "जिस काव्य से चतुर्वर्ग की प्राप्ति होती है उसका निरूपण करेंगे" इससे यह तात्पर्य निकलेगा कि काव्य तो अन्य भी हैं, परन्तु उनका निरूपण नहीं करेंगे, क्योंकि वे चतुर्वर्ग के साधक नहीं होते। और यदि 'एव' के साथ 'काव्यात्' का सम्बन्ध करें तो यह अर्थ होगा कि 'अनायास से चतुर्वर्ग की प्राप्ति काव्य से ही हो सकती है—इस कारण उसका निरूपण करेंगे।' इस पक्ष में 'काव्य से ही' इस कथन से यह भाव निकलता है कि चतुर्वर्ग के साधन तो अन्य वेद शास्त्रादि भी हैं, किन्तु अनायास से और अल्प बुद्धिवालों को उनसे सिद्धि प्राप्त नहीं होती। वह काव्य से ही होती है, अतः हम उसका लक्षण करेंगे। अगला मूल ग्रन्थ इस अन्तिम तात्पर्य के ही अनुकूल है। उसमें वेदशास्त्रों की व्यावृत्ति और काव्यों में प्रवृत्ति का साधन किया गया है।—यथा "**चतुर्वर्गप्राप्तिर्हि वेदशास्त्रेभ्यो नीरसतया दुःखादेव परिणतबुद्धीनामेव च जायते। परमानन्दसन्दोहजनकतया सुखादेव सुकुमारबुद्धीनामपि पुनः काव्यादेव।**" इससे स्पष्ट है कि ग्रन्थकार को 'काव्यात्' के साथ 'एव' का सम्बन्ध करना अत्यन्त अभीष्ट है। यदि तर्कवागीशजी के कथनानुसार 'यतः' का सम्बन्ध होता तो जहाँ वेदशास्त्रादि की व्यावृत्ति ग्रन्थकार ने दिखाई है वहाँ नीरस काव्य की व्यावृत्ति दिखानी चाहिये थी। वेदशास्त्रादि की व्यावृत्ति तो अनावश्यक अनुपयुक्त

चतुर्वर्गफलप्राप्तिर्हि काव्यतो रामादिवत्प्रवर्तितव्यं न रावणादिवदित्यादिकृत्याकृत्यप्रवृत्तिनिवृत्त्युपदेशद्वारेण सुप्रतीतैव । उक्तं च–

और अनुचित थी। क्योंकि जब सब काव्यों का भी निरूपण प्रसक्त नहीं है, उनमें से भी बहुत से छूट गये हैं, केवल वे ही (सरस) लिये गये हैं जो चतुर्वर्ग के साधक हैं तो वेदादि में अतिव्याप्ति की कोई सम्भावना ही नहीं थी। फिर उनकी चर्चा ही क्या! इससे सिद्ध है कि ग्रन्थकार को 'काव्यात्' के साथ 'एव' का ही सम्बन्ध अभीष्ट है, 'यतः' का नहीं।

५—यदि तर्कवागीशजी के कथनानुसार **'यस्मात्काव्यात् चतुर्वर्गफलप्राप्तिस्तस्य स्वरूपं निरूप्यते'** ऐसा वाक्यार्थ माना जाय तो हेतुगत प्रधानता—जिस पर सारा ज़ोर है—नष्ट हो जायगी। **"यतश्चतुर्वर्गफलप्राप्तिः सुखात् काव्यादेव, तेन हेतुना तस्य स्वरूपं निरूप्यते'** इस वाक्य में जिस प्रकार यत् और तत् शब्द प्रधानता से कारण का निर्देश करते हैं, उस प्रकार पूर्व वाक्य में नहीं करते। वहाँ तो कारणता उपसर्जनीभूत है और स्वरूपनिरूपण विधेय एवं प्रधान है। अतएव इस मत में पूर्व ग्रन्थ (इस कारिका के अवतरण) से भी विरोध होगा। अवतरण में **'काव्यफलान्याह'** कहा है। इससे स्पष्ट है कि काव्यों का फल बतलाना इस कारिका का प्रधान लक्ष्य है। सो तभी हो सकता है जब चतुर्वर्गरूप फल की कारणता का निर्देश प्रधानता से किया जाय। परन्तु तर्कवागीशजी के अर्थ से तो कारण की प्रधानता का उपमर्द और स्वरूप निरूपण की प्रधानता का विधान होता है। इस प्रकार तर्कवागीशजी का अर्थ मानने में पूर्व ग्रन्थ का भी विरोध है।

६—मूलग्रन्थ में इस कारिका की व्याख्या करते हुए लिखा है कि **"तेन हेतुना तस्य काव्यस्य स्वरूपं निरूप्यते"** इससे स्पष्ट है कि ग्रन्थकार को तत् शब्द से हेतु का परामर्श करना अभीष्ट है। अतएव उसके पूर्व यत् शब्द (यतः) से भी हेतु का ही परामर्श होना चाहिये—ग्रन्थ (काव्य) का नहीं। क्योंकि **"यत्तदोर्नित्यः सम्बन्धः"** यह सिद्धान्त है। यत् और तत् परस्पर साकांक्ष रहते हैं। यदि 'यतः' से हेतु का परामर्श न किया तो 'तेन' साकांक्ष रहेगा और वाक्य पूर्ण न होगा। जब तृतीयान्त यत् शब्द से 'इतराभ्योऽपि दृश्यन्ते' इस सूत्र से सार्वविभक्तिक तसि प्रत्यय करके 'यतः' को हेत्वर्थक मानते हैं तो उसका सीधा सम्बन्ध हेत्वर्थक 'तेन' के साथ हो जाता है और 'तत्स्वरूपं' का तत् शब्द प्रधान अथवा पूर्व निर्दिष्ट काव्य का निर्बाध परामर्श करता है, अतः इस मत में कोई क्षति नहीं।

७—यदि 'यतः' को 'काव्यात्' के साथ लगायें तो 'तत्स्वरूपं' में तत् शब्द का समास नहीं होना चाहिये।

८—उक्त रीति से अन्वय करने में 'तेन' पद व्यर्थ भी है, क्योंकि **'यस्मात्काव्याच्चतुर्वर्गफलप्राप्तिस्तत्स्वरूपं निरूप्यते'** इस अर्थ में 'तेन' का कहीं सम्बन्ध नहीं हो सकता। यत्तदघटित वाक्य में हेतुता की प्रधानतया चर्चा कहीं है ही नहीं, अतः 'तेन' पद असम्बद्ध ही रह जायगा।

इनके अतिरिक्त इस अर्थ में अन्य भी अनेक दोष हैं-जिन्हें हम ग्रन्थविस्तर के भय से नहीं लिखते।

काव्य से चतुर्वर्ग प्राप्ति का उपपादन करते हैं—**चतुर्वर्गप्राप्तिर्हीति**—काव्य से चतुर्वर्ग की प्राप्ति, रामादिकों की भाँति पिता की आज्ञा के पालनादि धर्मकार्यों में प्रवृत्त होना चाहिये और रावणादिकों की भाँति पराई स्त्री के हरण करने आदि अधर्मकार्यों में नहीं प्रवृत्त होना चाहिये इत्यादि रीति से कृत्य अर्थात् अनुष्ठेय (शास्त्रविहित) कर्मों में प्रवृत्ति, अकृत्य अर्थात् अनाचरणीय (शास्त्रनिषिद्ध) कर्मों से निवृत्ति के उपदेश के द्वारा सुप्रसिद्ध ही है।

तात्पर्य यह है कि रामायणादिक काव्यों के पढ़ने से श्रीरामचन्द्रादि का अभ्युदय और रावणादि का सर्वनाश देखकर यह उपदेश मिलता है कि धर्म पर आरूढ़ रहने से अवश्य अभ्युदय होता है और जंगल के पशु पक्षी तक मनुष्य की सहायता करते हैं एवं अधर्म करने के लिये कमर कसने से सगा भाई भी छोड़ देता है और अन्त को सर्वनाश हो जाता है। इस उपदेश से, धर्मकार्य ही कर्तव्य है ऐसा ज्ञान होगा—उससे धर्म कार्यों में प्रवृत्ति होगी। इस प्रवृत्ति से धर्म (शुभ अदृष्ट), धर्म से अर्थ एवं अर्थ से काम सुख की प्राप्ति होगी और यदि इस धर्म फल की इच्छा का परित्याग कर दें तो मोक्ष की भी प्राप्ति हो सकती है, क्योंकि शुभ कर्मों के फल-त्याग और अशुभ कर्मों के अनाचरण से ही मोक्ष की प्राप्ति होती है।

'धर्मार्थकाममोक्षेषु वैचक्षण्यं कलासु च ।
करोति कीर्तिं प्रीतिं च साधुकाव्यनिषेवणम् ॥' इति ।

इस प्रकार काव्य से धर्म, अर्थ, काम और मोक्ष की प्राप्ति स्फुट सिद्ध होती है। इसी बात का प्राचीनोक्ति द्वारा समर्थन करते हैं--धर्मेति-इस पद्य में धर्मादि पद लक्षणा से अपने साधनों को बोधित करते हैं। इससे यह अर्थ होता है कि अच्छे काव्यों के निषेवण अर्थात् अध्ययनादि से धर्म, अर्थ, काम और मोक्ष के साधनों तथा नृत्यगीतादि कलाओं में वैचक्षण्य प्राप्त होता है, संसार में कीर्ति होती है और हृदय में प्रसन्नता होती है।

कुमारिलभट्ट के मतानुसार धर्मशब्द का मुख्य अर्थ यज्ञादि क्रिया है और उससे उत्पन्न हुए 'अपूर्व' (अदृष्ट) में इस पद की निरूढा लक्षणा है। अन्य लोगों के मत से आत्मा अथवा अन्तःकरण में रहनेवाला शुभकर्म से जन्य संस्कारविशेष इस पद का मुख्य अर्थ है और उसके साधनभूत यज्ञादिकों में लक्षणा है। वैचक्षण्य का अर्थ है कुशलता अर्थात् असाधारण व्यापारवत्त्व। जो मनुष्य जिस कार्य के करने में औरों से विलक्षण व्यापार रखता है उसी को उस काम में विचक्षण या कुशल कहते हैं। इससे वैचक्षण्य का अर्थ व्यापार विशेष हुआ। 'धर्मार्थकाममोक्षेषु' इस पद में विषय सप्तमी है। अतः यदि यहाँ यथाश्रुत पदों का अर्थ करें तो यह होगा कि 'काव्य के सेवन से धर्मादि के विषय में विशिष्ट व्यापार प्राप्त होता है।' परन्तु यह ठीक नहीं, क्योंकि धर्मादिक फल हैं और फल कभी व्यापार के विषय नहीं होते। घड़ा बनानेवाला कुम्हार अपने हाथ आदि का व्यापार चक्र चीवर दण्ड आदि साधनों पर ही करता है। घटरूप फल के ऊपर कुछ नहीं करता। क्योंकि व्यापार करने के समय घड़ा होता ही नहीं और जब घड़ा बन चुकता है तब कोई व्यापार करना शेष नहीं रहता जो घड़े को विषय करे। जिस घटरूप फल के लिये कुम्हार सारे व्यापार करता है वह उन सब व्यापारों के समाप्त होने पर ही तैयार होता है, अतः अपनी उत्पत्ति से पहले होनेवाले व्यापारों का वह कैसे विषय हो सकता है ? इसी अभिप्राय से व्यासभाष्य की टीका में श्रीवाचस्पति मिश्र ने लिखा है कि 'साधनगोचरो हि कर्तुर्व्यापारो न फलगोचरः''। इससे स्पष्ट है कि धर्मादिरूप फल किसी व्यापार के विषय नहीं हो सकते, अतः धर्मशब्द में निरूढा अथवा धर्मादिक चारों में प्रयोजनवती लक्षणा है। अन्य की अपेक्षा काव्य से उत्पन्न धर्मसाधनों की कुशलता में वैलक्षण्य बोधन करना व्यङ्ग्य प्रयोजन है।

कोई लोग वैचक्षण्य का अर्थ विशिष्टज्ञान करते हैं। किसी के मत में इस शब्द का अर्थ विलक्षण प्रवचनसामर्थ्य भी है। यह अर्थ व्याकरणानुसारी है। न्यासकार ने विचक्षण शब्द में चक्षिङ् धातु से कर्ता में ल्युट् प्रत्यय माना है। इस मत में लक्षणा के बिना भी काम चल सकता है। इससे इस पद्य का यह अर्थ हुआ कि अच्छे काव्यों के अध्ययनादि से धर्म, अर्थ, काम और मोक्ष के साधनों में विशेष कुशलता अर्थात् उनके अनुष्ठान में विशिष्ट व्यापार अथवा विशिष्ट ज्ञान या विशेष व्याख्यान का सामर्थ्य प्राप्त होता है एवं कीर्ति और प्रीति होती है।

पहले कहा गया है कि रामायणादि सत्काव्यों से सत्कार्यों में कर्तव्यताज्ञान और असत्कार्यों में हेयताज्ञान होता है। उससे सत्कार्यों में प्रवृत्ति और प्रवृत्ति से धर्म होता है। इस प्रकार काव्य, कर्तव्यता ज्ञानद्वारा केवल धर्मकार्यों में प्रवृत्ति का कारण हुआ, धर्म का नहीं। धर्म के प्रति वह अन्यथासिद्ध ही रहा। धर्म का कारण प्रवृत्ति हुई और प्रवृत्ति का कारण काव्य। कारण का कारण अन्यथासिद्ध कहाता है, जैसे घट के प्रति कुम्हार का पिता। अतएव काव्यों में पूर्वोक्त चतुर्वर्ग की कारणता न बनी। इस अभिप्राय से दूसरे प्रकार उपपादन करने के लिये उपक्रम करते हैं—किञ्चेति—काव्य से धर्म की प्राप्ति भगवान् नारायण के चरणारविन्द की स्तुति के द्वारा सुप्रसिद्ध ही है। इस प्रकार काव्य धर्म के प्रति साक्षात् कारण हो गया। 'एकः' शब्द इत्यादि वेदवाक्यों से भी काव्य के द्वारा धर्म की प्राप्ति सुप्रसिद्ध है। इस वाक्य में 'शब्दः' के एक वचन से भी एकत्वरूप अर्थ की प्रतीति हो सकती थी, फिर भी 'एकः' कहने से 'एकोऽपि' यह अर्थ लक्षित होता है। इससे यह तात्पर्य निकलता है कि एक भी शब्द यदि

किञ्च काव्याद्धर्मप्राप्तिर्भगवन्नारायणचरणारविन्दस्तवादिना, 'एकः शब्दः सुप्रयुक्तः सम्यग्ज्ञातः स्वर्गे लोके कामधुग्भवति' इत्यादिवेदवाक्येभ्यश्च सुप्रसिद्धैव। अर्थप्राप्तिश्च प्रत्यक्षसिद्धा। कामप्राप्तिश्चार्थद्वारैव। मोक्षप्राप्तिश्चैतज्जन्यधर्मफलाननुसन्धानात्। मोक्षोपयोगिवाक्ये व्युत्पत्त्याधायकत्वाच्च। चतुर्वर्गप्राप्तिर्हि वेदशास्त्रेभ्यो नीरसतया दुःखादेव परिणतबुद्धीनामेव जायते। परमानन्दसंदोहजनकतया सुखादेव सुकुमारबुद्धीनामपि पुनः काव्यादेव।

ननु तर्हि परिणतबुद्धिभिः सत्सु वेदशास्त्रेषु किमिति काव्ये यत्नः करणीय इत्यपि न वक्तव्यम्। कटुकौषधोपशमनीयस्य रोगस्य सितशर्करोपशमनीयत्वे कस्य वा रोगिणः सितशर्कराप्रवृत्तिः साधीयसी न स्यात्?

किञ्च। काव्यस्योपादेयत्वमग्निपुराणेऽप्युक्तम्—

'नरत्वं दुर्लभं लोके विद्या तत्र सुदुर्लभा। कवित्वं दुर्लभं तत्र शक्तिस्तत्र सुदुर्लभा॥' इति।

'त्रिवर्गसाधनं नाट्यम्' इति च। विष्णुपुराणेऽपि—

'काव्यालापाश्च ये केचिद् गीतकान्यखिलानि च। शब्दमूर्तिधरस्यैते विष्णोरंशा महात्मनः॥' इति।

सुप्रयुक्त हो अर्थात् रस का व्यञ्जक बना के सुन्दर रीति से निवेशित किया गया हो अथवा सम्यक् रीति से ज्ञात हो अर्थात् काव्यानुशीलन के समय भावना के द्वारा यथावत् रसका व्यञ्जक समझा गया हो तो वह इस लोक में और परलोक में कामधेनु (मनोरथ पूर्ण करनेवाला) होता है। इससे स्पष्ट है कि काव्यों की रचना और उनका अनुशीलन दोनों ही धर्मोत्पादक हैं, कामधुक् हैं और वेदानुमोदित हैं।

काव्यों से उनके बनानेवालों को धन की प्राप्ति होती है—यह बात तो प्रत्यक्ष सिद्ध है। राजादिकों से कवियों का धनागम देखा ही जाता है। कामसुख की प्राप्ति धन के द्वारा प्रत्यक्ष है। काव्य से उत्पन्न धर्म के फल का परित्याग करने से मोक्ष की प्राप्ति भी काव्य के द्वारा हो सकती है। अथवा मोक्ष के उपयोगी उपनिषदादि वाक्यों में व्युत्पत्ति पैदा करने के कारण काव्य को मोक्ष का हेतु जानना। काव्य के ज्ञान से मोक्षोपयोगी वाक्यों के समझने में सहायता मिलेगी, अतः परम्परा से मोक्ष के प्रति काव्य की कारणता जानना।

इससे यह सिद्ध हुआ कि चतुर्वर्ग में किसी के प्रति तो काव्य साक्षात् कारण होता है और किसी के प्रति परम्परा से। धर्म और अर्थ के प्रति प्रायः इसकी साक्षात् कारणता होती है और काम तथा मोक्ष के प्रति अधिकांश यह परम्परा से कारण होता है।

चतुर्वर्गेत्यादि कारिका में 'एव' शब्द का व्यावर्त्य दिखाते हैं—**चतुर्वर्गेति**—नीरस होने के कारण वेद, शास्त्रादि से चतुर्वर्ग की प्राप्ति दुःख से ही होती है और वह भी परिपक्वबुद्धि पुरुषों को ही होती है, सबको नहीं। किन्तु परम आनन्द समूह (रसास्वाद) का उत्पादक होने के कारण सुकुमारबुद्धि राजकुमारादिकों को भी सुखपूर्वक उसकी प्राप्ति यदि किसी से हो सकती है तो वह काव्य से ही। तात्पर्य यह है कि एव शब्द से वेद शास्त्रादि की व्यावृत्ति करना अभीष्ट है, क्योंकि उनसे सुखपूर्वक धर्मादि की प्राप्ति नहीं होती और सुकुमार बुद्धिवालों को तो किसी प्रकार होती ही नहीं।

प्रश्न—**ननु तर्हीति**—अच्छा तो फिर परिपक्वबुद्धि पुरुष वेद शास्त्रादिकों के रहते हुए काव्यों में क्यों परिश्रम करें? वे सुकुमारमति या मन्दमति तो हैं नहीं जो काव्यों में लगें? उत्तर—यह ठीक नहीं, क्योंकि कड़वी कसैली औषध से शान्त होने योग्य कोई रोग यदि मीठी-मीठी सुन्दर सफेद खांड से दूर होने लग जाय तो ऐसा कौन अभागा रोगी होगा जो खांड खाना पसन्द न करे। इसलिये यह कोई बात नहीं कि कि परिपक्वबुद्धि पुरुष काव्य नहीं पढ़ेंगे।

इस प्रकार काव्यों की सर्वोपयोगिता को युक्ति के द्वारा सिद्ध करके अब उसे प्रमाणों से पुष्ट करते हैं—**किञ्चेति**—इसके अतिरिक्त काव्यों की उपादेयता (ग्राह्यता) अग्निपुराण में भी लिखी है—**नरत्वमिति**—पहले तो संसार में मनुष्य जन्म (नरत्व) मिलना ही कठिन है, फिर विद्या होना और भी दुर्लभ है। इस पर भी कवित्व प्राप्त करना अति दुर्लभ और उसमें शक्ति प्राप्त करना अर्थात् कविता करने की स्वभावसिद्ध शक्ति पाना परम दुर्लभ है। **त्रिवर्गेति**—नाट्य अर्थात् दृश्य काव्य त्रिवर्ग (धर्म, अर्थ, काम) के साधक होते हैं—यह वचन भी अग्निपुराण का ही है। विष्णुपुराण में भी लिखा है—**काव्येति**—सब काव्य और

तेन हेतुना तस्य काव्यस्य स्वरूपं निरूप्यते। एतेनाभिधेयं च प्रदर्शितम्। तत्किंस्वरूपं तावत्काव्यमित्यपेक्षायां कश्चिदाह--'तददोषौ शब्दार्थौ सगुणावनलंकृती पुनः क्वापि' इति। एतच्चिन्त्यम्। तथाहि--यदि दोषरहितस्यैव काव्यत्वं तदा--

'न्यक्कारो ह्ययमेव मे यदरयस्तत्राप्यसौ तापसः सोऽप्यत्रैव निहन्ति राक्षसकुलं जीवत्यहो रावणः।
धिग्धिक्छक्रजितं प्रबोधितवता किं कुम्भकर्णेन वा स्वर्गग्रामटिकाविलुण्ठनवृथोच्छूनैः किमेभिर्भुजैः॥'

सम्पूर्ण गीत, शब्दरूपधारी भगवान् विष्णु के अंश हैं। चतुर्वर्गेत्यादि कारिका के पदों की व्याख्या करते हैं—तेनेति—इस कारण चतुर्वर्ग का साधक होने से काव्य का स्वरूप कहेंगे। एतेनेति--इस कारिका से अभिधेय अर्थात् विषय और 'च' शब्द से सम्बन्ध तथा प्रयोजन भी दिखाये गये हैं। ये अनुबन्धचतुष्टय पहले कहे जा चुके हैं।

तत्किमिति—अच्छा तो फिर काव्य का क्या लक्षण है? इस आकांक्षा में कोई (काव्यप्रकाशकार) कहता है—तददोषाविति—दोषरहित, गुणसहित और अलंकारों से विभूषित शब्द तथा अर्थ को काव्य कहते हैं, किन्तु यदि कहीं अलंकार स्फुट न हो तो भी कोई हानि नहीं। एतदिति--यह चिन्तनीय (दूषणीय) है। तथाहीति--दोष दिखाते हैं। यदीति—यदि दोषरहित को ही काव्य मानोगे तो 'न्यक्कार' इत्यादि पद्य काव्य नहीं ठहरेंगे।

न्यक्कार इति—यह रावण की गर्व भरी क्रोधोक्ति है। जब श्रीरामचन्द्रजी लङ्का में राक्षसों का ध्वंस कर रहे थे उस समय अपने वीरों को भर्त्सन करने के लिये और शत्रु की तुच्छता आदि सूचित करने के लिये यह पद्य कहा गया है। अर्थ—पहले तो शत्रुओं का होना ही मेरा तिरस्कार है। जिसने इन्द्रादि देवों को भी कैद कर रक्खा है, यमराज भी जिससे काँपते हैं, उसके शत्रु हों और वे जीते रहें! कितना आश्चर्य और अनौचित्य है! यह भाव 'मे' पद से व्यञ्जित होता है। 'अस्मद्' शब्द से वक्ता के पूर्वकृत लोकोत्तर चरित (इन्द्रविजयादि) और सम्बन्धवाचक षष्ठी विभक्ति से शत्रुओं के साथ अपने सम्बन्ध का अनौचित्य द्योतित होता है और इससे रावण के हृदय का क्रोध प्रतीत होता है। 'अरयः' का बहुवचन उसी सम्बन्धानौचित्य की अधिकता का सूचक है। एक नहीं, दो नहीं, हजारों लाखों क्षुद्रजन्तु मेरे शत्रु हैं—यह अत्यन्त अनुचित है। तत्रापीति—उस पर भी यह 'तापस' (तपस्वी नहीं) मेरा शत्रु है--यह और भी अनुचित है। 'तत्रापि' इस निपातसमुदाय से असम्भवनीयता और तापस शब्द के मत्वर्थीय अण् प्रत्यय से पुरुषार्थ का अभाव सूचित होता है। पुरुषार्थहीन, क्षीण-देह 'तापस', लोकरावण रावण का शत्रु हो यह कैसी असम्भव बात इस समय प्रत्यक्ष हो रही है। 'असौ' कहने से विशेष हीन दशा द्योतित होती है--यथाः--जिसे घर से पिता ने निकाल दिया, जो वन-वन में भटकता फिरता है, जिसके पेट को रोटी है न तन को कपड़ा, स्त्री के वियोग में दिन-रात रोता रहता है और तपस्याओं से क्षीण है 'वह' ('असौ') मेरा शत्रु है—यह और भी अनुचित बात है। सोपीति—वह भी यहीं है! (यदि दूर कहीं छिपा रहता तो भी खैर थी)। निहन्तीति—केवल है ही नहीं—राक्षसों के कुल का (एक दो का नहीं) संहार कर रहा है!! जीवतीति—आश्चर्य तो यह है कि रावण जी रहा है। 'रावयतीति रावणः' देवाऽसुरादि समस्त त्रैलोक्य को रुलानेवाले, राक्षसराज 'रावण' के जीते जी यह बात! धिग्धिगिति--इन्द्रजित्=मेघनाद को धिक्कार है और जगाये हुए कुम्भकर्ण से भी क्या बना? जिनसे यह क्षुद्र शत्रु भी न मारा गया। 'शक्रं जितवान्' इस अर्थ में भूतकालिक क्विप् प्रत्यय से मेघनाद के इन्द्रविजय में अनास्था सूचित होती है। स्वर्गेति—और स्वर्गरूप तुच्छ ग्राम को लूट लेने भर से व्यर्थ फूले हुए इन मेरे बाहुओं से भी क्या फल? जिन्होंने इस प्रकार के अपराधी क्षुद्र शत्रु की अब तक उपेक्षा की। यहाँ 'एभिः' इस पद से यह भाव ध्वनित होता है कि जो भुज लोकातिशायी महिमा से युक्त हैं, जिनका कुछ कुछ बल-वीर्य शङ्कर और कैलास ही जानते हैं उनका स्वर्गरूप तुच्छ ग्राम की लूट से कृतकृत्य और प्रसन्न हो बैठना ठीक नहीं। इसी भाव का पोषक, अनादरसूचक 'उच्छून' (सूजे हुए) शब्द है। इस पद्य के अधिकांश से अनौचित्य और कहीं कहीं से असम्भवनीयता तथा अमर्षादिक ध्वनित होते हैं। इन सबसे रावण के हृदय का गर्वसचिव

अस्य श्लोकस्य विधेयाविमर्शदोषदुष्टतया काव्यत्वं न स्यात्। प्रत्युत ध्वनित्वेनोत्तमकाव्यताऽस्याङ्गीकृता। तस्माद्व्याप्तिर्लक्षणदोषः। ननु कश्चिदेवांशोऽत्र दुष्टो न पुनः सर्व एवेति चेत्तर्हि यत्रांशे दोषः सोऽकाव्यत्वप्रयोजकः, यत्र ध्वनिः स उत्तमकाव्यत्वप्रयोजक इत्यंशाभ्यामुभयत आकृष्यमाणमिदं काव्यमकाव्यं वा किमपि न स्यात्। न च कंचिदेवांशं काव्यस्य दूषयन्तः श्रुतिदुष्टादयो दोषाः, किं तर्हि, सर्वमेव काव्यम्। तथाहि—काव्यात्मभूतस्य रसस्यानपकर्षकत्वे तेषां दोषत्व-

---

क्रोधरूप स्थायी भाव व्यञ्जित होता है—"गुरुबन्धुवधादिपरमापराधजन्मा प्रज्वलनाख्यः क्रोधः", किन्तु विभाव, अनुभाव आदि सामग्री के अभाव से रौद्र रस पर्यन्त पुष्ट नहीं होता।

श्रीतर्कवागीशजी ने इस पद्य में से दैन्य, निर्वेद और अनौजस्य की ध्वनि निकाली है!!! "जीवत्यहो रावणः—इत्यादिना व्यज्यमानेन स्वानौजस्यरूपदैन्येनानुभावेन संवलितं स्वावमाननं निर्वेदाख्यभावरूपोऽसंलक्ष्यक्रमव्यङ्ग्यो ध्वनिः।" हमारी सम्मति में यह ठीक नहीं। जो रावण शब्द—'रावयति रोदयति जनानिति रावणः'—इस योगार्थ सूचन के द्वारा अपनी शत्रुसंहारकता के सूचित करने को कहा गया है, जो गर्व का प्राण है—"रूपविद्यादिप्रयुक्तात्मोत्कर्षज्ञानाधीनपरावहेलनं गर्वः"—उसी से आप 'दीनता' की ध्वनि निकालते हैं। और तो और, आप इस पद्य में 'निर्वेद' का स्वप्न देख रहे हैं!! जो निर्वेद शान्तरस का स्थायी भाव है, वह यहाँ कैसे हो सकता है? जो रावण शत्रुओं की सत्ता को भी अपनी शान के ख़िलाफ़ समझता है, जो कुम्भकर्ण और मेघनाद जैसे महावीरों के संहारकारी शत्रु को भी 'क्षुद्र तापस' की दृष्टि से देखता है, समस्त देवताओं का पराभव करके की हुई स्वर्ग की स्वच्छन्द लूट भी जिसकी दृष्टि में एक तुच्छ गामड़े की लूट से अधिक प्रतिष्ठा नहीं रखती, उसी गर्वीले महावीर की कड़क भरी उक्तियों में से 'दीनता' की दुर्गन्ध निकालना कहाँ तक उचित है? राक्षसराज रावण के हृदय में मुनिजनोचित शान्त रस के स्थायी भाव 'निर्वेद' का स्वप्न देखना कहाँ तक ठीक है?

अस्येति—इस पद्य में विधेयाविमर्श दोष है, अतः यदि निर्दोष को ही काव्य मानोगे तो यह काव्य न ठहरेगा। विधेय का प्रधानरूप से निर्देश न करने पर विधेयाविमर्श दोष होता है। इस श्लोक के चौथे चरण में वृथात्व विधेय है। उसके वाचक 'वृथा' शब्द को समास के भीतर डाल देने से वृथात्व में उपसर्जनता (अप्रधानता) प्रतीत होने लगी है। यह पदगत विधेयाविमर्श है। एवं प्रथम चरण में उद्देश्य और विधेय के वाचक दो पदों की रचना के विपरीत हो जाने से वाक्यगत विधेयाविमर्श है। पहले उद्देश्य कहकर पीछे विधेय कहना चाहिये। यहाँ 'अयम्' उद्देश्य और 'न्यक्कारः' विधेय है। इन्हें इसी क्रम से रखना चाहिये था—क्योंकि "अनुवाद्यमनुक्त्वैव न विधेयमुदीरयेत्। न ह्यलब्धास्पदं किञ्चित् कुत्रचित् प्रतितिष्ठति" यह नियम है।

प्रत्युतेति—'तददोषौ' इत्यादि पूर्वोक्त लक्षण के अनुसार तो यह सदोष पद्य काव्य कहा नहीं जा सकता, किन्तु इसके विपरीत उन्होंने ध्वनि होने के कारण इसे उत्तम काव्य माना है, अतः अव्याप्तिनामक लक्षणदोष हुआ। जो लक्षण अपने अभीष्ट उदाहरणों में भी न जा सके उसमें अव्याप्तिनामक दोष आता है। यहाँ भी उक्त लक्षण इस काव्य के उदाहरण में नहीं जाता। वस्तुतः यहाँ विधेयाविमर्श दोष नहीं है। इसका विस्तृत विवरण 'परिशिष्ट' में देखिये।

प्रश्न—नन्विति—इस पद्य में जहाँ विधेयाविमर्श दोष है—वही दूषित है, सब तो नहीं? फिर जिस अंश में दोष है वह अकाव्यत्व का प्रयोजक रहे—किन्तु जिसमें ध्वनि है, वह तो उत्तम काव्यत्व का प्रयोजक होगा? उत्तर—इस प्रकार इन दो विरुद्ध अंशों से इधर उधर खींचा गया यह पद्य न तो काव्य ही रहेगा न अकाव्य ही। इस खींचातानी में ही नष्ट होकर उभयतो भ्रष्ट होगा।

यदि कोई 'अदोषौ' का यह अर्थ करे कि 'आंशिक दोष के सिवा कोई बड़ा व्यापक दोष जिसमें न हो वह काव्य होता है' तो उक्त पद्य इस आंशिक दोष के रहने पर भी काव्य अवश्य कहलायेगा। इस मत का खण्डन करते हैं—नचेति—इसके अतिरिक्त श्रुतिदुष्टत्व, विधेयाविमर्शत्वादिक दोष काव्य के किसी एक अंश को ही दूषित करते हों, सो बात भी नहीं है। तो फिर क्या है? सम्पूर्ण काव्य को दूषित करते हैं, यह सिद्धान्त है। इसी बात को दोषों की रसदूषकता के द्वारा सिद्ध करते हैं—तथाहीति—

मपि नाङ्गीक्रियते । अन्यथा नित्यदोषानित्यदोषत्वव्यवस्थापि न स्यात् । यदुक्तं ध्वनिकृता—
'श्रुतिदुष्टादयो दोषा अनित्या ये च दर्शिताः । ध्वन्यात्मन्येव शृङ्गारे ते हेया इत्युदाहृताः ॥' इति ।

किंचैवं काव्यं प्रविरलविषयं ..विषयं वा स्यात्, सर्वथा निर्दोषस्यैकान्तमसंभवात् ।

नन्वीषदर्थे नञः प्रयोग इति चेत्तर्हि 'ईषद्दोषौ शब्दार्थौ काव्यम्' इत्युक्ते निर्दोषयोः काव्यत्वं

काव्यों का आत्मस्थानापन्न जो रस उसमें यदि अपकर्ष (हीनता) न पैदा करें तो श्रुतिदुष्टत्वादिकों को दोष नहीं माना जाता । तात्पर्य यह है कि दोषों का सामान्य लक्षण है "रसापकर्षका दोषाः" अर्थात् जो रस के अपकर्षक हैं वे ही दोष हैं--और रस काव्य का आत्मभूत है, अतएव शरीर में आत्मा की तरह सम्पूर्ण काव्य में व्याप्त रहता है। किसी एक अंश में नहीं रहता । इसलिये जो दोष, यावत् काव्य में व्यापक रस को ही दूषित करते हैं वे किसी एक अंश के ही दूषक माने जायँ, यह नहीं हो सकता । वे सम्पूर्ण काव्य के ही दूषक माने जाते हैं ।

दोषों का सम्बन्ध रसों से है । यदि वे रस के अपकर्षक नहीं हैं तो उन्हें दोष भी नहीं कह सकते । **अन्यथेति**—यदि यह बात न मानें तो नित्य दोष और अनित्य दोषों की व्यवस्था नहीं हो सकेगी । जब यह मानते हैं कि जो रस का अपकर्ष करे वही दोष, तब तो कोमल रसों में कठोर वर्णों की रचना के दोषाधायक होने के कारण, शृङ्गारादिक कोमल रसों में श्रुतिकटुत्व दोष माना जाता है। किन्तु वीरादिक दीप्त रसों में वैसी रचना उलटा गुण है, अतः वहाँ वह दोष नहीं होता, क्योंकि उन रसों का अपकर्ष नहीं करता । इस प्रकार श्रुतिकटुत्वादिक अनित्य दोष सिद्ध होते हैं और जो दोष सब रसों को दूषित करते हैं—जैसे 'च्युत-संस्कारत्व' प्रभृति--वे नित्य दोष माने जाते हैं । यदि रसों से दोषों का सम्बन्ध न माना जाय तो नित्य दोष और अनित्य दोषों की व्यवस्था नहीं हो सकती ।

इस बात को प्रमाण से पुष्ट करते हैं—**यदुक्तमिति**—जैसा ध्वनिकार ने कहा है—**श्रुतीति**—इस कारिका में 'च' शब्द भिन्नक्रम है । उसका सम्बन्ध 'ये' पद के साथ नहीं, किन्तु 'अनित्याः' के साथ है । 'दोषा अनित्याश्च' ऐसा सम्बन्ध है । यहाँ दोषत्व और अनित्यत्व दोनों विधेय हैं, अतः ऐसा अर्थ है कि जिन श्रुतिदुष्टत्वादिकों को दोष कहा है और अनित्य बतलाया है, वे 'ध्वनि' अर्थात् उत्तम काव्य के आत्मभूत अर्थात् प्रधान व्यङ्ग्य शृङ्गार में ही त्याज्य हैं। सर्वत्र शृङ्गार में भी नहीं । यहाँ शृङ्गार शब्द कोमल रसों का उपलक्षण है, अतः शान्त तथा करुणादि रसों में भी इन्हें हेय जानना । शृङ्गार यदि केवल वाच्य हो अथवा किसी का अङ्ग हो यद्वा शृङ्गारातिरिक्त कोई दीप्त रस व्यङ्ग्य हो तो श्रुतिदुष्टत्वादि को दोष नहीं माना जाता । ये उसी दशा में दोष होते हैं जब शृङ्गार ध्वनि (उत्तम काव्य) का आत्मा—(प्रधान व्यङ्ग्य) हो। यही यहाँ 'एव' शब्द का व्यावर्त्य है । यही बात ध्वनिकार श्रीमदानन्दवर्धनाचार्य ने अपनी इस कारिका की व्याख्या में कही है। **"अनित्याः दोषाश्च ये श्रुतिदुष्टत्वादयः सूचितास्तेऽपि न वाच्यार्थमात्रे नच व्यङ्ग्ये शृङ्गारे शृंगारव्यतिरेकिणि वा ध्वनेरनात्मभावे । किं तर्हि, ध्वन्यात्मन्येव शृङ्गारेऽङ्गित्या व्यङ्ग्ये ।"**

श्रीतर्कवागीशजी ने इस कारिका की व्याख्या करते हुए लिखा है कि **"ध्वनिर्व्यञ्जकः शब्दो व्यज्यमानो वाऽर्थ आत्मा शरीरं यस्य तस्मिन् शृङ्गारे एव"** इति । यह अर्थ पूर्वोक्त आचार्य ग्रन्थ से विरुद्ध है, क्योंकि तर्कवागीशजी ने 'ध्वन्यात्मनि' में बहुव्रीहि समास माना है और इस कारिका के बनानेवाले ने स्वयम् षष्ठी समास लिखा है, अतः यहाँ बहुव्रीहि मानने में एक तो आचार्यग्रन्थ का विरोध होता है, दूसरे बाध्यभूत बहिरङ्ग समास का आश्रयण करने में व्यर्थ का गौरव, तीसरे 'आत्मा', पद का लाक्षणिक अर्थ शरीरपरक करने में क्लेश होगा ।

इसके अतिरिक्त 'एव' पद कारिका में 'ध्वन्यात्मनि' के साथ ही पढ़ा है और पूर्वाचार्यों ने इसे इसी के साथ लगाया भी है, एवम् युक्तिसंगत भी यही है । तर्कवागीशजी के अनुसार यदि 'एव' को 'शृङ्गारे' के साथ लगायें तो यह अर्थ होगा कि "शृङ्गार में ही श्रुतिदुष्टत्वादिक हेय हैं"—इससे करुण, शान्तादि रसों से इनकी व्यावृत्ति नहीं होगी--परन्तु यह अत्यावश्यक है । अतएव अभिनवगुप्तपादाचार्य ने इसकी व्याख्या

न स्यात्। सति संभवे 'ईषद्दोषौ' इति चेत्, एतदपि काव्यलक्षणेऽवाच्यम्। रत्नादिलक्षणे कीटानुवेधादिपरिहारवत्। नहि कीटानुवेधादयो रत्नस्य रत्नत्वं व्याहन्तुमीशाः, किन्तूपादेयतारतम्यमेव कर्तुम्, तद्वदत्र श्रुतिदुष्टादयोऽपि काव्यस्य। उक्तं च—

'कीटानुविद्धरत्नादिसाधारण्येन काव्यता। दुष्टेष्वपि मता यत्र रसाद्यनुगमः स्फुटः ॥' इति।

किञ्च शब्दार्थयोः सगुणत्वविशेषणमनुपपन्नम्। गुणानां रसैकधर्मत्वस्य 'ये रसस्याङ्गिनो धर्माः शौर्यादय इवात्मनः' इत्यादिना तेनैव प्रतिपादितत्वात्। रसाभिव्यञ्जकत्वेनोपचारत उपपद्यत इति चेत्, तथाप्ययुक्तम्। तथाहि—तयोः काव्यस्वरूपेणाभिमतयोः शब्दार्थयो रसोऽस्ति, न वा।

में लिखा है कि "शृङ्गार इत्युचितरसोपलक्षणार्थम्—वीरशान्ताद्भुतादावपि तेषां वर्जनात्।" 'शृङ्गारे एव' कहने से तो अभिधा ही इस लक्षणा को रोक देगी, फिर उपलक्षण हो ही न सकेगा। जैसे यदि कोई कहे कि 'गङ्गायामेव घोषः' तो वहाँ लक्षणा से तटरूप अर्थ का भान नहीं होता। तर्कवागीशजी ने यहाँ व्यज्यमान अर्थ को भी शरीर माना है—परन्तु व्यज्यमान अर्थ तो उपस्कार्य और प्रधान होता है। रसादिक भी व्यज्यमान अर्थ ही हैं। क्या वे भी काव्य के शरीर हैं? फिर आत्मा कौन होगा? इसके अतिरिक्त बहुव्रीहि समास के इस दोषपूर्ण द्रविडप्राणायाम से भी अर्थ वही निकला जो सीधे सादे षष्ठीतत्पुरुष समास से निकलता है, अतः श्रीतर्कवागीशजी का उक्त अर्थ अप्रामाणिक और असंगत है।

यदि कोई कहे कि सदोष वाक्यों को ध्वनि के रहने पर भी हम काव्य नहीं मानते तो उसके प्रति पक्षान्तर उठाते हैं—किञ्चैवमिति—सदोष को काव्य नहीं मानने से या तो काव्य के लक्षण का विषय (उदाहरण) अत्यन्त विरल हो जायगा या असम्भव ही हो जायगा, क्योंकि किसी वाक्य का सर्वथा निर्दोष होना एकदम असम्भव है। प्रश्न—नन्विति—यदि सर्वथा निर्दोष वाक्य दुर्लभ है तो 'अदोषौ' पद में 'नञ्' को ईषदर्थक मानेंगे। उत्तर—यदि ऐसा करोगे तो 'ईषद्दोषौ शब्दार्थौ काव्यम्' यह लक्षण होगा। इसका अर्थ है कि थोड़े दोष से युक्त शब्द और अर्थ को काव्य कहते हैं। इसके अनुसार काव्यों में थोड़ा दोष रहना भी आवश्यक होगा और यदि किसी अति निपुण कवि के निर्दोष, शब्द और अर्थ हुए तो वे काव्य नहीं कहलायेंगे। सतीति—यदि इस लक्षण में 'सति सम्भवे' इतना और निवेश करके यह अर्थ करो कि दोषों की सम्भावना होने पर थोड़े दोषवाले शब्द और अर्थ काव्य होते हैं—अधिक दोषयुक्त नहीं, सो यह भी ठीक नहीं—क्योंकि काव्य के लक्षण में न तो इस विशेषण (अदोषौ) की कोई आवश्यकता है और न इस निवेश की। जैसे रत्न के लक्षण में कीटानुवेध का परिहार नहीं किया जाता वैसेही काव्य के लक्षण में दोष का परिहार अनावश्यक है। जैसे कीड़ा लग जाने से किसी रत्न का रत्नत्व नहीं दूर हो जाता—केवल उसकी उपादेयता में तारतम्य हो जाता है, इसी प्रकार श्रुतिदुष्टत्वादि दोष, काव्य के काव्यत्व को नहीं हटा सकते—केवल उसके उत्कर्ष में कुछ न्यूनता कर सकते हैं। इस बात में प्रमाण देते हैं—उक्तंचेति—कीटेति—जहाँ रसादि का भान स्फुट होता हो वहाँ कीटानुविद्ध रत्नादि के समान दोष रहने पर भी काव्यत्व माना जाता है। अतः उक्त काव्यलक्षण में अव्याप्ति दोष अवश्य है।

दूसरा दोष देते हैं किञ्चेति—'शब्दार्थौ' इसका 'सगुणौ' यह विशेषण भी युक्तियुक्त नहीं है। क्योंकि गुण केवल रस में ही रहते हैं, शब्द और अर्थ में नहीं। यह बात अष्टम उल्लास में गुणों का वर्णन करते हुए उन्हीं काव्यप्रकाशकार ने स्वयं कही है—"ये रसस्याङ्गिनो धर्माः शौर्यादय इवात्मनः। उत्कर्षहेतवस्ते स्युरचलस्थितयो गुणाः" अर्थात् जैसे आत्मा का गुण शूरता आदि है इसी प्रकार माधुर्यादि गुण काव्य के आत्मभूत रस के ही धर्म हैं और अचल हैं। इससे स्पष्ट है कि गुण रसों में ही रहते हैं, शब्द या अर्थ में नहीं।

रसाभिव्यञ्जकेति—यदि यह कहो कि शब्द और अर्थ रस के व्यञ्जक होते हैं, अतः उपचार (परम्परा सम्बन्ध) से इनमें भी गुण रह सकते हैं। 'स्वाश्रयरसाभिव्यञ्जकत्व' सम्बन्ध से शब्द, अर्थ भी सगुण हो सकते हैं। 'स्व' करके गुण—उनका आश्रय रस—उसके अभिव्यञ्जक शब्द और अर्थ होते हैं। इसका खण्डन

नास्ति चेत्, गुणवत्त्वमपि नास्ति। गुणानां तदन्वयव्यतिरेकानुविधायित्वात्। अस्ति चेत्, कथं नोक्तं रसवन्ताविति विशेषणम्। एवत्त्वान्यथानुपपत्त्यैतल्लभ्यत इति चेत्, तर्हि सरसावित्येव वक्तुं युक्तम्, न सगुणाविति। नहि प्राणिमन्तो देशा इति वक्तव्ये शौर्यादिमन्तो देशा इति केनाप्युच्यते। ननु 'शब्दार्थौ सगुणौ' इत्यनेन गुणाभिव्यञ्जकौ शब्दार्थौ काव्ये प्रयोज्यावित्यभिप्राय इति चेत्, न। गुणाभिव्यञ्जकशब्दार्थवत्त्वस्य काव्ये उत्कर्षमात्राधायकत्वम्, न तु स्वरूपाधायकत्वम्। उक्तं हि—काव्यस्य शब्दार्थौ शरीरम्, रसादिश्चात्मा, गुणाः शौर्यादिवत्, दोषाः काणत्वादिवत्, रीतयोऽवयवसंस्थानविशेषवत्, अलंकाराः कटककुण्डलादिवत्, इति। एतेन 'अनलंकृती पुनः क्वापि' इति यदुक्तम्, तदपि परास्तम्। अस्यार्थः—सर्वत्र सालंकारौ क्वचित्त्वस्फुटालंकारावपि शब्दार्थौ काव्यमिति। तत्र सालंकारशब्दार्थयोरपि काव्ये उत्कर्षमात्राधायकत्वात्। एतेन 'वक्रोक्तिः काव्यजीवितम्' इति वक्रोक्तिजीवितकारोक्तमपि परास्तम्। वक्रोक्तेरलंकाररूपत्वात्। यत्तु क्वचिदस्फुटालंकारत्वे उदाहृतम्—

'यः कौमारहरः स एव हि वरस्ता एव चैत्रक्षपास्ते चोन्मीलितमालतीसुरभयः प्रौढाः कदम्बानिलाः।

करते हैं—तथाप्ययुक्तमिति—यों भी ठीक नहीं। तयोरिति—यह तो बतलाओ, तुम जिन शब्दों और अर्थों को काव्य समझते हो, उनमें रस रहता है या नहीं? यदि नहीं, तो गुण भी नहीं रह सकते, क्योंकि गुण तो रस के अन्वय-व्यतिरेक का अनुगमन करते हैं। रस हो तो वे भी होते हैं और यदि रस न हो तो वे भी नहीं रहते। 'यत्सत्त्वे यत्सत्त्वमित्यन्वयः'—'यदभावे यदभाव इति व्यतिरेकः'। एक के होने पर दूसरे का होना 'अन्वय' और एक के न होने पर दूसरे का न होना 'व्यतिरेक' कहाता है। यदि कहो कि उनमें रस है तो फिर 'रसवन्तौ' यही विशेषण क्यों न दिया? यदि कहो कि गुण विना रस के रह ही नहीं सकते, अतः सगुण कहने से ही सरस होना अर्थबल से सिद्ध हो जायगा, तो इस दशा में भी 'सरसौ' यही विशेषण देना चाहिये, 'सगुणौ' नहीं। क्योंकि 'प्राणिमान् देश है' इस वाक्य की जगह 'शौर्यवान् देश है' यह वाक्य कोई नहीं बोलता। यद्यपि शौर्य विना प्राणी के नहीं हो सकता, तथापि विना प्रयोजन किसी सीधी बात को चक्कर में डालना कोई पसन्द नहीं करता। अतः यहाँ 'सरसौ' यही कहना ठीक है।

नन्विति—यदि कहो कि 'सगुणौ शब्दार्थौ' इसका यह अभिप्राय है कि गुणों के अभिव्यञ्जक शब्दों और अर्थों का काव्य में प्रयोग करना चाहिये, तो यह भी ठीक नहीं, क्योंकि गुणों के अभिव्यञ्जक शब्द और अर्थ काव्य में केवल उत्कर्ष पैदा करते हैं—वे स्वरूप के आधायक नहीं होते। उक्तं हीति—इसीलिये कहा है—काव्यस्येति—शब्द और अर्थ काव्य के शरीर हैं और रसादिक आत्मा है। माधुर्यादि गुण शौर्यादि की भांति, श्रुतिकटुत्वादि दोष काणत्वादि की तरह, वैदर्भी आदि रीतियां अङ्गरचना के सदृश और उपमादिक अलंकार कटक, कुण्डलादि के तुल्य होते हैं। इसमें काव्य को पुरुष के समान माना है और पुरुषों में जैसे शरीर, आत्मा गुण, दोष अलंकारादिक होते हैं इसी प्रकार काव्य में भी बताये हैं। रस, गुण दोषादिकों का स्वरूप आगे कहेंगे। एतेनेति—इस काव्यपुरुष के रूपक से पूर्वलक्षण में कहा हुआ 'अनलंकृती पुनः क्वापि' यह अंश भी खण्डित हो गया। खण्डन प्रकार दिखाते हैं—अस्यार्थ इति—इस उक्त अंश का यही अर्थ है कि सब स्थानों पर अलंकारयुक्त शब्द अर्थ होने चाहियें, किन्तु यदि कहीं अलंकार स्फुट न हो तो भी वहाँ काव्यत्व होता है। परन्तु उक्त रूपक में अलंकारों को कटक, कुण्डल के तुल्य कहने से यह स्पष्ट है कि वे उत्कर्ष करनेवाले ही होते हैं, स्वरूप के घटक नहीं होते। एतेनेति—इसीसे 'वक्रोक्तिः काव्यजीवितम्' यह वक्रोक्तिजीवितकार का कथन भी खण्डित हो गया, क्योंकि वक्रोक्ति तो एक अलंकार है—और अलंकार स्वरूप के अन्तर्गत नहीं होते। वे केवल उत्कर्ष पैदा करते हैं।

यत्तु—अस्फुटालंकार का जो निम्नलिखित उदाहरण काव्यप्रकाशकार ने दिया है, वह भी ठीक नहीं है। य इति—जिसने बालभाव अथवा अनूढात्व को दूर किया है वही तो वर है और वे ही (पूर्वानुभूत) चैत्रमास की (वसन्त ऋतु की) रात्रियाँ हैं। खिली हुई मालती (वासन्तीलता) से सुगन्धित वही प्रौढ (अमन्द अर्थात् उद्दीपक) कदम्ब वन का समीर है और मैं भी वही हूँ। तात्पर्य यह कि सब वस्तुयें पूर्वानुभूत ही हैं, कोई नई

मा चैवास्मि तथापि तत्र सुरतव्यापारलीलाविधौ रेवारोधसि वेतसीतरुतले चेतः समुत्कण्ठते ॥' इति ।

एतच्चिन्त्यम् । अत्र हि विभावनाविशेषोक्तिमूलस्य संदेहसंकरालंकारस्य स्फुटत्वम् । एतेन—'अदोषं गुणवत्काव्यमलंकारैरलंकृतम् । रसान्वितं कविः कुर्वन्कीर्तिं प्रीतिं च विन्दति ॥'

इत्यादीनामपि काव्यलक्षणत्वमपास्तम् । यत्तु ध्वनिकारेणोक्तम् 'काव्यस्यात्मा ध्वनिः' इति, तत्किं वस्त्वलंकाररसादिलक्षणत्रिरूपो ध्वनिः काव्यस्यात्मा, उत रसादिरूपमात्रो वा ? नाद्यः, प्रहेलिकादावतिव्याप्तेः । द्वितीयश्चेदोमिति ब्रूमः । ननु यदि रसादिरूपमात्रो ध्वनिः काव्यस्यात्मा, तदा—'अत्ता एत्थ णिमज्जइ एत्थ अहं दिअसअं पलोएहि । मा पहिअ रत्तिअन्धिय सज्जाए मह णिमज्जहिसि ॥'

इत्यादौ वस्तुमात्रस्य व्यङ्ग्यत्वे कथं काव्यव्यवहार इति चेत्, न । अत्रापि रसाभासवत्त्वैवेति ब्रूमः । अन्यथा 'देवदत्तो ग्रामं याति' इति वाक्ये तद्भृत्यस्य तदनुसरणरूपव्यङ्ग्यावगतेरपि काव्यत्वं स्यात् । अस्त्विति चेत्, न । रसवत एव काव्यत्वाङ्गीकारात् । काव्यस्य प्रयोजनं हि रसा-

---

चीज़ या नई बात नहीं, तो भी नर्मदा के किनारे उस बेंत की कुञ्ज में विहार करने को जी उत्कण्ठित हो रहा है । **एतच्चिन्त्यमिति**—यह उदाहरण चिन्त्य (दूष्य) है । दोष दिखाते हैं—**अत्रेति**—यहाँ विभावना और विशेषोक्ति से उत्थापित सन्देहसंकरालंकार स्फुट है, अतः यहाँ अस्फुटालंकार बताना ठीक नहीं । हेतु के बिना ही यदि कार्य की उत्पत्ति का वर्णन हो तो विभावना अलंकार होता है । और कारण के होने पर भी यदि कार्य की उत्पत्ति न हो तो विशेषोक्ति अलंकार होता है । एवं जहाँ अनेक अलंकारों का सन्देह हो—लक्षण कई के मिलते हों, किन्तु कोई विनिगमक न हो—वहाँ तन्मूलक सन्देहसंकर कहलाता है । प्रकृत पद्य में सब वस्तुओं को अनुभूत बतलाया है, नया कुछ नहीं है, अतः उत्कण्ठा की कारणभूत नवीनता के न होने पर भी उत्कण्ठा रूप कार्य के उत्पन्न होने से यहाँ विभावनाऽलंकार हो सकता है और उत्कण्ठा न होने का कारण अनुभूतत्व या अनवीनत्व तो है, किन्तु उत्कण्ठाभावरूप कार्य नहीं हुआ, अतः यहाँ विशेषोक्ति का लक्षण भी मिलता है, किन्तु कोई विनिगमक (एक का निर्णायक हेतु) नहीं, अतः विभावना-विशेषोक्तिमूलक सन्देह संकरालंकार स्फुट है ।

एतेनेति—इस पूर्वोक्त ग्रन्थ से—**अदोषमिति**—'दोषरहित, गुणसहित, अलंकारों से भूषित और रस से युक्त काव्य को बनाता हुआ कवि कीर्ति और प्रीति को पाता है', इत्यादि काव्य के लक्षण भी खण्डित हो गये, क्योंकि दोष-गुणादिकों का स्वरूप में निवेश नहीं हो सकता ।

यत्तु—'काव्यस्यात्मा ध्वनिः' काव्य का आत्मा ध्वनि है, यह जो ध्वनिकार ने कहा है—वहाँ प्रश्न यह है कि क्या वस्तु, अलंकार और रसादिक इन सबकी ध्वनियों को काव्य की आत्मा मानते हो ? या केवल रसादि की ध्वनि को ही ? इनमें पहला पक्ष ठीक नहीं, क्योंकि पहेली आदि में—जहाँ वस्तु ध्वनित होती है—काव्य का लक्षण अतिव्याप्त हो जायगा । अलक्ष्य में लक्षण के जाने से अतिव्याप्ति नामक लक्षण का दोष होता है । यदि दूसरा पक्ष मानो तो हमें स्वीकार है । रसादि ध्वनि को हम भी काव्यात्मा मानते हैं ।

नन्विति—प्रश्न—यदि केवल रसादिध्वनि को काव्यात्मा मानते हो तो निम्नपद्य में काव्य का लक्षण नहीं जायगा—**अत्ता**—'**श्वश्रूरत्र निमज्जति, अत्राऽहं, दिवस एव प्रलोकय । मा पथिक रात्र्यन्ध, शय्यायां मम निमङ्क्ष्यसि**' । इस स्थान पर मेरी सास नींद में निमग्न होती है—अर्थात् बेख़बर सोती है और यहाँ मैं सोती हूँ । दिन में ही देख लो । हे रात के अन्धे (रतौंधवाले) पथिक, कहीं रात में मेरी खाट पर मत आ पड़ना । यह स्वयंदूती की उक्ति है । **इत्यादौ**—इत्यादिक स्थलों में—जहाँ वस्तुमात्र व्यङ्ग्य है—काव्यत्व का व्यवहार कैसे होगा ? उत्तर—**अत्रापीति**—यहाँ भी रसाभास के कारण ही हम काव्यत्व मानते हैं । उक्त पद्य में आगन्तुक पर पुरुष में स्वयंदूती का अनुराग प्रतीत होता है, अतः शृङ्गाराभास है ।

अन्यथेति—यदि यह न मानो अर्थात् वस्तुमात्र के व्यङ्ग्य होने पर भी यदि काव्यत्व मानने लगो तो 'राजा देवदत्त गाँव को जाता है' इत्यादि वाक्य भी काव्य हो जायँगे, क्योंकि इस वाक्य से भी देवदत्त के भृत्य का पीछे २ जाना व्यङ्ग्य है । **अस्त्विति**—यदि कहो कि यह भी काव्य ही सही—तो यह ठीक नहीं, क्योंकि सरस वाक्य ही काव्य माना जाता है, अन्य नहीं । इसमें प्रमाण देते हैं—**काव्यस्येति**—प्राचीन

स्वादमुखपिण्डदानद्वारा वेदशास्त्रविमुखानां सुकुमारमतीनां राजपुत्रादीनां विनेयानां रामादिवत्प्रवर्तितव्यम्, न रावणादिवदित्यादिकृत्याकृत्यप्रवृत्तिनिवृत्त्युपदेश इति चिरन्तनैरप्युक्तत्वात्। तथा चाग्नेयपुराणेऽप्युक्तम्--'वाग्वैदग्ध्यप्रधाने पि रस एवात्र जीवितम्' इति। व्यक्तिविवेककारेणाप्युक्तम्—'काव्यस्यात्मनि सङ्गिनि रसादिरूपे न कस्यचिद्विमतिः' इति। ध्वनिकारेणाप्युक्तम्—'नहि कवेरितिवृत्तमात्रनिर्वाहेणात्मपदलाभः। इतिहासादेरेव तत्सिद्धेः' इत्यादि। ननु तर्हि प्रबन्धान्तर्वर्तिनां केषांचिन्नीरसानां पद्यानां काव्यत्वं न स्यादिति चेत्, न। रसवत्पद्यान्तर्गतनीरसपदानामिव पद्यरसेन प्रबन्धरसेनैव तेषां रसवत्ताङ्गीकारात्। यत्तु नीरसेष्वपि गुणाभिव्यञ्जकवर्णसद्भावाद्दोषाभावादलंकारसद्भावाच्च काव्यव्यवहारः स रसादिमत्काव्यबन्धसाम्याद् गौण एव। यत्तु वामनेनोक्तम् 'रीतिरात्मा काव्यस्य' इति, तन्न। रीतेः संघटनाविशेषत्वात्। सघटनायाश्चावयवसंस्थानरूपत्वात्, आत्मनश्च तद्भिन्नत्वात्। यच्च ध्वनिकारेणोक्तम्—

'अर्थः सहृदयश्लाघ्यः काव्यात्मा यो व्यवस्थितः। वाच्यप्रतीयमानाख्यौ तस्य भेदावुभौ स्मृतौ॥' इति।

अत्र वाच्यात्मत्वं 'काव्यस्यात्मा ध्वनिः–' इति स्ववचनविरोधादेवापास्तम्।❀

आचार्यों ने भी रसास्वाद रूप मीठी मीठी वस्तु के द्वारा, कठिन वेद शास्त्रादिकों से विमुख, सुकुमारबुद्धि, शिक्षणीय राजपुत्रादिकों के प्रति 'रामादि की तरह प्रवृत्त होना चाहिये, रावणादि की तरह नहीं' इत्यादिक कृत्य में प्रवृत्ति और अकृत्य से निवृत्ति के उपदेश को ही काव्य का प्रयोजन बतलाया है, अतः जहाँ रसास्वाद है वे ही वाक्य काव्य होते हैं, नीरस नहीं। तथा चेति – ऐसा ही आग्नेय पुराण में भी कहा है—वागिति–वाणी के चातुर्य की प्रधानता होने पर भी काव्य में जीवनभूत रस ही है। व्यक्तीति--व्यक्तिविवेककार महिमभट्ट ने भी कहा है—काव्यस्येति--काव्य के आत्मभत सङ्गी (स्थायी) रसादिक हैं, इसमें तो किसी को विवाद ही नहीं। ध्वनीति—ध्वनिकार ने भी कहा है—नहीति--कवि यदि केवल इतिहास लिख दे तो उस ग्रन्थ को आत्मपद (काव्य पद) प्राप्त नहीं हो सकता। कवि जो कुछ लिख दे वह सब काव्य नहीं हुआ करता और न उससे काव्य का प्रयोजन ही सिद्ध होता है। पुरानी कथाओं का ज्ञान होना काव्य का प्रयाजन नहीं, वह तो इतिहास पुराणादिको से भी हो सकता है। ध्वन्यालोक की वर्तमान पुस्तकों मे यहाँ ऐसा पाठ मिलता है--'नहि कवेरितिवृत्तनिर्वहणेन किञ्चित्प्रयोजनम्-इतिहासादेरेव तत्सिद्धेः'।

नन्विति--प्रश्न--यदि सरस वाक्य ही काव्य होते हैं ता रघुवंशादिक प्रबन्धों के अन्तर्गत जो अनेक नीरस पद्य हैं, वे काव्य न रहेंगे? उत्तर—ऐसा नहीं है। जैसे सरस पद्य के कुछ नीरस पद उसी पद्य के रस से रसवान् समझे जाते हैं इसी प्रकार प्रबन्ध के रस से नीरस पद्यों में भी रसवत्ता मानी जाती है। यहाँ पद्य शब्द गद्य का भी उपलक्षण है।

यत्तु—गुणों के व्यञ्जक वर्णों के और अलंकारों के होने एवं दोषों के न होने से नीरस वाक्यों में भी जो काव्यत्व व्यवहार देखा जाता है, वह सरस काव्य के बन्ध (रचना) की समता के कारण किया हुआ गौण (लाक्षणिक) प्रयोग जानना। काव्यशब्द का मुख्य प्रयोग सरस काव्यों में ही होता है।

यत्तु वामनेन—यह जो वामन (अलंकार सूत्रकार श्रीवामनाचार्य) ने कहा हैं कि 'काव्य की आत्मा रीति है' सो भी ठीक नहीं—क्योंकि रीति तो संघटना (रचना) रूप है—और संघटना शरीर के अङ्गविन्यास के तुल्य होती है-वह आत्मा नहीं हो सकती–आत्मा शरीर से भिन्न होता है।

यच्चेति--ध्वनिकार ने यह जो कहा है कि—अर्थ इति–"सहृदयों से श्लाघ्य जो अर्थ काव्य का आत्मा व्यवस्थापित किया है, उसके दो भेद होते हैं—एक वाच्य और दूसरा प्रतीयमान"। इस कारिका में वाच्यार्थ को काव्य का आत्मा बतलाना उनके 'काव्यस्यात्मा ध्वनिः' इस अपने कथन से ही विरुद्ध होने के कारण निरस्त समझना चाहिये। एक में केवल ध्वनि को काव्य का आत्मा बतलाना और दूसरे में वाच्य को भी आत्मा कहना परस्पर विरुद्ध है।

❀ हमने 'अलंकारकल्पद्रुम' नामक निबन्ध में विश्वनाथजी के इन आक्षेपों पर विस्तृत विचार किया है। बुद्धिमान् जिज्ञासुओं के विनोदार्थ उसका कुछ अंश यहाँ उद्धृत करते हैं--

तत्किंस्वरूपं काव्यमित्युच्यते—

वाक्यं रसात्मकं काव्यं

रसस्वरूपं निरूपयिष्यामः। रस एवात्मा साररूपतया जीवनाधायको यस्य। तेन विना तस्य काव्यत्वाभावस्य प्रतिपादितत्वात्। 'रस्यते इति रसः' इति व्युत्पत्तियोगाद्भावतदाभासादयोऽपि गृह्यन्ते।

तत्र रसो यथा—

'शून्यं वासगृहं विलोक्य शयनादुत्थाय किञ्चिच्छनैर्निद्राव्याजमुपागतस्य सुचिरं निर्वर्ण्य पत्युर्मुखम्।

तत्किमिति—अच्छा तो फिर काव्य का निर्दुष्ट लक्षण क्या है? इस आकांक्षा में स्वसम्मत लक्षण कहते हैं—**वाक्यमिति**—रसात्मक वाक्य को काव्य कहते हैं। **रसेति**—रस के स्वरूप का निरूपण तीसरे परिच्छेद में करेंगे। 'रसात्मक' पद का अर्थ करते हैं—**रस एवेति**—सार अर्थात् सबसे प्रधान होने के कारण रस ही जिसका जीवनभूत=आत्मा है, वह वाक्य 'रसात्मक' कहलाता है। **तेनेति**—रस के विना काव्यत्व नहीं होता यह बात पहले कह चुके हैं। **रस्यते**—यहाँ रस शब्द का अर्थ (शृङ्गारादिरस) विवक्षित नहीं है, अतः '**रस्यत इति रसः**' इस यागार्थ के द्वारा जो आस्वादित हो, उस सबको रस कहते हैं—इससे रस, रसाभास, भाव और भावाभासादि का भी ग्रहण होता है। **तत्रेति**—उनमें से रस का उदाहरण देते हैं—**शून्यमिति**—यह पद्य सम्भोग शृङ्गार का उदाहरण है। इसमें नवविवाहित दम्पति का वर्णन है। नवोढा नायिका वासगृह को शून्य (सखी आदि से वियुक्त) देखकर पलंग से कुछ थोड़ी सी, धीरे धीरे उठी—और उठकर, निद्रा की मुद्रा से लेटे हुए प्रियतम के मुख को बहुत देर तक-बड़े ध्यान से देखती रही कि कहीं जागते तो नहीं हैं। अनन्तर सोता हुआ समझकर विश्वासपूर्वक चुम्बन किया—परन्तु उस कपट निद्रित की कपोलस्थली को हर्ष से रोमाचित देखकर वह नव वधू लज्जा से नम्रमुखी हो गई और हँसते हुए प्रियतम ने अधिक समय तक उसका चुम्बन किया। यहाँ नायिका के हृदय में स्थित रति (स्थायीभाव) का नायक आलम्बन विभाव है और शून्यगृह उद्दीपन विभाव है। '**किञ्चिच्छनैरुत्थाय**' इससे शङ्का के साथ उत्सुकता और '**सुचिरं निर्वर्ण्य**' से शुद्ध शङ्कारूप सञ्चारीभाव प्रकट होता है। विश्रब्ध चुम्बन अनुभाव और लज्जा सञ्चारीभाव है। एवं नायकनिष्ठ रति की नायिका आलम्बन है, हर्ष और हास सञ्चारी तथा चिरचुम्बन अनुभाव है। इन विभाव अनुभाव और सञ्चारी भावों से शृङ्गार रस की अभिव्यक्ति होती है।

"यद्यपि स्वमतस्थापनाऽवसरे सर्वैरेवाचार्यैः समालोचितान्यन्यमतानि, परं साहित्यदर्पणकारं विश्वनाथं विहाय न केनाप्येवमतिक्रूरमधिक्षिप्ताः प्रत्नाचार्याः। अयमुत्कलब्राह्मणश्चन्द्रशेखरतनुजन्मा वैक्रमे चतुर्दशशतके संजातः। एतत्कृतो ग्रन्थः साहित्यदर्पणः काव्यप्रकाश-ध्वन्यालोक-दशरूपकादीनुपजीव्यैव वर्तमान इति प्रत्यक्षमेव चक्षुष्मताम्। तत्र प्रथम एव परिच्छेदेऽनेन स्वोपज्ञस्य पाण्डित्यस्य परा काष्ठा प्रादर्शि। अस्मिन्नेन च प्राचीनाचाया अनुचितमाघूर्णिताः। सर्वताऽधक च वाग्देवताऽवतारः श्रीप्रकाशकारोऽस्य रोषविषयः। एतन्मतेन प्रकाशोक्ते 'तददोषौ' इत्यादौ काव्यलक्षणे पदसंख्यातोऽप्यक्षरसंख्यातोऽपि च भूयसी संख्या दोषाणाम्। न केवलं लक्षणमेवास्य सर्वांशदुष्टम्, अपि तु अनुपदमेव दत्तम् 'अनलंकृती' इत्यस्योदाहरणमपि प्रमादविजृम्भितमेव। किञ्चाऽयं मम्मटाचार्यः स्वयमुक्तमपि वस्तु क्षणेनैव विस्मृत्य पदान्तरं गत्वा अन्यथा तद् वर्णयति। अलंकारज्ञानमप्यस्य नास्ति। ध्वनिकारोऽप्येतत्समकक्ष एव योऽनुपदमेव जायमानं स्ववचनविरोधमपि न चेतयते। अन्येऽपि बहव एवंविधा एव। तद् यद्ययम् "अष्टादशभाषावारविलासिनीभुजङ्गो" न मर्त्यलोकमवतारग्रहणेनाग्रहीष्यत तदा को नाम चिरप्ररूढमेतं महान्तं प्रामादिकसंप्रदायमध्वंसिष्यत? को वा न केनाप्यन्येनाऽऽघ्रातमपि रसस्य प्राधान्यं प्रत्यष्ठापयिष्यत्?

अत्र विचार्यते—यः खलु मम्मटाचार्यो ग्रन्थारम्भ एव "सकलप्रयोजनमौलिभूतं रसास्वादसमुद्भूतं विगलितवेद्यान्तरमानन्दम्" इति सन्दर्भेण रसस्य सर्वातिशायित्वं ख्यापयति। अष्टमे चोल्लासे '**ये रसस्याङ्गिनो धर्माः**' इति कारिकायां तद्व्याख्याने च रसस्याङ्गित्वं प्रतिष्ठापयति। सप्तमे च '**रसश्च मुख्यः**' इति कारिकांशेन रसस्य मुख्यत्वं मुक्तकण्ठमुद्घोषयति, अन्यत्रापि च बहुत्र रसस्यैव मुख्यत्वं व्यनक्ति, स एव वाग्देवतावतारः श्रीप्रकाशकारः काव्यलक्षणावसरे सर्वमिदमेकपदे व्यस्मार्षीदिति कः खल्वप्रमत्तः प्रतीयात्?

विश्रब्धं परिचुम्ब्य जातपुलकामालोक्य गण्डस्थलीं लज्जानम्रमुखी प्रियेण हसता बाला चिरं चुम्बिता ॥'

अत्र हि संभोगशृङ्गाराख्यो रसः। भावो यथा महापात्रराघवानन्दसान्धिविग्रहिकाणाम्—

'यस्यालीयत शल्कसीम्नि जलधिः, पृष्ठे जगन्मण्डलं,
दंष्ट्रायां धरणी, नखे दितिसुताधीशः, पदे रोदसी।
क्रोधे क्षत्रगणः, शरे दशमुखः, पाणौ प्रलम्बासुरो,
ध्याने विश्वम्, असावधार्मिककुलं कस्मैचिदस्मै नमः ॥'

इस पद्य की रचना अधिक उत्कृष्ट नहीं है। 'उत्थाय' और 'चक्षुः' में संयुक्त महाप्राण वर्णों से श्रुतिकटुत्व आ गया है। इन दोनों का पास पास होना और भी दोषाधायक है। अनेक पदों में रेफ का संयोग भी श्रुतिकटु है। लोकृ धातु के दो बार और क्त्वा प्रत्यय के पाँच बार आने से घोर पुनरुक्ति हुई है। इन बातों से वर्णन में कवि की दरिद्रता प्रकट होती है।

भाव का उदाहरण— **यस्येति**—इसमें विष्णु के दश अवतारों का वर्णन है—जिसके सिन्ने (मछली का पर) के एक किनारे में सारा समुद्र समा गया—(मत्स्यावतार) और जिसकी पीठ पर अखण्ड ब्रह्माण्ड आ गया (कूर्म) जिसकी दाढ़ में पृथ्वी छिप गई (वराह) और नख में दैत्यराज—हिरण्यकशिपु लिपट रहा (नृसिंह), जिसके पैर में पृथ्वी और आकाश समा गये (वामन) और क्रोध में क्षत्रिय जाति विलीन हो गई (परशुराम) एवं जिसके बाण में रावण का (राम), हाथ में प्रलम्बासुर का (कृष्ण), ध्यान में जगत् का (बुद्ध) और खड्ग में अधर्मी लोगों का लय हुआ (निष्कलङ्क) उस किसी अलौकिक तेज को मेरा नमस्कार

नाद्यापि तत्त्वतो विद्मो यत्प्रकाशस्य केन दुरदृष्टेन दर्पणोऽजनिष्ट, येन सर्वात्मना 'प्रकाशं' प्रतिक्षिपता व्याकुलीकृतानि लोकलोचनानि।

किञ्च रसैकसमाश्रयाणां गुणानां शब्दार्थयोः सर्वथाऽसंभवात् 'सगुणौ शब्दार्थौ काव्य' मित्यादि प्रकाशोक्तं लक्षणं समुपद्रवन्तं विश्वनाथं पृच्छामः—

अङ्ग! हि भवान् **'रसात्मकं वाक्यं काव्य'** मिति लक्षणं निर्दोषमभिप्रैति। तत्र 'वाक्य'-मित्यनेन सामानाधिकरण्योपपत्तये 'रसात्मक' मित्यत्र बहुव्रीहिः समासोऽवश्यमाश्रयितव्यः स्यात्। बहुव्रीहिश्चान्यपदार्थप्रधानो भवति। अन्यपदार्थश्चाऽत्र वाक्यमेव। वाक्यं च शब्द-विशेष एव। तदेवं शब्दविशेषः काव्यमित्येव पर्यवसन्नम्। तत्राऽऽकाशगुणे शब्दे रसोऽस्ति नवा? अस्ति चेत्कथम्?

'सत्त्वोद्रेकादखण्डस्वप्रकाशानन्दचिन्मय.'

इत्यादिभवदुक्तलक्षणानुसारमपि ज्ञानस्वरूपस्य वा आत्मस्वरूपस्य वा रसस्य आकाशगुणे शब्दे संस्पर्शोऽपि हि दुर्लभः।

नास्ति चेत्, कथमुक्तं 'रसात्मकम्' इति? न खल्वविद्यमानं किञ्चित्कस्याप्यात्मत्वेन व्यवस्थाप्यते। यदि तु रसप्रकाशकभावनाविषयार्थप्रतिपादकतासंसर्गेण वा, रसप्रकाशकतावच्छेदकार्थप्रतिपादकतासम्बन्धेन वा तदुपचर्यते इति ब्रूषे तर्हि प्रकाशोक्तं 'सगुणौ' इति विशेषणमुपद्रवता भवता किमर्थमुद्धूलिता धूलिरिति पृच्छामः। तत्रापि हि तुल्ययोगक्षेमोऽयं मार्गः।

अथ सरसस्यैव काव्यत्वं स्वीकारयितुं तथा प्रयास इति चेत्तदपि न रुचिरम्। नीरसेऽपि चमत्कारिणि वस्त्वलंकारव्यञ्जके शब्दार्थयुगले काव्यत्वस्य ध्वनिकारादिसकलालंकारिकसंमतत्वात्। यदुक्तं ध्वनिकृता—

'व्यज्यन्ते वस्तुमात्रेण यदालंकृतयस्तदा। ध्रुवं ध्वन्यङ्गता तासां काव्यवृत्तेस्तदाश्रयात् ॥' इति।

विवेचितं चेदं विस्तरतोऽस्माभिरर्वाचीनसाहित्यविवेचनायाम्।

किञ्च यः खलु सकलालंकारिकाणां मूर्धाभिषिक्तः, यदुपजीव्यतयैव च वर्ण्यते ध्वनिरद्यापि, विश्वनाथस्यापि च ध्वनिवर्णने योऽवलम्बः स एवाऽयं परमविकल्पो ध्वनिकारः स्ववचनविरोधमपि न चेतयते इति कीदृशं वचः? तदेवमुपजीव्येषु विषमं दंशं निवेशयता दर्शिता 'भुजङ्गता' विश्वनाथेन।

सोऽयं विश्वनाथाभिमतो वचनविरोधः प्रथमद्वितीयकारिकयोरेव।

'काव्यस्यात्मा ध्वनिरिति बुधैर्यः समाम्नातपूर्वस्तस्याभावं जगदुरपरे भाक्तमाहुस्तमन्ये।

अत्र भगवद्विषया रतिर्भावः । रसाभासो यथा—

'मधु द्विरेफः कुसुमैकपात्रे पपौ प्रियां स्वामनुवर्तमानः ।
शृङ्गेण च स्पर्शनिमीलिताक्षीं मृगीमकण्डूयत कृष्णसारः ॥'

अत्र संभोगशृङ्गारस्य तिर्यग्विषयत्वाद्रसाभासः । एवमन्यत् । दोषाः पुनः काव्ये किंस्वरूपा इत्युच्यन्ते—

दोषास्तस्यापकर्षकाः ।

श्रुतिदुष्टापुष्टार्थत्वादयः काणत्वखञ्जत्वादय इव शब्दार्थद्वारेण देहद्वारेणेव व्यभिचारिभावादेः स्वशब्दवाच्यत्वादयो मूर्खत्वादय इव साक्षात्काव्यस्यात्मभूतं रसमपकर्षयन्तः काव्यस्यापकर्षका इत्युच्यन्ते । एषां विशेषोदाहरणानि वक्ष्यामः

है । यहाँ '**अलीयत**' क्रिया के अर्थ में सम्बन्धियों के भेद से कुछ भेद होता है । **अत्रेति**—यहाँ भगवद्विषयक रतिभाव व्यङ्ग्य है । देवादिविषयक रति और संचारी भाव यदि व्यञ्जित हो तो उसे 'भाव' कहते हैं ।

रसाभास का उदाहरण—**मधु इति**—जिस समय इन्द्र की आज्ञा से वसन्त को साथ लेकर कामदेव कैलास पर भगवान् शङ्कर को मोहित करने पहुँचा था उस समय इसके प्रभाव से पशु पक्षी भी कितने मुग्ध हो गये थे, यह बात कविकुलगुरु श्रीकालिदास ने इस पद्य में अङ्कित की है । कामातुर भ्रमर, अपनी प्रिया का अनुगमन करता हुआ पुष्परूप एक पात्र में मधु (पुष्परसरूप मद्य) का पान करने लगा और स्पर्शसुख से निमीलितनयना मृगी को उसका प्रेमी कृष्णसार मृग, सींग से धीरे २ खुजलाने लगा । यहाँ शृङ्गाराभास है । अनौचित्य से प्रवृत्त और पशु पक्षी विषयक शृङ्गार को शृङ्गाराभास कहते हैं । इसी प्रकार अन्य रसों और भावों के उदाहरण जानना ।

काव्य के लक्षण में दोषादिकों का निवेश तो माना नहीं है, अतः दोषों के ज्ञान के लिये आकाङ्क्षा उत्पन्न करते हैं—**दोषाः पुनः**—दोषों का क्या स्वरूप है यह कहते हैं—**दोषा इति**—काव्य के अपकर्षकों को दोष कहते हैं । **श्रुतिदुष्टेति**—जैसे काणत्व, खञ्जत्वादिक दोष, शरीर को दूषित करते हुए, उसके द्वारा उसमें रहनेवाले आत्मा की हीनता सूचित करते हैं, इसी प्रकार काव्य के शरीरभूत शब्द में श्रुतिदुष्टत्वादि और अर्थ में अपुष्टार्थत्वादिक दोष भी पहले शब्द तथा अर्थ को दूषित करके उसके द्वारा काव्य के आत्मभूत रस का अपकर्ष=

केचिद्वाचां स्थितमविषये तत्त्वमूचुस्तदीयं तेन ब्रूमः सहृदयमनःप्रीतये तत्स्वरूपम्' ॥ १ ॥

इयमादिमा कारिका ध्वनिग्रन्थस्य ।

'अर्थः सहृदयश्लाघ्यः काव्यात्मा यो व्यवस्थितः । वाच्यप्रतीयमानाख्यौ तस्य भेदावुभौ स्मृतौ' ॥ २ ॥

इति च द्वितीया कारिका ।

अत्रेदं चिन्त्यते—यः खल्वेवंविधो विसंज्ञो ध्वनिकारो यस्य प्रथमकारिकोक्तः पदार्थो द्वितीयस्यामेव विरुध्यते, न चासौ तं चेतयते, सोऽयं कथमिव प्रेक्षावद्भिरपि सकलैरलंकारशास्त्राचार्यैर्मौलिमालाभिर्लालितः ।

न केवलं सपक्षैरेव, अपि तु घोरतरैर्विपक्षैर्महिमभट्टप्रभृतिभिरपि '**महतां संस्तव एव गौरवाय**' इत्यादिना व्यक्तिविवेके (ध्वनिखण्डनग्रन्थे) कथमेनं प्रति विद्याबहुमानः प्रादर्शि ।

किञ्चोक्ता कारिका विश्वनाथाद् बहुतरपूर्वकालिकेन आलंकारिकमूर्धन्येन श्रीमताऽभिनवगुप्तपादाचार्येण कथमिव निर्विरोधं व्याख्याता 'ध्वन्यालोकलोचने'—तथाहि—"शब्दार्थशरीरं तावत्काव्यमिति यदुक्तं तत्र शरीरग्रहणादेव केनचिदात्मना तदनुप्राणकेन भाव्यमेव । तत्र शब्दस्तावच्छरीरभाग एव संनिविशते । सर्वजनसंवेद्यधर्मत्वात्, स्थूलकृशादिवत् । अर्थः पुनः सकलजनसंवेद्यो न भवति । न ह्यर्थमात्रेण काव्यव्यपदेशः, लौकिकवैदिकवाक्येषु तदभावात्—तदाह—'सहृदयश्लाघ्य' इति । स एक एवार्थो द्विशाखतया विवेकिभिर्विभागबुद्ध्याऽभियुज्यते—तथाहि तुल्येऽर्थरूपत्वे किमिति कस्मैचित्सहृदयः श्लाघते । तद् भवितव्यं केनचिद् विशेषेण । यो विशेषः स प्रतीयमानभागो विवेकिभिर्विशेषहेतुत्वादात्मेति व्यवस्थाप्यते । वाच्यसंकलनाविमोहितहृदयैस्तु तत्पृथग्भावो विप्रतिपद्यते चार्वाकैरिवात्मपृथग्भावः । अत एव 'अर्थ' इत्येकतयोपक्रम्य 'सहृदयश्लाघ्य' इति विशेषणद्वारा हेतुमभिधाय अपोद्धारदशा तस्य द्वौ भेदौ, अंशावित्युक्तम् । न तु द्वावप्यात्मानौ काव्यस्य इति ।"

गुणाः किंस्वरूपा इत्युच्यन्ते—

उत्कर्षहेर : प्रोक्ता गुणालंकाररीतयः ॥ ३ ॥

गुणाः शौर्यादिवत्, अलंकाराः कटककुण्डलादिवत्, रीतयोऽवयवसंस्थानविशेषवत्, देहद्वारेणेव शब्दार्थद्वारेण तस्यैव काव्यस्यात्मभूतं रसमुत्कर्षयन्तः काव्यस्योत्कर्षका इत्युच्यन्ते। इह यद्यपि गुणानां

हीनता सूचित करते हैं। एवं जैसे मूर्खत्वादि साक्षात् ही—किसी के द्वारा नहीं—आत्मा का अपकर्ष सूचित करते हैं वैसे ही निर्वेद, व्रीडादिक व्यभिचारिभावों का स्वशब्दवाच्यत्व (अपने वाचक पदों से कह देना) प्रभृति अनेक दोष काव्य के आत्मा (रस) का साक्षात् अपकर्ष करते हैं। साक्षात् या परम्परा से काव्य के आत्मभूत रस के अपकर्षक ये ही दोष काव्यदोष कहाते हैं, क्योंकि इनसे काव्य का अपकर्ष बोधित होता है। **एषामिति—इन दोषों के** विशेष उदाहरण सप्तम परिच्छेद में कहेंगे।

गुणा इति—गुणों का लक्षण करते हैं—**उत्कर्षेति**—गुण अलंकार और रीतियां काव्य की उत्कृष्टता के कारण होते हैं। जैसे शौर्यादि गुण, कटक कुण्डलादि अलकार और अङ्गरचनादिक मनुष्य के शरीर का उत्कर्ष सूचन करते हुए उसके आत्मा का उत्कर्ष सूचित करते हैं इसी प्रकार काव्य में भी माधुर्यादि गुण उपमादिक अलंकार और वैदर्भी आदिक रीतियां शरीरस्थानीय शब्द और अर्थ का सूचन करते हुए आत्मस्थानीय रस का उत्कर्ष सूचित करते हैं और जैसे शौर्यादिक मनुष्य के उत्कर्षक कहे जाते हैं इसी प्रकार माधुर्यादिक काव्य के उत्कर्षक माने जाते हैं।

प्रश्न—गुणों को काव्य का उत्कर्षक मानना ठीक नहीं, क्योंकि जैसे 'अलंकार सहित काव्य उत्कृष्ट होता है' यह कहा जाता है वैसे यह नहीं कह सकते कि निर्गुण काव्य की अपेक्षा सगुण काव्य उत्कृष्ट होता है। कारण यह है कि गुण रस ही के साथ रहते हैं, अतः जो निर्गुण है वह नीरस भी अवश्य होगा—और नीरस को आप काव्य ही नहीं मानते, फिर

किञ्च 'काव्यस्यात्मा ध्वनिरिति बुधैर्यः समाम्नातपूर्व' इत्यत्र **"बुधैः समाम्नातपूर्व"** इत्यनेन पूर्वाचार्यपरम्परापरिप्राप्तत्वं तस्य मतस्य सूचितम्। एवं द्वितीयकारिकायामपि **'काव्यात्मा यो व्यवस्थितः'** पदेन **'वाच्यप्रती.... भेदावुभौ स्मृतौ'** इत्यत्र च **'स्मृतौ'** इत्यनेन चिरन्तनसिद्धान्तसिद्धत्वमस्यार्थस्य स्पष्टीकृतम्। तदेवं ध्वनिकारमकारणमधिक्षिपता विश्वनाथेन विपक्षीकृताः सर्वेऽप्युपजीव्याश्चिरन्तनाचार्याः।

वयन्त्वेवमुत्पश्यामो यद् यत्र कारिकयोः साहित्यदर्पणकारो ध्वनिकारस्य 'स्ववचनविरोध' पश्यति तद् द्वयमपि न ध्वनिकर्तुरात्मीयं मतम्, अपि तु अलंकारशास्त्रस्येतिहासमात्रम्—तथाहि—अतिप्रत्नाः संप्रदायाचार्याः काव्यात्मत्वेन ध्वनिमेवाऽऽम्नायवत् अनादिपरम्परया समाम्नातवन्तः इति प्रथमकारिकायाः प्रथमे चरणे उक्तम् **'काव्यस्यात्मा ध्वनिरिति बुधैर्यः समाम्नातपर्वः'** इति। अत्र 'बुधैः समाम्नात' इत्यादरातिशयप्रदर्शनेनाऽऽत्मनोऽपि तत्र पक्षपातः सूचित इत्यन्यदेतत्। सोऽयमलंकारशास्त्रस्योत्कर्षमयः प्रथमः समयः।

'अनन्तरन्तु **तस्य-भावं जगदुरपरे** भाक्तमाहुस्तमन्ये' इत्यादिना निरीश्वरवादिनामिव प्रावादुकानां प्राबल्यं प्रदर्शितम्। ततः परम् **'तेन ब्रूमः सहृदयमनःप्रीतये तत्स्वरूपम्'** इति ध्वनेर्जीर्णोद्धारस्य वा पुनरुज्जीवनस्य वा तृतीयः समयः। ध्वनिकारेण त्वत्र **"तत्स्वरूपं ब्रूम."** इत्यनेन वक्ष्यमाणो ग्रन्थार्थ उपक्षिप्तः केवलम्, नतु स्वमतमुपन्यस्तं किंचित्।

तदग्रे च 'सहृदयश्लाघ्यस्यार्थस्य काव्यात्मत्वं व्यवस्थाप्य तस्य वाच्यप्रतीयमानाख्यौ द्वौ **भेदौ कैश्चन कथितौ'** इति मतान्तरस्योल्लेखो द्वितीयस्यां कारिकायाम् **"अर्थः सहृदयश्लाघ्य"** इत्यादि। अत्र **'स्मृतौ'** इत्यनेनाऽस्य परमतत्वं स्फुटमेव। अतएव च तृतीयस्यां कारिकायां वाच्यस्य काव्यात्मत्वं मन्यमानानाम् **'अन्य'** पदेन स्पष्टमुल्लेखः कृतः। तथाहि—

'तत्र वाच्यः प्रसिद्धो यः प्रकारैरुपमादिभिः। बहुधा व्याकृतः सोऽन्यैः काव्यलक्ष्मविधायिभिः ॥ ३ ॥

अयमभिसन्धिः—'अन्यैः' काव्यलक्षणकारैर्भामहदण्डिभट्टोद्भटप्रभृतिभिरलंकारप्राधान्यवादिभिर्योऽर्थ उपमादिभिः प्रकारैर्बहुधा व्याकृतः स एव वाच्यः कैश्चित्काव्यात्मत्वेनाभिमतः।

अथ ये वाच्यादतिरिक्तं व्यङ्ग्यमर्थं न प्रतिपद्यन्ते तान् प्रति तत्स्वरूपं विविञ्चन्निव चतुर्थीं कारिकामाह—

'प्रतीयमानं पुनरन्यदेव वस्त्वस्ति वाणीषु महाकवीनाम्।
यत्तत्प्रसिद्धावयवातिरिक्तं विभाति लावण्यमिवाङ्गनासु' ॥ ४ ॥

रसधर्मत्वम्, तथापि गुणशब्दोऽत्र गुणाभिव्यञ्जकशब्दार्थयोरुपचर्यते। यतश्च 'गुणाभिव्यञ्जकाः शब्दा रसस्योत्कर्षकाः' इत्युक्तं भवतीति प्रागेवोक्तम्। एषामपि विशेषोदाहरणानि वक्ष्यामः॥

इति श्रीमन्नारायणचरणारविन्दमधुव्रतसाहित्यार्णवकर्णधारध्वनिप्रस्थापनपरमाचार्यकविसूक्तिरत्नाकराष्टादशभाषावारविलासिनीभुजङ्गसांधिविग्रहिकमहापात्रश्रीविश्वनाथकविराजकृतौ साहित्यदर्पणे काव्यस्वरूपनिरूपणो नाम प्रथमः परिच्छेदः।

उसकी अपेक्षा उत्कर्ष बताना कैसा? सजातीयों में जो अधिक गुण विशिष्ट होता है उसे उत्कृष्ट कहते हैं। जो काव्यत्व से ही बहिष्कृत है उसकी अपेक्षा तारतम्य का विचार कैसा? इसका उत्तर देते हैं—इहेति—यद्यपि गुण रस के धर्म हैं—रस बिना वे नहीं रहते—तथापि यहां गुण शब्द लक्षणा से गुणों के अभिव्यञ्जक शब्दों और अर्थों को बतलाता है, अतः 'गुणाः रसोत्कर्षहेतवः' इसका यह अर्थ है कि गुणाभिव्यञ्जक शब्द तथा अर्थ रस के उत्कर्षक होते हैं। इस कारण यहाँ यह अभिप्राय जानना कि गुणाभिव्यञ्जक शब्दों से रहित काव्य की अपेक्षा तत्सहित काव्य उत्कृष्ट होता है। यह बात 'सगुणौ' पद की आलोचना करते हुए पहले कही है। गुणों के विशेष उदाहरण अष्टम परिच्छेद में कहेंगे।

इति विमलार्थदर्शिन्यां प्रथमः परिच्छेदः।

यथा नवनवोन्मिषद्यौवनासु चारुहासिनीषु विलासिनीषु मनोमोहनमन्त्राभं स्फुटमनुभूयमानमपि लावण्यं न केनापि चक्षुर्नासिकमिव शक्यं शृङ्गग्राहिकया निर्देष्टुम्, अवयवेषु वाऽन्तर्भावयितुम्। नच तादृशनिर्देशाभावादेव स्फुटं भासमानस्य तस्याभावः शक्यः प्रतिपत्तुम्, तथैव महाकवीनां वाणीषु स्फुटं प्रतीयमानो वाच्याद् भिन्नो व्यङ्ग्योऽर्थो न शक्यो निह्नोतुम्।

अथैवं पूर्वाचार्यैर्वाच्यप्रतीयमानौ द्वावप्यर्थौ काव्यात्मत्वेन व्यवस्थापितौ। वाच्यश्चान्यैर्बहुधा व्याकृतः। व्यङ्ग्योऽपीदानीमुक्त एव। अत्रार्थे भवतः किं मतम्? वाच्यो वा व्यङ्ग्यो वा, उभयं वा भवता काव्यात्मत्वेन स्वीक्रियते? इत्येतं प्रश्नमुत्तरीतुं पञ्चमीं कारिकामाह—

'काव्यस्यात्मा स एवाऽर्थस्तथा चादिकवेः पुरा। क्रौञ्चद्वन्द्ववियोगोत्थः शोकः श्लोकत्वमागतः' ॥ ५ ॥

पूर्वं प्रावादुकमतान्युपन्यस्येदानीं स्वमतमाह—काव्यस्येति—अङ्गनासु लावण्यमिव काव्येषु प्रधानतया विभाव्यमानः 'स एव'—प्रतीयमान एवाऽर्थः काव्यस्यात्मा—न तु वाच्योऽपि। अत्रार्थे दृष्टान्तमाह—तथा चेति—'आदिकवेः' भगवतो वाल्मीकेः क्रौञ्चद्वन्द्ववियोगजन्यः 'शोकः' (स्थायिभावः) आवेशातिशयवशाद् हृदये अपरिमिमानो हृदयसंवादतन्मयीभवनक्रमात् परिपूर्णकुम्भोच्छलनन्यायेन बहिः प्रसर्पन् वाग्रूपं प्राप्तः श्लोकस्वरूपमापन्नो 'मानिषादे' त्यादि। इदं हि पद्यं भगवतो हृदयनिष्ठस्य शोकस्य शब्दमयं चित्रमेव। चित्रं च तदेव चारुतरं यच्चित्रणीयं यथायथमभिव्यनक्ति। पद्यञ्चेदं सर्वाङ्गीणतया शोकमेवाभिव्यनक्ति। स एवाऽत्र काव्ये प्रधानम्। स एव च प्रतीयमानो रसादिः काव्यस्यात्मा। एष च—

'शब्दार्थशासनज्ञानमात्रेणैव न वेद्यते। वेद्यते स हि काव्यार्थतत्त्वज्ञैरेव केवलम्' ॥ ७ ॥

इदमपरं प्रतीयमानार्थसाधकं प्रमाणमपि।

किञ्च यथा घटपटाद्यालोकनकामः कश्चित् तदुपायतया दीपशिखामादत्ते एवं काव्यात्मभूतं प्रतीयमानमर्थं प्रत्याययितुं तदुपायभूतो वाच्योऽर्थ उपादीयते, इतीदमुच्यते—

'आलोकार्थी यथा दीपशिखायां यत्नवान् जनः। तदुपायतया तद्वदर्थे वाच्ये तदादृतः' ॥ ६ ॥

यदि तु वाच्योऽप्यर्थ आत्मत्वेनाभिमतः स्याद् ध्वनिकारस्य तदा तमपि प्रतीयमानमिवोपेयमभिदधीत, न पुनः प्रतीयमानस्योपायतया तमुपाददीत। किं बहुना—

'यथा पदार्थद्वारेण वाक्यार्थः संप्रतीयते। वाच्यार्थपूर्विका तद्वत् प्रतिपत्तस्य वस्तुनः ॥ १० ॥

'यत्राऽर्थः शब्दो वा तमर्थमुपसर्जनीकृतस्वार्थौ। व्यङ्क्तः काव्यविशेषः स ध्वनिरिति सूरिभिः कथितः' ॥ १३ ॥

इत्यादिना शब्दार्थयोः प्रतीयमानोपसर्जनत्वं तथा तथा प्रपञ्चितं येनाऽन्धोपि बधिरोऽपि च शक्नोति प्रतिपत्तुं तत्त्वम्। अद्य यावत् एतत्प्रदर्शितेनैव पथा सर्वेऽप्याचार्याः स्वेषु स्वेषु सन्दर्भेषु ध्वनिमुपवर्णितवन्तः। विश्वनाथोऽप्यत्रार्थे तन्मुखापेक्षी एव। अथन्त्वस्य 'भुजङ्गस्य' विशेषो यत्सर्वोपजीव्यमपि निर्निमित्तं दशति।

द्वितीयः परिच्छेदः ।

वाक्यस्वरूपमाह—

वाक्यं स्याद्योग्यताकांक्षासत्तियुक्तः पदोच्चयः ।

योग्यता पदार्थानां परस्परसम्बन्धे बाधाभावः । पदोच्चयस्यैतदभावेऽपि वाक्यत्वे 'वह्निना सिञ्चति' इत्याद्यपि वाक्यं स्यात् । आकांक्षा प्रतीतिपर्यवसानविरहः । स च श्रोतुर्जिज्ञासारूपः । निराकांक्षस्य वाक्यत्वे 'गौरश्वः पुरुषो हस्ती' इत्यादीनामपि वाक्यत्वं स्यात् । आसत्तिर्बुद्ध्यविच्छेदः—बुद्धिविच्छेदेऽपि वाक्यत्वे इदानीमुच्चरितस्य देवदत्तशब्दस्य दिनान्तरोच्चरितेन गच्छतीति पदेन संगतिः स्यात् । अत्राऽऽकाङ्क्षायोग्यतयोरात्मार्थधर्मत्वेऽपि पदोच्चयधर्मत्वमुपचारात् ।

अथ द्वितीयः परिच्छेदः ।

नीलसरोरुहदेह, निगमगमित, गोकुलरमण ।
इङ्गितकलितसुरेह, वस सततं मम मानसे ॥ १ ॥

'वाक्यं रसात्मकं काव्यम्' यह पहले कह चुके हैं । इसमें वाक्य शब्द से क्या विवक्षित है इस उपोद्घात की संगति के लिये वाक्य का लक्षण करते हैं । **'प्रकृतसिद्ध्यनुकूलचिन्ताविषयत्वमुपोद्घातः'** प्रस्तुत वस्तु की के लिये जिसका विचार करना प्रसंगप्राप्त हो उसे उपोद्घात कहते हैं । यहाँ काव्य का लक्षण प्रस्तुत है । उसमें वाक्य का विचार प्रसंगप्राप्त है । **वाक्यमिति**—आकाङ्क्षा, योग्यता और आसक्ति से युक्त पदसमूह को वाक्य कहते हैं ।

योग्यता का लक्षण करते हैं । **योग्यतेति**—एक पदार्थ का दूसरे पदार्थ के साथ सम्बन्ध करने में बाध न होना योग्यता कहाता है । जो पदार्थ जिस पदार्थ के साथ सम्बन्ध करने में बाधित न हो उसे योग्य कहते हैं । यदि योग्यता के विना पदसमुदाय को वाक्य माना जायगा तो **'वह्निना सिञ्चति'** यह भी वाक्य हो जायगा । योग्यता को कारण मानने से इसमें वाक्य का लक्षण नहीं जाता—क्योंकि सेचन क्रिया में अग्नि की साधनता बाधित है । अग्नि जलाने का साधन है, सींचने का नहीं ।

आकांक्षेति—किसी ज्ञान की समाप्ति या पूर्ति का न होना आकांक्षा है । वाक्यार्थ की पूर्ति के लिये किसी पदार्थ की जिज्ञासा का बना रहना आकांक्षा कहलाता है । जैसे **'देवदत्तो ग्रामम्'** इतना कहने से **'गच्छति'** इत्यादि क्रिया की आकांक्षा है । उसके विना वाक्यार्थज्ञान का पर्यवसान नहीं होता ।

सचेति—यह आकांक्षा भावरूप है, अभावरूप नहीं, क्योंकि अभाव का अभाव प्रतियोगिस्वरूप होता है, अतः प्रतीति (जिज्ञासा) के पर्यवसानों (अभाव) का विरह (अभाव) भी प्रतीतिरूप ही होगा । **'निराकांक्षस्येति'**—आकांक्षाशून्य पदसमुदाय को वाक्य मानें तो **'गौरश्वः पुरुषो हस्ती'** इत्यादिक निराकांक्षपदसमूह भी वाक्य हो जायगा ।

आसत्तिरिति—बुद्धि अर्थात् प्रकृतोपयोगी पदार्थों की उपस्थिति के **'अविच्छेद'** अर्थात् अव्यवधान को आसत्ति कहते हैं । जिन पदार्थों का प्रकरण में सम्बन्ध होता है, उनके बीच में व्यवधान न होना 'आसत्ति' कहाता है । यह व्यवधान दो प्रकार से होता है । या तो एक पदार्थ की उपस्थिति के अनन्तर बीच में अधिक काल के आ जाने से —अथवा प्रकृतोपयोगी पदार्थोपस्थिति के बीच में अनुपयुक्त पदार्थों के आ जाने से । पहले प्रकार का उदाहरण देते हैं । **बुद्धिविच्छेदेऽपीति**—यदि बुद्धिविच्छेद होने पर भी वाक्यत्व स्वीकार किया जाय तो इस समय कहे हुए 'देवदत्तः' पद का दूसरे दिन बोले हुए **'गच्छति'** पद के साथ सम्बन्ध होना चाहिये । यहाँ अत्यन्त व्यवधान दिखाने के अभिप्राय से **'दिनान्तर'** कह दिया है । वस्तुतः एक घण्टा या इससे भी कम समय

एवं च साहित्यदर्पणे विश्वनाथेन 'काव्यस्यात्मा ध्वनिः' 'अर्थः सहृदयश्लाघ्यः' इत्यादिपरमतोक्तीनां यत् सिद्धान्त्युक्तित्वेनोपन्यसनं तत्पौर्वापर्याऽपर्यालोचननिबन्धनं प्रमादविजृम्भितमेव । १ ध्वनिः काव्यस्यात्मा, २ वाच्यप्रतीयमानौ अर्थौ काव्यस्यात्मा, प्रतीयमान एवाऽर्थः काव्यस्यात्मा इति प्रथमद्वितीयपञ्चमकारिकार्थः । न चैतत्त्रयमध्येकस्याचार्यस्य सिद्धान्तस्वरूपं संभवतीति शक्यं स्थूलदृश्वनाऽप्युन्नेतुम् । विश्वनाथेन त्वत्रार्थे कथमिव गजनिमीलिकाश्रितेति विभावयन्तु सुधियः ।"

वाक्योच्चयो महावाक्यम्

योग्यताकाङ्क्षासत्तियुक्त इत्येव ।

इत्थं वाक्यं द्विधा मतम् ॥ १ ॥

इत्थमिति वाक्यमहावाक्यत्वेन । उक्तं च—

'स्वार्थबोधे समाप्तानामङ्गाङ्गित्वव्यपेक्षया ।
वाक्यानामेकवाक्यत्वं पुनः संहृत्य जायते ॥' इति ।

तत्र वाक्यं यथा—'शून्यं वासगृहं—' इत्यादि । महावाक्यं यथा—रामायणमहाभारतरघुवंशादि ।

पदोच्चयो वाक्यमित्युक्तम्, तत्र किं पदलक्षणमित्यत आह—

वर्णाः पदं प्रयोगार्हानन्वितैकार्थबोधकाः ।

यथा—घटः । प्रयोगार्हेति प्रातिपदिकस्य व्यवच्छेदः । अनन्वितेति वाक्यमहावाक्ययोः । एकेति साकाङ्क्षानेकपदवाक्यानाम् । अर्थबोधका इति कचटतपेत्यादीनाम् । वर्णा इति बहुवचनमविवक्षितम् ।

का बीच में व्यवधान होने पर भी किसी को उन पदों में सम्बन्ध का ज्ञान नहीं होता । दूसरे प्रकार का उदाहरण—**'गिरिर्भुक्तमग्निमान् देवदत्तेन'** यहाँ **'गिरिरग्निमान्'** और **'देवदत्तेन भुक्तम्'** ये दो वाक्य हैं । 'गरिः' का सम्बन्ध **'अग्निमान्'** के साथ है—उसके बीच में प्रकृत का अनुपयोगी 'भुक्तम्' पद आ पड़ा है । एवं 'देवदत्तेन' के पूर्व अनुपयुक्त 'अग्निमान्' व्यवधायक हो गया है, अतः आसत्ति नहीं रही । अतएव यह वाक्य नहीं ।

अत्रेति—यद्यपि पूर्वोक्त जिज्ञासा इच्छारूप होने के कारण आत्मा में रहती है और योग्यता पदार्थों में ही रह सकती है, तथापि ये दोनों 'उपचार' (परम्परा सम्बन्ध) से पदसमुदाय में रहती हैं । **स्वजन्यजनकत्व सम्बन्ध** से आकांक्षा पदों में रहती है । 'स्व' शब्द से आकांक्षा गृहीत है—उससे जन्य वाक्यार्थ होता है और उसका जनक पदसमूह होता है । (**अथवा स्वमेव यज्जन्यं तज्जनकत्वेनेत्यर्थः**) 'योग्यता' **स्वाश्रयोपस्थापकत्व** सम्बन्ध से पदों में रहती है । 'स्व' शब्द से योग्यता, उसका आश्रय पदार्थ, उसका उपस्थापक पदसमूह होता है । इस प्रकार आकांक्षा, योग्यता और आसत्ति ये तीनों पदों में रह सकती हैं । इनसे युक्त पदों को वाक्य कहते हैं ।

वाक्योच्चयः—आकांक्षादियुक्त वाक्यों के समूह को महावाक्य कहते हैं । **इत्थमिति**—इस प्रकार वाक्य के दो भेद हुए । एक वाक्य, दूसरा महावाक्य । महावाक्य की सत्ता में प्रमाण देते हैं—**स्वार्थेति**—अपने अपने अर्थ का बोधन करके समाप्त हुए वाक्यों का, अङ्गाङ्गिभावसम्बन्ध से, फिर मिलकर एक वाक्य (महावाक्य) होता है । **तत्रेति**—उनमें वाक्य का उदाहरण **'शून्यं वासगृहम्'** इत्यादि है और महावाक्य का रामायण, रघुवंशादिक ।

पद का लक्षण करने के लिये प्रसङ्ग संगति दिखाते हैं । **पदोच्चय इति**—पदसमुदाय वाक्य होता है, यह कह चुके हैं । उसमें पद का लक्षण करते हैं—**वर्णा इति**—प्रयोग के योग्य, अनन्वित एक अर्थ के बोधक वर्णों को पद कहते हैं । जैसे 'घटः' यह वर्णसमुदाय प्रयोग के योग्य है । व्याकरणादि से शुद्ध होने के कारण वाक्य में इसका प्रयोग हो सकता है और दूसरे पदार्थ से असम्बद्ध (अनन्वित) एक अर्थ (घड़े) का बोधक है, अतएव यह पद है ।

उक्त लक्षण का पदकृत्य दिखाते हैं—**प्रयोगार्हेति**—इस लक्षण में 'प्रयोगार्ह' कहने से प्रातिपदिक की व्यावृत्ति होती है । केवल प्रातिपदिक—जिससे विभक्ति नहीं आई है—प्रयोग के योग्य नहीं होता । महाभाष्यकार ने लिखा है—**"नापि केवला प्रकृतिः प्रयोक्तव्या, नापि केवलः प्रत्ययः ।"**

अनन्वितेति—अनन्वित कहने से वाक्य और महावाक्य की व्यावृत्ति होती है, क्योंकि इनसे अन्वित अर्थ का बोध होता है, अनन्वित का नहीं । **एकेति**—'एक' कहने से साकांक्ष, अनेक पद और अनेक वाक्यों का

अर्थो वाच्यश्च लक्ष्यश्च व्यङ्ग्यश्चेति त्रिधा मतः ॥ २ ॥

एषां स्वरूपमाह—

वाच्योऽर्थोऽभिधया बोध्यो लक्ष्यो लक्षणया मतः ।
व्यङ्ग्यो व्यञ्जनया ताः स्युस्तिस्रः शब्दस्य शक्तयः ॥ ३ ॥

ता अभिधाद्याः ।

तत्र संकेतितार्थस्य बोधनादग्रिमाऽभिधा ।

उत्तमवृद्धेन मध्यमवृद्धमुद्दिश्य 'गामानय' इत्युक्ते तं गवानयनप्रवृत्तमुपलभ्य बालोऽस्य वाक्यस्य सास्नादिमत्पिण्डानयनमर्थः' इति प्रथमं प्रतिपद्यते । अनन्तरं च 'गां बधान, अश्वमानय' इत्यादावावापोद्वापाभ्यां गोशब्दस्य 'सास्नादिमानर्थः' आनयनपदस्य च 'आहरणमर्थः' इति संकेतमवधारयति । कचिच्च प्रसिद्धार्थपदसमभिहारात् । यथा—'इह प्रभिन्नकमलोदरे मधूनि मधुकरः पिबति'

व्यवच्छेद होता है । 'अर्थबोधक' कहने से क, च, ट, त, प इत्यादि वर्णों की व्यावृत्ति होती है । यदि 'अर्थ' न कहेंगे तो अर्थ के विशेषण 'अनन्वित' और 'एक' ये दोनों भी छोड़ने पड़ेंगे, अतः 'प्रयोगार्हा वर्णाः पदम्' इतना ही लक्षण रहेगा । यह क, च इत्यादि में अतिव्याप्त होगा—क्योंकि ये भी प्रयोग के योग्य होते हैं । प्रयोगार्हत्व वर्णों में ही होता है, अर्थ में नहीं । वर्णा इति—'वर्णाः' इस पद में बहुवचन अविवक्षित है । यह आवश्यक नहीं कि बहुत वर्णों के होने पर ही पद हो । एक या दो वर्णों के भी अनेक पद होते हैं ।

उक्त पदलक्षण में 'अर्थ' आया है, अतः अब अर्थ के भेद दिखाते हैं अर्थ इति—अर्थ, तीन प्रकार का होता है—वाच्य, लक्ष्य और व्यङ्ग्य । इनका क्रम से लक्षण करते हैं—वाच्य इति—जो अर्थ अभिधा से बोधित हो वह वाच्य, जो लक्षणा से ज्ञात हो वह लक्ष्य और जो व्यञ्जना से सूचित हो वह व्यङ्ग्य कहाता है । ये तीनों—अभिधा, लक्षणा और व्यञ्जना—शब्द की शक्तियाँ हैं ।

तत्रेति—संकेतित (मुख्य) अर्थ का बोधन करनेवाली, शब्द की सबसे पहली शक्ति का नाम अभिधा है । यहाँ 'संकेतित' शब्द का अर्थ है 'मुख्य' । 'संकेतग्रहविषयीभूत' यह अर्थ नहीं । इस अर्थ के मानने में आत्माश्रय दोष होता है, क्योंकि संकेत अभिधा का ही नाम है, अतः "अभिधाज्ञानविषयीभूत अर्थ का बोधन करनेवाली शक्ति अभिधा है" यह लक्षण करने से अभिधा के लक्षण में अभिधा का ही आश्रयण करना पड़ेगा । इस कारण आत्माश्रय दोष होगा । अतः (संकेतित) शब्द का उक्त अर्थ (मुख्य) करना चाहिये । व्याकरण, कोशादि में प्रसिद्ध अर्थ मुख्य कहाता है । लक्ष्य और व्यङ्ग्य अर्थों के पूर्व उपस्थित होना ही इसका मुख्यत्व है ।

संकेतग्रह के उपाय बतलाते हैं—उत्तमवृद्धेनेति—किसी बड़े आदमी ने छोटे आदमी (नौकर आदि) से कहा कि "गौ लाओ" और वह इस वाक्य को सुनकर, एक गौ ले आया, तो उन दोनों के पास बैठा हुआ बालक—जिसे अब तक इन पदों के अर्थों का कुछ ज्ञान नहीं है—पहले पहल यही समझता है कि 'गौ लाओ' इस समुदाय का तात्पर्य, इस जीव को ले आना ही है । अनन्तर 'गौ बाँध दो' 'घोड़ा लाओ' इत्यादि वाक्यों के सुनने पर की गई क्रियाओं को देखकर, वह 'आवापोद्वाप' (अन्वय, व्यतिरेक) के द्वारा 'गौ' 'बाँधो' 'लाओ' इत्यादिक प्रत्येक पद के संकेत (शक्ति) को समझता है । जब वह बालक देखता है कि जहाँ 'गौ' पद बोला गया है, वहीं यह जीव उपस्थित हुआ है, अन्यत्र नहीं, तो यह समझ लेता है कि गौपद का वाच्य यही जीव है । इसी प्रकार, 'आनय' आदि क्रियाओं का 'लाना' आदि अर्थ निर्धारित करता है । इस प्रकार व्यवहार से शक्तिग्रह होता है ।

कहीं प्रसिद्ध अर्थात् पहले से ज्ञात पद के साहचर्य से भी शक्तिग्रह होता है—जैसे—इह प्रभिन्नेति—यहाँ 'मधुकर' का अर्थ शहद बनानेवाली मक्खी है, या भ्रमर, यह संदेह, 'कमल' पद के साथ होने से दूर होता है । कमल में भ्रमर के ही रसपान से तात्पर्य है, यह बात 'कमल' पद के सन्निधान से मालूम होती है, अतः यहाँ प्रसिद्धार्थक पद के समभिव्याहार (सान्निध्य) से 'मधुकर' पद का शक्तिज्ञान होता है ।

इत्यत्र। क्वचिदाप्तोपदेशात्। यथा—'अयमश्वशब्दवाच्यः' इत्यत्र। तं च संकेतितमर्थं बोधयन्ती शब्दस्य शक्त्यन्तरानन्तरिता शक्तिरभिधा नाम।

संकेतो गृह्यते जातौ गुणद्रव्यक्रियासु च ॥ ४ ॥

जातिर्गोपिण्डादिषु गोत्वादिका। गुणो विशेषाधानहेतुः सिद्धो वस्तुधर्मः। शुक्लादयो हि गवादिकं सजातीयेभ्यः कृष्णगवादिभ्यो व्यावर्तयन्ति। द्रव्यशब्दा एकव्यक्तिवाचिनो हरिहरडित्थडवित्थादयः। क्रियाः साध्यरूपा वस्तुधर्माः पाकादयः। एषु हि अधिश्रयणावश्रयणान्तादिपूर्वापरीभूतो

कहीं आप्त अर्थात् प्रामाणिक पुरुष के उपदेश से भी शक्तिग्रह होता है—जैसे किसी बालक से उसके पिता आदि ने कहा कि यह घोड़ा है, तो उसे 'घोड़ा' पद की शक्ति उस जीव में गृहीत हुई।

ये उक्त उदाहरण उपलक्षणमात्र हैं। शक्तिग्रह के और भी कारण होते हैं, जैसे—**"शक्तिग्रहं व्याकरणोपमानकोषाप्तवाक्याद् व्यवहारतश्च। वाक्यस्य शेषाद्विवृतेर्वदन्ति सान्निध्यतः सिद्धपदस्य वृद्धाः"**। 'दाक्षि' पद का अर्थ 'दक्षपौत्र' है, यह बात व्याकरण (**दक्षस्याऽपत्यं दाक्षिः—'अत इञ्'**) से प्रतीत होती है। **"गौ के सदृश गवय होता है"** यह वाक्य सुनकर, जङ्गल में गो सदृश व्यक्ति के देखने पर, पूर्व वाक्य के स्मरण द्वारा—यह गवय है—इत्याकारक ज्ञान, उपमान से होता है। **'ईश्वरः शर्व ईशानः'** इत्यादिक कोष से भी शक्तिग्रह होता है। आप्तवाक्य, सान्निध्य और व्यवहार के उदाहरण पहले दिये जा चुके हैं।

वाक्य शेष से शक्तिग्रह का उदाहरण—**'यवमयश्चरुर्भवति'** यहाँ 'यव' शब्द से आर्य जाति के व्यवहारानुसार, जौ लेना चाहिये अथवा म्लेच्छ जाति के व्यवहारानुसार मालकंगनी लेनी चाहिये, इस सन्देह में, **"वसन्ते सर्वशस्यानां जायते पत्रशातनम्। मोदमानाश्च तिष्ठन्ति यवाः कणिशशालिनः॥"** इस पिछले वाक्य से जौ ही लिये जाते हैं, क्योंकि वसन्त में वे ही फलते हैं। कहीं कहीं 'विवृति' अर्थात् उस पद के अर्थ का विवरण करने से भी शक्तिज्ञान होता है।

तं चेति—इन उपायों से ज्ञात हुए संकेतित (मुख्य) अर्थ का बोधन करनेवाली, दूसरी शक्ति से अव्यवहित अर्थात् शब्द की सबसे प्रथम शक्ति 'अभिधा' कहाती है। लक्षणा आदि शक्तियों के पहले जैसे अभिधा आवश्यक है—जिस प्रकार वे अभिधा से व्यवहित हैं—वैसे अभिधा के पूर्व कोई शब्दशक्ति अपेक्षित नहीं है। अभिधा ही प्रथम शक्ति है।

शक्तिग्रह का विषय बताते हैं—**संकेत इति**—शब्द चार प्रकार के होते हैं—१ जातिशब्द, २ गुणशब्द, ३ क्रियाशब्द और ४ यदृच्छाशब्द। जाति, गुण, क्रिया और यदृच्छा, पदार्थों की उपाधियाँ (धर्मविशेष) हैं। इन्हीं में शब्दों की शक्ति (संकेत) का ज्ञान होता है, व्यक्ति में नहीं। ये ही जात्यादिक शब्दों के प्रवृत्तिनिमित्त भी कहाते हैं। **जातिरिति**—गौ आदि व्यक्तियों में गोत्वादिक जाति होती है।

गुण इति—पदार्थ में विशेषता पैदा करने का कारणभूत धर्म, जो पहले से सिद्ध हो, (साध्य नहीं) उसे गुण कहते हैं। इसी बात को स्पष्ट करते हैं—**शुक्लादयो हीति**—शुक्लादि गुण गौ आदि को, उसके सजातीय कृष्ण गौ आदि से व्यावृत्त करते हैं। **तात्पर्य**—यह है कि जाति शब्द से पदार्थ का सामान्य ज्ञान होता है। जैसे किसी ने कहा कि 'गौ है' तो यहाँ गोत्व जाति से अवच्छिन्न व्यक्तिमात्र का बोध होगा, उसमें कोई विशेषता नहीं प्रतीत होगी, परन्तु 'शुक्ल गौ' कहने से शुक्लपद कृष्णादि वर्णों की गौओं की व्यावृत्ति करता है। गोत्व-जाति से युक्त एक जातोय (सजातीय) कृष्णगौ आदि अब नहीं ली जा सकतीं, अतः शुक्लादि गुण, विशेषाधान के हेतु होते हैं—वे द्रव्यों की विशेषता के सूचक होते हैं—और उन्हें भिन्न गुण वाले सजातीयों से व्यावृत्त करते हैं। गुण, क्रिया की भाँति साध्य नहीं होते, किन्तु वस्तु में पहले से विद्यमान (सिद्ध) होते हैं, अतः ये सिद्ध-वस्तुधर्म कहाते हैं।

द्रव्येति—केवल एक व्यक्ति के वाचक हरि, हर, डित्थ, डवित्थ, देवदत्त, यज्ञदत्तादि शब्दों को द्रव्य शब्द या यदृच्छाशब्द कहते हैं।

क्रिया इति—वस्तु के 'साध्य' धर्म (पाकादिक) क्रिया कहलाते हैं। **एषु हीति**—इन साध्यरूप वस्तु धर्मों में 'अधिश्रयण' अर्थात् चावल आदि के पात्र को चूल्हे पर चढ़ाने से लेकर 'अवश्रयण' अर्थात् पाकान्त में नीचे उतारने पर्यन्त जितने भी व्यापार करने पड़ते हैं उन सबका नाम पाक है। आग जलाना, चमचे से चलाना,

व्यापारकलापः पाकादिशब्दवाच्यः। एष्वेव हि व्यक्तेरुपाधिषु संकेतो गृह्यते, न व्यक्तौ। आनन्त्यव्यभिचारदोषापातात्।

अथ लक्षणा—

मुख्यार्थबाधे तद्युक्तो ययाऽन्योऽर्थः प्रतीयते।

चावल निकाल कर देखना, जल देना आदि सब क्रियायें मिलकर पाक कहाती हैं। **तात्पर्य**—यह है कि एक क्रिया को सिद्ध करने के लिये, अनेक छोटे-मोटे व्यापार, आगे-पीछे करने पड़ते हैं। इन्हीं सबकी यथावत् समाप्ति पर क्रियाकी सिद्धि निर्भर होती है। यद्यपि ये देखने में अनेक होते हैं, किन्तु किसी एक ही प्रधान क्रिया के साधक होते हैं, अतः इन सबसे सिद्ध होनेवाली क्रिया को साध्यरूप वस्तु धर्म कहते हैं और जो शब्द इसे निमित्त मानकर प्रवृत्त होते हैं उन्हें क्रिया शब्द कहते हैं—जैसे पाचक, पाठक आदि। **एष्वेति**—इन्हीं चारों उपाधियों में शब्दों का संकेत गृहीत होता है।

व्यक्ति में संकेतग्रह माननेवालों के मत का निराकरण करते हैं—**न व्यक्तौ इति**—व्यक्ति में संकेतग्रह नहीं होता, क्योंकि ऐसा मानने से **आनन्त्य और व्यभिचार** दोष आते हैं। **तात्पर्य** यह है कि जब जात्यादिक उपाधियों में शक्तिग्रह मानते हैं तब तो समस्त व्यक्तियों में एक ही जाति रहने के कारण, किसी एक स्थान पर गो आदि शब्दों की शक्ति गृहीत होने से ही काम चल जाता है। **सामान्यलक्षणा** प्रत्यासत्ति के द्वारा सम्पूर्ण व्यक्तियों का भान हो जाने के कारण, अन्य व्यक्तियों में दुबारा शक्तिग्रह न होने पर भी कोई हर्ज नहीं होता, परन्तु यदि व्यक्ति में शक्ति का ग्रहण (ज्ञान) मानें तो प्रश्न यह होता है कि क्या सम्पूर्ण व्यक्तियों में एक साथ शक्तिग्रह होता है? या किसी एक व्यक्ति में ही? इनमें पहला पक्ष इसलिये ठीक नहीं कि भूत, भविष्यत् और वर्तमान समस्त व्यक्तियों का एक समय में किसी एक जगह एकत्रित होना ही असम्भव है। यदि यह कहो कि प्रत्येक व्यक्ति में पृथक् पृथक् शक्तिग्रह होता है तो अनन्त शक्तियां माननी पड़ेंगी, अतः **आनन्त्य** दोष होगा। और यदि किसी एकही व्यक्ति में शक्ति मानोगे तो उस व्यक्ति के अतिरिक्त अन्य व्यक्तियों की उस शब्द से उपस्थिति ही न हुआ करेगी, क्योंकि पदार्थोपस्थिति में शक्तिग्रह कारण होता है।

यदि यह मानो कि एक व्यक्ति में शक्तिग्रह हो जाने से अन्य व्यक्तियां विना शक्तिज्ञान के भी उपस्थित हो जाती हैं, तो **व्यभिचार** दोष होगा और पदार्थोपस्थिति में शक्तिग्रह की कारणता न बन सकेगी। कारण वही होता है जिसके होने पर कार्य होता हो और न होने पर न होता हो। यही अन्वय व्यतिरेक, कारणता का निर्णायक है। यदि शक्तिज्ञान के विना भी पदार्थोपस्थिति मानोगे तो इस व्यभिचार के होने से, शक्तिज्ञान पदार्थोपस्थिति का कारण नहीं हो सकता। **अथवा**—यदि शक्तिज्ञान के विना भी अन्य व्यक्तियों की उपस्थिति मानोगे तो जिस प्रकार गो शब्द, शक्तिग्रह के विना, अन्य गो व्यक्तियों का उपस्थापक है इसी प्रकार अश्वादि का भी उपस्थापक हो जायगा, क्योंकि अगृहीत शक्तित्व दोनों में समान है। इस प्रकार गो शब्द से अश्वादि का भी भान प्रसक्त होने से **व्यभिचार** दोष आयेगा।

इसके अतिरिक्त, व्यक्ति में ही सब शब्दों की शक्ति मानने से उक्त चार प्रकार के शब्दों का विषय भी विभक्त नहीं हो सकेगा। जब उपाधियों में शक्ति मानते हैं तब तो उपाधियों के भिन्न होने से एक ही व्यक्ति में **"गौः शुक्लश्चलो डित्थः"** इस प्रकार चारो प्रकार के शब्दों का प्रयोग हो जाता है, किन्तु व्यक्तिशक्तिवाद में व्यक्ति की अभिन्नता के कारण पुनरुक्त दोष होगा।

जैसे ही एक मुख, तेल, तलवार और दर्पण में कुछ भिन्न सा प्रतीत होता है, इसी प्रकार शंख, दूध, बरफ़ आदि में शुक्लादि गुण और गुड़, चावल, आम आदि में पाकादि क्रियायें, एक होने पर भी, आश्रयभेद के कारण, भिन्न सी प्रतीत होती हैं। वस्तुतः वे एक ही हैं, अतः शक्तिग्रह में कोई बाधा नहीं होती। कोई लोग शुक्लत्वादि जाति में ही शक्ति मानते हैं। इस मत में शुक्लादि गुणों में और पाकादि क्रियाओं में वास्तविक भेद माना जाता है।

लक्षणा शक्ति का निरूपण करते हैं—**मुख्यार्थेति**—उक्त अभिधा शक्ति के द्वारा जिसका बोधन किया जाय वह मुख्यार्थ कहाता है, इसका बाध होने पर अर्थात् वाक्य में मुख्यार्थ का अन्वय अनुपपन्न होने पर, रूढि

रूढेः प्रयोजनाद्वाऽसौ लक्षणा शक्तिरर्पिता ॥ ५ ॥

'कलिङ्गः साहसिकः' इत्यादौ कलिङ्गादिशब्दो देशविशेषरूपे स्वार्थेऽसंभवन्यया शब्दशक्त्या स्वसंयुक्तान्पुरुषादीन्प्रत्याययति, यथा च 'गङ्गायां घोषः' इत्यादौ गङ्गादिशब्दो जलमयादिरूपार्थवाचकत्वात्प्रकृतेऽसंभवन्स्वस्य सामीप्यादिसंबन्धसंबन्धिनं तटादिं बोधयति, सा शब्दस्यार्पिता स्वाभाविकेतरा ईश्वरानुद्भाविता वा शक्तिर्लक्षणा नाम। पूर्वत्र हेतू रूढिः प्रसिद्धिरेव। उत्तरत्र 'गङ्गा-

---

(प्रसिद्धि) के कारण अथवा किसी विशेष प्रयोजन का सूचन करने के लिये, मुख्यार्थ से संबद्ध (युक्त) अन्य अर्थ का ज्ञान, जिस शक्ति-द्वारा होता है, उसे लक्षणा कहते हैं। यह शक्ति 'अर्पित' अर्थात् कल्पित (या अमुख्य) है। अभिधा की भांति ईश्वर से उद्भावित नहीं है।

नवीन लोग 'बाध' का अर्थ तात्पर्यानुपपत्ति करते हैं। वे अन्वयानुपपत्ति को लक्षणा का कारण नहीं मानते। यदि अन्वयानुपपत्ति को लक्षणा का कारण माना जायगा तो 'काकेभ्यो दधि रक्ष्यताम्' इत्यादि वाक्यों में लक्षणा न हो सकेगी, क्योंकि यहां काक पद के अन्वय में कोई अनुपपत्ति नहीं है।

यद्यपि प्रयोजन लक्षणा के अनन्तर व्यञ्जना से ज्ञात होता है, "गंगायां घोषः" इत्यादिक स्थल में शैत्य, पावनत्वादि के अतिशय रूप प्रयोजन का लक्षणा के पूर्व ज्ञान हो जाना संभव नहीं, क्योंकि वह लक्षणा का फल है और फल, कारण से पीछे होता है, अतः प्रयोजन-ज्ञान को रूढि की तरह लक्षणा का कारण नहीं मान सकते, तथापि 'अवाचक पद का प्रयोग किसी विशेष प्रयोजन के लिये किया जाता है' इस सामान्यरूप से प्रयोजन ज्ञान पहले रहता है, वही लक्षणा का कारण होता है, और शैत्यातिशय आदि विशेषरूप से उसका ज्ञान लक्षणा के अनन्तर ही होता है। यह श्रीतर्कवागीशजी का मत है।

मुख्यार्थ से असम्बद्ध अर्थ की भी उपस्थिति यदि लक्षणा के द्वारा मानी जाय तो 'गङ्गा' शब्द से यमुना का तट भी उपस्थित होने लगे, अतएव मुख्यार्थ के साथ लक्ष्यार्थ के सम्बन्ध का ज्ञान भी लक्षणा का कारण माना जाता है।

इस कारिका में 'अन्य' शब्द मुख्यार्थ से अन्य का बोधक नहीं है। ऐसा मानने से उपादान लक्षणा में यह सामान्य लक्षण अव्याप्त रहेगा, क्योंकि वहाँ लक्ष्यार्थ के साथ मुख्यार्थ भी लगा रहता है, इस कारण यहाँ 'अन्य' शब्द का अर्थ है "मुख्यार्थतावच्छेदकातिरिक्तधर्मावच्छिन्न"। 'काकेभ्यो दधि रक्ष्यताम्' इत्यादिक उपादान लक्षणा में मुख्यार्थतावच्छेदक है 'काकत्व', उससे अन्य धर्म है 'दध्युपघातकत्व', तदवच्छिन्न में काक शब्द की लक्षणा है। एवं 'रामोऽस्मि सर्वं सहे' इस उदाहरण में मुख्यार्थतावच्छेदक रामत्व है, तदतिरिक्त धर्म है दुःखसहिष्णुत्व, तदवच्छिन्न में राम शब्द की लक्षणा है।

इस कारिका में लक्षणा के चार कारण बतलाये हैं—मुख्य अर्थ का बाध और उसके साथ लक्ष्यार्थ का सम्बन्ध, एवं रूढि और प्रयोजन। इनमें से पहले दो तो सर्वत्र आवश्यक हैं और पिछले दो में से किसी एक (रूढि या प्रयोजन) का होना आवश्यक है। इसी बात को सूचित करने के लिये कारिका में 'वा' शब्द के द्वारा इनका पृथक् पृथक् निर्देश किया है।

रूढि और प्रयोजनमूलक उदाहरणों में उक्त लक्षण का समन्वय करते हैं—कलिङ्ग इति—'कलिङ्ग साहसी है' इत्यादिक वाक्यों में देशादि के वाचक कलिङ्गादि शब्द अपने मुख्य अर्थ के द्वारा अन्वय में अनुपपन्न होकर, जिस शब्द-शक्ति से अपने अर्थ (देशविशेष) के साथ संयुक्त पुरुषादि की प्रतीति कराते हैं, अथवा 'गंगापर कुटी है' इत्यादि वाक्यों में प्रवाहादि के वाचक गङ्गादि शब्द, अन्वय में अनुपपन्न होकर, सामीप्यादि सम्बन्ध से अपने अर्थ के सम्बन्धी तटादि का, जिस शक्ति के द्वारा बोधन करते हैं, वही 'अर्पित' अर्थात् अस्वाभाविक अथवा ईश्वरानुद्भावित शब्द-शक्ति लक्षणा कहलाती है।

तात्पर्य यह है कि "कलिङ्गः साहसिकः" इस वाक्य में कलिङ्ग शब्द का अर्थ है देशविशेष और साहसिक का अर्थ है साहसी, परन्तु साहस, जड़ पदार्थों में नहीं रहा करता, अतः देश के वाचक कलिङ्ग शब्द का 'साहसिक' के साथ अभेद सम्बन्ध होना असम्भव है, अतः यह शब्द अन्वय में अपने मुख्यार्थ (देश) के बाधित होने के कारण, संयोग सम्बन्ध से उस देश के सम्बन्धी पुरुष का लक्षणा से बोधन करता है।

तटे घोषः' इति प्रतिपादनालभ्यस्य शीतत्वपावनत्वातिशयस्य बोधनरूपं प्रयोजनम्। हेतुं विनापि यस्य कस्यचित्संबन्धिनो लक्षणेऽतिप्रसङ्गः स्यात्, इत्युक्तम्—'रूढेः प्रयोजनाद्वाऽसौ' इति।

केचित्तु 'कर्मणि कुशलः' इति रूढावुदाहरन्ति। तेषामयमभिप्रायः—कुशांल्लातीति व्युत्पत्तिलभ्यः कुशग्राहिरूपो मुख्योऽर्थः प्रकृतेऽसंभवन्विवेचकत्वादिसाधर्म्यसंबन्धसंबन्धिनं दक्षरूपमर्थं बोधयति।

इसी प्रकार, "गङ्गायां घोषः" इस वाक्य में गङ्गा पद का मुख्य अर्थ है प्रवाहविशेष। उसके ऊपर कुटी का होना असम्भव है, अतः गङ्गा शब्द, मुख्यार्थ का अन्वय बाधित होने के कारण, सामीप्य सम्बन्ध से अपने सम्बन्धी तट का लक्षणा से बोधन करता है।

कारिका के 'अर्पिता' शब्द का अर्थ करते हैं='स्वाभाविकेतरा' अथवा 'ईश्वरानुद्भाविता'। कोई लोग अभिधा को स्वाभाविक शक्ति मानते हैं, उनके मतानुसार लक्षणा को 'स्वाभाविकेतर' कहा है। और जो लोग अभिधा को ईश्वरोद्भावित ईश्वररचित (ईश्वरेच्छारूप) मानते हैं, उनके मतानुसार लक्षणा को ईश्वरानुद्भावित कहा है। तात्पर्य यह है कि लक्षणाशक्ति कृत्रिम है, यह मनुष्यकल्पित है, अभिधा की भांति सिद्ध नहीं है।

वस्तुतः 'अर्पित' शब्द के इन दोनों अर्थों से कोई अपूर्व बात बोधित नहीं होती। इस दशा में यदि यह विशेषण कारिका में से निकाल दिया जाय तो भी कोई हानि न होगी, अतः यह व्यर्थ है, क्योंकि इसका व्यावर्त्य कुछ नहीं है। इसके अतिरिक्त व्यञ्जनावृत्ति भी 'स्वाभाविकेतर' और 'ईश्वरानुद्भावित' होती है। उसमें भी यह अतिव्याप्त होगा।

प्राचीन आचार्यों ने लक्षणा को 'आरोपित' क्रिया कहा है। व्याख्याकारों ने इसे 'सान्तराऽर्थनिष्ठ' और 'व्यवहितलक्ष्यार्थविषय' बताया है। वस्तुतः लक्षणा अर्थनिष्ठ ही होती है, शब्दनिष्ठ नहीं, शब्द में उसका आरोप करना पड़ता है।

'गङ्गायां घोषः' इत्यादिक उदाहरणों में अन्वय की अनुपपत्ति अर्थ में ही होती है, शब्द में नहीं। 'गङ्गा' शब्द के मुख्य अर्थ (प्रवाह) में ही 'घोष' की अधिकरणता अनुपपन्न होती है। सामीप्य आदि सम्बन्ध भी अर्थ में ही देखे जाते हैं। तट के साथ सामीप्य सम्बन्ध प्रवाह का ही होता है, 'गङ्गा' शब्द का नहीं। प्रवाह-रूप मुख्य अर्थ ही सामीप्य सम्बन्ध के द्वारा तटरूप अर्थ को उपस्थित करता है। इसी से इसे 'सान्तराऽर्थनिष्ठ' अथवा 'व्यवहितलक्ष्यार्थविषय' कहा जाता है। लक्ष्य अर्थ मुख्य अर्थ से व्यवहित रहता है। यद्यपि लक्षणा मुख्य अर्थ का धर्म है, 'गङ्गा' आदि शब्द मुख्य अर्थ को उपस्थित करके क्षीण हो जाते हैं, उसके अनन्तर मुख्य अर्थ ही अपने सम्बन्धी व्यवहित अर्थ को उपस्थित करता है, अतः उसी में अशक्यार्थप्रतिपादकत्व रहता है, परन्तु स्व-वाचकत्व सम्बन्ध से इस व्यापार (अशक्यार्थप्रतिपादकत्वरूप) का शब्द में आरोप किया जाता है। इसी आरोप के कारण लक्षणा को प्राचीन आचार्यों ने 'आरोपिता क्रिया' कहा है। 'अर्पित' शब्द का भी यही अर्थ होना चाहिये, 'स्वाभाविकेतर' आदि नहीं।

लक्षणा को यदि शब्द में आरोपित न किया जाय तो लक्ष्य अर्थ का शाब्दबोध में भान नहीं हो सकेगा, क्योंकि जो अर्थ शब्द के द्वारा उपस्थित नहीं होता उसका शाब्द-बोध में भान नहीं हुआ करता। इसी कारण लक्षणा को शब्द व्यापार मानना आवश्यक है। पूर्वत्रेति—इन उदाहरणों में से पहले में रूढि (प्रसिद्धि) लक्षणा का हेतु है। कलिङ्गादि शब्द तत्तद्देशवासियों में प्रसिद्ध हैं। उत्तरत्रेति—दूसरे उदाहरण में लक्षणा का हेतु प्रयोजन है। "गङ्गा के किनारे कुटी है" इस वाक्य से जो शीतता और पवित्रता का अतिशय बोधित नहीं होता (क्योंकि किनारा बहुत दूर तक माना जाता है) वह बात "गङ्गापर कुटी है" इस वाक्य में लक्षणा के अनन्तर व्यञ्जना से प्रतीत होती है। यही अतिशय बोधन यहाँ लक्षणा का प्रयोजन है।

हेतुं विनेति—हेतु के विना यदि चाहे जिस सम्बन्धी का 'लक्षणा' अर्थात् लक्षणाशक्ति के बोधन करने लगें तो अनेक स्थलों में अतिव्याप्ति होगी, अतः "रूढेः प्रयोजनाद्वाऽसौ" इस अंश से कारिका में हेतु का निर्देश किया है। लक्षणा के लिये रूढि या प्रयोजनरूप हेतु का होना आवश्यक है।

काव्यप्रकाशकार ने जो रूढि का उदाहरण दिया है, उसका निराकरण करते हैं-केचित्तु—कोई लोग "कर्मणि कुशलः" इसे रूढि का उदाहरण बताते हैं, उनका यह अभिप्राय है कि कुशल पद की व्युत्पत्ति करने से इसका अर्थ होता है 'कुशों को ग्रहण करनेवाला'। "कुशान् लातीति कुशलः" यह इसकी व्युत्पत्ति है, किन्तु उक्त

तदन्ये न मन्यन्ते । कुशग्राहिरूपार्थस्य व्युत्पत्तिलभ्यत्वेऽपि दक्षरूपस्यैव मुख्यार्थत्वात् । अन्यद्धि शब्दानां व्युत्पत्तिनिमित्तम्, अन्यच्च प्रवृत्तिनिमित्तम् । व्युत्पत्तिलभ्यस्य मु यार्थत्वे 'गौः शेते' इत्यत्रापि लक्षणा स्यात् । 'गमेर्डोः' (उणादि—२।६७) इति गम्धातोर्डोप्रत्ययेन व्युत्पादितस्य गोशब्दस्य शयनकालेऽप्रयोगात् ॥

तद्भेदानाह—

मुख्यार्थस्येतराक्षेपो वाक्यार्थेऽन्वयसिद्धये ।
स्यादात्मनोऽप्युपादानादेषोपादानलक्षणा ॥६॥

रूढावुपादानलक्षणा यथा—'श्वेतो धावति' । प्रयोजने यथा—'कुन्ताः प्रविशन्ति' । अनयोर्हि श्वेतादिभिः कुन्तादिभिश्चाचेतनतया केवलैर्धावनप्रवेशनक्रिययोः कर्तृतयान्वयमलभमानैरेतत्सिद्धये आत्मसंबन्धिनोऽश्वादयः पुरुषादयश्चाक्षिप्यन्ते । पूर्वत्र प्रयोजनाभावाद् रूढिः । उत्तरत्र तु कुन्तादीना-

---

उदाहरण में इस व्युत्पत्ति से लभ्य (कुशग्राहकरूप) अर्थ का सम्बन्ध होना असम्भव है, अतः यह पद विवेचकत्वादिसाधर्म्यसम्बन्ध से अपने सम्बन्धी चतुररूप अर्थ का लक्षणाद्वारा बोधन करता है । इस मत का खण्डन करते हैं—**तदन्ये इति**—इस बात को और लोग नहीं मानते, क्योंकि कुशलपद की व्युत्पत्ति से यद्यपि कुशग्राहकरूप अर्थ प्राप्त होता है, तथापि उसका मुख्यार्थ चतुररूप अर्थ ही है, कुशग्राहक नहीं । शब्दों की व्युत्पत्ति का निमित्त अन्य होता है और प्रवृत्ति का निमित्त अन्य । यह आवश्यक नहीं है कि जो व्युत्पत्ति का निमित्त है वही प्रवृत्ति का भी निमित्त हो ।

व्युत्पत्तिलभ्य अर्थ में जो प्रकारतया भासित होता है, वह 'व्युत्पत्तिनिमित्त' कहाता है—जैसे कुशल शब्द में 'कुशग्राहित्व'—और शक्तिज्ञान में जो प्रकारतया भासित होता है वह 'प्रवृत्तिनिमित्त' कहाता है—जैसे गो शब्द में 'गोत्व' । यदि व्युत्पत्तिलभ्य अर्थ को ही मुख्यार्थ मानें तो 'गौ सोती है' इस वाक्य में भी लक्षणा माननी पड़ेगी, क्योंकि गमनार्थक गम् धातु से "**गमेर्डोः**" इस औणादिक सूत्र के द्वारा डो प्रत्यय करने पर बने हुए गो शब्द का शयनकाल में प्रयोग अनुपपन्न है । शयनकाल में गमन तो नहीं, फिर उस समय वह गौ (गमनकर्त्री) कैसे होगी ? अतः व्युत्पत्तिनिमित्त को ही प्रवृत्तिनिमित्त मानना ठीक नहीं । एवञ्च "**कर्मणि कुशलः**" इस उदाहरण में भी कुशग्राहकरूप अर्थ को मुख्यता नहीं है ।

लक्षणा के भेद दिखाते हैं—**मुख्यार्थस्येति**—वाक्यार्थ में, अङ्गरूप से अपने अन्वय की सिद्धि के लिये, जहाँ मुख्य अर्थ अन्य अर्थ का आक्षेप कराता है वहां 'आत्मा' अर्थात् मुख्यार्थ के भी बने रहने से, उस लक्षणा को उपादानलक्षणा कहते हैं । यहाँ भी पूर्ववत् 'अन्य' का अर्थ '**मुख्यार्थतावच्छेदकातिरिक्तधर्मावच्छिन्न**' है ।

इस कारिकामें, **श्रीतर्कवागीशजी** ने "**अन्वयसिद्धये**" का अर्थ "**परस्याप्यन्वयसिद्धये**" लिखा है । यह ठीक नहीं, क्योंकि अपनी अन्वयसिद्धि के लिये (अन्य की नहीं) अन्य के आक्षेप का नाम ही 'उपादान' है । यही श्रीमम्मटाचार्यजी ने लिखा है "**स्वसिद्धये पराक्षेपः... उपादानम्**" । प्रकृत उदाहरण में भी कुन्त की अन्वयसिद्धि के लिये पुरुष का आक्षेप किया गया है, पुरुष का अन्वय सिद्ध करने के लिये कोई यत्न नहीं किया गया है । पुरुष का अन्वय तो स्वयं सिद्ध है, बाधित तो है ही नहीं, फिर उसके लिये यत्न की क्या आवश्यकता है ? जैसे प्रवेशक्रिया में कुन्त का अन्वय बाधित होकर लक्ष्यार्थ का उपस्थापक होता है, इसी प्रकार यदि पुरुष का भी अन्वय बाधित होता, तो उसके अन्वय की सिद्धि की चिन्ता होती । इसके अतिरिक्त लक्ष्यार्थ लक्षक होता भी नहीं । जिस प्रकार कुन्तों के अन्वय के लिये कुन्तधारी पुरुष लक्षित हुए हैं, इसी प्रकार इन पुरुषों के लिये यदि कुछ और आक्षिप्त या लक्षित होता तो "**अन्यस्याप्यन्वयसिद्धये**" कहना कुछ ठीक भी होता ।

पहले कह चुके हैं कि रूढि और प्रयोजन लक्षणा के हेतु होते हैं । उसी क्रम से उदाहरण देते हैं—**रूढाविति**—रूढि में उपादानलक्षणा जैसे "**श्वेतो धावति**" घुड़दौड़ या किसी अन्य अवसर में किसी ने पूछा कि कौनसा घोड़ा दौड़ रहा है ? इसके उत्तर में किसी ने कहा कि "सफ़ेद दौड़ रहा है" । प्रयोजन में उपादान लक्षणा जैसे "**कुन्ताः प्रविशन्ति**" (भाले प्रवेश कर रहे हैं) । **अनयोरिति**—इन उदाहरणों में श्वेत (वर्ण) और कुन्त (भाले) जड़ होने के कारण, दौड़ने और प्रवेश करने में (इन क्रियाओं में) कर्ता होकर अन्वित नहीं हो सकते, अतः वाक्यार्थ में अपने अन्वय की सिद्धि के लिये 'श्वेत' शब्द श्वेत रंगवाले अश्वादि का और

मतिगहनत्वं प्रयोजनम् । अत्र च मुख्यार्थस्यात्मनोऽप्युपादानम् । लक्षणलक्षणायां तु परस्यैवोपलक्षणमित्यनयोर्भेदः । इयमेवाजहत्स्वार्थेत्युच्यते ।।

अर्पणं स्वस्य वाक्यार्थे परस्यान्वयसिद्धये ।
उपलक्षणहेतुत्वादेषा लक्षणलक्षणा ।।७।।

रूढिप्रयोजनयोर्लक्षणलक्षणा यथा –'कलिङ्गः साहसिकः', 'गङ्गायां घोषः' इति च । अनयोर्हि पुरुषतटयोर्वाक्यार्थेऽन्वयसिद्धये कलिङ्गगङ्गाशब्दावात्मानमर्पयतः ।

यथा वा—

'उपकृतं बहु तत्र किमुच्यते सुजनता प्रथिता भवता परम् ।
विदधदीदृशमेव सदा सखे, सुखितमास्स्व ततः शरदां शतम् ।।'

अत्रापकारादीनां वाक्यार्थेऽन्वयसिद्धये उपकृतादयः शब्दा आत्मानमर्पयन्ति, अपकारिणं प्रत्युपकारादिप्रतिपादनान्मुख्यार्थबाधो वैपरीत्यलक्षणः संबन्धः । फलमपकारातिशयः । इयमेव जहत्स्वार्थेत्युच्यते ।।

कुन्त शब्द कुन्त धारण करनेवाले पुरुषों का आक्षेप कराता है । **पूर्वत्रेति**—पहले उदाहरण (श्वेतः) में लक्षणा का कुछ प्रयोजन नहीं, रूढि ही उसका निमित्त है । दूसरे में कुन्तों की अतिगहनता व्यञ्जित करना प्रयोजन है ।

वैयाकरण लोग गुणवाचक श्वेत आदि शब्दों से मतुप्प्रत्यय करके उसका लुक् करते हैं । **रसादिभ्यश्च** ५।२।९५ इस पाणिनिसूत्र से मतुप्प्रत्यय होता है और **'गुणवचनेभ्यो मतुपो लुगिष्टः'** इस वार्तिक से उसका लुक् होता है । इस प्रकार 'श्वेतः' का वाच्य अर्थ ही श्वेत गुणवान् होता है । जहाँ मतुप् प्रत्यय और उसका लुक् नहीं होता वहाँ यह शब्द केवल श्वेत गुण का वाचक रहता है । इससे यह स्पष्ट है कि श्वेत गुण और श्वेत गुणवान् दोनों ही श्वेत शब्द के वाच्य अर्थ होते हैं । इसी अभिप्राय से अमरकोषकार ने इन शब्दों को गुण और गुणी इन दोनों का वाचक बताया है । **'गुणे शुक्लादयः पुंसि गुणिलिंगास्तु तद्वति'** । परन्तु नैयायिक लोग मतुप् और उसके लुक् को स्वीकार नहीं करते, अतः 'श्वेतो धावति' इत्यादिक स्थलों में उन्हें लक्षणा माननी पड़ती है। इसी मत के अनुसार मूलोक्त उदाहरण जानना ।

अत्र चेति—इस उपादान-लक्षणा में मुख्यार्थ के अपने स्वरूप का भी लक्ष्यार्थ के साथ उपादान (ग्रहण) रहता है, किन्तु लक्षण-लक्षणा में मुख्यार्थ, लक्ष्यार्थ का उपलक्षणमात्र होता है, स्वयं नहीं भासित होता, यही इन दोनों का भेद है । इसी लक्षणा को अजहत्स्वार्था वृत्ति भी कहते हैं, क्योंकि इसमें स्वार्थ (मुख्यार्थ) का परित्याग नहीं होता ।

'लक्षण-लक्षणा' का लक्षण करते हैं—**अर्पणमिति**—वाक्यार्थ में मुख्यार्थ से भिन्न अर्थ के अन्वय-बोध के लिये जहाँ कोई शब्द अपने स्वरूप का समर्पण कर दे अर्थात् मुख्य अर्थ को छोड़कर लक्ष्य अर्थ का उपलक्षणमात्र बन जाय, उस लक्षणा को लक्षणलक्षणा कहते हैं, क्योंकि यह उपलक्षण का ही हेतु होती है, इसमें मुख्यार्थ का वाक्य में अन्वय नहीं होता । इसका रूढि और प्रयोजन में क्रम से उदाहरण देते हैं—**कलिंग इत्यादि** । इन उदाहरणों में क्रम से पुरुष और तट के अन्वय को सिद्ध करने के लिये 'कलिङ्ग' और 'गङ्गा' शब्द अपने स्वरूप का समर्पण करते हैं अर्थात् वाक्यार्थ में पुरुष और तट का बोध कराने के लिये अपने स्वरूप को उपयोगी बनाते हैं । अथवा **'आत्मानम् मुख्यार्थम् अर्पयतः** परित्यजतः' । ये दोनों पद अपने मुख्यार्थ का परित्याग करते हैं ।

अन्य उदाहरण देते हैं—**उपकृतमिति**—अनेक अपकार करके भी अपने को उपकारी बतलानेवाले किसी कुटिल पुरुष के प्रति किसी सहृदय की मार्मिक उक्ति है । **अर्थ**—आपने बहुत उपकार किया है ! उसके क्या कहने हैं !! आपने अत्यन्त सज्जनता का विस्तार किया है !!! हे मित्र ! आप इसी प्रकार कार्य करते हुए सौ वर्ष तक जीते रहिये । **अत्रेति**—यहाँ वाक्यार्थ में अपकारादिकों का अन्वय सिद्ध करने के लिये 'उपकृत' 'सुजनता' आदि शब्द अपने स्वरूप का समर्पण करते हैं । अपकारी के प्रति उपकारादि के कथन से मुख्यार्थ का बाध है । और मुख्यार्थ के साथ लक्ष्यार्थ का वैपरीत्यरूप सम्बन्ध है, एवम् अपकार की अधिकता का बोधन करना इस लक्षणा का प्रयोजन है । इसी 'लक्षणलक्षणा' को 'जहत्स्वार्था' वृत्ति भी कहते हैं ।

आरोपाध्यवसानाभ्यां प्रत्येकं ता अपि द्विधा ।

ताः पूर्वोक्ताश्चतुर्भेदलक्षणाः ।

विषयस्यानिगीर्णस्यान्यतादात्म्यप्रतीतिकृत् ॥८॥
सारोपा स्यान्निगीर्णस्य मता साध्यवसानिका ।

विषयिणा अनिगीर्णस्य विषयस्य तेनैव सह तादात्म्यप्रतीतिकृत्सारोपा। इयमेव रूपकालंकारस्य बीजम् । रूढावुपादानलक्षणा सारोपा यथा—'अश्वः श्वेतो धावति'। अत्र हि श्वेतगुणवानश्वोऽनिगीर्णस्वरूपः स्वसमवेतगुणतादात्म्येन प्रतीयते । प्रयोजने यथा—'एते कुन्ताः प्रविशन्ति' । अत्र सर्वनाम्ना कुन्तधारिपुरुषनिर्देशात्सारोपत्वम्। रूढौ लक्षणलक्षणा-सारोपा यथा—'कलिङ्गः पुरुषो युध्यते' । अत्र पुरुषकलिङ्गयोराधाराधेयभावः संबन्धः । प्रयोजने यथा—'आयुर्घृतम्' । अत्रायुष्कारण-

---

लक्षणा के और भेद दिखाते हैं—**आरोपेति**—आरोप और अध्यवसान के कारण पूर्वोक्त चारों प्रकार की लक्षणाओं के फिर दो भेद होते हैं ।

आरोप और अध्यवसान के स्वरूप का निर्देश करते हुए सारोपा और साध्यवसाना लक्षणा का स्वरूप दिखाते हैं—**विषयस्येति**—अनाच्छादित स्वरूप विषय (उपमेय) का अन्य (उपमान) के साथ अभेदज्ञान करानेवाली लक्षणा को 'सारोपा' कहते हैं और निगीर्णस्वरूप (आच्छादित) विषय का विषयी के साथ अभेदज्ञान करानेवाली लक्षणा को 'साध्यवसाना' कहते हैं ।

"अनिगीर्णस्वरूपस्य पदार्थस्याऽन्यतादात्म्यप्रतीतिरारोपः" । वाक्य में जिस पदार्थ के स्वरूप का स्पष्टतया निर्देश किया गया है—जिसका स्वरूप अप्रधान (अप्रकृत) उपमानभूत चन्द्रादि (विषयी) से निगीर्ण अर्थात् छिपा हुआ नहीं है, उसी प्रकृत (वर्ण्यमान) उपमेय मुखादि (विषय) की अन्य अर्थात् अप्रकृत चन्द्रादि विषय के साथ तादात्म्य प्रतीति (अभेदज्ञान) को **आरोप** कहते हैं । जैसे "सिंहो माणवकः" । यहां बालक का स्वशब्द (माणवक) से निर्देश करके उसका सिंह के साथ अभेद दिखलाया गया है, अतः यहां बालक में सिंहत्व का आरोप है । यही सारोपा लक्षणा 'रूपक' अलंकार का बीज है ।

'विषयनिगरणेन विषयिणोऽभेदप्रतिपत्तिरध्यवसानम्' । विषय का निगरण करके उसके साथ विषयी का अभेद प्रतिपादन करना **अध्यवसान** कहाता है । जैसे 'सिंहः' । यहाँ बालक का वाक्य में पृथक् निर्देश नहीं है और सिंह के साथ उसका अभेद प्रतिपादन किया गया है । यह साध्यवसाना लक्षणा 'अतिशयोक्ति' अलंकार का बीज है ।

रूढि में सारोपा उपादानलक्षणा का उदाहरण—**अश्व इति**—यहाँ अश्व 'अनिगीर्णस्वरूप' है, क्योंकि उसका पृथक् निर्देश किया गया है और अपने में समवेत (समवाय सम्बन्ध से विद्यमान) जो गुण (श्वेत वर्ण) उसके साथ उसका (अश्व का) अभेद प्रतीत होता है । यहाँ श्वेत शब्द की श्वेतगुणविशिष्ट में प्रसिद्धि होने के कारण रूढि है । श्वेत गुण अपने स्वरूप को भी लक्ष्यार्थ के साथ बोधित करता है, अतः यह उपादानलक्षणा है—और अनिगीर्णस्वरूप अश्व के साथ श्वेत का तादात्म्य प्रतीत होता है, अतः आरोप है । इस प्रकार यह रूढि में सारोपा उपादानलक्षणा हुई ।

इसी का प्रयोजन में उदाहरण देते हैं—**एते कुन्ता इति**—**अत्रेति**—यहाँ 'एतत्' सर्वनाम से कुन्तधारी पुरुषों का निर्देश किया है और कुन्तों के साथ उनकी अभेद प्रतीति होती है, अतः यहाँ आरोप है, और लक्ष्यार्थ के साथ कुन्तों की भी प्रतीति होती है, अतः उपादान है, एवं कुन्तों का अतिगहनत्व सूचन करना प्रयोजन है, अतः यह प्रयोजनवती सारोपा उपादानलक्षणा है ।

रूढि में सारोपा लक्षणलक्षणा का उदाहरण—**कलिङ्ग इति**—यहाँ कलिङ्ग शब्द कलिङ्गदेशवासी का उपलक्षण है, अतः यह लक्षणलक्षणा है, पृथक् निर्दिष्ट पुरुष के साथ अभेद प्रतीति होने से सारोपा है, और प्रयोजनाभाव तथा प्रसिद्धि के कारण रूढि है । **अत्रेति**—पुरुष और कलिङ्गदेश का आधाराधेय-भाव सम्बन्ध यहाँ लक्षणा का प्रयोजक है ।

मपि घृतं कार्यकारणभावसंबन्धसंबन्ध्यायुस्तादात्म्येन प्रतीयते। अन्यवैलक्षण्येनाव्यभिचारेणायुष्करत्वं प्रयोजनम्।

यथा वा—राजकीये पुरुषे गच्छति 'राजाऽसौ गच्छति' इति। अत्र स्वस्वामिभावलक्षणः संबन्धः। यथा वा—अग्रमात्रेऽवयवभागे 'हस्तोऽयम्' अत्रावयवावयविभावलक्षणः संबन्धः। 'ब्राह्मणोऽपि तक्षासौ'। अत्र तात्कर्म्यलक्षणः। 'इन्द्रार्थासु स्थूणासु अमी इन्द्राः'। अत्र तादर्थ्यलक्षणः संबन्धः। एवमन्यत्रापि। निगीर्णस्य पुनर्विषयस्यान्यतादात्म्यप्रतीतिकृत्साध्यवसाना। अस्याश्चतुर्षु भेदेषु पूर्वोदाहरणान्येव॥

सादृश्येतरसंबन्धाः शुद्धास्ताः सकला अपि॥ ६॥

प्रयोजन में सारोपा लक्षणलक्षणा का उदाहरण देते हैं—"**आयुर्घृतम्**" यद्यपि घृत आयु का कारण है, आयु नहीं, तथापि कार्यकारणभाव सम्बन्ध से आयु का सम्बन्धी घृत यहाँ आयु के साथ अभिन्न प्रतीत होता है, अतः यह लक्षणलक्षणा है, एवम् अन्य वस्तुओं की अपेक्षा, घृत विलक्षण रीति से आयु पैदा करता है और अव्यभिचार से आयुष्य का कारण है—अर्थात् अवश्य ही आयु का हितकर है, यह बात द्योतन करना इस लक्षणा का प्रयोजन है, अतः यह प्रयोजनवती है।

शक्यार्थ के साथ अनेक प्रकार के सम्बन्ध लक्षणा के प्रयोजक होते हैं, यह दिखलाने के लिये अनेक प्रकार के उदाहरण देते हैं—**यथावेति**—राजसम्बन्धी किसी बड़े आदमी के गमन समय में भी "**राजाऽसौ गच्छति**" यह प्रयोग होता है। यह भी सारोप प्रयोजनवती लक्षणलक्षणा है। 'असौ' पद से विषय का पृथक् निर्देश किया है और राजा के साथ उसका अभेद प्रतीत होता है, अतः सारोपा है। राजशब्द राजसम्बन्धी का उपलक्षण है और उस पुरुष की सम्पत्ति आदि की अधिकता द्योतन करना इस लक्षणा का प्रयोजन है। **अत्र स्वस्वामीति**—यहाँ स्वस्वामिभावसम्बन्ध लक्षणा का प्रयोजक है।

अन्य उदाहरण देते हैं—**अग्रेति**—हाथ के केवल अग्रभाग को '**हस्तोऽयम्**' कहा जाता है। यह रूढि में सारोपा लक्षणलक्षणा का उदाहरण है। यहाँ अवयवावयविभावसम्बन्ध है। 'अयम्' पद से निर्दिष्ट अग्रभाग का हाथ के साथ अभेदारोप है और 'हस्त' शब्द उपलक्षण है, एवम् इस लक्षणा का कारण प्रसिद्धि ही है, प्रयोजन कुछ नहीं। अन्य सम्बन्ध का उदाहरण—**ब्राह्मणोऽपीति**—बढ़ई का काम करनेवाले ब्राह्मण को भी '**तक्षाऽसौ**' कहा जाता है। यह प्रयोजनवती सारोपा लक्षणलक्षणा का उदाहरण है। बढ़ई के सब कामों में प्रवीणता सूचित करना इसका प्रयोजन है। यहां 'तात्कर्म्य' सम्बन्ध है, क्योंकि ब्राह्मण बढ़ई का काम करता है। अन्य उदाहरण—**इन्द्रेति**—यज्ञ में इन्द्र के लिये गाड़ी गई स्थूणाओं (खम्भों) को '**अमी इन्द्राः**' कहा जाता है। यह प्रयोजनवती सारोपा लक्षणलक्षणा का उदाहरण है। यहाँ इन्द्र के समान पूज्यत्व द्योतन करना प्रयोजन है और तादर्थ्य सम्बन्ध है। इसी प्रकार अन्य उदाहरण भी जानना।

उक्त सब सारोपा लक्षणा का उदाहरण दिये हैं, अब साध्यवसाना के विषय में कहते हैं—**निगीर्णस्येति**—निगीर्ण (पूर्वोक्त) विषय का अन्य (विषयी) के साथ अभेदज्ञान करानेवाली लक्षणा 'साध्यवसाना' कहाती है। इसके इन चार भेदों के उदाहरण पूर्वोक्त ही जानना। यथा—रूढि में साध्यवसाना उपादानलक्षणा का उदाहरण है **श्वेतो धावति**' और प्रयोजन में '**कुन्ताः प्रविशन्ति**'। एवं साध्यवसाना लक्षणलक्षणा का रूढि में '**कलिङ्गः साहसिकः**' और प्रयोजन में '**गङ्गायां घोषः**' यह उदाहरण है। इनका वर्णन पहले ही हो चुका है।

किसी का मत है कि 'अश्वः श्वेतो धावति' इस उदाहरण में उपादानलक्षणा मानना ठीक नहीं, क्योंकि यहाँ उपादान नहीं है। जैसे 'कुन्ताः प्रविशन्ति' में लक्षणा करने पर कुन्तों का भी प्रवेश-क्रिया में अन्वय होता है वैसे इस उदाहरण में नहीं होता, क्योंकि 'श्वेत' गुण है और गुणों में क्रिया रहती नहीं—'**गुणादिर्निर्गुणक्रियः**'—अतः साधन क्रिया में श्वेत का अन्वय नहीं हो सकता, इसलिये इसे लक्षणलक्षणा मानना चाहिये और उपादानलक्षणा का उदाहरण '**श्वेतः शोभते**' हो सकता है। शोभा गुणों में भी रहती है। गमनादि क्रिया ही गुणों में नहीं रहती।

और भेद दिखाते हैं—**सादृश्येति**—ये पूर्वोक्त आठ प्रकार की (चार सारोपा और चार साध्यव-

सादृश्यात्तु मता गौण्यस्तेन षोडश भेदिताः।

ताः पूर्वोक्ता अष्टभेदा लक्षणाः। सादृश्येतरसंबन्धाः कार्यकारणभावादयः। अत्र शुद्धानां पूर्वोदाहरणान्येव। रूढावुपादानलक्षणा सारोपा गौणी यथा—'एतानि तैलानि हेमन्ते सुखानि'। अत्र तैलशब्दस्तिलभवस्नेहरूपं मुख्यार्थमुपादायैव सार्षपादिषु स्नेहेषु वर्तते। प्रयोजने यथा—राजकुमारेषु तत्सदृशेषु च गच्छत्सु 'एते राजकुमारा गच्छन्ति'। रूढावुपादानलक्षणा साध्यवसाना गौणी यथा—'तैलानि हेमन्ते सुखानि'। प्रयोजने यथा—'राजकुमारा गच्छन्ति'। रूढौ लक्षणलक्षणा सारोपा गौणी यथा—'राजा गौडेन्द्रं कण्टकं शोधयति'। प्रयोजने यथा—

साना) लक्षणायें यदि सादृश्य से इतर (भिन्न) किसी सम्बन्ध के द्वारा सिद्ध हुई हों तो 'शुद्धा' कहलाती हैं और यदि सादृश्य सम्बन्ध ही इनका प्रयोजक हो तो इन्हें 'गौणी' लक्षणा कहते हैं। इस प्रकार सोलह भेद होते हैं। सादृश्य से भिन्न—कार्यकारणभावादि—सम्बन्ध भी लक्षणा के प्रयोजक होते हैं। इनके उदाहरण अभी दिये जा चुके हैं। इनमें से शुद्धा लक्षणा के पूर्वोक्त 'अश्वः श्वेतो धावति' इत्यादिक ही उदाहरण हैं।

रूढि में गौणी सारोपा उपादानलक्षणा का उदाहरण देते हैं। एतानि तैलानीति—अत्रेति—यहाँ तैल शब्द तिलों से उत्पन्न स्नेह (तिल का तेल) रूप मुख्य अर्थ का उपादान करके ही सरसों आदि के स्नेह का बोधन करता है, अतः यह उपादानलक्षणा है। तात्पर्य—यह है कि 'तैल' शब्द का अक्षरार्थ है 'तिलों से उत्पन्न स्नेह'। इस कारण तिलतैल ही इस शब्द का मुख्य अर्थ है, किन्तु सादृश्य होने के कारण सरसों आदि के स्नेह को भी तैल ही कह देते हैं। उक्त उदाहरण में तिलभव स्नेह का परित्याग नहीं हुआ है, अतः यह गौणी उपादानलक्षणा है। लक्षणा का यहाँ कोई व्यङ्ग्य प्रयोजन नहीं, तैल शब्द की प्रसिद्धि ही इस प्रयोग का कारण है, अतः यह रूढिमूलक लक्षणा है। 'एतत्' शब्द से विषय का निर्देश है, अतः यह सारोपा है। इस प्रकार यह उदाहरण रूढिमूलक सारोपा गौणी उपादानलक्षणा का है।

प्रश्न—यदि तिलभव स्नेह भी यहाँ सम्मिलित है तो वाक्यार्थ में मुख्य अर्थ का अन्वय भी बना रहा, उसका बाध नहीं हुआ, अतः यहाँ लक्षणा नहीं होनी चाहिये, क्योंकि मुख्यार्थ के बाध में ही लक्षणा होती है। उत्तर—यहाँ एतत् शब्द से तिल, सरसों अलसी आदि के अनेक तेल विवक्षित हैं और तैल शब्द से केवल तिल का तेल बोधित होता है, अतः इन दोनों पदार्थों का सामानाधिकरण्य से अन्वय नहीं हो सकता—यही यहाँ मुख्यार्थ का बाध है। यद्यपि एतत् पद के अर्थ का एकदेश तिलतैल भी है, परन्तु केवल उसी के साथ तैल पद के अर्थ का अन्वय होना असंभव है। इस प्रकार का एकदेशान्वय व्युत्पत्तिसिद्ध नहीं है। श्री. रा. च. त. वा.।

प्रयोजन का उदाहरण देते हैं राजकुमारेति—राजकुमार और उनके सदृश अन्य कुमारों के साथ साथ जाने पर "एते राजकुमारा गच्छन्ति" यह प्रयोग होता है। यहाँ एतत् शब्द से विषय का निर्देश होने के कारण आरोप है। राजकुमारों का भी इसमें उपादान है और अन्य कुमारों का राजकुमारों के तुल्य आदरणीय होना इस लक्षणा का प्रयोजन है। सादृश्य सम्बन्ध इसका प्रयोजक है। इस प्रकार यह प्रयोजनवती सारोपा गौणी उपादानलक्षणा है। इन्हीं दोनों उदाहरणों में से विषयवाचक एतत्पद के निकाल देने से ये साध्यवसाना के उदाहरण हो जायेंगे—यही दिखलाते हैं—रूढावित्यादि-प्रयोजने इति।

रूढि में सारोपा गौणी लक्षणलक्षणा का उदाहरण देते हैं—राजा गौडेन्द्रमिति—'कण्टक' शब्द का अर्थ है कांटा—इसका गौडेन्द्र शब्द के अर्थ—(राजविशेष) के साथ सामानाधिकरण्य से सम्बन्ध अनुपपन्न है, अतः कण्टक शब्द सादृश्य सम्बन्ध से, काँटे की तरह दुःख देनेवाले क्षुद्र शत्रु का उपलक्षण है—यहाँ मुख्य अर्थ का उपादान नहीं है। गौडेन्द्र शब्द से विषय का पृथक् निर्देश होने के कारण आरोप है। कण्टक शब्द की क्षुद्र शत्रु में प्रसिद्धि होने से रूढि है।

प्रयोजन में इसी लक्षणा का उदाहरण देते हैं—गौर्वाहीकः—पञ्जाब का नाम बाहीकदेश है—"पञ्चानां

'गौर्वाहीकः'। रूढौ लक्षणलक्षणा साध्यवसाना गौणी यथा—'राजा कण्टकं शोधयति'। प्रयोजने यथा—'गौर्जल्पति'।

अत्र केचिदाहुः—गोसहचारिणो गुणा जाड्यमान्द्यादयो लक्ष्यन्ते। ते च गोशब्दस्य वाहीकार्थाभिधाने निमित्तीभवन्ति। तदयुक्तम्। गोशब्दस्यागृहीतसंकेतं वाहीकार्थमभिधातुमशक्यत्वात्। गोशब्दार्थमात्रबोधनाच्चाभिधाया विरतत्वाद्, विरतायाश्च पुनरुत्थापनाभावात्।

अन्ये च पुनर्गोशब्देन बाहीकार्थो नाभिधीयते। किन्तु स्वार्थसहचारिगुणसाजात्येन बाहीकार्थगता गुणा एव लक्ष्यन्ते। तदप्यन्ये न मन्यन्ते। तथाहि—अत्र गोशब्दाद्वाहीकार्थः प्रतीयते, न वा? आद्ये गोशब्दादेव वा? लक्षिताद्वा गुणादविनाभावद्वारा? तत्र न प्रथमः। बाहीकार्थस्यासंकेतितत्वात्। न द्वितीयः। अविनाभावलभ्यस्यार्थस्य शाब्देऽन्वये प्रवेशासंभवात्। शाब्दी ह्याकांक्षा शब्देनैव पूर्यते।

सिन्धुषष्ठानामन्तरालेषु ये स्थिताः। बाहीका नाम ते देशा न तत्र दिवसं वसेत्"॥ यहाँ बाहीकदेशनिवासी किसी पुरुष की मूर्खता भरी क्रियाओं को देखकर किसी ने कहा कि **'गौर्वाहीकः'**—बाहीक बैल है। यहाँ गो शब्द **सादृश्यसम्बन्ध** से बाहीक को लक्षित करता है, अतः यह गौणी लक्षणा है। बाहीक की अत्यन्त मूर्खता का द्योतन करना प्रयोजन है। शेष वर्णन पूर्ववत् जानना।

उक्त दोनों उदाहरणों में से विषयवाचक पदों—गौडेन्द्र और बाहीक—के निकाल देने से ये साध्यवसाना के उदाहरण होते हैं, यह दिखाते हैं—**रूढाविस्यादि**। क्रिया के विना केवल 'गौः' कहने से लक्षणा का भान नहीं होता और न वाक्य ही बनता है, अतः क्रियासहित उदाहरण देते हैं **'गौर्जल्पति'** जल्प धातु का अर्थ है व्यक्तवाणी बोलना, उसमें कर्तृस्वरूप से गौ का सम्बन्ध नहीं हो सकता, अतः लक्षणा होती है।

'गौर्वाहीकः' इत्यादि वाक्यों से अर्थज्ञान के विषय में मतभेद दिखाते हैं—**अत्र केचिदिति**—किसी का मत है कि 'बाहीक गौ है' इस वाक्य के सुनने पर गौ शब्द से बैल का ज्ञान और बाहीक शब्द से बाहीकदेशवासी का ज्ञान अभिधा शक्ति के द्वारा होता है, किन्तु इन दोनों का सामानाधिकरण्य से अन्वय अनुपपन्न होने के कारण गो शब्द अपने सहचारी जडत्व, मन्दत्वादि गुणों को लक्षणा से बोधन करता है और फिर वे ही गुण गो शब्द से अभिधा के द्वारा बाहीकरूप अर्थ का बोधन करने में निमित्त (प्रवृत्तिनिमित्त) होते हैं। इसका खण्डन करते हैं—**तदयुक्तमिति**—यह ठीक नहीं, क्योंकि एक तो गो शब्द का संकेत (शक्ति) बाहीक में गृहीत नहीं है, अतः अगृहीतसंकेत अर्थ (बाहीक) का गो शब्द से अभिधान करना अशक्य है, विना शक्तिज्ञान के कोई शब्द किसी अर्थ का अभिधान नहीं करता—दूसरे यहाँ गो शब्द अपने पशुरूप अर्थ को अभिधाशक्ति के द्वारा पहले बोधन कर चुका है, अतः उसकी वह शक्ति विरत हो चुकी और विरतशक्ति का फिर उत्थान नहीं हो सकता, क्योंकि **"शब्दबुद्धिकर्मणां विरम्य पुनर्व्यापाराभावः"** यह नियम है। अतः जब यहाँ गो-शब्द पहले अभिधा के द्वारा पशुविशेष का बोधन कर चुका है तो फिर लक्षणा से जाड्यादि गुणों का बोधन करने के अनन्तर दूसरी बार उसकी वह शक्ति जाग्रत नहीं हो सकती।

इसी विषय में दूसरा मत दिखाते हैं—**अन्ये चेति**—दूसरे लोगों का यह मत है कि गोशब्द से अभिधाशक्ति के द्वारा बाहीकरूप अर्थ का बोधन नहीं होता, किन्तु गोशब्द अपने अर्थ—पशुविशेष—के साथ रहनेवाले जाड्यादि गुणों के सदृश होने के कारण, बाहीक गत जाड्यादि गुणों का ही लक्षणा से बोधन करता है। इसका भी खण्डन करते हैं—**तदपीति**—यह बात भी अन्य लोग नहीं मानते—**तथाहीति**—उक्त मत का विकल्पों द्वारा खण्डन करते हैं—**अत्रेति**—यह तो कहो कि तुम्हारे मत में गोशब्द से बाहीकरूप अर्थ की प्रतीति होती है या नहीं? यदि होती है तो गोशब्द से ही होती है या गोशब्द से लक्षित गुणों से अविनाभाव के कारण? गोशब्द से बाहीक के जाड्यादि गुण लक्षित होते हैं और गुण गुणी के बिना रह नहीं सकते। यही गुणों का गुणी अर्थात् द्रव्य के साथ अविनाभाव कहाता है। **तत्रेति**—इनमें पहला मत ('गोशब्द से ही बाहीक की प्रतीति होती है' यह) तो इस लिये ठीक नहीं कि गोशब्द का बाहीक में संकेतग्रह ही नहीं है। और दूसरा मत (अविनाभाव

न द्वितीयः । यदि हि गोशब्दाद्वाहीकार्थो न प्रतीयेत, तदास्य बाहीकशब्दस्य च सामानाधिकरण्यमसंगतं स्यात् ।

तस्मादत्र गोशब्दो मुख्यया वृत्त्या बाहीकशब्देन सहान्वयमलभमानोऽज्ञत्वादिसाधर्म्यसंबन्धाद् वाहीकार्थं लक्षयति । बाहीकस्याज्ञत्वाद्यतिशयबोधनं प्रयोजनम् । इयं च गुणयोगाद् गौणीत्युच्यते । पूर्वा तूपचारामिश्रणाच्छुद्धा । उपचारो हि नामात्यन्तं विशकलितयोः शब्दयोः (१-पदार्थयोः) सादृश्यातिशयमहिम्ना भेदप्रतीतिस्थगनमात्रम् । यथा--'अग्निमाणवकयोः' । शुक्लपटयोस्तु नात्यन्तभेदप्रतीतिः । तस्मादेवमादिषु शुद्धैव लक्षणा ।

व्यङ्ग्यस्य गूढागूढत्वाद् द्विधा स्युः फललक्षणाः ॥ १० ॥

द्वारा बोधन) भी ठीक नहीं, क्योंकि जो अर्थ अविनाभाव के द्वारा लब्ध होता है उसका शाब्दबोध में प्रवेश नहीं होता । इसमें हेतु देते हैं--**शाब्दी हीति**--'शब्दसम्बन्धिनी आकाङ्क्षा शब्द से ही पूर्ण होती है' यह नियम है । यह बात शब्दाध्याहारवादी के मतानुसार कही है--अर्थाध्याहारवादियों के मत में तो अविनाभाव द्वारा लब्ध पदार्थों का भी सम्बन्ध शाब्दबोध में होता ही है, अतएव उपाधि-शक्तिवाद में अविनाभाव द्वारा लब्ध व्यक्ति का शाब्दबोध में अन्वय होता है । प्रथमबार किये हुए विकल्पों में से द्वितीय विकल्प (गो शब्द से वाहीक की प्रतीति नहीं होती) का खण्डन करते हैं--**न द्वितीय इति**--यदि गोशब्द से बाहीक की प्रतीति न हो तो गोपदार्थ के साथ बाहीक का सामानाधिकरण्य ही असंगत हो जाय ।

इस प्रकार अन्य मतों का निराकरण करके अपना सम्मत पक्ष दिखाते हैं--**तस्मादिति**--इस लिये न तो गो शब्द से पहले जाड्यादि गुणों को लक्षणाद्वारा उपस्थित करके फिर उन्हें प्रवृत्तिनिमित्त बना के अभिधाद्वारा बाहीक का उपस्थापन करना ठीक है, और न बाहीक के गुणों का लक्षणा के द्वारा बोधन करना ही युक्तियुक्त है, किन्तु उक्त उदाहरण (गौर्वाहीकः) में गोशब्द मुख्य वृत्ति (अभिधा) के द्वारा बाहीक के साथ सामानाधिकरण्य से अन्वित न हो सकने के कारण मूर्खत्वादि सादृश्य (सम्बन्ध) से बाहीकरूप अर्थ को लक्षणाद्वारा उपस्थित करता है । व्यञ्जना के द्वारा बाहीक की मूर्खता आदि का आधिक्य द्योतित करना इस लक्षणा का प्रयोजन है ।

इयं चेति--यह लक्षणा 'गुण' अर्थात् जडत्वादि साधारण धर्मों का 'योग' अर्थात् सम्बन्ध होने के कारण '**गौणी**' कहाती है । तात्पर्य यह है कि इस प्रकार की लक्षणायें, जिनमें साधारण धर्मों के सम्बन्ध अर्थात् सादृश्य के द्वारा लक्ष्यार्थ का भान होता है वे गौणी कहाती हैं और पहली ('गङ्गायां घोषः' इत्यादि) उपचार न होने के कारण 'शुद्धा' कहाती हैं । उपचार ही गौणी लक्षणा का मूल है ।

उपचार का लक्षण करते हैं--**उपचारो हीति**--अत्यन्त भिन्न अर्थात् पृथक्रूप से भिन्न भिन्न प्रतीति के विषय--एक दूसरे के साथ अत्यन्त निराकाङ्क्ष--दो पदार्थों के भेदज्ञान का, सादृश्यातिशय (अत्यन्त समानता) के कारण छिप जाना ही उपचार कहाता है--जैसे "**अग्निर्माणवकः**" "**सिंहो माणवकः**' इत्यादि । किसी ने कहा कि 'यह बालक सिंह है'--यहाँ बालक और सिंह इन दोनों पदों से भिन्न भिन्न अर्थ प्रतीत होते हैं । इनका आपस में सामानाधिकरण्य नहीं हो सकता । जंगल का क्रूर मृगराज और मनुष्य का छोटा सा बालक ये दोनों भिन्न भिन्न प्रतीतियों के विषय होते हैं । इनमें से कोई एक दूसरे के लिये साकाङ्क्ष नहीं, परन्तु अत्यन्त भिन्न होने पर भी क्रूरता, शूरता आदि समान गुणों के द्वारा अतिशय सादृश्य होने के कारण इन दोनों की भिन्नता की प्रतीति यहाँ दब गई है । इसी '**भेदप्रतीतिस्थगन**' को उपचार कहते हैं--और इससे जो लक्षणा होती है उसे गौणी लक्षणा कहते हैं । उपचार के लक्षण में आये हुए 'अत्यन्त' शब्द की व्यावृत्ति दिखाते हैं--**शुक्लपटयोरिति**--'**शुक्लः पटः**' इत्यादि प्रयोगों में यद्यपि शुक्ल गुण और पटरूप द्रव्य भिन्न भिन्न हैं--परन्तु वे सिंह और माणवक की भाँति अत्यन्त भिन्न नहीं, अतः यहाँ उपचार नहीं है । **तस्मादिति**--इसलिये इस प्रकार के प्रयोगों में शुद्धा लक्षणा ही जानना ।

इस प्रकार इन पूर्वोक्त सोलह प्रकार की लक्षणाओं में आठ रूढिमूलक हैं और आठ प्रयोजनमूलक, उनमें से प्रयोजनमूलक लक्षणाओं के और भेद दिखाते हैं--**व्यङ्ग्यस्येति** । **प्रयोजने इति**--प्रयोजन (फल) में

प्रयोजने या अष्टभेदा लक्षणा दर्शितास्ताः प्रयोजनरूपव्यङ्ग्यस्य गूढागूढतया प्रत्येकं द्विधा भूत्वा षोडश भेदाः। तत्र गूढः, वाक्यार्थभावनापरिपक्वबुद्धिविभवमात्रवेद्यः। यथा—'उपकृतं बहु तत्र—' इति। अगूढः, अतिस्फुटतया सर्वजनसंवेद्यः। यथा—

'उपदिशति कामिनीनां यौवनमद एव ललितानि।'

अत्र 'उपदिशति' इत्यनेन 'आविष्करोति' इति लक्ष्यते। आविष्कारातिशयश्चाभिधेयवत्स्फुटं प्रतीयते।

धर्मिधर्मगतत्वेन फलस्यैता अपि द्विधा।

एता अनन्तरोक्ताः षोडशभेदा लक्षणाः फलस्य धर्मिगतत्वेन धर्मगतत्वेन च प्रत्येकं द्विधा भूत्वा द्वात्रिंशद्भेदाः। दिङ्मात्रं यथा—

'स्निग्धश्यामलकान्तिलिप्तवियतो वेल्लद्बलाका घना
वाताः शीकरिणः पयोदसुहृदामानन्दकेकाः कलाः।
कामं सन्तु, दृढं कठोरहृदयो रामोऽस्मि, सर्वं सहे
वैदेही तु कथं भविष्यति, हहा हा देवि धीरा भव॥'

अत्रात्यन्तदुःखसहिष्णुरूपे रामे धर्मिणि लक्ष्ये तस्यैवातिशयः फलम्। 'गङ्गायां घोषः' इत्यत्र तटे शीतत्वपावनत्वरूपधर्मस्यातिशयः फलम्।

जो आठ प्रकार की लक्षणायें दिखाई हैं वे प्रयोजनरूप व्यङ्ग्य के गूढ और अगूढ होने के कारण दो प्रकार की होती हैं, अतः इनके इस प्रकार सोलह भेद होते हैं। **तत्रेति**—उनमें 'गूढ' उस व्यङ्ग्य को कहते हैं जो वाक्यार्थ के विचारने में परिपक्वबुद्धि के विभव अर्थात् सूक्ष्मार्थदर्शनसामर्थ्य से ही जाना जा सकता है, साधारण बुद्धि से ज्ञातव्य नहीं होता। **यथेति**—जैसे 'उपकृतं बहु तत्र' इत्यादि पूर्वोक्त पद्य। 'अगूढ' उस व्यङ्ग्य को कहते हैं जो अत्यन्त स्फुट होने के कारण सबकी समझ में आ सके। जैसे—**उपदिशतीति**—'ललनाओं को यौवन का मद' ही 'ललित' अर्थात् हाव, भाव आदि का उपदेश कर देता है। उपदेश देना चेतन का ही काम है और मद जड़ है, अतः यहाँ लक्षणा से 'उपदिशति' का अर्थ 'आविष्करोति' (प्रकट करता है) होता है। और आविष्कार का अतिशय, जो यहाँ व्यङ्ग्य प्रयोजन है वह अभिधेय अर्थ की भाँति स्फुट रूप से प्रकाशित होता है।

इन्हीं सोलह भेदों में और भेद दिखाते हैं। **धर्मिधर्मेत्यादिना–एता इति**—ये अभी कही हुई सोलह प्रकार की लक्षणायें फल (व्यञ्जनागम्य प्रयोजन) के धर्मिगत और धर्मगत होने के कारण फिर दो प्रकार की (प्रत्येक) होती हैं, अतः इनके बत्तीस भेद होते हैं। कुछ थोड़ा (दिङ्मात्र) उदाहरण दिखाते हैं। **स्निग्धेति**—वर्षा के विलासों को उमड़ता देख, सीता के विरह से कातर भगवान् रामचन्द्र की उक्ति है—स्निग्ध, श्याम कान्ति से आकाश को व्याप्त करनेवाले, और बलाका जिनके पास विहार कर रही हैं ऐसे मेघ भले ही उमड़ें तथा शीकरी (छोटे छोटे जलकणों से युक्त) मन्द मन्द समीर स्वच्छन्दतापूर्वक चलें और मेघों के मित्र मयूरों की आनन्द भरी मनोहर कुहकें भी यथेच्छ सुनाई दें! मैं अत्यन्त कठोर हृदय 'राम' हूँ। सब कुछ सहन करूँगा। परन्तु अति सुकुमारी कोमलहृदया वैदेही की क्या दशा होगी? हा देवि! धैर्य रखना।

आकाश निराकार है, उसपर लेपन नहीं हो सकता, अतः इस पद्य में 'लिप्त' पद का लक्षणा से 'व्याप्त' अर्थ होता है। और सौहार्द (मित्रता) चेतन का धर्म है। वह जड़ मेघों में नहीं हो सकता, अतः यहाँ 'सुहृत्' का अर्थ, आनन्ददायक है। इन दोनों में वाच्यार्थ अत्यन्त तिरस्कृत है।

इसके वक्ता स्वयं राम ही हैं, अतः केवल 'अस्मि' कहने पर भी 'अहम्' पद की प्रतीति के द्वारा राम का बोध हो ही जाता, इस लिये प्रकृत में राम पद का मुख्य अर्थ अनुपयुक्त होने से, लक्षणा के द्वारा 'दुःख सहनशील' रूप अर्थ का बोधक होता है। 'मैं राम हूँ' अर्थात् पिता के अत्यन्त वियोग, राज्यत्याग, वनवास, जटाचीर धारण, स्त्री-हरण आदि अनेक दुःखों का सहन करनेवाला (अत्यन्त कठोर हृदय) 'राम' हूँ!! मैं सब कुछ सहन कर सकूँगा! यहाँ 'दृढं कठोरहृदयः' यह पद उक्त लक्ष्यार्थ की उपस्थिति में सहायता देते हैं। 'राम' पद अर्थान्तरसंक्रमितवाच्य है, क्योंकि यह दुःखसहिष्णुत्वरूप विशेष अर्थ का बोधन करता है। यहाँ 'राम'

तदेवं लक्षणाभेदाश्चत्वारिंशन्मता बुधैः ॥ ११ ॥

रूढावष्टौ फले द्वात्रिंशदिति चत्वारिंशल्लक्षणाभेदाः । किं च—

पदवाक्यगतत्वेन प्रत्येकं ता अपि द्विधा ।

ता अनन्तरोक्ताश्चत्वारिंशद्भेदाः । तत्र पदगतत्वे यथा—'गङ्गायां घोषः' । वाक्यगतत्वे यथा—'उपकृतं बहु तत्र' इति । एवमशीतिप्रकारा लक्षणा ॥

अथ व्यञ्जना ।

विरतास्वभिधाद्यासु ययाऽर्थो बोध्यते परः ॥ १२ ॥
सा वृत्तिर्व्यञ्जना नाम शब्दस्यार्थादिकस्य च ।

पद **दुःखसहिष्णुत्वेन रूपेण** श्रीरामचन्द्रजी को ही बोधित करता है और व्यञ्जना से उन्हीं का अतिशय प्रतीत होता है, अतः इस लक्षणा का फल धर्मिगत (धर्मी अर्थात् द्रव्य में स्थित) है । पहले कही हुई दोनों लक्षणाओं ('पयोद सुहृत्'—'लिप्तवियत्') में लक्ष्य धर्मी का ही अतिशय बोधन होता है । यह सब लक्षणामूलक व्यङ्ग्य, इस पद्य से प्रतीयमान विप्रलम्भ शृङ्गार के अङ्ग हैं । **अत्रेति**—यहाँ अत्यन्त दुःखसहिष्णुत्वविशिष्ट राम (धर्मी) लक्ष्य हैं और उन्हीं का अतिशय व्यञ्जनाद्वारा बोधित फल (प्रयोजन) है ।

धर्मगत फल का उदाहरण देते हैं—**गङ्गायां घोषः** इत्यादि—इस उदाहरण में शीतत्व पावनत्वरूप धर्म का अतिशय व्यञ्जना के द्वारा बोधित होता है । यह व्यङ्ग्य अतिशय, शीतत्व पावनत्वरूप धर्म में रहता है । अतः धर्मगत फल का उदाहरण जानना ।

वस्तुतः विश्वनाथजी का यह कथन असंगत है । प्राचीन आचार्यों से भी विरुद्ध है और इनके अपने कथन से भी विरुद्ध है, अतः इसे इन्हीं के अपने शब्दों में 'स्ववचनविरोधादेवाऽपास्तम्' समझना चाहिये । 'गङ्गायां घोषः' इस उदाहरण में धर्म लक्ष्य है ही नहीं, प्रत्युत तट रूप धर्मी लक्ष्य है । काव्यप्रकाश में लिखा है—'**गङ्गायां घोष इत्यादौ ये पावनत्वादयो धर्मास्तटादौ प्रतीयन्ते**' और स्वयं विश्वनाथजी भी '**गङ्गादिशब्दो जलमयादिरूपार्थवाचकत्वात्प्रकृतेऽसंभवन्**....**तटादिं बोधयति**' लिख चुके हैं । इससे स्पष्ट है कि इनके मत में भी तट ही लक्ष्य है, जो कि धर्मिरूप है, धर्म नहीं । इस धर्मी (तट) में शीतत्व पावनत्वातिशयरूप धर्म व्यञ्जना के द्वारा बोधित होता है । यह बात भी विश्वनाथजी स्वयं लिख चुके हैं । "**गङ्गातटे घोष इति प्रतिपादनाऽलभ्यस्य शीतत्वपावनत्वातिशयस्य बोधनरूपं प्रयोजनम्**" इस प्रकार 'गङ्गायां घोषः' इस उदाहरण में न तो शीतत्वादि धर्म लक्ष्य हैं और न उनका अतिशय मात्र व्यङ्ग्य फल ही है, प्रत्युत शीतत्वातिशय फल है और वही व्यङ्ग्य है, अतः धर्मगत फल के उदाहरण में इसे रखना असंगत है । इसके उदाहरण में '**उपदिशति कामिनीनां यौवनमद एव ललितानि**' इत्यादिक पद्य रखने चाहियें ।

तदेवमिति-रूढाविति—इस प्रकार रूढि में आठ भेद और प्रयोजन में बत्तीस भेद होने से सब मिलाकर लक्षणा के चालीस भेद होते हैं ।

और भेद दिखाते हैं । **पदेति—ता इति**—ये सब अभी कही हुई चालीसों प्रकार की लक्षणायें पद में भी रहती हैं और वाक्य में भी रहती हैं, अतः फिर प्रत्येक दो प्रकार की होती हैं । **तत्रेति**—उनमें पदगत के उदाहरण 'गङ्गायां घोष' इत्यादिक हैं और वाक्य के 'उपकृतं बहु तत्र' इत्यादिक हैं । **एवमिति**—इस प्रकार सब मिलकर लक्षणाओं के अस्सी भेद होते हैं ।

इति लक्षणानिरूपणम् ।

अथ व्यञ्जना

विरतास्विति—अपना अपना अर्थ बोधन करके अभिधा आदिक वृत्तियों के शान्त होने पर जिससे अन्य अर्थ का बोधन होता है, वह शब्द में तथा अर्थादिक में रहनेवाली वृत्ति (शक्ति) 'व्यञ्जना' कहाती है । **शब्देति**—शब्द, बुद्धि और कर्म इनमें विराम के अनन्तर फिर व्यापार नहीं होता । जैसे देवदत्त ने किसी के थप्पड़ मारा—

'शब्दबुद्धिकर्मणां विरम्य व्यापाराभावः' इति नयेनाभिधालक्षणातात्पर्याख्यासु तिसृषु वृत्तिषु स्वं स्वमर्थं बोधयित्वोपक्षीणासु ययाऽन्योऽर्थो बोध्यते सा शब्दस्यार्थस्य प्रकृतिप्रत्ययादेश्च शक्तिर्व्यञ्जन-ध्वननगमनप्रत्यायनादिव्यपदेशविषया व्यञ्जना नाम। तत्र—

अभिधालक्षणामूला शब्दस्य व्यञ्जना द्विधा ॥ १३ ॥

अभिधामूलामाह—

अनेकार्थस्य शब्दस्य संयोगाद्यैर्नियन्त्रिते।
एकत्रार्थेऽन्यधीहेतुर्व्यञ्जना साऽभिधाश्रया ॥ १४ ॥

आदिशब्दाद्विप्रयोगादयः। उक्तं हि—

'संयोगो विप्रयोगश्च साहचर्यं विरोधिता। अर्थः प्रकरणं लिङ्गं शब्दस्यान्यस्य संनिधिः ॥
सामर्थ्यमौचिती देशः कालो व्यक्तिः स्वरादयः। शब्दार्थस्यानवच्छेदे विशेषस्मृतिहेतवः ॥' इति।

'सशङ्खचक्रो हरिः' इति शङ्खचक्रयोगेन हरिशब्दो विष्णुमेवाभिधत्ते। 'अशङ्खचक्रो हरिः'

अब थप्पड़ लगने के बाद लाख यत्न करने पर भी वह थप्पड़ बे लगा नहीं किया जा सकता। उस विरत-क्रिया को फिर कोई वापिस नहीं कर सकता। एवं रस्सी को देखकर किसी को सर्पबुद्धि हो गई और वह डर गया तो फिर चाहे कुछ यत्न किया जाय पहला ज्ञान निकल नहीं सकता। यह दूसरी बात है कि रस्सी का ज्ञान होने पर पहले ज्ञान की असत्यता प्रतीत हो जाय और अपने डर जाने पर हँसी भी आये, परन्तु उस पहले ज्ञान में अब कोई व्यापार नहीं हो सकता—वह नहीं निकाला जा सकता। इसी प्रकार शब्द भी एक बार ही व्यापार करता है। अतएव अपना अपना अर्थ उपस्थित करके 'अभिधा' 'लक्षणा' और 'तात्पर्य' नामक शब्द की तीन वृत्तियों (व्यापारों) के उपक्षीण हो जाने पर जिसके द्वारा और अर्थ बोधित होता है वह शब्दनिष्ठ, अर्थनिष्ठ, प्रकृतिनिष्ठ, प्रत्ययनिष्ठ तथा उपसर्गादिनिष्ठ शक्ति व्यञ्जना कहाती है और वही व्यञ्जना, ध्वनन, गमन, प्रत्यायन आदि नामों से भी व्यवहृत होती है।

तात्पर्य यह है कि जैसे पदार्थोपस्थिति के अनन्तर अभिधा के विरत होने पर **'गङ्गायां घोषः'** इत्यादि स्थलों पर तट आदि अर्थ का बोधन करने के लिये दूसरी शक्ति (लक्षणा) माननी पड़ती है। उसी विरत अभिधा को फिर से नहीं उठाया जा सकता। इसी प्रकार जब यह पूर्वोक्त तीनों शक्तियाँ अभिधेय, लक्ष्य और तात्पर्यार्थ का बोधन करके विरत हो चुकीं तो उसके अनन्तर प्रतीत होनेवाला अर्थ इन तीनों में से किसी के द्वारा उत्पन्न हुआ नहीं कहा जा सकता; क्योंकि **"शब्दबुद्धिकर्म्मणां विरम्य व्यापाराभावः"** यह नियम है, अतः उक्त अर्थ को बोधन करने के लिये कोई चौथी वृत्ति अवश्य माननी पड़ेगी उसी को व्यञ्जना कहते हैं।

व्यञ्जना अनेक प्रकार की होती हैं, यह कह चुके हैं—उनमें शाब्दी व्यञ्जना के भेद कहते हैं। **तत्रेति--अभिधेति**--शब्द की व्यञ्जना दो प्रकार की होती है। एक अभिधामूलक और दूसरी लक्षणा-मूलक। उनमें अभिधामूला का स्वरूप दिखाते हैं—**अनेकार्थस्येति**--संयोग आदि के द्वारा अनेकार्थक शब्द के प्रकृतोपयोगी एक अर्थ के निर्णीत हो जाने पर भी जिसके द्वारा अन्य अर्थ का ज्ञान होता है, वह व्यञ्जना अभिधाश्रया (अभिधाशक्ति के आश्रित) समझनी चाहिये। **आदीति**—इस कारिका में 'आदि' (अथवा **'आद्य'**) पद से विप्रयोग आदि का ग्रहण है।

संयोगादि का निरूपण करते हैं **उक्तं हीति**—संयोग, विप्रयोग, साहचर्य, विरोधिता, अर्थ, प्रकरण लिङ्ग, अन्य शब्द का संनिधान, सामर्थ्य, औचिती (औचित्य), देश, काल, व्यक्ति और स्वरादिक सब शब्द के अर्थ का 'अनवच्छेद' (तात्पर्य का अनिर्णय अथवा तात्पर्य में सन्देह) होने पर विज्ञान के कारण होते हैं। अर्थात् जब कहीं किसी अनेकार्थक शब्द का तात्पर्य सन्दिग्ध होता है तब प्रकरणादि के द्वारा विशेष ज्ञान हुआ करता है।

संयोगादिकों के क्रम से उदाहरण दिखाते हैं। **सशंखचक्र इत्यादि**—अनेकार्थक शब्द के किसी एक ही अर्थ के साथ प्रसिद्ध संबन्ध को संयोग कहते हैं। हरि शब्द के अनेक अर्थ हैं—जैसे **"यमाऽनिलेन्द्रचन्द्रार्कविष्णुसिंहांशुवाजिषु। शुकाहिकपिभेकेषु हरिर्ना कपिले त्रिषु"** इत्यमरः, परन्तु शंख, चक्र का

इति तद्वियोगेन तमेव। 'भीमार्जुनौ' इति अर्जुनः पार्थः। 'कर्णार्जुनौ' इति कर्णः सूतपुत्रः। 'स्थाणुं वन्दे' इति स्थाणुः शिवः। 'सर्वं जानाति देवः' इति देवो भवान्। 'कुपितो मकरध्वजः' इति मकरध्वजः कामः। 'देवः पुरारिः' इति पुरारिः शिवः। 'मधुना मत्तः पिकः' इति मधुर्वसन्तः। 'पातु वो दयितामुखम्' इति मुखं सांमुख्यम्। 'विभाति गगने चन्द्रः' इति चन्द्रः शशी। 'निशि चित्रभानुः' इति चित्रभानुर्वह्निः। 'भाति रथाङ्गम्' इति नपुंसकव्यक्त्या रथाङ्गं चक्रम्। स्वरस्तु वेद एव विशेषप्रतीतिकृत्, न काव्य इति तस्य विषयो नोदाहृतः।

संबन्ध केवल विष्णु ही के साथ प्रसिद्ध है, अतः 'सशंखचक्रो हरिः' यह कहने पर शंख चक्र के संयोग से हरिपद विष्णु का ही बोधन करता है।

वियोग का अर्थ विश्लेष है और विश्लेष वहीं होता है जहाँ संयोग हो, अतः 'अशंखचक्रो हरिः' कहने पर भी हरिपद वियोग के कारण विष्णु को ही कहता है।

साथ रहने का नाम साहचर्य है। यद्यपि भीमपद का अर्थ भयानक है और अर्जुन का अर्थ एक 'जङ्गली वृक्ष' है, परन्तु 'भीमार्जुनौ' कहने से दोनों सहचारी पाण्डवों का ही बोध होता है।

प्रसिद्ध वैर का नाम विरोधिता है। 'कर्णार्जुनौ' कहने पर प्रसिद्ध विरोध के कारण 'कर्ण' शब्द से सूतपुत्र महावीर कर्ण का ग्रहण होता है, कान का नहीं।

प्रयोजन को 'अर्थ' कहते हैं और चतुर्थी विभक्ति आदि से उसका ज्ञान होता है। यद्यपि 'स्थाणु'-पद का अर्थ खम्भा और शिव दोनों हैं, परन्तु 'स्थाणुं वन्दे भवच्छिदे' इत्यादिक उदाहरणों में संसारोच्छेद रूप अर्थ शिवजी से ही सिद्ध होता है, खम्भे से नहीं, अतः स्थाणुपद का अर्थ यहाँ शिव ही है।

वक्ता और श्रोता की बुद्धिस्थता को प्रकरण कहते हैं। 'सर्वं जानाति देवः' यहाँ 'देव' पद का अर्थ प्रकरणगत राजा आदि है, अप्रकृत नहीं।

अनेक अर्थों में से किसी एक ही के साथ रहनेवाले और साक्षात् शब्द से बोध्य धर्म का नाम 'लिङ्ग' है (स्त्रीलिङ्ग, पुंलिङ्ग आदि को 'व्यक्ति' शब्द से कहेंगे)। यद्यपि मकरध्वज का अर्थ समुद्र भी है, परन्तु 'कुपितो मकरध्वजः' इस वाक्य में इस पद से कामदेव का ही ग्रहण है, क्योंकि कोपरूप लिङ्ग समुद्र में नहीं रहता।

अनेकार्थक शब्द के किसी एक ही अर्थ के साथ रहनेवाले पदार्थ के वाचक शब्द का सामीप्य 'अन्यशब्दसन्निधि' से अभीष्ट है। यद्यपि पुर का अर्थ देह भी है, 'पुरं देहेपि दृश्यते'—परन्तु 'देव' पद के संनिधान से 'पुरारि' का अर्थ शङ्कर ही है, देहादि नहीं।

'मधु' पद दैत्य, वसन्त, मद्य आदि अनेक अर्थों का वाचक है, परन्तु कोकिल को मस्त करने का सामर्थ्य वसन्त ऋतु में ही है, अतः 'मधुना मत्तः पिकः' इस वाक्य में मधुपद का अर्थ वसन्त ही है।

प्रियतमा के कुपित हो जाने के कारण खिन्न पुरुष के प्रति किसी मित्र या सखी की उक्ति है "पातु वो दयितामुखम्" यहाँ औचित्य के कारण मुखपद का अर्थ सांमुख्य (अनुकूलता) है। प्रतिकूलता से खिन्न पुरुष का खेद अनुकूलता ही दूर कर सकती है, अतः उसी का ग्रहण उचित है। कामार्त पुरुष के परित्राण की योग्यता दयिता के सांमुख्य (आनुकूल्य) में ही है, केवल मुख में नहीं। मुख, यदि कुपित हो, तब तो उलटा भयावह है।

औचिती का अर्थ योग्यता है। यद्यपि 'चन्द्र' का अर्थ कपूर आदिक भी है, परन्तु 'विभाति गगने चन्द्रः' यहाँ चन्द्रमा का ही बोध होता है, क्योंकि आकाश (देश) में वही रहता है। 'निशि चित्रभानुः' यहाँ चित्रभानुः का अर्थ अग्नि है, सूर्य नहीं। रात्रि (काल) में वही होती है।

व्यक्ति का अर्थ स्त्रीलिङ्ग पुँल्लिङ्ग आदि व्यक्ति है। 'भाति रथाङ्गम्' में नपुंसकत्व के कारण पहिये का ही ग्रहण होता है, चक्रवाक का नहीं।

'स्वर' उदात्तादिक वेद में ही विशेष अर्थ के निर्णायक होते हैं। जैसे 'वृत्रशत्रु' यहाँ पूर्वपदप्रकृतिस्वर

इदं च केऽप्यसहमाना आहुः—'स्वरोऽपि काक्वादिरूपः काव्ये विशेषप्रतीतिकृदेव। उदात्तादिरूपोऽपि मुनेः पाठोक्तदिशा शृङ्गारादिरसविशेषप्रतीतिकृदेव इत्येतद्विषये उदाहरणमुचितमेव' इति, तन्न। तथाहि—स्वराः काक्वादयः उदात्तादयो वा व्यङ्ग्यरूपमेव विशेषं प्रत्याययन्ति, न खलु प्रकृतोक्तमनेकार्थशब्दस्यैकार्थनियन्त्रणरूपं विशेषम्। किं च यदि यत्र क्वचिदनेकार्थशब्दानां प्रकरणादिनियमाभावादनियन्त्रितयोरप्यर्थयोरनुरूपस्वरवशेनैकत्र नियमनं वाच्यं तदा तथाविधस्थले श्लेषानङ्गीकारप्रसङ्गः। न च तथा। अत एवाहुः श्लेषनिरूपणप्रस्तावे—'काव्यमार्गे स्वरो न गण्यते इति च नयः'—इत्यलमुपजीव्यानां मान्यानां व्याख्यानेषु कटाक्षनिक्षेपेण। आदिशब्दात् 'एतावन्मात्रस्तनी—' इत्यादौ हस्तादिचेष्टादिभिः स्तनादीनां कमलकोरकाद्याकारत्वम्।

एवमेकस्मिन्नर्थेऽभिधया नियन्त्रिते या शब्दार्थस्यान्यार्थबुद्धिहेतुः शक्तिः साऽभिधामूला व्यञ्जना।

बहुव्रीहि का और अन्तोदात्त, तत्पुरुष समास का निर्णायक होता है, परन्तु काव्य में इससे अर्थ का निर्णय नहीं होता, अतः इसका उदाहरण नहीं दिया।

इदञ्चेति—कोई लोग इसको सहन न करके कहते हैं कि **स्वरोपीति**—काकु आदि कण्ठस्वर काव्य में विशेष अर्थ की प्रतीति कराता ही है और उदात्त आदि स्वर भी भरत मुनि के कथनानुसार शृङ्गारादि रस का प्रत्यायक होता ही है। नाट्यशास्त्र में भरत मुनि ने—'शृङ्गार और हास्य में स्वरितोदात्त तथा करुणादि रस में अनुदात्त स्वरित करना चाहिये'—इत्यादि स्वरनियम लिखा है। इसलिये इसका भी उदाहरण देना ही चाहिये। इसका खण्डन करते हैं। **तन्नेति**—यह बात ठीक नहीं। क्योंकि काकु आदि अथवा भरतोक्त उदात्तादि स्वर केवल व्यङ्ग्य अर्थ की ही विशेषता बताते हैं। इस प्रकरण में कहे हुए अनेकार्थक शब्द के किसी एक अर्थ को निर्णीत करना इनका काम नहीं है। ये स्वर अनेकार्थक शब्द को किसी एक अर्थ में नियन्त्रित नहीं करते। **किञ्चेति**—इसके अतिरिक्त पूर्वोक्त प्रकरणादि का नियम न रहने के कारण जहाँ अनेकार्थक शब्दों के दो अथवा अधिक अर्थ अनियन्त्रित (अनिवारित) रूप से प्रकट होते हैं वहाँ अनुकूल स्वर के कारण यदि एक ही अर्थ की उपस्थिति मानी जायगी तो ऐसे स्थलों में श्लेष का परित्याग करना पड़ेगा। **नचेति**—परन्तु ऐसा है नहीं। स्वरभेद होने पर भी श्लेष माना जाता है। अतएव श्लेषालङ्कार निरूपण के अवसर में यह कहा है कि 'काव्य मार्ग में स्वर की परवाह नहीं की जाती'। स्वरभेद होने पर भी श्लिष्ट अर्थ की प्रतीति मानी जाती है। इस लिये उपजीव्य (आश्रयभूत) और मान्य लोगों की की हुई पूर्वोक्त व्याख्या पर कटाक्ष करना ठीक नहीं।

"काक्वो व्यक्तिः स्वरादयः" यहाँ पर आदि पद से हाथ आदि की चेष्टायें ली जाती हैं, यह बताते हैं—**एतावन्मात्रस्त्यादि**--**एवमिति**—इस प्रकार अभिधा के द्वारा एक अर्थ के नियन्त्रित होने पर भी शब्द के अन्य अर्थ के ज्ञान का कारण जो शक्ति है उसे अभिधामूला व्यञ्जना कहते हैं। इसके उदाहरण में अपने पिता का बनाया उदाहरण देते हैं। यथा ममेत्यादि—'**सान्धिविग्रहिक**' उस मन्त्री को कहते हैं जो अन्य राजाओं के साथ व्यवहार्य नीति का निर्णय करे और उनके साथ सन्धि या विग्रह कराये। **दुर्गेत्यादि**--यह पद्य उमा नामक रानी के पति राजा भानुदेव की प्रशंसा में लिखा गया है, अतः प्रकरण के नियमन से उन्हीं का बोध होता है, परन्तु शब्दरचना इस प्रकार की है जिससे महादेवपरक अर्थ भी व्यञ्जना से प्रतीत होता है और फिर अन्त्य में इन दोनों (राजा और शिव) का उपमानोपमेयभाव फलित होता है। **दुर्गेति**—दुर्ग (क़िला) से नहीं रोका गया है विग्रह (युद्ध) जिसका अर्थात् जो राजा क़िलों को तोड़कर शत्रु को परास्त करता है अथवा जो किलों में से नहीं मैदान में आकर युद्ध करता है—तेजसा अर्थात् अपनी देहच्छवि से कामदेव को भी तिरस्कृत करता हुआ, अभ्युदय से युक्त 'राजक' अर्थात् राजसमूह को 'ल' ग्रहण करनेवाला अर्थात् अनुचररूप से राजसमूह को रखनेवाला, गौरवयुक्त, सुखभोग करनेवाले पुरुषों से सब ओर उपासित, नृत्रेशों (बड़े २ राजाओं) पर भी नजर नहीं डालनेवाला, गिरि (हिमालय) है गुरु (श्वशुर) जिनका उन महादेवजी में अथवा '**गुरौ महत्यां गिरि वाण्याम्**' गौरवयुक्त वाणी, यद्वा सरस्वती में प्रगाढ़ प्रेम रखनेवाला, विभूति (ऐश्वर्य) से अलंकृत है शरीर जिसका वह उमा नामक रानी का प्रियतम राजा भानुदेव पृथ्वी को

यथा मम तातपादानां महापात्रचतुर्दशभाषाविलासिनीभुजंगमहाकवीश्वरश्रीचन्द्रशेखरसांधिविग्रहिकाणाम्--

'दुर्गालङ्घितविग्रहो मनसिजं संमीलयंस्तेजसा प्रोद्यद्राजकलो गृहीतगरिमा विष्वग्वृतो भोगिभिः।
नक्षत्रेशकृतेक्षणो गिरिगुरौ गाढां रुचिं धारयन् गामाक्रम्य विभूतिभूषिततनू राजत्युमावल्लभः॥'

अत्र प्रकरणेनाभिधेये मावल्लभशब्दस्योमानाममहादेवीवल्लभभानुदेवनृपतिरूपेऽथ नियन्त्रिते व्यञ्जनयैव गौरीवल्लभरूपोऽर्थो बोध्यते। एवमन्यत्। लक्षणामूलामाह--

लक्षणोपास्यते यस्य कृते तत्तु प्रयोजनम्।
यया प्रत्याय्यते सा स्याद्व्यञ्जना लक्षणाश्रया॥१५॥

'गङ्गायां घोषः' इत्यादौ जलमयाद्यर्थबोधनादभिधायां तटाद्यर्थबोधनाच्च लक्षणायां विरतायां यया शीतत्वपावनत्वाद्यतिशयादिर्बोध्यते सा लक्षणामूला व्यञ्जना।

एवं शाब्दीं व्यञ्जनामुक्त्वाऽऽर्थीमाह—

वक्तृबोद्धव्यवाक्यानामन्यसंनिधिवाच्ययोः।
प्रस्तावदेशकालानां काकोश्चेष्टादिकस्य च॥१६॥
वैशिष्ट्यादन्यमर्थं या बोधयेत्साऽर्थसंभवा।

व्यञ्जनेति संबध्यते।

तत्र वक्तृवाक्यप्रस्तावदेशकालवैशिष्ट्ये यथा मम---

'कालो मधुः कुपित एष च पुष्पधन्वा धीरा वहन्ति रतिखेदहराः समीराः।
केलीवनीयमपि वञ्जुलकुञ्जमञ्जुर्दूरे पतिः कथय किं करणीयमद्य॥'

जीतकर शोभित होता है। इस पद्य में 'दुर्ग विग्रह, संमीलयन्, राजकल, भोगि, नक्षत्रेश, गिरिगुरु, गाम, विभूति, उमा' इत्यादिक पदों से शंकरपरक अर्थ भी भासित होता है। इनमें 'उमा' पद सबसे प्रधान है। यथा—जिनका आधा 'विग्रह' (देह) 'दुर्गा' (पार्वती) से 'लङ्घित' (आक्रान्त) है और तृतीयनेत्र के तेज से कामदेव को भस्म करनेवाले, 'राजा' अर्थात् चन्द्रमा की कला जिनके मस्तक पर उदय हो रही है, चारों ओर 'भोगि' (सर्पों) से आवृत, चन्द्रमा के द्वारा देखनेवाले, हिमालयरूप अपने गुरु (मान्य) में प्रगाढ़ प्रीति रखते हुए, भस्म (विभूति) से भूषित है देह जिनका वे 'उमा' (पार्वती) के प्रियतम भगवान् शंकर 'गौ' (बैल = नन्दीश्वर) पर चढ़कर शोभित होते हैं। **अत्रेति**—यहाँ प्रकरण के द्वारा 'उमावल्लभः' शब्द का "उमा नामक महादेवी के वल्लभ भानुदेवनृपति" यह अभिधेय अर्थ निश्चित होने पर भी व्यञ्जना ही के द्वारा गौरीवल्लभ (शंकर) रूप अर्थ बोधित होता है। इसी प्रकार और उदाहरण भी जानना।

अभिधामूलक व्यञ्जना हो चुकी। अब लक्षणामूलक व्यञ्जना का निरूपण करते हैं। **लक्षणोपास्यते इति**—जिसके लिये लक्षणा का आश्रयण किया जाता है वह प्रयोजन, जिस शक्ति के द्वारा प्रतीत होता है वह व्यञ्जना लक्षणाश्रया (लक्षणामूलक) कहाती है। इसी को स्पष्ट करते हैं--गङ्गायामिति— 'गङ्गायां घोषः' इत्यादिक स्थलों में अभिधा के द्वारा 'गङ्गा' पद से जलमय (प्रवाह) रूप मुख्य अर्थ को बाधित करके अभिधा के शान्त होने पर और तटादिरूप लक्ष्यार्थ का बोधन करके लक्षणा के विरत होने पर शीतलता और पवित्रता का आधिक्य जिस शब्दशक्ति के द्वारा प्रतीत होता है उसे लक्षणामूलक व्यञ्जना कहते हैं।

एवमिति—इस प्रकार शब्द की व्यञ्जना का निरूपण करके अर्थमूलक व्यञ्जना कहते हैं—**वक्त्रिति**—वक्ता, (कहनेवाला) बोद्धव्य (जिससे बात कही जाय) वाक्य, अन्य का सन्निधान, वाच्य, (अर्थ) प्रस्ताव, (प्रकरण) देश, काल काकु, (गले की विशेष ध्वनि) तथा चेष्टा आदि की विशेषता के कारण जो शब्दशक्ति अन्य अर्थ का बोधन करती है, वह अर्थमूलक व्यञ्जना है। वक्ता, वाक्य, प्रकरण, और देश काल की विशेषता के कारण उत्पन्न हुई व्यञ्जना के उदाहरण में अपना ही बनाया पद्य लिखते हैं—**यथा ममेति**--**काल इत्यादि**--नायिका अपनी सखी से कहती है। वसन्तऋतु का उन्मादक समय है और फिर यह कामदेव कुपित है, रतिश्रम को हरनेवाला धीर समीर मन्द मन्द चल रहा है। अशोक के कुञ्जों से रमणीय, क्रीडा के योग्य यह छोटा-सा

अत्रैतं देशं प्रति शीघ्रं प्रच्छन्नकामुकस्त्वया प्रेष्यतामिति सखीं प्रति कयाचिद् व्यज्यते। बोद्धव्य-वैशिष्ट्ये यथा—

'निःशेषच्युतचन्दनं स्तनतटं निर्मृष्टरागोऽधरो नेत्रे दूरमनञ्जने पुलकिता तन्वी तवेयं तनुः।
मिथ्यावादिनि दूति बान्धवजनस्याज्ञातपीडागमे वापीं स्नातुमितो गतासि न पुनस्तस्याधमस्यान्तिकम्'॥

अत्र तदन्तिकमेव गतासि इति विपरीतलक्षणया लक्ष्यम्। तस्य च रन्तुमिति व्यंग्यं प्रतिपाद्यदूती-वैशिष्ट्याद् बोध्यते।

अन्यसंनिधिवैशिष्ट्ये यथा—

'उअ णिच्चल णिप्फन्दा भिसिणीपत्तम्मि रेहइ बलाआ।
णिम्मलमरगअभाअणपरिट्ठिआ सङ्खसुत्ति व्व॥'

अत्र बलाकाया निःस्पन्दत्वेन विश्वस्तत्वम्, तेनास्य देशस्य विजनत्वम्, अतः संकेतस्थान-मेतदिति कयापि संनिहितं प्रच्छन्नकामुकं प्रत्युच्यते। अत्रैव स्थाननिर्जनत्वरूपं व्यङ्ग्यार्थवैशिष्ट्यं प्रयोजनम्।

'भिन्नकण्ठध्वनिर्धीरैः काकुरित्यभिधीयते' इत्युक्तप्रकारायाः काकोर्भेदा आकरेभ्यो ज्ञातव्याः। एतद्वैशिष्ट्ये यथा—

वन है और पति दूर है। हे सखी, बता तो सही, अब क्या करना चाहिये? **अत्रेति**—इस पद्य में "यहाँ शीघ्र प्रच्छन्नकामुक को तू भेज" यह बात व्यञ्जना के द्वारा सूचित की है।

बोद्धव्य की विशेषता का उदाहरण देते हैं। **निःशेषेत्यादि**—नायक को बुलाने के लिये प्रेषित, किन्तु नायकोपभुक्त और अपने को वापीस्नान करके आई बताती हुई दूती के प्रति कुपित नायिका की उक्ति है—'निःशेषेति' तेरे स्तनतटों से चन्दन सब छूट गया है, अधरोष्ठ का रंग बिल्कुल साफ़ हो गया है, नेत्रों के प्रान्त अञ्जन से शून्य हैं, और तेरी दुर्बल देह, पुलकित हो रही है, बान्धवजन की (मेरी) व्यथा को न समझनेवाली हे मिथ्यावादिनी दूती, तू यहाँ से वापी में स्नान करने गई थी और उस अधम (नायक) के पास नहीं गई थी। **अत्रेति**—इस पद्य में '**न पुनस्तस्याधमस्यान्तिकम्**' इस अंश से विपरीत लक्षणा के द्वारा '**तदन्तिकमेव गतासि**' (उसी के पास गई थी) यह अर्थ लक्षित होता है और उसका '**रन्तुम्**' (रमण करने को) यह अर्थ व्यङ्ग्य है, जो कि प्रतिपाद्य दूती की विशेष दशा के कारण बोधित होता है। प्राचीन तथा नवीन आचार्यों ने इस पद्य में विपरीत लक्षणा नहीं मानी है, यह विश्वाथजी का ही मत है, परन्तु इससे इस पद्य का चमत्कार और महत्त्व एकदम नष्ट हो गया। 'चित्रमीमांसा' और 'रसगङ्गाधर' में इसकी विशिष्ट व्याख्या है।

अन्य संनिधि की विशेषता का उदाहरण देते हैं—**उअ णिच्चल इति**—"**पश्य निश्चल, निष्पन्दा बिसिनी-पत्रे राजते बलाका। निर्मलमरकतभाजनपरिस्थिता शंखशुक्तिरिव**"—निर्जन वनकुञ्ज में सरोवर के किनारे अपने पास में स्थित, निश्चेष्ट प्रियतम से नायिका की उक्ति है—हे निश्चल, देख, कमलिनी के पत्ते पर बैठा हुआ बगला, निर्मल मरकत (पन्ने) की थाली में रक्खे हुए शंख के समान सुन्दर दीखता है। **अत्रेति**—यहाँ बगले को शंख की तरह (एक जड़ पदार्थ की भांति) 'निष्पन्द' कहने से उसकी विश्वस्तता द्योतित होती है। बगला निःशङ्क बैठा है, इससे मालूम होता है कि यह स्थान निर्जन है और निर्जनता के कारण यह संकेतस्थान है, यह बात कोई अपने संनिहित प्रच्छन्न कामुक से व्यञ्जना के द्वारा कहती है। 'वच' धातु की शक्ति अभिमान में है और प्रकृत पद्य में संकेतस्थानत्व का बोध अभिधा के द्वारा नहीं होता, व्यञ्जना के द्वारा होता है, अतः मूल-ग्रन्थ में 'उच्यते' के स्थान पर 'बोध्यते' कहना अधिक उपयुक्त था। **अत्रैवेति**—इसी पद्य में व्यङ्ग्यार्थ (संकेत-स्थान) का निर्जनत्वरूप वैशिष्ट्य यहाँ प्रयोजन है। और यह प्रयोजन '**अन्यसन्निधिवैशिष्ट्य**' के द्वारा होता है। वक्ता और बोद्धव्य इन दोनों से 'अन्य' है बलाका। उसकी संनिधि वैशिष्ट्य है निःस्पन्दत्व। उसी के द्वारा यहाँ इस स्थान का निर्जनत्व व्यञ्जित होता है।

'भिन्नकण्ठे' त्यादि पद्य में कही हुई काकु के भेद, आकर ग्रन्थ (नाट्यशास्त्र आदि) से जानने चाहिये। बदली हुई कण्ठध्वनि को काकु कहते हैं। **एतदिति**—इसकी (काकु की) विशेषता का उदाहरण देते हैं।

'गुरुपरतन्त्रतया बत दूरतरं देशमुद्यतो गन्तुम्।
अलिकुलकोकिलललिते नैष्यति सखि, सुरभिसमयेऽसौ॥

अत्र नैष्यति, अपि तर्हि एष्यत्येवेति काका व्यज्यते। चेष्टावैशिष्ट्ये यथा—

'संकेतकालमनसं विटं ज्ञात्वा विदग्धया। हसन्नेत्रार्पिताकूतं लीलापद्मं निमीलितम्॥'

अत्र संध्या संकेतकाल इति पद्मनिमीलनादिचेष्टया कयाचिद्द्योत्यते।

एवं वक्त्रादीनां व्यस्तसमस्तानां वैशिष्ट्ये बोद्धव्यम्।

त्रैविध्यादियमर्थानां प्रत्येकं त्रिविधा मता॥ १७॥

अर्थानां वाच्यलक्ष्यव्यङ्ग्यत्वेन त्रिरूपतया सर्वा अप्यनन्तरोक्ता व्यञ्जनास्त्रिविधाः। तत्र वाच्यार्थस्य व्यञ्जना यथा—'कालो मधुः'—इत्यादि। लक्ष्यार्थस्य यथा—'निःशेषच्युतचन्दनं'—इत्यादि। व्यङ्ग्यार्थस्य यथा—'उअ णिच्चल—' इत्यादि। प्रकृतिप्रत्ययादिव्यञ्जकत्वं तु प्रपञ्चयिष्यते।

शब्दबोध्यो व्यनक्त्यर्थः शब्दोऽप्यर्थान्तराश्रयः।
एकस्य व्यञ्जकत्वे तदन्यस्य सहकारिता॥ १८॥

यतः शब्दो व्यञ्जकत्वेऽर्थान्तरमपेक्षते, अर्थोऽपि शब्दम्, तदेकस्य व्यञ्जकत्वेऽन्यस्य सहकारितावश्यमङ्गीकर्तव्या।

अभिधादित्रयोपाधिवैशिष्ट्यात्त्रिविधो मतः।
शब्दोऽपि वाचकस्तद्वल्लक्षको व्यञ्जकस्तथा॥१९॥

गुरुपरेति—सखी से नायिका की उक्ति है—गुरु (पिता आदि) के अधीन होने के कारण अत्यन्त दूरदेश में जाने के लिये उद्यत, यह मेरा प्रियतम हे सखि, भ्रमरसमूह और कोकिलों से मनोहर, वसन्त ऋतु में नहीं आयेगा ! जो गुरुजनों के अधीन है वह अपने मन में उत्कण्ठा उत्पन्न होने पर भी उनके आगे न कह सकेगा और देश अत्यन्त दूर है, अतः अकेले आने की अनुमति भी न पा सकेगा—एवम् बिना अनुमति के आ भी न सकेगा। यह बात नायिका की उक्ति से अभिव्यक्त होती है। सखी ने इसी पद्य को अपने गले की दूसरी ध्वनि से पढ़ दिया तब यह अर्थ व्यञ्जित होने लगा कि गुरुपरवश होने के कारण जा रहा है (अन्यथा जाता भी नहीं) फिर वसन्त समय में, 'नैष्यति ?' क्या नहीं आयेगा ? अर्थात् अवश्य आयेगा। यह बात काकु से व्यक्त होती है।

चेष्टावैशिष्ट्य का उदाहरण देते हैं। **संकेतेति**—चतुर सखी ने विट को संकेत काल का 'जिज्ञासु' जानकर विकसित नेत्रों से भाव बताते हुए लीलाकमल बन्द कर दिया—**अत्रेति**—यहाँ कमल के मूँद देने से किसी ने यह सूचित किया कि संध्या (जब कमल मुकुलित होते हैं) संकेत का समय है। **एवमिति** – इसी प्रकार वक्ता आदि की विशेषताओं के पृथक् पृथक् तथा मिले हुए उदाहरण जानना।

त्रैविध्यादिति-अर्थानामिति—अर्थ—वाच्य, लक्ष्य और व्यङ्ग्य इन तीन भेदों में विभक्त होता है, अतः अभी कही हुई अर्थमूलक व्यञ्जनायें भी तीन प्रकार की होती हैं। उनमें वाच्य अर्थ की व्यञ्जना 'कालो मधुः' इत्यादि पद्य में दिखाई है। लक्ष्य अर्थ की व्यञ्जना (विपरीत अर्थ के द्वारा) 'निःशेषच्युते' त्यादि श्लोक में कही गई है और व्यङ्ग्य अर्थ की व्यञ्जना '**उअ णिच्चल**' इत्यादि प्राकृत के पद्य में बताई है। प्रकृति, प्रत्यय आदि की व्यञ्जना का विस्तार आगे करेंगे।

शब्दबोध्य इति—अर्थ, शब्द से बोधित होने पर अभिव्यञ्जन करता है और शब्द भी अर्थ का आश्रय लेकर ही व्यञ्जन करता है, अतः एक (शब्द अथवा अर्थ) जहाँ व्यञ्जक होता है वहाँ दूसरा सहकारी (साथी) कारण रहता है। **यत इत्यादि**—शब्द अर्थ की और अर्थ शब्द की अपेक्षा (व्यञ्जन में) करता है। **अतः एक** की व्यञ्जकता में दूसरे की सहकारिता अवश्य माननी पड़ेगी।

अभिधेति—अभिधा आदि तीन उपाधियों (व्यापारों) के सम्बन्ध से शब्द भी वाचक, लक्षक और

अभिधोपाधिको वाचकः। लक्षणोपाधिको लक्षकः। व्यञ्जनोपाधिको व्यञ्जकः। किञ्च—

तात्पर्याख्यां वृत्तिमाहुः पदार्थान्वयबोधने।
तात्पर्यार्थं तदर्थं च वाक्यं तद्बोधकं परे ॥२०॥

अभिधाया एकैकपदार्थबोधनविरमाद् वाक्यार्थरूपस्य पदार्थान्वयस्य बोधिका तात्पर्यं नाम वृत्तिः, तदर्थश्च तात्पर्यार्थः। तद्बोधकं च वाक्यमित्यभिहितान्वयवादिनां मतम् ॥

इति साहित्यदर्पणे वाक्यस्वरूपनिरूपणो नाम द्वितीय परिच्छेदः।

— ❀ —

तृतीयः परिच्छेदः।

अथ कोऽयं रस इत्युच्यते—

विभावेनानुभावेन व्यक्तः संचारिणा तथा।
रसतामेति रत्यादिः स्थायिभावः सचेतसाम् ॥१॥

व्यञ्जक इन तीन भेदों में विभक्त माना जाता है। अभिधाशक्ति जिसका व्यापार है वह वाचक, लक्षणोपाधिक लक्षक और व्यञ्जनोपाधिक शब्द—व्यञ्जक कहलाता है।

किञ्चेति—कोई लोग (श्रीकुमारिलभट्ट प्रभृति मीमांसाचार्य) पदों से पृथक् पृथक् उपस्थित पदार्थों के, कर्तृत्व कर्मत्व आदि रूप से परस्पर अन्वय (सम्बन्ध) के बोधन के लिये, वाक्य में तात्पर्य नाम की शक्ति मानते हैं और तात्पर्यार्थ को उस वृत्ति का प्रतिपाद्य अर्थ मानते हैं—एवं वाक्य को तात्पर्य-बोधक मानते हैं। अभिधाया इति—अभिधाशक्ति के एक एक पदार्थ को अलग २ बोधन करके विरत हो जाने पर उन बिखरे हुए पदार्थों को परस्पर संबद्ध करके वाक्यार्थ का स्वरूप देनेवाली तात्पर्यनामक वृत्ति (शक्ति) है। उस वृत्ति का प्रतिपाद्य अर्थ ही तात्पर्यार्थ कहलाता है और उसका बोधक वाक्य होता है। यह अभिहितान्वयवादियों का मत है। प्राचीन नैयायिक तथा कुमारिलभट्ट प्रभृति जो लोग 'गौः' आदि पदों से पृथक् पृथक् अवस्थित अनन्वित अर्थ की उपस्थिति मानते हैं और उपस्थित होने के पीछे उन पदार्थों का वाक्यार्थरूप से परस्पर अन्वय मानते हैं, वे लोग 'अभिहितान्वयवादी' अर्थात् अभिहित (अभिधा से उपस्थित) अर्थों का अन्वय (संबन्ध) माननेवाले कहलाते हैं। और जो प्रभाकरगुरु आदि, पदों से क्रियान्वयी अर्थ की उपस्थिति मानते हैं—जिसके मत में पदार्थ एक दूसरे संबद्ध ही उपस्थित होते हैं, असंबद्ध नहीं—वे 'अन्विताभिधानवादी' अर्थात् सब पदों से अन्वित अर्थ का ही अभिधान माननेवाले कहलाते हैं। ये इस वृत्ति को नहीं मानते, अलङ्कार शास्त्र में तात्पर्य वृत्ति मानी जाती है। अधिकांश आचार्य इसके पक्षपाती हैं। विश्वनाथ कविराज भी इसके पक्षपाती हैं, अतएव पद के लक्षण में 'अनन्वितैकार्थबोधकाः' लिखा है। अनन्वित अर्थ की उपस्थिति अभिहितान्वयवादी ही मानते हैं। मूल में इसी मत का निर्देश किया है, दूसरे का नहीं।

इति विमलायां द्वितीयः परिच्छेदः।

———

तृतीयः परिच्छेदः।

भावं भावं भावना वल्लवीनां नन्दं नन्दं नोदयन्तं कटाक्षैः।
वृन्दारण्ये वेणुपाणिं, रसानां देवं, वन्दे कञ्चिदानन्दकन्दम् ॥ १ ॥

'रसात्मक वाक्य, काव्य होता है', यह प्रथम परिच्छेद में कहा है उसमें वाक्य का निरूपण कर चुके। अब रस के निरूपण के लिये जिज्ञासा पैदा करते हैं—'अथ कोऽयं रस इति'—यह रस क्या वस्तु है? रस की अभिव्यक्ति का प्रकार बतलाते हैं—विभावेनेत्यादि—सहृदय पुरुषों के हृदय में स्थित, वासनारूप, रति आदि स्थायि-

विभावादयो वक्ष्यन्ते। सात्त्विकाश्चानुभावरूपत्वान्न पृथगुक्ताः। व्यक्तो दध्यादिन्यायेन रूपान्तर-परिणतो व्यक्तीकृत एव रसः। न तु दीपेन घट इव पूर्वसिद्धो व्यज्यते। तदुक्तं लोचनकारैः—'रसाः प्रतीयन्त इति त्वोदनं पचतीतिवद् व्यवहारः' इति। अत्र च रत्यादिपदोपादानादेव स्थायित्वे प्राप्ते पुनः

भाव ही विभाव, अनुभाव और सञ्चारीभावों के द्वारा अभिव्यक्त होकर रस के स्वरूप को प्राप्त होते हैं। काव्यादि के सुनने से अथवा नाटकादि के देखने से आलम्बन, उद्दीपन विभावों, भ्रूविक्षेप, कटाक्षादि अनुभावों और निर्वेद, ग्लानि आदि संचारी भावों के द्वारा अभिव्यक्त होकर सहृदय पुरुषों के हृदय में स्थित, वासनारूप रति, हास, शोक आदि स्थायीभाव, शृङ्गार, हास्य और करुणा आदि रसों के स्वरूप में परिणत होते हैं।

विभावेति--विभाव अनुभाव आदि का लक्षण आगे कहेंगे। **सात्त्विकेति**—यद्यपि "**विभावा अनुभावाश्च सात्त्विका व्यभिचारिणः**" इत्यादि प्राचीन कारिकाओं में विभावादि के साथ सात्त्विकों को रस का व्यञ्जक माना है, परन्तु वे अनुभावों के ही अन्तर्गत हैं, अतः उन्हें यहाँ पृथक् नहीं कहा है। प्राचीनों ने स्तम्भ, स्वेद आदि वक्ष्यमाण सात्त्विकों का प्रधानतया निर्देश '**गोबलीवर्द**' न्याय से कर दिया है।

व्यक्त इति—प्रकृत कारिका में दूध से दही आदि की तरह दूसरे रूप में परिणत होना 'व्यक्त' पद का अर्थ है। रति आदि स्थायीभाव, ज्ञान के विषय होने पर ही रस कहलाते हैं—अन्य समय में नहीं। **नतु इति**—यह नहीं है कि जैसे दीपक से घट प्रकाशित होता है इसी प्रकार पहले से स्थित रस, व्यक्त होता हो।

तात्पर्य यह कि 'व्यक्त' पद का अर्थ है प्रकाशित, और प्रकाशित वही वस्तु होती है जो वहाँ पहले से विद्यमान हो, जैसे किसी स्थान पर रक्खा हुआ घड़ा दीपक के आने पर प्रकाशित हो जाता है। परन्तु रस के विषय में यह बात ठीक नहीं बैठती, क्योंकि विभावादि की भावना से पहले रस होता ही नहीं, फिर असत् वस्तु का प्रकाश कैसे होगा? यदि घड़ा पहले से न रखा हो तो दीपक लाने पर भी कैसे व्यक्त होगा? इस आक्षेप का दूसरे दृष्टान्त के द्वारा परिहार करते हैं—**दध्यादीति**--जिस प्रकार दीपक से घट व्यक्त होता है—उसी प्रकार विभावादिकों से रस व्यक्त होता हो, यह बात नहीं है--किन्तु जैसे मट्ठा डालने से दूध दूसरे रूप में परिणत होकर दही के स्वरूप में व्यक्त होता है इस प्रकार यहाँ रस व्यक्त होता है। दूध में डालने से पहले मट्ठे का स्वाद पृथक् प्रतीत होता है और दूध का पृथक्। एवं स्वरूप में भी भेद रहता है। और इन दोनों के मेल होने पर भी कुछ देर तक यह बात रहती है, परन्तु कुछ देर के बाद न मट्ठा ही दीखता है, और न दूध ही, किन्तु उन सबका मिलमिलाकर एक पदार्थ दही ही दृष्टिगोचर होता है। इसी प्रकार दुष्यन्त शकुन्तला आदि आलम्बन विभाव और चन्द्र, चन्द्रिका आदि उद्दीपन विभाव, तथा भ्रूविक्षेपादि अनुभाव एवं निर्वेदादि संचारी—जिनको मट्ठे की तरह रस का साधन कहा जा सकता है—वे सब तथा दूध के सदृश रति आदि स्थायीभाव तभी तक पृथक् २ प्रतीत होते हैं और इनका आस्वाद भी तभी तक पृथक् प्रतीत होता है जब तक भावना की प्रबल धारा से ये सब रसरूप नहीं हो जाते। पीछे तो न विभाव पृथक् रहते हैं न अनुभाव और न अन्य कुछ। ये सबके सब अखण्ड, अद्वितीय, आनन्दघन ब्रह्मास्वाद सहोदर, चिन्मय रस के रूप में पूर्वोक्त दही की तरह परिणत हो जाते हैं। विभावादिकों की साधनता और रस की व्यक्तता का यही प्रकार है। व्यक्त पद का यहाँ यही अर्थ है। दीपघट की भांति व्यक्त होना नहीं है।

इसमें प्रमाण देते हैं—**तदुक्तमिति**—यही बात लोचनकार (ध्वन्यालोक के टीकाकार श्रीमदभिनवगुप्त-पादाचार्य) ने कही है। **रसा इति**—"**रस प्रतीत होते हैं**" यह व्यवहार तो इस प्रकार का है जैसे कहते हैं कि "**भात पकाते हैं**"। अभिप्राय यह है कि जैसे पकने के बाद 'भात' या ओदन संज्ञा होती है, पकने से पूर्व नहीं होती। पहले तण्डुल ही होते हैं। व्यवहार 'भात पकाते हैं' यह भी होता ही है। इसी प्रकार यद्यपि प्रतीति से ही रस निष्पन्न होते हैं। प्रतीयमान ही रस होते हैं प्रतीति के पूर्व नहीं होते, तथापि यह व्यवहार भी पूर्व व्यवहार ही की भांति होता है। इससे यह स्पष्ट है कि प्रतीति के पूर्व रस की स्थिति नहीं होती, अतएव दीपघट का दृष्टान्त यहाँ संगत नहीं है। किन्तु पूर्वोक्त दधि का सादृश्य ही संगत होता है।

यहाँ प्रश्न करनेवाले का यह अभिप्राय है कि "**हरिम्भजति-ग्रामं गच्छति, घटं जानाति**" इत्यादिक स्थलों में पहले से विद्यमान वस्तु ही कर्म देखी गई है। कर्ता अपनी क्रिया के द्वारा जिससे सम्बन्ध करना चाहता है उसे पूर्व से ही विद्यमान होना चाहिये—जैसे हरि, ग्राम-और घट, पहले से विद्यमान हैं—तभी उनका भजन

स्थायिपदोपादानं रत्यादीनामपि रसान्तरेऽस्थायित्वप्रतिपादनार्थम्। नतश्च हासक्रोधादयः शृङ्गार-वीरादौ व्यभिचारिण एव। तदुक्तम्—

'रसावस्थः परं भावः स्थायितां प्रतिपद्यते' इति।

अस्य स्वरूपकथनगर्भं आस्वादनप्रकारः कथ्यते—

सत्त्वोद्रेकादखण्डस्वप्रकाशानन्दचिन्मयः।
वेद्यान्तरस्पर्शशून्यो ब्रह्मास्वादसहोदरः॥ २॥

ज्ञान आदि होता है। यदि घट हो ही नहीं तो उसका ज्ञान भी नहीं हो सकता। इसी प्रकार "**रसाः प्रतीयन्ते**" इत्यादि व्यवहार से भी रस की पहले से सत्ता प्रतीत होती है। यदि रस पूर्व से ही घटादि की भांति अवस्थित न हो तो उसकी प्रतीति (ज्ञान) भी नहीं हो सकती।

समाधान करनेवाले का यह तात्पर्य है कि यह कोई आवश्यक बात नहीं कि पहले से विद्यमान वस्तु को ही कर्मत्व होता हो। **घटं करोति, ओदनं पचति**—इत्यादि स्थलों में क्रिया से उत्पन्न वस्तु को भी कर्मत्व देखा गया है। उसी प्रकार '**रसाः प्रतीयन्ते**' में भी जानना चाहिये। कर्म सात प्रकार का होता है, अतः कोई दोष नहीं।

कर्म के सात भेद पदमञ्जरी में लिखते हैं—

निर्वर्त्यञ्च विकार्यञ्च प्राप्यञ्चेति त्रिधा मतम्। तच्चेप्सिततमं कर्म चतुर्धान्यत्तु कल्पितम्॥१॥
औदासीन्येन यत्प्राप्तं यच्च कर्तुरनीप्सितम्। संज्ञान्तरैरनाख्यातं यद्, यच्चाप्यन्यपूर्वकम्॥२॥
यदसज्जायते यद्वा जन्मना यत्प्रकाश्यते। तन्निर्वर्त्यं विकार्यन्तु कर्म द्वेधा व्यवस्थितम्॥३॥
प्रकृत्युच्छेदसंभूतं किञ्चित्काष्ठादि भस्मवत्। किञ्चिद्‌गुणान्तरोत्पत्त्या सुवर्णादि विकारवत्॥४॥
क्रियाकृतविशेषाणां सिद्धिर्यत्र न गम्यते। दर्शनादनुमानाद्वा तत्प्राप्यमिति कथ्यते॥५॥

श्रीशङ्कराचार्य ने शारीरक भाष्य में चार प्रकार के कर्म बताये हैं। १ कार्य (घटादि) २ विकार्य (दूध का दही) ३ आप्य (ग्रामं गच्छति इत्यादि) और ४ संस्कार्य (दर्पणं प्रमार्ष्टि इत्यादि)। रस में दध्यादि की अपेक्षा भी इतनी और विशेषता है कि वह प्रतीति-काल में ही रहता है। दध्यादि की भांति प्रतीति के अनन्तर अवस्थित नहीं रहता।

अत्र चेति—रति आदिक स्थायीभाव ही हैं, कुछ और तो हैं ही नहीं, अतः उनका नाममात्र कह देने से भी स्थायित्व प्रतीत हो सकता था, तथापि उक्त कारिका में जो 'स्थायी' पद का उपादान किया है उससे यह सूचित होता है कि जो रति आदि, एकरस के स्थायी हैं वे ही दूसरे रस में जाकर अस्थायी हो जाते हैं, अतः शृंगार वीर आदि रसों में—हास, क्रोध आदि—जो हास्य और रौद्रादि रसों के स्थायी हैं—सञ्चारी (अस्थायी) हो जाते हैं। **तदुक्तम्**—यही कहा भी है। **रसावस्थ इति**—यहाँ 'परम्' अव्यय 'एव' शब्द के अर्थ में आया है। जो भाव रस की अवस्था को प्राप्त हो वही स्थायी होता है, अन्य नहीं।

अस्येत्यादि—रस के स्वरूप का निरूपण और उसके आस्वादन का प्रकार बताते हैं। **सत्त्वोद्रेकादिति**—यहाँ 'सत्त्वोद्रेकात्' इस पद से हेतु का निर्देश किया गया है और '**अखण्ड-स्वप्रकाशानन्दचिन्मयः**' '**वेद्यान्तर-स्पर्शशून्यः**' '**ब्रह्मास्वादसहोदरः**' '**लोकोत्तरचमत्कारप्राणः**' इन पदों से रस का स्वरूप बतलाया गया है। एवं '**स्वाकारवदभिन्नत्वेन**' इससे उसके आस्वाद का प्रकार और '**कैश्चित्प्रमातृभिः**' से रसास्वाद के अधिकारियों का निर्देश किया गया है। **सत्त्वेति**—अन्तःकरण में रजोगुण और तमोगुण को दबाकर सत्त्वगुण के सुन्दर स्वच्छ प्रकाश होने से रस का साक्षात्कार होता है। **अखण्डेति**—अखण्ड, अद्वितीय, स्वयं प्रकाशस्वरूप आनन्दमय और चिन्मय (चमत्कारमय) यह रस का स्वरूप (लक्षण) है। **वेद्येति**—रस के साक्षात्कार के समय दूसरे वेद्य (विषय) का स्पर्श तक नहीं होता। रसास्वाद के समय विषयान्तर का ज्ञान पास तक नहीं फटकने पाता, अतएव यह ब्रह्मास्वाद (समाधि) के समान होता है। यहाँ 'ब्रह्मास्वाद' पद से सवितर्क समाधि—जिसमें आनन्द अस्मिता आदि आलम्बन रहते हैं—अभीष्ट है। निरालम्बन निर्वितर्क समाधि की समता इसमें नहीं है। क्योंकि रसास्वाद में विभावादि आलम्बन रहते हैं।

लोकोत्तरचमत्कारप्राणः कैश्चित्प्रमातृभिः ।
स्वाकारवदभिन्नत्वेनायमास्वाद्यते रसः ॥ ३ ॥

"रजस्तमोभ्यामस्पृष्टं मनः सत्त्वमिहोच्यते" इत्युक्तप्रकारो बाह्यमेयविमुखतापादकः कश्चानान्तरो धर्मः सत्त्वम् । तस्योद्रेको रजस्तमसी अभिभूय आविर्भावः । तत्र हेतुस्तथाविधालौकिककाव्यार्थपरिशीलनम् । अखण्ड इत्येक एवायं विभावादिरत्यादिप्रकाशसुखचमत्कारात्मकः । अत्र हेतुं वक्ष्यामः—स्वप्रकाशत्वाद्यपि वक्ष्यमाणरीत्या । चिन्मय इति स्वरूपार्थे मयट् । चमत्कारश्चित्तविस्ताररूपो विस्मयापरपर्यायः । तत्प्राणत्वं चास्मद्वृद्धप्रपितामहसहृदयगोष्ठीगरिष्ठकविपण्डितमुख्यश्रीमन्नारायणपादैरुक्तम् । तदाह धर्मदत्तः स्वग्रन्थे--

'रसे सारश्चमत्कारः सर्वत्राप्यनुभूयते ।
तच्चमत्कारसारत्वे सर्वत्राप्यद्भुतो रसः ।
तस्माददद्भुतमेवाह कृती नारायणो रसम् ॥' इति ।

कैश्चिदिति प्राक्तनपुण्यशालिभिः । यदुक्तम्—

'पुण्यवन्तः प्रमिण्वन्ति योगिवद्रससन्ततिम् ।' इति ।

यद्यपि 'स्वादः काव्यार्थसंभेदादात्मानन्दसमुद्भवः' इत्युक्तदिशा रसस्यास्वादानतिरिक्तत्वम्,

---

लोकोत्तरेति—अलौकिक चमत्कार है प्राण (सार) जिसका उस रस का, कोई ज्ञाता जिसमें पूर्व जन्म के पुण्य से वासनाख्य संस्कार है, वही अपने आकार की भांति अभिन्नरूप से आस्वादन करता है । जैसे आत्मा से भिन्न होने पर भी शरीरादिकों में 'गौरोऽहम्' 'काणोऽहम्' इत्यादि का अभेद प्रतीत होता है, इसी प्रकार आत्मा से भिन्न होने पर भी आनन्द चमत्कारमय रस आत्मा से अभिन्न प्रतीत होता है । तात्पर्य यह है कि जैसे घटादिकों के ज्ञान के अनन्तर 'घटमहं जानामि' इत्यादि प्रतीति में ज्ञाता और ज्ञान का भेद प्रतीत होता है उस प्रकार रसास्वाद के पीछे भेद नहीं भासित होता । अथवा जिस प्रकार क्षणिक विज्ञानवादी बौद्ध के मत में घट आदि विज्ञान के रूप ही माने जाते हैं, उसी प्रकार विज्ञानरूप आत्मा से अभिन्न रस की प्रतीति होती है ।

इन कारिकाओं का व्याख्या ग्रन्थकार स्वयं करते हैं । **रजस्तमोभ्यामित्यादि**--'सत्त्वोद्रेकादि' पदों का अर्थ करते हैं । "रजोगुण और तमोगुण से असंस्पृष्ट अन्तःकरण को सत्त्व कहते हैं" इस प्राचीन आचार्यों की उक्ति के अनुसार बाहरी विषयों से चित्तवृत्तियों को हटानेवाला कोई अन्तःकरण का धर्म सत्त्व कहाता है । उसका रजस् और तमस् को दबा के उन्हें कार्याक्षम बनाके-प्रकाशित होना 'उद्रेक' पद का अर्थ है । किसी मार्मिक महाकवि से उपनिबद्ध अलौकिक काव्य के अर्थ (विभाव अनुभाव आदि) की भावना (परिशीलन) इस सत्त्वोद्रेक का कारण होता है । **अखण्ड इति**—'अखण्ड' पद का यह अभिप्राय है कि विभाव आदि तथा रति आदि का प्रकाश, एवं सुख और चमत्कार इन सबसे अभिन्न-एतदात्मा-रस एक ही है ।

प्रश्न--जब विभाव आदि अनेक पदार्थ रस के अन्तर्गत हैं तो यह 'एक' अथवा अखण्ड कैसे हो सकता है ? इसका समाधान करते हैं । **अत्रेति**--इस विषय में हेतु (समूहावलम्बनात्मकज्ञानस्वरूपत्व) आगे कहेंगे । स्वप्रकाशत्व आदिक भी वक्ष्यमाण रीति से जानना । 'चिन्मय' इस शब्द में स्वरूप अर्थ में मयट् प्रत्यय हुआ है । विस्मय नामक चित्त का विस्तार (विकास) चमत्कार कहलाता है । रस में यही चमत्कार प्राणरूप होता है । इस बात में अपने वृद्ध प्रपितामह का प्रमाण देते हैं । **अस्मादित्यादि**--यही बात धर्मदत्त ने अपने ग्रन्थ में कही है—**रसेत्यादि**--सब रसों में चमत्कार, साररूप से प्रतीत होता है । और चमत्कार (विस्मय) के साररूप (स्थायी) होने से सब जगह अद्भुत रस ही प्रतीत होता है, अतः पण्डित नारायण केवल एक अद्भुत रस ही मानते हैं ।

रस के लक्षण में 'कैश्चित्प्रमातृभिः' आया है । उसके 'कैश्चित्' पद की व्याख्या करते हैं—**कैश्चिदित्यादि** । **पुण्यवन्त इति**--जैसे कोई कोई विशिष्टयोगी ब्रह्म का साक्षात्कार करते हैं इसी प्रकार कोई कोई पुण्यवान् अर्थात् वासनाख्य संस्कार से युक्त सहृदय पुरुष रस का आस्वाद लेते हैं । सबको रस का साक्षात्कार नहीं होता ।

रस की प्रमेयता पर आक्षेप करके समाधान करते हैं । **यद्यपीति**—यद्यपि "काव्यार्थ की भावना के द्वारा

तथापि 'रसः स्वाद्यते' इति काल्पनिकं भेदमुररीकृत्य, कर्मकर्तरि वा प्रयोगः। तदुक्तम्--'रस्यमानतामात्रसारत्वात्प्रकाशशरीरादनन्य एव हि रसः *' इति। एवमन्यत्राप्येवंविधस्थलेषूपचारेण प्रयोगो ज्ञेयः।

नन्वेतावता रसस्याज्ञेयत्वमुक्तं भवति। व्यञ्जनायाश्च ज्ञानविशेषत्वाद् द्वयोरैक्यमापतितम्। ततश्च—

'स्वज्ञानेनान्यधीहेतुः सिद्धेऽर्थे व्यञ्जको मतः। यथा दीपोऽन्यथाभावे को विशेषोऽस्य कारकात्॥'

आत्मानन्द का आस्वाद होता है" इस कथन के अनुसार रस आस्वादरूप ही है। आस्वाद से अतिरिक्त कोई आस्वाद्य वस्तु रस नहीं है। तथापि **'रसः स्वाद्यते'**--(रस आस्वादित होता है) इत्यादिक प्रयोग कल्पित भेद मानकर किये हुए समझने चाहिये। अथवा इन्हें कर्मकर्ता का प्रयोग समझनी चाहिये। **"रसः स्वयमेवास्वाद्यते = स्वाभिन्नास्वादविषय इत्यर्थः।"**

रस के आस्वादरूप होने में प्रमाण देते हैं—**तदुक्तमिति–रस्यमानतेति**--रस में रस्यमानता ही साररूप होती है, अतः रस, प्रकाश शरीर (ज्ञानरूप) से अन्य नहीं है। **एवमिति**--इसी तरह इस प्रकार के अन्य स्थानों में भी उपचार से किया हुआ गौण प्रयोग जानना।

नन्विति—प्रश्न—**"प्रकाशशरीरादनन्य एव रसः"**—इस कथन के अनुसार यदि रस को ज्ञानस्वरूप ही मानते हो तब तो वह अज्ञेय हुआ। 'ज्ञेय' अर्थात् ज्ञान का विषय नहीं रहा। क्योंकि ज्ञान अपने विषयभूत घटादिकों से सदा भिन्न होता है, अतः आस्वादरूप अथवा प्रकाश (ज्ञान) स्वरूप रस भी आस्वाद और प्रकाश का विषय नहीं हो सकता। एवञ्च व्यञ्जना अर्थात् व्यञ्जनाजन्य प्रतीति और रस ये दोनों एक ही हो गये, क्योंकि व्यञ्जनाशक्ति के द्वारा उत्पन्न हुई प्रतीति भी ज्ञानविशेष ही होती है और पूर्वोक्त रीति से रस भी ज्ञानविशेष ही सिद्ध हो चुका है। इस प्रकार रस, व्यञ्जनास्वरूप ही सिद्ध हुआ। वह व्यञ्जना से उत्पन्न ज्ञान का विषय न सिद्ध हो सका। **ततश्चेति**–तो फिर रस को जो व्यङ्ग्य (व्यञ्जनाजन्यबोध विषय) सिद्धान्तित किया है, सो कैसे बनेगा ? क्योंकि पूर्व कथनानुसार वह व्यञ्जक शब्द की व्यापारभूत व्यञ्जना से उत्पन्न प्रतीति से अभिन्न सिद्ध हुआ है। यहाँ **'ततश्च'** इस हेतुवाचक पद का **'कथं रसस्य व्यङ्ग्यता'** इस अगले ग्रन्थ के साथ सम्बन्ध है।

श्रीतर्कवागीशजी ने इस पंक्ति की व्याख्या में लिखा है कि

ननु विभावादिमेलकाजायमानानन्दसंवलितमिलितविभावादिसंविद्रस इत्युक्तं भवति। विभावादीनां मेलकश्च विभावादिविशिष्टवैशिष्ट्यावगाह्येकज्ञानविषयत्वमित्यवश्यं वाच्यम्। प्रकारान्तरेण तन्निरूपणस्याशक्यत्वात्। तादृशज्ञानं च विभावादीनां प्रत्येकज्ञानादेव भवति। एवं च तादृशज्ञानानन्तरं रसास्वादः कथं जायतामुपायाभावादित्यभिप्रायेण शङ्कते--नन्विति। एतावता रसस्य विभावादिसमुदायप्रकारस्य रसत्वाङ्गाकारेण। अज्ञेयत्वमिति। उपायत्वाभावादित्यर्थः। स्वप्रकाशस्य स्वानुरूपस्यैवाज्ञेयत्वमिति भावः। ननु व्यञ्जनयैव रसास्वादो जायतामित्यत आह--व्यञ्जनायाश्चेति। विभावादिसमुदायसामर्थ्यस्य चेत्यर्थः। ज्ञानविशेषत्वाद् विशिष्टवैशिष्ट्यज्ञानरूपत्वात्।

---

* **'अर्वाचीनसाहित्यविवेचना'** नामक निबन्ध में हमने रस के विषय में भी विचार किया है। उसका कुछ अंश बुद्धिमान् पाठकों के विनोदार्थ यहाँ उद्धत करते हैं--

अथ कोऽसौ रसो यत्प्रधानोऽयमधस्तादावेदितः शब्द इति रसं किञ्चिद् विवेचयिष्यामः। तत्र अद्यत्वे उपलभ्यमानेषु साहित्यसन्दर्भेषु भरतवाक्यानामुपष्टम्भकतया उद्धरणात् भरतप्रणीता एव प्रबन्धाः प्राचीनतमाः प्रामाणिकाश्चेति सुशकं प्रमाणीकर्तुम्। भरतेन तु साहित्यसूत्रेष्वेवमसूत्रि रसविषये।

'विभावानुभावव्यभिचारिसंयोगाद् रसनिष्पत्तिः' इति। एतद्व्याख्यातृषु अलङ्कारशास्त्रे अलङ्कर्मीणो रसप्रवीणः श्रीमदभिनवगुप्तपादाचार्यस्तदनुसारिणश्च, सांख्येषु संख्यावान् श्रीभट्टनायकः, मीमांसामांसलप्रज्ञो भट्टलोल्लटस्तदनुगामिनश्च, न्यायनयनिष्णातः श्रीशङ्कुकः, अन्ये च उत्सूत्रा अति बहवो नैकविधाभिः शेमुषीभिरुन्मेषितं विविधमिदं विवृण्वते—

इत्युक्तदिशा घटप्रदीपवत् व्यङ्ग्यव्यञ्जकयोः पार्थक्यमेवेति कथं रसस्य व्यङ्ग्यतेति चेत्, सत्यमुक्तम्। अत एवाहुः—'विलक्षण एवायं कृतिज्ञप्तिभेदेभ्यः स्वादनाख्यः कश्चिद् व्यापारः' इति। अत एव हि रसनास्वादनचमत्करणादयो विलक्षणा एव व्यपदेशा इति। अभिधादिविलक्षणव्यापारमात्रप्रसाधनग्रहिलैरस्माभी रसादीनां व्यङ्ग्यत्वमुक्तं भवतीति।

अलंकारशास्त्र के सिद्धान्तानुसार यह नितान्त असंगत प्रलाप है। हम ग्रन्थविस्तर के भय से इसकी विस्तृत आलोचना नहीं करते। बुद्धिमान् पाठक इन दोनों व्याख्याओं के तारतम्य की परीक्षा कर लें।

व्यङ्ग्यव्यञ्जकभाव, पार्थक्य में ही हो सकता है, अभिन्नता में नहीं, इस बात को पुष्ट करने के लिये प्राचीन कारिका लिखते हैं 'स्वज्ञानेनेति'।

हेतु दो प्रकार के होते हैं, एक कारक, दूसरे ज्ञापक अथवा व्यञ्जक। जो पहले से असिद्ध वस्तु को निष्पादित करते हैं वे कारक अर्थात् उत्पादक हेतु कहलाते हैं—जैसे चक्र, चीवर, दण्ड, कुलाल, कपाल इत्यादि। ये सब पहले से अविद्यमान घट को उत्पन्न करते हैं।

ज्ञापक हेतु का लक्षण करते हैं—**स्वज्ञानेनेति**—**अर्थ**—"जो अपने ज्ञान के द्वारा सिद्ध वस्तुओं का ज्ञान कराता है वह व्यञ्जक (ज्ञापक) हेतु कहलाता है—जैसे दीपक। यदि घटादि वस्तु पहले से विद्यमान हो तो दीपक अपने ज्ञान के द्वारा उनका प्रकाश करता है। कुलाल की तरह अविद्यमान वस्तु को उत्पन्न नहीं कर सकता, इसलिये यह ज्ञापक हेतु है। **अन्यथाभावे**—यदि यह न मानें कि सिद्ध वस्तु का प्रकाशक ही व्यञ्जक हेतु होता है तो इस व्यञ्जक हेतु का पूर्वोक्त कारक हेतु से भेद ही क्या रहेगा?" **इत्युक्तेति**—इस कथन के अनुसार घट और दीपक की तरह व्यङ्ग्य और व्यञ्जक का भेद सिद्ध होता है। व्यङ्ग्य (घटादि) व्यञ्जक (दीपकादि) से अभिन्न कभी नहीं हो सकते। परन्तु पूर्वकथनानुसार यदि रस को व्यञ्जनास्वरूप मानोगे तो रस व्यङ्ग्य कैसे कहलायेगा? व्यञ्जना व्यञ्जक का व्यापार है और व्यङ्ग्य उस व्यापार का विषय होता है—व्यापारस्वरूप नहीं हो सकता।

समाधान करते हैं—**सत्यमिति**—बात तो ठीक है। 'सत्यम्' यह अव्यय आधे स्वीकार में आता है। **अतएवेति**—इसी आशङ्का के कारण श्रीमदभिनवगुप्तपादाचार्य ने लिखा है कि **विलक्षण इति**—कारक और ज्ञापक हेतुओं के व्यापाररूप कृति और ज्ञप्ति से विलक्षण एक अनिर्वचनीय स्वादनाख्य व्यापार है—जो रस का साक्षात्कार कराता है, अतएव इस विषय में रसन, आस्वादन, चमत्करण आदिक शब्दों का व्यवहार भी विलक्षण ही होता है। कृति अथवा ज्ञप्ति शब्द से व्यवहार नहीं होता।

तो क्या अलङ्कारशास्त्र में अनेक स्थानों पर जो रस को व्यङ्ग्य कहा है वह ठीक नहीं? इस आक्षेप का समाधान करते हैं। **अभिधादीति**—जो लोग (नैयायिक आदि) अभिधा और लक्षणा के अतिरिक्त किसी शब्दशक्ति को स्वीकार नहीं करते उनके प्रति, अभिधा लक्षणा और तात्पर्याख्य वृत्तियों से विलक्षण भी कोई शब्द-व्यापार (वृत्ति) है—इस बात के साधन में सयत्न (ग्रहिल) हम लोग रस को व्यंग्य कहते हैं। वहाँ रस को व्यंग्य कहने से यह तात्पर्य है कि अभिधा आदि पराभिमत वृत्तियों से रसोद्बोध शक्य नहीं है, अतः उसके लिये कोई अतिरिक्त वृत्ति अवश्य माननी पड़ेगी। प्रदीप घट की तरह उसको आस्वाद अथवा व्यञ्जना से भिन्न सिद्ध करने का वहाँ तात्पर्य नहीं है, अतः रस या आस्वाद को व्यंजना का स्वरूप-विशेष मानने में अथवा उससे विलक्षण मानने में भी कोई क्षति नहीं है।

१—तत्र विभावानुभावव्यभिचारिणां 'संयोगात्' समुदायात् 'रसनिष्पत्तिः' रसपदव्यवहार इति सूत्राशयं मन्वानाः कतिपये विभावादयस्त्रयः समुदिता रस इति रसस्वरूपं निरूपयन्ति। एतानेव निराकर्तुं काव्यप्रकाशे चतुर्थोल्लासे, "न खलु विभावानुभावव्यभिचारिण एव रसः—अपि तु रसस्तैरित्यस्ति क्रमः—स तु लाघवान्न लक्ष्यते" इत्युक्तं श्रीमता मम्मटाचार्येण।

२—बहवः पुनः 'विभावादीनां' 'संयोगात्' सम्यग्योगात्—चमत्कारात् रसनिष्पत्तिरिति सूत्रार्थं पश्यन्तो विभावादिषु यः प्रधानतया चमत्कारी स एव रस इति वर्णयन्ति। इदमपि 'न विभावादय एव रस' इति पूर्वेणैव प्रत्युक्तम्।

३—केचित्तु 'भाव्यमानो विभाव एव रस' इति मन्यन्ते।

ननु तर्हि करुणादीनां रसानां दुःखमयत्वाद्रसत्वं न स्यादित्युच्यते—

करुणादावपि रसे जायते यत्परं सुखम् ॥ ४ ॥

सचेतसामनुभवः प्रमाणं तत्र केवलम् ।

आदिशब्दाद् बीभत्सभयानकादयः। तथाऽप्यसहृदयानां मुखमुद्रणाय पक्षान्तरमुच्यते—

किंच तेषु यदा दुःखं न कोऽपि स्यात्तदुन्मुखः ॥ ५ ॥

नहि कश्चित्सचेतन आत्मनो दुःखाय प्रवर्तते। करुणादिषु च सकलस्यापि साभिनिवेशप्रवृत्तिदर्शनात्सुखमयत्वमेव। उपपत्त्यन्तरमाह—

तथा रामायणादीनां भविता दुःखहेतुता ।

करुणरसस्य दुःखहेतुत्वे करुणरसप्रधानरामायणादिप्रबन्धानामपि दुःखहेतुताप्रसङ्गः स्यात्।

ननु कथं दुःखकारणेभ्यः सुखोत्पत्तिरित्याह—

हेतुत्वं शोकहर्षादेर्गतेभ्यो लोकसंश्रयात् ॥ ६ ॥

शोकहर्षादयो लोके जायन्तां नाम लौकिकाः ।

अलौकिकविभावत्वं प्राप्तेभ्यः काव्यसंश्रयात् ॥ ७ ॥

नन्विति—यदि आनन्दमय को ही रस मानते हो तो करुण बीभत्स आदि रस नहीं कहलायेंगे, क्योंकि ये तो दुःखमय होते हैं। इसका समाधान करते हैं। **करुणादाविति**—करुण आदि रसों में भी जो परम आनन्द होता है उसमें केवल सहृदयों का अनुभव ही प्रमाण है। **आदीति** इस कारिका में आदि पद से बीभत्स, भयानक आदि रसों का ग्रहण होता है।

तथापीति—जो सहृदय नहीं हैं उनका मुँह बन्द करने को दूसरा पक्ष उठाते हैं। **किञ्चेति**—यदि करुणादि रसों में दुःख होता हो तो करुणादिरसप्रधान काव्य, नाटकादि के श्रवण, दर्शन आदि में कोई भी प्रवृत्त न हुआ करें। **नहीति**—क्योंकि कोई भी समझदार अपने दुःख के लिये प्रवृत्त नहीं होता, परन्तु करुण रस के काव्यों में सभी लोग आग्रहपूर्वक प्रवृत्त होते हैं, अतः वे रस भी सुखमय ही हैं। दूसरी युक्ति देते हैं—**तथेति**—यदि करुण रस को दुःख का हेतु मानोगे तो करुणरसप्रधान रामायण आदिक ग्रन्थ भी दुःख के ही हेतु मानने पड़ेंगे।

नन्विति—प्रश्न—पिता, पुत्र आदि का वियोग, राज्यत्याग, वनवास आदि जो सब दुःख के कारण करुण रस में उपन्यस्त होते हैं उनसे सुख की उत्पत्ति कैसे होगी? दुःख के कारण से तो दुःखरूप कार्य की ही उत्पत्ति होनी चाहिये। इसका उत्तर देते हैं। **हेतुत्वमिति**—लोक (जगत्) के संश्रय (स्वभाव) से शोक हर्षादि के कारणरूप से प्रसिद्ध, वनवासादि से लोक में लौकिक शोक आदि भले ही पैदा हुआ करें,

---

४—अन्ये भाव्यमानोऽनुभावस्तथा इति कथयन्ति।

५—तदितरे च सञ्चारी एव तादृशस्तथा परिणमतीत्याचक्षते।

मतत्रयमपीदमुत्सूत्रमिति प्रामाणिकाः प्राहुः। तथाहि—यथा व्याघ्रादयो भयानकस्य विभावा एवं वीराऽद्भुतरौद्राणामपि। यथा च अश्रुपातादयः शृङ्गारस्य अनुभावा एवं करुणादीनामपि। चिन्तादीनां च समानं सञ्चारित्वं शृङ्गारवीरादिषु। एवञ्च अन्यतमस्य रसान्तरसाधारण्येन नियतरसव्यंजकतानुपपत्तेः सूत्रे (भरतस्य) मिलितानामुपादानम् इति स्फुट एव अन्यतमेन रसनिष्पत्तिं स्वीकुर्वतां सूत्रविरोधः।

६—"विभावानुभावव्यभिचारिभिः" 'संयोगात्' व्यंजनात् 'रसस्य' चिदानन्दविशिष्टस्य स्थायिनो, रत्याद्युपहितस्य चिदानन्दात्मनो वा 'निष्पत्तिः' स्वरूपेण प्रकाशनम् इति भरतसूत्रस्य हृदयं विशदीकुर्वतां मार्मिकाणामालङ्कारिकाणां तु मतम् 'व्यक्तः स तैर्विभावाद्यैः स्थायी भावो रसः स्मृतः' इति प्रकाशोक्त्या कारिकया प्रकाश्यते।

सुखं संजायते तेभ्यः सर्वेभ्योऽपीति का क्षतिः।

ये खलु वनवासादयो लोके 'दुःखकारणानि' इत्युच्यन्ते त एव हि काव्यनाट्यसमर्पिता अलौकिकविभावनव्यापारवत्तया कारणशब्दवाच्यतां विहायालौकिकविभावशब्दवाच्यत्वं भजन्ते। तेभ्यश्च सुरते दन्तघातादिभ्य इव सुखमेव जायते। अतश्च 'लौकिकशोकहर्षादिकारणेभ्यो लौकिकशोकहर्षादयो जायन्ते' इति लोक एव प्रतिनियमः। काव्ये पुनः 'सर्वेभ्योऽपि विभावादिभ्यः सुखमेव जायते' इति नियमान्न कश्चिद्दोषः।

कथं तर्हि हरिश्चन्द्रादिचरितस्य काव्यनाट्ययोरपि दर्शनश्रवणाभ्यामश्रुपातादयो जायन्त इत्युच्यते—

अश्रुपातादयस्तद्वद् द्रुतत्वाच्चेतसो मताः ॥८॥

तर्हि कथं काव्यतः सर्वेषामीदृशी रसाभिव्यक्तिर्न जायत इत्यत आह—

न जायते तदास्वादो विना रत्यादिवासनाम्।

वासना चेदानीन्तनी प्राक्तनी च रसास्वादहेतुः। तत्र यद्याद्या न स्यात्तदा श्रोत्रियजरन्मीमांसकादीनामपि सा स्यात्। यदि द्वितीया न स्यात्तदा यद्रागिणामपि केषांचिद्रसोद्बोधो न दृश्यते तन्न स्यात्। उक्तं च धर्मदत्तेन—

परन्तु काव्य से सम्बन्ध (संश्रय) होने पर वे कारण अलौकिक विभाव कहलाते हैं। अतः उन सबसे सुख ही होता है, यह मानने में क्या क्षति है?

इसी बात को स्पष्ट करते हैं **ये खल्विति**—लोक में जो वनवास आदिक दुःख के कारण कहे जाते हैं, वे यदि काव्य और नाटक में निबद्ध किये जायँ तो फिर उनका कारण शब्द से व्यवहार नहीं होता, किन्तु "अलौकिक विभाव" शब्द से व्यवहार होता है। इसका कारण यह है कि काव्यादि में उपन्यस्त होने पर उन्हीं कारणों में "विभावन" नामक एक अलौकिक व्यापार उत्पन्न हो जाता है। 'विभावन' का वर्णन अभी आगे चलकर करेंगे।

जिस प्रकार लड़ाई झगड़ों में दन्ताघात, नखक्षत आदि दुःख के ही कारण प्रसिद्ध हैं, परन्तु सुरत में उनसे सुख ही होता है। इसी प्रकार वनवासादिक भी काव्य नाट्य में सुख के जनक होते हैं। इसलिये शोक के कारणों से शोक के उत्पन्न होने और हर्ष के कारणों से हर्ष के उत्पन्न होने का नियम लोक में ही किसी हद तक हो सकता है। काव्यसमर्पित अलौकिक विभावों में नहीं। वहाँ (काव्य में) तो चाहे लौकिक दुःख के कारण हों और चाहे सुख के, परन्तु उन सबसे सुख ही होता है, यह नियम मानने में कोई दोष नहीं है।

प्रश्न—**कथमिति**—यदि सबसे सुख ही होता है तो हरिश्चन्द्र आदि के करुणरसमय चरित को काव्य आदिक में देखने सुनने से आँसू गिरना आदि दुःख के कार्य क्यों दीख पड़ते हैं? इसका उत्तर देते हैं। **अश्रुपातेति**—उस समय चित्त के द्रुत हो जाने के कारण अश्रुपातादिक होते हैं। चित्त के द्रुत होने का कारण केवल दुःखोद्रेक ही नहीं है—क्योंकि आनन्द से भी अश्रुपात देखा जाता है। **तर्हीति**—अच्छा तो फिर काव्य से सबको इस प्रकार रस की अभिव्यक्ति (प्रकाश) क्यों नहीं होती? इसका समाधान करते हैं—**न जायते इत्यादि**—रति आदि की वासना (संस्कारविशेष) के विना रस का आस्वाद नहीं होता। और वह वासना इस जन्म की तथा पूर्व जन्म की दोनों मिलकर रसास्वाद कराती है।

दोनों वासनाओं के मानने की आवश्यकता बतलाते हैं। **तत्रेति**—उनमें यदि पहली (इस जन्म की) वासना न मानें तो रूक्षहृदय वेदपाठियों और खुर्राटे मीमांसकों को भी रसास्वाद होना चाहिये। और यदि द्वितीया की कारणता न हो तो आजकल जो कई रागियों को भी रसास्वाद नहीं देखा जाता वह नहीं होना चाहिये। **उक्तं चेति**—धर्मदत्त ने कहा भी है।

'तै' रिति कथनेनापि त्रयाणां प्रतीतौ सम्भवन्त्यां 'विभावाद्यै' रित्युपादानं मिलितानामेव तेषां कार्यकरत्वसूचनार्थम्।

'सवासनानां सभ्यानां रसस्यास्वादनं भवेत्।
निर्वासनास्तु रङ्गान्तः काष्ठकुड्याश्मसंनिभाः॥' इति।

ननु कथं रामादिरत्याद्युद्‌बोधकारणैः सामाजिकरत्याद्युद्‌बोध इत्युच्यते—

व्यापारोऽस्ति विभावादेर्नाम्ना साधारणी कृतिः॥९॥
तत्प्रभावेण, यस्यासन्पाथोधिप्लवनादयः।
प्रमाता तदभेदेन स्वात्मानं प्रतिपद्यते॥ १०॥

ननु कथं मनुष्यमात्रस्य समुद्रलङ्घनादावुत्साहोद्बोध इत्युच्यते—

उत्साहादिसमुद्‌बोधः साधारण्याभिमानतः।
नृणामपि समुद्रादिलङ्घनादौ न दुष्यति॥ ११॥

रत्यादयोऽपि साधारण्येनैव प्रतीयन्त इत्याह—

सवासनेति—वासना से युक्त सभ्यों को ही रसास्वाद होता है। वासनारहित पुरुष तो नाट्यशाला में लकड़, दीवार और पत्थरों के समान (जडवत्) ही पड़े रहते हैं।

नन्विति—प्रश्न—काव्यादि में सीता आदिक का चरित वर्णन तथा अभिनय किया जाता है और सीता आदि पात्र रामचन्द्रादि की रति (अनुराग) का कारण हो सकते हैं। उनसे सामाजिकों (द्रष्टा तथा श्रोता) की रति का उद्‌बोध कैसे होता है? उत्तर—**व्यापार इति**—जो सीता आदि आलम्बन विभाव और वनवास आदि उद्दीपन विभाव काव्यादि में निबद्ध होते हैं वे काव्यानुशीलन तथा नाटकदर्शन के समय श्रोता और द्रष्टाओं के साथ अपने को सम्बद्धरूप से ही प्रकाशित करते हैं। यही साधारणीकरण (साधारणीकृति) अर्थात् रामचन्द्रादि नायक तथा सामाजिकों के साथ समानरूप से सम्बन्ध रखना—इनको अपना साधारण आश्रय बनाना—ही विभावादिकों का 'विभावन' नामक व्यापार है। इसी के प्रभाव से उस समय प्रमाता (द्रष्टा श्रोता) अपने को समुद्र को कूद जानेवाले हनूमान् आदिकों से अभिन्न समझने लगता है। यद्यपि समुद्र लांघना मनुष्य से साध्य नहीं, तथापि हनुमदादि के साथ अभेद—प्रतिपत्ति के बल से सामाजिकों के हृदय में भी वैसा उत्साह होने लगता है।

इस कारिका में 'तत्प्रभावेण' का सम्बन्ध प्रमाता के साथ है। इसका अन्वय इस प्रकार है। **"यस्य हनुमतः पाथोधिप्लवनादय आसन् तदभेदेन प्रमाता स्वात्मानं प्रतिपद्यते"। केन हेतुना? "साधारणीकृतिरिति-नाम्ना प्रसिद्धो विभावादेर्व्यापारोऽस्ति, तत्प्रभावेण।"**

श्रीतर्कवागीशजी ने यहाँ 'यस्य' का अर्थ 'रामस्य' किया है। वह ठीक नहीं है, क्योंकि श्रीरामचन्द्रजी कूदकर समुद्र के पार नहीं गये थे। उन्होंने '**पाथोधिप्लवन**' नहीं किया था। सेतु के द्वारा 'गमन' किया था। 'प्लवन' का अर्थ कूदना है। इसके आगे ही '**कथं मनुष्यमात्रस्य समुद्रलंघनादावुत्साहोद्‌बोधः**' इस मूल ग्रन्थ में मनुष्य के द्वारा समुद्रलंघन की जो असम्भावना दिखाई है वह भी 'कूदने' में ही संगत होती है। सेतु के ऊपर होकर समुद्र पार करना तो मनुष्यों के लिये भी सुकर है।

नन्विति—अल्पशक्ति मनुष्यमात्र को समुद्रलंघन जैसे दुष्कर कार्य में कैसे उत्साह होता है, यह कहते हैं—**उत्साहेति**—हनुमदादि के साथ साधारण्याभिमान अर्थात् अभेदज्ञान के हो जाने पर मनुष्यों का भी समुद्रलंघनादि में उत्साहित होना दूषित नहीं है।

शृङ्गारादि रसों के स्थायी भाव रति आदिक भी काव्य नाट्यादि में सामान्यरूप से प्रतीत होते हैं।

'व्यक्तः' व्यक्तिविषयीकृतः—व्यक्तिश्च भग्नावरणा चितिशक्तिः। यथा हि शरावादिना पिहितो दीपस्तन्निवृत्तौ सत्यां सन्निहितान् पदार्थान् प्रकाशयति, स्वयं च प्रकाशते—एवमात्मचैतन्यं विभावादिसंवलितान् रत्यादीन् प्रकाशयत् स्वयमपि प्रकाशते।

अन्तःकरणधर्माणामपि साक्षिभास्यत्वाभ्युपगमेन, यथा स्वप्ने तुरगादीनां यथा वा जाग्रति रङ्गरजतादीनां साक्षिभास्यत्वं स्वीक्रियते, एवं विभावादीनामपि साक्षिभास्यत्वम् अविरुद्धमेव। उत्पन्नो रसो विनष्टो रस इति व्यपदेशस्तु व्यञ्जकविभावादिचर्वणायाः आवरणभङ्गस्य वा उत्पत्तिविनाशयो रसे उपचारात् निर्वाह्यः।

साधारण्येन रत्यादिरपि तद्वत्प्रतीयते।

रत्यादेरपि स्वात्मगतत्वेन प्रतीतौ सभ्यानां व्रीडातङ्कादिर्भवेत्। परगतत्वेन त्वरस्यतापातः। विभावादयोऽपि प्रथमतः साधारण्येन प्रतीयन्त इत्याह—

परस्य न परस्येति ममेति न ममेति च ॥ १२ ॥
तदास्वादे विभावादेः परिच्छेदो न विद्यते।

ननु तथापि कथमलौकिकत्वमेतेषां विभावादीनामित्युच्यते—

विभावनादिव्यापारमलौकिकमुपेयुषाम् ॥ १३ ॥
अलौकिकत्वमेतेषां भूषणं न तु दूषणम्।

आदिशब्दादनुभावनसंचारणे। तत्र विभावनं रत्यादेर्विशेषेणास्वादाङ्कुरणयोग्यतानयनम्। अनुभावनमेवम्भूतस्य रत्यादेः समनन्तरमेव रसादिरूपतया भावनम्। संचारणं तथाभूतस्यैव तस्य सम्यक्चारणम्।

"रामचन्द्र का सीता में अनुराग है" अथवा "मेरा इस नायिका में अनुराग है" इत्यादि विशेषरूप से प्रतीत नहीं होते। यह कहते हैं—**साधारण्येनेति—रत्यादेरिति**—यदि रङ्गस्थल में बैठे सभ्यों को अपने में विशेषरूप से रत्यादि का ज्ञान हो तो लज्जा, भय आदि उत्पन्न हो जायँ और यदि रामादि अन्यपुरुषगत रति आदि का विशेषरूप से ज्ञान होता हो तो जैसे लोक में दूसरों का रहस्यदर्शन अरसनीय होता है इसी प्रकार काव्य नाट्य के रस भी अरस्य हो जायँ। इसलिये रत्यादिक साधारणता से ही प्रतीत होते हैं।

विभावादय इति—विभावादिक भी पहले साधारणतया प्रतीत होते हैं। **परस्येति**—रसास्वाद के समय विभावादिकों का ये (विभावादि) मेरे हैं अथवा मेरे नहीं हैं—अन्य के हैं अथवा अन्य के नहीं हैं, इस विशेषरूप से परिच्छेद अर्थात् सम्बन्धविशेष का स्वीकार अथवा परिहार नहीं होता।

नन्विति—तथापि राम, सीता, चन्द्रोदय आदि लोकसिद्ध विभावादिकों की अलौकिकता कैसे होती है, यह कहते हैं—**विभावनेति**—'विभावन' आदि अलौकिक व्यापार को प्राप्त हो जाने पर विभावादिकों का अलौकिकत्व, भूषण ही है, दूषण नहीं। तात्पर्य यह है कि यद्यपि राम सीता तथा चन्द्रोदयादि आलम्बनोद्दीपन विभाव और कटाक्ष, भ्रूविक्षेपादि अनुभाव एवं व्रीडा आदि सञ्चारी लोकसिद्ध ही होते हैं, परन्तु काव्यादि में निबद्ध होने से उनमें 'विभावन' आदि अलौकिक व्यापार आ जाता है। इसी का नाम 'साधारणीकृति' भी है। इसी अलौकिक व्यापार से युक्त होने के कारण विभावादि अलौकिक कहाते हैं।

प्रश्न—यदि विभावादि अलौकिक हैं तो उनसे लौकिक रस की सिद्धि कैसे होगी? क्योंकि अलौकिक कारणों से कहीं भी लौकिक कार्य की उत्पत्ति नहीं होती। उत्तर—यह ठीक है कि अलौकिक कारण से लौकिक कार्य की उत्पत्ति नहीं होती, परन्तु अलौकिक कारण से अलौकिक कार्य की उत्पत्ति तो होती ही है। अतः इन लौकिक विभावादिकों से अलौकिक रस की उत्पत्ति होती है, अतएव इनका अलौकिकत्व भूषण ही है-दूषण नहीं। रस की अलौकिकता आगे सिद्ध करेंगे।

आदीति—इस कारिका में आदि पद से अनुभावन और सञ्चारण का ग्रहण है। उक्त व्यापारों का लक्षण करते हैं। **तत्रेति**—रत्यादिकों को आस्वादोत्पत्ति (रसोद्बोध) के योग्य बनाना 'विभावन' कहलाता है। और विभावन के द्वारा आस्वादोत्पत्ति के योग्य हुए उस रत्यादि को तुरन्त ही रसरूप में परिणत कर देनेवाले व्यापार का नाम 'अनुभावन' है। एवम्, इस प्रकार सुसम्पन्न रत्यादि को भले प्रकार सञ्चारित कर देने का नाम 'सञ्चारण' है। ये ही क्रम से तीनों विभाव, अनुभाव और सञ्चारीभावों के व्यापार हैं।

यथा च वर्णनित्यतावादिनां वैयाकरणानां नये व्यञ्जकताल्वादिव्यापारस्य निवृत्तौ सन्नपि नित्योऽकारादिर्न प्रकाशते-एवमत्रापि विभावादिचर्वणावधित्वादावरणभङ्गस्य निवृत्तायां तस्यां प्रकाशस्याऽऽवृतत्वाद्विद्यमानोऽपि स्थायी न प्रकाशते।

यथा वा सविकल्पसमाधौ वितर्कविचाराद्यालम्बनेन तदाकारा योगिनश्चित्तवृत्तिरुपजायते-तथा सहृदयस्य

विभावादीनां यथासंख्यं कारणकार्यसहकारित्वे कथं त्रयाणामेव रसोद्बोधे कारणत्वमित्युच्यते—

कार्यकारणसञ्चारिरूपा अपि हि लोकतः ॥ १४ ॥
रसोद्बोधे विभावाद्याः कारणान्येव ते मताः ।

ननु तर्हि कथं रसास्वादे तेषामेकः प्रतिभास इत्युच्यते—

प्रतीयमानः प्रथमं प्रत्येकं हेतुरुच्यते ॥ १५ ॥
ततः संमिलितः सर्वो विभावादिः सचेतसाम् ।
प्रपानकरसन्यायाच्चर्व्यमाणो रसो भवेत् ॥ १६ ॥

यथा खण्डमरिचादीनां सम्मेलनादपूर्व इव कश्चिदास्वादः प्रपानकरसे संजायते, विभावादिसम्मेलनादिहापि तथेत्यर्थः ।

ननु यदि विभावानुभावव्यभिचारिभिर्मिलितैरेव रसस्तत्कथं तेषामेकस्य द्वयोर्वा सद्भावेऽपि स स्यादित्युच्यते—

सद्भावश्चेद्विभावादेर्द्वयोरेकस्य वा भवेत् ।
झटित्यन्यसमाक्षेपे तदा दोषो न विद्यते ॥ १७ ॥

विभावादीनामिति—लोक में सीता आदि विभाव रामादि की रति के कारण होते हैं और भ्रूविक्षेपादि उस रति के कार्य होते हैं एवं हास्य, लज्जा आदि रति के सहकारी मात्र होते हैं, परन्तु रसोद्बोध में इन तीनों को करण कैसे मान लिया गया, यह कहते हैं। **कार्येति**—लोक में कार्य, कारण तथा सञ्चारीरूप होने पर भी रसोद्बोध में विभावादिक कारण ही माने जाते हैं, क्योंकि पूर्वोक्त अलौकिक विभावनादिक व्यापार के द्वारा सभी रस को उद्बोधित करते हैं। इस कारिका के **'कारणानि'** पद में बहुवचन विवक्षित नहीं है। कारणतामात्र बोधन करने में तात्पर्य है। विभावादिकों में पृथक् पृथक् कारणता नहीं है। सब मिलकर ही कारण होते हैं।

नन्विति—अच्छा तो फिर रसास्वाद में उन सब विभावादिकों का एक प्रतिभास अर्थात् एक रस के रूप में परिणाम कैसे होता है? भिन्न भिन्न कारणों से तो भिन्न भिन्न कार्य ही होने चाहिये—इसका समाधान करते हैं **प्रतीयमान इति**—पहले विभावादि पृथक् पृथक् प्रतीत होते हैं। उसी समय उन्हें हेतु कहा जाता है। इसके अनन्तर भावना के बल से और व्यञ्जना की महिमा से चर्व्यमाण (आस्वाद्यमान) सब सम्मिलित विभावादिक सहृदयों के हृदय में, प्रपानक रस की भांति, अखण्ड एक रस के रूप में परिणत हो जाते हैं। **यथेति**—जैसे जीरे के पानी में अथवा और किसी प्रपानक में खांड, मिर्च, जीरा, हींग, काला नमक, पोदीना, नीबू, इमली आदि के सम्मेलन से एक अपूर्व उन सबके पृथक् पृथक् स्वाद से विलक्षण आस्वाद पैदा होता है उसी प्रकार विभावादि के सम्मेलन से एक अपूर्व रसास्वाद पैदा होता है जो विभावादिकों के पृथक् पृथक् आस्वाद से विलक्षण होता है।

नन्विति—यदि विभाव, अनुभाव और सञ्चारी इन तीनों के मिलने पर ही रसास्वाद होता है तो जहाँ कहीं एक अथवा दो ही का वर्णन है वहाँ वह कैसे होगा? उत्तर—**सद्भाव इत्यादि**—विभावादिकों में से दो अथवा एक के उपनिबद्ध होने पर जहाँ प्रकरणादि के कारण शेष का झट से आक्षेप हो जाय वहाँ कुछ दोष

निजसहृदयतावशोन्मिषितेन विभावादिचर्वणामहिम्ना रत्यादिस्थाय्युपहितस्वस्वरूपाऽऽनन्दाकारा चित्तवृत्तिः सम्पद्यते—तन्मयीभवनञ्च रस इति। अत एवाऽयं ब्रह्मास्वादसहोदर इत्युच्यते।

आनन्दो ह्ययं न लौकिकसुखान्तरसाधारणः—अन्तःकरणवृत्त्यवच्छिन्नचैतन्यासरूपत्वात्। इत्थञ्च श्रीमदभिनवगुप्तपादाचार्य-राजानक-श्रीमम्मटभट्टप्रभृतीनां ग्रन्थस्वारस्यात्, भग्नावरणचितिशक्तिविशिष्टो रत्यादिः स्थायी भावो रस इत्यास्थितं भवति।

७—'रसो वै सः' 'रसँ ह्येवाऽयं लब्ध्वाऽऽनन्दीभवति' 'एष ह्येवाऽऽनन्दयाति' इत्यादीनां तैत्तिरीयेष्वाम्नात-

अन्यसमाक्षेपश्च प्रकरणादिवशात्। यथा—

'दीर्घाक्षं शरदिन्दुकान्ति वदनं बाहू नतावंसयोः
संक्षिप्तं निबिडोन्नतस्तनमुरः पार्श्वे प्रमृष्टे इव।
मध्यः पाणिमितो नितम्बि जघनं पादावुदग्राङ्गुली
छन्दो नर्तयितुर्यथैव मनसः सृष्टं तथास्या वपुः॥'

अत्र मालविकामभिलषतोऽग्निमित्रस्य मालविकारूपविभावमात्रवर्णनेनाऽपि संचारिणामौत्सुक्यादीनामनुभावानां च नयनविस्फारादीनामौचित्यादेवाक्षेपः। एवमन्याक्षेपेऽप्यूह्यम्।

अनुकार्यगतो रस इति वदतः प्रत्याह—

पारिमित्याल्लौकिकत्वात्सान्तरायतया तथा।
अनुकार्यस्य रत्यादेरुद्बोधो न रसो भवेत्॥१८॥

सीतादिदर्शनादिजो रामादिरत्याद्युद्बोधो हि परिमितो लौकिको नाट्यकाव्यदर्शनादेः सान्त-

---

नहीं। इसका उदाहरण देते हैं। यथेति—रंगस्थल में गणदास के द्वारा नचाने को लाई गई मालविका को देखकर राजा अग्निमित्र की उक्ति है। दीर्घाक्षमिति—शरच्चन्द्र के समान कान्तिवाला इसका मुख बड़े बड़े नेत्रों से सुशोभित है। दोनों बाहु कन्धों से कुछ झुके हुए हैं। संक्षिप्त वक्षःस्थल, निबिड (आपस में सटे हुए) उन्नत स्तनों से रमणीय है। दोनों पार्श्व चिकने तथा एक से हैं। नीची ऊँची पसलियाँ नहीं दीखतीं। अतएव विषम नहीं हैं, सुन्दर समान हैं। कमर, मुट्ठीभर की (पाणिमित) है। जघनस्थल विशाल नितम्ब से युक्त है और पैर उन्नताग्र अंगुलियों से सुभूषित हैं। इसको नचानेवाले (गणदास) के मन का जैसा अभिलाष है उसी प्रकार इसका शरीर रचा गया है। मानो ब्रह्माजी ने इसके नचानेवाले गणदास की इच्छा के अनुसार ही इसके शरीर की रचना की है। गम्योत्प्रेक्षा है।

श्रीरामचरणतर्कवागीश ने "**मनसो नर्तयितुश्चपलीकर्तुः कामस्य**" यह अर्थ लिखा है। मालूम होता है उन्होंने "मालविकाग्निमित्र" नाटक देखा नहीं था, अतएव यह भूल हुई। **अत्रेति**—इस पद्य में यद्यपि मालविका पर अनुरक्त राजा अग्निमित्र का किया हुआ केवल आलम्बन विभाव (मालविका) का ही वर्णन है, तथापि अनुरागी की उक्ति होने के कारण औत्सुक्य आदि सञ्चारी भाव तथा नयनविस्फार आदि अनुभावों का औचित्य से ही आक्षेप हो जाता है। **एवमिति**—जैसे यहाँ अनुभाव और सञ्चारी का आक्षेप हुआ है इसी प्रकार अन्य (विभावादि) के आक्षेप में भी सबसे मिलकर ही रस की सिद्धि जानना।

अनुकार्येति—जो लोग रस को अनुकरणीय (रामादि) निष्ठ मानते हैं उनका प्रतिवाद करते हैं। **पारिमित्यादिति**—परिमित, लौकिक और सान्तराय होने के कारण अनुकार्यनिष्ठ रत्यादि का उद्बोध रस नहीं हो सकता। **सीतादीति**—सीता आदि के दर्शन आदि से उत्पन्न रामादि की रति का उद्बोध परिमित होता है।

श्रुतीनां स्वारस्याद् आत्मैव रस इत्यवसीयते। तेन रत्याद्यवच्छिन्ना भग्नावरणा चिदेव रसः—इति आंशिकं भट्टनायकमतानुसारि पण्डितेन्द्रस्य मतम्।

उभयत्रापि चात्र विशिष्टात्मनोऽस्य विशेषणं विशेष्यं वा चिदंशमादाय नित्यत्वं स्वप्रकाशत्वं च सिद्धम्। रत्याद्यंशमादाय तु अनित्यत्वमितरभास्यत्वञ्चेति।

चर्वणा चास्य चिद्गतावरणभङ्ग एव। प्रागुक्ता तदाकारा अन्तःकरणवृत्तिर्वा। इयञ्च परब्रह्मास्वादात् समाधेर्विलक्षणा, विभावादिविषयसंवलितचिदानन्दालम्बनत्वात्; भाव्या च काव्यव्यापारमात्रात्। ननु च अस्याः सुखांशे किं मानमिति चेत्, समाधावपि सुखांशे किं मानमिति समानः पर्यनुयोगः, यदि तु तत्रास्ति शब्दः प्रमाणमित्युच्यते, तदात्रापि पूर्वोक्तश्रुतीनां प्रामाण्यं निर्बाधमेव। किं च सकलसहृदयप्रत्यक्षमप्यस्य भवतीत्यस्ति प्रमाणद्वयम् इति।

८—भट्टनायकास्तु पूर्वोक्तसूत्रस्यार्थमेवमाहुः—

रायश्च, तस्मात्कथं रसरूपतामियात्? रसस्यैतद्धर्मत्रितयविलक्षणधर्मकत्वात्। अनुकर्तृगतत्वं चास्य निरस्यति—

शिक्षाभ्यासादिमात्रेण राघवादेः सरूपताम्।
दर्शयन्नर्तको नैव रसस्यास्वादको भवेत् ॥१९॥

किं च।

काव्यार्थभावनेनायमपि सभ्यपदास्पदम्।

यदि पुनर्नटोऽपि काव्यार्थभावनया रामादिस्वरूपतामात्मनो दर्शयेत्तदा सोऽपि सभ्यमध्य एव गण्यते।

नायं ज्ञाप्यः स्वसत्तायां प्रतीत्यव्यभिचारतः ॥२०॥

यो हि ज्ञाप्यो घटादिः स सन्नपि कदाचिदज्ञातो भवति न ह्ययं तथा, प्रतीतिमन्तरेणाभावात्।

यस्मादेष विभावादिसमूहालम्बनात्मकः। तस्मान्न कार्यः

यदि रसः कार्यः स्यात्तदा विभावादिज्ञानकारणक एव स्यात्। ततश्च रसप्रतीतिकाले विभावादयो न प्रतीयेरन्। कारणज्ञानतत्कार्यज्ञानादीनां युगपददर्शनात्। नहि चन्दनस्पर्शज्ञानं तज्जन्यसुखज्ञानं

अर्थात् केवल रामादि में ही रहता है और रस अनेक द्रष्टा श्रोताओं में एक ही समय समानरूप से विद्यमान होने के कारण अपरिमित होता है। रामादिनिष्ठ रति लौकिक होती है और रस वक्ष्यमाण रीति के अनुसार अलौकिक होता है। एवं उक्त रति, काव्य तथा नाट्य दर्शनादि में प्रतिकूल होती है। क्योंकि अन्यदीय रहस्यदर्शन सभ्यों को अरस्य होता है और रस उनके अनुकूल होता है, अतः इन तीनों धर्मों से विलक्षण रस के रूप में रामादिनिष्ठ रति कैसे परिणत हो सकती है? **अनुकर्तृगतत्वमिति**—रस अनुकर्ता (नटादि) में रहता है, इस बात का भी निराकरण करते हैं—**शिक्षेति**—अभिनय की शिक्षा तथा अभ्यासादि के कारण रामादि के रूप का अभिनय करनेवाला नट, रस का आस्वादयिता नहीं हो सकता। **काव्यार्थेति**—यदि काव्यार्थ की भावना के द्वारा (केवल शिक्षाभ्यास से नहीं) नट भी अपने में रामादि की स्वरूपता दिखलाये तो वह भी रसास्वादक होने के कारण सभ्यों के मध्य में गिना जा सकता है।

रस की अलौकिकता और स्वप्रकाशता सिद्ध करने के लिये अन्य ज्ञेयों से उसकी विलक्षणता सिद्ध करते हैं। **नायमिति**—रस ज्ञाप्य नहीं, क्योंकि अपनी सत्ता में कभी प्रतीति से व्यभिचरित नहीं होता। जब होता है तब अवश्य ही प्रतीत होता है। **यो हीति**—जो घटादि ज्ञाप्य होते हैं अर्थात् पूर्वोक्त ज्ञापक हेतु=दीपादि से प्रकाश्य होते हैं वे कभी २ विद्यमान होने पर भी प्रतीत नहीं होते। जैसे ढका हुआ घड़ा अथवा गड़ी हुई कील। परन्तु रस ऐसा नहीं है, क्योंकि प्रतीति के विना रस की सत्ता ही नहीं होती।

यस्मादिति—विभावादि समूहालम्बनात्मक होने के कारण, रस कार्य भी नहीं। **यदीति**—यदि रस कार्य होता तो उसका कारण विभावादिज्ञान ही होता, क्योंकि विभावादिज्ञान के अनन्तर ही रसनिष्पत्ति होती है।

'विभावानुभावव्यभिचारिणां' 'सम्यक्' साधारणात्मतया 'योगात्' भावकत्वव्यापारेण भावनाद् 'रसस्य' सत्त्वोद्रेकप्रकाशितस्थाय्युपहितस्वात्मानन्दरूपस्य 'निष्पत्ति' र्भोगाख्येन साक्षात्कारेण विषयीकृतिः, इति।

एतन्मतस्यायं निष्कर्षः—यदि काव्यनाटकादौ "रामः सीताविषयकानुरागवान्" इत्यादिरूपेण तटस्थतया रसभानं स्यात्, तदा न स्वाद्यत्वमस्य सम्भवेत्, प्रत्युत लोके अन्यदीयरहस्यदर्शनमिव नितरां परिहरणीयत्वं स्यात्। अहं सीताविषयकानुरागवान्—इत्याकारेण तु प्रत्ययो दुर्घटः। यतो न खलु सीताद्याः सामाजिकान् प्रति आलम्बनविभावा भवन्ति। विना च विभावं निरालम्बनस्य रसस्याप्रतिपत्तिः। न च सामाजिकान् प्रत्यपि साधारणं कान्तात्वं विभावतावच्छेदकं तत्रास्तीति वाच्यम्, अप्रामाण्यनिश्चयानालिङ्गितस्य अगम्यात्वप्रकारकज्ञानविरहस्य विशेष्यतासम्बन्धावच्छिन्नप्रतियोगिताकस्य विभावतावच्छेदककोटौ अवश्यं निवेश्यत्वात्। अन्यथा स्वस्रादेरपि साधारणविभावतावच्छेदककान्तात्वावच्छिन्नतया विभावत्वापत्तेः। एतादृशज्ञानानुत्पादस्तु प्रतिबन्धकान्तरनिर्वचनमन्तरेण दुरुपपाद

चैकदा संभवति। रसस्य च विभावादिसमूहालम्बनात्मकतयैव प्रतीतेर्न विभावादिज्ञानकारणकत्व-मित्यभिप्रायः।

नो नित्यः पूर्वसंवेदनोज्झितः।
असंवेदनकाले हि न भावोऽप्यस्य विद्यते॥ २१॥

न खलु नित्यवस्तुनोऽसंवेदनकालेऽसंभवः।

नापि भविष्यन्साक्षादानन्दमयप्रकाशरूपत्वात्।
कार्यज्ञाप्यविलक्षणभावान्नो वर्तमानोऽपि॥ २२॥
विभावादिपरामर्शविषयत्वात्सचेतसाम्।
परानन्दमयत्वेन संवेद्यत्वादपि स्फुटम्॥ २३॥
न निर्विकल्पकं ज्ञानं तस्य ग्राहकमिष्यते।
तथाऽभिलापसंसर्गयोग्यत्वविरहान्न च॥ २४॥

एवञ्च रस की प्रतीति के समय विभावादिक प्रतीत न हुआ करते, क्योंकि कारण का ज्ञान और उसके कार्य का ज्ञान एक समय में कहीं नहीं देखा जाता। चन्दन के स्पर्श का ज्ञान और चन्दन स्पर्श से उत्पन्न सुख का ज्ञान एक काल में नहीं हो सकता, परन्तु रस के प्रतीतिकाल में विभावादि की प्रतीति होती है। विभावादि के समूहालम्बनात्मकज्ञानरूप से ही रस प्रतीत होता है, अतः विभावादिज्ञान रस का कारण नहीं, और इसके सिवा अन्य किसी की कारणता सम्भव नहीं, अतः रस किसी का कार्य नहीं हो सकता।

नो नित्य इति—रस को नित्य भी नहीं कह सकते, क्योंकि विभावादि ज्ञान के पूर्व उसका संवेदन (ज्ञान) होता ही नहीं। यदि कहो कि विभावादि का ज्ञान ही रस का ग्राहक है, अतः उसके पूर्व स्थित होने पर भी रस प्रतीत नहीं होता, यह भी ठीक नहीं, क्योंकि असंवेदन के समय रस की सत्ता ही नहीं होती।

न खल्विति—यह नहीं है कि नित्य वस्तु (आत्मा आकाश आदि) अपने ज्ञान के ही समय रहते हों और अन्य समय में नष्ट हो जाते हों, परन्तु रस ऐसा ही है। वह ज्ञानकाल में ही रहता है, अन्य काल में नहीं, अतः नित्य भी नहीं हो सकता।

नापीति—रस भविष्यत् अर्थात् भविष्यत्काल में होनेवाला भी नहीं कहा जा सकता, क्योंकि वह आनन्दघन और प्रकाशरूप साक्षात्कार (अनुभव) का विषय होता है। यदि भविष्यत् होता तो अनुभव में कैसे आता? कल होनेवाली वस्तु आज नहीं दीखा करती।

कार्यज्ञाप्येति—संसार की सभी वस्तुएँ या तो कार्य होती हैं, या ज्ञाप्य। परन्तु उक्त रीति के अनुसार रस न कार्य है, न ज्ञाप्य, अतः उसे वर्तमान भी नहीं कह सकते।

विभावादीति—रस को निर्विकल्पकज्ञान का विषय भी नहीं कह सकते। निर्विकल्पकज्ञान में सम्बन्ध का भान नहीं होता और रस में विभावादि का परामर्श अर्थात् विशिष्टवैशिष्ट्य सम्बन्ध प्रतिभासित होता है। दूसरे निर्विकल्पकज्ञान निष्प्रकारक होता है। उसमें किसी धर्म का प्रकारतारूप से भान नहीं होता, परन्तु रस परमानन्दमय है, अतः उसमें आनन्दमयत्व, प्रकारता से भासित होता है, इसलिये निर्विकल्पकज्ञान रस का ग्राहक नहीं।

एव। स्वस्मिन् रामाद्यभेदबुद्धिरेव तथा स्यादित्यपि नोपपद्यते। नायके धराधौरेयत्ववीरत्वादेः आत्मनि च आधुनिकत्व-कापुरुषत्वादेः स्फुटमुपलम्भादभेदबोध एव तावद् दुर्लभः।

किंच केयं प्रतीतिः? प्रमाणान्तरेण अनुपस्थापनात् शाब्दीति चेत्, श्रूयताम्—यथा काव्यादन्यैर्व्याव-हारिकशब्दैर्जायमाना नायकवृत्तान्तसंविदः अह्वद्या भवन्ति, एवमियमपि स्यात्। मानसीयं प्रतीतिरित्यपि च न शक्यं वक्तुम्। चिन्तोपनीतानां तेषामेव पदार्थानां मानसप्रतीतेः अस्यां वैलक्षण्यस्य स्फुटमुपलब्धेः। नापि चेयं स्मृतिः सम्भवति, तथा प्रागननुभवात्। तस्मादिदं प्रतिपत्तव्यम्, यद्—अभिधया निवेदिताः पदार्थाः भावकत्व-

सविकल्पकसंवेद्यः

सविकल्पकज्ञानसंवेद्यानां हि वचनप्रयोगयोग्यता। न तु रसस्य तथा।

साक्षात्कारतया न च।

परोक्षस्तत्प्रकाशो नापरोक्षः शब्दसंभवात्॥ २५॥

तत्कथय कीदृगस्य तत्त्वमश्रुतादृष्टपूर्वनिरूपणप्रकारस्येत्याह—

तस्मादलौकिकः सत्यं वेद्यः सहृदयैरयम्।

तत्किं पुनः प्रमाणं तस्य सद्भाव इत्याह—

प्रमाणं चर्वणैवात्र स्वाभिन्ने विदुषां मतम्॥ २६॥

तथेति—इसी प्रकार रस को सविकल्पकज्ञान से संवेद्य भी नहीं मान सकते, क्योंकि सविकल्पकज्ञान के विषयभूत सभी घट पटादि, शब्द के द्वारा प्रकाशित किये जा सकते हैं, परन्तु रस में 'अभिलाप–संसर्ग' (वचन-प्रयोग) की योग्यता नहीं, अर्थात् रस को शब्द से नहीं कह सकते। वह अनिर्वचनीय है।

साक्षात्कारेति—रस का प्रकाश अर्थात् ज्ञान परोक्ष नहीं, क्योंकि उसका साक्षात्कार होता है और अपरोक्ष भी नहीं, क्योंकि काव्यादि के शब्दों से वह उत्पन्न होता है। यद्यपि बहुत से वेदान्ती लोग शब्द से भी अपरोक्षज्ञान की उत्पत्ति मानते हैं, परन्तु यह सिद्धांत सर्वसम्मत नहीं है। यदि शब्द से ही अपरोक्ष-ज्ञान हो जाय तो श्रुतिद्वारा आत्मस्वरूपबोधन के अनन्तर निदिध्यासन आदि की कोई आवश्यकता ही न रहे। यही बात सर्वतन्त्रस्वतन्त्र श्रीवाचस्पतिमिश्र ने लिखी है।

तत्कथयेति—अच्छा तो फिर तुम्हीं बतलाओ कि नित्य, अनित्य, ज्ञाप्य आदि संसार की देखी सुनी सब वस्तुओं से विलक्षण इस रस का तत्त्व (स्वरूप) क्या है? जिसका निरूपणप्रकार अदृष्ट और अश्रुत है उसका तत्त्व तो कहो।

तस्मादिति—सच पूछो तो, रस का स्वरूप अलौकिक, अनिर्वचनीय है। केवल सहृदय पुरुष इसका अनुभव कर सकते हैं।

तत्किमिति—यदि रस इस प्रकार अलौकिक है और उसका ज्ञान भी सबको नहीं होता तो उसकी सत्ता में ही क्या प्रमाण है? **प्रमाणमिति**—'स्व' अर्थात् चर्वणा से अभिन्न (आस्वादस्वरूप) उस रस की सत्ता में

नामकेन व्यापारेण अगम्यात्वादिरसविरोधिज्ञानप्रतिबन्धद्वारा कान्तात्वादिरसानुकूलधर्मपुरस्कारेण अवस्थाप्यन्ते। एवं साधारणीकृतेषु रामसीतादेशकालवयोऽवस्थादिषु पङ्गौ पूर्वव्यापारमहिमनि तृतीयस्य भोगकृत्त्वव्यापारस्य महिम्ना निगीर्णयोः रजस्तमसोः उद्रिक्तसत्त्वजनितेन निजचित्स्वभावनिर्वृतिविश्रान्तिलक्षणेन साक्षात्कारेण विषयीकृतो भावनोपनीतो साधारणात्मा रत्यादिः स्थायी रसः। सोऽयं भोगो विभावादिविषयसंवलनाद ब्रह्मास्वादसविधवर्तीत्युच्यते।

एवं च त्रयोंऽशाः काव्यस्य "अभिधा भावना चैव तद्भोगीकृतिरेव च" इति। मतेऽस्मिन् भावकत्वव्यापार एवातिरिक्तः स्वीक्रियते। भोगस्तु व्यक्तिरेव। भोगकृत्त्वं च व्यञ्जनान्न विशिष्टम्। अन्यत्सर्वं तु मम्मटादिवदेव इति।

६—नव्यास्तु 'विभावानुभावव्यभिचारिणां' 'संयोगाद्' भावनाविशेषरूपाद्दोषाद् 'रसस्य' अनिर्वचनीयदुष्यन्तरत्याद्यात्मनो 'निष्पत्ति' रुत्पत्तिरिति सूत्रार्थं पश्यन्ति। एते हि अनिर्वचनीयख्यातिं स्वीकुर्वते। एतन्मतस्यायं सारः—यथा अज्ञानावच्छिन्ने शुक्तिकाशकले समुत्पद्यमानोऽनिवर्चनीयो रजतखण्डः साक्षिभास्यो भवति, एवं काव्ये कविना, नाट्ये च नटेन प्रकाशितेषु विभावादिषु व्यञ्जनाव्यापारेण दुष्यन्तादौ शकुन्तलादिरतौ गृहीतायां तदनु सहृदयतोल्लासितस्य भावनाविशेषरूपस्य दोषस्य महिम्ना कल्पितदुष्यन्तत्वावच्छादिते स्वात्मनि समुत्पद्यमानोऽनिर्वचनीयः साक्षिभास्यशकुन्तलादिविषयकरत्यादिरेव रसः। अयं च कार्यो दोषविशेषस्य। नाशश्च तन्नाशस्य। स्वोत्तरभाविना लोकोत्तराह्लादेन भेदाग्रहात् सुखपदव्यपदेश्यो भवति। स्वपूर्वोपस्थितेन च रत्यादिना

चर्वणा आस्वादनम् । तच्च 'स्वादः काव्यार्थसम्भेदादात्मानन्दसमुद्भवः' इत्युक्तप्रकारम् ।

ननु यदि रसो न कार्यस्तत्कथं महर्षिणा 'विभावानुभावव्यभिचारिसंयोगाद्रसनिष्पत्तिः' इति लक्षणं कृतमित्युच्यते—

निष्पत्त्या चर्वणस्यास्य निष्पत्तिरुपचारतः ।

यद्यपि रसाभिन्नतया चर्वणस्यापि न कार्यत्वं, तथापि तस्य कादाचित्कतया उपचरितेन कार्यत्वेन, कार्यत्वमुपचर्यते ।

अवाच्यत्वादिकं तस्य वक्ष्ये व्यञ्जनरूपणे ॥ २७ ॥

तस्य रसस्य । आदिशब्दादलक्ष्यत्वादि ।

ननु यदि मिलिता रत्यादयो रसस्तत्कथमस्य स्वप्रकाशत्वं कथं वाऽखण्डत्वमित्याह—

रत्यादिज्ञानतादात्म्यादेव यस्माद्रसो भवेत् ।
ततोऽस्य स्वप्रकाशत्वमखण्डत्वं च सिध्यति ॥

यदि रत्यादिकं प्रकाशशरीरादतिरिक्तं स्यात्तदैवास्य स्वप्रकाशत्वं न सिध्येत् । न च तथा । तादात्म्याङ्गीकारात् । यदुक्तम्—'यद्यपि रसानन्यतया चर्वणापि न कार्या, तथापि कादाचित्कतया

सहृदय विद्वानों की चर्वणा ही प्रमाण है । **चर्वणेति**—चर्वणा का अर्थ आस्वादानुभव है । और उसका स्वरूप **'स्वादः काव्यार्थेत्यादि'** पूर्वोक्त लक्षणानुसार जानना ।

ननु यदीति—यदि रस कार्य नहीं है तो भरतमुनि ने यह कैसे लिखा है कि विभाव, अनुभाव और संचारी के संयोग से रस की उत्पत्ति होती है ? उत्पत्ति तो कार्य की ही होती है ? **निष्पत्त्येति**—चर्वणा नामक व्यापार की उत्पत्ति होती है, उसी का उपचार से रस में भी प्रयोग कर देते हैं, अतः रस के विषय में 'उत्पत्ति' शब्द गौण है । वस्तुतः रस की उत्पत्ति नहीं होती । **यद्यपि रसेति**—वस्तुतः देखा जाय तो रस से अभिन्न होने के कारण चर्वणा भी कार्य नहीं है, परन्तु वह कभी कभी होती है, सदा नहीं रहती, और कार्य भी अनित्य होने के कारण सदा नहीं रहते । बस, इसी एक साधारणधर्म के सम्बन्ध से चर्वणा में भी उपचार से 'कार्य' शब्द का लाक्षणिक प्रयोग होता है और इसी उपचरित कार्यत्व के द्वारा रस में भी कार्यत्व उपचरित होता है । चर्वणा से अभिन्न होने के कारण, चर्वणा में उपचरित कार्यत्व का, रस में भी, उपचार से प्रयोग होता है । कादाचित्कत्व-रूपैकधर्मसम्बन्धात् **चर्वणे** उपचरितेन **'कार्यत्वेन', रसे कार्यत्वं'** कार्यपदव्यपदेश्यत्वमुपचर्यते गौणवृत्त्याऽऽश्रीयते इत्यर्थः ।

अवाच्यत्वादिकमिति—रस का अवाच्यत्व व्यञ्जना के प्रकरण में कहेंगे । यहाँ 'आदि पद से अलक्ष्यत्व का ग्रहण है । रस न तो अभिधाशक्ति के द्वारा वाच्य होता है और न लक्षणा से लक्ष्य होता केवल व्यञ्जना से व्यङ्ग्य होता है ।

नन्विति—यदि रत्यादिक मिलकर रस होते हैं तो रस का स्वप्रकाशत्व और अखण्डत्व कैसे सिद्ध होगा ? क्योंकि स्वप्रकाशता तो ज्ञान में ही होती है । रत्यादिकों में वह असम्भव है । एवं रति तथा अन्यों के सम्मिश्रित रहने से रस में सखण्डता भी स्पष्ट है । इसका समाधान करते हैं—**रत्यादिति**—रस की निष्पत्ति, रत्यादि के ज्ञान के स्वरूप से ही सम्पन्न होती है । रस रत्यादिज्ञानस्वरूप ही है और ज्ञान की स्वप्रकाशता तथा अखण्डता सिद्ध ही है । अतएव रस भी स्वप्रकाश और अखण्ड सिद्ध होता है । **यदीति**—यदि रत्यादिक प्रकाश शरीर अर्थात् ज्ञान के स्वरूप से अतिरिक्त माने जायँ तभी रस की स्वप्रकाशता और अखण्डता सिद्ध न हो सके । परन्तु ऐसा नहीं है, क्योंकि रस के सम्पादक रत्यादिकों का ज्ञान के साथ तादात्म्य (अभेद) माना है । इसमें प्रमाण देते

भेदाग्रहात् तद्भिन्नत्वेन एकत्वाध्यवसानाद्वा व्यंग्यो वर्णनीयश्चोच्यते । अवच्छादकं दुष्यन्तत्वमप्यनिर्वचनीयमेव । अवच्छादकत्वं च रत्यादिविशिष्टबोधे विशेष्यतावच्छेदकत्वम् ।

एतेन ताटस्थ्येन रसप्रतीतौ अनास्वाद्यत्वम् । अनात्मसम्बन्धिभिः शकुन्तलादिभिरात्मगतत्वेन तु प्रत्ययो दुर्घटः । स्वस्मिन् दुष्यन्ताद्यभेदबुद्धिस्तु बाधबुद्धिपराहतेत्यादिकं पूर्वोक्तं दूषणमप्यपास्तं भवति ।

कार्यत्वमुपकल्प्य तदेकात्मन्यनादिवासनापरिणतिरूपे रत्यादिभावेऽपि व्यवहार इति भावः' इति। सुखादितादात्म्याङ्गीकारे चास्माकीं सिद्धान्तशय्यामधिशय्य दिव्यं वर्षसहस्रं प्रमोदनिद्रामुपेया इति च। 'अभिन्नोऽपि स प्रमात्रा वासनोपनीतरत्यादितादात्म्येन गोचरीकृतः' इति च। ज्ञानस्य

हैं। यदुक्तमिति—"यद्यपि रस से अभिन्न होने के कारण चर्वणा भी कार्य नहीं है, तथापि वह कादाचित्क है, (कभी कभी होती है) अतः लक्षणा से उसमें कार्यपद का प्रयोग होता है और उस चर्वणा से अभिन्न (एकात्मा) तथा अनादि वासना के परिणामस्वरूप रत्यादि भाव में भी कार्यपद का लक्षणा से व्यवहार होता है। चर्वणा अर्थात् आस्वाद से रत्यादि की अभिन्नता उक्त प्रमाण से स्पष्ट सिद्ध है। इसी से यह भी सिद्ध है कि चर्वणा में कार्यत्व का उपचार होता है और चर्वणा से अभिन्न होने के कारण रस में भी कार्यत्व उपचरित होता है।

इस प्रकार रत्यादिभाव चर्वणा से अभिन्न और चर्वणा रस से अभिन्न सिद्ध हुई। अब रस की सुखस्वरूपता और चमत्कारप्राणता में प्रमाण देते हैं—सुखादीति—सुख और आदिपद से चमत्कार के साथ अभेद मानने में हमारी (आलङ्कारिकों की) सिद्धान्तरूप शय्या का आश्रय लेके देवताओं के हजार वर्षपर्यन्त सुख-नींद से सोइये।

तात्पर्य यह है कि आलङ्कारिकों के सिद्धान्तानुसार रस अलौकिक है, यह बात अभी सिद्ध की जा चुकी है। अतएव उसमें ज्ञानस्वरूपता, आनन्दमयता और चमत्कारप्राणता आदि सब धर्मों का समावेश हो सकता है। इस मत में हजारों वर्ष तक भी कोई दोष नहीं दे सकता, अतः निश्चिन्त रहिये।

अभिन्नोऽपीति—यद्यपि रस आत्मा के स्वरूप से अभिन्न है, चिन्मय है, तथाऽपि अनादि वासना के द्वारा उपनीत अर्थात् ज्ञान में प्रतिभासित जो रत्यादिक उनके साथ अभिन्नरूप (तादात्म्य) से गृहीत होता है। इस प्रकार रस की ज्ञानस्वरूपता और उसके साथ रत्यादि का अभेद सिद्ध हुआ। ज्ञान स्वयंप्रकाश है, अतः रस भी स्वयंप्रकाश है। परन्तु नैयायिक लोग ज्ञान को स्वयं प्रकाश नहीं मानते। वे अनुव्यवसाय

यच्चापि विभावादीनां सामाजिकान् प्रति साधारणीकरणं प्राचीनैरुक्तम् तदपि काव्येन शकुन्तलात्वादि-प्रकारकबोधजनकैः शकुन्तलादिशब्दैः प्रतिपाद्यमानेषु नायिकादिरूपेषु पदार्थेषु दोषविशेषकल्पनं विना दुरुपपादम्—एवञ्च अवश्यकल्पनीये दोषविशेषे तेनैव स्वात्मनि दुष्यन्ताद्यभेदबुद्धिरपि सूपपादैव इति।

स्यादेतत्, रतेर्हि सुखजनकतया दुष्यन्तादाविव सहृदयेऽपि आस्तां नाम सुखकरत्वम्। करुणरसादिषु तु स्थायिनः शोकादेर्दुःखजनकतया प्रसिद्धस्य कथमिव सहृदयाह्लादकत्वम्? प्रत्युत नायक इव सहृदयेऽपि दुःखजननस्यैव औचित्यात्। न च सत्यस्यैव शोकादेर्दुःखजनकत्वं प्रतिनियतम्, न पुनः कल्पितस्यापीति नायकादीनामेव दुःखम्, न तु सहृदयस्येति शक्यं वक्तुम्, रज्जुसर्पादीनामपि भयकम्पाद्यनुत्पादकत्वप्रसङ्गात्। सहृदये रतेरपि कल्पितत्वेन सुखजनकतानुपपत्तेश्चेति चेद्, अवधीयताम्—शृङ्गारप्रधानकाव्येभ्य इव यदि केवलाह्लाद एव अत्रापि सहृदयहृदयप्रमाणकस्तदा कार्यानुरोधेन कारणस्य कल्पनीयत्वात् लोकोत्तरकाव्यव्यापारस्यैव आह्लादजनकत्वमिव दुःखप्रतिबन्धकत्वमपि कल्पनीयम्। अथ यदि आह्लाद इव दुःखमपि प्रमाणसिद्धं तदा प्रतिबन्धकत्वं न कल्पनीयम्। स्वस्वकारणवशाच्चोभयमपि भविष्यति। अथ तादृशे काव्ये कवीनां कर्तुम्, सहृदयानाञ्च श्रोतुं कथं प्रवृत्तिः? अनिष्टसाधनत्वेन निवृत्तेरुचितत्वाद् इति चेन्न, इष्टस्याधिक्याद् अनिष्टस्य च न्यूनत्वात्प्रवृत्तेरुपपत्तेः। केवलाह्लादवादिनान्तु प्रवृत्तिरप्रत्यूहैव। अश्रुपातादयश्च तत्तदानन्दानुभवस्वाभाव्यात्। न तु दुःखात्। अतएव भगवद्भक्तानां भगवद्वर्णनाकर्णनादश्रुपातादय उपपद्यन्ते। न हि तत्र जातुचिद् दुःखानुभवोऽस्ति।

न च करुणरसादौ स्वात्मनि शोकादिमद्दशरथादितादात्म्यारोपेऽपि यद्याह्लादस्तर्हि स्वप्नादौ सन्निपातादावपि च स स्यात्। आनुभविकं च तत्र केवलं दुःखमिति इहापि तदेव युक्तमिति वाच्यम्—अयं हि लोकोत्तरस्य काव्यव्यापारस्यैव महिमा यत्प्रयोज्या अरमणीया अपि पदार्थाः शोकादयः आह्लादमलौकिकं जनयन्ति। विलक्षणो हि कमनीयः काव्यव्यापारज आस्वादः प्रमाणान्तरजादनुभवात्। जन्यत्वञ्च स्वजन्यभावनाजन्यरत्यादिविषयकत्वम्। तेन रसास्वादस्य काव्यव्यापाराऽजन्यत्वेऽपि न क्षतिः। शकुन्तलादावगम्यात्वज्ञानोत्पादस्तु स्वात्मनि दुष्यन्ताभेदबुद्ध्या प्रतिबध्यते इति।

स्वप्रकाशत्वमनङ्गीकुर्वतामुपरि वेदान्तिभिरेव पातनीयो दण्डः। तादात्म्यादेवास्याखण्डत्वम्। रत्यादयो हि प्रथममेकैकशः प्रतीयमानाः सर्वेऽप्येकीभूताः स्फुरन्त एव रसतामापद्यन्ते। तदुक्तम्—

से ज्ञान का ज्ञान मानते हैं। उनके ऊपर आक्षेप करते हैं—ज्ञानस्येति—जो लोग ज्ञान की स्वप्रकाशता स्वीकार नहीं करते उनके ऊपर तो वेदान्ती लोग ही डंडा फटकार देंगे। यदि ज्ञान का ज्ञान अनुव्यवसाय से मानोगे तो अनुव्यवसाय के ज्ञान के लिए एक तीसरा ज्ञान चाहिये। एवं तीसरे के ज्ञान को चौथा और चौथे के ज्ञान को पाँचवाँ ज्ञान चाहिये। इस प्रकार अनन्त परम्परा के कारण अनुव्यवसाय मानने में अनवस्था दोष आयगा, अतः प्रथम ज्ञान को ही स्वतःप्रकाश मानना चाहिये, इत्यादिक विस्तृत विचार इस विषय पर वेदान्त ग्रन्थों में उपन्यस्त हैं।

तादात्म्यादेवेति ज्ञान के साथ तादात्म्य होने के कारण ही रस अखण्ड है।

रत्यादय इति—पहले एक २ करके रत्यादिक प्रतीत होते हैं और फिर सब भावना के बल से सहृदयों के हृदय में देखते २ एकाकार होकर रसरूप में परिणत हो जाते हैं। यही कहा भी है—विभावा इति—विभाव,

---

१०—भट्टलोल्लटप्रभृतयस्तु विभावादीनां सम्बन्धाद् रसस्य निष्पत्तिरारोप इति पूर्वोक्तसूत्रस्यार्थमाहुः। इदमेषामाकूतम्—यद् व्यंजनाव्यापारस्य अनिर्वचनीयत्वख्यातेश्चानभ्युपगमेऽपि प्रागुक्तदोषमहिम्ना स्वात्मनि दुष्यन्तादितादात्म्यावगाही शकुन्तलादिविषयकरत्यादिमदभेदबोधो मानसः काव्यार्थभावनाजन्मा विलक्षणविषयताशाली रसः। स्वाप्नादिस्तु बोधो न काव्यार्थभावनाजन्मा इति न रसः। तेन तत्र न तादृशाह्लादापत्तिः।

नचैवमपि स्वस्मिन् अविद्यमानस्य रत्यादेरनुभवः कथं नाम स्याद् इति वाच्यम्। नह्ययं लौकिकसाक्षात्कारो रत्यादेः, येनावश्यं विषयसद्भावोऽपेक्षणीयः स्यात्। अपि तु भ्रमः। आस्वादनस्य रसविषयकत्वव्यवहारस्तु रत्यादिविषयकत्वालम्बनः। एतैश्च स्वात्मनि दुष्यन्तत्वधर्मितावच्छेदकशकुन्तलादिविषयकरतिवैशिष्ट्यावगाही, स्वात्मत्वविशिष्टे शकुन्तलादिविषयकरतिविशिष्टदुष्यन्ततादात्म्यावगाही, स्वात्मत्वविशिष्टे दुष्यन्तशकुन्तलादिविषयकरत्योर्वैशिष्ट्यावगाही वा त्रिविधोऽपि बोधो रसपदार्थतयाऽभ्युपेयः। तत्र विशेषणीभूताया रतेः शब्दादप्रतीतत्वाद् व्यंजनायाश्च अस्वीकाराद् आदौ चेष्टादिलिङ्गकमनुमानम् विशेषणज्ञानार्थमभ्युपगन्तव्यम्।

११—दुष्यन्तादिगत एव रसो रत्यादिः कमनीयविभावाद्यभिनयप्रदर्शनकोविदे नटे समारोप्य साक्षात्क्रियते—इति केचित्।

१२—श्रीशंकुकप्रभृतयस्तु—मतेऽस्मिन् साक्षात्कारो—दुष्यन्तोऽयं शकुन्तलादिविषयकरतिमानित्यादिः प्राग्वद् धर्म्यंशे लौकिकः। आरोप्यांशे त्वलौकिकः। दुष्यन्तादिगतो रत्यादिर्नटे पक्षे दुष्यन्तत्वेन गृहीते कृत्रिमैरप्यकृत्रिमतया गृहीतैर्विभावादिभिर्भिन्नेऽपि विषये अनुमितिसामग्र्या बलवत्त्वादनुमीयमानो रस इत्याहुः।

एतेषां मते 'विभावादिभिः' कृत्रिमैरप्यकृत्रिमतया गृहीतैः 'संयोगाद्' अनुमानाद् 'रसस्य' रत्यादे 'निष्पत्तिः' अनुमानम् इति सूत्रार्थो भवति। अत्र च 'नटे' पक्षे इति वाक्यशेषो भवति।

अत्र मतेषु प्रत्यक्षमेव ज्ञानं चमत्कारकं भवति, नानुमानम्। किं च सत्यनुमाने 'रसं साक्षात्करोमी'त्यनुव्यवसायानुपपत्तिरिति। नटे बाधज्ञानेऽपि उक्तानुमितिविरहेऽपि च आस्वादोदयो दृश्यते इत्यादिकमरुचिबीजं क्वचित्। क्वचित्तु, न खलु रतिरेव रसः, नापि रामादौ रसः, रामादौ रतिः, सामाजिकेषु रस इति स्थितेः। तस्मात् मुख्यया वृत्त्या रामादौ रसस्वीकृतिरेवारुचिबीजम्। क्वचिच्च व्यापारान्तरकल्पनमेव गौरवम्। क्वचिच्चान्यदप्येवंजातीयकमरुचिनिमित्तम्। तस्मात् काव्यप्रकाशकारिकया प्रकाशितम् अलंकारशास्त्रहृदयज्ञस्य अभिनवगुप्तपादाचार्यस्य मतमेव सकलालंकारिकमौलिमालालालितम्।

एवमत्र रसविषये द्वादश विकल्पाः प्रदर्शिताः। विकल्पान्तराणि तु प्राय एतेषामेव रूपान्तराणि, विवादबहुलानि, न च हृदयङ्गमानि इत्यतिविस्तृतिभयादुपेक्ष्यन्ते।

यद्यप्यत्र प्रपञ्चे नानाजातीयाभिः शेमुषीभिरनेकधाऽध्यवसितो रसः, तथापि तस्य परमाह्लादजनकतायां न कस्यापि विसंवादः। अवान्तरप्रकारे च नास्ति सर्वथा संवादोऽपि। इदमेव पुष्कलं प्रमाणं रसस्य सत्त्वे, आनन्दस्वरूपत्वे, अनिर्वचनीयत्वे च। एतेनैव चास्य आत्मस्वरूपता साधु साधिता भवति। आत्मनश्च वाङ्मनसाति-

'विभावा अनुभावाश्च सात्त्विका व्यभिचारिणः। प्रतीयमानाः प्रथमं खण्डशो, यान्त्यखण्डताम् ॥' इति।

'परमार्थतस्त्वखण्ड एवायं वेदान्तप्रसिद्धब्रह्मतत्त्ववद्वेदितव्यः' इति च।

अथ के ते विभावानुभावव्यभिचारिण इत्यपेक्षायां विभावमाह—

रत्याद्युद्बोधका लोके विभावाः काव्यनाट्ययोः।

ये हि लोके रामादिगतरतिहासादीनामुद्बोधकारणानि सीतादयस्त एव काव्ये नाट्ये च निवेशिताः सन्तः 'विभाव्यन्ते आस्वादाङ्कुरप्रादुर्भावयोग्याः क्रियन्ते सामाजिकरत्यादिभावा एभिः' इति विभावा उच्यन्ते।

तदुक्तं भर्तृहरिणा—

'शब्दोपहितरूपांस्तान्बुद्धेर्विषयतां गतान्। प्रत्यक्षानिव कंसादीन्साधनत्वेन मन्यते ॥'

अनुभाव, सात्त्विक तथा संचारीभाव पहले खण्डशः प्रतीयमान होते हैं और फिर अखण्ड रसरूप को प्राप्त होते हैं। और भी कहा है—**परमार्थेति**—वास्तव में रस, वेदान्तप्रसिद्ध ब्रह्म की तरह, अखण्ड ही है।

इति रसनिरूपणम्।

अथेति—रस के निरूपण में विभावादिकों की चर्चा बार बार आई है, अतः उनके लक्षण की जिज्ञासा दिखाके पहले विभाव का स्वरूप कहते हैं। **रत्यादीति**—लोक में जो रत्यादि के उद्बोधक हैं वे ही काव्य और नाटकादिकों में विभाव कहलाते हैं। **ये हीति**—लोक में सीता आदिक जो रामचन्द्रादि की रति आदि के उद्बोधक प्रसिद्ध हैं, वे ही यदि काव्य और नाट्य में निवेशित किये जायँ तो 'विभाव' कहलाते हैं, क्योंकि वे सहृदय द्रष्टा तथा श्रोताओं के रत्यादिभावों को विभावित करते हैं अर्थात् उन्हें रसास्वाद की उत्पत्ति के योग्य बनाते हैं। सीता आदि के दर्शन या श्रवण से ही, सहृदयों के हृदय में वासनारूप से स्थित रत्यादिभाव रसरूप में परिणत होते हैं। यही 'विभाव' शब्द का अक्षरार्थ है।

तदुक्तमिति—भर्तृहरि ने यही कहा है **शब्देति**—काव्यानुशीलन के समय शब्दों से उपस्थापित और ज्ञान में प्रतिभासित कंसादिकों को सहृदय पुरुष प्रत्यक्षवत् वीरादि रसों का साधन समझने लगता है। तात्पर्य यह है कि यद्यपि काव्य में कंसादिक विभाव शब्द से ही बोधित होते हैं, साक्षात् उपस्थित नहीं होते, परन्तु पूर्वोक्त विभावन व्यापार के बल से सहृदयों को वे सामने खड़े से दिखाई देते हैं। श्रीतर्कवागीशजी ने यहाँ 'बुद्धि' शब्द को

गोचरत्वम् अनिर्वचनीयत्वम् आनन्दघनत्वञ्च "न तत्र मनो गच्छति न वाग् गच्छति" "एष एव ह्यात्मा आनन्दमयः" इत्यादिवेदान्तवाक्यैरुद्घोषितमेव।

सोऽयं रसो नाभिधयाऽभिधेयः। स्वशब्देन शृङ्गारादिशब्देन च उच्यमानः प्रत्युत दोषाय। नापि लक्षणया लक्षणीयः। न चापि तात्पर्याख्यया वृत्त्या विनिवेदनीयः। किन्तु अलंकारशास्त्रप्राणया चमत्कारजीवातुभूतया व्यञ्जनावृत्त्या प्रकाशितो भवति। इयमेव (व्यञ्जनैव) रसाङ्गभूतो व्यापार इत्युच्यते। एतद्विशिष्टश्च शब्दः काव्यमित्याख्यायते।

इयञ्च सकलार्थमौलिमालायमानं रसं भासयन्ती वस्त्वलङ्कारादिकमपि द्योतयति। एतावांस्तु विशेषः—यद् अलङ्कारादयः शक्त्यन्तरेणापि शक्याः प्रतिपादयितुम्। रसं पुनरेतां महाशक्तिमन्तरेण न काप्यन्या शक्तिः शक्ता सम्पादयितुम्। दोषाभावगुणालङ्काररीतिप्रभृतयस्तु रसस्य उपस्कारका राज्ञ इव पार्षदाः। यथा च राज्ञो विरहेऽपि केवलाः समुदिताश्च तस्य पारिषद्याः क्षमन्ते जनानावर्जयितुम्, प्रभावञ्च सम्पादयितुम्, एवं नीरसेऽपि काव्ये सम्भूय वर्तमानाः गुणालङ्कारादयः सहृदयानावर्जयन्ति, चमत्कारञ्च जनयन्ति। रसेन सह वर्तमानास्तु तस्योत्कर्षातिशयमापादयन्ति। एतेषु दोषाभाव एव सर्वप्रधानः। दोषो हि अनौचित्याय जायमानो रसमपकर्षयन् कदाचित्तं समूलमप्युन्मूलयति। अतस्तदभावोऽवश्यमेषणीयः सर्वात्मना च यतनीयं कविना तदपाकरणे। इदमेव प्रथमं सोपानं सरसकवितासम्पत्तये। अनौचित्यपरिहारेणैव हि औचित्यं सम्यक् सम्पद्यते। शब्दार्थयोरौचित्यमेव च समर्थं स्वात्मनि व्यञ्जनामाधातुम् रसञ्च प्रकाशयितुम्। यदुक्तमभियुक्तैः—

"अनौचित्याद् ऋते नान्यद् रसभङ्गस्य कारणम्। औचित्योपनिबन्धस्तु रसस्योपनिषत्परा।"

काव्यलक्षणे सर्वतः प्रथमम् अदोषत्वमुपनिबध्नतो वाग्देवतावतारस्य श्रीप्रकाशकारस्याऽप्ययमेवाभिप्रायः इति दिक्।

तद्भेदावाह—

आलम्बनोद्दीपनाख्यौ तस्य भेदावुभौ स्मृतौ ।

स्पष्टम् । तत्र—

आलम्बनो नायकादिस्तमालम्ब्य रसोद्गमात् ॥ २९ ॥

आदिशब्दान्नायिकाप्रतिनायकादयः । अत्र यस्य रसस्य यो विभावः स तत्स्वरूपवर्णने वक्ष्यते । तत्र नायकः—

त्यागी कृती कुलीनः सुश्रीको रूपयौवनोत्साही ।

दक्षोऽनुरक्तलोकस्तेजोवैदग्ध्यशीलवान्नेता ॥ ३० ॥

दक्षः क्षिप्रकारी । शीलं सद्वृत्तम् । एवमादिगुणसम्पन्नो नेता नायको भवति ।

तद्भेदानाह—

धीरोदात्तो धीरोद्धतस्तथा धीरललितश्च ।

धीरप्रशान्त इत्ययमुक्तः प्रथमश्चतुर्भेदः ॥ ३१ ॥

स्पष्टम् । तत्र धीरोदात्तः—

अविकत्थनः क्षमावानतिगम्भीरो महासत्त्वः ।

स्थेयान्निगूढमानो धीरोदात्तो दृढव्रतः कथितः ॥ ३२ ॥

अविकत्थनोऽनात्मश्लाघाकरः । महासत्त्वो हर्षशोकाद्यनभिभूतस्वभावः । निगूढमानो विनयच्छन्नगर्वः । दृढव्रतोऽङ्गीकृतनिर्वाहकः । यथा—रामयुधिष्ठिरादिः ।

अथ धीरोद्धतः—

मायापरः प्रचण्डश्चपलोऽहंकारदर्पभूयिष्ठः ।

आत्मश्लाघानिरतो धीरैर्धीरोद्धतः कथितः ॥ ३३ ॥

यथा—भीमसेनादिः । अथ धीरललितः—

लाक्षणिक मानकर उसका अर्थ 'व्यञ्जनाजन्य ज्ञान' किया है । बुद्धेर्व्यञ्जनाजन्यबोधस्य—यह व्यर्थ भी है और असंगत भी । व्यर्थ इसलिये कि यहाँ लक्षणा का प्रयास अनावश्यक है और असंगत इसलिये कि व्यञ्जनाजन्य बोध का विषय रस होता है विभावादिक नहीं । इनका बहुधा अभिधा से वर्णन होता है और कहीं आक्षेप होता है । यदि सीता और राम आदि का नाम न लेकर इन्हें व्यञ्जना से व्यक्त किया जाय तो रस दुरूह, बल्कि 'निरूह' हो जाय । उसकी किसी को प्रतीति ही न हो सके ।

विभाव के भेद बतलाते हैं—आलम्बनेति—विभाव के दो भेद हैं, आलम्बन और उद्दीपन । तत्रेति—उनमें आलम्बन विभाव नायक (श्रीरामचन्द्र) आदि होते हैं, क्योंकि उन्हीं का आश्रय लेके रस की निष्पत्ति होती है । यहाँ 'आदि' पद से शृङ्गाररस में सीता आदि नायिकाओं और वीररस में रावण आदि प्रतिनायकों का ग्रहण होता है । जिस जिस रस का जो जो विभाव है वह उसी रस के वर्णन में आयेगा ।

नायक का लक्षण करते हैं—त्यागीति —दाता, कृतज्ञ, पण्डित, कुलीन, लक्ष्मीवान् लोगों के अनुराग का पात्र, रूप यौवन और उत्साह से युक्त तेजस्वी, चतुर और सुशील पुरुष काव्यों में नायक होता है ।

नायकों के भेद कहते हैं—धीरेति—धीरोदात्त, धीरोद्धत, धीरललित तथा धीरप्रशान्त ये नायक के प्रथम चार भेद हैं । धीरोदात्त का लक्षण करते हैं—अविकत्थन इति—अविकत्थन अर्थात् अपनी प्रशंसा न करनेवाला, क्षमायुक्त, अति गम्भीर स्वभाववाला, महासत्त्व अर्थात् हर्ष, शोकादि से अपने स्वभाव को नहीं बदलनेवाला, स्थिर-प्रकृति, विनय से प्रच्छन्न गर्व रखनेवाला और दृढव्रत अपनी बातका पक्का और आनका पूरा पुरुष 'धीरोदात्त' कहाता है, जैसे भगवान् रामचन्द्र और महाराज युधिष्ठिरादिक ।

धीरोद्धत का लक्षण करते हैं—मायापर इति—मायावी, प्रचण्ड, चपल, घमण्डी, शूर, अपनी तारीफ के पुल बाँधनेवाला नायक धीरोद्धत' कहाता है, जैसे भीमसेन प्रभृति ।

निश्चिन्तो मृदुरनिशं कलापरो धीरललितः स्यात् ।

कला नृत्यादिका । यथा—रत्नावल्यादौ वत्सराजादिः । अथ धीरप्रशान्तः—

सामान्यगुणैर्भूयान्द्विजादिको धीरशान्तः स्यात् ॥ ३४ ॥

यथा मालतीमाधवादौ माधवादिः । एषां च शृङ्गारादिरूपत्वे भेदानाह—

एभिर्दक्षिणधृष्टानुकूलशठरूपिभिस्तु षोडशधा ।

तत्र तेषां धीरोदात्तादीनां प्रत्येकं दक्षिणधृष्टानुकूलशठत्वेन षोडशप्रकारो नायकः ।

एषु त्वनेकमहिलासमरागो दक्षिणः कथितः ॥ ३५ ॥

द्वयोस्त्रिचतुःप्रभृतिषु नायिकासु तुल्यानुरागो दक्षिणनायकः । यथा—

'स्नाता तिष्ठति कुन्तलेश्वरसुता, वारोऽङ्गराजस्वसु-
र्द्यूते रात्रिरियं जिता कमलया, देवी प्रसाद्याद्य च ।
इत्यन्तःपुरसुन्दरीः प्रति मया विज्ञाय विज्ञापिते
देवेनाप्रतिपत्तिमूढमनसा द्वित्राः स्थितं नाडिकाः ॥'

कृतागा अपि निःशङ्कस्तर्जितोऽपि न लज्जितः ।
दृष्टदोषोऽपि मिथ्यावाक्कथितो धृष्टनायकः ॥ ३६ ॥

यथा मम—

'शोणं वीक्ष्य मुखं विचुम्बितुमहं यातः समीपं, ततः
पादेन प्रहृतं तया, सपदि तं धृत्वा सहासे मयि ।
किंचित्तत्र विधातुमक्षमतया बाष्पं सृजन्त्याः सखे,
ध्यातश्चेतसि कौतुकं वितनुते कोपोऽपि वामभ्रुवः ॥'

धीरललित का लक्षण—**निश्चिन्त इति**—निश्चिन्त, अति-कोमल स्वभाव, सदा नृत्य गीतादि कलाओं में प्रसक्त नायक 'धीललित' कहाता है, जैसे रत्नावली नाटिका में वत्सराज ।

अथ धीरप्रशान्त—**सामान्येति**—त्यागी कृती इत्यादिक कहे हुए नायक के सामान्य गुणों से अधिकांश-युक्त ब्राह्मणादिक 'धीरप्रशांत' कहाता है, जैसे 'मालतीमाधव' में माधव । **एभिरिति**—ये पूर्वोक्त चारों नायक दक्षिण, धृष्ट, अनुकूल और शठ इन चार भेदों में विभक्त होते हैं, अतः प्रत्येक के चार भेद होने से सोलह भेद हुए ।

एषु इति—इनमें से अनेक पत्नियों में समान अनुराग रखनेवाले को 'दक्षिण' नायक कहते हैं । उदाहरण—**स्नातेत्यादि**—प्रतीहारी की किसी से उक्ति है—मैंने अन्तःपुर की सुन्दरियों का समाचार जानकर जब महाराज से यह निवेदन किया कि आज कुन्तलेश्वर की पुत्री ऋतुस्नान करके निवृत्त हुई है, और दिन आज अङ्गराज की बहिन के यहाँ जाने का नियत है । एवं कमला ने आप से आज की रात्रि जुए में जीत ली है और रूठी हुई महारानी को आज मनाना भी है तो इन बातों को सुनकर वे किंकर्तव्य विमूढ होकर दो तीन घड़ी तक चुप बैठे रहे । इस पद्य से राजा का सब रानियों में समान अनुराग प्रतीत होता है । यदि किसी में विशेष अनुराग होता तो इतने सोच विचार की आवश्यकता नहीं थी । कारण ऐसे हैं कि सभी के यहाँ जाना चाहिये, परन्तु अकेले राजा कहाँ कहाँ जायँ, इसी की चिन्ता है ।

अथ धृष्टः—**कृतागा इति**—जो अपराध करके भी निःशङ्क रहे, झिड़कियाँ खाने पर भी लज्जित न हो—और दोष दीख जाने पर भी झूठ बोलता जाय, वह नायक 'धृष्ट' कहाता है । उदाहरण—**शोणमिति**—कोई धृष्ट नायक अपना रहस्य किसी मित्र को सुना रहा है । क्रोध में भरी उस कामिनी का लाल मुख देखकर मैं चुम्बन करने के लिये उसके पास गया । तब उसने लात मारी । मैं झट से उसे (लात को) पकड़कर

अनुकूल एकनिरतः

एकस्यामेव नायिकायामासक्तोऽनुकूलनायकः। यथा—

'अस्माकं सखि वाससी न रुचिरे, ग्रैवेयकं नोज्ज्वलं,
नो वक्रा गतिरुद्धतं न हसितं, नैवास्ति कश्चिन्मदः।
किं त्वन्येऽपि जना वदन्ति सुभगोऽप्यस्याः प्रियो नान्यतो
दृष्टिं निक्षिपतीति विश्वमियता मन्यामहे दुःस्थितम्॥'

शठोऽयमेकत्र बद्धभावो यः।
दर्शितबहिरनुरागो विप्रियमन्यत्र गूढमाचरति॥ ३७॥

यः पुनरेकस्यामेव नायिकायां बद्धभावो द्वयोरपि नायिकयोर्बहिर्दर्शितानुरागोऽन्यस्यां नायिकायां गूढं विप्रियमाचरति स शठः। यथा—

'शठान्यस्याः काञ्चीमणिरणितमाकर्ण्य सहसा यदाश्लिष्यन्नेव प्रशिथिलभुजग्रन्थिरभवः।
तदेतत्काचक्षे, घृतमधुमयत्वाद् बहुवचोविषेणाघूर्णन्ती किमपि न सखी मे गणयति॥'

एषां च त्रैविध्यादुत्तममध्याधमत्वेन।
उक्ता नायकभेदाश्चत्वारिंशत्तथाष्टौ च॥ ३८॥

एषामुक्तषोडशभेदानाम्। अथ प्रसङ्गादेतेषां सहायानाह—

दूरानुवर्तिनि स्यात्तस्य प्रासङ्गिकेतिवृत्ते तु।
किंचिचद्गुणहीनः सहाय एवास्य पीठमर्दाख्यः॥ ३९॥

तस्य नायकस्य बहुव्यापिनि प्रसङ्गसंगते इतिवृत्तेऽनन्तरोक्तैर्नायकसामान्यगुणैः किंचिदूनः पीठमर्दनामा सहायो भवति। यथा—रामचन्द्रादीनां सुग्रीवादयः। अथ शृङ्गारसहायाः—

हँसने लगा। हे मित्र, उस समय कुछ न कर सकने के कारण आँसू बहाती हुई उस कुटिल भृकुटिवाली सुन्दरी का क्रोध भी याद आने पर बड़ा कौतूहल पैदा करता है।

अनुकूलेति—जो नायक एक ही नायिका में अनुरक्त रहे उसे अनुकूल कहते हैं—उदाहरण—**अस्माकमिति**—सखी के प्रति नायका की उक्ति है—हे सखि, न तो मेरे वस्त्र ही रमणीय हैं और न गले का भूषण साफ सुथरा है। न अटखेलियों की चाल है और न उद्धत हँसी ही है—(तात्पर्य यह कि प्रियतम को रिझानेवाली कोई बात नहीं है) किन्तु और लोग भी यही कहते हैं (मैं तो जानती ही हूँ) कि "सुन्दर स्वरूप होने पर भी इसका प्रियतम दूसरी स्त्रियों की ओर दृष्टि भी नहीं डालता" बस, मैं तो इसी से संसारभर को (अपने सिवा) दुःख में समझती हूं। इससे नायक का अनुराग इस एक ही नायिका में प्रतीत होता है।

शठोऽयमिति—वह नायक 'शठ' कहलाता है जो अनुरक्त तो किसी अन्य में हो, परन्तु प्रकृत नायिका में भी बाहरी अनुराग दिखलाये और प्रच्छन्नरूप से उसका अप्रिय करे। उदाहरण—**शठेति**—नायिका की चतुर सखी का वचन नायक से। हे शठ, दूसरी नायिका की काञ्ची-मणियों (करधनी के रत्नों) के शब्द को सुनकर, इस नायिका के आश्लेष के समय ही जो तू ने भुजबन्ध शिथिल किया था—यह बात किससे कहूँ! मिले हुए शहद और घी के समान चिकनी चुपड़ी, मीठी मीठी किन्तु विषमय तेरी बातों से विमोहित यह मेरी सखी कुछ नहीं समझती। घी और शहद बराबर मिलाने से विष हो जाता है। वह यद्यपि खाने में मीठा और स्निग्ध होता है, परन्तु परिणाम में मादक या मारक होता है। **एषामिति**—इन सोलह प्रकार के नायकों के उत्तम, मध्यम तथा अधम ये तीन भेद और होते हैं। इस प्रकार नायकों के अड़तालीस भेद होते हैं।

अथेति—अब नायकों के सहायकों का निरूपण करते हैं। **दूरेति—तस्येति**—उस नायक के बहुदूरव्यापी प्रसङ्गप्राप्त चरित में पूर्वोक्त नायक के सामान्य गुणों से कुछ न्यून गुणोंवाला, नायक का सहायक 'पीठमर्द' कहाता है। जैसे श्रीरामचन्द्रजी के सुग्रीव। यह अवान्तर चरित के नायक हैं और रामचन्द्रजी के सुदूरवर्ती

शृङ्गारेऽस्य सहाया विटचेटविदूषकाद्याः स्युः ।
भक्ता नर्मसु निपुणाः कुपितवधूमानभञ्जनाः शुद्धाः ॥ ४० ॥

आदिशब्दान्मालाकाररजकताम्बूलिकगान्धिकादयः । तत्र विटः—

संभोगहीनसम्पद्विटस्तु धूर्तः कलैकदेशज्ञः ।
वेशोपचारकुशलो वाग्मी मधुरोऽथ बहुमतो गोष्ठ्याम् ॥ ४१ ॥

चेटः प्रसिद्ध एव ।

कुसुमवसन्ताद्यभिधः कर्मवपुर्वेषभाषाद्यैः ।
हास्यकरः कलहरतिर्विदूषकः स्यात्स्वकर्मज्ञः ॥ ४२ ॥

स्वकर्म भोजनादि । अर्थचिन्तने सहायमाह—

मन्त्री स्यादर्थानां चिन्तायां

अर्थास्तन्त्रावापादयः । यत्त्वत्र सहायकथनप्रस्तावे 'मन्त्री स्वं चोभयं चापि सखा तस्यार्थचिन्तने'इति केनचिल्लक्षणं कृतम्, तदपि राज्ञोऽर्थचिन्तनोपायलक्षणप्रकरणे लक्षयितव्यम् । न तु सहायकथनप्रकरणे । 'नायकस्यार्थचिन्तने मन्त्री सहायः' इत्युक्तेऽपि नायकस्यार्थत एव सिद्धत्वात् । यदप्युक्तम् 'मन्त्रिणा ललितः शेषा मन्त्रिष्वायत्तसिद्धयः' इति, तदपि स्वलक्षणकथनेनैव लक्षितस्य धीरललितस्य मन्त्रिमात्रायत्तार्थचिन्तनोपपत्तेर्गतार्थम् । न चार्थचिन्तने तस्य मन्त्री सहायः । किं तु स्वयमेव संपादकः, तस्यार्थचिन्तनाद्यभावात् । अथान्तःपुरसहायाः—

चरित (रावण वध आदि) में सहायक हैं एवं श्रीरामचन्द्रजी के कई गुण न्यूनमात्रा में इनमें मिलते भी हैं ।

शृङ्गार के सहायक—शृङ्गारे इति—स्वामिभक्त, बात चीत तथा हँसी-मजाक करने में चतुर, कुपित वधू के मान को दूर कर सकनेवाले और सच्चरित्र लोग विट, चेट तथा विदूषक आदि शृङ्गाररस में नायक के सहायक होते हैं । इस कारिका में आदि शब्द से माली, धोबी, तमोली और गन्धी आदि का ग्रहण है ।

विट का लक्षण करते हैं—सम्भोगेति—भोग-विलास में अपनी सम्पत्ति खो चुकनेवाला, धूर्त, नृत्य-गीतादि कलाओं के एक अंश को जाननेवाला, वेश्याओं की आवभगत करने में होशियार, बातचीत करने में चतुर, मधुरभाषी और गोष्ठी में समादृत पुरुष 'विट' कहाता है । चेट इति—चेट अर्थात् दास तो प्रसिद्ध ही है । इस 'थर्डक्लास' आदमी का लक्षण करने की भी आवश्यकता नहीं समझी गई । कुसुमेति—किसी फूल अथवा वसन्तादिक पर जिसका नाम हो और जो अपनी क्रिया, देह, वेष और भाषा आदि से हँसानेवाला हो, दूसरों को लड़ाने में प्रसन्न रहता हो और अपने मतलब का पूरा हो अर्थात् अपने खाने पीने की बात कभी न भूले वह पुरुष 'विदूषक' कहाता है ।

राज्य की चिन्ता में राजा का सहायक बताते हैं—**मन्त्रीति-अर्था इति**—तन्त्र अर्थात् अपने राज्य की चिन्ता और आवाप अर्थात् शत्रु आदि के राज्य की चिन्ता (विचार) में मन्त्री नायक का सहायक होता है । **यत्तु इति**—सहायकों के निरूपणावसर में यह जो किसी ने (दशरूपककार ने) कहा है कि "नायक के अर्थ-चिन्तन में मन्त्री यद्वा स्वयं राजा अथवा दोनों 'सखा' (सहायक) होते हैं" सो यह राजा के अर्थचिन्तनोपाय का लक्षण करने के अवसर में कहना चाहिये था—सहायकों के कथनावसर में नहीं । राजा के सहायकों के बीच में राजा का भी नाम गिनाना ठीक नहीं है । यदि इतना ही कहा जाय कि "अर्थचिन्तन में मन्त्री नायक का सहायक होता है" तो भी नायक (राजा) अर्थतः सिद्ध है, उसके पृथक् कहने की कोई आवश्यकता नहीं है । अतः उक्त लक्षण में 'स्वंच' इतना अंश व्यर्थ है । इसके सिवा यह जो कहा है कि—**मन्त्रिणेति**—इसमें **'मन्त्रिणा ललितः'** यह अंश अनावश्यक है, क्योंकि धीरललित का जो लक्षण किया है उसी से यह गतार्थ है । है । उसमें कहा है कि धीरललित के अर्थ की चिन्ता मन्त्री ही करता है । उसके राज्य का भार मन्त्री में ही आयत्त रहता है । **न चेति**—दूसरे धीरललित का मन्त्री उसके अर्थचिन्तन (राष्ट्रचिन्ता) में सहायक

तद्वदवरोधे ।

वामनषण्ढकिरातम्लेच्छाभीराः शकारकुब्जाद्याः ॥ ४३ ॥

मदमूर्खताभिमानी दुष्कुलतैश्वर्यसंयुक्तः ।

सोऽयमनूढाभ्राता राज्ञः श्यालः शकार इत्युक्तः ॥ ४४ ॥

आद्यशब्दान्मूकादयः। तत्र षण्ढवामनकिरातकुब्जादयो यथा रत्नावल्याम्—

'नष्टं वर्षवरैर्मनुष्यगणनाभावादपास्य त्रपा-
मन्तःकञ्चुकिकञ्चुकस्य विशति त्रासादयं वामनः।
पर्यन्ताश्रयिभिर्निजस्य सदृशं नाम्नः किरातैः कृतं
कुब्जा नीचतयैव यान्ति शनकैरात्मेक्षणाशङ्किनः ॥'

शकारो मृच्छकटिकादिषु प्रसिद्धः। अन्येऽपि यथादर्शनं ज्ञातव्याः। अथ दण्डसहायाः—

दण्डे सुहृत्कुमाराटविकाः सामन्तसैनिकाद्याश्च ।

दुष्टनिग्रहो दण्डः। स्पष्टम्।

ऋत्विक्पुरोधसः स्युर्ब्रह्मविदस्तापसास्तथा धर्मे ॥ ४५ ॥

ब्रह्मविदो वेदविदः, आत्मविदो वा । अत्र च-

उत्तमाः पीठमर्दाद्याः

आद्यशब्दान्मन्त्रिपुरोहितादयः।

मध्यौ विटविदूषकौ ।

तथा शकारचेटाद्या अधमाः परिकीर्तिताः ॥ ४६ ॥

नहीं होता, बल्कि अपने आप सब कार्यों का सम्पादक होता है। धीरललित स्वयं तो कुछ अर्थचिन्तनादि करता ही नहीं।

अथ अन्तःपुर (रनवास) के सहायकों का निरूपण करते हैं—**तद्वदवरोधे इति**—इसी तरह रनवास में बौने, नपुंसक, किरात, म्लेच्छ (जंगली), अहीर, शकार, कुबड़े आदि राजा के सहायक होते हैं। **शकार—मदेति**—मदान्ध, मूर्ख, अभिमानी, नीचकुलोत्पन्न, सम्पत्तिशाली राजा की अविवाहिता स्त्री का भाई शकार कहाता है। 'कुब्जाद्याः' यहाँ आद्य शब्द से मूकादिकों का ग्रहण है। षण्ढादि का उदाहरण रत्नावली में—**नष्टमित्यादि**—बन्दर छूटकर रनवास में घुस गया था, उस समय का वर्णन है—अर्थ—मनुष्यों में अपनी गिनती न होने के कारण नपुंसक (वर्षवर) तो लज्जा छोड़कर भाग निकले और वामन (बौने) डर के मारे कञ्चुकी के जामे=अंगरखे में दबकने लगे। किरातों ने कोनों में घुस के अपने नाम के समान ही काम किया। किरात शब्द का अर्थ है जो कोने में छिपे या रहे—**"किरम्=कोणम् अतन्ति=गच्छन्तीति किराताः"** कुबड़े अपने दीख जाने की आशङ्का से और भी झुककर चलने लगे।

शकार मृच्छकटिक आदि प्रकरणों में प्रसिद्ध है। इसी प्रकार म्लेच्छादि भी जानना। **श्रीतर्कवागीशजी ने** "मृच्छकटिका नाटिकाविशेषः" लिखा है और 'नष्टं वर्षवरैः' इत्यादि श्लोक के अवतरण में **"वानरवेषेणान्तःपुरप्रविष्टं विदूषकमालोक्य"** इत्यादि लिखा है, परन्तु मृच्छकटिक 'प्रकरण' है, नाटिका नहीं। और नष्टम् इत्यादि पद्य वानर के ही वर्णन में आया है, वानर-वेषधारी विदूषक का यह वर्णन नहीं है।

दण्ड के सहायक—**दण्डे इति**—मित्र, राजकुमार, 'आटविक', (जंगलों में घूमनेवाले पासी, भील आदि) अधीन राजा लोग तथा सैनिक आदि, दुष्टों का दमन करने में राजा के सहायक होते हैं। **ऋत्विगिति—**धर्मकार्यों में ऋत्विग्, पुरोहित, ब्रह्मज्ञानी वेदवेत्ता तपस्वी लोग राजा के सहायक होते हैं। इनमें पीठमर्द, मन्त्री, पुरोहित आदि उत्तमकोटि के सहायक माने जाते हैं और विट तथा विदूषक मध्यम एवम् शकार, चेट, तमोली, गन्धी आदि अधम माने जाते हैं।

आद्यशब्दात्ताम्बूलिकगान्धिकादयः। अथ प्रसङ्गाद् दूतानां विभागगर्भलक्षणमाह—

निसृष्टार्थो मितार्थश्च तथा संदेशहारकः।
कार्यप्रेष्यस्त्रिधा दूतो दूत्यश्चापि तथाविधाः॥ ४७॥

तत्र कार्यप्रेष्यो दूत इति लक्षणम्। तत्र--

उभयोर्भावमुन्नीय स्वयं वदति चोत्तरम्।
सुश्लिष्टं कुरुते कार्यं निसृष्टार्थस्तु स स्मृतः॥ ४८॥

उभयोरिति येन प्रेषितो यदन्तिके प्रेषितश्च।

मितार्थभाषी कार्यस्य सिद्धकारी मितार्थकः।
यावद्भाषितसंदेशहारः संदेशहारकः॥ ४९॥

अथ सात्त्विकनायकगुणाः—

शोभा विलासो माधुर्यं गाम्भीर्यं धैर्यतेजसी।
ललितौदार्यमित्यष्टौ सत्त्वजाः पौरुषा गुणाः॥ ५०॥

तत्र--

शूरता दक्षता सत्यं महोत्साहोऽनुरागिता।
नीचे घृणाधिके स्पर्धा यतः शोभेति तां विदुः॥ ५१॥

तत्रानुरागिता यथा--

'अहमेव मतो महीपतेरिति सर्वः प्रकृतिष्वचिन्तयत्।
उदधेरिव निम्नगाशतेष्वभवन्नास्य विमानना क्वचित्॥'

दूतों का लक्षण और विभाग करते हैं—**निसृष्टार्थ इति**—कार्यों में प्रेष्य (भेजने योग्य) दूत तथा दूतियों के तीन भेद होते हैं—१ निसृष्टार्थ २ मितार्थ और ३ सन्देशहारक 'कार्यप्रेष्य' इतना दूत का लक्षण है, शेष उसका विभाग है। **उभयोरिति**–जिसने भेजा है और जिसके पास भेजा है उन दोनों के अभिप्राय का ऊहापोह करके जो अपने आप उत्तर दे दे और ठीक ठीक काम बना लावे उसे 'निसृष्टार्थ' दूत कहते हैं। **मितार्थेति**—जो परिमित बातें बोले और कार्य ठीक कर लाये वह 'मितार्थ' दूत और केवल कहे हुए सन्देश को यथावत् पहुँचा देनेवाला 'सन्देशहारक' दूत कहाता है।

अब नायकों के सात्त्विक (सत्त्वसमुद्भूत) गुण कहते हैं—**शोभेति**—शोभा, विलास, माधुर्य, गाम्भीर्य, धैर्य, तेज, ललित तथा औदार्य ये आठ पुरुषों के सात्त्विक गुण होते हैं। वक्ष्यमाण स्तम्भ, स्वेदादि भी सात्त्विक होते हैं, परन्तु वे स्त्री पुरुष साधारण हैं। **शूरतेति**—शूरता, चतुरता, सत्य, महान् उत्साह, अनुरागिता, नीच में घृणा, उच्च में स्पर्धा इन सबको उत्पन्न करनेवाले अन्तःकरण के धर्म को शोभा कहते हैं।

अनुरागिता का उदाहरण—**अहमेवेति**—महाराज (अज) का मैं ही अन्तरङ्ग हूँ यह बात सभी मन्त्री आदि समझते थे। जैसे समुद्र सब नदियों के जल को अपने में लेता है इसी प्रकार महाराज अज भी सबकी बात आदरपूर्वक सुनते थे। किसी की अवहेला नहीं करते थे। इसी प्रकार शूरता आदि के उदाहरण भी जानना।

धीरेति--'विलास' में दृष्टि धीर होती है, गति मृगेन्द्र के समान विचित्र होती है और वचनावली मुसकुराहट के साथ निकलती है। उदाहरण—**दृष्टिरिति**—महर्षि वाल्मीकि के आश्रम में कुश को देखकर श्रीरामचन्द्रजी की उक्ति है। अर्थ—इसकी दृष्टि त्रैलोक्य के बल और उत्साह को तृण के समान तुच्छ समझ रही है और इसकी धीर तथा उद्धत गति पृथ्वी को भी दबाये देती है। लड़कपन होने पर भी इसमें अत्यन्त गौरव है। क्या यह सदेह वीररस चला आ रहा है? अथवा साक्षात् गर्व है? श्रीतर्कवागीशजी ने

एवमन्यदपि । अथ विलासः--

धीरा दृष्टिर्गतिश्चित्रा विलासे सस्मितं वचः ।

यथा—

'दृष्टिस्तृणीकृतजगत्त्रयसत्त्वसारा धीरोद्धता नमयतीव गतिर्धरित्रीम् ।
कौमारकेऽपि गिरिवद् गुरुतां दधानो वीरो रसः किमयमेत्युत दर्प एषः ॥'

संक्षोभेष्वप्यनुद्वेगो माधुर्यं परिकीर्तितम् ॥ ५२ ॥

ऊह्यमुदाहरणम् ।

भीशोकक्रोधहर्षाद्यैर्गाम्भीर्यं निर्विकारता ।

यथा—

'आहूतस्याभिषेकाय विसृष्टस्य वनाय च । न मया लक्षितस्तस्य स्वल्पोऽप्याकारविभ्रमः ॥

व्यवसायादचलनं धैर्यं विघ्ने महत्यपि ॥ ५३ ॥

यथा—

'श्रुताप्सरोगीतिरपि क्षणेऽस्मिन्हरः प्रसंख्यानपरो बभूव ।
आत्मेश्वराणां नहि जातु विघ्नाः समाधिभेदप्रभवो भवन्ति ॥'

अधिक्षेपापमानादेः प्रयुक्तस्य परेण यत् ।
प्राणात्ययेऽप्यसहनं तत्तेजः समुदाहृतम् ॥ ५४ ॥
वाग्वेषयोर्मधुरता तद्वच्छृङ्गारचेष्टितं ललितम् ।
दानं सप्रियभाषणमौदार्यं शत्रुमित्रयोः समता ॥ ५५ ॥

एषामुदाहरणान्यूह्यानि ।

अथ नायिका त्रिभेदा स्वाऽन्या साधारणी स्त्रीति ।
नायकसामान्यगुणैर्भवति यथासंभवैर्युक्ता ॥ ५६ ॥

इस पद्य पर लिखा है कि "अत्र नायकस्य (?) उत्साहदर्पयोरतिशयसूचनाय वीररसत्वेन दर्पत्वेन चोल्लेखः" न जाने आप भ्रमवश इसे किस 'नायक' का वर्णन समझे हैं ।

संक्षोभेति—संक्षोभ (घबराहट) के कारणों के उपस्थित होने पर भी नहीं घबराना 'माधुर्य' कहाता है । **भीशोकेति**—भय, शोक, क्रोध, हर्ष आदि के उपस्थित होने पर भी निर्विकार रहने को 'गाम्भीर्य' कहते हैं । उदाहरण—**आहूतेति**—राज्याभिषेक के लिये बुलाने के समय और वनवास के लिये प्रवासित करने के समय मैंने उनके (श्रीरामचन्द्र के) आकार में जरा भी फरक नहीं देखा ।

व्यवसायादिति--बड़े से बड़ा विघ्न उपस्थित होने पर भी अपने काम में डटे रहने का नाम 'धैर्य' है । उदाहरण—**श्रुतेति**—अप्सराओं का गाना सुनकर भी उस समय भगवान् शङ्कर अपनी समाधिभावना में तत्पर रहे । अन्तःकरण को वश में रखनेवाले (आत्मेश्वर) पुरुषों की समाधि का भङ्ग करने में विघ्न कभी समर्थ नहीं होते । कुमारसंभव में शिवजी को मोहित करने के लिये इन्द्र के भेजे कामदेव ने जब अपनी माया कैलास पर फैलाई है उस समय का यह वर्णन है ।

अधिक्षेपेति—अन्य के किये हुए आक्षेप और अपमानादि का प्राण जाने पर भी सहन न करना 'तेज' कहाता है । **वागिति**—वाणी, वेष और श्रृङ्गार की चेष्टाओं में मधुरता का नाम 'ललित' है । प्रिय भाषण के सहित दान, और शत्रु, मित्र में समानता को 'औदार्य' कहते हैं । इनके उदाहरण ऊहित कर लेना ।

अथ नायिकाभेदः

अथेति--नायिका तीन प्रकार की होती हैं--अपनी स्त्री, अन्य की स्त्री तथा साधारण स्त्री अर्थात्

नायिका पुनर्नायकसामान्यगुणैस्त्यागादिभिर्यथासंभवैर्युक्ता भवति। सा च स्वस्त्री अन्यस्त्री साधारणस्त्रीति त्रिविधा। तत्र स्वस्त्री—

विनयार्जवादियुक्ता गृहकर्मपरा पतिव्रता स्वीया।

यथा—

'लज्जापज्जत्तपसाहणाइँ परभत्तिणिप्पिवासाइं। अविणअदुम्मेधाइँ धण्णाणं घरे कलत्ताइं॥'

सापि कथिता त्रिभेदा मुग्धा मध्या प्रगल्भेति॥ ५७॥

तत्र—

प्रथमावतीर्णयौवनमदनविकारा रतौ वामा।
कथिता मृदुश्च माने समधिकलज्जावती मुग्धा॥ ५८॥

तत्र प्रथमावतीर्णयौवना यथा मम तातपादानाम्—

'मध्यस्य प्रथिमानमेति जघनं, वक्षोजयोर्मन्दता
दूरं यात्युदरं च, रोमलतिका नेत्रार्जवं धावति।
कन्दर्पं परिवीक्ष्य नूतनमनोराज्याभिषिक्तं क्षणा-
दङ्गानीव परस्परं विदधते निर्लुण्ठनं सुभ्रुवः॥'

प्रथमावतीर्णमदनविकारा यथा मम प्रभावतीपरिणये—

'दत्ते सालसमन्थरं भुवि पदं, निर्याति नान्तःपुरान्,
नोद्दामं हसति, क्षणात्कलयते ह्रीयन्त्रणां कामपि।
किंचिद्भावगभीरवक्रिमलवस्पृष्टं मनाग्भाषते,
सभ्रूभङ्गमुदीक्षते प्रियकथामुल्लापयन्तीं सखीम्॥'

वेश्या। नायिका भी नायक के सामान्य गुणों 'त्यागी कृती' इत्यादि से युक्त होती है। **विनयेति**—विनय, सरलता आदि गुणों से संयुक्त, घर के कामों में तत्पर पतिव्रता स्त्री 'स्वकीया' नायिका कहलाती है। उदाहरण—**'लज्जापर्याप्तसाधनानि परभर्तृनिष्पिपासानि। अविनयदुर्मेधांसि धन्यानां गृहे कलत्राणि॥'** लज्जा ही जिनका पर्याप्त भूषण है, जो परपुरुष की तृष्णा से शून्य हैं, अविनय करना जिन्हें आता ही नहीं ऐसी सौभाग्यवती रमणी किन्हीं धन्य पुरुषों के घर में होती हैं।

सापीति—मुग्धा, मध्या और प्रगल्भा इन तीन भेदों से स्वकीया तीन प्रकार की होती है। उनमें से मुग्धा के भेद दिखाते हैं। **प्रथमेति**—१ 'प्रथमावतीर्णयौवना', (जिसमें नवीन यौवन की छटा पहले पहल विकसित हुई हो) २ 'प्रथमावतीर्णमदनविकारा' (जिसमें कामकलाओं के विलास पहले-पहल आविर्भूत हुए हों) ३ 'रतिवामा' (जो रति में झिझके और संकोच करे) ४ 'मानमृदु' (जिसका मान चिरस्थायी न हो सके) ५ समधिक-लज्जावती (जो अत्यन्त लज्जा करे) ये पांच भेद मुग्धा के होते हैं।

प्रथमावतीर्णयौवना के उदाहरण में ग्रन्थकार अपने पिता का बनाया पद्य उपस्थित करते हैं—**मध्यस्येति**—जैसे किसी नवीन राजा के अभिषेक के समय उसके 'अङ्ग' (मन्त्री, पुरोहित आदि) आनन्द में निमग्न होकर एक दूसरे की वस्तुओं की छीनाझपटी करने लगते हैं उसी प्रकार नवीन मनोराज्य में कामदेव को अभिषिक्त देखकर इस सुन्दरी के 'अङ्ग' (नयन जघन आदि) एक दूसरे के गुणों की लूट मचाने लगे हैं। देखो, कमर की पृथुता (मुटाई) नितम्ब ने ले ली है अर्थात् बाल्यकाल में जो मुटाई कमर में थी वह आज उसके पड़ोसी नितम्ब में दीखती है और कमर पतली होगई है। एवं स्तनों की मन्दता सुदूरवर्ती उदर में पहुँच गई है और नेत्रों का सीधापन रोमलता ने ग्रहण कर लिया है अर्थात् बचपन में स्तन मन्द थे और आँखों में सीधापन था, परन्तु अब उदर मन्द है और नाभि के ऊपर से निकली हुई रोमावलि सीधी है एवं स्तन पृथु हो गये हैं और नेत्र चञ्चल तथा कुटिल हो गये हैं।

प्रथमावतीर्णमदनविकारा का उदाहरण देते हैं। **दत्ते इति**—धीरे से ढीला पैर पृथ्वी में रखती है, अन्तःपुर से

रतौ वामा यथा—

'दृष्टा दृष्टिमधो ददाति, कुरुते नालापमाभाषिता,
शय्यायां परिवृत्य तिष्ठति, बलादालिङ्गिता वेपते ।
निर्यान्तीषु सखीषु वासभवनान्निर्गन्तुमेवेहते,
जाता वामतयैव संप्रति मम प्रीत्यै नवोढा प्रिया ॥'

माने मृदुर्यथा—

'सा पत्युः प्रथमापराधसमये सख्योपदेशं विना
नो जानाति सविभ्रमाङ्गवलनावक्रोक्तिसंसूचनम् ।
स्वच्छैरच्छकपोलमूलगलितैः पर्यस्तनेत्रोत्पला
बाला केवलमेव रोदिति लुठल्लोलालकैरश्रुभिः ॥'

समधिकलज्जावती यथा—'दत्ते सालसमन्थरं—' इत्यत्र श्लोके।

अत्र समधिकलज्जावतीत्वेनापि लब्धाया रतिवामताया विच्छित्तिविशेषवत्तया पुनः कथनम् ।

अथ मध्या—

मध्या विचित्रसुरता प्ररूढस्मरयौवना ।
ईषत्प्रगल्भवचना मध्यमव्रीडिता मता ॥५६॥

विचित्रसुरता यथा—

'कान्ते तथा कथमपि प्रथितं मृगाक्ष्या चातुर्यमुद्धतमनोभवया रतेषु ।
तत्कूजितान्यनुवदद्भिरनेकवारं शिष्यायितं गृहकपोतशतैर्यथास्याः ॥'

प्ररूढस्मरा यथात्रैवोदाहरणे। प्ररूढयौवना यथा मम—

बाहर नहीं निकलती, खिलखिलाकर अब हँसती भी नहीं, ज़रा देर में ही विचित्र लज्जा से निःस्तब्ध हो जाती है, गम्भीरभाव भरे वक्रोक्तिमय कुछ थोड़े से वचन धीरे से बोलती है और प्रियतम की कथा कहती हुई सखी को भृकुटिभङ्ग से देखती है ।

'रतिवामा' का उदाहरण—दृष्टेति—अपने मित्र के प्रति किसी की रहस्योक्ति है—देखने पर नीची दृष्टि कर लेती है और बार बार कहने पर भी वार्तालाप नहीं करती। पलंग पर मुंह फेर कर बैठती है। यदि बलपूर्वक आलिङ्गन किया जाय तो काँपने लगती है। सखियाँ जब निवासस्थान से निकलने लगती हैं तो उनके साथ आप भी जाने की चेष्टा करती है। इस समय नवीन विवाहिता प्रिया इन सब उलटी बातों (वामता) से ही मेरी परम प्रीति को उत्पन्न करती है।

'मानमृदु' का उदाहरण—सा पत्युरिति—वह सुन्दरी पति के प्रथम अपराध (अन्यनायिकासंसर्ग) के समय सखी के सिखाये विना सविलास 'अङ्गवलन' (मुंह फेरना आदि) और वक्रोक्ति के द्वारा अपनी ईर्ष्या को सूचन करना भी नहीं जानती। किन्तु चञ्चल कुन्तलों से संपृक्त और सुन्दर कपोलों के ऊपर गिरते हुए, मोतियों के समान स्वच्छ आँसुओं से व्याकुल नयनकमलवाली वह बाला केवल रोदन करती है। समधिकलज्जावतीति—इसका उदाहरण 'दत्ते सालसमन्थरम्' यह पूर्वोक्त पद्य जानना। यद्यपि अधिक लज्जा होने से रति में वामता भी अवश्य होती है, तथापि चमत्कार-विशेष के कारण इन दोनों नायिकाओं को पृथक् २ कहा है।

मध्या के भेद कहते हैं—१ विचित्रसुरता, २ प्ररूढस्मरा ३ प्ररूढयौवना, ४ ईषत्प्रगल्भवचना, ५ मध्यमव्रीडिता ये मध्या के भेद हैं।

विचित्रसुरता का उदाहरण—कान्ते इति—सुरत के समय प्रवृद्धकामा मृगनयनी ने इस प्रकार की अपूर्व चतुरता दिखाई कि अनेक बार उसके रति कूजित का अनुकरण करते हुए घर के कबूतर उसके शिष्य से प्रतीत होते थे। जिस प्रकार वेदपाठियों के शिष्य अपने गुरु का उच्चारण सुनकर उसका अनुकरण करते हैं इसी प्रकार रतिकूजित सुनने के बाद उसी तरह गुटरगूँ करते हुए पालतू कबूतर शिष्यों के समान प्रतीत होते थे।

नेत्रे खञ्जनगञ्जने सरसिजप्रत्यर्थि पाणिद्वयं
वक्षोजौ करिकुम्भविभ्रमकरीमत्युन्नतिं गच्छतः ।
कान्तिः काञ्चनचम्पकप्रतिनिधिर्वाणी सुधास्यन्दिनी
स्मेरेन्दीवरदामसोदरवपुस्तस्याः कटाक्षच्छटा ॥'

एवमन्यत्रापि । अथ प्रगल्भा—

स्मरान्धा गाढतारुण्या समस्तरतकोविदा ।
भावोन्नता दरव्रीडा प्रगल्भाक्रान्तनायका ॥ ६० ॥

स्मरान्धा यथा—

'धन्यासि या कथयसि प्रियसंगमेऽपि विश्रब्धचाटुकशतानि रतान्तरेषु ।
नीवीं प्रति प्रणिहिते तु करे प्रियेण सख्यः शपामि यदि किञ्चिदपि स्मरामि ॥'

गाढतारुण्या यथा—

'अत्युन्नतस्तनमुरो नयने सुदीर्घे वक्रे भ्रुवावतितरां वचनं ततोऽपि ।
मध्योऽधिकं तनुरनूनगुरुर्नितम्बो मन्दा गतिः किमपि चाद्भुतयौवनायाः ॥'

समस्तरतकोविदा यथा—

'क्वचित्ताम्बूलाक्तः क्वचिदगरुपङ्काङ्कमलिनः
क्वचिच्चूर्णोद्गारी क्वचिदपि च सालक्तकपदः ।
वलीभङ्गाभोगैरलकपतितैः शीर्णकुसुमैः
स्त्रियाः सर्वावस्थं कथयति रतं प्रच्छदपटः ॥'

भावोन्नता यथा—

'मधुरवचनैः सभ्रूभङ्गैः कृताङ्गुलितर्जनै रभसरचितैरङ्गन्यासैर्महोत्सवबन्धुभिः ।

प्ररूढयौवना—नेत्रे इति—उस सुन्दरी के नयन, खञ्जनपक्षी का गञ्जन (पराभव) करनेवाले हैं। **'अञ्जन रञ्जन हूं बिना खञ्जनगञ्जन नैन'** हो रहे हैं। और दोनों कोमल कर, कमलों के प्रतिस्पर्धी हैं एवं स्तन करिकुम्भ के विलास को धारण करनेवाली अत्यन्त उन्नति को प्राप्त हुए हैं। उसके देह की कान्ति सुवर्ण और चम्पा के पुष्प की स्थानापन्न है और मधुरवाणी सुधारस बरसानेवाली है एवं उसके कटाक्षों की छटा खिले हुए नीले कमलों की माला के समान सुशोभित है। इसी प्रकार और उदाहरण भी ऊहित कर लेना।

अथ प्रगल्भा—१ स्मरान्धा, २ गाढतारुण्या, ३ समस्तरतकोविदा, ४ भावोन्नता, ५ दरव्रीडा और ६ आक्रान्तनायका ये छः भेद प्रगल्भा के हैं। यथाक्रम उदाहरण देते हैं—**धन्येति**—हे सखि, तू धन्य है, जो प्रिय के समागम में सुरत के समय विश्वास और धैर्य के साथ—बड़े इतमीनान से—सैकड़ों नर्म वचन कहा करती है। मैं तो नीवीबन्धन से प्रियतम का करस्पर्श होते ही, हे सखियों, शपथ खाती हूं, जो कुछ याद रहती हो। यह 'स्मरान्धा' नायिका है।

'गाढतारुण्या' का उदाहरण—**अत्युन्नतेति**—उस सुन्दरी का वक्षःस्थल अत्यन्त उन्नत स्तनों से युक्त है और नेत्र सुन्दर विस्तीर्ण हैं। भौंहें कामदेव के धनुष के समान (टेढ़ी) हैं और वचनावली उनसे भी अधिक वक्र है। कमर अत्यन्त पतली और नितम्ब (कमर से निचला पृष्ठभाग) अधिक भारी है एवं राजहंस के समान मनमोहनी मन्द-मन्द गति है। उस अद्भुत यौवन वाली कामिनी का सब कुछ अद्भुत है। इस नायिका का 'तारुण्य' (यौवन) 'प्रगाढ' (सविशेष पूर्ण) है, अतएव यह 'गाढतारुण्या' कहाती है।

'समस्तरतकोविदा' का उदाहरण—**क्वचिदिति**—'प्रच्छदपट' = पलंग पर बिछाने की चादर, कहीं पान से रँगी है तो कहीं महावर से रँगे पैर का चिह्न बना है। एक ओर त्रिवलीभङ्ग के निशान हैं तो दूसरी ओर केशों से गिरे फूल पड़े हैं। इस प्रकार यह चादर कामिनी को अनेक प्रकार की कामकेलिकलाओं की सूचना देती है। इस पद्य से कई आसनों की अवस्था सूचित होती है।

भावोन्नता का उदाहरण—**मधुरवचनैरिति**—मधुर मधुर वचनों, कुटिल भृकुटिभङ्गों, उँगली उठाके

असकृदसकृत्स्फारस्फारैरपाङ्गविलोकितैस्त्रिभुवनजये सा पञ्चेषोः करोति सहायताम् ॥'

स्वल्पव्रीडा यथा—

'धन्यासि या कथयसि-' इत्यत्रैव।

आक्रान्तनायका यथा—

'स्वामिन्भङ्गुरयालकं सतिलकं भालं विलासिन्कुरु,
प्राणेश, त्रुटितं पयोध तले हारं पुनर्योजय।
इत्युक्त्वा सुरतावसानसमये संपूर्णचन्द्रानना
स्पृष्टा तेन तथैव जातपुलका प्राप्ता पुनर्मोहनम् ॥'

मध्याप्रगल्भयोर्भेदान्तराण्याह—

ते धीरा चाप्यधीरा च धीराधीरेति षड्विधे।

ते मध्याप्रगल्भे। तत्र—

प्रियं सोत्प्रासवक्रोक्त्या मध्या धीरा दहेद्रुषा ॥ ६१ ॥

धीराधीरा तु रुदितैरधीरा परुषोक्तिभिः।

तत्र मध्या धीरा यथा—

'तद्वितथमवादीर्यन्मम त्वं प्रियेति प्रियजनपरिभुक्तं यद्दुकूलं दधानः।
मदधिवसतिमागाः, कामिनां मण्डनश्रीर्व्रजति हि सफलत्वं वल्लभालोकनेन ॥'

मध्यैव धीराधीरा यथा—

'बाले, नाथ, विमुञ्च मानिनि रुषं, रोषान्मया किं कृतं,
खेदोऽस्मासु, न मेऽपराध्यति भवान्, सर्वेऽपराधा मयि।
तत्किं रोदिषि गद्गदेन वचसा, कस्याग्रतो रुद्यते,
नन्वेतन्मम, का तवास्मि, दयिता, नास्मीत्यतो रुद्यते ॥'

तर्जन करने, महोत्सव के सहायक 'रभसरांचित' (झट से किये गये) सविलास अङ्गन्यासों और बार बार की तिरछी चितवनों से वह रमणी त्रिभुवन के विजय में कामदेव की सहायता किया करती है। 'स्वल्पव्रीडा' का उदाहरण--'धन्यासि'--पूर्वोक्त।

'आक्रान्तनायका' अर्थात् नायक का अतिक्रमण करनेवाली नायिका का उदाहरण—स्वामिन्निति—"हे विलासी स्वामी, अलकों को सम्हाल दीजिये और भाल पर तिलक लगा दीजिये। हे प्राणनाथ, स्तनतट पर टूटे हुए हार को फिर जोड़ दीजिये" सुरत के अन्त में चन्द्रमुखी ने इस प्रकार कहा और नायक के स्पर्श करते ही रोमाञ्चित होकर फिर मोहित हो गई।

मध्या और प्रगल्भा के अन्य भेद कहते हैं—ते धीरेति--वे दोनों (मध्या और प्रगल्भा) धीरा, अधीरा और धीराधीरा इन तीनों भेदों में विभक्त हैं--इस प्रकार छः भेद होते हैं। इनके लक्षण करते हैं। प्रियमिति—मध्याधीरा, क्रोध करने पर, प्रियतम को सपरिहास वक्रोक्ति के द्वारा विद्ध करती है एवं धीराधीरा रोदन से और अधीरा परुष भाषण से खिन्न करती है।

मध्याधीरा का उदाहरण--तदवितथेति--आपने यह ठीक ही कहा था कि 'तुम मेरी प्रिया हो'—इसी लिये तो प्रियजन (सपत्नी) से उपभुक्त वस्त्र को पहन कर मेरे यहाँ उसे दिखाने आये हो। कामियों का मण्डन प्रिया के देखने पर ही सफल होता है। 'धीराधीरा' मध्या का उदाहरण – बाले इति--यह नायक और नायिका का प्रश्नोत्तर है। एक अङ्क से चिह्नित नायक की उक्ति है और दो (२) से अङ्कित नायिका की। १ हे बाले, २ हे नाथ, १ मानवति, क्रोध छोड़ दो,--२ क्रोध करके मैंने क्या कर लिया ? । १ तुमने क्रोध करके मुझे खिन्न कर दिया। २ ठीक है, आपका कोई दोष नहीं है, सब अपराध मेरा ही है, १ तो फिर गद्गद होकर रोती क्यों हो ? । २ भला मैं किसके आगे रोती हूँ ! । १ देखो, अभी मेरे ही आगे रो रही हो। २ मैं तुम्हारी कौन हूँ ! । १ तुम मेरी प्रिया हो। २ 'प्रिया' नहीं हूँ, इसीलिये तो रो रही हूं।

इयमेवाधीरा यथा—

'सार्धं मनोरथशतैस्तव धूर्त, कान्ता सैव स्थिता मनसि कृत्रिमहावरम्या।
अस्माकमस्ति नहि कश्चिदिहावकाशस्तस्मात्कृतं चरणपातविडम्बनाभिः ॥'

प्रगल्भा यदि धीरा स्याच्छन्नकोपाकृतिस्तदा ॥ ६२ ॥
उदास्ते सुरते तत्र दर्शयन्त्यादरान्बहिः ।

तत्र प्रिये। यथा—

'एकत्रासनसंस्थितिः परिहृता प्रत्युद्गमाद् दूरत-
स्ताम्बूलानयनच्छलेन रभसाश्लेषोऽपि संविघ्नितः।
आलापोऽपि न मिश्रितः परिजनं व्यापारयन्त्याऽन्तिके
कान्तं प्रत्युपचारतश्चतुरया कोपः कृतार्थीकृतः ॥'

धीराधीरा तु सोल्लुण्ठभाषितैः खेदयत्यमुम् ॥ ६३ ॥

अमुं नायकम्। यथा मम—

'अनलंकृतोऽपि सुन्दर हरसि मनो मे यतः प्रसभम्।
किं पुनरलंकृतस्त्वं सम्प्रति नखरक्षतैस्तस्याः ॥'

तर्जयेत्ताडयेदन्या

अन्या अधीरा। यथा—'शोणं वीक्ष्य मुखं—' इत्यत्र। अत्र च सर्वत्र 'रुषा' इत्यनुवर्तते।

प्रत्येकं ता अपि द्विधा।
कनिष्ठज्येष्ठरूपत्वान्नायकप्रणयं प्रति ॥ ६४ ॥

अधीरा मध्या का उदाहरण—सार्धमिति—हे धूर्त, सैकड़ों कामकेलि के मनोरथों के साथ वही बनावटी हावभाव दिखानेवाली धूर्त स्त्री तुम्हारे मन में बस रही है। इस (तुम्हारे मन) में हमारी जैसी को कोई जगह नहीं है—इसलिये जाओ, रहने दो, मेरे पैरों पर गिरने का नाटक दिखाने से कुछ लाभ नहीं।

प्रगल्भेति—मध्या की तरह प्रगल्भा भी धीरा, अधीरा और धीराधीरा इन तीन प्रकारों की होती है। उनमें से प्रगल्भा नायिका यदि धीरा होती है तो वह अपने क्रोध के आकार को छिपा के बाहरी बातों में बड़ा आदर सत्कार दिखाती है, परन्तु वस्तुतः सुरत में उदासीन रहती है। उदाहरण—एकत्रेति—प्रियतम को आता देखकर चतुर रमणी झट खड़ी हो गई और दूर से प्रत्युत्थान करने के बहाने एक आसन पर बैठने का परिहार कर दिया, अर्थात् अपने साथ एक आसन पर बैठने की प्रियतम की इच्छा को पूरा नहीं होने दिया और दूर से प्रत्युत्थान करने में बाहरी आदर बहुत दिखाया। एवं ताम्बूल लाने के बहाने से शीघ्रता-पूर्वक आलिङ्गन में भी विघ्न डाला और पास खड़े हुए दासी-दासों को आज्ञा देने के बहाने बात में बात भी नहीं मिलाई। मतलब यह कि जब जब प्रियतम ने कोई बात कही, तब तब उसकी बात का उत्तर न देकर किसी न किसी दास-दासी को किसी काम की आज्ञा दी। किसी से कहा पैर दबाओ, किसी से कहा पंखा झलो इत्यादि। जिससे बाहरी आदर सूचित हुआ, परन्तु सुरत में उदासीनता प्रकट हुई। इस प्रकार उपचार के बहाने चतुर कामिनी ने कान्त के प्रति अपना कोप कृतार्थ कर लिया।

धीराधीरेति—प्रगल्भा नायिका यदि धीराधीरा होती है तो वह नायक को व्यङ्ग्य भरे वचनों (तानों) से खेदित करती है। उदाहरण—अनलंकृत इति—हे सुन्दर, तुम तो विना किसी आभूषण के भी मेरे मन को अत्यन्त लुभाते हो। फिर इस समय तो उसके (सपत्नी के) नखक्षतों से "सुभूषित" हो। अब क्या कहने हैं!

तर्जयेदिति—अधीरा प्रगल्भा तर्जन भी करती है और ताडन भी करती है। उदाहरण—'शोणम्' इत्यादि पूर्वोक्त पद्य। अत्र चेति—इन सब कारिकाओं में 'प्रियं सोत्प्रास' इत्यादि कारिका से 'रुषा' की अनुवृत्ति होती है। अर्थात् क्रोध आने पर ही उक्त नायिकाओं का तर्जन, ताडन, परुष भाषण आदि होता है, यों ही नहीं मार बैठती हैं।

ता अनन्तरोक्ताः षड्भेदा नायिकाः । यथा—

'दृष्ट्वैकासनसंस्थिते प्रियतमे पश्चादुपेत्यादरा-
देकस्या नयने पिधाय विहितक्रीडानुबन्धच्छलः ।
ईषद्वक्रितकन्धरः सपुलकः प्रेमोल्लसन्मानसा-
मन्तर्हासलसत्कपोलफलकां धूर्तोऽपरां चुम्बति ॥'

मध्याप्रगल्भयोर्भेदास्तद्वद् द्वादश कीर्तिताः ।
मुग्धा त्वेकैव तेन स्युः स्वीया भेदास्त्रयोदश ॥ ६५ ॥

परकीया द्विधा प्रोक्ता परोढा कन्यका तथा ।

तत्र—

यात्रादिनिरताऽन्योढा कुलटा गलितत्रपा ॥ ६६ ॥

यथा—

'स्वामी निःश्वसितेऽप्यसूयति, मनोजिघ्रः सपत्नीजनः,
श्वश्रूरिङ्गितदैवतं, नयनयोरीहालिहो यातरः ।

प्रत्येकमिति—ये पूर्वोक्त छहों नायिकायें नायक के प्रेम की अधिकता और न्यूनता के कारण दो दो प्रकार की होती हैं । उदाहरण—**दृष्ट्वेति**—एक आसन पर बैठी हुई अपनी दोनों प्रियाओं को देखकर धूर्त नायक, आदरपूर्वक पीछे से आकर, क्रीड़ा के बहाने एक की आँखें मूँद के, थोड़ी गर्दन घुमा के, प्रेमपुलकित मुसकुराती हुई दूसरी नायिका का चुम्बन करता है । यहाँ एक के प्रति अधिक प्रेम प्रतीत होता है । न्यून प्रेमवाली का धूर्तता से प्रतारण है ।

मध्येति—इस प्रकार मध्या और प्रगल्भा के मिलकर बारह भेद होते हैं—और मुग्धा एक ही प्रकार की होती है, इसलिये स्वकीया नायिका के तेरह भेद होते हैं ।

परकीयेति—परकीया नायिका दो प्रकार की होती है, एक अन्य-विवाहिता दूसरी अविवाहिता (कन्या)। उनमें से—**यात्रादीति**—यात्रा आदिक मेले तमाशों की शौकीन निर्लज्जा कुलटा 'अन्योढा' कहाती है । उदाहरण—**स्वामीति**—'स्वामी' (पति) साँस लेने में भी खीझते हैं और सपत्नी सब मेरे मन को सूँघती रहती हैं । सास इङ्गितों (इशारों) की अधिष्ठात्री देवी है और जिठानी देवरानी हर घड़ी नेत्रों की चेष्टाओं को परखती रहती हैं । इस लिये आपको मेरा दूर से नमस्कार है । अब तुम्हारी इन भावभरी चितवनों से क्या होना है ? हे चतुर रसिक, इस विषय में तुम्हारा यह परिश्रम व्यर्थ है ।

भाव—कोई भी पति, यदि पागल नहीं है तो अपनी स्त्री के साँस लेने में असूया नहीं कर सकता, अतः यहाँ **'निःश्वसित'** शब्द लक्षणा से निःश्वास विशेष का सूचक है । इससे परपुरुष की अप्राप्ति से उत्पन्न विरह निःश्वास में तात्पर्य है । **मनोजिघ्र इति**—'घ्रा' धातु का अर्थ है सूँघना और सूँघी वही वस्तु जा सकती है जिसमें गन्ध हो । परन्तु मन अपार्थिव और गन्धशून्य होने के कारण सूँघा नहीं जा सकता, अतः यहाँ 'जिघ्र' शब्द लक्षणा से ज्ञानसामान्य का बोधक है और उस ज्ञान की विशेषता बतलाना यहाँ व्यङ्ग्य प्रयोजन है । 'सपत्नियाँ मन को सूँघती रहती हैं' अर्थात् मानसिक भावों को सविशेषरूप से परखती रहती हैं । जिस प्रकार शिकारी कुतियाँ चूहे आदि के बिलों को सूँघा करती हैं और उन बिलों में से निकलनेवाले जीवों पर सतर्क रहती हैं इसी प्रकार मेरी सपत्नियाँ मेरे 'मनोबिल' पर बराबर चौकन्नी रहती हैं—'इति भावः' । जैसे सूँघने से दूर से ही वस्तु की परीक्षा हो जाती है इसी प्रकार मेरे मन को सपत्नियाँ दूर से ही पहिचान लेती हैं । इसी विशेषता को व्यक्त करने के लिये यहाँ 'जिघ्र' शब्द का ग्रहण किया है ।

इङ्गितदैवतमिति—सास इशारों की देवता है । जैसे अधिष्ठातृदेवी से अधिष्ठित विषय की कोई बात छिपी नहीं रह सकती, इसी प्रकार सास से किसी इशारे का कोई भाव छिपाया नहीं जा सकता—यह तात्पर्य है । 'दैवत' शब्द लक्षणा से दैवतसदृश का बोधन करता है, क्योंकि सास साक्षात् देवता तो है नहीं । आँख आदि के सूक्ष्म इशारों का नाम 'इङ्गित' है ।

तद् दूरादयमञ्जलिः, किमधुना दृग्भङ्गिभावेन ते,
वैदग्धीमधुरप्रबन्धरसिक, व्यर्थोऽयमत्र श्रमः ॥'

अत्र हि मम परिणेतान्नाच्छादनादिदातृतया स्वाम्येव, न तु वल्लभः। त्वं तु वैदग्धीमधुरप्रबन्धरसिकतया मम वल्लभोऽसीत्यादिव्यङ्ग्यार्थवशादस्याः परनायकविषया रतिः प्रतीयते।

कन्या त्वजातोपयमा सलज्जा नवयौवना।

अस्याश्च पित्राद्यायत्तत्वात्परकीयात्वम्। यथा मालतीमाधवादौ मालत्यादिः।

धीरा कलाप्रगल्भा स्याद्वेश्या सामान्यनायिका ॥ ६७ ॥
निर्गुणानपि न द्वेष्टि न रज्यति गुणिष्वपि।
वित्तमात्रं समालोक्य सा रागं दर्शयेद् बहिः ॥ ६८ ॥
काममङ्गीकृतमपि परिक्षीणधनं नरम्।
मात्रा निष्कासयेदेषा पुनः संधानकाङ्क्षया ॥ ६९ ॥
तस्कराः पण्डका मूर्खाः सुखप्राप्तधनास्तथा।
लिङ्गिनश्छन्नकामाद्या आसां प्रायेण वल्लभाः ॥ ७० ॥
एषापि मदनायत्ता क्वापि सत्यानुरागिणी।
रक्तायां वा विरक्तायां रतमस्यां सुदुर्लभम् ॥ ७१ ॥

पण्डको वातपण्डकादिः। छन्नं प्रच्छन्नं ये कामयन्ते ते छन्नकामाः। तत्र रागहीना यथा लटकमेलकादौ मदनमञ्जर्यादिः। रक्ता यथा मृच्छकटिकादौ वसन्तसेनादिः। पुनश्च-

---

नयनयोरिति—'लिह' धातु का अर्थ चाटना है और चाटी वही वस्तु जा सकती है, जिसमें रस हो और जिसका जिह्वा से सम्बन्ध हो सके। परन्तु आँख के इशारों में न खट्टा, मीठा आदि कोई रस होता है और न उससे जिह्वा का सम्बन्ध हो सकता है, अतः यहाँ 'जिघ्र' के समान लक्षणा जानना चाहिए और ज्ञानगत विशेषता को व्यङ्ग्य प्रयोजन समझना चाहिये। हाथ, पैर आदि अङ्गों की स्थूल चेष्टाओं का नाम 'ईहा' है।

अत्र हीति—इस पद्य में पति को 'स्वामी' कहने से यह तात्पर्य है कि वह अन्न-वस्त्र आदि देने के कारण केवल मालिक ही है, प्रिय नहीं है और तुम काम कलाओं में विदग्ध (चतुर) होने तथा रतिप्रबन्धों में रसिक होने के कारण अत्यन्त प्रिय हो। इन सब बातों से इसकी परपुरुष में रति प्रतीत होती है।

कन्येति—अविवाहिता सलज्जा नवयौवना 'कन्या' कहाती है। यह पिता आदि के वशीभूत होने से परकीया कहाती है—जैसे 'मालतीमाधव' में मालती।

धीरेति—धीरा, नृत्य गीतादि ६४ कलाओं में निपुण, सबकी सामान्य स्त्री 'वेश्या' कहाती है। वह निर्गुण पुरुषों से द्वेष नहीं करती और गुणियों में अनुरक्त नहीं होती। केवल धन देखकर बाहरी अनुराग दिखाती है। अच्छे प्रकार स्वीकृत पुरुष भी, यदि धनहीन हो जाय, तो उसे अपनी माता के द्वारा निकलवा देती है, स्वयं नहीं निकालती, क्योंकि फिर धनागम होने पर उससे मेल करने की इच्छा रहती है। चोर, पंडे= नपुंसक, मूर्ख, अनायास से प्राप्त धनवाले, ब्रह्मचारी, संन्यासी आदि वेषधारी, प्रच्छन्न कामुक पुरुष प्रायः इनके (वेश्याओं के) वल्लभ होते हैं। कहीं २ वेश्या भी काम के वश होकर सत्य अनुराग से युक्त होती है। जैसे मृच्छकटिक में वसन्तसेना। रागहीना का उदाहरण लटक मेलकादि में मदनमञ्जरी आदि। ये चाहें रक्त हों चाहें विरक्त इनमें रति अत्यन्त दुर्लभ है।

पण्डक इति—'पण्डक' या षण्डक का अर्थ नपुंसक है। ये आठ प्रकार के होते हैं—चरक, शारीरस्थान के अतुल्यगोत्रीय अध्याय में लिखा है—**'वाय्वग्निदोषाद् वृषणौ तु यस्य नाशं गतौ वातिकषण्डकः सः। इत्येवमष्टौ विकृतिप्रकाराः कर्मात्मकानामुपलक्षणीयाः'**। वातिक षण्डक और वातपण्डक एक ही है।

अवस्थाभिर्भवन्त्यष्टावेताः षोडश भेदिताः।
स्वाधीनभर्तृका तद्वत्खण्डिताथाभिसारिका ॥ ७२ ॥
कलहान्तरिता विप्रलब्धा प्रोषितभर्तृका।
अन्या वासकसज्जा स्याद्विरहोत्कण्ठिता तथा ॥ ७३ ॥

तत्र—

कान्तो रतिगुणाकृष्टो न जहाति यदन्तिकम्।
विचित्रविभ्रमासक्ता सा स्यात्स्वाधीनभर्तृका ॥ ७४ ॥

यथा—'अस्माकं सखि वाससी—' इत्यादि।

पार्श्वमेति प्रियो यस्या अन्यसंभोगचिह्नितः।
सा खण्डितेति कथिता धीरैरीर्ष्याकषायिता ॥ ७५ ॥

यथा—'तदवितथमवादीः—' इत्यादि।

अभिसारयते कान्तं या मन्मथवशंवदा।
स्वयं वाभिसरत्येषा धीरैरुक्ताभिसारिका ॥ ७६ ॥

क्रमाद्यथा—

'न च मेऽवगच्छति यथा लघुतां करुणां यथा च कुरुते स मयि।
निपुणं तथैनमभिगम्य वदेरभिदूति काचिदिति संदिदिशे ॥'

'उत्क्षिप्तं करकङ्कणद्वयमिदं बद्धा दृढं मेखला
यत्नेन प्रतिपादिता मुखरयोर्मञ्जीरयोर्मूकता।
आरब्धे रभसान्मया प्रियसखि क्रीडाभिसारोत्सवे
चण्डालस्तिमिरावगुण्ठनपटक्षेपं विधत्ते विधुः ॥'

संलीना स्वेषु गात्रेषु मूकीकृतविभूषणा।
अवगुण्ठनसंवीता कुलजाभिसरेद्यदि ॥ ७७ ॥

और भेद कहते हैं। पुनश्चेति—अवस्थाभिरिति—पूर्वोक्त सोलहों (तेरह स्वीया, एक परकीया, एक कन्या और एक वेश्या) नायिकायें अवस्थाभेद से फिर आठ प्रकार की होती हैं, यथा—स्वाधीनपतिका, खण्डिता, अभिसारिका, कलहान्तरिता, विप्रलब्धा, प्रोषितभर्तृका, वासकसज्जा और विरहोत्कण्ठिता।

कान्त इति—रतिगुण से आकृष्ट प्रियतम जिसका संग न छोड़े वह विचित्र विलासों से युक्त नायिका—'स्वाधीनपतिका' कहाती है। जैसे 'अस्माकं सखि' इत्यादि पूर्वोक्त पद्य।

पार्श्वमिति—अन्य स्त्री के संसर्ग—चिह्नों से युक्त नायक जिसके पास जाय वह ईर्ष्या से कलुषित 'खण्डिता' कहाती है। जैसे पूर्वोक्त 'तदवितथम्' इत्यादि।

काम के वशीभूत होकर जो किसी संकेत स्थान पर नायक को बुलाये अथवा स्वयं जाये वह 'अभिसारिका' कहाती है। पति को बुलानेवाली का उदाहरण—न च मे इति—हे दूति, जिससे वह मेरी लघुता न समझें और मेरे ऊपर कृपा भी करें इस प्रकार की उनसे बातचीत करना। यह किसी नायिका ने दूती को संदेश दिया है। दूसरा उदाहरण—उत्क्षिप्तमिति—हाथ के कंकण ऊपर को चढ़ाये। (जिससे बजें नहीं) ढीली तगड़ी कस के बाँधी। मुखरमञ्जीरों (छागलों) का बजना जैसे तैसे रुका, हे प्रिय सखि, इतना कहके ज्योंही मैंने क्रीडा के लिये अभिसरण प्रारम्भ किया है, त्योंही देखो, यह चण्डाल चन्द्रमा अन्धकार रूप परदे को हटा रहा है।

संलीनेति—यदि कुलीन कामिनी अभिसरण करेगी तो भूषणों के शब्दों को बन्द करके, दबे पैरों,

विचित्रोज्ज्वलवेषा तु रणन्नूपुरकङ्कणा ।
प्रमोदस्मेरवदना स्याद्वेश्याभिसरेद्यदि ॥ ७८ ॥
मदस्खलितसंलापा विभ्रमोत्फुल्ललोचना ।
आविद्धगतिसंचारा स्यात्प्रेष्याभिसरेद्यदि ॥ ७९ ॥

तत्राद्ये 'उत्क्षिप्तं—' इत्यादि । अन्त्ययोरूह्यमुदाहरणम् । प्रसङ्गादभिसारस्थानानि कथ्यन्ते—

क्षेत्रं वाटी भग्नदेवालयो दूतीगृहं वनम् ।
मालापश्च श्मशानं च नद्यादीनां तटी तथा ॥ ८० ॥
एवं कृताभिसाराणां पुंश्चलीनां विनोदने ।
स्थानान्यष्टौ तथा ध्वान्तच्छन्ने कुत्रचिदाश्रये ॥ ८१ ॥
चाटुकारमपि प्राणनाथं रोषादपास्य या ।
पश्चात्तापमवाप्नोति कलहान्तरिता तु सा ॥ ८२ ॥

यथा मम तातपादानाम्—

'नो चाटुश्रवणं कृतं न च दृशा हारोऽन्तिके वीक्षितः
कान्तस्य प्रियहेतवो निजसखीवाचोऽपि दूरीकृताः ।
पादान्ते विनिपत्य तत्क्षणमसौ गच्छन्मया मूढया
पाणिभ्यामवरुध्य हन्त सहसा कण्ठे कथं नार्पितः ॥'

प्रियः कृत्वापि संकेतं यस्या नायाति संनिधिम् ।
विप्रलब्धा तु सा ज्ञेया नितान्तमवमानिता ॥ ८३ ॥

यथा—

'उत्तिष्ठ दूति यामो यामो यातस्तथापि नायातः ।
यातः परमपि जीवेज्जीवितनाथो भवेत्तस्याः ॥'

घूँघट काढ़ के जायगी । यदि वेश्या अभिसरण करेगी तो विचित्र और उज्ज्वल वेष से नूपुर और कंकणों को झनकारती हुई आनन्द से मुसकराती हुई जायगी । दासी यदि अभिसरण करेगी तो नशे से अटपटी बातें करती हुई विलास से प्रफुल्लनयन होगी और बहकी २ चाल से चलेगी । **तत्राद्ये इति**—कुलकामिनी का उदाहरण '**उत्क्षिप्तम्**' इत्यादि आ चुका है । अन्तिम दो के उदाहरण अन्यत्र कहीं देख लेना ।

प्रसङ्गादिति—अभिसारिकाओं के प्रसङ्ग से अभिसरण के स्थान कहते हैं । खेत, बगीची, टूटा देवालय, दूतीगृह, वन, शून्यस्थान, श्मशान तथा नदी आदि का तट ये आठ तथा अन्धकारावृत कोई भी स्थान अभिसरण के स्थान होते हैं ।

कलहान्तरिता का लक्षण—**चाटु इति**—जो क्रोध के मारे, पहले तो प्रार्थना करते हुए प्रियतम को निरस्त करदे और फिर पीछे पछताये वह 'कलहान्तरिता' कहाती है । उदाहरण—**नो चाटुश्रवणमिति**—मैंने प्रार्थनावचन अनसुने कर दिये, उनके दिये हुए पास रक्खे हार पर नजर भी न डाली । प्रियतम का प्रिय चाहनेवाली अपनी सखी की बातों की भी परवाह न की । हन्त ! चरणों पर गिरकर जाते समय मूढबुद्धि मैंने उनको रोककर सहसा कण्ठश्लेष क्यों न किया !!

प्रिय इति—संकेत करके भी प्रिय जिसके पास न आये वह नितान्त अपमानित 'विप्रलब्धा' कहाती है । उदाहरण—**उत्तिष्ठेति**—हे दूति ! उठ, यहाँ से चलें । पहर बीत गया, फिर भी न आये । जो इसके बाद भी जियेगी उसके वह प्राणनाथ होंगे । इस पद्य में यमकानुप्रास की रचना रस के प्रतिकूल होने से अनुचित है । जैसा कि ध्वनिकार ने कहा है—'**ध्वन्यात्मभूते शृङ्गारे यमकादिनिबन्धनम् । शक्तावपि प्रमादित्वं विप्रलम्भे विशेषतः ॥**' प्रकृत पद्य में विप्रलम्भ-शृङ्गार ही है ।

नानाकार्यवशाद्यस्या दूरदेशं गतः पतिः।
सा मनोभवदुःखार्ता भवेत्प्रोषितभर्तृका ॥ ८४ ॥

यथा—

'तां जानीथाः परिमितकथां जीवितं मे द्वितीयं दूरीभूते मयि सहचरे चक्रवाकीमिवैकाम्।
गाढोत्कण्ठां गुरुषु दिवसेष्वेषु गच्छत्सु बालां जातां मन्ये शिशिरमथितां पद्मिनीं वान्यरूपाम्॥'

कुरुते मण्डनं यस्याः सज्जिते वासवेश्मनि।
सा तु वासकसज्जा स्याद्विदितप्रियसंगमा ॥ ८५ ॥

यथा राघवानन्दानां नाटके—

'विदूरे केयूरे कुरु, करयुगे रत्नवलयैरलं, गुर्वी ग्रीवाभरणलतिकेयं, किमनया?
नवामेकामेकावलिमयि, मयि त्वं विरचयेर्न नेपथ्यं पथ्यं बहुतरमनङ्गोत्सवविधौ॥'

आगन्तुं कृतचित्तोऽपि दैवान्नायाति चेत्प्रियः।
तदनागमदुःखार्ता विरहोत्कण्ठिता तु सा ॥ ८६ ॥

यथा—

'किं रुद्धः प्रियया कयाचिदथवा सख्या ममोद्वेजितः
किंवा कारणगौरवं किमपि यन्नाद्यागतो वल्लभः।
इत्यालोच्य मृगीदृशा करतले विन्यस्य वक्त्राम्बुजं
दीर्घं निःश्वसितं चिरं च रुदितं क्षिप्ताश्च पुष्पस्रजः॥'

इति साष्टाविंशतिशतमुत्तममध्याधमस्वरूपेण।
चतुरधिकाशीतियुतं शतत्रयं नायिकाभेदाः ॥ ८७ ॥

नानेति—अनेक कार्यों में फँस कर जिसका पति दूरदेश में चला गया हो वह कामपीडित नायिका 'प्रोषितपतिका' कहाती है। उदाहरण—तामिति—'मेघदूत' में मेघ को अपनी प्रेयसी का परिचय देते हुए यक्ष का वचन है। हे प्रियमित्र पयोद! उस पूर्वोक्त गुणवाली परिमितभाषिणी कामिनी को तुम मेरी प्राणाधार समझना। वही मेरी जीवनाधार है। आजकल उसका सहचारी मैं दूर हो गया हूं, अतः विरह-विधुरा चकवाकी की भाँति वह व्याकुल होगी। विरह के कारण लंबे २ प्रतीत होनेवाले आजकल के इन दिनों में—शाप समाप्ति में थोड़ा समय शेष रहने के कारण—प्रगाढ उत्कण्ठा से व्यथित कोमलाङ्गी उस बाला को मैं शिशिरऋतु के पाले और ठण्ढी हवा की सतायी कमलिनी की भाँति दुःख के मारे कुछ और की और हो गई समझता हूँ तुम भी इसी दृष्टि से देखने पर पहिचान सकोगे, यह तात्पर्य है।

कुरुते इति—सजाये हुए महल में सखी जिसे सुभूषित करती हो, प्रिय समागम का जिसे निश्चय हो, वह "वासकसज्जा" कहाती है। उदाहरण—विदूरे इति—हे सखि बाजूबन्दों को दूरकर। हाथों में रत्न जड़े कंकणों का कुछ काम नहीं। गले में यह हँसली बहुत भारी है। इसकी क्या आवश्यकता है? अरी! तू तो केवल एक लड़वाला मोतियों का हार (एकावलि) मेरे गले में पहना दे। अनङ्गोत्सव के समय बहुत से भूषण अच्छे नहीं होते।

आगन्तुमिति—आने का निश्चय करके भी दैववश जिसका प्रिय न आ सके वह उसके न आने से खिन्न नायिका 'विरहोत्कण्ठिता' कहाती है। उदाहरण—किं रुद्ध इति—क्या किसी अन्य प्रियतमा ने रोक लिया? अथवा मेरी सखी ने ही अप्रसन्न कर दिया! अथवा कोई विशेष कार्य अटक गया, जिससे प्रियतम अबतक नहीं आये। इस प्रकार वितर्क करके मृगनयनी ने करतल पर वदनारविंद को रखकर एक लम्बी साँस ली और देरतक रोती रही। फिर फूलमालायें उतारकर फेंक दीं।

इतीति—इस प्रकार नायिकाओं के एक सौ अट्ठाईस (१२८) भेद होते हैं। पूर्वोक्त सोलहों को अभी

'इह च परस्त्रियौ कन्यकान्योढे संकेतात्पूर्वं विरहोत्कण्ठिते। पश्चाद्विदूषकादिना सहाभिसरन्त्यावभिसारिके। कुतोऽपि संकेतस्थानमप्राप्ते नायके विप्रलब्धे इति अवस्था एवानयोः। अस्वाधीनप्रिययोरवस्थान्तरायोगात्' इति कश्चित्।

क्वचिदन्योन्यसांकर्यमासां लक्ष्येषु दृश्यते।

यथा—

"न खलु वयममुष्य दानयोग्याः पिबति च पाति च याऽसकौ रहस्त्वाम्।
विट विटपममुं ददस्व तस्यै भवति यतः सदृशोश्चिराय योगः॥
तव कितव किमाहितैर्वृथा नः क्षितिरुहपल्लवपुष्पकर्णपूरैः।
ननु जनविदितैर्भवद्व्यलीकैश्चिरपरिपूरितमेव कर्णयुग्मम्॥
मुहुरुपहसितामिवालिनादैर्वितरसि नः कलिकां किमर्थमेनाम्।
वसतिमुपगतेन धाम्नि तस्याः शठ कलिरेष महांस्त्वयाद्य दत्तः॥
इति गदितवती रुषा जघान स्फुरितमनोरमपक्ष्मकेसरेण।
श्रवणनियमितेन कान्तमन्या सममसिताम्बुरुहेण चक्षुषा च॥"

इयं हि वक्रोक्त्या परुषवचनेन कर्णोत्पलताडनेन च धीरमध्यताऽधीरमध्यताऽधीरप्रगल्भताभिः संकीर्णा। एवमन्यत्राप्यूह्यम्।

इतरा अप्यसंख्यास्ता नोक्ता विस्तरशङ्कया॥ ८८॥

ता नायिकाः। अथासामलंकाराः—

यौवने सत्त्वजास्तासामष्टाविंशतिसंख्यकाः।
अलंकारास्तत्र भावहावहेलास्त्रयोऽङ्गजाः॥ ८९॥
शोभा कान्तिश्च दीप्तिश्च माधुर्यं च प्रगल्भता।
औदार्यं धैर्यमित्येते सप्तैव स्युरयत्नजाः॥ ९०॥
लीला विलासो विच्छित्तिर्बिब्बोकः किलकिञ्चितम्।
मोट्टायितं कुट्टमितं विभ्रमो ललितं मदः॥ ९१॥

कहे आठ भेदों से गुणा करने पर १२८ होते हैं। और उत्तम, मध्यम तथा अधम इन तीन भेदों से ये भेद तिगुने होकर तीन सौ चौरासी (३८४) होते हैं।

इहेति—यहाँ किसी का मत है कि परकीया अर्थात् कन्या तथा अन्योढा संकेत से पूर्व विरहोत्कण्ठिता रहती हैं। अनन्तर विदूषकादि के साथ अभिसरण करने से अभिसारिका कहाती हैं। यदि किसी कारण, संकेत स्थान में नायक न पहुँचे तो 'विप्रलब्धा' होती हैं। बस, ये तीन ही अवस्थायें इनकी हो सकती हैं। अस्वाधीनपति का होने के कारण अन्य पाँच अवस्थायें इनकी नहीं हो सकतीं।

क्वचिदिति—कहीं कहीं इन भेदों का सांकर्य भी उदाहरणों में देखा जाता है। 'न खलु' इत्यादि चार श्लोकों में महाकवि माघ ने जिसकी कथा कही है वह नायिकासंकीर्णता का उदाहरण है। **इयं हीति**—इस नायिका में वक्रोक्ति के कारण धीरामध्या का और परुष वचन कहने के कारण अधीरामध्या का एवं कर्णोत्पल से ताडन करने के कारण अधीराप्रगल्भा का लक्षण मिलता है। इसी प्रकार उदाहरणान्तर भी जानना। **इतरा इति**—इनके सिवा नायिकाओं के और भी पद्मिनी, चित्रिणी आदि असंख्य भेद होते हैं। उन्हें यहाँ विस्तर की आशंका से नहीं कहा है। **इति नायिकाभेदः।**

अब नायिकाओं के अलङ्कार कहते हैं—**यौवने इति**—यौवन में नायिकाओं के अट्ठाईस सात्त्विक अलङ्कार होते हैं। उनमें भाव, हाव, हेला ये तीन अङ्गज कहाते हैं। क्योंकि ये शरीर से ही संबंध रखते हैं। शोभा, कान्ति, दीप्ति, माधुर्य, प्रगल्भता, औदार्य, धैर्य ये सात अयत्नज होते हैं। ये यत्न अर्थात् कृति से साध्य

विहृतं तपनं मौग्ध्यं विक्षेपश्च कुतूहलम् ।
हसितं चकितं केलिरित्यष्टादशसंख्यकाः ॥ ९२ ॥
स्वभावजाश्च भावाद्या दश पुंसां भवन्त्यपि ।

पूर्वे भावादयो धैर्यान्ता दश नायकानामपि संभवन्ति । किंतु सर्वेऽप्यमी नायिकाश्रिता एव विच्छित्तिविशेषं पुष्णन्ति । तत्र भावः--

निर्विकारात्मके चित्ते भावः प्रथमविक्रिया ॥ ९३ ॥

जन्मतः प्रभृति निर्विकारे मनसि उद्‌बुद्धमात्रो विकारो भावः । यथा—
'स एव सुरभिः कालः, स एव मलयानिलः । सैवेयमबला किंतु मनोऽन्यदिव दृश्यते ॥'

अथ हावः--

भ्रूनेत्रादिविकारैस्तु संभोगेच्छाप्रकाशकः ।
हाव एवाल्पसंलक्ष्यविकारो हाव उच्यते ॥ ९४ ॥

यथा—

'विवृण्वती शैलसुतापि भावमङ्गैः स्फुरद्‌बालकदम्बकल्पैः ।
साचीकृता चारुतरेण तस्थौ मुखेन पर्यस्तविलोचनेन ॥'

अथ हेला—

हेलात्यन्तसमालक्ष्यविकारः स्यात्स एव तु ।

स एव भाव एव । यथा--

'तह से झत्ति पउत्ता बहुए सव्वङ्गविब्भमा सअला ।
संसइअमुद्धभावा होइ चिरं जह सहीणं पि ॥'

अथ शोभा—

रूपयौवनलालित्यभोगाद्यैरङ्गभूषणम् ॥ ९५ ॥
शोभा प्रोक्ता

नहीं होते । लीला, विलास, विच्छित्ति, बिब्बोक, किलकिञ्चित विभ्रम, ललित, मद, विहृत, तपन, मौग्ध्य, विक्षेप, कुतूहल, हसित, चकित और केलि ये अठारह स्वभाव सिद्ध हैं, किन्तु कृतिसाध्य होते हैं। पूर्वे इति— इनमें पहले दश पुरुषों में भी हो सकते हैं, परन्तु ये सबके सब स्त्रियों में ही चमत्कारक होते हैं।

भाव का लक्षण—निर्विकारेति—जन्म से निर्विकार चित्त में उद्‌बुद्धमात्र कामविकारको भाव कहते हैं। यथा—स एवेति—वही वसन्त ऋतु है, वही मलय समीर है और वही यह रमणी है, परन्तु आज इसका मन कुछ और ही दीखता है।

भ्रूनेत्रेति—भृकुटी तथा नेत्रादि के विलक्षण व्यापारों से सम्भोगाभिलाष का सूचक, मनोविकारों का अल्पप्रकाशक भाव ही 'हाव' कहाता है। उदाहरण—विवृण्वतीति—इन्द्र के आदेशाऽनुसार हिमालय में कामदेव के मायाजाल फैलाने पर जब पार्वती को देखकर शिवजी का चित्त चञ्चल हुआ उस समय खिलते हुए कदम्ब के फूल के समान (रोमांच युक्त) अपने कोमल अङ्गों से मनोगत भाव को सूचित करती हुई तिरछी चितवन से युक्त वदनारविन्द से सुशोभित पार्वती कुछ तिरछी होकर खड़ी रही। इस पद्य में पार्वती का 'हाव' सूचित होता है।

हेलेति—मनोविकार के अति स्फुटता से लक्षित होने पर उसी 'भाव' को 'हेला' कहते हैं। यथा— "तथा तस्या झटिति प्रवृत्ता वध्वाः सर्वाङ्गविभ्रमाः सकलाः । संशयितमुग्धभावा भवति चिरं यथा सखीनामपि ॥" नव वधू के सब अङ्गों के सब विलास झट ही ऐसे प्रवृत्त हुए जिनसे उसकी सखियों को भी उसके मुग्धात्व पर सन्देह होने लगा।

रूपेति—रूप, यौवन, लालित्य, सुखभोग आदि से सम्पन्न शरीर की सुन्दरता को शोभा कहते हैं।

तत्र यौवनशोभा यथा—

'असंभृतं मण्डनमङ्गयष्टेरनासवाख्यं करणं मदस्य।
कामस्य पुष्पव्यतिरिक्तमस्त्रं बाल्यात्परं साथ वयः प्रपेदे॥'

एवमन्यत्रापि। अथ कान्तिः—

सैव कान्तिर्मन्मथाप्यायितद्युतिः।

मन्मथोन्मेषेणातिविस्तीर्णा शोभैव कान्तिरुच्यते। यथा—'नेत्रे खञ्जनगञ्जने—' इत्यादि।

अथ दीप्तिः—

कान्तिरेवातिविस्तीर्णा दीप्तिरित्यभिधीयते॥ ९६॥

यथा मम चन्द्रकलानामनाटिकायां चन्द्रकलावर्णनम्—

'तारुण्यस्य विलासः समधिकलावण्यसंपदो हासः।
धरणितलस्याभरणं युवजनमनसो वशीकरणम्॥'

अथ माधुर्यम्—

सर्वावस्थाविशेषेषु माधुर्यं रमणीयता।

यथा—

'सरसिजमनुविद्धं शैवलेनापि रम्यं मलिनमपि हिमांशोर्लक्ष्म लक्ष्मीं तनोति।
इयमधिकमनोज्ञा वल्कलेनापि तन्वी किमिव हि मधुराणां मण्डनं नाकृतीनाम्॥'

अथ प्रगल्भता—

निःसाध्वसत्वं प्रागल्भ्यम्

यथा—

'समाश्लिष्टाः समाश्लेषैश्चुम्बिताश्चुम्बनैरपि।
दष्टाश्च दंशनैः कान्तं दासीकुर्वन्ति योषितः' ॥'

अथौदार्यम्—

औदार्यं विनयः सदा॥ ९७॥

यथा—

न ब्रूते परुषां गिरं, वितनुते न भ्रूयुगं भङ्गुरं,
नोत्तंसं क्षिपति क्षितौ श्रवणतः सा मे स्फुटेऽप्यागसि।

उनमें से यौवनकृत शोभा का उदाहरण देते हैं—**असम्भृतमिति**—जो, अङ्गलता का बिनगढ़ा भूषण है, जो आसव (सुरा आदि) नहीं है, परन्तु मद उत्पन्न करता है, जो पुष्प न होने पर भी कामदेव का अस्त्र है उसी बाल्य से अगले वय (यौवन) को पार्वती प्राप्त हुई। इसी प्रकार और भी जानना।

सैवेति—मन्मथोन्मेष अर्थात् स्मरविलास से बढ़ी हुई शोभा को ही 'कान्ति' कहते हैं—जैसे "नेत्रे खञ्जनगञ्जने" यह पूर्वोक्त पद्य। **कान्तिरेवेति**—अति विस्तीर्ण कान्ति को ही 'दीप्ति' कहते हैं। इसके उदाहरण में ग्रन्थकार अपनी बनाई हुई चन्द्रकला नाटिका में से चन्द्रकला का वर्णन उपन्यस्त करते हैं। **तारुण्यस्येति**—चन्द्रकला तो यौवन का विलास है, बढ़ी हुई लावण्यसंपत्ति का मधुर हास है, पृथ्वी का भूषण है और नवयुवकों के मन को आकृष्ट करनेवाला वशीकरण मन्त्र है।

सर्वेति—सब दशाओं में रमणीय होने का नाम 'माधुर्य' है। जैसे—**सरसिजमिति**—राजा दुष्यन्त ने बल्कल पहने हुए तपस्विनी के वेष में शकुन्तला को देखकर यह पद्य कहा है। कमल, सिवार से लिपटा हुआ भी अच्छा मालूम होता है। चन्द्रमा में काला चिह्न भी शोभा बढ़ाता है। यह सुकुमारी बल्कल पहनने पर भी अधिक मनोरम है। मधुर आकृतियों को कौन-सी वस्तु भूषित नहीं करती?

निःसाध्वसत्वमिति—निर्भयता का नाम प्रागल्भ्य है। **समाश्लिष्टा इति**—आलिङ्गनादि के बदले में स्वयं भी उन्हीं व्यापारों को करके रमणियाँ प्रियतम को दास बना लेती हैं। **औदार्यमिति**—सदा विनय रखना 'औदार्य' कहाता है। **न ब्रूते इति**—मेरा अपराध स्फुट होने पर भी वह वचन नहीं कहती, न भृकुटी टेढ़ी करती है, और

कान्ता गर्भगृहे गवाक्षविवरव्यापारिताक्ष्या बहिः
सख्या वक्त्रमभि प्रयच्छति परं पर्यश्रुणी लोचने ॥'

अथ धैर्यम्—

उक्तात्मश्लाघना धैर्यं मनोवृत्तिरचञ्चला ।

यथा—

'ज्वलतु गगने रात्रौ रात्रावखण्डकलः शशी
दहतु मदनः किंवा मृत्योः परेण विधास्यति ।
मम तु दयितः श्लाघ्यस्तातो जनन्यमलान्वया
कुलममलिनं न त्वेवायं जनो न च जीवितम् ॥'

अथ लीला—

अङ्गैर्वेषैरलंकारैः प्रेमभिर्वचनैरपि ॥ ९८ ॥
प्रीतिप्रयोजितैर्लीलां प्रियस्यानुकृतिं विदुः ।

यथा—

'मृणालव्यालवलया वेणीबन्धकपर्दिनी ।
परानुकारिणी पातु लीलया पार्वती जगत् ॥'

अथ विलासः—

यानस्थानासनादीनां मुखनेत्रादिकर्मणाम् ॥ ९९ ॥
विशेषस्तु विलासः स्यादिष्टसंदर्शनादिना ।

यथा—

'अत्रान्तरे किमपि वाग्विभवातिवृत्तवैचित्र्यमुल्लसितविभ्रममायताक्ष्याः ।
तद्भूरिसात्त्विकविकारमपास्तधैर्यमाचार्यकं विजयि मान्मथमाविरासीत् ॥'

अथ विच्छित्तिः—

स्तोकाप्याकल्परचना विच्छित्तिः कान्तिपोषकृत् ।

यथा—

'स्वच्छाम्भःस्नपनविधौतमङ्गमोष्ठस्ताम्बूलद्युतिविशदो विलासिनीनाम् ।

न कानों के भूषणों को उतार कर पृथ्वी पर फेंकती है। भीतर के घर में झरोखे से बाहर की ओर झाँकती हुई सखी के मुँह की ओर वह कामिनी केवल आँसू भरी दृष्टि डालती है।

उक्तेति—आत्मश्लाघा से युक्त अचञ्चल मनोवृत्ति को 'धैर्य' कहते हैं। यथा **ज्वलतु इति**—कामोद्विग्न विरहिणी की उक्ति है—प्रत्येक रात्रि में सम्पूर्ण चन्द्रमा प्रदीप्त होता रहे और कामदेव भी जलाता रहे। मृत्यु से अधिक और क्या कर लेगा ? मेरे प्रियतम और पिता तथा माता सभी जगत् में प्रशंसित और निष्कलङ्क कुल वाले हैं। ये कुल निर्मल ही रहेंगे। इनमें कभी कलङ्क नहीं लगने पायेगा। हाँ, मैं न होऊँगी और मेरे प्राण न बच सकेंगे।

अङ्गैरिति—अनुरागातिशय के कारण अङ्ग, वेष, अलङ्कार तथा प्रेमभरे वचनों से प्रियतम के अनुकरण को 'लीला' कहते हैं। यथा—**मृणालेति**—कमलनाल का सर्प बनाकर उसे कंकण के स्थान पर धारण किये हुए और वेणी का जटाजूट बनाये हुए लीला से शङ्कर का अनुकरण करनेवाली पार्वती देवी जगत् की रक्षा करे।

यानेति—प्रिय वस्तु के दर्शनादि से गति, स्थिति आसन आदि की तथा मुख नेत्रादि के व्यापारों की विशेषता (विलक्षणता) को 'विलास' कहते हैं। उदाहरण—**अत्रेति**—इस अवसर में उस विशालनयनी का कुछ अकथनीय विलासों से युक्त, स्वेद, रोमाञ्चादि सात्त्विक विकारों से पूर्ण, धैर्यरहित लोकोत्तर काम कौशल प्रकट हुआ।

स्तोकेति—कान्ति को बढ़ानेवाली थोड़ी भी वेष-रचना 'विच्छित्ति' कहाती है। **स्वच्छेति**—निर्मल जल

वासस्तु प्रतनु विविक्तमस्त्विती यानाकल्पो यदि कुसुमेषुणा न शून्यः ॥'

अथ बिब्बोकः—

बिब्बोकस्त्वतिगर्वेण वस्तुनीष्टेऽप्यनादरः ॥१००॥

यथा—

'यासां सत्यपि सद्गुणानुसरणे दोषानुवृत्तिः परा
याः प्राणान्वरमर्पयन्ति न पुनः संपूर्णदृष्टिं प्रिये।
अत्यन्ताभिमतेऽपि वस्तुनि विधिर्यासां निषेधात्मक-
स्तास्त्रैलोक्यविलक्षणप्रकृतयो वामाः प्रसीदन्तु ते ॥'

अथ किलकिञ्चितम्—

स्मितशुष्करुदितहसितत्रासक्रोधश्रमादीनाम् ।
सांकर्यं किलकिञ्चितमभीष्टतमसंगमादिजाद्धर्षात् ॥१०१॥

यथा—

'पाणिरोधमविरोधितवाञ्छं भर्त्सनाश्च मधुरस्मितगर्भाः ।
कामिनः स्म कुरुते करभोरूर्हारि शुष्करुदितं च सुखेऽपि ॥'

अथ मोट्टायितम्—

तद्भावभाविते चित्ते वल्लभस्य कथादिषु ।
मोट्टायितमिति प्राहुः कर्णकण्डूयनादिकम् ॥१०२॥

यथा—

'सुभग, त्वत्कथारम्भे कर्णकण्डूतिलालसा ।
उज्जृम्भवदनाम्भोजा भिनत्त्यङ्गानि साऽङ्गना ॥'

अथ कुट्टमितम्—

केशस्तनाधरादीनां ग्रहे हर्षेऽपि संभ्रमात् ।

के स्नान से विशुद्ध अङ्ग और ताम्बूलराग से कमनीय ओष्ठ एवम् सुन्दर स्वच्छ बारीक वस्त्र, बस इतना ही आभूषण विलासवती रमणियों के लिये बहुत है—यदि वह कामकलाओं के चमत्कार से शून्य न हो।

बिब्बोक इति—अति गर्व के कारण अभिलषित वस्तु में भी अनादर दिखाना 'बिब्बोक' कहाता है। यथा—यासामिति—मन में सद्गुणों का अनुसरण होने पर भी जो वाणी से प्रायः वस्तुओं में केवल दोष ही बताती हैं, जो प्राणों को भले ही दे दें, परन्तु प्रियतम की ओर पूरी दृष्टि नहीं देतीं, अत्यन्त अभिमत वस्तु में भी जिनकी विधि निषेधरूप ही हुआ करती है अर्थात् जो किसी वस्तु को सीधे नहीं माँगतीं, निषेध के द्वारा ही विधान करती हैं, वे तीनों लोकों से विलक्षण प्रकृतिवाली वामा तुम पर प्रसन्न हों। यह आशीर्वाद है।

स्मितेति—अति प्रिय वस्तु के मिलने आदि के कारण उत्पन्न हुए हर्ष से कुछ मुसकुराहट, कुछ 'शुष्क-रुदित' अर्थात् अकारण रोदनाभास, कुछ हास, कुछ त्रास, कुछ क्रोध, कुछ श्रमादि के विचित्र मिश्रण को 'किलकिञ्चित' कहते हैं।

उदाहरण—पाणिरोधमिति—जिसमें प्रियतम की इच्छा का विघात न हो इस प्रकार सुन्दरी उसका हाथ रोकती है। मधुर मधुर मुसकुराहट के साथ झिड़कती है और सुख होने पर भी मनोहर 'शुष्करोदन' (नकली रोना) करती है।

मोट्टायित का लक्षण—तद्भावेति—प्रियतम की कथा आदि के प्रसङ्ग में अनुराग (भाव) से व्याप्त चित्त होने पर कामिनी की कान खुजाने आदि की चेष्टा को 'मोट्टायित' कहते हैं। यथा—सुभगेति—हे सुन्दर, तुम्हारी बात छिड़ने पर वह कामिनी कान खुजाने लगती है, जँभाई लेने लगती है, और अँगड़ाई लेने लगती है।

केशस्तनेति—केश, स्तन, अधर आदि के ग्रहण करने से हर्ष होने पर भी घबराहट के साथ शिर और

आहुः कुट्टमितं नाम शिरःकरविधूननम् ॥१०३॥

यथा—

'पल्लवोपमितिसाम्यसपक्षं दष्टवत्यधरबिम्बमभीष्टे ।
पर्यकूजि सरुजेव तरुण्यास्तारलोलवलयेन करेण ॥'

अथ विभ्रमः—

त्वरया हर्षरागादेर्दयितागमनादिषु ।
अस्थाने विभ्रमादीनां विन्यासो विभ्रमो मतः ॥ १०४ ॥

हाथों के विशेष परिचालन को 'कुट्टमित' कहते हैं। यथा—**पल्लवेति**—प्रियतम के द्वारा पल्लवतुल्य अधरबिम्ब के दष्ट होने पर तरुणी का मणि कंकणयुक्त हाथ चञ्चल हो उठा। मानो—वह दर्द के मारे झनझना उठा। यह महाकवि माघ का पद्य है। इसमें 'उपमिति' 'साम्य' और 'सपक्ष' ये तीन पद अनावश्यक तथा पुनरुक्त हैं। इनमें से किसी एकसे ही काम चल सकता है।

'अधर' के साथ 'बिम्ब' शब्द जोड़ देने से यहाँ अभीष्ट अर्थ और भी अस्पष्ट हो गया है। वस्तुतः महाकवि माघ जो बात कहना चाहते हैं उसे अनेक व्यर्थ शब्द जोड़ने पर भी ठीक २ कह नहीं पाते। यह कविता की अप्रौढता का सूचक है। आपका तात्पर्य है—**पल्लवोपमित्या यत्साम्यं तेन सपक्षे। निरूपितत्वं तृतीयार्थः। पल्लवोपमितिनिरूपितं यत्साम्यं तन्निरूपितसपक्षत्ववतीत्यर्थः।** आप कहना तो यह चाहते हैं कि 'कर' और 'अधर' ये दोनों 'सपक्ष' (एक पक्ष के=साथी) हैं। क्योंकि इन दोनों को पल्लव की उपमा दी जाती है। 'करपल्लव' और 'अधरपल्लव' कहाते हैं। इसी कारण जब अधरपल्लव पर चोट पहुँची तो उसका साथी करपल्लव भी मानों उसी के दुःख से दुःखित होकर कराहने लगा। कंकण के झणत्कार के व्याज से करपल्लव की वेदना का आर्तनाद प्रकट हुआ। परन्तु इस भाव को प्रकट करने में महाकवि माघ के शब्द अत्यन्त शिथिल और अपुष्कल हैं। 'पल्लवोपमितिसाम्यसपक्षम्' के 'द्राविडप्राणायाम' से यह बात स्पष्ट प्रतीत नहीं होती। सबसे बड़ी त्रुटि यहाँ 'अधर' के साथ 'बिम्ब' शब्द को जोड़ कर की है। जब उसे पल्लव की उपमा के कारण ही 'कर' का सपक्ष बनाना है तो फिर 'बिम्ब' की उपमा के साथ उसके घसीटने से क्या लाभ? यह तो और भी विपरीत हो गया!! 'अभीष्टे' पद श्रुतिकटु भी है और अर्थ की दृष्टि से यहाँ अनुचित भी है। जिसने अपने सपक्ष (अधर) को घायल किया हो, और अपने को दुःखित किया हो, उसे 'अभीष्ट' कौन कहेगा? इस प्रकार की फौजदारी करनेवाले को पुलिस के हवाले किया जाता है या उसे 'अभीष्ट' बताया जाता है? इसके अतिरिक्त 'प्रिय' और 'प्रिया' शब्द जिस प्रकार नायक-नायिका के बोधक होते हैं उस प्रकार 'अभीष्ट' और 'अभीष्टा' न तो बोधक हैं, न इनका ऐसे अवसर पर प्रयोग ही कोई करता है। सारांश यह कि यहाँ महाकवि माघ ने जिस ढंग से अर्थ का उपन्यास किया है वह कविता की दरिद्रता का सूचक है। इसी भाव को यदि निम्नलिखित ढंग से प्रकट किया जाय तो वह सरलता से हृदयङ्गम हो सकेगा।

मन्ये दन्तक्षतं वीक्ष्य सपक्षेऽधरपल्लवे ।
रुजेव कङ्कणक्वाणैश्चुकूज करपल्लवः ॥

अथवा—

कान्तेन दष्टेऽधरपल्लवेऽथ दन्तक्षतं वीक्ष्य निजे सपक्षे ।
रुजेव शिञ्जन्मणिकङ्कणेन चिरं चुकूजे करपल्लवेन ॥

'कर' और 'अधर' में सपक्षता क्यों है, इस बात को अब अलग से समझाने की आवश्यकता नहीं रही। 'करपल्लव' और 'अधरपल्लव' ये शब्द ही अपनी बात समझाने के लिये पर्याप्त हैं। इस दशा में माघ के 'उपमिति', 'साम्य' 'बिम्ब' और 'अभीष्ट' पद भी निकल गये हैं। 'कान्तेन' में 'अभीष्टे' के समान दोष नहीं है। माघ काव्य की विशेष आलोचना हमने 'महाकविर्माघः' नामक निबन्ध में की है।

त्वरयेति—प्रियतम के आगमन आदि के समय हर्ष और अनुराग आदि के कारण जल्दी के मारे भूषणादि का और की और जगह लगा लेना 'विभ्रम' कहाता है।

यथा--

श्रुत्वाऽऽयान्तं बहिः कान्तमसमाप्तविभूषया ।
भालेऽञ्जनं दृशोर्लाक्षा कपोले तिलकः कृतः ॥'

अथ ललितम्--

सुकुमारतयाङ्गानां विन्यासो ललितं भवेत् ।

यथा--

'गुरुतरकलनूपुरानुनादं सललितनर्तितवामपादपद्मा ।
इतरदनतिलोलमादधाना पदमथ मन्मथमन्थरं जगाम ॥'

अथ मदः--

मदो विकारः सौभाग्ययौवनाद्यवलेपजः ॥ १०५ ॥

यथा--

'मा गर्वमुद्वह कपोलतले चकास्ति कान्तस्वहस्तलिखिता मम मञ्जरीति ।
अन्यापि किं न खलु भाजनमीदृशीनां वैरी न चेद्भवति वेपथुरन्तरायः ॥'

अथ विहृतम्--

वक्तव्यकालेऽप्यवचो व्रीडया विहृतं मतम् ।

यथा--

दूरागतेन कुशलं पृष्टा नोवाच सा मया किंचित् ।
पर्यश्रुणी तु नयने तस्याः कथयांबभूवतुः सर्वम् ॥'

अथ तपनम्--

तपनं प्रियविच्छेदे स्मरावेगोत्थचेष्टितम् ॥ १०६ ॥

यथा मम--

'श्वासान्मुञ्चति, भूतले विलुठति, त्वन्मार्गमालोकते,
दीर्घं रोदिति, विक्षिपत्यत इतः क्षामां भुजावल्लरीम् ।

उदाहरण -श्रुत्वेति--कान्त को बाहर आया हुआ सुनकर शृङ्गार करती हुई कान्ता ने जल्दी में घबराकर अंजन तो माथे पर लगा लिया और लाक्षा अर्थात् अधरराग या महावर नेत्रों में आंज ली एवं तिलक कपोल पर लगा लिया ।

सुकुमारतयेति--अङ्गों का सुकुमारता से रखना 'ललित' कहाता है । गुरुतरेति--नूपुर की गम्भीर मधुर ध्वनि करती हुई सुकुमारता से बायें पैर को नचाती हुई और दूसरे को भी धीरे से ('अनतिलोलम्') रखती हुई वह हंसगामिनी कामिनी स्मरमन्थर (कामोद्दीपन के कारण मन्द) गति से गई ।

मद इति--सौभाग्य, यौवन आदि के घमण्ड से उत्पन्न मनोविकार को 'मद' कहते हैं । मा गर्वमिति--सपत्नी की उक्ति है । मेरे कपोलतल में प्रियतम के हाथ की बनाई मञ्जरी सुशोभित है, यह समझकर तू घमण्ड मत कर । यदि वैरी वेपथु (सात्त्विक कम्प) विघ्न न करता तो क्या तेरी जैसी मञ्जरी और के (मेरे) भी न होती ? इस पद्य में "तू कान्त के स्पर्श के समय भी सात्त्विक-विकारशून्य, शिलाशकल की तरह बैठी रहती है" इस व्यञ्जना के द्वारा गर्वित सपत्नी की अधन्यता और वेपथु के कारण अपने कपोल पर अनुल्लिखित मञ्जरी के द्वारा अपनी धन्यता द्योतित होती है ।

वक्तव्येति--लज्जा के कारण कहने के समय भी बात का न कहना 'विहृत' कहाता है । यथा--दूरेति--दूरदेश से लौटने पर जब मैंने कुशल पूँछी तो वह कुछ न बोली, परन्तु उसकी आँसू भरी आँखों ने सब कुछ कह दिया ।

तपनमिति--प्रियतम के वियोग में कामोद्वेग की चेष्टाओं को तपन कहते हैं । यथा--श्वासानिति--दूती का वचन नायक से । तुम्हारे वियोग में वह सुकुमारी लम्बी २ साँसें लेती है, पृथ्वी पर लोटती है, तुम्हारी

किच, प्राणसमान, काङ्क्षितवती स्वप्नेऽपि ते संगमं
निद्रां वाञ्छति, न प्रयच्छति पुनर्दग्धो विधिस्तामपि ॥'

अथ मौग्ध्यम्--

अज्ञानादिव या पृच्छा प्रतीतस्यापि वस्तुनः।
वल्लभस्य पुरः प्रोक्तं मौग्ध्यं तत्तत्त्ववेदिभिः॥ १०७॥

यथा--

'के द्रुमास्ते क वा ग्रामे सन्ति केन प्ररोपिताः। नाथ, मत्कङ्कणन्यस्तं येषां मुक्ताफलं फलम्॥'

अथ विक्षेपः--

भूषाणामर्धरचना मिथ्या विष्वगवेक्षणम्।
रहस्याख्यानमीषच्च विक्षेपो दयितान्तिके॥ १०८॥

यथा--

'धम्मिल्लमर्धयुक्तं कलयति तिलकं तथाऽसकलम्।
किंचिद्वदति रहस्यं चकितं विष्वग्विलोकते तन्वी॥

अथ कुतूहलम्--

रम्यवस्तुसमालोके लोलता स्यात्कुतूहलम्।

यथा--

'प्रसाधिकालम्बितमग्रपादमाक्षिप्य काचिद् द्रवरागमेव।
उत्सृष्टलीलागतिरागवाक्षादलक्तकाङ्कां पदवीं ततान॥'

अथ हसितम्--

हसितं तु वृथा हासो यौवनोद्भेदसंभवः॥ १०९॥

यथा--

'अकस्मादेव तन्वङ्गी जहास यदियं पुनः। नूनं प्रसूनबाणोऽस्यां स्वाराज्यमधितिष्ठति।'

राह देखती है, देर तक रोती है और दुर्बल भुजलता को इधर उधर पटकती है। हे प्राणप्रिय! स्वप्न में ही तुम्हारा समागम हो जाय, इस अभिलाष से निद्रा चाहती है, परन्तु दुर्दैव उसे सोने भी नहीं देता।

अज्ञानादिति--जानी पूँछी वस्तु को भी वल्लभ के आगे अनजानपने से पूँछना 'मौग्ध्य' कहाता है। यथा--**के इति**--हे नाथ, मेरे कङ्कण में जड़ा हुआ मुक्ताफल जिनका फल है, वे कौन से पेड़ हैं और किस गाँव में किसने लगाये हैं?

भूषेति--वल्लभ के समीप भूषणों की आधी रचना और विना कारण ही इधर उधर देखना, एवं धीरे से कुछ रहस्य कहना 'विक्षेप' कहाता है। यथा--

धम्मिल्लेति--केशपाश (धम्मिल्ल) को आधा ही भूषित करती है और तिलक भी अधूरा ही लगाती है। कुछ रहस्य कहती है और वह रमणी चकित होकर इधर उधर देखती है।

रम्येति--रमणीय वस्तु के देखने के लिये चञ्चल होना 'कुतूहल' कहाता है। यथा **प्रसाधिकेति**--जब रघु के कुमार अज की बरात निकली थी उस समय उसे देखने के लिये आकुल नगरनारियों का वर्णन कविकुलगुरु श्रीकालिदास ने रघुवंश में किया है। उन्हीं में का यह एक पद्य है। **अर्थ**--किसी स्त्री ने 'प्रसाधिका' (अलङ्कर्त्री=महावर लगानेवाली) के हाथ से अपने गीले ही पैर को झटक कर मन्दगति छोड़कर जल्दी २ गमन करके जहाँ से बरात दीखती थी उस झरोखे तक मार्ग को लाक्षाराग से अङ्कित कर दिया।

हसितमिति--यौवनोद्गम से उत्पन्न अकारण हास को 'हसित' कहते हैं। **अकस्मादिति**--यह

अथ चकितम्—

कुतोऽपि दयितस्याग्रे चकितं भयसंभ्रमः ।

यथा—

'त्रस्यन्ती चलशफरीविघट्टितोरूर्वामोरूरतिशयमाप विभ्रमस्य ।
क्षुभ्यन्ति प्रसभमहो विनापि हेतोर्लीलाभिः किमु सति कारणे तरुण्यः ॥'

अथ केलिः—

विहारे सह कान्तेन क्रीडितं केलिरुच्यते ॥ ११० ॥

यथा—

'व्यपोहितुं लोचनतो मुखानिलैरपारयन्तं किल पुष्पजं रजः ।
पयोधरेणोरसि काचिदुन्मनाः प्रियं जघानोन्नतपीवरस्तनी ॥'

अथ मुग्धाकन्ययोरनुरागेङ्गितानि—

दृष्ट्वा दर्शयति व्रीडां सम्मुखं नैव पश्यति ।
प्रच्छन्नं वा भ्रमन्तं वाऽतिक्रान्तं पश्यति प्रियम् ॥ १११ ॥
बहुधा'पृच्छ्यमानापि मन्दमन्दमधोमुखी ।
सगद्गदस्वरं किञ्चित्प्रियं प्रायेण भाषते ॥ ११२ ॥
अन्यैः प्रवर्तितां शश्वत्सावधाना च तत्कथाम् ।
शृणोत्यन्यत्र दत्ताक्षी प्रिये बालानुरागिणी ॥ ११३ ॥

अथ सकलानामपि नायिकानामनुरागेङ्गितानि—

चिराय सविधे स्थानं प्रियस्य बहु मन्यते ।
विलोचनपथं चास्य न गच्छत्यनलंकृता ॥ ११४ ॥
कापि कुन्तलसंव्यानसंयमव्यपदेशतः ।

रमणी अचानक ही जो हँस पड़ी, इससे विदित होता है कि निःसन्देह इसके मन में कामदेव का अक्षत राज्य हो रहा है।

कुतोऽपीति—प्रियतम के आगे अकारण ही डरना और घबराना 'चकित' कहाता है। यथा—**त्रस्यन्तीति**—जलविहार के समय चञ्चल छोटी मछली के जाँघ पर टकरा जाने से डरी हुई रमणी विभ्रम (विशेष भ्रम या विलास) के अतिशय को प्राप्त हुई। एकदम तड़प गई। तरुणियाँ विना कारण भी लीला से ही अत्यन्त क्षुब्ध हो जाया करती हैं, कारण उपस्थित होने पर तो कहना ही क्या है ? (माघकाव्य, अष्टम सर्ग)

विहार इति—कान्त के साथ विहार में कामिनी की क्रीडा को 'केलि' कहते हैं। यथा—**व्यपोहितुमिति**—नेत्रों में लगे हुए पुष्परज को फूँक से दूर न कर सकते हुए कान्त को उस उत्कण्ठिता उन्नत पीवरस्तनी तरुणी ने पयोधर से धक्का दिया।

अब मुग्धा और कन्याओं की अनुरागचेष्टायें बताते हैं। **दृष्ट्वेति**—प्रियतम को देखकर लज्जा करती है। उसके सामने नहीं देखती। प्रच्छन्न (आँख ओट) अथवा घूमते हुए यद्वा जाते हुए कान्त को देखती है। बहुत बार पूँछने पर भी नीची गरदन किये हुए गद्गद स्वर से धीरे धीरे प्रियतम से कुछ कहती है। औरों से चलाई हुई प्रियतम की चर्चा को अनुरागवती बाला बहुत सावधान होकर, दूसरी ओर दृष्टि दिये हुए ही सुनती है।

अब सब नायिकाओं की अनुरागचेष्टाएँ बताते हैं। **चिरायेति**—प्रिय के पास देर तक ठहरने को सौभाग्य समझती है और प्रियतम के सामने विना अलंकार किये नहीं जाती। कोई कोई तो केश और वस्त्रादि को ठीक

बाहुमूलं स्तनौ नाभिपङ्कजं दर्शयेत्स्फुटम् ॥ ११५ ॥
आह्लादयति वागाद्यैः प्रियस्य परिचारकान्।
विश्वसित्यस्य मित्रेषु बहु मानं करोति च ॥ ११६ ॥
सखीमध्ये गुणान्ब्रूते स्वधनं प्रददाति च।
सुप्ते स्वपिति दुःखेऽस्य दुःखं धत्ते सुखे सुखम् ॥ ११७ ॥
स्थिता दृष्टिपथे शश्वत्प्रिये पश्यति दूरतः।
आभाषते परिजनं सम्मुखं स्मरविक्रियम् ॥ ११८ ॥
यत्किंचिदपि संवीक्ष्य कुरुते हसितं मुधा।
कर्णकण्डूयनं तद्वत्कबरीमोक्षसंयमौ ॥ ११९ ॥
जृम्भते स्फोटयत्यङ्गं बालमाश्लिष्य चुम्बति।
भाले तथा वयस्याया रचयेत्तिलकक्रियाम् ॥ १२० ॥
अङ्गुष्ठाग्रेण लिखति सकटाक्षं निरीक्षते।
दशति स्वाधरं चापि ब्रूते प्रियमधोमुखी ॥ १२१ ॥
न मुञ्चति च तं देशं नायको यत्र दृश्यते।
आगच्छति गृहं तस्य कार्यव्याजेन केनचित् ॥ १२२ ॥
दत्तं किमपि कान्तेन धृत्वाङ्गे मुहुरीक्षते।
नित्यं हृष्यति तद्योगे वियोगे मलिना कृशा ॥ १२३ ॥
मन्यते बहु तच्छीलं तत्प्रियं मन्यते प्रियम्।
प्रार्थयत्यल्पमूल्यानि सुप्ता न परिवर्तते ॥ १२४ ॥
विकारान्सात्त्विकानस्य सम्मुखीनाऽधिगच्छति।
भाषते सूनृतं स्निग्धमनुरक्ता नितम्बिनी ॥ १२५ ॥

करने के बहाने अपने बाहुमूल, स्तन और नाभि को साफ साफ दिखा देती है। प्रिय के परिचारकों (नौकर चाकरों) को मधुर वाणी आदि से संतुष्ट करती है और उसके मित्रों पर विश्वास करती है तथा उनका आदर करती है। **सखीमध्ये इति**--सखियों के मध्य प्रिय के गुणों का कीर्तन करती है और अपना धन भी देती है। प्रिय के सो जाने पर सोती है। उसके दुःख में दुःखी और सुख में सुखी होती है। दूर से देखते हुए प्रियतम के दृष्टिपथ में (नजर के सामने) स्थित होकर अपने परिजन (सखी सहेली आदि) के आगे कामविकारों का कथन करती है। (**स्मरस्य विक्रिया यस्मिन् तद् यथा स्यात्तथा**) कुछ भी देखकर योंही हँस पड़ती है। कान खुजाती है तथा चोटी खोलती-बाँधती है। जँभाई लेती है और अँगड़ाती है। एवं किसी बालक का आलिङ्गन करके चुम्बन करती है। अपनी सखी के ललाट पर तिलक लगाती है। पैर के अँगूठे से जमीन कुरेदती है। तिरछी नजर से देखती है। अपना होंठ चबाती है और नीची गरदन करके प्रिय से बात करती है। एवं उस स्थान को, जहाँ से नायक दीखता हो, नहीं छोड़ती। किसी काम के बहाने नायक के घर आती है और उसकी दी हुई वस्तु को धारण करके बार बार देखती है। संयोग में सदा हर्षित रहती है और वियोग में मलिन और कृश रहती है। उसके स्वभाव को बहुत अच्छा मानती है और उसकी प्रिय वस्तुओं को प्रिय समझती है। थोड़े मूल्य की वस्तुएँ माँगती है और शयन में विमुख नहीं होती। कान्त के सामने आने पर सात्त्विक विकारों को प्राप्त होती है एवम् अनुरागवती रमणी सूनृत (प्रिय और सत्य) तथा स्नेहपूर्ण भाषण करती है।

एतेष्वधिकलज्जानि चेष्टितानि नवस्त्रियाः ।
मध्यव्रीडानि मध्यायाः स्रंसमानत्रपाणि तु ॥१२६॥
अन्यस्त्रियाः प्रगल्भायास्तथा स्युर्वारयोषितः ।

दिङ्मात्रं यथा मम—

'अन्तिकगतमपि मामयमनलोकयतीव हन्त दृष्ट्वापि ।
सरसनखक्षतलक्षितमाविष्कुरुते भुजामूलम् ॥'

तथा—

लेखाप्रस्थापनैः स्निग्धैर्वीक्षितैर्मृदुभाषितैः ॥१२७॥
दूतीसंप्रेषणैर्नार्या भावाभिव्यक्तिरिष्यते ।

दूत्यश्च—

दूत्यः सखी नटी दासी धात्रेयी प्रतिवेशिनी ॥१२८॥
बाला प्रव्रजिता कारूः शिल्पिन्याद्याः स्वयं तथा ।

कारू रजकीप्रभृतिः । शिल्पिनी चित्रकारादिस्त्री । आदिशब्दात्ताम्बूलिकगान्धिकस्त्रीप्रभृतयः । तत्र सखी यथा--'श्वासान्मुञ्चति--' इत्यादि ।

स्वयंदूती यथा मम—

पन्थिअ पिआसिओ विअ लच्छीअसि जासि ता किमण्णत्तो ।
ण मणापि वारओ इध अत्थि घरे घणरसं पिअन्ताणम् ॥

एताश्च नायिकाविषये नायकानामपि दूत्यो भवन्ति ।

एतेष्विति—इनमें नवोढा की चेष्टायें अधिक लज्जा से युक्त होती हैं, मध्या की थोड़ी लज्जासे युक्त होती हैं और परकीया, प्रगल्भा तथा वेश्याकी चेष्टायें निर्लज्जता पूर्ण होती हैं। कुछ चेष्टाओं के उदाहरण में ग्रन्थकार अपना ही बनाया श्लोक देते हैं । **अन्तिकेति**—पास खड़े हुए मुझको देखकर भी यह कामिनी न देखती हुई सी—अनजान की भांति—नवीन नखक्षत से चिह्नित अपने भुजमूल को प्रकाशित करती है ।

इस पद्य में **'अनलोकयतीव'** यह अशुद्ध है । यदि यहाँ शतृ प्रत्यय मानें तो लोकयन्ती होना चाहिये, क्योंकि **'शप्श्यनोर्नित्यम्'** इस सूत्र से नित्य नुम् होगा । और यदि **'लोकयति'** क्रिया मानें तो नञ् के साथ समास नहीं हो सकता । यदि समास हो भी जाय तो भी **'अनलोकयति'** नहीं बन सकता **'अलोकयति'** ही रह सकता है । यदि **'अवलोकयति'** पाठ मानें तो अर्थ नहीं बनता, क्योंकि नञर्थ होना आवश्यक है । और **'अन'** कोई अव्यय नहीं है, अतः यह सर्वथा अशुद्ध है । इसी प्रकार **'भुजामूलम्'** भी कुछ शिथिल है। भुजा शब्द स्त्रीलिङ्ग में नहीं प्रयुक्त होता। **'भुजबाहू प्रविष्टो दोः'** इस अमरकोष आदि के अनुसार **'भुज'** शब्द पुँल्लिङ्ग है और **भुजे भुजङ्गेन्द्रसमानसारे'**, **'भुजनिर्जितकार्तवीर्यः'** इत्यादिकों में पुँल्लिङ्ग ही प्रयुक्त है। यदि **'आमूलम्'** पदच्छेद करें तो भी **'आ'** पद निरर्थक होने से कविता में अव्युत्पत्ति सूचित करेगा। पूर्वार्ध में **'अन्तिकगतमपि'** **'दृष्ट्वापि'** का 'डबल' 'अपि' शब्द भी शैथिल्य सूचित करता है । सम्भव है विश्वनाथजी की बाल्यकाल की कविता का यह नमूना हो, परन्तु विना सोचे समझे इसे ग्रन्थ में रखना ठीक नहीं था।

लेखेति—लेख भेजने, स्नेह भरी दृष्टि से देखने, मृदु भाषण करने तथा दूती के भेजने से नारियों के भाव की अभिव्यक्ति होती है । **दूत्य इति**—सखी, नटी, दासी, धाई की लड़की, पड़ोसिन, बालिका, संन्यासिनी, धोबिन, रंगरेजिन, तमोलिन तथा तसवीर बनानेवाली आदि स्त्रियाँ दूती का काम करती हैं और कहीं २ नायिका ही स्वयंदूती होती है ।

उनमें से सखी का उदाहरण 'श्वासान् मुञ्चति' इत्यादि पूर्वोक्त पद्य । स्वयं दूती यथा—**पन्थिअ इति— "पथिक पिपासित इव लक्ष्यसे यासि तत्किमन्यतः । न मनागपि वारकोऽत्र घनरसं पिबताम्"** । अर्थ—हे बटोही ! कुछ प्यासे से मालूम होते हो । फिर दूसरी ओर क्यों जाते हो ? इस घर में 'घनरस' पीनेवालों को

दूतीगुणानाह--

कलाकौशलमुत्साहो भक्तिश्चित्तज्ञता स्मृतिः ॥१२९॥
माधुर्यं नर्मविज्ञानं वाग्मिता चेति तद्‌गुणाः।
एता अपि यथौचित्यादुत्तमाधममध्यमाः ॥१३०॥

एता दूत्यः। अथ प्रतिनायकः—

धीरोद्धतः पापकारी व्यसनी प्रतिनायकः।

यथा--रामस्य रावणः। अथोद्दीपनविभावाः--

उद्दीपनविभावास्ते रसमुद्दीपयन्ति ये ॥१३१॥

ते च--

आलम्बनस्य चेष्टाद्या देशकालादयस्तथा।

चेष्टाद्या इत्याद्यशब्दाद्रूपभूषणादयः। कालादीत्यादिशब्दाच्चन्द्रचन्दनकोकिलालापभ्रमरझंकारादयः। तत्र चन्द्रोदयो यथा मम--

'करमुदयमहीधरस्तनाग्रे गलिततमःपटलांशुके निवेश्य।
विकसितकुमुदेक्षणं विचुम्बत्ययममरेशदिशो मुखं सुधांशुः॥'

यो यस्य रसस्योद्दीपनविभावः स तत्स्वरूपवर्णने वक्ष्यते। अथानुभावाः—

उद्‌बुद्धं कारणैः स्वैः स्वैर्बहिर्भावं प्रकाशयन् ॥ १३२ ॥
लोके यः कार्यरूपः सोऽनुभावः काव्यनाट्ययोः।

ज़रा भी रोकटोक करनेवाला कोई नहीं। एताश्चेति—ये ही पूर्वोक्त स्त्रियाँ नायिकाओं के प्रति नायक की ओर से भी दूती होती हैं।

दूती के गुण कहते हैं। कलेति—कलाओं में कुशलता, उत्साह, स्वामिभक्ति, दूसरे के अभिप्राय को समझना, अच्छी स्मृति, वाणी में मधुरता, भावभरी वक्रोक्ति आदि में निपुणता, बोलने की अच्छी शक्ति ये दूतियों के गुण हैं। दूतियाँ भी औचित्य से उत्तम, मध्यम और अधम हुआ करती हैं।

आलम्बन विभाव के प्रसङ्ग से नायक और नायिकाओं का सपरिकर कथन करके वीररस के आलम्बन विभाव (प्रतिनायक) का वर्णन करते हैं—धीरोद्धत इति—धीरोद्धत (पूर्वोक्त लक्षण) पापी और काम क्रोधादि से उत्पन्न व्यसनों में फँसा हुआ पुरुष 'प्रतिनायक' कहाता है। जैसे श्रीरामचन्द्रजी का रावण।

उद्दीपन विभाव बताते हैं। उद्दीपनेति—जो रस को उद्दीपित करते हैं वे उद्दीपन विभाव कहाते हैं। जैसे नायक, नायिका, प्रतिनायक प्रभृति की चेष्टा और उपयुक्त देश कालादिक ये सब उद्दीपक होने से उद्दीपन विभाव कहाते हैं। 'चेष्टाद्याः' इस आद्य पद से रूप, भूषण आदि जानना। 'कालादि' इस आदि पद से चन्द्रमा, चन्दन, कोकिलों का आलाप और भ्रमरों की झंकार आदि जानना।

उदाहरण—करेति—यह चन्द्रमा उदयाचलरूप स्तन के अग्रभाग में कर (किरण अथवा हाथ) रख के जिससे अन्धकारपटलरूप वस्त्र (घूँघट) गिर गया है और कुमुदरूप नेत्र जिसमें विकसित हैं ऐसे इन्द्र की दिशा (पूर्व दिशा) के मुख का चुम्बन करता है। अर्थात् चन्द्रमा उदित होता है। यहां भागत्याग लक्षणा से 'मुख' का अर्थ आदि भाग और 'चुम्बन' का अर्थ संयोगमात्र है। क्योंकि वक्त्रसंयोग चन्द्रमा के पक्ष में संगत नहीं होता। कर, स्तन, अंशुक, ईक्षण, मुख और चुम्बन आदि शब्दों से चन्द्रमा में जारत्व और पूर्व दिशा में परकीयात्व प्रतीत होता है। विशेष उद्दीपन विभाव आगे कहेंगे।

अब अनुभाव का लक्षण करते हैं। उद्‌बुद्धमिति—सीता आदि आलम्बन तथा चन्द्रादि उद्दीपन कारणों से रामादि के हृदय में उद्‌बुद्ध रत्यादि को बाहर प्रकाशित करनेवाला, लोक में जो रति का कार्य

यः खलु लोके सीतादिचन्द्रादिभिः स्वैः स्वैरालम्बनोद्दीपनकारणै रामादेरन्तरुद्बुद्धं रत्यादिकं बहिः प्रकाशयन्कार्यमित्युच्यते, स काव्यनाट्ययोः पुनरनुभावः। कः पुनरसावित्याह—

उक्ताः स्त्रीणामलंकारा अङ्गजाश्च स्वभावजाः ॥ १३३ ॥

तद्रूपाः सात्त्विका भावास्तथा चेष्टाः परा अपि ।

तद्रूपा अनुभावस्वरूपाः। तत्र ये यस्य रसस्यानुभावः स तत्स्वरूपवर्णने वक्ष्यते। तत्र सात्त्विकाः--

विकाराः सत्त्वसंभूताः सात्त्विकाः परिकीर्तिताः ॥ १३४ ॥

सत्त्वं नाम स्वात्मविश्रामप्रकाशकारी कश्चनान्तरो धर्मः ॥

सत्त्वमात्रोद्भवत्वात्ते भिन्ना अप्यनुभावतः ।

'गोबलीवर्दन्यायेन' इति शेषः। के त इत्याह--

स्तम्भः स्वेदोऽथ रोमाञ्चः स्वरभङ्गोऽथ वेपथुः ॥ १३५ ॥

वैवर्ण्यमश्रु प्रलय इत्यष्टौ सात्त्विकाः स्मृताः ।

तत्र-- **स्तम्भश्चेष्टाप्रतीघातो भयहर्षामयादिभिः ॥ १३६ ॥**

वपुर्जलोद्गमः स्वेदो रतिघर्मश्रमादिभिः ।

हर्षाद्भुतभयादिभ्यो रोमाञ्चो रोमविक्रिया ॥ १३७ ॥

मदसंमदपीडाद्यैर्वैस्वर्यं गद्गदं विदुः ।

रागद्वेषश्रमादिभ्यः कम्पो गात्रस्य वेपथुः ॥ १३८ ॥

विषादमदरोषाद्यैर्वर्णान्यत्वं विवर्णता ।

अश्रु नेत्रोद्भवं वारि क्रोधदुःखप्रहर्षजम् ।

प्रलयः सुखदुःखाभ्यां चेष्टाज्ञाननिराकृतिः ॥ १३९ ॥

कहाता है, वही काव्य और नाट्य में अनुभाव कहाता है। वह कार्य क्या है, यह कहते हैं—**उक्ता इति**—पूर्वोक्त अङ्गज तथा स्वभावज स्त्रियों के अलङ्कार एवं सात्त्विकभाव और रत्यादि से उत्पन्न अन्य चेष्टायें अनुभाव कहाती हैं। जो जिस रस का अनुभाव है उसे उसी के वर्णन में कहेंगे।

विकारा इति—सत्त्व गुण से उत्पन्न विकार सात्त्विक कहाते हैं। **सत्त्वमिति**—आत्मा में विश्रान्त होनेवाले रस का प्रकाशक, अन्तःकरण का विशेष धर्म 'सत्त्व' कहाता है। सात्त्विक, यद्यपि रत्यादि के कार्य होने के कारण, अनुभाव ही हैं, तथापि केवल सत्त्व से उत्पन्न होने के कारण 'गोबलीवर्द' न्याय से वे अन्य अनुभावों से भिन्न भी कहे जा सकते हैं। जैसे लोक में '**गावः समागताः बलीवर्दोऽपि समागतः**' ये दोनों वाक्य बोले जाते हैं। यहाँ यद्यपि 'गो' पद से बिजार (साँड़) का भी ग्रहण हो सकता है, अतः दूसरा वाक्य बोलना अत्यावश्यक नहीं, तथापि गौओं की अपेक्षा प्रधानता सूचन करने के लिये उसको पृथक् कहा जाता है। इसी प्रकार जो वस्तु अन्तर्गत होने पर भी किसी विशेष गुण के कारण पृथक् कही जाय वहाँ यह 'न्याय' संगत होता है।

स्तम्भ इति--भय, हर्ष, रोग आदि के कारण हस्त, पाद आदि की चेष्टाओं का रुक जाना 'स्तम्भ' कहाता है। सुरत, आतप, परिश्रम आदि के कारण शरीर से निकलनेवाले जल को 'स्वेद' (पसीना) कहते हैं। हर्ष, आश्चर्य तथा भय आदि के कारण रोंगटों के खड़े होने का नाम 'रोमांच' है। नशा, हर्ष तथा पीड़ा आदि के कारण गला भर आने को 'गद्गद' कहते हैं। राग, द्वेष तथा श्रम आदि से उत्पन्न शरीर के कम्प को 'वेपथु' कहते हैं। विषाद, मद, क्रोध आदि के कारण उत्पन्न हुए वर्णविकार को 'वैवर्ण्य' या 'विवर्णता' कहते हैं। क्रोध, दुःख और हर्ष से उत्पन्न नेत्रजल का नाम 'अश्रु' (आँसू) है। सुख अथवा दुःख के कारण चेष्टा और ज्ञान के नष्ट हो जाने का नाम 'प्रलय' है।

यथा मम—

'तनुस्पर्शादस्या दरमुकुलिते हन्त नयने उदञ्चद्रोमाञ्चं व्रजति जडतामङ्गमखिलम् ।
कपोलौ घर्मार्द्रौ ध्रुवमुपरताशेषविषयं मनः सान्द्रानन्दं स्पृशति झटिति ब्रह्म परमम् ॥'

एवमन्यत् । अथ व्यभिचारिणः--

विशेषादाभिमुख्येन चरणाद्व्यभिचारिणः ।
स्थायिन्युन्मग्ननिर्मग्नास्त्रयस्त्रिंशच्च तद्विदाः ॥ १४० ॥

स्थिरतया वर्तमाने हि रत्यादौ निर्वेदादयः प्रादुर्भावतिरोभावाभ्यामाभिमुख्येन चरणाद्व्यभिचारिणः कथ्यन्ते । के त इत्याह—

निर्वेदावेगदैन्यश्रममदजडता औग्र्यमोहौ विबोधः
स्वप्नापस्मारगर्वा मरणमलसतामर्षनिद्रावहित्थाः ।
औत्सुक्योन्मादशङ्काः स्मृतिमतिसहिता व्याधिसंत्रासलज्जा
हर्षासूयाविषादाः सधृतिचपलता ग्लानिचिन्तावितर्काः ॥१४१॥

तत्र निर्वेदः--

तत्त्वज्ञानापदीर्ष्यादेर्निर्वेदः स्वावमाननम् ।
दैन्यचिन्ताश्रुनिःश्वासवैवर्ण्योच्छ्वसितादिकृत् ॥ १४२ ॥

तत्त्वज्ञानान्निर्वेदो यथा—

'मृत्कुम्भवालुकारन्ध्रपिधानरचनार्थिना । दक्षिणावर्तशङ्खोऽयं हन्त चूर्णीकृतो मया ॥'

अथावेगः--

आवेगः संभ्रमस्तत्र हर्षजे पिण्डिताङ्गता ।

उदाहरण--**तनुस्पर्शादिति**--शरीर का स्पर्श करने से इस कामिनी के नयन-कमल कुछ मुकुलित (आनन्दविघूर्णित) होने लगे हैं । रोमाञ्चयुक्त सम्पूर्ण शरीर जडवत् हो गया है और कपोलों पर पसीना आ गया है । मालूम होता है अन्य सब विषयों से विमुख होकर इसका मन ब्रह्मानन्द के समान किसी सान्द्रसुख में विलीन हो रहा है । इसमें रोमाञ्च स्वेद और प्रलय का उदाहरण है । इसी प्रकार और भी जानना ।

विशेषेति-स्थिरतयेति—स्थिरता से विद्यमान रत्यादि स्थायीभाव में उन्मग्ननिमग्न अर्थात् आविर्भूत-तिरोभूत होकर निर्वेदादिभाव अनुकूलता से व्याप्त होते हैं । अतएव विशेष रीति से आभिमुख्यचरण के कारण इन्हें-'व्यभिचारी' कहते हैं । ये संख्या में तेंतीस होते हैं । **निर्वेदेति**—१ निर्वेद, २ आवेग, ३ दैन्य, ४ श्रम, ५ मद, ६ जडता, ७ औग्र्य, ८ मोह, ९ विबोध, १० स्वप्न, ११ अपस्मार, १२ गर्व, १३ मरण, १४ अलसता १५ अमर्ष, १६ निद्रा, १७ अवहित्था, १८ औत्सुक्य, १९ उन्माद, २० शङ्का, २१ स्मृति, २२ मति, २३ व्याधि, २४ संत्रास, २५ लज्जा, २६ हर्ष, २७ असूया, २८ विषाद, २९ धृति, ३० चपलता, ३१ ग्लानि, ३२ चिन्ता, ३३ वितर्क ये तेंतीस व्यभिचारी अथवा संचारी भाव कहाते हैं ।

इनका क्रम से लक्षण करते हैं--**तत्त्वेति**—तत्त्वज्ञान, आपत्ति और ईर्ष्या आदि के कारण अपने को धिक्कारने का नाम निर्वेद है । इससे दीनता, चिन्ता, आँसू, दीर्घश्वास, विवर्णता और उच्छ्वास आदि होते हैं । तत्त्वज्ञानजन्य निर्वेद का उदाहरण—**मृत्कुम्भेति**—विषयभोग और सांसारिक सुखों के लिये सम्पूर्ण आयु नष्ट करके पीछे किसी महात्मा के संसर्ग से तत्त्वज्ञान उत्पन्न होने पर अपनी पिछली करतूतों से 'निर्विण्ण' (पछताते हुए) किसी पुरुष की उक्ति है । कंकड़ी निकल जाने से उत्पन्न मिट्टी के घड़े के छेद ('बालुका-रन्ध्र') को बन्द करने के लिये हाय ! मैंने यह दक्षिणावर्त शङ्ख फोड़ डाला । यहाँ विषय सुखों को बालुका-रन्ध्र और जीवन को दक्षिणावर्त शङ्ख बताया है ।

आवेग इति--सम्भ्रम, (घबराहट) को आवेग कहते हैं । वह यदि हर्ष से उत्पन्न होता है तो उसमें

उत्पातजे स्रस्तताङ्गे धूमाद्याकुलताग्निजे ॥ १४३ ॥
राजविद्रवजादेस्तु शस्त्रनागादियोजनम् ।
गजादेः स्तम्भकम्पादि, पांस्वाद्याकुलतानिलात् ॥ १४४ ॥
इष्टाद्धर्षाः शुचोऽनिष्टाज्ज्ञेयाश्चान्ये यथायथम् ।

तत्र शत्रुजो यथा--

'अर्घ्यमर्घ्यमिति वादिनं नृपं सोऽनपेक्ष्य भरताग्रजो यतः ।
क्षत्रकोपदहनार्चिषं ततः संदधे दृशमुदग्रतारकाम् ॥'

एवमन्यदूह्यम् । अथ दैन्यम्—

दौर्गत्याद्यैरनौजस्यं दैन्यं मलिनतादिकृत् ॥ १४५ ॥

यथा—

'वृद्धोऽन्धः पतिरेष मञ्चकगतः, स्थूणावशेषं गृहं,
कालोऽभ्यर्णजलागमः, कुशलिनी वत्सस्य वार्तापि नो ।
यत्नात्संचिततैलबिन्दुघटिका भग्नेति पर्याकुला
दृष्ट्वा गर्भभरालसां निजवधूं श्वश्रूश्चिरं रोदिति ॥'

अथ श्रमः--

खेदो रत्यध्वगत्यादेः श्वासनिद्रादिकृच्छ्रमः ।

यथा—

'सद्यः पुरीपरिसरेऽपि शिरीषमृद्वी सीता जवात्त्रिचतुराणि पदानि गत्वा ।
गन्तव्यमस्ति कियदित्यसकृद् ब्रुवाणा रामाश्रुणः कृतवती प्रथमावतारम् ॥'

अथ मदः--

संमोहानन्दसंभेदो मदो मद्योपयोगजः ॥ १४६ ॥

शरीर संपिण्डित (संकुचित) हो जाता है और उत्पातजन्य आवेग में देह ढीली पड़ जाती है। एवम् अग्निजन्य आवेग में धुएँ आदि से व्याकुलता होती है। राजपलायनादिजन्य आवेग में शस्त्र, हाथी आदि की तय्यारी, हाथी आदि से उत्पन्न में स्तम्भ, कम्प आदि और वायुजन्य में धूलि आदि से व्याकुलता होती है। इष्टजन्य आवेग में हर्ष और अनिष्टजन्य में शोक होता है। इसी प्रकार और भी यथावत् समझ लेना चाहिये।

शत्रुजन्य 'आवेग' का उदाहरण देते हैं—अर्घ्यमिति—'अर्घ्य लाओ अर्घ्य' इस प्रकार अपने आदमियों से कहते हुए राजा दशरथ की ओर ध्यान न देकर, क्षत्रियों पर क्रोधाग्नि की ज्वालारूप, उदग्रतारका (प्रचण्ड पुतलीवाली) अपनी दृष्टि परशुराम ने श्रीरामचन्द्र की ओर डाली। यहाँ परशुराम के देखने से राजा दशरथ में सम्भ्रम उत्पन्न हुआ है। इसी प्रकार और भी जानना। दौर्गत्येति—दुर्गति आदि से उत्पन्न ओजस्विता के अभाव को 'दैन्य' कहते हैं। उससे मलिनता आदि उत्पन्न होती हैं। उदाहरण--वृद्ध इति—बूढ़ा और अन्धा पति टूटी खाट पर पड़ा है, घर में स्थूणा (थुनिया = छप्पर में टेक लगाने की लकड़ी) मात्र शेष बची है। छप्पर पर फूंस तक नहीं है। बरसात सिर पर आ रही है और पुत्र का कुशलपत्र तक नहीं आया। जैसे-तैसे जोड़कर रक्खे तेल की हँडिया फूट गई, इससे व्याकुल सास, आसन्नप्रसवा पुत्रवधू को देख कर देर तक रोती है।

खेद इति--रति और मार्ग चलने आदि से उत्पन्न खेद का नाम श्रम है। उससे साँस चढ़ती है और निद्रा आदि होती हैं। उदाहरण—सद्य इति--शिरीषपुष्प के समान कोमलाङ्गी सीता अयोध्या के पास ही झट से तीन चार पग चल के बार बार श्रीरामचन्द्रजी से यह पूछने लगी कि अभी कितना चलना है--बस यहीं से श्रीरामचन्द्रजी के अश्रुपात का प्रथम अवतरण हुआ।

सम्मोहेति--जिसमें बेहोशी और आनन्द का मिश्रण हो वह अवस्था 'मद' कहलाती है। मद्य आदि के

अमुना चोत्तमः शेते, मध्यो हसति गायति ।
अधमप्रकृतिश्चापि परुषं वक्ति रोदिति ॥ १४७ ॥

यथा—

'प्रातिभं त्रिसरकेण गतानां वक्रवाक्यरचनारमणीयः ।
गूढसूचितरहस्यसहासः सुभ्रुवां प्रववृते परिहासः ॥'

अथ जडता—

अप्रतिपत्तिर्जडता स्यादिष्टानिष्टदर्शनश्रुतिभिः ।
अनिमिषनयननिरीक्षणतूष्णींभावादयस्तत्र ॥ १४८ ॥

यथा मम कुवलयाश्वचरिते प्राकृतकाव्ये—

'णवरिअ तं जुअजुअलं अण्णोण्णं णिहिदसजलमन्थरदिट्ठिम् ।
आलेक्खओपिअं विअ खणमेत्तं तत्थ संट्ठिअं मुअसण्णम् ॥'

अथोग्रता—

शौर्यापराधादिभवं भवेच्चण्डत्वमुग्रता ।
तत्र स्वेदशिरःकम्पतर्जनाताडनादयः ॥ १४९ ॥

यथा—

'प्रणयिसखीसलीलपरिहासरसाधिगतैर्ललितशिरीषपुष्पहननैरपि ताम्यति यत् ।
वपुषि वधाय तत्र तव शस्त्रमुपक्षिपतः पततु शिरस्यकाण्डयमदण्ड इवैष भुजः ॥'

अथ मोहः—

मोहो विचित्तता भीतिदुःखावेगानुचिन्तनैः ।
मूर्च्छनाज्ञानपतनभ्रमणादर्शनादिकृत् ॥१५०॥

सेवन से वह पैदा होती है । इस मद से उत्तम पुरुष सो जाते हैं, मध्यम हँसते और गाते हैं एवं नीच प्रकृति के लोग गाली बकते और रोते हैं । उदाहरण--प्रातिभमिति--मद्य के तीन दौर (त्रिसरक) से तरुणियों की प्रतिभा जाग उठी और उनमें वक्रोक्तिरचना से रमणीय, गूढ रहस्य की ओर संकेत करनेवाला परिहास प्रारम्भ हो गया ।

अप्रतिपत्तिरिति--इष्ट तथा अनिष्ट के दर्शन और श्रवण से उत्पन्न अप्रतिपत्ति (किंकर्तव्यविमूढता) को 'जडता' कहते हैं । इसमें टकटकी लगा के देखते रहना, चुप हो जाना आदि कार्य होते हैं जैसे--**णवरिअ इति--केवलन्तद्युवयुगलम् अन्योन्यं निहितसजलमन्थरदृष्टि । आलेख्यार्पितमिव तत्र संस्थित मुक्तसंज्ञम्'** उस समय वह प्रेमियों की जोड़ी एक दूसरे की ओर आँसू भरी निश्चल दृष्टि से देखती हुई, संज्ञाशून्य, तसवीर की तरह । वह केवल खड़ी रही ।

शौर्येति--शूरता तथा अपराधादि से उत्पन्न चण्डता का नाम उग्रता है--इसमें प्रस्वेद, सिर घूमना या सिर का कम्पन और तर्जन ताडनादिक होते हैं । यथा--**प्रणयीति**--प्रेम में आकर हँसी करती हुई सखी के कोमल शिरीषपुष्पों के द्वारा ताडन से भी जो मृदुल तनुलता नितान्त तान्त हो उठती है (घबरा जाती है) उसके वध के लिये शस्त्र चलाते हुए तेरे सिर पर 'अकाण्ड' (अचानक) यमदण्ड के समान प्रचण्ड यह मेरा भुजदण्ड पड़ेगा । 'मालतीमाधव' में मालती का वलिदान करने को उद्यत अघोरघण्ट नामक कापालिक के प्रति मालती के प्रेमी माधव की यह उक्ति है । **मोह इति**--भय, दुःख, घबराहट, अत्यन्त चिन्ता आदि के कारण उत्पन्न हुई चित्त की 'विक्लवता' (परेशानी) को मोह कहते हैं । इसमें मूर्च्छा, अज्ञान, पतन, चक्कर

यथा—

'तीव्राभिषङ्गप्रभवेण वृत्तिं मोहेन संस्तम्भयतेन्द्रियाणाम्।
अज्ञातभर्तृव्यसना मुहूर्तं कृतोपकारेव रतिर्बभूव ॥'

अथ विबोधः—

निद्रापगमहेतुभ्यो विबोधश्चेतनागमः।
जृम्भाङ्गभङ्गनयनमीलनाङ्गावलोककृत् ॥१५१॥

यथा—

'चिररतिपरिखेदप्राप्तनिद्रासुखानां चरममपि शयित्वा पूर्वमेव प्रबुद्धाः।
अपरिचलितगात्राः कुर्वते न प्रियाणामशिथिलभुजचक्राश्लेषभेदं तरुण्यः ॥'

अथ स्वप्नः—

स्वप्नो निद्रामुपेतस्य विषयानुभवस्तु यः।
कोपावेगभयग्लानिसुखदुःखादिकारकः ॥१५२॥

यथा—

'मामाकाशप्रणिहितभुजं निर्दयाश्लेषहेतोर्लब्धायास्ते कथमपि मया स्वप्नसंदर्शनेन।
पश्यन्तीनां न खलु बहुशो न स्थलीदेवतानां मुक्तास्थूलास्तरुकिसलयेष्वश्रुलेशाः पतन्ति ॥'

अथापस्मारः—

मनःक्षेपस्त्वपस्मारो ग्रहाद्यावेशनादिजः।
भूपातकम्पप्रस्वेदफेनलालादिकारकः ॥१५३॥

'आश्लिष्टभूमिं रसितारमुच्चैर्लोलद्भुजाकारबृहत्तरङ्गम्।
फेनायमानं पतिमापगानामसावपस्मारिणमाशशङ्के ॥'

आना और अदर्शन आदि होते हैं। जैसे तीव्रेति—कामदेव के भस्म हो जाने पर तीव्र शोक से उत्पन्न चक्षुरादि इन्द्रियों के ज्ञान (वृत्ति) को रोक देनेवाली मूर्च्छा से, क्षणभर के लिये स्वामी के मरण दुःख का अनुभव न करती हुई रतिदेवी उपकृत सी हुई। मानो मूर्च्छा ने थोड़ी देर के लिये उसका दुःख बटा लिया।

निद्रेति—निद्रा दूर करनेवाले कारणों से उत्पन्न चैतन्यलाभ को 'विबोध' कहते हैं। इसमें जँभाई, अँगड़ाई, आँख मींचना, अपने अंगों का अवलोकन आदि होता है। यथा—चिरेति—चिररमण के खेद से सोये हुए पतिदेवों से पीछे सोने पर भी उनसे पूर्व ही जागी हुई पतिपरायणा तरुणियाँ उनके निद्राभङ्गभय से भुजग्रन्थि को शिथिल नहीं करतीं।

स्वप्न इति—नींद में निमग्न पुरुष के विषयानुभव करने का नाम 'स्वप्न' है। इसमें कोप, आवेग, भय, ग्लानि, सुख, दुःख आदि होते हैं। यथा—मामिति—हे मेघ! तुम मेरी ओर से यह संदेश कहना कि मुझे विरह व्याकुलता के कारण बड़ी कठिनता से कभी नींद आती है। उस समय स्वप्न में यदि किसी तरह तुम्हें देखकर गाढालिङ्गन के लिये दोनों हाथ बढ़ाता हूँ तो शून्य आकाश में मेरे हाथ फैले देखकर मेरे दुःख से दुःखी वनदेवताओं के मोतो के तुल्य आँसू तरुपल्लवों पर बहुधा गिरते हैं।

मनःक्षेप इति—भूतावेश आदि के कारण चित्त का विक्षेप 'अपस्मार' (मिरगी) कहाता है। इसमें भूमिपतन, कम्पन, प्रस्वेद तथा मुंह में झाग और लार आदि होती हैं। यथा—आश्लिष्टेति—द्वारिका से युधिष्ठिर के यज्ञ में दिल्ली जाते हुए श्रीकृष्णजी का महाकवि माघकृत वर्णन है। पृथ्वी से संश्लिष्ट और घोर शब्द करते हुए, भुजतुल्य चञ्चल तथा लम्बी २ तरंगों से युक्त फेनायित समुद्र को श्रीकृष्णजी ने अपस्मारी (मिरगीयुक्त) सा समझा। जिस पुरुष को मिरगी आती है वह भी पृथ्वी पर गिर के कुछ अव्यक्त शब्द करता हुआ हाथ पैर पटकता है और उसके मुंह से फेन निकलते हैं।

अथ गर्वः—

गर्वो मदः प्रभावश्रीविद्यासत्कुलतादिजः ।
अवज्ञासविलासांगदर्शनाविनयादिकृत् ॥१५४॥

तत्र शौर्यगर्वो यथा—

'धृतायुधो यावदहं तावदन्यैः किमायुधैः ।
यद्वा न सिद्धमस्त्रेण मम तत्केन साध्यताम् ॥'

अथ मरणम्—

शराद्यैर्मरणं जीवत्यागोऽङ्गपतनादिकृत् ।

यथा—

'राममन्मथशरेण ताडिता दुःसहेन हृदये निशाचरी ।
गन्धवद्रुधिरचन्दनोक्षिता जीवितेशवसतिं जगाम सा ॥'

अथालस्यम्—

आलस्यं श्रमगर्भाद्यैर्जाड्यं जृम्भासितादिकृत् ॥ १५५ ॥

यथा—

'न तथा भूषयत्यङ्गं न तथा भाषते सखीम् ।
जृम्भते मुहुरासीना बाला गर्भभरालसा ॥'

अथामर्षः—

निन्दाक्षेपापमानादेरमर्षोऽभिनिविष्टता ।
नेत्ररागशिरःकम्पभ्रूभङ्गोत्तर्जनादिकृत् ॥ १५६ ॥

यथा—

'प्रायश्चित्तं चरिष्यामि पूज्यानां वो व्यतिक्रमात् ।
न त्वेवं दूषयिष्यामि शस्त्रग्रहमहाव्रतम् ॥'

अथ निद्रा—

चेतःसंमीलनं निद्रा श्रमक्लममदादिजा ।
जृम्भाक्षिमीलनोच्छ्वासगात्रभंगादिकारणम् ॥ १५७ ॥

गर्व इति—अपने प्रभाव, ऐश्वर्य, विद्या तथा कुलीनता आदि के कारण उत्पन्न घमण्ड का नाम 'गर्व' है। उससे मनुष्य अन्यों की अवज्ञा करने लगता है। विभ्रमसहित अङ्ग (ओंठ अँगूठा आदि) दिखाता है और अविनय करता है। शौर्य का गर्व जैसे **धृतेति**—क्रुद्ध कर्ण का वचन अश्वत्थामा से—जबतक, मैंने शस्त्र ले रक्खा है तबतक अन्य शस्त्रधारियों की क्या आवश्यकता है? और जो मेरे शस्त्र से न सिद्ध हुआ उसे फिर सिद्ध करनेवाला है भी कौन?

शरेति—बाण आदि के लगने से प्राणत्याग का नाम मरण है। इसमें देह का पतन आदि होता है। जैसे—**रामेति**—रामरूप काम के दुःसह बाण से हृदय में ताडित वह राक्षसी (ताडका) गन्धयुक्त रक्तचन्दन से उपलिप्त होकर प्राणपति (यम) के स्थान पर पहुँच गई।

आलस्यमिति—श्रान्ति और गर्भादि से जन्य जडता का नाम 'आलस्य' है। इसमें जँभाई, एक जगह बैठा रहना आदि होते हैं, यथा—**नेति**—गर्भ के भार से अलस तरुणी न तो पहले की तरह शरीर को भूषित करती है और न उस तरह सखियों से ही बातचीत करती है। एक जगह बैठी बार बार जँभाई लेती है।

अमर्ष—निन्देति—निन्दा, आक्षेप और अपमानादि के कारण उत्पन्न हुए चित्त के अभिनिवेश का नाम **अमर्ष** है। इससे आँखों में लाली, सिर में कम्प, तिउरी चढ़ना (भ्रूभङ्ग) और तर्जन आदि होते हैं। उदाहरण—**प्रायश्चित्तमिति**—जनकपुर में शान्ति का उपदेश देती हुई ऋषिमण्डली के प्रति परशुरामजी की उक्ति है। आप

यथा—

'सार्थकानर्थकपदं ब्रुवती मन्थराक्षरम्।
निद्रार्धमीलिताक्षी सा लिखितेवास्ति मे हृदि ॥'

अथावहित्था—

भयगौरवलज्जादेर्हर्षाद्याकारगुप्तिरवहित्था।
व्यापारान्तरसक्त्यन्यथावभाषणविलोकनादिकरी ॥ १५८ ॥

यथा—

'एवंवादिनि देवर्षौ पार्श्वे पितुरधोमुखी।
लीलाकमलपत्त्राणि गणयामास पार्वती ॥'

अथौत्सुक्यम्—

इष्टानवाप्तेरौत्सुक्यं कालक्षेपासहिष्णुता।
चित्ततापत्वरास्वेददीर्घनिःश्वसितादिकृत् ॥ १५९ ॥

यथा—'यः कौमारहरः स एव हि वरः—' इत्यादि।

अत्र यत् काव्यप्रकाशकारेण रसस्य प्राधान्यमित्युक्तं तद्रसनधर्मयोगित्वाद् व्यभिचारिभावस्यापि रसशब्दवाच्यत्वेन गतार्थं मन्तव्यम्। अथोन्मादः—

चित्तसंमोह उन्मादः कामशोकभयादिभिः।
अस्थानहासरुदितगीतप्रलपनादिकृत् ॥ १६० ॥

यथा मम—

'भ्रातर्द्विरेफ, भवता भ्रमता समन्तात्प्राणाधिका प्रियतमा मम वीक्षिता किम्।
(झंकारमनुभूय सानन्दम्।)
ब्रूषे किमोमिति सखे, कथयाशु तन्मे किं किं व्यवस्यति कुतोऽस्ति च कीदृशीयम् ॥'

सब पूज्य लोगों के व्यतिक्रम (आज्ञोल्लंघन) का मैं प्रायश्चित्त कर लूँगा, परन्तु क्षत्रियों को निर्बीज करने के लिये आरम्भ किये इस शस्त्रग्रहणरूप महाव्रत को दूषित न करूँगा। निद्रा—चेत इति—परिश्रम, ग्लानि, मद (नशा) आदि से उत्पन्न चित्त के संमीलन (बाह्य विषयों से निवृत्ति) को **निद्रा** कहते हैं। इसमें जँभाई, आँख मीचना, उच्छ्वास, अँगड़ाई आदि होती हैं। उदाहरण—**सार्थकेति**—धीरे धीरे कुछ साथक और कुछ अनर्थक शब्द बड़बड़ाती हुई, नींद के वेग से उनींदी अधखुली आँखोंवाली वह ललना मेरे हृदय में अङ्कित सी हो रही है।

अवहित्था—**भयेति**—भय, गौरव, लज्जा आदि के कारण, हर्षादि के आकार को छिपाने का नाम **अवहित्था** है। इसमें किसी दूसरे (अनपेक्षित) काम की ओर प्रवृत्ति, बात बनाना, दूसरी ओर देखना आदि होता है। यथा—**एवंवादिनीति**—सप्तर्षियों ने जब ब्याह की बात चलाई और शिवजी के विवाहार्थ प्रस्तुत होने की चर्चा की तो पिता के पास नीची गर्दन किये बैठी हुई पार्वती लीलाकमल की पखड़ियाँ गिनने लगी। औत्सुक्य—अभीष्ट की प्राप्ति में विलम्ब का सहन न कर सकना **औत्सुक्य** कहाता है। इससे चित्त का सन्ताप, जल्दबाजी, पसीना, दीर्घ निश्वास आदि होते हैं। उदाहरण—पूर्वोक्त 'यः कौमार' इत्यादि। प्रश्न—यदि इस पद्य में औत्सुक्य नामक व्यभिचारिभाव का प्राधान्य मानोगे तो काव्यप्रकाश से विरोध होगा। वहाँ इस पद्य में रस प्राधान्य बताया है। उत्तर—**अत्रेति**—इस पद्य में काव्यप्रकाशकार ने जो रस का प्राधान्य बताया है वह रसनीयता के कारण व्यभिचारिभाव का भी 'रस' शब्द से व्यवहार होने से गतार्थ जानना।

चित्तेति—काम, शोक, भय आदिक से चित्त के व्यामोह को **उन्माद** कहते हैं। इसमें अकारण हँसना, रोना, गाना और प्रलाप आदि होते हैं। जैसे—**भ्रातरिति**—विरही की उक्ति है—हे भाई भ्रमर, तुम चारों ओर घूमते फिरते हो; तुमने कहीं मेरी प्राणप्रिया भी देखी है? (भ्रमर की गूँज सुनकर आनन्दित होकर फिर कहता

अथ शङ्का—

परक्रौर्यात्मदोषाद्यैः शङ्काऽनर्थस्य तर्कणम् ।
वैवर्ण्यकम्पवैस्वर्यपार्श्वालोकास्यशोषकृत् ॥ १६१ ॥

यथा मम—

'प्राणेशेन प्रहितनखरेष्वङ्गकेषु क्षपान्ते जातातङ्का रचयति चिरं चन्दनालेपनानि ।
धत्ते लाक्षामसकृदधरे दत्तदन्तावघाते क्षामाङ्गीयं चकितमभितश्चक्षुषी विक्षिपन्ती ॥'

अथ स्मृतिः—

सदृशज्ञानचिन्ताद्यैर्भ्रूसमुन्नयनादिकृत् ।
स्मृतिः पूर्वानुभूतार्थविषयज्ञानमुच्यते ॥ १६२ ॥

यथा मम—

'मयि सकपटं किंचित्क्वापि प्रणीतविलोचने किमपि नयनं प्राप्ते तिर्यग्विजृम्भिततारकम् ।
स्मितमुपगतामालीं दृष्ट्वा सलज्जमवाञ्चितं कुवलयदृशः स्मेरं स्मेरं स्मरामि तदाननम् ॥'

अथ मतिः—

नीतिमार्गानुसृत्यादेरर्थनिर्धारणं मतिः ।
स्मेरता धृतिसन्तोषौ बहुमानश्च तद्भवाः ॥ १६३ ॥

यथा—

'असंशयं क्षत्रपरिग्रहक्षमा यदार्यमस्यामभिलाषि मे मनः ।
सतां हि संदेहपदेषु वस्तुषु प्रमाणमन्तःकरणप्रवृत्तयः ॥'

अथ व्याधिः—

व्याधिर्ज्वरादिर्वाताद्यैर्भूमीच्छोत्कम्पनादिकृत् ।

तत्र दाहमयत्वे भूमीच्छादयः। शैत्यमयत्वे ऽत्कम्पनादयः। स्पष्टमुदाहरणम् । अथ त्रासः—

है) हे मित्र, क्या तुम 'ओम्' (हाँ) कहते हो ? अच्छा तो फिर जल्दी बताओ कि वह क्या कर रही है ? और किधर है ? किस अवस्था में है ?

परेति—अन्य की क्रूरता तथा अपने दोष आदि से अपने अनिष्ट की ऊहा का नाम 'शङ्का' है। इसमें विवर्णता, कम्प, स्वरभङ्ग, इधर उधर ताकना, मुँह सूखना आदि होते हैं। यथा—प्राणेशेनेति—चारों ओर चकित चक्षुओं से देखती हुई बाला प्रातःकाल ही अपने शरीर में प्रियतमकृत नखक्षत के स्थानों पर चन्दन लगाती है और अधर बिम्बस्थित दन्तक्षत पर लाक्षाराग लगाती है।

सदृशेति—सदृश वस्तु के अवलोकन तथा चिन्तन आदि से पूर्वानुभूत वस्तु के स्मरण को 'स्मृति' कहते हैं। इसमें भौंह चढ़ना आदि होता है। यथा—मयीति—उसके सामने जाकर किसी बहाने से योंही मैंने किसी दूसरी ओर दृष्टि डाल दी और उस समय उसने तिर्यग्वलित तरल (तिरछी, चञ्चल) दृष्टि से मुझे देखा। इस चरित्र को समझ के मुसकुराती हुई अपनी सखी को देख के लज्जा से नीची गरदन किये हुए उस नीलकमलनयनी का मुसकुराता हुआ वह वदनारविन्द मुझे रह रह के याद आता है। इस पद्य की रचना अस्फुट और शिथिल है।

नीतीति—नीतिमार्ग के अनुसरण आदि से वस्तुतत्त्व के निर्धारण अर्थात् बात की तह पर पहुँचने का नाम 'मति' है। इसमें मुसकुराहट, धैर्य, सन्तोष और अपने में बहुमान (आत्मसंमान) होता है। यथा—असंशयमिति—यह तपस्विकन्या (शकुन्तला) अवश्य ही क्षत्रिय के विवाह करने योग्य है, क्योंकि आर्यगुणोपपन्न मेरा (दुष्यन्त का) मन इसमें साभिलाष है। सन्देहास्पद विषयों में सत्पुरुषों के अन्तःकरण की वृत्ति ही प्रमाण होती है।

व्याधिरिति—वात, पित्त, कफ आदि से उत्पन्न ज्वरादि को 'व्याधि' कहते हैं। इसमें पृथ्वी पर

निर्घातविद्युदुल्काद्यैस्त्रासः कम्पादिकारकः ॥ १६४ ॥

यथा--

'परिस्फुरन्मीनविघट्टितोरवः सुराङ्गनास्त्रासविलोलदृष्टयः ।
उपाययुः कम्पितपाणिपल्लवाः सखीजनस्यापि विलोकनीयताम् ॥'

अथ व्रीडा--

धार्ष्ट्याभावो व्रीडा वदनानमनादिकृद् दुराचारात् ।

यथा--'मयि सकपटम्-' इत्यादि । अथ हर्षः—

हर्षस्त्विष्टावाप्तेर्मनःप्रसादोऽश्रुगद्गदादिकरः ॥ १६५ ॥

यथा—

'समीक्ष्य पुत्रस्य चिरात्पिता मुखं निधानकुम्भस्य यथैव दुर्गतः ।
मुदा शरीरे प्रबभूव नात्मनः पयोधिरिन्दूदयमूर्च्छितो यथा ॥'

अथासूया--

असूयान्यगुणर्द्धीनामौद्धत्यादसहिष्णुता ।
दोषोद्घोषभ्रूविभेदावज्ञाक्रोधेङ्गितादिकृत् ॥ १६६ ॥

यथा—

'अथ तत्र पाण्डुतनयेन सदसि विहितं मधुद्विषः ।
मानमसहत न चेदिपतिः परवृद्धिमत्सरि मनो हि मानिनाम् ॥'

अथ विषादः—

उपायाभावजन्मा तु विषादः सत्वसंक्षयः ।
निःश्वासोच्छ्वासहृत्तापसहायान्वेषणादिकृत् ॥ १६७ ॥

यथा मम—

'एसा कुडिलघणेण चिउरकडप्पेण तुह णिबद्धा बेणी ।

लोटने की इच्छा और कम्प आदि होते हैं। पित्तप्रधान व्याधि में भूमीच्छादिक और कफप्रधान में कम्प आदि होता है।

निर्घातेति--वज्रनिर्घोष, बिजली, तारा टूटने आदि से चित्त की व्यग्रता का नाम **'त्रास'** है। इसमें कम्पादि होते हैं। **परिस्फुरन्निति**--जलविहार के समय जंघाओं में चञ्चल मछलियों के संघर्ष से डरी हुई अतएव करपल्लव को कँपाती हुई चञ्चलनयनी अप्सरायें सखियों को भी दर्शनीय हो गईं। **धार्ष्ट्येति**--निकृष्ट आचार, व्यवहार से उत्पन्न धार्ष्ट्याभाव का नाम **'व्रीडा'** है। इसमें सिर नीचा होना आदि कार्य होते हैं। उदाहरण—'मयि' इत्यादि। **हर्ष इति**—इष्ट की प्राप्ति से मन की प्रसन्नता का नाम **'हर्ष'** है। इसमें आनन्दाश्रु और गद्गद स्वर आदि होते हैं। **समीक्ष्येति**—जैसे कोई दरिद्र गड़ी हुई पूर्वजों की धरोहर के घड़े का मुख देख कर प्रसन्न हो, उसी प्रकार बहुत आयु बीतने पर पुत्र का मुंह देखने से, चन्द्रोदय देखकर प्रवृद्ध समुद्र की भांति, पिता (दिलीप) आनन्दोद्रेक से अपने आपे में न समा सके।

असूयेति—औद्धत्य के कारण दूसरे की गुणसमृद्धि का सहन न करने को **'असूया'** कहते हैं। इसमें दोषकथन, भृकुटिभङ्ग, तिरस्कार तथा क्रोध आदि होते हैं। यथा—**अथेति**—सभा में युधिष्ठिर के द्वारा किये हुए भगवान् श्रीकृष्ण के प्रथम पूजन को शिशुपाल न सह सका। अभिमानी पुरुषों का मन दूसरों की समृद्धि नहीं देख सकता। यहाँ अर्थान्तरन्यास अनुचित है।

उपायेति—उपायाभाव के कारण पुरुषार्थहीनता का नाम **विषाद** है। इसमें निश्वास, उच्छ्वास, मनस्ताप और सहायान्वेषण इत्यादि होते हैं। यथा—**एसा इति**—**"एषा कुटिलघनेन चिकुरकलापेन तव निबद्धा**

मह सहि दारइ डंसइ आअसजट्ठिव्व कालउरइव्व हिअअम् ॥

अथ धृतिः—

ज्ञानाभीष्टागमाद्यैस्तु संपूर्णस्पृहता धृतिः ।
सौहित्यवचनोल्लाससहासप्रतिभादिकृत् ॥ १६८ ॥

यथा मम—

'कृत्वा दीननिपीडनां निजजने बद्ध्वा वचोविग्रहं
नैवालोच्य गरीयसीरपि चिरादामुष्मिकीर्यातनाः।
द्रव्यौघाः परिसंचिताः खलु मया यस्याः कृते सांप्रतं
नीवाराञ्जलिनापि केवलमहो सेयं कृतार्था तनुः ॥'

अथ चपलता—

मात्सर्यद्वेषरागादेश्चापल्यं त्वनवस्थितिः ।
तत्र भर्त्सनपारुष्यस्वच्छन्दाचरणादयः ॥ १६९ ॥

यथा—

'अन्यासु तावदुपमर्दसहासु भृङ्ग, लोलं विनोदय मनः सुमनोलतासु ।
मुग्धामजातरजसं कलिकामकाले व्यर्थं कदर्थयसि किं नवमालिकायाः॥'

अथ ग्लानिः—

रत्यायासमनस्तापक्षुत्पिपासादिसंभवा ।
ग्लानिर्निष्प्राणता कम्पकार्यानुत्साहतादिकृत् ॥१७०॥

यथा—

'किसलयमिव मुग्धं बन्धनाद्विप्रलूनं हृदयकुसुमशोषी दारुणो दीर्घशोकः ।

वेणिः । मम सखि दारयति दशत्यायसयष्टिरिव कालोरगीव हृदयम् ॥" हे सखि ! कुटिल केशकलाप की बाँधी हुई यह तेरी चोटी लोहे के डंडे की तरह मेरे हृदय को विदीर्ण करती है और काली नागिन के समान डसती है।

ज्ञानेत—तत्त्वज्ञान तथा इष्टप्राप्ति आदि के कारण इच्छाओं का पूर्ण हो जाना 'धृति' कहलाता है। इसमें सन्तृप्तता, आनन्दपूर्ण वचनावली और मधुर स्मित तथा बुद्धिविकास होते हैं। यथा—**कृत्वेति**—गरीबों का गला घोटकर, आपस के लोगों के साथ झगड़े ठानकर और परलोक में होनेवाली कड़ी से कड़ी यमयातना का ध्यान न करके जिस शरीर के लिये मैंने अनेक धनराशियाँ सञ्चित की थीं वह आज एक मुट्ठी समा (श्यामाक) के चावलों से भी कृतार्थ है। जिस पापी पेट के लिये इतने घोर पाप किये थे वही आज एक मुट्ठी निकृष्ट चावलों से भी भर जाता है। अन्त में वैराग्य-सम्पन्न किसी निस्पृह पुरुष की उक्ति है।

मात्सर्येति—मत्सर, द्वेष, राग आदि के कारण अनवस्था का नाम 'चापल्य' (चपलता) है। इसमें दूसरों को धमकाना, कठोर शब्द बोलना और उच्छृङ्खल आचरण आदिक होते हैं। यथा—**अन्यास्विति**—हे भ्रमर, उपमर्द सहन करने के योग्य अन्य पुष्पलताओं में अपने मन को विनोदित करो। भोली भाली थोड़ी उमरवाली परागशून्य इस नवमालिका (चमेली) की कोमल कली को असमय में क्यों व्यर्थ बदनाम करते हो। अल्पवयस्क कुमारिका पर आसक्त, अनुराग चेष्टायें दिखाते हुए कामुक के प्रति किसी की उक्ति है। यहाँ 'मुग्धा' और 'रजस्' पद श्लिष्ट हैं। कली के पक्ष में 'मुग्धा' का अर्थ है विना खिली और नायिका के पक्ष में—कामकलाओं से अनभिज्ञ अर्थ है। एवं 'रजस्' का एक पक्ष में पराग और दूसरे में 'रजोधर्म' अर्थ है।

रत्यायासेति—रति, परिश्रम, मनस्ताप, भूख, प्यास आदि से उत्पन्न निष्प्राणता (निर्बलता) को 'ग्लानि' कहते हैं। इसमें कम्प, काम करने में अनुत्साह आदि होते हैं। यथा—**किसलयेति**—वृन्त के बन्धन से छूटे

ग्लपयति परिपाण्डुक्षाममस्याः शरीरं शरदिज इव घर्मः केतकीगर्भपत्रम् ॥'

अथ चिन्ता--

ध्यानं चिन्ता हितानाप्तेः शून्यताश्वासतापकृत् ।

यथा मम--

'कमलेण विअसिएण संजोएन्ती विरोहिणं ससिबिम्बम् ।
करअलपल्लत्थमुही किं चिन्तसि सुमुहि अन्तराहिअहिअआ ॥'

अथ वितर्कः--

तर्को विचारः संदेहाद् भ्रूशिरोंगुलिनर्तकः ॥१७१॥

यथा--'किं रुद्धः प्रियया--' इत्यादि ।

एते च त्रयस्त्रिंशद् व्यभिचारिभेदा इति यदुक्तं तदुपलक्षणमित्याह—

रत्यादयोऽप्यनियते रसे स्युर्व्यभिचारिणः ।

तथाहि शृङ्गारेऽनुच्छिद्यमानतयावस्थानाद् रतिरेव स्थायिशब्दवाच्या । हासः पुनरुत्पद्यमानो व्यभिचार्येव । व्यभिचारिलक्षणयोगात् । तदुक्तम्--

'रसावस्थः परं भावः स्थायितां प्रतिपद्यते ।' इति ।

तत्कस्य स्थायिनः कस्मिन्रसे संचारित्वमित्याह—

शृंगारवीरयोर्हासो वीरे क्रोधस्तथा मतः ॥१७२॥
शान्ते जुगुप्सा कथिता व्यभिचारितया पुनः ।
इत्याद्यन्यत्समुन्नेयं तथा भावितबुद्धिभिः ॥१७३॥

अथ स्थायिभावः--

अविरुद्धा विरुद्धा वा यं तिरोधातुमक्षमाः ।

हुए कोमल पल्लव के समान दुर्बल और पाण्डु वर्ण इसके (रामचन्द्र से परित्यक्त वन-विवासित सीता के) शरीर को, हृदयपुष्प का सुखानेवाला दारुण दीर्घ शोक, इस प्रकार परिग्लान करता है जैसे आश्विन की कड़ी धूप केतकी के कोमल गर्भपत्र (भीतर के पत्ते) को सुखाती है ।

चिन्ता—**ध्यानमिति**—हित की अप्राप्ति के कारण उत्पन्न ध्यान को **'चिन्ता'** कहते हैं । इसमें शून्यता, श्वास और ताप होते हैं । यथा—**कमलेण इति**--**"कमलेन विकसितेन संयोजयन्ती विरोधिनं शशिनम् । करतलपर्यस्तमुखी किं चिन्तयसि सुमुखि, अन्तराहितहृदया"**—हे सुमुखि, करकमल पर मुखचन्द्र को रक्खे हुए तू मानो सदा के विरोधी चन्द्रबिम्ब को खिले कमल से संयुक्त करती हुई, मन ही मन क्या सोच रही है ?

तर्क इति—सन्देह के कारण उत्पन्न विचार का नाम **'वितर्क'** है । इसमें भृकुटिभङ्ग, सिर हिलाना और उँगली उठाना आदि होता है । यथा--'किं रुद्ध' इत्यादि पूर्वोक्त पद्य । **एते चेति**- पहले जो तेंतीस व्यभिचारी भाव कहे हैं वे उपलक्षणमात्र हैं । इनके अतिरिक्त और भी व्यभिचारी होते हैं । यथा—**रत्यादय इति**-- **'अनियत'** अर्थात् जिसमें अन्ततक अपनी स्थिति नियम से अपेक्षित न हो उस रस में रत्यादिक स्थायीभाव भी संचारी हो जाते हैं । **तथाहि इति**—शृङ्गाररस में अन्त तक अविच्छिन्नरूप से अवस्थान रहने के कारण रति ही स्थायीभाव कहलाता है । परन्तु हास, बीच में उत्पन्न और विलीन होने से संचारी होता है । क्योंकि उसमें संचारी का लक्षण संघटित होता है । यही कहा है—**रसावस्थ इति**—केवल वही भाव (रत्यादि) जो रस की अवस्था तक पहुँचे, (रसपर्यन्त पुष्ट हो सके) स्थायीभाव कहाता है ।

कौन २ स्थायी किस २ रस में संचारी होते हैं, यह कहते हैं । **शृङ्गारेति**—शृङ्गार और वीर में हास, वीररस में क्रोध एवं शान्तरस में जुगुप्सा ये संचारीभाव होते हैं । इसी प्रकार और भी यथायोग्य समझ लेना चाहिये ।

स्थायीभाव का लक्षण—**अविरुद्धा इति**—अविरुद्ध अथवा विरुद्ध भाव जिसे छिपा न सके वह आस्वाद का

आस्वादाङ्कुरकन्दोऽसौ भावः स्थायीति संमतः ॥१७४॥

यदुक्तम्— 'स्रक्सूत्रवृत्त्या भावानामन्येषामनुगामकः ।
न तिरोधीयते स्थायी तैरसौ पुष्यते परम् ॥' इति ।

तद्भेदानाह— रतिर्हासश्च शोकश्च क्रोधोत्साहौ भयं तथा ।
जुगुप्सा विस्मयश्चेत्थमष्टौ प्रोक्ताः शमोऽपि च ॥१७५॥

तत्र— रतिर्मनोनुकूलेऽर्थे मनसः प्रवणायितम् ।
वागादिवैकृतैश्चेतोविकासो हास इष्यते ॥ १७६ ॥
इष्टनाशादिभिश्चेतोवैक्लव्यं शोकशब्दभाक् ।
प्रतिकूलेषु तैक्ष्ण्यस्यावबोधः क्रोध इष्यते ॥ १७७ ॥
कार्यारम्भेषु संरम्भः स्थेयानुत्साह उच्यते ।
रौद्रशक्त्या तु जनितं चित्तवैक्लव्यदं भयम् ॥ १७८ ॥
दोषेक्षणादिभिर्गर्हा जुगुप्सा विषयोद्भवा ।
विविधेषु पदार्थेषु लोकसीमातिवर्तिषु ॥ १७९ ॥
विस्फारश्चेतसो यस्तु स विस्मय उदाहृतः ।
शमो निरीहावस्थायां स्वात्मविश्रामजं सुखम् ॥ १८० ॥

यथा मालतीमाधवे रतिः । लटकमेलके हासः । रामायणे शोकः । महाभारते शमः । एवमन्यत्रापि । एते ह्येतेष्वन्तरा उत्पद्यमानैस्तैस्तैर्विरुद्धैरविरुद्धैश्च भावैरनुच्छिन्नाः प्रत्युत परिपुष्टा एव सहृदयानुभवसिद्धाः । किं च—

मूलभूत भाव 'स्थायी' कहाता है। जैसे शृङ्गार रस में रति। इसमें प्रमाण देते हैं--स्रक्सूत्रेति—जैसे माला के अनेक दानों में एक ही सूत्र अनुगत होता है इसी प्रकार अन्य भावों में अनुगत होनेवाला स्थायी किसी से तिरोहित नहीं होता, प्रत्युत पुष्ट हो जाता है।

स्थायीभाव के भेद दिखाते हैं--रतिरिति--१ रति, २ हास, ३ शोक, ४ क्रोध, ५ उत्साह, ६ भय, ७ जुगुप्सा, ८ विस्मय और ९ शम ये नौ (९) स्थायी होते हैं। उक्तभावों का लक्षण करते हैं। रतिरिति—प्रिय वस्तु में मन के प्रेमपूर्ण उन्मुखीभाव का नाम 'रति' है। वाणी आदि के विकारों को देखकर चित्त का विकसित होना 'हास' कहाता है। इष्टनाशादि के कारण चित्त की विक्लवता को 'शोक' कहते हैं। शत्रुओं के विषय में तीव्रता के उद्‌बोध का नाम 'क्रोध' है। कार्य के करने में स्थिरतर तथा उत्कट आवेश ('संरम्भ') को 'उत्साह' कहते हैं। किसी रौद्र (सिंहादि) की शक्ति से उत्पन्न, चित्त को व्याकुल करनेवाला भाव 'भय' कहलाता है। दोषदर्शनादि के कारण किसी (वस्तु) में उत्पन्न घृणा को 'जुगुप्सा' कहते हैं। लोक की सीमा से अतिक्रान्त, अलौकिक सामर्थ्य से युक्त किसी वस्तु के दर्शन आदि से उत्पन्न चित्त के विस्तार को 'विस्मय' कहते हैं। निःस्पृहता (किसी प्रकार की इच्छा न होने) की अवस्था में आत्मा (अन्तःकरण) के विश्राम (बहिर्मुखता छोड़कर अन्तर्मुख हो जाने) से उत्पन्न सुख का नाम 'शम' है। उदाहरण—मालतीमाधव में रति प्रधान है। 'लटकमेलक' में हास, रामायण में शोक और महाभारत में शम प्रधान है। इसी प्रकार और भी जानना। इन उक्त ग्रन्थों में ये पूर्वोक्त भाव अपने बीच में आये हुए अन्य विरुद्ध तथा अविरुद्ध भावों से उच्छिन्न नहीं होते, प्रत्युत परिपुष्ट होते हैं, यह बात सहृदय पुरुषों के अनुभव से सिद्ध है। तात्पर्य यह है कि जैसे महाभारत में 'शम' प्रधानभाव है, क्योंकि आदि से अन्ततक उसकी अविच्छिन्नरूप से विद्यमानता है और बीच बीच में रति, हास, क्रोध, भय, जुगुप्सा आदि भी बहुधा वर्णित हैं, परन्तु वह 'शम' (जो शान्तरस का स्थायी है) अपने विरुद्धभाव, क्रोध और रति आदि से अथवा अविरुद्ध जुगुप्सा, भय, विस्मय आदि से उच्छिन्न

नानाभिनयसंबन्धान्भावयन्ति रसान् यतः ।
तस्माद्भावा अमी प्रोक्ताः स्थायिसंचारिसात्त्विकाः ॥ १८१ ॥

यदुक्तम्— 'सुखदुःखादिभिर्भावैर्भावस्तद्भावभावनम् ।'

अथ रसस्य भेदानाह—

शृंगारहास्यकरुणरौद्रवीरभयानकाः ।
बीभत्सोऽद्भुत इत्यष्टौ रसाः शान्तस्तथा मतः ॥ १८२ ॥

तत्र शृङ्गारः— शृंगं हि मन्मथोद्भेदस्तदागमनहेतुकः ।
उत्तमप्रकृतिप्रायो रसः शृंगार इष्यते ॥ १८३ ॥
परोढां वर्जयित्वा तु वेश्यां चाननुरागिणीम् ।
आलम्बनं नायिकाः स्युर्दक्षिणाद्याश्च नायकाः ॥ १८४ ॥
चन्द्रचन्दनरोलम्बरुताद्युद्दीपनं मतम् ।
भ्रूविक्षेपकटाक्षादिरनुभावः प्रकीर्तितः ॥ १८५ ॥
त्यक्त्वौग्र्यमरणालस्यजुगुप्सा व्यभिचारिणः ।
स्थायिभावो रतिः श्यामवर्णोऽयं विष्णुदैवतः ॥

यथा—'शून्यं वासगृहम्'—इत्यादि। अत्रोक्तस्वरूपः पतिः, उक्तस्वरूपा च बाला आलम्बनविभावौ। शून्यं वासगृहमुद्दीपनविभावः। चुम्बनमनुभावः। लज्जाहासौ व्यभिचारिणौ। एतैरभिव्यक्तः सहृदयविषयो रतिभावः शृङ्गाररसरूपतां भजते। तद्भेदानाह—

विप्रलम्भोऽथ संभोग इत्येष द्विविधो मतः ॥१८६॥ तत्र—
यत्र तु रतिः प्रकृष्टा नाभीष्टमुपैति विप्रलम्भोऽसौ ।

अभीष्टं नायकं नायिकां वा ।

स च पूर्वरागमानप्रवासकरुणात्मकश्चतुर्धा स्यात् ॥१८७॥ तत्र—
श्रवणाद्दर्शनाद्वापि मिथः संरूढरागयोः ।

नहीं होता। ये सब भाव आते हैं और थोड़ी देर तक अपनी चमक दिखाकर चलते बनते हैं, अतः ये सब वहाँ संचारी हैं और आद्यन्तविद्यमान 'शम' स्थायी है। इसी प्रकार अन्यत्र भी जानना। **नानेति**—अनेक अभिनयादिकों में शृङ्गारादि रसों को भावित (परिपुष्ट) करते हैं, अतएव रति आदि स्थायी, निर्वेद आदि संचारी तथा पूर्वोक्त सात्त्विकों को 'भाव' कहते हैं।

अथेति—अब रसों के भेद दिखाते हैं—**शृङ्गारेति** शृङ्गार, हास्य, करुण, रौद्र, वीर, भयानक, बीभत्स, अद्भुत और शान्त ये नौ रस होते हैं। शृङ्गार का लक्षण—**शृङ्गं हि इति**—कामदेव के उद्भेद (अंकुरित होने) को 'शृङ्ग' कहते हैं, उसकी उत्पत्ति का कारण, अधिकांश उत्तम प्रकृति से युक्त रस 'शृङ्गार' कहाता है। परस्त्री तथा अनुरागशून्य वेश्या को छोड़कर अन्य नायिकायें तथा दक्षिण आदि नायक इस रस के 'आलम्बन' विभाव माने जाते हैं। चन्द्रमा, चन्दन, भ्रमर आदि इसके 'उद्दीपन' विभाव होते हैं। उग्रता, मरण, आलस्य और जुगुप्सा को छोड़कर अन्य निर्वेदादि इसके संचारीभाव होते हैं। इसका स्थायीभाव 'रति' है और वर्ण श्याम है एवं देवता इसके विष्णु भगवान् हैं। उदाहरण जैसे—'शून्यम्' इत्यादि। इसमें पूर्वोक्त पति और पत्नी आलम्बनविभाव तथा शून्य वासगृह उद्दीपनविभाव है। चुम्बन अनुभाव है। लज्जा और हास संचारी हैं। इन सबसे अभिव्यक्त होकर रतिभाव शृंगाररस के रूप में परिणत होता है।

विप्रलम्भ इति—विप्रलम्भ और सम्भोग ये दो शृङ्गाररस के भेद हैं। **यत्रेति**—जहाँ अनुराग तो अति उत्कट है, परन्तु प्रियसमागम नहीं होता उसे 'विप्रलम्भ' (वियोग) कहते हैं। **सचेति**—वह विप्रलम्भ, १ पूर्वराग, २ मान, ३ प्रवास और ४ करुण इन भेदों से चार प्रकार का होता है। **श्रवणादिति**—सौन्दर्यादि गुणों

दशाविशेषो योऽप्राप्तो पूर्वरागः स उच्यते ॥१८८॥
श्रवणं तु भवेत्तत्र दूतवन्दीसखीमुखात् ।
इन्द्रजाले च चित्रे च साक्षात्स्वप्ने च दर्शनम् ॥१८९॥
अभिलाषश्चिन्तास्मृतिगुणकथनोद्वेगसंप्रलापाश्च ।
उन्मादोऽथ व्याधिर्जडता मृतिरिति दशात्र कामदशाः ॥१९०॥
अभिलाषः स्पृहा, चिन्ता प्राप्त्युपायादिचिन्तनम् ।
उन्मादश्चापरिच्छेदश्चेतनाचेतनेष्वपि ॥१९१॥
अलक्ष्यवाक्प्रलापः स्याच्चेतसो भ्रमणाद् भृशम् ।
व्याधिस्तु दीर्घनिःश्वासपाण्डुताकृशतादयः ॥१९२॥
जडता हीनचेष्टत्वमङ्गानां मनसस्तथा ।

शेषं स्पष्टम् । क्रमेणोदाहरणानि—

'प्रेमार्द्राः प्रणयस्पृशः परिचयादुद्गाढरागोदया-
स्तास्ता मुग्धदृशो निसर्गमधुराश्चेष्टा भवेयुर्मयि ।
यास्वन्तःकरणस्य बाह्यकरणव्यापाररोधी क्षणा-
दाशंसापरिकल्पितास्वपि भवत्यानन्दसान्द्रो लयः ॥'

अत्र मालतीसाक्षाद्दर्शनप्ररूढरागस्य माधवस्याभिलाषः ।

'कथमीक्षे कुरङ्गाक्षीं साक्षाल्लक्ष्मीं मनोभुवः ।
इति चिन्ताकुलः कान्तो निद्रां नैति निशीथिनीम् ॥'

अत्र कस्याश्चिन्नायिकाया इन्द्रजालदर्शनप्ररूढरागस्य नायकस्य चिन्ता । इदं मम । 'मयि सकपटम्—' इत्यादौ नायकस्य स्मृतिः । 'नेत्रे खञ्जनगञ्जने—' इत्यादौ गुणकथनम् । 'श्वासान्मुञ्चति—' इत्यादौ उद्वेगः ।

के श्रवण अथवा दर्शन से परस्पर अनुरक्त नायक और नायिका की, समागम से पहली दशा का नाम 'पूर्वराग' है । दूत, भाट अथवा सखी के द्वारा गुणों का श्रवण होता है और दर्शन इन्द्रजाल में, चित्र में, स्वप्न में अथवा साक्षात् ही होता है ।

अभिलाष, चिन्ता, स्मृति, गुणकथन, उद्वेग, प्रलाप, उन्माद, व्याधि, जडता और मृति (मरण) ये दश कामदशायें विप्रलम्भ शृङ्गार (वियोग) में होती हैं । इनके विशेष लक्षण कहते हैं—इच्छा का नाम 'अभिलाष' है । प्राप्ति के उपायादि की खोज का नाम 'चिन्ता' है । जड़, चेतन का विवेक न रहना 'उन्माद' कहाता है । चित्त के बहकने से उत्पन्न अटपटी बातों को 'प्रलाप' कहते हैं । दीर्घ श्वास, पाण्डुता, दुर्बलता आदि 'व्याधि' होती है । अङ्गों तथा मन के चेष्टाशून्य होने का नाम 'जडता' है और मरण को 'मृति' कहते हैं ।

क्रम से इनके उदाहरण देते हैं । साक्षात् दर्शन से उत्पन्न अभिलाष का उदाहरण—**प्रेमार्द्रा इति**—उस भोली चितवनवाली सुन्दरी की प्रेम से पगी, प्रणय भरी, परिचय होने पर प्रगाढ़ अनुराग से युक्त, स्वभाव से मधुर वे शृङ्गार चेष्टायें क्या मुझ पर कभी होंगी? जिनके तनिक मन में लाते ही तुरन्त चक्षुरादि बाहरी इन्द्रियों के व्यापार को रोक कर सान्द्र आनन्द में अन्तःकरण का लय हो जाता है । इस पद्य में मालती को देखकर उसमें अनुरक्त माधव का 'अभिलाष' सूचित होता है ।

इन्द्रजाल से उत्पन्न अभिलाष का उदाहरण—**कथमिति**—'कामदेव की साक्षात् लक्ष्मी स्वरूप उस मृगनयनी को मैं कैसे देखूँगा' इस चिन्ता से व्याकुल कान्त को रात में नींद नहीं आती । **अत्रेति**—इस पद्य

'त्रिभागशेषासु निशासु च क्षणं निमील्य नेत्रे सहसा व्यबुध्यत ।
क नीलकण्ठ, व्रजसीत्यलक्ष्यवागसत्यकण्ठार्पितबाहुबन्धना ॥'

अत्र प्रलापः । 'भ्रातर्द्विरेफ– ' इत्यादावुन्मादः ।

'पाण्डु क्षामं वदनं हृदयं सरसं तवालसं च वपुः ।
आवेदयति नितान्तं क्षेत्रियरोगं सखि हृदन्तः ॥'

अत्र व्याधिः ।

'भिसिणीअलसअणीए निहिअं सव्वं सुणिच्चलं अङ्गम् ।
दीहो णीसासहरो एसो साहेइ जीअइत्ति परम् ॥'

अत्र जडता । इदं मम ।

रसविच्छेदहेतुत्वान्मरणं नैव वर्ण्यते ॥ १६३ ॥
जातप्रायं तु तद्वाच्यं चेतसाकाङ्क्षितं तथा ।
वर्ण्यतेऽपि यदि प्रत्युज्जीवनं स्याददूरतः ॥ १६४ ॥

तत्राद्यं यथा—

'शेफालिकां विदलितामवलोक्य तन्वी प्राणान्कथंचिदपि धारयितुं प्रभूता ।
आकर्ण्य संप्रति रुतं चरणायुधानां किं वा भविष्यति न वेद्मि तपस्विनी सा ॥'

द्वितीयं यथा—

'रोलम्बाः परिपूरयन्तु हरितो झंकारकोलाहलै-
र्मन्दं मन्दमुपैतु चन्दनवनीजातो नभस्वानपि ।

में किसी नायिका को इन्द्रजाल में देखकर प्ररूढराग नायक की चिन्ता प्रतीत होती है। 'मयीत्यादि' पूर्वोक्त पद्य में स्मृति है। नेत्रे' इत्यादि में गुणकथन है। 'श्वासान्' इत्यादि में उद्वेग आ चुका है।

प्रलाप—**त्रिभागेति**—ब्रह्मचारिवेष में छिपे शङ्कर से, पार्वती की सखी का वचन। **अर्थ**—अनेक बार रात्रि के पिछले पहर में ज़रा देर के लिये आँख लगते ही यह हमारी सखी 'हे नीलकण्ठ, कहाँ जाते हो?' इस प्रकार बड़बड़ाती हुई, किसी के कल्पित कण्ठ में बाहुलता डाले हुए जाग उठती है। इस पद्य में अनुरक्त पार्वती का 'प्रलाप' दिखाया है। 'भ्रातर्द्विरेफ' इत्यादि में उन्माद आया है।

व्याधि का उदाहरण--**पाण्डु इति**—हे सखि, तेरा पाण्डुवर्ण मुरझाया हुआ चेहरा, सरस हृदय और ढीला देह, तेरे हृदय में स्थित नितान्त असाध्य ('क्षेत्रिय'=जन्मान्तर साध्य) रोग की सूचना देते हैं। इसमें 'व्याधि' है। **भिसिणी इति—'बिसिनीदलशयनीये निहितं सर्वं सुनिश्चलमङ्गम्। दीर्घो निःश्वासभर एष साधयति जीवतीति परम् ॥'** कमल की शय्या पर पड़ा हुआ देह तो एकदम निश्चल है। हाँ, दीर्घ निःश्वास से यह अवश्य सिद्ध होता है कि अभी जीती है। यहाँ 'जडता' है।

रसेति—यद्यपि रस का विच्छेदक होने से मरण का वर्णन नहीं किया जाता, तथापि मरणतुल्य दशा का वर्णन कर देना चाहिये और चित्त से आकांक्षित मरण का भी वर्णन कर देना चाहिये। यदि शीघ्र ही पुनर्जीवित होना हो तो मरण का भी वर्णन कर देते हैं। जातप्राय मरण का उदाहरण—जैसे **शेफालिकामिति**—दूती का वचन नायक से—वह सुकुमारी शेफालिका को विकसित देखकर जैसे तैसे प्राण धारण कर सकी है। 'शेफालिका' (हारसिङ्गार) के फूल आधीरात में खिलते हैं, उन्हें देखकर अर्थात् उस समय तक तुम्हारी बाट जोहने पर विरहवेदना से व्याकुल उस सुकुमारी ने यथाकथञ्चित् प्राण धारण किये थे। परन्तु इस समय मुरगों की आवाज़ सुनकर (प्रातःकाल हो जाने से) वह तपस्विनी (बेचारी) न जाने किस दशा में होगी। तर्कवागीशजी ने 'तपस्विनी' का अर्थ ब्रह्मचारिणी किया है **'तपस्विनी ब्रह्मचारिणी मैथुनरहितत्वात्' !!!** हम तो आपकी 'ब्रह्मचारिणी' बनाने की इस दलील (मैथुन-रहितत्वात्) पर कुर्बान हैं।

चित्त से आकांक्षित मरण का उदाहरण—**रोलम्बा इति**—भ्रमर अपनी गूँज से दिशाओं को पूरित

माद्यन्तः कलयन्तु चूतशिखरे केलीपिकाः पञ्चमं
प्राणाः सत्वरमश्मसारकठिना गच्छन्तु गच्छन्त्वमी ॥'

ममैतौ । तृतीयं यथा—कादम्बर्यां महाश्वेतापुण्डरीकवृत्तान्ते । एष च प्रकारः करुणविप्रलम्भविषय इति वक्ष्यामः । केचित्तु—

'नयनप्रीतिः प्रथमं चित्तासङ्गस्ततोऽथ संकल्पः । निद्राच्छेदस्तनुता विषयनिवृत्तिस्त्रपानाशः ।
उन्मादो मूर्च्छा मृतिरित्येताः स्मरदशा दशैव स्युः ॥' इत्याहुः । तत्र च—

आदौ वाच्यः स्त्रिया रागः पुंसः पश्चात्तदिंगितैः ।

इङ्गितान्युक्तानि यथा रत्नावल्यां सागरिकावत्सराजयोः । आदौ पुरुषानुरागे संभवत्यप्येवमधिकं हृदयंगमं भवति ।

नीली कुसुम्भं मञ्जिष्ठा पूर्वरागोऽपि च त्रिधा ॥ १९५ ॥

तत्र— न चातिशोभते यन्नापैति प्रेम मनोगतम् ।
तन्नीलीरागमाख्यातं यथा श्रीरामसीतयोः ॥ १९६ ॥
कुसुम्भरागं तत्प्राहुर्यदपैति च शोभते ।
मञ्जिष्ठारागमाहुस्तद् यन्नापैत्यतिशोभते ॥ १९७ ॥

अथ मानः— मानः कोपः स तु द्वेधा प्रणयेर्ष्यासमुद्भवः ।
द्वयोः प्रणयमानः स्यात्प्रमोदे सुमहत्यपि ॥१९८॥
प्रेम्णः कुटिलगामित्वात्कोपो यः कारणं विना ।

द्वयोरिति नायकस्य नायिकायाश्च उभयोश्च प्रणयमानो वर्णनीयः । उदाहरणम् । तत्र नायकस्य यथा—

'अलिअपसुत्त अणिमीलिअच्छ देसु सुहअ मज्झ ओआसम् ।

करें, चन्दन के वनों से उठा हुआ मलयानिल मन्द २ चलता रहे । आमों की मञ्जरी पर बैठी हुई मस्त कोयल पञ्चम स्वर में अपनी कल-काकली आलापती रहे और पत्थर से भी अधिक कठोर ये मेरे प्राण भी अब बिदा हों । ये दोनों पद्य विश्वनाथजी के बनाये हुए हैं । तृतीयमिति—तृतीय मरण का उदाहरण—जैसे कादम्बरी में महाश्वेता पुण्डरीक के वृत्तान्त में पुण्डरीक का मरण वर्णन किया है और फिर प्रत्युज्जीवन दिखाया है । एषचेति—यह भेद करुणविप्रलम्भ का है, यह आगे कहेंगे ।

केचित्तु इति—कोई आचार्य इन दस कामदशाओं को इस प्रकार कहते हैं—सब से पहले नयनानुराग, फिर चित्त की आसक्ति, अनन्तर सङ्कल्प (मिलने की इच्छा), इसके बाद निद्रानाश, कृशता, विषयवैराग्य, निर्ल्लज्जता, उन्माद, मूर्च्छा और मरण । आदौ इति—पहले स्त्री का अनुराग वर्णन करना चाहिये, अनन्तर उसके इङ्गित चेष्टित देखकर पुरुष का अनुराग निबद्ध करना चाहिये । इङ्गित पहले कह चुके हैं । उदाहरण—जैसे रत्नावली नाटिका में सागरिका और वत्सराज का अनुराग । यद्यपि पुरुषानुराग भी पहले हो सकता है, परन्तु उक्त प्रकार से वर्णन अधिक हृदयङ्गम होता है ।

नीलीति—पूर्वराग तीन प्रकार का होता है । नीलीराग, कुसुम्भराग और मञ्जिष्ठाराग । न चेति—जो बाहरी चमकदमक तो अधिक न दिखाये परन्तु हृदय से कभी दूर न हो, वह 'नीलीराग' कहाता है । जैसे भगवान् श्रीरामचन्द्र और सीता देवी का । कुसुम्भराग वह प्रेम होता है जो शोभित बहुत हो, पर जाता रहे । मञ्जिष्ठा राग उस प्रेम को कहते हैं जो जाय भी नहीं और शोभित भी खूब हो ।

मान का लक्षण—मान इति—कोप का नाम मान है । वह दो प्रकार का होता है । एक प्रणय से उत्पन्न दूसरा ईर्ष्या से उत्पन्न । द्वयोरिति—प्रेम की उलटी ही चाल हुआ करती है, इसलिये दोनों के हृदय में भरपूर प्रेम होने पर भी, विना ही कारण, जो एक दूसरे के ऊपर कोप है, उसे प्रणयमान कहते हैं । नायक के प्रणयमान का उदाहरण—अलिअ इति—'अलीकप्रसुप्त मिथ्यानिमीलिताक्ष, देहि सुभग ममावकाशम् । गण्ड-

गण्डपरिउम्बणपुलइअङ्ग ण उणो चिराइस्सम् ॥'

नायिकाया यथा कुमारसंभवे संध्यावर्णनावसरे। उभयोर्यथा—

'पणअकुविआणँ दोण्णं वि अलिअसुत्ताणँ माणइणाणम्।
णिच्चलणिरुद्धणीसासदिण्णअण्णाणँ को मल्लो ॥'

अनुनयपर्यन्तासहत्वे त्वस्य न विप्रलम्भभेदता, किंतु संभोगसंचार्याख्यभावत्वम्। यथा—

'भ्रूभङ्गे रचितेऽपि दृष्टिरधिकं सोत्कण्ठमुद्वीक्षते
रुद्धायामपि वाचि सस्मितमिदं दग्धाननं जायते।
कार्कश्यं गमितेऽपि चेतसि तनू रोमाञ्चमालम्बते
दृष्टे निर्वहणं भविष्यति कथं मानस्य तस्मिञ्जने ॥' यथा वा—

'एकस्मिञ्शयने पराङ्मुखतया वीतोत्तरं ताम्यतो-
रन्योन्यस्य हृदि स्थितेऽप्यनुनये संरक्षतोर्गौरवम्।
दंपत्योः शनकैरपाङ्गवलनान्मिश्रीभवच्चक्षुषो-
र्भग्नो मानकलिः सहासरभसव्यासक्तकण्ठग्रहः ॥'

पत्युरन्यप्रियासङ्गे दृष्टेऽथानुमिते श्रुते ॥१९९॥
ईर्ष्यामानो भवेत्स्त्रीणां तत्र त्वनुमितिस्त्रिधा।
उत्स्वप्नायितभोगाङ्कगोत्रस्खलनसंभवा ॥२००॥

तत्र दृष्टे यथा—

'विनयति सुदृशो दृशोः परागं प्रणयिनि कौसुममाननानिलेन।
तदहितयुवतेरभीक्ष्णमक्ष्णोर्द्वयमपि रोषरजोभिरापुपूरे ॥'

चुम्बनपुलकिताङ्ग न पुनश्चिरयिष्यामि ॥' सोने का बहाना करके यों ही आँखें मीचनेवाले 'महाशय' मुझे भी थोड़ी जगह दो। कपोलचुम्बन से पुलकित अङ्गवाले 'महात्माजी' मैं फिर कभी देर न करूँगी। नायिका का मान जैसे कुमारसम्भव में सन्ध्यावर्णन के अवसर पर। दोनों के एक ही समय मान करके उदाहरण जैसे—**पणअ इति— 'प्रणयकुपितयोर्द्वयोरलीकप्रसुप्तयोर्मानिनोः। निश्चलनिरुद्धनिःश्वासदत्तकर्णयोः को मल्लः ॥'** दोनों ही प्रणय से कुपित हैं, दोनों ही मिथ्याप्रसुप्त हैं और धीरे धीरे रोक रोक के लिये हुए परस्पर के निःश्वासों पर दोनों ही कान लगाये पड़े हैं। देखें इन दोनों में कौन बहादुर है।

अनुनयेति—यदि यह मान, अनुनय (खुशामद या मनाने) के समय तक न ठहर सके तो इसे विप्रलम्भ शृङ्गार नहीं समझना, किन्तु 'सम्भोगसञ्चारी' नामक भाव जानना। जैसे—**भ्रूभङ्गे इति**— भृकुटी टेढ़ी करने पर भी दृष्टि अधिक उत्कण्ठापूर्ण हो जाती है। वाणी के रोक लेने पर भी 'जला हुआ' (यह स्त्रियों के कोपके समय की स्वाभाविक गाली है) मुँह मुसकुराने लगता है। चित्त कड़ा कर लेने पर भी देह रोमाञ्चित होने लगती है, फिर भला उनके सामने आने पर मैं मान को कैसे निबाह सकूँगी? (जब सब सेना ही दूसरों से जा मिले तो सेनापति बेचारा क्या करे?) दूसरा उदाहरण देते हैं—**एकस्मिन्निति**—मन में अनुनय करने की इच्छा के होते हुए भी अपने अपने गौरव की रक्षा के हेतु मुँह फेरे हुए चुपचाप एक ही शय्या पर बेचैन पड़े हुए, पति पत्नी की धीरे धीरे कटाक्षवीक्षण के द्वारा, आँखें चार होते ही, मानकलह टूट गया और हासपूर्वक झट से कण्ठाश्लेष प्रारम्भ हुआ।

पति की अन्य अङ्गना में आसक्ति के देखने पर या अनुमान कर लेने पर अथवा किसी से सुन लेने पर स्त्रियों को 'ईर्ष्यामान' होता है। उसमें अनुमान तीन तरह से होता है। १ स्वप्न में अन्य नायिका के सम्बन्ध की बातें बड़बड़ाने से या २ नायक में उसके सम्भोगचिह्नों को देखने से अथवा ३ अचानक नायक के मुख से अन्य नायिका का नाम निकल जाने से। अन्यासङ्ग देखने पर ईर्ष्यामान का उदाहरण जैसे—**विनयति इति**—नायक को अन्य नायिका के नयनों से कुसुमरज को फूँक के हटाते देख दूसरी के दोनों नेत्र क्रोध की रज से एकदम

संभोगचिह्नेनानुमिते यथा—

'नवनखपदमङ्गं गोपयस्यंशुकेन स्थगयसि पुनरोष्ठं पाणिना दन्तदष्टम् ।
प्रतिदिशमपरस्त्रीसङ्गशंसी विसर्पन्नवपरिमलगन्धः केन शक्यो वरीतुम् ॥'

एवमन्यत्र ।

साम भेदोऽथ दानं च नत्युपेक्षे रसान्तरम् ।
तद्भङ्गाय पतिः कुर्यात्षडुपायानिति क्रमात् ॥२०१॥
तत्र प्रियवचः साम, भेदस्तत्सख्युपार्जनम् ।
दानं व्याजेन भूषादेः, पादयोः पतनं नतिः ॥२०२॥
सामादौ तु परिक्षीणे स्यादुपेक्षावधीरणम् ।
रभसत्रासहर्षादेः कोपभ्रंशो रसान्तरम् ॥२०३॥

यथा—'नो चाटुश्रवणं कृतम्—' इत्यादि । अत्र सामादयः पञ्च सूचिताः । रसान्तरमूह्यम् ।

अथ प्रवासः—

प्रवासो भिन्नदेशित्वं कार्याच्छापाच्च संभ्रमात् ।
तत्राङ्गचेलमालिन्यमेकवेणीधरं शिरः ॥२०४॥
निःश्वासोच्छ्वासरुदितभूमिपातादि जायते । किं च ।
अङ्गेष्वसौष्ठवं तापः पाण्डुता कृशताऽरुचिः ॥२०५॥
अधृतिः स्यादनालम्बस्तन्मयोन्मादमूर्च्छनाः ।
मृतिश्चेति क्रमाज्ज्ञेया दश स्मरदशा इह ॥२०६॥
असौष्ठवं मलापत्तिस्तापस्तु विरहज्वरः ।
अरुचिर्वस्तुवैराग्यं सर्वत्रारागिता धृतिः ॥२०७॥

भर गये । सम्भोग चिह्न से अनुमित का उदाहरण नवेति—नवीन नखक्षत के चिह्नों से अङ्कित देह को वस्त्र से छिपाते हो और दन्तदष्ट ओष्ठ को हाथ से दबाते हो, परन्तु यह तो बताओ कि अन्याङ्गनासङ्गके सूचक चारों ओर फैलते हुए इस नवीन परिमलगन्ध को काहे से रोकोगे ? **'विमर्दोत्थे परिमलो गन्धे जनमनोहरे' इत्यमरः ।**

सामेति—साम, भेद, दान, नति, उपेक्षा और रसान्तर इन छः उपायों को मानभङ्ग करने के लिए पति यथाक्रम ग्रहण करे । **तत्रेति**—प्रिय वचन का नाम 'साम' है । नायिका की सखी को तोड़ लेने (अपनी ओर मिला लेने) को 'भेद' कहते हैं । किसी बहाने से भूषण आदि देने का नाम 'दान' है । पैरों पर गिरना 'नति' कहाता है । सामादिक चार उपायों के निष्फल होने पर उपाय छोड़कर बैठे रहने को उपेक्षा कहते हैं । घबराहट, भय, हर्ष आदि के कारण कोप दूर हो जाने का नाम 'रसान्तर' है । जैसे 'नो चोटु' इत्यादि पूर्वोक्त पद्य । इसमें सामादि पाँच दिखाये हैं । रसान्तर और कहीं ऊहा कर लेना ।

प्रवास इति—कार्यवश, शापवश, अथवा सम्भ्रम (भय) वश नायक के अन्य देश में चले जाने को 'प्रवास' कहते हैं । उसमें नायिकाओं के शरीर और वस्त्रों में मलिनता, सिर में एक वेणी (विशेष रीति से भूषा के साथ न गूथ कर साधारणतया सब बालों को लपेट कर एक चोटी बना लेना) एवं निःश्वास, उच्छ्वास, रोदन और भूमिपतन आदि होते हैं ।

अङ्गेष्विति—अङ्गों में असौष्ठव, सन्ताप, पाण्डुता, दुर्बलता, अरुचि, अधीरता, अस्थिरता, तन्मयता, उन्माद, मूर्च्छा और मरण ये दस (ग्यारह) कामदशायें प्रवास में नायक नायिकाओं की होती हैं । इनमें मलिनता का नाम 'असौष्ठव' है । विरहज्वर को 'संताप' कहते हैं । सब वस्तुओं से वैराग्य हो जाने को 'अरुचि'

अनालम्बनता चापि शून्यता मनसः स्मृता ।
तन्मयं तत्प्रकाशो हि बाह्याभ्यन्तरतस्तथा ।

शेषं स्पष्टम् । एकदेशतो यथा मम तातपादानाम्—

'चिन्ताभिः स्तिमितं मनः, करतले लीला कपोलस्थली,
प्रत्यूषक्षणदेशपाण्डु वदनं, श्वासैकखिन्नोऽधरः ।
अम्भःशीकरपद्मिनीकिसलयैर्नापैति तापः शमं
कोऽस्याः प्रार्थितदुर्लभोऽस्ति सहते दीनां दशामीदृशीम् ॥'

भावी भवन्भूत इति त्रिधा स्यात्तत्र कार्यजः ॥२०८॥

कार्यस्य बुद्धिपूर्वकत्वात्त्रैविध्यम् । तत्र भावी यथा मम--

'यामः सुन्दरि, याहि पान्थ, दयिते शोकं वृथा मा कृथाः,
शोकस्ते गमने कुतो मम, ततो बाष्पं कथं मुञ्चसि ।
शीघ्रं न व्रजसीति, मां गमयितुं कस्मादियं ते त्वरा,
भूयानस्य सह त्वया जिगमिषोर्जीवस्य मे संभ्रमः ॥'

कहते हैं। कहीं जी न लगने का नाम 'अधृति' है। मन की शून्यता 'अनालम्बनता' कहाती है और भीतर बाहर सब ओर प्रियतम (या प्रियतमा) के ही दीख पड़ने को 'तन्मयता' कहते हैं। उन्माद आदि सब स्पष्ट ही हैं। इनमें से कुछ दशाओं के उदाहरण में अपने पिता का बनाया पद्य देते हैं। **चिन्ताभिरिति—**इसका मन चिन्ताओं के मारे निश्चल हो गया है। कपोलस्थल करतल ही में निलीन रहता है। मुख प्रातःकाल के चन्द्रमा के समान पाण्डुवर्ण हो गया है। अधरोष्ठ दीर्घ निःश्वासों से मुरझाया हुआ है और इसका सन्ताप, न शीतल जल के कणों से दूर होता है, न कमल के कोमल पल्लवों से कम होता है। न जाने कौन दुर्लभ पुरुष इसका अभिलषित है जो यह दयनीय दशा देखकर भी नहीं पिघलता।

भावीति--उनमें से कार्यवश उत्पन्न हुआ प्रवास, भविष्यत्, वर्तमान और भूत इन तीन भेदों में विभक्त होता है। कार्य, विचारपूर्वक किया जाता है, अतएव तीनों कालों में हो सकता है। भावी प्रवास जैसे—**याम इति**—साहित्यदर्पण की 'रुचिरा' नामक संस्कृत टीका की आलोचना करते समय हमने अपने 'रुचिरा-लोचन' नामक प्रबन्ध में इस पद्य की व्याख्या की थी वहीं से उसे यहाँ अविकल उद्धृत करते हैं। **यामः—**किसी परम आवश्यक कार्यवश प्राणप्रिय परदेश गमन के लिये प्रस्तुत हैं। प्रियतमा को इस दुर्घटना से प्राणान्त कष्ट हो रहा है। सन्ताप और मनोव्यथा की अधिकता से पिघला हुआ अन्तःकरण नेत्रों के द्वारा आँसुओं के रूप में बराबर बह रहा है। इतने में प्रेमाधार ने बाहर से आकर अपने प्रेम भरे नयनों से प्राणेश्वरी को प्रसन्न करने का प्रयत्न करते हुए यात्रा के लिए बिदा माँगी—**यामः सुन्दरि,** हे सुन्दरि, हम जाते हैं। इस पर प्रेयसी ने साक्षात् निषेध करना उचित नहीं समझा। अमङ्गल की आशङ्का से अपने को यात्रा का विघ्नकारक बनाना उचित नहीं समझा। परन्तु प्राणनाथ को प्रवास से रोकने के लिये व्यङ्ग्यभरी वचनावली से जो प्रश्नों का उत्तर दिया है वह निम्न प्रकार है। **याहि पान्थ—**हे पथिक, जाओ। 'प्रिय' न कह कर 'पान्थ' कहना विशेष भावपूर्ण है। जिस प्रकार पथिक को माग में मिले हुए लोगों से विशेष प्रेम नहीं होता, वह अपने गन्तव्य स्थान की ही धुन में रहता है, इसी प्रकार तुम भी पथिक के समान प्रेमशून्य हो, यह व्यङ्ग्य है। **दयिते शोकं वृथा मा कृथाः**—हे प्रिये, व्यर्थ शोक मत करो—**शोकस्ते०** हे पथिक, तुम्हारे जाने में मुझे शोक क्यों होगा? **ततो बाष्पं०** यदि शोक नहीं है तो फिर ये जार जार आँसू क्यों बहा रही हो? **शीघ्रं न०**—तुम शीघ्र नहीं जाते इसलिए। **मां गमयितुं**—मुझे भेजने के लिये तुम्हें इतनी जल्दी क्यों है? **भूयानस्य०**—तुम्हारे साथ ही साथ जाने को तैयार बैठे हुए मेरे प्राणों की यह घबराहट है। **जीवस्य = जीवनस्य प्राणानामित्यर्थः।**

तात्पर्य यह है कि ये आँसू शोक के नहीं, बल्कि प्राणसंकट के हैं। तुम्हारे जाने के बाद ये प्राणपखेरू एक क्षण भी नहीं रुक सकेंगे। तुम्हारे गमन के साथ ही ये भी उड़ जायेंगे। इन्होंने भी तुम्हारी तरह जाने की पूरी तयारी कर ली है।'प्राणेश्वर चले गये' इतना सुनते ही ये भी मुझे छोड़कर हवा हो जायेंगे। अभी तक ये

भवन्यथा—

'प्रस्थानं वलयैः कृतं, प्रियसखैरस्रैरजस्रं गतं,
धृत्या न क्षणमासितं, व्यवसितं चित्तेन गन्तुं पुरः।
यातुं निश्चितचेतसि प्रियतमे सर्वे समं प्रस्थिता
गन्तव्ये सति जीवित, प्रियसुहृत्सार्थः किमु त्यज्यते ॥'

भूतो यथा-'चिन्ताभिः स्तिमितम्—'इत्यादि। शापाद्यथा—'तां जानीथाः--' इत्यादि। संभ्रमो दिव्यमानुषनिर्घातोत्पातादिजः। यथा--विक्रमोर्वश्यामुर्वशीपुरूरवसोः।

अत्र पूर्वरागोक्तानामभिलाषादीनामत्रोक्तानां चाङ्गासौष्ठवादीनामपि दशानामुभयेषामप्युभयत्र संभवेऽपि चिरंतनप्रसिद्ध्या विविच्य प्रतिपादनम्।

अथ करुणविप्रलम्भः--

यूनोरेकतरस्मिन्गतवति लोकान्तरं पुनर्लभ्ये ।
विमनायते यदैकस्तदा भवेत्करुणविप्रलम्भाख्यः ॥२०६॥

यथा कादम्बर्यां पुण्डरीकमहाश्वेतावृत्तान्ते। पुनरलभ्ये शरीरान्तरेण वा लभ्ये तु करुणाख्य एव रसः।

किंचात्राकाशसरस्वतीभाषानन्तरमेन श्रृङ्गारः, संगमप्रत्याशया रतेरुद्भवात्। प्रथमं तु करुण

शब्द सुनने में नहीं आये हैं। केवल यही सुन रही हूं कि जा रहे हैं—अब जाते हैं—थोड़ी देर है—इत्यादि। इसी उलझन में पड़े हुए मेरे प्राण छटपटा रहे हैं। कभी ऊपर को खिचते हैं। कभी फिर कुछ बैठ जाते हैं। प्राणों की इस उलझन के कारण मैं प्राणान्त कष्ट पा रही हूँ और इसी से ये अश्रुधारायें बह रही हैं। तुम्हारे वियोग में मैं एक पल भी जीने को तयार नहीं हूं। परन्तु मरने की अपेक्षा मरने से पहले की यातनाये अत्यन्त असह्य होती हैं। यह पहले सुना करती थी और इस समय स्वयम् अनुभव कर रही हूँ। तुमसे जाने को मना करना बुरा है। उससे तुम्हारे गमन में अमङ्गल की आशङ्का है। इसलिये हे प्राणनाथ, तुम शीघ्र जाओ और मुझे इस प्राणसंकट से छुड़ाओ। तुम भी जाओ और तुम्हारी सम्पत्ति—ये प्राण—भी जायें। प्राण और प्राणेश्वर एक साथ ही प्रयाण करें-इत्यादि। ये सब भाव चतुर्थ चरण से व्यञ्जनावृत्ति के द्वारा बोधित होते हैं।

वर्तमानकालिक प्रवास का उदाहरण—प्रस्थानमिति—प्रियतम के गमन के समय नायिका की अपने प्राणों के प्रति उक्ति है। कङ्कण सरक पड़े और तुम्हारे प्रिय मित्र आँसू बराबर चल रहे हैं। धैर्य क्षणभर भी नहीं टिका और चित्त अगाड़ी ही जाने को तयार है। प्रियतम के प्रवास का निश्चय करते ही ये सबके सब साथ ही चल पड़े हैं। फिर हे प्रियप्राण! यदि तुम्हें भी जाना ही है तो अपने इन मित्रों का साथ क्यों छोड़ते हो? तुम भी इनके साथ ही चल दो। भूतकालिक वियोग जैसे—'चिन्ताभिः' इत्यादि पूर्वोक्त पद्य। शाप से प्रवास जैसे मेघदूत में 'तां जानीथाः' इत्यादि।

प्रवास का कारणभूत 'सम्भ्रम' (घबराहट) कहीं देवताओं से, कहीं मनुष्यों से और कहीं दिशाओं में उत्पन्न, बिजली के सदृश घोर शब्द आदि अनेक उत्पातों से होता है। जैसे विक्रमोर्वशी में उर्वशी और पुरूरवा का।

अत्रेति—यद्यपि पूर्वराग में कही हुई अभिलाष, चिन्ता आदिक और यहाँ कही हुई 'अङ्गासौष्ठव' आदिक कामदशायें दोनों जगह (पूर्वराग तथा प्रवास में) हो सकती हैं तथापि प्राचीनों के अनुसार पृथक् लिखी हैं।

अथ करुणविप्रलम्भ—यूनोरिति—नायक और नायिका में से एक के मर जाने पर दूसरा जो दुःखी होता है उस अवस्था को 'करुण विप्रलम्भ' कहते हैं। परन्तु यह तभी होता है जब परलोकगत व्यक्ति के इसी जन्म में इसी देह से फिर मिलने की आशा हो। जैसे—'कादम्बरी' में पुण्डरीक और महाश्वेता का वृत्तान्त। यदि फिर मिलने की आशा टूट जाय अथवा जन्मान्तर में मिलने की आशा हो तब तो करुणरस ही होना है। इसमें दूसरा मत—किंचेति—यहाँ पुण्डरीक के मरणानन्तर आकाशवाणी के द्वारा उसके मिलने की आशा होने

एव इत्यभियुक्ता मन्यन्ते। यच्चात्र 'संगमप्रत्याशानन्तरमपि भवतो विप्रलम्भश्रृङ्गारस्य प्रवासाख्यो भेद एव' इति केचिदाहुः, तदन्ये 'मरणरूपविशेषसंभवात्तद्भिन्नमेव' इति मन्यन्ते अथ संभोगः—

दर्शनस्पर्शनादीनि निषेवेते विलासिनौ।
यत्रानुरक्तावन्योन्यं संभोगोऽयमुदाहृतः ॥२१०॥

आदिशब्दादन्योन्याधरपानचुम्बनाद्यः। यथा—'शून्यं वासगृहम्'—इत्यादि।

संख्यातुमशक्यतया चुम्बनपरिरम्भणादिबहुभेदात्।
अयमेक एव धीरैः कथितः संभोगश्रृङ्गारः ॥२११॥

तत्र स्यादृतुषट्कं चन्द्रादित्यौ तथोदयास्तमयः।
जलकेलिवनविहारप्रभातमधुपानयामिनीप्रभृतिः ॥२१२॥
अनुलेपनभूषाद्या वाच्यं शुचि मेध्यमन्यच्च।

तथा च भरतः—'यत्किंचिल्लोके शुचि मेध्यमुज्ज्वलं दर्शनीयं वा तत्सर्वं श्रृङ्गारेणोपमीयते (उपयुज्यते च)' इति। किं च—

कथितश्चतुर्विधोऽसावानन्तर्यात्तु पूर्वरागादेः ॥२१३॥ यदुक्तम्—

'न विना विप्रलम्भेन संभोगः पुष्टिमश्नुते। कषायिते हि वस्त्रादौ भूयान्रागो विवर्धते॥' इति।

तत्र पूर्वरागानन्तरं संभोगो यथा कुमारसंभवे पार्वतीपरमेश्वरयोः।

प्रवासानन्तरं संभोगो यथा मम तातपादानाम्—

'क्षेमं ते ननु पक्ष्मलाक्षि—किसअं खेमं महङ्गं दिढं,
एतादृक्कृशता कुतः—तुह पुणो पुट्ठं सरीरं जदो।

पर रति के अंकुरित होने से श्रृङ्गाररस होता है। आकाशवाणी से पहले करुणरस ही है, क्योंकि तब तक शोक प्रधान है, रति नहीं, यह बात प्रामाणिक लोग मानते हैं।

यह जो कोई कहते थे कि समागम की आशा के अनन्तर यहाँ भी श्रृङ्गाररस का 'प्रवास' नामक भेद है, यह और लोग नहीं मानते, क्योंकि यहाँ मरणरूप विशेष दशा हो जाती है, अतः यह प्रवास से भिन्न है।

दर्शनेति—एक दूसरे के प्रेम में पगे नायक और नायिका जहाँ परस्पर दर्शन, स्पर्शन आदि करते हैं वह सम्भोगश्रृङ्गार कहाता है। उदाहरण—'शून्यम्' इत्यादि पूर्वोक्त पद्य। **संख्यातुमिति**—चुम्बन, आलिङ्गन आदिक इसके अनन्त भेदों की गिनती नहीं हो सकती, अतः इसका 'सम्भोगश्रृङ्गार' नामक एक ही भेद माना है। छहों ऋतुओं का वर्णन सूर्य और चन्द्रमा का वर्णन, उदय और अस्त का वर्णन, जलविहार, वनविहार, प्रभात, मद्यपान, रात्रिक्रीडा, चन्दनादिलेपन, भूषणधारण तथा और जो कुछ स्वच्छ उज्ज्वल, ग्राह्य वस्तु हैं उन सबका वर्णन श्रृङ्गाररस में होता है। यही भरत मुनि ने कहा है—**यत्किंचिदिति**। **कथित इति**—यद्यपि श्रृङ्गार के अवान्तर भेद असंख्य हैं, तथापि पूर्वराग, मान, प्रवास और ईर्ष्या इनके आनन्तर्य के कारण यह चार प्रकार का होता है। कहा भी है—**न विनेति**—विना वियोग के सम्भोगश्रृङ्गार परिपुष्ट नहीं होता। कषायित वस्त्रादि पर रँग अच्छा चढ़ता है। प्रधान रँग में रँगने के पहले किसी दूसरी चीज में, जो उस रँग के अनुकूल हो, कपड़े के रँगने की चाल है—यह इसलिये किया जाता है कि प्रधान रँग अच्छा चढ़े और पक्का हो। बहुत से रँगों में रँगने से पहले अनार के छिलकों के काढ़े में कपड़े को भिगोते हैं। इसी को 'कषायित' करना कहते हैं। जिस प्रकार कषायित करने के पीछे रँग में स्वच्छता आ जाती है—इसी प्रकार मान, ईर्ष्या, प्रवासादिजन्य वियोग के पीछे सम्भोग श्रृङ्गार में भी चमत्कार विशेष आ जाता है, यह तात्पर्य है। पूर्वराग के अनन्तर सम्भोग का उदाहरण जैसे कुमारसम्भव में शिव पार्वती का।

प्रवास के अनन्तर सम्भोग में अपने पिता का उदाहरण देते हैं। **क्षेममित्यादि**—इस पद्य के अवतरण की पंक्ति में व्रीडा-व्यञ्जक अश्लीलत्व है। यहां प्रश्नोत्तरों में संस्कृतभाग पति का है और प्राकृतभाग पत्नी का। **१ हे पक्ष्मलाक्षि!** (सुन्दर पलकों से युक्त नेत्रवाली) तुम कुशल से हो? २ **'कृशकं क्षेमं ममाङ्गं दृढम्'** यह मेरा दुर्बल देह दृढ कुशल है। १ तुम इतनी कृश क्यों हो? २ **'तव पुनः पुष्टं शरीरं यतः'** तुम्हारा देह परिपुष्ट है—इसलिये।

केनाहं पृथुलः प्रिये-पणाइणीदेहस्स संमीलणात्,
त्वत्तः सुभ्रु न कापि मे-जइ इदं खेमं कुदो पुच्छसि ॥'

एवमन्यत्राप्यूह्यम्। अथ हास्यः—

विकृताकारवाग्वेषचेष्टादेः कुहकाद्भवेत् ।
हास्यो हासस्थायिभावः श्वे : प्रमथदैवतः ॥२१४॥
विकृताकारवाक्चेष्टं यमलोक्य हसेज्जनः ।
तदत्रालम्बनं प्राहुस्तच्चेष्टोद्दीपनं मतम् ॥२१५॥
अनुभावोऽक्षिसंकोचवदनस्मेरतादयः ।
निद्रालस्यावहित्थाद्या अत्र स्युर्व्यभिचारिणः ॥२१६॥
ज्येष्ठानां स्मितहसिते मध्यानां विहसितावहसिते च ।
नीचानामपहसितं तथातिहसितं तदेष षड्भेदः ॥२१७॥
ईषद्विकासिनयनं स्मितं स्यात्स्पन्दिताधरम् ।
किंचिल्लक्ष्यद्विजं तत्र हसितं कथितं बुधैः ॥ २१८ ॥
मधुरस्वरं विहसितं सांसशिरःकम्पमवहसितम् ।
अपहसितं सास्राक्षं विक्षिप्ताङ्गं [च] भवत्यतिहसितम् ॥ २१९ ॥

यथा— 'गुरोर्गिरः पञ्च दिनान्यधीत्य वेदान्तशास्त्राणि दिनत्रयं च ।
अमी समाघ्राय च तर्कवादान् समागताः कुक्कुटमिश्रपादाः ॥'

---

१ हे प्रिये ! मैं काहे से मोटा हूँ ? २ '**प्रणयिनीदेहस्य सम्मीलनात्**' प्रेयसी के आलिङ्गन से । १ हे सुभ्रु, तुम्हारे सिवा मेरी और कोई प्रेयसी नहीं है । २ '**यदि इदं क्षेमं कुतः पृच्छसि ?**' यदि यह बात है तो फिर कुशल क्या पूछते हो ? मान के अनन्तर सम्भोग जैसे पूर्वोक्त '**एकस्मिन् शयने**' इत्यादि । इसी प्रकार ईर्ष्यादि के उदाहरण भी जानना ।

विकृतेति—विकृत आकार, वाणी, वेष तथा चेष्टा आदि के नाट्य से हास्यरस का आविर्भाव होता है। इसका स्थायीभाव 'हास' है । वर्ण शुक्ल और अधिष्ठातृ-देवता प्रमथ (शिवगण) हैं ! जिसकी विकृत आकृति वाणी, वेष तथा चेष्टा आदि को देखकर लोग हँसें वह यहां आलम्बन और उसकी चेष्टा आदि उद्दीपनविभाव होते हैं। नयनों का मुकुलित होना और वदनका विकसित होना इस रस के अनुभाव होते हैं और निद्रा, आलस्य, अवहित्था आदि इसके सञ्चारी होते हैं ।

हास्य के छः भेद बताते हैं—**ज्येष्ठानामिति**—बड़े आदमियों में 'स्मित' और 'हसित' होते हैं । मध्यम श्रेणी के लोगों में 'विहसित' और 'अवहसित' हुआ करते हैं । नीच पुरुषों में 'अपहसित' और 'अतिहसित' होते हैं, अतः इन हसन क्रियाओं के भेद से हास्य भी छह भेदों में विभक्त होता है । जहाँ नेत्रों में कुछ विकास हो और ओष्ठ ज़रा ज़रा फरकें वह 'स्मित' कहाता है । और यदि उक्त क्रियाओं के साथ दाँत भी कुछ २ दीखने लगें तो उसे 'हसित' कहते हैं । इन सबके साथ मधुर शब्द भी हो तो 'विहसित' होता है। और यदि कन्धे, सिर आदि में कँपकँपी भी हो तो वह 'अवहसित' कहाता है । जिसमें आँखों में पानी भी आ जाय वह 'अपहसित' और जिसमें इधर उधर हाथ पैर भी पटके जायँ वह 'अतिहसित' होता है ।

तर्कवागीशजी ने लिखा है—**हास्यरसस्थायिभावस्य हासस्य भेदानाह—ज्येष्ठानामिति**—आपने 'स्मित' आदि को स्थायिभाव 'हास' का भेद माना है, यह असंगत है, क्योंकि सभी स्थायीभाव वासनारूप होने के कारण अन्तःकरण या आत्मा में रहते हैं, शरीर में नहीं और 'स्मित' आदि के इन लक्षणों से ही स्पष्ट है कि वे शरीर में रहते हैं, अतः ये हसनक्रिया के ही भेद हैं, हास (स्थायिभाव) के नहीं ।

उदाहरण—**गुरोरिति**—पण्डितों की सभा में वस्त्रादिकों का आडम्बर रचकर निःशङ्क आते हुए किसी

अस्य लटकमेलकप्रभृतिषु परिपोषो द्रष्टव्यः। अत्र च—

यस्य हासः स चेत्क्वापि साक्षान्नैव निबध्यते।
तथाप्येष विभावादिसामर्थ्यादुपलभ्यते॥ २२०॥
अभेदेन विभावादिसाधारण्यात्प्रतीयते।
सामाजिकैस्ततो हास्यरसोऽयमनुभूयते॥ २२१॥

एवमन्येष्वपि रसेषु बोद्धव्यम्। अथ करुणः—

इष्टनाशादनिष्टाप्तेः करुणाख्यो रसो भवेत्।
धीरैः कपोतवर्णोऽयं कथितो यमदैवतः॥ २२२॥
शोकोऽत्र स्थायिभावः स्याच्छोच्यमालम्बनं मतम्।
तस्य दाहादिकावस्था भवेदुद्दीपनं पुनः॥ २२३॥
अनुभावा दैवनिन्दाभूपातक्रन्दितादयः।
वैवर्ण्योच्छ्वासनिःश्वासस्तम्भप्रलपनानि च॥ २२४॥
निर्वेदमोहापस्मारव्याधिग्लानिस्मृतिश्रमाः।
विषादजडतोन्मादचिन्ताद्या व्यभिचारिणः॥ २२५॥

शोच्यं विनष्टबन्धुप्रभृति। यथा मम राघवविलासे—

'विपिने क्व जटानिबन्धनं तव चेदं क्व मनोहरं वपुः।
अनयोर्घटना विधेः स्फुटं ननु खड्गेन शिरीषकर्तनम्॥'

मूर्ख को देखकर किसी परिहासप्रिय पुरुष का वचन है। आगे से हट जाओ! कुक्कुटमिश्रजी आ रहे हैं!! आपने प्रभाकर गुरु की सब विद्यायें (मीमांसा) पाँच दिन में ही चूस (पढ़) ली हैं और तीन दिन में सम्पूर्ण वेदान्त शास्त्र को साफ कर दिया है। एवं आपने न्याय के समग्र तर्कवाद भी सूँघ रक्खे हैं। लटकमेलक आदि में हास्यरस की परिपुष्टि देख लेना।

यस्येति—जैसे सीता आदि के विषय में रामादिनिष्ठ रति का निरूपण करने को इन दोनों पात्रों का काव्य नाटकादि में निवेश किया जाता है और फिर उन अनुरागी पात्रों के साथ 'साधारण्याभिमान' से सामाजिकों को रस की प्रतीति होती है, इस प्रकार यद्यपि कुक्कुटमिश्र आदि आलम्बन को देखकर हँसनेवाले हासाश्रय (रामादिवत्) किसी नायक का साक्षात् निबन्धन किसी काव्य आदि में नहीं होता, केवल हास्य के आलम्बन और उद्दीपनादि ही उपन्यस्त किये जाते हैं, तथापि विभावादि के सामर्थ्य से नायक अर्थापत्तिद्वारा उपलब्ध होता है और फिर उसके साथ विभावादिकों के साधारण्याभिमान से सामाजिक लोग हास्यरस का अनुभव करते हैं। आलम्बन उद्दीपन विभाव विना आश्रय के नहीं बन सकते, अतः वे अपने सम्बन्धी नायक को अर्थापत्ति प्रमाण द्वारा उपस्थापित करते हैं।

करुण—इष्टनाशादिति—इष्ट के नाश और अनिष्ट की प्राप्ति से करुणरस आविर्भूत होता है। यह कपोतवर्ण होता है। इसके देवता यमराज हैं। इसमें स्थायी भाव शोक होता है और विनष्ट बन्धु आदि शोचनीय व्यक्ति आलम्बन विभाव होते हैं एवम् उसका दाहकर्म आदिक उद्दीपन होता है। प्रारब्ध की निन्दा, भूमिपतन, रोदन, विवर्णता, उच्छ्वास, निःश्वास, स्तम्भ और प्रलाप इस रस में अनुभाव होते हैं। एवं निर्वेद, मोह, अपस्मार, व्याधि, ग्लानि, स्मृति, श्रम, विषाद, जडता, उन्माद और चिन्ता आदि इसके व्यभिचारी हैं।

उदाहरण—विपिने इति—कहाँ जङ्गल में जाके जटाओं का बाँधना, और कहाँ तुम्हारा यह सुकुमार मनोहर देह! विधि का इन दोनों को जोड़ना वैसा ही है जैसा तलवार से सिरस के कोमल फूल का काटना।

अत्र हि रामवनवासजनितशोकार्तस्य दशरथस्य दैवनिन्दा। एवं बन्धुवियोगविभवनाशादावप्युदाहार्यम्। परिपोषस्तु महाभारते स्त्रीपर्वणि द्रष्टव्यः।

अस्य करुणविप्रलम्भाद्भेदमाह—

शोकस्थायितया भिन्नो विप्रलम्भादयं रसः।
विप्रलम्भे रतिः स्थायी पुनः संभोगहेतुकः ॥२२६॥

अथ रौद्रः—

रौद्रः क्रोधस्थायिभावो रक्तो रुद्राधिदैवतः।
आलम्बनमरिस्तत्र तच्चेष्टोद्दीपनं मतम् ॥२२७॥
मुष्टिप्रहारपातनविकृतच्छेदावदारणैश्चैव।
संग्रामसंभ्रमाद्यैरस्योद्दीप्तिर्भवेत्प्रौढा ॥२२८॥
भ्रूविभङ्गौष्ठनिर्दंशबाहुस्फोटनतर्जनाः।
आत्मावदानकथनमायुधोत्क्षेपणानि च ॥२२९॥
उग्रतावेगरोमाञ्चस्वेदवेपथवो मदः।
अनुभावास्तथाक्षेपक्रूरसंदर्शनादयः ॥२३०॥
मोहामर्षादयस्तत्र भावाः स्युर्व्यभिचारिणः।

यथा—'कृतमनुमतं दृष्टं वा यैरिदं गुरु पातकं मनुजपशुभिर्निर्मर्यादैर्भवद्भिरुदायुधैः।
नरकरिपुणा सार्धं तेषां सभीमकिरीटिनामयमसृङ्मेदोमांसैः करोमि दिशां बलिम् ॥'

अस्य युद्धवीराद्भेदमाह—

रक्तास्यनेत्रता चात्र भेदिनी युद्धवीरतः ॥२३१॥

अथ वीरः—

उत्तमप्रकृतिर्वीर उत्साहस्थायिभावकः।

अत्र हीति—इस पद्य में राम वनवास के शोक से व्याकुल राजा दशरथ की की हुई दैवनिन्दा है। इसी प्रकार बन्धुवियोग और धननाशादि के भी उदाहरण जानना। इसकी पुष्टि महाभारत के स्त्रीपर्व में मिलेगी। **शोकस्थायीति**—शोक के स्थायी होने के कारण, यह रस करुणविप्रलम्भ से भिन्न है। उसमें फिर समागम की आशा बनी रहने के कारण रति स्थायी होती है।

रौद्ररस का वर्णन—**रौद्र इति**—रौद्ररस में क्रोध स्थायीभाव होता है। इसका वर्ण लाल और देवता रुद्र हैं। इसमें 'आलम्बन' शत्रु होता है और उसकी चेष्टायें 'उद्दीपन' होती हैं। मुक्का मारने, गिराने, बुरी तरह काटने, फाड़ देने, युद्ध करने के लिये बेताब होने आदि के वर्णन से रौद्ररस की खूब प्रदीप्ति होती है। भृकुटि-भङ्ग, ओंठ चबाना, ताल ठोंकना, डाँटना, अपने पिछले कामों (वीरता) की बड़ाई करना, शस्त्र घुमाना, उग्रता, आवेग, रोमाञ्च, स्वेद, वेपथु और मद ये इस रस के अनुभाव होते हैं। आक्षेप करना, क्रूरता से देखना, मोह और अमर्ष आदि इसके व्यभिचारी होते हैं। उदाहरण—**कृतमिति**—द्रोणाचार्य का वध सुनकर क्रुद्ध अश्वत्थामा की उक्ति है—तुम्हारे जैसे जिन शस्त्रधारी निर्मर्याद नरपशुओं ने यह महापातक (द्रोणवध) किया है अथवा इसमें अनुमति दी है यद्वा इसे देखा है उन सबके तथा श्रीकृष्ण, भीम, और अर्जुन के रुधिर, चर्बी और मांस से मैं आज दिशाओं की बलि देता हूं। **रक्तास्येति**—नेत्र और मुख का क्रोध के मारे लाल हो जाना इसी रस में होता है, वीररस में नहीं, क्योंकि वहाँ उत्साह ही स्थायी होता है। यही इन दोनों रसों का परस्पर भेद है।

वीररस का वर्णन—**उत्तमेति**—उत्तम पात्र (रामादि) में आश्रित वीररस होता है। इसका स्थायीभाव

महेन्द्रदैवतो हेमवर्णोऽयं समुदाहृतः ॥२३२॥
आलम्बनविभावास्तु विजेतव्यादयो मताः ।
विजेतव्यादिचेष्टाद्यास्तस्योद्दीपनरूपिणः ।
अनुभावास्तु तत्र स्युः सहायान्वेषणादयः ॥२३३॥
संचारिणस्तु धृतिमतिगर्वस्मृतितर्करोमाञ्चाः ।
स च दानधर्मयुद्धैर्दयया च समन्वितश्चतुर्धा स्यात् ॥२३४॥

स च वीरो दानवीरो, धर्मवीरो, युद्धवीरो, दयावीरश्चेति चतुर्विधः। तत्र दानवीरो यथा परशुरामः—

'त्यागः सप्तसमुद्रमुद्रितमहीनिर्व्याजदानावधिः' इति ।

अत्र परशुरामस्य त्यागे उत्साहः स्थायिभावः संप्रदानभूतब्राह्मणैरालम्बनविभावैः सत्त्वाध्यवसायादिभिश्चोद्दीपनविभावैर्विभावितः सर्वस्वत्यागादिभिरनुभावैरनुभावितो हर्षधृत्यादिभिः संचारिभिः पुष्टिं नीतो दानवीरतां भजते ।

धर्मवीरो यथा युधिष्ठिरः—

'राज्यं च वसु देहश्च भार्या भ्रातृसुताश्च ये ।
यच्च लोके ममायत्तं तद्धर्माय सदोद्यतम् ॥'

युद्धवीरो यथा श्रीरामचन्द्रः—

'भो लङ्केश्वर, दीयतां जनकजा, रामः स्वयं याचते,
कोऽयं ते मतिविभ्रमः, स्मर नयं, नाद्यापि किंचिद्गतम् ।
नैवं चेत्खरदूषणत्रिशिरसां कण्ठासृजा पङ्किलः
पत्री नैष सहिष्यते मम धनुर्ज्याबन्धबन्धूकृतः ॥'

उत्साह, देवता महेन्द्र और रँग सुवर्ण के सदृश होता है। इसमें जीतने योग्य—रावणादि—आलम्बनविभाव होते हैं और उनकी चेष्टा आदि उद्दीपनविभाव होते हैं। युद्ध के सहायक (धनुष आदि यद्वा सैन्य आदि) का अन्वेषणादि इसका अनुभाव है। धैर्य, मति, गर्व, स्मृति, तर्क, रोमाञ्चादि इसके संचारीभाव हैं। दान, धर्म, दया और युद्ध के कारण यह (वीर) चार प्रकार का होता है। १ दानवीर, २ धर्मवीर, ३ दयावीर, ४ युद्धवीर। उनमें से दानवीर जैसे परशुराम—त्याग इति—सातों समुद्रपर्यन्त पृथ्वी का निष्कारण—विना किसी दृष्टफल की इच्छा के— दान कर देना जिन परशुराम के 'त्याग' (दान) की सीमा है। अत्रेति—यहाँ त्याग में परशुराम का उत्साह, स्थायीभाव है। वह (स्थायी) दानपात्र ब्राह्मणरूप आलम्बनविभाव से तथा उनकी सत्त्वगुणपरायणता आदि उद्दीपनविभावों से विभावित होकर और सर्वस्वपरित्याग आदि अनुभावों से अनुभावित होकर एवम् हर्ष धैर्य आदि संचारीभावों से परिपोषित होकर दानवीररस के स्वरूप में परिणत होता है। विभावन आदि व्यापार का लक्षण पहले कह चुके हैं। धर्मवीर जैसे युधिष्ठिर—राज्यं चेति—युधिष्ठिर की उक्ति है—'राज्य, धन, शरीर, स्त्री, भाई, पुत्र आदि जो कुछ भी मेरे अधीन हैं, वह सब धर्म के लिये सदा उपस्थित हैं।'

युद्धवीर जैसे श्रीरामचन्द्रजी—भो लङ्केश्वर इति—श्रीरामचन्द्रजी का अङ्गद के द्वारा रावण के पास भेजा हुआ सन्देश है। हे लङ्केश्वर ! जनकनन्दिनी सीता को दे दो। देखो, रामचन्द्र स्वयं याचना कर रहे हैं! यह क्या तुम्हारी बुद्धि पर व्यामोह छाया हुआ है !! ज़रा नीति का स्मरण करो। अब भी कुछ नहीं बिगड़ा है। और यदि सीता नहीं दी, तो याद रक्खो, खर दूषण और त्रिशिरा के कण्ठरुधिर से आर्द्र यह बाण यदि मेरे धनुष की प्रत्यञ्चा पर चढ़ गया तो फिर यह नहीं सहन करेगा। यहाँ 'लङ्केश्वर' संबोधन से लङ्का का ऐश्वर्य और उसमें फैले हुए रावण के कुटुम्ब की याद दिलाई है। तात्पर्य यह है कि यदि कुशल चाहते हो तो सीता दे दो, अन्यथा इन सबका धुआँ उड़ जायगा। सीता को 'जनकजा' कहने का तात्पर्य यह है कि तुम तो तमोगुण-

दयावीरो यथा जीमूतवाहनः—

'शिरामुखैः स्यन्दत एव रक्तमद्यापि देहे मम मांसमस्ति।
तृप्तिं न पश्यामि तवापि तावत्किं भक्षणात्त्वं विरतो गरुत्मन्॥'

एष्वपि विभावादयः पूर्वोदाहरणवदूह्याः। अथ भयानकः—

भयानको भयस्थायिभावः कालाधिदैवतः।
स्त्रीनीचप्रकृतिः कृष्णो मतस्तत्त्वविशारदैः॥२३५॥
यस्मादुत्पद्यते भीतिस्तदत्रालम्बनं मतम्।
चेष्टा घोरतरास्तस्य भवेदुद्दीपनं पुनः॥२३६॥
अनुभावोऽत्र वैवर्ण्यगद्गदस्वरभाषणम्।
प्रलयस्वेदरोमाञ्चकम्पदिक्प्रेक्षणादयः॥२३७॥

प्रधान राक्षसनगरी के राजा महातामस राक्षसराज हो, और सीता परम सात्त्विक ऋषिकल्प वेदान्तनिष्ठ जनकजी की पुत्री है। अतः तुम्हारा इसका जोड़ एकदम अनमिल है। खून और शराब के साथ गङ्गाजल का क्या मेल? सिंह के साथ मृगी का क्या संग? अतः तुम सीता दे दो। 'राम' पद यहाँ अर्थान्तरसंक्रमितवाच्य है। 'स्वयम्' पद उसका सहायक है। जिसने अकेले ही चौदह हजार वीरों के दल उड़ा दिये, एकही बाण से जिसने खर, दूषण, त्रिशरा, वाली आदि का विध्वंस कर दिया वही अलौकिक वीर, रघुकुलनन्दन 'राम' तुम्हारे दरवाज़े पर याचना करने आया है। फिर तुमने 'लङ्केश्वर' होकर भी यदि उसकी याचना पूरी न की तो तुम्हारा यश कलङ्कित हो जायगा, अतः सीता दे दो। इस चरण में रामचन्द्र याचकों की कोटि में रावण के आगे खड़े दीखते हैं। परन्तु उनकी उक्ति से विनयच्छन्न गर्व बड़ा सुन्दर झलकता है—जो धीरोदात्तत्व का पोषक है। अगले वाक्य में शिक्षा दी है, अतः वे रावण के मित्रमण्डल में प्रतीत होते हैं। **'स्मर नयम्'** इत्यादि से फटकार और **'नाखेत्यादि'** से डाट बताई है। इससे वे उसके सिर पर गरजते हुए उससे भी ऊँचे प्रतीत होते हैं। यहाँ कवि ने अत्यन्त कौशल से काम लिया है। पूर्वार्ध में रावण को डपटने के बाद उत्तरार्ध में **नैवंचेत्** के आगे यदि रामचन्द्र अपनी वीरता का बखान न करें तो अर्थ ही पूरा नहीं होता और अपनी प्रशंसा का अक्षर मुँह से निकलते ही उनका धीरोदात्तनायकत्व कलङ्कित हुआ जाता है। इस कठिन अवसर को कवि ने बड़ी चतुरता से निबाहा है। **'पत्री नैष सहिष्यते'** कहकर अपनी कुशलता का पूरा परिचय दिया है। बाण जड़ है और रामचन्द्रजी के ही अधीन है, अतः बाण की प्रशंसा भी उन्हीं की प्रशंसा है—इसलिये वाक्यार्थ परिपूर्ण हो गया और उन्होंने अपने बाण की वीरता का वर्णन किया, अपना नहीं, अतः धीरोदात्तत्व भी अक्षुण्ण बना रहा। इसमें **'पङ्क्तिल'** शब्द से यह तात्पर्य है कि यह मत समझना कि अब बाण शक्तिहीन हो गया है। अभी इसमें लगा हुआ खर, दूषणादि के गले का लोहू सूखने भी नहीं पाया है। और यह 'पत्री' (उड़नेवाला) है, फिर **'मम धनु॰'** मेरे धनुष की प्रत्यञ्चा पर चढ़कर इसका क्या स्वरूप होगा सो भी समझ लो। इसलिये कुशल इसी में है कि सीता दे दो। इत्यादि अनेक भाव बुद्धिमान् पाठक स्वयं विचार लें।

दयावीर जैसे जीमूतवाहन—सर्पों की वध्यशिला पर दयावश शंखचूड़ के बदले बैठे हुए जीमूतवाहन को एकान्त में ले जाके बहुत कुछ अङ्ग नोच २ कर खा लेने पर भी उनके अविकृत सौन्दर्य, आनन्दनिमग्न मन और प्रफुल्ल वदन को देखकर चकित हुए गरुड़जी एक ओर हटकर विस्मयभरी दृष्टि से उनकी ओर देखने लगे। तब उन्होंने यह पद्य (नागानन्दनाटक में) कहा है—शिरामुखैरिति—मेरी नाड़ियों के मुख से अब भी रुधिर बह रहा है। और मेरे देह में मांस भी शेष है। मैं देखता हूँ कि तुम अभी तृप्त भी नहीं हुए हो। फिर हे गरुड़, तुमने मुझे खाना क्यों बन्द कर दिया? इन उदाहरणों में भी विभावादि की पूर्ववत् ऊहा कर लेना।

भयानक इति—भयानक रस का स्थायीभाव भय है। देवता काल, वर्ण कृष्ण और इसके आश्रयपात्र स्त्री तथा नीचपुरुष आदि होते हैं। जिससे भय उत्पन्न हो वह (सिंहादि) इसमें 'आलम्बन' और उसकी चेष्टायें 'उद्दीपन' मानी जाती हैं। विवर्णता, गद्गद भाषण, प्रलय (मूर्च्छा), स्वेद, रोमाञ्च, कम्प और इधर उधर

जुगुप्सावेगसंमोहसंत्रासग्लानिदीनताः ।
शङ्कापस्मारसंभ्रान्तिमृत्य्वाद्या व्यभिचारिणः ॥२३८॥

यथा—'नष्टं वर्षवरैः—'इत्यादि ।

अथ बीभत्सः—

जुगुप्सास्थायिभावस्तु बीभत्सः कथ्यते रसः ।
नीलवर्णो महाकालदैवतोऽयमुदाहृतः ॥ २३६ ॥
दुर्गन्धमांसरुधिरमेदांस्यालम्बनं मतम् ।
तत्रैव कृमिपाताद्यमुद्दीपनमुदाहृतम् ॥ २४० ॥
निष्ठीवनास्यवलननेत्रसंकोचनादयः ।
अनुभावास्तत्र मतास्तथा स्युर्व्यभिचारिणः ॥ २४१ ॥
मोहोऽपस्मार आवेगो व्याधिश्च मरणादयः ।

यथा—'उत्कृत्योत्कृत्य कृत्तिं प्रथममथ पृथूच्छोथभूयांसि मांसा-
न्यंसस्फिक्पृष्ठपिण्डाद्यवयवसुलभान्युग्रपूतीनि जग्ध्वा ।
आर्तः पर्यस्तनेत्रः प्रकटितदशनः प्रेतरङ्कः करङ्का-
दङ्कस्थादस्थिसंस्थं स्थपुटगतमपि क्रव्यमव्यग्रमत्ति ॥'

अथाद्भुतः—

अद्भुतो विस्मयस्थायिभावो गन्धर्वदैवतः ॥ २४२ ॥
पीतवर्णो, वस्तु लोकातिगमालम्बनं मतम् ।
गुणानां तस्य महिमा भवेदुद्दीपनं पुनः ॥ २४३ ॥
स्तम्भः स्वेदोऽथ रोमाञ्चगद्गदस्वरसंभ्रमाः ।

ताकना आदि इसके अनुभाव होते हैं । जुगुप्सा, आवेग, मोह, त्रास, ग्लानि, दीनता, शङ्का, अपस्मार, सम्भ्रम तथा मृत्यु आदि इसके व्यभिचारीभाव होते हैं । उदाहरण—पूर्वोक्त 'नष्टं वर्षवरैः' इत्यादि ।

अथ बीभत्स—जुगुप्सेति—बीभत्सरस का स्थायीभाव जुगुप्सा, वर्ण नील और देवता महाकाल हैं। दुर्गन्धयुक्त मांस, रुधिर, चर्बी आदि इसके आलम्बन होते हैं और उन्हीं में कीड़े पड़ जाना आदि उद्दीपन होता है। थूकना, मुँह फेर लेना, आँख मीचना आदि इसके अनुभाव होते हैं, एवं मोह, अपस्मार, आवेग, व्याधि और मरण आदि इसके व्यभिचारीभाव होते हैं ।

उदाहरण—उत्कृत्येति—यह दरिद्र प्रेत अपने अङ्क (गोद) में रक्खे हुए इस मुर्दे के देह (करङ्क) की चमड़ी उधेड़ २ कर पहले तो कन्धे, चूतड़, पीठ, पिंडली आदि अवयवों के मोटे २ सूजे हुए, अतएव सुलभ, दुर्गन्धयुक्त सड़े मांस को खा चुका और उसके खाने पर भी भूख से आर्त (व्याकुल) आँखें फाड़े (मांस ढूँढ़ने के लिये), दाँत निकाले (हड्डियों में से मांस खींचने के लिये), अब हड्डियों में चिपके और जोड़ों में घुसे (स्थपुटगत) मांस को भी विना किसी व्यग्रता के बड़े चाव से चबा रहा है । यहाँ शव तथा प्रेत आलम्बन है । दुर्गन्ध आदि उद्दीपन हैं। माधव ('मालतीमाधव' के नायक) की जुगुप्सा स्थायीभाव है और उसकी इस उक्ति से अनुमित ग्लानि आदि सञ्चारीभाव हैं । इन सबसे इस पद्य में बीभत्सरस पुष्ट होता है ।

अद्भुत इति—अद्भुतरस का स्थायीभाव विस्मय, देवता गन्धर्व और वर्ण पीत है । अलौकिक वस्तु इसका 'आलम्बन' और उसके गुणों का वर्णन 'उद्दीपन' होता है। स्तम्भ, स्वेद, रोमाञ्च, गद्गदस्वर,

तथा नेत्रविकासाद्या अनुभावाः प्रकीर्तिताः ॥ २४४ ॥
वितर्कावेगसंभ्रान्तिहर्षाद्या व्यभिचारिणः।

यथा—'दोर्दण्डाञ्चितचन्द्रशेखरधनुर्दण्डावभङ्गोद्यत-
ष्टंकारध्वनिरार्यबालचरितप्रस्तावनाडिण्डिमः।
द्राक्पर्यस्तकपालसंपुटमिलद्ब्रह्माण्डभाण्डोदर-
भ्राम्यत्पिण्डितचण्डिमा कथमहो नाद्यापि विश्राम्यति' ॥

अथ शान्तः—

शान्तः शमस्थायिभाव उत्तमप्रकृतिर्मतः ॥ २४५ ॥
कुन्देन्दुसुन्दरच्छायः श्रीनारायणदैवतः।
अनित्यत्वादिनाऽशेषवस्तुनिःसारता तु या ॥ २४६ ॥
परमात्मस्वरूपं वा तस्यालम्बनमिष्यते।
पुण्याश्रमहरिक्षेत्रतीर्थरम्यवनादयः ॥ २४७ ॥
महापुरुषसङ्गाद्यास्तस्योद्दीपनरूपिणः।
रोमाञ्चाद्याश्चानुभावास्तथा स्युर्व्यभिचारिणः ॥ २४८ ॥
निर्वेदहर्षस्मरणमतिभूतदयादयः।

यथा—'रथ्यान्तश्चरतस्तथा धृतजरत्कन्थालवस्याध्वगैः
सत्रासं च सकौतुकं च सदयं दृष्टस्य तैर्नागरैः।
निर्व्याजीकृतचित्सुधारसमुदा निद्रायमाणस्य मे
निःशङ्कः करटः कदा करपुटीभिक्षां विलुण्ठिष्यति ॥'

सम्भ्रम और नेत्रविकास आदि इसके अनुभाव होते हैं। वितर्क, आवेग, भ्रान्ति हर्ष आदि इसके व्यभिचारी होते हैं। उदाहरण—दोर्दण्डेति—जनकपुर में श्रीरामचन्द्रजी के धनुष तोड़ देने पर बहुत देर पीछे तक उस धनुर्भङ्ग के शब्द की गूँज को प्रतिध्वनित होते हुए देखकर विस्मित हुए लक्ष्मण की उक्ति है—अर्थ—भुजदण्ड से उठाये शङ्कर के धनुष के भंग होने से उत्पन्न हुई टंकारध्वनि, जो आर्य (श्रीरामचन्द्रजी) के बालचरित आरम्भ होने का डिण्डिम (ढँढोरा) स्वरूप है, जिसके कारण ब्रह्माण्डरूप पात्र के कपालसम्पुट = दोनों भाग पहले झट से (द्राक्) प्रक्षिप्त होकर अब आपस में मिल रहे हैं और जिसकी पिण्डीभूत प्रचण्डता (ब्रह्माण्ड-सम्पुट के मिल जाने से अधिक अवसर न पाने के कारण) ब्रह्माण्ड के उदर में घूम रही है, वह घोर टंकारध्वनि अब भी नहीं थमती। इस पद्य में लक्ष्मण का विस्मय स्थायीभाव है। टंकारध्वनि आलम्बन है। उसकी अतिदीर्घता आदि उद्दीपन हैं। इस प्रकार महिमा का वर्णन अनुभाव है और इस वर्णन से अनुमित हर्ष आदि व्यभिचारी हैं। इन सबके द्वारा अद्‌भुतरस प्रकट होता है।

शान्त इति—शान्तरस का स्थायीभाव शम, आश्रय उत्तमपात्र, वर्ण कुन्दपुष्प तथा चन्द्रमा आदि के समान सुन्दर शुक्ल और देवता भगवान् लक्ष्मीनारायण हैं। अनित्यत्व दुःखमयत्व आदि रूप से सम्पूर्ण संसार की असारता का ज्ञान अथवा परमात्मा का स्वरूप इस रस में 'आलम्बन' होता है और ऋषि आदिकों के पवित्र आश्रम, हरिद्वार आदि पवित्र तीर्थ, रमणीय एकान्तवन तथा महात्माओं का संग आदि 'उद्दीपन-विभाव' होते हैं। रोमाञ्च आदि इसके अनुभाव होते हैं। निर्वेद, हर्ष, स्मरण, मति, प्राणियों पर दया आदि इसके सञ्चारीभाव होते हैं।

उदाहरण—रथ्यान्तरिति—हे भगवन्, वह कौन सा दिन होगा जब फटी गुदड़ी का टुकड़ा लपेटे, गली में घूमते हुए तथा किसी नगरनिवासी से भयपूर्वक, किसी से कौतूहलपूर्वक और किसी से दयापूर्वक देखा गया मैं, वास्तविक आत्मज्ञान के अमन्द अमृतरसमय आनन्द से निद्रायमाण (समाधिमग्न) होऊँगा और निःशङ्क

पुष्टिस्तु महाभारतादौ द्रष्टव्या।

निरहंकाररूपत्वाद्दयावीरादिरेष नो ॥२४९॥

दयावीरादौ हि नागानन्दादौ जीमूतवाहनादेरन्तरा मलयवत्याद्यनुरागादेरन्ते च विद्याधरचक्रवर्तित्वाद्यप्राप्तेर्दर्शनादहंकारोपशमो न दृश्यते। शान्तस्तु सर्वाकारेणाहंकारप्रशमैकरूपत्वान्न तत्रान्तर्भावमर्हति। अतश्च नागानन्दादेः शान्तरसप्रधानत्वमपास्तम्। ननु

'न यत्र दुःखं न सुखं न चिन्ता न द्वेषरागौ न च काचिदिच्छा।
रसः स शान्तः कथितो मुनीन्द्रैः सर्वेषु भावेषु शमप्रधानः॥'

इत्येवंरूपस्य शान्तस्य मोक्षावस्थायामेवात्मस्वरूपापत्तिलक्षणायां प्रादुर्भावात्तत्र संचार्यादीनामभावात्कथं रसत्वमित्युच्यते--

युक्तवियुक्तदशायामवस्थितो यः शमः स एव यतः।
रसतामेति तदस्मिन्संचार्यादेः स्थितिश्च न विरुद्धा ॥२५०॥

यश्चास्मिन्सुखाभावोऽप्युक्तस्तस्य वैषयिकसुखपरत्वान्न विरोधः।

उक्तं हि— 'यच्च कामसुखं लोके यच्च दिव्यं महत्सुखम्।
तृष्णाक्षयसुखस्यैते नार्हतः षोडशीं कलाम्॥'
'सर्वाकारमहंकाररहितत्वं व्रजन्ति चेत्।
अत्रान्तर्भावमर्हन्ति दयावीरादयस्तथा॥'

आदिशब्दाद्धर्मवीरदानवीरदेवताविषयरतिप्रभृतयः। तत्र देवताविषया रतिर्यथा—

'कदा वाराणस्यामिह सुरधुनीरोधसि वसन्
वसानः कौपीनं शिरसि निदधानोऽञ्जलिपुटम्।

कौआ मेरे हाथ पर रक्खी भिक्षा को विश्वासपूर्वक खायेगा। इस रस की पुष्टि महाभारत आदि में देखना। इस पद्य में यदि 'निःशङ्कम्' पाठ हो तो इसकी रचना रसानुगुण हो जाय। शकार और ककार के पूर्व आये अनेक विसर्गों से श्रुतिकटुत्व आ गया है, जो शान्तरस के प्रतिकूल है।

निरहङ्कारेति—इसे दयावीर नहीं कह सकते, क्योंकि वीरता में देह आदि का अभिमान अवश्य रहता है और शान्त में अहङ्कार का गन्ध भी नहीं होता, अतः किसी भी वीर में शान्त का अन्तर्भाव नहीं हो सकता। **दयावीरादौ इति**—नागानन्दनाटक में दयावीर जीमूतवाहन के हृदय में उस समय भी मलयवती का प्रेम विद्यमान रहता है और अन्त में विद्याधरों के साम्राज्य की प्राप्ति देखी जाती है, अतः उनका देहाभिमान शान्त नहीं कहा जा सकता। शान्त वही होता है जिसका देहाद्यभिमान एकदम निर्मूल हो चुका हो, अतः शान्तरस का वीररस में अन्तर्भाव नहीं हो सकता। इसलिये नागानन्दादि को शान्तरसप्रधान कहना अपास्त (खण्डित) हुआ।

प्रश्न—**न यत्रेति**—"जिसमें न दुःख हो, न सुख हो, न कोई चिन्ता हो, न राग, द्वेष हों और न कोई इच्छा ही शेष हो, उसे मुनिजन शान्तरस कहते हैं।" इसके अनुसार तो परमात्मस्वरूप मुक्तिदशा में ही यथार्थ शान्तरस हो सकता है। परन्तु उस समय तुम्हारे इन सञ्चारी आदिकों का होना सम्भव नहीं। फिर तुम काव्यादि में विभाव, अनुभाव, सञ्चारी आदि के द्वारा शान्तरस की निष्पत्ति कैसे मानते हो? (उत्तर) **युक्तेति**—युक्त, वियुक्त और युक्त-वियुक्त दशा में अवस्थित 'शम' स्थायी ही शान्तरस के स्वरूप में परिणत होता है। मोक्षदशा का 'शम' नहीं, अतः उक्त शम में सञ्चारी आदि भावों की स्थिति विरुद्ध नहीं है। रूपादि विषयों से मन को हटा के किसी ध्यान में एकाग्र हुए योगी को युक्त कहते हैं। जिसे अणिमादि सिद्धियाँ योगबल से प्राप्त हैं और समाधि भावना करते ही सब जिज्ञासित वस्तुओं का ज्ञान जिसके अन्तःकरण में भासित होने लगता है उसे वियुक्त कहते हैं। और जिसको यहाँ तक सिद्धि प्राप्त है कि उसके चक्षुरादि बाह्य इन्द्रियगण, महत्त्व एवं उद्भूतरूप आदि प्रत्यक्ष ज्ञान के कारणों की अपेक्षा न करके सब अतीन्द्रिय विषयों का साक्षात्कार कर सकते हैं, वह योगी 'युक्त-वियुक्त' कहाता है।

यश्चेति—शान्तदशा में सुख का अभाव जो कहा है उसका यह तात्पर्य है कि उस समय विषयजन्य

अये गौरीनाथ, त्रिपुरहर, शंभो, त्रिनयन,
प्रसीदेति क्रोशन्निमिषमिव नेष्यामि दिवसान् ॥'

अथ मुनीन्द्रसंमतो वत्सलः--

स्फुटं चमत्कारितया वत्सलं च रसं विदुः।
स्थायी वत्सलतास्नेहः पुत्राद्यालम्बनं मतम् ॥२५१॥
उद्दीपनानि तच्चेष्टा विद्याशौर्यदयादयः।
आलिंगनांगसंस्पर्शशिरश्चुम्बनमीक्षणम् ॥२५२॥
पुलकानन्दबाष्पाद्या अनुभावाः प्रकीर्तिताः।
संचारिणोऽनिष्टशङ्काहर्षगर्वादयो मताः ॥२५३॥
पद्मगर्भच्छविर्वर्णो दैवतं लोकमातरः।

यथा— 'यदाह धात्र्या प्रथमोदितं वचो ययौ तदीयामवलम्ब्य चांगुलिम्।
अभूच्च नम्रः प्रणिपातशिक्षया पितुर्मुदं तेन ततान सोऽर्भकः ॥'

एतेषां च रसानां परस्परविरोधमाह--

आद्यः करुणबीभत्सरौद्रवीरभयानकैः ॥२५४॥
भयानकेन करुणेनापि हास्यो विरोधभाक्।
करुणो हास्यशृंगाररसाभ्यामपि तादृशः ॥२५५॥
रौद्रस्तु हास्यशृंगारभयानकरसैरपि।
भयानकेन शान्तेन तथा वीररसः स्मृतः ॥२५६॥
शृंगारवीररौद्राख्यहास्यशान्तैर्भयानकः।

सुख नहीं होता। यह बात नहीं है कि उस समय किसी प्रकार का सुख होता ही नहीं। यही कहा है—**यच्चेति**-- संसार में जो कामादि विषयजन्य सुख हैं और जो स्वर्गीय महासुख हैं वे सब मिलकर भी तृष्णाक्षय (शान्ति) से उत्पन्न सुख के सोलहवें अंश के बराबर नहीं हो सकते। इससे यह स्पष्ट है कि शमावस्था में सुख अवश्य होता है। **सर्वेति**—दयावीर आदि यदि सब प्रकारके अहङ्कार से शून्य हो जायँ तो इस शान्तरस में अन्तर्भूत हो सकते हैं। यहाँ 'आदि' पद से धर्मवीर, दानवीर, देवताविषयक रति आदि का ग्रहण है।

देवताविषयक रति का उदाहरण जैसे—**कदेत्यादि**—हे भगवन्, वे दिन कब आयेंगे जब मैं काशी में गङ्गाके किनारे निवास करता हुआ, कौपीन पहिने, हाथ जोड़कर अञ्जलि सिर से लगाये हुए 'हे गौरीनाथ, हे त्रिपुरान्तक, हे शम्भो, हे त्रिनेत्र, हे भगवन्! प्रसन्न होइये', इस प्रकार कहता हुआ अनेक दिनों को एक क्षण की तरह सुखमग्न होकर बिताऊँगा।

वात्सल्य रस—**स्फुटमिति**--प्रकट चमत्कारक होने के कारण कोई २ वत्सलरस भी मानते हैं। इसमें वात्सल्य स्नेह स्थायी होता है। पुत्रादि इसका आलम्बन और उसकी चेष्टा तथा विद्या, शूरता, दया आदि उद्दीपन विभाव होते हैं। आलिंगन, अङ्गस्पर्श, सिर चूमना, देखना, रोमाञ्च, आनन्दाश्रु आदि इसके अनुभाव होते हैं। अनिष्ट की आशङ्का, हर्ष, गर्व आदि सञ्चारी होते हैं। इसका वर्ण कमलगर्भ के समान और ब्राह्मी आदिक मातायें इसकी अधिष्ठात्री देवियां हैं। उदाहरण—**उवाचेति**—वह बालक रघु, धाई के कहे हुए वचनों को तुरन्त कह देता था। उसकी उँगली पकड़कर चलता था। और प्रणाम करने को कहते ही नम्र हो जाता था। इससे पिता (महाराज दिलीप) के आनन्द को परिवर्धित करता था।

इन रसों का परस्पर विरोध बताते हैं। **आद्य इति**—शृङ्गाररस करुण, बीभत्स, रौद्र, वीर और भयानक रसों के साथ विरुद्ध होता है। हास्यरस, भयानक और करुण के साथ विरोध रखता है। हास्य और शृङ्गार के साथ करुण, हास्य शृङ्गार और भयानक के साथ रौद्ररस, भयानक और शान्त के साथ वीररस, शृङ्गार, वीर,

शान्तस्तु वीरशृंगाररौद्रहास्यभयानकैः ॥२५७॥
शृंगारेण तु बीभत्स इत्याख्याता विरोधिता ।

आद्यः शृङ्गारः । एषां च समावेशप्रकारा वक्ष्यन्ते ।

कुतोऽपि कारणात्क्वापि स्थिरतामुपयन्नपि ॥२५८॥
उन्मादादिर्न तु स्थायी न पात्रे स्थैर्यमेति यत् ।

यथा विक्रमोर्वश्यां चतुर्थेऽङ्के पुरूरवस उन्मादः ।

रसभावौ तदाभासौ भावस्य प्रशमोदयौ ॥२५९॥
सन्धिः शबलता चेति सर्वेऽपि रसनाद्रसाः ।

रसनधर्मयोगित्वाद्भावादिष्वपि रसत्वमुपचारादित्यभिप्रायः । भावादय उच्यन्ते—

सञ्चारिणः प्रधानानि देवादिविषया रतिः ॥२६०॥
उद्‌बुद्धमात्रः स्थायी च भाव इत्यभिधीयते ।

'न भावहीनोऽस्ति रसो न भावो रसवर्जितः । परस्परकृता सिद्धिरनयो रसभावयोः ॥'

इत्युक्तदिशा परमालोचनया परमविश्रान्तिस्थानेन रसेन सहैव वर्तमाना अपि राजानुगतविवाहप्रवृत्तभृत्यवदापाततो यत्र प्राधान्येनाभिव्यक्ता व्यभिचारिणो, देवमुनिगुरुनृपादिविषया च रतिरुद्‌बुद्धमात्रा, विभावादिभिरपरिपुष्टतया रसरूपतामनापद्यमानाश्च स्थायिनो भावा भावशब्दवाच्याः । तत्र व्यभिचारी यथा–'एवंवादिनि देवर्षौ–' इत्यादि । अत्रावहित्था ।

देवविषया रतिर्यथा मुकुन्दमालायाम्—

'दिवि वा भुवि वा ममास्तु वासो नरके वा नरकान्तक, प्रकामम् ।

रौद्र, हास्य और शान्त के साथ भयानकरस, वीर शृङ्गार, रौद्र, हास्य, भयानक के साथ शान्तरस और शृङ्गार के साथ बीभत्सरस विरोध रखता है । इन विरोधी रसों के साथ २ रहने का भी प्रकार आगे कहेंगे । **कुतोऽपीति**—किसी कारण से किसी पात्रविशेष में कुछ देर के लिये स्थिरता को प्राप्त होने पर भी उन्माद आदि सञ्चारीभाव स्थायी नहीं कहे जाते, क्योंकि वे किसी पात्र में आद्यन्त स्थिर नहीं हुआ करते । जैसे विक्रमोर्वशी के चौथे अङ्क में उर्वशी के लतारूप हो जाने पर पुरूरवा का उन्माद बहुत दूर तक स्थिर रहा है, परन्तु आद्यन्त ग्रन्थ में पुरूरवा उन्मादी नहीं दिखाये हैं, अतः वहाँ उन्माद को स्थायी न समझना ।

रस, भाव रसाभास, भावाभास, भावप्रशम, भावोदय, भावसन्धि और भावशबलता ये सब आस्वादित होने के कारण रस कहाते हैं । भावादिक में भी आस्वादनरूप रसनधर्म का सम्बन्ध होने के कारण 'रस' पद का लक्षणा से प्रयोग होता है, यह तात्पर्य है ।

भावादिकों का स्वरूप बताते हैं **सञ्चारिण इति**—प्रधानता से प्रतीयमान निर्वेदादि सञ्चारी तथा देवता गुरु आदि के विषय में अनुराग एवं सामग्री के अभाव से रसरूप को अप्राप्त उद्‌बुद्धमात्र रति हास आदिक स्थायी ये सब 'भाव' कहाते हैं—**न भावेति**—"भाव के बिना रस नहीं और रस के बिना भाव भी नहीं होते । इन रस और भावों की सिद्धि एक दूसरे पर निर्भर है" यद्यपि इस कथन के अनुसार यदि सूक्ष्म दृष्टि से विचार किया जाय तो भावों की स्थिति परम विश्रान्तिधाम प्रधानरस के साथ ही प्रतीत होगी, तथापि जैसे मन्त्री आदि के विवाह में राजा प्रधान होने पर भी दूलह के पीछे २ चलता है इसी प्रकार कहीं २ सञ्चारीभाव भी रस की अपेक्षा आपाततः प्रधान प्रतीत हों तो उसे उस पद्य या काव्य को 'भावप्रधान' कहते हैं और उस प्रकार के व्यभिचारी को 'भाव' कहते हैं ।

इसी प्रकार देवता, मुनि, गुरु और नृपादि विषयक रति (अनुराग) भी प्रधानतया प्रतीत होने पर 'भाव' कहाती है और 'उद्‌बुद्धमात्र' अर्थात् विभावादि सामग्री के अभाव से परिपुष्ट न होने के कारण रसरूप को अप्राप्त हास, क्रोधादि भी 'भाव' ही कहाते हैं । सञ्चारी का उदाहरण—पूर्वोक्त **'एवंवादिनि'** इत्यादि । **इसमें 'अवहित्था' प्रधान है ।** देवताविषयक रति का उदाहरण—मुकुन्दमाला में—**दिवि वेति—मैं चाहे**

अवधीरितशारदारविन्दौ चरणौ ते मरणेऽपि चिन्तयामि ॥'

मुनिविषया रतिर्यथा—

'विलोकनेनैव तवामुना मुने, कृतः कृतार्थोऽस्मि निबर्हितांहसा ।
तथापि शुश्रूषुरहं गरीयसीर्गिरोऽथवा श्रेयसि केन तृप्यते ॥'

राजविषया रतिर्यथा मम—

'त्वद्वाजिराजिनिर्धूतधूलीपटलपङ्किलाम् । न धत्ते शिरसा गङ्गां भूरिभारभिया हरः ॥

एवमन्यत् । उद्बुद्धमात्रः स्थायिभावो यथा—

'हरस्तु किंचित्परिवृत्तधैर्यश्चन्द्रोदयारम्भ इवाम्बुराशिः ।
उमामुखे बिम्बफलाधरोष्ठे व्यापारयामास विलोचनानि ॥'

अत्र पार्वतीविषया भगवतो रतिः ।

ननूक्तं प्रपानकरसवद्विभावादीनामेकोऽत्राभासो रस इति तत्र संचारिणः पार्थक्याभावात्कथं प्राधान्येनाभिव्यक्तिरित्युच्यते—

यथा मरिचखण्डादेरेकीभावे प्रपानके ॥ २६१ ॥
उद्रेकः कस्यचित्क्वापि तथा संचारिणो रसे ।

अथ रसाभासभावाभासौ—

अनौचित्यप्रवृत्तत्व आभासो रसभावयोः ॥ २६२ ॥

अनौचित्यं चात्र रसानां भरतादिप्रणीतलक्षणानां सामग्रीरहितत्वे सत्येकदेशयोगित्वोपलक्षणपरं बोध्यम् । तच्च बालव्युत्पत्तये एकदेशतो दर्श्यते—

स्वर्ग में रहूं, चाहे पृथ्वी पर और चाहे नरक ही में रहूं, परन्तु हे नरकान्तक ! मुकुन्द, शरदृऋतु के कमलों का तिरस्कार करनेवाले (उनसे भी उत्तम) तुम्हारे चरणों का, मरण के समय भी, स्मरण करता रहूँ ।

मुनिविषयक रति जैसे—**विलोकनेनेति**—व्यासजी के प्रति युधिष्ठिर की उक्ति है। हे मुने, यद्यपि पाप दूर करनेवाले आपके इस दर्शन ने ही मुझे कृतार्थ कर दिया है, तथापि मैं आपकी गौरवयुक्त वाणी भी सुनना चाहता हूँ, अथवा कल्याण से किसकी तृप्ति होती है। राजविषयक रति जैसे—**त्वद्वाजीति**—हे राजन्, आपके घोड़ों की पंक्ति से उठी हुई धूलि के कारण पङ्कयुक्त गङ्गा को बहुत भार के डर के मारे शिवजी सिर पर नहीं रखते। मतलब यह है कि आपके सैनिक घोड़े इतने हैं कि उनकी टापों से उठी धूलि ने गङ्गा को कीचड़ बना दिया है, जिससे गङ्गा का भार बहुत अधिक हो गया है, अतएव उसे शिवजी सिर पर नहीं रख सकते।

उद्बुद्धमात्र स्थायी का उदाहरण—**हरस्तु इति**—हिमालय में कामदेव के माया फैलाने के बाद पूजा के लिये आई हुई वसन्तपुष्पालंकृत पार्वती को देखकर चन्द्रोदय के समय उमड़े हुए समुद्र की भाँति, शिवजी का धैर्य कुछ विचलित हो गया और वह बिम्बफल के समान अधरोष्ठ से युक्त पार्वती के मुख पर अपनी भाव भरी दृष्टि डालने लगे। इसमें पार्वतीविषयक शङ्कर की रति प्रतीत होती है।

नन्विति—प्रश्न—पहले यह कहा है कि प्रपानकरस की तरह शृङ्गारादिरस में विभावादिकों का मिलकर एक आस्वाद होता है। फिर जब सञ्चारीभाव पृथक् रहता ही नहीं तो उसकी प्रधानता से प्रतीति कैसे हो सकेगी ! उत्तर—**यथेति**—जैसे प्रपानकरस में मिर्च खाँड आदि का एकीकरण (मेल) होने पर भी कभी कभी किसी किसी (मिर्च आदि) की अधिकता हो जाती है, सञ्चारी की भी इसी प्रकार कहीं कहीं, मिले रहने पर भी, प्रधानता प्रतीत होती है।

अनौचित्येति—रस और भाव यदि अनौचित्य से प्रवृत्त हुए हों तो उन्हें यथाक्रम रसाभास और भावाभास कहते हैं। **अनौचित्यञ्चेति**—'अनौचित्य' पद को यहाँ एकदेशयोगित्व का उपलक्षण जानना अर्थात् यह पद यहाँ लक्षणा से 'एकदेशसम्बन्ध' का बोधक है। जहाँ भरत आदि से प्रणीत रस, भावादि के लक्षण पूर्णरूप से सङ्गत न हों, किन्तु विभावादि सामग्री की न्यूनता के कारण कुछ एक अंश से ही सम्बन्ध रखते हों, वहाँ रस, भाव का 'अनौचित्य' जानना।

उपनायकसंस्थायां मुनिगुरुपत्नीगतायां च ।
बहुनायकविषयायां रतौ तथानुभयनिष्ठायाम् ॥ २६३ ॥
प्रतिनायकनिष्ठत्वे तद्वदधमपात्रतिर्यगादिगते ।
शृङ्गारेऽनौचित्यं रौद्रे गुर्वादिगतकोपे ॥ २६४ ॥
शान्ते च हीननिष्ठे गुर्वाद्यालम्बने हास्ये ।
ब्रह्मवधाद्युत्साहेऽधमपात्रगते तथा वीरे ॥ २६५ ॥
उत्तमपात्रगतत्वे भयानके ज्ञेयमेवमन्यत्र ।

तत्र रतेरुपनायकनिष्ठत्वे यथा मम—

'स्वामी मुग्धतरो, वनं घनमिदं, बालाहमेकाकिनी,
क्षोणीमावृणुते तमालमलिनच्छाया तमःसंततिः ।
तन्मे सुन्दर ! मुञ्च कृष्ण, सहसा वर्त्मेति गोप्या गिरः
श्रुत्वा तां परिरभ्य मन्मथकलासक्तो हरिः पातु वः ॥'

बहुनायकनिष्ठत्वे यथा—

'कान्तास्त एव भुवनत्रितयेऽपि मन्ये येषां कृते सुतनु पाण्डुरयं कपोलः ।'

अनुभयनिष्ठत्वे यथा—मालतीमाधवे नन्दनस्य मालत्याम् ।

'पश्चादुभयनिष्ठत्वेऽपि प्रथममेकनिष्ठत्वे रतेराभासत्वम्' इति श्रीमल्लोचनकाराः । तत्रोदाहरणं यथा—रत्नावल्यां सागरिकाया अन्योन्यसंदर्शनात्प्राग्वत्सराजे रतिः ।

प्रतिनायकनिष्ठत्वे यथा—हयग्रीववधे हयग्रीवस्य जलक्रीडावर्णने ।

अधमपात्रगतत्वे यथा—

बालबोध के लिये अनौचित्य का कुछ अंश दिखाते हैं—उपनायकेति—नायक के अतिरिक्त किसी अन्य पुरुष में यदि नायिका का अनुराग हो तो वहाँ 'अनौचित्य' जानना। एवम् गुरुपत्नी आदि में अथवा अनेक पुरुषों में यद्वा दोनों में से किसी एक में ही (दोनों में नहीं) किंवा प्रतिनायक अर्थात् नायक के शत्रु में या नीचपात्र में यदि किसी की रति (अनुराग) वर्णित हो तो वहाँ शृङ्गाररस में अनौचित्य के कारण 'शृङ्गाराभास' अथवा 'रसाभास' जानना । इसी प्रकार यदि गुरु आदि पर क्रोध हो तो रौद्ररस में अनौचित्य होता है। एवं नीच पुरुष में स्थित होने पर शान्त में, गुरु आदि आलम्बन हों तो हास्य में ब्राह्मणवध आदि कुकर्मों में उत्साह होने पर अथवा नीचपात्रस्थ उत्साह होने पर वीररस में और उत्तम पात्रगत होने पर भयानकरस में अनौचित्य होता है । इसी प्रकार और भी जानना ।

रति के उपनायकनिष्ठ होने में अपना बनाया उदाहरण देते हैं—स्वामीति—मेरा स्वामी नितांत मूढ है, यह वन सघन है, मैं बाला हूँ, और अकेली हूँ एवम् आबनूस के समान काला काला अन्धकार पृथ्वी को ढाँके है । इसलिये हे सुन्दर कृष्ण, झट से मेरा रास्ता छोड़ो, यह गोपी की बात सुनकर उसका आलिङ्गन कर कामकला में लीन हरि आपकी रक्षा करें ।

बहुनायकनिष्ठ रति का उदाहरण—कान्ता इति—हे सुतनु, मेरी समझ में तो वे ही पुरुष तीनों लोक में सुन्दर हैं जिनके लिये यह तुम्हारे कपोल विरह से पाण्डुवर्ण हुए हैं। अनुभयनिष्ठ रति का उदाहरण जैसे मालतीमाधव में नन्दन का मालती में अनुराग ।

पश्चादिति—"जहाँ आगे चलकर रति उभयनिष्ठ हो जाय, परन्तु पहले एक ही में हो वहाँ भी जबतक रति एकनिष्ठ है तबतक रसाभास ही है" यह ध्वन्यालोकलोचन के कर्ता श्रीमदभिनवगुप्तपादाचार्य का मत है। इसका उदाहरण जैसे 'रत्नावली' में परस्पर दर्शन के अनन्तर सागरिका का वत्सराज में पहले प्रेम । प्रतिनायकनिष्ठ रति का उदाहरण जैसे 'हयग्रीववध' में हयग्रीव की जलक्रीडा वर्णन के अवसर पर । नीचपात्रनिष्ठ रति का

'जघनस्थलनद्धपत्रवल्ली गिरिमल्लीकुसुमानि कापि भिल्ली।
अवचित्य गिरौ पुरो निषण्णा स्वकचानुत्कचयाञ्चकार भर्त्रा ॥'

तिर्यग्गतत्वे यथा—

'मल्लीमतल्लीषु वनान्तरेषु वल्ल्यन्तरे वल्लभमाह्वयन्ती।
चञ्चद्विपञ्चीकलनादभङ्गीसंगीतमङ्गीकुरुते स्म भृङ्गी ॥'

आदिशब्दात्तापसादयः। रौद्रभासो यथा—

'रक्तोत्फुल्लविशाललोलनयनः कम्पोत्तराङ्गो मुहु-
र्मुक्त्वा कर्णमपेतभीर्धृतधनुर्बाणो हरेः पश्यतः।
आध्मातः कटुकोक्तिभिः स्वमसकृद्दोर्विक्रमं कीर्तय-
न्नंसास्फोटपटुर्युधिष्ठिरमसौ हन्तुं प्रविष्टोऽर्जुनः ॥'

भयानकाभासो यथा—

'अशक्नुवन्सोढुमधीरलोचनः सहस्ररश्मेरिव यस्य दर्शनम्।
प्रविश्य हेमाद्रिगुहागृहान्तरं निनाय बिभ्यद्दिवसानि कौशिकः ॥'

स्त्रीनीचविषयमेव हि भयं रसप्रकृतिः। एवमन्यत्र।

भावाभासो लज्जादिके तु वेश्यादिविषये स्यात् ॥२६६॥

स्पष्टम्।

भावस्य शान्तावुदये सन्धिमिश्रितयोः क्रमात्।
भावस्य शान्तिरुदयः सन्धिः शबलता मता ॥२६७॥

उदाहरण जैसे—**जघनेति**—जघनस्थल पर लताओं से पत्तों को बाँधे हुए कोई भील की स्त्री कुटज के फूल चुनकर, पहाड़ में पति के आगे बैठी हुई, उससे अपने केशों को अलंकृत करा रही थी।

तिर्यग्योनिगत रति में शृङ्गाराभास का उदाहरण—**मल्लीति**—चमेली अथवा कुटज से रमणीय वनों के बीच लताओं के ऊपर अपने प्रियतम को आमंत्रित करती हुई किसी भ्रमरी ने रमणीय वीणा के समान मधुर स्वर से गाना (गूँजना) प्रारम्भ किया। कारिका के 'तिर्यगादि' शब्द में 'आदि' पद से तापसादिनिष्ठ रति का ग्रहण है।

रौद्राभास का उदाहरण—**रक्तेति**—जिसके उभरे हुए विशाल और चञ्चलनेत्र क्रोध के मारे लाल हो गये हैं, जिसका सिर बारबार कोप से कम्पित हो उठता है, युधिष्ठिर के कटुवचनों द्वारा अपनी तथा अपने गाण्डीव (धनुष) की निन्दा सुनकर भड़का हुआ (आध्मात) वह अर्जुन, धनुष बाण लिये हुए अनेकबार के अपने भुजविक्रमों का कीर्तन करता हुआ, कर्ण को छोड़कर, श्रीकृष्ण के देखते देखते ताल ठोंकता हुआ युधिष्ठिर के मारने को झपटा। अर्जुन की प्रतिज्ञा थी कि जो कोई मेरे गाण्डीव की निन्दा करेगा उसे मार डालूँगा। एक बार युधिष्ठिर ने कर्ण से रण में परास्त होकर अर्जुन की ओर उसके गाण्डीव की निन्दा करना आरम्भ किया। उससे अर्जुन भभक उठे और उन्हें अपनी प्रतिज्ञा याद आ गई। उसी समय का वर्णन इस पद्य में किया है। यहाँ रौद्राभास है। क्योंकि पितृतुल्य बड़े भाई युधिष्ठिर पर अर्जुन का क्रोध करना अनुचित है।

भयानकाभास का उदाहरण—**अशक्नुवन्निति** सूर्य के समान प्रदीप्त रावण के दर्शन करने में असमर्थ, अधीरनयन कौशिक (इन्द्र अथवा उल्लू) सुमेरु की गुफा के भीतर छिपकर डरते डरते दिन बिताता था। जैसे उल्लू सूर्य से डर कर गुफाओं में छिपता है उसी प्रकार इन्द्र रावण से डरकर सुमेरु पर छिपता था। यहाँ इन्द्र और उल्लू का साम्य व्यङ्ग्य है। 'कौशिक' शब्द श्लिष्ट है। इसमें भयानकाभास है, क्योंकि उत्तमपात्र (इन्द्र) में भय दिखलाया है। स्त्री, नीच आदि में ही भयानकरस की पुष्टि होती है।

भावाभास इति—वेश्या आदि में यदि लज्जा आदि दीखें तो भावाभास होता है।

भावस्येति—किसी भाव की शान्ति, उदय, सन्धि अथवा मिश्रण होने से यथाक्रम भावशान्ति, भावोदय, भावसन्धि और भावशबलता कहाती है।

क्रमेण यथा—

'सुतनु जहिहि कोपं, पश्य पादानतं मां, न खलु तव कदाचित्कोप एवंविधोऽभूत्।
इति निगदति नाथे तिर्यगामीलिताक्ष्या नयनजलमनल्पं मुक्तमुक्तं न किंचित् ॥'

अत्र बाष्पमोचनेनेर्ष्याख्यसंचारिभावस्य शमः।

'चरणपतनप्रत्याख्यानात्प्रसादपराङ्मुखे निभृतकितवाचारेत्युक्त्वा रुषा परुषीकृते।
व्रजति रमणे निःश्वस्योच्चैः स्तनस्थितहस्तया नयनसलिलच्छन्ना दृष्टिः सखीषु निवेशिता ॥'

अत्र विषादस्योदयः।

'नयनयुगासेचनकं मानसवृत्त्यापि दुष्प्रापम्।
रूपमिदं मदिराक्ष्या मदयति हृदयं दुनोति च मे ॥'

अत्र हर्षविषादयोः सन्धिः।

'क्काकार्यं, शशलक्ष्मणः क्व च कुलं, भूयोऽपि दृश्येत सा,
दोषाणां प्रशमाय नः श्रुतमहो कोपेऽपि कान्तं मुखम्।
किं वक्ष्यन्त्यपकल्मषाः कृतधियः, स्वप्नेऽपि सा दुर्लभा,
चेतः स्वास्थ्यमुपैहि, कः खलु युवा धन्योऽधरं पास्यति ॥'

अत्र वितर्कौत्सुक्यमतिस्मरणशङ्कादैन्यधृतिचिन्तानां शबलता ॥

इति साहित्यदर्पणे रसादिनिरूपणो नाम तृतीयः परिच्छेदः।

———

क्रम से उदाहरण देते हैं। सुतनु इति—हे सुतनु, क्रोध छोड़ो, देखो मैं तुम्हारे पैरों पर प्रणत हूँ, ऐसा कोप तो तुम्हें कभी नहीं हुआ था। स्वामी के इस प्रकार कहने पर, कुछ मीलित तिरछे नयनों से युक्त उस भामिनी ने आँसू तो बहुत बहाये पर बोली कुछ नहीं। अत्रेति—इस पद्य में आँसू छोड़ने से ईर्ष्याभाव की शान्ति दिखायी है, अतः यह भावशान्ति का उदाहरण है।

चरणेति—चरणपतन (प्रणाम) का भी तिरस्कार करने से प्रसन्नता के विषय में निराश तथा 'हे प्रच्छन्न धूर्ताचार' इस शब्द को (नायिका के मुख से) सुनकर रुष्ट प्रियतम को लौटा जाते देख, छाती पर हाथ रखकर उस कामिनी ने गहरी साँस ली और आँसूभरी दृष्टि सखियों की ओर डाली। यहाँ विषाद का उदय है।

नयनेति—नेत्रों को तृप्त करनेवाला और मन को भी दुर्लभ, (शरीर की तो बात ही क्या) यह इस मस्त नेत्रवाली तरुणी का सुन्दर रूप मेरे हृदय को आनन्दित भी करता है और दुःखी भी करता है। अति-रमणीय होने से आनन्दित करता है और अति दुर्लभ होने से दुःखी करता है। यहाँ हर्ष और विषाद इन दोनों भावों की सन्धि है।

क्वेति—अन्य अप्सराओं के साथ उर्वशी के स्वर्ग को चले जाने पर विरहोत्कण्ठित राजा पुरूरवा के मन में उठते हुए अनेक प्रकार के विचारों का इस पद्य में यथाक्रम वर्णन है। अर्थ—१ कहाँ तो यह निषिद्ध आचरण (वेश्यानुराग) और कहाँ मेरा निर्मल चन्द्रवंश ! २ क्या फिर भी कभी वह दीख पड़ेगी? ३ ओः! यह क्या ? मैंने तो कामादि दोषों के दबानेवाले शास्त्र पढ़े हैं। ४ ओहो, क्रोध में भी अतिकमनीय वह उसका मुख ! ५ भला, मेरे इस आचरण से निष्कलमष तथा हरएक बात को परखनेवाले विद्वान् लोग क्या कहेंगे ! ६ हाय ! वह तो अब स्वप्न में भी दुर्लभ है। ७ हे चित्त, धीरज धर, ८ न जाने कौन बड़भागी उसके अधरामृत का पान करेगा। इस पद्य में पहले वाक्य से वितर्क, दूसरे से उत्कण्ठा, तीसरे से मति, चौथे से स्मरण, पाँचवें से शङ्का, छठे से दैन्य, सातवें से धैर्य और आठवें से चिन्ता प्रतीत होती है, अतः अनेक सञ्चारी भावों के मिश्रण होने से यह पद्य भावशबलता का उदाहरण है।

इति विमलायां तृतीयः परिच्छेदः।

———

चतुर्थः परिच्छेदः।

अथ काव्यभेदमाह—

काव्यं ध्वनिर्गुणीभूतव्यंग्यं चेति द्विधा मतम्। तत्र--
वाच्यातिशयिनि व्यंग्ये ध्वनिस्तत्काव्यमुत्तमम् ॥१॥

वाच्यादधिकचमत्कारिणि व्यंग्यार्थे ध्वन्यतेऽस्मिन्निति व्युत्पत्त्या ध्वनिर्नामोत्तमं काव्यम्।

भेदौ ध्वनेरपि द्वावुदीरितौ लक्षणाभिधामूलौ।
अविवक्षितवाच्योऽन्यो विवक्षितान्यपरवाच्यश्च ॥२॥

तत्राविवक्षितवाच्यो नाम लक्षणामूलो ध्वनिः। लक्षणामूलत्वादेवात्र वाच्यमविवक्षितं बाधितस्वरूपम्। विवक्षितान्यपरवाच्यस्त्वभिधामूलः। अत एवात्र वाच्यं विवक्षितम्। अन्यपरं व्यंग्यनिष्ठम्। अत्र हि वाच्योऽर्थः स्वरूपं प्रकाशयन्नेव व्यंग्यार्थस्य प्रकाशकः। यथा प्रदीपो घटस्य। अभिधामूलस्य बहुविषयतया पश्चान्निर्देशः। अविवक्षितवाच्यस्य भेदावाह—

अर्थान्तरं संक्रमिते वाच्येऽत्यन्तं तिरस्कृते।
अविवक्षितवाच्योऽपि ध्वनिर्द्वैविध्यमृच्छति ॥३॥

अविवक्षितवाच्यो नाम ध्वनिरर्थान्तरसंक्रमितवाच्योऽत्यन्ततिरस्कृतवाच्यश्चेति द्विविधः। यत्र

अथ चतुर्थः परिच्छेदः।

मुरलीध्वनिपरिमोहितलोकः लीलाहृतसुरमुनिजनशोकः।
तरणिसुतातटनीपविलासी हरतु हरतु दुरितं व्रजवासी ॥ १ ॥

काव्य का लक्षण आदि कह चुके। अब काव्य के भेद बताते हैं—**काव्यमिति**—काव्य दो प्रकार के होते हैं। एक ध्वनि, दूसरे गुणीभूत व्यंग्य। 'ध्वनि' पद में जब अधिकरणार्थक प्रत्यय मानते हैं तो '**ध्वन्यतेऽस्मिन्निति ध्वनिः**' यह उत्तम काव्य का वाचक होता है और करणप्रधान मानने पर '**ध्वन्यतेऽनयेति ध्वनिः**' व्यञ्जनाशक्ति का बोधक होता है एवं भावप्रधान मानने पर '**ध्वननं ध्वनिः**' रसादि की प्रतीति का और कर्मप्रधान **ध्वन्यते इति ध्वनिः**—रसादि व्यंग्य का वाचक होता है।

वाच्येति—जिस काव्य में व्यंग्य अर्थ वाच्य अर्थ की अपेक्षा अधिक चमत्कारक हो उसे '**ध्वनि**' कहते हैं। वह उत्तम काव्य है। यहाँ 'ध्वनि' पद अधिकरण प्रधान है।

भेदौ इति--'ध्वनि' के भी दो भेद होते हैं। एक लक्षणामूलक ध्वनि, दूसरी अभिधामूलक ध्वनि। इनमें से पहली को '**अविवक्षितवाच्य**' और दूसरी को '**विवक्षितान्यपरवाच्य**' भी कहते हैं। लक्षणामूलक होने के कारण ही इसमें वाच्य अर्थ 'अविवक्षित' अर्थात् बाधित रहता है, क्योंकि लक्षणा मुख्य अर्थ (वाच्य) के बाध में ही होती है, यह पहले कहा गया है।

'विवक्षितान्यपरवाच्य' ध्वनि अभिधामूलक है, अतएव उसमें वाच्य (अभिधेय) अर्थ विवक्षित होता है। यदि अभिधेय अर्थ विवक्षित न रहे तो वह ध्वनि अभिधामूलक हो ही न सके। परन्तु विवक्षित होने पर भी यहाँ अभिधेय अर्थ 'अन्यपरक' अर्थात् व्यङ्ग्य अर्थ को प्रधानतया द्योतन करने में व्यापृत रहता है। अतएव इसे '**विवक्षितान्यपरवाच्य**' कहते हैं। **अत्र हीति**—इस ध्वनि में वाच्य अर्थ अपने स्वरूप का प्रकाश करता हुआ ही व्यङ्ग्य अर्थ का प्रकाश करता है। **यथेति**—जैसे दीपक अपने स्वरूप को प्रकाशित करता हुआ ही घटादि का प्रकाशक होता है। अभिधामूलक ध्वनि का विषय बहुत है, अतः उसका पीछे उल्लेख किया और लक्षणामूलक का थोड़ा विषय है, अतः सूचीकटाहन्याय से इसे पहले कहा है।

अविवक्षितवाच्यध्वनि के भेद कहते हैं—**अर्थान्तरमिति** अविवक्षितवाच्यध्वनि भी दो प्रकार का है। पहला वाच्य के अर्थान्तर में संक्रमित होने पर '**अर्थान्तरसंक्रमितवाच्य**' और दूसरा वाच्य के अत्यन्त तिरस्कृत

स्वयमनुपयुज्यमानो मुख्योऽर्थः स्वविशेषरूपेऽर्थान्तरे परिणमति तत्र मुख्यार्थस्य स्वविशेषरूपार्थान्तर-संक्रमितत्वादर्थान्तरसंक्रमितवाच्यत्वम्। यथा—

'कदली कदली करभः करभः करिराजकरः करिराजकरः।
भुवनत्रितयेऽपि बिभर्ति तुलामिदमूरुयुगं न चमूरुदृशः॥'

अत्र द्वितीयकदल्यादिशब्दाः पौनरुक्त्यभिया सामान्यकदल्यादिरूपे मुख्यार्थे बाधिता जाड्यादिगुणविशिष्टकदल्यादिरूपमर्थं बोधयन्ति। जाड्याद्यतिशयश्च व्यङ्ग्यः।

यत्र पुनः स्वार्थं सर्वथा परित्यजन्नर्थान्तरे परिणमति तत्र मुख्यार्थस्यात्यन्ततिरस्कृतत्वादत्यन्ततिरस्कृतवाच्यत्वम्।

यथा—'निःश्वासान्ध इवादर्शश्चन्द्रमा न प्रकाशते।'

अत्रान्धशब्दो मुख्यार्थे बाधितेऽप्रकाशरूपमर्थं बोधयति। अप्रकाशातिशयश्च व्यङ्ग्यः। अन्धत्वाप्रकाशत्वयोः सामान्यविशेषभावाभावान्नार्थान्तरसंक्रमितवाच्यत्वम्।

होने पर **'अत्यन्ततिरस्कृतवाच्य'**। **यत्रेति**—जहाँ शब्द का मुख्य अर्थ प्रकरण में स्वयं अनुपयुज्यमान (बाधित) होने के कारण अपने विशेष स्वरूप अर्थान्तर में परिणत होता है उसे **'अर्थान्तरसंक्रमितवाच्य'** कहते हैं। यह अन्वर्थसंज्ञा है। उदाहरण—**कदलीति**—कदली कदली ही है और करभ करभ ही है, (हाथ की छोटी उँगली से पहुँचे तक हथेली के बाहरी भाग को करभ कहते हैं) हाथी की सूँड़ भी हाथी की सूँड़ ही है। वस्तुतः इनमें से कोई भी उपमा देने योग्य नहीं है। मृगनयनी सीता के ये दोनों ऊरू (जंघायें) तीनों लोकों में अपना सादृश्य नहीं रखतीं। प्रसन्नराघव नाटक में स्वयंवर के समय यह रावण की उक्ति है। **अत्रेति**— यहां दूसरी बार आये हुए 'कदली' आदि पद यदि मुख्य अर्थ का ही बोधन करें तब तो पुनरुक्त दोष आ जाय, अतः वे मुख्यार्थ में बाधित होकर जाड्यगुणविशिष्ट कदली आदि का बोधन करते हैं अतः अर्थान्तर में संक्रमित हैं। कदली, जड़ कदली है इत्यादि अर्थ होता है। यहाँ प्रयोजनवती लक्षणा है। जाड्य आदि गुणों की अधिकता व्यङ्ग्य है। यही लक्षणा का प्रयोजन है।

तात्पर्य—किसी के विशेष गुण को सूचन करने के लिए एक शब्द को दो बार बोलने की चाल है। जैसे किसी ने कहा कि 'कौआ कौआ ही है' और 'कोकिल कोकिल ही है'। यहां दूसरी बार जो शब्द बोला गया है उसमें यदि कुछ विशेषता न मानें तो पुनरुक्त दोष हो जाय। दूसरे अनुभवसिद्ध विशेषता का अपलाप करना पड़े। उक्त वाक्यों में दूसरी बार बोले हुए उन्हीं पदों से साफ विशेषता प्रतीत होती है, अतः इस प्रकार के उदाहरणों में यह प्रक्रिया मानी जाती है कि दूसरे बार आए हुए 'कौआ' 'कोकिल' आदि पदों के मुख्य अर्थ का प्रकरण में कोई उपयोग नहीं है। यदि दूसरी बार बोले हुए कोकिल पद का भी वही अर्थ हो, जो पहले का है, तो दुबारा बोलना ही व्यर्थ है। उसका प्रकृत में कोई उपयोग नहीं, अतः 'कौआ कौआ ही है' यहाँ दूसरे 'कौआ' पद का **'कटुरटनपरिपाटीपटुत्वविशिष्ट'** (कांउ कांउ की कड़वी आवाज से कान फोड़नेवाला) यह अर्थ लक्ष्य है और 'कोकिल कोकिल ही है' यहाँ दूसरे कोकिल पद का **'कलकाकलीकोमलत्वविशिष्ट'** (मधुर मधुर कुहक से कानों और मन को तृप्त करनेवाला) यह अर्थ लक्ष्य है। ये दोनों अर्थ मुख्यार्थ के ही विशेष स्वरूप हैं। मुख्य अर्थ से अत्यन्त भिन्न नहीं हैं, अतः यहाँ अर्थान्तरसंक्रमितवाच्य है। यदि यह कह दें कि **'कौआ कड़वा बोलता है'** तो इस वाक्य से कौए में उतनी निकृष्टता नहीं प्रतीत होती जितनी यह कहने से होती है कि 'कौआ कौआ ही है'। **'और कोकिल मीठा बोलता है'** इस वाक्य में भी वह उत्कृष्टता का बोधन नहीं है जो 'कोकिल कोकिल ही है' इस कथन में। इसी उत्कृष्टता और निकृष्टता का अतिशय जताने के लिये यहाँ लक्षणा का आश्रय लिया गया है। यही यहाँ व्यंग्य प्रयोजन है। इसी प्रकार अन्यत्र भी जानना।

यत्र पुनः—जहाँ शब्द अपने मुख्य अर्थ को सर्वथा छोड़कर अर्थान्तर में परिणत होता है वहाँ वाच्य के अत्यन्त तिरस्कृत होने के कारण **'अत्यन्ततिरस्कृतवाच्य'** ध्वनि होती है। जैसे—**निःश्वासेति—रविसंक्रान्तसौभाग्यस्तुषारावृतमण्डलः**—यह इस पद्य का पूर्वार्ध है। निश्वास से अन्धे (मलिन) दर्पण (आइने) के समान चन्द्रमा प्रकाशित नहीं होता। **अत्रेति**—'अन्ध' शब्द का अर्थ है लोचनहीन और लोचनों से

'भम धम्मिअ वीसत्थो सो सुणओ अज्ज मारिओ देण।
गोलाणइकच्छकुडङ्गवासिणा दरिअसीहेण ॥'

अत्र 'भ्रम धार्मिक—' इत्यतो भ्रमणस्य विधिः प्रकृतेऽनुपयुज्यमानतया भ्रमणनिषेधे पर्यवस्यतीति विपरीतलक्षणाशङ्का न कार्या। यत्र खलु विधिनिषेधावुत्पत्स्यमानावेव निषेधविध्योः पर्यवस्यतस्तत्रैव तदवसरः। यत्र पुनः प्रकरणादिपर्यालोचनेन विधिनिषेधयोर्निषेधविधी अवगम्येते तत्र ध्वनित्वमेव। तदुक्तम्—

हीन (वियुक्त) वही कहा जा सकता है जिसके या तो पहले लोचन रहे हों या कम से कम उसमें लोचनों की योग्यता हो। जैसे मनुष्य, पशु आदि अन्धे कहे जाते हैं। परन्तु शीशे (दर्पण) के न तो कभी लोचन थे और न उसमें उनकी योग्यता है, अतः उसे लोचनहीन या अन्धा कहना नहीं बनता, इसलिये यहाँ 'अन्ध' पद का मुख्य अर्थ बाधित होने के कारण उससे लक्षणा द्वारा 'अप्रकाश' रूप अर्थ बोधित होता है। जैसे अन्धे आदमी के नेत्रों पर किसी वस्तु की छाया नहीं पड़ती अथवा जैसे उसे कोई वस्तु प्रकाशित नहीं होती इसी प्रकार शीशे में भी किसी का प्रतिबिम्ब नहीं पड़ने पर उसे 'अन्धा' कहा जाता है। यह भी प्रयोजनवती लक्षणा है। यहाँ अप्रकाशत्व का आधिक्य व्यङ्गय है। वही लक्षणा का प्रयोजन है।

अन्धत्वेति—यह ध्वनि 'अर्थान्तरसंक्रमितवाच्य' नहीं कही जा सकती, क्योंकि यहाँ 'अन्धत्व' और अप्रकाशत्व में व्याप्यव्यापकभाव न होने से इसमें सामान्यविशेषभाव नहीं है। 'अर्थान्तरसंक्रमितवाच्य' ध्वनि वहीं होती है जहाँ मुख्यार्थ और लक्ष्यार्थ का सामान्य-विशेष भाव हो। मुख्यार्थ व्यापक हो और लक्ष्य अर्थ उसका व्याप्य होता हो।

अभिधामूलक ध्वनि से उक्त लक्षणामूलक अत्यन्ततिरस्कृतवाच्यध्वनि का भेद दिखाने के लिये सन्दिग्ध उदाहरण देते हैं—**भम इति**—**'भ्रम धार्मिक विश्वस्तः स शुनकोऽद्य मारितस्तेन। गोदानदीकच्छकुञ्जवासिना दृप्तसिंहेन ॥'** अर्थ हे भगतजी, अब तुम बेखटके घूमा करो। उस कुत्ते को, जो तुम्हें तंग किया करता था, आज गोदावरी नदी के किनारे उस कुञ्ज में रहनेवाले मस्त सिंह ने मार डाला। यहाँ अभिधामूलक ध्वनि है। किसी कुलटा के संकेतकुञ्ज में कोई भगतजी फूल तोड़ने जाने लगे। इन्हें देख उसने अपना कुत्ता इनके पीछे हुलकारा। परन्तु ये उस कुत्ते के भूंकते रहने पर भी 'हटहट' 'पुच पुच' करते हुए गिरते पड़ते, लड़खड़ाते हुए ठीक उसी कुञ्ज तक पहुँच ही तो गये। इस पर वह बहुत तंग हुई और दूसरे दिन इनके सामने होकर उक्त पद्य कहने लगी। इस पद्य में 'बेखटके घूमो' इस वाक्य से आपाततः भ्रमण का विधान प्रतीत होता है, परन्तु इस प्रकरण के जानने के बाद और पद्य के सब वाक्यों की पर्यालोचना के अनन्तर वह उलट जाता है, क्योंकि यहाँ यह प्रतीत होता है कि कल तो वह कुत्ता ही था जिससे तुम इतने तंग हुए थे, परन्तु आज उसी कुञ्ज में मस्त सिंह बैठा है, जो देखते ही आपका नैवेद्य लगा लेगा। अतः अब उस रास्ते की ओर आँख उठाकर भी न देखना। यह भी न समझना कि दो एक दिन में सिंह कहीं चला जायगा। वह वहीं का—बल्कि उसी कुञ्ज का—**'निवासी'** है। इसलिये अब आप उधर ताकें ही नहीं। यह भाव प्रकरण का पर्यालोचन करने पर प्रतीत होता है और वाच्य अर्थ की विधि व्यङ्गय अर्थ में जाकर निषेध में परिणत हो जाती है।

इस पद्य में विपरीत लक्षणामूलक अत्यन्ततिरस्कृतवाच्यध्वनि का संदेह दिखा के उसका निराकरण करते हैं—**अत्रेति**—यहाँ भ्रमण की विधि प्रकृत में अनुपयुक्त होने के कारण निषेध में परिणत होती है, इसलिये यहाँ भी **'उपकृतं बहु'** इत्यादि की तरह विपरीत लक्षणा है, यह मत समझना, क्योंकि विपरीतलक्षणा वहीं होती है जहाँ विधि अथवा निषेध बोलने के साथ ही तुरन्त विपरीत होकर निषेध यद्वा विधिरूप में परिणत हो जाय। 'जैसे **अहो पूर्णं सरो यत्र लुठन्तः स्नान्ति मानवाः**' (वाह, क्या भरा हुआ तालाब है, जहाँ आदमी लोट लोट कर नहा रहे हैं) यहाँ 'लोटकर नहाना' सुनते ही 'पूर्ण' शब्द अपूर्ण अर्थ में परिणत हो जाता है। पूर्णत्व की विधि पूर्णत्व के निषेध में परिणत हो जाती है। अथवा किसी ने कहा कि यदि यमयातनाओं से प्रेम है तो ईश्वर का भजन कभी न करना। यमयातनाओं से भला प्रेम किसे होगा? अतः इस वाक्य में भजन का निषेध, विधिरूप (ईश्वरभजन) में परिणत हो जाता है। **यत्र पुनरिति**—परन्तु जहाँ विधि या निषेध प्रकरणादि का

'क्वचिद् बाध्यतया ख्यातिः, क्वचित्ख्यातस्य बाधनम्।
पूर्वत्र लक्षणैव स्यादुत्तरत्राभिधैव तु ॥'

अत्राद्ये मुख्यार्थस्यार्थान्तरे संक्रमणं प्रवेशः, न तु तिरोभावः। अत एवात्राजहत्स्वार्था लक्षणा। द्वितीये तु स्वार्थस्यात्यन्तं तिरस्कृततरा ऽज्जहत्स्वार्था।

विवक्षिताभिधेयोऽपि द्विभेदः प्रथमं मतः।
असंलक्ष्यक्रमो यत्र व्यंग्यो लक्ष्यक्रमस्तथा ॥ ४ ॥

विवक्षितान्यपरवाच्योऽपि ध्वनिरसंलक्ष्यक्रमव्यंग्यः संलक्ष्यक्रमव्यंग्यश्चेति द्विविधः।

तत्राद्यो रसभावादिरेक एवात्र गण्यते।
एकोऽपि भेदोऽनन्तत्वात्संख्येयस्तस्य नैव यत् ॥ ५ ॥

उक्तस्वरूपो भावादिरसंलक्ष्यक्रमव्यंग्यः। अत्र व्यंग्यप्रतीतेर्विभावादिप्रतीतिकारणकत्वात्क्रमोऽवश्यमस्ति, किंतूत्पलपत्रशतव्यतिभेदवल्लाघवान्न संलक्ष्यते। एषु रसादिषु च एकस्यापि भेदस्यानन्तत्वात्संख्यातुमशक्यत्वादसंलक्ष्यक्रमव्यंग्यध्वनिर्नाम काव्यमेकभेदमेवोक्तम्। तथाहि—एकस्यैव

पर्यालोचन करने के अनन्तर विपरीत अर्थ में परिणत हों (जैसे 'भम धम्मिअ' में) वहाँ अभिधामूलक ध्वनि ही मानी जाती है, लक्षणा नहीं।

उक्त बात में प्रमाण देते हैं—**तदुक्तमिति-क्वचिदिति**—कहीं 'बाध्य' अर्थात् विपरीत अर्थ में पर्यवसान होकर पीछे 'ख्याति' अर्थात् अन्वयज्ञान होता है और कहीं 'ख्यात' अर्थात् वाक्यार्थ में अन्वित पदार्थों का 'बाध' (विपरीत अर्थ में पर्यवसान) होता है। पहले पक्ष में 'लक्षणा' अर्थात् लक्षणामूलक ध्वनि होती है और दूसरे में 'अभिधा' अर्थात् अभिधामूलक ध्वनि होती है।

तात्पर्य यह है कि जहाँ मुख्य अर्थ का अन्वय या तात्पर्य बाधित होता है वहीं लक्षणा हो सकती है, अन्यत्र नहीं, अतः जिन वाक्यों में पदार्थों का सम्बन्ध अनुपपन्न होता है वहीं लक्षणा और लक्षणामूलक उक्त ध्वनि होती है। और जहाँ पदों के मुख्य अर्थ का अन्वय हो जाने के अनन्तर किसी कारण से बाध की प्रतीति होती है वहाँ लक्षणा ही नहीं हो सकती—फिर लक्षणामूलक ध्वनि वहाँ कहाँ से आयेगी? अतः ऐसे स्थलों—भ्रम धार्मिक इत्यादिकों—में अभिधामूलक ध्वनि ही जानना।

अत्राद्ये इति—यहाँ पहले (अर्थान्तरसंक्रमितवाच्य) में तो मुख्य अर्थ का अपने विशेषरूप अर्थान्तर में संक्रमण अर्थात् प्रवेशमात्र होता है, तिरोधान नहीं होता, अतएव यहाँ अजहत्स्वार्था लक्षणा होती है। और दूसरे ('अत्यन्त तिरस्कृतवाच्य') में मुख्य अर्थ अत्यन्त तिरस्कृत होता है, अतः वहाँ 'जहत्स्वार्था' लक्षणा होती है।

अभिधामूलक ध्वनि का निरूपण करते हैं। **विवक्षितेति**—'विवक्षितान्यपरवाच्य' ध्वनि भी प्रथम दो प्रकार का होता है—एक **असंलक्ष्यक्रमव्यंग्य** (जिसमें व्यङ्ग्य अर्थ का क्रम लक्षित न हो सके) और दूसरा **लक्ष्यक्रमव्यङ्ग्य**।

तत्रेति—इनमें से पहले (असंलक्ष्यक्रमव्यङ्ग्य) के उदाहरण रस, भाव आदिक हैं। इन सबको एक ही मान लिया गया है, क्योंकि अनन्त होने के कारण इनमें से किसी एक के भी भेदों का पूरा पूरा परिगणन नहीं किया जा सकता। **उक्तेति**—जिनका लक्षण पहले कह आये हैं वे भाव आदि असंलक्ष्यक्रमव्यङ्ग्य होते हैं। इन रस, भाव आदिकों की प्रतीति, विभावादि-ज्ञान-पूर्वक ही होती है, अतः कार्य कारण के पौर्वापर्य का क्रम तो अवश्य रहता है, परन्तु वह अति शीघ्र हो जाने के कारण लक्षित नहीं होता। जैसे सौ कमल के पत्तों को नीचे ऊपर रखकर सुई से छेदें तो एकदम सुई सबके पार हुई प्रतीत होगी। यद्यपि सुई ने क्रम से ही, एक एक करके, सब पत्तों में छेद किया है, परन्तु शीघ्रता के कारण प्रत्येक की क्रिया पृथक् पृथक् प्रतीत नहीं होती। इसी प्रकार यहाँ भी जानना।

एषु रसादिषु—इन पूर्वोक्त निर्वेद आदि भावों और रसादिकों में से एक के भेद भी अनन्त होने के कारण गिने नहीं जा सकते, अतः असंलक्ष्यक्रमव्यंग्य ध्वनि का एक ही भेद मान लिया गया है। असंख्येयत्व

शृङ्गारस्यैकोऽपि संभोगरूपो भेदः परस्परालिङ्गनाधरपानचुम्बनादिभेदात्प्रत्येकं च विभावादिवैचित्र्यात् संख्यातुमशक्यः, का गणना सर्वेषाम्?

शब्दार्थोभयशक्त्युत्थे व्यंग्येऽनुस्वानसंनिभे ।
ध्वनिर्लक्ष्यक्रमव्यंग्यस्त्रिविधः कथितो बुधैः ॥ ६ ॥

क्रमस्य लक्ष्यत्वादेवानुरणनरूपो यो व्यङ्ग्यस्तस्य शब्दशक्त्युद्भवत्वेन, अर्थशक्त्युद्भवत्वेन शब्दार्थशक्त्युद्भवत्वेन च त्रैविध्यात्संलक्ष्यक्रमव्यङ्ग्यनाम्नो ध्वनेः काव्यस्यापि त्रैविध्यम् । तत्र—

वस्त्वलंकाररूपत्वाच्छब्दशक्त्युद्भवो द्विधा ।

अलंकारशब्दस्य पृथगुपादानादनलंकारं वस्तुमात्रं गृह्यते । तत्र वस्तुरूपशब्दशक्त्युद्भवो व्यङ्ग्यो यथा--

'पन्थिअ ण एत्थ सत्थरमत्थि मणं पत्थरत्थले गामे ।
उण्णअ पओहरं पेक्खिऊण जइ वससि ता वससु ॥'

अत्र सत्थरादिशब्दशक्त्या यद्युपभोगक्षमोऽसि तदाऽऽस्स्वेति वस्तु व्यज्यते ।

दिखाते हैं—**तथाहीति-एकस्यैवेति**—अकेले संभोग शृङ्गार ही के एक भेद में परस्पर आलिङ्गन, अधरपान, चुम्बन आदि अनेक भेद हैं। फिर उनमें भी विभावादि की अनन्त विचित्रतायें हैं, इसलिये यह अकेला ही नहीं गिना जा सकता, सब रसों के भेद गिनने की तो बात ही क्या !

लक्ष्यक्रमव्यंग्यध्वनि का निरूपण करते हैं—**शब्दार्थेति**—जिस प्रकार घंटा बजने पर पहले एक जोर का ठनाका होने के बाद 'अनुस्वान'=क्रम से धीरे धीरे उसकी मधुर मधुर गूँज सुनाई पड़ती रहती है। इसी प्रकार ठनाके के सदृश वाच्य अर्थ के प्रतीत होने के अनन्तर जहाँ क्रम से व्यंग्य अर्थ प्रतीत होता है, वह काव्य 'संलक्ष्यक्रमव्यंग्यध्वनि' कहाता है। उसके तीन भेद होते हैं—एक शब्दशक्त्युद्भव ध्वनि, जहाँ शब्द के सामर्थ्य से व्यंग्य अर्थ प्रतीत होता हो। दूसरा अर्थशक्त्युद्भव ध्वनि, जहाँ अर्थ की विशेषता के कारण व्यंग्यार्थ भासित होता हो और तीसरा उभयशक्त्युद्भव ध्वनि, जहाँ दोनों के सामर्थ्य से व्यंग्य का ज्ञान होता हो।

क्रमस्येति—व्यङ्ग्य अर्थ का क्रम लक्षित होने के कारण ही इस ध्वनि को **'अनुरणनरूप'** कहा है। 'अनुरणन' शब्द का अर्थ है पिछली ध्वनि। **अनु**=पश्चात् **रणनं** ध्वनिः। घंटे आदि को बजाने पर पहली आवाज के बाद जो मधुर ध्वनि कुछ देर तक होती रहती है उसी को 'अनुरणन' 'अनुस्वान' आदि कहते हैं। जैसे इस अनुरणन में पहले की ठंकार के साथ पौर्वापर्य स्पष्ट प्रतीत होता है उसी प्रकार प्रकृत ध्वनि में भी पहले होनेवाले वाच्य अर्थ के साथ पौर्वापर्य स्पष्ट भासित होता है। इसी पौर्वापर्य-क्रम के लक्ष्य होने के कारण यह ध्वनि 'संलक्ष्यक्रम' अथवा 'अनुरणनरूप' कहाता है। रस की भांति इसका क्रम अलक्ष्य नहीं होता।

जैसे घंटा बजाने पर ठनाके के पीछे अनुस्वान प्रतीत होता है इसी प्रकार व्यङ्ग्य अर्थ वाच्य के पीछे प्रतीत होता है। जैसे ठनाके की अपेक्षा अनुस्वान मधुर होता है वैसे ही व्यङ्ग्य भी वाच्य से मधुर होता है। और जैसे ठनाका करने के लिये पुरुष व्यापार (घंटा ठोंकना) अपेक्षित है, अनुस्वान के लिये नहीं, वह स्वयं उसी शब्द से उत्पन्न हो जाता है, इसी प्रकार वाच्यार्थ के लिये पुरुष व्यापार (शब्दोच्चारण) अपेक्षित है, व्यङ्ग्य के लिये नहीं। इसी साम्य से व्यङ्ग्य को अनुस्वान के सदृश कहा है। यह अनुस्वानरूप व्यङ्ग्य अर्थ कहीं शब्द से, कहीं अर्थ से और कहीं दोनों से प्रतीत होता है, अतः इसके तीन भेद होते हैं। इसी के कारण इससे युक्त 'संलक्ष्यक्रमव्यङ्ग्य' नामक ध्वनिकाव्य (उत्तम काव्य) के भी तीन भेद होते हैं।

तत्रेति—इनमें से शब्दशक्ति से उत्पन्न ध्वनि के भेद दिखाते हैं—**वस्त्विति**—शब्द की शक्ति से प्रतीयमान व्यङ्ग्य दो प्रकार का होता है, एक वस्तुरूप और दूसरा अलङ्काररूप। यहाँ अलङ्कार का पृथक् ग्रहण किया है, अतः 'वस्तु' पद से अलङ्काररहित वस्तु का ग्रहण होता है। शब्दशक्त्युद्भव वस्तुस्वरूप व्यङ्ग्य का उदाहरण—**पन्थिअ इति**—**"पान्थ, नात्र स्रस्तरमस्ति मनाक् प्रस्तरस्थले ग्रामे। उन्नतपयोधरं प्रेक्ष्य यदि वससि तद् वस॥"** हे पथिक, इस पहाड़ी गाँव में सत्थर (बिस्तर अथवा शास्त्र) तो बिल्कुल नहीं है। हाँ, यदि उठे हुए पयोधरों (स्तनों अथवा बादलों) को देखकर ठहरना चाहते हो तो ठहर जाओ। यह पथिक के प्रति स्वयंदूती की उक्ति है। **अत्रेति**—यहाँ पहले यह अर्थ प्रतीत होता है कि यहाँ बिस्तर आदिक तो है नहीं, हाँ उमड़े हुए

अलंकाररूपो यथा—'दुर्गालङ्घितविग्रहः—' इत्यादि।

अत्र प्राकरणिकस्योमानाममहादेवीवल्लभभानुदेवनामनृपतेर्वर्णने द्वितीयार्थसूचितमप्राकरणिकस्य पार्वतीवल्लभस्य वर्णनमसंबद्धं मा प्रसाङ्क्षीदितीश्वरभानुदेवयोरुपमानोपमेयभावः कल्प्यते। तदत्र 'उमावल्लभ उमावल्लभ इव' इत्युपमालंकारो व्यङ्ग्यः। यथा वा—

'अमितः समितः प्राप्तैरुत्कर्षैर्हर्षद प्रभो। अहितः सहितः साधुयशोभिरसतामसि॥'

अत्रामित इत्यादावपिशब्दाभावाद्विरोधाभासो व्यङ्ग्यः। व्यङ्ग्यस्यालंकार्यत्वेऽपि ब्राह्मणश्रमणन्यायादलंकारत्वमुपचर्यते।

वस्तु वालंकृतिर्वापि द्विधार्थः संभवी स्वतः॥७॥
कवेः प्रौढोक्तिसिद्धो वा तन्निबद्धस्य चेति षट्।
षड्भिस्तैर्व्यज्यमानस्तु वस्त्वलंकाररूपकः॥८॥
अर्थशक्त्युद्भवो व्यंग्यो याति द्वादशभेदताम्।

स्वतः संभवी, औचित्याद् बहिरपि संभाव्यमानः। प्रौढोक्त्या सिद्धः, न त्वौचित्येन। तत्र क्रमेण यथा—

बादलों को देखकर जैसे-तैसे रात काटना ही चाहते हो तो ठहर जाओ। परन्तु पीछे 'सत्थर' और 'पओहर' पदों की शक्ति से यह अर्थ व्यक्त होता है कि परदारगमन का निषेध करनेवाले शास्त्रों की तो यहाँ कुछ चलती नहीं है। यदि उपभोग के योग्य हो और उन्नत स्तनों को देखकर रुकना चाहते हो तो रुक जाओ। प्राकृत का 'सत्थर' शब्द शास्त्र और विस्तर दोनों में श्लिष्ट है।

शब्दशक्ति से अलङ्काररूप व्यङ्ग्य जैसे—'दुर्गालंघित' इत्यादि पूर्वोक्त पद्य। **अत्रेति**—यहाँ उमानामक रानी के पति राजा भानुदेव का वर्णन प्रकृत है, परन्तु 'दुर्गा' आदि शब्दों से पार्वती-शङ्कर भी प्रतीत होते हैं। यह अप्रकृत अर्थ असम्बद्ध न हो जाय, इसलिये इन दोनों (राजा और शिव) का उपमानोपमेय भाव कल्पित किया जाता है, अतः यहाँ 'उमावल्लभ (राजा) उमावल्लभ (शिव) के सदृश हैं' यह उपमालङ्कार व्यंग्य है। दूसरा उदाहरण—**अमित इति**—'समित्' अर्थात् युद्ध से अमित अर्थात् अपरिमितशक्तियुक्त और अपने प्राप्त किये हुए उत्कर्षों से लोगों को हर्ष देनेवाले हे प्रभो (राजन्), आप अच्छे यश से सहित (युक्त) और असज्जन पुरुषों को अहित हैं। यहाँ विरोध का वाचक 'अपि' शब्द न होने के कारण **'अमितः' 'समितः'** और **'अहितः' 'सहितः'** में विरोधाभास अलङ्कार व्यंग्य है। यद्यपि अलंकार वह होता है जो किसी को भूषित करे। उपमा आदि रसको भूषित करते हैं। परन्तु व्यंग्य अलङ्कार स्वयं भूषित होते हैं। किसी अन्य को भूषित नहीं करते। क्योंकि व्यंग्य अर्थ सबसे प्रधान माना जाता है। तथापि 'ब्राह्मणश्रमण' न्याय से व्यंग्यदशा में भी 'अलङ्कार' पद का प्रयोग होता है। जैसे यदि कोई ब्राह्मण, जैन साधु (श्रमणक) हो जाय तो वह ब्राह्मण नहीं रहता, परन्तु पहली दशा के अनुसार उसे **'ब्राह्मणोऽयं श्रमणकः'** कह देते हैं। इसी प्रकार व्यंग्य होने पर भी उपमादिकों में अन्यत्र दृष्ट अलंकार पद का प्रयोग जानना। एक अवस्था में देखे हुए धर्म का दूसरी अवस्था में गौण प्रयोग करने पर 'ब्राह्मणश्रमणक' न्याय का अवसर होता है।

अर्थशक्त्युद्भव व्यङ्ग्य का निरूपण करते हैं—**वस्तु वेति**—पदार्थ दो प्रकार के होते हैं। कुछ तो घट, पटादि वस्तु स्वरूप और कुछ उपमा आदि अलङ्कारस्वरूप। इन दोनों में कुछ स्वतःसम्भवी होते हैं—जो काव्य के अतिरिक्त बाहर (लोक में) भी देखे जा सकते हैं—जैसे घट पटादिक। और कुछ कवि की प्रौढोक्ति (उक्तिप्रागल्भ्य) से ही कल्पित होते हैं, बाहर नहीं देखे जा सकते—जैसे कौओं को सफ़ेद करनेवाली चन्द्रिका। लोक में किसी ने ऐसे चन्द्रिका नहीं देखी जिससे काली चीज़ सफ़ेद हो जाय, परन्तु काव्यों में ऐसा वर्णन बहुत मिलता है—यथा—**'कर्णे कैरवशङ्कया कुवलयं कुर्वन्ति कान्ता अपि'** इत्यादि। एवं कुछ नाटकादिक में कविकल्पित पात्रों की प्रौढोक्ति से कल्पित होते हैं, अतः इस प्रकार पदार्थों के छह भेद होते हैं। इन छहों से जो अर्थ व्यङ्ग्य होता है वह भी कहीं वस्तुरूप होता है और कहीं अलङ्काररूप। इसलिये अर्थशक्त्युद्भव व्यङ्ग्य के बारह भेद होते हैं। इस विषय पर विशेष विचार आगे चलकर—दशमकारिका के अन्त में—करेंगे।

'दृष्टिं हे प्रतिवेशिनि, क्षणमिहाप्यस्मद्गृहे दास्यसि
प्रायेणास्य शिशोः पिता न विरसाः कौपीरपः पास्यति।
एकाकिन्यपि यामि सत्वरमितः स्रोतस्तमालाकुलं
नीरन्ध्रास्तनुमालिखन्तु जरठच्छेदा नलग्रन्थयः॥'

अनेन स्वतः संभविना वस्तुमात्रेणैतत्प्रतिपादिकाया भाविपरपुरुषोपभोगजनखक्षतादिगोपनरूपं वस्तुमात्रं व्यज्यते।

'दिशि मन्दायते तेजो दक्षिणस्यां रवेरपि। तस्यामेव रघोः पाण्ड्याः प्रतापं न विषेहिरे॥'

अनेन स्वतः संभविना वस्तुना रवितेजसो रघुप्रतापोऽधिक इति व्यतिरेकालंकारो व्यज्यते।

'आपतन्तममुं दूरादूरीकृतपराक्रमः। बलोऽवलोकयामास मातङ्गमिव केसरी॥'

अत्रोपमालंकारेण स्वतःसंभविना व्यञ्जकार्थेन बलदेवः क्षणेनैव वेणुदारिणः क्षयं करिष्यतीति वस्तु व्यज्यते।

'गाढकान्तदशनक्षतव्यथासंकटादरिवधूजनस्य यः।
ओष्ठविद्रुमदलान्यमोचयन्निर्दशन्युधि रुषा निजाधरम्॥'

अत्र स्वतः संभविना विरोधालंकारेणाधरो निर्दष्टः शत्रवो व्यापादिताश्चेति समुच्चयालंकारो व्यंग्यः।

'सज्जेइ सुरहिमासो ण दाव अप्पेइ जुअइजणलक्खमुहे।

क्रम से उदाहरण देते हैं— दृष्टिमिति—हे पड़ोसिन, जरा इधर हमारे घर की ओर भी नजर रखना। इस लल्ला के बाप शायद कुएँ का बेस्वाद पानी नहीं पियेंगे। मैं जल्दी के मारे अकेली ही यहाँ से 'तमाला-कुल' (आबनूस के पेड़ों से ढके) स्रोत पर जाती हूँ। पुरानी नलों की निबिड ग्रन्थियाँ देह में खरोंट (क्षत) करें तो करें। (पर जाऊँगी अवश्य!)। अनेनेति—यहाँ सब पदार्थ स्वतःसम्भवी (लोकप्रसिद्ध) हैं। उनसे कहनेवाली के शरीर में भावी परपुरुष के उपभोग से उत्पन्न होनेवाले नखक्षतादि का गोपन (वस्तु) व्यक्त होता है। यह भविष्यत् रति की गोपना है।

दिशीति—दक्षिण दिशा में जाने से (दक्षिणायन होने पर) सूर्य का भी तेज मन्द हो जाता है। परन्तु उसी दिशा में पाण्ड्य देश के राजा लोगों से रघु का प्रताप नहीं सहा गया। यह रघु के दिग्विजय का वर्णन है। अनेनेति—सूर्य के तेज से भी रघु का प्रताप बढ़कर है, यह व्यतिरेक अलङ्कार यहां स्वतः सम्भवी वस्तु से प्रकाशित होता है।

आपतन्तमिति—उस वेणुदारी को दूर से अपनी ओर झपटता देख, बलभद्र ने भी सम्हलकर पराक्रम के साथ, उसे ऐसे देखा जैसे मत्त मतङ्ग (हाथी) को केसरी देखे। अत्रेति—यहाँ गजेन्द्र और मृगेन्द्र की उपमा (अलंकार) से यह वस्तुरूप अर्थ व्यक्त होता है कि सिंह के समान बलभद्र, क्षण भर में वेणुदारी का विदारण डालेंगे। यहाँ व्यञ्जक अर्थ (उपमा अलंकार) स्वतःसम्भवी है।

स्वतःसम्भवी अलंकार से व्यङ्ग्य अलंकार का उदाहरण देते हैं—गाढेति—रण में क्रोध से ओंठ चबाते हुए जिस राजा ने शत्रुनारियों के ओष्ठरूप विद्रुमदल (मूंगे के टुकड़े) को पति के प्रगाढ दन्तक्षत की व्यथा के छुड़ा दिया। अत्रेति—इस पद्य में "जो अपने ही ओंठ चबा रहा है वह दूसरे के ओंठ का दुःख कैसे दूर करेगा" यह स्वतःसम्भवी विरोधालंकार है। उससे 'इधर ओंठ चबाये और उधर मारे गये' यह समुच्चया-लङ्कार व्यंग्य है।

वस्तुतः यह उदाहरण असंगत है। वाच्य अर्थ से व्यंग्य अर्थ की प्रतीति का प्रकरण चल रहा है। सब उदाहरण इसी प्रकार के हैं। इस प्रकरण के अन्त में स्वयं विश्वनाथजी ने लिखा है कि एवं वाच्यार्थस्य व्यञ्जकत्वे उदाहृतम्। लक्ष्यार्थ और व्यंग्यार्थ की व्यञ्जकता के उदाहरण इसके आगे दिखाये हैं। अतः यहाँ भी वाच्य अलंकार से व्यंग्य अलंकार की प्रतीति का उदाहरण देना चाहिये था, परन्तु प्रकृत पद्य में 'अपि' शब्द न होने से 'अमितः समितः' के समान विरोध अलंकार व्यंग्य है, वाच्य नहीं। यदि 'निर्दशन् युधि' के स्थान में 'निर्दशन्नपि' पाठ कर दिया जाए तो यह ठीक उदाहरण हो जायगा।

कविप्रौढोक्ति-सिद्ध वस्तु से व्यंग्य वस्तु का उदाहरण—सज्जेइ इति—"सज्जयति सुरभिमासो न तत्

अहिणवसहआरमुहे णवपल्लवपत्तले अणङ्गस्स सरे ॥'

अत्र वसन्तः शरकारः, कामो धन्वी, युवतयो लक्ष्यम्, पुष्पाणि शरा इति कविप्रौढोक्तिसिद्धं वस्तु प्रकाशीभवन्मदनविजृम्भणरूपं वस्तु व्यनक्ति।

'रजनीषु विमलभानोः करजालेन प्रकाशितं वीर।
धवलयति भुवनमण्डलमखिलं तव कीर्तिसंततिः सततम् ॥'

अत्र कविप्रौढोक्तिसिद्धेन वस्तुना कीर्तिसंततेश्चन्द्रकरजालादधिककालप्रकाशकत्वेन व्यतिरेकालंकारो व्यंग्यः।

'दशाननकिरीटेभ्यस्तत्क्षणं राक्षसश्रियः। मणिव्याजेन पर्यस्ताः पृथिव्यामश्रुबिन्दवः ॥'

अत्र कविप्रढौक्तिसिद्धेनापह्नुत्यलंकारेण भविष्यद्राक्षसश्रीविनाशरूपं वस्तु व्यज्यते।

'धम्मिल्ले नवमल्लिकासमुदयो हस्ते सिताम्भोरुहं
हारः कण्ठतटे पयोधरयुगे श्रीखण्डलेपो घनः।

दर्पयति युवतिजनलक्ष्यमुखान्। अभिनवसहकारमुखान्नवपल्लवपत्रलाननङ्गस्य शरान् ॥'' युवति-समूह है लक्ष्य जिनका ऐसे मुखों (अग्रभागों) से युक्त, नवीन पल्लवरूप पत्र (पंख) वाले नये नये आम्रपुष्प (बौर) आदि, कामदेव के बाणों को वसन्त मास, केवल तैयार ही नहीं करता, बल्कि कामदेव का अर्पण भी कर रहा है। **अत्रेति** इसमें वसन्त बाण बनानेवाला है, कामदेव योद्धा है, युवतियाँ लक्ष्य हैं और फूल बाण हैं, यह वस्तु कवि की प्रौढोक्ति से ही सिद्ध है। लोक में कामदेव, न कोई धनुर्धारी योद्धा दीखता है और न उसके चलते हुए बाण, अतः यह कविप्रौढोक्तिसिद्ध वस्तु है। इससे कामोद्दीपन कालरूप वस्तु व्यञ्जित होती है।

प्रश्न—जब वसन्त में शरकारत्व काम में धनुर्धारित्व युवतियों में लक्ष्यत्व और पुष्पों में बाणत्व का आरोप किया गया है तब यह स्पष्ट ही रूपक अलंकार हो गया। फिर इसे वस्तु से वस्तु की व्यञ्जना के उदाहरण में कैसे रक्खा?

उत्तर—मूल पद्य में शरकार, धनुर्धारी आदि पदों का उल्लेख नहीं है। **'सुरभिमासः शरान् सज्जयति, अनङ्गस्य च अर्पयति'** इतना ही वर्णन है, जो कि वस्तुरूप ही है, अलंकार रूप नहीं। रूपक अलंकार व्यञ्जना के द्वारा यहाँ प्रतीत होता है, जिसे विश्वनाथजी ने वृत्ति में 'वसन्तः शरकारः, कामो धन्वी' इत्यादि लिखा है। इसी व्यङ्ग्य अलंकार के द्वारा यहाँ मदनविजम्भण रूप वस्तु व्यक्त होती है। उसी के अभिप्राय से यह उदाहरण दिया है। यद्यपि इसे कवि-प्रौढोक्तिसिद्ध वस्तु से व्यंग्य अलंकार के उदाहरण में रखना चाहिये, परन्तु यहाँ चरम व्यंग्य वस्तुरूप ही है। वही प्रधान है, अतः उसी के अभिप्राय से यह उदाहरण जानना। विश्वनाथजी ने जिस ढंग से उपपादन किया है, वह असंगत है। 'वसन्तः शरकारः, कामो धन्वी' इत्यादिक वर्णन-शैली से अलंकार ही प्रतीत होता है, वस्तु नहीं।

कविप्रौ० वस्तु से व्यंग्य अलंकार का उदाहरण—**रजनीष्विति**--हे वीर, केवल रात्रि में ही चन्द्रमा की किरणों से प्रकाशित होनेवाले भुवनमण्डल को अब आपकी कीर्त्ति दिन रात शुभ्र कर रही है। **अत्रेति**—यहाँ कविप्रौढोक्ति सिद्ध वस्तु (कीर्त्तिकर्तृक प्रकाशन से) **"कीर्ति, चन्द्रमा की अपेक्षा, अधिक समय प्रकाश करती है"**--यह व्यतिरेकालंकार व्यंग्य है।

कविप्रौ० अलंकार से व्यंग्य वस्तु का उदाहरण—**दशाननेति**--उस समय रावण के मुकुटमणियों का बहाने राक्षसों की लक्ष्मी के आँसू पृथ्वी पर गिरे। श्रीरामचन्द्र के जन्म के समय रावण के मुकुट से कुछ मणियाँ भूमि पर गिर पड़ीं। मुकुट से मणियों का गिरना बड़ा अमंगल समझा जाता है, अतएव महाकवि कालिदास ने यह कहा है कि वे मणियाँ नहीं गिरीं, किन्तु राक्षसों की लक्ष्मी के आँसू गिरे। राक्षसलक्ष्मी आगे चलकर नष्ट होगी, अतः वह रो रही है।

अत्रेति—यहाँ मणि के रूप को छिपाकर आँसू का स्वरूप दिखाने से अपह्नुति अलंकार बना है। उससे राक्षसलक्ष्मी का भावी विनाश (वस्तुरूप) सूचित होता है। राक्षसलक्ष्मी के आँसू कविकल्पित हैं, स्वतः सम्भवी नहीं।

कविप्रौढोक्तिसिद्ध अलंकार से व्यंग्य अलंकार का उदाहरण देते हैं—**धम्मिल्ले इति**--हे तैलंगदेश के तिलक, (राजन्,) आपकी अकेली कीर्तिराशि इन्द्रनगरी की ललनाओं के अनेक भूषणों के रूप में परिणत हो

एकोऽपि त्रिकलिङ्गभूमितिलक त्वत्कीर्तिराशिर्ययौ
नानामण्डनतां पुरन्दरपुरीवामभ्रुवां विग्रहे ॥'

अत्र कविप्रौढोक्तिसिद्धेन रूपकालंकारेण भूमिष्ठोऽपि स्वर्गस्थानामुपकारं करोषीति विभावनालंकारो व्यज्यते ।

शिखरिणि क्व नु नाम कियच्चिरं किमभिधानमसावकरोत्तपः ।
सुमुखि, येन तवाधरपाटलं दशति बिम्बफलं शुकशावकः ॥'

अत्रानेन कविनिबद्धस्य कस्यचित्कामिनः प्रौढोक्तिसिद्धेन वस्तुना तवाधरः पुण्यातिशयलभ्य इति वस्तु प्रतीयते ।

गई । गुथे हुए केशों में मल्लिका के पुष्प बनी, हाथ में श्वेत कमल बनी, गले में हार के रूप में परिणत हुई और कुचयुगल में सान्द्रचन्दनलेप के स्वरूप में प्रकट हुई । अत्रेति--यहाँ कीर्ति में हारादिक का आरोप करने से रूपकालंकार होता है । वह कविप्रौढोक्ति सिद्ध है । उससे **'तुम पृथ्वी पर रहते हुए भी स्वर्गनिवासियों का उपकार करते हो'** यह 'विभावना' अलंकार व्यंग्य है ।

वस्तुतः न यहाँ केवल रूपक अलंकार व्यञ्जक है और न विभावना अलंकार व्यंग्य ही है । वास्तव में यहाँ 'रूपक' 'विरोध' और 'विशेष' इन तीन अलंकारों का एकाश्रयाऽनुप्रवेशरूप 'संकर' अलंकार है । रूपक तो स्पष्ट ही है । 'एकोऽपि नानामण्डनतां ययौ' इस अंश में एकत्व और अनेकत्व (नानात्व) रूप संख्याओं का विरोध है और 'अपि' शब्द उसका वाचक है । इसी प्रकार धम्मिल्ल, हस्त, कण्ठ और पयोधर इन अनेक स्थानों में एक ही कीर्ति के रहने से 'एकं चाऽनेकगोचरम्' यह विशेष अलंकार निष्पन्न होता है । इन तीनों अलंकारों के आश्रय (शब्द और अर्थ) यहाँ पृथक् २ व्यवस्थित नहीं हैं, प्रत्युत अभिन्न हैं, अतः यह एकाऽश्रयानुप्रवेशरूप संकर अलंकार हुआ ।

हेतु के विना कार्य की उत्पत्ति होने पर 'विभावना' अलंकार होता है, परन्तु प्रकृत पद्य में उसकी कोई संगति नहीं बैठती । यहाँ कार्य और कारण – दोनों ही—विद्यमान हैं, कीर्ति कारण है और मल्लिका आदि कार्य हैं । यदि यह कहा जाय कि कारणरूप राजा पृथ्वी पर है और उसका कार्य (नवमल्लिका आदि) स्वर्ग में प्रकट हुआ है तो यह कार्य-कारण की भिन्नदेशता हुई । इसे आप 'असंगति' अलंकार कह सकते हैं । 'विभावना' तो तब होती है जब हेतु हो ही नहीं । जब आप राजा को स्पष्टरूप से 'भूमिष्ठोऽपि' कह रहे हैं तब फिर कारण का अभाव कैसे हुआ ?

इसके अतिरिक्त देवाङ्गनाओं के भूषण का कारण साक्षात् राजा नहीं है, अपितु उसकी कीर्ति है। कीर्ति ही नवमल्लिका आदि के रूप में परिणत हुई है, स्वयं राजा नहीं । कीर्ति का दिगन्तगामित्व और लोकान्तरगमन काव्यमार्ग में सर्वसंमत है । इस दशा में कार्य-कारण की भिन्नदेशता भी नहीं कही जा सकती । इस प्रकार न तो यहाँ कारण का अभाव ही है, न कार्य-कारण की भिन्नदेशता ही है और न इस भिन्नदेशता से 'विभावना' अलंकार की निष्पत्ति ही संभव है, अतः **'भूमिष्ठोऽपि स्वर्गस्थानामुपकारं करोषीति विभावनाऽलंकारो व्यज्यते'** यह विश्वनाथजी की व्याख्या सर्वथा असंगत है ।

यदि यह कहा जाय कि कीर्ति धम्मिल्ल में मल्लिका कुसुम बनी, हाथ में कल्हार, कण्ठ में मुक्ताहार और पयोधरों में चन्दनलेप बनी, इस प्रकार एक ही कीर्ति के अनेकरूपों में परिणत होने का कोई कारण निर्दिष्ट नहीं है, अतः यह 'विभावना' अलंकार है, तो भी असंगत है । जब एक ही सुवर्ण के अनेक भूषण बन सकते हैं तो एक कीर्ति के अनेक आभरण बनने में क्या आपत्ति हो सकती है ?

काव्यप्रकाशकार ने इस विषय में जो उदाहरण दिया है वह बहुत अच्छा है--

"जा ठेरं व हसन्ती कइवअणंबुरुहबद्धविणिवेसा । दावेइ भुअणमण्डलमण्णं विअ जअइ सा वाणी ॥
या स्थविरमिव हसन्ती कविवदनाम्बुरुहबद्धविनिवेशा । दर्शयति भुवनमण्डलमन्यदिव जयति सा वाणी ॥

अत्रोत्प्रेक्षया, चमत्कारैककारणं नवं नवं जगत् अजडासनस्था निर्मिमीते इति व्यतिरेकः ।"

कविनिबद्ध वक्ता की प्रौढोक्ति से सिद्ध वस्तु के द्वारा व्यंग्य वस्तु का उदाहरण—**शिखरिणीति—**हे सुमुखि, इस तोते के बच्चे ने किस पर्वत पर कितने दिनों तक क्या तप किया है-जो यह तुम्हारे ओंठ के सदृश लाल बिम्बफल (कुन्दरू) का स्वाद ले रहा है ? अत्रेति--यहाँ यह वक्ता, कविकल्पितपात्र है । इसकी प्रौढोक्ति

'सुभगे कोटिसंख्यत्वमुपेत्य मदनाशुगैः। वसन्ते पञ्चता त्यक्ता पञ्चतासीद्वियोगिनाम् ॥'

अत्र कविनिबद्धवक्तृप्रौढोक्तिसिद्धेन कामशराणां कोटिसंख्यत्वप्राप्त्या निखिलवियोगिमरणेन वस्तुना शराणां पञ्चता शरान्विमुच्य वियोगिनः श्रितेवेत्युत्प्रेक्षालंकारो व्यज्यते।

'मल्लिकामुकुले चण्डि, भाति गुञ्जन्मधुव्रतः। प्रयाणे पञ्चबाणस्य शङ्खमापूरयन्निव ॥'

अत्र कविनिबद्धवक्तृप्रौढोक्तिसिद्धेनोत्प्रेक्षालंकारेण कामस्यायमुन्मादकः कालः प्राप्तस्तत्कथं मानिनि मानं न मुञ्चसीति वस्तु व्यज्यते।

'महिलासहस्सभरिए तुह हिअए सुहअ सा अमाअन्ती।
अणुदिणमणण्णकम्मा अङ्गं तणुअं पि तणुएइ ॥'

अत्रामाअन्तीति कविनिबद्धवक्तृप्रौढोक्तिसिद्धेन काव्यलिङ्गालंकारेण तनोस्तनूकरणेऽपि तव हृदये न वर्तत इति विशेषोक्त्यलंकारो व्यज्यते। न खलु कवेः कविनिबद्धस्येव रागाद्याविष्टता, अतः कविनिबद्धवक्तृप्रौढोक्तिः कविप्रौढोक्तेरधिकं सहृदयचमत्कारकारिणीति पृथक्प्रतिपादिता।

से सिद्ध इस वस्तु से यह व्यंग्य निकलता है कि **तुम्हारा अधर अत्यन्त पुण्यों से प्राप्य है**। जब अधर के तुल्य वस्तु (बिम्बफल) का स्वाद लेने के लिये किसी सुदूर पर्वत पर बहुत काल तक घोर तपस्या करने की आवश्यकता है तो खास अधर के लिये कितना तप चाहिये, इसका तो कहना ही क्या है ?

कविनिबद्धवक्तृप्रौढोक्तिसिद्ध वस्तु से व्यंग्य अलंकार का उदाहरण--**सुभगे इति**--हे सखि, वसन्त ऋतु में काम के बाणों ने करोड़ों की संख्या प्राप्त करके पञ्चता (पाँच संख्या) छोड़ दी। और वियोगियों को पञ्चता (मरण) प्राप्त हो गई। यहाँ वक्ता कविनिबद्ध है--उसकी यह प्रौढोक्ति है कि 'कामदेव के बाण आजकल पाँच के स्थान में करोड़ों हो गये और इससे वियोगियों का मरण हुआ'। इससे **'बाणों की पञ्चता मानों वहाँ से हटकर वियोगियों में समा गई'**। यह 'उत्प्रेक्षा' अलङ्कार व्यंग्य है। 'पञ्चता' का अर्थ पाँच संख्या भी होता है और मरण भी। कामदेव के बाणों में 'पञ्चता' संख्या रूप है और वियोगियों में 'पञ्चता' का अर्थ है मरण। ये दोनों एक नहीं हैं, अतः पहले यहाँ इन दोनों में श्लेषमूलक अभेदाध्यवसाय होता है और उसी के आधार पर अन्त में श्लेषमूलकातिशयोक्ति के द्वारा मूलोक्त 'उत्प्रेक्षा' अलंकार व्यक्त होता है।

कविनिबद्धवक्ता की प्रौढोक्ति से सिद्ध अलङ्कार के द्वारा व्यंग्य अलङ्कार का उदाहरण--**मल्लिकेति**--हे क्रोधशीले, चमेली की कली पर गूँजता हुआ भ्रमर ऐसा मालूम होता है मानों कामदेव की विजययात्रा का विजयशंख बजा रहा हो। **अत्रेति**--यहाँ कविनिबद्धवक्ता की प्रौढोक्ति से उत्प्रेक्षालङ्कार बना है, उससे यह वस्तु व्यक्त होती है कि कामोन्माद का समय आ चुका है। हे मानिनि, तू अब भी मान नहीं छोड़ती। यहाँ कोई यह सन्देह करते हैं कि मुकुल का अग्रभाग पतला होता है और वृन्त में लगा हुआ भाग मोटा होता है। शंख जिस ओर से बजता है उसकी समता इसी मोटे भाग के साथ हो सकती है, परन्तु वहाँ भ्रमर का मुख लगना संभव नहीं। और यदि भ्रमर बैठ जाय तो गुञ्जन नहीं होता। उड़ने की दशा में ही होता है और उड़ता हुआ भ्रमर मुकुल के अग्रभाग पर ही रह सकता है, जिसका शंख के बजनेवाले भाग के साथ कोई साम्य नहीं। इसका समाधान कोई करते हैं कि यहाँ 'मधुव्रत' शब्द साभिप्राय है। उससे शराब (मधु) के नशे में मस्त होना प्रतीत होता है और इस मस्ती में उलटा शंख फूँकने लगना एवं जब उसमें से शब्द न निकले तो अपने मुँह से ही शब्द करने लगना इत्यादिक कामोन्माद की बातें उपपन्न हो सकती हैं। वस्तुतः यह शङ्का और समाधान--दोनों ही--विनोदमात्र हैं।

कविनि०व०प्रौ०सिद्ध अलङ्कार से व्यंग्य अलंकार का उदाहरण--**महिलाइति**--**"महिलासहस्रभरिते तव हृदये सुभग, सा अमान्ती। प्रतिदिनमनन्यकर्मा अङ्गं तनुकमपि तनूकरोति ॥"** हे सुन्दर, हजारों स्त्रियों से भरे हुए तुम्हारे हृदय में अवकाश न पाकर वह कामिनी और सब काम छोड़कर दिन रात अपने दुर्बल देह को आजकल और भी दुर्बल बना रही है। **अत्रेति**--यहाँ 'अमाअन्ती' (न समा सकने के कारण) इस कविनिबद्ध वक्ता की प्रौढोक्ति से सिद्ध काव्यलिङ्ग अलङ्कार के द्वारा **'देह दुर्बल करने पर भी तुम्हारे हृदय में नहीं समाती'** यह विशेषोक्ति अलङ्कार व्यक्त होता है।

न खलु इति - कविकल्पित नायक आदि के समान कवि तो स्वयम् अनुरागादि से युक्त होता नहीं, अतः

एषु चालंकृतिव्यञ्जनस्थले रूपणोत्प्रेक्षणव्यतिरेचनादिमात्रस्य प्राधान्यं सहृदयसंवेद्यम्, न तु रूप्यादीनामित्यलंकृतेरेव मुख्यत्वम्।

एकः शब्दार्थशक्त्युत्थे

उभयशक्त्युद्भवे व्यङ्ग्ये एको ध्वनेर्भेदः।

यथा 'हिममुक्तचन्द्ररुचिरः सपद्मको मदयन्द्विजाञ्जनितमीनकेतनः।
अभवत्प्रसादितसुरो महोत्सवः प्रमदाजनस्य स चिराय माधवः॥'

अत्र माधवः कृष्णो माधवो वसन्त इवेत्युपमालंकारो व्यङ्ग्यः। एवं च व्यङ्ग्यभेदादेव व्यञ्जकानां काव्यानां भेदः।

तदष्टादशधा ध्वनिः॥९॥

अविवक्षितवाच्योऽर्थान्तरसंक्रमितवाच्योऽत्यन्ततिरस्कृतवाच्यश्चेति द्विविधः विवक्षितान्यपरवाच्यस्तु असंलक्ष्यक्रमव्यङ्ग्यत्वेनैकः। संलक्ष्यक्रमव्यङ्ग्यत्वेन च शब्दार्थोभयशक्तिमूलतया पञ्चदशेत्यष्टादशभेदो ध्वनिः। एषु च—

वाक्ये शब्दार्थशक्त्युत्थस्तदन्ये पदवाक्ययोः।

तत्रार्थान्तरसंक्रमितवाच्यो ध्वनिः पदगतो यथा—

'धन्यः स एव तरुणो नयने तस्यैव नयने च युवजनमोहनविद्या भवितेयं यस्य संमुखे सुमुखी॥'

कवि की प्रौढोक्ति की अपेक्षा कविनिबद्ध वक्ता की प्रौढोक्ति अधिक चमत्कारक होती है, अतएव उसे पृथक् कहा है। अन्यथा प्रौढोक्तिसिद्ध अर्थ को एक ही मान लेते। रसगंगाधर में पण्डितेन्द्र ने इस मत का खण्डन किया है।

एषु चेति—इन उदाहरणों में जहाँ अलङ्कार व्यंग्य है वहाँ रूपण, उत्प्रेक्षण, व्यतिरेचन आदि की प्रधानता सहृदयों के अनुभवों से सिद्ध है और ये सब रूपक, उत्प्रेक्षा, व्यतिरेक आदि अलङ्कारों के निमित्त हैं, अतः उक्त स्थलों में अलङ्कारों की ही प्रधानता मानी जाती है, रूप्य वस्तुओं की नहीं।

एक इति—उभयशक्त्युद्भवध्वनि का केवल एक ही भेद होता है। **हिमेति**—माधव (श्रीकृष्ण अथवा वसन्त) कामिनीजन को आनन्ददायक हुए। 'हिममुक्त' इत्यादि विशेषण श्रीकृष्ण और वसन्त दोनों में श्लिष्ट हैं, हिम (कुहरा-तुषार आदि) से मुक्त चन्द्रमा के समान सुन्दर श्रीकृष्ण अथवा हिममुक्त चन्द्रमा से रमणीय वसन्त, (जाड़े के बाद वसन्त में चन्द्रमा निर्मल हो जाता है) 'सपद्मकः' पद्मा (लक्ष्मी) से युक्त (श्रीकृष्ण) अथवा पद्मों से युक्त (वसन्त) द्विजों (ब्राह्मणों) को आनन्द देते हुए (श्रीकृष्ण) अथवा (द्विजों) कोकिलादि पक्षियों को आनन्द देता हुआ (वसन्त) मीनकेतन (प्रद्युम्न अथवा काम) को पैदा करनेवाला, सुर (देवता) अथवा सुरा (मद्य) को प्रसन्न करनेवाला इति।

अत्रेति—इस पद्य में कृष्ण वसन्त के समान हैं, यह उपमा अलंकार व्यंग्य है। यहाँ कुछ पद 'हिममुक्त' 'मीनकेतन' आदि बदले जा सकते हैं। इनके पर्यायवाचक पद रख देने पर भी अर्थ नहीं बिगड़ता। और कुछ 'सुरा' 'द्विज' आदि नहीं बदले जा सकते। अतः यहाँ व्यंग्य अर्थ की प्रतीति में शब्द और अर्थ दोनों ह कारण हैं। अतएव यह ध्वनि उभयशक्त्युद्भव माना जाता है।

तदष्टादशधेति—अविवक्षितवाच्य के दो भेद कहे हैं। एक अर्थान्तरसंक्रमितवाच्य दूसरा अत्यन्त तिरस्कृतवाच्य। विवक्षितान्यपरवाच्य में असंलक्ष्यक्रमव्यंग्यका एक ही भेद होता है। ये तीन हुए। संलक्ष्यक्रमव्यंग्य में दो शब्दमूलक, बारह अर्थमूलक और एक उभयमूलक इस प्रकार पन्द्रह भेद होते हैं। सब मिलकर अठारह ध्वनिभेद हुए।

वाक्ये इति—उभयमूलकध्वनि केवल वाक्य में ही होता है, और शेष पद तथा वाक्य दोनों में होते हैं। उनमें अर्थान्तरसंक्रमितवाच्यध्वनि का पदगत उदाहरण जैसे—**धन्य इति**—वही युवा धन्य होगा, और उसी के नेत्र नेत्र होंगे, जिसके सामने युवकजनों की मोहनी यह तरुणी उपस्थित होगी। यहाँ दूसरा नयनपद भाग्यवत्ता आदि गुणों से युक्त नेत्रों को लक्षणा से बोधित करता है। इसका वर्णन इसी परिच्छेद के आरम्भ में अर्थान्तरसंक्रमितवाच्यध्वनि के अवसर पर कर आये हैं। इस पद्य की विस्तृत विवेचना दशम परिच्छेद में लाटानुप्रास की व्याख्या में देखना।

अत्र द्वितीयनयनशब्दो भाग्यवत्तादिगुणविशिष्टनयनपरः। वाक्यगतो यथा—

'त्वामस्मि वच्मि विदुषां समवायोऽत्र तिष्ठति। आत्मीयां मतिमास्थाय स्थितिमत्र विधेहि तत् ॥'

अत्र प्रतिपाद्यस्य संमुखीनत्वादेव लब्धे प्रतिपाद्यत्वे त्वामिति पुनर्वचनमन्यव्यावृत्तिविशिष्टं त्वदर्थं लक्षयति। एवं वच्मीत्यनेनैव कर्तरि लब्धेऽस्मीति पुनर्वचनम्। तथा विदुषां समवाय इत्यनेनैव वक्तुः प्रतिपादने सिद्धे पुनर्वच्मीति वचनमुपदिशामीति वचनविशेषरूपमर्थं लक्षयति। एतानि च स्वातिशयं व्यञ्जयन्ति। एतेन मम वचनं तवात्यन्तं हितं तदवश्यमेव कर्तव्यमित्यभिप्रायः। तदेवमयं वाक्यगतोऽर्थान्तरसंक्रमितवाच्यो ध्वनिः।

अत्यन्ततिरस्कृतवाच्यः पदगतो यथा—'निःश्वासान्धः—' इत्यादि। वाक्यगतो यथा—'उपकृतं बहु तत्र—' इत्यादि। अन्येषां वाक्यगतत्वे उदाहृतम्। पदगतत्वं यथा—

'लावण्यं तदसौ कान्तिस्तद्रूपं स वचःक्रमः। तदा सुधास्पदमभूदधुना तु ज्वरो महान् ॥'

अत्र लावण्यादीनां तादृगनुभवैकगोचरताव्यञ्जकानां तदादिशब्दानामेव प्राधान्यम्। अन्येषां तु तदुपकारित्वमेवेति तन्मूलक एव ध्वनिव्यपदेशः। तदुक्तं ध्वनिकृता—

'एकावयवसंस्थेन भूषणेनेव कामिनी। पदद्योत्येन सुकवेर्ध्वनिना भाति भारती ॥'

इसी ध्वनि का वाक्यगत उदाहरण—**त्वामस्मि**—अपने शिष्य के प्रति किसी की उक्ति है—'देख, मैं तुझसे कहता हूं,—यहाँ विद्वानों की मण्डली उपस्थित है, अतः अपनी बुद्धि को स्थिर करके (ख़ूब समझ बूझकर) काम करना।' **अत्रेति**—जिससे बात कहनी है वह सामने ही खड़ा है, फिर भी 'त्वाम्' कहने से 'त्वत्' पद का अर्थ (वही शिष्य) अन्यों से व्यावृत्त (पृथक्) होकर लक्षित होता है। मैं 'तुझसे' कहता हूँ जो 'तू' न तो अनुभवी है और न विशेषज्ञ है इत्यादि भाव लक्षित होता है। उससे यह व्यंग्य होता है कि 'तुझे मेरी बात अवश्य माननी चाहिये'। इसी प्रकार 'वच्मि' पद के कहने से ही कर्ता का ज्ञान हो सकता था, फिर भी 'अहम्' का पर्याय 'अस्मि' कहने से वक्ता में हितचिन्ताकृत विशेषता लक्षित होती है। एवं 'विदुषां समवायः' इसीसे वक्ता का प्रतिपादन सिद्ध है, फिर 'वच्मि' कहने से 'उपदिशामि' (उपदेश करता हूं) यह कथन की विशेषता लक्षित होती है। इन सब लक्षणाओं से लक्षित अर्थों का अतिशय व्यंग्य है। इससे यह अभिप्राय निकलता है कि मेरा उपदेश तेरे लिये अत्यन्त हितकर है, अतः तुझे वह अवश्य मानना चाहिये। इस प्रकार यह वाक्यगत 'अर्थान्तरसंक्रमित-वाच्य' ध्वनि का उदाहरण है, क्योंकि इसमें अनेक पदों में लक्षणा है।

अत्यन्ततिरस्कृतवाच्य का पदगत उदाहरण जैसे—पूर्वोक्त 'निश्वासान्ध' इत्यादि पद्य। और वाक्यगत जैसे—'उपकृतम्' इत्यादि। औरों के वाक्यगत उदाहरण आ चुके हैं।

असंलक्ष्यक्रमव्यंग्य ध्वनि का पदगत उदाहरण—**लावण्यमिति**—वह लावण्य! वह, कान्ति! वह रूप!! और वह वचनावली!!! उस समय (संयोग में) तो ये सब अमृतवर्षी थे, परन्तु अब (वियोग में) अतिसंताप-कारी हो गये हैं। **अत्रेति**—यहाँ लावण्यादि की अलौकिकता के द्योतक 'तत्' आदि शब्दों का ही प्राधान्य है। अन्य शब्द उनके उपकारकमात्र हैं, अतः ध्वनित्व व्यवहार उन्हीं तत् आदि पदों के कारण होता है। इसीसे यह पदगत ध्वनि है। इसमें तत् आदि पदों से यह व्यक्त होता है कि उसका लावण्य आदि केवल विलक्षण अनुभव से ही जाना जा सकता है। शब्दादि से उसका निरूपण अशक्य है। इस अपूर्वता-व्यञ्जन के द्वारा विलक्षण विप्रलम्भ शृङ्गार ध्वनित होता है। यद्यपि यहाँ 'तत्' 'असौ' 'तद्' 'सः' ये चार पद व्यञ्जक हैं—और अनेक पदों के व्यञ्जक होने पर वाक्यगत ध्वनि माना जाता है, पदगत नहीं, तथापि इन सबकी प्रकृति 'तद्' शब्द एक ही है—और 'अदस्' शब्द—(असौ की प्रकृति) भी उसका पर्यायमात्र है। भिन्नरूप से अर्थ का उपस्थापक नहीं, इस अभिप्राय से पदगतध्वनि बताया है। यदि इसे एक ही पद में बनाना हो तो पद्य को यों कर लेना चाहिये—

'लावण्यं तद्विलासिन्या लोलराजीवचक्षुषः। तदा सुधास्पदमभूदधुना तु ज्वरो महान् ॥'

प्रश्न—जब एक पद के व्यञ्जक होने में अन्य भी उसके उपकारक होते हैं, अकेला वही व्यञ्जक नहीं होता, तो फिर उसे पदगतध्वनि कैसे मानते हो? वह तो अनेक पदों की सहायता चाहने के कारण वाक्यगतध्वनि होना चाहिये। उत्तर—जहाँ प्रधानता से एक ही पद व्यञ्जक हो वहाँ पदगतध्वनि ही मानी जाती है। अन्य पद यदि व्यञ्जक नहीं, केवल उपकारक हैं, तो वाक्यध्वनि नहीं मानी जायगी। यही ध्वनिकार ने भी कहा है—**एकावयवेति**—

एवं भावादिष्वप्यूह्यम्।

'भुक्तिमुक्तिकृदेकान्तसमादेशनतत्परः। कस्य नानन्दनिष्यन्दं विदधाति सदागमः॥'

अत्र सदागमशब्दः संनिहितमुपनायकं प्रति सच्छास्त्रार्थमभिधाय सतः पुरुषस्यागम इति वस्तु व्यनक्ति। ननु सदागमः सदागम इवेति न कथमुपमाध्वनिः। सदागमशब्दयोरुपमानोपमेयभावाविवक्षणात्। रहस्यस्य संगोपनार्थमेव हि द्व्यर्थपदप्रतिपादनम्। प्रकरणादिपर्यालोचनेन च सच्छास्त्राभिधानस्यासंबद्धत्वात्।

'अनन्यसाधारणधीर्धृताखिलवसुन्धरः। राजते कोऽपि जगति स राजा पुरुषोत्तमः॥

अत्र पुरुषोत्तमः पुरुषोत्तम इवेत्युपमाध्वनिः। अनयोः शब्दशक्तिमूलौ संलक्ष्यक्रमभेदौ।

'सायं स्नानमुपासितं मलयजेनाङ्गं समालेपितं
यातोऽस्ताचलमौलिमम्बरमणिर्विस्रब्धमत्रागतिः।
आश्चर्यं तव सौकुमार्यमभितः क्लान्तासि येनाधुना
नेत्रद्वन्द्वममीलनव्यतिकरं शक्नोति ते नासितुम्॥'

किसी एक पद से द्योत्य (प्रकाश्य) ध्वनि के द्वारा कवि की सम्पूर्ण वाणी उसी प्रकार शोभित होती है जैसे किसी एक अंग (नासिका आदि) में पहिने हुए भूषण से कामिनी सुशोभित होती है। इससे यह स्पष्ट है कि अन्य पदों का सन्निधान होने पर भी एक ही पद व्यञ्जक होता है। इसी प्रकार भावादिकों में भी पदगतध्वनि का उदाहरण जानना।

'शब्दशक्तिमूलक वस्तु-ध्वनि' का पदगत उदाहरण दिखलाते हैं—भुक्तीति—लोगों के सामने उपनायक को आया देख कुलटा ने सच्छास्त्र की प्रशंसा के बहाने उसके प्रति अपना हर्ष प्रकाशित किया है। अर्थ—एकान्तवास की आज्ञा देने में तत्पर और भुक्ति (भोग) तथा मुक्ति (दुःखनाश) का देनेवाला, सदागम (सच्छास्त्र अथवा अच्छे आदमी का आना) किसे आनन्दित नहीं करता ? यहाँ 'सदागम' पद में सन् शोभनः आगमः शास्त्रम्, और 'सतः पुरुषस्य आगमः आगमनम्' इन दो समासों के करने से उक्त दोनों अर्थ निकलते हैं।

अत्रेति—यहाँ सदागम शब्द अभिधा के द्वारा सच्छास्त्र परक अर्थ का बोधन करने के अनन्तर पास खड़े हुए उपनायक के प्रति सत्पुरुषसमागमरूप अर्थ (वस्तु) का व्यञ्जन करता है।

प्रश्न—जैसे पूर्वोक्त 'दुर्गालंघितविग्रहः' इत्यादि पद्य में वाच्य और व्यंग्य अर्थों का उपमानोपमेयभाव भी व्यंग्य माना जाता है, वैसे यहाँ भी सदागम पद के वाच्य (सच्छास्त्र) और व्यंग्य (सत्पुरुषसंग) अर्थों में उपमानोपमेय-भाव को व्यंग्य क्यों नहीं मानते ? यहाँ भी तो "सदागम (सच्छास्त्र) सदागम (सज्जनसंग) की तरह होता है" इस अर्थ से उपमा प्रतीत होती है।

उत्तर—यहाँ सदागम शब्द के इन दोनों अर्थों में उपमानोपमेयभाव की विवक्षा नहीं है। द्व्यर्थक पद तो कवल रहस्य के छिपाने के लिये बोल दिये गये हैं। प्रकरणादि की आलोचना के बाद सच्छास्त्र का कथन प्रकृत में एकदम असम्बद्ध हो जाता है। केवल दूसरा अर्थ ही उपयुक्त होता है। 'दुर्गालंघित' इत्यादि पद्य में जैसे शिव की उपमा देने से प्रकृत राजा का महत्त्व बोधन अभीष्ट है, वैसे यहाँ कुछ नहीं। वाच्य अर्थ (सच्छास्त्र) तो यहाँ जरा देर के लिये धोखा सा देकर उड़ जाता है। असल मतलब उससे कुछ नहीं है।

शब्दशक्तिमूलक पदगत अलङ्कारध्वनि का उदाहरण देते हैं—अनन्येति—अलौकिक बुद्धि से युक्त, सम्पूर्ण पृथ्वी का धारण करनेवाला वह कोई पुरुषोत्तम राजा विराजित है। यहाँ, 'पुरुषोत्तम नामक राजा पुरुषोत्तम (विष्णु) के सदृश है' यह उपमा ध्वनित होती है। ये दोनों ('भुक्ति०'—'अनन्य०') शब्दशक्तिमूलक संलक्ष्यक्रमव्यंग्यध्वनि के भेद हैं।

अर्थशक्तिमूलक ध्वनियों के पदगत उदाहरण देते हैं। स्वतःसम्भवी वस्तु से वस्तुध्वनि का उदाहरण—सायमित्यादि—तू ने अभी सायंकाल स्नान किया है। शरीर में शीतल चन्दन का लेप किया है। सूर्य अस्त हो गया है (धूप भी नहीं है) और आराम से (धीरे धीरे) तू यहाँ आई है। इस समय तेरी सुकुमारता अद्भुत है जो तू इतनी क्लान्त (मुरझाई सी) हो गई है और तेरे ये निर्निमेष नयन

अत्र स्वतःसंभविना वस्तुना कृतपरपुरुषपरिचया क्लान्तासीति वस्तु व्यज्यते। तत्राधुना क्लान्तासि, न तु पूर्वं कदाचिदपि तवैवंविधः क्लमो दृष्ट इति बोधयतोऽधुना--पदस्यैवेतरपदार्थोत्कर्षादस्यैव पदान्तरापेक्षया वैशिष्ट्यम्।

'तदप्राप्तिमहादुःखविलीनाशेषपातका। तच्चिन्ताविपुलाह्लादक्षीणपुण्यचया तथा॥'
'चिन्तयन्ती जगत्सूतिं परब्रह्मस्वरूपिणम्। निरुच्छ्वासतया मुक्तिं गतान्या गोपकन्यका॥' (युग्मकम्)

अति चञ्चल हो रहे हैं। यहाँ अर्थ स्वतःसम्भवी है। उससे यह वस्तु व्यञ्जित होती है कि 'तू परपुरुष के सङ्ग से क्लान्त हुई है'। वह भी और पदों की अपेक्षा 'अधुना' पद के अर्थ से अति स्पष्टरूप से प्रकाशित होती है, अतः यहाँ पदगत ध्वनि है। इस समय तेरी सुकुमारता अद्भुत है जो पहले तो कभी नहीं दीख पड़ी। परन्तु इस समय स्नान करके, चन्दन लगा के, ठंडक में धीरे २ जरा दूर आने में ही तू अत्यन्त थक गई और पसीना पसीना हो गई। सुकुमारता एक स्वाभाविक धर्म है जो सदा एकसा रहता है। परन्तु जो सुकुमारता सदा न रहकर किसी खास समय में ही एकदम उबल पड़ा करे वह 'अद्भुत' अवश्य है। इस प्रकार का अर्थ बोधन करता हुआ 'अधुना' पद प्रधानतया व्यञ्जक है। यहाँ 'अधुना' पद का सौकुमार्य के साथ अन्वय करने से व्यंग्य की प्रतीति बहुत अच्छी होती है—**'अधुना तव सौकुमार्यमाश्चर्यम्, न पूर्वं कदाचिदप्येवं सौकुमार्यं त्वयि दृष्टम्'**।

श्रीतर्कवागीशजी ने इस पद्य की व्याख्या इस प्रकार की है:--**सायमित्यादि। अधुना-पदार्थप्रतिसंधानेन सायंतनस्नानस्य निमित्तान्तरानुसंधानप्रतिबन्धादविलम्बितमेव परपुरुषपरिचयं प्रत्याययति। एवं मलयजेनेत्यादि-परपुरुषसंभोगचिह्नगोपनम्। यात इति परपुरुषसंभोगप्रतिबन्धकप्रकाशाभावम्। विस्रब्धमित्यादि तद्देशे तत्कालिकनायकसत्त्वाभावमधुनापदार्थप्रतिसंधानेनैव प्रत्याययति। अत्रोपहास एव महावाक्यव्यंग्यः।** इस व्याख्या से अलंकार-शास्त्र की अज्ञता और तत्त्वार्थ समझने की अयोग्यता प्रकट होती है। आपका कहना है कि परपुरुषसङ्ग के सिवा, सायंकाल के स्नान का और कोई कारण नहीं है। आप समझते हैं कि न तो प्रकृत पद्य में किसी ग्रहण पड़ने का वर्णन है और न किसी महापर्व की चर्चा है। फिर यह सायंकाल नहाई क्यों? बस, इसी से मालूम होता है कि इसने परपुरुषगमन किया है। अब आपको यह कौन बताये कि यह गरमी की ऋतु का वर्णन है और **'यातोस्ताचल०' 'मलयजेनाङ्गम्'** इत्यादि उसके स्पष्ट प्रमाण हैं। शायद आपने गर्मियों में किसी को सायंकाल नहाते नहीं देखा। और चन्दन क्यों लगाया? इसका उत्तर सुनिये—**एवं मलयजेनेत्यादिपरपुरुषसंभोगचिह्नगोपनम्**—चन्दन थापकर नखक्षत आदि परपुरुष के संभोगचिह्न छिपाये हैं। सूर्यास्त के वर्णन का तात्पर्य आप बताते हैं कि परपुरुषसंभोग के प्रतिबन्धक प्रकाश का अभाव है। **विस्रब्धम** का भाव आप समझते हैं कि अब वहाँ परपुरुष है भी नहीं—जो उसे कोई पकड़ ले—अतएव नायिका 'विस्रब्ध' यानी निश्चिन्त है।

यदि यह मान भी लें कि तर्कवागीशजी ने इसे इतना धर्मशास्त्र पढ़ा दिया है कि परपुरुषगमन करके तुरन्त नहाने दौड़ जाती है और इतनी बुद्धिमती भी है कि नखक्षत आदि के छिपाने के लिये चन्दन थोप लेती है तो फिर अब यह इतनी 'क्लान्त,' इतनी थकी और इतनी घबराई हुई क्यों है? पसीना पसीना क्यों हो रही है? यदि परपुरुषसङ्ग के अनन्तर स्नान और चन्दनलेप भी कर चुकी है तो फिर क्लान्ति और नेत्रचाञ्चल्य का क्या कारण है? यदि परपुरुष को भगा के यह विस्रब्ध (निश्चिन्त) हो चुकी है तो फिर इसके नेत्र अतिचञ्चल क्यों हैं? आपने इस पद्य में उपहास को व्यंग्य बताया है। पर आपको यह नहीं मालूम कि इस कथन से आपही का उपहास हो गया!। वस्तुतः प्रकृतपद्य में सूर्यास्त का ठण्डा समय, सायंस्नान, चन्दनलेप आदि शीतल कारणों के अनन्तर क्लम और नेत्रचाञ्चल्य देखने से ही व्यंग्य अर्थ (परपुरुषसङ्ग) की प्रतीति हुई है। संभोग के अनन्तर स्नान करने में तात्पर्य नहीं है।

स्वतः सम्भवी अर्थ से अलङ्कारध्वनि का पदगत उदाहरण देते हैं—**तदप्राप्तीति**—श्रीकृष्णजी की अप्राप्ति से उत्पन्न महादुःख के भोगने से जिसके अशेष (सबके सब) पातक विनष्ट हो गये हैं और उनका स्मरण करने से उत्पन्न हुए अत्यन्त आनन्द के उपभोग से जिसके पुण्यों का चय (समूह) विनष्ट हो गया है वह कोई गोपकन्या जगत् के जनक परब्रह्म के स्वरूप—श्रीकृष्ण—का ध्यान करती हुई निरुच्छ्वास (श्वासरहित) होकर मुक्ति

अत्राशेषचयपदप्रभावादनेकजन्मसहस्रभोग्यदुष्कृतसुकृतफलराशितादात्म्याध्यवसिततया भगवद्विरहदुःखचिन्ताह्लादयोः प्रत्यायनमित्यतिशयोक्तिद्वयप्रतीतिरशेषचयपदद्वयद्योत्या। अत्र च व्यञ्जकस्य कविप्रौढोक्तिमन्तरेणापि संभवात्स्वतःसंभविता।

'पश्यन्त्यसंख्यपथगां त्वद्दानजलवाहिनीम्। देव त्रिपथगात्मानं गोपयत्युग्रमूर्धनि॥'

इदं मम। अत्र पश्यन्तीति कविप्रौढोक्तिसिद्धेन काव्यलिङ्गालंकारेण न केऽप्यन्ये दातारस्तव सदृशा इति व्यतिरेकालंकारोऽसंख्यपदद्योत्यः। एवमन्येष्वप्यर्थशक्तिमूलसंलक्ष्यक्रमभेदेषूदाहार्यम्।

तदेवं ध्वनेः पूर्वोक्तेष्वष्टादशसु भेदेषु मध्ये शब्दार्थशक्त्युत्थो व्यङ्ग्यो वाक्यमात्र भवन्नकः। अन्ये पुनः सप्तदश वाक्ये पदे चेति चतुस्त्रिंशदिति पञ्चत्रिंशद्भेदाः।

को प्राप्त हो गई। मुक्त होने के लिये पाप तथा पुण्य दोनों प्रकार के कर्मों का नाश होना चाहिये। यह तभी हो सकता है जब समाधिभावना के द्वारा परब्रह्म का ध्यान किया जाय। बिना निदिध्यासन आदि के मुक्ति नहीं हो सकती। यही योगशास्त्र की मर्यादा है। वे ही सब बातें उक्त दोनों पद्यों से गोपकन्या में दिखाई हैं।

यह किसी ऐसी गोपी का वर्णन है जो मुरलीमनोहर की मुरलीध्वनि सुन के उनके दर्शनों के लिये छुटपटा रही है, पर घरके बड़े बूढ़े उसे जाने नहीं देते। जब वह श्रीकृष्णचन्द्र के वियोग का ध्यान करती है, तभी दुःखों के सैकड़ों पहाड़ उसके हृदय पर टूट पड़ते हैं। और जब भगवान् के मिलने का स्मरण (चिन्ता) आता है तो आनन्द का समुद्र उमड़ उठता है। इसी सोच-विचार में बुत बनी बैठी है। श्वास का वेग धीमा पड़ गया और संसार से छूट गई। मुक्ति के लिये जिन साधनों की आवश्यकता होती है वे सब इसमें बताये हैं। **'तदप्राप्ति'** से सब पापों का नाश, **'तच्चिन्ता'** से सब पुण्यों का क्षय **'चिन्तयन्ती'** से श्रीकृष्णरूप परब्रह्म के ध्यान में निमग्नता और **'निरुच्छ्वास'** से समाधि-भावना की पराकाष्ठा का सूचन किया है।

अत्रेति—इस उदाहरण में 'अशेष' और 'चय' इन दोनों पदों से दो अतिशयोक्ति अलङ्कार प्रतीत होते हैं। भगवान के विरह का दुःख और उनके स्मरण का आह्लाद इन दोनों को, अनेकजन्मभोग्य पाप, पुण्यों के फलों (सुख-दुःखों) के साथ अभिन्नरूप से बोधन किया गया है। तात्पर्य यह है कि श्रीकृष्ण के विरह से उत्पन्न महादुःखों से उसके 'अशेष' (सबके सब) पातक नष्ट हो गये, इस कथन में अशेष पद से यह व्यक्त होता है कि अब कोई पातक शेष नहीं है। जिन पातकों का फल हजारों प्रकार की योनियों में पड़कर कष्ट भोगना था और जो विना भोगे छूट भी नहीं सकते थे वे सबके सब आज विरह के 'महादुःख' से विलीन होकर बह गये। यह विरह-महादुःख उन्हीं सब पापों का इकट्ठा फल है। और चिन्ताजन्य आह्लाद इसी प्रकार पुण्यों का परिणाम है। यहाँ अनेक जन्म-भोग्य पाप फल के साथ विरहदुःख का अभेदाध्यवसान करने से पहली और अनेक जन्मों में भोग्य पुण्यफल (सुख) के साथ चिन्ताजन्य आह्लाद का अभेदाध्यवसान करने से दूसरी अतिशयोक्ति व्यक्त होती है। 'अशेष' और 'चय' पद इनके प्रधान द्योतक हैं, अतः यहाँ पदगत अलङ्कार ध्वनि है। **अत्र चेति**—यहाँ व्यञ्जक (वाक्यार्थ) कवि की प्रौढोक्ति के विना भी हो सकता है। इस प्रकार की दशा लोकसिद्ध है, अतः यहाँ व्यञ्जक अर्थ स्वतःसम्भवी है।

पश्यन्त्यसंख्येति—हे राजन्! तुम्हारे दानसंकल्पों के जल से उत्पन्न नदी को असंख्य मार्गों से बहती देखकर त्रिपथगा (केवल तीन मार्गों से चलनेवाली) गङ्गा अपने को शिवजी के सिर में छिपाती है। वह केवल त्रिपथगा है और आपकी दानजलनदी असंख्यपथगा है, अतः इससे वह लज्जित होती है। **अत्रेति**—एक नदी दूसरी नदी को देखकर लज्जित हो और फिर अपने को कहीं छिपाये, यह बात लोकसिद्ध नहीं है, अतः यहाँ अर्थ, कविप्रौढोक्तिसिद्ध ही है। 'पश्यन्ती' यह हेतुगर्भ-विशेषण है। 'देखती हुई' अर्थात् देखने के कारण (लज्जित हुई) छिपती है। इसी पदार्थगतहेतुता के कारण, कविप्रौढोक्तिसिद्ध काव्यलिङ्ग अलङ्कार से "आपके समान कोई दाता नहीं है" यह व्यतिरेक अलङ्कार असंख्य पद से व्यंग्य है। जहाँ किसी पद अथवा वाक्य का अर्थ दूसरे का कारण प्रतीत होता हो वहाँ काव्यलिङ्ग अलङ्कार होता है। जहाँ उपमेय उपमान से अधिक हो वहाँ 'व्यतिरेक' होता है। इसी प्रकार और भी असंलक्ष्यक्रमव्यंग्यध्वनि के अर्थशक्तिमूलक उदाहरण जानना।

तदेवमिति—इस प्रकार ध्वनि के अठारह भेद हुए। दो प्रकार की लक्षणामूलक ध्वनि, एक अर्थान्तर

प्रबन्धेऽपि मतो धीरैरर्थशक्त्युद्भवो ध्वनिः ॥१०॥

प्रबन्धे महावाक्ये। अनन्तरोक्तद्वादशभेदोऽर्थशक्त्युत्थः। यथा महाभारते गृध्रगोमायुसंवादे—

'अलं स्थित्वा श्मशानेऽस्मिन्गृध्रगोमायुसंकुले। कङ्कालवहले घोरे सर्वप्राणिभयंकरे॥
न चेह जीवितः कश्चित्कालधर्ममुपागतः। प्रियो वा यदि वा द्वेष्यः प्राणिनां गतिरीदृशी॥'

इति दिवा प्रभवतो गृध्रस्य श्मशाने मृतं बालमुपादाय तिष्ठतां तं परित्यज्य गमनमिष्टम्।

'आदित्योऽयं स्थितो मूढाः स्नेहं कुरुत सांप्रतम्। बहुविघ्नो मुहूर्तोऽयं जीवेदपि कदाचन॥
अमुं कनकवर्णाभं बालमप्राप्तयौवनम्। गृध्रवाक्यात्कथं मूढास्त्यजध्वमविशङ्किताः॥'

इति निशि समर्थस्य गोमायोर्दिवसे परित्यागोऽनभिलषित इति वाक्यसमूहेन द्योत्यते। अत्र स्वतः संभवी व्यञ्जकः। एवमन्येष्वेकादशभेदेषूदाहार्यम्। एवं वाच्यार्थस्य व्यञ्जकत्वे उदाहृतम्।

संक्रमितवाच्य (१) दूसरी अन्यन्त तिरस्कृतवाच्य (२)। अभिधामूलकध्वनि में असंलक्ष्यक्रमव्यंग्य का केवल एक भेद (३) और संलक्ष्यक्रमव्यंग्य के शब्दमूलक दो भेद (५) अर्थमूलक बारह भेद (१७) और उभयमूलक एक भेद (१८) इस प्रकार सब मिलकर अठारह भेद हुए। इनमें से उभयशक्त्युद्भवध्वनि केवल वाक्य में ही होता है, अतः एक ही प्रकार का होता है। शेष सत्रह पद और वाक्य दोनों में होने के कारण चौंतीस तरह के होते हैं। अतः सब मिलकर पैंतीस भेद हुए।

प्रबन्धेऽपीति—पीछे कहा हुआ बारह प्रकार का अर्थ शक्त्युद्भवध्वनि प्रबन्ध में भी होता है। जैसे महाभारत के गृध्रगोमायुसंवाद में। महाभारत, शान्तिपर्व के १५३ वें अध्याय में गृध्र-गोमायुसंवाद है। युधिष्ठिर ने भीष्म से पूछा कि क्या कोई मरकर भी जीवित हुआ है? तब उन्होंने यह प्राचीन कथा सुनाई कि 'नैमिष' (नैमिषारण्य) में किसी ब्राह्मण का दुःखलब्ध सुत मर गया। उसे लेकर रोते-कलपते लोग श्मशान पहुंचे। उनका शब्द सुनकर कोई गृध्र वहाँ पहुँचा। **'तेषां रुदितशब्देन गृध्रोऽभ्येत्य वचोऽब्रवीत्। एकात्मजमिमं लोके त्यक्त्वा गच्छत मा चिरम्॥ अलं स्थित्वा**-इत्यादि दस श्लोकों में गृध्र ने ऐसा उपदेश दिया कि लोग उस बच्चे को छोड़कर चल दिये। उसी समय एक काला शृगाल बिल से निकलकर बोला कि मनुष्य जाति बड़ी निर्दय और स्नेहशून्य होती है। **'ध्वांक्षपक्षसवर्णस्तु बिलान्निःसृत्य जम्बुकः। गच्छमानान् स्म तानाह निर्घृणाः खलु मानुषाः। आदित्योऽयं स्थितः'** इत्यादि चौदह पद्यों में जम्बुक ने उन्हें ऐसी फटकार बताई की सब लौट पड़े। फिर गृध्र ने ऐसा वेदान्त बघारा कि सब चल दिये। अनन्तर फिर जम्बुकराजने ऐसी लानत-मलामत की कि सब लौट पड़े इसी प्रकार कई बार चले और कई बार लौटे। गृध्र चाहता था कि सब लोग बच्चे छोड़कर चले जायँ तो मेरा काम बने। शृगाल समझता था कि अभी थोड़ा दिन है। यदि ये लोग चले गये तो गिद्ध इसपर आ टूटेंगे और मैं मुँह ताकता रह जाऊँगा। यदि और ये कुछ देर टिके रहे तो रात्रि में गृध्रराज की कुछ न चलेगी और मैं स्वच्छन्द भोजन करूँगा। अन्त में शिवजी वहाँ प्रकट हुए। उन्होंने बच्चे को जिला दिया और गृध्र-गोमायु को भी क्षुधा-शान्ति का वरदान दिया। **'जीवितं स्म कुमाराय प्रादाद् वर्षशतानि वै। तथा गोमायुगृध्राभ्यां प्राददत् क्षुद्विनाशनम्'** ॥ **'अलं स्थित्वा'** इत्यादि गृध्र का वचन है—**अर्थ**—गिद्ध, गीदड़ आदि अभद्र प्राणियों से विकट और चारों ओर पड़े कङ्कालों (अस्थिपञ्जरों) से भीषण, सब प्राणियों को भयदायक श्मशान में बैठने का कुछ काम नहीं। आजतक कोई भी काल के कराल गाल में पड़कर जीता नहीं बचा। चाहे प्रिय हो, चाहे अप्रिय हो, प्राणियों की यह दशा अनिवार्य है। एक दिन यह गति सभी को प्राप्त होती है। इति दिवा—मृत बालक को लेकर बैठे हुए आदमियों का वहां से चला जाना, केवल दिन में समर्थ, गिद्धको अभिलषित है।

गीदड़ की उक्ति—**आदित्योऽयम्**—अरे मूर्खो! अभी सूर्य स्थित है। कुछ तो प्रेम करो। यह मुहूर्त बहुत विघ्नों से युक्त है। शायद लड़का जी ही जाय। यह सुवर्ण के समान सुन्दर गोरा २ बालक जिसके यौवन का विकास भी नहीं होने पाया था, उसे केवल गिद्ध के कहने से बेखटके कैसे छोड़ दोगे? **इति निशीति**—ये वचन रात्रि में समर्थ गीदड़ के हैं। उसे उनका छोड़कर चला जाना अभीष्ट नहीं हैं। यह बात इन वाक्यों के समुदाय (प्रबन्ध) से द्योतित होती है। यहाँ व्यञ्जक वाक्यार्थ स्वतः सम्भवी है। इसी प्रकार और ग्यारह भेदों के भी उदाहरण जानना। ये सब उदाहरण वाच्यार्थ की व्यञ्जकता में दिये हैं। लक्ष्यार्थ की व्यञ्जकता का उदाहरण 'निःशेष' इत्यादि, और व्यङ्ग्यार्थ की व्यञ्जकता का पूर्वोक्त 'उग्र णिचल' इत्यादि

लक्ष्यार्थस्य यथा—'निःशेषच्युतचन्दनम्—' इत्यादि। व्यङ्ग्यार्थस्य यथा—'उअ णिच्चल—' इत्यादि। अनयोः स्वतः संभविनोर्लक्ष्यव्यङ्ग्यार्थौ व्यञ्जकौ। एवमन्येष्वेकादशभेदेषूदाहार्यम्।

पदांशवर्णरचनाप्रबन्धेष्वस्फुटक्रमः।

असंलक्ष्यक्रमव्यङ्ग्यो ध्वनिस्तत्र पदांशप्रकृतिप्रत्ययोपसर्गनिपातादिभेदादनेकविधः। यथा—

'चलापाङ्गां दृष्टिं स्पृशसि बहुशो वेपथुमतीं
रहस्याख्यायीव स्वनसि मृदु कर्णान्तिकचरः।
करं व्याधुन्वत्याः पिबसि रतिसर्वस्वमधरं
वयं तत्त्वान्वेषान्मधुकर, हतास्त्वं खलु कृती॥'

जानना। इन दोनों में स्वतः सम्भवी वाच्यार्थों के लक्ष्य और व्यंग्य अर्थ व्यञ्जक हैं। इसी प्रकार और ग्यारह भेदों के उदाहरण जानने।

अनयोरिति—अनयोरुदाहरणयोर्मध्ये स्वतःसंभविनोर्वाच्यार्थयोर्यौ लक्ष्यार्थव्यंग्यार्थौ तौ व्यञ्जकौ इत्यर्थः। 'निःशेषच्युत' और 'उअ णिच्चल' इत्यादि पद्यों में वाच्य अर्थ स्वतःसंभवी है। पहले में स्वतःसंभवी वाच्यार्थ का लक्ष्य अर्थ व्यञ्जक है और दूसरे में स्वतःसंभवी वाच्य अर्थ का व्यंग्य अर्थ व्यञ्जक है। इनका वर्णन हो चुका है। अथवा 'स्वतःसंभविनोः' इस षष्ठी का सम्बन्ध 'व्यंग्ययोः' के साथ है। **स्वतःसम्भविनोर्व्यंङ्ग्यार्थयोर्यौ व्यञ्जकौ तौ लक्ष्यार्थव्यङ्ग्यार्थौ।** पहले पद्य में व्यंग्य है 'रन्तुम्' और दूसरे में 'संकेतस्थानत्व'। ये दोनों स्वतः संभवी हैं। इनमें से पहले का व्यञ्जक लक्ष्यार्थ है, और दूसरे का व्यञ्जक व्यंग्यार्थ है।

वस्तुतः—ये दोनों अर्थ असंगत हैं। स्वतःसंभवित्व आदि का विचार केवल व्यञ्जक अर्थ में किया जाता है, अन्यत्र नहीं। पूर्वोक्त दोनों पद्यों में जब वाच्य अर्थ व्यञ्जक ही नहीं है तो उसके विषय में 'स्वतः संभवी' आदि की गवेषणा करना ही व्यर्थ है। इसी प्रकार पूर्वोक्त पद्यों के चरम व्यंग्यों के विषय में भी 'स्वतः संभवित्व' आदि का अनुसन्धान व्यर्थ है। यह बात केवल व्यंजक अर्थ में देखनी चाहिये, अतः प्रथम पद्य के लक्ष्यार्थ ('रन्तुम्') और द्वितीय पद्य के व्यंग्य अर्थ ('निर्जनत्व') में—जो कि 'संकेत-स्थानत्व' का व्यंजक है—यह देखना चाहिये कि वह स्वतःसंभवी है अथवा कवि-कल्पित। एवं च मूल ग्रन्थ में षष्ठ्यन्त पाठ असंगत है। प्रथमान्त पाठ होना चाहिये। **स्वतःसंभविनौ लक्ष्यार्थव्यङ्ग्यार्थौ व्यञ्जकौ**—ऐसा पाठ होना चाहिये।

प्रश्न—जब वाच्य, लक्ष्य और व्यंग्य ये तीनों प्रकार के अर्थ व्यञ्जक होते हैं तब **'वस्तु वाऽलंकृतिर्वापि'** इत्यादि कारिका में जो बारह भेद गिनाये हैं, उनके स्थान में छत्तीस (त्रिगुणित) भेद कहने चाहिये थे?

उत्तर—प्राचीनों की प्रथा के अनुसार अर्थत्वेन रूपेण तीनों प्रकार के अर्थों को एक ही मानकर केवल बारह भेद गिनाये हैं, अतः कोई दोष नहीं।

प्रश्न—जिस प्रकार व्यंजक अर्थ को स्वतःसिद्ध और प्रौढोक्तिसिद्ध माना है उसी प्रकार व्यंग्य अर्थ को भी मानना चाहिये। जैसे व्यंग्य और व्यंजक दोनों ही वस्तुरूप और अलंकाररूप माने जाते हैं, वैसे ही इन दोनों को स्वतःसिद्ध और प्रौढोक्तिसिद्ध भी मानना चाहिये। व्यंजक अर्थ को छः प्रकार का मानना और व्यंग्य को केवल दो प्रकार का—वस्तुरूप और अलंकार रूप—मानना उचित नहीं।

उत्तर—अर्थमूलक ध्वनि के जो बारह भेद 'वस्तु वा' इत्यादि कारिका में कहे हैं वे प्राचीन आचार्यों की परम्परा के अनुसार जानना। इस प्रश्न के अनुसार विवेचना करने और वाच्य, लक्ष्य, व्यंग्य अर्थों को पृथक् पृथक् मानने पर ध्वनि के भेदों में अधिकता अवश्य होनी चाहिये।

पदांशेति—'अस्फुटक्रम' अर्थात् असंलक्ष्यक्रमव्यंग्यध्वनि 'पदांश' अर्थात् प्रकृति, प्रत्यय, उपसर्ग, निपात तथा वर्ण और रचना आदि में रहने से अनेक प्रकार की होती है। जैसे—**चलापाङ्गामिति**—शकुन्तला के रूपलावण्य पर मोहित, किन्तु उसकी विशेष दशा (ब्राह्मणत्व, क्षत्रियत्व आदि) से अपरिचित दुष्यन्त की, शकुन्तला के मुखमण्डल पर घूम घूमकर गूँजते हुए भ्रमर के प्रति उक्ति है। **अर्थ**—हे भ्रमर, तू चञ्चलकटाक्षों से युक्त कम्पित दृष्टि को बारबार स्पर्श करता है। कान के पास जाकर मधुर गुंजार

अत्र 'हताः' इति, न पुनः दुःखं प्राप्तवन्तः, इति हन्प्रकृतेः ।

'मुहुरङ्गुलिसंवृताधरोष्ठं प्रतिषेधाक्षरविक्लवाभिरामम् ।
मुखमंसविवर्ति पक्ष्मलाक्ष्याः कथमप्युन्नमितं न चुम्बितं तु ॥'

अत्र 'तु' इति निपातस्यानुतापव्यञ्जकत्वम् ।

'न्यक्कारो ह्ययमेव मे यदरयः—' इत्यादौ 'अरयः' इति बहुवचनस्य, तापसः' इत्येकवचनस्य, 'अत्रैव' इति सर्वनाम्नः 'निहन्ति' इति 'जीवति' इति च तिङः, 'अहो' इत्यव्ययस्य, 'ग्रामटिका' इति करूपतद्धितस्य, 'विलुण्ठन' इति व्युपसर्गस्य, 'भुजैः' इति बहुवचनस्य व्यञ्जकत्वम् ।

'आहारे विरतिः समस्तविषयग्रामे निवृत्तिः परा
नासाग्रे नयनं तदेतदपरं यच्चैकतानं मनः ।
मौनं चेदमिदं च शून्यमधुना यद्विश्वमाभाति ते
तद् ब्रूयाः सखि योगिनी किमसि भोः किंवा वियोगिन्यसि ॥'

अत्र तु 'आहारे' इति विषयसप्तम्याः, 'समस्त' इति 'परा' इति च विशेषणस्य, 'मौनं चेदम्' इति प्रत्ययपरामर्शिनः सर्वनाम्नः, 'आभाति' इत्युपसर्गस्य, 'सखि' इति प्रणयस्मारणस्य, 'असि भोः'

से मानों कान में धीरे से रहस्य निवेदन करता है। उड़ाने के लिये इधर उधर हाथ झिटकती हुई इस तरुण के रतिसर्वस्व अधरामृत का बार बार पान कर रहा है। हे मधुकर, वस्तुतः तू ही चतुर है। हम तो 'तत्त्वान्वेषण' (अर्थात् यह ब्राह्मणी है, या क्षत्रिया इसकी खोज) ही में मरे। यहाँ **'दुःखं प्राप्तवन्तः'** के स्थान पर **'हताः'** (मरे) कहने से दुःखातिशय व्यंग्य है। इसका व्यंजक हन् धातु (प्रकृति) मात्र है।

मुहुरिति—गौतमी के साथ शकुन्तला के चले जाने पर अनुतप्त दुष्यन्त की उक्ति है—बार २ उँगलियों से छिपाये हुए अधरोष्ठ से सुशोभित, निषेध के अक्षर (न) से व्याकुल, अतएव रमणीय, अपने कन्धे की ओर घुमाया हुआ उस सुन्दरनयनी का मुख, मैंने जैसे तैसे ऊपर उठाया, पर चुम्बन तो न कर पाया। यहाँ **'तु'** (तो) इस निपात से अनुताप व्यक्त होता है।

'न्यक्कार' इत्यादि पद्य में **'अरयः'** इत्यादि के बहुवचनादि व्यञ्जक हैं। रावण के एक भी शत्रु का होना अनुचित है, बहुत शत्रु होना तो अत्यन्त अनुचित है। यहाँ अनेक अरिगत सम्बन्धानौचित्य व्यंग्य है। उससे क्रोध व्यक्त होता है। श्रीतर्कवागीशजी ने यहाँ पर भी निर्वेद की कथा कही है। हम इसकी आलोचना पहले परिच्छेद में कर आये हैं। **'तापसः'** के एक वचन से शत्रुगत क्षुद्रता प्रतीत होती है। 'तापस' शब्द से केवल कायकष्ट रूप तपस्या से युक्त होना बोधित होता है, उससे पुरुषार्थशून्यता प्रतीत होती है। अण् प्रत्यय से अलौकिक तपःसिद्धि का अभाव प्रतीत होता है। **'अत्रैव'** यहाँ सर्वनाम **'इदम्'** पद, सामने स्थित अपने राज्य की भूमि की ओर इशारा कर रहा है। इससे भी अनौचित्य द्योतन के द्वारा क्रोध व्यक्त होता है। वह क्षुद्र शत्रु भी—यहीं—(मेरे राज्य में ही) रहकर मेरा अपकार कर रहा है। यह अत्यन्त अनुचित है। **'निहन्ति'** और **'जीवति'** के तिङ् प्रत्यय उन क्रियाओं की वर्त्तमानता बोधन करते हैं। उससे 'रावण के जीवनकाल में ही उसके प्रिय राक्षसों का हनन हो रहा है' यह बात असम्भवनीयता की द्योतक है। **'अहो'** अव्यय आश्चर्य का द्योतक है। **'ग्रामटिका'** में क्षुद्रता का बोधक 'क' प्रत्यय रावण के महत्त्व का सूचक है। **'विलुण्ठन'** में 'वि' उपसर्ग लूट की स्वच्छन्दता का बोधक है। **'भुजैः'** का बहुवचन अनादर का ज्ञापक है। इस प्रकार यहाँ पदांशों में व्यंजकता है।

दूसरा उदाहरण—**आहारे इति**—किसी विरहिणी के प्रति नर्मसखी की उक्ति है। आहार (भोजन) में तुझे अरुचि हो गई है। तेरा मन सम्पूर्ण विषयों से एकदम हट गया है। दृष्टि नाक के अग्रभाग में लगी रहती है। सबसे बढ़कर यह मन की एकाग्रता है। और यह जो सब संसार तुझे इस समय शून्य सा भासित हो रहा है, सो हे सखि, बता तो सही, तू योगिनी (योगसाधन करनेवाली) है? अथवा वियोगिनी है?

इस पद्य के **'आहारे'** पद में विषय-सप्तमी, **'समस्त'** और **'परा'** ये दोनों विशेषण, **'मौनं चेदम्'** यहाँ पर उसी समय के 'प्रत्यय' (अनुभव) की ओर इशारा करनेवाला सर्वनाम **'इदं'** पद **'आभाति'** यहाँ आङ् उपसर्ग,

इति सोपहासोत्प्रासस्य, 'किंवा' इत्युत्तरपक्षदार्ढ्यसूचकस्य वाशब्दस्य, 'असि' इति वर्तमानोपदेशस्य तत्तद्विषयव्यञ्जकत्वं सहृदयसंवेद्यम्।

वर्णरचनयोरुदाहरिष्यते। प्रबन्धे यथा—महाभारते शान्तः। रामायणे करुणः। मालतीमाधवरत्नावल्यादौ शृङ्गारः। एवमन्यत्र।

तदेवमेकपञ्चाशद्भेदास्तस्य ध्वनेर्मताः ॥११॥

प्रेमका स्मारक '**सखि**' यह सम्बोधन, '**असि भोः**' यह उपहास के सहित उत्प्रास, '**किंवा**' यहाँ पर दूसरे पक्ष (वियोगिनीत्व) को पुष्ट करनेवाला '**वा**' शब्द और '**असि**' इस पद का वर्तमानकाल इन सबका अपने २ विषयों को ध्वनित करना सहृदयों से ही ज्ञातव्य है।

तात्पर्य—'आहारे' इस विषय सप्तमी से सम्पूर्ण आहारविषयक विराग प्रतीत होता है। 'योगिनी' केवल उन आहारों से बचती है जो मनमें विकार पैदा करते हैं। शरीर-रक्षा के लिये सात्त्विक आहार तो वह करती ही है, परन्तु तू तो 'आहारमात्र से विरक्त है' यह भाव इस विषयसप्तमी से ध्वनित होता है।

'**समस्त**' पद से यह प्रतीत होता है कि योगिनी की धर्मोपयोगी विषयों (गङ्गास्नानादि) से निवृत्ति नहीं होती, परन्तु तेरा मन तो सभी भले बुरे विषयों से हट गया है। योगिनी की विषयों से अत्यन्त निवृत्ति नहीं होती। शरीरयात्रा के निमित्त उसे बहुत से काम करने पड़ते हैं, परन्तु तेरी तो 'परा' (अत्यन्त) निवृत्ति हो गई है। योगिनी, केवल ध्यान के समय नाक के आगे दृष्टि लगाती है, परन्तु तेरी तो '**तदेतत्**' (यह हर समय) नासाग्रदृष्टि रहती है। '**अपर**' जिसमें प्रेमी के सिवा (ब्रह्म अथवा प्रियतम के अतिरिक्त) 'पर' (अन्य) कोई नहीं भासित होता, ऐसा 'एकतान' (एकाग्र) एक ओर लगा हुआ (निरुद्ध नहीं) यह तेरा मन है। यह बात '**तदेतदपरम्**' से स्फुट होती है। '**इदम्**'=यह प्रत्यक्ष अनुभूयमान तेरा विलक्षण मौन! यह भाव सर्वनाम से व्यक्त होता है। योगिनी को ब्रह्मज्ञान के कारण संसार शून्य प्रतिभात होता है, परन्तु तुझे तो 'आभासित' (भासित नहीं) होता है। ब्रह्मज्ञान के विना, वास्तविक शून्यता का ज्ञान न होने पर भी, '**सूनासा**' प्रतीत होता है। '**सखि**' कहने से अन्तरङ्गता प्रतीत होती है। इससे यह व्यक्त होता है कि मुझे तेरा सब हाल मालूम है। तेरा वह प्रणय (प्रेम) मुझसे छिपा नहीं है। अतएव '**असि भोः**' इस सम्बोधन से उपहास सूचित होता है और उत्तर पक्ष (वियोगदशा) की ओर अधिक इशारा करनेवाले 'किंवा' पद से उसकी विरहावस्था प्रतीत होती है।

वर्णरचनयोरिति वर्ण और रचना के उदाहरण अष्टम, नवम परिच्छेदों में आयेंगे। **प्रबन्धे इति**—प्रबन्ध में, जैसे महाभारत में शान्त, रामायण में करुण और मालतीमाधव, रत्नावली आदि में शृङ्गाररस समस्त प्रबन्ध का व्यंग्य है।

तदेवम्—इस प्रकार इस ध्वनि (उत्तम काव्य) के ५१ इक्यावन भेद होते हैं। पैंतीस भेद पहले गिना चुके हैं—अर्थशक्त्युद्भव ध्वनि, प्रबन्ध में भी होता है, अतः उसके बारह भेद और बढ़े। एवं असंलक्ष्यक्रम व्यंग्य के पदांश, वर्ण, रचना और प्रबन्ध इन चारों से व्यक्त होने के कारण चार भेद और बढ़े। इस प्रकार पैंतीस, बारह और चार मिलकर ५१ इक्यावन भेद होते हैं।

'अविवक्षितवाच्य' नामक लक्षणामूलक ध्वनि के दो भेद होते हैं। एक अर्थान्तरसंक्रमितवाच्य और दूसरा अत्यन्ततिरस्कृतवाच्य। पदगत और वाक्यगत होने के कारण इन दोनों के चार भेद होते हैं।

अभिधामूलक ध्वनि भी दो प्रकार का होता है। एक असंलक्ष्यक्रमव्यंग्य और दूसरा संलक्ष्यक्रमव्यंग्य। रस, भाव आदि इसी प्रथम भेद के अन्तर्गत होते हैं। यह पद, पदांश, वाक्य, वर्ण, रचना और प्रबन्ध में रहता है, अतः इसके छः भेद होते हैं।

संलक्ष्यक्रमव्यंग्य ध्वनि के तीन भेद माने जाते हैं। शब्दशक्तिप्रभव, अर्थशक्तिप्रभव और उभयशक्तिप्रभव। इनमें से प्रथम (शब्दशक्तिप्रभव) दो प्रकार का होता है, १—वस्तुरूप और २—अलंकाररूप। पदगत और वाक्यगत होने से इन दो के चार भेद हो जाते हैं।

अर्थशक्तिप्रभव के बारह भेद पहले गिना चुके हैं। पदगत, वाक्यगत और प्रबन्धगत होने के कारण इनके छत्तीस भेद होते हैं। उभयशक्तिप्रभव केवल वाक्य में ही होता है अतः इसका एक ही भेद होता है। इस प्रकार चार, छः चार, छत्तीस और एक भेद मिलकर इक्यावन भेद होते हैं।

संकरेण त्रिरूपेण संसृष्ट्या चैकरूपया ।

वेदखाग्निशराः (५३०४) शुद्धैरिषुबाणाग्निसायकाः (५३५५) ॥ १२ ॥

शुद्धैः शुद्धभेदैरेकपञ्चाशता योजनेनेत्यर्थः। दिङ्मात्रं तूदाह्रियते—

'अत्युन्नतस्तनयुगा तरलायताक्षी द्वारि स्थिता तदुपयानमहोत्सवाय ।
सा पूर्णकुम्भनवनीरजतोरणस्रक्-संभारमङ्गलमयत्नकृतं विधत्ते ॥'

अत्र स्तनावेव पूर्णकुम्भौ, दृष्टय एव नवनीरजस्रज इति रूपकध्वनिरसध्वन्योरेकाश्रयानुप्रवेशः संकरः ।

'धिन्वन्त्यमूनि मदमूर्च्छदलिध्वनीनि धूताध्वनीनहृदयानि मधोर्दिनानि ।

केवल वाच्य अर्थ की वर्णना के अनुसार अर्थशक्तिप्रभव व्यंग्य के छत्तीस भेद गिनाये हैं। वाच्य, लक्ष्य और व्यंग्य के भेद से यद्यपि अर्थ तीन प्रकार का होता है और इन तीनों से व्यंग्य अर्थ की प्रतीति भी होती है। यह बात मूल में ही 'प्रबन्धेऽपि मतो धीरैरर्थशक्त्युद्भवो ध्वनिः' की व्याख्या के अन्त में, लक्ष्यार्थ और व्यंग्यार्थ से उत्पन्न व्यंग्य का उदाहरण देते हुए, कह भी चुके हैं। इन तीनों अर्थों के अनुसार यदि अर्थशक्तिप्रभव ध्वनि के भेदों की गणना की जाय तो छत्तीस के तिगुने एक सौ आठ भेद होने चाहिये, परन्तु यहाँ अर्थत्व सामान्य से तीनों अर्थों को एक ही मानकर केवल छत्तीस भेद गिनाये हैं।

संकरेणेति—दशम परिच्छेद में वक्ष्यमाण तीन प्रकार का संकर और एक प्रकार की संसृष्टि इन चारों से परस्पर प्रत्येक का मेल होने के कारण पाँच हजार तीन सौ चार भेद होते हैं। यहाँ **वेद** से चार, **ख** से शून्य, **अग्नि** से तीन, और **शर** से पाँच संख्या का बोध होता है। इकाई के क्रम से (बाईं ओर से) अंकों के रखने का नियम है अतः उक्त संख्या सिद्ध होती है। इसमें यदि शुद्ध भेदों की इक्यावन संख्या जोड़ दें तो **इषु**=पाँच, **बाण**=पाँच, **अग्नि**=तीन, **सायक**=पाँच, अर्थात् पाँच हजार तीन सौ पचपन होते हैं।

प्रश्न—पहले ध्वनियों के ५१ भेद गिनाये हैं। उनको तीन प्रकार के संकर और एक प्रकार की संसृष्टि (चार) से गुणन करने पर दो सौ चार (२०४) ही भेद होते हैं। फिर उक्तसंख्या कैसे सिद्ध होगी ?

उत्तर—पूर्वोक्त इक्यावन भेदों में से प्रथम भेद एक तो अपने सजातीय के साथ संसृष्ट हो सकता है और ५० पचास विजातीयों के साथ भी संसृष्ट हो सकता है, इसलिये प्रथम भेद की संसृष्टि ५१ इक्यावन प्रकार की हुई। इसी प्रकार दूसरा भेद एक सजातीय के साथ और उनचास (४९) विजातीयों के साथ संसृष्ट होता है, अतः उसके ५० पचास भेद होते हैं। पहले भेद के साथ इस भेद की संसृष्टि पहले ही आ चुकी है, अतः उसे फिर नहीं गिना जाता। इसी प्रकार तीसरा भेद एक सजातीय और अड़तालीस (४८) विजातीयों के साथ संसृष्ट होकर ४९ उनचास प्रकार का होता है। एवं चौथा भेद अड़तालीस प्रकार का और पाँचवाँ ४७ प्रकार का होता है। इसी क्रम से अन्त्यतक साधन करने पर अन्तिम भेद केवल सजातीय के साथ संसृष्ट होकर एक ही प्रकर का होता है। इसकी विजातीय भेदों के साथ संसृष्टि पूर्व भेदों में आ चुकी, अतः फिर उसका परिगणन नहीं होता। इस प्रकार इन सबके जोड़ने से केवल संसृष्टि के ही तेरह सौ छब्बीस (१३२६) भेद होते हैं। इसी प्रकार तीनों संकरों के तीन हजार नौ सौ अठत्तर (३९७८) भेद होते हैं। इन सबको जोड़ने से पाँच हजार तीन सौ चार (५३०४) भेद होते हैं। इन्हें शुद्ध ५१ इक्यावन भेदों के साथ मिलाने से मूलोक्त संख्या पाँच हजार तीन सौ पचपन (५३५५) सिद्ध होती है।

इनमें से कुछ उदाहरण देते हैं **अत्युन्नतेति**—पीनस्तनों से सुशोभित, सुदीर्घ एवं चञ्चल नेत्रोंवाली वह कामिनी अपने प्रियतम के उपयानमहोत्सव (परदेश से आने की खुशी) में द्वार पर खड़ी हुई, माङ्गलिक पूर्णकलश और नवीन कमलों की बन्दनवार का काम, विना ही यत्न के, सम्पादन कर रही है। **अत्रेति**—यहाँ उसके 'स्तन ही पूर्ण कुम्भ हैं' और 'सुदीर्घ एवं चञ्चल नेत्रों की दृष्टि ही कमलों की नवीन बन्दनवार है' इन दो रूपक अलङ्कारों और शृङ्गाररस की ध्वनि एक ही आश्रय (शब्द और अर्थ) में अनुप्रविष्ट हैं, अतः यहाँ संकर है।

धिन्वन्तीति—मद से मस्त भ्रमरों की झंकारों से युक्त और पथिकों के हृदय को कम्पित करनेवाले ये

निस्तन्द्रचन्द्रवदनावदनारविन्दसौरभ्यसौहृदसगर्वसमीरणानि ॥'

अत्र निस्तन्द्रेत्यादिलक्षणामूलध्वनीनां संसृष्टिः । अथ गुणीभूतव्यंग्यम्—

अपरं तु गुणीभूतव्यङ्ग्यं वाच्यादनुत्तमे व्यंग्ये ।

अपरं काव्यम् । अनुत्तमत्वं न्यूनतया साम्येन च संभवति ।

तत्र स्यादितरांगं काक्वाक्षिप्तं च वाच्यसिद्ध्यङ्गम् ॥१३॥
संदिग्धप्राधान्यं तुल्यप्राधान्यमस्फुटमगूढम् ।
व्यंग्यमसुन्दरमेवं भेदास्तस्योदिता अष्टौ ॥१४॥

इतरस्य रसादेरङ्गं रसादि व्यङ्ग्यम् । यथा—

'अयं स रशनोत्कर्षी पीनस्तनविमर्दनः । नाभ्यूरुजघनस्पर्शी नीवीविस्रंसनः करः ॥'

वसन्त ऋतु के दिन अत्यन्त आनन्दित करते हैं, जिनमें निस्तन्द्र चन्द्रमा के समान मुखवाली कामिनियों के मुखारविन्द की सुगन्ध के साथ मित्रता करने (उससे मिलने) के कारण सगर्व (गर्वयुक्त = उत्कृष्ट) समीर (वायु) चल रहा है । अत्रेति—यहाँ 'निस्तन्द्र' इत्यादि लक्षणामूलक ध्वनियों की संसृष्टि है । 'निस्तन्द्र' पद का अर्थ है तन्द्रारहित और तन्द्रा का अर्थ है ऊँघना—आलस्य । रहित अथवा वियुक्त उसी को कहा जाता है जिसमें संयुक्त होने की योग्यता हो । पत्थर को 'आलस्यशून्य' कोई नहीं कहता, क्योंकि उसमें आलस्य की योग्यता ही नहीं, अतएव उसे आलसी भी नहीं कहते । चन्द्रमा को (जो जड़ पदार्थ है) निस्तन्द्र या निरालस्य कहने में मुख्य अर्थ बाधित होने के कारण लक्षणा से प्रकाशयुक्त होना बोधित होता है और प्रकाश का अतिशय व्यंग्य है । जिस प्रकार आलस्यरहित पुरुष प्रकाशित होता है उसी प्रकार वसन्त का चन्द्रमा भी प्रकाशित होता है । जाड़े के दिनों में कुहरा, तुषार, बादल आदि के कारण जैसे चन्द्रमा ऊंघता सा दीखता है, वह बात वसन्त में बिलकुल नहीं होती । उन दिनों वह अति स्वच्छ होता है । इसी प्रकार वायु में मित्रता (सौहृद) और गर्व भी नहीं हो सकते, क्योंकि ये भी चेतन के ही धर्म हैं, अतः मित्रता से सादृश्य और गर्व से उत्कर्ष लक्षित होता है । मित्र प्रायः सदृश ही होता है और गर्व करनेवाला अपने को उत्कृष्ट ही समझता है । यहाँ वाच्य और लक्ष्य अर्थ का व्याप्य-व्यापकभाव नहीं है, अतः 'अत्यन्त-तिरस्कृतवाच्य ध्वनि' है । इन तीनों लक्षणाओं में अतिशय बोधन व्यंग्य प्रयोजन है ।

इस प्रकार उत्तम काव्य का निरूपण करके अब मध्यम काव्य का वर्णन करते हैं—अपरं त्विति—जहाँ व्यंग्य अर्थ वाच्य से उत्तम न हो अर्थात् वाच्य अर्थ के समान ही हो या उससे न्यून हो, उसे गुणीभूतव्यंग्य काव्य कहते हैं । इसमें व्यंग्य, गुणीभूत अर्थात् अप्रधान होता है ।

तत्रेति—गुणी भूतव्यंग्य काव्य में व्यंग्य अर्थ, या तो अन्य (रसादि) का अङ्ग होता है, या काकु से आक्षिप्त होता है, अथवा वाच्यार्थ का ही उपपादक (उसकी सिद्धि का अङ्गभूत) होता है, यद्वा वाच्य की अपेक्षा उसकी प्रधानता में सन्देह रहता है, या वाच्यार्थ और व्यंग्यार्थ की बराबर प्रधानता रहती है या व्यंग्य अर्थ अस्फुट रहता है अथवा गूढ रहता है किंवा असुन्दर होता है, अतः इस मध्यम काव्य के आठ भेद होते हैं ।

क्रम से उदाहरण देते हैं—अयं सः इति—रण में कटे हुए भूरिश्रवा के हाथ को देखकर उसकी पत्नी का करुणापूर्ण कथन है । यह वह हाथ है जो रशना (करधनी) को खींचा करता था, पीनस्तनों का विमर्दन करता था, और नीवीबन्ध को खोलता था ।

महाभारत, स्त्रीपर्व, २४ वें अध्याय में गान्धारी ने श्रीकृष्ण से प्रकृत पद्य कहा है । इसके पूर्व दो पद्य इस प्रकार हैं—

"भार्या यूपध्वजस्यैषा करसंमितमध्यमा । कृत्वोत्सङ्गे भुजं भर्तुः कृपणं परिदेवति ॥१७॥
अयं स हन्ता शूराणां मित्राणामभयप्रदः । प्रदाता गोसहस्राणां क्षत्रियान्तकरः करः ॥१८॥"

यहाँ 'अयम्' पद से उस हाथ की तात्कालिक दशा की ओर निर्देश है और 'सः' पद से पहली उत्कृष्ट दशा का स्मरण है । इस समय अनाथ की तरह रणभूमि की धूलि से मलिन तथा गिद्ध, गीदड़ आदि का

अत्र श्रृङ्गारः करुणस्याङ्गम् ।

'मानोन्नतां प्रणयिनीमनुनेतुकामस्त्वत्सैन्यसागररवोद्गतकर्णतापः ।
हा हा कथं नु भवतो रिपुराजधानीप्रासादसंततिषु तिष्ठति कामिलोकः ॥'

अत्रौत्सुक्यत्राससंधिसंस्कृतस्य करुणस्य राजविषयकरतावङ्गभावः ।

'जनस्थाने भ्रान्तं कनकमृगतृष्णान्धितधिया वचो वैदेहीति प्रतिपदमुदश्रु प्रलपितम् ।

लक्ष्यभूत 'यह' वही हाथ है, जो कभी अनेक शरणागतों को अभय देने में समर्थ, शत्रुओं का दर्प चूर्ण करने में शक्त और कामकला के अतिनिगूढ रहस्यों का मर्मज्ञ था । यही अन्तिम बात रशनोत्कर्षण आदिकों का कामशास्त्रोक्त क्रम दिखाकर सूचित की है । **अत्रेति**—यहाँ स्मर्यमाण श्रृङ्गार, अनुभूयमान करुण रस का अङ्ग है ।

प्रश्न—इस पद्य से श्रृङ्गार और करुण ये दोनों रस व्यञ्जित होते हैं । करुण प्रधान है और श्रृङ्गार उसका अङ्ग है । जिस प्रकार अप्रधान श्रृङ्गार के कारण इसे मध्यम काव्य (गुणीभूत व्यंग्य) माना जाता है उसी प्रकार प्रधान करुण रस के आधार पर इसे उत्तम काव्य क्यों नहीं माना जाता ? **'प्रधानेन हि व्यपदेशा भवन्ति'** इस न्याय के अनुसार प्रधान रस के अनुरूप ही व्यवहार होना चाहिये । व्यञ्जना के अन्य सभी स्थलों में प्रधान व्यंग्य के अनुसार ही व्यवहार होता । फिर यहाँ अप्रधान व्यंग्य श्रृङ्गार के अनुसार इसे मध्यम काव्य क्यों माना गया है ?

उत्तर—इस पद्य में आदि से अन्त तक श्रृङ्गार रस के व्यञ्जन की ही सामग्री विद्यमान है । करुण रस की प्रतीति का साधन केवल एक 'अयम्' पद है जो उस समय की अनुभूयमान दशाका बोधक है । इस पद से भी साक्षात् करुण रस की प्रतीति नहीं होती, किन्तु तात्कालिक दशा की ओर संकेतमात्र होता है । उस समय उस हाथ की क्या दशा थी और उससे करुण रस क्यों व्यक्त हुआ, इसके जानने का साधन इस पद्य में कुछ नहीं है । वह उस प्रकरण से ज्ञात होता है । इस प्रकार इस पद्य का व्यङ्ग्य श्रृङ्गार उस प्रकरण के व्यंग्य करुण रस का अंग है । यद्यपि प्रधानता उसी प्रकरण-व्यंग्य करुण की है, परन्तु इस पद्य में उसके व्यक्त करने की कोई सामग्री नहीं है । इसमें जो कुछ है वह श्रृङ्गार का ही व्यञ्जक है, अतः इस पद्य का व्यंग्य श्रृङ्गार रस, प्रकरण-व्यंग्य प्रधान करुण रस का अंग है । इसी कारण इसकी मध्यम काव्यों में गणना होती है । गुणीभूतव्यंग्य के अन्य उदाहरणों में भी जहाँ प्रधान व्यंग्य की सामग्री अति न्यून हो और अप्रधान व्यंग्य की सामग्री अत्यधिक हो, इसी प्रकार समाधान जानना । वस्तुतः चरम विचार के अनन्तर प्रधान व्यंग्य के आधार पर गुणीभूत व्यंग्य भी उत्तम काव्य माना जाता है, यह बात आगे चलकर कहेंगे ।

'प्रकारोऽयं गुणीभूतव्यंग्योऽपि ध्वनिरूपताम् । धत्ते रसादितात्पर्यपर्यालोचनया पुनः ॥५॥ इति ।

श्रीतर्कवागीशजीने यहाँ 'रसनोत्कर्षी' पाठ मानकर उसका एक अर्थ यह किया है कि 'धो-मांजकर या झाड़-पोछकर मेरी छोटी घंटिकाओं को स्वच्छ रखनेवाला'—**रसनां मम क्षुद्रघण्टिकामुत्कर्षयितुं मार्जनादिना उत्कृष्टीकर्तुम्** । यह अज्ञानमूलक है । पहले तो 'रसना' का अर्थ जिह्वा या रसनेन्द्रिय होता है, 'क्षुद्रघण्टिका' नहीं । दूसरे 'आभूषणों का धोनेवाला' कहने से उसमें दासत्व प्रतीत होता है या श्रृङ्गार रस अभिव्यक्त होता है, इसे सहृदय लोग स्वयं विचार लें । इसके अतिरिक्त कामशास्त्र के उक्त क्रम में यह अर्थ विघातक होगा । इस पद्य के अन्य पदों के अर्थ पर ध्यान देने से उक्त अर्थ की अप्रासङ्गिकता स्पष्ट है ।

भाव के अङ्गभूत रस का उदाहरण—**मानोन्नतामिति**—हे राजन्, शत्रुनगरी की अटारियों में स्थित, मानवती प्रियतमा के मानने को उत्कण्ठित और तुम्हारी समुद्रतुल्य सेना का घोर गर्जन सुनकर सन्तप्त कामि-वर्ग,—शिव शिव ! बड़ी दयनीय दशा में पड़ा है । **अत्रेति**—यहाँ प्रियतमा के मनाने की इच्छा के वर्णन से **'औत्सुक्य'** और सेना का शब्द सुनकर सन्तप्त होने के कारण 'त्रास' सूचित होता है । इन दोनों भावों की सन्धि है । कामिवर्ग की दयनीयता से अभिव्यक्त करुण रस इस भावसन्धि से परिपुष्ट होता है और **यह करुण,** वर्ण्यमान राजविषयक रतिभाव का अङ्ग है । जिस राजा की यह प्रशंसा है उसमें कवि का अनुराग इस पद्य से प्रधानतया सूचित होता है । उक्त करुण उसी का अङ्ग है ।

शब्दशक्तिमूलक ध्वनि की इतराङ्गता (वाच्याऽङ्गता) का उदाहरण—**जनस्थाने इति**—धन की

कृतालङ्काभर्तुर्वदनपरिपाटीषुघटना मयाप्तं रामत्वं कुशलवसुता न त्वधिगता॥'

अत्र रामत्वं प्राप्तमित्यवचनेऽपि शब्दशक्तेरेव रामत्वमवगम्यते। वचनेन तु सादृश्यहेतुकतादात्म्यारोपणमाविष्कुर्वता तद्गोपनमपाकृतम्। तेन वाच्ये सादृश्यं वाक्यार्थान्वयोपपादकतयाऽङ्गतां नीतम्।

लालसा में भटकते हुए असफल मनोरथ किसी निर्विण्ण पुरुष की उक्ति है। 'मयेति'—मैंने रामत्व तो प्राप्त कर लिया, परन्तु 'कुशलवसुता' हाथ न आई। इस पद्य के प्रथम तीन चरण श्रीरामचन्द्र और वक्ता में श्लिष्ट हैं। 'कुशलवसुता' का वक्ता के पक्ष में 'कुशल' (अधिक) 'वसु' (धन) से युक्त होना (धनिकत्व) अर्थ है और श्रीरामचन्द्रजी के पक्ष में 'कुश' और 'लव' हैं 'सुत' (पुत्र) जिसके वह 'कुश-लव-सुता' (सीता) अर्थ है। मतलब यह है कि रामचन्द्रजी ने जिन कार्यों को करके कुशलवसुता (सीता) प्राप्त की थी मैंने भी काम तो वे सब किये, परन्तु 'कुशलवसुता' (धनिकत्व) नसीब न हुई। उन्हीं कार्यों का वर्णन करते हैं—'जनस्थाने'—रामचन्द्रजी कनकमृग (सुवर्णमृग = मारीच) की तृष्णा (पाने की इच्छा) से व्याकुल होकर 'जनस्थान' (दण्डकारण्य के एक देश) खरदूषण की छावनी में घूमे थे और मैं कनक (सुवर्ण) की मृगतृष्णा (लोभ) से व्याकुल होकर जनों के स्थानों में घूमा अर्थात् धन के लोभ में फँसकर घर घर घूमा—दर दर भटका। रामचन्द्रजी ने आँखों में आँसू लाकर प्रतिपद (कदम कदम पर) "हे वैदेहि" ये शब्द कहे थे और मैंने भी उसी तरह लोगों से 'वै' = (निश्चय से) 'देहि' (दे दो) 'कुछ तो दे दो' यह कहा। रामचन्द्रजी ने 'लङ्काभर्ता' (रावण) की 'वदनपरिपाटी' (कण्ठसमूह) में 'इषुघटन' (बाणप्रयोग) किया और मैंने 'भर्ता' (स्वामी) की 'वदनपरिपाटी' (मुखरचनाओं) पर—उसके इशारों पर—'अलम्' (अच्छी तरह) 'घटना' (रचना) 'हाँ हुजूर' किया! यह सब तो हुआ, पर वह न हुआ जिसकी चाह थी। अत्रेति—यहाँ यदि 'रामत्वं प्राप्तम्' यह न कहें तो भी 'जनस्थाने' इत्यादि शब्दों की शक्ति से ही रामत्वरूप अर्थ प्रतीत होता, परन्तु उसके कह देने पर सादृश्यमूलक तादात्म्य (अभेद) का आरोप प्रकट करने से उसका गोपन दूर हो गया।

यहाँ वक्ता ने अपने में रामत्व का आरोप किया है और यह आरोप 'सादृश्यहेतुक' अर्थात् शब्द-सादृश्यहेतुक है। केवल 'जनस्थाने भ्रान्तम्' इत्यादिक शब्दों का ही सादृश्य इस अभेदारोप (तादात्म्यारोप) का कारण है। अर्थ सादृश्य कुछ नहीं है। यदि यहाँ 'रामत्वमाप्तम्' न कहा जाता तो भी शब्दशक्तिमूलक ध्वनि के द्वारा रामत्व की प्रतीति हो जाती। कह देने पर वही तादात्म्यारोप प्रकट हो गया, व्यंग्य के समान गुप्त न रहा। इस दशा में इस तादात्म्यारोप का हेतुभूत जो सादृश्य (शब्द-सादृश्य) था वह रामत्वप्राप्तिरूप वाक्यार्थ का उपपादक होने के कारण वाच्य अर्थ का अङ्ग हो गया।

यदि 'रामत्वमाप्तम्' न कहते तो प्रकरण के द्वारा प्रकृत वक्ता में अभिधा शक्ति का नियन्त्रण हो जाने पर भी शब्दशक्तिमूलक व्यंजना के दारा रामत्व की प्रतीति होती और अप्रकृत अर्थ की असम्बद्धता निवारण करने के लिये प्रकृत वक्ता के साथ राम का उपमानोपमेयभाव भी प्रधानतया ध्वनित होता, परन्तु 'रामत्वमाप्तम्' कह देने पर वही व्यज्यमान शब्दमूलक सादृश्य, इस वाच्य आरोप का उपपादक होने से अप्रधान हो गया। इस पद्य में व्यंग्य अर्थ (सादृश्य) वाच्य अर्थ का अङ्ग है। मूल की पंक्ति का अन्वय इस इस प्रकार है—वाक्यार्थान्वयोपपादकतया, सादृश्यं (गम्यं) वाच्ये (वाच्यार्थे) अङ्गतां नीतम्।

श्रीतर्कवागीशजी ने 'वाच्ये' के स्थान में 'वाच्यम्' पाठ समझ कर इसे 'सादृश्यम्' का विशेषण माना है, परन्तु सादृश्य यहाँ वाच्य नहीं है, व्यंग्य है, अतः 'वाच्यम्' का अर्थ किया है 'वाच्यवत् झटिति प्रतीयमानम्'—यह असंगत है। इस प्रकार 'वाच्य' शब्द में लक्षणा करने का न तो यहाँ कोई प्रयोजन है, न रूढि है। इस दशा में इस शब्द का उपादान व्यर्थ ही नहीं, प्रत्युत अनर्थावह भी है। इसके अतिरिक्त यहाँ व्यंग्य सादृश्य वाच्य की भांति सर्वसाधारण को प्रतीत होनेवाला भी नहीं। केवल शब्द-सादृश्यहेतुक होने से व्याकरण में विशेष व्युत्पन्न सहृदयों को ही प्रतीत हो सकने के योग्य है, अतः साधारण व्यंग्यों से भी गूढ है, इसलिये श्रीतर्कवागीशजी का कथन अज्ञानमूलक है। 'व्यंग्यं सादृश्यं वाच्ये अर्थे अङ्गतां नीतम्' यही ग्रन्थकार का आशय है।

काकाक्षिप्तं यथा—'मथ्नामि कौरवशतं समरे न कोपाद् दुःशासनस्य रुधिरं न पिबाम्युरस्तः।
संचूर्णयामि गदया न सुयोधनोरू संधिं करोतु भवतां नृपतिः पणेन॥'

अत्र मथ्नाम्येवेत्यादिव्यङ्ग्यं वाच्यस्य निषेधस्य सहभावेनैव स्थितम्।

'दीपयन्रोदसीरन्ध्रमेष ज्वलति सर्वतः। प्रतापस्तव राजेन्द्र वैरिवंशदवानलः॥'

अत्रान्वयस्य वेणुत्वारोपणरूपो व्यङ्ग्यः प्रतापस्य दवानलत्वारोपसिद्ध्यङ्गम्। 'हरस्तु किंचित्परिवृत्त—' इत्यादौ विलोचनव्यापारचुम्बनाभिलाषयोः प्राधान्ये सन्देहः।

इसके अतिरिक्त यह मध्यम काव्य का प्रकरण है और मध्यम काव्य तब होता है जब व्यंग्य अर्थ वाच्य से अनुत्तम हो। 'वाच्यादनुत्तमे व्यंग्ये'। वाच्य अर्थ यदि किसी दूसरे वाच्य का अङ्ग हो तो वह काव्य ही नहीं हो सकता। व्यंग्य न होने पर यह ग्रन्थकार उसे काव्य ही नहीं मानते। यदि प्रकृत पद्य में वाच्य सादृश्य, वाक्यार्थ (वाच्य) का उपपादक मात्र हो, तो यह इस प्रकरण में उदाहृत ही नहीं हो सकता, अतः श्रीतर्कवागीशजी का कथन सर्वथा असंगत है।

प्रश्न—'**मया रामत्वमाप्तम्**' यह कहने पर प्रश्न होगा कि '**कथं रामत्वमाप्तम्** ?' इस प्रश्न का समाधान '**जनस्थाने भ्रान्तम्**' इत्यादिक पदों से किया जायगा। इस प्रकार यहाँ व्यज्यमान सादृश्य रामत्वप्राप्तिरूप वाच्य की सिद्धि का अंग हुआ। जब तक इस सादृश्य को प्रस्तुत न किया जाय तब तक प्रकृत वाच्य अर्थ की सिद्धि ही नहीं हो सकती, अतः इस पद्य को 'वाच्यसिद्ध्यङ्गव्यंग्य' के उदाहरण में रखना उचित था, 'वाच्याङ्गव्यंग्य' का उदाहरण इसे क्यों कहा ?

उत्तर—'रामत्वम् आप्तम्' इस कथन के पूर्व ही यहाँ ('जनस्थाने भ्रान्तम्' इत्यादि शब्दों से ही) रामत्व की प्रतीति हो चुकी है। प्रकृत वाचक शब्दों ने तो और उलटे उसके 'गोपनकृतचारुत्व' को कम कर दिया है, अतः इसे 'वाच्यसिद्धयङ्गव्यंग्य' नहीं कह सकते; क्योंकि यहाँ जो वाच्य है वह पहले ही व्यक्त हो चुका है। पहले से ही सिद्ध है। 'वैरिवंशदवाऽनलः' इस उदाहरण में व्यंग्य, (वेणुत्व) राजा के प्रताप (वाच्य) में, दवानलत्व की सिद्धि करता है, अतः वाच्यसिद्धयङ्ग है। यहाँ वह बात नहीं है।

काकु से आक्षिप्त ध्वनि का उदाहरण—'मथ्नामि'—यह कौरवों के आगे युधिष्ठिर की ओर से किये हुए सन्धि के प्रस्ताव को सुनकर बिगड़े भीमसेन की सहदेव के प्रति उक्ति है। **मथ्नामीति**—मैं रण में क्रोध से सौ कौरवों को न मारूँगा। दुःशासन की छाती से रुधिर भी न पिऊँगा। और गदा से दुर्योधन की टाँगें (ऊरू) भी न तोड़ूंगा। मैं अपनी सभी प्रतिज्ञायें छोड़ दूँगा। तुम्हारे राजा, पण (पांच ग्रामों के लेने की शर्त) पर सन्धि कर लें। यहाँ भीमसेन का अपने भाई सहदेव से 'तुम्हारे राजा' (मेरे नहीं) कहना, अत्यन्त क्रोधावेश का सूचन करता है। क्रोध में भर के विलक्षण कण्ठस्वर से यह कहना कि "मैं दुःशासन का रुधिर नहीं पिऊँगा" तुरन्त ही विपरीत अर्थ उपस्थित करता है और 'न पिबामि' इस निषेध के साथ ही यह अर्थ प्रतीत होता है कि तुम सब भले ही युधिष्ठिर को अपना राजा मानो, परन्तु कौरवों से सन्धि करने के कारण मैं उन्हें अब अपना नृपति नहीं समझता। मैं अपनी प्रतिज्ञायें कदापि न छोड़ूंगा। दुःशासन का रुधिर अवश्य पिऊँगा और दुर्योधन को टागे जरूर तोड़ूंगा। **अत्रेति**—यहाँ 'मथ्नाम्येव' यह व्यंग्य अर्थ, वाच्य (निषेध) के साथ ही प्रतीत होता है।

वाच्यसिद्धयङ्ग व्यंग्य का उदाहरण—**दीपयन्निति**—हे राजेन्द्र, पृथ्वी और आकाश के मध्य में सर्वत्र प्रकाश करता हुआ वैरिवंश का दवानलरूप यह आपका प्रताप सब ठौर प्रदीप्त हो रहा है। यहाँ प्रताप को दवानल बताया है। दवानलत्व का प्रताप में आरोप किया है। दवानल जंगल में लगी अग्नि का नाम है, अतः जब तक जंगल की तरह कोई दाह्य वस्तु प्रताप के लिये निश्चित न हो जाय तबतक प्रताप को दवानल कहना उपपन्न नहीं होता। इसलिये बांस और कुल दोनों के वाचक श्लिष्ट 'वंश' पद के प्रयोग से शत्रुकुल में बाँस के जंगल का स्वरूप व्यंग्य होता है। वह इस वाच्य दवानलत्व की सिद्धि का अङ्ग है। व्यञ्जना द्वारा प्रतीत हुआ शत्रुकुलका वंशत्व (बाँस का रूप) प्रताप में वाच्य दवानलत्व का साधक है।

सन्दिग्धप्राधान्यव्यंग्य का उदाहरण—**हरस्तु**—इस पद्यमें नेत्रव्यापार की ही प्रधानता है या चुम्बनाभिलाष व्यंग्य है, इसमें सन्देह है। यह पहले आ चुका है।

'ब्राह्मणातिक्रमत्यागो भवतामेव भूतये। जामदग्न्यश्च वो मित्रमन्यथा दुर्मनायते॥'

अत्र परशुरामो रक्षःकुलक्षयं करिष्यतीति व्यङ्ग्यस्य वाच्यस्य च समं प्राधान्यम्।

'सन्धौ सर्वस्वहरणं विग्रहे प्राणनिग्रहः। अल्लावदीननृपतौ न संधिर्न च विग्रहः॥'

अत्राल्लावदीनाख्ये नृपतौ दानसामादिमन्तरेण नान्यः प्रशमोपाय इति व्यंग्यं व्युत्पन्नानामपि झटित्यस्फुटम्।

'अनेन लोकगुरुणा सतां धर्मोपदेशिना। अहं व्रतवती स्वैरमुक्तेन किमतः परम्॥'

अत्र प्रतीयमानोऽपि शाक्यमुनेस्तिर्यग्योषिति बलात्कारोपभोगः स्फुटतया वाच्यायमान इत्यगूढम्।

'वाणीरकुडङ्गुड्डीणसउणिकोलाहलं सुणन्तीए। घरकम्मवावडाए वहुए सीअन्ति अङ्गाइं॥'

अत्र दत्तसंकेतः कश्चिल्लतागृहं प्रविष्ट इति व्यङ्ग्यात् 'सीदन्त्यङ्गानि' इति वाच्यस्य चमत्कारः सहृदयसंवेद्य इत्यसुन्दरम्।

किंच यो दीपकतुल्ययोगितादिषूपमाद्यलंकारो व्यङ्ग्यः स गुणीभूतव्यङ्ग्य एव। काव्यस्य दीपकादिमुखेनैव चमत्कारविधायित्वात्। तदुक्तं ध्वनिकृता—

'अलंकारान्तरस्यापि प्रतीतौ यत्र भासते। तत्परत्वं न काव्यस्य नासौ मार्गो ध्वनेर्मतः॥'

यत्र च शब्दान्तरादिना गोपनकृतचारुत्वस्य विपर्यासः। यथा—

ब्राह्मणेति—राक्षसों के उपद्रव से क्रुद्ध परशुराम का रावण के प्रति सन्देश है—ब्राह्मणों के ऊपर आक्रमण करने का परित्याग तुम्हारे ही कल्याण के लिये है। याद रक्खो, परशुराम भी तुम्हारे इसीलिये मित्र बने हैं। नहीं तो (यदि ब्राह्मणों पर भी तुमने आक्रमण शुरू किया तो) वह (परशुराम) बिगड़ जायँगे। यहाँ व्यञ्जना से यह अर्थ प्रतीत होता है कि 'परशुराम राक्षसों के कुल का एकदम ध्वंस कर देंगे'। इस व्यंग्य और उक्त वाच्यार्थ का इस पद्य में **'तुल्यप्राधान्य'** है।

अस्फुट व्यंग्य का उदाहरण—**सन्धौ इति**—सन्धि करने में सर्वस्व छिनता है और विग्रह (युद्ध) करने में प्राणों का भी निग्रह (नाश) होता है। अलाउद्दीन के साथ न सन्धि हो सकती है, न विग्रह। **अत्रेति**—'अलाउद्दीन के साथ साम और दान के सिवा कोई उपाय नहीं चल सकता' यह बात यहाँ व्यंग्य है। परन्तु यह इतनी अस्फुट है कि बुद्धिमानों की समझ में भी जल्दी नहीं आती। औरों की तो बात ही क्या!

अगूढ व्यंग्य का उदाहरण—**अनेन**—लोगों के गुरु कहनेवाले इन धर्मोपदेशकजी महाराज ने मुझ व्रतवती (पतिव्रता) को धृष्टतापूर्वक............बस, अब इसके आगे कहने से क्या! **अत्रेति**—इस पद्य में शाक्य मुनि का तिर्यक् स्त्री के साथ बलपूर्वक उपभोग प्रतीत होता है। परन्तु वह वाच्य की तरह अत्यन्त स्फुट है। साधारण गँवार आदमी भी उसे झट समझ सकता है, अतः यह **'अगूढव्यंग्य'** मध्यम काव्य है। उत्तम ध्वनि वही होती है जो न तो अगूढ हो और न अत्यन्त गूढ हो। यही कहा है—**नान्ध्रीपयोधर इवातितरां प्रकाशो नो गुर्जरीस्तन इवातितरां निगूढः। अर्थो गिरामपिहितः पिहितश्च कश्चित्सौभाग्यमेति मरहट्टवधूकुचाभः॥**

असुन्दर व्यंग्य का उदाहरण—**वाणीर॰ 'वानीरकुञ्जोड्डीनशकुनिकोलाहलं शृण्वन्त्याः। गृहकर्मव्यापृताया वध्वाः सीदन्त्यङ्गानि॥'** अर्थ—बेंत के कुञ्ज में से उड़े हुए पक्षियों का कोलाहल सुनकर घर के काममें लगी हुई वधू के अंग शिथिल होते हैं। 'दत्तसंकेत कोई पुरुष लतागृह में पहुँच गया' यह यहाँ व्यङ्ग्य है, उसकी अपेक्षा **'सीदन्त्यङ्गानि'** इसका वाच्य अर्थ ही अधिक चमत्कारी है, अतः यह व्यंग्य असुन्दर है।

किञ्चेति—इसके सिवा दीपक तुल्ययोगिता आदि अलंकारों में जो उपमा (सादृश्य) आदि अलङ्कार व्यंग्य रहते हैं उन्हें भी गुणीभूतव्यंग्य समझना। क्योंकि वहाँ काव्य का चमत्कार दीपक आदि के कारण ही होता है। **तदुक्तमिति**—यही ध्वनिकार ने कहा है—**अलङ्कारेति**—प्रस्तुत अलङ्कारों की अपेक्षा अन्य अलंकारों की प्रतीति होने पर भी जहां काव्य तत्परक अर्थात् प्रधानतया उसके तात्पर्य में प्रवृत्त नहीं है, उसे ध्वनि का मार्ग न समझना। तात्पर्य यह है कि दीपक आदि में यद्यपि उपमा आदि की प्रतीति होती है, परन्तु उनमें काव्य के तात्पर्य का पर्यवसान नहीं होता। वे प्रधानतया उस काव्य के व्यंग्य नहीं होते, अतः वे ध्वनि के उदाहरण नहीं हो सकते। गुणीभूतव्यंग्य ही हो सकते हैं।

'दृष्ट्या केशव, गोपरागहृतया किंचिन्न दृष्टं मया
तेनात्र स्खलितास्मि नाथ, पतितां किं नाम नालम्बसे ।
एकस्त्वं विषमेषुखिन्नमनसां सर्वाबलानां गति-
र्गोप्यैवं गदितः सलेशमवताद्गोष्ठे हरिर्वश्चिरम् ॥'

अत्र गोपरागादिशब्दानां गोपे राग इत्यादिव्यङ्ग्यार्थानां सलेशमितिपदेन स्फुटतयावभासः । सलेशमिति पदस्य परित्यागे ध्वनिरेव ।

किंच यत्र वस्त्वलंकाररसादिरूपव्यङ्ग्यानां रसाभ्यन्तरे गुणीभावस्तत्र प्रधानकृत एव काव्यव्यवहारः। तदुक्तं तेनैव—

'प्रकारोऽयं गुणीभूतव्यङ्ग्योऽपि ध्वनिरूपताम् । धत्ते रसादितात्पर्यपर्यालोचनया पुनः ॥' इति ।

यत्र तु—

'यत्रोन्मदानां प्रमदाजनानामभ्रंलिहः शोणमणीमयूखः ।
संध्याभ्रमं प्राप्नुवतामकाण्डेऽप्यनङ्गनेपथ्यविधिं विधत्ते ॥'

इत्यादौ रसादीनां नगरीवृत्तान्तादिवस्तुमात्रेऽङ्गत्वम्, तत्र तेषामतात्पर्यविषयत्वेऽपि तैरेव

यत्र चेति—छिपी हुई (व्यंग्य) बात की रमणीयता जहाँ किसी दूसरे शब्द आदि से कम हो जाय उसे भी गुणीभूतव्यंग्य ही समझना । जैसे—**दृष्ट्या**—स्वयंदूती की उक्ति है । हे केशव, गौओं की (उनके खुरों से उड़ी) धूलि से कलुषित दृष्टि हो जाने के कारण मैंने कुछ नहीं देखा, इसलिये यहाँ (जंगल में) भूल पड़ी हूँ—हे नाथ, दुःख में पतित (भटकी हुई) मुझको क्यों नहीं सहारा देते ? (मुझे रास्ता बता दो) विषम स्थानों में पड़कर खिन्न होते हुए सभी अबलों (अथवा अबलाओं) के तुम ही एक शरण हो । तुम दीनानाथ हो । इस प्रकार गोष्ठ में गोपी के द्वारा लेश (श्लेष) से प्रशंसित कृष्ण तुम्हारी सदा रक्षा करें । **अत्रेति**—यहाँ जो अर्थ श्लेष से प्रतीत होता है उसे **'सलेशम्'** पद ने अत्यन्त स्फुट कर दिया, अतः गुणीभूतव्यंग्य हो गया, क्योंकि व्यंग्य अर्थ वाच्य का अङ्ग हो गया । यदि 'सलेशम्' पदको छोड़ दें तो यह ध्वनि का ही उदाहरण होगा, क्योंकि दूसरा व्यंग्य अर्थ प्रच्छन्न रह सकेगा । इसका दूसरा अर्थ यह है—कोई गोपी श्रीकृष्णजी के पास गोष्ठ (जहाँ गौवें खड़ी होती हैं) में गई थी । वहां वह सामने ही खड़े थे, परन्तु उसे किसी दूसरे गोपाल का भ्रम हुआ, अतः पहले तो कुछ न बोली, परन्तु पास जाकर देखने पर जब भ्रम दूर हुआ तो बड़ी संकुचित हुई । यह सोचने लगी कि मैंने इनका न तो कुछ शिष्टाचार किया और न कोई प्रेम की बात ही कही । भ्रम में ही रही । कहीं इससे ये मुझे प्रेमशून्य न समझ लें । इसलिये श्लेष से अपनी निर्दोषता सिद्ध करती हुई प्रार्थना करने लगी कि हे केशव ! मेरी दृष्टि गोप (किसी और ग्वाले) के राग (रंग अथवा सूरत शकल) से हृत (भ्रान्त) हो गई थी, इस कारण मैंने कुछ नहीं देखा । (आपही सामने खड़े हैं यह न समझ सकी) इसलिये यहाँ स्खलित हुई हूं (भूल गई हूँ—ग़लती कर बैठी हूं) । अब पतित (आपके चरणों पर) होती हूँ । हे नाथ, मुझे क्यों नहीं ग्रहण करते ? 'विषमेषु' (कामदेव) से खिन्न मनवाली सब अबलाओं के आप शरण्य हैं ।

किञ्चेति—जहाँ वस्तु, अलंकार तथा रसादिरूप व्यंग्यों का प्रधान रस में गुणीभाव हो जाय, वहाँ प्रधानरस के कारण ही काव्यव्यवहार (उत्तम काव्यत्व) जानना ।

तदुक्तमिति—यह ध्वनिकार ने ही कहा है—**प्रकार इति**—यह गुणीभूतव्यंग्यरूप काव्य भी प्रधान रसादि-विषयक तात्पर्य की आलोचना करने से ध्वनि (उत्तम काव्य) बनता है । तात्पर्य यह है कि जहां कहीं गुणी-भूतव्यंग्य प्रधानरस का अंग होता है उसे ध्वनि ही कहते हैं । प्रधानरस के कारण उसे उत्तम काव्य माना जाता है और जहाँ वह प्रधानरस का अंग नहीं होता, केवल नगरी आदि के वृत्तान्तवर्णन का अंग होता है, वहाँ उन्हीं अप्र-धानध्वनियों (गुणीभूतव्यंग्यों) के कारण काव्यत्व (मध्यम) का व्यवहार होता है । प्रधानतया तात्पर्य-विषय न होने पर भी वे ध्वनि, काव्य-व्यवहार के प्रयोजक होते हैं । जैसे—**यत्रोन्मदानाम्**—'जिस नगरीके ऊँचे ऊँचे प्रासादों में जड़े मणियों का गगनचुम्बी (आकाशव्यापी) प्रकाश, यौवनमद से मस्त रमणियों को सन्ध्याकाल के विना ही सन्ध्या का भ्रम पैदा करके कामकलाओं से पूर्ण भूषणादि रचना में प्रवृत्त करता है' । यहां प्रतीयमान शृङ्गार, नगरीवर्णन का अंग है, किसी प्रधानरस का अंग नहीं है ।

गुणीभूतः काव्यव्यवहारः। तदुक्तमस्मत्सगोत्रकविपण्डितमुख्यश्रीचण्डीदासपादैः—'काव्यार्थस्याखण्डबुद्धिवेद्यस्य तन्मयीभावेनास्वाददशायां गुणप्रधानभावावभासस्तावन्नानुभूयते, कालान्तरे तु प्रकरणादिपर्यालोचनया भवन्नप्यसौ न काव्यव्यपदेशं व्याहन्तुमीशः, तस्यास्वादमात्रायत्तत्वात्' इति।

केचिच्चित्राख्यं तृतीयं काव्यभेदमिच्छन्ति। तदाहुः—'शब्दचित्रं वाच्यचित्रमव्यंग्यं त्ववरं स्मृतम्।'

इति, तन्न, यदि हि अव्यंग्त्वेन व्यंग्याभावस्तदा तस्य काव्यत्वमपि नास्तीति प्रागेवोक्तम्। ईषद्व्यङ्ग्यत्वमिति चेन्, किं नामेषद्व्यंग्यत्वम् ? आस्वाद्यव्यंग्यत्वम्, अनास्वाद्यव्यंग्यत्वं वा ? आद्ये प्राचीनभेदयोरेवान्तःपातः। द्वितीये त्वकाव्यत्वम्। यदि चानास्वाद्यत्वं तदा क्षुद्रत्वमेव। क्षुद्रतायामनास्वाद्यत्वात्।

तदुक्तं ध्वनिकृता —

प्रधानगुणभावाभ्यां व्यंग्यस्यैवं व्यवस्थिते। उभे काव्ये, ततोऽन्यद्यत्तच्चित्रमभिधीयते ॥' इति।

इति साहित्यदर्पणे ध्वनिगुणीभूतव्यंग्याख्यकाव्यभेदनिरूपणो नाम चतुर्थः परिच्छेदः।

अप्रधान व्यंग्य से कैसे काव्यव्यवहार होता है, इस विषय में अपने पूर्वज चण्डीदास का प्रमाण देते हैं—**काव्यार्थस्येति**—काव्य का परमार्थ अखण्डबुद्धि (एकज्ञान) से संवेद्य होता है। तन्मयीभाव (तन्मय होने) के कारण अनेक पदार्थ भी एकज्ञान में ही भासित होते हैं, अतः काव्यार्थ के आस्वाद के समय किसी प्रधानता का अनुभव नहीं होता। और आस्वाद के अनन्तर प्रकरणादि की आलोचना करने पर यद्यपि प्रधानत्व और अप्रधानत्व प्रतीत होता है, परन्तु वह पूर्व से प्रवृत्त काव्यव्यवहार को नहीं रोक सकता, क्योंकि वह व्यवहार आस्वादमात्र से ही हो जाता है।

इस प्रकार ध्वनि तथा गुणीभूत व्यंग्य का वर्णन कर चुके। अब काव्यप्रकाशकार के सम्मत 'चित्र' नामक तीसरे काव्य का खण्डन करते हैं—**केचिदिति**—कोई 'चित्र' नामक तीसरा भेद भी मानते हैं—जैसे **शब्दचित्रम् इति**—"व्यंग्य अर्थ से रहित अवर (अधम) काव्य दो प्रकार का होता है, एक शब्दचित्र, दूसरा अर्थचित्र।" **तन्न**—यह ठीक नहीं। 'अव्यंग्य' पद से यदि यह तात्पर्य है कि 'व्यंग्यार्थ से एकदम शून्य हो', तब तो वह काव्य ही नहीं हो सकता, यह बात पहले ही (प्रथम परिच्छेद में) कह चुके हैं। और यदि ईषद् अर्थ में नञ् का प्रयोग मानकर 'अव्यंग्य' पद का अर्थ 'ईषद्व्यंग्य' माना जाय तो प्रश्न यह है कि इस पद का क्या तात्पर्य है ? क्या आस्वाद्य वस्तुके थोड़े व्यंग्य होने पर 'ईषद्व्यंग्यत्व' विवक्षित है ? अथवा अनास्वाद्य वस्तु के व्यंग्य होने पर ? यदि पहला पक्ष मानो तब तो पहले दो भेदों (ध्वनि, गुणीभूतव्यंग्य) में ही इसका अन्तर्भाव हो सकता है, और यदि दूसरा पक्ष (अनास्वाद्यव्यंग्यत्व) मानो तो वह काव्य ही नहीं हो सकता। क्योंकि आस्वाद्य ही काव्य होता है। यदि अनास्वाद्य है तो क्षुद्र ही हुआ। क्षुद्रता होने पर ही अनास्वाद्यत्व हुआ करता है।

यही ध्वनिकार ने भी कहा है—**प्रधानेति**—इस प्रकार प्रधान और अप्रधान रूप से व्यंग्य अर्थ के व्यवस्थित होने पर दो प्रकार के काव्य कहलाते हैं। और जो इनसे भिन्न है, उन्हें चित्र कहते हैं।

वस्तुतः प्रकृतकारिका से विश्वनाथजी के मत का समर्थन नहीं होता, प्रत्युत वह इनके विरुद्ध है। उसको अपने मत का उपष्टम्भक बताना अज्ञानमूलक है। प्रकृतकारिका में प्रधानव्यंग्य और गुणीभूतव्यंग्य के अतिरिक्त **काव्य को चित्रकाव्य** कहा है, काव्य के अतिरिक्त समस्त वस्तुओं को चित्र नहीं बताया है। इसी से इसकी अगली कारिका में इसी चित्रकाव्य का विवरण किया है—

'चित्रं शब्दार्थभेदेन द्विविधं च व्यवस्थितम्। तत्र किंचिच्छब्दचित्रं वाच्यचित्रमतः परम् ॥४३॥

काव्यप्रकाशकार ने इसी के अनुसार 'चित्रकाव्य' का वर्णन किया है। प्रकृतकारिका के उत्तरार्ध का अर्थ **है—ततः काव्यद्वयात् यत् अन्यत् काव्यं तत् चित्रं कथ्यते**—यदि इस वाक्य में 'काव्यं' का सम्बन्ध न किया जाय तो उक्त दो काव्यों से अतिरिक्त संसार में जो कुछ है वह सब 'चित्र' कहाने लगेगा। ग्रामीणों की बातचीत, बाजारू गालियां और ईंट-पत्थर तक सब 'चित्र' कहाने लगेंगे।

इति विमलायां चतुर्थः परिच्छेदः समाप्तः।

पञ्चमः परिच्छेदः ।

अथ केयमभिनवा व्यञ्जना नाम वृत्तिरित्युच्यते—

वृत्तीनां विश्रान्तेरभिधातात्पर्यलक्षणाख्यानाम् ।
अङ्गीकार्या तुर्या वृत्तिर्बोधे रसादीनाम् ॥ १ ॥

अभिधायाः संकेतितार्थमात्रबोधनविरतायाा न वस्त्वलंकाररसादिव्यंग्यबोधने क्षमत्वम् । न च संकेतितो रसादिः । नहि विभावाद्यभिधानमेव तदभिधानम्, तस्य तदैकरूप्यानङ्गीकारात् । यत्र च स्वशब्देनाभिधानं तत्र प्रत्युत दोष एवेति वक्ष्यामः । क्वचिच्च 'शृङ्गाररसोऽयम्' इत्यादौ

अथ पञ्चमः परिच्छेदः ।

देवो देयादुदीतं दिवि दवदवनद्योतविद्योतमानो
भानोर्भ्राजिष्णुलीलालयविलयकलोत्केलिभालान्तरालः ।
भ्राम्यद्भूतप्रभूताऽट्टहसितमिषतस्त्रासिताऽशेषभीति-
र्भूतेशो भक्तभूतिर्भवभवदवथुद्रावणः शूलपाणिः ॥ १ ॥

पहले कहा जा चुका है कि व्यंग्य अर्थ काव्यव्यवहार का कारण है और व्यंग्य वही है जो व्यंजनाशक्ति से बोधित हो, परन्तु व्यंजनाशक्ति सर्वसम्मत नहीं है, उस पर अनेक आचार्यों का विवाद है, अतः अलङ्कार शास्त्र के सिद्धान्तानुसार व्यञ्जनाशक्ति को सिद्ध करने और उसके ऊपर किये हुए आक्षेपों को दूर करने के लिये उत्थानिका देते हैं—**अथ केयमिति**—यह व्यंजना नामक नयी वृत्ति क्यों मान रक्खी है ? इसका क्या प्रयोजन है ? उत्तर—**वृत्तीनाम्**—अपना अपना नियत अर्थ बोधन करके अभिधा, तात्पर्य और लक्षणा इन तीनों वृत्तियों के विरत हो जाने के कारण रसादिकों के बोधन के लिये चौथी वृत्ति (व्यञ्जना) मानना आवश्यक है । **"शब्दबुद्धिकर्मणां विरम्य व्यापाराभावः"** अर्थात् 'शब्द, बुद्धि और कर्म इन तीनों का कोई व्यापार, विरत होकर, फिर नहीं उठ सकता', इसलिये **'देवदत्तो ग्रामं गच्छति'** इत्यादि स्थल में अभिधावृत्ति से पहले-पहल सब पदों के अर्थ अलग अलग उपस्थित होते हैं और फिर उसके विरत होने पर, तात्पर्यनामक वृत्ति के द्वारा उनका कर्तृत्व कर्मत्वादिरूप से अन्वय होकर एक वाक्यार्थ बनता है । यदि अभिधा के अनन्तर तात्पर्यवृत्ति अनुपपन्न हो तो लक्षणा का आश्रयण किया जाता है । जैसे **'गङ्गायां घोषः'** यहाँ 'गङ्गा' पद से प्रवाह और 'घोष' पद से अहीरों की झोपड़ियों का बोध, अभिधा के द्वारा हो जाने पर तात्पर्य अनुपपन्न होता है, क्योंकि प्रवाह के ऊपर कुटीरों (झोपड़ियों) का होना असम्भव है, अतः गंगापद के अर्थ (प्रवाह) का वाक्यार्थ में अधिकरणतारूप से सम्बन्ध अनुपपन्न है । इसलिये 'गङ्गा' पद सामीप्य सम्बन्ध से अपने सम्बन्धी 'तट' को लक्षणा के द्वारा उपस्थित करता है । तदनन्तर **'गंगातटे घोषः'** ऐसा अर्थ उपस्थित होता है । इस प्रकार अभिधाशक्ति, सबसे पहले, अपना काम करती है और तात्पर्य बाधित होने पर दूसरे नम्बर पर लक्षणा आती है । इस प्रकार तीसरे, और यदि तात्पर्य अनुपपन्न न हो तो दूसरे ही, नम्बर पर तात्पर्य वृत्ति वाक्यार्थ का ज्ञान कराती है । परन्तु रस, भाव आदि की प्रतीति वाक्यार्थ ज्ञान के भी पीछे होती है । उस समय अभिधा, लक्षणा और तात्पर्य ये तीनों वृत्तियाँ अपना अपना काम करके विरत हो चुकती हैं । और विरत हुए शब्द-व्यापार का फिर उठना असम्भव है, अतः कोई चौथी वृत्ति यदि न मानी जाय तो रसादि का बोध किसके द्वारा होगा ? इसलिये तुरीय (चतुर्थ) वृत्ति मानना परम आवश्यक है । उसी को व्यंजना कहते हैं ।

अभिधाया इति—अभिधा केवल संकेतित अर्थ का बोधन करके विरत हो जाती है । अतः उसका वस्तु, अलङ्कार और रसादिरूप व्यंग्य के बोधन में सामर्थ्य नहीं हो सकता । **न चेति**—इसके अतिरिक्त सरस काव्य में विभावादि का ही वर्णन होता है । उन विभावादिकों के वाचक पदों का रस में संकेतग्रह है ही नहीं । जिस प्रकार 'घट' पद का संकेत घड़े में गृहीत है—उस पद से वह अर्थ बिना विलम्ब उपस्थित हो जाता है—इस प्रकार राम, सीता आदि पद—जो विभावादि के वाचक हैं—उनका संकेत किसी रसादि में

स्वशब्देनाभिधानेऽपि न तत्प्रतीतिः, तस्य स्वप्रकाशानन्दरूपत्वात्। अभिहितान्वयवादिभिरङ्गीकृता तात्पर्याख्या वृत्तिरपि संसर्गमात्रे परिक्षीणा न व्यंग्यबोधिनी।

यच्च केचिदाहुः—'सोऽयमिषोरिव दीर्घदीर्घतरोऽभिधाव्यापारः' इति, यच्च धनिकेनोक्तम्—

'तात्पर्याव्यतिरेकाच्च व्यञ्जकत्वस्य, न ध्वनिः। यावत्कार्यप्रसारित्वात्तात्पर्यं न तुलाधृतम्॥' इति, तयोरुपरि 'शब्दबुद्धिकर्मणां विरम्य व्यापाराभावः' इति वादिभिरेव पातनीयो दण्डः।

एवं च किमिति लक्षणाप्युपास्या? दीर्घदीर्घतराभिधाव्यापारेणापि तदर्थबोधसिद्धेः। किमिति च 'ब्राह्मण, पुत्रस्ते जातः,' 'कन्या ते गर्भिणी' इत्यादावपि हर्षशोकादीनामपि न वाच्यत्वम्?

तो गृहीत है ही नहीं, जो उनसे अभिधा के द्वारा शृंगारादिरस का बोध हो जाय। नहीति—और न विभावादि का अभिधान (वर्णन) ही रसादि का अभिधान कहा जा सकता है, क्योंकि रसादिक और विभावादिकों को एक नहीं माना जाता। रसादि और उनके विभावादि परस्पर भिन्न होते हैं। यत्र चेति—यद्यपि 'रस' और 'शृंगार' आदि पद रसों में संकेतित हैं, परन्तु जहाँ जहाँ रस की प्रतीति होती है वहाँ वहाँ न तो रसादि पद ही मिलते हैं, न शृंगारादि ही। किन्तु इसके विपरीत जहाँ कहीं 'रस' अथवा शृंगारादि पदों से अभिमत रस का अभिधान किया जाता है उसे आगे चलकर दोषों में गिनायेंगे। क्वचिच्चेति—कहीं कहीं तो 'शृङ्गाररसोऽयम्' यह कह देने पर भी शृंगाररस की प्रतीति नहीं होती, क्योंकि रस तो स्वयंप्रकाश है और आनन्दस्वरूप है। परन्तु अभिधावृत्ति से उत्पन्न ज्ञान न तो स्वयंप्रकाश ही होता है और न आनन्दस्वरूप ही, अतः उक्त कारणों से अभिधा शक्ति के द्वारा रस की प्रतीति होना असम्भव है।

जैसे वादी-संवादी और अनुवादी स्वरों का यथावत् आरोह अवरोह करने पर भैरव आदि राग व्यक्त होते हैं उसी प्रकार विभाव, अनुभाव और संचारी के यथावत् निरूपण करने पर रस अभिव्यक्त होते हैं। जिस प्रकार बार-बार 'भैरव-भैरव' कहने पर भी, यदि उचित क्रम से स्वरसंनिवेश न किया जाय तो ;उक्त राग नहीं बन सकता, उसी प्रकार विभावादिकों का समुचित संनिवेश हुए विना चाहें कोई बीसों बार 'रस-रस' या 'शृंगार-शृंगार' ही क्यों न चिल्लाया करे, रस की व्यक्ति नहीं हो सकती। जैसे समुचित स्वरसंनिवेश होने पर, किसी राग का नाम न लेने पर भी उसकी साक्षात् मूर्ति सी सामने खड़ी हो जाती है, वैसे ही रस का नाम न लेने पर भी, विभावादिकों का समुचित संनिवेश होने पर, रस का सुस्पष्ट आस्वाद होने लगता है, अतः राग के समान रस भी व्यंग्य ही है, अभिधेय नहीं।

अभिहितेति—अभिहितान्वयवादियों (कुमारिलभट्ट प्रभृति मीमांसकों) की मानी हुई 'तात्पर्य' वृत्ति भी केवल संसर्ग (कर्तृत्व कर्मत्वादि) का बोधन करके परिक्षीण हो जाती है, अतः उससे भी व्यंग्य अर्थ के बोध होने की कोई आशा नहीं। यच्चेति—यह जो कोई कहते हैं कि 'अभिधाशक्ति का व्यापार बाण के व्यापार की तरह बड़े से बड़ा हो सकता है' अर्थात् जिस प्रकार किसी बलवान् पुरुष का छोड़ा हुआ बाण अपने एक ही व्यापार से शत्रु के कवच को तोड़कर, छाती को फाड़कर, उसके प्राणों का हरण करता है, इसी प्रकार व्युत्पन्नमति पुरुषों से कहे हुए शब्द एक ही अभिधा व्यापार से संकेतित अर्थ को उपस्थित करके व्यंग्य अर्थ का भी बोधन कर देते हैं।

इसके अतिरिक्त धनिकने जो कहा था कि—तात्पर्येति—'व्यञ्जकत्व' तात्पर्य से भिन्न कोई वस्तु नहीं, अतः 'ध्वनि' या व्यञ्जनावृत्ति तात्पर्यवृत्ति से भिन्न कुछ नहीं है। तात्पर्य का प्रसार तो जहाँ तक चाहें वहाँ तक हो सकता है—'यावत्कार्यप्रसारी' होता है। जितना कार्य हो उतना ही तात्पर्य का प्रसार (फैलाव) हो सकता है। तात्पर्य, तराजू पर तोली हुई कोई वस्तु नहीं है, जिसके झट से घट जाने का सन्देह हो। अतः तात्पर्यवृत्ति से ही वाक्यार्थ का ज्ञान और व्यंग्यार्थ का भान, दोनों हो सकते हैं। व्यञ्जनावृत्ति के पृथक् मानने की कोई आवश्यकता नहीं।

इन मतों का खण्डन करते हैं—तयोरिति—इन दोनों के ऊपर तो 'शब्दबुद्धीत्यादि' न्याय के मानने वाले ही सोंटा फटकार देंगे। जब विरत होने पर फिर शब्द के उस व्यापार से काम ही नहीं हो सकता तो "दीर्घदीर्घतर" व्यापार कहके एकही से अनेकबार काम लेना सम्भव नहीं। और न वाक्यार्थ-बोध के पीछे

यत्पुनरुक्तं "पौरुषेयमपौरुषेयं च वाक्यं सर्वमेव कार्यपरम्, अतत्परत्वेऽनुपादेयत्वादुन्मत्तवाक्यवत्, ततश्च काव्यशब्दानां निरतिशयसुखास्वादव्यतिरेकेण प्रतिपाद्यप्रतिपादकयोः प्रवृत्त्यौपयिकप्रयोजनानुपलब्धेर्निरतिशयसुखास्वाद एव कार्यत्वेनावधार्यते। 'यत्परः शब्दः स शब्दार्थः' इति न्यायात्" इति।

तत्र प्रष्टव्यम्—किमिदं तत्परत्वं नाम, तदर्थत्वं वा, तात्पर्यवृत्त्या तद्बोधकत्वं वा? आद्ये न विवादः, व्यंग्यत्वेऽपि तदर्थतानपायात्। द्वितीये तु—केयं तात्पर्याख्या वृत्तिः? अभिहितान्वय-

---

तात्पर्यवृत्ति से ही कुछ काम चल सकता है। बाण का दृष्टान्त यहाँ उक्त न्याय से ही अनादृत हो जाता है। "**तुलाधृतम्**" का उपहास भी अकिञ्चित्कर है।

यदि कोई कहे कि 'हम न्याय को ही नहीं मानते' तो उसका समाधान करते हैं—**एवं चेति**—यदि अभिधा के इस 'दीर्घ-दीर्घतर' व्यापार से ही व्यंग्यार्थ का बोध मानते हो तो तुम्हें लक्षणाशक्ति के मानने की भी क्या आवश्यकता है? उसका मानना भी छोड़ दो। इस अभिधा के 'लम्बे लम्बे' (दीर्घ-दीर्घतर) व्यापार से ही लक्ष्यार्थ के बोधन का भी काम चला लेना। तुम्हारी एक ही शक्ति रबड़ की तरह फैल कर दीर्घ-दीर्घतर व्यापार कर लेगी। इसके अतिरिक्त यदि शब्द सुनने के अनन्तर जो अर्थ प्रतीत होते हैं उन्हें अभिधा से ही बोधित मानते हो तो '**ब्राह्मण पुत्रस्ते जातः**' इससे सुनने के पीछे प्रतीत हुआ हर्ष और '**कन्या ते गर्भिणी**' इस वाक्य के सुनने के पीछे प्रतीत हुआ शोक भी वाच्य क्यों न हो जायगा? इस लिये "अभिधा के दीर्घ-दीर्घतर व्यापार से ही व्यङ्ग्यार्थ का बोध हो सकता है" यह मीमांसकों का मत ठीक नहीं।

जो अन्विताभिधानवादी मीमांसक लोग '**यत्परः शब्दः स शब्दार्थः**' इस न्याय के बल से व्यङ्ग्य का अभिधा के द्वारा प्रतीत होना मानते हैं, उनका निराकरण करते हैं—**यत्पुनरिति**—यह जो कहा है कि पौरुषेय हो या अपौरुषेय, सभी वाक्य कार्यपरक होते हैं। यदि कार्यपरक न हों तो प्रमत्त प्रलाप की तरह अनुपादेय हो जायँ। वाक्यों की उपादेयता तभी प्रतीत होती है जब वे किसी कार्य के बोधन में तत्पर हों। जिन वाक्यों का कुछ विधेय नहीं होता, जो किसी कार्य का विशेषरूप से बोधन नहीं करते, वे पागलों की बड़बड़ाहट की तरह अग्राह्य होते हैं, अतः वर्तमानकालिक पुरुषों के अथवा मनु आदि महर्षियों के पौरुषेय वाक्य एवम् वेदादि के अपौरुषेय वाक्य सभी कार्यपरक माने जाते हैं। ये सभी किसी विशेषता के बोधक समझे जाते हैं। **ततश्चेति**—इसलिये काव्यशब्दों को भी कार्यपरक मानना ही पड़ेगा। और काव्यों के प्रतिपाद्यों (श्रोताओं) और प्रतिपादकों (वक्ताओं) की प्रवृत्ति का औपयिक (फल) निरतिशय सुखास्वाद (अपूर्व आनन्दानुभव) के सिवा और कुछ मिलता नहीं, इसलिये काव्यवाक्यों का कार्य अथवा विधेय ही निरतिशय सुखास्वाद माना जाना चाहिये, क्योंकि '**यत्परः शब्दः स शब्दार्थः**' यह नियम है। 'शब्द जिसका बोधक हो--जिस तात्पर्य का बोध कराने के लिये प्रयुक्त हो-वही उस शब्द का अर्थ होता है'।

तात्पर्य—यह है कि प्रत्येक पुरुष की प्रवृत्ति किसी फल की इच्छा से ही होती है। काव्य के सुनने सुनाने में जिन लोगों की प्रवृत्ति है उसका यदि फल देखा जाय तो अपूर्व आनन्दानुभव के सिवा और कुछ नहीं मिलेगा, इसलिये उन काव्यवाक्यों का 'निरतिशय आनन्द के बोधन में तात्पर्य है', ऐसा मानना चाहिये, क्योंकि उन्हीं शब्दों से वह उत्पन्न हुआ है। और 'जो जिस शब्द का तात्पर्य हो वह उसी का अर्थ माना जाता है', यह नियम (यत्परः शब्दः) कहा जा चुका है। अतः काव्यों का कार्य अथवा विधेय निरतिशय आनन्द ही है।

इस मत का विकल्पों के द्वारा खण्डन करते हैं-**तत्र प्रष्टव्यम्**-यह जो कहते हो कि जिसमें शब्दका तात्पर्य हो वही शब्दार्थ है, यहाँ प्रष्टव्य यह है कि 'तत्परत्व' क्या वस्तु है? अर्थात् इस उक्त नियम में 'तात्पर्य' शब्द से तुम्हारा क्या अभिप्राय है? क्या तात्पर्य का मतलब तदर्थत्व है? अथवा तात्पर्य नामक वृत्ति से बोधित होना? यदि पहला पक्ष मानो तो कोई विवाद ही नहीं। क्योंकि व्यंग्य होने पर भी 'तदर्थत्व' का अपाय नहीं होता। तदर्थत्व का मतलब है, उस पद का अर्थ होना। इससे यह तो निकलता ही नहीं कि कौन सी वृत्ति से वह अर्थ होना चाहिये। चाहें किसी भी वृत्ति से निकला हुआ अर्थ उस शब्द का 'तदर्थ' कहला सकता है। इसलिये व्यञ्जनाशक्ति के द्वारा प्रतीत हुआ निरतिशयानन्द भी यदि तदर्थ कहलाये तो कोई क्षति नहीं, क्योंकि इससे आलङ्कारिकों की मानी हुई व्यञ्जनावृत्ति का खण्डन नहीं हो सकता, अतः इस पक्ष में हमें विवाद करने की भी कोई

वादिभिरङ्गीकृता, तदन्या वा ? आद्ये दत्तमेवोत्तरम् । द्वितीये तु नाममात्रे विवादः । तन्मतेऽपि तुरीयवृत्तिसिद्धेः ।

नन्वस्तु युगपदेव तात्पर्यशक्त्या विभावादिसंसर्गस्य रसादेश्च प्रकाशनम्—इति चेत्, न । तयोर्हेतुफलभावाङ्गीकारात् । यदाह मुनिः—'विभावानुभावव्यभिचारिसंयोगाद्रसनिष्पत्तिः' इति । सहभावे च कुतः सव्येतरविषाणयोरिव कार्यकारणभावः ? पौर्वापर्यविपर्ययात् ।

'गङ्गायां घोषः' इत्यादौ तटाद्यर्थमात्रबोधविरताया लक्षणायाश्च कुतः शीतत्वपावनत्वादिव्यंग्यबोधकता । तेन तुरीया वृत्तिरुपास्यैवेति निर्विवादमेतत् । किंच—

बोद्धृस्वरूपसंख्यानिमित्तकार्यप्रतीतिकालानाम् ।
आश्रयविषयादीनां भेदाद्भिन्नोऽभिधेयतो व्यङ्ग्यः ॥२॥

आवश्यकता नहीं । द्वितीये तु—यदि दूसरा पक्ष मानो तो यह बतलाओ कि यह तात्पर्य नामक वृत्ति कौन सी है ? क्या अभिहितान्वयवादी मीमांसकों की मानी हुई 'संसर्गमर्यादा' नामक सम्बन्धबोधक वृत्ति है ? या कोई दूसरी ? इनमें से यदि पहला पक्ष मानो तो इसका उत्तर पहले ही दिया जा चुका है कि तात्पर्यवृत्ति से पदार्थों का सम्बन्धमात्र बोधन होता है । उसके बाद वह परिक्षीण हो जाती है, अतः उससे फिर व्यंग्य अर्थ का बोध कराना सम्भव नहीं । यदि उससे अतिरिक्त वृत्ति मानकर उसका नाम 'तात्पर्यवृत्ति' रखते हो, तब तो नाममात्र में विवाद रहा । पूर्वसम्मत अभिधा, लक्षणा और तात्पर्य के अतिरिक्त चौथी वृत्ति तो तुम्हारे मत में भी सिद्ध हो ही गई । भेद केवल इतना रहा कि हम चौथी वृत्तिको 'व्यञ्जना' कहते हैं और तुम तीसरी तथा चौथी दोनों को तात्पर्यवृत्ति कहते हो । वस्तु तो अलग सिद्ध हो ही गई ।

नन्वस्तु—अच्छा, अभिहितान्वयवादियों की सम्मत तात्पर्यशक्ति से ही पदार्थों का परस्पर सम्बन्ध (विभावादि का संसर्ग) और रसादि का ज्ञान यदि एक साथ ही प्रकाशित हो जाय तो क्या हानि है ? इस प्रकार चौथी वृत्ति भी नहीं माननी पड़ेगी और काम भी चल जायगा । केवल तात्पर्यवृत्ति से ही दोनों का प्रकाशन मान लेंगे । इसका खण्डन करते हैं । इति चेन्न—यह नहीं हो सकता, क्योंकि विभावादि के संसर्ग को रस का कारण माना गया है और रसज्ञान को विभावादिज्ञान का कार्य माना गया है । कार्य और कारण कभी एक साथ हो नहीं सकते । कारण पहले हुआ करता है और कार्य उसके पीछे, अतः एकवृत्ति से इन दोनों का एक साथ ज्ञान नहीं हो सकता । इन दोनों का कार्यकारणभाव भरतमुनि ने कहा है 'विभावेति'—'विभाव, अनुभाव और सञ्चारियोंके संयोग से अर्थात् इन कारणों से रस की निष्पत्ति अर्थात् रसरूप कार्य की सिद्धि होती है' । पहले सिद्ध किया है कि रस कार्य नहीं होता, अतः यहाँ पौर्वापर्य के कारण उन शब्दों का लाक्षणिक प्रयोग जानना । अथवा आवरणभंगके कारण को उपचार से रस का कारण कह दिया है । सहभावे च—यदि विभावादि ज्ञान और रसज्ञान का सहभाव (एक ही काल में उत्पन्न होना) माना जाय तो कार्यकारण भाव नहीं बन सकता । एक साथ निकले हुए किसी पशु के बायें और दहिने सींग एक दूसरे के कार्य और कारण नहीं हुआ करते । जहाँ पौर्वापर्य हो वहीं कार्यकारणभाव होता है । उसके विपर्यय में नहीं ।

इससे यह सिद्ध हुआ कि तात्पर्यवृत्तिसे व्यंग्यार्थ का बोध नहीं हो सकता । अब लक्षणा के द्वारा व्यंग्यार्थबोध को असंभवनीयता दिखाते हैं ।

गंगायामिति—'गङ्गायां घोषः' इत्यादि स्थलों में लक्षणाशक्ति केवल तटादि रूप अर्थ का बोधन करके विरत हो जाती है, फिर उससे शीतत्व पावनत्व आदि व्यङ्ग्य का बोध नहीं हो सकता, इसलिये पूर्व ग्रन्थ से यह सिद्ध हुआ कि अभिधा, तात्पर्य और लक्षणा इन तीनों वृत्तियों से व्यंग्यार्थ का बोध नहीं हो सकता, अतः चौथी वृत्ति माननी ही पड़ेगी । अवश्य ही माननी पड़ेगी । इसी का नाम व्यञ्जना है ।

अब वाच्यार्थ से व्यंग्यार्थ का अत्यन्त भेद दिखा के, उसके द्वारा, उन अर्थों की बोधक वृत्तियों की भिन्नता सिद्ध करके, अभिधावृत्ति से व्यञ्जना का भेद प्रतिपादन करते हैं । बोद्धिति—बोद्धा, स्वरूप, संख्या, निमित्त, कार्य प्रतीति, काल, आश्रय और विषय आदि की भिन्नता के कारण व्यंग्य, अभिधेय (वाच्यार्थ) से भिन्न

वाच्यार्थव्यंग्यार्थयोर्हि पदतदर्थमात्रज्ञाननिपुणैर्वैयाकरणैरपि सहृदयैरेव च संवेद्यतया बोद्धृभेदः। 'भम धम्मिअ-' इत्यादौ कचिद्वाच्ये विधिरूपे निषेधरूपतया, कचित् 'निःशेषच्युतचन्दनम्-' इत्यादौ निषेधरूपे विधिरूपतया च स्वरूपभेदः। 'गतोऽस्तमर्कः' इत्यादौ च वाच्योऽर्थ एक एव प्रतीयते व्यंग्यस्तु तद्बोद्ध्रादिभेदात् कचित् 'कान्तमभिसर' इति, 'गावो निरुध्यन्ताम्' इति, 'नायकस्यायमागमनावसरः' इति, 'संतापोऽधुना नास्ति' इत्यादिरूपेणानेक इति संख्याभेदः। वाच्यार्थः शब्दोच्चारणमात्रेण वेद्यः। एष तु तथाविधप्रतिभानैर्मल्यादिनेति निमित्तभेदः। प्रतीतिमात्रकरणाच्चमत्कारकरणाच्च कार्यभेदः। केवलरूपतया चमत्कारितया च प्रतीतिभेदः। पूर्वपश्चाद्भावेन च कालभेदः। शब्दाश्रयत्वेद शब्दतदेकदेशतदर्थवर्णसंघटनाश्रयत्वेन चाश्रयभेदः।

'कस्स व ण होइ रोसो दट्ठूण पिआए सव्वणं अहरम्।
सब्भमरपउमग्घाइणि वारिअवामे सहसु एण्हिम्॥'

इति सखीतत्कान्तविषयत्वेन विषयभेदः, तस्मान्नाभिधेय एव व्यंग्यः। किं च--

---

है। क्रम से इनका भेद दिखाते हैं—वाच्यार्थेति—शब्दों का वाच्य अर्थ तो उन वैयाकरणों को भी ज्ञात हो जाता है जो केवल पद और पदार्थ का ही साधारण ज्ञान रखते हैं, परन्तु व्यंग्य अर्थ केवल सहृदयों को ही भासित होता है। वाच्यार्थ के बोद्धा (ज्ञाता) प्रखर वैयाकरण भी हो सकते हैं, परन्तु व्यंग्य अर्थ उन्हें छू तक नहीं जाता, अतः बोद्धा के भेद से इन दोनों अर्थों का भेद सिद्ध होता है। यदि व्यंग्यार्थ वाच्यार्थ से भिन्न न होता तो उसे वैयाकरण भी समझ ही लेते।

"भ्रम धार्मिक" इत्यादि स्थलमें वाच्यार्थ विधिस्वरूप हैं, परन्तु व्यंग्यार्थ निषेधरूप है। एवं 'निःशेषच्युत' इत्यादि में वाच्यार्थ निषेधरूप है, परन्तु व्यंग्यार्थ विधिरूप है, अतः वाच्यार्थ और व्यंग्यार्थ के स्वरूप में भी भेद होता है।

"गतोऽस्तमर्कः" इत्यादि में वाच्य अर्थ सबको एक ही प्रतीत होता है, परन्तु व्यङ्ग्य अर्थ भिन्न भिन्न श्रोताओं को भिन्न भिन्न रूप से प्रतीत होते हैं, अतः वाच्यार्थ की अपेक्षा व्यङ्ग्यार्थ में संख्याभेद भी है। तथाहि—यदि दूती ने आकर नायिका से कहा कि 'गतोऽस्तमर्कः' तो वाच्य अर्थ तो यही होगा कि 'सूर्य अस्त हो गया', परन्तु व्यङ्ग्यार्थ यह होगा कि 'नायक के समीप अभिसरण करो'। यही वाक्य यदि किसी गोपाल ने अपने साथी से कहा तो वाच्य वही रहेगा, परन्तु व्यङ्ग्य यह होगा कि 'गौयें इकट्ठी करो, अब चलने का समय हो गया।' यदि किसी कामकाजी आदमी की स्त्री ने यह कहा तो, यह व्यङ्ग्य रहेगा कि 'अब स्वामी के आने का समय है'। यदि दिन की धूप से सन्तप्त किसी आदमी ने कहा तो यह प्रतीत होगा कि 'अब सन्ताप नहीं है'। यदि पढ़ते हुए ब्रह्मचारी से किसीने कहा तो यह व्यक्त होगा कि 'अब पढ़ना बन्द करो, सन्ध्या-हवन का समय है'। यदि किसी डाकू ने अपने साथी से कहा तो सूचित होगा कि 'शस्त्र लेकर तयार हो जाओ'। इन सब स्थानों पर वाच्य तो एक ही है, परन्तु व्यङ्ग्य अनेक हैं, अतः संख्याभेद से वाच्य की अपेक्षा व्यंग्य भिन्न होता है।

वाच्यार्थ इति—वाच्य अर्थ केवल शब्द के उच्चारण से ही प्रतीत हो सकता है, परन्तु व्यंग्यार्थ समझने के लिये विशुद्ध (निर्मल) प्रतिभा की आवश्यकता है, अतः निमित्त भेद के कारण भी वाच्य से व्यंग्य भिन्न है।

प्रतीतीति—वाच्यार्थ से केवल वस्तु का ज्ञान होता है। परन्तु व्यंग्य अर्थ से चमत्कार उत्पन्न होता है, अतः इन दोनों के कार्य में भी भेद है।

पूर्वेति—वाच्य अर्थ पहले प्रतीत होता है व्यंग्य उसके पीछे, अतः इन दोनों में काल का भी भेद है।

शब्देति—वाच्य केवल शब्दों में आश्रित रहता है, और व्यंग्य, शब्द में, शब्द के किसी एक देश में, अर्थ में, किसी वर्ण में, अथवा रचना में भी रह सकता है, अतः इन दोनों के आश्रय भी भिन्न होते हैं।

कस्सवेति "कस्य वा न भवति रोषो दृष्ट्वा प्रियायाः सव्रणमधरम्। सभ्रमरपद्माघ्रायिणि, वारितवामे सहस्वेदानीम्॥" अर्थ—प्रिया का व्रणयुक्त ओष्ठ देखकर, भला किसके मन में क्षोभ न होगा? सभी को सन्देह

प्रागसत्त्वाद्रसादेर्नो बोधिके लक्षणाभिधे।
किंच मुख्यार्थबाधस्य विरहादपि लक्षणा॥ ३॥

'न बोधिका' इति शेषः। नहि कोऽपि रसनात्मकव्यापाराद्भिन्नो रसादिपदप्रतिपाद्यः पदार्थः प्रमाणसिद्धोऽस्ति, यमिमे लक्षणाभिधे बोधयेताम्।

किंच यत्र 'गङ्गायां घोषः' इत्यादावुपात्तशब्दार्थानां बुभूषन्नेवान्वयोऽनुपपत्त्या बाध्यते तत्रैव हि लक्षणायाः प्रवेशः। यदुक्तं न्यायकुसुमाञ्जलावुदयनाचार्यैः—

हो सकता है। मैंने बहुतेरा मना किया, पर तूने एक न मानी और भ्रमरयुक्त कमल को सूँघ ही लिया। हे भ्रमरयुक्त पद्म को सूँघनेवाली निवारितवामा, अब तू सहन कर। जो कुछ तेरे सिरपर पड़े उसे भोग। जब तू किसी का कहा मानती ही नहीं तो कोई क्या कर सकता है? यहाँ वाच्य अर्थ का विषय तो वही नायिका है, जिससे यह सखी उक्त वाक्य कह रही है, और व्यंग्य अर्थ का विषय उसका पति है, जिसे उसके ओष्ठ में व्रण देखकर सन्देह हुआ है। सखी इस प्रकार बोल रही है मानो उसने नायक को देखा ही नहीं। 'ओष्ठ में जो व्रण है वह भ्रमर के काटने से हुआ है, परपुरुष के सङ्ग से उत्पन्न नहीं हुआ" यह अर्थ यहाँ व्यंग्य है। परन्तु इसका विषय नायक ही है, क्योंकि उसीको यह बात बताने की आवश्यकता है। नायिका तो खूब जानती है कि व्रण कैसे हुआ है। अतः नायिका में केवल वाच्यार्थ ही उपयुक्त है और नायक में केवल व्यंग्यार्थ। इसलिये वाच्य और व्यंग्य में विषयभेद भी होता है। इन सब उक्त भेदों के कारण वाच्यार्थ से व्यंग्यार्थ की भिन्नता स्पष्ट है। अभिधेय ही व्यंग्य नहीं हो सकता।

व्यञ्जना वृत्ति माने विना रसादि का बोध नहीं हो सकता यह कहते हैं—

प्रागसत्त्वात् इति—शब्दव्यापार से पहले रसादिकों की सत्ता ही नहीं होती, अतः लक्षणा और अभिधा रस का बोधक नहीं हो सकतीं। अभिधा और लक्षणा से वह वस्तु बोधित हो सकती है जो पहले से विद्यमान हो। गङ्गा और उसका तट पहले ही से सिद्ध (विद्यमान) है, अतः 'गङ्गायां घोषः' यहाँ—'गङ्गा' पद अभिधा से प्रवाह को और लक्षणा से तट को बोधित करता है। असिद्धवस्तु में लक्षणा और अभिधा की गति नहीं होती। रसन (आस्वादन) व्यापार से भिन्न रस पद का प्रतिपाद्य कोई पदार्थ प्रमाणसिद्ध नहीं है, जिसे लक्षणा और अभिधा शक्ति बोधित कर सके।

वस्तुतस्तु यह नियम नहीं है कि अभिधा से सिद्ध वस्तु का ही बोध होता हो। **'घटं करोति', 'ओदनं पचति'** इत्यादिक उदाहरणों में घट और ओदन पहले से विद्यमान नहीं रहते, प्रत्युत क्रिया निष्पत्ति के अनन्तर सम्पन्न होते हैं। कर्ता के व्यापार का विषय घट या ओदन नहीं होता, अपितु उनके साधन मृत्तिका और तण्डुल आदि होते हैं। अतएव श्रीवाचस्पति मिश्र ने लिखा है कि—**साधनगोचरो हि कर्तृव्यापारो न फलगोचरः'**। यदि रस को व्यापार विशेष (रसन) स्वरूप मानें तो भी वह अभिधा और लक्षणा से अप्रतिपाद्य सिद्ध नहीं होता। जब समस्त व्यापारों का इन शक्तियों के द्वारा बोधन होता है, तो रसन व्यापार का बोध इनसे क्यों नहीं हो सकता?

काव्यप्रकाशकार ने लिखा है—**'वाचकानामर्थापेक्षा, व्यञ्जकानां तु न तदपेक्षत्वम्**—इसकी टीका करते हुए प्रदीपकार ने लिखा है—**'वाचकस्य संकेतितार्थापेक्षा, संकेतित एवार्थेऽभिधा प्रवर्तते नत्वेवं व्यञ्जकः'** यह ठीक है। अभिधा और लक्षणा दोनों ही संकेतित अर्थ की अपेक्षा करती हैं, किन्तु उसका पहले से सिद्ध (विद्यमान) रहना आवश्यक नहीं। अभिधा के द्वारा रसादि का बोध इसी कारण नहीं होता कि रस के व्यञ्जक पदों का संकेत उस रस में नहीं होता। 'शून्यं वासगृहम्' इत्यादिक शब्द शृंगार रस में संकेतित नहीं हैं। यहाँ 'प्रागसत्त्व' प्रयोजक नहीं है। 'गङ्गायां घोषं रचयति' इत्यादि उदाहरणों में लक्षणा भी 'प्रागसत्' = असिद्ध वस्तु में प्रवृत्त होती है।

किञ्च मुख्यार्थेति—इसके अतिरिक्त रस के प्रतीतिस्थल में मुख्य अर्थ का बाध भी नियत नहीं। इस कारण भी लक्षणा के द्वारा रस की प्रतीति नहीं हो सकती। हेत्वन्तर कहते हैं—**किञ्च यत्रेति**—गङ्गायां घोषः इत्यादि स्थल में जहाँ उन पदों के अर्थों का सम्बन्ध आपस में अनुपपन्न हो—अनुपपत्ति के कारण जहाँ वाच्य

'श्रुतान्वयादनाकाङ्क्षं न वाक्यं ह्यन्यदिच्छति। पदार्थान्वयवैधुर्यात्तदाक्षिप्तेन संगतिः ॥'

न पुनः 'शून्यं वासगृहम् –' इत्यादौ मुख्यार्थबाधः। यदि च 'गङ्गायां घोषः' इत्यादौ प्रयोजनं लक्ष्यं स्यात्, तीरस्य मुख्यार्थत्वं बाधितत्वं च स्यात्। तस्यापि च लक्ष्यतया प्रयोजनान्तरं, तस्यापि प्रयोजनान्तरमित्यनवस्थापातः।

न चापि प्रयोजनविशिष्ट एव तीरे लक्षणा। विषयप्रयोजनयोर्युगपत्प्रतीत्यनभ्युपगमात्। नीलादिसंवेदनानन्तरमेव हि ज्ञातताया अनुव्यवसायस्य वा संभवः।

नानुमानं रसादीनां व्यंग्यानां बोधनक्षमम्।

अर्थ का सम्बन्ध ही न बन सकता हो--वहीं लक्षणा होती है। 'गङ्गा' पद का अर्थ (प्रवाह) घोष पद के अर्थ (कुटीर) का अधिकरण नहीं हो सकता, अतः इन दोनों का अन्वय अनुपपन्न होने के कारण लक्षणा होती है। ऐसा ही न्यायकुसुमाञ्जलि में श्रीउदयनाचार्य ने कहा है—**श्रुतान्वयादिति**—साक्षात् श्रुत पदों के अन्वय से निराकाङ्क्ष होने पर वाक्य फिर और कुछ नहीं चाहता। अर्थात् यदि वाक्य में पड़े हुए पदों के अर्थ परस्पर सम्बन्ध करके वाक्यार्थ बोधन में समर्थ हों तो, फिर उस वाक्य में किसी अन्य अर्थ की आकाङ्क्षा नहीं रहती और यदि पदार्थों का अन्वय 'विधुर' (अनुपपन्न) हो तो आक्षिप्त अर्थात् शक्यार्थ से सम्बद्ध अर्थ को साथ मिलाकर 'सङ्गति' अर्थात् अन्वय किया जाता है। इससे यह निकला कि अनुपपत्ति होने पर ही लक्षणा की गति होती है। परन्तु 'शून्यम् वासगृहम्' इत्यादि पूर्वोक्त रस के उदाहरण में तो मुख्यार्थ का बाध है नहीं, फिर वहाँ लक्षणा कैसे होगी?

यदि चेति—यदि 'गंगायां घोषः' इत्यादि स्थल में शीतत्व पावनत्वादि प्रयोजन को भी लक्ष्य (लक्षणा-बोध्य) मानोगे तो तीर (तट) को गंगा-पद का मुख्यार्थ मानना पड़ेगा और उसे अन्वय में बाधित भी मानना पड़ेगा, क्योंकि मुख्य अर्थ के बाध में ही लक्षणा होती है। परन्तु यहाँ न तो गंगा पद का मुख्य अर्थ 'तीर' है और न तीर का अन्वय ही बाधित है, अतः लक्षणा से प्रयोजन का ज्ञान नहीं हो सकता। इसके अतिरिक्त 'प्रयोजनवती' लक्षणा किसी न किसी प्रयोजन को व्यक्त करने के लिये की जाती है--जैसे गंगा पद की तट में लक्षणा करने से शीतत्वादि प्रयोजन व्यक्त होते हैं। यदि इन प्रयोजनों को भी लक्ष्य मानोगे तो इनसे फिर कुछ और प्रयोजन व्यक्त होना चाहिये। यदि उस प्रयोजन को भी लक्ष्य मानोगे तो उससे भी अन्य प्रयोजन ध्वनित होना चाहिये। इस प्रकार अनवस्था दोष आयेगा। जहाँ एक स्थान पर अवस्थिति न हो सके वहाँ अनवस्था दोष आता है।

जो लोग प्रयोजनसहित अर्थ का लक्षणा से बोध मानते हैं उनके मत का निराकरण करते हैं—**न चापि**—प्रयोजन (शीतत्वादि) से विशिष्ट तीर में 'गंगा' पद की लक्षणा होती है, यह कहना भी ठीक नहीं, क्योंकि कारणीभूत ज्ञान के विषय (तीर) और उसके प्रयोजनों (शीतत्वादि) का ज्ञान एक साथ नहीं हो सकता। पहले लक्ष्यार्थ का ज्ञान होता है, पीछे उसके प्रयोजन का। अतः एक ही शक्ति से एक हो काल में दोनों का ज्ञान नहीं हो सकता। इसी बात को दृष्टान्त द्वारा सिद्ध करते हैं--**नीलादीति**--मीमांसक लोग वस्तु के प्रत्यक्ष हो जाने पर उसमें 'ज्ञातता' नामक धर्म की उत्पत्ति मानते हैं। यह ज्ञातता प्रत्यक्ष ज्ञान का फल है, अतः उसके अनन्तर ही उत्पन्न होती है। नैयायिक लोग ज्ञान के पीछे अनुव्यवसाय मानते हैं। जैसे घटज्ञान के पीछे 'ज्ञातो घटः' (घट जान लिया) इत्याकारक ज्ञान उत्पन्न होता है—इसी को अनुव्यवसाय कहते हैं। ये लोग ज्ञातता को नहीं मानते। इन दोनों ही मतों में कारणभूत प्रत्यक्ष ज्ञान के पीछे ही फलीभूत ज्ञान (ज्ञातता अथवा अनुव्यवसाय) माना जाता है, एक साथ नहीं, क्योंकि कार्यकारणभाव में पौर्वापर्य का नियम आवश्यक है। इसी प्रकार कारणीभूत लक्ष्य अर्थ का ज्ञान और उसके फलस्वरूप व्यङ्ग्य अर्थ (प्रयोजन) का ज्ञान एक काल में नहीं हो सकता।

व्यक्तिविवेक नामक ग्रन्थ के कर्ता श्रीमहिमभट्ट ने व्यंग्य अर्थ की प्रतीति को अनुमान के अन्तर्गत बताया है और व्यञ्जनाशक्ति का खण्डन किया है, उनके मत का निराकरण करते हैं—**नानुमानमिति**—अनुमान अर्थात् व्याप्तिविशिष्ट-पक्षधर्मताज्ञान अथवा अनुमिति से, रसादिरूप व्यंग्य अर्थों का ज्ञान नहीं हो

आभासत्वेन हेतूनां स्मृतिर्न च रसादिधीः ॥४॥

व्यक्तिविवेककारेण हि—"यापि विभावादिभ्यो रसादीनां प्रतीतिः सानुमान एवान्तर्भवितुमर्हति। विभावानुभावव्यभिचारिप्रतीतिर्हि रसादिप्रतीतेः साधनमिष्यते। ते हि रत्यादीनां भावानां कारणकार्यसहकारिभूतास्ताननुमापयन्त एव रसादीन्निष्पादयन्ति। त एव प्रतीयमाना आस्वादपदवीं गताः सन्तो रसा उच्यन्त इति अवश्यंभावी तत्प्रतीतिक्रमः, केवलमाशुभावितया न लक्ष्यते, यतोऽयमद्याप्यभिव्यक्तिक्रमः" इति यदुक्तम्, तत्र प्रष्टव्यम् किं शब्दाभिनयसमर्पितविभावादिप्रत्ययानुमितरामादिगतरागादिज्ञानमेव रसत्वेनाभिमतं भवतः, तद्भावनया भावुकैर्भाव्यमानः स्वप्रकाशानन्दो वा? आद्ये न विवादः। किंतु रामादिगतरागादिज्ञानं रससंज्ञया नोच्यतेऽस्माभिः इत्येव विशेषः। द्वितीयस्तु व्याप्तिग्रहणाभावाद्धेतोराभासतयाऽसिद्ध एव।

सकता। क्योंकि अनुमान में सत् हेतु चाहिये और व्यंग्य अर्थको अनुमेय सिद्ध करने में जो हेतु दिये जाते हैं वे सब आभास अर्थात् हेत्वाभास हैं। **स्मृतिर्नचेति**—हेतुओं के असत् होने के कारण ही रसादि की प्रतीति को स्मृति भी नहीं कह सकते। व्यक्तिविवेककार के मत का उल्लेख करते हैं—**यापीति**—'विभाव, अनुभाव आदि से जो रसादिकों की प्रतीति मानी है, वह भी अनुमान के ही अन्तर्गत हो सकती है, क्योंकि विभाव, अनुभाव और संचारियों की प्रतीति रसादिकों की प्रतीति का साधन मानी जाती है, और वे विभावादिक रत्यादि भावों के कारण, कार्य और सहकारी होते हैं। सीता आदिक आलम्बनविभाव और उपवन चन्द्रिका आदि उद्दीपन विभाव रति के कारण माने जाते हैं। एवम् भ्रूविक्षेप कटाक्षादिक उसी रति या अनुराग के कार्य होते हैं, और लज्जा हास आदि संचारीभाव रति के सहकारी समझे जाते हैं। ये ही सब विभावादिक पूर्ववत्, शेषवत् और सामान्यतोदृष्ट अनुमान के द्वारा रत्यादिकों का ज्ञान कराते हुए रसादिकों को निष्पन्न करते हैं। अनुमान के द्वारा प्रतीयमान वे ही रत्यादिक आस्वादस्वरूप को प्राप्त होकर रस कहलाने लगते हैं। तात्पर्य यह है कि काव्यों में विभाव, अनुभाव और संचारियों का वर्णन अवश्य रहता है और ये सब रति आदि के कारण कार्य अथवा सहकारी होते हैं—अतः जब कहीं सुन्दर स्वच्छ चन्द्रिका में राम के सीतादर्शन का वर्णन और कटाक्ष भ्रूविक्षेपादि का निरूपण एवम् लज्जा, हास आदि का दर्शन या श्रवण होता है तो झट से यह अनुमान हो जाता है कि राम अथवा सीता के हृदय में रति का उद्बोध हुआ है। अनुमान का प्रकार यह है "**सीता, रामविषयकरतिमती, तस्मिन् विलक्षणस्मितकटाक्षवत्त्वात्, या नैवं सा नैवं, यथा मन्थरा**"। अर्थात् सीता के हृदय में राम के प्रति रति (अनुराग) उत्पन्न हुई है (यह प्रतिज्ञा है) क्योंकि राम को देख के इसने प्रेमभरी दृष्टि से मुस्कराते हुए कटाक्ष किया। (यह हेतु है) जिसे राम में रति नहीं है, वह इनकी ओर इस प्रकार नहीं देखती, जैसे मन्थरा, (यह दृष्टान्त है)। इसलिये 'विलक्षण कटाक्षादि से युक्त होने के कारण सीता राम विषयक रति से युक्त है' इत्यादि उपनय और निगमन के द्वारा पहले रत्यादि भावों का अनुमान होता है और फिर ये ही रत्यादिक उत्कृष्ट आस्वादकोटि में पहुँच के रसरूप में परिणत हो जाते हैं।

प्रश्न—यदि यह मानते हो कि पहले रति आदि का अनुमान होता है, पीछे रसादि की निष्पत्ति होती है तो इस प्रकार का कार्यकारणभाव स्वीकार करने से क्रम से ही कार्य होगा। पहले कारणादि की प्रतीति, फिर उससे रत्यादिका अनुमान और फिर रसनिष्पत्ति होगी। परन्तु ऐसा मानना ठीक नहीं, क्योंकि रसादिकों को असंलक्ष्यक्रमव्यंग्य माना है। इनमें क्रम संलक्ष्य नहीं होना चाहिये। महिमभट्ट इसका उत्तर देते हैं। **अवश्यम्भावीति**—"रसकी प्रतीति में क्रम तो अवश्य ही रहता है। परन्तु शीघ्रता के कारण वह संलक्ष्य (स्फुटतया अनुभूयमान) नहीं होता। अतएव इसे **असंलक्ष्यक्रम** कहते हैं। यदि क्रम बिल्कुल न होता तब तो इसे अक्रमव्यंग्य कहना चाहिये था। अतः उक्त क्रम के रहने पर भी अनुमान मानने में कोई क्षति नहीं, क्योंकि व्यञ्जना से रस बोध माननेवाले भी तो रसकी अभिव्यक्ति का यही क्रम मानते हैं कि पहले विभावादिसे रत्यादि की प्रतीति होती है और फिर रस की निष्पत्ति होती है।" ग्रन्थकार इस मत का विकल्पों के द्वारा खण्डन करते हैं। **तत्र प्रष्टव्यमिति**—यहाँ यह पूछना है कि शब्द अथवा अभिनय से बोधित विभावादिकों के ज्ञान के द्वारा रामादि में रति आदि का अनुमान होता है, क्या उसी को आप रस मानते हैं? या उसकी भावना के द्वारा सहृदय पुरुषों के हृदय में भावित स्वयंप्रकाश तथा आनन्दस्वरूप किसी अलौकिक चमत्कार को? **आद्ये इति**—यदि इनमें से पहला पक्ष

यच्चोक्तं तेनैव—'यत्र यत्रैवंविधानां विभावानुभावसात्त्विकसंचारिणामभिधानमभिनयो वा तत्र तत्र शृङ्गारादिरसाविर्भावः' इति सुग्रहैव व्याप्तिः पक्षधर्मता च। यथा—

'यार्थान्तराभिव्यक्तौ वः सामग्रीष्टा निबन्धनम्। सैवानुमितिपक्षे नो गमकत्वेन संमता॥' इति।

इदमपि नो न विरुद्धम्। न ह्येवंविधा प्रतीतिरास्वाद्यत्वेनास्माकमभिमता। किंतु—स्वप्रकाशमात्रविश्रान्तः सान्द्रानन्दनिर्भरः। तेनात्र सिषाधयिषितादर्थादर्थान्तरस्य साधनाद्धेतोराभासता।

मानो तो हमारा कोई विवाद ही नहीं। भेद केवल इतना है कि हम रामादि के हृदय में स्थित अनुरागादि के ज्ञान को रस नहीं मानते। अतः हमारा सम्मत रस तुम्हारे उक्त कथन से भी अनुमानगम्य नहीं सिद्ध हो सकता। **द्वितीयस्तु**—यदि दूसरा पक्ष मानो तो उसमें व्याप्तिग्रह नहीं होता, अतः हेतुकी आभासता के कारण वह अनुमान से सिद्ध नहीं हो सकता। तुमने जो हेतु दिया है व्याप्तिग्रह न होने के कारण हेत्वाभास है, अतः अलौकिक चमत्कार रूप रस तुम्हारे अनुमान से गम्य नहीं हो सकता। तात्पर्य यह है कि राम और सीता की चेष्टाओं से तुम यही अनुमान कर सकते हो कि 'राम सीता में अनुरक्त हैं' अथवा यह कि 'सीता राम में अनुरक्त हैं।' परन्तु सीता में राम के अथवा राम में सीता के अनुराग को जान लेना मात्र तो हमारे मतमें रस है नहीं। हम तो सीतामें रामादि के अनुराग को जानने के पीछे भावना के बल से सहृदयों के हृदय में जो विलक्षण चमत्कार उत्पन्न होता है—सहृदयों के हृदय में स्थित, रत्यादिकों का जो अलौकिक आनन्द के रूप में परिणाम होता है—उसे रस कहते हैं। उसका आपके उक्त अनुमान से कोई सम्बन्ध है ही नहीं।

यदि कहो कि पहले अनुमान से राम में अनुराग का ज्ञान होगा और फिर दूसरे अनुमान से सहृदयों में, रस का ज्ञान होगा। **'यत्र यत्र रामादिगतानुरागज्ञानं तत्र तत्र रसोत्पत्तिः'** जिस जिसने राम का अनुराग जाना है उस उसके हृदय में शृङ्गाररस का भान होता है। इस प्रकार की व्याप्ति का ज्ञान करने के पीछे यह अनुमान करेंगे कि **'अयं सामाजिकः शृंगाररसवान्—रामादिगतानुरागज्ञानवत्त्वात् सामाजिकान्तरवत्'** 'इस सहृदय के हृदय में शृङ्गार रसकी उत्पत्ति हुई है (प्रतिज्ञा), क्योंकि इसने रामादि के अनुराग को जाना है (हेतु)। अन्य सामाजिकवत्' इस अनुमान से रस का ज्ञान होगा—यह मत ठीक नहीं, क्योंकि इसमें व्याप्तिग्रह ही नहीं होता। धूम से वह्नि का अनुमान इसलिये होता है कि धूम वह्नि के विना नहीं रहता। उसके साथ ही रहता है। परन्तु उक्त अनुरागज्ञान सदा रस के साथ नहीं रहता। पुराने वेदपाठी और बूढ़े मीमांसक लोग भी भ्रूविक्षेपादि से रामादिगत अनुराग का तो अनुमान कर लेते हैं, परन्तु उन बेचारों के शुष्क हृदय में रस की बूँद भी नहीं पड़ती। यदि अनुराग ज्ञान से ही रस हो जाता तो उनके हृदय में भी होना चाहिये था। अतः उक्त व्याप्ति का अनुगम न होने के कारण यह हेतु व्यभिचारी है। इसलिये इससे रसका अनुमान नहीं हो सकता।

इसके अतिरिक्त सहृदयों को अपने हृदय में जो रसास्वाद होता है, उसे अनुमान द्वारा सिद्ध करना भी ठीक नहीं। यदि अपना ज्ञान अपने ही को अनुमान द्वारा प्रतीत होगा तो फिर उसका प्रत्यक्ष किसे होगा? रस ज्ञानस्वरूप होता है और अपना ज्ञान अपने को सदा प्रत्यक्ष ही होता है, इसलिये भी रस को अनुमेय कहना ठीक नहीं।

यच्चोक्तमिति—और यह भी जो उन्हीं (महिमभट्ट) ने कहा है कि—**यत्र यत्रेति**—"जहाँ जहाँ इस प्रकार के विभाव, अनुभाव, सात्त्विक और सञ्चारियों का कथन अथवा अभिनय होता है वहाँ वहाँ शृङ्गारादि रसों का आविर्भाव होता है, इस प्रकार व्याप्ति और पक्षधर्मता सुगमही है"—और उनका यह कथन है कि—**यार्थान्तरेति**—"तुम व्यञ्जनावादी लोग जिस सामग्री (विभावादि) को दूसरे अर्थ की अभिव्यक्ति का कारण मानते हो उसीको हम अनुमिति पक्ष में गमक अर्थात् अनुमिति का साधक मानते हैं"। इस सबका खण्डन करते हैं—**इदमपीति**—यह बात भी हमारे विरुद्ध नहीं है। क्योंकि पूर्वोक्त व्याप्ति से विभावादि सामग्री के द्वारा रामादिगत अनुरागादि का ही ज्ञान हो सकता है। हमने वह ज्ञान रसरूप से आस्वाद्य माना ही नहीं है। हम तो केवल स्वप्रकाश में विश्रान्त अर्थात् ज्ञानस्वरूप और सान्द्र आनन्द से व्याप्त चमत्कार को रस मानते हैं। उसका उक्त प्रकार से अनुमान हो ही नहीं सकता। **तेनात्रेति**—इसलिये यहाँ जो सिद्ध करना चाहते थे उससे अन्य वस्तु को सिद्ध कर बैठने के कारण हेतु आभासित है। हेतु वही होता है जो अभीष्ट साध्य को सिद्ध कर सके। परन्तु उक्त अनुमान के हेतु ने—जिसका जन्म रस को अनुमान के अन्तर्गत सिद्ध करने के लिये हुआ था—

यच्च "भम धम्मिअ—इत्यादौ प्रतीयमानं वस्तु,
'जलकेलितरलकरतलमुक्तपुनःपिहितराधिकावदनः। जगदवतु कोकयूनोर्विघटनसंघटनकौतुकी कृष्णः॥'

इत्यादौ च रूपकालंकारादयोऽनुमेया एव। तथाहि—अनुमानं नाम पक्षसत्त्वसपक्षसत्त्व-विपक्षव्यावृत्तत्वविशिष्टाल्लिङ्गाल्लिङ्गिनो ज्ञानम्। ततश्च वाच्यादसंबद्धोऽर्थस्तावन्न प्रतीयते। अन्यथातिप्रसङ्गः स्यात्, इति बोध्यबोधकयोरर्थयोः कश्चित्संबन्धोऽस्त्येव। ततश्च बोधकोऽर्थो लिङ्गम्, बोध्यश्च लिङ्गी। बोधकस्य चार्थस्य पक्षसत्त्वं निबद्धमेव। सपक्षसत्त्वविपक्षव्यावृत्तत्वे अनिबद्धे अपि सामर्थ्यादवसेये। तस्मादत्र यद्वाच्यार्थाल्लिङ्गरूपाल्लिङ्गिनो व्यङ्ग्यार्थस्यावगमस्तदनुमान एव पर्यवस्यति" इति, तन्न। तथा ह्यत्र "भम धम्मिअ—इत्यादौ गृहे श्वनिवृत्त्या विहितं भ्रमणं गोदावरीतीरे सिंहो-

---

रस को तो अनुमेय सिद्ध नहीं किया, किन्तु और ही वस्तु—(रामादिगत अनुराग) को अनुमान से सिद्ध किया, अतः अर्थान्तर का साधक होने के कारण यह हेतु नहीं, हेत्वाभास है। 'विनायक प्रकुर्वाणो रचयामास वानरम्'।

व्यक्तिविवेककार ने व्यङ्ग्य वस्तु और व्यङ्ग्य अलंकारों को भी अनुमान ही में अन्तर्भूत किया है। उस मत का उल्लेख करते हैं—यच्चेत्यादि—'भ्रम धार्मिक' इत्यादि पूर्वोक्त पद्यों में प्रतीयमान (व्यङ्ग्य) वस्तु और 'जलकेलि' इत्यादि पद्यों में प्रतीयमान अलङ्कार भी अनुमेय ही हैं। सब अनुमान से ही ज्ञात हो सकते हैं। उनके लिये अलग व्यञ्जनाशक्ति के मानने की कोई आवश्यकता नहीं। जलकेलि—जलक्रीडा के समय चञ्चल करतल से राधिका के मुखको बार-बार ढांक के और खोल के, चक्रवाक के जोड़े का वियोग और संयोग करने में कौतुकी श्रीकृष्ण संसार की रक्षा करें।

इसमें रूपक अलङ्कार व्यङ्ग्य है। उपमेय में उपमान का आरोप करने पर रूपक अलंकार होता है। इस पद्य का यह भाव है कि जलक्रीडा के समय श्रीकृष्णजी जब राधिका के मुख को ढांक लेते थे तब चकवों का जोड़ा आपस में मिल जाता था और जब उसे खोल देते थे तभी चन्द्रोदय हुआ समझकर वे दोनों वियुक्त हो जाते थे। रात्रि में चकई चकवे वियुक्त हो जाते हैं और दिन में एक साथ रहते हैं। इस कथन से मुख का चन्द्रमा से अभेद प्रतीत होता है। अतएव रूपकालंकार यहाँ व्यङ्ग्य हैं। इसे अनुमान से सिद्ध करते हैं। तथाहि—पक्ष और सपक्षमें रहनेवाले एवं विपक्ष में न रहनेवाले हेतु से साध्य के ज्ञान को अनुमान कहते हैं। जैसे "पर्वतो वह्निमान् धूमात्" इस अनुमान में धूम हेतु है, वह पक्ष (सन्दिग्धसाध्यवत्=पर्वत) में तो दीखता ही है और सपक्ष (निश्चितसाध्यवत्) महानस आदि में भी उसकी सत्ता निश्चित है। एवम् विपक्ष (निश्चितसाध्याभाववत्) तालाब आदि-जिनमें अग्नि का अभाव निश्चित है, उनमें हेतुभूत धूम नहीं रहता, अतः धूमरूप हेतु पक्षसत्त्व, सपक्षसत्त्व और विपक्षव्यावृत्तत्व इन तीनों धर्मों से युक्त है। उससे जो वह्नि का ज्ञान होता है उसे अनुमान कहते हैं—ततश्चेति—प्रकृत में यह भी मानना ही पड़ेगा कि वाच्य अर्थ से असम्बद्ध अर्थ तो व्यंग्य नहीं होता। यदि यह न मानें तो अतिव्याप्ति होगी। चाहे जिस वाच्य से चाहे जो कुछ व्यंग्य निकलने लगेगा। कोई व्यवस्था ही न रहेगी। ततश्चेति—इसलिये बोध्य (व्यंग्य) और बोधक (व्यञ्जक) अर्थों का आपस में कोई सम्बन्ध अवश्य मानना पड़ेगा। अतएव बोधक अर्थ लिङ्ग (हेतु) और बोध्य अर्थ लिङ्गी (साध्य) सिद्ध हुआ। बोधकस्य चेति—'भ्रम धार्मिक' यहाँ वैपरीत्य सम्बन्ध है। और बोधक (भ्रमणरूप वाच्य अर्थ) का पक्ष (धार्मिक) में सत्त्व तो कह ही दिया है। सपक्षसत्त्व और विपक्षव्यावृत्तत्व यद्यपि कहे नहीं, परन्तु सामर्थ्य से जान लेने चाहिये। इस प्रकार हेतुभूत बोधक अर्थ में पक्षसत्त्व, सपक्षसत्त्व और विपक्षव्यावृत्तत्व ये तीनों धर्म सिद्ध हुए। अतः इस पद्यमें इन तीनों धर्मों से युक्त, भ्रमणविधिरूप वाच्य अर्थ लिङ्ग (हेतु) है। उससे भ्रमणनिषेधरूप व्यंग्य अर्थ जो यहाँ लिङ्गी अर्थात् साध्य है, उसका ज्ञान अनुमान ही सिद्ध होता है। जैसे 'पर्वतो वह्निमान् धूमात्' इस अनुमान में पूर्वोक्त प्रकार से पक्षसत्त्वादि तीनों धर्मों से युक्त हेतु अनुमापक होता है उसी प्रकार प्रकृत पद्य में भी व्यंग्य अर्थ अनुमानगम्य ही है। अतः व्यञ्जनाशक्ति को अतिरिक्त मानने की कोई आवश्यकता नहीं। यहाँ सहृदय पुरुष अनुमाता है। धार्मिक पुरुष पक्ष है। गोदावरी के किनारे भ्रमण न करना साध्य है। कुत्ते की निवृत्ति के कारण जो भ्रमण में विश्वस्तता बतलाई है उससे भ्रमण में भीरुसम्बन्धित्व प्रतीत होता है। डरपोक आदमी ही कुत्ते आदि से घबराते हैं, जहाँ कुत्ते आदि मिलें उधर नहीं जाते। इसी प्रकार प्रकृत में भी यह कहने से कि "उस कुत्ते को गोदावरी तटवासी सिंह

पलब्धेरभ्रमणमनुमापयति" इति यदुक्तव्यं तत्रानैकान्तिको हेतुः। भीरोरपि गुरोः प्रभोर्वा निदेशेन प्रियानुरागेण वा गमनस्य संभवात्। पुंश्चल्या वचनं प्रामाणिकं न वेति संदिग्धासिद्धश्च।

'जलकेलि—' इत्यत्र 'य आत्मदर्शनादर्शनाभ्यां चक्रवाकविघटनसंघटनकारी स चन्द्र एव' इत्यनुमितिरेवेयमिति न वाच्यम्। उत्त्रासकादावनैकान्तिकत्वात्। 'एवंविधोऽर्थ एवंविधार्थ-

---

ने मार दिया, अब तुम विश्वस्त होकर घूमो" यह प्रतीत होता है कि घूमनेवाला डरपोक है। पहले कुत्ते के डरसे विश्वासपूर्वक नहीं घूमता था। इसलिये 'भीरुभ्रमण' रूप हेतु सिंहयुक्त गोदावरी के किनारे भ्रमणाभाव का अनुमापक है। भीरु पुरुषों का भ्रमण वहीं होता है, जहाँ भय के कारणों का ज्ञान न हो। गोदावरी के किनारे सिंह बैठा बतलाया है, अतः भीरु धार्मिक का वहाँ अभ्रमण अनुमित होता है। अनुमान का प्रयोग इस प्रकार होता है—"**धार्मिकः** (पक्ष) **सिंहवद्गोदावरीतीराऽभ्रमणवान्** (साध्य), **भीरुभ्रमणवत्त्वात्** (हेतु) **अन्य-भीरुवत्**" (दृष्टान्त)। अथवा—'**धार्मिकभ्रमणम् सिंहवद्गोदावरीतीरनिष्ठाऽभावप्रतियोगि, भीरुभ्रमणत्वात्, भीरुदेवदत्तभ्रमणवत्**'। "**यद् यद् भीरुभ्रमणं तत्तद्भयकारणानुपलब्धिपूर्वकम्**" इति व्याप्तिः। इसका खण्डन करते हैं। **तन्नेत्यादि**—यह जो तुम कहते हो कि प्रकृत पद्य में कुत्ते की निवृत्ति के कारण घर में भ्रमण के विधान से गोदावरी के तीर में अभ्रमण का अनुमान होता है, क्योंकि वहाँ सिंह बैठा है। यह कहना ठीक नहीं। क्योंकि यह हेतु अनैकान्तिक है। अतः यह हेतु नहीं, हेत्वाभास है। जैसे धूम निश्चितरूप से वह्नि के साथ रहता है उस प्रकार यह हेतु अपने साध्य के साथ निश्चितरूप से न रहने के कारण अनैकान्तिक अर्थात् व्यभिचारी है। यहाँ भीरुभ्रमण हेतु है और सिंह बैठा होने के कारण, गोदावरी के किनारे भ्रमणाभाव साध्य है। यदि भययुक्त स्थान पर भीरु का भ्रमण कभी होता ही न हो तब तो भीरुभ्रमण होने के कारण गोदावरी के किनारे धार्मिक के भ्रमण का अभाव सिद्ध हो सकता है, परन्तु वास्तव में ऐसा नहीं है। **भीरोरपीति**—भययुक्त स्थानों पर भी गुरु अथवा स्वामी की आज्ञा के कारण यद्वा किसी के प्रेम में पड़कर भीरु पुरुषों का भी भ्रमण होता ही है। इसलिये उक्त हेतु इस साध्य का साधक नहीं हो सकता। यदि कहो कि किसी प्रकार के आपत्काल में भले ही संभव हो, परन्तु स्वेच्छावश भीरुओं का भ्रमण ऐसे स्थानों में कभी नहीं होता, हम उसी का अनुमान करते हैं। यह भी ठीक नहीं, क्योंकि—**पुँश्चल्या इति**—गोदावरी के किनारे सिंह बतानेवाली एक कुलटा है, कोई सत्यवादिनी नहीं, अतः उसका वचन 'ठीक है या नहीं' इस प्रकार का सन्देह भी बना ही रहेगा। प्रमाणान्तर से तो वहाँ सिंह की सत्ता निश्चित है ही नहीं। केवल वचन से ही प्रतीत होती है। और उस कुलटा के वचन के प्रामाण्य में सन्देह है, इसलिये यहाँ '**यद् यद् भीरुभ्रमणम् तत्तद् भयकारणानुलब्धिपूर्वकम्**' यह व्याप्ति उक्त सन्देह के कारण तीर में संघटित नहीं होती, क्योंकि तीरमें भयका कारण (सिंह) है या नहीं, इसी में सन्देह है। अतः उक्त सन्दिग्ध व्याप्ति से व्याप्य उक्त हेतु भी सन्दिग्ध होनेके कारण असिद्ध भी है।

वस्तुतः—'**गृहे श्वनिवृत्त्या विहितं भ्रमणम्**' यह महिमभट्टकृत व्याख्या भी असंगत है। प्रथम तो '**भ्रम-धार्मिक**' इत्यादि पद्य में 'गृहे' पद है ही नहीं, और यदि किसी प्रकार इसका आक्षेप मान भी लें तो अर्थ असंगत हो जायगा। यह पुंश्चली धार्मिक के भ्रमण का विधान किसके घर में कर रही है? अपने घर में? या धार्मिक के घर में? अथवा किसी अन्य के घर में? कोई पुंश्चली अपने घर में किसी धार्मिक को 'भ्रमण' (चेहल-कदमी) करने को बुलाये, यह असंभव है। इस प्रकार के अर्थ की कल्पना करना साहित्यिक अज्ञान का परिचायक है। फिर क्या धार्मिक के ही घर में भ्रमण का विधान है? तब तो व्यर्थ है। उसे अपने ही घर में घूमने से रोकनेवाला ही कौन है? फिर उसके (धार्मिक के) घर में कुत्ते का क्या काम? यदि हो भी तो क्या उसका अपना कुत्ता ही उसे काटने दौड़ता था! वहाँ श्वनिवृत्ति कैसी? यदि किसी तटस्थ के घर में भ्रमण का विधान हो तो अनधिकार चेष्टा है। वस्तुतः न तो इस पद्य में 'गृहे' पद पड़ा है और न इसमें उसकी अपेक्षा ही है। इससे महिमभट्ट के अनुमान की टांग ही टूट जाती है। इसका अर्थ हम पहले लिख चुके हैं।

इस प्रकार व्यंग्यवस्तु की अनुमेयता का खण्डन करके व्यंग्य अलंकार की अनुमानगम्यता का खण्डन करते हैं—**जलकेलि इति**—'जलकेलि' इत्यादि पद्य में जो यह अनुमान किया है कि अपने दर्शन से चक्रवाकों का वियोग और अदर्शन से संयोग करा देने के कारण राधा का मुख चन्द्रमा प्रतीत होता है। (**राधावदनम्, चन्द्रत्वप्रकारकस्वविशेष्यकबोधजनकम्, स्वदर्शनाऽदर्शनाभ्यां चक्रवाकविघटनसंघटनकारित्वात्, गगनस्थचन्द्रवत्—**

बोधक एवंविधार्थत्वात्, यन्नैवं तन्नैवम्' इत्यनुमानेऽप्याभासमानयोगक्षेमो हेतुः। 'एवंविधार्थत्वात्' इति हेतुना एवंविधानिष्टसाधनस्याप्युपपत्तेः।

तथा 'दृष्टिं हे प्रतिवेशिनि क्षणमिहाप्यस्मद्गृहे—' इत्यादौ नलग्रन्थीनां तनूलिखनम् एकाकितया च स्रोतोगमनम् तस्याः परकामुकोपभोगस्य लिङ्गिनो लिङ्गमित्युच्यते। तत्रात्रैवाभिहितेन स्वकान्तस्नेहेनापि संभवतीत्यनैकान्तिको हेतुः।

यच्च 'निःशेषच्युतचन्दनम्—' इत्यादौ दूत्यास्तत्कामुकोपभोगोऽनुमीयते, तत्किं प्रतिपाद्यया दूत्या, तत्कालसंनिहितैर्वान्यैः, तत्काव्यार्थभावनया वा सहृदयैः? आद्ययोर्न विवादः। तृतीये तु

इत्यनुमानाकारः) यह भी ठीक नहीं, क्योंकि जिसे देखकर चक्रवाक वियुक्त हो जायँ और उसके न दीखने पर मिले रहें, वह चन्द्रमा ही हो, यह नियम नहीं है। कोई डरानेवाला पुरुष या बाज आदि पक्षी भी ऐसा हो सकता है जिसे देखते ही चकई चकवे इधर उधर उड़कर वियुक्त हो जायँ और जब तक वह न दीखे तब तक मिले रहें। इसलिये यह हेतु भी अनैकान्तिक है। **एवंविध इति**—"इस प्रकार की वस्तु (पक्ष) इस प्रकार की वस्तु का बोधन करती है (साध्य) इस प्रकार की वस्तु होने से" (हेतु) ऐसा अनुमान करने में भी हेत्वाभास ही होता है, क्योंकि यहाँ जो हेतु (एवंविधार्थत्वात्) है, उससे अनिष्ट अर्थ भी लिया जा सकता है। उसके शब्द ऐसे नहीं जो किसी विशेष वस्तु का विशेष रूप से निर्देश कर सकें। सामान्यतः सभी ओर उसे लगाया जा सकता है, अतः यह भी सत् हेतु नहीं।

तथा दृष्टिम्—इसी प्रकार '**दृष्टिं हे प्रतिवेशिनि**' इत्यादि पूर्वोक्त पद्य में जो यह कहते हो कि "नलग्रन्थियों के द्वारा देह में खरोंट पड़ने और अकेले नदी पर जाने से इस पद्य के कहनेवाली का परपुरुषसंग अनुमित होता है। अकेले नदी पर जाना और वहाँ नल की गाँठों से देह में खुरेंचें लगना ये दोनों हेतुभूत अर्थ हैं और परकामुकोपभोग उनका साध्य है। यहाँ इस प्रकार अनुमान का प्रयोग होगा—**इयम् परकामुकोपभोगवती, एकाकितया स्रोतोगमने सति, तनूलिखनवत्त्वात्—कुलटान्तरवत्**" यह भी ठीक नहीं—तुम यह कहते हो कि अकेले नदी पर जाना परपुरुष के स्नेह से ही हो सकता है और देह में खरोंट उसके संग से ही पड़ सकते हैं—सो ठीक नहीं, क्योंकि इसी पद्य में नदी पर जाने का कारण स्वकान्तस्नेह बताया है। पतिव्रता स्त्री अपने पति के प्रेमवश उसकी सेवा या प्रसन्नता के लिये अकेली नदी पर जाकर जल लाये, यह बात असंभव नहीं। नदी पर जाना परपुरुष के प्रेम से ही हो सकता है, अपने पति के प्रेम से नहीं हो सकता, यह नहीं कहा जा सकता। अतः इस पद्य का हेतु भी पूर्ववत् अनैकान्तिक है। अपने साध्य के साथ सदा नहीं रहता, अतः उसकी व्याप्ति गृहीत नहीं हो सकती। यदि पर-पुरुष के प्रेम के विना अकेले नदी पर जाना असम्भव होता और नलग्रन्थियों से तनुलेखन भी असंभव होता तो यह व्याप्ति गृहीत हो सकती थी कि '**यत्र यत्र एकाकितया स्रोतोगमने सति तनूलिखनं तत्र तत्र परकामुकोपभोगः।**' परन्तु प्रकृत में यह नहीं हो सकता, अतः यह हेतु भी अनैकान्तिक है। **यच्चेति**—और 'निःशेषे' त्यादि में जो कहते हो कि दूती का उस कामुक के साथ सम्भोग अनुमित होता है सो क्या उस पद्य की प्रतिपाद्य दूती को अनुमान होता है? या उस समय पास खड़े हुए अन्य जन उस दूती के कामुकोपभोग का अनुमान कर लेते हैं? अथवा इस काव्य के अर्थ की भावना के द्वारा सहृदयों को यह अनुमान होता है? पहले दोनों मतों में कोई विवाद नहीं। यह ठीक है कि चन्दनच्यवन आदिक स्नानादिक से भी हो सकते हैं। केवल कामुकोपभोग में प्रतिनियत न होने के कारण व्याप्तिग्राहक और अनुमापक नहीं हो सकते, तथापि दूती और उसके कथन के समय पास खड़े हुए अन्य लोगों को अनेक विशेषतायें दीख सकती हैं। उस दूती की उस समय की सूरत शकल या विशेष अवस्था को देखकर, इस प्रकार की अनेक विशेषतायें समझ में आ सकती हैं, जो सम्भोग में ही प्रतिनियत हों, जिनका स्नानादि के कारण होना सम्भव न हो। दूती को तो प्रत्यक्ष भी है। और अनुमान भी हो सकता है, क्योंकि "**प्रत्यक्षाकलितमपि पदार्थमनुमिस्सन्ते तर्करसिकाः**" (**श्रीवाचस्पति मिश्र**)। परन्तु यदि तीसरा पक्ष मानों तो जहाँ उस प्रकार व्यंग्य अभिप्रेत नहीं है, केवल यही अभिप्राय है कि 'तू नहाने चली गई और उसके पास न गई' वहाँ व्यभिचार होगा। इस प्रकार के शब्दों से सब स्थलों पर ऐसा ही अर्थ बोधित हो, यह नियम तो है ही नहीं। फिर व्याप्तिग्रह कैसे होगा?

तथाविधाभिप्रायविरहस्थले व्यभिचारः। ननु वक्त्राद्यवस्थासहकृतत्वेन विशेष्यो हेतुरिति न वाच्यम्। एवंविधव्याप्त्यनुसंधानस्याभावात्।

किंचैवंविधानां कविप्रतिभामात्रजन्मनां प्रामाण्यानावश्यकत्वेन संदिग्धासिद्धत्वं हेतोः। व्यक्तिवादिना चाधमपदसहायानामेवैषां पदार्थानां व्यञ्जकत्वमुक्तम्। तेन च तत्कान्तस्याधमत्वं प्रामाणिकं न वेति कथमनुमानम्।

एतेनार्थापत्तिवेद्यत्वमपि व्यंग्यानामपास्तम्। अर्थापत्तेरपि पूर्वसिद्धव्याप्तीच्छामुपजीव्यैव प्रवृत्तेः। यथा—'यो जीवति स कुत्राप्यवतिष्ठते, जीवति चात्र गोष्ठ्यामविद्यमानश्चैत्रः' इत्यादि।

किंच वस्त्रविक्रयादौ तर्जनीतोलनेन दशसंख्यादिवत्सूचनबुद्धिवेद्योऽप्ययं न भवति। सूचनबुद्धेरपि संकेतादिलौकिकप्रमाणसापेक्षत्वेनानुमानप्रकारताङ्गीकारात्।

यच्च 'संस्कारजन्यत्वाद्रसादिबुद्धिः स्मृतिः' इति केचित्, तत्रापि प्रत्यभिज्ञायामनैकान्तिकतया हेतोराभासता।

नन्विति--यदि कहो कि हम वक्ता आदि की अवस्था से अथवा वक्त्र (मुख) आदि की अवस्था से हेतु को विशेषित करेंगे। अर्थात् यह मानेंगे कि 'जहाँ वक्ता इस प्रकार का मुँह बना के इन शब्दों को कहे अथवा वक्ता और बोध्य आदि की इस अवस्था में यदि ये शब्द कहे जायँ तो इस प्रकार का सम्भोग रूप अर्थ अनुमित होता है' तो यह भी टीक नहीं--क्योंकि इस प्रकार की व्याप्ति का अनुसन्धान हो ही नहीं सकता। वक्ता या वक्त्र आदि की विशेष दशायें न तो शब्द से उपस्थित होती हैं और न हो ही सकती हैं, अतः उनके साथ हेतु को विशेषित करके व्याप्तिज्ञान कराना असम्भव है। **किञ्चेति**--इसके अतिरिक्त इस प्रकार के काव्य, जो कि काव्यों की अलौकिक प्रतिभा से ही उत्पन्न होते हैं, उनके लिये आवश्यक नहीं कि वे प्रामाणिक अर्थात् सदा वस्तुतत्त्व के अनुगामी ही हों। अतः उन काव्यों में कहे हेतुओं का प्रामाण्य भी सन्दिग्ध है, इसलिये इस प्रकार के स्थलों में हेतु सन्दिग्धासिद्ध भी रहेगा। अतः उससे अनुमान नहीं हो सकता। व्यक्तिवादी (व्यञ्जना माननेवाले) ने 'अधम' पद के साथ रहने से ही इन चन्दनच्यवन आदि पदार्थों का व्यञ्जकत्व माना है, परन्तु कवि के इस कथनमात्र से तो उसका कान्त अधम हो नहीं सकता। उसका कान्त वस्तुतः अधम है या नहीं यह सन्देह बना ही रहेगा। फिर इस सन्दिग्ध दशा के हेतु से अनुमान आप कैसे कर सकेंगे?

एतेनेति—इस पूर्वसन्दर्भ से व्यङ्ग्य अर्थों का अर्थापत्ति प्रमाण के द्वारा बोधित होना भी खण्डित हो गया, क्योंकि अर्थापत्ति प्रमाण भी व्याप्तिज्ञान का आश्रय करके ही प्रवृत्त होता है और जहाँ व्यभिचार तथा सन्देह बने रहे वहाँ व्याप्तिज्ञान हो नहीं सकता, अतएव अर्थापत्ति प्रमाण भी वहाँ पैर नहीं रख सकता।

अर्थापत्ति प्रमाण का विषय दिखाते हैं—**यथेति**--जैसे 'जो जीता है वह कहीं अवश्य रहता है, चैत्र जीता तो है, परन्तु इस गोष्ठी में नहीं है।' यहाँ अर्थापत्ति से यह ज्ञात होता है कि "चैत्र इस गोष्ठी के बाहर कहीं है" इस अर्थापत्ति में व्याप्तिज्ञान आवश्यक है—जीवितत्व किसी स्थान की अवस्थिति से व्याप्य है। जो जीवित है वह किसी स्थान पर अवश्य रहेगा। विना किसी स्थान पर रहे जीवित नहीं रह सकता। जैसे विना अग्नि के धूम नहीं रह सकता। इससे जीवित होना किसी स्थान पर स्थिति को बोधित करता है। चैत्र का गोष्ठी में न होना प्रत्यक्षसिद्ध है, अतः चैत्र का गोष्ठी के बाहर अवस्थान ज्ञात होता है। इस प्रकार व्याप्ति न होने पर अर्थापत्ति प्रमाण की गति नहीं होती, अतः व्यङ्ग्य अर्थ अर्थापत्तिगम्य नहीं होता, क्योंकि वहाँ व्यभिचार और सन्देह आदि दोषों के कारण व्याप्तिग्रह नहीं हो सकता।

किञ्चेति—कपड़े आदि बेचने के समय उँगली उठाने से जैसे दस संख्या का बोध होता है, ऐसी सूचनबुद्धि से भी रस का ज्ञान नहीं हो सकता। सूचनबुद्धि भी लौकिक संकेत आदि की अपेक्षा करती है। जहाँ पहले से संकेत किया रहता है वहीं तर्जनी उठाने से दस का ज्ञान होता है। विना संकेतज्ञान के सूचनबुद्धि की उत्पत्ति नहीं होती, अतः वह भी एक प्रकार का अनुमान ही है। रस जब अनुमानगम्य नहीं है तो इस प्रकार की बुद्धि का विषय भी नहीं हो सकता।

यच्चेति—'वासना नामक संस्कार से उत्पन्न होने के कारण रसका ज्ञान एक प्रकार की स्मृति है।' यह जो कोई कहते थे, वह भी ठीक नहीं, क्योंकि प्रत्यभिज्ञा में व्यभिचरित होने के कारण यह भी हेत्वाभास है। जहाँ

'दुर्गालङ्घित'—इत्यादौ च द्वितीयोऽर्थो नास्त्येव—इति यदुक्तं महिमभट्टेन, तदनुभवसिद्धमपलपतो गजनिमीलिकैव।

तदेवमनुभवसिद्धस्य तत्तद्रसादिलक्षणार्थस्याशक्यापलापतया तत्तच्छब्दाद्यन्वयव्यतिरेकानुविधायितया चानुमानादिप्रमाणावेद्यतया चाभिधादिवृत्तित्रयाबोध्यतया च तुरीया वृत्तिरुपास्यैवेति सिद्धम्। इयंच व्याप्त्याद्यनुसंधानं विनापि भवतीत्यखिलं निर्मलम्।

तत्किंनामिकेयं वृत्तिरित्युच्यते—

सा चेयं व्यञ्जना नाम वृत्तिरित्युच्यते बुधैः।
रसव्यक्तौ पुनर्वृत्तिं रसनाख्यां परे विदुः॥५॥

एतच्च विविच्योक्तं रसनिरूपणप्रस्ताव इति सर्वमवदातम्॥

इति साहित्यदर्पणे व्यञ्जनाव्यापारनिरूपणो नाम पञ्चमः परिच्छेदः।

पहली देखी हुई वस्तु के सामने आने पर 'सोयं देवदत्तः' (यह वही देवदत्त है) इत्यादि ज्ञान होता है उसे प्रत्यभिज्ञा कहते हैं। इसमें '**सः**' इतना अंश स्मृति का है और '**अयम्**' अंश प्रत्यक्ष का है। यह प्रत्यभिज्ञा भी संस्कार से उत्पन्न होती है, परन्तु स्मृति नहीं होती, अतः जो संस्कारजन्य हो वह स्मृति ही हो ऐसा नियम नहीं रहा। क्योंकि स्मृतित्वरूप साध्य के विना भी संस्कारजन्यत्वरूपहेतु प्रत्यभिज्ञा में रह गया, अतः यह अनुमान कि "**रसज्ञानं** (पक्ष) **स्मृतिः** (साध्य) **संस्कारजन्यज्ञानत्वात्** (हेतु) **स्मृत्यन्तरवत्**" अनैकान्तिक होने के कारण दूषित होगया। इस कारण रस को स्मृति भी नहीं कह सकते।

जो लोग प्रत्यभिज्ञा को स्मृतिजन्य मानते हैं, संस्कारजन्य नहीं मानते, उनके मत में यह दोष नहीं है। जो लोग रसकी कारणभूत वासना को संस्कार विशेष मानते हैं उन्हीं के मत में यह सन्देह उठता है—जो रसकी वासना को संस्कार से अतिरिक्त मानते हैं उनके मत में कोई आशङ्का ही नहीं।

दुर्गालङ्घितेति—महिमभट्ट ने यह जो कहा है कि "**दुर्गालङ्घित** इत्यादि शब्दशक्तिमूलक ध्वनि के उदाहरण में दूसरा अर्थ प्रतीत ही नहीं होता" सो तो अनुभवसिद्ध पदार्थ का अपलाप करनेवाले उन महाशय की 'गजनिमीलिका' ही है। जैसे हाथी को आगे पड़ी हुई वस्तु नहीं दीखती, इसी प्रकार यदि कोई प्रत्यक्ष वस्तु को भी न देखे तब यह ('गजनिमीलिका') कहा जाता है।

व्यञ्जना के शास्त्रार्थ का उपसंहार करते हैं—**तदेवम् इति**—इस प्रकार चौथी वृत्ति अवश्य ही माननी पड़ेगी, यह सिद्ध हुआ। क्योंकि पहले तो अनुभवसिद्ध रसादिरूप अर्थ का अपलाप नहीं हो सकता, इस कारण उसके बोधन करने को तुरीयवृत्ति मानना आवश्यक है। इसके अतिरिक्त अनेक स्थलों पर जहाँ उन्हीं शब्दों के उसी स्वरूप में अवस्थित होने से उन उन अर्थों का ज्ञान होता है, अन्यथा नहीं होता, वहाँ चौथी वृत्ति के विना काम नहीं चल सकता—जैसे '**सुरभिमांसं भवान् भुङ्क्ते**' '**रुचिङ्कुरु**' इत्यादि। इन स्थलों में प्रकरणादिवश, अभिधाशक्ति के नियन्त्रण होने पर भी, गोमांस भक्षण तथा अन्य असभ्य अर्थ की प्रतीति, विना चौथी वृत्ति माने हो ही नहीं सकती। एवं रसादिरूप व्यङ्ग्य अर्थ न तो अनुमान और अर्थापत्ति आदि प्रमाणों से जाना जा सकता है और न अभिधा, लक्षणा, तात्पर्य नाम की तीनों वृत्तियों में से किसी से बोधित हो सकता है, अतः चौथी वृत्ति माननी ही पड़ेगी, यह बात सिद्ध हो चुकी। यह वृत्ति व्याप्ति आदि के अनुसन्धान के विना भी प्रवृत्त होती है, इससे सब पूर्वोक्त विषय स्वच्छ हो गया।

इस वृत्ति का क्या नाम है? **सा चेयमिति**—विद्वानों ने इसका नाम 'व्यञ्जना' माना है। कोई लोग रस की अभिव्यक्ति के लिये 'रसना' नाम की पांचवी वृत्ति मानते हैं। इस बात की विवेचना रसनिरूपण के समय हो चुकी है।

इति विमलार्थदर्शिन्यां पञ्चमः परिच्छेदः समाप्तः।

षष्ठः परिच्छेदः ।

एवं ध्वनिगुणीभूतव्यंग्यत्वेन काव्यस्य भेदद्वयमुक्त्वा पुनर्दृश्यश्रव्यत्वेन भेदद्वयमाह—

दृश्यश्रव्यत्वभेदेन पुनः काव्यं द्विधा मतम् ।
दृश्यं तत्राभिनेयं

तस्य रूपकसंज्ञाहेतुमाह—

तद्रूपारोपात्तु रूपकम् ॥१॥

तद् दृश्यं काव्यं नटे रामादिस्वरूपारोपाद्रूपकमित्युच्यते । कोऽसावभिनय इत्याह—

भवेदभिनयोऽवस्थानुकारः स चतुर्विधः । आंगिको वाचिकश्चैवमाहार्यः सात्त्विकस्तथा ॥२॥

नटै रङ्गादिभी रामयुधिष्ठिरादीनामवस्थानुकरणमभिनयः । रूपकस्य भेदानाह—

नाटकमथ प्रकरणं भाणव्यायोगसमवकारडिमाः ।
ईहामृगाङ्कवीथ्यः प्रहसनमिति रूपकाणि दश ॥३॥ किं च ।

नाटिका त्रोटकं गोष्ठी सट्टकं नाट्यरासकम् । प्रस्थानोल्लाप्यकाव्यानि प्रेङ्खणं रासकं तथा ॥४॥
संलापकं श्रीगदितं शिल्पकं च विलासिका । दुर्मल्लिका प्रकरणी हल्लीशो भाणिकेति च ॥५॥
अष्टादश प्राहुरुपरूपकाणि मनीषिणः । विना विशेषं सर्वेषां लक्ष्म नाटकवन्मतम् ॥६॥

सर्वेषां प्रकरणादिरूपकाणां नाटिकाद्युपरूपकाणां च । तत्र—

नाटकं ख्यातवृत्तं स्यात्पञ्चसंधिसमन्वितम् । विलासर्द्ध्यादिगुणवद्युक्तं नानाविभूतिभिः ॥७॥

षष्ठः परिच्छेदः ।

स्रोतांसि वात्सल्यरसस्य शश्वत्समुत्सृजन्ती जनताहिताय ।
सा भक्तिवित्तैकदयाविधेया पुनातु नेत्रद्युतिरम्बिकायाः ॥१॥

अब षष्ठ परिच्छेद में नाटक, प्रकरण आदिक दृश्य काव्यों का वर्णन करने के लिये उपक्रम करते हैं ।

एवमिति—इस प्रकार ध्वनि और गुणीभूतव्यंग्य इन दो भेदों में काव्यों को विभक्त कर चुके—अब दृश्य और श्रव्य नामक दो भेदों में फिर दूसरे प्रकार से विभाग करते हैं—**दृश्येति**—पूर्वोक्त दोनों प्रकार के काव्य, और भी दो भागों में बांटे जाते हैं—एक दृश्य, दूसरे श्रव्य । उनमें से दृश्य वे होते हैं जिनका अभिनय किया जा सके अर्थात् जो नाटक में खेले जा सकें ।

इसी दृश्य काव्य को रूपक भी कहते हैं—उसका कारण बताते हैं—**तदिति**—नट (अभिनेता) में रामादिक, (नाटक के पात्रों का) स्वरूप आरोपित किया जाता है । नट, राम, सीता, लक्ष्मण आदि का रूप धारण करता है और सामाजिकों को उसमें 'अयं रामः' इत्यादिक आरोपात्मकज्ञान होता है, अतएव रूप का आरोप होने के कारण इस दृश्य काव्य को रूपक भी कहते हैं ।

अभिनय का लक्षण—**भवेदिति**—अवस्था के अनुकरण को अभिनय कहते हैं । यह चार प्रकार का होता है—पहला आङ्गिक—जो अङ्ग (देह) से किया जाय, दूसरा वाचिक—जो वाणी से किया जाय, तीसरा आहार्य जो भूषण, वस्त्र आदि से किया जाय और चौथी सात्त्विक—जो स्तम्भ, स्वेद, रोमाञ्चादि पूर्वोक्त सात्त्विकभावों के द्वारा सम्पन्न किया जाय । **नटैरिति**—अङ्ग से तथा वचनादिकों से राम युधिष्ठिरादि की अवस्था का नट लोग जो अनुकरण करते हैं उसे अभिनय कहते हैं ।

रूपक के भेद बताते हैं—**नाटकमिति**—ये दस (मूलोक्त नाटकादि) रूपक कहलाते हैं । **नाटिकेति**—ये मूलोक्त अठारह उपरूपक कहलाते हैं—इन सब रूपक और उपरूपकों का लक्षण, कुछ विशेषताओं को छोड़कर, नाटक की तरह ही होता है ।

नाटक का लक्षण करते हैं—**नाटकमिति**—नाटक का वृत्त (कथा) ख्यात अर्थात् रामायणादि इतिहास

सुखदुःखसमुद्भूति नानारसनिरन्तरम् । पञ्चादिका दशपरास्तत्राङ्काः परिकीर्तिताः ॥८॥
प्रख्यातवंशो राजर्षिर्धीरोदात्तः प्रतापवान् । दिव्योऽथ दिव्यादिव्यो वा गुणवान्नायको मतः॥९॥
एक एव भवेदङ्गी शृङ्गारो वीर एव वा । अंगमन्ये रसाः सर्वे कार्यो निर्वहणेऽद्भुतः ॥१०॥
चत्वारः पञ्च वा मुख्याः कार्यव्यापृतपूरुषाः । गोपुच्छाग्रसमाग्रं तु बन्धनं तस्य कीर्तितम् ॥

ख्यातं रामायणादिप्रसिद्धं वृत्तम् । यथा—रामचरितादि । संधयो वक्ष्यन्ते । नानाविभूतिभिर्युक्तमिति महासहायम् । सुखदुःखसमुद्भूतत्वं रामयुधिष्ठिरादिवृत्तान्तेष्वभिव्यक्तम् । राजर्षयो दुष्यन्तादयः । दिव्याः श्रीकृष्णादयः । दिव्यादिव्यः, यो दिव्योऽप्यात्मनि नराभिमानी । यथा—श्रीरामचन्द्रः । 'गोपुच्छाग्रसमाग्रमिति क्रमेणाङ्काः सूक्ष्माः कर्तव्याः' इति केचित् । अन्ये त्वाहुः—'यथा गोपुच्छे केचिद् बाला ह्रस्वाः केचिद्दीर्घास्तथेह कानिचित्कार्याणि मुखसंधौ समाप्तानि कानिचित्प्रतिमुखे । एवमन्येष्वपि कानिचित्कानिचित्' इति ।

प्रत्यक्षनेतृचरितो रसभावसमुज्ज्वलः । भवेदगूढशब्दार्थः क्षुद्रचूर्णकसंयुतः ॥१२॥
विच्छिन्नावान्तरैकार्थः किंचित्संलग्नबिन्दुकः । युक्तो न बहुभिः कार्यैर्बीजसंहृतिमान्न च ॥१३॥
नानाविधानसंयुक्तो नातिप्रचुरपद्यवान् । आवश्यकानां कार्याणामविरोधाद्विनिर्मितः ॥१४॥

में प्रसिद्ध होना चाहिये । जो कथा केवल कविकल्पित है, इतिहाससिद्ध नहीं वह नाटक नहीं हो सकती । नाटक में विलास समृद्धि आदि गुण तथा अनेक प्रकार के ऐश्वर्यों का वर्णन होना चाहिये । सुख और दुःख की उत्पत्ति दिखाई जाय और अनेक रसों से उसे पूर्ण होना चाहिये । इसमें पाँच से लेकर दस तक अङ्क होते हैं । पुराणादि प्रसिद्ध वंश में उत्पन्न, धीरोदात्त, प्रतापी, गुणवान् कोई राजर्षि अथवा दिव्य या दिव्यादिव्य पुरुष नाटक का नायक होता है । यहाँ 'धीरोदात्त' पद धीरोद्धत, धीरललितादिका भी उपलक्षण है । शृङ्गार या वीर इनमें से कोई एक रस यहाँ प्रधान रहता है—अन्य सब रस अङ्गभूत रहते हैं । इसे निर्वहण सन्धि में अत्यन्त अद्भुत बनाना चाहिये । इसमें चार या पाँच पुरुष प्रधान कार्य के साधन में व्यापृत रहने चाहिये । और गौ की पूंछ के अग्रभाग के समान इसकी रचना होनी चाहिये ।

ख्यातमिति—'ख्यात' अर्थात् रामायणादिप्रसिद्ध वृत्त (चरित) जैसे श्रीरामचन्द्रजी की कथा । सन्धियाँ आगे कहेंगे । 'नानाविभूतियुक्त' अर्थात् बड़े २ सहायकों से युक्त हो । सुख दुःख की घटनायें श्रीरामादि के चरित्रों में स्पष्ट हैं । राजर्षि जैसे दुष्यन्तादिक । 'दिव्य'=श्रीकृष्णादिक । दिव्यादिव्य अर्थात् जो दिव्य होने पर भी अपने को अदिव्य (मनुष्य) समझे-जैसे-श्रीरामादिक । 'गोपुच्छाग्रसमाग्रम्' इसका कोई तो यह अर्थ करते हैं कि नाटक में क्रमसे उत्तरोत्तर अङ्कों को छोटा बनाना चाहिये । अन्ये—और लोग इसका यह अर्थ करते हैं कि जैसे गौकी पूँछ में कुछ बाल छोटे होते हैं, कुछ बड़े, इसी प्रकार नाटक में कुछ कार्य मुखसन्धि में ही समाप्त हो जाने चाहिये—कुछ आगे चलकर, प्रतिमुख सन्धि में, इसी प्रकार कुछ आगे पहुँचकर समाप्त होने चाहिये । वस्तुतः 'गोपुच्छाग्रसमाग्रम्' का यह अर्थ है कि गौ की पूँछ के अग्रभाग के समान नाटक का अग्रभाग होना चाहिये । अर्थात् जैसे गौ की पूँछ के अग्रभाग में दो ही एक बाल सबसे बड़ा दीखता है इसी प्रकार नाटक के आरम्भ में भी एकाध व्यापक बात से आरम्भ होना चाहिये और गोपुच्छ के बालों की संख्या उत्तरोत्तर बढ़के एक स्थान पर समन्वित हो जाती है इसी प्रकार नाटककी बातों में भी होना चाहिये । क्रमसे परिवृद्ध सब कथाओं का एक उपसंहार में समन्वय होना चाहिये ।

अङ्क का लक्षण करते हैं—प्रत्यक्षेति—अङ्क में नेता (नायक) का चरित प्रत्यक्ष होना चाहिये । रस और भाव पूर्ण हो । गूढार्थक शब्द न हों । छोटे छोटे चूर्णक (विना समास के गद्य) होने चाहिये । अङ्क में अवान्तर कार्य तो पूरा हो जाना चाहिये, किन्तु बिन्दु (जिसका लक्षण आगे कहेंगे) कुछ लगा रहना चाहिये—अर्थात् प्रधान कथा की समाप्ति न होनी चाहिये । बहुत कार्यों से युक्त न हो और बीज (इसका लक्षण भी आगे आयेगा) का उपसंहार न हो । अनेक प्रकार के संविधान हों, किन्तु पद्य बहुत न हों । इसमें सन्ध्या-

नानेकदिननिर्वर्त्यकथया संप्रयोजितः । आसन्ननायकः पात्रैर्युतस्त्रिचतुरैस्तथा ॥१५॥
दूराह्वानं वधो युद्धं राज्यदेशादिविप्लवः । विवाहो भोजनं शापोत्सर्गौ मृत्यू रतं तथा ॥१६॥
दन्तच्छेद्यं नखच्छेद्यमन्यद् व्रीडाकरं च यत् । शयनाधरपानादि नगराद्यवरोधनम् ॥१७॥
स्नानानुलेपने चैभिर्वर्जितो नातिविस्तरः । देवीपरिजनादीनाममात्यवणिजामपि ॥१८॥
प्रत्यक्षचित्रचरितैर्युक्तो भावरसोद्भवैः । अन्तनिष्क्रान्तनिखिलपात्रोऽङ्क इति कीर्तितः ॥१९॥

बिन्द्वादयो वक्ष्यन्ते । आवश्यकं संध्यावन्दनादि । अङ्कप्रस्तावाद् गर्भाङ्कमाह—

अङ्कोदरप्रविष्टो यो रंगद्वारामुखादिमान् । अङ्कोऽपरः स गर्भाङ्कः सबीजः फलवानपि ॥२०॥

यथा बालरामायणे—रावणं प्रति कञ्चुकी ।

'श्रवणैः पेयमनेकैर्दृश्यं दीर्घैश्च लोचनैर्बहुभिः ।
भवदर्थमिव निबद्धं नाट्यं सीतास्वयंवरणम् ॥'

इत्यादिना विरचितः सीतास्वयंवरो नाम गर्भाङ्कः ।

तत्र पूर्वं पूर्वरंगः सभापूजा ततः परम् । कथनं कविसंज्ञादेर्नाटकस्याप्यथामुखम् ॥२१॥

तत्रेति नाटके ।

यन्नाट्यवस्तुनः पूर्वं रंगविघ्नोपशान्तये । कुशीलवाः प्रकुर्वन्ति पूर्वरंगः स उच्यते ॥२२॥
प्रत्याहारादिकान्यंगान्यस्य भूयांसि यद्यपि । तथाप्यवश्यं कर्तव्या नान्दी विघ्नोपशान्तये ॥

तस्याः स्वरूपमाह—

वन्दनादिक आवश्यक कार्यों का विरोध न होना चाहिये । सन्ध्यादि के समय उनका उल्लंघन नहीं होना चाहिये एवं जो कथा अनेक दिनो में सिद्ध हुई हो उसे एक ही अङ्क में नहीं कहना चाहिये । नायक सदा सन्निहित रहे और तीन चार पात्रों से युक्त हो ।

अङ्क में जो बातें प्रत्यक्ष नहीं दिखानी चाहियें उनका निरूपण करते हैं—**दूरेति**—दूर से आह्वान, वध, युद्ध, राज्यविप्लव, देशविप्लवादि, विवाह, भोजन, शाप, मलत्याग, मृत्यु, रमण, दन्तक्षत, नखक्षत तथा शयन, अधरपानादिक लज्जाकारी कार्य एवं नगरादि का घिराव, स्नान, चन्दनादिलेपन इनसे रहित हो और अति विस्तृत न हो । देवी (रानी) और उसके परिजन (नौकर चाकर) एवं मन्त्री वैश्य आदिकों के भावपूर्ण और रसपूर्ण चरित्रों से युक्त होना चाहिये एवं इसकी समाप्ति में सब पात्रों को निकल जाना चाहिये । 'विवाहो भोजनम्' इत्यादिक कुछ अंशों का यहाँ भरतमुनि के ग्रन्थ से विरोध पड़ता है—उनकी कारिकायें इस प्रकार हैं—**'क्रोधप्रमादशोकाः शापोत्सर्गोऽध्वविद्रवोद्वाहौ । अद्भुतसंश्रयदर्शनमङ्के प्रत्यक्षजानि स्युः । युद्धं राज्यभ्रंशो मरणं नगरोपरोधनं चैव । प्रत्यक्षाणि तु नाङ्के प्रवेशकैः संविधेयानि' । ना० शा० १८ अ० ।**

अङ्क के प्रसंग से गर्भाङ्क का लक्षण करते हैं—**अङ्कोदरेति**—जो अङ्क के बीच में ही प्रविष्ट हो, जिसमें रंगद्वार और आमुख आदि (वक्ष्यमाण) अंग हों और जिसमें बीज तथा फल का स्पष्ट आभास होता हो उसे गर्भाङ्क कहते हैं । जैसे बालरामायण में रावण के प्रति कञ्चुकी ने कहा—**श्रवणैरिति**—अनेक कानों से पीने योग्य और अनेक विशाल नेत्रों से देखने योग्य सीतास्वयंवर नाट्य मानों तुम्हारे ही लिये रचा गया है । क्योंकि अनेक (बीस बीस) कान और अनेक विशाल नेत्र तुम्हारे ही हैं । यह सीतास्वयंवर नामक गर्भाङ्क है ।

नाटक के बनाने का प्रकार कहते हैं । **तत्रेति**—नाटक में पहले पूर्वरंग होना चाहिये । फिर सभापूजा । इसके बाद कवि और नाटक की संज्ञा आदि और इसके अनन्तर 'आमुख' होना चाहिये ।

यन्नाट्येति—नाट्य वस्तु (अर्थ) के पूर्व, रंग (नाट्यशाला) के विघ्नों को दूर करने के लिये लोग जो कुछ करते हैं, उसे 'पूर्वरंग' कहते हैं । यद्यपि इसके प्रत्याहारादिक अनेक अंग हैं, तथापि इनमें से रंगस्थल के विघ्नों की शान्ति के लिये 'नान्दी' अवश्य करनी चाहिये ।

आशीर्वचनसंयुक्ता स्तुतिर्यस्मात्प्रयुज्यते । देवद्विजनृपादीनां तस्मान्नान्दीति संज्ञिता ॥२४॥
मंगल्यशङ्खचन्द्राब्जकोककैरवशंसिनी । पदैर्युक्ता द्वादशभिरष्टाभिर्वा पदैरुत ॥२५॥

अष्टपदा यथा अनर्घराघवे—'निष्प्रत्यूहम्—' इत्यादि । द्वादशपदा यथा मम तातपादानां पुष्पमालायाम्—

'शिरसि धृतसुरापगे स्मरारावरुणमुखेन्दुरुचिर्गिरीन्द्रपुत्री ।
अथ चरणयुगानते स्वकान्ते स्मितसरसा भवतोऽस्तु भूतिहेतुः ॥'

एवमन्यत्र । एतन्नान्दीति कस्यचिन्मतानुसारेणोक्तम् । वस्तुतस्तु पूर्वरङ्गद्वाराभिधानमङ्गम् इत्यन्ये । यदुक्तम्—

'यस्मादभिनयो ह्यत्र प्राथम्यादवतार्यते । रङ्गद्वारमतो ज्ञेयं वागङ्गाभिनयात्मकम् ॥' इति ।

उक्तप्रकारायाश्च नान्द्या रङ्गद्वारात्प्रथमं नटैरेव कर्तव्यतया न महर्षिणा निर्देशः कृतः । कालिदासादिमहाकविप्रबन्धेषु च—

'वेदान्तेषु यमाहुरेकपुरुषं व्याप्य स्थितं रोदसी
यस्मिन्नीश्वर इत्यनन्यविषयः शब्दो यथार्थाक्षरः ।
अन्तर्यश्च मुमुक्षुभिर्नियमितप्राणादिभिर्मृग्यते
स स्थाणुः स्थिरभक्तियोगसुलभो निःश्रेयसायास्तु वः ॥'

एवमादिषु नान्दीलक्षणायोगात् । उक्तं च—'रङ्गद्वारमारभ्य कविः कुर्यात्—' इत्यादि । अतएव प्राक्तनपुस्तकेषु 'नान्द्यन्ते सूत्रधारः' इत्यनन्तरमेव 'वेदान्तेषु—' इत्यादिश्लोकलिखनं दृश्यते ।

नान्दी का लक्षण—**आशीरिति**—देवता, ब्राह्मण तथा राजादिकों की आशीर्वाद युक्त स्तुति इससे की जाती है, अतः इसे नान्दी कहते हैं । इससे लोग आनन्दित होते हैं, अतः यह नान्दी है । इसमें मंगल्य वस्तु, शंख, चन्द्र, चक्रवाक और कुमुदादिकों का वर्णन होना चाहिये । एवं इसमें बारह या आठ पद होने चाहिये । यहाँ पद शब्द से सुबन्त तिङन्त भी लिये जाते हैं और श्लोक के चतुर्थांश (पाद) का भी ग्रहण होता है । अष्टपदा नान्दी जैसे अनर्घराघव नाटक में 'निष्प्रत्यूह' मित्यादि । यहाँ दो श्लोक होने से अष्टपदा (या अष्टपादा) नान्दी है । द्वादशपदा नान्दी का उदाहरण—**शिरसीति**—गंगा को सिर पर रखने से सपत्नी विद्वेष के कारण पार्वती का मुख लाल हुआ और नमस्कार करने से फिर प्रसन्नता हुई । इसमें बारह पद हैं ।

एतन्नन्दीति—इन पूर्वोक्त पद्यों को किसी अन्य के मतानुसार नान्दी कह दिया है । वस्तुतः यह नान्दी नहीं है, किन्तु 'पूर्वरंग' का रंगद्वार नामक अंग है । इस मत में प्रमाण देते हैं—'यदुक्तम्'—**यस्मादिति**—इसमें सबसे प्रथम अभिनय अवतरित होता है, अतः वाचिक और आंगिक अभिनय से युक्त यह 'रंगद्वार' कहाता है । अभिनय का आरम्भ होने के कारण ही यह संज्ञा है । **उक्तेति**—पूर्वोक्त लक्षणवाली नान्दी तो इस रंगद्वार से भी पूर्व नटों के ही द्वारा की जाती है, अतः महर्षि ने यहाँ उसका विशेष लक्षण नहीं किया । तात्पर्य यह है कि सब नर्तक, विना किसी विशेष स्वरूपरचना के, मिलकर जो मंगलार्थ स्तुति आदि करते हैं, वह नान्दी कहाती है । यह नटों का अपना कार्य है । सभी नाटकों में समान है । किसी नाटककार कवि को इसके लिये अपने नाटक में विशेष रचना करने की आवश्यकता नहीं, अतः यह नाटक का अंग नहीं । अतएव नाटकरचना के प्रकरण में भरत मुनि ने इसका निर्देश नहीं किया ।

इसके अतिरिक्त पूर्वोक्त नान्दी का लक्षण यदि मानें तो 'वेदान्तेषु' इत्यादिक महाकवि श्रीकालिदासादि के प्रबन्धों में अव्याप्ति होगी । **वेदान्तेष्विति**—वेदान्त में जिन्हें पृथ्वी और आकाश में व्याप्त एक पुरुष (**एकमेवाद्वितीयं ब्रह्म**) कहा गया है, ईश्वर शब्द जिनमें यथार्थरूप से अनुगत होता है और जिनको प्राणादि का नियमन करनेवाले मुमुक्षु पुरुष हृदय के भीतर ढूँढ़ते हैं, स्थिर भक्तियोग से सुलभ वह भगवान् शङ्कर तुम्हारा कल्याण करें । इस पद्य में नान्दी का पूर्वोक्त लक्षण अनुगत नहीं होता । न यह अष्टपदा है, न द्वादशपदा । अतः यह नान्दी नहीं, रंगद्वार है । अतएव कहा है कि—**रङ्गेति**—रंगद्वार से लेके कवि को नाटक की रचना करनी चाहिये । यही कारण है कि प्राचीन पुस्तकों में **'नान्द्यन्ते सूत्रधारः'** इस वाक्य

यच्च पश्चात् 'नान्द्यन्ते सूत्रधारः' इति लिखनं तस्यायमभिप्रायः—नान्द्यन्ते सूत्रधार इदं प्रयोजितवान्, इतः प्रभृति मया नाटकमुपादीयत इति कवेरभिप्रायः सूचित इति।

पूर्वरंगं विधायैव सूत्रधारो निवर्तते। प्रविश्य स्थापकस्तद्वत्काव्यमास्थापयेत्ततः ॥२६॥
दिव्यमर्त्ये स तद्रूपो मिश्रमन्यतरस्तयोः। सूचयेद्वस्तु बीजं वा मुखं पात्रमथापि वा ॥२७॥

काव्यार्थस्य स्थापनात्स्थापकः। तद्वदिति सूत्रधारसदृशगुणाकारः। इदानीं पूर्वरङ्गस्य सम्यक्प्रयोगाभावादेक एव सूत्रधारः सर्वं प्रयोजयतीति व्यवहारः। स स्थापको दिव्यं वस्तु दिव्यो भूत्वा, मर्त्यं मर्त्यो भूत्वा, मिश्रं च दिव्यमर्त्ययोरन्यतरो भूत्वा सूचयेत्। वस्तु इतिवृत्तम्—यथोदात्तराघवे—

'रामो मूर्ध्नि निधाय काननमगान्मालामिवाज्ञां गुरो-
स्तद्भक्त्या भरतेन राज्यमखिलं मात्रा सहैवोज्झितम्।
तौ सुग्रीवविभीषणावनुगतौ नीतौ परामुन्नतिं
प्रोत्सिक्ता दशकंधरप्रभृतयो ध्वस्ताः समस्ता द्विषः॥'

बीजं यथा रत्नावल्याम्—

'द्वीपादन्यस्मादपि मध्यादपि जलनिधेर्दिशोऽप्यन्तात्।
आनीय झटिति घटयति विधिरभिमतमभिमुखीभूतः॥'

अत्र हि समुद्रे प्रवहणभङ्गमग्नोत्थिताया रत्नावल्या अनुकूलदैवलालितो वत्सराजगृहप्रवेशो यौगंधरायणव्यापारमारभ्य रत्नावलीप्राप्तौ बीजम्।

मुखं श्लेषादिना प्रस्तुतवृत्तान्तप्रतिपादको वाग्विशेषः। यथा—

'आसादितप्रकटनिर्मलचन्द्रहासः प्राप्तः शरत्समय एष विशुद्धकान्तिः।

के अनन्तर वेदान्तेष्वित्यादि श्लोक लिखा मिलता है। इससे स्पष्ट है कि यह नान्दी नहीं है—किन्तु नान्दी के अन्त्य में सूत्रधार ने इसे पढ़ा है। **यच्चेति**—जहाँ उक्त वाक्य उक्त श्लोक के पीछे मिलता है वहाँ यह समझना चाहिये कि 'नान्दी के पीछे सूत्रधार ने यह पद्य कहा'—अब यहाँ से मैं नाटकरचना प्रारम्भ करता हूँ। यह कवि का अभिप्राय सूचित किया है।

पूर्वरङ्गमिति—सूत्रधार पूर्वरंग का विधान समाप्त करके चला जाता है—(**नाट्योपकरणादीनि सूत्रमित्यभिधीयते। सूत्रं धारयतीत्यर्थे सूत्रधारो निगद्यते॥**) उसके पीछे उसी के समान वेषवाला 'स्थापक' आता है, वह काव्य की आस्थापना करता है। यदि वर्णनीय वस्तु दिव्य हो तो वह देवतारूप होकर और यदि मर्त्यलोक की वस्तु अभिनेय हो तो मनुष्य का रूप धारण करके एवं मिश्रवस्तु हो तो देवता या मनुष्य में से किसी एक का रूप धारण करके उसकी स्थापना करता है। यह 'स्थापक' वस्तु, बीज, मुख या पात्र की सूचना करता है।

काव्यार्थस्येति—काव्य (नाटकादि) के अर्थ की स्थापना करने से इसे स्थापक कहते हैं। 'तद्वत्' का अर्थ है कि सूत्रधार के ही समान गुण और आकारवाला पुरुष स्थापक होना चाहिये। **इदानीमिति**—आजकल पूर्वरङ्ग का ठीक ठीक प्रयोग नहीं होता, अतः एकही सूत्रधार सब कुछ कर देता है। स्थापक के द्वारा वस्तु अर्थात् इतिहास की सूचना का उदाहरण जैसे उदात्तराघव में—**राम इति**—इस पद्य में सम्पूर्ण वृत्तान्त कह दिया है। बीज का उदाहरण—**द्वीपादिति**—यदि प्रारब्ध अनुकूल हो तो वह दूसरे द्वीप से, समुद्र के मध्य से और दिशाओं के अन्त्य से भी अभीष्ट वस्तु को लाकर उपस्थित कर देता है। **अत्रेति**—यहाँ जहाज़ टूट जाने पर भी समुद्र से निकली हुई रत्नावली का प्रारब्धवश वत्सराज के घर में आना और फिर यौगन्धरायण का व्यापारादिक यह सब रत्नावली की प्राप्ति का बीज है।

मुखमिति—श्लेषादि के द्वारा प्रकृत कथा को सूचित करनेवाले वचनविन्यास को मुख कहते हैं। जैसे **आसादितेति**—यहाँ शरद् ऋतु का वर्णन किया गया है। उसको राम की उपमा दी गई है और वर्षाकाल को,

उत्खाय गाढतमसं घनकालमुग्रं रामो दशास्यमिव संभृतबन्धुजीवः ॥'

पात्रं यथा शाकुन्तले—

'तवास्मि गीतरागेण हारिणा प्रसभं हृतः। एष राजेव दुष्यन्तः सारङ्गेणातिरंहसा ॥'

रंगं प्रसाद्य मधुरैः श्लोकैः काव्यार्थसूचकैः। रूपकस्य कवेराख्यां गोत्राद्यपि स कीर्तयेत् ॥२८॥

ऋतुं च कंचित्प्रायेण भारतीं वृत्तिमाश्रितः।

स स्थापकः। प्रायेणेति कचिद्दतोरकीर्तनमपि। यथा—रत्नावल्याम्। भारतीवृत्तिस्तु—

भारती संस्कृतप्रायो वाग्व्यापारो नराश्रयः ॥२९॥

संस्कृतबहुलो वाक्प्रधानो व्यापारो भारती।

तस्याः प्ररोचना वीथी तथा प्रहसनामुखे। अंगान्यत्रोन्मुखीकारः प्रशंसातः प्ररोचना ॥३०॥

प्रस्तुताभिनयेषु प्रशंसातः श्रोतॄणां प्रवृत्त्युन्मुखीकरणं प्ररोचना। यथा रत्नावल्याम्—

'श्रीहर्षो निपुणः कविः, परिषदप्येषा गुणग्राहिणी,
लोके हारि च वत्सराजचरितं, नाट्ये च दक्षा वयम्।
वस्त्वेकैकमपीह वाञ्छितफलप्राप्तेः पदं, किं पुन-
र्मद्भाग्योपचयादयं समुदितः सर्वो गुणानां गणः ॥'

वीथीप्रहसने वक्ष्येते।

नटी विदूषको वापि पारिपार्श्विक एव वा। सूत्रधारेण सहिताः संलापं यत्र कुर्वते ॥३१॥

जिसका शरद् ने ध्वंस किया है, रावण के तुल्य बताया गया है। शरद् में निर्मल चन्द्रमा का 'हास' (विकास) होता है और रावण के पास निर्मल 'चन्द्रहास' नामक खड्ग था, जिसे रामने प्राप्त किया। शरद् की कान्ति भी विशुद्ध होती है और राम की भी कान्ति विशुद्ध थी। वर्षा में प्रगाढ तम (अन्धकार) होता है और रावण में तमोगुण प्रगाढ था। वर्षा, घनों (बादलों) का काल (समय) है और रावण 'घन' (गहरे) 'काल' (काले रंग का) था। शरद् में बन्धुजीव (गुलदुपहरिया) का फूल खिलता है और राम ने बन्धु (लक्ष्मण) के जीव (जीवन) को बचाया था। इसमें श्लेष के द्वारा प्रकृत कथा की सूचना दी गई है।

पात्र की सूचना का उदाहरण—**तवेति**—यहाँ स्थापक ने पात्र (दुष्यन्त) की सूचना दी है। इस पद्य में 'सारङ्ग' शब्द हिरन और राग दोनों में श्लिष्ट है। सारङ्ग राग मध्याह्न में गाया जाता है और राजा दुष्यन्त मध्याह्न में शिकार खेलते हुए सारङ्ग (हरिण) के पीछे दौड़ते हुए कण्व मुनि के आश्रम के पास पहुंचे थे। उसी समय का वर्णन कालिदास ने किया है, अतः नटी ने सारङ्ग राग में ही 'ईसीसिचुम्बिआई' इत्यादि पद्य गाया था। उसी को सुनकर 'अभिज्ञानशाकुन्तल' के स्थापक ने यह पद्य कहा है।

रङ्गमिति—वह स्थापक काव्यार्थ की सूचना करनेवाले मधुर श्लोकों से सभा को प्रसन्न करके रूपक (प्रकृत नाटकादि) का नाम तथा कवि के नाम तथा कवि के नामगोत्रादि का भी कीर्तन करता है एवं भारती-वृत्ति का आश्रय करके किसी ऋतु का भी वर्णन करता है। 'प्रायः' शब्द से यह अभिप्राय है कि कहीं ऋतु-वर्णन नहीं भी होता।

भारतीवृत्ति का लक्षण—**भारती**—संस्कृत बहुल वाग्व्यापार, जो नर के ही आश्रय हो, नारीके नहीं, उसे भारती कहते हैं। यही भरतमुनि ने कहा है **'या वाक्प्रधाना पुरुषप्रयोज्या स्त्रीवर्जिता संस्कृतवाक्ययुक्ता। स्वनामधेयैर्भरतैः प्रयुक्ता सा भारती नाम भवेत्तु वृत्तिः ॥'**

तस्या इति—भारती के चार अङ्ग होते हैं—प्ररोचना, वीथी, प्रहसन और आमुख। प्रशंसा के द्वारा श्रोताओं को प्रकृत वस्तु की ओर आकर्षित करना प्ररोचना कहलाता है। जैसे रत्नावली में **श्रीहर्ष इत्यादि**। वीथी और प्रहसन का लक्षण आगे कहेंगे।

नटीति—जहाँ नटी, विदूषक अथवा पारिपार्श्विक सूत्रधार के साथ अपने कार्य के विषय में विचित्र

चित्रैर्वाक्यैः स्वकार्योत्थैः प्रस्तुताक्षेपिभिर्मिथः । आमुखं तत्तु विज्ञेयं नाम्ना प्रस्तावनाऽपि सा ॥

सूत्रधारसदृशत्वात्स्थापकोऽपि सूत्रधार उच्यते । तस्यानुचरः पारिपार्श्विकः । तस्मात्किंचिदूनो नटः ।

उद्घात(त्य)कः कथोद्घातः प्रयोगातिशयस्तथा । प्रवर्तकावलगिते पञ्च प्रस्तावनाभिदाः ॥

—पदानि त्वगतार्थानि तदर्थगतये नराः । योजयन्ति पदैरन्यैः स उद्घात्य(त)क उच्यते॥

यथा मुद्राराक्षसे सूत्रधारः—

'क्रूरग्रहः सकेतुश्चन्द्रमसंपूर्णमण्डलमिदानीम् । अभिभवितुमिच्छति बलात्—'

इत्यनन्तरम्--'(नेपथ्ये) आः, क एष मयि जीवति चन्द्रगुप्तमभिभवितुमिच्छति' इति । अत्रान्यार्थवन्त्यपि पदानि हृदयस्थार्थगत्या अर्थान्तरे संक्रमय्य पात्रप्रवेशः ।

सूत्रधारस्य वाक्यं वा समादायार्थमस्य वा । भवेत्पात्रप्रवेशश्चेत्कथोद्घातः स उच्यते ॥३५॥

वाक्यं यथा रत्नावल्याम्--'द्वीपादन्यस्मादपि--' इत्यादि सूत्रधारेण पठिते--'(नेपथ्ये) एवमेतत् । कः संदेहः । द्वीपादन्यस्मादपि--' इत्यादि पठित्वा यौगंधरायणप्रवेशः ।

वाक्यार्थो यथा वेण्याम्—

'निर्वाणवैरदहनाः प्रशमादरीणां नन्दन्तु पाण्डुतनयाः सह माधवेन ।
रक्तप्रसाधितभुवः क्षतविग्रहाश्च स्वस्था भवन्तु कुरुराजसुताः सभृत्याः ॥'

इति सूत्रधारेण पठितस्य वाक्यस्यार्थं गृहीत्वा—'(नेपथ्ये) आः दुरात्मन् ! वृथामङ्गलपाठक, कथं स्वस्था भवन्ति मयि जीवति धार्तराष्ट्राः ।' ततः सूत्रधारनिष्क्रान्तौ भीमसेनस्य प्रवेशः ।

यदि प्रयोग एकस्मिन्प्रयोगोऽन्यः प्रयुज्यते । तेन पात्रप्रवेशश्चेत्प्रयोगातिशयस्तदा ॥३६॥

वाक्यों से इस प्रकार बातचीत करें, जिससे प्रस्तुत कथा का सूचन हो जाय उसे आमुख कहते हैं और उसी का नाम प्रस्तावना भी है । यहाँ सूत्रधार के तुल्य होने के कारण स्थापक को ही सूत्रधार कहा है । उसका अनुचर पारिपार्श्विक होता है । उससे थोड़ा कम गुणवाला नट होता है ।

उद्घातेति---प्रस्तावना के पाँच भेद होते हैं—उद्घातक, कथोद्घात, प्रयोगातिशय, प्रवर्तक और अवलगित । **पदानीति**—अप्रतीतार्थक पदों के अर्थ की प्रतीति कराने के लिये जहाँ और पद साथ में जोड़ दिये जायँ उसे उद्घातक कहते हैं । जैसे मुद्राराक्षस में--**क्रूरग्रह इत्यादि**—यह सूत्रधार ने नटी से ग्रहण पड़ने के विषय में कहा है कि 'क्रूरग्रह केतु यद्यपि पूर्णमण्डल चन्द्र का पराभव करना चाहता है'—इसी के आगे नेपथ्य से आवाज़ आई कि 'अरे यह कौन है जो मेरे जीते-जी चन्द्रगुप्त का अभिभव करना चाहता है ?' यहाँ सूत्रधार का तात्पर्य चन्द्रगुप्त से नहीं है--किन्तु उस अर्थ को प्रतीति कराने के लिये नेपथ्यगत चाणक्य के वाक्य में चन्द्र के साथ 'गुप्त' पद और 'मयि स्थिते' इत्यादि पद बढ़ाकर पहले जो अर्थ अप्रतीत था उसकी प्रतीति कराई है । चाणक्य का वाक्य सुनने पर यह मालूम होता है कि उन्होंने सूत्रधार की उक्ति का यह अर्थ समझा है कि 'क्रूरग्रह' (क्रूर आदमी अमात्यराक्षस) 'सकेतु' (मलयकेतु के साथ) असम्पूर्णमण्डल-- (जिसका राज्यमण्डल सम्पूर्ण नहीं है) उस चन्द्र अर्थात् चन्द्रगुप्त का पराभव करना चाहता है । **अत्रेति**—यहाँ यद्यपि सब पद अन्यार्थक हैं—सूत्रधार का अभिप्राय चन्द्रग्रहण से है, चन्द्रगुप्त के निग्रह से नहीं, तथापि चाणक्य ने अपने हृदयस्थ अर्थ के अनुसार उन्हें दूसरे अथ में संक्रान्त करके रंगस्थल में प्रवेश किया है, अतः यह उद्घातक का उदाहरण है ।

सूत्रधारस्येति—जहाँ सूत्रधार का वाक्य या वाक्यार्थ लेकर कोई पात्र प्रवेश करे उसे 'कथोद्घात' कहते हैं । जैसे—रत्नावली में—'द्वीपात्' इत्यादि पद्य को सूत्रधार के पढ़ने पर नेपथ्य से 'एवम्' इत्यादि कहते हुए और इसी पद्य को पढ़ते हुए यौगन्धरायण ने प्रवेश किया है ।

वाक्यार्थ को लेकर जहाँ पात्र का प्रवेश है उसका उदाहरण—जैसे वेणीसंहार में--**निर्वाणेत्यादि**—इस पद्य को सूत्रधार ने पढ़ा और उसी समय इसको सुनकर क्रोध में भरे भीमसेन यह कहते हुए आ धमके कि **'आः दुरात्मन्'** इत्यादि ।

यदीति—यदि एक ही प्रयोग प्रारम्भ हो जाय और उसीके द्वारा पात्र का प्रवेश हो तो उसे प्रयोगातिशय

यथा कुन्दमालायाम्--'(नेपथ्ये।) इत इतोऽवतरत्वार्या। सूत्रधारः--कोऽयं खल्वार्याह्वानेन साहायकमिव मे संपादयति। (विलोक्य) कष्टमतिकरुणं वर्तते।'

'लङ्केश्वरस्य भवने सुचिरं स्थितेति रामेण लोकपरिवादभयाकुलेन।
निर्वासितां जनपदादपि गर्भगुर्वीं सीतां वनाय परिकर्षति लक्ष्मणोऽयम्॥'

अत्र नृत्यप्रयोगार्थं स्वभार्याह्वानमिच्छता सूत्रधारेण 'सीतां वनाय परिकर्षति लक्ष्मणोऽयम्' इति सीतालक्ष्मणयोः प्रवेशं सूचयित्वा निष्क्रान्तेन स्वप्रयोगमतिशयान एव प्रयोगः प्रयोजितः।

कालं प्रवृत्तमाश्रित्य सूत्रधृग्यत्र वर्णयेत्। तदाश्रयश्च पात्रस्य प्रवेशस्तत्प्रवर्तकम्॥३७॥

यथा--'आसादितप्रकट--' इत्यादि। '(ततः प्रविशति यथानिर्दिष्टो रामः।)'

यत्रैकत्र समावेशात्कार्यमन्यत्प्रसाध्यते। प्रयोगे खलु तज्ज्ञेयं नाम्नावलगितं बुधैः॥३८॥

यथा शाकुन्तले--सूत्रधारो नटीं प्रति--'तवास्मि गीतरागेण--' इत्यादि। ततो राज्ञः प्रवेशः।

योज्यान्यत्र यथालाभं वीथ्यंगानीतराण्यपि।

अत्र आमुखे। उद्घात(त्य)कावलगितयोरितराणि वीथ्यङ्गानि वक्ष्यमाणानि। नखकुट्टस्तु--

नेपथ्योक्तं श्रुतं यत्र त्वाकाशवचनं तथा॥ ३९॥

समाश्रित्यापि कर्तव्यमामुखं नाटकादिषु। एषामामुखभेदानामेकं कंचित्प्रयोजयेत्॥४०॥

तेनार्थमथ पात्रं वा समाक्षिप्यैव सूत्रधृक्। प्रस्तावनान्ते निर्गच्छेत्ततो वस्तु प्रयोजयेत्॥४१॥

वस्त्वितिवृत्तम्--

इदं पुनर्वस्तु बुधैर्द्विविधं परिकल्प्यते। आधिकारिकमेकं स्यात्प्रासङ्गिकमथापरम्॥४२॥

अधिकारः फले स्वाम्यमधिकारी च तत्प्रभुः। तस्येतिवृत्तं कविभिराधिकारिकमुच्यते॥४३॥

फले प्रधानफले। यथा बालरामायणे रामचरितम्।

अस्योपकरणार्थं तु प्रासंगिकमितीष्यते।

कहते हैं। जैसे--कुन्दमाला में 'इतइतः' इत्यादि नेपथ्य की ओर से सुनकर सूत्रधार ने कहा कि 'कोऽयम्' इत्यादि--**लङ्केश्वरस्येति**--सूत्रधार नाटक के लिये नटी को बुला रहा था--उसी समय उसने यह पद्य कहकर सीता तथा लक्ष्मण का प्रवेश सूचित किया और आप निकल गया। यहाँ अपने प्रयोग से उत्कृष्ट प्रयोग दिखाया है।

कालमिति--जहाँ सूत्रधार उपस्थित समय (ऋतु) का वर्णन करे और उसी के आश्रय से पात्र का प्रवेश हो उसे 'प्रवर्तक' कहते हैं--जैसे 'आसादित' इत्यादि। यहाँ इस पूर्वोक्त पद्य में शरद्वर्णन के अनन्तर ही उसी रूप में रामका प्रवेश कराया है।

यत्रेति--जहाँ एक प्रयोग में सादृश्यादि के द्वारा समावेश करके किसी पात्र का सूचन ('अन्यकार्य') सिद्ध किया जाय उसका नाम 'अवलगित' है, जैसे 'अभिज्ञानशाकुन्तल' में--'तवे' त्यादि के अनन्तर राजा का प्रवेश हुआ है।

योज्यानीति--इस प्रस्तावना या आमुख में अन्य वीथ्यङ्गों का भी यथासम्भव प्रयोग करना चाहिये। नखकुट्ट ने कहा है कि **नेपथ्योक्तमिति**--नेपथ्य का वचन सुनकर अथवा आकाशभाषित सुनकर उनके आश्रय पर भी नाटकादिकों में पात्र का प्रवेश कराना चाहिये। इन पूर्वोक्त प्रस्तावना के पाँच भेदों में से किसी एक का प्रयोग करना चाहिये। सूत्रधार उसी (प्रस्तावना) के द्वारा अर्थ या पात्र की सूचना देकर प्रस्तावना के अन्त्य में निकल जाय। इसके अनन्तर नाट्यवस्तु का प्रयोग करना चाहिये।

इदमिति--यह वस्तु (इतिहास) दो प्रकार की होती है--एक आधिकारिक--दूसरी प्रासङ्गिक। नाटक के प्रधान फल का स्वामित्व अधिकार कहाता है और उस फल का मालिक अधिकारी कहा जाता

अस्याधिकारिकेतिवृत्तस्य उपकरणनिमित्तं यच्चरितं तत्प्रासङ्गिकम्। यथा सुग्रीवादिचरितम्।

पताकास्थानकं योज्यं सुविचार्येह वस्तुनि ॥ ४४ ॥ इह नाट्ये।

यत्रार्थे चिन्तितेऽन्यस्मिंस्तल्लिंगोऽन्यः प्रयुज्यते। आगन्तुकेन भावेन पताकास्थानकं तु तत् ॥

तद्भेदानाह--

सहसैवार्थसंपत्तिर्गुणवत्युपचारतः। पताकास्थानकमिदं प्रथमं परिकीर्तितम् ॥ ४६ ॥

यथा रत्नावल्याम्--'वासवदत्तेयम्' इति राजा यदा तत्कण्ठपाशं मोचयति तदा तदुक्त्या सागरिकेयम् इति प्रत्यभिज्ञाय, 'कथम् प्रिया मे सागरिका !!

अलमलमतिमात्रं साहसेनामुना ते, त्वरितमयि विमुञ्च त्वं लतापाशमेतम्।
चलितमपि निरोद्धुं जीवितं जीवितेशे क्षणमिह मम कण्ठे बाहुपाशं निधेहि ॥'

इति फलरूपार्थसंपत्तिः पूर्वापेक्षयोपचारातिशयाद् गुणवत्युत्कृष्टा।

वचः सातिशयश्लिष्टं नानाबन्धसमाश्रयम्। पताकास्थानकमिदं द्वितीयं परिकीर्तितम्॥४७॥

यथा वेण्याम्—

'रक्तप्रसाधितभुवः क्षतविग्रहाश्च स्वस्था भवन्तु कुरुराजसुताः सभृत्याः॥'

अत्र रक्तादीनां रुधिरशरीरार्थहेतुकश्लेषवशेन बीजार्थप्रतिपादनान्नेतृमङ्गलप्रतिपत्तौ सत्यां द्वितीयं पताकास्थानम्।

अर्थोपक्षेपकं यत्तु लीनं सविनयं भवेत्। श्लिष्टप्रत्युत्तरोपेतं तृतीयमिदमुच्यते ॥४८॥

है--उस अधिकारी की कथा को आधिकारिक वस्तु कहते हैं। जैसे रामायण में रामचन्द्र का चरित आधिकारिक वस्तु है। **अस्येति**—इस प्रधान वस्तु के साधक इतिवृत्त को 'प्रासङ्गिक' वस्तु कहते हैं। जैसे सुग्रीव का चरित रामचरित का उपकारक है।

पताकेति—नाटक में पताकास्थान का प्रयोग बहुत सोच समझकर करना चाहिये। **यत्रेति**—जहाँ प्रयोग करनेवाले पात्र को तो अन्य अर्थ अभिलषित हो, किन्तु सादृश्यादि के कारण 'आगन्तुक' अर्थात् प्रतीयमान अचिन्तितोपनत पदार्थ के द्वारा कोई दूसरा ही प्रयोग हो जाय, उसे पताकास्थानक कहते हैं। इसके भेद कहते हैं--**सहसेति**—जहाँ उपचार के द्वारा झट से अधिक गुणयुक्त अर्थसम्पत्ति उत्पन्न हो वह प्रथम पताकास्थानक होता है—जैसे रत्नावली में--वासवदत्ता का रूप धारण करके सागरिका गई थी, किन्तु जब उसे मालम हुआ कि रानी वासवदत्ता को मेरी बात का पता लग गया, तब वह पाशबन्ध करके मरने को तैयार हो गई। उसी समय राजा वहाँ पहुँच गये और उसे वासवदत्ता समझ कर जब उसके कण्ठपाश को छुड़ाने लगे—तभी उसकी कण्ठध्वनि सुनकर पहिचान गये और 'कथं प्रिया मे सागरिका' इत्यादि बोलने लगे। यहाँ फलप्राप्ति रूप अर्थसम्पत्ति है। वह पहले की अपेक्षा भी अधिक गुणवती है। पहले वासवदत्ता समझ कर राजा का उपचार था--किन्तु पीछे राजा की अत्यन्त अभीष्ट प्रियतमा सागरिका का समागमरूप प्रयोगान्तर हो गया।

वच इति—जहाँ अनेक बन्धों में आश्रित अतिशय शिलष्ट (श्लेषयुक्त) वचन हो वहाँ दूसरा पताकास्थानक होता है—जैसे--**रक्तेति**—यहाँ सूत्रधार को तो यह अर्थ अभीष्ट है कि 'जिन्होंने पृथ्वी को अनुरक्त और प्रसाधित (विजित) कर लिया है और विग्रह (लड़ाई--झगड़ा) जिनका क्षत (नष्ट) हो गया है ऐसे कौरव लोग अपने भृत्यों के साथ स्वस्थ हो जायें'। किन्तु शब्दों के शिलष्ट होने के कारण दूसरा यह अर्थ भी प्रतीत होता है कि 'जिन्होंने रक्त अर्थात् अपने रुधिर से पृथ्वी को प्रसाधित (रञ्जित) कर दिया है और विग्रह (शरीर) जिनके क्षत (नष्ट) हो गये हैं ऐसे कौरव लोग स्वस्थ (स्वर्गस्थ) हो जायें। **अत्रेति**—यहाँ रक्तादिक शब्दों का रुधिरादिक भी अर्थ है और शरीरादिक भी, अतः इस श्लेष से बीजभत अर्थ (कौरवों के नाश) का प्रतिपादन होता है और नायक का मङ्गल प्रतीत होता है।

लीनमव्यक्तार्थम्, श्लिष्टेन संबन्धयोग्येनाभिप्रायान्तरप्रयुक्तेन प्रत्युत्तरेणोपेतम्, सविनयं विशेषनिश्चयप्राप्त्या सहितं संपाद्यते यत्तत्तृतीयं पताकास्थानम्।

यथा वेण्यां द्वितीयेऽङ्के--'कञ्चुकी--देव, भग्नम् भग्नम्। राजा--केन। कञ्चुकी--भीमेन राजा--कस्य। कञ्चुकी--भवतः। राजा--आः, किं प्रलपसि। कञ्चुकी--(सभयम्।) देव, ननु ब्रवीमि भग्नं भीमेन भवतः। राजा--धिग् वृद्धापसद, कोऽयमद्य ते व्यामोहः। कञ्चुकी--देव, न व्यामोहः। सत्यमेव--'भग्नं भीमेन भवतो मरुता रथकेतनम्। पतितं किङ्किणीकाणबद्धाक्रन्दमिव क्षितौ॥' अत्र दुर्योधनोरुभङ्गरूपप्रस्तुतसंक्रान्तमर्थोपक्षेपणम्।

द्व्यर्थो वचनविन्यासः सुश्लिष्टः काव्ययोजितः। प्रधानार्थान्तराक्षेपी पताकास्थानकं परम्॥४९॥

यथा रत्नावल्याम्--

'उद्दामोत्कलिकाविपाण्डुररुचं प्रारब्धजृम्भां क्षणादायासं श्वसनोद्गमैरविरलैरातन्वतीमात्मनः।
अद्योद्यानलतामिमां समदनां नारीमिवान्यां ध्रुवं पश्यन्कोपविपाटलद्युति मुखं देव्याः करिष्याम्यहम्॥'

अत्र भाव्यर्थः सूचितः। एतानि चत्वारि पताकास्थानानि क्वचिन्मङ्गलार्थं क्वचिदमङ्गलार्थं सर्वसंधिषु भवन्ति। काव्यकर्तुरिच्छावशाद् भूयो भूयोऽपि भवन्ति। यत्पुनः केनचिदुक्तम्--'मुखसंधिमारभ्य संधिचतुष्टये क्रमेण भवन्ति' इति, तदन्ये न मन्यन्ते। एषामत्यन्तमुपादेयानामनियमेन सर्वत्रापि सर्वेषामपि भवितुं युक्तत्वात्।

यत्स्यादनुचितं वस्तु नायकस्य रसस्य वा। विरुद्धं तत्परित्याज्यमन्यथा वा प्रकल्पयेत्॥५०॥

जो किसी दूसरे अर्थ का 'उपक्षेपक', (सूचन करनेवाला) 'लीन' (अव्यक्तार्थक) और विनय (विशेष निश्चय) से युक्त वचन हो, जिसमें उत्तर भी श्लेषयुक्त ही दिया गया हो वह तीसरा पताकास्थानक होता है। जैसे वेणीसंहार में--कञ्चुकीत्यादि--इस प्रश्नोत्तर से श्लेष के द्वारा दुर्योधन का भावी ऊरुभंगरूप प्रस्तुत कार्य सूचित होता है।

द्व्यर्थ इति--जहाँ सुन्दर श्लेषयुक्त द्व्यर्थक वचनों का उपन्यास हो, जिससे प्रधान अर्थ की सूचना होती हो, वह तीसरा पताकास्थानक होता है--जैसे रत्नावली में--उद्दामेति--राजा की उक्ति है--आज मैं अन्य कामिनी के समान इस लता को देखता हुआ देवी के मुख को क्रोध से लाल बनाऊँगा--अर्थात् इस लता को देखते हुए मुझे देख कर देवी (रानी) क्रुद्ध होकर अपना मुख लाल कर लेगी। उद्दामेत्यादिक विशेषण लता और कामिनी दोनों में समानरूप से श्लिष्ट हैं। लता उद्दाम (प्रवृद्ध) कलियों से लदी होने के कारण विशेष पाँडुरवर्ण होता है, कामिनी बढ़ी हुई उत्कण्ठा से पाण्डु होती है। लता में जृम्भा का अर्थ विकास है और कामनी के पक्ष में जंभाई लेना। लता वायु के अविरल सचार से कम्पित होती है और कामिनी लम्बे लम्बे श्वासो से आयास (खेद) को विस्तृत करती है। लता मदन नामक वृक्ष के साथ वर्तमान है और कामिनी कामयुक्त होती है। अत्रेति--यहाँ आगे होनेवाली बात सूचित की है। आगे राजा का सागरिका पर अनुराग और वासवदत्ता का मुख कोप से लाल होना है। ये पताकास्थानक (चारों) किसी सन्धि में मंगलार्थक और किसी में अमंगलार्थक होते हैं, किन्तु हो सब सन्धियों में सकते हैं, और अनेक बार भी हो सकते हैं।

यत्पुनः--यह जो किसी ने कहा था कि मुखसन्धि से लेके चार सन्धियों में ये क्रम से होते हैं, अर्थात् प्रथम सन्धि में पहला पताकास्थानक और द्वितीय सन्धि में दूसरा पताकास्थानक इत्यादि। इसे अन्य लोग नहीं मानते। क्योंकि ये अत्यन्त उपादेय हैं। इनके विषय में कोई प्रतिबन्ध नहीं होना चाहिये। सभी संधियों में आवश्यकतानुसार इन सबका हो सकना उचित है। इनमें क्रम के नियम का अडङ्गा लगाना अनुचित है।

यत्स्यादिति--जो रससम्बन्धी या नायकसम्बन्धी वस्तु अनुचित हो अथवा विरुद्ध हो, उसे नाटकादिकों में छोड़ देना चाहिये, या बदल देना चाहिये। अनुचित इतिहास जैसे रामचन्द्र का कपट से वाली को

अनुचितमितिवृत्तं यथा—रामस्य च्छद्मना वालिवधः। तच्चोदात्तराघवे नोक्तमेव। वीरचरिते तु वाली रामवधार्थमागतो रामेण हत इत्यन्यथा कृतः।

अंकेष्वदर्शनीया या वक्तव्यैव च संमता। या च स्याद्वर्षपर्यन्तं कथा दिनद्वयादिजा ॥५१॥

अन्या च विस्तरा सूच्या सार्थोपक्षेपकैर्बुधैः।

अङ्केषु अदर्शनीया कथा युद्धादिकथा।

वर्षादूर्ध्वं तु यद्वस्तु तत्स्याद्वर्षादधोभवम् ॥ ५२ ॥ उक्तं हि मुनिना—

'अङ्कच्छेदे कार्यं मासकृतं वर्षसंचितं वापि। तत्सर्वं कर्तव्यं वर्षादूर्ध्वं न तु कदाचित् ॥'

एवं च चतुर्दशवर्षव्यापिन्यपि रामवनवासे ये ये विराधवधादयः कथांशास्ते ते वर्षवर्षावयवदिनयुग्मादीनामेकतमेन सूचनीया न विरुद्धाः।

दिनावसाने कार्यं यद्दिने नैवोपपद्यते। अर्थोपक्षेपकैर्वाच्यमंकच्छेदं विधाय तत् ॥५३॥

के तेऽर्थोपक्षेपका इत्याह—

अर्थोपक्षेपकाः पञ्च विष्कम्भकप्रवेशकौ। चूलिकांकावतारोऽथ स्यादंकमुखमित्यपि ॥५४॥

वृत्तवर्तिष्यमाणानां कथांशानां निदर्शकः। संक्षिप्तार्थस्तु विष्कम्भ आदावंकस्य दर्शितः॥५५॥

मध्येन मध्यमाभ्यां वा पात्राभ्यां संप्रयोजितः। शुद्धः स्यात्स तु संकीर्णो नीचमध्यमकल्पितः॥

तत्र शुद्धो यथा—मालतीमाधवे श्मशाने कपालकुण्डला। संकीर्णो यथा—रामाभिनन्दे क्षपणककापालिकौ। अथ प्रवेशकः—

प्रवेशकोऽनुदात्तोक्त्या नीचपात्रप्रयोजितः। अंकस्यान्तर्विज्ञेयः शेषं विष्कम्भके यथा ॥५७॥

अङ्कद्वयस्यान्तरिति प्रथमाङ्केऽस्य प्रतिषेधः। यथा—वेण्यामश्वत्थामाङ्के राक्षसमिथुनम्।

मारना। उदात्तराघव में इसे छोड़ ही दिया और महावीरचरित में बदल दिया (राम को मारने आया हुआ वाली मारा गया) है।

अंकेष्विति—जो कथा (युद्धादि की) अङ्क में दिखाने योग्य तो नहीं, किन्तु बतानी आवश्यक है, अथवा दो दिन से लेकर जो वर्षपर्यन्त होनेवाली है एवम् इसके अतिरिक्त कोई अन्य कथा (चाहे एक दिन निर्वर्त्य ही हो) जो अति विस्तृत हो उसको भी वक्ष्यमाण अर्थोपक्षेपकों के द्वारा ही सूचित करना चाहिये।

वर्षादिति—जो कथा वर्ष से अधिक समय की हो उसे वर्ष से कम की बना देना चाहिये—इसमें भरतमुनि का प्रमाण देते हैं—**अङ्कच्छेद इति**—जो कथा मासभर की है या वर्षभर की है उसे अङ्कच्छेद (विष्कम्भादि) के द्वारा सूचित करना चाहिये। कथा को वर्ष से अधिक की कभी न करे। **एवं चेति**—इस प्रकार यद्यपि श्रीरामचन्द्रजी ने चौदह वर्ष के वनवास में विराधादिकों का वध किया था—किन्तु वे सब नाटक में वर्ष, मास, दिन, प्रहर आदि में ही दिखाये जाते हैं। **दिनेति**—जो कार्य दिन के अवसान में सम्पाद्य हो, दिन में न हो सकता हो उसे भी अङ्कच्छेद करके सूचित करना चाहिये।

अर्थोपक्षेपकों का निरूपण करते हैं—**अर्थेति**—अर्थ के उपक्षेपक पाँच होते हैं—विष्कम्भक, प्रवेशक, चूलिका, अङ्कावतार और अंकमुख। **वृत्तेति**—भूत और भविष्यत् कथाओं का सूचक, कथा का संक्षेप करनेवाला अंक 'विष्कम्भक' कहाता है। यह अंक के आदि में रहता है। जब एक ही मध्यमपात्र अथवा दो मध्यमपात्र प्रयोग करते हैं तब इसे शुद्धविष्कम्भक कहते हैं और यदि नीच तथा मध्यम पात्रों द्वारा प्रयोग किया जाय तो इसे मिश्रविष्कम्भक कहते हैं। शुद्ध का उदाहरण मालतीमाधव के पञ्चम अंक में कपालकुण्डला के द्वारा। संकीर्ण जैसे रामाभिनन्द में क्षपणक और कापालिक के द्वारा।

प्रवेशक इति—प्रवेशक भी विष्कम्भक के सदृश होता है, किन्तु इसका प्रयोग नीचपात्रों के द्वारा कराया जाता है और इसमें उक्तियाँ उदात्त (उत्कृष्ट रमणीय) नहीं होतीं। यह दूसरे अंक के आगे किया जाता है, पहले अंक में नहीं जैसे—**वेणीसंहार**—के चौथे अंक में राक्षसों की जोड़ी।

अथ चूलिका-- **अन्तर्जवनिकासंस्थैः सूचनार्थस्य चूलिका ।**

यथा वीरचरिते चतुर्थाङ्कस्यादौ—'(नेपथ्ये) भो भो वैमानिकाः, प्रवर्तन्तां रङ्गमङ्गलानि' इत्यादि। 'रामेण परशुरामो जितः।' इति नेपथ्ये पात्रैः सूचितम्। अथाङ्कावतारः--

अङ्कान्ते सूचितः पात्रैस्तदङ्कस्याविभागतः ॥५८॥

यत्राङ्कोऽवतरत्येषोऽङ्कावतार इति स्मृतः ।

यथा—अभिज्ञाने पञ्चमाङ्के पात्रैः सूचितः षष्ठाङ्कस्तदङ्कस्याङ्गविशेष इवावतीर्णः। अथाङ्कमुखम् —

यत्र स्यादङ्क एकस्मिन्नङ्कानां सूचनाखिला ॥५६॥

तदङ्कमुखमित्याहुर्बीजार्थख्यापकं च तत् ।

यथा--मालतीमाधवे प्रथमाङ्कादौ कामन्दक्यवलोकिते भूरिवसुप्रभृतीनां भाविभूमिकानां परिक्षिप्तकथाप्रबन्धस्य च प्रसङ्गात्संनिवेशं सूचितवत्यौ।

अङ्कान्तपात्रैर्वाङ्कास्यं छिन्नाङ्कस्यार्थसूचनात् ॥६०॥

अङ्कान्तपात्रैरङ्कान्ते प्रविष्टैः पात्रैः। यथा वीरचरिते द्वितीयाङ्कान्ते—'(प्रविश्य) सुमन्त्रः—भगवन्तौ वशिष्ठविश्वामित्रौ भवतः सभार्गवानाह्वयतः। इतरे--क भगवन्तौ सुमन्त्रः--महाराजदशरथस्यान्तिके। इतरे—तत्तत्रैव गच्छाम।' इत्यङ्कपरिसमाप्तौ। '(ततः प्रविशन्त्युपविष्टा वशिष्ठविश्वामित्रपरशुरामाः)' इत्यत्र पूर्वाङ्कान्त एव प्रविष्टेन सुमन्त्रपात्रेण शतानन्दजनककथाविच्छेदे उत्तराङ्कमुखसूचनादङ्कास्यम्--इति। एतच्च धनिकमतानुसारेणोक्तम्। अन्ये तु--'अङ्कावतरणेनैवेदं गतार्थम्' इत्याहुः।

अपेक्षितं परित्यज्य नीरसं वस्तुविस्तरम् ।

यदा संदर्शयेच्छेषमामुखानन्तरं तदा ॥६१॥

कार्यो विष्कम्भको नाट्य आमुखाक्षिप्तपात्रकः ।

यथा—रत्नावल्यां यौगंधरायणप्रयोजितः।

चूलिका—अन्तरिति—जवनिका (पर्दे) के भीतर स्थित पात्रों के द्वारा की हुई वस्तु की सूचना को चूलिका कहते हैं। जैसे महावीरचरित में (नेपथ्य में) भो भो इत्यादि से यह सूचन किया है कि राम ने परशुराम को जीत लिया।

अङ्कावतार—अङ्कान्ते इति--पूर्व अङ्क के अन्त्य में उसीके पात्रों द्वारा सूचित किया गया जो अगला अङ्क अवतीर्ण होता है उसे अङ्कावतार कहते हैं--जैसे शाकुन्तल में पञ्चम अङ्क के अन्त में उसके पात्रों द्वारा सूचित किया हुआ षष्ठ अङ्क पूर्व से अविभक्त (उसका अङ्ग जैसा) ही अवतीर्ण हुआ है।

अङ्कमुख--जहाँ एक ही अङ्क में सब अङ्कों की अविकल सूचना की जाय और जो बीजभूत अर्थ का सूचक हो उसे अङ्कमुख कहते हैं। जैसे मालतीमाधव के प्रथम अङ्क के प्रारम्भ में ही कामन्दकी और अवलोकिता ने अगली सब बातों की सूचना दे दी है।

अङ्कमुख का दूसरा लक्षण—अङ्कान्तेति--अङ्क के अन्त में प्रविष्ट किसी प्रात्र के द्वारा विच्छिन्न (अतीत) अङ्क की अगली कथा का सूचन करने से अङ्कास्य होता है। जैसे महावीरचरित में द्वितीय अङ्क के अन्त्य में सुमन्त्र का प्रवेश। यहाँ पूर्व अङ्क के अन्त में प्रविष्ट सुमन्त्ररूप पात्र ने अगले अङ्क की सूचना की है। **एतच्चेति**—यह धनिक के मतानुसार अङ्कास्य का लक्षण जानना। और लोग तो कहते हैं कि अङ्कास्य अङ्कावतार के ही अन्तर्गत हो सकता है।

अपेक्षितमिति—जो वस्तु अवश्य वक्तव्य है, किन्तु नीरस है, उसे छोड़ के यदि सरस को दिखाना है तो आमुख के अनन्तर ही विष्कम्भक कर देना चाहिये-और इसके पात्रों की सूचना आमुख में ही कर देनी

तदा तु सरसं वस्तु मूलादेव प्रवर्तते ॥६२॥

आदावेव तदाङ्के स्यादामुखाक्षेपसंश्रयः । यथा—शाकुन्तले ।

विष्कम्भकाद्यैरपि नो वधो वाच्योऽधिकारिणः ॥६३॥

अन्योन्येन तिरोधानं न कुर्याद्रसवस्तुनोः।

रसः शृङ्गारादिः। यदुक्तं धनिकेन—

'न चातिरसतो वस्तु दूरं विच्छिन्नतां नयेत्। रसं वा न तिरोदध्याद्वस्त्वलंकारलक्षणैः ॥'इति ।

बीजं बिन्दुः पताका च प्रकरी कार्यमेव च ॥६४॥

अर्थप्रकृतयः पञ्च ज्ञात्वा योज्या यथाविधि ।

अर्थप्रकृतयः प्रयोजनसिद्धिहेतवः। तत्र बीजम्—

अल्पमात्रं समुद्दिष्टं बहुधा यद्विसर्पति ॥६५॥

फलस्य प्रथमो हेतुर्बीजं तदभिधीयते।

यथा—रत्नावल्यां वत्सराजस्य रत्नावलीप्राप्तिहेतुर्दैवानुकूल्यलालितो यौगंधरायणव्यापारः। यथा वा—वेण्यां द्रौपदीकेशसंयमनहेतुर्भीमसेनक्रोधोपचितो युधिष्ठिरोत्साहः।

अवान्तरार्थविच्छेदे बिन्दुरच्छेदकारणम् ॥६६॥

यथा—रत्नावल्यामनङ्गपूजापरिसमाप्तौ कथार्थविच्छेदे सति 'उदयनस्येन्दोरिवोद्वीक्षते' इति सागरिका श्रुत्वा '(सहर्षम् ।) कधं एसो सो उदअणणरिन्दो' इत्यादिरवान्तरार्थहेतुः ।

व्यापि प्रासङ्गिकं वृत्तं पताकेत्यभिधीयते ।

यथा—रामचरिते सुग्रीवादेः, वेण्यां भीमादेः, शाकुन्तले विदूषकस्य चरितम्।

पताकानायकस्य स्यान्न स्वकीयं फलान्तरम् ॥६७॥

गर्भे संधौ विमर्शे वा निर्वाहस्तस्य जायते ।

यथा—सुग्रीवादे राज्यप्राप्त्यादि । यत्तु मुनिनोक्तम्—

चाहिये। जैसे रत्नावली में यौगन्धरायणकृत । यदेति—यदि प्रारम्भ से ही सरस वस्तु प्रवृत्त हो जाय तो आमुख से आक्षिप्त अङ्क के आदि में ही विष्कम्भक करना । जैसे शाकुन्तल में ।

विष्कम्भेति—विष्कम्भकादि के द्वारा भी प्रधानपुरुष का वध नहीं कहना चाहिये। एवं रस और वस्तु का स्पष्ट निदर्शन होना चाहिये—एक दूसरे से तिरोहित न होने पाये । यही धनिक ने कहा है—**न चेति ।**

बीजमिति—बीज, बिन्दु, पताका, प्रकरी और कार्य ये पाँच, अर्थ (प्रयोजन) की प्रकृति (साधनोपाय) हैं। इन्हें यथाविधि प्रयोग करना चाहिये। **अल्पमात्रमिति**—जिसका पहले अत्यल्प कथन किया जाय, किन्तु विस्तार उसका अनेक रूप से हो, उसे बीज कहते हैं—यह फलसिद्धि का प्रथम हेतु होता है। जैसे रत्नावली में अनुकूल दैव से युक्त यौगन्धरायण का व्यापार, अथवा वेणीसंहार में द्रौपदी के केशसंयमन का हेतुभूत, भीमसेन के क्रोध से युक्त, युधिष्ठिर का उत्साह ।

अवान्तर कथा के विच्छिन्न होने पर भी प्रधान कथा के अविच्छेद का जो निमित्त है उसे बिन्दु कहते हैं। जैसे रत्नावली में अनङ्गपूजा की समाप्ति में कथा पूरी हो चुकी थी, किन्तु 'उदयनस्ये' त्यादि पद्य को सुनकर—'ऐं, यही वह राजा उदयन हैं' — यह सागरिका का सहर्ष कथन कथा के अविच्छेद का हेतु है ।

व्यापीति—जो प्रासङ्गिक कथा दूर तक व्याप्त हो उसे पताका कहते हैं। जैसे रामायण में सुग्रीव की कथा, वेणीसंहार में भीमसेन की और शाकुन्तल में विदूषक की ।

पताकेति—पताका-नायक का अपना कोई भिन्न फल नहीं होता—प्रधान नायक के फल को सिद्ध करने के लिये ही उसकी समस्त चेष्टायें होती हैं। गर्भ या विमर्श सन्धि में उसका निर्वाह कर दिया जाता है। जैसे सुग्रीव की राज्यप्राप्ति ।

'आ गर्भाद्वा विमर्शाद्वा पताका विनिवर्तते ।' इति ।

तत्र 'पताकेति पताकानायकफलम् । निर्वहणपर्यन्तमपि पताकायाः प्रवृत्तिदर्शनात्' इति व्याख्यातमभिनवगुप्तपादैः ।

प्रासंगिकं प्रदेशस्थं चरितं प्रकरी मता ॥६८॥

यथा—कुलपत्यङ्के रावणजटायुसंवादः ।

प्रकरीनायकस्य स्यान्न स्वकीयं फलान्तरम् ।
अपेक्षितं तु यत्साध्यमारम्भो यन्निबन्धनः ॥६९॥
समापनं तु यत्सिद्ध्यै तत्कार्यमिति संमतम् ।

यथा—रामचरिते रावणवधः ।

अवस्थाः पञ्च कार्यस्य प्रारब्धस्य फलार्थिभिः ॥७०॥
आरम्भयत्नप्राप्त्याशानियताप्तिफलागमाः । तत्र—
भवेदारम्भ औत्सुक्यं यन्मुख्यफलसिद्धये ॥७१॥

यथा—रत्नावल्यां रत्नावल्यन्तःपुरनिवेशार्थं यौगंधरायणस्यौत्सुक्यम् । एवं नायकनायिकादीनामप्यौत्सुक्यमाकरेषु बोद्धव्यम् ।

प्रयत्नस्तु फलावाप्तौ व्यापारोऽतित्वरान्वितः ।

यथा रत्नावल्याम्—'तह वि ण अत्थि अण्णो दंसणावाओत्ति जधा तधा आलिहिअ जधासमीहिदं करइस्सम्' इत्यादिना प्रतिपादितो रत्नावल्याश्चित्रलेखनादिर्वत्सराजसंगमोपायः । यथा च रामचरिते समुद्रबन्धनादिः ।

उपायापायशंकाभ्यां प्राप्त्याशा प्राप्तिसंभवः ॥७२॥

यथा—रत्नावल्यां तृतीयेऽङ्के वेषपरिवर्तनाभिसरणादेः संगमोपायाद्वासवदत्तालक्षणापायशङ्कया चानिर्धारितैकान्तसगमरूपफलप्राप्तिः प्राप्त्याशा। एवमन्यत्र ।

यत्तु--भरतमुनि ने जो कहा है कि—**आगर्भादिति**—'गर्भसन्धि में या विमर्शसन्धि में पताका समाप्त हो जाती है' यहाँ पताका शब्द से पताकानायक का फल विवक्षित है--पताका तो कहीं २ निर्वहणसन्धिपर्यन्त भी चलती है—यह व्याख्या श्रीमान् अभिनवगुप्तपादाचार्य ने की है ।

प्रासंगिकमिति—प्रसङ्गागत तथा एकदेशस्थित चरित्र को प्रकरी कहते हैं--जैसे कुलपत्यङ्क में रावण और जटायु का संवाद । प्रकरीनायक का अपना कोई फलान्तर प्रधान नहीं होता ।

अपेक्षितमिति--जो प्रधान साध्य है, सब उपायों का आरम्भ जिसके लिये किया गया है, जिसकी सिद्धि के लिये सब 'समापन' (सामग्री) इकट्ठा हुआ है उसे कार्य कहते हैं। जैसे रामचरित में रावणवध ।

अवस्था इति—फल के इच्छुक पुरुषों के द्वारा आरम्भ किये गये कार्य की पांच अवस्थायें होती हैं--आरम्भ, यत्न, प्राप्त्याशा, नियताप्ति और फलागम । उन में से--**भवेदिति**--मुख्य फलकी सिद्धिके लिये जो औत्सुक्य है उसे आरम्भ कहते हैं। जैसे रत्नावलीनाटिका में कुमारी रत्नावली को अन्तःपुर में रखने के लिये योगन्धरायण की उत्कण्ठा। इसी प्रकार नायक, नायिकादि का औत्सुक्य भी जानना ।

प्रयत्न इति--फलप्राप्ति के लिये अत्यन्त त्वरायुक्त व्यापार को यत्न कहते हैं। जैसे रत्नावली में--**तह वीति**--'तथापि नास्ति अन्यो दर्शनोपाय इति यथा तथा आलिख्य यथासमीहितं करिष्यामि' इत्यादि के द्वारा रत्नावली का चित्रलेखन। यह समागम के लिये त्वरान्वित व्यापार (यत्न) है ।

उपायेति--जहाँ प्राप्ति की आशा, उपाय तथा अपाय की आशङ्काओं से घिरी हो, किन्तु प्राप्ति की संभावना हो, उस अवस्था को प्राप्त्याशा कहते हैं। जैसे रत्नावली (३ अङ्क) में वेषपरिवर्त और अभिसरणादिक तो संगम के उपाय हैं, किन्तु वासवदत्तारूप अपाय (प्रतिबन्धक) की आशङ्का भी बनी है, अतः समागमरूप फल की प्राप्ति अनिश्चित होने से प्राप्त्याशा है ।

अपायाभावतः प्राप्तिर्नियताप्तिस्तु निश्चिता ॥

अपायाभावान्निर्धारितैकान्तफलप्राप्तिः। यथा रत्नावल्याम्—'राजा—देवीप्रसादनं त्यक्त्वा नान्यमत्रोपायं पश्यामि' इति देवीलक्षणापायस्य प्रसादनेन निवारणान्नियतफलप्राप्तिः सूचिता।

सावस्था फलयोगः स्याद्यः समग्रफलोदयः ॥ ७३ ॥

यथा—रत्नावल्यां रत्नावलीलाभश्चक्रवर्तित्वलक्षणफलान्तरलाभसहितः। एवमन्यत्र।

यथासंख्यमवस्थाभिराभिर्योगात्तु पञ्चभिः। पञ्चधैवेतिवृत्तस्य भागाः स्युः, पञ्च संधयः ॥७४॥

तल्लक्षणमाह—

अन्तरैकार्थसंबन्धः संधिरेकान्वये सति।

एकेन प्रयोजनेनान्वितानां कथांशानामवान्तरैकप्रयोजनसंबन्धः संधिः। तद्भेदानाह—

मुखं प्रतिमुखं गर्भो विमर्श उपसंहृतिः ॥ ७५ ॥

इति पञ्चास्य भेदाः स्युः क्रमाल्लक्षणमुच्यते।

यथोद्देशं लक्षणमाह—

यत्र बीजसमुत्पत्तिर्नानार्थरससंभवा ॥ ७६ ॥

प्रारम्भेण समायुक्ता तन्मुखं परिकीर्तितम्।

यथा—रत्नावल्यां प्रथमेऽङ्के।

फलप्रधानोपायस्य मुखसंधिनिवेशिनः ॥ ७७ ॥

लक्ष्यालक्ष्य इवोद्भेदो यत्र प्रतिमुखं च तत्।

यथा—रत्नावल्यां द्वितीयेऽङ्के वत्सराजसागरिकासमागमहेतोरनुरागबीजस्य प्रथमाङ्कोपक्षिप्तस्य सुसंगता-विदूषकाभ्यां ज्ञायमानतया किंचिल्लक्ष्यस्य वासवदत्तया चित्रफलकवृत्तान्तेन किञ्चिदुन्नीयमानस्योद्देशरूप उद्भेदः।

फलप्रधानोपायस्य प्रागुद्भिन्नस्य किंचन ॥ ७८ ॥

गर्भो यत्र समुद्भेदो ह्रासान्वेषणवान्मुहुः।

अपायेति—अपाय के दूर हो जाने से जो निश्चित प्राप्ति है उसे **नियताप्ति** कहते हैं। जैसे रत्नावली में—राजेत्यादि।

सेति—जहाँ सम्पूर्ण फल की प्राप्ति हो जाय उस अवस्था को **फलयोग** या **फलागम** कहते हैं। जैसे रत्नावली में चक्रवर्तित्व के साथ रत्नावली का लाभ।

यथासंख्यमिति—इन्हीं पाँच अवस्थाओं के सम्बन्ध से इतिहास के पांच विभाग होने पर **यथासंख्य** से पाँच सन्धियाँ होती हैं।

सन्धियों के लक्षण—**अन्तरेति**—एक प्रयोजन में अन्वित अर्थों के अवान्तर सम्बन्ध को **सन्धि** कहते हैं। उसके भेद दिखाते हैं—**मुखमिति**—मुख, प्रतिमुख, गर्भ, विमर्श और निर्वहण ये सन्धियों के पाँच भेद होते हैं। मुख—**यत्रेति** जहाँ अनेक अर्थ और अनेक रसों के व्यञ्जक बीज (अर्थप्रकृतिविशेष) की **प्रारम्भ** नामक दशा के साथ संयोग से उत्पत्ति हो उसे **मुखसन्धि** कहते हैं। जैसे रत्नावली के प्रथम अंक में।

प्रतिमुख—**फलेति**—मुखसन्धि में निवेशित फलप्रधान उपाय का कुछ लक्ष्य और कुछ अलक्ष्य उद्भेद (विकास) जहाँ हो उसे **प्रतिमुखसन्धि** कहते हैं। जैसे रत्नावली में वत्सराज और सागरिका (रत्नावली) के समागम का हेतु, इन दोनों का परस्पर प्रेम, जो प्रथम अंक में सूचित कर दिया है, उसे सुसंगता और विदूषक ने जान लिया, अतः वह (अनुराग) कुछ लक्ष्य हुआ और वासवदत्ता ने चित्र के वृत्तान्त से कुछ-कुछ ऊहा की, अतः अलक्ष्यता भी रही।

गर्भ—**फलेति**—पूर्वसन्धियों में कुछ कुछ प्रकट हुए फलप्रधान उपाय का जहाँ ह्रास और अन्वेषण

फलस्य गर्भीकरणाद् गर्भः। यथा रत्नावल्यां द्वितीयेऽङ्के—सुसंगता—सहि, अदक्खिणा दाणिं सि तुमं जा एवं भट्टिणा हत्थेण गहिदा वि कोवं ण मुञ्चसि।' इत्यादौ समुद्भेदः। पुनर्वासवदत्ताप्रवेशे ह्रासः। तृतीयेऽङ्के—'तद्वार्तान्वेषणाय गतः कथं चिरयति वसन्तकः' इत्यन्वेषणम्। 'विदूषकः—ही ही भोः, कोसम्बीरज्जलम्भेणावि ण तादिसो पिअवअस्सस्स परितोसो जादिसो मम सआसादो पियवअणं सुणिअ भविस्सदि' इत्यादावुद्भेदः। पुनरपि वासवदत्ताप्रत्यभिज्ञानाद् ह्रासः। सागरिकायाः संकेतस्थानगमनेऽन्वेषणम्। पुनर्लतापाशकरणे उद्भेदः। अथ विमर्शः—

यत्र मुख्यफलोपाय उद्भिन्नो गर्भतोऽधिकः ॥ ७९ ॥
शापाद्यैः सान्तरायश्च स विमर्श इति स्मृतः।

यथा शाकुन्तले चतुर्थाङ्कादौ—'अनसूया—पिअंवदे, जइ वि गन्धव्वेण विवाहेण णिव्वुत्तकल्लाणा पिअसही सउन्तला अणुरूवभत्तुभाइणी संवुत्तेति णिव्वुदं मे हिअअम्, तह वि एत्तिअं चिन्तणिज्जम्' इत्यत आरभ्य सप्तमाङ्कोपक्षिप्ताच्छकुन्तलाप्रत्यभिज्ञानात्प्रागर्थसंचयः शकुन्तलाविस्मरणरूपविघ्नालिङ्गितः। अथ निर्वहणम्—

बीजवन्तो मुखाद्यर्था विप्रकीर्णा यथायथम् ॥ ८० ॥
एकार्थमुपनीयन्ते यत्र निर्वहणं हि तत्।

यथा वेण्याम्—'कञ्चुकी—(उपसृत्य सहर्षम्) महाराज, वर्धसे। अयं खलु भीमसेनो दुर्योधनक्षतजारुणीकृतसर्वशरीरो दुर्लक्ष्यव्यक्तिः' इत्यादिना द्रौपदीकेशसंयमनादिमुखसन्ध्यादिबीजानां निजनिजस्थानोपक्षिप्तानामेकार्थयोजनम्। यथा वा—शाकुन्तले सप्तमाङ्के शकुन्तलाभिज्ञानादुत्तरोऽर्थराशिः। एषामङ्गान्याह—

उपक्षेपः परिकरः परिन्यासो विलोभनम् ॥८१॥
युक्तिः प्राप्तिः समाधानं विधानं परिभावना।
उद्भेदः करणं भेद एतान्यंगानि वै मुखे ॥८२॥ यथोद्देशं लक्षणमाह—

से युक्त बार बार विकास हो उसे **गर्भसन्धि** कहते हैं। फल को भीतर रखने के कारण इसे गर्भ कहते हैं। जैसे रत्नावली के द्वितीय अंक में '**सखि, अदक्षिणा इदानीमसि त्वम्, या एवं भर्त्रा हस्तेन गृहीतापि कोपं न मुञ्चसि**' इस सुसंगता की उक्ति में उद्भेद है। उसी समय वासवदत्ता के प्रवेश होने से ह्रास हुआ है। तृतीय अंक में 'तद्वार्तें' त्यादि राजा की उक्ति से अन्वेषण सूचित हुआ है। एवम् '**ही ही—आश्चर्यं भोः, कौशाम्बीराज्यलाभेनापि न तादृशः प्रियवयस्यस्य परितोषो यादृशो मम सकाशात् प्रियवचनं श्रुत्वा भविष्यति**' इस विदूषक की उक्ति में फिर उद्भेद है। फिर भी वासवदत्ता जान गई, अतः ह्रास हुआ है। सागरिका के संकेत स्थान में जाने से अन्वेषण और लतापाश बनाने में उसी अनुराग का उद्भेद हुआ है।

विमर्श—**यत्रेति**—जहाँ मुख्यफल का उपाय गर्भ सन्धि की अपेक्षा अधिक उद्भिन्न हो, किन्तु शापादि के कारण अन्तराय (विघ्न) युक्त हो उसे **विमर्शसन्धि** कहते हैं। जैसे शाकुन्तल में '**अनसूया—प्रियंवदे, यद्यपि गान्धर्वेण विवाहेन निर्वृत्तकल्याणा प्रियसखी शकुन्तला अनुरूपभर्तृभागिनी संवृत्तेति निर्वृतम् मे हृदयम्, तथापि एतावच्चिन्तनीयम्**'। यहाँ से लेकर सप्तम अंक में दिखाये हुए शकुन्तला के प्रत्यभिज्ञानपर्यन्त जितनी कथा है वह सब शकुन्तला के विस्मरणरूप विघ्न से आलिङ्गित (युक्त) है।

निर्वहण—**बीजेति**—बीज से युक्त, मुखादि सन्धियों में बिखरे हुए अर्थों का जहाँ एक प्रधान प्रयोजन में यथावत् समन्वय साधित किया जाय उसे **निर्वहणसन्धि** कहते हैं। जैसे वेणीसंहार में **कंचुकी—इत्यादि** सन्दर्भ में मुखादि सन्धियों में अपने अपने स्थानों पर उपक्षिप्त द्रौपदी के केशसंयमनादिरूप बीजों को एक अर्थ में संयोजित किया है। अथवा शाकुन्तल के सप्तम अङ्क में शकुन्तला के परिज्ञान के पीछे की सम्पूर्ण कथा निर्वहण सन्धि का उदाहरण है।

इन सन्धियों के अङ्ग बतलाते हैं—**उपक्षेप इति**—उपक्षेप, परिकर, परिन्यास इत्यादिक बारह मुखसन्धि

काव्यार्थस्य समुत्पत्तिरुपक्षेप इति स्मृतः ।

काव्यार्थं इतिवृत्तलक्षणप्रस्तुताभिधेयः । यथा वेण्याम्—'भीमः—

लक्षागृहानल-विषान्न-सभाप्रवेशैः प्राणेषु वित्तनिचयेषु च नः प्रहृत्य ।
आकृष्य पाण्डववधूपरिधानकेशान् स्वस्था भवन्ति मयि जीवति धार्तराष्ट्राः ॥'

समुत्पन्नार्थबाहुल्यं ज्ञेयः परिकरः पुनः ॥८३॥ यथा तत्रैव—

'प्रवृद्धं यद्वैरं मम खलु शिशोरेव कुरुभिर्न तत्रार्यो हेतुर्न भवति किरीटी न च युवाम् ।
जरासंधस्योरःस्थलमिव विरूढं पुनरपि क्रुधा भीमः संधिं विघटयति यूयं घटयत ॥'

तन्निष्पत्तिः परिन्यासः, यथा तत्रैव—

'चञ्चद्भुजभ्रमितचण्डगदाभिघातसंचूर्णितोरुयुगलस्य सुयोधनस्य ।
स्त्यानावनद्धघनशोणितशोणपाणिरुत्तंसयिष्यति कचांस्तव देवि भीमः ॥'

अत्रोपक्षेपो नामेतिवृत्तलक्षणस्य काव्याभिधेयस्य संक्षेपेणोपक्षेपणमात्रम् । परिकरस्तस्यैव बहुलीकरणम् । परिन्यासस्ततोऽपि निश्चयापत्तिरूपतया परितो हृदये न्यसनम् इत्येषां भेदः । एतानि चाङ्गानि उक्तेनैव पौर्वापर्येण भवन्ति । अङ्गान्तराणि त्वन्यथापि ।

गुणाख्यानं विलोभनम् ।

यथा तत्रैव—'द्रौपदी—णाध, किं दुक्करं तुए परिकुविदेण' यथा वा मम चन्द्रकलायां चन्द्रकलावर्णने—'सेयम्, तारुण्यस्य विलासः—' इत्यादि । यत्तु शाकुन्तलादिषु 'ग्रीवाभङ्गाभिरामं—' इत्यादि मृगादिगुणवर्णनं तद् बीजार्थसंबन्धाभावान्न संध्यङ्गम् । एवमङ्गान्तराणामप्यूह्यम् ।

संप्रधारणमर्थानां युक्तिः,

यथा—वेण्यां 'सहदेवो भीमं प्रति—आर्य, किं महाराजसंदेशोऽयमव्युत्पन्न इवार्येण गृहीतः ।' इत्यतः प्रभृति यावद्भीमवचनम् ।

'युष्मान्ह्रेपयति क्रोधाल्लोके शत्रुकुलक्षयः । न लज्जयति दाराणां सभायां केशकर्षणम् ॥' इति ।

प्राप्तिः सुखागम ॥८४॥

यथा तत्रैव—'मथ्नामि कौरवशतं समरे न कोपात्—' इत्यादि । 'द्रौपदी—(श्रुत्वा सहर्षम्) णाध, अस्सुदपुव्वं क्खु एदं वअणम्, ता पुणो पुणो भण ।'

के अङ्ग होते हैं । काव्यार्थेति—काव्यार्थ अर्थात् इतिहासरूप प्रकृत अर्थ—जो प्रस्तुत अभिधेय है—उसकी उत्पत्ति को उपक्षेप कहते हैं । जैसे वेणीसंहार में—लाक्षेति—इस पद्य में भीमसेन ने पिछली घटना के वर्णन के साथ भविष्यत् और प्रस्तुतदशा का भी सूचन किया है ।

समुत्पन्नेति—उत्पन्न अर्थ की बहुलता का नाम परिकर है—जैसे वहीं प्रवृद्धमित्यादि—समझाते हुए सहदेव के प्रति क्रुद्ध हुए भीमसेन की यह उक्ति है । तन्निष्पत्तिरिति—उत्पन्न अर्थ की सिद्धि को परिन्यास कहते हैं । यथा—चञ्चदिति—यह भी वहीं का पद्य है । अत्रेति—इनमें से इतिहासरूप काव्य के वर्णनीय अर्थ का संक्षेप से निर्देश करना उपक्षेप—कहलाता है—और उसीका विस्तार परिकर कहा जाता है—एवं इससे भी अधिक निश्चय में उसी बात का हृदय में स्थिर करना परिन्यास कहाता है । यही इनका भेद है । ये अङ्ग इसी क्रम से होते हैं । और अङ्ग भिन्नक्रम से भी हो सकते हैं ।

गुणेति—गुणकथन का नाम विलोभन है—जैसे—द्रौपदी—'नाथ किं दुष्करं त्वया परिकुपितेन' । अथवा 'चन्द्रकला' में सेयम्—इत्यादि । शकुन्तला में ग्रीवाभङ्गेत्यादि पद्य से जो मृग का वर्णन किया है उसका बीजभूत अर्थ से कुछ सम्बन्ध नहीं, अतः वह सन्धि का अङ्ग नहीं है । इसी प्रकार अन्य अङ्गों में भी जानना । संप्रधारणमिति—अर्थों के निर्धारण करने को युक्ति कहते हैं—जैसे वेणीसंहार में सहदेव और भीम का संवाद 'आर्य' इत्यादि । प्राप्तिरिति—सुख के आगमन को प्राप्ति कहते हैं—जैसे भीमसेन की 'मथ्नामि' इत्यादि उक्ति को सुनकर द्रौपदी का सहर्ष यह कहना कि—णाधेति—'नाथ ! अश्रुतपूर्वं खल्वेतद्वचनं, तत्पुनः पुनर्भण' ।

बीजस्यागमनं यत्तु तत्समाधानमुच्यते ।

यथा तत्रैव--(नेपथ्ये) भो भो विराटद्रुपदप्रभृतयः, श्रूयताम्--

'यत्सत्यव्रतभङ्गभीरुमनसा यत्नेन मन्दीकृतं यद्विस्मर्तुमपीहितं शमवता शान्तिं कुलस्येच्छता ।
तद् द्यूतारणिसंभृतं नृपसुताकेशाम्बराकर्षणैः क्रोधज्योतिरिदं महत्कुरुवने यौधिष्ठिरं जृम्भते ॥'

अत्र 'स्वस्था भवन्ति मयि जीवति--' इत्यादिबीजस्य प्रधाननायकाभिमतत्वेन सम्यगाहितत्वात्समाधानम् ।

सुखदुःखकृतो योऽर्थस्तद्विधानमिति स्मृतम् ॥८५॥ यथा बालचरिते--

'उत्साहातिशयं वत्स तव बाल्यं च पश्यतः । मम हर्षविषादाभ्यामाक्रान्तं युगपन्मनः ॥'

यथा वा मम प्रभावत्याम्--'नयनयुगासेचनकम्'--इत्यादि ।

कुतूहलोत्तरा वाचः प्रोक्ता तु परिभावना ।

यथा--वेण्यां द्रौपदी युद्धं स्यान्न वेति संशयाना तूर्यशब्दानन्तरम् 'णाध, किं दाणिं एसो पलअजलहरत्थणिदमन्थरो खणे खणे समरदुन्दुभि ताड़ीअदि ।'

बीजार्थस्य प्ररोहः स्यादुद्भेदः,

यथा तत्रैव--'द्रौपदी--णाध, पुणो वि तए समासासइदव्वा ।

भीमः--भूयः परिभवक्लान्तिलज्जाविधुरिताननम् । अनिःशेषितकौरव्यं न पश्यसि वृकोदरम् ॥'

करणं पुनः ॥८६॥

प्रकृतार्थसमारम्भः,

यथा तत्रैव--'देवि, गच्छामो वयमिदानीं कुरुकुलक्षयाय ।' इति ।

भेदः संहतभेदनम् ।

यथा तत्रैव--'अत एवाद्य प्रभृति भिन्नोऽहं भवद्भ्यः ।' केचित्तु 'भेदः प्रोत्साहना' इति वदन्ति ।

अथ प्रतिमुखाङ्गानि--

विलासः परिसर्पश्च विधुतं तापनं तथा ॥८७॥
नर्म नर्मद्युतिश्चैव तथा प्रगमनं पुनः ।
विरोधश्च प्रतिमुखे तथा स्यात्पर्युपासनम् ॥८८॥
पुष्पं वज्रमुपन्यासो वर्णसंहार इत्यपि । तत्र--

बीजस्येति--बीज के आगमन को समाधान कहते हैं । जैसे वेणीसंहार में--यत्सत्येत्यादि--पहले **'स्वस्था भवन्ति मयि जीवति'** इस भीमसेन की उक्ति में जिस बीज की स्थापना की थी वही यहाँ प्रधान नायक (युधिष्ठिर) के द्वारा अभिमत हो गया, अतः यह 'समाधान' है । बीज के सम्यक् आधान को 'समाधान' कहते हैं ।

सुखेति--सुख दुःख से मिश्रित अर्थ को 'विधान' कहते हैं--जैसे--बालचरित में--**उत्साहेत्यादि** । **कुतूहलेति**--कौतूहलयुक्त बातों को परिभावना कहते हैं । जैसे वेणीसंहार में--पहले द्रौपदी को यह सन्देश था कि युद्ध होगा या नहीं--उसके अनन्तर रणदुन्दुभि का शब्द सुनकर उसने भीमसेन से कहा कि--**णाध--नाथ, किमिदानीमेष प्रलयजलधरस्तनितमांसलः क्षणे क्षणे समरदुन्दुभिस्ताड्यते** । बीजभूत अर्थ के प्ररोह को उद्भेद कहते हैं--जैसे वहीं द्रौपदी--**णाध**--**'नाथ पुनरपि त्वया समाश्वासयितव्या'**--इसे सुनकर भीमसेन का यह कथन कि--**भूय इति**--यहाँ बीजभूत अर्थ प्ररूढ हो गया । प्रकृत कार्य के आरम्भ का नाम **करण** है । जैसे वहीं--भीमसेन की उक्ति । **देवि इत्यादि** । **भेद इति**--मिले हुओं के भेदन को **भेद** कहते हैं--जैसे वहीं भीम की उक्ति--**'अतएवे' त्यादि** । कोई प्रोत्साहन को 'भेद' मानते हैं ।

प्रतिमुख सन्धि के अङ्गों का निरूपण करते हैं--**विलास इत्यादि** विलास, परिसर्प, विधुत, तपन, नर्म, नर्मद्युति, प्रगमन, विरोध, पर्युपासन, पुष्प, वज्र, उपन्यास और वर्णसंहार ये तेरह प्रतिमुख सन्धि के

समीहा रतिभोगार्था विलास इति कथ्यते ॥८९॥

रतिलक्षणस्य भावस्य यो हेतुभूतो भोगो विषयः प्रमदा पुरुषो वा तदर्था समीहा विलासः। यथा शाकुन्तले--

'कामं प्रिया न सुलभा मनस्तु तद्भावदर्शनायासि। अकृतार्थेऽपि मनसिजे रतिमुभयप्रार्थना कुरुते ॥'

इष्टनष्टानुसरणं परिसर्पश्च कथ्यते।

यथा शाकुन्तले--'राजा--भवितव्यमत्र तया। तथा हि--

अभ्युन्नता पुरस्तादवगाढा जघनगौरवात्पश्चात्। द्वारेऽस्य पाण्डुसिकते पदपंक्तिर्दृश्यतेऽभिनवा ॥'

कृतस्यानुनयस्यादौ विधुतं त्वपरिग्रहः ॥ ९० ॥

यथा तत्रैव--'अलं वो अन्तेउरविरहपज्जुस्सुएण राएसिणा उवरुद्धेण'। केचित्तु 'विधुतं स्यादरतिः' इति वदन्ति।

उपायादर्शनं यत्तु तापनं नाम तद्भवेत्। यथा रत्नावल्याम्--'सागरिका'--

दुल्लहजणाणुराओ लज्जा गुरुई परवसो अप्पा। पियसहि विसमं पेम्मं मरणं णवरि एक्कम् ॥'

परिहासवचो नर्म,

यथा रत्नावल्याम्--'सुसंगता--सहि, जस्स किदे तुमं आअदा सो अअं दे पुरदो चिट्ठदि। सागरिका--(साभ्यसूयम्) कस्स किदे अहं आअदा सुसंगता--अलं अण्णसंकिदेण। णं चित्तफलअस्स।'

द्युतिस्तु परिहासजा ॥ ९१ ॥ नर्मद्युतिः-

यथा तत्रैव--'सुसंगता--सहि, अदक्खिणा दाणिं सि तुमं जा एव्वं भट्टिणा हत्थावलम्बिदावि कोवं ण मुञ्चसि। सागरिका (सभ्रूभङ्गमीषद्विहस्य।) सुसंगदे, दाणिं वि कीलिदं न विरमसि।' केचित्तु--'दोषस्याच्छादनं हास्यं नर्मद्युतिः' इति वदन्ति।

प्रगमनं वाक्यं स्यादुत्तरोत्तरम्।

अङ्ग होते हैं। **समीहेति**--रति नामक भाव का हेतुभूत जो भोग (विषय) अर्थात् स्त्री या पुरुष उसके लिये समीहा (चेष्टा या अभिलाषा) को **विलास** कहते हैं। जैसे शाकुन्तल में --**काममिति**। इससे दुष्यन्त का शकुन्तलाविषय अभिलाष प्रतीत होता है। **इष्टेति**--खोई गई अथवा वियुक्त इष्ट वस्तु के अन्वेषण को **परिसर्प** कहते हैं। जैसे शाकुन्तल में--राजा--भवितव्यमिति--इस लताकुञ्ज में शकुन्तला होनी चाहिये--क्योंकि--**अभ्युन्नतेति**--इसके द्वार पर स्वच्छ बालुका में ऐसे पैरों के चिह्न हैं जो अगले हिस्से में तो उठे हुए हैं, किन्तु पिछले भाग में कुछ नीचे गड़े हुए हैं। ये उसी के पैर हैं। नितम्ब के भार से पिछले अंश में पैरों के चिह्न गहरे हैं। यहाँ बिछड़ी हुई शकुन्तला का अन्वेषण है। इस पद्य में नितम्ब के अर्थ में जघन शब्द का प्रयोग किया है **'पश्चान्नितम्बः स्त्रीकट्याः क्लीबे तु जघनं पुरः'**। **कृतस्येति**--किये हुए अनुनय का परिग्रह (स्वीकार) न करना 'विधुत' कहाता है। जैसे वहीं--'अलं **अलं--वामन्तःपुरविरहपर्युत्सुकेन राजर्षिणा उपरुद्धेन'** यह शकुन्तला का वचन है। प्राकृत में द्विवचन नहीं होता, अतः दो सखियों के लिये भी बहुवचन (वो) का प्रयोग किया है। **केचित्तु**--कोई अरति को 'विधुत' कहते हैं। **उपायेति**--उपाय के न पाने को 'तापन' कहते हैं। जैसे रत्नावली में सागरिका की उक्ति--**'दुर्लभजनानुरागो लज्जा गुर्वी परवश आत्मा। प्रियसखि, विषमः प्रेमा मरणं शरणं केवलमेकम्।।'** परिहास को **नर्म** कहते हैं--जैसे रत्नावली में सुसंगता की उक्ति--सहि--**'सखि यस्य कृते त्वमागता सोऽयं ते पुरतस्तिष्ठति'**। सागरिका--**कस्स--कस्य कृतेऽहमागता? सुसंगता--अलं --अलमन्यथा शङ्कितेन ननु चित्रफलकस्य**। **द्युतिरिति**--परिहास से उत्पन्न द्युति को **नर्मद्युति** कहते हैं--जैसे वहीं--सुसंगता की उक्ति--**सहि--सखि, अदक्षिणा इदानीमसि त्वम्, या एवं भर्त्रा हस्तावलम्बितापि कोपं न मुञ्चसि**। यहाँ परिहास इतना उत्कृष्ट हो गया कि सागरिका कुछ लज्जित, सस्मित और संकुचित होकर असूया के साथ भौंह चढ़ाकर बोली कि--**सुसंगदे--ससंगते, इदानीमपि क्रीडितान्न विरमसि**। **केचित्तु**--कोई दोष के छिपानेवाले हास्य को नर्मद्युति मानते हैं। **प्रगमनमिति**--उत्तरोत्तर उत्कृष्ट वाक्य होने

यथा विक्रमोर्वश्याम्—'उर्वशी--जअदु जअदु महाराओ। राजा--मया नाम जितं यस्य त्वया जय उदीर्यते।' इत्यादि।

विरोधो व्यसनप्राप्तिः

यथा चण्डकौशिके--'राजा--नूनमसमीक्ष्यकारिणा मया अन्धेनेव स्फुरच्छिखाकलापो ज्वलनः पद्भ्यां समाक्रान्तः'।

क्रुद्धस्यानुनयः पुनः ॥ ६२ ॥

स्यात्पर्युपासनं

यथा रत्नावल्याम्--विदूषकः—'भो, मा कुप्य। एसा हि कदलीघरन्तरं गदा।' इत्यादि।

पुष्पं विशेषवचनं मतम् ।

यथा तत्रैव--'(राजा हस्ते गृहीत्वा स्पर्शं नाटयति।) विदूषकः—भो वअस्स, एसा अपुव्वा सिरी तए समासादिदा। राजा--वयस्य, सत्यम्।

श्रीरेषा, पाणिरप्यस्याः पारिजातस्य पल्लवः। कुतोऽन्यथा स्रवत्येष स्वेदच्छद्मामृतद्रवः ॥'

प्रत्यक्षनिष्ठुरं वज्रम्

यथा तत्रैव--'राजा--कथमिहस्थोऽहं त्वया ज्ञातः। सुसंगता--ण केव्वलं तुमं समं चित्तफलएण। ता जाव गदुअ देवीए णिवेदइस्सम्।'

उपन्यासः प्रसादनम् ॥ ६३ ॥

यथा तत्रैव—'सुसंगता—भट्टुण अलं सङ्काए। मए वि भट्टिणीए पसादेण कीलिदं ज्जेव एदिहिं। ता किं कण्णाभरणेण। अदो वि मे गरुअरो पसादो एसो, जं तए अहं एत्थ आलिहिदत्ति कुविदा मे पिअसही साअरिआ। एसा ज्जेव पसादीअदु।' केचित्तु—'उपपत्तिकृतो ह्यर्थ उपन्यासः स कीर्तितः।' इति वदन्ति। उदाहरन्ति च, तत्रैव—'अदिमुहरा क्खु सा गब्भदासी' इति।

चातुर्वर्ण्योपगमनं वर्णसंहार इष्यते ।

यथा महावीरचरिते तृतीयेऽङ्के—

को प्रगमन कहते हैं। जैसे विक्रमोर्वशी में-उर्वशी ने कहा--जयतु जयतु महाराजः--इस पर राजा पुरूरवा ने कहा—मयेत्यादि--यह प्रगमन है। दुःखप्राप्ति का नाम विरोध है। जैसे चण्डकौशिक में राजा की उक्ति नूनमित्यादि--अन्धे की तरह मैंने, विना विचारे धधकती हुई अग्नि पर पैर रख दिया। क्रुद्धस्येति—क्रुद्ध के अनुनय को पर्युपासन कहते हैं। जैसे रत्नावली में विदूषक की उक्ति—भो भो मा कुप्य--एषा हि कदलीगृहान्तरं गता। विशेष अनुरागादि उत्पन्न करनेवाले वचन को पुष्प कहते हैं। जैसे वहीं राजा रत्नावली के हाथ का स्पर्श करके हर्षित हुए और विदूषक ने कहा—भो वअस्स--भो वयस्य एषा अपूर्वा श्रीस्त्वया समासादिता—इत्यादि। निष्ठुर वचन को वज्र कहते हैं—जैसे कथमित्यादि—सुसंगता—न केवलं त्वं समं चित्रफलकेन। तद् यावद् गत्वा देव्यै निवेदयिष्यामि। उपेति--प्रसन्न करने को उपन्यास कहते हैं। जैसे वहीं—सुसंगता ने कहा है कि भट्टुण--भर्तः, अलं शङ्कया--मयापि भर्त्र्याः प्रसादेन क्रीडितमेव एतैः। तत्किं कर्णाभरणेन। अतोऽपि मे गुरुतरः प्रसाद एषः, यत्त्वयाऽहमत्रालिखितेति कुपिता मे प्रियसखी सागरिका। एषैव प्रसाद्यताम्। अर्थ--महाराज, कर्णभूषण को रहने दीजिये। स्वामिनी की कृपा से मैं इनसे बहुतेरा खेल चुकी हूँ। मेरे ऊपर सबसे बड़ी कृपा यह होगी, जो आप मेरी इस प्रियसखी सागरिका को प्रसन्न कर देंगे। मैंने इस चित्रफलक में इसकी तस्वीर बना दी, इस कारण यह मेरे ऊपर रुष्ट हो गई है।

कोई उपन्यास का यह लक्षण करते हैं कि--उपपत्तीति--किसी अर्थ को युक्तियुक्त करना उपन्यास कहाता है। उसके उदाहरण में भी वे रत्नावली ही के इस वाक्य को देते हैं अदि—अतिमुखरा खलु सा गर्भदासी। चातुर्वर्ण्येति--ब्राह्मणादिक चारों वर्णों के समागम को वर्णसंहार कहते हैं--जैसे महावीरचरित के

'परिषदियमृषीणामेष वीरो युधाजित् सह नृपतिरमात्यैर्लोमपादश्च वृद्धः।
अयमविरतयज्ञो ब्रह्मवादी पुराणः प्रभुरपि जनकानामङ्ग भो याचकास्ते ॥'

इत्यत्र ऋषिक्षत्त्रादीनां वर्णानां मेलनम्।

अभिनवगुप्तपादास्तु--'वर्णशब्देन पात्राण्युपलक्ष्यन्ते। संहारो मेलनम्' इति व्याचक्षते। उदाहरन्ति च रत्नावल्यां द्वितीयेऽङ्के--'अदो वि मे अअं गुरुअरो पसादो-' इत्यादेरारभ्य 'णं हत्थे गेण्हिअ पसादेहि णम्। राजा--कासौ कासौ।' इत्यादि।

अथ गर्भाङ्गानि--

अभूताहरणं मार्गो रूपोदाहरणे क्रमः ॥९४॥
संग्रहश्चानुमानं च प्रार्थना क्षिप्तिरेव च।
त्रो (तो)टकाधिबलोद्वेगा गर्भ स्युर्विद्रवस्तथा ॥९५॥
तत्र व्याजाश्रयं वाक्यमभूताहरणं मतम्। यथा अश्वत्थामाङ्के—

'अश्वत्थामा हत इति पृथासूनुना स्पष्टमुक्त्वा स्वैरं शेषे गज इति पुनर्व्याहृतं सत्यवाचा।
तच्छ्रुत्वासौ दयिततनयः प्रत्ययात्तस्य राज्ञः शस्त्राण्याजौ नयनसलिलं चापि तुल्यं मुमोच ॥'

तत्त्वार्थकथनं मार्गः,

यथा चण्डकौशिके--'राजा--भगवन्,
गृह्यतामर्जितमिदं भार्यातनयविक्रयात्। शेषस्यार्थे करिष्यामि चण्डालेऽप्यात्मविक्रयम् ॥'

रूपं वाक्यं वितर्कवत् ॥९६॥

यथा रत्नावल्याम्--'राजा--
मनः प्रकृत्यैव चलं दुर्लक्ष्यं च तथापि मे। कामेनैतत्कथं विद्धं समं सर्वैः शिलीमुखैः ॥'

तीसरे अङ्क में—**परिषदिति**--यह ऋषियों की सभा है और यह वीरयुधाजित् (भरत के मामा) हैं। यह मन्त्रियों सहित वृद्ध राजा रोमपाद हैं और सदा यज्ञ करनेवाले अतिप्राचीन ब्रह्मज्ञानी ये महाराज जनक हैं। हे परशुराम, देखो, ये सब तुम से याचना करते हैं। प्रार्थना करते हैं, क्रोध दूर करो और बालक रामचन्द्र के साथ मत अटको। यहाँ ऋषि, क्षत्रिय आदिकों का मेल है।

अभिनवेति--श्रीमान् अभिनवगुप्तपादाचार्य का यह मत है कि 'वर्णसंहार' पद में वर्णशब्द से नाटक के पात्र लक्षित होते हैं, अतः पात्रों के मेल को वर्णसंहार कहते हैं--उनका उदाहरण भी रत्नावली के दूसरे अङ्क का 'अतोऽपि मे गुरुतरः प्रसादः' यहाँ से लेके—णं हत्थे--'ननु हस्ते गृहीत्वा प्रसादय एनाम्' इत्यादि सन्दर्भ है। यहाँ राजा, विदूषक, सागरिका और सुसंगता का मेलन है।

अब गर्भसन्धि के अङ्ग कहते हैं—**अभूतेति**—अभूताहरण, मार्ग, रूप, उदाहरण, क्रम, संग्रह, अनुमान, प्रार्थना, क्षिप्ति, त्रोटक, अधिबल, उद्वेग तथा विद्रव ये तेरह गर्भसन्धि के अङ्ग होते हैं। **तत्रेति**—कपटयुक्त वचन को **अभूताहरण** कहते हैं। जैसे वेणीसंहार में—**अश्वत्थामेत्यादि**—सत्यवादी पृथापुत्र (युधिष्ठिर) ने 'अश्वत्थामा मारा गया' इतना तो स्पष्ट कहा और अन्त्य में 'हाथी' यह शब्द धीरे से कह दिया। यह सुनकर, उनका विश्वास करके, पुत्रप्रिय द्रोणाचार्य ने रण में आँसू और शस्त्र एक साथ छोड़े। यहाँ युधिष्ठिर ने कपटयुक्त वचन कहा है।

तत्त्वेति—यथार्थ बात कहना मार्ग कहाता है। जैसे चण्डकौशिकनाटक में राजा हरिश्चन्द्र का वचन विश्वामित्र के प्रति--**गृह्यतामिति**—हे भगवन्, स्त्री और पुत्र को बेंचकर जो कुछ यह धन मिला है उसे लीजिये। और असन्तुष्ट न हूजिये। शेष धन के लिये मैं अपने को चाण्डाल के हाथ भी बेंच दूँगा।

रूपमिति—विशेष तर्कयुक्त वचन को रूप कहते हैं, जैसे रत्नावलीनाटिका में राजा की उक्ति—**मन इति**—मन तो स्वभाव से ही अतिचञ्चल और दुर्लक्ष्य है, फिर काम ने एकदम सब बाणों से इसे कैसे वेध दिया !!

उदाहरणमुत्कर्षयुक्तं वचनमुच्यते। यथा अश्वत्थामाङ्के—

'यो यः शस्त्रं बिभर्ति स्वभुजगुरुमदः पाण्डवीनां चमूनां,
यो यः पाञ्चालगोत्रे शिशुरधिकवया गर्भशय्यां गतो वा।
यो यस्तत्कर्मसाक्षी, चरति मयि रणे यश्च यश्च प्रतीपः
क्रोधान्धस्तस्य तस्य स्वयमिह जगतामन्तकस्यान्तकोऽहम्॥'

भावतत्त्वोपलब्धिस्तु क्रमः स्यात्

यथा शाकुन्तले—'राजा—स्थाने खलु विस्मृतनिमेषेण चक्षुषा प्रियामवलोकयामि। तथाहि। उन्नमितैकभ्रूलतमाननमस्याः पदानि रचयन्त्याः। पुलकाञ्चितेन कथयति मय्यनुरागं कपोलेन॥'

संग्रहः पुनः॥ ९७॥

सामदानार्थसंपन्नः

यथा रत्नावल्याम्—'राजा—साधु वयस्य, इदं ते पारितोषिकम्' (इति कटकं ददाति।)'

लिङ्गादूहोऽनुमानता।

यथा जानकीराघवे नाटके—'रामः—
लीलागतैरपि तरङ्गयतो धरित्रीमालोकनैर्नमयतो जगतां शिरांसि।
तस्यानुमापयति काञ्चनकान्तिगौरकायस्य सूर्यतनयत्वमधृष्यतां च॥'

रतिहर्षोत्सवानां तु प्रार्थनं प्रार्थना भवेत्॥ ९८॥

यथा रत्नावल्याम्—'प्रिये सागरिके,
शीतांशुर्मुखमुत्पले तव दृशौ पद्मानुकारौ करौ रम्भास्तम्भनिभं तथोरुयुगलं बाहू मृणालोपमौ।
इत्याह्लादकराखिलाङ्गि रभसान्निःशङ्कमालिङ्ग्य मामङ्गानि त्वमनङ्गतापविधुराण्येह्येहि निर्वापय॥'

इदं च प्रार्थनाख्यमङ्गम्, यन्मते निर्वहणे भूतावसरत्वात्प्रशस्तिनामाङ्गं नास्ति, तन्मतानुसारेणोक्तम्। अन्यथा पञ्चषष्टिसंख्यत्वप्रसङ्गात्।

उदाहरणमिति उत्कर्षयुक्त वचन को **उदाहरण** कहते हैं—जैसे वेणीसंहार के अश्वत्थामाङ्क में अश्वत्थामा की उक्ति—**यो यः**—पाण्डवों की सेना में भुजबल से दर्पित जो जो शस्त्रधारी है और पाञ्चाल (द्रुपद) के वंश में जो भी है,—बच्चा हो, बुड्ढा हो, चाहे गर्भ में स्थित हो और जिस जिसने उस कर्म (द्रोणवध) में सलाह दी है या उसे देखा है एवं युद्ध में जो कोई भी मेरे सामने आयेगा,—वह चाहे स्वयं यमराज ही क्यों न हो, आज क्रोधान्ध मैं उन सबका अन्त कर दूँगा।

भावेति—किसी के भाव (**निर्विकारात्मके चित्ते भावः प्रथमविक्रिया**) का यथार्थ ज्ञान प्राप्त करना '**क्रम**' कहाता है। जैसे शाकुन्तल में—**स्थाने इति**—बड़े ठीक मौके पर प्रिया को निर्निमेष (इकटक) दृष्टि से देख रहा हूँ। **उन्नमितेति**—मेरे लिये श्लोक के पद बनाती हुई इस कामिनी का यह मुखारविन्द, जिसकी एक भृकुटी (विचार करते समय) कुछ ऊपर उठी है और कपोल पर रोमाञ्च हो रहा है, मुझमें इसके अनुराग को सूचित कर रहा है।

संग्रह इति—साम और दान से सम्पन्न अर्थ को **संग्रह** कहते हैं। जैसे रत्नावली में—**साधु०**। **लिङ्गादिति**—किसी हेतु से कुछ ऊह करना **अनुमान** कहाता है। जैसे जानकीराघव में राम उक्ति—**लीलेति**—सलीलगमन (उद्धत नहीं) से भी पृथ्वी को कम्पित करना और दृष्टिपात से ही लोगों के सिर नीचे कर देना उस सुवर्णसदृश गौर बालक के सूर्यवंशी होने और दुर्दम होने के सूचक हैं। **रति०**—रति, हर्ष और उत्सवों के लिये अभ्यर्थना को **प्रार्थना** कहते हैं। जैसे रत्ना०—**शीतांशु०**—हे प्रिये, तुम्हारा मुख चन्द्रमा है, नयन नीलकमल हैं, हाथ कमल के तुल्य हैं, ऊरुद्वय रम्भास्तम्भ के समान है और बाहु मृणालसदृश हैं, इस प्रकार तुम्हारे सभी अङ्ग शान्ति और आनन्द के दाता हैं। हे प्रेयसि, आओ, शीघ्र आलिङ्गन करके मेरे कामताप से तप्त अङ्गों को शान्त करो। **इदं चेति**—यह प्रार्थना नामक अङ्ग उनके मतानुसार यहाँ गिनाया है, जो इसीसे

रहस्यार्थस्य तूद्भेदः क्षितिः स्यात् यथाश्वत्थामाङ्के—

'एकस्यैव विपाकोऽयं दारुणो भुवि वर्तते। केशग्रहे द्वितीयेऽस्मिन्नूनं निःशेषिताः प्रजाः॥'

त्रो (तो) टकं पुनः। संरब्धवाक्

यथा चण्डकौशिके-'कौशिकः-आः, पुनः कथमद्यापि न संभूताः स्वर्णदक्षिणाः।'

अधिबलमभिसंधिच्छलेन यः॥ ९९॥

यथा रत्नावल्याम्—'काञ्चनमाला—भट्टिणि, इयं सा चित्तसालिआ। बसन्तअस्स सण्णं करोमि।' इत्यादि।

नृपादिजनिता भीतिरुद्वेगः परिकीर्तितः। यथा वेण्याम्—

'प्राप्तावेकरथारूढौ पृच्छन्तौ त्वामितस्ततः। स कर्णारिः स च क्रूरो वृककर्मा वृकोदरः॥'

शंकाभयत्रासकृतः संभ्रमो विद्रवो मतः॥ १००॥

'कालान्तककरालास्यं क्रोधोद्भूतं दशाननम्। विलोक्य वानरानीके संभ्रमः कोऽप्यजायत॥'

अथ विमर्शाङ्गानि—

अपवादोऽथ संफेटो व्यवसायो द्रवो द्युतिः। शक्तिः प्रसङ्गः खेदश्च प्रतिषेधो विरोधनम्॥
प्ररोचना विमर्शे स्यादादानं छादनं तथा। दोषप्रख्यापवादः स्यात्

यथा वेण्याम्—'युधिष्ठिरः—पाञ्चालक,—कच्चिदासादिता तस्य दुरात्मनः कौरव्यापसदस्य पदवी। पाञ्चालकः—न केवलं पदवी, स एव दुरात्मा देवीकेशपाशस्पर्शपातकप्रधानहेतुरुपलब्धः।'

संफेटो रोषभाषणम्॥ १०२॥

यथा तत्रैव—'राजा—अरे रे मरुत्तनय, वृद्धस्य राज्ञः पुरतो निन्दितमप्यात्मकर्म श्लाघसे। शृणु रे,

---

गतार्थ (भूतावसर) हो जाने के कारण, निर्वहणसन्धि में प्रशस्ति नामक अङ्ग को नहीं मानते। जो लोग प्रशस्ति मानते हैं वे इसे नहीं मानते। अन्यथा सन्धियों के अङ्ग पैंसठ हो जायेंगे। नाट्यशास्त्रानुसार पाँचों सन्धियों के चौंसठ ही अङ्ग होने चाहियें।

रहस्येति—रहस्य के भेद को क्षिप्ति कहते हैं। जैसे वेणी० में—**एकस्येति**—एक (द्रौपदी के) केशग्रह का तो पृथ्वी पर यह दारुण परिणाम हुआ है। आज इस दूसरे (द्रोणाचार्य के) केशग्रह से तो प्रजा का समूल नाश हो जायगा। **त्रोटकमिति**—अधीरतापूर्ण वचन को त्रोटक कहते हैं। जैसे चं० कौ० में—**आः पुनः**—**अधीति**—छल से किसी का अनुसन्धान करना **अधिबल** कहलाता है। जैसे रत्नावली में काञ्चनमाला की उक्ति—**भट्टिणि**—'**स्वामिनि, इयं सा चित्रशाला—बसन्तकस्य संज्ञां करोमि**' इत्यादि—यहाँ छल से राजा और विदूषक पकड़े गये हैं।

नृपेति—राजा आदि से उत्पन्न भय को **उद्वेग** कहते हैं। जैसे वेणीसंहार में—**प्राप्ता०**—हे राजन्, एक रथ पर बैठे हुए, इधर उधर आपको पूछते हुए दोनों आ पहुंचे। दुर्योधन—कौन कौन?........सूत—**स इति**—वह कर्ण का घातक अर्जुन और दुःशासन की छाती फाड़नेवाला क्रूर भेड़िया भीमसेन। **शंकेति**—शङ्का, भय और त्रास से उत्पन्न संभ्रम (घबराहट) को **विद्रव** कहते हैं। जैसे—**कालान्तकेति**—।

विमर्शसन्धि के अंग—**अपवाद इति**—अपवाद, संफेट, व्यवसाय, द्रव, द्युति, शक्ति, प्रसङ्ग, खेद, प्रतिषेध, विरोधन, प्ररोचना, आदान और छादन ये तेरह विमर्श के अंग होते हैं। दोष कथन का नाम **अपवाद** है। जैसे वे० सं० में युधि०—**पाञ्चालकेत्यादि**। **संफेट इति**—क्रोध भरे वचन को **संफेट** कहते हैं। जैसे वहीं—**अरे रे**—अरे भीम, वृद्ध राजा (धृतराष्ट्र) के सामने तू क्या अपने निन्दनीय कार्य की प्रशंसा

'कृष्टा केशेषु भार्या तव तव च पशोस्तस्य राज्ञस्तयोर्वा
प्रत्यक्षं भूपतीनां मम भुवनपतेराज्ञया द्यूतदासी ।
तस्मिन्वैरानुबन्धे वद किमपकृतं तैर्हता ये नरेन्द्रा
बाह्वोर्वीर्यातिभारद्रविणगुरुमदं मामजित्वैव दर्पः ॥'

भीमः—(सक्रोधम् ।) आः पाप । राजा—आः पाप !' इत्यादि ।

व्यवसायश्च विज्ञेयः प्रतिज्ञाहेतुसंभवः । यथा तत्रैव—भीमः—

'चूर्णिताशेषकौरव्यः क्षीबो दुःशासनासृजा । भङ्क्ता दुर्योधनस्योर्वोर्भीमोऽयं शिरसा नतः ॥'

द्रवो गुरुव्यतिक्रान्तिः शोकावेगादिसंभवा ॥ १०३ ॥

यथा तत्रैव—'युधिष्ठिरः—भगवन् कृष्णाग्रज सुभद्राभ्रातः,
ज्ञातिप्रीतिर्मनसि न कृता, क्षत्रियाणां न धर्मो,
रूढं सख्यं तदपि गणितं नानुजस्यार्जुनेन ।
तुल्यः कामं भवतु भवतः शिष्ययोः स्नेहबन्धः
कोऽयं पन्था यदसि विमुखो मन्दभाग्ये मयि त्वम् ॥'

तर्जनोद्वेजने प्रोक्ता द्युतिः

यथा तत्रैव दुर्योधनं प्रति भीमेनोक्तम्—

'जन्मेन्दोर्विमले कुले व्यपदिशस्यद्यापि धत्से गदां मां दुःशासनकोष्णशोणितमधुक्षीबं रिपुं मन्यसे ।
दर्पान्धो मधुकैटभद्विषि हरावप्युद्धतं चेष्टसे त्रासान्मे नृपशो विहाय समरं पङ्केऽधुना लीयसे ॥'

शक्तिः पुनर्भवेत् ।

विरोधस्य प्रशमनं यथा तत्रैव—

करता है ? अरे मूर्ख, सुन--कृष्टेति--बीच सभा में राजाओं के सामने मुझ भुवनेश्वर की आज्ञा से तुझ पशु की और तेरे इस भाई पशु (अर्जुन) की और उस राजा (युधिष्ठिर) और उन दोनों (नकुल, सहदेव) की भार्या (द्रौपदी) के केश खेंचे गये ! उस वैर में भला बता तो सही, उन बेचारे राजाओं ने क्या बिगाड़ा था, जिन्हें तूने मारा है ? अरे, पौरुषरत्न से समद दुर्योधन को विना जीते ही इतना घमण्ड करता है ? भीम—(क्रोध में भरके) आः पाप, राजा—आः पाप–इत्यादि ।

व्यवसाय इति--प्रतिज्ञा और हेतु से संभूत अर्थ को व्यवसाय कहते हैं, जैसे वहीं--भीमसेन—चूर्णितेति—सब कौरवों को जिसने चूर्ण कर डाला है, दुःशासन के रुधिर से जो मत्त है और दुर्योधन की जंघाओं को जो तोड़नेवाला (आगे) है, वह भीम आप (धृतराष्ट्र) को सिर से प्रणाम करता है । भीमसेन ने दुर्योधन के ऊरू तोड़ने की प्रतिज्ञा की थी—उसका साधक (हेतु) अशेष कौरवों का चूर्ण करना है । जिसने और सबको मार डाला, वह इसे कब छोड़नेवाला है ।

द्रव इति—शोक आवेग आदि के कारण गुरुओं का अतिक्रम करने को 'द्रव' कहते हैं । जैसे वहीं युधिष्ठिर—भगवन् इति—हे भगवन्, हे कृष्णाग्रज, हे सुभद्राभ्रातः,—ज्ञातीति--आपने बान्धवों (कृष्णादिकों) की प्रीति का ध्यान नहीं किया, क्षत्रियों के धर्म की परवाह नहीं की । अपने छोटे भाई की मित्रता, जो अर्जुन के साथ चिर प्ररूढ थी, उसकी ओर भी ध्यान नहीं दिया । दोनों शिष्यों (भीम, दुर्योधन) पर आपका प्रेम भले ही समान हो, किन्तु मुझ मन्द भाग्य के ऊपर आप इतने विमुख क्यों हुये ? तर्जनेति--तर्जन और उद्वेजन को 'द्युति' कहते हैं । जैसे वहीं दुर्योधन के प्रति भीम की उक्ति—जन्मेति—अरे नरपशु, तू अपना जन्म चन्द्रवंश में बताता है और अब भी गदा धारण करता है । दुःशासन के कवोष्ण रुधिर से प्रमत्त मुझको अपना शत्रु बतलाता है, अभिमान से अन्धा होकर भगवान् विष्णु (श्रीकृष्ण) में भी अनुचित व्यवहार करता है और इस समय मेरे डर के मारे कीच में छिपा पड़ा है ।

'कुर्वन्त्वाप्ता हतानां रणशिरसि जना वह्निसाद्देहभारा-
नश्रून्मिश्रं कथंचिद्ददतु जलममी बान्धवा बान्धवेभ्यः।
मार्गन्तां ज्ञातिदेहान्हतनरगहने खण्डितान्गृध्रकङ्कै-
रस्तं भास्वान्प्रयातः सह रिपुभिरयं संह्रियन्तां बलानि ॥'

प्रसंगो गुरुकीर्तनम् ॥१०४॥

यथा मृच्छकटिकायां—'**चाण्डालः**—एसो क्खु सागलदत्तस्स सुओ अज्जविस्सदत्तस्स णत्तिओ चालुदत्तो वावादितुं वज्झट्ठाणं णिज्जइ। एदेण किल गणिआ वसन्तसेणा सुअण्णलोहेण वावादिदत्ति। **चारुदत्तः**—

मखशतपरिपूतं गोत्रमुद्भासितं यत्सदसि निबिडचैत्यब्रह्मघोषैः पुरस्तात्।
मम निधनदशायां वर्तमानस्य पापैस्तदसदृशमनुष्यैर्घुष्यते घोषणायाम् ॥'

इत्यनेन चारुदत्तवधाभ्युदयानुकूलप्रसङ्गाद् गुरुकीर्तनमिति प्रसङ्गः।

मनश्चेष्टासमुत्पन्नः श्रमः खेद इति स्मृतः।

मनःसमुत्पन्नो यथा मालतीमाधवे—

'दलति हृदयं गाढोद्वेगो, द्विधा न तु भिद्यते वहति विकलः कायो मोहं, न मुञ्चति चेतनाम्।
ज्वलयति तनूमन्तर्दाहः, करोति न भस्मसात्प्रहरति विधिर्मर्मच्छेदी, न कृन्तति जीवितम् ॥'

एवं चेष्टासमुत्पन्नोऽपि।

ईप्सितार्थप्रतीघातः प्रतिषेध इतीष्यते ॥१०५॥

यथा मम प्रभावत्यां विदूषकं प्रति **प्रद्युम्नः**—'सखे, कथमिह त्वमेकाकी वर्तसे। क नु पुनः प्रियसखीजनानुगम्यमाना प्रियतमा मे प्रभावती ? **विदूषकः**—असुरवइणा आआरिअ कहिं वि णीदा। **प्रद्युम्नः**—(दीर्घं निश्वस्य—)

हा पूर्णचन्द्रमुखि मत्तचकोरनेत्रे मामानताङ्गि परिहाय कुतो गतासि।
गच्छ त्वमद्य ननु जीवित तूर्णमेव दैवं कदर्थनपरं कृतकृत्यमस्तु ॥'

कार्यात्ययोपगमनं विरोधनमिति स्मृतम्। यथा वेण्याम्—'**युधिष्ठिरः**—

शक्तिरिति—विरोध के शमन को शक्ति कहते हैं। जैसे—**कुर्वन्त्विति**—आप्तपुरुष, रण में मरे अपने सम्बन्धियों के शरीरों को जलायें, बान्धव लोग अपने मृतबान्धवों को आंसू मिली जलाञ्जलि किसी तरह देवें। गिद्ध और कङ्कों से नोचे हुए अपने बन्धुजनों के शरीरों को लोग मुर्दों से भरे रण में से, जैसे बने ढूंढ लें। इस समय सूर्य और शत्रु दोनों अस्त हो गये। सेनाओं को इकट्ठा करो।

प्रसंग इति—गुरुओं के वर्णन को प्रसंग कहते हैं। जैसे मृच्छकटिक में चण्डाल की उक्ति—**एसो**—'**एष खलु सागरदत्तस्य सुत आर्यविश्वदत्तस्य पौत्रश्चारुदत्तो व्यापादयितुं वध्यस्थानं नीयते। एतेन किल गणिका वसन्तसेना सुवर्णलोभेन व्यापादिता'**। **मखेति**—सैकड़ों यज्ञ करने से पवित्र मेरा गोत्र जो सभा में ब्रह्मवादी ब्राह्मणों के द्वारा उच्चारित होता था वह आज मेरे मरने के समय पापवश बुरे आदमियों (चाण्डालों) के द्वारा घोषणा पर कहा जाता है। यहाँ चारुदत्त का वध और यज्ञादि के अभ्युदय प्रसङ्ग में गुरुकीर्त्तन होने से यह '**प्रसङ्ग**' नामक अङ्ग है।

मन इति—मानसिक या शारीरिक व्यापार से उत्पन्न श्रम को **खेद** कहते हैं। मन से उत्पन्न खेद का उदाहरण जैसे मालतीमाधव में—**दलतीति**—प्रगाढ उद्वेग से युक्त हृदय, दुखी होता है, किन्तु फट नहीं जाता, विकल शरीर मोह (मूर्च्छा) में फँसता है, किन्तु चैतन्य को सदा के लिये नहीं छोड़ देता, अन्तःकरण का सन्ताप देह को दग्ध करता रहता है, किन्तु भस्म नहीं कर देता और यह दुर्दैव मर्मवेधक प्रहार तो करता है, पर प्राण नहीं ले लेता। इसी प्रकार शारीरिक श्रम का भी उदाहरण जानना।

ईप्सितेति—अभीष्ट वस्तु के प्रतीघात (विच्छेद) को **प्रतिषेध** कहते हैं। जैसे प्रभावती में—सखे

तीर्णे भीष्ममहोदधौ, कथमपि द्रोणानले निर्वृते कर्णाशीविषभोगिनि प्रशमिते, शल्ये च याते दिवम्। भीमेन प्रियसाहसेन रभसादल्पावशेषे जये सर्वे जीवितसंशयं वयममी वाचा समारोपिताः।।'

प्ररोचना तु विज्ञेया संहारार्थप्रदर्शिनी ।।१०६।।

यथा वेण्याम्—'पाञ्चालकः— अहं देवेन चक्रपाणिना सहितः (इत्युपक्रम्य) कृतं सन्देहेन।
पूर्यन्तां सलिलेन रत्नकलशा राज्याभिषेकाय ते, कृष्णात्यन्तचिरोज्झिते तु कबरीबन्धे करोतु क्षणम्।
रामे शातकुठारभास्वरकरे क्षत्रद्रुमोच्छेदिनि, क्रोधान्धे च वृकोदरे परिपतत्याजौ कुतः संशयः।।'

कार्यसंग्रह आदानं

यथा वेण्याम् —'भो भोः स्यमन्तपञ्चकसंचारिणः,

नाहं रक्षो, न भूतो, रिपुरुधिरजलाह्लादिताङ्गः प्रकामं
निस्तीर्णोरुप्रतिज्ञाजलनिधिगहनः क्रोधनः क्षत्रियोऽस्मि।
भो भो राजन्यवीराः समरशिखिशिखाभुक्तशेषाः, कृतं व-
स्त्रासेनानेन, लीनैर्हतकरितुरगान्तर्हितैरास्यते यत् ।।'

अत्र समस्तरिपुवधकार्यस्य संगृहीतत्वादादानम्।

तदाहुश्छादनं पुनः ।
कार्यार्थमपमानादेः सहनं खलु यद्भवेत् ।।१०७।।

यथा तत्रैव—'अर्जुनः—आर्य,

अप्रियाणि करोत्येष वाचा, शक्तो न कर्मणा। हतभ्रातृशतो दुःखी प्रलापैरस्य का व्यथा ।।'

अथ निर्वहणाङ्गानि—

सन्धिर्विबोधो ग्रथनं निर्णयः परिभाषणम्। कृतिः प्रसाद आनन्दः समयोऽप्युपगूहनम् ।।१०८।।
भाषणं पूर्ववाक्यं च काव्यसंहार एव च । प्रशस्तिरिति संहारे ज्ञेयान्यङ्गानि नामतः ।।१०९।।

तत्र— **बीजोपगमनं संधिः**

इत्यादि—विदूषकः—असुरेति–असुरपतिना आकार्य कुत्रापि नीता। कार्येति–कार्य के अत्यय (विघ्न) का उपगमन (ज्ञापन) 'विरोधन' कहलाता है। जैसे वे० सं० में—

तीर्णेति—भीष्मरूप महासागर पार कर लिया और द्रोणरूप भयानक अग्नि, जैसे तैसे शान्त कर दिया, कर्णरूप विषधर भी मार डाला गया और शल्य भी स्वर्ग चला गया। अब विजय थोड़ा ही शेष रहा था कि साहसी भीम ने अपनी बात से हम सबको प्राणसंशय में डाल दिया।

प्ररोचनेति—अर्थ के उपसंहार को दिखाना प्ररोचना कहाता है, जैसे वेणी संहार में पाञ्चालक—अहं देवेनेत्यादि।—पूर्यन्तामिति—हे युधिष्ठिर, आपके राज्याभिषेक के लिये रत्नकलश भरे जायँ और द्रौपदी बहुत दिनों से छोड़े हुए अपने केशगुम्फन का उत्सव करे। क्षत्रियों के उच्छेदक परशुराम और क्रोधान्ध भीम के रण में पहुंचने पर फिर विजय में सन्देह ही क्या है?

कार्येति—कार्य के संग्रह को आदान कहते हैं। जैसे वे० सं० में—नाहं रक्षः—मैं राक्षस नहीं हूं, भूत नहीं हूँ, किन्तु शत्रु के रुधिरजल से आह्लादित, पूर्ण महाप्रतिज्ञ क्रोधी क्षत्रिय हूं। समराग्नि की ज्वाला से बचे हुए हे राजालोगों, डरो मत, मरे हुए हाथी घोड़ों के नीचे क्यों दुबकते हो? अत्रेति—यहाँ सम्पूर्ण शत्रुओं का वध संगृहीत किया है, अतः यह 'आदान' है। तदाहुरिति—अपने कार्य की सिद्धि के लिये अपमानादि के सहन करने को, छादन कहते हैं। जैसे वे० सं० में—अर्जुन की उक्ति भीम के प्रति—अप्रियेति—हे आर्य यह वाणीमात्र से अप्रिय कर रहा है—कार्य से तो हमारा कुछ अप्रिय कर नहीं सकता। इसके सौ भाई मारे गये हैं, दुःखी है, इसकी बकवाद से आप क्यों विचलित होते हैं?

निर्वहणसन्धि—सन्धिरिति—सन्धि, विबोध, ग्रथन, निर्णय, परिभाषण, कृति, प्रसाद, आनन्द, समय, उपगूहन, भाषण, पूर्ववाक्य, काव्यसंहार और प्रशस्ति ये चौदह निर्वहणसन्धि के अङ्ग होते हैं। बीजेति—बीज-

यथा वेण्याम्—'भीमः—भवति यज्ञवेदिसंभवे, स्मरति भवती यन्मयोक्तम्—चञ्चद्भुज—' इत्यादि। अनेन मुखे क्षिप्तबीजस्य पुनरुपगमनमिति संधिः।

विबोधः कार्यमार्गणम्।

यथा तत्रैव—'भीमः—मुञ्चतु मामार्यः क्षणमेकम्—युधिष्ठिरः—किमपरमवशिष्टम्? भीमः—सुमहद्वशिष्टम्। समापयामि तावदनेन सुयोधनशोणितोक्षितेन पाणिना पाञ्चाल्या दुःशासनावकृष्टं केशहस्तम्। युधिष्ठिरः—गच्छतु भवान्, अनुभवतु तपस्विनी वेणीसंहारम्' इति। अनेन केशसंयमनकार्यस्यान्वेषणाद्विबोधः।

उपन्यासस्तु कार्याणां ग्रथनं

यथा तत्रैव—'भीमः—पाञ्चालि, न खलु मयि जीवति संहर्तव्या दुःशासनविलुलिता वेणिरात्मपाणिभ्याम्। तिष्ठ, स्वयमेवाहं संहरामि' इति। अनेन कार्यस्योपक्षेपाद् ग्रथनम्।

निर्णयः पुनः ॥ ११० ॥

अनुभूतार्थकथनं

यथा तत्रैव—'भीमः—देव आजतशत्रो, अद्यापि दुर्योधनहतकः? मया हि तस्य दुरात्मनः—

भूमौ क्षिप्तं शरीरं, निहितमिदमसृक् चन्दनाभं निजाङ्गे,
लक्ष्मीरार्ये निषिक्ता चतुरुदधिपयःसीमया सार्धमुर्व्या।
भृत्या मित्त्राणि योधाः कुरुकुलमनुजा दग्धमेतद्रणाग्नौ,
नामैकं यद् ब्रवीषि क्षितिप तदधुना धार्तराष्ट्रस्य शेषम्॥'

वदन्ति परिभाषणम्।

परिवादकृतं वाक्यं

यथा शाकुन्तले—'राजा—आर्ये, अथ सा तत्रभवती किमाख्यस्य राजर्षेः पत्नी? तापसी—को तस्य धम्मदारपरिच्चाइणो णामं गेण्हिस्सदि।'

लब्धार्थशमनं कृतिः ॥ १११ ॥

यथा वेण्याम्—'कृष्णः—एते भगवन्तो व्यासवाल्मीकिप्रभृतयोऽभिषेकं धारयन्तस्तिष्ठन्ति' इति। अनेन प्राप्तराज्याभिषेकमङ्गलैः स्थिरीकरणं कृतिः।

शुश्रूषादिः प्रसादः स्याद्

यथा तत्रैव भीमेन द्रौपद्याः केशसंयमनम्।

भूत अर्थ के उद्भावित करने को **सन्धि** कहते हैं। जैसे वे० सं० भीम—**भवति इत्यादि**। **अनेनेति**—यहाँ मुखसन्धि में कहे हुए बीज का फिर से उपगमन किया है, अतः यह सन्धिनामक अङ्ग है। कार्य के अन्वेषण को **विबोध** कहते हैं—जैसे—**मुञ्चतु मामिति**—यहाँ केश-संयमनरूप कार्य का अन्वेषण है। कार्यों के ग्रथन को **उपन्यास** कहते हैं। जैसे—**पाञ्चालीति**—यहाँ कार्य का उपक्षेप किया है।

निर्णय इति—अनुभूत अर्थ के कथन को **निर्णय** कहते हैं। जैसे भीम—देवेत्यादि—**भूमौ**—हे देव, मैंने उस दुरात्मा (दुर्योधन) का शरीर भूमि में फेंक दिया और यह लाल चन्दन के तुल्य उसका रुधिर अपने देह में लगा लिया। चतुःसमुद्रान्त पृथ्वी और उसकी लक्ष्मी आपको अर्पण कर दी। उसके भृत्य, मित्र योधा और सम्पूर्ण कुरुवंश—रणाग्नि में भस्म कर दिये। अब तो दुष्ट का केवल नाम ही बचा है जो आप ले रहे हो।

निन्दायुक्त वाक्य को **परिभाषण** कहते हैं। जैसे शाकुन्तल में राजा—आर्ये इत्यादि। तापसी—**को तस्सेति—कस्तस्य धर्मदारपरित्यागिनो नाम ग्रहीष्यति।** **लब्धेति**—प्राप्त किये अर्थों के द्वारा शोकादि के शमन को **कृति** कहते हैं। (**लब्धैरर्थैः शमनं शोकादेः**) जैसे वे० सं० में कृष्ण—**एते—इति**—यहाँ राज्याभिषेक की प्राप्ति से स्थिरता सूचित की है। शुश्रूषा आदि को **प्रसाद** कहते हैं। जैसे भीम का द्रौपदी के केश बाँधना।

आनन्दो वाञ्छितागमः।

यथा तत्रैव--'द्रौपदी--विसुमरिदं एदं वावारं णाधस्स पसादेण पुणो विसिक्खिस्सम्।'

समयो दुःखनिर्याणं

यथा रत्नावल्याम्--'वासवदत्ता--(रत्नावलीमालिङ्गय) समस्सस बहीणीए, समस्सस।'

तद् भवेदुपगूहनम् ॥ ११२ ॥

यत्स्याददद्भुतसम्प्राप्तिः

यथा मम प्रभावत्यां नारददर्शनात्प्रद्युम्न ऊर्ध्वमवलोक्य--

'दधद्विद्युल्लेखामिव कुसुममालां परिमलभ्रमद्भृङ्गश्रेणीध्वनिभिरुपगीतां तत इतः।
दिगन्तं ज्योतिर्भिस्तुहिनकरगौरैर्धवलयन्नितः कैलासाद्रिः पतति वियतः किं पुनरिदम्।।'

सामदानादि भाषणम्।

यथा चण्डकौशिके--'धर्मः--तदेहि, धर्मलोकमधितिष्ठ।'

पूर्ववाक्यं तु विज्ञेयं यथोक्तार्थोपदर्शनम् ॥ ११३ ॥

यथा वेण्याम्--'भीमः--बुद्धिमतिके, क्व सा भानुमती। परिभवतु सम्प्रति पाण्डवदारान्।'

वरप्रदानसम्प्राप्तिः काव्यसंहार इष्यते।

यथा सर्वत्र--'किं ते भूयः प्रियमुपकरोमि।' इति।

नृपदेशादिशान्तिस्तु प्रशस्तिरभिधीयते ॥ ११४ ॥

यथा प्रभावत्याम्--

'राजानः सुतनिर्विशेषमधुना पश्यन्तु नित्यं प्रजा
जीयासुः सदसद्विवेकपटवः सन्तो गुणग्राहिणः।
सस्यस्वर्णसमृद्धयः समधिकाः सन्तु क्षमामण्डले
भूयादव्यभिचारिणी त्रिजगतो भक्तिश्च नारायणे।।'

अत्र चोपसंहारप्रशस्त्योरन्त एतेन क्रमेणैव स्थितिः। 'इह च मुखसंधौ उपक्षेपपरिकरपरिन्यास-युक्त्युद्भेदसमाधानानां, प्रतिमुखे च परिसर्पणप्रगमनवज्रोपन्यासपुष्पाणां, गर्भेऽभूताहरणमार्गत्रो-

---

आनन्द इति--अभीष्ट वस्तु की प्राप्ति को **आनन्द** कहते हैं। जैसे द्रौपदी--**विसुमरिदं इति विस्मृतमेतं व्यापारं नाथस्य प्रसादेन पुनरपि शिक्षिष्ये।**

समय इति--दुःख निकल जाने को **समय** कहते हैं। जैसे रत्नावली में वासवदत्ता--**समस्ससेति--समाश्वसिहि भगिनि, समाश्वसिहि। तदिति**--अद्भुत वस्तु की प्राप्ति को **उपगूहन** कहते हैं। जैसे प्रभावती में नारद को देखकर प्रद्युम्न--**दधदिति**--गन्ध से मस्त भ्रमर जिसके चारों ओर घूम रहे हैं, विद्युत् के समान उस माला को धारण किये हुए और श्वेत किरणों से दिशाओं को शुभ्र करते हुए क्या यह कैलास पर्वत आकाश से इस ओर आ रहा है? फिर यह है क्या?।

साम, दान आदि को **भाषण** कहते हैं। जैसे चण्डकौशिक में धर्म--अच्छा, आओ, धर्मलोक में विराजो। पूर्वोक्त अर्थ के उपदर्शन को **पूर्ववाक्य** कहते हैं। जैसे वे० सं० में भीम--बुद्धिमतिके, कहाँ है वह भानुमती? (दुर्योधन की रानी) अब पाण्डवों की पत्नी (द्रौपदी) का पराभव करे! वरदान की प्राप्ति का नाम **काव्यसंहार** है। जैसे सभी नाटकों में होता है। **नृपेति**--नृप और देशादि की शान्ति को **प्रशस्ति** कहते हैं। जैसे प्रभावती में--**राजान इति**--अब राजा लोग सन्तान की तरह प्रजा को देखें। गुणग्राही विवेकी पुरुष उन्नत हों। पृथ्वी में धन धान्य बढ़े और सबकी भक्ति भगवान् नारायण में हो। **अत्रेति**--यहाँ अन्त में उपसहार और प्रशस्ति की स्थिति इसी क्रम से होती है।

इह चेति--इन अङ्गों में से मुखसन्धि में उपक्षेप, परिकर, परिन्यास, युक्ति, उद्भेद और समाधान

(तो) टकाधिबलक्षेपाणां, विमर्शेऽपवादशक्तिव्यवसायप्ररोचनादानानां प्राधान्यम्। अन्येषां च यथासंभवं स्थितिः' इति केचित्।

चतुःषष्टिविधं ह्येतदंगं प्रोक्तं मनीषिभिः। कुर्यादनियते तस्य संधावपि निवेशनम्॥ ११५॥

रसानुगुणतां वीक्ष्य रसस्यैव हि मुख्यता।

यथा वेणीसंहारे तृतीयाङ्के दुर्योधनकर्णयोर्महत्संप्रधारणम्। एवमन्यदपि। यत्तु रुद्रटादिभिः 'नियम एव' इत्युक्तं तल्लक्ष्यविरुद्धम्।

इष्टार्थरचनाश्चर्यलाभो वृत्तान्तविस्तरः॥ ११६॥

रागप्राप्तिः प्रयोगस्य गोप्यानां गोपनं तथा। प्रकाशनं प्रकाश्यानामंगानां षड्विधं फलम्॥

अंगहीनो नरो यद्वन्नैवारम्भक्षमो भवेत्। अंगहीनं तथा काव्यं न प्रयोगाय युज्यते॥११८॥

सपादयेतां संध्यंगं नायकप्रतिनायकौ। तदभावे पताकाद्यास्तदभावे तथेतरत्॥११६॥

प्रायेण प्रधानपुरुषप्रयोज्यानि संध्यङ्गानि भवन्ति। किंतु प्रक्षेपादित्रयं बीजस्याल्पमात्रसमुद्दिष्टत्वादप्रधानपुरुषप्रयोजितमेव साधु।

रसव्यक्तिमपेक्ष्यैषामंगानां संनिवेशनम्। न तु केवलया शास्त्रस्थितिसंपादनेच्छया॥१२०॥

तथा च यद्वेण्यां दुर्योधनस्य भानुमत्या सह विप्रलम्भो दर्शितः, तत्तादृशेऽवसरेऽत्यन्तमनुचितम्।

अविरुद्धं तु यद् वृत्तं रसादिव्यक्तयेऽधिकम्। तदप्यन्यथयेद्धीमान्न वदेद्वा कदाचन॥१२१॥

की प्रधानता होती है। प्रतिमुख में परिसर्पण प्रगमन, वज्र, उपन्यास और पुष्प की, गर्भ में अभूताहरण, मार्ग, त्रोटक, अधिबल और क्षेप की, विमर्श में अपवादशक्ति, व्यवसाय, प्ररोचना और आदान की प्रधानता होती है और शेष अङ्गों की, यथासम्भव स्थिति होती है, यह कोई लोग मानते हैं।

चतुःषष्टीति—इन चौसठ अङ्गों में से रस के अनुसार अन्य सन्धि के अङ्गों का अन्यत्र भी निवेश हो सकता है, क्योंकि रस की ही प्रधानता मानी गई है। जैसे वे० सं० के तीसरे अङ्क में मुखसन्धि का अङ्गभूत सम्प्रधारण (संप्रधारणमर्थानां युक्तिः) कर्ण और दुर्योधन की बातचीत में दिखाया है। इसी प्रकार और भी जानना।

यत्तु—रुद्रटादिकों ने इन अङ्गों के विषय में जो यह कहा है कि 'नियम एव' अर्थात् ये सब यथास्थान नियत होने चाहिये सो लक्ष्य के विरुद्ध है। उदाहरणों में इसके विपरीत देखा जाता है।

अङ्गों का फल बताते हैं—**इष्टेति**—अभीष्ट वस्तु की रचना, आश्चर्य (चमत्कार) की प्राप्ति, कथा का विस्तार, अनुराग की उत्पत्ति, प्रयोग के गोपनीय अंशों का गोपन और प्रकाशनीयों का प्रकाशन यह छह प्रकार के अङ्गों का फल होता है। जैसे अङ्गहीन मनुष्य काम करने योग्य नहीं होता इसी प्रकार अङ्गहीन काव्य प्रयोग के योग्य नहीं होता। सन्धि के अङ्गों का नायक और प्रतिनायक सम्पादन करें। उनके अभाव में पताकानायक और उनके अभाव में अन्य सम्पादन करें।

प्रायेणेति—सन्धि के अंग प्रायः प्रधानपुरुषों के द्वारा प्रयोग करने योग्य होते हैं, किन्तु प्रक्षेप, परिकर और परिन्यास इन तीनों में बीजभूत अर्थ अत्यन्त अल्प रहता है, अतः इनका अप्रधानपुरुषों के द्वारा ही प्रयोग ठीक रहता है। **रसेति**—इन अंगों की स्थापना रसव्यक्ति के अनुसार ही होनी चाहिये। केवल शास्त्र की मर्यादा बतलाने के लिये नहीं। जो लोग प्रतिभासम्पन्न कवि नहीं हैं, वे इन अंगों का यथाक्रम पालन करके कुछ लिख दें तो वह नाटक नहीं हो सकेगा और सत्कवियों को भी रस के अनुसार ही अंगों का निवेश करना चाहिये। अंगों के निवेश के अनुसार सदा रसव्यक्ति न हो सकेगी।

अविरुद्धमिति—जो वृत्तान्त अविरुद्ध अर्थात् इतिहास से विरुद्ध नहीं—उसमें प्रसिद्ध है—किन्तु रसादि की व्यञ्जना में वह अधिक पड़ता है, अनावश्यक है या प्रतिकूल पड़ता है,—बुद्धिमान् कवि

अनयोरुदाहरणं सत्प्रबन्धेष्वभिव्यक्तमेव । अथ वृत्तयः—

शृंगारे कैशिकी, वीरे सात्त्वत्यारभटी पुनः । रसे रौद्रे च बीभत्से, वृत्तिः सर्वत्र भारती ॥१२२॥

चतस्रो वृत्तयो ह्येताः सर्वनाट्यस्य मातृकाः । स्युर्नायकादिव्यापारविशेषा नाटकादिषु ॥१२३॥

तत्र कैशिकी—

या श्लक्ष्णनेपथ्यविशेषचित्रा स्त्रीसंकुला पुष्कलनृत्यगीता ।
कामोपभोगप्रभवोपचारा सा कैशिकी चारुविलासयुक्ता ॥१२४॥

नर्म च नर्मस्फूर्जो नर्मस्फोटोऽथ नर्मगर्भश्च । चत्वार्यंगान्यस्याः, तत्र—
वैदग्ध्यक्रीडितं नर्म ॥१२५॥

इष्टजनावर्जनकृत्तच्चापि त्रिविधं मतम् । विहितं शुद्धहास्येन सशृंगारभयेन च ॥१२६॥

'तत्र केवलहास्येन विहितं यथा रत्नावल्याम् 'वासवदत्ता—(फलकमुद्दिश्य सहासम् ।) एसा वि अवरा तव समीवे जधा लिहिदा एदं किं अज्जवसन्तस्स विण्णाणम् ।'

शृङ्गारहास्येन यथा शाकुन्तले--राजानं प्रति 'शकुन्तला--असंतुट्ठो उण किं करिस्सदि । राजा—इदम । (इति व्यवसितः । शकुन्तला वस्त्रं ढौकते ।)'

सभयहास्येन यथा रत्नावल्याम्--आलेख्यदर्शनावसरे 'सुसंगता--जाणिदो मए एसो वुत्तन्तो समं चित्तफलएण । ता देवीए गदुअ निवेदइस्सम् ।'

एतद्वाक्यसंबन्धि नर्मोदाहृतम् । एवं वेषचेष्टासंबन्ध्यपि ।

नर्मस्फूर्जः सुखारम्भो भयान्तो नवसंगमः ।

यथा मालविकायाम्--संकेतमभिसृतायां 'नायकः--

विसृज सुन्दरि संगमसाध्वसं ननु चिरात्प्रभृति प्रणयोन्मुखे ।
परिगृहाण गते सहकारतां त्वमतिमुक्तलताचरितं मयि ॥

मालविका—भट्टा, देवीए भएण अप्पणो वि पिअं कउं ण पारेमि ।' इत्यादि । अथ नर्मस्फोटः-

---

को चाहिये कि उसे भी बदल दे या बिलकुल उसे कहे ही नहीं । इसके उदाहरण—महावीरचरितादि में प्रसिद्ध हैं ।

अब वृत्तियों का वर्णन करते हैं--शृङ्गारे इति- शृङ्गाररस में विशेषतः कैशिकी वृत्ति और वीर, रौद्र तथा बीभत्सरस में सात्त्वती एवं आरभटी वृत्ति उपयुक्त है । किन्तु भारती वृत्ति सर्वत्र उपयुक्त हो सकती है । ये चार वृत्तियाँ सम्पूर्ण नाट्य की उपजीव्य हैं । नायक नायिका आदि के व्यापारविशेष को ही नाटकादि में वृत्ति कहते हैं । कैशिकी--**या श्लक्ष्णेति**—जो मनोरञ्जक नेपथ्य (नायकादि की वेषरचना) से विशेष चमत्कारिणी हो, स्त्रीगण से व्याप्त तथा नृत्य, गीत से परिपूर्ण हो, एवं जिसका उपचार कामसुखभोग का उत्पादक हो अर्थात् जिसके अङ्गों से शृङ्गाररस की व्यक्ति होती हो वह रमणीय विलासों से युक्त वृत्ति **कैशिकी** कहाती है । नर्मेति—इसके चार अङ्ग होते हैं—नर्म, नर्मस्फूर्ज, नर्मस्फोट और नर्मगर्भ । उनमें—चतुरतापूर्ण क्रीडा का नाम **नर्म** है । इससे प्रेमीजनों का चित्त आकर्षित होता है । यह तीन प्रकार का होता है । एक केवल हास्य के द्वारा विहित, दूसरा शृङ्गारयुक्त हास्य के द्वारा और तीसरा भययुक्त हास्य के द्वारा विहित । उनमें केवल हास्य से विहित नर्म जैसे रत्नावली में--वासवदत्ता की युक्ति--**एसा वि-एषापि अपरा तव समीपे यथा लिखिता, एतत्किमार्यवसन्तस्य विज्ञानम्** । शृंगारयुक्त हास्य से जैसे शाकुन्तल में शकुन्तला—**असंतुट्ठो--असंतुष्टः पुनः किं करिष्यति ?** इत्यादि । भययुक्त हास्य जैसे रत्नावली में--सुसंगता--जाणिदो--**ज्ञातो मया एष वृत्तान्तः समं चित्रफलकेन** । तद्देव्यै गत्वा निवेदयिष्यामि । एतदिति—यह वाक्यसम्बन्धी नर्म का उदाहरण है—इसी प्रकार वेष और चेष्टासम्बन्धी नर्म का भी उदाहरण जानना ।

नर्मस्फूर्ज इति—आरम्भ में सुखकर और अन्त्य में भयदायक नवीन समागम को **नर्मस्फूर्ज** कहते हैं । जैसे

नर्मस्फोटो भावलेशैः सूचितात्परसो मतः ॥१२७॥ यथा मालतीमाधवे-

'गमनमलसं शून्या दृष्टिः शरीरमसौष्ठवं श्वसितमधिकं किं न्वेतत्स्यात्किमन्यदितोऽथवा ।
भ्रमति भुवने कन्दर्पाज्ञा विकारि च यौवनं ललितमधुरास्ते ते भावाः क्षिपन्ति च धीरताम् ॥'

अलसगमनादिभिर्भावलेशैर्माधवस्य मालत्यामनुरागः स्तोकः प्रकाशितः ।

नर्मगर्भो व्यवहृतिर्नेतुः प्रच्छन्नवर्तिनः ।

यथा तत्रैव सखीरूपधारिणा माधवेन मालत्या मरणाव्यवसायवारणम् । अथ सात्त्वती--

सात्त्वतीबहुला सत्त्वशौर्यत्यागदयार्जवैः ॥१२८॥

सहर्षा क्षुद्रशृंगारा विशोका साद्भुता तथा । उत्थापकोऽथ सांघात्यः संलापः परिवर्तकः ॥

विशेषा इति चत्वारः सात्वत्याः परिकीर्तिताः । उत्तेजनकरी शत्रोर्वागुत्थापक उच्यते ॥१३०॥

यथा महावीरचरिते—

'आनन्दाय च विस्मयाय च मया दृष्टोऽसि दुःखाय वा वैतृष्ण्यं तु कुतोऽद्य संप्रति मम त्वद्दर्शने चक्षुषः ।
यन्माङ्गल्यसुखस्य नास्मि विषयः किंवा बहुव्याहृतैरस्मिन्विस्मृतजामदग्न्यविजये बाहौ धनुर्जृम्भताम् ॥'

मन्त्रार्थदैवशक्त्यादेः सांघात्यः संघभेदनम् ।

मन्त्रशक्त्या यथा मुद्राराक्षसे राक्षससहायानां चाणक्येन स्वबुद्ध्या भेदनम् अर्थशक्त्यापि तत्रैव । दैवशक्त्या यथा रामायणे रावणाद्विभीषणस्य भेदः ।

संलापः स्याद्गभीरोक्तिर्नानाभावसमाश्रया ॥१३१॥

यथा वीरचरिते--'रामः--अयं स यः किल सपरिवारकार्त्तिकेयविजयावर्जितेन भगवता नीललोहितेन परिवत्सरसहस्रान्तेवासिने तुभ्यं प्रसादीकृतः परशुः । परशुरामः--राम दाशरथे, स एवायमाचार्यपादानां प्रियः परशुः ।' इत्यादि ।

प्रारब्धादन्यकार्याणां करणं परिवर्तकः ।

मालविकाग्निमित्र में संकेतस्थान में अभिसृत मालविका के प्रति राजा की उक्ति--विसृजेति—इसके उत्तर में 'मालविका'—भट्टा—भर्तः, देव्या भयेन आत्मनोऽपि प्रियं कर्तुं न पारयामि ।

नर्मस्फोट इति—थोड़े थोड़े प्रकाशितभावों से जिसमें कुछ कुछ श्रृंगाररस सूचित हो उसे नर्मस्फोट कहते हैं । जैसे मालतीमाधव में—गमनमिति—यहाँ अलस गमनादिक भावलेशों से माधव का मालती में किंचित् अनुराग सूचित होता है ।

नर्मगर्भ इति—प्रच्छन्न रूप से वर्तमान नायक के व्यवहार को नर्मगर्भ कहते हैं । यथेति--जैसे वहीं सखी के स्थानापन्न माधव का मालती को मरणव्यवसाय से रोकना । सात्त्वतीति--सत्त्व, (बल) शूरता, दान, दया, ऋजुता और हर्ष से युक्त, यत्किञ्चित् श्रृङ्गारवाली, शोकरहित अद्भुत रसयुक्त वृत्ति को सात्त्वती कहते हैं । इसके चार अङ्ग हैं--उत्थापक, सांघात्य, संलाप और परिवर्तक । इनमें शत्रु को उत्तेजन देनेवाली वाणी को उत्थापक कहते हैं । जैसे--महावीरचरित में श्रीरामचन्द्र के प्रति 'आनन्दाय च विस्मयाय च' इत्यादिक परशुराम की उक्ति ।

मन्त्रेति—मन्त्रशक्ति, अर्थशक्ति और दैवशक्ति आदि से किसी समुदाय के फोड़ने को सांघात्य कहते हैं । मन्त्रशक्ति और अर्थशक्ति से जैसे मुद्राराक्षस में राक्षस के सहायकों का चाणक्य की बुद्धि के द्वारा भेदन । दैवशक्ति से जैसे रामायण में रावण से विभीषण का विरोध । संलाप इति—अनेक भावों की आश्रयभूत गभीरोक्ति को संलाप कहते हैं । जैसे महावीरचरित में राम की उक्ति--अयमिति--अच्छा ! यह वह परशु है, जो गणोंसहित कार्त्तिकेय को जीत लेने से प्रसन्न भगवान् शङ्कर ने हजारों वर्ष के पुराने विद्यार्थी (आप) को दिया था । परशुराम--हाँ, राम, दाशरथे, यह वही गुरुजी महाराज का परशु है ।

आरब्धादिति—आरब्धकार्य से अन्य कार्य के करने को परिवर्तक कहते हैं । जैसे वे० सं०

यथा वेण्याम्--'भीमः--सहदेव, गच्छ त्वं गुरुमनुवर्तस्व । अहमप्यस्त्रागारं प्रविश्यायुधसहायो भवामीति । अथवा आमन्त्रयितव्यैव मया पाञ्चाली' इति । अथारभटी--

मायेन्द्रजालसंग्रामक्रोधोद्भ्रान्तादिचेष्टितैः ॥१३२॥
संयुक्ता वधबन्धाद्यैरुद्धतारभटी मता । वस्तूत्थापनसंफेटौ संक्षिप्तिरवपातनम् ॥१३३॥
इति भेदास्तु चत्वार आरभट्याः प्रकीर्तिताः । मायाद्युत्थापितं वस्तु वस्तूत्थापनमुच्यते ॥१३४॥

यथोदात्तराघवे--

'जीयन्ते जयिनोऽपि सान्द्रतिमिरव्रातैर्वियद्व्यापिभि-
र्भास्वन्तः सकला रवेरपि कराः कस्मादकस्मादमी ।
एते चोग्रकबन्धकण्ठरुधिरैराध्मायमानोदरा
मुञ्चन्त्याननकन्दरानलमुचस्तीव्रान् रवान् फेरवाः ॥' इत्यादि ।

संफेटस्तु समाघातः क्रुद्धसत्वरयोर्द्वयोः । यथा मालत्यां माधवाघोरघण्टयोः ।

संक्षिप्ता वस्तुरचना शिल्पैरितरथापि वा ॥१३५॥
संक्षिप्तिः स्यान्निवृत्तौ च नेतुर्नेत्रन्तरग्रहः ।

यथोदयनचरिते कलिङ्गहस्तिप्रयोगः । द्वितीयं यथा वालिनिवृत्त्या सुग्रीवः । यथा वा परशुरामस्यौद्धत्यनिवृत्त्या शान्तत्वापादनम् 'पुण्या ब्राह्मणजातिः--' इति ।

प्रवेशत्रासनिष्क्रान्तिहर्षविद्रवसंभवम् ॥१३५॥
अवपातनमित्युक्तं

यथा कृत्यरावणे षष्ठेऽङ्के--'(प्रविश्य खड्गहस्तः पुरुषः ।)' इत्यतः प्रभृति निष्क्रमणपर्यन्तम् ।

पूर्वमुक्तैव भारती ।

अथ नाट्योक्तयः-- **अश्राव्यं खलु यद्वस्तु तदिह स्वगतं मतम् ॥ १३७ ॥**

भीम० सहदेवेत्यादि--यहाँ 'अथवा' से कार्य बदल दिया। आरभटी वृत्ति--**मायेति**--माया, इन्द्रजाल, संग्राम, क्रोध, उद्भ्रान्त चेष्टायें, वध और बन्धनादिकों से संयुक्त उद्धत वृत्ति को **आरभटी** कहते हैं। इसके भी चार अङ्ग होते हैं--वस्तूत्थापन, सम्फेट, संक्षिप्ति और अवपातन। माया आदिक से उत्पन्न की गई वस्तु को **वस्तूत्थापन** कहते हैं। जैसे उदात्तराघव में- जीयन्ते--अरे, यह क्या ? चारों ओर आकाश में फैलते हुए अन्धकार ने प्रचण्ड मार्तण्ड की किरणों को ढांक लिया ! और इधर से नरमुण्डों का रुधिर पी-पीकर पेट फुलाये हुए (तृप्त) फेरव (शृगाल जाति) आग उगलते हुए घोर विराव (शब्द) कर रहे हैं।

सम्फेट इति--क्रोध से भरे त्वरायुक्त पुरुषों के संघर्ष को **सम्फेट** कहते हैं। जैसे मालतीमाधव में माधव और अघोरघंट का युद्ध। **संक्षिप्तेति**--शिल्प अथवा कारणान्तर से संक्षिप्तवस्तु रचना को **'संक्षिप्ति'** कहते हैं--और एक नायक की निवृत्ति में दूसरे नायक की अथवा नायक (प्रधान पुरुष) के किसी एक धर्म की निवृत्ति होने पर उसमें दूसरे धर्म की उपस्थिति होने पर भी संक्षिप्ति होती है। जैसे उदयनचरित में काठ के हाथी के द्वारा धोखा देकर राजा उदयन को पकड़ा गया। यह शिल्प के द्वारा संक्षिप्तवस्तु रचना का उदाहरण है। दूसरा उदाहरण जैसे वाली की निवृत्ति होने पर सुग्रीव का राज्यलाभ। यहाँ एक नायक (व्यक्ति) की निवृत्ति हुई है। धर्मनिवृत्ति का उदाहरण--जैसे परशुराम के औद्धत्य की निवृत्ति होकर शान्ति की स्थापना- **-पुण्या-इत्यादि-**।

प्रवेशेति--प्रवेश, त्रास, निष्क्रमण, हर्ष और विद्रव की उत्पत्ति को **अवपातन** कहते हैं। जैसे कृत्यरावण के छठे अङ्क में **पूर्वमिति**--भारतीवृत्ति पहले कही है।

अब नाटक की उक्तियों के भेद बतलाते हैं--**अश्राव्यमिति**--जो बात सुनाने योग्य नहीं होती उसे **स्वगत** कहते हैं। नाटक में जिस उक्ति के साथ 'स्वगतम्' लिखा रहता है उसे वह पात्र अपने मन में ही कहता

सर्वश्राव्यं प्रकाशं स्यात्तद् भवेदपवारितम्। रहस्यं तु यदन्यस्य परावृत्य प्रकाश्यते ॥१३८॥

त्रिपताककरेणान्यानपवार्यान्तरा कथाम्। अन्योन्यामन्त्रणं यत्स्यात्तज्जनान्ते जनान्तिकम् ॥

किं ब्रवीषीति यन्नाट्ये विना पात्रं प्रयुज्यते। श्रुत्वेवानुक्तमप्यर्थं तत्स्यादाकाशभाषितम् ॥

यः कश्चिदर्थो यस्माद् गोपनीयस्तस्यान्तरत ऊर्ध्वसर्वांगुलिनामितानामिकं त्रिपताकलक्षणं करं कृत्वान्येन सह यन्मन्त्र्यते तज्जनान्तिकम्। परावृत्यान्यस्य रहस्यकथनमपवारितम्। शेषं स्पष्टम्।

दत्तां सिद्धां च सेनां च वेश्यानां नाम दर्शयेत्।
दत्तप्रायाणि वणिजां चेटचेट्योस्तथा पुनः ॥ १४१ ॥
वसन्तादिषु वर्ण्यस्य वस्तुनो नाम यद् भवेत्।

वेश्या यथा वसन्तसेनादिः। वणिग्विष्णुदत्तादिः। चेटः कलहंसादिः। चेटी मन्दारिकादिः।

नाम कार्यं नाटकस्य गर्भितार्थप्रकाशकम् ॥ १४२ ॥ यथा रामाभ्युदयादिः।

नायिकानायकाख्यानात्संज्ञा प्रकरणादिषु। यथा मालतीमाधवादिः।

नाटिकासट्टकादीनां नायिकाभिर्विशेषणम् ॥ १४३ ॥

यथा रत्नावली-कर्पूरमञ्जर्यादिः।

प्रायेण ण्यन्तकः साधिर्गमेः स्थाने प्रयुज्यते।

यथा शाकुन्तले—ऋषी, 'गच्छावः' इत्यर्थे 'साधयावस्तावत्'।

है, दूसरे पात्र से नहीं--किन्तु इस प्रकार कहता है कि सामाजिक सुन लें। जो कथा सबको सुनाने योग्य हो उसे **'प्रकाश'** कहते हैं। **तद्भवेदिति**--जो बात किसी एक से छिपाकर दूसरे पात्र से, फिर कर, कहनी हो उसे **'अपवारित'** कहते हैं। **त्रिपताकेति--** 'त्रिपताक' कर से दूसरों को बचा के कथा के बीच में ही जो दो आदमी आपस में कुछ बातचीत करने लगते हैं उसे 'जनान्तिक' कहते हैं। पताक और त्रिपताक का लक्षण—**'प्रसारिताः समाः सर्वा यस्याङ्गुल्यो भवन्ति हि। कुञ्चितश्च तथाङ्गुष्ठः स पताक इति स्मृतः ॥'** सब उँगलियाँ मिली हुई फैली हों और अंगूठा कुञ्चित हो ऐसे हाथ को 'पताक' और **'पताके तु यदा वक्रानामिका त्वङ्गुलिर्भवेत्। त्रिपताकः स विज्ञेयः'।** पताक में यदि अनामिका टेढ़ी हो तो त्रिपताक कहलाता है। **किं ब्रवीषि** दूसरे किसी पात्र के बिना ही, बिन कही बात को ही सुना सा करके 'क्या कहते हो' यह वाक्य बोलकर जो कोई पात्र अपनी बात कहता है उसे **'आकाशभाषित'** कहते हैं।

यः कश्चिदिति—जो बात जिससे छिपानी है उसके बीच में पूर्वोक्त 'त्रिपताक' हाथ करके दूसरे आदमी से जो बातचीत करना है वह जनान्तिक, और घूमकर दूसरे आदमी से गुप्त बात कहना **अपवारित** कहाता है। **दत्तामिति** वेश्याओं के नाम नाटकों में दत्ताशब्दान्त, सिद्धाशब्दान्त और सेनाशब्दान्त रखने चाहियें। वैश्यों के नाम अधिकांश दत्तशब्दान्त होने चाहियें और वसन्तादि ऋतुओं में वर्णनीय वस्तुओं के नाम से चेट तथा चेटियों का व्यवहार करना चाहिये। वेश्या जैसे वसन्तसेना। वणिक्--विष्णुदत्त। चेट--कलहंस और चेट जैसे मन्दारिका।

नामेति--जो बात नाटक में प्रधानता से निर्देश्य हो उसका प्रकाशक ही नाटक का नाम रखना चाहिये--जैसे रामाभ्युदय। इसमें श्रीरामचन्द्रजी का अभ्युदय प्रतिपाद्य है। श्रीतर्कवागीशजी ने 'गर्भित' पद का अर्थ गर्भ 'सन्धि में उक्त'--किया है। **'गर्भितो—गर्भसन्धिना सूचितो योऽर्थस्तत्प्रकाशकम्'। नायिकेति**—नायिका और नायक के नाम से प्रकरणादिकों की संज्ञा बनानी चाहिये। जैसे 'मालतीमाधव' आदि।

नाटिकेति—नाटिका और सट्टकादि के नामों को उनकी नायिका के नाम से विशेषित करना चाहिये। जैसे 'रत्नावली नाटिका'--'कर्पूरमञ्जरी सट्टक' इत्यादि। **प्रायेणेति**—गम् धातु के अर्थ में प्रायः णिप्रत्ययान्त **'साध्'** धातु का प्रयोग (नाटकों में) होता है। जैसे अभिज्ञानशाकुन्तल में ऋषियों ने **'गच्छावः'** के स्थान में **'साधयावः'** प्रयोग किया है।

राजा स्वामीति देवेति भृत्यैर्भट्टेति चाधमैः ॥ १४४ ॥
राजर्षिभिर्वयस्येति तथा विदूषकेण च । राजन्नित्यृषिभिर्वाच्यः सोऽपत्यप्रत्ययेन च ॥ १४५ ॥
स्वेच्छया नामभिर्विप्रैर्विप्र आर्येति चेतरैः । वयस्येत्यथवा नाम्ना वाच्यो राज्ञा विदूषकः ॥
वाच्यौ नटीसूत्रधारावार्यनाम्ना परस्परम् । सूत्रधारं वदेद् भाव इति वै पारिपार्श्विकः॥१४७॥
सूत्रधारो मारिषेति हण्डे इत्यधमैः समाः । वयस्येत्युत्तमैर्हंहो मध्यैरार्येति चाग्रजः ॥१४८॥
भगवन्निति वक्तव्याः सर्वैर्देवर्षिलिङ्गिनः । वदेद्राज्ञीं च चेटीं च भवतीति विदूषकः ॥१४९॥
आयुष्मन् रथिन सूतो वृद्धं तातेति चेतरः । वत्स पुत्रकतातेति नाम्ना गोत्रेण वा सुतः ॥१५०॥
शिष्योऽनुजश्च वक्तव्योऽमात्य आर्येति चाधमैः। विप्रैरयममात्येति सचिवेति च भण्यते॥१५१॥
साधो इति तपस्वी च प्रशान्तश्चोच्यते बुधैः । सुगृहीताभिधः पूज्यः शिष्याद्यैर्विनिगद्यते॥१५२॥
उपाध्यायेति चाचार्यो महाराजेति भूपतिः । स्वामीति, युवराजस्तु कुमारो भर्तृदारकः॥१५३॥
भद्रसौम्यमुखेत्येवमधमैस्तु कुमारकः । वाच्या प्रकृतिभी राज्ञः कुमारी भर्तृदारिका ॥१५४॥
पतिर्यथा तथा वाच्या ज्येष्ठमध्याधमैः स्त्रियः । हलेति सदृशी, प्रेष्या हञ्जे वेश्याज्जुका तथा ॥
कुट्टन्यम्बेत्यनुगतै पूज्या च जरती जनैः । आमन्त्रणैश्च पाषण्डा वाच्याः स्वसमयागतैः ॥

नाटक में पात्रों के परस्पर व्यवहार में प्रयोजनीय शब्दों का निर्देश करते हैं--राजेति--राजा को नाटकों में प्रधान श्रेणी के भृत्यवर्ग 'स्वामी' अथवा 'देव' शब्द से सम्बोधन करें और निचली श्रेणी के भृत्य उसे 'भट्टा' कह कर सम्बोधित करें। एवं राजर्षि और विदूषक उसे 'वयस्य' कहकर पुकारें और ऋषिलोग उसे 'राजन्' कहकर या अणादिक अपत्यार्थक प्रत्यय लगाकर—जैसे 'पौरव, दाशरथे' इत्यादि—बोलें। ब्राह्मण लोग आपस में चाहें अपत्य प्रत्ययान्त शब्द से व्यवहार करें, चाहें नाम लेकर जैसे 'कौशिक', 'विश्वामित्र' इत्यादि। अन्य लोग (क्षत्रियादि) ब्राह्मणों को 'आर्य' कहकर सम्बोधन करें। राजा विदूषक को 'वयस्य' कहकर पुकारे या नाम लेकर। नटी और सूत्रधार परस्पर आर्या और आर्य शब्द से व्यवहार करें।

पारिपार्श्विक (सूत्रधार का सहायक नट) सूत्रधार को 'भाव' कहकर और सूत्रधार उसे 'मारिष' कहकर व्यवहार करे। नीची श्रेणी के लोग आपस में 'हण्डे' कहकर, उत्तम श्रेणी के लोग अपने समान कोटि के पुरुषों को 'वयस्य' कहकर और मध्यम श्रेणी के लोग 'हंहो' कहकर परस्पर सम्बोधन करें। आर्येति—बड़े भाई को सब लोग 'आर्य' कहकर पुकारें। देवता, ऋषि और सन्यासी लोगों को सब श्रेणी के इतर लोग 'भगवन्' कहकर सम्बोधित करें। विदूषक, रानी और चेटी को 'भगवती' कहे। रथी को सारथि 'आयुष्मन्' कहे। वृद्ध पुरुषों को जवान और बालक 'तात' कहें। शिष्य, छोटे भाई—और पुत्र को वत्स, पुत्रक, तात इन शब्दों से अथवा नाम से या गोत्रप्रत्यय से सम्बोधित करें। अधम श्रेणी के लोग अमात्य को 'आर्य' कहें और ब्राह्मण इसे 'अमात्य' या 'सचिव' कहें। बुध अर्थात् उत्तम श्रेणी के लोग तपोनिष्ठ और शान्तिनिष्ठ पुरुषों को 'साधो' कहकर पुकारते हैं। शिष्यादिक, अपने पूज्य अर्थात् गुरु को या आचार्य को 'भगवन्' इत्यादि सुगृहीत शब्दों से अथवा 'सुगृहीतनामधेय' इत्यादि पदों से सम्बोधित करते हैं और राजा को 'महाराज' या 'स्वामी' शब्द से पुकारते हैं। एवं युवराज को 'कुमार' शब्द से निर्दिष्ट करते हैं। छोटी श्रेणी के लोग राजकुमार को 'भर्तृदारक', 'भद्र' 'सौम्यमुख' इत्यादि शब्दों से पुकारते हैं। राजकुमारी को राजा के नौकर चाकर 'भर्तृदारिका' कहें। ज्येष्ठ, मध्यम तथा अधम पुरुष स्त्रियों को उसी प्रकार सम्बोधित करें जैसे उनके पतियों को करते हैं। जैसे ऋषियों को 'भगवन्' कहते हैं तो ऋषिपत्नियों को 'भगवती' कहें इत्यादि। सखी को 'हला' शब्द से, दासी को 'हञ्जे' कहकर, वेश्या को अज्जुका और कुट्टनी को अम्बा कहकर व्यवहार करें। इसी प्रकार माननीय वृद्ध स्त्री को भी लोग 'अम्बा' कहकर पुकारें। पाखण्डी लोग अपने अपने समय (आचार) के अनुसार सम्बोधित किये जाने चाहिये, जैसे 'कापालिक' 'क्षपणक'

शकादयश्च संभाष्या भद्रदत्तादिनामभिः। यस्य यत्कर्म शिल्पं वा विद्या वा जातिरेव वा ॥
तेनैव नाम्ना वाच्योऽसौ ज्ञेयाश्चान्ये यथोचितम्। अथ भाषाविभागः—
पुरुषाणामनीचानां संस्कृतं स्यात्कृतात्मनाम् ॥१५८॥
सौरसेनी प्रयोक्तव्या तादृशीनां च योषिताम्। आसामेव तु गाथासु महाराष्ट्रीं प्रयोजयेत् ॥
अत्रोक्ता मागधी भाषा राजान्तःपुरचारिणाम्। चेटानां राजपुत्राणां श्रेष्ठानां चार्धमागधी ॥
प्राच्या विदूषकादीनां, धूर्तानां स्यादवन्तिजा। योधनागरिकादीनां दाक्षिणात्या हि दीव्यताम् ॥
शबराणां शकादीनां शाबरीं संप्रयोजयेत्। बाह्लीकभाषोदीच्यानां द्राविडी द्राविडादिषु ॥
आभीरेषु तथाभीरी चाण्डाली पुक्कसादिषु। आभीरी शाबरी चापि काष्ठपात्रोपजीविषु ॥
तथैवाङ्गारकारादौ पैशाची स्यात्पिशाचवाक्। चेटीनामप्यनीचानामपि स्यात्सौरसेनिका ॥
बालानां षण्डकानां च नीचग्रहविचारिणाम्। उन्मत्तानामातुराणां सैव स्यात्संस्कृतं क्वचित् ॥
ऐश्वर्येण प्रमत्तस्य दारिद्र्योपद्रुतस्य च। भिक्षुवल्कधरादीनां प्राकृतं संप्रयोजयेत् ॥१६६॥
संस्कृतं संप्रयोक्तव्यं लिङ्गिनीषूत्तमासु च। देवीमन्त्रिसुतावेश्यास्वपि कैश्चित्तथोदितम् ॥
यद्देश्यं नीचपात्रं तु तद्देश्यं तस्य भाषितम्। कार्यतश्चोत्तमादीनां कार्यो भाषाविपर्ययः ॥
योषित्सखीबालवेश्याकितवाप्सरसां तथा। वैदग्ध्यार्थं प्रदातव्यं संस्कृतं चान्तरान्तरा ॥१६९॥

एषामुदाहरणान्याकरेषु बोद्धव्यानि। भाषालक्षणानि मम तातपादानां भाषार्णवे।

इत्यादि। वेदविरोधी कापालिकप्रभृतिमतों को पाखण्डमत कहते हैं और उनके अनुयायियों को पाखण्डी। 'पा' शब्द का अर्थ है वेदों की रक्षा—उसका जो खण्डन करें वे पाखण्ड या पाखण्डी कहाते हैं। शकादि जाति के लोगों के नाम भद्र, दत्त इत्यादि शब्दों को अन्त्य में लगाकर बनाने चाहिये। जिसका जो कर्म (सैन्यसंचालन, भोजननिर्माणादि) हो, जो शिल्प (भूषण, चित्रनिर्माणादि) हो, जो विद्या (व्याकरणादि) हो या जो जो जाति हो उसी से उसका व्यवहार करना चाहिये। इसके अतिरिक्त और भी यथायोग्य जानना।

अब भाषाओं का विभाग करते हैं—पुरुषाणामिति—उत्तम तथा मध्यम (अनीच) श्रेणी के पण्डित पुरुषों की भाषा, नाटकों में, संस्कृत होनी चाहिये और इसी श्रेणी की स्त्रियों की भाषा सौरसेनी (प्राकृत का भेद) होनी चाहिये, किन्तु गाथा (छन्द) में इनकी भाषा महाराष्ट्री प्राकृत होती है। रनवास में रहनेवाले वामनादिकों की भाषा मागधी होती है। चेट, राजकुमार और सेठ लोग अर्धमागधी बोलते हैं। विदूषकादिक प्राच्या (गौडदेशीय) प्राकृत और धूर्त लोग अवन्तिजा बोलते हैं। वीरयोद्धा, नागरिक और जुआरियों की भाषा दाक्षिणात्या (वैदर्भी) होती है। शबर और शकादि की उक्तियों में शाबरी भाषा का प्रयोग किया जाता है। उत्तरदेशनिवासियों की बाह्लीक भाषा और द्रविडादि देशनिवासियों की द्राविडी भाषा होती है। अहीरों की भाषा आभीरी और चाण्डाल (पुक्कस) आदिकों की चाण्डाली होती है। काष्ठपात्र (नौका आदि) से जीविका करनेवाले मल्लाह आदिकों की भाषा आभीरी अथवा शाबरी होती है। अङ्गारकार (लुहार) आदिकों की भाषा पैशाची होती है। जो उत्तम या मध्यम दासियां हों उनकी भी सौरसेनी भाषा होती है। बालकों, नपुंसकों, नीचग्रहों (बालग्रह आदिकों) का विचार करनेवालों, उन्मत्तों और आतुर पुरुषों की भी यही भाषा होती है, किन्तु कहीं कहीं संस्कृत भी होती है। ऐश्वर्येणेति—जो लोग ऐश्वर्य में मस्त हैं या जो दरिद्रता से उपहत हैं एवं जो भिक्षुक तथा वल्कलधारी (तापस) हैं उनकी भाषा प्राकृत होनी चाहिये। उत्तम संन्यासिनी स्त्रियों की संस्कृत भाषा होती है। कोई कोई रानी, मन्त्रिकन्या और वेश्यादिकों की भाषा भी संस्कृत बताते हैं। जो पात्र जिस देश का हो उसकी भाषा भी उसी देश की होनी चाहिये। कार्यवश उत्तमादि पुरुषों की भाषा बदल भी देनी चाहिये। रानी, सखी, बालक, वेश्या, धूर्त और अप्सराओं की भाषा में, इनकी चतुरता सूचित करनेके लिये, प्राकृतके बीच बीचमें, संस्कृत भी दे सकते हैं। इनके उदाहरण नाटकों में स्पष्ट हैं।

षट्त्रिंशल्लक्षणान्यत्र, नाट्यालंकृतयस्तथा। त्रयस्त्रिंशत्प्रयोज्यानि वीथ्यङ्गानि त्रयोदश॥

लास्याङ्गानि दश यथालाभं रसव्यपेक्षया।

यथालाभं प्रयोज्यानीति संबन्धः। अत्रेति नाटके। तत्र लक्षणानि—

भूषणाक्षरसंघातौ शोभोदाहरणं तथा॥१७१॥

हेतुसंशयदृष्टान्तास्तुल्यतर्कः पदोच्चयः। निदर्शनाभिप्रायौ च प्राप्तिर्विचार एव च॥१७२॥

दिष्टोपदिष्टे च गुणातिपातातिशयौ तथा। विशेषणनिरुक्ती च सिद्धिर्भ्रंशविपर्ययौ॥१७३॥

दाक्षिण्यानुनयौ मालार्थापत्तिर्गर्हणं तथा। पृच्छा प्रसिद्धिः सारूप्यं संक्षेपो गुणकीर्तनम्॥

लेशो मनोरथोऽनुक्तसिद्धिः प्रियवचस्तथा। लक्षणानि तत्र—

गुणैः सालंकारैर्योगस्तु भूषणम्॥१७५॥ यथा—

'आक्षिपन्त्यरविन्दानि मुग्धे तव मुखश्रियम्। कोषदण्डसमग्राणां किमेषामस्ति दुष्करम्॥'

वर्णनाक्षरसंघातश्चित्रार्थैरक्षरैर्मितैः।

यथा शाकुन्तले—'राजा—कच्चित्सखीं वो नातिबाधते शरीरसंतापः? प्रियंवदा—संपदं लधोसहो ज्जसमं गमिस्सदि।'

सिद्धैरर्थैः समं यत्राप्रसिद्धोऽर्थः प्रकाशते॥ १७६॥

श्लिष्टश्लक्ष्णचित्रार्था सा शोभेत्यभिधीयते। यथा—

'सद्वंशसंभवः शुद्धः कोटिदोऽपि गुणान्वितः। कामं धनुरिव क्रूरो वर्जनीयः सतां प्रभुः॥'

यत्र तुल्यार्थयुक्तेन वाक्येनाभिप्रदर्शनात्॥ १७७॥

साध्यतेऽभिमतश्चार्थस्तदुदाहरणं मतम्। यथा—

षट्त्रिंशदिति—नाटक में रसपोष के अनुसार छत्तीस लक्षण, तैंतीस नाट्यालंकार, तेरह वीथ्यङ्ग और दस लास्याङ्गों का यथासम्भव प्रयोग करना चाहिये। उनमें से पहले छत्तीस लक्षण गिनाते हैं—**भूषणेति**—भूषण से प्रियवचनतक ३६ **लक्षण** होते हैं। क्रम से इनके लक्षण और उदाहरण देते हैं—**गुणैरिति**—अलंकार सहित गुणों के योग को **भूषण** कहते हैं—जैसे **आक्षिपन्तीति**—हे मुग्धे, कमल तेरी मुखश्री का आक्षेप (**हरण**) करते हैं। ये कोष (बीजकोष) और दण्ड (मृणाल) से पूर्ण हैं—इनके लिये दुष्कर क्या है। जैसे कोष (खजाना) और दण्ड (सैन्य) से युक्त राजा लोग दूसरों का सम्पत्ति का हरण करते हैं, वैसे ही ये कमल, कोष और दण्ड से पूर्ण होने के कारण, यदि तुम्हारी मुखश्री का हरण करें तो आश्चर्य क्या? तात्पर्य यह है कि कमलों में जो कुछ शोभा है, वह तुम्हारे मुख से चुराई हुई या लूटी हुई है। कमलों का चोरी करना असंभव है। अतः उपमा में पर्यवसान होने से यहाँ निदर्शना है। उत्तरार्ध से पूर्वार्ध के अर्थ का समर्थन किया है, अतः अर्थान्तरन्यास और श्री, कोष, दण्डपदों के द्व्यर्थक होने से श्लेषालङ्कार भी है। इन अलंकारों का माधुर्य और प्रसाद नामक गुणों के साथ उक्त पद्य में संयोग है, अतः यह **भूषण** का उदाहरण है।

वर्णनेति—विचित्र अर्थवाले परिमित अक्षरों से की गई वर्णना को **अक्षरसंघात** कहते हैं। जैसे शाकुन्तल में 'राजा' इत्यादि। **सिद्धैरिति**—प्रसिद्ध अर्थ के साथ जहाँ अप्रसिद्ध अर्थ प्रकाशित किया जाय, उस श्लिष्ट, मसृण और विचित्र अर्थवाली रचना को **शोभा** कहते हैं। जैसे—**सद्वंशेति**—क्रूरस्वामी, चाहे अच्छे वंश (कुल) में उत्पन्न, शुद्ध (निष्कपट), कोटिद (करोड़ों का दाता) और गुणयुक्त भी हो, तथापि सज्जनों को चाहिये कि उसे उस धनुष् की तरह छोड़ दें जो अच्छी जाति के वंश (बाँस) में उत्पन्न, शुद्ध (कीड़े आदि से अदष्ट) कोटिद (किनारों पर मुड़ा हुआ या करोड़ों आदमियों को काटनेवाला) और गुण (प्रत्यञ्चा) से युक्त होने पर भी क्रूरता (अति कठोरता) के कारण छोड़ दिया जाता है। यहाँ प्रसिद्ध धनुष् के साथ अप्रसिद्ध क्रूर जन का वर्णन श्लेष द्वारा किया है।

यत्रेति—जहाँ समानार्थक वाक्यों के द्वारा अभिमत अर्थ साधित हो उसे **उदाहरण** कहते हैं। जैसे

'अनुयान्त्या जनातीतं कान्तं साधु त्वया कृतम् का दिनश्रीर्विनार्केण का निशा शशिना विना ॥'

हेतुर्वाक्यं समासोक्तमिष्टकृद्धेतुदर्शनात् ॥ १७८ ॥

यथा वेण्यां भीमं प्रति 'चेटी--एवं मए भणिदं भाणुमदि, तुह्माणं अमुक्केसु केसेसु कहं देविए केसा संजिमअन्तित्ति ।'

संशयोऽज्ञाततत्त्वस्य वाक्ये स्याद् यदनिश्चयः । यथा ययातिविजये--

'इयं स्वर्गाधिनाथस्य लक्ष्मीः, किं यक्षकन्यका । किं चास्य विषयस्यैव देवता, किमु पार्वती ॥'

दृष्टान्तो यस्तु पक्षार्थसाधनाय निदर्शनम् ॥ १७९ ॥

यथा वेण्याम्--'सहदेवः--आर्य, उचितमेवैतत्तस्याः, यतो दुर्योधनकलत्रं हि सा' इत्यादि ।

तुल्यतर्को यदर्थेन तर्कः प्रकृतिगामिना । यथा तत्रैव--

'प्रायेणैव हि दृश्यन्ते कामं स्वप्नाः शुभाशुभाः । शतसंख्या पुनरियं सानुजं स्पृशतीव माम् ॥'

संचयोऽर्थानुरूपो यः पदानां स पदोच्चयः ॥ १८० ॥ यथा शाकुन्तले--

'अधरः किसलयरागः कोमलविटपानुकारिणौ बाहू । कुसुममिव लोभनीयं यौवनमङ्गेषु संनद्धम् ॥'

अत्र पदपदार्थयोः सौकुमार्यं सदृशमेव ।

यत्रार्थानां प्रसिद्धानां क्रियते परिकीर्तनम् । परपक्षव्युदासार्थं तन्निदर्शनमुच्यते ॥१८१॥यथा--

'क्षात्रधर्मोचितैर्धर्मैरलं शत्रुवधे नृपाः । किंतु बालिनि रामेण मुक्तो बाणः पराङ्मुखे ॥'

अभिप्रायस्तु सादृश्यादभूतार्थस्य कल्पना । यथा शाकुन्तले--

'इदं किलाव्याजमनोहरं वपुस्तपःक्षमं साधयितुं य इच्छति ।
ध्रुवं स नीलोत्पलपत्त्रधारया समिल्लतां छेत्तुमृषिर्व्यवस्यति ॥'

प्राप्तिः केनचिदंशेन किंचिद्यत्रानुमीयते ॥ १८२ ॥

यथा मम प्रभावत्याम्--'अनेन खलु सर्वतश्चरता चञ्चरीकेणावश्यं विदिता भविष्यति प्रियतमा मे प्रभावती ।'

विचारो युक्तिवाक्यैर्यदप्रत्यक्षार्थसाधनम् ।

यथा मम चन्द्रकलायाम्--'राजा--नूनमियमन्तः पिहितमदनविकारा वर्तते । यतः--

हसति परितोषरहितं निरीक्ष्यमाणापि नेक्षते किंचित् । सख्यामुदाहरन्त्यामसमञ्जसमुत्तरं दत्ते ॥'

अनुयान्त्येत्यादि । हेतुरिति--संक्षेप से कहा हुआ वाक्य जहाँ हेतु का प्रदर्शक होने के कारण अभिमत अर्थ का साधक हो उसे हेतु कहते हैं । जैसे वे० सं० में चेटी - एवं मए--'एवं मया भणितं भानुमति, युष्माकममुक्तेषु केशेषु कथं देव्याः केशाः संयम्यन्ते ।' **संशय इति**--अज्ञात वस्तु के अनिश्चय को **संशय** कहते हैं । जैसे **इयमिति**-। **दृष्टान्त इति**--पक्ष में (साध्य) के साधन करने के लिये हेतु के निदर्शन को **दृष्टान्त**--कहते हैं । जैसे वे० सं० में सहदेव--**आर्येति** ।

तुल्येति--प्रकृतपदार्थ के द्वारा तर्क करने को तुल्यतर्क कहते हैं । **प्रायेणेति** । **संचय इति**--अर्थ के अनुरूप पदों के गुम्फन को **पदोच्चय** कहते हैं । जैसे शाकुन्तल में **अधर इति**--यहाँ पद और अर्थ दोनों ही में समान सुकुमारता है । **यत्रेति**--जहाँ दूसरे के पक्ष का खण्डन करने के लिये प्रसिद्ध वस्तु का निरूपण किया जाय उसे **निदर्शन** कहते हैं । जैसे--**क्षात्रेति**--यहाँ उत्तरार्ध में 'किन्तु' पद हेत्वर्थक है ।

अभीति--सादृश्य के कारण असम्भव वस्तु की कल्पना करने को **'अभिप्राय'** कहते हैं । जैसे **इदमिति**--यहाँ "जैसे नीलकमल के पत्ते से समिधाओं के पेड़ का कटना असंभव है वैसे ही कमलतुल्य कोमल कलेवर-वाली शकुन्तला का तपस्या करना असम्भव है" यह अभिप्राय है । **प्राप्तिरिति**--किसी एक अंश से जहाँ दूसरे अंश का अनुमान हो उसे **प्राप्ति** कहते हैं । जैसे प्रभावती में--अनेनेत्यादि । **विचार इति**--युक्तियुत वाक्यों से **अप्रत्यक्ष अर्थ** के साधन को **विचार** कहते हैं ।

देशकालस्वरूपेण वर्णना दिष्टमुच्यते ॥ १८३ ॥

यथा वेण्याम्—सहदेवः—

'यद्वैद्युतमिव ज्योतिरार्ये क्रुद्धेऽद्य संभृतम्। तत्प्रावृडिव कृष्णेयं नूनं संवर्धयिष्यति ॥'

उपदिष्टं मनोहारि वाक्यं शास्त्रानुसारतः । यथा शाकुन्तले—

'शुश्रूषस्व गुरून्कुरु प्रियसखीवृत्तिं सपत्नीजने
भर्तुर्विप्रकृतापि रोषणतया मा स्म प्रतीपं गमः ।
भूयिष्ठं भव दक्षिणा परिजने भाग्येष्वनुत्सेकिनी
यान्त्येवं गृहिणीपदं युवतयो वामाः कुलस्याधयः ॥'

गुणातिपातः कार्यं यद्विपरीतं गुणान्प्रति ॥ १८४ ॥

यथा मम चन्द्रकलायां चन्द्रं प्रति—

'जइ संहरिज्जइ तमो घेप्पइ सअलेहिं ते पाओ ।
वससि सिरे पसुवइणो तहवि ह इत्थीअ जीअणं हरसि ॥'

यः सामान्यगुणोद्रेकः स गुणातिशयो मतः ।

यथा तत्रैव—'राजा—(चन्द्रकलाया मुखं निर्दिश्य ।)

असावन्तश्चञ्चद्विकचनवनीलाब्जयुगलस्तलस्फूर्जत्कम्बुर्विलसदलिसंघात उपरि ।
विना दोषासङ्गं सततपरिपूर्णाखिलकलः कुतः प्राप्तश्चन्द्रो विगलितकलङ्कः सुमुखि ते ॥'

सिद्धानर्थान्बहूनुक्त्वा विशेषोक्तिर्विशेषणम् ॥ १८५ ॥ यथा—

'तृष्णापहारी विमलो द्विजावासो जनप्रियः । ह्रदः पद्माकरः किंतु बुधस्त्वं स जलाशयः ॥'

पूर्वसिद्धार्थकथनं निरुक्तिरिति कीर्त्यते । यथा वेण्याम्—

'निहताशेषकौरव्यः क्षीबो दुःशासनासृजा । भङ्क्ता दुर्योधनस्योर्वोर्भीमोऽयं शिरसा नतः ॥'

बहूनां कीर्तनं सिद्धिरभिप्रेतार्थसिद्धये ॥ १८६ ॥ यथा—

'यद्वीर्यं कूर्मराजस्य यश्च शेषस्य विक्रमः । पृथिव्या रक्षणे राजन्नेकत्र त्वयि तत्स्थितम् ॥'

देशेति—देशकालानुरूप वर्णन को **दिष्ट** कहते हैं । **उपदिष्टमिति** शास्त्रानुकूल, मनोहर वाक्य को **उपदिष्ट** कहते हैं । जैसे शाकुन्तल में शकुन्तला के प्रति महर्षि कण्व का उपदेश—**शुश्रूषस्वेति**— । **गुणेति**—गुणों के विपरीत कार्य को **गुणातिपात** कहते हैं । जैसे चन्द्रकलानाटिका में—जइ—**"यदि संह्रियते तमो गृह्यते सकलैस्ते पादः । वससि शिरसि पशुपतेस्तथापि हा, स्त्रिया जीवनं हरसि ॥"** यहाँ स्त्री जीवनहरणरूप कार्य, प्रकृत चन्द्रमा के उक्त गुणों के विपरीत है ।

य इति—साधारण गुणों की उत्कृष्टता को **गुणातिशय** कहते हैं । जैसे 'चन्द्रकला' में राजा—(चन्द्रकला का मुख देखकर) **असाविति**—हे सुमुखि यह लोकोत्तर चन्द्रमा (मुख) तुमने कहाँ पाया ? जिसके मध्य में खिले हुए दो नील कमल (नेत्र) सुशोभित हैं, नीचे शंख (ग्रीवा) विराजमान है और ऊपर भ्रमरों का समूह (केश) विद्यमान है । एवं बिना ही दोषासङ्ग (रात्रि के सङ्ग या दोषों के आसङ्ग) के जो सब कलाओं से पूर्ण है और कलङ्क से रहित है । **सिद्धानिति**—प्रसिद्ध अनेक वस्तुओं का कथन करके फिर कुछ विशेषता (किसी एक में) दिखलाने को **विशेषोक्ति** कहते हैं । जैसे—**तृष्णेति**—हे राजन्, यद्यपि तड़ाग भी तुम्हारे ही समान लोगों की तृष्णा को दूर करता है, विमल है, द्विजों (पक्षियों) का आवास है, जनों को प्रिय है और पद्मों (कमलों) का आकर भी है, किन्तु आप बुध हैं, और वह जलाशय (जडाशय) है । यहाँ राजा के पक्ष में 'तृष्णा' का अर्थ अभिलाष, मल का अर्थ पाप, द्विज का ब्राह्मण, पद्म का रत्नादि एवं आकर का अर्थ निधि है । **पूर्वेति**—पूर्वसिद्ध अर्थ के कीर्तन को **निरुक्ति** कहते हैं । जैसे वे० सं० में **निहतेति** । अभिमत वस्तु की **सिद्धि**

दृप्तादीनां भवेद् भ्रंशो वाच्यादन्यतरद्वचः ।

वेण्याम्--कञ्चुकिनं प्रति 'दुर्योधनः--

सहभृत्यगणं सबान्धवं सहमित्रं ससुतं सहानुजम् ।
स्वबलेन निहन्ति संयुगे न चिरात्पाण्डुसुतः सुयोधनम् ॥'

विचारस्यान्यथाभावः संदेहात्तु विपर्ययः ॥ १८७ ॥ यथा--

'मत्वा लोकमदातारं संतोषे यैः कृता मतिः । त्वयि राजनि ते राजन्न तथा व्यवसायिनः ॥'

दाक्षिण्यं चेष्टया वाचा परचित्तानुवर्तनम् । वाचा यथा--

'प्रसाधय पुरीं लङ्कां राजा त्वं हि विभीषण । आर्येणानुगृहीतस्य न विघ्नः सिद्धिमन्तरा ॥'

वाक्यैः स्निग्धैरननयो भवेदर्थस्य साधनम् ॥१८८॥

यथा वेण्याम्--अश्वत्थामानं प्रति कृपः--दिव्यास्त्रग्रामकोविदे भारद्वाजतुल्यपराक्रमे किं न संभाव्यते त्वयि ।'

माला स्याद्यदभीष्टार्थं नैकार्थप्रतिपादनम् । यथा शाकुन्तले--'राजा--

किं शीकरैः क्लमविमर्दिभिरार्द्रवातं संचारयामि नलिनीदलतालवृन्तम् ।
अङ्के निवेश्य चरणावुत पद्मताम्रौ संवाहयामि करभोरु यथासुखं ते ॥'

अर्थापत्तिर्यदन्यार्थोऽर्थान्तरोक्तेः प्रतीयते ॥१८९॥

यथा वेण्याम् द्रोणोऽश्वत्थामानं राज्येऽभिषेक्तुमिच्छतीति कथयन्तं कर्णं प्रति 'राजा--साधु अङ्गराज, साधु । कथमन्यथा

दत्त्वाभयं सोऽतिरथो वध्यमानं किरीटिना । सिन्धुराजमुपेक्षेत नैवं चेत्कथमन्यथा ॥'

दूषणोद्घोषणायां तु भर्त्सना गर्हणं तु तत् ।

यथा तत्रैव--कर्णं प्रति 'अश्वत्थामा--

निर्वीर्यं गुरुशापभाषितवशात्किं मे तवेवायुधं संप्रत्येव भयाद्विहाय समरं प्राप्तोऽस्मि किं त्वं यथा ।
जातोऽहं स्तुतिवंशकीर्तनविदां किं सारथीनां कुले क्षुद्रारातिकृताप्रियं प्रतिकरोम्यस्त्रेण नास्त्रेण यत् ॥'

अभ्यर्थनापरैर्वाक्यैः पृच्छार्थान्वेषणं मतम् ॥१९०॥

यथा तत्रैव--सुन्दरकः--अज्जा, अवि णाम सारधिदुदिओ दिट्ठो तुझेहिं महाराओ दुज्जोधणो ण वेत्ति ।'

प्रसिद्धिर्लोकसिद्धार्थैरुत्कृष्टैरर्थसाधनम् । यथा विक्रमोर्वश्याम्--'राजा--

---

के लिये अनेकों का कथन करना सिद्धि कहाता है । जैसे--यद्वीर्यमिति-- । दृप्तेति--प्रमत्त, दुःखितादि पुरुषों का अभिमत से विपरीत अर्थ का कथन करना भ्रंश कहाता है--जैसे वे० सं० में दुर्योधन--सहेति--यहाँ पाण्डुसुतं सुयोधनः ऐसा अभीष्ट था, किन्तु प्रमत्तता के कारण उलटा कह दिया। विचारस्येति--सन्देह के कारण विचार बदल देने को विपर्यय कहते हैं । जैसे--मत्वेति । दाक्षिण्यमिति--चेष्टा और वाणी के द्वारा किसी के चित्त को प्रसन्न करना दाक्षिण्य कहाता है । वाणी से जैसे--प्रसाधयेति । वाक्यैरिति--स्नेहपूर्ण वाक्यों से कार्यसाधन करने को अनुनय कहते हैं । जैसे वे० सं० में अश्वत्थामा के प्रति कृपाचार्य ।

मालेति--अपना अभीष्ट सिद्ध करने के लिये अनेक अर्थों (कार्यों) के कथन को माला कहते हैं। जैसे शाकुन्तल में राजा की उक्ति शकुन्तला के प्रति--किमिति । अर्थेति--किसी अर्थ के कथन से जहाँ अन्य अर्थ की प्रतीति हो उसे अर्थापत्ति कहते हैं । जैसे वे० सं० में कर्ण की इस उक्ति के पीछे कि 'द्रोणाचार्य अश्वत्थामा को राजा बनाना चाहते हैं' दुर्योधन का यह कहना कि 'साधु' इत्यादि । दूषणेति--दोषोद्घाटन के समय की भर्त्सना को गर्हण कहते हैं । जैसे वहीं कर्ण के प्रति अश्वत्थामा की उक्ति-- निर्वीर्यमिति। अभ्यर्थनेति--प्रार्थनापरक वाक्यों से बात का अन्वेषण करना पृच्छा कहलाता है । जैसे वहीं सुन्दरक--अज्जा--'आर्याः, अपि नाम

सूर्याचन्द्रमसौ यस्य मातामहपितामहौ। स्वयं कृतः पतिर्द्वाभ्यामुर्वश्या च भुवा च यः ॥'

सारूप्यमनुरूपस्य सारूप्यात्क्षोभवर्धनम् ॥१६१॥

यथा वेण्याम्—दुर्योधनभ्रान्त्या भीमं प्रति युधिष्ठिरः—'दुरात्मन्, दुर्योधनहतक—' इत्यादि।

संक्षेपो यत्तु संक्षेपादात्मान्यार्थे प्रयुज्यते।

यथा मम चन्द्रकलायाम्—'राजा—प्रिये,

'अङ्गानि खेदयसि किं शिरीषकुसुमपरिपेलवानि मुधा। (आत्मानं निर्दिश्य—)
अयमीहितकुसुमानां संपादयिता तवास्ति दासजनः ॥'

गुणानां कीर्तनं यत्तु तदेव गुणकीर्तनम् ॥१६२॥

यथा तत्रैव—'नेत्रे खञ्जनगञ्जने सरसिजप्रत्यर्थि'—इत्यादि।

स लेशो, भण्यते वाक्यं यत्सादृश्यपुरःसरम्।

यथा वेण्याम्—'राजा—

हते जरति गाङ्गेये पुरस्कृत्य शिखण्डिनम्। या श्लाघा पाण्डुपुत्राणां सैवास्माकं भविष्यति ॥'

मनोरथस्त्वभिप्रायस्योक्तिर्भङ्ग्यन्तरेण यत् ॥१६३॥ यथा—

'रतिकेलिकलः किंचिदेष मन्मथमन्थरः। पश्य सुभ्रु समालम्भात्कादम्बश्चुम्बति प्रियाम् ॥'

विशेषार्थोहविस्तारोऽनुक्तसिद्धिरुदीर्यते।

यथा—'गृहवृक्षवाटिकायाम्—

दृश्येते तन्वि यावेतौ चारुचन्द्रमसं प्रति। प्राज्ञे कल्याणनामानावुभौ तिष्यपुनर्वसू ॥'

स्यात्प्रमाणयितुं पूज्यं प्रियोक्तिर्हर्षभाषणम् ॥१६४॥ यथा शाकुन्तले—

'उदेति पूर्वं कुसुमं ततः फलं घनोदयः प्राक्तदनन्तरं पयः।
निमित्तनैमित्तिकयोरयं विधिस्तव प्रसादस्य पुरस्तु संपदः ॥'

अथ नाट्यालंकाराः—

आशीराक्रन्दकपटाक्षमागर्वोद्यमाश्रयाः। उत्प्रासनस्पृहाक्षोभपश्चात्तापोपपत्तयः ॥१६५॥
आशंसाध्यवसायौ च विसर्पोल्लेखसंज्ञितौ। उत्तेजनं परीवादो नीतिरर्थविशेषणम् ॥१६६॥
प्रोत्साहनं च साहाय्यमभिमानोऽनुवर्तनम्। उत्कीर्तनं तथा याच्ञा परिहारो निवेदनम् ॥
प्रवर्तनाख्यानयुक्तिप्रहर्षाश्चोपदेशनम्। इति नाट्यालंकृतयो नाट्यभूषणहेतवः ॥१६८॥

आशीरिष्टजनाशंसा यथा शाकुन्तले—

सारथिद्वितीयो दृष्टो युष्माभिर्महाराजो दुर्योधनो न वेति''। प्रसिद्धिरिति—लोकप्रसिद्ध उत्कृष्ट पदार्थों के द्वारा वस्तु-परिचय कराने का नाम **प्रसिद्धि** है। जैसे विक्रमोर्वशी में—सूर्येति। **सारूप्यमिति**—अनुकूल वस्तु की सरूपता के कारण चित्तक्षोभ की वृद्धि को सारूप्य कहते हैं। जैसे वे० सं० में दुर्योधन के धोखे से भीम के प्रति युधिष्ठिर की उक्ति—**दुरात्मन् इति। संक्षेप इति**—थोड़े में आत्मसमर्पण कर देने का नाम **संक्षेप** है। जैसे चन्द्रकला में राजा—**अंगानीत्यादि**—। **गुणानामिति**—गुणों के वर्णन को **गुणकीर्तन** कहते हैं। **स इति**—समानता दिखलाते हुए जो कथन किया जाय उसे लेश कहते हैं। जैसे वे० सं० में राजा—**हते इति। मनोरथ इति**—दूसरे ढङ्ग से अपना अभिप्राय प्रकाश करने को **मनोरथ** कहते हैं। जैसे **रतिकेलीति**। 'समालम्भ' का अर्थ आलिङ्गन है। कृष्ण पंखवाले हंस को कादम्ब कहते हैं। **विशेषेति**—किसी विशेष पदार्थ की ऊहा के विस्तार को **अनुक्तसिद्धि** कहते हैं। जैसे **दृश्येते इति**—विश्वामित्रजी के साथ राम लक्ष्मण को देखकर सीता के प्रति सखी की यह उक्ति है। **स्यादिति**—पूजनीय व्यक्ति में आदरातिशय दिखाने के लिये प्रिय वचनों की उक्ति को **हर्षभाषण** कहते हैं। जैसे शाकुन्तल में **उदेतीत्यादि**। अब नाट्यालङ्कारों का निरूपण करते हैं—**आशीरिति**—आशीः से लेकर उपदेशनपर्यन्त तैंतीस नाट्यालङ्कार होते हैं। **आशीरिष्टेति**—प्रियजनों के आशीर्वाद को **आशीः** कहते हैं।

'ययातेरिव शर्मिष्ठा पत्युर्बहुमता भव। पुत्रं त्वमपि सम्राजं सेव पूरुमवाप्नुहि ॥'

आक्रन्दः प्रलपितं शुचा।

यथा वेण्याम्--'कञ्चुकी—हा देवि कुन्ति, राजभवनपताके—' इत्यादि।

कपटं मायया यत्र रूपमन्यद्विभाव्यते ॥१९९॥ यथा कुलपत्यङ्के—

'मृगरूपं परित्यज्य विधाय कपटं वपुः। नीयते रक्षसा तेन लक्ष्मणो युधि संशयम् ॥'

अक्षमा सा परिभवः स्वल्पोऽपि न विषह्यते।

यथा शाकुन्तले--'राजा--भोः सत्यवादिन्, अभ्युपगतं तावदस्माभिः। किं पुनरिमामतिसंधाय लभ्यते? शार्ङ्गरवः—विनिपातः'—इत्यादि।

गर्वोऽवलेपजं वाक्यं

यथा तत्रैव--'राजा—ममापि नाम सत्त्वैरभिभूयन्ते गृहाः!!'

कायस्यारम्भ उद्यमः ॥२००॥

यथा कुम्भाङ्के--'रावणः--पश्यामि शोकविवशोऽन्तकमेव तावत्।'

ग्रहणं गुणवत्कार्यहेतोराश्रय उच्यते।

यथा विभीषणनिर्भर्त्सनाङ्के—'विभीषणः--राममेवाश्रयामि।' इति।

उत्प्रासनं तूपहासो योऽसाधौ साधुमानिनि ॥२०१॥

यथा शाकुन्तले—'शार्ङ्गरवः—राजन्, अथ पुनः पूर्ववृत्तान्तमन्यसङ्गाद्विस्मृतो भवान्। तत्कथमधर्मभीरोर्दारपरित्यागः--' इत्यादि।

आकांक्षा रमणीयत्वाद्वस्तुनो या स्पृहा तु सा।

यथा तत्रैव—'राजा--

चारुणा स्फुरितेनायमपरिक्षतकोमलः। पिपासतो ममानुज्ञां ददातीव प्रियाधरः ॥'

अधिक्षेपवचःकारी क्षोभः प्रोक्तः स एव तु ॥२०२॥ यथा—

'त्वया तपस्विचाण्डाल प्रच्छन्नवधवर्तिना। न केवलं हतो वाली स्वात्मा च परलोकतः ॥'

मोहावधीरितार्थस्य पश्चात्तापः स एव तु।

यथानुतापाङ्के--'रामः— किं देव्या न विचुम्बितोऽस्मि बहुशो मिथ्याभिशप्तस्तदा' इति।

उपपत्तिर्मता हेतोरुपन्यासोऽर्थसिद्धये ॥२०३॥ यथा वध्यशिलायाम्--

---

जैसे शाकुन्तल में--**ययातेरिवेति**--राजा ययाति की शर्मिष्ठा के सदृश तू पति की बहुमत (सम्मानित) हो और जैसे उसने राजा पुरु (सम्राट्) को पाया ऐसे तू भी सम्राट्पुत्र को पावे। **आक्रन्द इति**—शोक से विलाप करना आक्रन्द कहाता है। जैसे वे० सं० में कञ्चुकी—**हा देवि इत्यादि**--। **कपटमिति**--जहाँ माया के कारण और का और स्वरूप भासित हो, उसे कपट कहते हैं। जैसे—**मृगेति**। **अक्षमेति**—ज़रा से अपमान को भी न सहना **अक्षमा** कहलाता है। जैसे--शाकुन्तल में राजा—**भोः इति**। 'अतिसन्धाय'--(धोखा देकर) **गर्व इति**—घमण्ड से निकले वाक्यको **गर्व** कहते हैं। जैसे वहीं राजा—**ममापीति**। **कार्यस्येति**—कार्यके आरम्भ को **उद्यम** कहते हैं। जैसे रावण—**पश्यामीति**। **ग्रहणमिति**--उत्कृष्ट गुणयुक्त कार्य के हेतु का ग्रहण करना **आश्रय** कहाता है। जैसे विभीषण--**राममिति**। **उत्प्रेति**—अपने को सज्जन माननेवाले असज्जन के उपहास को **उत्प्रासन** कहते हैं। जैसे शाकुन्तल में शार्ङ्गरव-**'राजन्नित्यादि'**। **आकांक्षेति**—अतिरमणीयता के कारण वस्तु की आकांक्षा को **स्पृहा** कहते हैं। जैसे शा० में **चारुणेति**। **अधीति**--आक्षेपयुक्त वचन कहलानवाले चित्तविक्षोभ को **क्षोभ** कहते हैं। जैसे--**त्वयेति**। **मोहेति**--पहले अज्ञानवश किसी वस्तु की अवज्ञा करके पीछे अनुतप्त होने को **पश्चात्ताप** कहते हैं। जैसे श्रीराम—**'किं देव्या'** इति। **उपेति**—अर्थसिद्धि के लिये हेतु के उपन्यास को **उपपत्ति** कहते हैं। जैसे

'म्रियते म्रियमाणे या त्वयि जीवति जीवति । तां यदीच्छसि जीवन्तीं रक्षात्मानं ममासुभिः ॥'

आशंसनं स्यादाशंसा

यथा श्मशाने--'माधवः--तत्पश्येयमनङ्गमङ्गलगृहं भूयोऽपि तस्या मुखम्' इति ।

प्रतिज्ञाध्यवसायकः ।

यथा मम प्रभावत्याम्--'वज्रनाभः--

अस्य वक्षः क्षणेनैव निर्मथ्य गदयानया । लीलयोन्मूलयाम्येष भुवनद्वयमद्य वः ॥'

विसर्पो यत्समारब्धं कर्मानिष्टफलप्रदम् ॥२०४॥

यथा वेण्याम्--'एकस्य तावत्पाकोऽयम्-' इत्यादि ।

कार्यदर्शनमुल्लेखः

यथा शाकुन्तले--राजानं प्रति 'तापसौ--समिदाहरणाय प्रस्थितावावाम् । इह चास्मद्गुरोः साधिदैवत इव शकुन्तलयानुमालिनीतीरमाश्रमो दृश्यते । न चेदन्यकार्यातिपातः, प्रविश्य गृह्यतामतिथिसत्कारः' इति ।

उत्तेजनमितीष्यते ।

स्वकार्यसिद्धयेऽन्यस्य प्रेरणाय कठोरवाक् ॥२०५॥ यथा--

'इन्द्रजिच्चण्डवीर्योऽसि नाम्नैव बलवानसि । धिग्धिक्प्रच्छन्नरूपेण युध्यसेऽस्मद्भयाकुलः ॥'

भर्त्सना तु परीवादो

यथा सुन्दराङ्के--'दुर्योधनः--धिग्धिक् सूत, किं कृतवानसि ?

वत्सस्य मे प्रकृतिदुर्ललितस्य पापः पापं विधास्यति--' इत्यादि ।

नीतिः शास्त्रेण वर्तनम् ।

यथा शाकुन्तले--'दुष्यन्तः--विनीतवेषप्रवेश्यानि तपोवनानि ।' इति ।

उक्तस्यार्थस्य यत्तु स्यादुत्कीर्तनमनेकधा ॥२०६॥

उपालम्भविशेषेण तत्स्यादर्थविशेषणम् ।

यथा शाकुन्तले राजानं प्रति 'शार्ङ्गरवः--आः, कथमिदं नाम, किमुपन्यस्तमिति । ननु भवानेव नितरां लोकवृत्तान्तनिष्णातः ।

सतीमपि ज्ञातिकुलैकसंश्रयां जनोऽन्यथा भर्तृमतीं विशङ्कते ।
अतः समीपे परिणेतुरिष्यते प्रियाप्रिया वा प्रमदा स्वबन्धुभिः ॥'

'वध्यशिला' में 'म्रियते' इत्यादि । **आशंसनमिति**--आशा करने को **आशंसा** कहते हैं । जैसे माधव की तत्पश्येय'मित्यादि उक्ति । प्रतिज्ञा को **अध्यवसाय** कहते हैं--जैसे प्रभावती में वज्रनाभ की अस्येत्यादि उक्ति । अनिष्ट फल देनेवाले प्रारब्ध कर्म को **विसर्प** कहते हैं । जैसे -- 'एकस्ये'त्यादि । प्रतिज्ञा को **अध्यवसाय** कहते हैं । जैसे 'अस्ये' त्यादि । कार्य का निर्देश करना **उल्लेख** कहाता है । जैसे 'समिदाहरणाये'ति--यहाँ तपस्वियों ने अपने कार्य का निर्देश किया है । तात्पर्य यह है कि यदि समिधा लाने की अत्यावश्यकता न होती तो हम ही आपके साथ चलते । अपना कार्य सिद्ध करने के लिये किसी को प्रेरणा करने में जो कठोर वाणी का प्रयोग होता है उसे **उत्तेजन** कहते हैं । जैसे--**इन्द्रजिदिति**--यहाँ मेघनाद का अन्तर्धान भङ्ग करना प्रयोजनीय है, क्योंकि इसके बिना उस पर कोई प्रहार हो ही नहीं सकता था । डाटने को **परीवाद** कहते हैं । जैसे वे० सं० में दुर्योधन--**धिग्धिगिति** । शास्त्रानुसार व्यवहार करने को **नीति** कहते हैं । **उक्तस्येति**--उपालम्भ करने के लिये किसी की बात का अनेक प्रकार आलोचन या कथन करना **अर्थविशेषण** कहाता है । जैसे शाकुन्तल में राजा के प्रति शार्ङ्गरव--'ऐं ! यह क्या कहा ? "क्या कहने लगे" !! राजन् आप ही लोकाचार में नितान्त निपुण हो' । देखो, **सतीमिति**--पितृकुल में अधिक रहनेवाली सधवा स्त्री को, चाहे वह सती ही हो, लोग कुछ

प्रोत्साहनं स्यादुत्साहगिरा कस्यापि योजनम् ॥२०७॥

यथा बालरामायणे—

'कालरात्रिकरालेयं, स्त्रीति किं विचिकित्ससि तज्जगत्त्रितयं त्रातुं तात ताडय ताडकाम् ॥'

साहाय्यं संकटे यत्स्यात्सानुकूल्यं परस्य च।

यथा वेण्याम्--कृपं प्रति 'अश्वत्थामा—त्वमपि तावद्राज्ञः पार्श्ववर्ती भव'। कृपः—'वाञ्छाम्यहमद्य प्रतिकर्तुम् –' इत्यादि।

अभिमानः स एव स्यात्

यथा तत्रैव--'दुर्योधनः--मातः किमप्यसदृशं कृपणं वचस्ते' इत्यादि।

प्रश्रयादनुवतनम् ॥२०८॥ अनुवृत्तिः

यथा शाकुन्तले--'राजा—(शकुन्तलां प्रति) अपि तपो वर्धते? अनसूया—दाणिं अदिधिविसेसलाहेण' इत्यादि।

भूतकार्याख्यानमुत्कीर्तनं मतम्। यथा बालरामायणे--

'अत्रासीत्फणिपाशबन्धनविधिः शक्त्या भवेद्देवरे
गाढं वक्षसि ताडिते हनुमता द्रोणाद्रिरत्राहृतः।'इत्यादि।

याच्ञा तु क्वापि याच्ञा या स्वयं दूतमुखेन वा ॥२०९॥

यथा—'अद्यापि देहि वैदेहीं दयालुस्त्वयि राघवः। शिरोभिः कन्दुकक्रीडां किं कारयसि वानरान् ॥'

परिहार इति प्रोक्तः कृतानुचितमार्जनम्। यथा—

'प्राणप्रयाणदुःखार्त्तो उक्तवानस्म्यनक्षरम। तत्क्षमस्व विभो, किं च सुग्रीवस्ते समर्पितः॥'

अवधीरितकर्तव्यकथनं तु निवेदनम् ॥२१०॥

यथा राघवाभ्युदये--'लक्ष्मणः--आर्य, समुद्राभ्यर्थनया गन्तुमुद्यतोऽसि। तत्किमेतत्?'

प्रवर्तनं तु कार्यस्य यत्स्यात्साधुप्रवर्तनम्।

यथा वेण्याम्--'राजा--कञ्चुकिन्, देवस्य देवकीनन्दनस्य बहुमानाद्वत्सस्य भीमसेनस्य विजयमङ्गलाय प्रवर्तन्तां तत्रोचिताः समारम्भाः।'

आख्यानं पूर्ववृत्तोक्तिः

यथा तत्रैव--'देशः सोऽयमरातिशोणितजलैर्यस्मिन्ह्रदाः पूरिताः' इत्यादि।

युक्तिरर्थावधारणम् ॥२११॥ यथा तत्रैव--

सन्देह की दृष्टि से देखने लगते हैं। अतः स्त्री के बन्धुवर्ग उसे उसके पति के समीप ही उचित समझते हैं। चाहे वह पति को प्रिय हो या अप्रिय। **प्रोत्साहनमिति**--किसी को उत्साहित करना **प्रोत्साहन** कहाता है। जैसे रामचन्द्र के प्रति विश्वामित्र की उक्ति-- कालेति'। संकट के समय दूसरे के अनुकूल आचरण को **साहाय्य** कहते हैं। अहंकार को **अभिमान** कहते हैं। विनयपूर्वक अनुगमन को **अनुवृत्ति** कहते हैं। जैसे शाकुन्तल में राजा की उक्ति के पीछे अनसूया का यह कथन— **दाणिं**--'**इदानीमतिथिविशेषलाभेन**'। **अतीत** कार्य के कथन को **उत्कीर्तन** कहते हैं। स्वयं या दूत के द्वारा कुछ माँगने को **याच्ञा** कहते हैं। जैसे अंगद के द्वारा रावण के प्रति राम की उक्ति 'अद्यापी'त्यादि। किये हुए अनुचित कार्य के परिमार्जन (सफाई) को **परिहार** कहते हैं। जैसे—**प्राणेति**---हे प्रभो, मरण दुःख से कातर होकर मैंने आपको कुछ अनुचित अक्षर कहे हैं, उन्हें क्षमा कीजिये और मेरा छोटा भाई यह सुग्रीव आपके अर्पण है। अनभिमत या अवज्ञात कार्य के कथन को **निवेदन** कहते हैं। **आर्येति**---यहाँ लक्ष्मण को यह पसन्द नहीं है कि श्रीरामचन्द्रजी समुद्र की प्रार्थना करें। काम का अच्छी तरह प्रवृत्त करना **प्रवर्तन** कहाता है। जैसे 'कंचुकिन्' इत्यादि। पूर्व इतिहास का कथन **आख्यान** कहाता है—जैसे वे० सं० में अश्वत्थामा की उक्ति 'देश' इत्यादि। वस्तु के निश्चय करने को **युक्ति** कहते हैं। जैसे—

'यदि समरमपास्य नास्ति मृत्योर्भयमिति युक्तमितोऽन्यतः प्रयातुम् ।
अथ मरणमवश्यमेव जन्तोः किमिति मुधा मलिनं यशः कुरुध्वे ॥'

प्रहर्षः प्रमदाधिक्यं

यथा शाकुन्तले--'राजा- तत्किमिदानीमात्मानं पूर्णमनोरथं नाभिनन्दामि ?'

शिक्षा स्यादुपदेशनम् ।

यथा तत्रैव--'सहि, ण जुत्तं अस्समवासिणो जणस्स अकिदसक्कारं अदिधिविसेसं उज्झिअ सच्छन्ददो गमणम् ।'

एषां च लक्षणनाट्यालंकाराणां सामान्यत एकरूपत्वेऽपि भेदेन व्यपदेशो गड्डलिकाप्रवाहेण । एषु च केषांचिद् गुणालंकारभावसंध्यङ्गविशेषान्तर्भावेऽपि नाटके प्रयत्नतः कर्तव्यत्वात्तद्विशेषोक्तिः । एतानि च--

'पञ्चसंधि चतुर्वृत्ति चतुःषष्ट्यङ्गसंयुतम् । षटत्रिंशल्लक्षणोपेतमलंकारोपशोभितम् ॥
महारसं महाभोगमुदात्तरचनान्वितम् । महापुरुषसत्कारं साध्वाचारं जनप्रियम् ॥
सुश्लिष्टसंधियोगं च सुप्रयोगं सुखाश्रयम् । मृदुशब्दाभिधानं च कविः कुर्यात्तु नाटकम् ॥'

इति मुनिनोक्तत्वान्नाटकेऽवश्यं कर्तव्यान्येव । वीथ्यङ्गानि वक्ष्यन्ते । लास्याङ्गान्याह--

गेयपदं स्थितपाठ्यमासीनं पुष्पगण्डिका ॥२१२॥
प्रच्छेदकस्त्रिगूढं च सैन्धवाख्यं द्विगूढकम् ।
उत्तमोत्तमकं चान्यदुक्तप्रत्युक्तमेव च ॥२१३॥
लास्ये दशविधं ह्येतदङ्गमुक्तं मनीषिभिः । तत्र--
तन्त्रीभाण्डं पुरस्कृत्योपविष्टस्यासने पुरः ॥२१४॥
शुष्कं गानं गेयपदं यथा गौरीगृहे वीणां वादयन्ती '**मलयवती**--

'उत्फुल्लकमलकेसरपरागगौरद्युते मम हि गौरि । अभिवाञ्छितं प्रसिध्यतु भगवति युष्मत्प्रसादेन ॥'

स्थितपाठ्यं तदुच्यते ।

यदीति--यदि समर से भागने पर मरने का डर नहीं हो, तब तो भागना ठीक है, किन्तु एक दिन मरना अवश्य है, तो फिर समर से भागकर कीर्ति को क्यों कलङ्कित करते हो ?

आनन्दाधिक्य का नाम **प्रहर्ष** है । शिक्षा देने को **उपदेशन** कहते हैं । जैसे शाकुन्तल में **'सहि, ण'**--**'सखि ! न युक्तमाश्रमवासिनो जनस्य अकृतसत्कारमतिथिविशेषम् उज्झित्वा स्वच्छन्दतो गमनम्--। एषां चेति** -पूर्वोक्त छत्तीस लक्षण और तेंतीस नाट्यालंकार, यद्यपि साधारणतया एक ही हैं, तथापि प्राचीन परम्पराऽनुसार हमने भी पृथक् पृथक् कथन किया है । जैसे बैलगाड़ी लीक लीक चला करती है । जिधर से एक गई है उसी क्षुण्णमार्ग से अन्य भी जाती है । पीछे जानेवाली प्रायः दूसरा सरल मार्ग निकालने का उद्योग--सम्भव हो तो भी--नहीं करती, इसी प्रकार विशेष विचार न करके परम्परानुसार जो काम किया जाय उसे **'गड्डलिकाप्रवाह'** कहते हैं । **एषु चेति**--इनमें से कई, गुण अलंकार, भाव और सन्धियों के अन्तर्भूत हो सकते हैं, तथापि नाटकों में इनकी अवश्य कर्तव्यता बताने के लिये विशेषता से पृथक् कथन किया है । ये सब नाटकों में अवश्य करने चाहियें । यही बात भरतमुनि ने भी कहा है--**पञ्चेति**--पांच सन्धियों से, चार वृत्तियों से, चौंसठ अङ्गों से तथा छत्तीस लक्षणों से युक्त अलंकारों (पूर्वोक्त नाट्यालंकारों) से सुशोभित, अतिसरस, उत्कृष्ट भोगों (भावों) से युक्त, चमत्कार पूर्ण रचना से पूरित, महापुरुषों के सत्कार से सम्पन्न, अनिन्दित आचरण से संयुक्त, सन्धियों में सुश्लिष्ट प्रयोग में रमणीय, सुख का आश्रय और कोमल शब्दों से समन्वित नाटक कवि को बनाना चाहिये । इससे स्पष्ट है कि लक्षण और अलंकारों की रचना आवश्यक है ।

वीथ्यङ्ग आगे कहेंगे । लास्याङ्गों का निरूपण करते हैं--**गेयपदमिति**--लास्य के दस अङ्ग होते हैं । उनमें से--वीणा, तानपूरा (तन्त्रीभाण्ड) आदि को आगे रख कर, आसन पर बैठे हुए पुरुष या स्त्री के शुष्कगान को **गेयपद** कहते हैं । **स्थितेति**--मदन से संतप्त नायिका बैठकर जो प्राकृत पाठ करती है उसे **स्थितपाठ्य**

मदनोत्तापिता यत्र पठति प्राकृतं स्थिता ॥२१५॥

अभिनवगुप्तपादास्त्वाहुः---'उपलक्षणं चैतत् । क्रोधोद्भ्रान्तस्यापि प्राकृतपठनं स्थितपाठ्यम्' इति ।

निखिलातोद्यरहितं शोकचिन्तान्विताबला । अप्रसाधितगात्रं यदासीनासीनमेव तत् ॥२१६॥

आतोद्यमिश्रितं गेयं छन्दांसि विविधानि च । स्त्रीपुंसयोर्विपर्यासचेष्टितं पुष्पगण्डिका ॥

अन्यासक्तं पतिं मत्वा प्रेमविच्छेदमन्युना । वीणापुरःसरं गानं स्त्रियाः प्रच्छेदको मतः ॥

स्त्रीवेषधारिणां पुंसां नाट्यं श्लक्ष्णं त्रिगूढकम् ।

यथा मालत्याम्--'मकरन्दः--एषोऽस्मि मालतीसंवृत्तः ।'

कश्चन भ्रष्टसंकेतः सुव्यक्तकरणान्वितः ॥२१९॥

प्राकृतं वचनं वक्ति यत्र तत्सैन्धवं मतम् । करणं वीणादिक्रिया ।

चतुरस्रपदं गीतं मुखप्रतिमुखान्वितम् ॥२२०॥

द्विगूढं रसभावाढ्यमुत्तमोत्तमकं पुनः । कोपप्रसादजमधिक्षेपयुक्तं रसोत्तरम् ॥२२१॥

हावहेलान्वितं चित्रश्लोकबन्धमनोहरम् । उक्तिप्रत्युक्तिसंयुक्तं सोपालम्भमलीकवत् ॥२२२॥

विलासान्वितगीतार्थमुक्तप्रत्युक्तमुच्यते । स्पष्टान्युदाहरणानि ।

एतदेव यदा सर्वैः पताकास्थानकैर्युतम् ॥२२३॥

अंगैश्च दशभिर्धीरा महानाटकमूचिरे ।

एतदेव नाटकम् । यथा—बालरामायणम् । अथ प्रकरणम्—

भवेत्प्रकरणे वृत्तं लौकिकं कविकल्पितम् ॥२२४॥

शृंगारोऽङ्गी नायकस्तु विप्रोऽमात्योऽथवा वणिक् ।

सापायधर्मकामार्थपरो धीरप्रशान्तकः ॥२२५॥

विप्रनायकं यथा मृच्छकटिकम् । अमात्यनायकं मालतीमाधवम् । वणिङ्नायकं पुष्पभूषितम् ।

कहते हैं । अभिनवगुप्तपादाचार्य का मत है कि यह उपलक्षणमात्र है । क्रुद्ध और भ्रान्त स्त्री पुरुषों का प्राकृतपठन भी **स्थितपाठ्य** कहाता है । शोक और चिन्ता से युक्त अभूषिताङ्गी कामिनी, किसी बाजे के विना, बैठकर जो गाती है उसे **आसीन** कहते हैं । बाजे के साथ जहाँ गाना हो, छंद अनेक प्रकार के हों, स्त्री पुरुषों की चेष्टायें विपर्यस्त हों अर्थात् स्त्रियां पुरुषों का और पुरुष स्त्रियों का अभिनय करते हों उसे **पुष्पगण्डिका** कहते हैं । पतिको अन्य नायिका मे आसक्त जानकर प्रेमविच्छेद के अनुताप से वीणा के साथ जो स्त्री का गाना है उसे **प्रच्छेदक** कहते हैं । स्त्री के वेष को धारण किये हुए पुरुषों का श्लक्ष्णनाट्य **त्रिगूढक** कहाता है । जैसे मालतीमाधव में मकरन्द मालती बना था । जहाँ कोई भ्रष्टसंकेत होकर सुस्पष्ट वीणा आदि करण (साधन) के साथ प्राकृत गीतिका गान करे वह **सैन्धव** कहलाता है । **चतुरस्रेति**--जिसमें सब पद चोरस और सुन्दर हों, मुख प्रतिमुख (सन्धियाँ) विद्यमान हों, रस और भाव सुसम्पन्न हों उस गीत को **द्विगूढ** कहते हैं । कोप और प्रसन्नता से उत्पन्न, आक्षेप से युक्त, रसपूर्ण, हाव और हेला (पूर्वोक्त) से संयुक्त, विचित्र पद्यरचना से मनोहर गान को **उत्तमोत्तमक** कहते हैं । उक्ति प्रत्युक्ति से युक्त, उपालम्भ के सहित अलीक (अप्रिय या मिथ्या) के समान प्रतीत होनेवाला, विलासपूर्ण अर्थ सुसम्पन्न गान **उक्तप्रत्युक्त** कहलाता है । **एतदेवेति**--यही नाटक यदि सम्पूर्ण पताकास्थानकों से और दशों अङ्गों से युक्त हो तो उसे **महानाटक** कहते हैं । जैसे बालरामायण । प्रकरण का लक्षण--**भवेदिति**--'प्रकरण' में कथा लौकिक, कविकल्पित होती है, इतिहासप्रसिद्ध नहीं होती । इसमें प्रधान रस शृङ्गार होता है और नायक ब्राह्मण, मन्त्री अथवा वैश्य होता है । यह (नायक) विघ्नपूर्ण धर्म, अर्थ, और काम में तत्पर, धीरप्रशान्त होता है । ब्राह्मण नायक जैसे मृच्छकटिक में अमात्य 'मालतीमाधव' में, और वैश्य नायक 'पुष्प-

नायिका कुलजा क्वापि, वेश्या क्वापि, द्वयं क्वचित्। तेन भेदास्त्रयस्तस्य तत्र भेदस्तृतीयकः॥
कितवद्यूतकारादिविटचेटकसंकुलः।

कुलस्त्री पुष्पभूषिते। वेश्या तु रङ्गवृत्ते। द्वे अपि मृच्छकटिके। अस्य नाटकप्रकृतित्वाच्छेषं नाटकवत्। अथ भाणः—

भाणः स्याद् धूर्तचरितो नानावस्थान्तरात्मकः॥२२७॥
एकाङ्क एक एवात्र निपुणः पण्डितो विटः। रंगे प्रकाशयेत्स्वेनानुभूतमितरेण वा॥२२८॥
संबोधनोक्तिप्रत्युक्ती कुर्यादाकाशभाषितैः। सूचयेद्वीरशृंगारौ शौर्यसौभाग्यवर्णनैः॥२२९॥
तत्रेतिवृत्तमुत्पाद्यं वृत्तिः प्रायेण भारती। मुखनिर्वहणे संधी लास्यांगानि दशापि च॥२३०॥

अत्राकाशभाषितरूपपरवचनमपि स्वयमेवानुवदन्नुत्तरप्रत्युत्तरे कुर्यात्। शृङ्गारवीररसौ च सौभाग्यशौर्यवर्णनया सूचयेत्। प्रायेण भारती, क्वापि कैशिक्यपि वृत्तिर्भवति। लास्याङ्गानि गेयपदादीनि। उदाहरणं लीलामधुकरः। अथ व्यायोगः—

ख्यातेतिवृत्तो व्यायोगः स्वल्पस्त्रीजनसंयुतः। हीनो गर्भविमर्शाभ्यां नरैर्बहुभिराश्रितः॥
एकाङ्कश्च भवेदस्त्रीनिमित्तसमरोदयः। कैशिकीवृत्तिरहितः प्रख्यातस्तत्र नायकः॥२३२॥
राजर्षिरथ दिव्यो वा भवेद्धीरोद्धतश्च सः। हास्यशृंगारशान्तेभ्य इतरेऽत्रांगिनो रसाः॥२३३॥

यथा सौगन्धिकाहरणम्। अथ समवकारः--

वृत्तं समवकारे तु ख्यातं देवासुराश्रयम्। संधयो निर्विमर्शास्तु त्रयोऽङ्कास्तत्र चादिमे॥
संधी द्वावन्त्ययोस्तद्वदेक एको भवेत्पुनः। नायका द्वादशोदात्ताः प्रख्याता देवमानवाः॥
फलं पृथक्पृथक्तेषां वीरमुख्योऽखिलो रसः। वृत्तयो मन्दकैशिक्यो नात्र बिन्दुप्रवेशकौ॥

भूषित' में। प्रकरण में कहीं तो कुलकन्या ही नायिका होती है, कहीं वेश्या, और कहीं दोनों होती हैं—अतः इसके तीन भेद होते हैं। इनमें तीसरा भेद धूर्त, जुआरी, विट, चेटादि से व्याप्त होता है। कुलस्त्री 'पुष्पभूषित' में नायिका है, वेश्या 'रङ्गवृत्त' में, और दोनों 'मृच्छकटिक' में हैं। पहले यह कह चुके हैं कि '**विना विशेषं सर्वेषां लक्ष्म नाटकवन्मतम्**', अतः प्रकरण में अनुक्त सब बातें नाटक के समान जानना।

अथ भाण निरूपण— **भाण इति**—धूर्तों के चरित से युक्त अनेक अवस्थाओं से व्याप्त और एक ही अङ्क का **भाण** होता है। इसमें अकेला विट--जो निपुण और पंडित होता है--रङ्ग में अपनी अनुभूत या औरों की अनुभूत बातों को प्रकाशित करता है। सम्बोधन और उक्ति-प्रत्युक्ति 'आकाशभाषित' के द्वारा होती हैं। सौभाग्य और शौर्य के वर्णन से वीर और शृंगाररस का सूचन किया जाता है। यहाँ कथा कल्पित होती है और वृत्ति प्रायः भारती (कहीं कहीं कैशिकी) होती है। इसमें मुख और निर्वहण सन्धियाँ होती हैं तथा दसों लास्याङ्ग होते हैं। लास्याङ्ग = गेयपदादिक अभी कहे हैं। उदाहरण जैसे 'लीलामधुकर'।

व्यायोग—**व्यायोग** में कथा इतिहास प्रसिद्ध होती है। स्त्रियाँ थोड़ी होती हैं। गर्भ और विमर्श सन्धियों से हीन तथा बहुत पुरुषों से आश्रित होता है। इसमें अङ्क एक ही होता है और युद्ध स्त्री के कारण नहीं होता। कैशिकी वृत्ति इसमें नहीं होती। इसका नायक प्रख्यात धीरोद्धत राजर्षि अथवा दिव्य पुरुष होता है। हास्य शृङ्गार, शांत इनसे अन्य कोई रस यहाँ प्रधान होता है। जैसे 'सौगन्धिकाहरण'।

समवकार में देवता और असुरों के सम्बन्ध की इतिहास पुराणादि प्रसिद्ध कथा निबद्ध की जाती है। विमर्श के अतिरिक्त चार सन्धि एवं तीन अङ्क होते हैं। उनमें से प्रथम अङ्क में दो सन्धियाँ और दूसरे, तीसरे अङ्कों में एक एक सन्धि होती है। बारह उदात्त (धीरोदात्त) नायक, देवता और मनुष्य यहाँ निबद्ध होते हैं। उन सब (नायकों) का फल पृथक् होता है। जैसे समुद्रमन्थन में विष्णु आदि को प्राप्ति हुई है। इसमें वीररस मुख्य होता है, और सब गौण। वृत्तियाँ कैशिकी को छोड़कर अन्य होती हैं। बिन्दु और प्रवेशक नहीं होते।

वीथ्यंगानि च तत्र स्युर्यथालाभं त्रयोदश । गायत्र्युष्णिङ्मुखान्यत्र च्छन्दांसि विविधानि च ॥
त्रिशृंगारस्त्रिकपटः कार्यश्चायं त्रिविद्रवः । वस्तु द्वादशनालीभिर्निष्पाद्यं प्रथमाङ्कगम् ॥
द्वितीयेऽङ्के चतसृभिर्द्वाभ्यामङ्के तृतीयके ।

नालिका घटिकाद्वयमुच्यते । बिन्दुप्रवेशकौ च नाटकोक्तावपि नेह विधातव्यौ । तत्र--

धर्मार्थकामैस्त्रिविधः शृंगारः, कपटः पुनः ॥२३९॥
स्वाभाविकः कृत्रिमश्च दैवजो, विद्रवः पुनः ।
अचेतनैश्चेतनैश्च चेतनाचेतनैः कृतः ॥२४०॥

तत्र शास्त्राविरोधेन कृतो धर्मशृङ्गारः । अर्थलाभार्थकल्पितोऽर्थशृङ्गारः । प्रहसनशृङ्गारः कामशृङ्गारः । तत्र कामशृङ्गारः प्रथमाङ्क एव । अन्ययोस्तु न नियम इत्याहुः । चेतनाचेतना गजादयः । समवकीर्यन्ते बहवोऽर्था अस्मिन्निति समवकारः । यथा--समुद्रमथनम् । अथ डिमः—

मायेन्द्रजालसंग्रामक्रोधोद्भ्रान्तादिचेष्टितैः । उपरागैश्च भूयिष्ठो डिमः ख्यातेतिवृत्तकः ॥
अंगी रौद्ररसस्तत्र सर्वेऽगानि रसाः पुनः । चत्वारोऽङ्का मता नेह विष्कम्भकप्रवेशकौ ॥
नायका देवगन्धर्वयक्षरक्षोमहोरगाः । भूतप्रेतपिशाचाद्याः षोडशात्यन्तमुद्धताः ॥२४३॥
वृत्तयः कैशिकीहीना निर्विमर्शाश्च संधयः । दीप्ताः स्युः षड्रसाः शान्तहास्यशृंगारवर्जिताः ॥

अत्रोदाहरणं च 'त्रिपुरदाहः' इति महर्षिः । अथेहामृगः—

ईहामृगो मिश्रवृत्तश्चतुरङ्कः प्रकीर्तितः । मुखप्रतिमुखे संधी तत्र निर्वहणं तथा ॥ २४५ ॥
नरदिव्यावनियमौ नायकप्रतिनायकौ । ख्यातौ धीरोद्धतावन्यो गूढभावादयुक्तकृत ॥ २४६ ॥

किन्तु यथासम्भव तेरह वीथ्यङ्ग होते हैं । गायत्री, उष्णिक् आदि अनेक प्रकार के छन्द होते हैं । तीन प्रकार का शृङ्गार (वक्ष्यमाण) तीन प्रकार का कपट और तीन प्रकार का विद्रव (शङ्का, भयादिकृत सम्भ्रम) इसमें होना चाहिये । प्रथम अङ्क की कथा ऐसी होनी चाहिये जो बारह नाड़ियों में सम्पादित हो सकती हो । दूसरे अङ्क की कथा चार नाड़ी में और तीसरे की दो नाड़ी की हो । दो घड़ी की एक नाड़ी होती है ।

धर्मेति—शृङ्गार तीन प्रकार का होता है धर्मशृङ्गार, अर्थशृङ्गार और कामशृङ्गार । स्वाभाविक, कृत्रिम दैवज यह तीन प्रकार का कपट होता है । चेतन, अचेतन और चेतनाचेतनों से किया हुआ तोन प्रकार का विद्रव होता है । इनमें शास्त्र की मर्यादा का उल्लंघन न करके जो प्रवृत्त हो उसे धर्मशृङ्गार कहते हैं । जो धन के लिये प्रवृत्त हो वह अर्थशृङ्गार और जो काम के ही अनुगुण हो वह कामशृङ्गार कहाता है । कामशृङ्गार इसके प्रथम अङ्क में ही होता है और अन्य शृङ्गारों के लिये कुछ नियम नहीं है । जो कुछ चेतन और अचेतन हों उन्हें चेतनाचेतन कहते हैं—जैसे हाथी आदि । एवं चेतन मनुष्यादि और अचेतन अग्नि आदि को विद्रवकारक जानना । जिसमें बहुत प्रकार के अर्थ समवकीर्ण निबद्ध हों उसे समवकार कहते हैं । जैसे समुद्रमन्थन ।

अथ डिमः—**मायेति**—जिसकी कथा इतिहास प्रसिद्ध हो, वह माया, इन्द्रजाल, संग्राम, क्रोध और उन्मत्तादिकों की चेष्टाओं तथा उपरागों (सूर्य चन्द्रग्रहण) के वृत्त से व्याप्त रूपक डिम कहाता है । इसमें रौद्र रस अङ्गी होता है और सब अङ्ग होते हैं । अङ्क चार होते हैं । विष्कम्भक और प्रवेशक नहीं होते । देवता, गन्धर्व, यक्ष, राक्षस, महोरग, भूत, प्रेत, पिशाच आदिक अत्यन्त उद्धत सोलह नायक इसमें होते हैं । कैशिकी को छोड़कर अन्य वृत्तियाँ तथा शान्त, हास्य और शृङ्गार को छोड़कर दीप्त छः रस इसमें होते हैं । इसका उदाहरण 'त्रिपुरदाह' है, यह भरतमुनि ने कहा है । **ईहामृग**—जिसकी कथा मिश्रित अर्थात् कुछ ऐतिहासिक और कुछ कल्पित हो जिसमें चार अङ्क और मुख, प्रतिमुख निर्वहण ये तीन सन्धियाँ हों उसे ईहामृग कहते हैं । इसमें नायक और प्रतिनायक, प्रसिद्ध धीरोद्धत मनुष्य अथवा देवता होते हैं । 'अन्य' अर्थात् प्रतिनायक प्रच्छन्न रीति से पापाचरण करता है । इसमें अनासक्त किसी दिव्य नारी को अपहार (हरण) आदि के द्वारा चाहते

दिव्यस्त्रियमनिच्छन्तीमपहारादिनेच्छतः । शृंगाराभासमप्यस्य किंचित्किंचित्प्रदर्शयेत् ॥२४७॥
पताकानायका दिव्या मर्त्या वापि दशोद्धताः । युद्धमानीय संरम्भं परं व्याजान्निवर्तते ॥
महात्मानो वधप्राप्ता अपि वध्याः स्युरत्र नो । एकाङ्को देव एवात्र नेतेत्याहुः परे पुनः ॥
दिव्यस्त्रीहेतुकं युद्धं नायकाः षडितीतरे ।

मिश्रं ख्याताख्यातम्। अन्यः प्रतिनायकः। पताकानायकास्तु नायकप्रतिनायकयोर्मिलिता दश। नायको मृगवदलभ्यां नायिकामत्र ईहते वाञ्छतीतीहामृगः। यथा—कुसुमशेखरविजयादिः।

अथाङ्कः— **उत्सृष्टिकाङ्क एकाङ्को नेतारः प्राकृता नराः ॥ २५० ॥**
रसोऽत्र करुणः स्थायी बहुस्त्रीपरिदेवितम् । प्रख्यातमितिवृत्तं च कविर्बुद्ध्या प्रपञ्चयेत् ॥
भाणवत्संधिवृत्त्याङ्गान्यस्मिञ्जयपराजयौ । युद्धं च वाचा कर्तव्यं निर्वेदवचनं बहु ॥ २५२ ॥

इमं च केचित् 'नाटकाद्यन्तःपात्यङ्कपरिच्छेदार्थमुत्सृष्टिकाङ्कनामानम्' आहुः। अन्ये तु—'उत्क्रान्ता विलोमरूपा सृष्टिर्यत्रेत्युत्सृष्टिकाङ्कः।' यथा—शर्मिष्ठाययातिः। अथ वीथी—

वीथ्यामेको भवेदङ्कः कश्चिदेकोऽत्र कल्प्यते । आकाशभाषितैरुक्तैश्चित्रां प्रत्युक्तिमाश्रितः ॥
सूचयेद् भूरिशृंगारं किंचिदन्यान् रसान्प्रति। मुखनिर्वहणे संधी अर्थप्रकृतयोऽखिलाः ॥२५४॥

कश्चिदुत्तमो मध्यमोऽधमो वा। शृङ्गारबहुलत्वाच्चास्याः कैशिकीवृत्तिबहुलत्वम्।

अस्यास्त्रयोदशांगानि निर्दिशन्ति मनीषिणः । उद्घात्यकावलगिते प्रपञ्चस्त्रिगत छलम् ॥
वाकेल्यधिबले गण्डमवस्यन्दितनालिके । असत्प्रलापव्याहारमृद(मार्द)वानि च तानि तु ॥

तत्रोद्घात्यकावलगिते प्रस्तावनाप्रस्तावे सोदाहरणं लक्षिते।

मिथो वाक्यमसद्भूतं प्रपञ्चो हास्यकृन्मतः ।

हुए प्रतिनायक का शृङ्गाराभास भी कुछ कुछ दिखाना चाहिये। दिव्य अथवा मनुष्य दस उद्धत पुरुष पताका के नायक होते हैं। अत्यन्त क्रोध उत्पन्न होकर युद्ध की पूरी तैयारी तो होती है, किन्तु किसी बहाने वह टल जाता है। महात्मा लोग वधार्ह होने पर भी इसमें मारे नहीं जाते—छूट जाते हैं या छोड़ दिये जाते हैं। अथवा प्रतिनायक का वध इतिहासादि प्रसिद्ध होने पर भी इसमें नहीं दिखाया जाता। इसमें अङ्क एक ही रहता है। कोई कहता है कि यहाँ एक देवता ही नायक होता है परन्तु अन्यों का मत है कि छः नायक होते हैं और दिव्य स्त्री के कारण युद्ध होता है। इसमें मृग के तुल्य अलभ्य कामिनी को नायक चाहता है, अतः इसे 'ईहामृग' कहते हैं। अथ अङ्क वर्णन—'उत्सृष्टिकाङ्क' अथवा 'अङ्क' में एक ही अङ्क होता है। और साधारण पुरुष नायक होते हैं। स्थायी रस करुण होता है, स्त्रियों का विलाप बहुत होता है। कथा इतिहास प्रसिद्ध होती है। उसी को कवि अपनी बुद्धि से विस्तीर्ण कर देता है। सन्धि, वृत्ति और अङ्ग इसमें भाण के समान होते हैं। जय और पराजय भी वर्णित होते हैं। वाक्कलह और निर्वेद के बहुत से वचन होते हैं। अङ्क नाटकों में भी होते हैं। उनसे भिन्नता दिखलाने के लिये कोई लोग इसे 'उत्सृष्टिकाङ्क' कहते हैं। अन्यों का मत है कि इसमें सृष्टि 'उत्क्रान्त' अर्थात् विपरीत रहती है अतः इसे 'उत्सृष्टिकाङ्क' कहते हैं। इसका उदाहरण जैसे 'शर्मिष्ठाययाति'। अथ वीथी—वीथ्यामिति—वीथी में एक ही अङ्क होता है और कोई एक पुरुष—उत्तम मध्यम या अधम—नायक कल्पित कर लिया जाता है। आकाशभाषित के द्वारा विचित्र उक्ति प्रत्युक्ति होती है। शृंगार की बहुलता रहती है। कुछ कुछ और रस भी सूचित होते हैं। इसमें मुख और निर्वहण सन्धियाँ होती हैं, किन्तु अर्थप्रकृतियाँ सब होती हैं। शृङ्गार की अधिकता के कारण कैशिकी वृत्ति प्रधान रहती है। अस्या इति—उद्घात्यक से लेकर मार्दवपर्यन्त इसके तेरह अंग होते हैं। इसमें से उद्घात्यक और अवलगित तो प्रस्तावना के प्रकरण में उदाहरण सहित दिखा दिये हैं। मिथ इति—परस्पर के हास्यकारी असद्वाक्य को प्रपञ्च कहते हैं। शब्दों की

यथा विक्रमोर्वश्याम्--वलभीस्थविदूषकचेट्योरन्योन्यवचनम् ।

त्रिगतं स्यादनेकार्थयोजनं श्रुतिसाम्यतः ॥ २५७ ॥

यथा तत्रैव--'राजा--

सर्वक्षितिभृतां नाथ, दृष्टा सर्वाङ्गसुन्दरी । रामा रम्ये वनान्तेऽस्मिन्मया विरहिता त्वया ॥

(नेपथ्ये तथैव प्रतिशब्दः ।) राजा--कथं दृष्टेत्याह ?'

अत्र प्रश्नवाक्यमेवोत्तरत्वेन योजितम् । 'नटादित्रितयविषयमेवेदम्' इति कश्चित् ।

प्रियाभैरप्रियैर्वाक्यैर्विलोभ्य च्छलना छलम् ।

यथा वेण्याम्--'भीमार्जुनौ--

कर्ता द्यूतच्छलानां, जतुमयशरणोद्दीपनः, सोऽभिमानी
राजा दुःशासनादेर्गुरुरनुजशतस्याङ्गराजस्य मित्रम् ।
कृष्णाकेशोत्तरीयव्यपनयनपटुः, पाण्डवा यस्य दासाः
कास्ते दुर्योधनोऽसौ कथयत, न रुषा, द्रष्टुमभ्यागतौ स्वः ॥'

अन्ये त्वाहुश्छलं किंचित्कार्यमुद्दिश्य कस्यचित् ॥ २५८ ॥
उदीर्यते यद्वचनं वञ्चनाहास्यरोषकृत् ।
वाक्केलिर्हास्यसम्बन्धो द्वित्रिप्रत्युक्तितो भवेत् ॥ २५९ ॥

द्वित्रीत्युपलक्षणम् । यथा--

'भिक्षो मांसनिषेवणं प्रकुरुषे, किं तेन मद्यं विना
मद्यं चापि तव प्रियं प्रियमहो वाराङ्गनाभिः सह ।
वेश्याप्यर्थरुचिः कुतस्तव धनं, द्यूतेन चौर्येण वा
चौर्यद्यूतपरिग्रहोऽपि भवतो, नष्टस्य कान्या गतिः ॥'

केचित्--'प्रक्रान्तवाक्यस्य साकांक्षस्यैव निवृत्तिर्वाक्केलिः' इत्याहुः । अन्ये च 'अनेकस्य प्रश्नस्यैकमुत्तरम् ।'

अन्योन्यवाक्याधिक्योक्तिः स्पर्धयाधिबलं मतम् ।

यथा मम प्रभावत्याम्--'वज्रनाभः--

अस्य वः क्षणेनैव निर्मथ्य गदयानया । लीलयोन्मूलयाम्येष भुवनद्वयमद्य वः ॥

प्रद्युम्नः--अरे रे असुरापसद, अलममुना बहुप्रलापेन । मम खलु--

अद्य प्रचण्डभुजदण्डसमर्पितोरुकोदण्डनिर्गलितकाण्डसमूहपातैः ।
आस्तां समस्तदितिजक्षतजोक्षितेयं क्षोणिः क्षणेन पिशिताशनलोभनीया ॥'

समानता के कारण अनेक अर्थों की कल्पना करना त्रिगत कहाता है । जैसे विक्रमोर्वशी में--सर्वेति--यहाँ राजा की उक्ति में 'मया' का सम्बन्ध 'विरहिता' के साथ है और 'त्वया' का 'दृष्टा' के साथ । किन्तु पर्वत की प्रतिध्वनि से इसी पद्य को सुनकर उसने शब्दयोजना को उलट कर यह अर्थ समझा कि 'त्वया विरहिता--मया दृष्टा' । यहाँ प्रश्नवाक्य को ही उत्तर समझ लिया गया है । कोई (दशरूपककार) कहता है कि यह 'त्रिगत' नट नटी और पारिपार्श्विक के ही करने का है । प्रिय सदृश अप्रिय वाक्यों से किसी को छलना छल कहलाता है । जैसे वे० सं० में--कर्तेत्यादि । अन्येस्त्विति--दूसरे आचार्य कहते हैं कि 'किसी के किसी काय को लक्ष्य करके वञ्चना, हास्य अथवा रोषकारी वचन बोलना छल कहाता है' । वाक्केलिरिति--जहाँ दो तीन उक्ति प्रत्युक्तियों से हास्य प्रकट हो उसे वाक्केलि कहते हैं । 'दो तीन' यह उपलक्षण है । इससे अधिक होने पर भी यही होता है । जैसे--भिक्षो इत्यादि । कोई कहते हैं कि आरम्भ किया हुआ वाक्य यदि साकांक्ष ही समाप्त हो जाय तो वाक्केलि होती है । दूसरों का मत है कि अनेक प्रश्नों का यदि एक ही उत्तर हो तो यह होती है । अन्योन्येति--स्पर्धा के कारण एक दूसरे से बढ़-चढ़कर यदि वाक्य बोलें तो उसे अधिबल कहते हैं । जैसे प्रभावती में--वज्रनाभ--अस्येति--इसके अनन्तर प्रद्युम्न का 'अरे रे' इत्यादि वाक्य और भी तीव्र है । प्रकृत

गण्डं प्रस्तुतसम्बन्धि भिन्नार्थं सत्वरं वचः ॥ २६० ॥

यथा वेण्याम्--'राजा--

अध्यासितुं तव चिराज्जघनस्थलस्य पर्याप्तमेव करभोरु ममोरुयुग्मम् ॥

अनन्तरम् (प्रविश्य) कञ्चुकी--देव, भग्नं भग्नं--' इत्यादि।

अत्र रथकेतनभङ्गार्थं वचनमूरुभङ्गार्थे संवद्धे संबद्धम्।

व्याख्यानं स्वरसोक्तस्यान्यथावस्यन्दितं भवेत्।

तथा छलितरामे--'सीता--जाद, कल्लं क्खु अओज्झाएण गन्तव्वम्, तहिं सो राआ विणएण पणयिदव्वो। लवः--अथ किमावाभ्यां राजोपजीविभ्यां भवितव्यम्? सीता--जाद, सो क्खु तुम्हाणं पिदा। लवः--किमावयो रघुपतिः पिता? सीता--(साशङ्कम्।) मा अण्णाधा संकद्धम्। ण क्खु तुम्हाणम्, सअलाए ज्जेव पुहवीएत्ति।'

प्रहेलिकैव हास्येन युक्ता भवति नालिका ॥ २६१ ॥

संवरणकार्युत्तरं प्रहेलिका।

यथा रत्नावल्याम्--'सुसंगता--सहि, जस्स किदे तुमं आअदा सो इध ज्जेव चिट्ठदि। सागरिका--कस्स किदे अहं आअदा। सुसंगता--णं क्खु चित्तफलअस्स।' अत्र त्वं राज्ञः कृते आगतेत्यर्थः संवृतः।

असत्प्रलापो यद्वाक्यमसम्बद्धं तथोत्तरम्। अगृह्णतोऽपि मूर्खस्य पुरो यच्च हितं वचः ॥

तत्राद्यं यथा मम प्रभावत्याम्--'प्रद्युम्नः--(सहकारवल्लीमवलोक्य सानन्दम्।) अहो, कथमिहैव--

अलिकुलमञ्जुलकेशी परिमलबहुला रसावहा तन्वी।
किसलयपेशलपाणिः कोकिलकलभाषिणी प्रियतमा मे ॥'

एवमसंबद्धोत्तरेऽपि। तृतीयं यथा वेण्यां दुर्योधनं प्रति गान्धारीवाक्यम्।

व्याहारो यत्परस्यार्थे हास्यक्षोभकरं वचः।

अर्थ से सम्बन्ध रखनेवाला त्वरायुक्त अन्यार्थक वाक्य **गण्ड** कहाता है। जैसे वे० सं० में राजा ने रानी से कहा कि 'तुम्हारे बैठने को मेरा ऊरुयुगम पर्याप्त है' इसीके अनन्तर तुरन्त आकर घबराये हुए कंचुकी ने कहा कि "महाराज, टूट गया-टूट गया"। कंचुकी की उक्ति यद्यपि भिन्नार्थक है--इसका सम्बन्ध रथ की ध्वजा के भंग से है, तथापि प्रकृत ऊरु के भंग से सम्बद्ध हो जाती है।

अपनी स्वाभाविक उक्ति का अन्यथा व्याख्यान करना **अवस्यन्दित** कहाता है। जैसे--छलितराम में सीता--जाद--"जात कल्यं खलु उपाध्यायेन गन्तव्यम्--तत्र स राजा विनयेन प्रणयितव्यः"। लवः--अथेति। सीता--जाद--"जात! स खलु युवयोः पिता"। यह बात सीता के मुख से स्वभावतः निकल गई, परन्तु लव के यह कहने पर कि 'किमावयोः०' वह कुछ सशङ्क हो गईं। उन्हें सन्देह हो गया कि अब तक जो बात महर्षि वाल्मीकि ने अत्यन्त गोप्य रक्खी है वह कहीं फूट न जाय, अतः अपनी उक्ति का अर्थान्तर करके बोलीं कि--मा अण्णधा--"मा अन्यथा शङ्केथाम्, न खलु युवयोरेव, सकलाया अपि पृथिव्या इति"।

हास्ययुक्त 'प्रहेलिका' को ही **नालिका** कहते हैं। गोपनकारी उत्तर को **प्रहेलिका** कहते हैं। जैसे रत्नावली में सुसंगता--सहि--"सखि, यस्य कृते त्वमागता सोऽत्रैव तिष्ठति"। सागरिका--कस्स--"कस्य कृतेऽहमागता?" सुसंगता--णं--"ननु खलु चित्रफलकस्य"। अत्रेति--तू राजा के लिये आई है, यह बात छिपाई गई है। असदिति--जो वाक्य अथवा जो उत्तर असंबद्ध है अथवा न समझते हुए मूर्ख के आगे जो हितकथन है उसे **असत्प्रलाप** कहते हैं। पहले का उदाहरण--अलिकुलेति--तीसरे का वे० सं० में दुर्योधन के प्रति गान्धारी का उपदेश। दूसरे का प्रयोजन सिद्ध करने के लिये जो हास्य और क्षोभकारी वचन हैं, उन्हें **व्याहार**

यथा मालविकाग्निमित्रे--'(लास्यप्रयोगावसाने मालविका निर्गन्तुमिच्छति ।) विदूषकः—मा दाव उवदेससुद्धा गमिस्ससि । (इत्युपक्रमेण) गणदासः—(विदूषकं प्रति ।) आर्य, उच्यतां यस्त्वया क्रमभेदो लक्षितः । विदूषकः--पढमं बम्भणपूआ भोदि सा इमाए लङ्घिदा । (मालविका स्मयते ।)' इत्यादिना नायकस्य विशुद्धनायिकादर्शनप्रयुक्तेन हासक्षोभकारिणा वचसा व्याहारः ।

दोष गुणा गुणा दोषा यत्र स्युर्मृदवं हि तत् ॥ २६३ ॥ क्रमेण यथा—

'प्रियजीवितता क्रौर्यं निःस्नेहत्वं कृतघ्नता । भूयस्त्वद्दर्शनादेव ममैते गुणतां गताः ॥'

'तस्यास्तद्रूपसौन्दर्यं भूषितं यौवनश्रिया । सुखैकायतनं जातं दुःखायैव ममाधुना ॥'

एतानि चाङ्गानि नाटकादिषु संभवन्त्यपि वीथ्यामवश्यं विधेयानि । स्पष्टतया नाटकादिषु विनिविष्टान्यपीहोदाहृतानि । वीथीव नानारसानां चात्र मालारूपतया स्थितत्वाद्वीथीयम् । यथा—मालविका । अथ प्रहसनम्--

भाणवत्संधिसन्ध्यंगलास्यांगाङ्कैर्विनिर्मितम् । भवेत्प्रहसनं वृत्तं निन्द्यानां कविकल्पितम् ॥

अत्र नारभटी, नापि विष्कम्भकप्रवेशकौ ।

अंगी हास्यरसस्तत्र वीथ्यंगानां स्थितिर्न वा । तत्र—

तपस्विभगवद्विप्रप्रभृतिष्वत्र नायकः ॥२६५॥

एको यत्र भवेद् धृष्टो हास्यं तच्छुद्धमुच्यते । यथा--कन्दर्पकेलिः ।

आश्रित्य कंचन जनं संकीर्णमिति तद्विदुः ॥२६६॥ यथा-धूर्तचरितम्

वृत्तं बहूनां धृष्टानां संकीर्णं केचिदूचिरे । तत्पुनर्भवति द्व्यङ्कमथवैकाङ्कनिर्मितम् ॥२६७॥

यथा—लटकमेलकादिः । मुनिस्त्वाह—

'वेश्याचेटनपुंसकविटधूर्ता बन्धकी च यत्र स्युः । अविकृतवेषपरिच्छदचेष्टितकरणं तु संकीर्णम् ॥' इति ।

विकृतं तु विदुर्यत्र षण्ढकञ्चुकितापसाः । भुजंगचारणभटप्रभृतेर्वेषवाग्युताः ॥२६८॥

इदं तु संकीर्णेनैव गतार्थमिति मुनिना पृथङ्नोक्तम् । अथोपरूपकाणि । तत्र—

कहते हैं। जैसे--मा० मि० में--विदूषक--मादाव—"**मा तावत् उपदेशशुद्धा गमिष्यसि**" यहाँ से लेके—"**प्रथमं ब्राह्मणपूजा भवति, सा अनया लंघिता**" इत्यादिक हास्य और क्षोभकारी वचनों से विदूषक ने राजा को विशुद्ध नायिका का दर्शन कराने के लिये 'व्याहार' किया है। **दोषा इति**- जहाँ दोष गुण हो जायें या गुण दोष बन जायें उसे **मृदव** कहते हैं। जैसे--**प्रियजीवितते**ति--तुम्हारे वियोग में प्राण न छोड़ने के कारण उत्पन्न हुए मेरे प्रियजीवितत्व, क्रूरता, स्नेहशून्यता और कृतघ्नता आदिक दोष आज फिर तुम्हारा दर्शन होने से गुण हो गये। यदि ये न होते तो मर जाने पर फिर तुम्हारा दर्शन मुझे कैसे होता? यहाँ दोष भी गुण हो गये हैं। **तस्या इति**--यहाँ विरह के कारण सन्तापकारी होने से नायिका के सौन्दर्यादिक गुण भी दोष हो गये हैं। **एतानीति**--ये अंग नाटकादिकों में भी हो सकते हैं, परन्तु वीथी में इनकी अवश्य विधेयता सूचन करने के लिये यहाँ स्पष्टता से उदाहरण दिये हैं। जैसे दुकान (वीथी) में अनेक रत्नादि स्थित होते हैं, उसी प्रकार अनेक रसों के यथाक्रम स्थित होने से इसे वीथी कहते हैं। **भाणेति**--भाण के समान सन्धि, सन्ध्यङ्ग, लास्याङ्ग और अंकों के द्वारा सम्पादित, निन्दनीय पुरुषों का कवि-कल्पित वृत्तान्त **प्रहसन** कहलाता है। इसमें न आरभटी होती है, न विष्कम्भक और न प्रवेशक। **अङ्गीति**--इसमें हास्यरस प्रधान रहता है। वीथ्यङ्ग कहीं होते हैं, कहीं नहीं भी होते। इनमें—**तपस्वीति**—जहाँ तपस्वी, संन्यासी, ब्राह्मण आदिकों में से कोई एक धृष्टनायक हो, वह **शुद्ध हास्य** जानना। जैसे कन्दर्पकेलि। **आश्रित्येति**—किसी अधृष्ट पुरुष का आश्रय (नायकत्वेन) होने से **संकीर्ण** हास्य होता है। **वृत्तमिति**—कोई बहुत धृष्टों के चरित को **संकीर्ण** कहते हैं। इस प्रहसन में एक या दो अङ्क होते हैं। जैसे लटकमेलकादि। भरत मुनि ने तो संकीर्ण का यह लक्षण किया है—**वेश्येति**—जहाँ वेश्या, चेट, नपुंसकादिकों के वेष तथा चेष्टादि अविकृत हो वह **संकीर्णप्रहसन** होता है'। **विकृतमिति**—जहाँ नपुंसक, कंचुकी और तापस लोग, कामुक, वन्दी और योद्धाओं के वेष, वाणी आदि का अनुकरण

नाटिका क्लृप्तवृत्ता स्यात्स्त्रीप्राया चतुरङ्किका । प्रख्यातो धीरललितस्तत्र स्यान्नायको नृपः ॥
स्यादन्तःपुरसंबद्धा संगीतव्यापृताथवा । नवानुरागा कन्यात्र नायिका नृपवंशजा ॥२७०॥
संप्रवर्तेत नेतास्यां देव्यास्त्रासेन शङ्कितः । देवी भवेत्पुनर्ज्येष्ठा प्रगल्भा नृपवंशजा ॥२७१॥
पदे पदे मानवती तद्वशः संगमो द्वयोः । वृत्तिः स्यात्कैशिकी स्वल्पविमर्शाः संधयः पुनः ॥

द्वयोर्नायिकानायकयोः । यथा--रत्नावली-विद्धशालभञ्जिकादिः । अथ त्रोटकम्—

सप्ताष्टनवपञ्चाङ्कं दिव्यमानुषसंश्रयम् । त्रोटकं नाम तत्प्राहुः प्रत्यंकं सविदूषकम् ॥२७३॥

प्रत्यङ्कसविदूषकत्वादत्र श्रृङ्गारोऽङ्गी । सप्ताङ्कं यथा--स्तम्भितरम्भम् । पञ्चाङ्कं यथा—विक्रमोर्वशी । अथ गोष्ठी--

प्राकृतैर्नवभिः पुंभिर्दशभिर्वाप्यलंकृता । नोदात्तवचना गोष्ठी कैशिकीवृत्तिशालिनी ॥२७४॥
हीना गर्भविमर्शाभ्यां पञ्चषड्योषिदन्विता । कामश्रृङ्गारसंयुक्ता स्यादेकाङ्कविनिर्मिता ॥२७५॥

यथा—रैवतमदनिका । अथ सट्टकम् –

सट्टकं प्राकृताशेषपाठ्यं स्यादप्रवेशकम् । न च विष्कम्भकोऽप्यत्र प्रचुरश्चाद्भुतो रसः ॥२७६॥
अंका जवनिकाख्याः स्युः स्यादन्यन्नाटिकासमम् ।

यथा—कर्पूरमञ्जरी । अथ नाट्यरासकम्--

नाट्यरासकमेकांकं बहुताललयस्थिति ॥२७७॥
उदात्तनायकं तद्वत्पीठमर्दोपनायकम् । हास्योऽङ्ग्यत्र सश्रृंगारो नारी वासकसज्जिका ॥२७८॥
मुखनिर्वहणे संधी लास्यांगानि दशापि च । केचित्प्रतिमुखं संधिमिह नेच्छन्ति केवलम् ॥

तत्र संधिद्वयवती यथा—नर्मवती । संधिचतुष्टयवती यथा—विलासवती । अथ प्रस्थानकम्-

प्रस्थाने नायको दासो हीनः स्यादुपनायकः । दासी च नायिका वृत्तिः कैशिकी भारती तथा ॥
सुरापानसमायोगादुद्दिष्टार्थस्य संहृतिः । अंकौ द्वौ लयतालादिर्विलासो बहुलस्तथा ॥२८१॥

करें वह विकृत प्रहसन होता है । वह संकीर्ण के ही अन्तर्गत है, अतः इसे मुनि ने पृथक् नहीं कहा । **नाटिकेति**—नाटिका की कथा कविकल्पित होती है । इसमें अधिकांश स्त्रियाँ होती हैं, चार अङ्क होते हैं । नायक प्रसिद्ध धीरललित राजा होता है । रनवास से सम्बन्ध रखनेवाली या गानेवाली राजवंश की कोई नवानुरागवती कन्या इसमें नायिका होती है । नायक का प्रेम देवी (महारानी) के भय से शंकायुक्त होता है, और देवी राजवंशोत्पन्न प्रगल्भा नायिका होती है । यह पद पद पर मान करती है । नायिका और नायक का समागम इसी के अधीन होता है । यहाँ वृत्ति कैशिकी होती है और अल्प विमर्शयुक्त अथवा विमर्शशून्य सन्धियाँ होती हैं । उदाहरण—रत्नावली आदि । अथ त्रोटक—**सप्तेति**—सात, आठ, नौ अथवा पाँच अंकों से युक्त, देवता और मनुष्यों के आश्रित दृश्यकाव्य को त्रोटक कहते हैं । इसके प्रत्येक अंक में विदूषक रहता है । यहाँ प्रधान रस श्रृङ्गार होता है, क्योंकि विदूषक इसी रस में होता है । **प्राकृतैरिति**—नौ या दस प्राकृत पुरुषों से युक्त, उदात्त वचनों से रहित, कैशिकी वृत्तिवाली गोष्ठी होती है । इसमें गर्भ और विमर्श सन्धि नहीं होती । पाँच छः स्त्रियाँ होती हैं । कामश्रृंगार (पूर्वोक्त) होता है और एक अंक होता है । **सट्टकमिति**—जिसकी सम्पूर्ण रचना प्राकृत में ही हो, प्रवेशक और विष्कम्भक जहाँ न हों, प्रचुर अद्भुत रस हो उसे सट्टक कहते हैं । इसके अंकों का नाम जवनिका होता है । और सब इसमें नाटिका के सदृश होता है । जैसे कर्पूरमञ्जरी । **नाट्यरासक** में एक ही अङ्क होता है । लय और ताल बहुत होते हैं । नायक उदात्त होता है । पीठमर्द उपनायक होता है । श्रृंगार सहित हास्यरस अंगी होता है । नायिका वासकसज्जा होती है । इसमें मुख और निर्वहण सन्धि तथा दस लास्याङ्ग होते हैं । कोई इसमें प्रतिमुख के अतिरिक्त चारों सन्धियाँ मानते हैं । दो सन्धिवाला उदाहरण नर्मवती--और चार सन्धिवाला—विलासवती । **प्रस्थान में नायक दास होता है**—उससे हीन उपनायक होता है । दासी नायिका होती

यथा—शृङ्गारतिलकम्। अथोल्लाप्यम्—

उदात्तनायकं दिव्यवृत्तमेकांकभूषितम्। शिल्पकांगैर्युतं हास्यशृंगारकरुणै रसैः ॥२८२॥
उल्लाप्यं बहुसंग्राममस्रगीतमनोहरम्। चतस्रो नायिकास्तत्र त्रयोऽङ्का इति केचन ॥२८३॥

शिल्पकाङ्गानि वक्ष्यमाणानि। यथा—देवीमहादेवम्। अथ काव्यम्—

काव्यमारभटीहीनमेकांकं हास्यसंकुलम्। खण्डमात्राद्विपदिकाभग्नतालैरलंकृतम् ॥२८४॥
वर्णमात्राछगणिकायुतं शृङ्गारभाषितम्। नेता स्त्री चाप्युदात्तात्र संधी आद्यौ तथान्तिमः ॥

यथा—यादवोदयः। अथ प्रेङ्खणम्

गर्भावमर्शरहितं प्रेङ्खणं हीननायकम्। असूत्रधारमेकांकमविष्कम्भप्रवेशकम् ॥२८६॥
नियुद्धसम्फेटयुतं सर्ववृत्तिसमाश्रितम्। नेपथ्ये गीयते नान्दी तथा तत्र प्ररोचना ॥२८७॥

यथा—वालिवधः। अथ रासकम्—

रासकं पञ्चपात्रं स्यान्मुखनिर्वहणान्वितम्। भाषाविभाषाभूयिष्ठं भारतीकैशिकीयुतम् ॥२८८॥
असूत्रधारमेकांकं सवीथ्यङ्गं कलान्वितम्। श्लिष्टनान्दीयुतं ख्यातनायिकं मूर्खनायकम् ॥
उदात्तभावविन्याससंश्रितं चोत्तरोत्तरम्। इह प्रतिमुखं संधिमपि केचित्प्रचक्षते ॥२९०॥

यथा—मेनकाहितम्। अथ संलापकम्—

संलापकेऽङ्काश्चत्वारस्त्रयो वा, नायकः पुनः। पाषण्डः स्याद्रसस्तत्र शृंगारकरुणेतरः ॥
भवेयुः पुरसंरोधच्छलसंग्रामविद्रवाः। न तत्र वृत्तिर्भवति भारती न च कैशिकी ॥२९२॥

यथा—मायाकापालिकम्। अथ श्रीगदितम्।

प्रख्यातवृत्तमेकाङ्कं प्रख्यातोदात्तनायकम्। प्रसिद्धनायिकं गर्भविमर्शाभ्यां विवर्जितम् ॥
भारतीवृत्तिबहुलं श्रीतिशब्देन संकुलम्। मतं श्रीगदितं नाम विद्वद्भिरुपरूपकम् ॥२९४॥

है। कैशिकी और भारती वृत्ति होती है। सुरापान के संयोग से उद्दिष्ट अर्थ की पूर्ति होती है। इसमें दो अङ्क होते हैं और लय, ताल आदि विलास बहुत होता है। उल्लाप्य का लक्षण—उदात्तेति—जिसमें नायक धीरोदात्त हो, कथा दिव्य हो, अंक एक हो, शिल्पक (वक्ष्यमाण उपरूपक) के अंक एवं हास्य, शृंगार और करुणरस हों उसे उल्लाप्य कहते हैं। इसमें संग्राम बहुत होता है। अस्रगीत होता है। "**उत्तरोत्तररूपं यत्प्रस्तुतार्थपरिष्कृतम्। अन्तर्जवनिकं गीतमस्रगीतं तदुच्यते**"। यहाँ चार नायिका होती हैं। कोई कहते हैं कि इनमें तीन अङ्क होते हैं। जैसे 'देवीमहादेव'। काव्यनामक उपरूपक का लक्षण—आरभटी वृत्ति से रहित, एक अंकवाला, हास्यरस से व्याप्त खण्डमात्रा, द्विपदिका और भग्नताल नामक गीतों से पूर्ण, वर्णमात्रा और छगणिकाख्य छन्दों से युक्त, शृङ्गारभाषित से मनोहर उपरूपक काव्य कहाता है। इसमें नायक और नायिका दोनों उदात्त होते हैं तथा मुख, प्रतिमुख एवं निर्वहण सन्धि होती हैं। जैसे—यादवोदय। **गर्भेति**—जिसमें नायक हीन हो, गर्भ और विमर्श सन्धियाँ न हों उसे **प्रेङ्खण** कहते हैं। इसमें सूत्रधार, विष्कम्भक और प्रवेशक नहीं होते, और एक अङ्क होता है। युद्ध, सम्फेट और सब वृत्तियाँ होती हैं। नान्दी और प्ररोचना नेपथ्य में पढ़ी जाती हैं। जैसे—वालिवध। **रासक** में पाँच पात्र होते हैं। मुख और निर्वहण सन्धियाँ होती हैं। यह भाषा और विभाषा (प्राकृतभेद) से व्याप्त, भारती कैशिकी वृत्तियों से युक्त, सूत्रधार से रहित, एक अङ्कवाला, वीथ्यंगों और कलाओं से युक्त होता है। इसमें नान्दी श्लिष्ट होती है। नायिका प्रसिद्ध और नायक मूर्ख होता है। यह उत्तरोत्तर उदात्तभावों से युक्त होता है। कोई इसमें प्रतिमुख सन्धि भी मानते हैं। जैसे 'मेनकाहित'। **संलापक** में तीन या चार अङ्क होते हैं, नायक पाखण्डी होता है। शृङ्गार और करुण से भिन्न रस होता है। इसमें नगर निरोध, छलयुक्त संग्राम और विद्रव होते हैं, किन्तु भारती और कैशिकीवृत्ति नहीं होती। जैसे 'मायाकापालिक'। श्रीगदित का लक्षण—प्रख्यातेति—प्रसिद्ध कथावाला, एक अंक से युक्त प्रसिद्ध धीरोदात्त

यथा—क्रीडारसातलम्।

श्रीरासीना श्रीगदिते गायेत्किञ्चित्पठेदपि। एकाङ्को भारतीप्राय इति केचित्प्रचक्षते ॥२९५॥

ऊह्यमुदाहरणम्। अथ शिल्पकम्—

चत्वारः शिल्पकेऽङ्काः स्युश्चतस्रो वृत्तयस्तथा। अशान्तहास्याश्च रसा नायको ब्राह्मणो मतः॥

वर्णनाऽत्र श्मशानादेर्हीनः स्यादुपनायकः। सप्तविंशतिरङ्गानि भवन्त्येतस्य तानि तु ॥

आशंसातर्कसंदेहतापोद्वेगप्रसक्तयः। प्रयत्नग्रथनोत्कण्ठावहित्थाप्रतिपत्तयः ॥२९८॥

विलासालस्यबाष्पाणि प्रहर्षाश्वासमूढताः। साधनानुगमोच्छ्वासविस्मयप्राप्तयस्तथा ॥२९९॥

लाभविस्मृतिसम्फेटा वैशारद्यं प्रबोधनम्। चमत्कृतिश्चेत्यमीषां स्पष्टत्वाल्लक्ष्म नोच्यते ॥

सम्फेटग्रथनयोः पूर्वमुक्तत्वादेव लक्ष्म सिद्धम्। यथा—कनकवतीमाधवः। अथ विलासिका—

शृङ्गारबहुलैकाङ्का दशलास्याङ्गसंयुता। विदूषकविटाभ्यां च पीठमर्देन भूषिता ॥३०१॥

हीना गर्भविमर्शाभ्यां संधिभ्यां हीननायका। स्वल्पवृत्ता सुनेपथ्या विख्याता सा विलासिका ॥

केचित्तत्र विलासिकास्थाने विनायिकेति पठन्ति। तस्यास्तु 'दुर्मल्लिकायामन्तर्भावः' इत्यन्ये।

अथ दुर्मल्लिका—

दुर्मल्ली चतुरङ्का स्यात्कैशिकीभारतीयुदा। अगर्भा नागरनरा न्यूननायकभूषिता ॥३०३॥

त्रिनालिः प्रथमोऽङ्कोऽस्यां विटक्रीडामयो भवेत्। पञ्चनालिर्द्वितीयोऽङ्को विदूषकविलासवान्॥

षण्णालिकस्तृतीयस्तु पीठमर्दविलासवान्। चतुर्थो दशनालिः स्यादंकः क्रीडितनागरः ॥

यथा—बिन्दुमती। अथ प्रकरणिका—

नाटिकैव प्रकरणी सार्थवाहादिनायका। समानवंशजा नेतुर्भवेद्यत्र च नायिका ॥३०६॥

मृग्यमुदाहरणम्। अथ हल्लीशः—

नायक से संयुक्त, प्रख्यात नायिकावाला उपरूपक श्रीगदित कहाता है। इसमें गर्भ और विमर्श सन्धि नहीं होती। श्रीशब्द और भारती वृत्ति इसमें अधिकता से रहती है। कोई कहते हैं कि श्रीगदित में लक्ष्मी का रूप धारण करके नटी बैठकर कुछ गाती है और पढ़ती है एवं भारतीवृत्ति प्रधान एक अङ्क होता है। चत्वार इति—'शिल्पक' में चार अङ्क होते हैं और चारों वृत्तियाँ होती हैं। शान्तहास्यवर्जित रस और ब्राह्मण नायक होता है। इसमें श्मशानादि का वर्णन होता है और हीन पुरुष उपनायक होता है। इसके सत्ताईस अङ्ग होते हैं। इन्हें गिनाते हैं—आशंसेति—आशंसा १ तर्क २ सन्देह ३ ताप ४ उद्वेग ५ प्रसक्ति (आसक्ति) ६ प्रयत्न ७ ग्रथन ८ उत्कण्ठा ९ अवहित्था १० प्रतिपत्ति ११ विलास १२ आलस्य १३ वाष्प १४ प्रहर्ष १५ आश्वास १६ मूढता १७ साधनानुगम १८ उच्छ्वास १९ विस्मय २० प्राप्ति २१ लाभ २२ विस्मृति २३ सम्फेट २४ वैशारद्य २५ प्रबोधन २६ और २७ चमत्कृति। इनमें से सम्फेट और ग्रथन (? अवहित्था) का लक्षण कह चुके हैं। शेषों का लक्षण उनके नाम से ही स्पष्ट है। उदाहरण—जैसे 'कनकवतीमाधव'।

अथ विलासिका—शृङ्गारबहुल एक अङ्कवाली, दस लास्याङ्गों से युक्त, विदूषक, विट और पीठमर्द से सुभूषित, गर्भ और विमर्श सन्धियों से रहित, हीनगुणनायक से युक्त, थोड़ी कथावाली और सुन्दर वेषादियुक्त विलासिका होती है। दुर्मल्ली में चार अङ्क होते हैं। कैशिकी और भारतीवृत्ति होती है। इसमें गर्भसन्धि नहीं होती। नर सब नागरिक (चतुर) होते हैं, किन्तु नायक छोटी जाति का (न्यून) पुरुष होता है। प्रथम अङ्क इसमें तीन नली (छः घड़ी) का और विट की क्रीडा से पूर्ण होता है। दूसरा अङ्क पाँच नाली (१० घड़ी) का और विदूषक की क्रीडा से युक्त होता है। तीसरा अङ्क छः नाली का एवं पीठमर्द के विलास से युक्त होता है। इसका चौथा अंक दस नाड़ी का होता है—इसमें नागरिक पुरुषों की क्रीडा होती है। जैसे बिन्दुमती। प्रकरणिका—जिसमें नायक तो सेठ आदिक (व्यापारी) हो और नायिका उसकी सजातीय हो उस नाटिका को

हल्लीश एक एवांकः सप्ताष्टौ दश वा स्त्रियः।
वागुदात्तैकपुरुषः कैशिकी वृत्तिरुज्ज्वला। मुखान्तिमौ तथा सन्धी बहुताललयस्थितिः ॥

यथा--केलिरैवतकम्। अथ भाणिका--

भाणिका श्लक्ष्णनेपथ्या मुखनिर्वहणान्विता। कैशिकी भारतीवृत्तियुक्तैकांकविनिर्मिता ॥
उदात्तनायिका मन्दपुरुषात्राङ्गसप्तकम्। उपन्यासोऽथ विन्यासो विबोधः साध्वसं तथा ॥
समर्पणं निवृत्तिश्च संहार इति सप्तमः। उपन्यासः प्रसंगेन भवेत्कार्यस्य कीर्तनम् ॥३१०॥
निर्वेदवाक्यव्युत्पत्तिर्विन्यासइति स स्मृतः। भ्रान्तिनाशो विबोधःस्यान्मिथ्याख्यानंतु साध्वसम्
सोपालम्भवचः कोपपीडयेह समर्पणम्। निदर्शनस्योपन्यासो निवृत्तिरिति कथ्यते ॥३१२॥
संहार इति च प्राहुर्यत्कार्यस्य समापनम्।

स्पष्टान्युदाहरणानि। यथा—कामदत्ता।

एतेषां सर्वेषां नाटकप्रकृतिकत्वेऽपि यथौचित्यं यथालाभं नाटकोक्तविशेषपरिग्रहः। यत्र च नाटकोक्तस्यापि पुनरुपादानं तत्र तत्सद्भावस्य नियमः। अय श्रव्यकाव्यानि--

श्रव्यं श्रोतव्यमात्रं तत्पद्यगद्यमयं द्विधा ॥३१३॥ तत्र पद्यमयान्याह—

छन्दोबद्धपदं पद्यं तेन मुक्तेन मुक्तकम्। द्वाभ्यां तु युग्मकं संदानितकं त्रिभिरिष्यते ॥३१४॥
कलापकं चतुर्भिश्च पञ्चभिः कुलकं मतम्। तत्र मुक्तकं यथा मम--

'सान्द्रानन्दमनन्तमव्ययमजं यद्योगिनोऽपि क्षणं साक्षात्कर्तुमुपासते प्रतिमुहुर्ध्यानैकतानाः परम्।
धन्यास्ता मधुरापुरीयुवतयस्तद् ब्रह्म याः कौतुकादालिङ्गन्ति समालपन्ति शतधा कर्षन्ति चुम्बन्ति च ॥'

युग्मकं यथा मम—

'किं करोषि करोपान्ते कान्ते गण्डस्थलीमिमाम्। प्रणयप्रवणे कान्ते नैकान्तेनोचिताः क्रुधः ॥
इति यावत्कुरङ्गाक्षीं वक्तुमीहामहे वयम्। तावदाविरभूच्चूते मधुरो मधुपध्वनिः ॥'

ही **प्रकरणी** कहते हैं। हल्लीश में अंक एक ही होता है। सात आठ या दस स्त्रियाँ रहती हैं, उदात्त वचन बोलने-वाला एक पुरुष और उज्ज्वल कैशिकी वृत्ति होती है। इसमें मुख और निर्वहण सन्धियाँ होती हैं एवं गाने में ताल, लय बहुत होते हैं। जैसे 'केलिरैवतक'। **भाणिका** में नेपथ्य (वेषादिरचना) सुन्दर होता है मुख और निर्वहण सन्धि, कैशिकी और भारती वृत्ति, एवं एक अङ्क होता है। नायिका उदात्त होती है और नायक मन्द। इसमें सात अंग होते हैं। उनके नाम—उपन्यास विन्यास, विबोध साध्वस समर्पण निवृत्ति और संहार। किसी प्रसङ्ग से कार्य का कथन करना **उपन्यास** कहाता है। निर्वेदपूर्ण वाक्यों का विस्तार करना **विन्यास**, भ्रान्ति दूर होना **विबोध**, मिथ्या कथन करना **साध्वस** और कोप या पीडा के कारण उपालम्भ (शिकायत) युक्त वचन कहना **समर्पण** कहाता है। दृष्टान्तनिरूपण को **निवृत्ति** और कार्यसमाप्ति को **संहार** कहते हैं। जैसे कामदत्ता। **एतेषामिति**—इन सब रूपक, उपरूपकों की प्रकृति यद्यपि नाटक ही है, तथापि औचित्य के अनुसार यथासंभव नाटक के अंगों का समावेश इनमें करना चाहिये। और जहाँ नाट्योक्त अङ्गों का फिर कथन किया है वहाँ उन अंगों की अवश्य-कर्तव्यता जानना। उसमें वे अंग अवश्य होने चाहियें।

अब श्रव्यकाव्यों का निरूपण करते हैं। **श्रव्यमिति**—जो केवल सुने जा सकें—जिनका अभिनय न हो सके—वे गद्य और पद्य दो प्रकार के **श्रव्यकाव्य**—होते हैं। **छन्द इति**—छन्दों में लिखे काव्यों को पद्य कहते हैं। वह यदि मुक्त—दूसरे पद्य से निरपेक्ष हो तो **मुक्तक** और यदि दो श्लोकों में वाक्यपूर्ति होती हो तो **युग्मक** कहाता है। एवं तीन पद्यों का **सन्दानितक** अथवा **विशेषक**, चार का **कलापक** और पाँच अथवा इनसे अधिक का **कुलक** होता है। मुक्तक का उदाहरण—**सान्द्रेति**--जिस सान्द्रानन्द ब्रह्म का ध्यान योगी लोग बड़े एकाग्र चित्त होकर जैसे-तैसे कभी कर पाते हैं उसी को मथुरा की स्त्रियाँ खेल-खेल में आलिङ्गन करती हैं, वे धन्य हैं।

एवमन्यान्यपि। सर्गबन्धो महाकाव्यं तत्रैको नायकः सुरः ॥३१५॥

सद्वंशः क्षत्रियो वापि धीरोदात्तगुणान्वितः। एकवंशभवा भूपाः कुलजा बहवोऽपि वा ॥३१६॥

शृङ्गारवीरशान्तानामेकोऽङ्गी रस इष्यते। अंगानि सर्वेऽपि रसाः सर्वे नाटकसंधयः ॥३१७॥

इतिहासोद्भवं वृत्तमन्यद्वा सज्जनाश्रयम्। चत्वारस्तस्य वर्गाः स्युस्तेष्वेकं च फलं भवेत् ॥

आदौ नमस्क्रियाशीर्वा वस्तुनिर्देश एव वा। क्वचिन्निन्दा खलादीनां सतां च गुणकीर्तनम् ॥

एकवृत्तमयैः पद्यैरवसानेऽन्यवृत्तकैः। नातिस्वल्पा नातिदीर्घाः सर्गा अष्टाधिका इह ॥३२०॥

नानावृत्तमयः क्वापि सर्गः कश्चन दृश्यते। सर्गान्ते भाविसर्गस्य कथायाः सूचनं भवेत् ॥

संध्यासूर्येन्दुरजनीप्रदोषध्वान्तवासराः। प्रातर्मध्याह्नमृगयाशैलर्तुवनसागराः ॥३२२॥

संभोगविप्रलम्भौ च मुनिस्वर्गपुराध्वराः। रणप्रयाणोपयममन्त्रपुत्रोदयादयः ॥३२३॥

वर्णनीया यथायोगं सांगोपांगा अमी इह। कवेर्वृत्तस्य वा नाम्ना नायकस्येतरस्य वा ॥३२४॥

नामास्य, सर्गोपादेयकथया सर्गनाम तु।

सन्ध्यङ्गानि यथालाभमत्र विधेयानि 'अवसानेऽन्यवृत्तकैः' इति बहुवचनमविवक्षितम्। साङ्गोपाङ्गा इति जलकेलिमधुपानादयः। यथा--रघुवंश-शिशुपालवध-नैषधादयः। यथा वा मम--राघवविलासादिः।

अस्मिन्नार्षे पुनः सर्गा भवन्त्याख्यानसंज्ञकाः ॥३२५॥

अस्मिन्महाकाव्ये। यथा--महाभारतम्।

प्राकृतैर्निर्मिते तस्मिन्सर्गा आश्वाससंज्ञकाः। छन्दसा स्कन्धकेनैतत्क्वचिद् गलितकैरपि ॥३२६॥

युग्मक—जैसे—किं करोषीति--'एकान्तेन क्रुधः नोचिताः।' एकदम क्रोध ही करते रहना ठीक नहीं। इसी प्रकार और उदाहरण भी जानना।

सर्गेति—जिसमें सर्गों का निबन्धन हो वह महाकाव्य कहाता है। इसमें एक देवता या सद्वंश क्षत्रिय—जिसमें धीरोदात्तत्वादि गुण हों—नायक होता है। कहीं एक वंश के सत्कुलीन अनेक भूप भी नायक होते हैं। शृङ्गार, वीर और शान्त में से कोई एकरस अङ्गी होता है। अन्यरस गौण होते हैं। सब नाटकसन्धियाँ रहती हैं। कथा ऐतिहासिक या लोक में प्रसिद्ध सज्जनसम्बन्धिनी होती है। धर्म, अर्थ, काम, मोक्ष इस चतुर्वर्ग में से एक उसका फल होता है। आरम्भ में आशीर्वाद, नमस्कार या वर्ण्य वस्तु का निर्देश होता है। कहीं खलों की निन्दा और सज्जनों का गुणवर्णन होता है। इसमें न बहुत छोटे, न बहुत बड़े आठ से अधिक सर्ग होते हैं। उनमें प्रत्येक में एक ही छन्द होता है, किन्तु अन्तिम पद्य (सर्ग का) भिन्न छन्द का होता है। कहीं कहीं सर्ग में अनेक छन्द भी मिलते हैं। सर्ग के अन्त में अगली कथा की सूचना होनी चाहिये। इसमें सन्ध्या, सूर्य, चन्द्रमा, रात्रि, प्रदोष, अन्धकार, दिन, प्रातःकाल, मध्याह्न मृगया (शिकार), पर्वत, ऋतु (छहों), वन, समुद्र, संभोग, वियोग, मुनि, स्वर्ग, नगर, यज्ञ, संग्राम, यात्रा, विवाह, मन्त्र, पुत्र और अभ्युदय आदि का यथासम्भव साङ्गोपाङ्ग वर्णन होना चाहिये। इसका नाम कवि के नाम से (जैसे माघ) या चरित्र के नाम से (जैसे कुमारसंभव) अथवा चरित्रनायक के नाम से (जैसे रघुवंश) होना चाहिये। कहीं इनके अतिरिक्त भी नाम होता है—जैसे भट्टि। सर्ग की वर्णनीय कथा से सर्ग का नाम रक्खा जाता है। सन्ध्यङ्गानीति—सन्धियों के अङ्ग यहाँ यथासम्भव रखने चाहियें। अवसाने—यहाँ बहुवचन की विवक्षा नहीं है—यदि एक या दो भिन्न वृत्त हों तो भी कोई हर्ज नहीं। जलक्रीडा, मधुपानादिक साङ्गोपाङ्ग होने चाहियें। महाकाव्य के उदाहरण जैसे रघवंशादिक।

अस्मिन्निति—आर्ष (ऋषिप्रणीत) काव्य में सर्गों का नाम 'आख्यान' होता है। जैसे महाभारत में। प्राकृतैरिति—प्राकृत काव्यों में सर्गों का नाम आश्वास होता है। इसमें स्कन्धक या कहीं गलितक छन्द होते हैं।

यथा--सेतुबन्धः। यथा वा मम--कुवलयाश्वचरितम्।

अपभ्रंशनिबद्धेऽस्मिन्सर्गाः कुडवकाभिधाः। तथापभ्रंशयोग्यानि च्छन्दांसि विविधानयपि॥

यथा--कर्णपराक्रमः।

भाषाविभाषानियमात्काव्यं सर्गसमुत्थितम्। एकार्थप्रवणैः पद्यैः सन्धिसामग्र्यवर्जितम्॥

यथा--भिक्षाटनम्, आर्याविलासश्च।

खण्डकाव्यं भवेत्काव्यस्यैकदेशानुसारि च। यथा--मेघदूतादिः।

कोषः श्लोकसमूहस्तु स्यादन्योन्यानपेक्षकः॥३२९॥

व्रज्याक्रमेण रचितः स एवातिमनोरमः।

सजातीयानामेकत्र संनिवेशो व्रज्या यथा--मुक्तावल्यादिः। अथ गद्यकाव्यानि। तत्र गद्यम्--

वृत्तगन्धोज्झितं गद्यं मुक्तकं वृत्तगन्धि च॥३३०॥

भवेदुत्कलिकाप्रायं चूर्णकं च चतुर्विधम्।

आद्यं समासरहितं वृत्तभागयुतं परम्॥३३१॥

अन्यद्दीर्घसमासाढ्यं तुर्यं चाल्पसमासकम्।

मुक्तकं यथा--'गुरुर्वचसि पृथुरुरसि--' इत्यादि।

वृत्तगन्धि यथा मम--'समरकण्डूलनिबिडभुजदण्डकुण्डलीकृतकोदण्डशिञ्जिनीटंकारोज्जागरितवैरिनगर--' इत्यादि। अत्र 'कुण्डलीकृतकोदण्ड--' इत्यनुष्टुब्वृत्तस्य पादः, 'समरकण्डूल' इति च प्रथमाक्षरद्वयरहितस्तस्यैव पादः। उत्कलिकाप्रायं ममैव--'अणिसविसुमरणिसिदसरविसरविदलिदसमरपरिगदपवरपरबल--' इत्यादि। चूर्णकं यथा मम--'गुणरत्नसागर, जगदेकनागर, कामिनीमदन जनरञ्जन' इत्यादि।

कथायां सरसं वस्तु गद्यैरेव विनिर्मितम्॥३३२॥

क्वचिदत्र भवेदार्या क्वचिद्वक्त्रापवक्त्रके। आदौ पद्यैर्नमस्कारः खलादेर्वृत्तकीर्तनम्॥३३३॥

यथा--कादम्बर्यादिः।

आख्यायिका कथावत्स्यात्कवेर्वंशानुकीर्तनम्। अस्यामन्यकवीनां च वृत्तं पद्यं क्वचित्क्वचित्॥

जैसे सेतुबन्ध। अपभ्रंश-भाषा के काव्यों में सर्गों का नाम कुडवक होता है और छन्द भी अपभ्रंश के योग्य अनेक प्रकार के होते हैं। जैसे कर्णपराक्रम। **भाषेति**—संस्कृत, प्राकृतादि भाषा या बाह्लीका आदि विभाषा के नियमानुसार बनाया गया एक कथा का निरूपक, पद्यबद्ध, सर्गमय ग्रन्थ—जिसमें सब सन्धियाँ न हों—**काव्य** कहलाता है। **खण्डेति**—काव्य के एक अंश का अनुसरण करनेवाला—**खण्डकाव्य** होता है। जैसे मेघदूत। **कोष इति**—परस्पर निरपेक्ष श्लोकसमूह को कोष कहते हैं। यह यदि 'व्रज्या' (वर्णमाला) के क्रम से बने तो अतिसुन्दर होता है। **वस्तुतः** कोष का यह लक्षण ठीक नहीं, सुभाषितावली आदि पद्यसंग्रहों में यह अतिव्याप्त है। सजातीयों के एक स्थान में सन्निवेश को व्रज्या कहते हैं।

अब गद्यकाव्यों का निरूपण करते हैं। **वृत्तेति**—गद्य चार प्रकार का होता है—मुक्तक, वृत्तगन्धि, उत्कलिकाप्राय और चूर्णक। पहला समासरहित होता है। दूसरे में पद्य के अंश पड़े रहते हैं। तीसरे में दीर्घ समास और चौथे में छोटे-छोटे समास होते हैं। मुक्तक का उदाहरण—गुरु०। वृत्तगन्धिका—**समरेति**—यहाँ अनुष्टुप् का अंश अन्तःपतित है। उत्कलिकाप्राय का उदाहरण—**अणिसेति**—**"अनिशविसमरनिशितशरविसरविदलितसमरपरिगतप्रवरपरबलः"**। चूर्णक का उदाहरण—**गुणेति**—कथा में सरस वस्तु गद्यों द्वारा ही बनायी जाती है। इसमें कहीं कहीं आर्याछन्द और कहीं वक्त्र तथा अपवक्त्र छन्द होते हैं। प्रारम्भ में पद्यमय नमस्कार और खलादिकों का चरित निबद्ध होता है। जैसे कादम्बरी। **आख्यायिका**—कथा के समान होती है।

कथांशानां व्यवच्छेद आश्वास इति बध्यते। आर्यावक्त्रापवक्त्राणां छन्दसा येन केनचित्॥
अन्यापदेशेनाश्वासमुखे भाव्यर्थसूचनम्। यथा--हर्षचरितादिः।

'अपि त्वनियमो दृष्टस्तत्राप्यन्यैरुदीरणात्' इति दण्ड्याचार्यवचनात्केचित् 'आख्यायिका नायकेनैव निबद्धव्या' इत्याहुः, तदयुक्तम्। आख्यानादयश्च कथाख्यायिकयोरेवान्तर्भावान्न पृथगुक्ताः। यदुक्तं दण्डिनैव--'अत्रैवान्तर्भविष्यन्ति शेषाश्चाख्यानजातयः।' इति।

एषामुदाहरणम्--पञ्चतन्त्रादि। अथ गद्यपद्यमयानि--

गद्यपद्यमयं काव्यं चम्पूरित्यभिधीयते ॥३३६॥ यथा--देशराजचरितम्॥
गद्यपद्यमयी राजस्तुतिर्विरुदमुच्यते। यथा--विरुदमणिमाला।
करम्भकं तु भाषाभिर्विविधाभिर्विनिर्मितम् ॥३३७॥

यथा मम--षोडशभाषामयी प्रशस्तिरत्नावली।

एवमन्येऽपि भेदा उद्देशमात्रप्रसिद्धत्वादुक्तभेदानतिक्रमाच्च न पृथग्लक्षिताः॥

इति साहित्यदर्पणे दृश्यश्रव्यकाव्यनिरूपणो नाम षष्ठः परिच्छेदः।

सप्तमः परिच्छेदः।

इह हि प्रथमतः काव्ये दोषगुणरीत्यलङ्काराणामवस्थितिक्रमो दर्शितः। सम्प्रति के त इत्यपेक्षायामुद्देशक्रमप्राप्तानां दोषाणां स्वरूपमाह—

रसापकर्षका दोषाः

इसमें कविवंशवर्णन होता है, और अन्य कवियों का वृत्तान्त तथा पद्य भी कहीं कहीं रहते हैं। यहाँ कथाभागों का नाम **आश्वास** रक्खा जाता है। आर्या, वक्त्र या अपवक्त्र छन्द के द्वारा अन्योक्ति से आश्वास के आरम्भ में अगली कथा की सूचना की जाती है। जैसे हर्षचरित। 'आख्यायिका की कथा नायक के मुख से ही निबद्ध होनी चाहिये' यह किन्हीं का मत है—सो ठीक नहीं, क्योंकि आचार्य दण्डी ने यह कहा है कि **अपि त्वनियम इति**—"आख्यायिका में भी अन्य लोगों के वचन होते हैं—केवल नायक ही के नहीं—अतः इस विषय में कोई नियम नहीं है"। आख्यानादिक कथा और आख्यायिका के ही अन्तर्भूत हैं। यह भी दण्डी ने ही कहा है—**अत्रेति**। इनके उदाहरण पञ्चतन्त्रादि हैं। **गद्यति**—जिसमें गद्य और पद्य दोनों हों उस काव्य को चम्पू कहते हैं। गद्यपद्यमय राजस्तुति का नाम **विरुद** है। विविध भाषाओं से निर्मित **करम्भक** कहलाता है। काव्यों के अन्य सब भेद इन्हीं के अन्तर्गत जानना।

इति विमलायां षष्ठः परिच्छेदः।

स्मितप्रभाभिः प्रभवन्ति यस्य कटाक्षविक्षेपवशान्निषन्ति।
जगन्ति यन्ति भ्रुकुटीविलासेऽप्यमन्दमानन्दमहं तमीडे ॥१॥

इह हीति--प्रथम परिच्छेद में काव्य-लक्षण के अवसर पर दोष, गुण, रीति और अलंकारों की स्थिति का क्रम कहा है। **'वाक्यं रसात्मकं काव्यम्'** इस कारिका में काव्य का लक्षण कहा है और **'दोषास्तस्यापकर्षकाः। उत्कर्षहेतवः प्रोक्ता गुणालंकाररीतयः'** इसमें दोषादिकों के क्रम का भी निर्देश है। पिछले ग्रन्थ में काव्य का स्वरूप और उसके सब भेद कहे जा चुके। अब दोषों का वर्णन क्रमप्राप्त है, अतः पहले दोषों का सामान्य लक्षण करते हैं—**रसापेति**—रस के अपकर्ष अर्थात् रस की हीनता या विच्छेद के जो कारण हैं वे दोष कहाते हैं। **'दूषयति काव्यमिति दोषः'** (जो काव्य को दूषित करे वह दोष)—इस व्युत्पत्ति के अनुसार श्रुति कटुत्वादिकों को दोष कहते हैं। **'रस्यते इति रसः'** (जो आस्वाद्यमान हो वह रस) यह रस शब्द की व्युत्पत्ति प्रथम परिच्छेद में कही है। उसके अनुसार यहाँ रस शब्द से रस के अतिरिक्त रसाभास, भाव और भावाभास भी गृहीत होते हैं।

अस्यार्थः प्रागेव स्फुटीकृतः।

तद्विशेषानाह-- ते पुनः पञ्चधा मताः।

पदे तदंशे वाक्येऽर्थे संभवन्ति रसेऽपि यत् ॥१॥ स्पष्टम्। तत्र--

दुःश्रवत्रिविधाऽश्लीलाऽनुचितार्थाऽप्रयुक्तताः। ग्राम्याऽप्रतीतसंदिग्धनेयार्थनिहतार्थताः ॥२॥
अवाचकत्वं क्लिष्टत्वं विरुद्धमतिकारिता। अविमृष्टविधेयांशभावश्च पदवाक्ययोः ॥३॥
दोषाः, केचिद्भवन्त्येषु पदांशेऽपि, पदे पदे। निरर्थकाऽसमर्थत्वे च्युतसंस्कारता तथा ॥४॥

परुषवर्णतया श्रुतिदुःखावहत्वं दुःश्रवत्वम्। यथा--

'कार्तार्थ्यं यातु तन्वङ्गी कदाऽनङ्गवशंवदा।'

अश्लीलत्वं व्रीडाजुगुप्साऽमङ्गलव्यञ्जकत्वात् त्रिविधम्। क्रमेणोदाहरणम्--

'दृप्तारिविजये राजन् साधनं सुमहत्तव।' 'प्रससार शनैर्वायुर्विनाशे तन्वि ते तदा।'

अत्र साधन-वायु-विनाशशब्दा अश्लीलाः। 'शूरा अमरतां यान्ति पशुभूता रणाध्वरे।'

रस का अपकर्ष तीन प्रकार से होता है—एक तो रस की प्रतीति अर्थात् रसास्वाद के रुक जाने से दूसरे रस की उत्कृष्टता की विघातक किसी वस्तु के बीच में पड़ जाने से, तीसरे रसास्वाद में विलम्ब करनेवाले कारणों के उपस्थित होने से। इनमें से कोई लक्षण जिसमें मिले वही दोष कहाता है।

प्रश्न—श्रुतिदुष्टत्व, अपुष्टार्थत्व आदिकों में उक्त लक्षण नहीं संगत होता, क्योंकि इनमें से कोई (श्रुतिदुष्टत्व) केवल शब्द में रहता है और कोई (अपुष्टार्थत्वादिक) केवल अर्थ में। रस के साथ किसी का सम्बन्ध नहीं है। इसका उत्तर देते हैं—अस्येति—इसका अर्थ पहले ही (प्रथम परिच्छेद में) स्पष्ट कर चुके हैं। 'श्रुतिदुष्टत्वादिक दोष शब्द और अर्थ के द्वारा काव्य के आत्मस्वरूप रस का अपकर्ष करते हैं' यह बात वहाँ कही है।

तद्विशेषानिति—दोषों के भेद कहते हैं—ते पुनरिति—पद, पदांश, वाक्य, अर्थ और रस में रहने के कारण दोष पांच प्रकार के माने गये हैं। दुःश्रवेति—दुःश्रवत्व, तीन प्रकार की अश्लीलता, अनुचितार्थत्व, अप्रयुक्तत्व, ग्राम्यत्व, अप्रतीतत्व, सन्दिग्धत्व, नेयार्थत्व, निहतार्थत्व, अवाचकत्व, क्लिष्टत्व, विरुद्धमतिकारित्व और पदगत तथा वाक्यगत अविमृष्टविधेयांशत्व ये सब दोष हैं। इन में से कुछ दोष (श्रुतिकटुत्वादिक) पदांशों में भी रहते हैं और अधिकांश दोष पदों में ('अपि' शब्द से) रहते हैं, किन्तु निरर्थकत्व, असमर्थत्व और च्युतसंस्कारत्व ये तीन दोष केवल पदों में ही रहते हैं, पदांशों में नहीं। यथाक्रम इनके लक्षण और उदाहरण दिखाते हैं—परुषेति—कठोर अक्षर होने के कारण जो शब्द कानों में खटके उसे 'दुःश्रव' या 'श्रुतिकटु' कहते हैं—जैसे 'कार्तार्थ्य'। त, थ, र के संयोग से इस शब्द में कठोरता आई है। इस प्रकार के शब्दों के प्रयोग से काव्य में उत्पन्न हुए दोष को दुःश्रवत्व, श्रुतिकटुत्व या श्रुतिदुष्टत्व कहते हैं।

प्रश्न—'कार्तार्थ्य' शब्द के पिछले दो अक्षरों में रेफ का संयोग है। पहला अक्षर (का) तो कोमल ही है। तो फिर समस्त पद श्रुतिकटु कैसे हुआ? पद का एक अंश दूषित है, अतः इसे पदांश दोष मानना चाहिये, पद दोष नहीं।

उत्तर—जैसे वाक्य में दो तीन पदों के दूषित होने पर समस्त वाक्य दूषित माना जाता है, इसी प्रकार पदमें भी अधिकांश के दूषित होने पर पददोष माना जाता है। जहाँ आधा या उससे कम अंश दूषित हो वहाँ पदांश दोष माना जाता है। 'दुःश्रवत्व' दोष शब्द को दूषित करता हुआ शृङ्गारादि कोमल रसों की उत्कृष्टता का विघातक होता है। अतएव यह कोमल रसों में ही दोष है। वीर, रौद्रादिक उग्र रसों में इसका होना गुण है। इसी कारण यह दोष अनित्य माना गया है।

अश्लीलत्वमिति—जो असभ्य अर्थ का व्यञ्जन करे उसे अश्लील कहते हैं। लज्जा, घृणा और अमंगल का व्यञ्जक होने से 'अश्लीलत्व' तीन प्रकार का होता है। क्रमेणेति—क्रम से उदाहरण देते हैं। दृप्तेति—हे राजन्, मदान्ध शत्रुओं को विजय कराने में तुम्हारा 'साधन' (सेना) बहुत बड़ा है। यहाँ 'साधन' शब्द से लिंगरूप लज्जाजनक अर्थ व्यक्त होता है। यह लज्जाजनक अश्लीलत्व का उदाहरण है। प्रससारेति—हे तन्वि,

अत्र पशुपदं कातर्यमभिव्यनक्तीत्यनुचितार्थत्वम्। अप्रयुक्तत्वं तथा प्रसिद्धावपि कविभिरनादृतत्वम्। यथा--'भाति पद्मः सरोवरे।' अत्र पद्मशब्दः पुंलिङ्गः।

ग्राम्यत्वं यथा 'कटिस्ते हरते मनः।' अत्र कटिशब्दो ग्राम्यः।

अप्रतीतत्वमेकदेशमात्रप्रसिद्धत्वम्। यथा--

'योगेन दलिताशयः।' अत्र योगशास्त्र एव वासनार्थ आशयशब्दः।

'आशीःपरम्परां वन्द्यां कर्णे कृत्वा कृपां कुरु।'

अत्र वन्द्यामिति किं बन्दीभूतायामुत वन्दनीयामिति संदेहः।

तब तुम्हारे 'विनाश' (अदर्शन = चले जाने) के समय 'वायु' धीरे से चली। यहाँ 'वायु' शब्द अपानवायु का सूचक होने से घृणा का और 'विनाश' शब्द मरण का बोधक होने से अमंगल का व्यञ्जक है। इनमें यथाक्रम जुगुप्सा व्यञ्जक और अमंगल-व्यञ्जक अश्लीलत्व है। **शूरा इति**—रणरूप यज्ञ में पशुभूत शूरलोग अमरत्व (देवत्व) को प्राप्त होते हैं। यहाँ शूरों में पशु की समानता बतलाने से उनकी कातरता प्रतीत होती है। यज्ञीय पशु की भांति विवश होकर मरना कायरों का काम है, शूरों का नहीं, अतः यहाँ 'पशु' शब्द में 'अनुचितार्थत्व' दोष है। **अप्रयुक्तेति**—व्याकरण, कोषादिकों में उस रूप से प्रसिद्ध होने पर भी यदि कविसम्प्रदाय (काव्यों) में उस शब्द का अनादर (अप्रयोग) हुआ हो तो उसे 'अप्रयुक्त' कहते हैं और उस शब्द के प्रयोग करने पर अप्रयुक्तत्व दोष होता है। उदाहरण—**भातीति**--'पद्म' शब्द नपुंसक लिंग में ही प्रसिद्ध है, पुंल्लिग में नहीं, अतः **'वा पुंसि पद्मं नलिनम्'** इस कोष के होने पर भी यहाँ अप्रयुक्तत्व दोष है। वस्तुतः **'पद्मान् हिमे प्रावृषि खञ्जरीटान्'** इत्यादि स्थलों पर श्रीहर्षादि महाकवियों ने पद्मशब्द का पुंल्लिग में प्रयोग किया है, अतः यहाँ 'दैवत' शब्द का पुंल्लिग में उदाहरण देना चाहिये। **'दैवतोऽस्य पिशाचो राक्षसोऽथवा'**। यहाँ 'दैवतम्' चाहिये। काव्यप्रकाश में इस दोष का यही उदाहरण दिया है।

ग्राम्यत्वमिति—शब्द तीन प्रकार के होते हैं नागर, उपनागर और ग्राम्य। जो शब्द चतुर पुरुषों में व्यवहृत नहीं होते, केवल गँवारों में ही बोले जाते हैं, उन्हें ग्राम्य कहते हैं। **कटिरिति**—यहाँ 'कटि' शब्द ग्राम्य है। 'श्रोणि' 'नितम्ब' आदिक नागर कहाते हैं। **अप्रतीतत्वमिति**—जो किसी एकदेश में ही प्रसिद्ध हो उस शब्द को 'अप्रतीत' कहते हैं। **योगेनेति**--योग अर्थात् समाधि के बल से 'आशय' अर्थात् वासना नामक संस्कारों को जिसने विनष्ट (दलित) किया है—(वह योगी ब्रह्मनिर्वाण पाता है) इत्यादि।

शुभ अथवा अशुभ कर्मों से उत्पन्न हुए वासना नामक संस्कार को 'आशय' शब्द से योगशास्त्र में ही व्यवहृत किया है। **'आशेरेते फलपाकपर्यन्तमन्तःकरणे इत्याशया धर्मादयः'**—सुख अथवा दुःखरूप फल के देने तक जो अन्तःकरण में विद्यमान रहें—फलपाक के अनन्तर नष्ट हों—उन्हें 'आशय' कहते हैं।

यहाँ 'योग' का अर्थ समाधि है। यह 'योग' शब्द 'युज् समाधौ'-से बना है, 'युजिर्' योगे (धातु) से नहीं। अतएव व्यासभाष्य (योगदर्शन) के आरम्भ में लिखा है। **'योगः समाधिः'**। समाधि का अर्थ है चित्त की वृत्तियों का रोकना। **'योगश्चित्तवृत्तिनिरोधः'** यो० सू० समाधिपाद--२ सू०। इस भाष्य पर श्री वाचस्पति मिश्र ने लिखा है—**''युज्-समाधौ इत्यस्माद् व्युत्पन्नः समाध्यर्थो, नतु युजिर्-योगे इत्यस्मात्संयोगार्थ इत्यर्थः''**—

श्रीतर्कवागीशजी ने 'योग' का अर्थ किया है 'प्रकृति पुरुष का अभेद चिन्तन'--यह अर्थ उक्त प्रमाणों से विरुद्ध है। प्रकृति और पुरुष का अभेद योग का नहीं, वेदान्त का सिद्धान्त है। योगशास्त्र में प्रकृति भिन्न पदार्थ है। उसका पुरुष के साथ 'अभेद चिन्तन' करना मिथ्या ज्ञान होगा। मिथ्या ज्ञान मोक्ष का साधक नहीं हो सकता, अतएव वह 'आशय' या वासनाओं का विनाश कभी नहीं कर सकता। दूसरे 'अभेद' का अर्थ है भेदाभाव किन्तु अभाव के चिन्तन से मोक्ष की प्राप्ति नहीं होती, आत्मा के चिन्तन से ही होती है।

इस प्रकार के शब्दों का प्रयोग करने से 'अप्रतीतत्व' दोष होता है।

आशीरिति--यहाँ 'वन्द्यां' पद सन्दिग्ध है। 'बन्दी' शब्द का सप्तमी में भी यह रूप हो सकता है और 'वन्द्या' शब्द का द्वितीया विभक्ति में भी हो सकता है। इस सन्देह के कारण यहाँ 'सन्दिग्धत्व' दोष है। श्लेषादि में बकार और वकार की अभिन्नता इस सन्देह का कारण है। 'वन्द्या' शब्द में वकार है और 'बन्दी' शब्द में पवर्गीय बकार है।

नेयार्थत्वं रूढिप्रयोजनाभावादशक्तिकृतं लक्ष्यार्थप्रकाशनम्। यथा--

'कमले चरणाघातं मुखं सुमुखि तेऽकरोत्।' अत्र चरणाघातेन निर्जितत्वं लक्ष्यम्।

निहतार्थत्वमुभयार्थस्य शब्दस्याप्रसिद्धेऽर्थे प्रयोगः। यथा—

'यमुनाशम्बरं व्यतानीत्।' शम्बरशब्दो दैत्ये प्रसिद्धः। इह तु जले निहतार्थः।

'गीतेषु कर्णमादत्ते' अत्राङ् पूर्वो दाञ्-धातुर्दानार्थेऽवाचकः। यथा वा--

'दिनं मे त्वयि संप्राप्ते ध्वान्तच्छन्नापि यामिनी।' अत्र दिनमिति प्रकाशमयार्थेऽवाचकम्।

क्लिष्टत्वमर्थप्रतीतेर्व्यवहितत्वम्। यथा--'क्षीरोदजावसतिजन्मभुवः प्रसन्नाः' अत्र क्षीरोदजा लक्ष्मीस्तस्या वसतिः पद्मं, तस्य जन्मभुवो जलानि।

'भूतयेऽस्तु भवानीशः' अत्र भवानीशशब्दो भवान्याः पत्यन्तरप्रतीतिकारित्वाद्विरुद्धमतिकृत्।

अविमृष्टविधेयांशत्वं यथा—'स्वर्गग्रामटिकाविलुण्ठनवृथोच्छूनैः किमेभिर्भुजैः।'

अत्र वृथात्वं विधेयम्, तच्च समासे गुणीभावादनुवाद्यत्वप्रतीतिकृत्। यथा वा—

'रक्षांस्यपि पुरः स्थातुमलं रामानुजस्य मे।'

अत्र रामस्येति वाच्यम्। यथा वा--

नेयार्थत्वमिति--लक्षणा के प्रकरण में यह कह चुके हैं कि रूढि या प्रयोजन के कारण लक्षणा होती है। यदि इन हेतुओं के बिना कोई लाक्षणिक शब्द का प्रयोग करे तो 'नेयार्थत्व' दोष होता है। कवि की अशक्ति अर्थात् व्युत्पत्तिरूप सामर्थ्य के अभाव से लक्ष्य अर्थ का प्रकाशन (प्रकट होना) नेयार्थत्व कहाता है। उदाहरण--**कमले इति**—हे सुमुखि, तुम्हारे मुख ने कमल में लात मारी। **अत्रेति**—यहाँ 'चरणाघात' शब्द से जीत लेना लक्ष्य है। तात्पर्य यह है कि लात मारने के लिये लात का होना आवश्यक है। लात वही मारेगा जिसके लात हो। मुख में लात नहीं होती, अतः मुख्य अर्थ यहाँ बाधित है, इस कारण 'लात मारने' से जीत लेन लक्षणीय है, परन्तु यहाँ इस लक्षणा का हेतु न रूढि है, न कोई व्यंग्य प्रयोजन, अतः इस लक्षणा से कवि की अव्युत्पन्नता प्रकट होती है। **निहतेति**—प्रसिद्ध और अप्रसिद्ध दोनों अर्थों के वाचक शब्द का अप्रसिद्ध अर्थ में प्रयोग करने से 'निहतार्थत्व' दोष होता है। जैसे—**यमुनेति**—यद्यपि **'नीरक्षीराम्बुशम्बरम्'** इत्यादि कोष में 'शम्बर' शब्द जल के पर्यायों में भी आया है, परन्तु काव्यों में उसका प्रयोग शम्बर नामक असुर के लिये ही होता है, जल के लिये यह शब्द अप्रसिद्ध है, अतः उक्त उदाहरण में यह दोष है. क्योंकि यहाँ जल के अर्थ में इस शब्द का प्रयोग किया है। अप्रयुक्तत्व एकार्थक शब्द में होता है और निहतार्थत्व अनेकार्थक शब्द में।

गीतेष्विति--यहाँ कान देने (सुनने) के अर्थ में 'कर्णमादत्ते' वाक्य बोला है, किन्तु आङ्पूर्वक 'दा' धातु का अर्थ लेना है, देना नहीं, अतः 'आदत्ते' पद में अवाचकत्व दोष है। 'आदत्ते' पद, देने का वाचक नहीं है। दूसरा उदाहरण--**दिनमिति**--**अत्रेति**--यहाँ दिन शब्द प्रकाशमयरूप अर्थ का अवाचक है। सूर्यावच्छिन्न (सूर्य से युक्त) काल का नाम 'दिन' है। सब प्रकार के प्रकाश से युक्त समय को 'दिन' नहीं कहते। प्रकृत में 'दिन' से प्रकाशमयत्व ही विवक्षित है, सूर्यावच्छिन्नत्व नहीं।

क्लिष्टत्वमिति--अभिधेय अर्थ की प्रतीति (ज्ञान) में व्यवधान (रुकावट) का होना 'क्लिष्टत्व' दोष कहाता है। **क्षीरोदेति**--यहाँ 'क्षीरोद' का अर्थ है क्षीरसागर, उसकी कन्या (क्षीरोदजा) लक्ष्मी. उसकी 'वसति' = (निवास-स्थान) कमल, उसकी (कमल की) जन्मभूमि = जल प्रसन्न (स्वच्छ) हुआ। यहाँ केवल जल की स्वच्छता बतानी है। उसके लिये इतने शब्द बोलकर क्लिष्टता पैदा कर दी है। **भूतये इति**--भवानी (भव = शिव की पत्नी) के ईश = पति कल्याण करें। यहाँ 'भवनीश' शब्द से पार्वती का कोई दूसरा पति प्रतीत होता है, अतः यहाँ 'विरुद्धमतिकारिता' दोष है, क्योंकि यह पद विरुद्धमति (बुद्धि) पैदा करता है।

अविमृष्टेति--जहाँ विधेय अंश का विमर्श (प्रधानरूप से परामर्श) न हो, वहाँ 'अविमृष्टविधेयांशत्व' दोष होता है। **स्वर्गेति**--इस वाक्य में वृथात्व विधेय है—उसे समास में डालकर उपसर्जन कर दिया है। तत्पुरुष समास में उत्तर पद का अर्थ प्रधान रहता है, अतः यहाँ वृथात्व अप्रधान हो गया है। प्रत्येक वाक्य में विधेय का प्रधानता के साथ निर्देश होना चाहिए। दूसरा उदाहरण--**रक्षांसीति**--'मैं रामानुज हूँ, क्या मेरे सामने राक्षस ठहर सकेंगे ?' यहाँ वक्ता को राम के सम्बन्ध से ही अपने में विशेषता बतानी है, परन्तु सम्बन्धवाचक

'आसमुद्रक्षितीशानाम्' अत्राऽऽसमुद्रमिति वाच्यम्। यथा वा--

'यत्र ते पतति सुभ्रु कटाक्षः षष्ठबाण इव पञ्चशरस्य।'

अत्र षष्ठ इवेत्युत्प्रेक्ष्यम्। यथा वा--'अमुक्ता भवता नाथ मुहूर्तमपि सा पुरा।'
अत्रामुक्तेत्यत्र नञः प्रसज्यप्रतिषेधत्वमिति विधेयत्वमेवोचितम्।
यदाहुः—'अप्राधान्यं विधेर्यत्र प्रतिषेधे प्रधानता। प्रसज्यप्रतिषेधोऽसौ क्रियया सह यत्र नञ्॥'

यथा--'नवजलधरः संनद्धोऽयं न दृप्तनिशाचरः।'
उक्तोदाहरणे तु तत्पुरुषसमासे गुणीभावे नञः पर्युदासतया निषेधस्य विधेयतयानवगमः। यदाहुः—

'प्रधानत्वं विधेर्यत्र प्रतिषेधेऽप्रधानता। पर्युदासः स विज्ञेयो, यत्रोत्तरपदेन नञ्॥'
तेन--'जुगोपात्मानमत्रस्तो भेजे धर्ममनातुरः। अगृध्नुराददे सोऽर्थानसक्तः सुखमन्वभूत्॥'

अत्राऽत्रस्ततताद्यनूद्याऽऽत्मगोपनाद्येव विधेयमिति नञः पर्युदासतया गुणीभावो युक्तः। ननु 'अश्राद्धभोजी ब्राह्मणः' 'असूर्यम्पश्या राजदारा' इत्यादिवत् 'अमुक्ता' इत्यत्रापि प्रसज्यप्रतिषेधो भव-

---

षष्ठी विभक्ति का लोप हो गया है और रामशब्द को समास में डालकर उसकी प्रधानता दबा दी गई है, अतः उक्त वाक्य में विधेयाविमर्श या 'अविमृष्टविधेयांशत्व' नामक दोष है। यहाँ 'रामस्य' यह पद पृथक् रहना चाहिये और 'मैं राम का अनुज (छोटा भाई) हूँ' ऐसा अर्थ होना चाहिये। यह युद्ध के समय वीर लक्ष्मण की उक्ति है

अन्य उदाहरण—आसमुद्रेति--यहाँ राज्य का समुद्रपर्यन्त होना विधेय है, अतः 'आसमुद्रम्' पद का समास नहीं करना चाहिये था। और उदाहरण—**यत्र ते इति**-- इस वाक्य में षष्ठत्व उत्प्रेक्ष्य है, वही विधेय है, अतः 'षष्ठ इव' यह असमस्त (बिना समास के) बोलना चाहिये था। 'बाण' के साथ 'षष्ठ' का समास कर देने से उसकी प्रधानता जाती रही।

अमुक्तेति—यहाँ नञ् ('अमुक्ता' का 'अ') प्रसज्यप्रतिषेधक है, अतः उसे विधेय ही रखना चाहिये और उसके साथ समास न करके 'न मुक्ता' ऐसा पृथक् पद रखना चाहिये। 'नञ्' दो प्रकार के होते हैं, एक पर्युदास, दूसरा प्रसज्य। पर्युदास से तद्भिन्नतत्सदृश (निषेध्य से भिन्न होने पर भी निषेध्य के सदृश) पदाथा का बोध होता है। यह नञ् उत्तर पद के साथ सम्बद्ध रहता है, अतएव इसके साथ समास होता है, जैसे 'अब्राह्मण' शब्द। इस शब्द से ब्राह्मण जाति से भिन्न, किन्तु उसके सदृश हाथ पैर वाला—क्षत्रिय आदि-- प्रतीत होता है। 'अब्राह्मण को लाओ' ऐसा कहने से मिट्टी का ढेला कोई नहीं लाता—क्योंकि ब्राह्मण से भिन्न होने पर भी वह (ढेला) ब्राह्मण के सदृश नहीं है। यही निम्नकारिका में कहा है—**'द्वौ नञौ समाख्यातौ पर्युदास-प्रसज्यकौ। पर्युदासः सदृग्ग्राही प्रसज्यस्तु निषेधकृत्॥'** प्रसज्यप्रतिषेध उसे कहते हैं जो सीधा निषेध करे जैसे 'न गच्छेत्'। यह नञ् क्रिया के साथ सम्बद्ध रहता है, अतः दूसरे पदों के साथ इसका समास नहीं हुआ करता। इसमें प्रधानतया निषेध ही विधीयमान रहता है। 'अमुक्ता' इत्यादि पद्य में निषेध ही विधेय है, अतः यहाँ भी 'न' के साथ समास नहीं होना चाहिये था। समास करने से निषेध की प्रधानतया प्रतीति नहीं होती, अतः यहाँ 'विधेयाविमर्श' दोष है।

अप्राधान्यमिति—जहाँ विध्यंश में अप्रधानता हो और प्रतिषेधांश में प्रधानता हो वहाँ प्रसज्यप्रतिषेध (नञ्) होता है, ऐसे स्थल में नञ् का सम्बन्ध क्रिया के साथ रहता है। **जैसे--नवजलधर इति**—यहाँ प्रसज्य-प्रतिषेध है, अतएव **'न दृप्तनिशाचरः'** में समास नहीं किया, किन्तु-उक्तोदाहरण (अमुक्तेत्यादि) में तत्पुरुष समास करके नञ् को उपसर्जन बना दिया, अतः यहाँ पर्युदासत्व की प्रतीति होती है, निषेध का प्रधानरूप से भान नहीं होता।

प्रधानत्वमिति--जहाँ विध्यंश में प्रधानता हो और प्रतिषेधांश में अप्रधानता हो, उस नञ् को पर्युदास समझना चाहिये। इसका सम्बन्ध उत्तरपद के साथ होता है, जैसे--**जुगोपेति**--यह राजा दिलीप का वर्णन है। 'गृध्नु' लोभी को कहते हैं। **अत्रेति**--यहाँ अत्रस्तत्व, अनातुरत्व, अगृध्नुत्व, और असक्तत्व को अनुवाद (उद्देश्य)--करके आत्मगोपन, धर्मसेवन अर्थादान और सुखानुभव विधेय है, अतः नञ् पर्युदास है, प्रसज्य नहीं, इस कारण समास में उसका उपसर्जन करना उचित ही हुआ है।

नन्विति-प्रश्न जैसे **'अश्राद्धभोजी ब्राह्मणः'** और **'असूर्यम्पश्या राजदाराः'** इत्यादिकों में प्रतिषेधार्थक

तीति चेत्, न। अत्रापि यदि भोजनादिरूपक्रियांशेन नञः संबन्धः स्यात्तदैव तत्र प्रसज्यप्रतिषेधत्वं वक्तुं शक्यम्। न च तथा। विशेष्यतया प्रधानेन तद्भोज्यर्थेन कर्त्रंशेनैव नञः संबन्धात्। यदाहुः--

'श्राद्धभोजनशीलो हि यतः कर्ता प्रतीयते। न तद्भोजनमात्रं तु कर्तरीनेर्विधानतः॥' इति।

'अमुक्ता' इत्यत्र तु क्रिययैव सह संबन्ध इति दोष एव। एते च क्लिष्टत्वादयः समासगता एव पददोषाः। वाक्ये दुःश्रवत्वं यथा—'स्मरार्त्यन्धः कदा लप्स्ये कार्तार्थ्यं विरहे तव।'

'कृतप्रवृत्तिरन्यार्थे कविर्वान्तं समश्नुते।' अत्र जुगुप्साव्यञ्जिकाश्लीलता।

'उद्यत्कमललौहित्यैर्वक्राभिर्भूषिता तनुः।'

अत्र कमललौहित्यं पद्मरागः। वक्राभिर्वामाभिः। इति नेयार्थता।

'धम्मिल्लस्य न कस्य प्रेक्ष्य निकामं कुरङ्गशावाक्ष्याः। रज्यत्यपूर्वबन्धव्युत्पत्तेर्मानसं शोभाम्॥'

अत्र धम्मिल्लस्य शोभां प्रेक्ष्य कस्य मानसं न रज्यतीति सम्बन्धः क्लिष्टः।

'न्यक्कारो ह्ययमेव मे यत्' इति। अत्र चायमेव न्यक्कार इति न्यक्कारस्य विधेयत्वं विवक्षितम्। तच्च शब्दरचनावैपरीत्येन गुणीभूतम्। रचना च पदद्वयस्य विपरीतेति वाक्यदोषः।

नञ् के साथ समास होता है-उसी प्रकार 'अमुक्ता' इस पद में भी प्रसज्यप्रतिषेधार्थक नञ् के साथ समास मान लें तो क्या हानि है? उत्तर—उक्त दृष्टान्तों में प्रसज्यप्रतिषेध नहीं है, यदि भोजन, दर्शन आदि क्रियांशों के साथ नञ् का सम्बन्ध होता हो तो इनमें प्रसज्यप्रतिषेध कहा जा सकता है। किन्तु ऐसा नहीं है। **'प्रधानेनहि सम्बन्धः' 'गुणानाञ्च परार्थत्वादसम्बन्धः'** इत्यादि न्याय के अनुसार यहाँ कर्ता (प्रत्ययार्थ) के साथ नञ् का सम्बन्ध होता है, क्योंकि यहाँ वही प्रधान है। **'प्रकृतिप्रत्ययौ सहार्थं ब्रूतस्तयोः प्रत्ययार्थः प्रधानम्'** अर्थात् प्रकृति और प्रत्यय मिलकर अर्थ देते हैं, किन्तु उनमें प्रत्यय का अर्थ प्रधान रहता है। 'अश्राद्धभोजी' और 'असूर्यम्पश्या' में प्रत्ययार्थ होने के कारण कर्त्ता प्रधान है। इसमें प्रमाण देते हैं—**श्राद्धेति**—'अश्राद्धभोजी' इस पद से श्राद्धभोजनशील कर्त्ता की प्रतीति होती है, केवल भोजन की प्रतीति नहीं होती, क्योंकि यहाँ इनि ('सुप्यजातौ णिनिस्ताच्छील्ये' इस सूत्र से ताच्छील्यार्थक णिनि) प्रत्यय कर्ता अर्थ में होता है। **अमुक्तेति**—'अमुक्ते'त्यादि पूर्वोक्त उदाहरण में तो क्रिया के ही साथ नञ् का सम्बन्ध है, अतः वहाँ दोष ही है।

एते चेति—क्लिष्टत्व, विरुद्धमतिकारित्व और विधेयाविमर्श ये पददोष समास में ही होते हैं। **वाक्ये इति**—वाक्यगत दुःश्रवत्व का उदाहरण—**स्मरेति**—तुम्हारे विरह में 'स्मरार्ति=मन्मथ वेदना से अन्धा हुआ मैं कब 'कार्तार्थ्य'=कृतार्थता को प्राप्त करूँगा। यहाँ 'स्मरार्ति' 'कार्तार्थ्य' और 'लप्स्ये' इन अनेक पदों में रेफ और महाप्राण वर्णों का संयोग होने से वाक्यगत दुःश्रवत्व दोष है। **कृतेति**—अन्य के अर्थ में जिसने 'प्रवृत्ति' की है अर्थात् जो कवि अन्य कवियों के कहे हुए अर्थ को चुराता है वह 'वान्त' (वमन) खाता है। **अत्रेति**—यहाँ घृणाव्यञ्जक अश्लीलता है। 'प्रवृत्ति' शब्द पुरीषोत्सर्ग का व्यञ्जक है और 'वान्त' का अशन अत्यन्त घृणाव्यञ्जक है, अतः यह वाक्यगत दोष है। **उद्यदिति**—'वक्रा'=वामा अर्थात् सुन्दरियों ने 'उद्यत्'=प्रकाशमान, 'कमल'=पद्म, 'लौहित्य'=राग (पद्मराग=लालरत्न) से अपने शरीर को भूषित किया। यहाँ 'पद्म' शब्द से कमल लक्ष्य है और 'लौहित्य' शब्द से राग लक्ष्य है, एवम् 'वक्रा' शब्द से वामा लक्षणीय है। किन्तु इन लक्षणाओं का कारण न रूढि है, न प्रयोजन, अतः यहाँ पूर्ववत् नेयार्थता दोष है। अनेक पदों में होने के कारण यह वाक्यगत है।

वाक्यगत क्लिष्टत्व का उदाहरण—**धम्मिल्लस्येति**—जिसकी 'बन्धव्युत्पत्ति' अर्थात् रचनाचातुरी या गूँथने की कला अद्भुत है उस धम्मिल (बँधी हुई चोटी) की शोभा देखकर किसका मन अनुरक्त नहीं होता? यहाँ कई पदों का—जो दूर दूर हैं—सम्बन्ध क्लेश से करना पड़ता है। 'धम्मिल्लस्य' सबसे पहले है, परन्तु उसका सम्बन्ध सबसे पीछे पढ़े हुए 'शोभाम्' पद के साथ है। एवम् इस 'शोभाम्' का 'प्रेक्ष्य' के साथ, 'मानसम्' का 'न' के और 'न' का 'रज्यति' के साथ दूरान्वय है। **न्यक्कारइति**--इस पद्य में न्यक्कार विधेय है और 'अयमेव' उद्देश्य है। **'अनुवाद्यमनुक्त्वैव न विधेयमुदीरयेत्। नह्यलब्धास्पदं किञ्चित्कुत्रचित् प्रतितिष्ठति'** (उद्देश्य को विना कहे विधेय न बोले। विना आश्रय के कोई वस्तु कहीं नहीं ठहरती) इस न्याय के अनुसार

'आनन्दयति ते नेत्रे योऽसौ सुभ्रु समागतः।' इत्यादिषु 'यत्तदोर्नित्यः संबन्धः' इति न्यायादुपक्रान्तस्य यच्छब्दस्य निराकाङ्क्षत्वप्रतिपत्तये तच्छब्दसमानार्थतया प्रतिपाद्यमाना इदमेतददःशब्दा विधेया एव भवितुं युक्ताः। अत्र तु यच्छब्दनिकटस्थतया अनुवाद्यत्वप्रतीतिकृत्। तच्छब्दस्यापि यच्छब्दनिकटस्थितस्य प्रसिद्धपरामर्शित्वमात्रम्। यथा--

'यः स ते नयनानन्दकरः सुभ्रु स आगतः।'

यच्छब्दव्यवधानेन स्थितास्तु निराकाङ्क्षत्वमवगमयन्ति। यथा--

'आनन्दयति ते नेत्रे योऽधुनासौ समागतः॥'

एवमिदमादिशब्दोपादानेऽपि। यत्र च यत्तदोरेकस्याऽऽर्थत्वं संभवति, तत्रैकस्योपादानेऽपि निराकाङ्क्षत्वप्रतीतिरिरिति न क्षतिः। तथाहि यच्छब्दस्योत्तरवाक्यगतत्वेनोपादाने सामर्थ्यात् पूर्ववाक्ये तच्छब्दस्याऽऽर्थत्वम्। यथा--'आत्मा जानाति यत्पापम्'। एवम्--

'यं सर्वशैलाः परिकल्प्य वत्सं मेरौ स्थिते दोग्धरि दोहदक्षे। भास्वन्ति रत्नानि महौषधीश्च--' इत्यादावपि।

तच्छब्दस्य प्रक्रान्तप्रसिद्धानुभूतार्थत्वे यच्छब्दस्यार्थत्वम्। क्रमेण यथा--

'स हत्वा वालिनं वीरस्तत्पदे चिरकाङ्क्षिते। धातोः स्थान इवादेशं सुग्रीवं संन्यवेशयत्॥'

'स वः शशिकलामौलिस्तादात्म्यायोपकल्पताम्।' 'तामिन्दुसुन्दरमुखीं हृदि चिन्तयामि॥'

पहले उद्देश्य और पीछे विधेय बोलना चाहिये। **तच्चेति**--वह उद्देश्यविधेयभाव उक्त पद्य में उक्त शब्दों की रचना के वैपरीत्य (उलट जाने) अर्थात् पहले विधेय और पीछे उद्देश्य के पढ़ने से विधेय की प्रधानता प्रतीत नहीं होती। यहाँ रचना दो पदों की बिगड़ी है, अतः यह वाक्यदोष है। दूसरा उदाहरण--**आनन्दयतीति**--**यत्तदोरिति**--'यत्' और 'तत्' शब्द का नित्य सम्बन्ध होता है, एक के बिना दूसरा साकाङ्क्ष रहता है, इस न्याय के अनुसार उक्त पद्य में प्रकृत 'यत्' शब्द की आकाङ्क्षा पूरी करने के लिये 'तत्' शब्द के समानार्थक 'इदम्', 'एतत्' या 'अदस्' शब्द विधेय ही होने चाहियें, किन्तु प्रकृतपद्य में 'यत्' शब्द के समीप में स्थित होने के कारण 'अदस्' (असौ) शब्द से विधेयता का भान नहीं होता, अनुवाद्यत्व (उद्देश्यता) की प्रतीति होती है। इसी प्रकार 'तत्' शब्द भी यदि 'यत्' शब्द के समीप में ही स्थित हो तो केवल प्रसिद्धि का बोधक होता है, विधेयता का बोधक नहीं होता। जैसे--**यः स इति**--इस उदाहरण में पहला 'तत्' शब्द (सः) केवल प्रसिद्ध का परामर्श करता है। **यच्छब्देति**--'यत्' शब्द से यदि कुछ व्यवधान देकर तदादिक शब्द स्थित हों तो निराकाङ्क्षता का बोधन करते हैं। जैसे--आनन्दयति--इस वाक्य में 'अधुना' पद से व्यवहित होने के कारण 'अदस्' शब्द (असौ) से आकाङ्क्षा शान्त हो जाती है। इसी प्रकार 'इदम्' आदि शब्दों में भी जानना। **यत्रचेति**--और जहाँ 'यत्' 'तत्' शब्दों में से किसी एक का आर्थत्व--अर्थ के बल से आक्षेप-हो सकता हो वहाँ केवल एक का ग्रहण करने पर भी आकाङ्क्षा शान्त हो जाती है, अतः वहाँ कोई क्षति नहीं होती। **तथाहीति**--जहाँ उत्तर (अगले) वाक्य में यत् शब्द का ग्रहण होता है वहाँ पूर्ववाक्य में तत् शब्द अर्थ के बल से लभ्य हो सकता है। जैसे--**आत्मेति**--'हृदय ही जानता है, जो पाप है'। यहाँ अगले वाक्य में 'यत्' (जो) शब्द है, किन्तु पूर्व में 'तत्' शब्द कहा नहीं, वह आर्थ है, अतः यह अर्थ होता है कि--'जो पाप है उसे आत्मा (अन्तःकरण) जानता है'। **एवमिति**--इसी प्रकार 'यं सर्वशैलाः' इत्यादिक उत्तर वाक्यों में 'यत्' शब्द होने के कारण पूर्व वाक्य--'अस्त्युत्तरस्यां दिशि' इत्यादि--में 'तत्' शब्द न होने पर भी वह 'आर्थ' है। **तच्छब्दस्येति**--प्रक्रान्त (प्रकरण से प्राप्त) प्रसिद्ध और पूर्वानुभूत वस्तुओं के लिये जहाँ तत् शब्द आता है वहाँ यत् शब्द आर्थ होता है--क्रम से उदाहरण देते हैं--**सहृति**--उस वीर (श्रीरामचन्द्र) ने वाली को मारकर बहुत दिनों से अभिलषित उसके राज्य में सुग्रीव को, धातु के स्थान में आदेश की तरह, प्रतिष्ठित किया। यहाँ श्रीरामचन्द्रजी का प्रकरण चल रहा है। तत् शब्द (सः) प्रक्रान्तवाचक है, अतः 'यत्' शब्द आर्थ है। एवं--**स व इति**--यहाँ 'तत्' शब्द से लोकप्रसिद्ध शशिकलामौलि (शिव) का अभिधान होने के कारण 'यत्' शब्द आर्थ है तामिति--इसमें पूर्वानुभूत कामिनी का तत् शब्द से परामर्श किया है।

यत्र च यच्छब्दनिकटस्थितानामपीदमादिशब्दानां भिन्नलिङ्गविभक्तित्वं तत्रापि निराकाङ्क्षत्वमेव। क्रमेण यथा—

'विभाति मृगशावाक्षी येदं भुवनभूषणम्।' 'इन्दुर्बिभाति यस्तेन दग्धाः पथिकयोषितः।'

क्वचिदनुपात्तयोर्द्वयोरपि सामर्थ्यादवगमः यथा—

'न मे शमयिता कोऽपि भारस्येत्युर्वि मा शुचः। नन्दस्य भवने कोऽपि बालोऽस्त्यद्भुतपौरुषः॥'

अत्र योऽस्ति, स ते भारस्य शमयितेति बुध्यते।

'यद्यद्विरहदुःखं मे तत्को वाऽपहरिष्यति।

इत्यत्रैको यच्छब्दः साकाङ्क्ष इति न वाच्यम्। तथाहि—यद्यदित्यनेन केनचिद्रूपेण स्थितं सर्वात्मकं वस्तु विवक्षितम्। तथाभूतस्य तस्य तच्छब्देन परामर्शः। एवमन्येषामपि वाक्यगतत्वेनोदाहरणं बोध्यम्। पदांशे श्रुतिकटुत्वं यथा—'तद् गच्छ सिद्ध्यै, कुरु देवकार्यम्।'

'धातुमत्तां गिरिर्धत्ते।' अत्र मत्ताशब्दः क्षीबार्थे निहतः।

'वर्ण्यते किं महासेनो विजेयो यस्य तारकः।' अत्र विजेय इति कृत्यप्रत्ययः क्तप्रत्ययार्थेऽवाचकः।

'पाणिः पल्लवपेलवः।' पेलवशब्दस्याद्याक्षरे अश्लीले।

'संग्रामे निहताः शूरा वचोबाणत्वमागताः' अत्र वचःशब्दस्य गीःशब्दवाचकत्वे नेयार्थत्वम्। तथा तत्रैव बाणस्थाने शरेति पाठे।

अत्र पदद्वयमपि न परिवृत्तिसहम्। जलध्यादौ तूत्तरपदम्। वाडवानलादौ पूर्वपदम्। एव-

---

यत्रेति—जहाँ यत् शब्द के समीपस्थ होने पर भी इदमादि शब्द के लिङ्ग और विभक्तियाँ भिन्न होती हैं वहाँ निराकाङ्क्षता ही होती है। जैसे-**विभातीति**--यहाँ 'या' के साथ ही विधेय 'इदम्' पढ़ा है, किन्तु उसका लिङ्ग भिन्न है, अतः उससे उद्देश्यता की प्रतीति नहीं होती, एवम् उत्तरार्ध में 'यः' के साथ ही भिन्न विभक्तिवाला 'तेन' पद है, यहाँ कोई दोष नहीं है। **क्वचिदिति**—कहीं 'यत्' और 'तत्' दोनों का अर्थ के सामर्थ्य से अवगम (ज्ञान) होता है। **न मे इति**—मेरे दुःख भार को दूर करनेवाला कोई नहीं, यह समझकर, हे पृथ्वी, तू शोक मत कर। नन्द के घर में कोई अद्भुत पुरुषार्थ रखनेवाला बालक है। **अत्रेति**—नन्द के घर में 'जो' (यः) बालक है 'वह' (सः) तेरे भार का शमन करेगा, यह बात यहाँ प्रतीत होती है। ग्रहण न होने पर भी 'यत्' और 'तत्' दोनों अर्थ के सामर्थ्य से अवगत होते हैं।

प्रश्न-**यद्यदिति**-मुझे जो जो विरह का दुःख है उसे कौन दूर करेगा— इस वाक्य में उद्देश्य में यत् शब्द दो बार आया है, किन्तु आगे 'तत्' शब्द एक ही है, अतः एक यत् शब्द साकाङ्क्ष है, उसके लिये एक और तत् शब्द चाहिये। उत्तर-**इति न वाच्यम्**-ऐसा न कहो, क्योंकि यहाँ पूर्व वाक्य में 'यत् यत्' शब्दों से वीप्सा के द्वारा सम्पूर्ण दुःखों की विवक्षा है, उसी स्वरूप से उत्तर वाक्य के 'तत्' शब्द ने उनका परामर्श किया है, अतः कोई साकाङ्क्ष नहीं है। इसी प्रकार अन्य दोषों का भी वाक्य में उदाहरण जानना।

पदांश में श्रुतिकटुत्व का उदाहरण— **तद् गच्छेति**—यहाँ 'सिद्ध्यै' पद का एक अंश 'द्ध्यै' श्रुतिकटु है। **धातुमत्ताम्**--**अत्रेति**—'मत्ता' शब्द प्रमत्त (मस्त) स्त्री के लिये प्रसिद्ध है, यहाँ उसका तद्वत्तारूप अप्रसिद्ध अर्थ में प्रयोग है, अतः निहतार्थता दोष है। 'धातुमत्ता' पद के एक अंश--'मत्ता'—के दूषित होने से यह पदांशदोष है--'क्षीबार्थे प्रसिद्धः—इह तु तद्वत्तार्थे निहतः'—इस प्रकार इस पंक्ति की योजना करनी चाहिये। क्षीब अर्थ प्रसिद्ध है, अतः उसमें निहतार्थता नहीं हो सकती, इसलिये यथाश्रुत योजना ठीक नहीं है। **वर्ण्यते**-यहाँ 'विजेयः' पद में क्त प्रत्यय के अर्थ में यत् ('अचो यत्') प्रत्यय का प्रयोग किया है, अतः पदांशगत 'अवाचकत्व' है। **पाणिरिति**—'पेलव' शब्द के पहले दो अक्षरों से लज्जाव्यञ्जक अश्लीलता प्रकट होती है। **संग्रामे**—'वचोबाण' शब्द में 'वचस्' शब्द का 'गिर्' शब्द के लिये लक्षणा से प्रयोग किया है। गीर्वाण (देवता) के बोधन में तात्पर्य है, परन्तु रूढि अथवा प्रयोजन के न होने से लक्षणा यहाँ नहीं हो सकती, अतः पदांशगत 'नेयार्थता' दोष है। **तथेति**-—इसी प्रकार यदि उक्त शब्द में 'बाण' के स्थान में 'शर' पद दें तो भी यही दोष होगा। **अत्र पदद्वयम्**--इस 'गीर्वाण' शब्द में दोनों पद परिवर्तन नहीं सह सकते—इनमें से कोई भी

मन्येऽपि यथासंभवं पदांशदोषा ज्ञेयाः। निरर्थकत्वादीनां त्रयाणां च पदमात्रगतत्वेनैव लक्ष्ये संभवः। क्रमतो यथा--

'मुञ्च मानं हि मानिनि।' अत्र हि शब्दो वृत्तिपूरणमात्रप्रयोजनः।

'कुञ्जं हन्ति कृशोदरी' अत्र हन्तीति गमनार्थे पठितमपि न तत्र समर्थम्।

'गाण्डीवी कनकशिलानिभं भुजाभ्यामाजघ्ने विषमविलोचनस्य वक्षः।'

'आङो यमहनः', 'स्वाङ्गकर्मकाच्च' इत्यनुशासनबलादाङ्पूर्वस्य हनः स्वाङ्गकर्मकस्यैवात्मनेपदं नियमितम्। इह तु तल्लङ्घितमिति व्याकरणलक्षणहीनत्वात् च्युतसंस्कारत्वम्।

नन्वत्र 'आजघ्ने' इति पदस्य स्वतो न दुष्टता, अपि तु पदान्तरापेक्षयैव इत्यस्य वाक्यदोषता। मैवम, तथाहि गुणदोषालंकाराणां शब्दार्थगतत्वेन व्यवस्थितेस्तदन्वयव्यतिरेकानुविधायित्वं हेतुः। इह तु दोषस्य 'आजघ्ने' इति पदमात्रस्यैवान्वयव्यतिरेकानुविधायित्वम्, पदान्तराणां परिवर्तनेऽपि तस्य तादवस्थ्यात्, इति पददोष एव। तथा यथेहात्मनेपदस्य परिवृत्तावपि न दोषः, तथा हन्प्रकृतेरपीति न पदांशदोषः।

एवं 'पद्मः' इत्यत्राप्रयुक्तत्वस्य पदगतत्वं बोध्यम्। एवं प्राकृतादिव्याकरणलक्षणहानावपि च्युतसंस्कारत्वमूह्यम्।

बदला नहीं जा सकता। 'जलधि' आदि शब्दों में उत्तरपद (धि) में परिवर्तन नहीं हो सकता। पूर्वपद--जल के स्थान में चाहे जो कुछ पर्याय रख सकते हैं--'जलधि'--'वारिधि'--'पयोधि' आदि बना सकते हैं, किन्तु उत्तरपद को बदल कर यदि 'जलधान' आदि बना दें तो समुद्र का वाचक न रहेगा। वाडवेति--'वाडवानल' आदि पदों में पूर्वपद (वडवा या वाडव) नहीं बदला जा सकता।

एवम्--इसी प्रकार अन्य पदांशदोष जानना। **निरर्थकत्वादीति**--निरथकत्व, असमर्थत्व और च्युतसंस्कारता इन तीन दोषों का उदाहरण पद में ही संभव है, पदांश या वाक्य में इनका उदाहरण नहीं मिल सकता। **क्रमेणेति**--निरर्थकत्वादिकों का क्रम से उदाहरण--**मुञ्चेति**--यहाँ 'हि' पद निरथक है। केवल छन्द के अक्षर पूरे करने के लिये उसे रख दिया। **कुञ्जमिति**--यहाँ गमनरूप अर्थ में 'हन्' धातु का प्रयोग किया है, परन्तु इस अर्थ में यह असमर्थ है। यद्यपि व्याकरण में **'हन् हिंसागत्योः'** लिखा है--हिंसा और गति दोनों हन् के अर्थ बताये हैं--परन्तु 'पद्धति' आदि कुछ प्रयोगों के अतिरिक्त इस अर्थ में उक्त धातु का प्रयोग नहीं होता। 'हन्ति' रूप 'गच्छति' के अर्थ में सर्वथा अप्रयुक्त है, अतः यहाँ 'असमर्थत्व' दोष है। **'गाण्डीवीति'**--अर्जुन ने किरातवेषधारी शंकर के स्वर्णशिलासदृश वक्षःस्थल को दोनों हाथों से आहत किया। **आङः इति**--आत्मनेपद का विधान करनेवाले 'आङो यमहनः' इस सूत्र में 'स्वाङ्गकर्मकाच्च' इस सूत्र का सम्बन्ध (अनुवृत्ति) है, अतः आङ्पूर्वक हन् धातु से आत्मनेपद तभी होता है जब उसका कर्म स्वाङ्ग (मारनेवाले का अपना अङ्ग) हो, किन्तु यहाँ ऐसा नहीं है। हन् धातु के रूप--'आजघ्ने'--का कर्म शङ्कर वक्षःस्थल है और मारनेवाले अर्जुन हैं, अतः व्याकरण के नियम से विरुद्ध होने के कारण यहाँ 'च्युतसंस्कारता' दोष है। व्याकरणानुसार यहाँ 'आजघान' होना चाहिये।

नन्विति--प्रश्न--'आजघ्ने' यह पद स्वयं तो दुष्ट नहीं है। व्याकरण के अनुसार इसकी सिद्धि होती ही है। इसके साथ दूसरे पद--विषमविलोचनस्य वक्षः'--के होने से यह दूषित हो गया है, अतः दो पदों का दोष होने के कारण इसे वाक्यदोष क्यों न माना जाय? उत्तर--**मैवमिति**--ऐसा मत कहो--शब्द अथवा अर्थ में गुण, दोष और अलंकारों की स्थिति का निर्णय पूर्वोक्त 'अन्वयव्यतिरेक' के द्वारा होता है। जो दोष जिस शब्द के रखने पर बना रहे और उसके हटा देने से हट जाय वह उसी शब्द का दोष माना जाता है। एवं जिस अर्थ की सत्ता में जो दोष बना रहे और उस अर्थ के अभाव में निवृत्त हो जाय वह उस अर्थ का दोष माना जाता है। प्रकृत में यह दोष 'आजघ्ने' इस पद से ही सम्बद्ध है, क्योंकि यहाँ यदि और पदों को बदलकर उनके पर्यायवाचक रख दिये जायँ तो यह दोष बना ही रहेगा, किन्तु यदि 'आजघ्ने' को हटाकर इसका पर्याय रख दें तो उक्त दोष नहीं रहता, अतः इसी पद के साथ सम्बन्ध रखने के कारण यह पददोष है। **तथेति**--जैसे यहाँ आत्मनेपद को बदल देने से दोष नहीं रहता इसी प्रकार हन् धातु के बदलने पर भी नहीं रहता, अतएव इसे पदांशदोष भी नहीं कह सकते। **एवं पद्मः**--इसी प्रकार 'पद्मः' इत्यादि में पूर्वोक्त 'अप्रयुक्तत्व' दोष को पद-

इह तु शब्दानां सर्वथा प्रयोगाभावेऽसमर्थत्वम्। विरलप्रयोगे निहतार्थत्वम्। निहतार्थत्वमनेकार्थशब्दविषयम्। अप्रतीतत्वं त्वेकार्थस्यापि शब्दस्य सार्वत्रिकप्रयोगविरहः। अप्रयुक्तत्वमेकार्थशब्दविषयम्। असमर्थत्वमनेकार्थशब्दविषयम्। असमर्थत्वे हन्त्यादयो गमनार्थे पठिताः। अवाचकत्वे दिनादयः प्रकाशमयाद्यर्थे न तथेति परस्परभेदः। पददोषसजातीया वाक्यदोषा उक्ताः, संप्रति तद्विजातीया उच्यन्ते।

वर्णानां प्रतिकूलत्वं, लुप्ताऽऽहतविसर्गते। अधिकन्यूनकथितपदताहतवृत्तताः ॥५॥
पतत्प्रकर्षता, संधौ विश्लेषाऽश्लीलकष्टताः। अर्धान्तरैकपदता समाप्तपुनरात्तता ॥६॥
अभवन्मतसंबन्धाऽक्रमाऽमतपरार्थताः। वाच्यस्यानभिधानं च भग्नप्रक्रमता तथा ॥७॥
त्यागः प्रसिद्धेरस्थाने न्यासः पदसमासयोः। संकीर्णता गर्भितता दोषाः स्युर्वाक्यमात्रगाः ॥८॥

वर्णानां रसानुगुण्यविपरीतत्वं प्रतिकूलत्वम्। यथा मम—

'ओवट्टइ उल्लट्टइ सअणे कहिंपि मोट्टाअइ णो परिहट्टइ। हिअएण फिट्टइ लज्जाइ खुट्टइ दिहीए सा॥'

दोष जानना। प्राकृत आदि के शब्दों में भी उनके व्याकरणों का विरोध होने पर इसी प्रकार 'च्युतसंस्कारता' दोष जानना चाहिये।

कई दोषों के परस्पर भेद को स्पष्ट करते हैं—**इहतु**—जिस शब्द का जिस अर्थ में सर्वथा प्रयोगाभाव है अर्थात् जो शब्द जिस अर्थ में कभी प्रयुक्त नहीं होता उसका उस अर्थ में प्रयोग करने से असमर्थत्व दोष होता है। जैसे 'गच्छति' के अर्थ मे 'हन्ति' का प्रयोग दिखाया। **विरलेति**—जिस शब्द का जिस अर्थ में प्रयोग विरल (कहीं कहीं केवल श्लेषादि में ही) होता हो उसका उसी (विरलप्रयोगविषय) अर्थ में प्रयोग करने से 'निहतार्थत्व' दोष होता है। 'निहतार्थत्व' अनेकार्थत्व शब्दों में ही हो सकता है, किन्तु अप्रतीतत्व दोष वहाँ होता है जहाँ शब्द चाहे एकार्थक हो चाहे अनेकार्थक, किन्तु उसका उस अर्थ में प्रयोग सर्वत्र न होता हो। जैसे 'आशय' शब्द वासना के लिये योगशास्त्र में ही आता है। **अप्रयुक्तत्वमिति**—अप्रयुक्तत्व एकार्थक शब्दों में होता है। **असमर्थत्वमिति**—'असमर्थत्व' दोष अनेकार्थक शब्दों में होता है। इसके उदाहरण 'हन्' धातु आदि हैं, जो व्याकरण में गमन आदि अर्थों में पढ़ी हैं, (परन्तु 'पद्धति' आदि कुछ शब्दों के अतिरिक्त गमन अर्थ में इसका प्रयोग नहीं होता। 'गच्छति' के अर्थ में 'हन्ति' का प्रयोग कहीं नहीं होता) किन्तु अवाचकत्व के उदाहरण 'दिन' आदि शब्द हैं, जो प्रकाशमय आदि अर्थों के लिये कहीं नहीं पढ़े हैं। यही इन दोषों का परस्पर भेद है।

इस प्रकार पददोषों के सजातीय वाक्यदोष दिखाने के अनन्तर अब उन से विजातीय वाक्यदोष दिखाते हैं। **वर्णानामिति**—प्रतिकूलवर्णत्व, लुप्तविसर्गत्व, आहतविसर्गत्व, अधिकपदत्व, न्यूनपदत्व, कथितपदत्व, हतवृत्तत्व, पतत्प्रकर्षत्व, सन्धिविश्लेष, सन्ध्यश्लीलत्व, संधिकष्टत्व, अर्धान्तरैकपदत्व, समाप्तपुनरात्तत्व, अभवन्मतसम्बन्धत्व, अक्रमत्व, अमतपरार्थत्व, वाच्यानभिधान, भग्नप्रक्रमत्व, प्रसिद्धित्याग, अस्थानस्थपदत्व, अस्थानस्थसमासत्व, संकीर्णत्व और गर्भितत्व ये दोष केवल वाक्यों में होते हैं, पदादिकों में नहीं होते।

प्रत्येक दोष का लक्षण और उदाहरण दिखाते हैं—**वर्णानामिति**—रस दो प्रकार के होते हैं—कोमल और प्रदीप्त। इनमें यथायोग्य कोमल और कठोर वर्णों की रचना होनी चाहिये। यदि वर्णों की रचना रस के विपरीत हो अर्थात् कोमल रस में कठोर और प्रदीप्त रस में कोमल वर्णों की रचना करने से प्रतिकूलवर्णत्व नामक दोष होता है। उदाहरण—**ओवट्टइ—"अववर्तयति उल्लोठयति शयने कहींपि मोट्टयति नो परिघटते। हृदयेन स्फिटयति लज्जया खुट्टयति धृतेः सा॥"** यह नायक के प्रति दूती की उक्ति है—तुम्हारे वियोग में वह करवटें बदल रही है—पलङ्ग पर कभी हाथ पैर पटकती है—मोट्टायित करती है। ('तद्भावभाविते चित्ते वल्लभस्य कथादिषु। **मोट्टायितमिति** प्राहुः कर्णकण्डूयनादिकम्।') किसी कार्य में परिघटित (संलग्न) नहीं होती—उसका जो (हृदय) टूट जाता है—वह लज्जा के कारण धैर्य से च्युत हो रही है।

अत्र टकाराः शृङ्गाररसपरिपन्थिनः केवलं शक्तिप्रदर्शनाय निबद्धाः। एषां चैकद्वित्रिचतुः-प्रयोगे न तादृग्रसभङ्ग इति न दोषः। 'गता निशा इमा बाले।' अत्र लुप्ता विसर्गाः।

आहता ओत्वं प्राप्ता विसर्गा यत्र। यथा—'धीरो वरो नरो याति' इति।

'पल्लवाकृतिरक्तोष्ठी।' अत्राकृतिपदमधिकम्। एवम्—

'सदाशिवं नौमि पिनाकपाणिम्।' इति विशेषणमधिकम्।

'कुर्यां हरस्यापि पिनाकपाणेः' इति। अत्र तु पिनाकपाणिपदं विशेषप्रतिपत्त्यर्थमुपात्तमिति युक्तमेव।

यथा वा—'वाचमुवाच कौत्सः।'

अत्र वाचमित्यधिकम्। उवाचेत्यनेनैव गतार्थत्वात्। क्वचित्तु विशेषणदानार्थं तत्प्रयोगो युज्यते। यथा—'उवाच मधुरां वाचम्' इति।

केचित्त्वाहुः—यत्र विशेषणस्यापि क्रियाविशेषणत्वं संभवति तत्रापि तत्प्रयोगो न घटते। यथा—'उवाच मधुरं धीमान्' इति। 'यदि मय्यर्पिता दृष्टिः किं ममेन्द्रतया तदा।'

अत्र प्रथमे त्वयेति पदं न्यूनम्। 'रतिलीलाश्रमं भिन्ते सलीलमनिलो वहन्।'

लीलाशब्दः पुनरुक्तः। एवम्—'जन्तुर्बिसं धृतविकासिबिसप्रसूनाः।'

अत्र बिसशब्दस्य 'धृतपरिस्फुटतत्प्रसूना' इति सर्वनाम्नैव परामर्शो युक्तः। हतवृत्तं लक्षणानुसरणेऽप्यश्रव्यं रसाननुगुणमप्राप्तगुरुभावान्तलघु च। क्रमेण यथा—

अत्रेति—यहाँ कोमल रस (शृंगार) में उसके विरोधी कठोर वर्ण हमने (साहित्यदर्पणकार ने) केवल अपनी कविताशक्ति के दिखाने के लिये जान बूझकर रख दिये हैं। गुणसंग्रह के समान उत्कृष्ट दोषों को इकट्ठा करना भी कवित्व शक्ति का परिचायक है। इन प्रतिकूल वर्णों का दो एक बार यदि कहीं प्रयोग हो जाय तो उतना रसभङ्ग नहीं होता, अतः वहाँ दोष भी नहीं होता। अनेक बार और दो-दो संयुक्त टकार उक्त पद्य में अत्यन्त दोषाधायक हैं। उक्त पद्य में विप्रलम्भशृंगार—अत्यन्त कोमल—रस है। उसमें इन कठोर वर्णों की रचना से प्रतिकूलवर्णत्व दोष हुआ है। **गताइति**—इस वाक्य में सर्वत्र विसर्गों का लोप हो जाने से 'लुप्तविसर्गत्व' दोष है। **आहता इति**—यहाँ 'आहत' शब्द का अर्थ है ओकार के रूप में परिणत होना। जहाँ अनेक विसर्ग ओकार के रूप में परिणत होते हैं वहाँ 'आहतविसर्गत्व' दोष होता है। जैसे—धीरो—। **पल्लवेति**—यहाँ 'आकृति' पद अधिक है। 'पल्लवरक्तोष्ठी' ही कहना चाहिये। **सदाशिवम्**—यहाँ 'पिनाकपाणिम्' यह विशेषण अधिक है। नमस्कार के प्रकरण में पिनाक का नहीं, अपितु भक्तवत्सलता आदि का वर्णन होना चाहिये। **कुर्यामिति**—इस पद्य में कामदेव ने अपनी वीरता सूचित करने के लिये—'**कुर्यां हरस्यापि पिनाकपाणे-र्धैर्यच्युतिं के मम धन्विनोऽन्ये**'—'पिनाकपाणि' विशेषण दिया है। यह ठीक है। 'अधिकपदत्व' का दूसरा उदाहरण देते हैं—**वाचमिति**—यहाँ 'वाचम्' अधिक है। 'उवाच' कहना ही पर्याप्त है। वाणी के अतिरिक्त और कोई क्या बोलेगा? कहीं-कहीं विशेषण देने के लिये अधिक पद का प्रयोग आवश्यक होता है। जैसे **उवाचेति**—यहाँ 'वाचम्' के विना 'मधुराम्' यह विशेषण नहीं आ सकता। वाणी की मधुरता बताने के लिये 'मधुराम्' विशेषण आवश्यक है और इसके लिये 'वाचम्' यह विशेष्य आवश्यक है, अतः यहाँ उक्त दोष नहीं है। **केचित्तु**—किन्हीं का तो यह मत है कि जहाँ विशेषण को क्रिया-विशेषण बनाया जा सके वहाँ भी अधिक पद का प्रयोग नहीं करना चाहिये। जैसे उक्त वाक्य यों बोला जा सकता है—'उवाच मधुरम्'—अतः यहाँ भी 'वाचम्' की आवश्यकता नहीं। न्यूनपदत्वका उदाहरण देते हैं—**यदीति**—यहाँ प्रथम चरण में 'त्वया' पद न्यून है। पुनरुक्त का उदाहरण—**रतिलीलेति**—दो बार आने से 'लीला' शब्द यहाँ पुनरुक्त है। इसी का नाम 'कथितपदत्व' है।

कथितपदत्व का दूसरा उदाहरण—**जक्षुरिति**—यहाँ दूसरी बार 'बिस' शब्द के स्थान पर सर्वनाम (तत् शब्द) का ही प्रयोग होना चाहिये।

हतेति—जो छन्द लक्षण के अनुसार होने पर भी सुनने में ठीक न लगे और जो छन्द रस के विपरीत हो, अथवा जिसके अन्त में ऐसा लघु हो जो गुरुत्व को प्राप्त न हो सके—ये तीन प्रकार के हतवृत्त होते हैं।

'हन्त सततमेतस्या हृदयं भिन्ते मनोभवः कुपितः।' 'अयि मयि मानिनि मा कुरु मानम्।'

इदं वृत्तं हास्यरसस्यैवानुकूलम्।

'विकसितसहकारभारहारिपरिमल एष समागतो वसन्तः।'

यत्पादान्ते लघोरपि गुरुभाव उक्तस्तत्सर्वत्र द्वितीयचतुर्थपादविषयम्। प्रथमतृतीयपादविषयं तु बसन्ततिलकादेरेव। अत्र 'प्रमुदितसौरभ आगतो वसन्तः' इति पाठो युक्तः। यथा वा—

'अन्यास्ता गुणरत्नरोहणभुवो धन्या मृदन्यैव सा संभाराः खलु तेऽन्य एव विधिना यैरेष सृष्टो युवा।
श्रीमत्कान्तिजुषां द्विषां करतलात्स्त्रीणां नितम्बस्थलाद् दृष्टे यत्र पतन्ति मूढमनसामस्त्राणि वस्त्राणि च॥'

अत्र वस्त्राणि चेति बन्धस्य श्लथत्वश्रुतिः। 'वस्त्राण्यपि इति पाठे तु दार्ढ्यमिति न दोषः। 'इदमप्राप्तगुरुभावान्तलघु' इति काव्यप्रकाशकारः। वस्तुतस्तु 'लक्षणानुसरणेऽप्यश्रव्यम्' इत्यन्ये।

'प्रोज्ज्वलज्ज्वलनज्वालाविकटोरुसटाच्छटः। श्वासक्षिप्तकुलक्ष्माभृत्पातु वो नरकेसरी॥'

अत्र क्रमेणानुप्रासप्रकर्षः पतितः।

'दलिते उत्पले एते अक्षिणी अमलाङ्गि ते।' एवंविधसंन्धिविश्लेषस्यासकृत्प्रयोग एव दोषः। अनुशासनमुल्लङ्घ्य वृत्तभङ्गमात्रेण संधिविश्लेषस्य तु सकृदपि। यथा—'वासवाशामुखे भाति इन्दुश्चन्दनबिन्दुवत्।'

'चलण्डामरचेष्टितः' इति। अत्र संधौ जुगुप्साव्यञ्जकमश्लीलत्वम्।

'उर्व्यसावत्र तर्वाली मर्वन्ते चार्ववस्थितिः।' अत्र संधौ कष्टत्वम्।

'इन्दुर्विभाति कर्पूरगौरैर्धवलयन्करैः। जगन्मा कुरु तन्वङ्गि मानंपादानते प्रिये॥'

अत्र जगदिति प्रथमार्धे पठितुमुचितम्।

क्रम से उदाहरण—हन्तेति। अयीति—यह छन्द हास्यरस के ही अनुरूप है। किसी मानिनी के मानापनोदन के समय इसका काम नहीं। विकसितेति—यहाँ प्रथम चरण के अन्त में लघुवर्ण ('हारि' के 'रि') को गुरुत्व नहीं हो सकता। यत्पादेति—छन्दःशास्त्र में पाद के अन्तिम लघु वर्ण को भी गुरु मान लेने की जो व्यवस्था है वह केवल द्वितीय और चतुथ पाद के लिये है। प्रथम और तृतीय चरणों में तो केवल वसन्ततिलकादि छन्दों के लिये ही है। यहाँ 'प्रमुदित' इत्यादि पाठ करने से संयोग के आदिम वर्ण को गुरुत्व हो सकता है। दूसरा उदाहरण—अन्याइति—गुणरत्नों को उत्पन्न करनेवाली वह कोई और ही पृथ्वी है, वह धन्य मृत्तिका दूसरी ही है और वे साधन (संभार) विलक्षण ही हैं, जिनसे विधाता ने इस युवक को बनाया है, जिसके देखते ही मन के मोहित (भय से या काम से) हो जाने के कारण शत्रुओं के हाथ से शस्त्र और कामिनियों के नितम्बस्थल से वस्त्र गिरने (खिसकने) लगते हैं। अत्रेति—यहाँ 'वस्त्राणि च' इसमें बन्ध शिथिल हो गया है। यदि 'वस्त्राण्यपि' बना दिया जाय तो ठीक रहे। इसे काव्यप्रकाशकार ने 'अप्राप्तगुरुभावान्तलघुत्व' का उदाहरण माना है। वस्तुतः यह छन्द के अनुसार होने पर भी अश्रव्य है। 'वस्तुतस्तु' इत्यादिक विश्वनाथजी की यह पंक्ति शिथिल है। यदि यह इनका अपना मत है, तब तो इसमें 'इत्यन्ये' नहीं करना चाहिये और यदि यह दूसरों का ही मत है, इनका नहीं, तब इसमें 'वस्तुतः' लिखना अनुचित है। प्रोज्ज्वलदिति—इस पद्य में अनुप्रास क्रम से गिरने लगा है और अन्त में बिल्कुल गिर गया है। वस्तुतः यहाँ दोष नहीं, प्रत्युत गुण है। क्रोध से भरे भयानक नृसिंह के वर्णन में विकट बन्ध और चतुर्थ चरण में आशीर्वाद के समय कोमल बन्ध बनाना उचित ही हुआ है। यदि यहाँ 'पातुवो' के स्थान में 'भात्यसौ' कर दें तो यह इस दोष का उदाहरण हो जायगा। दलिते इति—एवंविधेति—इस प्रकार प्रगृह्यसंज्ञा आदि के कारण किया हुआ सन्धिभङ्ग अनेक बार आने पर दोष होता है, किन्तु व्याकरण के विरुद्ध केवल छन्दोभङ्ग दूर करने के लिये एक बार किया हुआ सन्धिभङ्ग भी दोषाधायक हो जाता है। जैसे—वासवेति। चलण्डेति—यहाँ चलन् और डामर पदो की सन्धि करने से जुगुप्सा या व्रीडा की व्यञ्जक अश्लीलता प्रतीत होती है। अपभ्रंश भाषा में 'लण्डा' शब्द पुरीष का वाचक है। उर्वीति—यह वह पृथ्वी है, जहाँ मरुस्थलके अन्त्य में रमणीय अवस्थिति वाली वृक्षपङ्क्ति (तर्वाली) है। यहाँ सन्धि करने से कठोरता आ गई है।

इन्दुरिति—इस पद्य में जगत् का सम्बन्ध पूर्वार्ध के साथ है, वहीं इसे पढ़ना चाहिये। दूसरे अर्ध में

'नाशयन्तो घनध्वान्तं तापयन्तो वियोगिनः। पतन्ति शशिनः पादा भासयन्तः क्षमातलम् ॥'

अत्र चतुर्थपादो वाक्यसमाप्तावपि पुनरात्तः। अभवन्मतसंबन्धो यथा—

'या जयश्रीर्मनोजस्य यया जगदलंकृतम्। यामेणाक्षीं विना प्राणा विफला मे कुतोऽद्य सा ॥'

अत्र यच्छब्दनिर्दिष्टानां वाक्यानां परस्परनिरपेक्षत्वात्तदेकान्तःपातिनैणाक्षीशब्देनान्येषां संबंधः कवेरभिमतो नोपपद्यत एव।

'यां विनामी वृथा प्राणा एणाक्षी सा कुतोऽद्य मे।'

इति तच्छब्दनिर्दिष्टवाक्यान्तःपातित्वे तु सर्वैरपि यच्छब्दनिर्दिष्टवाक्यैः संबन्धो घटते। यथा वा--'ईक्षसे यत्कटाक्षेण तदा धन्वी मनोभवः।'

अत्र यदित्यस्य तदेत्यनेन संबन्धो न घटते। 'ईक्षसे चेत्' इति तु युक्तः पाठः। यथा वा--

'ज्योत्स्नाचयः पयःपूरस्तारकाः कैरवाणि च। राजति व्योमकासारराजहंसः सुधाकरः ॥'

अत्र व्योमकासारशब्दस्य समासे गुणीभावात्तदर्थस्य न सर्वैः संयोगः विधेयाविमर्शे यदेवाविमृष्टं तदेव दुष्टम्, इह तु प्रधानस्य कासारपदार्थस्य प्राधान्येनाप्रतीते सर्वोऽपि पयःपूरादिपदार्थस्तदङ्गतया न प्रतीयते, इति सर्ववाक्यार्थविरोधावभासः--इत्युभयोर्भेदः।

'अनेन च्छिन्दता मातुः कण्ठं परशुना तव। बद्धस्पर्द्धः कृपाणोऽयं लज्जते मम भार्गव ॥'

एक पदके चले जाने से यह 'अर्धान्तरैकपदत्व' दोषका उदाहरण है। **नाशयन्त इति**--यहाँ 'पतन्ति शशिनः पादाः' इस तीसरे चरण में वाक्य की समाप्ति हो जाने पर फिर चतुर्थ पाद में एक विशेषण उठाया है। इसके साथ अन्वय करने के लिये समाप्त वाक्य में से विशेष्यवाचक पदको फिर से उठाना पड़ेगा, अतः यहाँ 'समाप्तपुनरात्तत्व' दोष है। किसी वाक्य में निराकांक्षरूप से अन्वित हुए विशेष्यवाचक पदको अन्य विशेषण के साथ अन्वय करने के लिये फिर से उठाने पर समाप्तपुनरात्तत्व दोष होता है।

जहाँ कवि का अभिमत-संबन्ध (अन्वय) न बन सके वहाँ '**अभवन्मतसम्बन्ध**' दोष होता है। जैसे **या इति**—जो कामदेव की विजयलक्ष्मी है, जिससे यह संसार सुभूषित है और जिस मृगनयनी (एणाक्षी) के बिना ये मेरे प्राण व्यर्थ हैं वह आज मुझे कहाँ से मिले!' **अत्रेति**—यत् और तत् शब्दों का नित्य सम्बन्ध होता है--(यत्तदोर्नित्यः सम्बन्धः) अतः यत् शब्द से युक्त वाक्यों का तच्छब्दघटित (युक्त) वाक्य के साथ सम्बन्ध हो सकता है, क्योंकि ये दोनों परस्पर साकांक्ष रहते हैं। एक के साथ दूसरे की आकांक्षा सदा बनी रहती है, किन्तु दो यच्छब्द घटित वाक्यों का, निराकांक्ष होने के कारण, आपस में सम्बन्ध नहीं हो सकता। प्रकृत पद्य में पूर्वार्ध के दो वाक्यों में 'एणाक्षी' शब्द का सम्बन्ध कवि को अभिमत है, किन्तु बनता नहीं। क्योंकि तृतीय वाक्य जिसमें 'एणाक्षी' पद है वह यच्छब्दघटित होने के कारण पूर्वोक्त दोनों वाक्यों में निराकांक्ष है। यदि इस पद्य को-यां विनाऽमी-इत्यादि रूपसे पढ़ दें तो 'एणाक्षी' शब्द तच्छब्द (सा) घटित वाक्य के अन्तर्गत हो जाने से उक्तवाक्यों के साथ सम्बद्ध हो सकता है। दूसरा उदाहरण--**ईक्षसे इति**—यहाँ यत् पद का कालवाचक 'तदा' पद के साथ सम्बन्ध नहीं बनता, क्योंकि यत् से काल की प्रतीति नहीं होती। यदि यहाँ 'यत्' के स्थान पर 'चेत्' लगा दें तो सम्बन्ध हो सकता है। अन्य उदाहरण— **ज्योत्स्नेति**--चन्द्रिका स्वच्छ जल है और तारे कुमुद हैं तथा आकाशरूपी कासार (तालाब) में चन्द्रमा राजहंस है। यहाँ व्योमरूप कासार का संबन्ध, चंद्रिकारूप जल और तारका रूप कुमुदों के साथ कवि को अभिमत है, किन्तु उसका राजहंस के साथ समास कर देने से अब उतने अंश का उक्त पदों के साथ सम्बन्ध असम्भव है। समास में गुणीभूत अंश किसी दूसरे पदार्थ के साथ स्वतन्त्रता से सम्बन्ध नहीं कर सकता। यदि यहाँ 'व्योमकासारे' पाठ कर दें तो कोई दोष नहीं रहता।

विधेयेति—विधेयाविमर्श दोष में जिस अंश का प्रधानता से परामर्श नहीं होता वही दूषित होता है, किन्तु यहाँ 'कासार' शब्द का अर्थ (तालाब) जो सब में प्रधान है, समास के भीतर पड़ जाने के कारण प्रधानता से प्रतीत नहीं होता, अतएव 'पय.पूरः' आदिक सब पदार्थ (जो उसके अंग हैं) अंग नहीं प्रतीत होते-इस से सम्पूर्ण वाक्य के अर्थ में विरोध (दोष) भासित होता है, यही इन दोनों का भेद है। **अनेनेति**—हे परशुराम (भार्गव) माता का कण्ठ काटनेवाले तुम्हारे इस कुठार के साथ स्पर्धा करने में मेरा यह खड्ग लज्जित होता

अत्र भार्गवनिन्दायां प्रयुक्तस्य मातृकण्ठच्छेदनस्य परशुना सह संबन्धो न युक्त इति प्राच्याः। परशुनिन्दामुखेन भार्गवनिन्दाधिक्यमेव वैदग्ध्यं द्योतयतीत्याधुनिकाः। **अक्रमता** यथा--

'समय एव करोति बलाबलं प्रणिगदन्त इतीव शरीरिणाम्।
शरदि हंसरवाः परुषीकृतस्वरमयूरमयू रमणीयताम्॥'

अत्र परामृश्यमानवाक्यानन्तरमेवेतिशब्दोपयोगो युज्यते, न तु प्रणिगदन्त इत्यनन्तरम्। एवम्--

'द्वयं गतं संप्रति शोचनीयतां समागमप्रार्थनया कपालिनः।
कला च सा कान्तिमती कलावतस्त्वमस्य लोकस्य च नेत्रकौमुदी॥'

अत्र त्वमित्यनन्तरमेव चकारो युक्तः।

अमतपरार्थता यथा—'राममन्मथशरेण ताडिता—' इत्यादि।

अत्र शृङ्गाररसस्य व्यञ्जको द्वितीयोऽर्थः प्रकृतरसविरोधित्वादनिष्टः।

वाच्यस्यानभिधानं यथा—'व्यतिक्रमलवं कं मे वीक्ष्य वामाक्षि कुप्यसि।'

अत्र व्यतिक्रमलवमपीत्यपिरवश्यं वक्तव्यो नोक्तः। न्यूनपदत्वे वाचकपदस्यैव न्यूनता विवक्षिता। अपेस्तु न तथात्वमित्यनयोर्भेदः। एवमन्यत्रापि। यथा वा—

है। मेरे इस अनुपम कृपाण (खड्ग) की स्त्रीघाती, मातृघाती, तुम्हारे इस परशु के साथ स्पर्धा ही क्या! यहाँ माता के कण्ठ का छेदन परशुराम की निन्दा के लिये कहा गया है, परशु की निन्दा के लिये नहीं, अतः परशु के साथ उसका सम्बन्ध करना उचित नहीं है। यह प्राचीनों का मत है। आधुनिक आचार्य कहते हैं कि परशु की निन्दा के द्वारा यहाँ परशुराम की अत्यन्त निन्दा प्रतीत होती है, अतः इस प्रकार का कथन कवि की निपुणता का द्योतक है, दोषाधायक नहीं।

अक्रमता का उदाहरण—**समय इति**—संसार में समय ही सब को सबल और दुर्बल बनाता है, यह बतलाते हुए मयूरों के स्वरों को परुष (अरमणीय) करने वाले हंसों के शब्द शरद् ऋतु में रमणीयता को प्राप्त हुए। यहाँ 'समय एव करोति बलाबलम्' इस वाक्य के अर्थ का 'इति' शब्द से परामर्श किया गया है, अतः इसी परामृश्यमान वाक्य के अनन्तर इति पद आना चाहिये। वहाँ न रखकर 'प्रणिगदन्तः' के आगे उसे रखने से यहाँ अक्रमतादोष हुआ है। इसी प्रकार **द्वयम् इति**--कपालपाणि शङ्कर के समागम की अभिलाषा रखने वाली दो वस्तुयें इस समय शोचनीय हैं—एक तो वह (प्रसिद्ध) चन्द्रमा की कला और दूसरी लोकलोचन चन्द्रिका तुम (पार्वती)। शिवजी के साथ पाणिग्रहण की उत्कण्ठा से घोर तपस्या करती हुई पार्वती के प्रति बटुक वेष में छिपे हुए परीक्षार्थी शिवकी यह उक्ति है। **अत्रेति**—यहाँ 'त्वम्' पद के आगे 'च' शब्द रखना चाहिये था। क्योंकि उसी का चन्द्रकला के साथ समुच्चय दिखाना है, लोक का नहीं। जहाँ कोई अनिष्ट अर्थान्तर प्रतीत होता हो वहाँ 'अमतपरार्थता' नामक दोष होता है। जैसे '**रामेति**'--यहाँ शृंगाररस प्रतीत होता है, वह प्रकृत (बीभत्स) रस का विरोधी होने कारण अनिष्ट है। वाच्यानभिधान का उदाहरण--**व्यतिक्रमेति**--यहाँ 'अपि' शब्द अवश्य कहना चाहिये था। **न्यूनपदत्वे इति**—न्यूनपदत्व दोष में वाचक पद की ही न्यूनता ली जाती है और 'अपि' शब्द वाचक नहीं, द्योतक है। प्रहार-आहार-संहार-विहार और परिहार आदि शब्दों में 'प्र' आदिक उपसर्ग प्रकृतधात्वर्थनिष्ठ विशेषता के ही द्योतक होते हैं, स्वतन्त्ररूप से किसी विशेष अर्थ के वाचक नहीं होते। यद्यपि व्याकरण के नियमानुसार सभी सुबन्त और तिङन्त पद कहते हैं, परन्तु '**सुप्तिङन्तं पदम्**' यह नियम व्याकरण में ही आदरणीय हो सकता है, सर्वत्र नहीं। साहित्य में पद का लक्षण है--'**वर्णाः पदं प्रयोगार्हानन्वितैकार्थबोधकाः**'। इसके अनुसार पद उसे कहते हैं जो स्वतन्त्ररूप से प्रयोग के योग्य अनन्वित एक अर्थ का अभिधान करता हो। 'अपि' आदिक शब्दों में यह विशेषता नहीं होती, अतः वे स्वतन्त्र रूप से मुख्य पद नहीं माने जाते हैं और इसी कारण उनके अभाव में 'न्यूनपदत्व' नामक दोष भी नहीं माना जाता। यही इन दोनों दोषों का परस्पर भेद है। **एवमन्यत्रापीति**—इसी प्रकार अन्य उदाहरणों में भी जानना। इसी कारण प्रकृत उदाहरण—'**व्यतिक्रमलवम्**'—अथवा इसी प्रकार के अन्य उदाहरणों में 'वाच्यानभिधान' दोष माना जाता है।

'चरणानतकान्तायास्तन्वि कोपस्तथापि ते।' अत्र चरणानतकान्तासीति वाच्यम्।
भग्नप्रक्रमता यथा—'एवमुक्तो मन्त्रिमुख्यै रावणः प्रत्यभाषत।'

अत्र वचधातुना प्रक्रान्तं प्रतिवचनमपि तेनैव वक्तुमुचितम्, तेन 'रावणः प्रत्यवोचत' इति पाठो युक्तः। एवं च सति न कथितपदत्वदोषः। तस्योद्देश्यप्रतिनिर्देश्यव्यतिरिक्तविषयकत्वात्। इह हि वचनप्रतिवचनयोरुद्देश्यप्रतिनिर्देशत्वम्। यथा—

वस्तुतः विश्वनाथजी का यह कथन असंगत है। यदि यह मान लिया जाय कि केवल द्योतक शब्दों की न्यूनता में ही 'वाच्यानभिधान' दोष होता है, वाचक पदों की न्यूनता में यह नहीं होता, तो इस दोष का दूसरा उदाहरण—जो स्वयं विश्वनाथजीने दिया है—असंगत हो जायगा। 'चरणानतकान्तायाः' इस वाक्य में विश्वनाथजी ने 'असि' पद की न्यूनता के कारण 'वाच्यानभिधान' दोष बताया है, परन्तु 'असि' क्रिया हैं, इसका वाचक होना निर्विवाद है। फिर इस वाचक पद के अभाव में यह दोष कैसे हुआ? यदि विश्वनाथजी के शब्दों में ही कहा जाय तो इनका यह कथन 'स्ववचनविरोधादेवाऽपास्तम्' है। इसके अतिरिक्त विश्वनाथजी का प्रकृत कथन प्राचीन आचार्यों से भी विरुद्ध है, काव्यप्रकाशकार ने इसी दोष के उदाहरण में लिखा है,—

'अप्राकृतस्य चरितातिशयैश्च दृष्टैरत्यद्भुतैरपहृतस्य तथापि नाऽऽस्था। अत्र—अपहृतोस्मि—इत्यपहृतत्वस्य विधिर्वाच्यः'

इस उदाहरण में 'अस्मि' की न्यूनता में यही दोष माना है। 'अस्मि' क्रिया वाचक ही है, द्योतक नहीं, अतः यह कहना असंगत है कि केवल द्योतक पद की न्यूनता में यह दोष होता है।

वस्तुतः 'न्यूनपद' दोष वहाँ होता है जहाँ किसी पद की न्यूनता हो और उसके रख देने मात्र से दोष दूर हो जाय। परन्तु 'वाच्यानभिधान' दोष वहाँ होता है जहाँ किसी न्यूनता के कारण वाच्य अर्थ के उपन्यास की शैली—कहने का ढंग—दूषित हो गया हो। इसमें किसी पद के रख देने मात्र से काम नहीं चलता, अपितु अन्य प्रस्तुत पदों में भी परिवर्तन करना आवश्यक होता है। काव्यप्रकाश के उक्त उदाहरण में केवल 'अस्मि' पद रख देने से काम नहीं चल सकता। वहाँ **'अपहृतस्य'** को बदल कर **'अपहृतः'** यह भी बनाना पड़ता है। काव्यप्रकाश का दूसरा उदाहरण है:—

'एषोऽहमद्रितनयामुखपद्मजन्मा प्राप्तः सुरासुरमनोरथदूरवर्ती। अत्र मनोरथानामपि दूरवर्तीत्यप्यर्थो वाच्यः।'

इसमें भी 'अपि' शब्द रखने के साथ ही 'मनोरथानाम्' बनाना भी आवश्यक है। इसी का तीसरा उदाहरण है—

'कमपराधलवं मम पश्यसि त्यजसि मानिनि दासजनं यतः। अत्र–अपराधस्य लवमपि—इति वाच्यम्'

यहाँ भी 'अपि' शब्द रखने के साथ ही समास को छोड़कर 'अपराधस्य' यह पृथक् पद रखना आवश्यक है।

विश्वनाथजी ने भी इसी पद्य को तोड़-मरोड़कर अपना उदाहरण बनाया है, परन्तु यह उनकी समझ में नहीं आया कि यहाँ समास का त्याग करना भी आवश्यक है। इसके अतिरिक्त **'अपराधलवं कं मे वीक्ष्य वामाक्षि कुप्यसि'** इसमें यदि केवल 'अपि' शब्द रखकर उसे अप्रधान क्रिया—'वीक्ष्य'–के साथ जोड़ दिया जाय तो यह वाक्य और भी शिथिल तथा विसंष्ठुल हो जायगा। काव्यप्रकाश का उदाहरण ही ठीक है। उसमें प्रधान क्रिया–**'पश्यसि'**—के साथ 'अपि' का सम्बन्ध होता है और समास छोड़कर—**'अपराधस्य लवम्'**—पाठ बनाया है। दूसरा उदाहरण—**चरणेति**—यहाँ 'असि' अवश्य कहना चाहिये था। 'चरणानतकान्तासि' ऐसा पढ़ना चाहिये।

जिसका जिस क्रम से प्रारम्भ किया है उसका अन्त तक उसी क्रम से निर्वाह करना चाहिये। यदि इस क्रम का भंग हो तो **'भग्नप्रक्रमता'** दोष होता है। जैसे—**एवमिति**—यहाँ 'उक्तः' में वच् धातु से प्रक्रम किया है, अतः प्रतिवचन में भी उसी धातु का रूप देना चाहिये, भाष्-धातु का नहीं। **'एवमुक्तो मन्त्रिमुख्यै रावणः प्रत्यवोचत'** ऐसा होना उचित है। इस प्रकार करने से यहाँ कथितपदत्व दोष नहीं होगा, क्योंकि वह वहीं होता है जहाँ 'उद्देश्य-प्रतिनिर्देशभाव' न हो। यहाँ तो वचन और प्रतिवचन का 'उद्देश्यप्रतिनिर्देशभाव' है। उद्देश्य-प्रतिनिर्देशभाव तीन प्रकार का होता है—एक वह जहाँ किसी एक विधेय में उद्देश्यरूप से अन्वित पदार्थ को दूसरे विधेय में उद्देश्यरूप से अन्वित करने के लिये फिर ग्रहण करें, जैसे—**उदेतीति**—यहाँ उदयकाल में पहले

'उदेति सविता ताम्रस्ताम्र एवास्तमेति च।'

इत्यत्र हि यदि पदान्तरेण स एवार्थः प्रतिपाद्यते तदान्योऽर्थं इव प्रतिभासमानः प्रतीतिं स्थगयति। यथा वा—

'ते हिमालयमामन्त्र्य पुनः प्रेक्ष्य च शूलिनम्। सिद्धं चास्मै निवेद्यार्थं तद्विसृष्टाः खमुद्ययुः॥'

अत्र 'अस्मै' इतीदमा प्रक्रान्तस्य तेनैव तत्समानाभ्यामेतददःशब्दाभ्यां वा परामर्शो युक्तो न तच्छब्देन। यथा वा—

'उदन्वच्छिन्ना भूः स च पतिरपां योजनशतम्।'

अत्र 'मिता भूः पत्यापां स च पतिरपाम्' इति युक्तः पाठः। एवम्—

सूर्य का ताम्रत्व (रक्तवर्णत्व) विधान किया है। उदयकालिक ताम्रत्वविधि में पहले 'सविता' उद्देश्य हुआ है। फिर वही अस्तकालिक ताम्रत्वविधि का उद्देश्य बनाया गया है। अतः यहाँ कथितपदत्व नहीं हो सकता। यह श्रीतर्कवागीशजी ने लिखा है—**एकविधेयार्थमुद्दिष्टस्य विधेयान्तरे प्रतिनिर्देश इत्येकः, यथा—उदेतीति—अत्रोदयकालीनताम्रत्वविधावुद्दिष्टस्य सवितुरस्तमयकालीनताम्रत्वविधावुद्देश्यतया प्रतिनिर्देशः**। किन्तु यह उपपादन असंगत है। यदि यहाँ ताम्रत्व को विधेय के अन्तर्गत माने और उद्देश्य केवल 'सविता' हो, तो इस उपपादन के अनुसार 'सविता' पद की पुनरुक्ति निर्दोष मानी जा सकती है, परन्तु वह इस पद्य में है ही नहीं। यहाँ तो 'ताम्र' की पुनरुक्ति है। उसका समर्थन इस उपपादन से नहीं हो सकता, अतः यहाँ 'ताम्रः' को उद्देश्य कोटि के ही अन्तर्गत मानना चाहिये, विधेय कोटि के अन्तर्गत नहीं।

दूसरा वह जहाँ किसी एक उद्देश्य करके विहित पदार्थ का, फिर दूसरे उद्देश्य के लिये विधान किया जाय। जैसे एवमुक्त इत्यादि। यहाँ पहले मन्त्रियों को उद्देश्य करके वचन का विधान है, फिर रावण को उद्देश्य करके उसी (वचन) का पुनर्विधान या प्रतिनिर्देश है। **एकोद्देशेन विहितस्योद्देश्यान्तरे विधेयतया प्रतिनिर्देश इत्यपरः**।

तीसरा वह जहाँ किसी एक के उद्देश्य से विहित पदार्थ अन्य विधेय का उद्देश्य हो जाय जैसे **'मिता भूः पत्यापां स च पतिरपां योजनशतम्'**। यहाँ पहले पृथिवी को उद्देश्य करके 'अपांपति' = समुद्र का विधान (मानकर्तृत्वेन) है, अनन्तर उसी का योजनशतविधि में उद्देश्यतया सम्बन्ध किया है। **'एकोद्देशेन विहितस्य विधेयान्तरे उद्देश्यतया प्रतिनिर्देश इति तृतीयः। यथा—मिता भूः पत्याऽपां स च पतिरपां योजनशतम् इति—अत्र पृथिव्युद्देशेन विहितस्याऽपां पत्युर्योजनशतविधावुद्देश्यतया प्रतिनिर्देशः'** यह मत श्रीतर्कवागीशजी का है, परन्तु यहाँ भी समन्वय असंगत है। प्रकृत वाक्य में अपांपतिकर्तृक, भूकर्मक, मानक्रिया विधेय है। कर्ता कभी विधेय नहीं हुआ करता और कर्म कभी उद्देश्य नहीं होता, अतः पृथिवी को उद्देश्य और 'अपांपति' को विधेय बताना असंगत है। वस्तुतः यह उदाहरण भी प्रथम लक्षण के ही अन्तर्गत है।

चण्डीदास ने उद्देश्यप्रतिनिर्देशभाव का अर्थ किया है—**'उद्देश्योऽनूद्यः, स एव प्रतिनिर्देश्यः प्रतीतिमान्थ्यपरिहारार्थं पुनरभिधेयो यत्र सः'**। उद्देश्यप्रतिनिर्देशभाव में एक शब्द का दूसरी बार प्रयोग करना दोषाधायक नहीं होता। इस बात को मूलकार उदाहरण देकर पुष्ट करते हैं—उदेतीति—यहाँ यदि उत्तर वाक्य में 'ताम्र' के स्थान पर 'रक्त' या 'शोण' पद रख दें तो वही पदार्थ दूसरे पद से अभिहित होने के कारण अन्यसा प्रतीत होने लगता है और एकाकार प्रतीति को (जो यहाँ आवश्यक है) दबा देता है, अतः उक्त उदाहरण में 'वच्' धातु रूप प्रकृति का प्रक्रम भङ्ग हुआ है।

प्रातिपदिकरूप सर्वनाम का भग्नप्रक्रमत्व दिखाते हैं। ते इति—यहाँ तीसरे चरण में 'इदम्' शब्द से हिमालय का निर्देश किया है, अतः चतुर्थ चरण में भी उसी शब्द से या उसके समानार्थक 'एतद्' और 'अदस्' शब्द से उस का परामर्श करना चाहिये था, तत् शब्द से ('तद्विसृष्टाः' में) नहीं। वस्तुतस्तु 'अदस्' शब्द तत् शब्द का समानार्थक है—'इदम्' का नहीं।

अन्य उदाहरण—उदन्वदिति—यहाँ पहले 'उदन्वत्' शब्द से समुद्र का निर्देश किया, फिर उसीका 'अपां पतिः' शब्द से प्रतिनिर्देश किया है, अतः भग्नप्रक्रमत्व है। 'मिता भूः' इत्यादि पाठ करने से यह दोष हट

'यशोऽधिगन्तुं सुखलिप्सया वा मनुष्यसंख्यामतिवर्तितुं वा।
निरुत्सुकानामभियोगभाजां समुत्सुकेवाङ्कमुपैति सिद्धिः॥'

अत्र 'सुखमीहितुम्' इत्युचितम्, अत्राद्ययोः प्रकृतिविषयः प्रक्रमभेदः। तृतीये पर्यायविषयः, चतुर्थे प्रत्ययविषयः। एवमन्यत्रापि।

प्रसिद्धित्यागो यथा—'घोरो वारिमुचां रवः।' अत्र मेघानां गर्जितमेव प्रसिद्धम्। यदाहुः—

'मञ्जीरादिषु रणितप्रायं पक्षिषु तु कूजितप्रभृति।
स्तनितमणितादि सुरते मेघादिषु गर्जितप्रमुखम्॥' इत्यादि।

अस्थानस्थपदता यथा—

'तीर्थे तदीये गजसेतुबन्धात्प्रतीपगामुत्तरतोऽस्य गङ्गाम्।
अयत्नबालव्यजनीबभूवुर्हंसा नभोलङ्घनलोलपक्षाः॥'

अत्र तदीयपदात्पूर्वं गङ्गामित्यस्य पाठो युक्तः। एवम्—'हितान्न यः संशृणुते स किंप्रभुः।'

अत्र संशृणुत इत्यतः पूर्वं नञः स्थितिरुचिता।

अत्र च पदमात्रस्यास्थाने निवेशेऽपि सर्वमेव वाक्यं विवक्षितार्थप्रत्यायने मन्थरमिति वाक्यदोषता। एवमन्यत्रापि। इह केऽप्याहुः—पदशब्देन वाचकमेव प्रायो निगद्यते, न च नञो वाचकता, निर्विवादात्स्वातन्त्र्येणार्थबोधनविरहात् इति, यथा—'द्वयं गतम्—' इत्यादौ त्वमित्यनन्तरं चकारानुपादानादक्रमता तथात्रापीति। **अस्थानस्थसमासता** यथा—

'अद्यापि स्तनशैलदुर्गविषमे सीमन्तिनीनां हृदि स्थातुं वाञ्छति मान एष धिगिति क्रोधादिवालोहितः।
प्रोद्यद्दूरतरप्रसारितकरः कर्षत्यसौ तत्क्षणात्फुल्लत्कैरवकोषनिःसरदलिश्रेणीकृपाणं शशी॥'

जाता है। यहाँ असर्वनाम प्रातिपदिक का क्रमभंग है। प्रत्यय के क्रमभंग का उदाहरण—**यश इति**—यहाँ तुमुन् प्रत्यय से प्रक्रम हुआ है और अन्त्य में भी (अतिवर्तितुम्) वही है, अतः बीच में भी **'सुखमीहितुम्'** ऐसा होना चाहिये। **अत्रेति**—यहाँ पहले दो उदाहरणों (एवमुक्तः और सिद्धं चास्मै) में प्रकृतियों का क्रम भिन्न हुआ है। 'उदन्वत्' में पर्याय का, एवं प्रकृत पद्य में प्रत्यय का क्रमभेद है। इसी प्रकार अन्य भी जानना।

प्रसिद्धि के त्याग का उदाहरण—**घोर इति**—मेघों के शब्द को 'रव' नहीं कहते। 'गर्जित'—'स्तनित'—आदि कहते हैं। रव तो मण्डूकों का होता है। जैसा कहा है—**मञ्जीरेति**—मञ्जीरादि के शब्दों को 'रणित' आदि शब्दों से कहते हैं। पक्षियों के शब्द के लिए 'कूजित' आदि शब्द आते हैं। सुरत के शब्द का 'मणित' आदि से निर्देश होता है और मेघ, सिंहादिकों के लिए गर्जितादि शब्दों का प्रयोग होता है।

अनुचित स्थान में किसी पद को रखने से अस्थानस्थपदत्व दोष होता है। जैसे—**तीर्थे इति**—यहां 'तदीय' शब्द में तत्पद से गङ्गा का परामर्श किया है, अतः उस से पूर्व गङ्गा पद को अवश्य आ जाना चाहिए, क्योंकि सर्वनाम से पूर्व का परामर्श होता है। **हितादिति**—यहां 'संशृणुते' के साथ नञ् का सम्बन्ध है, अतः उसी के पूर्व उसे रहना चाहिए। **अत्र चेति**—यद्यपि यहाँ एक ही पद अस्थान में स्थित है, तथापि उससे सम्पूर्ण वाक्य अपने अर्थ के बोधन में शिथिल हो गया है, अतः यह वाक्यदोष है। **इह केऽपीति**—कोई कहते हैं कि पद शब्द से यहां वाचक पदों का ही ग्रहण है और नञ् को सब लोग वाचक मानते नहीं। यह बिना विवाद के स्वतंत्रता से अर्थबोधक नहीं माना जाता, अतः 'द्वयं गतं' इस पद्य के 'च' शब्द की तरह प्रकृत पद्य में 'न' शब्द के स्थान में स्थित होने पर भी अक्रमत्वदोष होता है, अस्थानस्थपदत्व नहीं।

अस्थान में समास करने का उदाहरण—**अद्येति**—चन्द्रमा उदय के समय लाल होता है। उसके उदय होने पर खिले हुए कुमुदों में से दिन भर के बन्द भ्रमरगण पंक्ति बाध कर निकलते हैं। इसी स्वरूप पर प्रकृत पद्य में उत्प्रेक्षा और रूपक की रचना की गई है।

अर्थ—अब भी (कामदेव के प्रधान सेनापति 'चन्द्र' के उदय होने पर भी) स्तनरूप पर्वतों से दुर्ग और विषम कामिनियों के हृदय में यह मान (हमारा शत्रु) रहना चाहता है। इसी क्रोध के मारे मानो लाल हुआ वह चन्द्रमा दूर तक 'कर' (किरण रूप हाथ) फैलाकर खिलते हुए कुमुदों के 'कोष' (कलीरूप म्यान) से भ्रमर

अत्र कोपिन उक्तौ समासो न कृतः, कवेरुक्तौ कृतः।

वाक्यान्तरपदानां वाक्यान्तरेऽनुप्रवेशः संकीर्णत्वम्। यथा--

'चन्द्रं मुञ्च कुरङ्गाक्षि पश्य मानं नभोऽङ्गने।'

अत्र नभोङ्गने चन्द्रं पश्य मानं मुञ्चेति युक्तम्। क्लिष्टत्वमेकवाक्यविषयम् इत्यस्माद्भिन्नम्।

वाक्यान्तरे वाक्यान्तरानुप्रवेशो गर्भितता। यथा—

'रमणे चरणप्रान्ते प्रणतिप्रवणेऽधुना। वदामि सखि ते तत्त्वं कदाचिन्नोचिताः क्रुधः॥'

अर्थदोषानाह—

अपुष्टदुष्क्रमग्राम्यव्याहताऽश्लीलकष्टताः। अनवीकृतनिर्हेतुप्रकाशितविरुद्धताः॥९॥
संदिग्धपुनरुक्तत्वे ख्यातिविद्याविरुद्धते। साकांक्षता सहचरभिन्नतास्थानयुक्तता॥१०॥
अविशेषे विशेषश्चानियमे नियमस्तथा। तयोर्विपर्ययौ विध्यनुवादायुक्तते तथा॥११॥
निर्मुक्तपुनरुक्तत्वमर्थदोषाः प्रकीर्तिताः।

तद्विपर्ययो विशेषेऽविशेषो नियमेऽनियमः। अत्रापुष्टत्वं मुख्यानुपकारित्वम्। यथा—

'विलोक्य वितते व्योम्नि विधुं मुञ्च रुषं प्रिये।'

अत्र विततशब्दो मानत्यागं प्रति न किंचिदुपकुरुते। अधिकपदत्वे पदार्थान्वयप्रतीतेः समकालमेव बाधप्रतिभासः, इह तु पश्चादिति विशेषः। दुष्क्रमता यथा-

'देहि मे वाजिनं राजन् गजेन्द्रं वा मदालसम्।' अत्र गजेन्द्रस्य प्रथमं याचनमुचितम्।

'स्वपिहि त्वं समीपे मे स्वपिम्येवाधुना प्रिये।' अत्रार्थो ग्राम्यः।

कस्यचित्प्रागुत्कर्षमपकर्षं वाभिधाय पश्चात्तदन्यप्रतिपादनं व्याहतत्वम्। यथा—

'हरन्ति हृदयं यूनां न नवेन्दुकलादयः। वीक्ष्यते यैरियं तन्वी लोकलोचनचन्द्रिका॥'

अत्र येषामिन्दुकला नानन्दहेतुस्तेषामेवानन्दाय तन्व्याश्चन्द्रिकात्वारोपः।

पंक्तिरूप तलवार खेंचता है। अत्रेति—यहाँ पूर्वार्ध में क्रोधी चन्द्रमा की उक्ति है, वहाँ तो समास किया नहीं और उत्तरार्ध में जहाँ कवि की उक्ति है वहाँ कठोरता-द्योतक लम्बा समास किया है। अतः यहाँ 'अस्थानस्थसमासत्व' दोष है।

वाक्यान्तरेति—दूसरे वाक्य के पद यदि दूसरे वाक्य में घुस पड़े तो 'सङ्कीर्णत्व' दोष होता है। जैसे--'चन्द्रमिति'--यहाँ 'चन्द्र' का सम्बन्ध 'पश्य' के साथ है और 'मुञ्च' का 'मानम्' के साथ। अत्रेति--यहाँ 'नभोङ्गने' इत्यादि पाठ ठीक है। क्लिष्टत्व एक ही वाक्य में होता है, अतः वह इस से भिन्न है।

एक वाक्य में यदि दूसरा वाक्य (पूर्ण) घुस पड़े तो गर्भितत्व दोष होता है। जैसे--रमणे इति—यहाँ 'वदामि सखि ते तत्त्वम्' यह वाक्यान्तर बीच में आघुसा है।

अर्थ के दोष दिखाते हैं। अपुष्टेति—अपुष्टत्व, दुष्क्रमत्व, ग्राम्यत्व, व्याहतत्व, अश्लीलत्व, कष्टत्व, अनवीकृतत्व, निर्हेतुत्व, प्रकाशितविरुद्धत्व, सन्दिग्धत्व, पुनरुक्तत्व, ख्यातिविरुद्धत्व, विद्याविरुद्धत्व, साकाङ्क्षत्व, सहचरभिन्नत्व, अस्थानयुक्तत्व, अविशेष में विशेष, अनियम में नियम, विशेष में अविशेष, नियम में अनियम, विध्ययुक्तत्व, अनुवादायुक्तत्व और निर्मुक्तपुनरुक्तत्व ये सब अर्थ के दोष होते हैं। अत्रेति—जहाँ कोई पदार्थ मुख्य अर्थ का उपकारी न हो वहाँ 'अपुष्टत्व' नामक अर्थदोष होता है--जैसे—विलोक्येति—यहाँ 'वितत' शब्द मानत्याग में उपकारी नहीं है। जैसे उद्दीपक होने के कारण चन्द्रोदय 'मानत्याग' का हेतु है वैसे आकाश का विस्तार उपयोगी नहीं। अधिकपदत्व में पदार्थ के अन्वय के साथ ही बाध का ज्ञान हो जाता है, किन्तु यहाँ अन्वय के पीछे बाध की प्रतीति होती है। जहाँ वस्तुओं का क्रम बिगड़ता हो वहाँ दुष्क्रमत्व दोष होता है। जैसे-देहीति--यहाँ हाथी को पहले माँगना चाहिये। दाता के सौकर्य के लिये, या अपना सन्तोष प्रकट करने के लिये दूसरा विकल्प किया गया है। जो घोड़ा नहीं दे सकता वह हाथी कैसे दे सकेगा? स्वपिहीति—यहाँ अर्थ ग्राम्य है। पहले किसी वस्तु का उत्कर्ष या अपकर्ष दिखाकर अनन्तर उसके विपरीत कथन करने से व्याहतत्व दोष होता है। जैसे—हरन्तीति--जिन लोगों को चन्द्रमा की नूतन कला आनन्द नहीं देती उन्हीं को आनन्दित

'हन्तुमेव प्रवृत्तस्य स्तब्धस्य विवरैषिणः। यथाशु जायते पातो न तथा पुनरुन्नतिः॥'
अत्रार्थोऽश्लीलः।

वर्षत्येतदहर्पतिर्न तु घनो धामस्थमच्छं पयः
सत्यं सा सवितुः सुता सुरसरित्पूरो यया प्लावितः।
व्यासस्योक्तिषु विश्वसित्यपि न कः, श्रद्धा न कस्य श्रुतौ,
न प्रत्येति तथापि मुग्धहरिणी भास्वन्मरीचिष्वपः॥'

अत्र यस्मात्सूर्याद् वृष्टेर्यमुनायाश्च प्रभवस्तस्मात्तयोर्जलमपि सूर्यप्रभवम्। ततश्च सूर्यमरीचीनां जलप्रत्ययहेतुत्वमुचितम्, तथापि मृगी भ्रान्तत्वात्तत्र जलप्रत्ययं न करोति। अयमप्रस्तुतोऽप्यर्थो दुर्बोधः, दूरे चास्मात्प्रस्तुतार्थबोध इति कष्टार्थत्वम्।

'सदा चरति खे भानुः सदा वहति मारुतः। सदा धत्ते भुवं शेषः सदा धीरोऽविकत्थनः॥'

अत्र सदेत्यनवीकृतम्। अत्रास्य पदस्य पर्यायान्तरेणोपादानेऽपि यदि नान्यद्विच्छित्यन्तरं तदास्य दोषस्य सद्भाव इति कथितपदत्वाद्भेदः। नवीकृतत्वं यथा—

'भानुः सकृद्युक्ततुरङ्ग एव रात्रिंदिवं गन्धवहः प्रयाति।
बिभर्ति शेषः सततं धरित्रीं षष्ठांशवृत्तेरपि धर्म एषः॥'

'गृहीतं येनासीः परिभवभयान्नोचितमपि प्रभावाद्यस्याभून्न खलु तव कश्चिन्न विषयः।
परित्यक्तं तेन त्वमसि सुतशोकान्न तु भयाद्विमोक्ष्ये शस्त्र त्वामहमपि यते स्वस्ति भवते॥'

अत्र द्वितीयशस्त्रमोचने हेतुर्नोक्त इति निर्हेतुत्वम्।

करने के लिये यहाँ प्रकृत कामिनी में चन्द्रिकात्व का आरोप किया है, अतः यह अर्थ व्याहत है। हन्तुमिति—जो मारने को ही प्रवृत्त है,—अकड़ा हुआ है और छिद्रान्वेषण करता रहता है ऐसे क्रूर का जितनी जल्दी पतन होता है उतनी जल्दी फिर उन्नति नहीं होती। यहां शिश्नरूप लज्जा-व्यञ्जक अश्लील अर्थ प्रतीत होता है। वर्षतीति—'अपनी किरणों द्वारा खींचे हुए और अपने धाम (अन्तरिक्ष या किरणों) में स्थित स्वच्छ जल की वर्षा सूर्य करता है, मेघ नहीं करता। और वह यमुना भी सूर्य की पुत्री है, जो गंगा को आप्लावित करती है—' व्यास की इन बातों पर किसे विश्वास नहीं? और श्रुति में किसकी श्रद्धा नहीं? परन्तु फिर भी मूढ हरिणी सूर्य की किरणों में जल का विश्वास नहीं करती।

अत्रेति—जब यमुना और वर्षा दोनों सूर्य से ही उत्पन्न हुई हैं तो उनका जल भी सूर्य से ही उत्पन्न हुआ होगा। इसलिये सूर्य की किरणों में जल का ज्ञान होना ठीक ही है, तो भी भ्रान्त होने के कारण हरिणी उनमें जल का विश्वास नहीं करती। यह अप्रस्तुत अर्थ भी यहां दुर्बोध है—उससे, मुग्धा नायिका के नायक पर अविश्वास रूप प्रस्तुत अर्थ की व्यञ्जना तो दूर की बात है, अतः यहां कष्टार्थत्व दोष है। सदेति—यहां चारों चरणों में 'सदा' पद पढ़ा है। उसमें कोई नवीनता नहीं हुई, अतः यहां अनवीकृतत्व दोष है। अत्राऽस्येति—यदि दूसरी बार आये हुए उसी शब्द का दूसरा पर्याय रख दें तो कथितपदत्वदोष हट जाता है, किन्तु यहां 'सदा' पदके पर्याय रख देने पर भी यदि कोई चमत्कार न हो तो अनवीकृतत्व बना ही रहता है। यही इन दोनों का परस्पर भेद है। यहां मूल में 'अन्यत्' पद अधिक है। 'विच्छित्त्यन्तरम्' से ही अन्यत्व का ज्ञान हो जाता है। (अन्या विच्छित्तिः विच्छित्त्यन्तरम्) उससे अधिक की यहां आवश्यकता नहीं। नवीकृतत्व पैदा करके उक्त दोष कैसे हटाया जा सकता है इसका उदाहरण दिखाते हैं—भानुरिति—यहां तीनों चरणों में बात का स्वरूप बदल दिया है। निर्हेतुत्व का उदाहरण—गृहीतमिति—द्रोणाचार्य की मृत्यु का समाचार सुनने पर अश्वत्थामा की उक्ति है। हे शस्त्र! ब्राह्मणधर्म के योग्य न होने पर भी जिन पिता ने तुम्हे पराभव के भय से ग्रहण किया था, और जिनके प्रताप से तुम्हारी गति कहीं भी रुकी नहीं थी (सभी पर तुम्हारी धाक बैठी हुई थी) उन पिताजी ने तुम्हें पुत्रशोक से (पुत्र मरण की झूठी खबर सुनकर) छोड़ा, भय से नहीं छोड़ा। हे शस्त्र, अब मैं भी तुम्हें छोड़ता हूं। जाते हुए ('यते' = गच्छते) तुम्हारा कल्याण हो। अत्रेति—यहां अश्वत्थामा के शस्त्र छोड़ने का कोई कारण नहीं बताया, अतः यह 'निर्हेतुत्व' नामक अर्थ दोष है। जैसे द्रोणाचार्य के शस्त्रत्याग का कारण पुत्रशोक बताया था वैसे ही अश्वत्थामा के शस्त्र परित्याग का भी कोई कारण बताना चाहिए था।

'कुमारस्ते नराधीश, श्रियं समधिगच्छतु।'

अत्र 'त्वं म्रियस्व' इति विरुद्धार्थप्रकाशनात्प्रकाशितविरुद्धत्वम्।

'अचला अबला वा स्युः सेव्या ब्रूत मनीषिणः।'

अत्र प्रकरणाभावाच्छान्तशृङ्गारिणोः को वक्तेति निश्चयाभावात्संदिग्धत्वम्।

'सहसा विदधीत न क्रियामविवेकः परमापदां पदम्।
वृणते हि विमृश्यकारिणं गुणलुब्धाः स्वयमेव संपदः॥'

अत्र द्वितीयार्धे व्यतिरेकेण द्वितीयपादस्यैवार्थ इति पुनरुक्तता।

प्रसिद्धिविरुद्धता यथा--'ततश्चचार समरे शितशूलधरो हरिः।' अत्र हरेः शूलं लोकेऽप्रसिद्धम्।

यथा वा—'पादाघातादशोकस्ते संजाताङ्कुरकण्टकः।' अत्र पादाघातादशोकेषु पुष्पमेव जायत इति प्रसिद्धं न त्वङ्कुर इति कविसमयख्यातिविरुद्धता।

'अधरे करजक्षतं मृगाक्ष्याः।' अत्र शृङ्गारशास्त्रविरुद्धत्वाद्विद्याविरुद्धता। एवमन्यशास्त्रविरुद्धत्वमपि।

'ऐशस्य धनुषो भङ्गं क्षत्रस्य च समुन्नतिम्। स्त्रीरत्नं च कथं नाम मृष्यते भार्गवोऽधुना॥'

अत्र स्त्रीरत्नमुपेक्षितुमिति साकाङ्क्षता।

'सज्जनो दुर्गतौ मग्नः कामिनी गलितस्तनी। खलः पूज्यः समज्यायां तापाय मम चेतसः॥'

अत्र सज्जनः कामिनी च शोभनौ, तत्सहचरः खलोऽशोभन इति सहचरभिन्नत्वम्।

'आज्ञा शक्रशिखामणिप्रणयिनी, शास्त्राणि चक्षुर्नवं, भक्तिर्भूतपतौ पिनाकिनि, पदं लङ्केति दिव्या पुरी।
उत्पत्तिर्द्रुहिणान्वये च तदहो नेदृग्वरो लभ्यते, स्याच्चेदेष न रावणः, क नु पुनः सर्वत्र सर्वे गुणाः॥'

अत्र न रावण इत्येतावतैव समाप्यम्। 'हीरकाणां निधेरस्य सिन्धोः किं वर्णयामहे।'

अत्र रत्नानां निधेरित्यविशेष एव वाच्यः।

कुमार इति—हे राजन्, आपके कुमार राज्यलक्ष्मी पायें। यहां 'तुम मर जाओ' यह विरुद्ध अर्थ भासित होता है, क्योंकि राजा के जीते जी कुमार को राज्यलक्ष्मी नहीं मिल सकती, अतः यहां 'प्रकाशितविरुद्धत्व' दोष है। **अचला इति**—हे बुद्धिमान् लोगो, बताओ कि पर्वत और स्त्रियों में कौन सेवनीय हैं? यहां प्रकरण तो कोई है नहीं, अतः यह निर्णय करना कठिन है कि वक्ता शान्त है या शृंगारी। इस कारण अर्थ में सन्दिग्धत्व दोष है। **सहसा**--यहाँ उत्तरार्ध में द्वितीय पाद का अर्थ ही व्यतिरेक से निर्दिष्ट किया है। 'अविवेक से आपत्ति आती है' इस दूसरे चरण का विपरीत अर्थ यह होगा कि 'विवेक से सम्पत्ति होती है'। यही उत्तरार्ध में कहा है, अत यहाँ 'अर्थपुनरुक्ति' दोष है। प्रसिद्धिविरुद्धत्व का उदाहरण--**ततइति**--अनन्तर समर में शुभ्रशूल लिये हुए विष्णु घूमने लगे। विष्णु का शूल धारण करना प्रसिद्ध नहीं है। विष्णुका चक्र और शङ्कर का त्रिशूल प्रसिद्ध है। यहाँ लौकिक प्रसिद्धि का विरोध है। **पादाघातादिति**--रमणियों के पादाघात से अशोक में पुष्पोद्गम होना ही कवि-संप्रदाय में प्रसिद्ध है, अंकुर निकलना नहीं। यहाँ कविसमय की प्रसिद्धि का विरोध है। **अधरेइति**--यहाँ कामशास्त्र का विरोध है। अधर में दन्तक्षत का विधान कामशास्त्र में है, 'नखक्षत' का नहीं। यह विद्या-विरुद्ध है। इसी प्रकार अन्य शास्त्रों के विरोध का उदाहरण भी जानना। **ऐशस्येति**—यहाँ 'स्त्रीरत्नम्' के आगे 'उपेक्षितुम्' पद की आकाङ्क्षा होने से साकांक्षता दोष है। सहचरभिन्नता का उदाहरण—**सज्जन इति**—यहाँ सज्जन और कामिनी शोभन हैं, किन्तु उनके साथ पढ़ा हुआ खल अशोभन है। 'अस्थानयुक्तत्व' का उदाहरण—**आज्ञेति**—सीतास्वयंवर में लक्ष्मण के प्रति श्रीरामचन्द्रजी की उक्ति है—इस (रावण) की आज्ञा इन्द्र की मुकुटमणियों तक पहुँचनेवाली है अर्थात् इन्द्र भी इसकी आज्ञा का पालन करने को विवश हैं। सब शास्त्र इसके नवीन चक्षु हैं, अर्थात् यह समस्त शास्त्रों का ज्ञाता है। शिव में इसकी भक्ति है। रहने का स्थान दिव्य लङ्कापुरी है और उत्पत्ति ब्रह्माजी के वंश में है। यदि यह 'रावण' (संसार को दुःख देकर रुलाने वाला) न होता तो वस्तुतः ऐसा वर मिलना कठिन था, परन्तु सब में सब गुण कहाँ होते हैं? रावण के प्रति उपेक्षा दिखाना इस पद्य में अभीष्ट है, अतः 'स्याच्चेदेष न रावणः' यहीं पर समाप्त कर देना चाहिये। अगला अंश अस्थान में प्रयुक्त है। उससे रावण की उपेक्षणीयता कम हो जाती है। **हीरकाणामिति**—समुद्र के लिये सामान्य से रत्ननिधि ही कहना चाहिये।

'आवर्त एव नाभिस्ते नेत्रे नीलसरोरुहे। भङ्गाश्च वलयस्तेन त्वं लावण्याम्बुवापिका॥'

अत्रावर्त एवेति नियमो न वाच्यः। 'यान्ति नीलनिचोलिन्यो रजनीष्वभिसारिकाः।'

अत्र तमिस्रास्विति रजनीविशेषो वाच्यः।

'आपातसुरसे भोगे निमग्नाः किं न कुर्वते।' अत्र आपात एवेति नियमो वाच्यः।

ननु वाच्यस्यानभिधाने 'व्यतिक्रमलवम्' इत्यादावपेरभावः, इह चैवकारस्येति कोऽनयोर्भेदः। अत्राह—'नियमस्य वचनमेव पृथग्भूतं नियमपरिवृत्तेर्विषयः' इति, तन्न। तथा सत्यपि द्वयोः शब्दार्थदोषतायां नियामकाभावात्। तत्का गतिरिति चेत् 'व्यतिक्रमलवम्' इत्यादौ शब्दोच्चारणानन्तरमेव दोषप्रतिभासः। इह त्वर्थप्रत्ययानन्तरमिति भेदः। एवं च शब्दपरिवृत्तिसहत्वासहत्वाभ्यां पूर्वैराहृतोऽपि शब्दार्थदोषविभाग एवं पर्यवस्यति—यो दोषः शब्दपरिवृत्त्यसहः स शब्ददोष एव। यश्च पदार्थान्वयप्रतीतिपूर्वबोध्यः सोऽपि शब्ददोषः। यश्चार्थप्रतीत्यनन्तरं बोध्यः सोऽर्थाश्रय इति। एवं चानियमपरिवृत्तित्वादेरप्यधिकपदत्वादेर्भेदो बोद्धव्यः। अमतपरार्थत्वे तु 'राममन्थशरेण'—इत्यादौ नियमेन वाक्यव्यापित्वाभिप्रायाद्वाक्यदोषता। अश्लीलत्वादौ तु न नियमेन वाक्यव्यापित्वम्।

यहाँ 'हीरकाणाम्' यह अविशेष में विशेष कहा है। वस्तुतस्तु 'हीरकाणाम्' कहना अयुक्त है, क्योंकि हीरे समुद्र में नहीं होते, खान से निकला करते हैं, अतः यह यहाँ पर 'अविशेषे विशेषः' का उदाहरण असंगत है। इसके स्थानपर 'विद्रुमाणां निधेः' पाठ होने से यह उदाहरण ठीक हो सकता है, क्योंकि मूंगे समुद्र में ही उत्पन्न होते हैं। आवर्त एवेति—यहाँ एव शब्द से नियम करना अनुचित है। यान्तीति—इसमें कृष्णाभिसारिकाओं का वर्णन है, अतः काली रात्रि का वाचक 'तमिस्रा' आदि शब्द बोलना चाहिये। यहाँ विशेष के स्थान में सामान्यवाचक 'रजनी' शब्द बोला है। आपातेति—यहाँ नियम करना चाहिये। 'आपात एव' बोलना ठीक है। वस्तुतस्तु समास के भीतर 'एव' शब्द की कोई आवश्यकता नहीं है। जिस प्रकार 'आपातरमणीयम्' का 'आपाते एव रमणीयम्' यह अर्थ होता है उसी प्रकार 'आपातसुरसे' का भी हो सकता है। इसके अतिरिक्त समासयुक्त पद में 'एव' का जोड़ना भी असंभव है, अतः 'आपाते सुरसे भोगे' इस व्यस्त प्रयोग में ही यह इस दोष का उदाहरण हो सकता है, समस्त प्रयोग में नहीं।

न्विति—प्रश्न—वाच्यानभिधान के पूर्वोक्त उदाहरण 'व्यतिक्रमलवम्' इत्यादि पद्य में 'अपि' शब्द का अभाव है और यहां 'एव' शब्द का अभाव है। फिर इन दोनों दोषों को एक ही क्यों न माना जाय? शब्द की कमी दोनों जगह एक सी है। इनमें भेद क्या है?

यहां कोई समाधान करता है कि—नियमस्येति—जहां नियम वाचक शब्द का अभाव हो वहां नियमपरिवृत्ति नामक दोष होता है और अन्यत्र 'वाच्यानभिधान' दोष होता है। तन्नेति—इसका खण्डन करते हैं—तथासत्यपीति—यह बात मान लेने पर भी वाच्यानभिधान को शब्ददोष और नियमपरिवृत्ति को अर्थदोष मानने का कोई कारण नहीं रहता। जब केवल इतना ही भेद मानते हो तो दोनों एक से ठहरेंगे। एक शब्दगत और दूसरा अर्थगत कैसे होगा?

तत्का गतिरिति—अच्छा तो फिर क्या उपाय है? अपने मत से समाधान करते हैं—व्यतिक्रमेति—'वाच्यानभिधान' में शब्दोच्चारण के अनन्तर ही दोष की प्रतीति हो जाती है और प्रकृत दोष में अर्थज्ञान के अनन्तर दोष का ज्ञान होता है। यही इन दोनों का भेद है। एवं चेति—प्राचीन आचार्यों ने शब्द और अर्थ के दोषों का विभाग इस प्रकार माना है कि जो दोष शब्द के परिवर्तन को न सहन करे अर्थात् उसी शब्द के साथ रहे—उसका पर्याय यदि उसके स्थान पर रख दिया जाय तो वह दोष न रहे—वह शब्ददोष होता है और जो दोष किसी भी पर्याय के बदलने पर न हटे वह अर्थदोष होता है। यह विभाग अब इस रूप में परिणत होता है कि जो दोष शब्द के परिवर्तन को नहीं सहन करता अर्थात् उस शब्द के बदल देने से वह दोष नहीं रहता तो उसे शब्ददोष मानना चाहिये। और जो पदार्थों के अन्वयज्ञान से ही प्रतीत हो जाय उसे भी शब्द का ही दोष मानना चाहिये। किन्तु जो दोष अर्थज्ञान के अनन्तर भासित हो वह अर्थदोष होता है। इसी प्रकार अनियमपरिवृत्ति (अनियम में नियम='आवर्त एव नाभिस्ते' इत्यादि) अर्थदोष का अधिकपदत्व नामक शब्ददोष से भेद जानना। 'अमतपरार्थत्व' नामक दोष यद्यपि पदार्थज्ञान के अनन्तर भासित होता है,

'आनन्दितस्वपक्षोऽसौ परपक्षान्हनिष्यति ।' अत्र परपक्षं हत्वा स्वपक्षमानन्दयिष्यतीति विधेयम् ।

'चण्डीशचूडाभरण चन्द्रलोकतमोपह । विरहिप्राणहरण कदर्थय न मां वृथा ॥'

अत्र विरहिण उक्तौ तृतीयपादस्यार्थो नानुवाद्यः ।

'लग्नं रागावृताङ्गया सुदृढमिह ययैवासियष्टयारिकण्ठे
मातङ्गानामपीहोपरि परपुरुषैर्या च दृष्टा पतन्ती ।
तत्सक्तोऽयं न किंचिद् गणयति विदितं तेऽस्तु तेनास्मि दत्ता
भृत्येभ्यः श्रीनियोगाद् गदितुमिति गतेवाम्बुधिं यस्य कीर्त्तिः ॥'

अत्र विदितं तेऽस्त्वित्यनेन समापितमपि वचनं तेनेत्यादिना पुनरुपात्तम् । अथ रसदोषानाह—

रसस्योक्तिः स्वशब्देन स्थायिसंचारिणोरपि ॥१२॥

परिपन्थिरसाङ्गस्य विभावादेः परिग्रहः । आक्षेपः कल्पितः कृच्छ्रादनुभावविभावयोः ॥१३॥

अकाण्डे प्रथनच्छेदौ तथा दीप्तिः पुनः पुनः । अंगिनोऽननुसंधानमनंगस्य च कीर्तनम् ॥

अतिविस्तृतिरंगस्य प्रकृतीनां विपर्ययः । अर्थानौचित्यमन्यच्च दोषा रसगता मताः ॥१५॥

रसस्य स्वशब्दो रसशब्दः शृङ्गारादिशब्दश्च । क्रमेण यथा—

'तामुद्वीक्ष्य कुरङ्गाक्षीं रसो नः कोऽप्यजायत ।' 'चन्द्रमण्डलमालोक्य शृङ्गारे मग्नमन्तरम् ।'

तथापि वह नियम से वाक्य में ही रहता है । 'राममन्मथ' इत्यादि वाक्यों में ही उसकी स्थिति रहती है । इसी कारण उसे वाक्यदोष माना है । अर्थदोष नहीं माना । अश्लीलत्वादिक ऐसे नहीं होते जो केवल वाक्य में ही रहें । **आनन्दितेति**—यहाँ विधि अयुक्त है । परपक्ष का हनन किये विना स्वपक्ष का आनन्दित करना संभव नहीं, अतः **'परपक्षं निहत्यैव स्वपक्षं नन्दयिष्यति'** इस प्रकार विधि करनी चाहिये । **चण्डीशेति**—यह विरही की उक्ति है । चन्द्रमा से कदर्थन न करने--दुःख न देने—की प्रार्थना है, परन्तु उसका विशेषण दिया है **'विरहिप्राणहरण !'** अतः यहाँ 'अनुवादायुक्तत्व' दोष है । अनुवाद में तृतीय चरण नहीं होना चाहिये । जो विरहियों के प्राणों को हरण करता है उससे कोई विरही अपनी प्राणरक्षा की भिक्षा कैसे मांग सकता है ? **लग्नमिति**--"जो तलवार राग (रुधिर का रंग या अनुराग) से युक्त होकर शत्रुओं के गले लगी थी और अन्य लोगों ने जिसे मातङ्गों (हाथिओं या चाण्डालों) के भी ऊपर गिरते देखा है, उसीमें सक्त (आसक्त या तत्पर) होकर यह राजा मेरी कुछ परवाह नहीं करता,—तुम्हें मालूम रहे—उसने मुझे भृत्यों (मन्त्री आदिकों के) अधीन कर रक्खा है"—मानो लक्ष्मी की आज्ञा से यह सन्देश सुनाने के लिये इस राजा की कीर्ति लक्ष्मी के पिता समुद्र के पास पहुंची है । है । **तात्पर्य**--किसी वीर राजा की कीर्ति समुद्रपर्यन्त पहुंची है । उस पर कवि उत्प्रेक्षा करते हैं कि राजा तलवार पर आसक्त होकर उसी का हो रहा है, अतः लक्ष्मी को सपत्नीद्रोह उत्पन्न हुआ है और उसने इसकी कीर्ति को अपने पिता के पास उक्त शिकायत करने भेजा है, जिसमें तलवार (सपत्नी) की बुराई, राजा की लापरवाही और अपनी दुर्दशा का हाल है । **अत्रेति**--यहाँ **'विदितं तेऽस्तु'** इतने तक वाक्य पूरा हो चुका था, उसे 'तेन' इत्यादि से फिर उठाया है, अतः 'निर्मुक्तपुनरुक्तत्व' अथवा 'समाप्तपुनरात्तत्व' दोष है ।

अथेति—अब रस के दोषों का परिगणन करते हैं—**रसस्येति**—किसी रस का उस के वाचक पद से अर्थात् सामान्यवाचक 'रस' शब्द से या विशेषवाचक शृङ्गारादि शब्द से कथन करना, एवं स्थायिभाव और संचारिभावों का उनके वाचक पदों से अभिधान करना, विरोधी रसके अङ्गभूत विभाव अनुभावादिकों का वर्णन करना, विभाव और अनुभाव का कठिनता से आक्षेप हो सकना, रस का अस्थान (अनुचित स्थान) में विस्तार या विच्छेद करना, बार बार उसे दीप्त करना, प्रधान को भुला देना, जो अङ्ग नहीं है उसका वर्णन करना, अङ्गभूत रस को अतिविस्तृत करना, प्रकृतियों का विपर्यास (उलट पुलट) करना, अर्थ अथवा अन्य किसी के औचित्य को भङ्ग करना—ये सब रसके दोष कहाते हैं । **रसस्येति**—रस का स्वशब्द रस शब्द (सामान्य) है और शृंगारादि शब्द (विशेष) भी है । **तामिति**—इस पद्य के पूर्वार्ध में सामान्यवाचक 'रस' शब्द से रस का कथन किया है और उत्तरार्ध में विशेषवाचक शृङ्गार शब्द से उसका कथन किया है, अतः यह 'स्वशब्द-वाच्यत्व' नामक रस दोष है ।

स्थायिभावस्य स्वशब्दवाच्यत्वं यथा—'अजायत रतिस्तस्यास्त्वयि लोचनगोचरे।'
व्यभिचारिणः स्वशब्दवाच्यत्वं यथा—

'जाता लज्जावती मुग्धा प्रियस्य परिचुम्बने।'

अत्र प्रथमे पादे 'आसीन्मुकुलिताक्षी सा' इति लज्जाया अनुभावमुखेन कथने युक्तः पाठः।

'मानं मा कुरु तन्वङ्गि ज्ञात्वा यौवनमस्थिरम्।'

अत्र यौवनास्थैर्यनिवेदनं शृङ्गाररसस्य परिपन्थिनः शान्तरसस्याङ्गं शान्तस्यैव च विभाव इति शृङ्गारे तत्परिग्रहो न युक्तः।

'धवलयति शिशिररोचिषि भुवनतलं लोकलोचनानन्दे।
ईषत्क्षिप्तकटाक्षा स्मेरमुखी सा निरीक्ष्यतां तन्वी॥'

अत्र रसस्योद्दीपनालम्बनविभावावनुभावपर्यवसायिनौ स्थिताविति कष्टकल्पना।

'परिहरति रतिं मतिं लुनीते स्खलतितरां परिवर्तते च भूयः।
इति बत विषमा दशास्य देहं परिभवति प्रसभं किमत्र कुर्मः॥'

अत्र रतिपरिहारादीनां करुणादावपि संभवात्कामिनीरूपो विभावः कृच्छ्रादाक्षेप्यः। अकाण्डे प्रथनं यथा—वेणीसंहारे द्वितीयेऽङ्के प्रवर्तमानानेकवीरसंक्षये काले दुर्योधनस्य भानुमत्या सह शृङ्गारप्रथनम्।

छेदो यथा—वीरचरिते राघवभार्गवयोर्धाराधिरूढेऽन्योन्यसंरम्भे कङ्कणमोचनाय गच्छामीति राघवस्योक्तिः। पुनः पुनर्दीप्तिर्यथा—कुमारसंभवे रतिविलापे।

स्थायिभाव के स्वशब्दवाच्यत्व का उदाहरण देते हैं--**अजायतेति**—यहाँ 'रति' शब्द से स्थायी का कथन है। **जातेति**—यहाँ लज्जारूप संचारीभाव का 'स्वशब्दवाच्यत्व' है। यहाँ प्रथम चरण में 'मुकुलिताक्षी' पढ़कर अनुभाव के द्वारा लज्जा का वर्णन करना उचित है।

मानमिति—यौवन की अस्थिरता का कथन शृंगार रस के विरोधी शान्तरस का अङ्ग है, उसीका यह उद्दीपन विभाव है, अतः शृङ्गार रस में उसका कथन उचित नहीं। अनुभाव के कष्ट से आक्षिप्त होने का उदाहरण—**धवलयतीति**--लोक (जगत्) के लोचनों को आनन्दित करने वाला चन्द्रमा जब अपनी किरणों से भूमण्डल को धवल (श्वेत) कर रहा है उस समय कुछ कटाक्ष, विक्षेप करती हुई स्मितमुखी उस सुन्दरी को देखो। **अत्रेति**—यहाँ शृंगाररस का उद्दीपन विभाव चन्द्रमा और आलम्बन विभाव नायिका 'अनुभावपर्यवसायी' हैं अर्थात् अनुभाव की कठिनता से कल्पना कराते हैं। **अनुभावं पर्यवसाययतः प्रकरणाद्यनुसन्धानानन्तरं विलम्बेन बोधयत इत्यनुभावपर्यवसायिनौ।** उक्त पद्य में चन्द्रमा उद्दीपन विभाव है और नायिका आलम्बनविभाव है--परन्तु नायक के रतिकार्य (अनुभाव) का सूचक कोई पद नहीं है। उसका आक्षेप कठिनता से करना पड़ता है। नायिका के कटाक्ष विक्षेप और स्मित यद्यपि रति के कार्य हैं, किन्तु नायक का स्पष्ट वर्णन न होने के कारण यह कहना कठिन है कि वे रति के कार्य हैं या स्वाभाविक विलासमात्र। वक्ता यहाँ नायक है या कोई तटस्थ, यह भी पता नहीं चलता। यदि नायक है तो 'निरीक्ष्यताम्' किस से कहता है? यदि वक्ता कोई और है तो जिससे कह रहा है वह नायक ही है या कोई रास्ते चलता? इसकी बात को सुनकर उसके हृदय में रति का संचार हुआ भी या नहीं? इत्यादिक जटिलता के कारण यहाँ अनुभावों की कल्पना कष्ट से होती है।

विभावकी कष्ट कल्पना का उदाहरण--**परिहरति**—**अत्रेति**--किसी वस्तु में रति (अनुराग) का परिहार, मति (बुद्धि) का भ्रंश, देह का डगमगाना, करवटें बदलना, आदि दशा जो इस पद्य में कही है, वह करुणरस में भी हो सकती है, अतः शृङ्गार और करुण के इन साधारण अनुभावों से वर्णनीय रमणी को कामिनी या विरहिणी समझना कठिन है। **अकाण्डे प्रथनमिति**--अकाण्ड में रस का विस्तार जैसे 'वेणीसंहार' के दूसरे अङ्कमें जब अनेक कौरव वीरों का नाश हो रहा था-उस समय दुर्योधन का भानुमती (रानी) के साथ शृङ्गार कथा का विस्तार किया है। **छेद इति**--अस्थान में विच्छेद जैसे 'महावीरचरित' में जब राम और परशुराम दोनों का जोश (संरम्भ) पूरे वेग से उमड़ रहा था उसी समय रामचन्द्र के मुख से यह कहलाना कि 'कङ्कण खुलवाने जाता हूँ' इत्यादि। यहाँ संरम्भ को अचानक विच्छिन्न कर दिया है। **वस्तुतस्तु महावीर-**

अङ्गिनोऽननुसंधानं यथा--रत्नावल्यां चतुर्थेऽङ्के बाभ्रव्यागमने सागरिकाया विस्मृतिः।

अनङ्गस्य कीर्तनं यथा--कर्पूरमञ्जर्यां राजनायिकयोः स्वयं कृतं वसन्तस्य वर्णनमनादृत्य बन्दिवर्णितस्य प्रशंसनम्।

अङ्गस्यातिविस्तृतिर्यथा—किराते सुराङ्गनाविलासादिः।

प्रकृतयो दिव्या अदिव्या दिव्यादिव्याश्चेति। तेषां धीरोदात्तादिता। तेषामप्युत्तमाधममध्यमत्वम्। तेषु च यो यथाभूतस्तस्यायथावर्णने प्रकृतिविपर्ययो दोषः। यथा—धीरोदात्तस्य रामस्य धीरोद्धतवच्छद्मना वालिवधः। यथा वा--कुमारसंभवे उत्तमदेवतयोः पार्वतीपरमेश्वरयोः संभोगशृङ्गारवर्णनम्। 'इदं पित्रोः संभोगवर्णनमिवात्यन्तमनुचितम्' इत्याहुः अन्यदनौचित्यं देशकालादीनामन्यथा यद्वर्णनम्। तथा सति हि काव्यस्यासत्यताप्रतिभासेन विनेयानामुन्मुखीकारासंभवः।

एभ्यः पृथगलंकारदोषाणां नैव संभवः॥

एभ्य उक्तदोषेभ्यः। तथा हि उपमायामसादृश्यासंभवयोरुपमानस्य जातिप्रमाणगतन्यूनत्वाधिकत्वयोरर्थान्तरन्यासे उत्प्रेक्षितार्थसमर्थने चानुचितार्थत्वम्। क्रमेण यथा—

'ग्रथ्नामि काव्यशशिनं विततार्थरश्मिम्।' 'प्रज्वलज्जलधारावन्निपतन्ति शरास्तव।'
'चण्डाल इव राजासौ संग्रामेऽधिकसाहसः।' 'कर्पूरखण्ड इव राजति चन्द्रबिम्बम्'
'हरवन्नीलकण्ठोऽयं विराजति शिखावलः' 'स्तनावद्रिसमानौ ते'

'दिवाकराद्रक्षति यो गुहासु लीनं दिवा भीतमिवान्धकारम्।
क्षुद्रेऽपि नूनं शरणं प्रपन्ने ममत्वमुच्चैःशिरसामतीव॥'

चरित में श्रीरामचन्द्रजी ने उक्त वाक्य नहीं कहा है, किन्तु कञ्चुकी ने आकर राजा जनक से यह कहा कि **'देव्यः कङ्कणमोचनाय मिलिताः, राजन्! वरः प्रेष्यताम्'**। बार बार दीप्ति जैसे 'कुमारसंभव' के रतिविलाप में। **अङ्गी (प्रधान)** का अननुसंधान (विस्मृति) जैसे 'रत्नावली' नाटिका में बाभ्रव्यका सागरिका को भूल जाना। अनङ्ग का कीर्तन जैसे 'कर्पूरमञ्जरी' (सट्टक) में राजा और नायिका ने अपने किये वसन्तवर्णन का अनादर करके बन्दी के वर्णन की प्रशंसा की है। अप्रधान का विस्तार जैसे 'किरात' के आठवें सर्ग में अप्सराओं का विलास **प्रकृतय इति**—प्रकृतियाँ तीन प्रकार की होती हैं। दिव्य, अदिव्य और दिव्यादिव्य। इनके धीरोदात्त आदि भेद। भी पहले कहे हैं। उनमें भी उत्तमत्व, मध्यमत्व और अधमत्व होता है। इनमें से जो जैसी प्रकृति है उसके स्वरूप के अनुरूप वर्णन न होने से प्रकृतिविपर्यय दोष होता है। जैसे धीरोदात्त नायक श्रीरामचन्द्रजी का धीरोद्धतकी भांति कपट से वाली का वध करना। अथवा 'कुमारसंभव' में उत्तम देवता श्रीपार्वती और महादेव का संभोग शृङ्गार वर्णन करना। इसके विषय में प्राचीन आचार्य (मम्मट) कहते हैं कि माता पिता के संभोगवर्णन के समान यह वर्णन अत्यन्त अनुचित है। **अन्यदिति**—इसके अतिरिक्त देश, काल आदि के विरुद्ध वर्णन को भी अनौचित्य के अन्तर्गत जानना। क्योंकि उससे काव्य की असत्यता प्रतीत होने के कारण राजकुमार आदि विनेय (शिक्षणीय) पुरुषों का चित्त उधर आकृष्ट नहीं हो सकता। **एभ्य इति**—इन दोषों से पृथक् अलङ्कार दोष नहीं हो सकते, इन दोषों के अन्तर्गत ही होते हैं। **उपमायामिति**--जहाँ उपमा में असादृश्य अर्थात् साधारण धर्म की अप्रसिद्धि और असम्भव अर्थात् उपमान की अप्रसिद्धि हो अथवा उपमान में जाति या प्रमाण की न्यूनता या अधिकता विद्यमान हो वहाँ, एवं **'अर्थान्तरन्यास'** अलङ्कार में यदि उत्प्रेक्षित अर्थ का समर्थन किया हो तो वहाँ भी 'अनुचितार्थत्व' दोष जानना। क्रम से उदाहरण--**ग्रथ्नामीति**--काव्य और चन्द्रमा का सादृश्य प्रसिद्ध न होने के कारण यहाँ अनुचितार्थत्व दोष है। **प्रज्वलदिति**--यहाँ उपमानभूत जलती हुई जल की धारायें अप्रसिद्ध हैं। **चण्डाल इति**--यहाँ उपमान (चण्डाल) में जातिगत न्यूनता है। **कर्पूर इति**--यहाँ उपमान (कर्पूर-खण्ड) प्रमाण से न्यून है। **हरवदिति**--यहाँ उपमान में जातिकृत आधिक्य है। तिर्यग्योनि (मयूर) का उपमान महेश्वर को बनाने से अनुचितार्थत्वदोष है। **स्तनाविति**--यहाँ उपमान में प्रमाण से आधिक्य है। **दिवाकरादिति**--जो हिमालय दिन में मानों सूर्य से डर कर अपनी गुहाओं में छिपे हुए अन्धकार की र

एवमादिषूत्प्रेक्षितार्थस्यासंभूततयैव प्रतिभासनं स्वरूपमित्यनुचितमेव तत्समर्थनम्। यमकस्य पादत्रयगतस्याप्रयुक्तत्वं दोषः। यथा—

'सहसाभिजनैः स्निग्धैः सह सा कुञ्जमन्दिरम्। उदिते रजनीनाथे सहसा याति सुन्दरी॥'

उत्प्रेक्षायां यथाशब्दस्योत्प्रेक्षाद्योतकत्वेऽवाचकत्वम्। यथा—

'एष मूर्तो यथा धर्मः क्षितिपो रक्षति क्षितिम्।' एवमनुप्रासे वृत्तिविरुद्धस्य प्रतिकूलवर्णत्वम्। यथा—

'ओवट्टइ उल्लट्टइ'—इत्यादौ।

उपमायां च साधारणधर्मस्याधिकन्यूनत्वयोरधिकपदत्वं च। क्रमेणोदाहरणम्—

'नयनज्योतिषा भाति शंभुर्भूतिसितद्युतिः। विद्युतेव शरन्मेघो नीलवारिदखण्डधृक्॥'

अत्र भगवतो नीलकण्ठत्वस्याप्रतिपादनाच्चतुर्थपादोऽधिकः।

'कमलालिङ्गितस्तारहारहारी मुरं द्विषन्। विद्युद्विभूषितो नीलजीमूत इव राजते॥'

अत्रोपमानस्य सबलाकत्वं वाच्यम्। अस्यामेवोपमानोपमेययोर्लिङ्गवचनभेदस्य कालपुरुषविध्यादिभेदस्य च भग्नप्रक्रमत्वम्। क्रमेणोदाहरणम्—

'सुधेव विमलश्चन्द्रः।' 'ज्योत्स्ना इव सिता कीर्तिः।'

'काप्यभिख्या तयोरासीद् व्रजतोः शुद्धवेषयोः। हिमनिर्मुक्तयोर्योगे चित्राचन्द्रमसोरिव॥'

अत्र तथाभूतचित्राचन्द्रमसोः शोभा न खल्वासीत्, अपि तु सर्वदापि भवति।

करता है। बड़े लोग अपने शरणागत क्षुद्र पुरुष पर भी अत्यन्त ममता दिखाते हैं। **एवमादिष्विति**—उत्प्रेक्षित पदार्थ असत्यरूप से प्रतीत हुआ करता है—अतः प्रकृत पद्य में अन्धकार का भय उत्प्रेक्षित होने के कारण उसका समर्थन करने के लिए उत्तरार्ध की रचना अनुचित है। समर्थन सत्य पदार्थ का किया जाता है, किन्तु यहाँ असत्य पदार्थ का समर्थन किया है।

यमकस्येति—यमक यदि तीन ही चरणों में हो चौथे चरण में न हो तो वहा अप्रयुक्तत्व दोष जानना। जैसे—**सहसेति**। **उत्प्रेक्षायामिति**—उत्प्रेक्षा में यदि 'यथा' शब्द का प्रयोग हो तो अवाचकत्वदोष होता है। जैसे—**एष इति**। **एवमिति**—इसी प्रकार अनुप्रास में 'वृत्तिविरुद्धत्व' अर्थात् विरोधी रस के अनुगुण वर्णों की रचना को 'प्रतिकूलवर्णत्व' के अन्तर्गत समझना। जैसे—'ओवट्टइ' इत्यादिक में शृङ्गार रस के विरोधी वीर रस के अनुगुण कठोर वर्णों की रचना है। **उपमायाञ्चेति**—उपमा में साधारण धर्म के अधिक होने पर अधिकपदत्व और न्यून होने पर न्यूनपदत्व दोष जानना। क्रम से उदाहरण देते हैं। **नयनेति**—भस्म से शुक्ल शङ्कर भगवान् तृतीय नेत्र की ज्योति से ऐसे सुशोभित होते हैं जैसे छोटे से नीले बादल के टुकड़े से युक्त, बिजली से अलंकृत शरद् ऋतु का काला बादल। यहाँ चतुर्थ चरण अधिक है। क्योंकि उपमेय में नीलकण्ठ का कथन नहीं है। विभूति से श्वेत शङ्कर शरद् ऋतु के श्वेत बादल के समान हुए और तृतीय नेत्र बिजली के समान। अब रहा—'नीलवारिदखण्ड'—उसके लिये उपमेय में कुछ नहीं है। यदि शङ्कर के नीले कण्ठ का उल्लेख कर दें तो सादृश्य ठीक हो जाय। यहाँ 'धृक्' में कुत्व चिन्तनीय है। क्विन् प्रत्यय और कुत्व 'दधृक्' में ही होते हैं। 'धृष्' धातु से 'धृट्' और 'धृ' धातु से 'धृत्' रूप बन सकता है।

न्यूनत्व का उदाहरण—**कमलेति**—लक्ष्मी से आलिङ्गित और मुक्ताहार से विभूषित भगवान् विष्णु, विद्युत् से युक्त नीलमेघ के सदृश दीखते हैं। यहाँ उपमान (मेघ) में बलाका और कहनी चाहिए, क्योंकि उसके विना मुक्ताहार का कोई उपमान नहीं है, अतएव यहाँ न्यूनपदत्व के अन्तर्गत यह अलंकार दोष है। **अस्यामेवेति**—एवम् यदि उपमा में उपमान और उपमेय के लिङ्गों में या वचनों में भेद हो अथवा वर्तमान आदि काल में, यद्वा प्रथम, मध्यम आदि पुरुषों में किं वा विध्यादिक अर्थों में भेद हो तो भग्नप्रक्रमता दोष जानना। क्रम से उदाहरण—**सुधेति**—यहाँ स्त्रीलिंग 'सुधा' का उपमेय (चन्द्र) पुंलिंग है, अतः उपमानोपमेय का लिंगभेद होने से 'भग्नप्रक्रमत्व' दोष है। **ज्योत्स्ना इति**—यहाँ उपमान बहुवचन और उपमेय एकवचन है। कालभेद का उदाहरण—**कापीति**—वसिष्ठ मुनि के आश्रम को जाते हुए सुभूषित सुदक्षिणा और दिलीप की शोभा, शीत ऋतु के कुहरे से निर्मुक्त चित्रा (नक्षत्र) और चन्द्रमा के समान अनिर्वचनीय थी। यहाँ भूतकाल का सम्बन्ध उपमान के साथ नहीं हो सकता। चित्रा और चन्द्रमा की शोभा आज भी वैसी होती है। यहाँ

'लतेव राजसे तन्वि ।' अत्र लता राजते, त्वं तु राजसे ।

'चिरं जीवतु ते सूनुर्मार्कण्डेयमुनिर्यथा ।'

अत्र मार्कण्डेयमुनिर्जीवत्येव । न खल्वेतदस्य जीवत्वित्यनेन विधेयम् ।

इह तु यत्र लिङ्गवचनभेदेऽपि न साधरणधर्मस्यान्यथाभावस्तत्र न दोषः। क्रमेणोदाहरणम्—

'मुखं चन्द्र इवाभाति ।'

'तद्वेशोऽसदृशोऽन्याभिः स्त्रीभिर्मधुरताभृतः । दधते स्म परां शोभां तदीया विभ्रमा इव ॥'

पूर्वोदाहरणेषूपमानोपमेययोरेकस्यैव साधारणधर्मेणान्वयसिद्धेः प्रक्रान्तस्यार्थस्य स्फुटोऽनिर्वाहः। एवमनुप्रासे वैफल्यस्यापुष्टार्थत्वम् । यथा—

'अनणुरणन्मणिमेखलमविरलशिञ्जानमञ्जुमञ्जीरम् ।

परिसरणमरुणचरणे रणरणकमकारणं कुरुते ॥'

एवं समासोक्तौ साधारणविशेषणवशात्परार्थस्य प्रतीतावपि पुनस्तस्य शब्देनोपादानस्याप्रस्तुतप्रशंसायां व्यञ्जनयैव प्रस्तुतार्थावगतेः शब्देन तदभिधानस्य च पुनरुक्तत्वम् । क्रमेणोदाहरणम्—

'अनुरागवन्तमपि लोचनयोर्दधतं वपुःसुखमतापकरम् ।

निरकासयद्रविमपेतवसुं वियदालयादपरदिग्गणिका ॥'

अत्रापरदिगित्येतावतैव तस्या गणिकात्वं प्रतीयते ।

'आहूतेषु विहङ्गमेषु मशको नायान्पुरो वार्यते मध्ये वा धुरि वा वसंस्तृणमणिर्धत्ते मणीनां धुरम् ।
खद्योतोऽपि न कम्पते प्रचलितुं मध्येऽपि तेजस्विनां धिक्सामान्यमचेतसं प्रभुमिवानामृष्टतत्त्वान्तरम् ॥'

कालभेद है। **लतेति**—यहाँ मध्यम पुरुष का सम्बन्ध उपमानभूत लता के साथ नहीं हो सकता। **चिरमिति**—यहाँ चिरञ्जीव होने का आशीर्वाद मार्कण्डेय मुनि में अकिञ्चित्कर और असम्बद्ध है। वे तो चिरंजीवी हैं ही। उन्हें इस आशीर्वाद से क्या ! यहाँ विधिभेद है।

इहतु—उपमा में जहाँ लिङ्गभेद और वचनभेद होने पर भी साधरण धर्म में अन्यथात्व न हो अर्थात् वह एक रूप से उपमान और उपमेय के साथ सम्बन्ध कर सके वहाँ यह दोष नहीं माना जाता। जैसे—**मुखमिति**—यहाँ भान (शोभा) साधारणधर्म है, उसकी वाचक 'आभाति' क्रिया है—इसका सम्बन्ध उपमेय (मुख) और उपमान (चन्द्र) दोनों के साथ समान रूप से हो जाता है। किन्तु 'सुधेव विमलश्चन्द्रः' यहाँ विमलत्व साधारण धर्म है। उसका वाचक 'विमलः' पुल्लिङ्ग है, अतः उसका सम्बन्ध उपमेय (चन्द्रः) के साथ हो सकता है, उपमान (सुधा) के साथ नहीं, क्योंकि यह स्त्रीलिङ्ग है। इसके लिये 'विमला' होना चाहिये। वचनभेद में दोषाभाव का उदाहरण— **तद्वेश इति**—यहाँ यदि 'भृ' धातु से क्त प्रत्यय मानें तो 'भृतः' एकवचन हो सकता है और यदि क्विप् प्रत्यय मानें तो बहुवचन भी हो सकता है। एवं 'दधते' को यदि 'दध धारणे' का रूप मानें तो एकवचन और यदि 'डुधाञ्' का रूप मानें तो यही बहुवचन हो सकता है, अतः यहाँ वेशरूप उपमेय के एकवचनान्त होने और उपमानभूत विभ्रम के बहुवचनान्त होने पर भी कोई दोष नहीं है। **पूर्वेति**—'सुधेव' से लेकर 'चिरं जीवतु' तक के पूर्वोदाहरणों में साधारणधर्म का अन्वय उपमान और उपमेय में से किसी एकही के साथ होता है, दोनों के साथ नहीं, अतः वहाँ प्रक्रान्त का अनिर्वाह स्फुट होने से भग्नप्रक्रमत्व दोष है। **एवमिति**—इसी प्रकार अनुप्रास में वैफल्य होने से अपुष्टार्थत्व होता है। जैसे—**अनणु**—इस पद्य में कोई रस नहीं, अनुप्रासमात्र है, अतः रसपोषक न होने से वह विफल है। **एवमिति**—इसी प्रकार समासोक्ति में साधारण विशेषणों के बल से व्यज्यमान अर्थ का यदि वाचक शब्दोंसे कथन करें अथवा अप्रस्तुत प्रशंसा में व्यञ्जना से जो प्रस्तुत अर्थ प्रतीत होता हो उसको वाचक शब्दों से अभिधान करें तो पुनरुक्तत्वदोष जानना। क्रम से उदाहरण—**अनुरागेति**—यहाँ 'अपरदिक्' इतने से ही, समासोक्ति के बल से, पश्चिमदिशा का वेश्यात्व प्रतीत होता है, फिर उसके लिये गणिका शब्द का प्रयोग करने से पुनरुक्तिदोष है। **आहूतेष्विति**—अज्ञानी प्रभु के समान 'सामान्य' अर्थात् जातिको धिक्कार है, जो विशेष गुणों का विचार न करके, भले बुरों में 'सब धान बारह पसेरी' की लोकोक्ति को चरितार्थ करता है। देखो, यदि विहङ्गमों (पखेरुओं) को बुलाया जाय तो सामान्य के बल से मच्छड़ भी बीच में आ कूदेगा, क्योंकि विहङ्गमत्व जाति तो उसमें भी है, वह भी आकाशचारी और

अत्राचेतसः प्रभोरभिधानमनुचितम् । एवमनुप्रासे प्रसिद्ध्यभावस्य ख्यातिविरुद्धत्वम् । यथा— 'चक्राधिष्ठिततां चक्री गोत्रं गोत्रभिदुच्छ्रितम् । वृषं वृषभकेतुश्च प्रायच्छन्नस्य भूभुजः ॥'

उक्तदोषाणां च कचिददोषत्वं कचिद् गुणत्वमित्याह—

वक्तरि क्रोधसंयुक्ते तथा वाच्ये समुद्धते । रौद्रादौ तु रसेऽत्यन्तं दुःश्रवत्वं गुणो भवेत् ॥१६॥

एषु चास्वादस्वरूपविशेषात्मकमुख्यगुणप्रकर्षोपकारित्वाद् गुण इति व्यपदेशो भाक्तः। क्रमेण यथा—

'तद्विच्छेदकृशस्य कण्ठलुठितप्राणस्य मे निर्दयं क्रूरः पञ्चशरः शरैरतिशितैर्भिन्दन्मनो निर्भरम् ।
शम्भोर्भूतकृपाविधेयमनसः प्रोद्दामनेत्रानलज्वालाजालकरालितः पुनरसावास्तां समस्तात्मना ॥'

अत्र शृङ्गारे कुपितो वक्ता ।

'मूर्धन्याधूयमानध्वनदमरधुनीलोलकल्लोलजालो-
द्धूताम्भःक्षोददम्भात्प्रसभमभिनभः क्षिप्तनक्षत्रलक्षम् ।
ऊर्ध्वन्यस्ताङ्घ्रिदण्डभ्रमिभररभसोद्यन्नभस्वत्प्रवेग—
भ्रान्तब्रह्माण्डखण्डं प्रवितरतु शिवं शाम्भवं ताण्डवं वः ॥'

अत्रोद्धतताण्डवं वाच्यम् । इमे पद्ये मम । रौद्रादिरसेतु तद्द्वितयापेक्षयापि दुःश्रवत्वमत्यन्तं गुणः । यथा—

पंखधारी है। इसके सिवा और किसी गुण की तो अपेक्षा इसको (सामान्य को) है नहीं, जिसका फल यह होता है कि कोकिल, चातक, हंस, मयूर, बाज और शिकरों के बीच में मच्छड़ मियाँ भी, खम ठोंककर, आ खड़े होते हैं। एवं तृणमणि भी मणियों के बीच इसी मणित्व जाति के कारण गिना जाता है। और तो और जब तेजस्वियों की गणना होती है तो तारे, चन्द्रमा और सूर्यादि के बीच नाम लिखाने से खद्योत भी नहीं डरता, क्योंकि तेजस्वित्वजाति तो उस में भी है। उसकी दुम में भी ज़रासा तेज—चाहे अंधेरे में ही सही—चमकता तो है। यहाँ अप्रस्तुतप्रशंसालंकार है। अप्रस्तुत सामान्य के इस मनोहर वर्णन से प्रस्तुत किसी अविवेकी प्रभु का पता व्यञ्जनावृत्ति दे देती है, फिर उसके लिये 'अचेतसं प्रभुम्' का अभिधान अनुचित है। **एवमिति**—इसी प्रकार अनुप्रास के चक्कर में आकर यदि अप्रसिद्ध पदार्थ का वर्णन किया हो तो ख्यातिविरुद्धत्व दोष जानना। जैसे—**चक्रेति**—यहाँ अनुप्रास के आधार पर ही चक्री (विष्णु) से चक्रवर्तित्व और गोत्रभित् (इन्द्र) से ऊँचा गोत्र दिलवाया है। पुराणादिकों में कहीं इन वस्तुओं के देने में उक्त देवताओं की प्रसिद्धि नहीं है। **उक्तदोषाणामिति**—पूर्वोक्त दोष, कहीं दोषत्व नहीं पैदा करते और कहीं तो गुण हो जाते हैं। अब उन्हीं स्थलों का निर्देश करते हैं। **वक्तरीति**—वक्ता यदि क्रोध में भरा हो या अर्थ—जिसका वर्णन है—समुद्धत हो अथवा रौद्र, वीर, बीभत्सादिक रस हों तो दुःश्रवत्व (श्रुतिकटुत्व) गुण हो जाता है। **एषु चेति**—मुख्य गुण (माधुर्यादिक) रस के ही स्वरूप—विशेष होते हैं और रस आत्मरूप है, अतः यद्यपि शब्दमात्र में रहनेवाले दुःश्रवत्व को मुख्य रीति से गुण नहीं कह सकते, तथापि आस्वाद अर्थात् रस के स्वरूप—विशेषात्मक जो मुख्यगुण (माधुर्यादि) उनके किये हुए रसप्रकर्ष के उपकारी होने से अर्थात् उस रसप्रकर्ष के अनुकूल होने से दुःश्रवत्वादिकों में गौणरीति (लक्षणा) से गुणशब्द का प्रयोग जानना। गुणकृतप्रकर्षोपकारित्वरूप उपचार से यहाँ लक्षणा होती है। **तद्विच्छेदेति**—मैं उसके वियोग से कृश हूँ—मेरे प्राण गले तक आ पहुँचे हैं—फिर भी यह क्रूर काम, बड़ी निर्दयता से, अत्यन्त तीखे बाणों के द्वारा, मेरे हृदय को बेध रहा है। दुःखी प्राणियों पर दया करनेवाले भगवान् शङ्कर के नेत्र की प्रचण्ड ज्वालाओं में यह दुष्ट, ईश्वर करे, फिर से बिलकुल भस्म हो जाय। **अत्रेति**—यहाँ यद्यपि विप्रलम्भशृङ्गार कोमलरस है, तथापि वक्ता काम के ऊपर कुपित हो गया है, अतः उत्तरार्ध का श्रुतिकटुत्व यहाँ गुण है।

समुद्धतवाच्य में श्रुतिकटुत्व का उदाहरण—**मूर्धेति**—सिर पर घूमती हुई और शब्द करती हुई गङ्गा की चञ्चल तरङ्गमालाओं से चारों ओर छिटके हुए जलकणों के बहाने मानों लाखों तारे आकाश की ओर जिसमें फेंके जा रहे हैं और ऊपर उठाये हुए पैर के घूमने से उत्पन्न महावेगवान् वायु के चक्कर में पड़कर ब्रह्माण्ड जिसमें घूमने लगा है, वह शङ्कर का ताण्डवनृत्य तुम्हें मङ्गलदायक हो। यहाँ उद्धतताण्डव वाच्य है, अतः दुःश्रवत्व

'उत्कृत्योत्कृत्य कृत्तिम्—' इत्यादि । अत्र बीभत्सो रसः ।

सुरतारम्भगोष्ठ्यादावश्लीलत्वं तथा पुनः । तथा पुनरिति गुण एव । यथा—

'करिहस्तेन संबाधे प्रविश्यान्तर्विलोडिते । उपसर्पन्ध्वजः पुंसः साधनान्तर्विराजते ॥'

अत्र हि सुरतारम्भगोष्ठ्यां 'द्व्यर्थैः पदैः पिशुनयेच्च रहस्यवस्तु' इति कामशास्त्रस्थितिः । आदिशब्दाच्छमकथाप्रभृतिषु बोद्धव्यम् ।

स्यातामदोषौ श्लेषादौ निहतार्थाप्रयुक्तते ॥१७॥ यथा—

'पर्वतभेदि पवित्रं जैत्रं नरकस्य बहुमतङ्गहनम् । हरिमिव हरिमिव हरिमिव सुरसरिदम्भः पतन्नमत ॥'

अत्रेन्द्रपक्षे पवित्रशब्दो निहतार्थः सिंहपक्षे मतङ्गशब्दो मातङ्गार्थेऽप्रयुक्तः ।

गुणः स्यादप्रतीतत्वं ज्ञत्वं चेद्वक्तृवाच्ययोः । यथा—

'त्वामामनन्ति प्रकृतिं पुरुषार्थप्रवर्तिनीम् । तद्दर्शिनमुदासीनं त्वामेव पुरुषं विदुः ॥'

स्वयं वापि परामर्शे अप्रतीतत्वं गुण इत्यनुषज्यते । यथा—

'युक्तः कलाभिस्तमसां विवृद्ध्यै क्षीणश्च ताभिः क्षतये य एषाम् ।
शुद्धं निरालम्बपदावलम्बं तमात्मचन्द्रं परिशीलयामि ॥'

गुण है, दोष नहीं । रौद्रादिक दीप्तरसों में दुःश्रवत्व इन दोनों से अधिक गुण होता है । जैसे पूर्वोक्त उत्कृत्येत्यादि पद्य में । इसमें बीभत्सरस है । **सुरतेति**–जहाँ कामगोष्ठी हो वहाँ अश्लीलत्व गुण होता है । जैसे–**करिहस्तेति**–संबाध अर्थात् दुष्प्रवेश सेना को पहले हाथियों ने अपनी सूँड़ों से विलोडित (निर्मथित) किया, फिर उसमें घुसता हुआ पुरुष (वीर) का ध्वज (रथकी पताका) साधन (सेना) के भीतर सुशोभित होता है । दूसरे पक्ष में **'तर्जन्यनामिकायुक्ते मध्यमा पृष्ठतो यदि । करिहस्त इति प्रोक्तः कामशास्त्रविशारदैः ॥'** संबाध = योनि । ध्वज = पुंव्यञ्जन । साधन = स्त्रीव्यञ्जन । **अत्रहीति**–सुरतारम्भगोष्ठी में ''द्व्यर्थक पदों से गुप्त वस्तुको प्रकाशित करना'' यह काम-शास्त्र का नियम है । आदि शब्द से शान्ति आदि की कथाओं का ग्रहण है । जैसे 'रम्भाशुकसंवाद' में शुकदेवजी की अनेक उक्तियाँ । **स्यातामिति**—श्लेषादिकों में निहतार्थत्व और अप्रयुक्तत्व को दोष नहीं माना जाता । जैसे–**पर्वतेति**–हरि (इन्द्र, विष्णु और सिंह) के समान गिरते हुए गङ्गाजल को नमस्कार करो । गङ्गाजल पर्वत (हिमालय) को भेदन करके निकलता है, पवित्र है, नरक को जीतनेवाला है (पापहारी है) बहुत ऋषि मुनियों से सम्मत (पूजित) है और गम्भीर (गहन) है । इन्द्र भी पर्वतों को भेदन करनेवाले हैं–इन्होंने पर्वतों के पंख काटे हैं, ऐसा पुराणों में प्रसिद्ध है । 'पवि' (वज्र) से 'त्र' रक्षा करनेवाले हैं अथवा वज्र धारण करनेवाले हैं । नर के बहुमत हैं और गहन = दुर्जय हैं । विष्णु पर्वत (गोवर्धन) के उखाड़नेवाले हैं और पवित्र = पापनाशन हैं, नरकासुर को जीतनेवाले हैं, बहुमत अर्थात् बहुपूजित हैं और गहन = दुर्ज्ञेय हैं, समाधिगम्य हैं । एवं सिंह भी पर्वत को अथवा पर्वतसदृश कठोर करिकुम्भों को भेदन करनेवाला है । **'मृगाणां च मृगेन्द्रोऽहम्'** इस गीतावचन के अनुसार भगवान् का अंश होने के कारण पवित्र है । नरकों (कुत्सित या कातर नरों) का जेता है । बहुत से मतंगों (हाथियों) का हनन करने वाला है । **अत्रेति**—इसमें इन्द्र के पक्ष में पवित्र शब्द निहतार्थ है और सिंह के पक्ष में मतङ्ग शब्द मातङ्ग के लिये अप्रयुक्त है, किन्तु श्लेष के कारण यहाँ दोष नहीं । **गुणइति**—वक्ता और वाच्य (श्रोता) यदि दोनों ज्ञाता हों तो अप्रतीतत्व गुण होता है । जैसे—**त्वामिति**—यद्यपि प्रकृति और पुरुष शब्द सांख्य, योग में ही प्रसिद्ध हैं, तथापि इस संवाद में देवता और भगवान् विष्णु इन दोनों के अभिज्ञ होने से दोष नहीं है । **स्वयमिति**—अपने आप जहाँ परामर्श हो वहाँ भी अप्रतीतत्व गुण होता है । जैसे **युक्तइति**—मैं उस अपूर्व आत्मरूप चन्द्रमा का परिशीलन करता हूँ, जो कलाओं (उपनिषद् में कही हुई पृथिव्यादि कलाओं) से युक्त होने पर तो अन्धकार (अज्ञान) को बढ़ाता है और उनसे क्षीण (रहित) होने पर तम (अज्ञानान्धकार) को दूर करता है, जो शुद्ध (निष्कलंक) है और आलम्बपद में अवलम्बित नहीं है, सबका आश्रय है, आश्रित किसी का नहीं । यहाँ आत्मरूप चन्द्रमाका लौकिक चन्द्रमा से व्यतिरेक सूचित किया है । लौकिक चन्द्रमा कलायुक्त होने पर अन्धकार को दूर करता है और क्षीण होने पर नहीं करता, किन्तु आत्मरूप चन्द्रमा इससे बिलकुल उलटा है । यह कलायुक्त होने पर अन्धकार को बढ़ाता है और क्षीणफल होने पर उसका नाश करता है । एवम्

कथितं च पदं पुनः ॥१८॥

विहितस्यानुवाद्यत्वे विषादे विस्मये क्रुधि।
दैन्येऽथ लाटानुप्रासेऽनुकम्पायां प्रसादने ॥१९॥
अर्थान्तरसंक्रमितवाच्ये हर्षेऽवधारणे।

गुण इत्येव। यथा—'उदेति सविता ताम्रः—' इत्यादि। अत्र विहितानुवादः। 'हन्त हन्त, गतः कान्तो वसन्ते सखि नागतः।' अत्र विषादः। 'चित्रं चित्रमनाकाशे कथं सुमुखि चन्द्रमाः।' अत्र विस्मयः। 'सुनयने नयने निधेहि—'इति। अत्र लाटानुप्रासः। 'नयने तस्यैव नयने च।'

इत्यादावर्थान्तरसंक्रमितवाच्यो ध्वनिः। एवमन्यत्र।

संदिग्धत्वं तथा व्याजस्तुतिपर्यवसायि चेत् ॥२०॥ गुण इत्येव। यथा—

'पृथुकार्तस्वरपात्रं भूषितनिःशेषपरिजनं देव। विलसत्करेणुगहनं संप्रति सममावयोः सदनम् ॥'

वैयाकरणमुख्ये तु प्रतिपाद्येऽथ वक्तरि। कष्टत्वं दुःश्रवत्वं वा गुण इत्येव। यथा—

लौकिक चन्द्रमा कलङ्कयुक्त होने से अशुद्ध है, परन्तु वह शुद्ध = निष्कलङ्क है। यह आलम्बपद विष्णुपद = आकाश में आलम्बित रहता है, किन्तु वह (आत्मचन्द्र) आलम्बपद से निर्गत है, किसी का आश्रित नहीं। इसी वैलक्षण्य को सूचित करने के लिये 'तम्' (अपूर्वं = बुद्धिस्थम्) पद दिया है। श्रीतर्कवागीशजीने इस पद्यको लौकिक चन्द्रमा में भी लगाया है—"**कलाभिः क्षीयस्तमसां विवृद्धयै, ताभिर्युक्तश्च एषां तमसां क्षतये**"। इस मत में एक तो इस पद्यका प्रधान चमत्कार (आत्मचन्द्र का अलौकिकत्व सूचन) नष्ट होता है। इसी के लिये कविका सब प्रयत्न है। दूसरे 'युक्त' को 'क्षतये' के साथ लगाने से 'दूरान्वय' और 'संकीर्णत्व' दोष आते हैं, अतः यह अर्थ अस्वारसिक होने से त्याज्य है। **कथितं चेति**—जहाँ पूर्वविहित का अनुवाद करना हो या विषाद, विस्मय, क्रोध, दैन्य, लाटानुप्रास, अनुकम्पा, प्रसादन, (किसी को प्रसन्न करना), 'अर्थान्तरसङ्क्रमितवाच्य' ध्वनि, हर्ष और अवधारण (निश्चय) हों वहाँ कथितपदत्वदोष नहीं होता, गुण होता है। जैसे **उदेतीति—यहाँ** विहित का अनुवाद है। पहले वाक्य में ताम्रत्व की विधि है और दूसरे वाक्य में अस्तगमन रूप विधि का उद्देश्य बनाने के लिये उसी ताम्रत्व का अनुवाद किया है। श्रीतर्कवागीशजी ने पूर्वोक्त 'उद्देश्यप्रतिनिर्देश' के प्रकरण में जो इस पद्य का समन्वय दिखाया है, वह इस मूल ग्रंथ से विरुद्ध है। इसके अनुसार यह पद्य 'उद्देश्यप्रतिनिर्देश' के पूर्वोक्त तृतीय भेद के अन्तर्गत हो सकता है, प्रथम भेद के अन्तर्गत नहीं। **हन्तेति—यहाँ** विषाद है। **चित्रमिति**—यहाँ विस्मय है। **सुनयने—यहाँ** लाटानुप्रास है। **नयने इति**—यहाँ अर्थान्तर संक्रमित-वाच्य ध्वनि है। **सन्दिग्धत्वमिति**—यदि व्याजस्तुति में पर्यवसान होता हो तो सन्दिग्धत्वगुण होता है। जैसे—**पृथुकेति**—यह किसी भिक्षुक की उक्ति है। हे राजन्! इस समय मेरा और आपका घर एक समान हो रहा है। आपके घर में पृथु = बड़े बड़े 'कार्तस्वर' = सुवर्ण के पात्र हैं और मेरा घर 'पृथुक' = बच्चों के 'आर्तस्वर' (भूख से रोने) का आस्पद (पात्र) हो रहा है, अतः दोनों ही 'पृथुकार्तस्वरपात्र' हैं। एवं मेरा और आपका घर 'भूषितनिःशेषपरिजन' है। आपके घरमें निःशेष = सब परिजन भूषित = भूषण युक्त हैं और मेरे घर सब लोग 'भू + उषित' = पृथ्वी पर पड़े हैं। आपका घर विशेष शोभित (विलसत्) करेणुओं = हथिनियों से 'गहन' = भरा है और मेरा घर 'विलसत्क (**बिले सीदन्तीति बिलसद, त एव बिलसत्काः**) बिलमें रहने वाले चूहे आदिकों की रेणु = मिट्टी से भरा है। अतः दोनों 'विलसत्करेणुगहन' हैं। श्लेष के कारण यहाँ ब और व का भेद नहीं माना गया है। इसमें यद्यपि पृथुक इत्यादि विशेषण संदिग्ध हैं, तथापि व्याजस्तुति अलङ्कार के कारण यह गुण है। प्रारम्भ में राजा की प्रशंसा प्रतीत होती है, परन्तु अन्त्य में निन्दा व्यङ्ग्य है। जो राजा अपने राज्य के निवासी ऐसे दरिद्रों की खबर नहीं लेता वह निन्दनीय ही है।

वैयाकरण इति—यदि कोई वैयाकरण वक्ता या श्रोता हो तो कष्टत्व और दुःश्रवत्व गुण होते हैं। जैसे-

'दीधीवेवीट्समः कश्चिद् गुणवृद्ध्योरभाजनम् । क्विप्प्रत्ययनिभः कश्चिद्यत्र संनिहिते न ते ॥'

अत्रार्थः कष्टः । वैयाकरणश्च वक्ता । एवमस्य प्रतिपाद्यत्वेऽपि ।

'अत्रास्मार्षमुपाध्याय त्वामहं न कदाचन ।'

अत्र दुःश्रवत्वम् । वैयाकरणो वाच्यः । एवमस्य वक्तृत्वेऽपि ।

ग्राम्यत्वमधमोक्तिषु ॥२१॥ गुण इत्येव । यथा मम—

'एसो ससहरबिम्बो दीसइ हेअंगवीणपिण्डो व्व । एदे अस्ससमोहा पडन्ति आसासु दुद्धधार व्व ॥'

इयं विदूषकोक्तिः । **निर्हेतुता तु ख्यातेऽथ दोषतां नैव गच्छति ।**

यथा—'संप्रति संध्यासमयश्चक्रद्वन्द्वानि विघटयति'

कवीनां समये ख्याते गुणः ख्यातविरुद्धता ॥२२॥ कविसमयख्यातानि च—

मालिन्यं व्योम्नि पापे, यशसि धवलता वर्ण्यते हासकीर्त्यो
रक्तौ च क्रोधरागौ, सरिदुदधिगतं पङ्कजेन्दीवरादि ।
तोयाधारेऽखिलेऽपि प्रसरति च मरालादिकः पक्षिसंघो
ज्योत्स्ना पेया चकोरैर्जलधरसमये मानसं यान्ति हंसाः ॥२३॥
पादाघातादशोकं विकसति बकुलं योषितामास्यमद्यै—
र्यूनामङ्गेषु हाराः, स्फुटति च हृदयं विप्रयोगस्य तापैः ।
मौर्वी रोलम्बमाला धनुरथ विशिखाः कौसुमाः पुष्पकेतो-

दीधी-कोई पुरुष दीधीङ्, वेवीङ् धातु और इट् प्रत्यय के समान होते हैं, जो गुण और वृद्धि के पात्र नहीं होते। जैसे इनमें गुण और वृद्धि नहीं होती ('दीधीवेवीटाम्') इस सूत्र से निषेध हो जाता है, इसी प्रकार बहुत से मनुष्य दया दाक्षिण्यादि गुण और वृद्धि=समृद्धि के पात्र नहीं होते। और कोई तो क्विप् प्रत्यय के सदृश होते हैं, जहाँ वे (गुण-वृद्धि) पास तक नहीं फटकते। जैसे क्विप् प्रत्यय जिस किसी धातु अथवा प्रतिपादिक के सन्निहित होता है उसी की गुण वृद्धि को रोक देता है, उसी प्रकार कई पुरुष ऐसे होते हैं, जिनके सन्निहित होने से, उनके पास बैठने वालों तक की गुण-वृद्धि नष्ट हो जाती है। उन की स्वयं तो बात ही क्या ? वे तो क्विप् प्रत्यय की तरह सर्वथा नष्ट ही ठहरे। **अत्रेति**—यहाँ दुर्बोध अर्थ होने के कारण कष्टत्व है, परन्तु वक्ता वैयाकरण है, अतः वही दोष (कष्टत्व) गुण हो गया है। इसी प्रकार वैयाकरण के बोध्य (श्रोता) होने पर भी कष्टत्व गुण होता है। वैयाकरण श्रोता होने पर दुःश्रवत्व की गुणता का उदाहरण देते हैं—**अत्रास्मार्षम्**—'अस्मार्षम्' का दुःश्रवत्व यहाँ गुण है, दोष नहीं। **ग्राम्यत्वमिति**--अधम पुरुषों की उक्ति में ग्राम्यत्व गुण होता है, यथा--**एसो**—"एतत् शशधरबिम्बं दृश्यते हैयङ्गवीनपिण्डमिव। एते अंशुसमूहाः पतन्त्याशासु दुग्धधारा इव ॥" यह चन्द्रमा मक्खनका गोला सा मालूम पड़ता है और ये इसकी किरणें दूध की धारें सी गिर रहीं हैं। यह विदूषक की उक्ति है। **निर्हेतुतेति**—यदि वस्तु प्रसिद्ध हो तो निर्हेतुता को दोष नहीं माना जाता। जैसे--**सम्प्रति**--सन्ध्या के समय चकवाकों का वियोग प्रसिद्ध ही है। **कवीनामिति**--कवि सम्प्रदाय में जो बातें प्रसिद्ध हैं उनमें 'ख्यातिविरुद्धता' गुण होती है। कवि सम्प्रदाय की कुछ प्रसिद्धियाँ बतलाते हैं। **मालिन्यमिति**-आकाश और पाप यद्यपि रूपरहित वस्तु हैं, किन्तु कवि सम्प्रदाय में ये मलिन (काले) प्रसिद्ध हैं। यश, हास और कीर्त्तिको श्वेत कहते हैं, क्रोध और अनुराग को लाल मानते हैं। नदी, समुद्र आदिको में भी लाल, नीले आदि रंग के कमलों का वर्णन करते हैं। यद्यपि चलते पानी में और खासकर समुद्र में इनका होना असम्भव है। सम्पूर्ण जलाशयों में हंसादि पक्षियोंका वर्णन होता है। चकोरों का चन्द्रिकापान और वर्षाकाल में हंसों का मानससरोवर को चला जाना एवम् कामिनियों के पादाघात से अशोकका पुष्पित होना और उनके मुखवासित मद्य के द्वारा बकुल (मौलसिरी) का पुष्पित होना माना जाता है। युवा और युवतियों के अङ्गों में हारों का होना और वियोग के सन्ताप से उन के हृदय का फटना वर्णित होता है। कामदेव के धनुष की

भिन्नं स्यादस्य बाणैर्युवजनहृदयं स्त्रीकटाक्षेण तद्वत् ॥२४॥
अह्न्यम्भोजं, निशायां विकसति कुमुदं, चन्द्रिका शुक्लपक्षे,
मेघध्वानेषु नृत्यं भवति च शिखिनां नाप्यशोके फलं स्यात्।
न स्याज्जातिर्वसन्ते न च कुसुमफले गन्धसारद्रुमाणा-
मित्याद्युन्नेयमन्यत्कविसमयगतं सत्कवीनां प्रबन्धे ॥२५॥

एषामुदाहरणान्याकरेषु स्पष्टानि।

धनुर्ज्यादिषु शब्देषु शब्दास्तु धनुरादयः। आरूढत्वादिबोधाय

यथा—'पूरिते रोदसी ध्वानैर्धनुर्ज्यास्फालनोद्भवैः।' अत्र ज्याशब्देनापि गतार्थत्वे धनुःशब्देन ज्याया धनुष्यायत्तीकरणं बोध्यते। आदिशब्दात् 'भाति कर्णावतंसस्ते।' अत्र कर्णस्थितत्वबोधनाय कर्णशब्दः। एवं श्रवणकुण्डल-शिरःशेखरप्रभृतिः।

एवं निरुपपदो मालाशब्द पुष्पस्रजमेवाभिधत्त इति स्थितावपि 'पुष्पमाला विभाति ते।' अत्र पुष्पशब्द उत्कृष्टपुष्पबुद्ध्यै। एवं मुक्ताहार इत्यत्र मुक्ताशब्देनान्यरत्नामिश्रितत्वम्।

प्रयोक्तव्याः स्थिता अमी ॥२६॥

धनुर्ज्यादयः सत्काव्यस्थिता एव निबद्धव्याः, न त्वस्थिता जघनकाञ्चीकरकङ्कणादयः।

उक्तावानन्दमग्नादेः स्यान्न्यूनपदता गुणः। यथा—

'गाढालिङ्गनवामनीकृतकुचप्रोद्भिन्नरोमोद्गमा सान्द्रस्नेहरसातिरेकविगलच्छ्रीमन्नितम्बाम्बरा।
मा मा मानद माति मामलमिति क्षामाक्षरोल्लापिनी सुप्ता किं नु किं मनसि मे लीना विलीना नु किम्॥'

अत्र पीडयेति न्यूनम्। **क्वचिन्न दोषो न गुणः** न्यूनपदत्वमित्येव। यथा—

'तिष्ठेत्कोपवशात्प्रभावपिहिता दीर्घं न सा कुप्यति स्वर्गायोत्पतिता भवेन्मयि पुनर्भावार्द्रमस्या मनः।

प्रत्यञ्चा भ्रमरों की पङ्क्ति मानी जाती है और उसके धनुष बाण फूलों के होते हैं एवम् उसके बाणों से और स्त्रियों के कटाक्षों से युवक जनों के हृदय विद्ध होते है। कमल दिनमें और कुमुद रात में खिलते हैं। शुक्ल-पक्ष में चाँदनी होती है और मेघों के गरजने पर मोरों का नाच होता है। अशोक का फल नहीं होता और चमेली वसन्त ऋतु में नहीं फूलती, एवम् चन्दन के पेड़ों पर फल फूल नहीं होते—इत्यादिक बातें सत्कवियों के निबन्धों में देखकर जानना। इनके उदाहरण आकर ग्रन्थों में स्पष्ट हैं। **धनुर्ज्येति**—ज्या यद्यपि धनुष् की ही होती है तथापि 'धनुर्ज्या' जहाँ पर बोलते हैं, वहाँ 'धनुष्' पद ज्याको धनुष पर चढ़ी हुई बतलाता है। जैसे **पूरितेति। अत्रेति**—यहाँ यद्यपि 'ज्या' शब्द से भी काम चल सकता था, किन्तु धनुष पर चढ़ा होना 'धनर्ज्या' शब्द से बोधित होता है। **भातीत्यादि**—यहाँ कर्ण पद से आभूषण का कान में स्थित होना प्रतीत होता है। अन्यथा अवतंस ही पर्याप्त था, क्योंकि कान के ही भूषण को 'अवतंस' कहते हैं। इसी प्रकार 'श्रवणकुण्डल' 'शिर शेखरादि' पद जानना। **एवम् इति**—यदि केवल 'माला' शब्द हो तो फूलों की ही माला प्रतीत होती है, तथापि 'पुष्पमाला' पद में पुष्पशब्द पुष्पों की उत्कृष्टता का बोधन करता है। इसी प्रकार 'हार' शब्द से मोतियों का ही हार बोधित होता है, तथापि जहाँ 'मुक्ताहार' कहें वहाँ अन्य रत्नों से अमिश्रित होना प्रतीत होता है। **प्रयोक्तव्या इति**—जो शब्द सत्काव्यों में स्थित हों वे ही इस प्रकार प्रयोग में लाने चाहियें। अप्रयुक्त 'जघनकाञ्ची' आदि नहीं बनाने चाहियें। **उक्ताविति**—आनन्दादि में निमग्न मनुष्य की उक्ति हो तो 'न्यूनपदत्व' गुण होता है। जैसे—**गाढेति**—यहाँ 'क्षमाक्षरोल्लापिनी' के पूर्व 'पीडय' पद न्यून है। 'माम् मा पीडय' इत्यादि वाक्य हैं। **क्वचिदिति**—कहीं यह न्यूनपदत्व न दोष होता है न गुण, जैसे—**तिष्ठेदिति**—उर्वशी जब स्कन्दवन में लतारूप हो गई थी उस समय विरहव्याकुल राजा पुरूरवा की यह उक्ति है। **अर्थ**—मेरे ऊपर कोप करके अपने दिव्य प्रभाव से कदाचित् वह अन्तर्धान हो गई हो। **दीर्घमिति**—वह बहुत देर तक तो कुपित रहा नहीं करती। कदाचित् स्वर्ग को उड़ गई हो। परन्तु उसका मन तो मुझ में पूर्ण अनुरक्त है। मेरे सामने

तां हर्तुं विबुधद्विषोऽपि न च मे शक्ताः पुरोवर्तिनीं सा चात्यन्तमगोचरं नयनयोर्जातेति कोऽयं विधिः ॥'

अत्र प्रभावपिहितेति भवेदिति चेत्यनन्तरं नैतद्यत इति पदानि न्यूनानि । एषां पदानां न्यूनतायामप्येतद्वाक्यव्यङ्ग्यस्य वितर्काख्यव्यभिचारिभावस्योत्कर्षाकरणान्न गुणः । दीर्घं न सेत्यादिवाक्यजन्यया च प्रतिपत्त्या तिष्ठेदित्यादिवाक्यप्रतिपत्तेर्बाधः स्फुटमेवावभासत इति न दोषः ।

गुणः क्वाप्यधिकं पदम् ॥२७॥ यथा—

'आचरति दुर्जनो यत्सहसा मनसोऽप्यगोचरानर्थान् ।
तन्न न जाने जाने स्पृशति मनः किं तु नैव निष्ठुरताम् ॥'

अत्र 'न न जाने' इत्यनेनाऽयोगव्यवच्छेदः । द्वितीयेन 'जाने' इत्यनेनाऽहमेव जाने इत्यन्ययोगव्यवच्छेदाद्विच्छित्तिविशेषः ।

रहते हुए राक्षस भी उसका हरण नहीं कर सकते और वह एकदम अदृश्य हो गई है !! यह बात क्या है !!! **अत्रेति**--इस पद्य में 'प्रभावपिहिता' इस के आगे और '**भवेत्**' इसके आगे '**नैतद्यतः**' ये पद न्यून हैं, किन्तु इस वाक्य का व्यंग्य वितर्क नामक सञ्चारी भाव, इस न्यूनता से उत्कृष्ट नहीं होता, अतः यह गुण नहीं है और 'दीर्घं न सा' इत्यादि वाक्य से उत्पन्न ज्ञान के द्वारा पूर्ववाक्य के ज्ञान का बाध भी स्फुट रीति से हो जाता है, अतः इसे दोष भी नहीं कह सकते । उर्वशी के खोये जाने पर राजा पुरूरवा ने अपने मन में अनेक विकल्प किये हैं । पहले यह सोचा कि 'शायद वह कुपित हो जाने के कारण दिव्य प्रभाव से अन्तर्हित हो गई हो' इसके अनन्तर दूसरा भाव उठा कि 'वह अधिक समय तक तो कभी कोप किया नहीं करती' इससे पहली बात कट गई--'वह कोप से अन्तर्हित नहीं हुई है, क्योंकि वह इतनी देर तक कभी कोप नहीं करती' । यहाँ दूसरा वाक्य पहले का खण्डन करता है, परन्तु निषेध सूचक कोई शब्द नहीं है, और दूसरा वाक्य हेतु रूप से गृहीत है, परन्तु उसकी हेतुता का सूचक भी कोई शब्द नहीं है । 'नैतत्' और 'यतः' ये पद यहाँ न्यून हैं । परन्तु न्यूनता से न कोई उत्कर्ष होता है और न वाक्यार्थ समझने में कोई त्रुटि होती है । दूसरे वाक्य से पहले वाक्य का बाध स्पष्ट समझ में आ जाता है, अतः यह 'न्यूनपदत्व' यहाँ न दोष है न गुण ।

गुण इति--अधिकपदत्व कहीं गुण होता है । उदाहरण—किसी दुर्जन की दुष्टता का वर्णन करके उसका उपकार करने से रोकते हुए अपने मित्र के प्रति किसी महापुरुष की उक्ति है । **आचरतीति**--'दुर्जन पुरुष सहसा उन अनर्थकारी कामों को भी कर बैठता है जिन्हें हम कभी सोचते भी नहीं, यह बात मैं नहीं जानता हूँ—सो नहीं, जानता हूँ, किन्तु करूँ क्या ! मेरा मन निष्ठुरता नहीं कर सकता' । **अत्रेति**—यहाँ 'न न जाने' इससे अयोग का व्यवच्छेद होता है । फिर दूसरी बार आये हुए 'जाने' का 'अहमेव जाने' (मैं ही जानता हूँ) इस अर्थ में पर्यवसान होता है, अतः इससे अन्ययोग-व्यवच्छेद होने से यहाँ अतिशय चमत्कार होता है । **तात्पर्य**--एव शब्द तीन प्रकार का होता है । एक अयोग-व्यवच्छेदक, दूसरा अन्ययोग व्यवच्छेदक, और तीसरा अत्यन्तायोगव्यवच्छेदक । '**अयोगमन्ययोगं च अत्यन्तायोगमेव च । व्यवच्छिनत्ति धर्मस्य एवकारस्त्रिधा मतः** ॥' विशेषण के आगे लगाया हुआ नियमसूचक एव शब्द वस्तुगत धर्म के अयोग का व्यवच्छेद करता है, जैसे किसी ने कहा '**शंखः पाण्डर एव**' (शंख सफेद ही होता है) यहाँ विशेषणभूत पाण्डर शब्द के आगे एव शब्द पढ़ा है, अतः शंखरूप वस्तु से पाण्डर (शुक्ल) गुण के अयोग अर्थात् असम्बन्ध को दूर करता है । शंख में शुक्ल गुण के सम्बन्ध का जो अभाव सम्भावित था वह इससे दूर किया जाता है । 'शंख श्वेत ही होता है' अर्थात् शंख में श्वेत गुण का सम्बन्ध होता ही है । उसमें श्वेत गुण का अयोग नहीं होता । सर्वदा योग ही रहता है । इसी प्रकार विशेष्य वाचक पद के आगे आया हुआ एव शब्द धर्म के अन्य योग का व्यवच्छेद करता है--जैसे '**पार्थ एव धनुर्धरः**' (अर्जुन ही धनुर्धारी है) यहाँ विशेष्य पद (पार्थ) के आगे नियामक एव शब्द आया है—इससे धनुर्धरत्व रूप धर्म का अन्ययोग व्यवच्छिन्न होता हैं । अर्थात् अर्जुन के सिवा अन्य पुरुषों में धनुर्धरत्व के योग (सम्बन्ध) को यह नियम दूर करता है । इस वाक्य का यह तात्पर्य है कि अर्जुन के सिवा और किसी में धनुर्धरत्व नहीं है । धनुर्धारी यदि कोई है तो अर्जुन ही है, अन्य नहीं । एवम् क्रिया के आगे आया हुआ एव पद अत्यन्तायोग व्यवच्छेदक होता है । जैसे--'**नीलं कमलं भवत्येव**' (नीला कमल होता ही है) इस नियम

समाप्तपुनरात्तत्वं न दोषो न गुणः क्वचित् ।

यथा—'अन्यास्ता गुणरत्न—' इत्यादि ।

अत्र प्रथमार्धेन वाक्यसमाप्तावपि द्वितीयार्धवाक्यं पुनरुपात्तम् । एवं विशेषणमात्रस्य पुनरुपादने समाप्तपुनरात्तत्वं, न वाक्यान्तरस्येति विज्ञेयम् ।

गर्भितत्वं गुणः क्वापि यथा—

'दिङ्मातङ्गघटाविभक्तचतुराघाटा मही साध्यते, सिद्धा सापि,वदन्त एव हि वयं रोमाञ्चिताः पश्यत ।
विप्राय प्रतिपाद्यते, किमपरं रामाय तस्मै नमो, यस्मात्प्रादुरभूत्कथाद्भुतमिदं यत्रैव चास्तं गतम् ॥'

अत्र वदन्त एवेत्यादि वाक्यं वाक्यान्तरप्रवेशात् चमत्कारातिशयं पुष्णाति ।

पतत्प्रकर्षता तथा ॥२८॥ तथेति क्वचित् गुणः ।

यथा—'चञ्चद्भुज--' इत्यादि । अत्र चतुर्थपादे सुकुमारार्थतया शब्दाडम्बरत्यागो गुणः ।

क्वचिदुक्तौ स्वशब्देन न दोषो व्यभिचारिणः । अनुभावविभावाभ्यां रचना यत्र नोचिता ॥

से पूर्व दो नियमों की तरह यहाँ नील धर्म का न तो अयोगव्यवच्छेद होता है, न अन्ययोगव्यवच्छेद, किन्तु कमल में नील धर्म का अत्यन्त अयोग दूर किया जाता है । इसका यह तात्पर्य है कि कमल में नील रूप धर्म्म का अत्यन्त असम्बन्ध नहीं है, उसका भी सम्बन्ध होता है । किन्तु, यह बात नहीं है कि नील के सिवा और किसी गुण (रूप) का कमल में सम्बन्ध होता ही नहीं ।

प्रकृतवाक्य 'न न जाने' में यद्यपि साक्षात् एव शब्द नहीं पढ़ा है, तथापि **'नञ्द्वयस्य प्रकृतार्थदार्ढ्य-सूचकत्वम्'** इस नियम के अनुसार दो 'न' शब्द होने से एवकार के अर्थ में ही पर्यवसान होता है । 'न न जाने' का 'जाने एव' यही अर्थ होता है । 'जाने' पद में 'ज्ञा' धातु का अर्थ ज्ञान (गुण) है और उसके आगे आये हुए तिङ् प्रत्यय की आश्रय में लक्षणा है, अतः नैयायिकों के मतानुसार यहाँ **'तद्विषयकज्ञानाश्रय एवाहम्'** ऐसा शाब्द बोध होता है । यहाँ विशेषण (ज्ञानाश्रय) के आगे एव शब्द आया है, अतः अयोगव्यवच्छेदक है, इससे यह अर्थ होता है कि 'मुझमें इस विषय के ज्ञान का असम्बन्ध (अयोग) नहीं है' । अर्थात् मैं इस बात को नहीं जानता हूं, यह बात नहीं, खूब जानता हूं । अब फिर दूसरी बार जो 'जाने' पद आया है, इससे **'अहमेव जाने'** यह अर्थ निकलता है । इस वाक्य में 'एव' शब्द विशेष्य (अहम्) के आगे आया है, अतः अन्ययोगव्यवच्छेदक है । इस से यह तात्पर्य निकलता है कि 'मैं ही जानता हूँ' मेरे सिवा अन्य पुरुष में इसके ज्ञान का सम्बन्ध (अन्ययोग) नहीं है । यहाँ वक्ता के इन वाक्यों से प्रतीत होता है कि वह प्रकृत दुष्ट की दुष्टता को केवल जानता ही नहीं किन्तु, उसके प्रत्येक मर्म से अच्छी तरह परिचित है, परन्तु फिर भी दुष्ट के साथ स्वयं दुष्टता करना या उसके प्रति उपकार को छोड़ देना नहीं चाहता। इससे वक्ता की अत्यन्त उदारता, दृढता, धीरता और महापुरुषता प्रतीत होती है । यही यहाँ विच्छित्ति विशेष (चमत्कारातिशय) है ।

समाप्तेति—कहीं समाप्तपुनरात्तत्व न दोष होता है न गुण । जैसे पूर्वोक्त 'अन्यास्ता' इत्यादि । यहाँ पूर्वार्ध में वाक्य समाप्त हो गया था, फिर भी उत्तरार्ध में उसे ग्रहण किया है । इससे यह समझना चाहिए कि यदि विशेषणमात्र को फिर उपादान किया जाय तो समाप्तपुनरात्तत्व दोष होता है, वाक्यान्तर के उपादान में नहीं । **गर्भितत्वमिति**—गर्भितत्व कहीं गुण है जैसे—**दिङ्मातङ्गेति**—जिसकी चार सीमायें (आघाटा) चारों दिग्गजों तक पहुंची हुई हैं वह सम्पूर्ण पृथ्वी जीती जाती है !! और वह सब जीती हुई--देखो कहते २ हमारे रोमाञ्च हो रहे हैं--ब्राह्मण को दे दी जाती है !!! यह अद्भुत कथा जिनसे उत्पन्न हुई और जिनके साथही अस्त हो गई--और क्या कहें--उन अद्वितीय अद्भुतवीर परशुरामजी को नमस्कार है । **अत्रेति**--यहाँ **'वदन्तः'** इत्यादि वाक्य बीच में पड़ने से चमत्कारातिशय होता है । वक्ता के रोमाञ्च से अद्भुत रस का परिपोष और उससे उसकी परशुरामजी में भक्ति ज्ञात होती है । **पतदिति**—कहीं 'पतत्प्रकर्षता' भी गुण होती है । **जैसे**--'चञ्चद्भुज' इत्यादि पूर्वोक्तपद्य में । यहाँ चतुर्थचरण में कोमल अर्थ है, अतः कठोर वर्णों का त्याग गुण हो गया है । **क्वचिदिति**--कहीं व्यभिचारी भाव का स्व शब्द से कथन करना दोष नहीं माना जाता,

यत्रानुभावविभावमुखेन प्रतिपादने विशदप्रतीतिर्नास्ति, यत्र च विभावानुभावकृतपुष्टिराहित्यमेवानुगुणं तत्र व्यभिचारिणः स्वशब्देनोक्तौ न दोषः। यथा—

'औत्सुक्येन कृतत्वरा सहभुवा व्यावर्तमाना ह्रिया तैस्तैर्बन्धुवधूजनस्य वचनैर्नीताभिमुख्यं पुनः।
दृष्ट्वाग्रे वरमात्तसाध्वसरसा गौरी नवे संगमे संरोहत्पुलका हरेण हसता श्लिष्टा शिवायास्तु वः॥'

अत्रौत्सुक्यस्य त्वरारूपानुभावमुखेन प्रतिपादने न झटिति प्रतीतिः। त्वराया भयादिनापि संभवात्। ह्रियोऽनुभावस्य च व्यावर्तनस्य कोपादिनापि संभवात्। साध्वसहासयोस्तु विभावादिपरिपोषस्य प्रकृतरसप्रतिकूलप्रायत्वादित्येषां स्वशब्दाभिधानमेव न्याय्यम्।

संचार्यादेर्विरुद्धस्य बाध्यत्वेन वचो गुणः।

यथा—'काकार्यं शशलक्ष्मणः क्व च कुलं—' इत्यादि।

अत्र प्रशमाङ्गानां वितर्कमतिशङ्काधृतीनामभिलाषाङ्गौत्सुक्यस्मृतिदैन्यचिन्ताभिस्तिरस्कारः पर्यन्ते चिन्ताप्रधानमास्वादप्रकर्षमाविर्भावयति।

विरोधिनोऽपि स्मरणे, साम्येन वचनेऽपि वा॥३०॥
भवेद्विरोधो नान्योन्यमङ्गिन्यङ्गत्वमाप्तयोः।

क्रमेण यथा—'अयं स रसनोत्कर्षी—'इत्यादि। अत्रालम्बनविच्छेदे रते रसात्मतया स्मर्यमाणानां तदङ्गानां शोकोद्दीपकतया करुणानुकूलता।

किन्तु यह बात वहीं होती है, जहाँ अनुभाव और विभाव के द्वारा रचना करना उचित न हो। यत्रेति—जहाँ अनुभाव और विभाव के द्वारा प्रतिपादन करने से उस भाव की स्पष्टतया प्रतीति नहीं हो सकती, और जहाँ विभाव, अनुभव के द्वारा की गई पुष्टि का न होना ही उचित है, वहाँ व्यभिचारी भाव को उसी के वाचक शब्द से प्रतिपादन करना दोषाधायक नहीं होता। जैसे—औत्सुक्येति—प्रथम समागम में उत्कण्ठा के कारण शीघ्रता करती हुई और स्वाभाविक लज्जा के कारण पीछे हटती हुई, फिर कुटुम्ब की स्त्रियों के द्वारा समझा-बुझाकर सामने लाई गई, एवम् आगे खड़े 'वर'=विरूपाक्ष को देखकर भयभीत हुई और विहसित वदन महेश्वर (वर) से आलिङ्गित रोमाञ्चित पार्वती आप सबका कल्याण करे। अत्रेति—औत्सुक्य का अनुभाव त्वरा (शीघ्रता) हो सकती है, परन्तु उसके द्वारा यहाँ यदि प्रतिपादन किया जाय तो औत्सुक्य की प्रतीति जल्दी नहीं हो सकती, क्योंकि त्वरा तो भयादिक से भी होती है। वह केवल औत्सुक्य का ही कार्य नहीं है, अतः उससे औत्सुक्यरूप कारण का बोध कारणान्तर के अनुसन्धान करने पर ही हो सकता है, शीघ्र नहीं। इसी प्रकार व्यावर्तन (मुँह फेरना) क्रोधादि के कारण भी हो सकता है, अतः यद्यपि वह लज्जारूप संचारी भाव का अनुभाव है, तथापि लज्जाशब्द बिना कहे ठीक प्रतीति नहीं होती। साध्वस और हास को यदि विभावादिके द्वारा पुष्ट किया जाय तो वे प्रकृत रस (शृङ्गार) के प्रतिकूल हो जायेंगे, क्योंकि उस दशा में वे भयानक और हास्य रसको पुष्ट करने लगेंगे, शृङ्गार की प्रतीति नहीं करा सकेंगे। अतः उन्हें भी स्वशब्द से कहना दोष नहीं, प्रत्युत उचित है। संचार्यादेरिति—विरुद्ध रस के संचारी आदि भावों का यदि बाध्य रूप से कथन किया जाय अर्थात् कहकर फिर उन्हें प्रकृत रस के किसी भाव से दबा दिया जाय तो वह कथन दोष नहीं, गुण होता है। जैसे—काकार्यमित्यादि—पूर्वोक्त पद्य में वितर्क, मति, शङ्का और धृति ये सब यद्यपि प्रशम के अङ्ग हैं=शृंगार के विरोधी शान्त रस के पोषक हैं, तथापि यहाँ उनके आगे आये हुए अभिलाष के अङ्गभूत औत्सुक्य, स्मृति, दैन्य और चिन्ता नामक भावों से उनका तिरस्कार (अभिभव) होता है। अर्थात् वे इनसे दब जाते हैं और अन्त में चिन्ता ही प्रधान रहती है, अतः विप्रलम्भ शृंगाररस पुष्ट होता है। विरोधिनइति—यदि विरोधी रस या भाव स्मरण किया गया हो—अथवा समानता से कहा गया हो, यद्वा किसी प्रधान (अङ्गी) रसादि मे दो विरोधियों को अङ्ग बना दिया हो, तो परस्परविरोध दोषाधायक नहीं माना जाता। क्रम से उदाहरण—अयमिति-यहाँ आलम्बन (नायक) का विच्छेद (मरण) हो जाने के कारण तद्विषयक रति रस रूप नहीं हो सकती, अतः स्मर्यमाण रति के जो अङ्ग (रसनोत्कर्षणादि) हैं उन से शोक ही उद्दीपित होता है, इसलिये वे करुणरस के ही अनुकूल पड़ते हैं। यहाँ शृङ्गार स्मर्यमाण है, अतः प्रकृत करुणरस के साथ उसका विरोध नहीं है। साम्य से विरोधी की विवक्षा

'सरागया स्रुतघनघर्मतोयया कराहतिध्वनितपृथूरुपीठया ।
मुहुर्मुहुर्दशनविलङ्घितोष्ठया रुषा नृपाः प्रियतमयेव भेजिरे ॥'

अत्र संभोगशृङ्गारो वर्णनीयवीरव्यभिचारिणः क्रोधस्यानुभावसाम्येन विवक्षितः ।

'एकं ध्याननिमीलनान्मुकुलितप्रायं द्वितीयं पुनः पार्वत्यां वदनाम्बुजस्तनभरे संभोगभावालसम् ।
अन्यद् दूरविकृष्टचापमदनक्रोधानलोद्दीपितं शंभोर्भिन्नरसं समाधिसमये नेत्रत्रयं पातु वः ॥'

अत्र शान्तशृङ्गाररौद्ररसपरिपुष्टा भगवद्विषया रतिः । यथा वा--

'क्षिप्तो हस्तावलग्नः प्रसभमभिहतोऽप्याददानोंऽशुकान्तं
गृह्णन्केशेष्वपास्तश्चरणनिपतितो नेक्षितः संभ्रमेण ।
आलिङ्गन् योऽवधूतस्त्रिपुरयुवतिभिः साश्रुनेत्रोत्पलाभिः
कामीवार्द्रापराधः स दहतु दुरितं शांभवो वः शराग्निः ॥'

अत्र कविगता भगवद्विषया रतिः प्रधानम् । तस्याः परिपोषकतया भगवतस्त्रिपुरध्वंसं प्रत्युत्साहस्यापरिपुष्टतया रसपदवीमप्राप्ततया भावमात्रस्य करुणोऽङ्गम् । तस्य च कामीवेति साम्यबलादायातः शृङ्गारः । एवं चाविश्रान्तिधामतया करुणस्याप्यङ्गतैवेति द्वयोरपि करुणशृङ्गारयोर्भगवदुत्साहपरिपुष्टतद्विषयरतिभावास्वादप्रकर्षकतया यौगपद्यसद्भावादङ्गत्वेन न विरोधः ।

का उदाहरण देते हैं । सरागयेति–जो राग=क्रोध या अनुराग से उत्पन्न नेत्रादि की लाली से युक्त है और (क्रोध पक्ष में) जिसके कारण पसीना छूट रहा है या जिसके देह से पसीना निकल रहा है । करतल के आघात से पृथु ऊरु स्थल को जिसके कारण या जिसने ध्वनित किया है एवम् जिसके कारण अथवा जिसने दांतों से ओंठ दबाये हैं ऐसी रुष् (क्रोध) से राजा लोग इस प्रकार आक्रान्त हुए हैं जैसे अति प्रौढ कामातुर प्रियतमा से होते हैं । क्रोध और नायिका दोनों पक्ष में उक्त विशेषण श्लिष्ट हैं । पसीना आदि क्रोध से भी उत्पन्न होते हैं और नायिका के देह में ये ही सात्विक विकार रूप होते हैं । यहाँ क्रोध के पक्ष में तृतीयान्त अन्य पदार्थ मानकर बहुव्रीहि समास होता है और नायिका के पक्ष में षष्ठयन्त मानकर । 'स्रुतं घनं घर्मतोयं यया यस्या वा' इत्यादि विग्रह होता है । अत्रेति—यहाँ वीररस का संचारी क्रोध वर्णनीय है, परन्तु वीर का विरोधी शृंगार साम्य से विवक्षित है । राग, प्रस्वेद, ऊरुताडन, ओष्ठ निष्पीडन आदि जो क्रोध के अनुभाव (कार्य) हैं वे ही शृङ्गार के भी अनुभाव हैं । अनुभावों की समानता से शृङ्गार विवक्षित हुआ है, अतः दोष नहीं । एकमिति—ध्यान करने के लिये मीच लेने से एक नेत्र तो प्रायः मुकुलित (बन्दकली के सदृश) और दूसरा पूजन करने को आई हुई पार्वती के मुख कमल और स्तनो पर संलग्न (संभोग शृंगार के भाव से मन्द मन्द निपतित) एवं तीसरा नेत्र धनुष चढ़ाये हुए कामदेव के ऊपर क्रोधानल से उद्दीप्त इस प्रकार समाधि के समय भिन्न-भिन्न रसों (शान्त, शृङ्गार और रौद्र) में निमग्न शङ्कर के तीनों नेत्र तुम्हारी रक्षा करें । विवाह होने से पूर्व पार्वती शिवजी के पूजन के लिये प्रतिदिन आया करती थीं, उसी समय देवराज इन्द्र की आज्ञा से कामदेव ने शिवजी के ऊपर चढ़ाई की थी । यहाँ शान्त, शृंगार और रौद्र तीनों रस परस्पर विरुद्ध हैं, किन्तु ये सब यहाँ प्रधानभूत शङ्कर विषयक 'रतिभाव' के अङ्ग हैं, अतः कोई दोष नहीं । दूसरा उदाहरण—क्षिप्त इति—जिनके नेत्र कमल आँसुओं से युक्त हैं उन त्रिपुरासुर की सुन्दरियों ने नवीन अपराध करनेवाले कामी के समान जिसको अपना हाथ छूते समय झिटक दिया और जोर से पाटकर हटाने पर भी जो वस्त्र के छोर को पकड़ रहा है, केशों को स्पर्श करते समय जिसे हटा दिया है, एवम् पैरों पर पड़ा हुआ होने पर भी जिसे सम्भ्रम (क्रोध या घबराहट) के कारण नहीं देखा, वह शिवजी के बाण से उत्पन्न अग्नि आपकी रक्षा करे । त्रिपुरदाह के समय स्त्रियों ने उक्तप्रकार से हाथ में, कपड़ों में और केशादिकों में लिपटते हुए अग्नि को हटाया । क्रोध में भरी नायिका भी इसी प्रकार नायक को झिटक कर हटाती है । अत्रेति—इस पद्य में कविनिष्ठ शिवविषयक भक्ति प्रधानतया व्यज्यमान है । उसका पोषक है यहाँ भगवान् शंकर का त्रिपुरध्वंस के प्रति उत्साह । किन्तु वह (उत्साह) अनुभाव विभाव के द्वारा पुष्ट नहीं हुआ, अतः रस (वीर) स्वरूप को प्राप्त नहीं हो पाया, केवल भावरूप ही रहा । इसी उत्साहभाव का पति के मरने पर अग्नि की आपत्ति में पड़ी हुई स्त्रियों के वर्णन से प्रकट हुआ करुणरस अङ्ग है और इस करुण का 'कामीव' इस साम्य के बल से आया हुआ शृंगार अङ्ग है । यहाँ 'क्षिप्तो हस्ता-

ननु समूहालम्बनात्मकपूर्णघनानन्दरूपस्य रसस्य तादृशेनेतररसेन कथं विरोधः संभावनीयः? एकवाक्ये निवेशप्रादुर्भावयौगपद्यविरहेण परस्परोपमर्दकत्वानुपपत्तेः। नाप्यङ्गाङ्गिभावः। द्वयोरपि पूर्णतया स्वातन्त्र्येण विश्रान्तेः। सत्यमुक्तम्। अत एवात्र प्रधानेतरेषु रसेषु स्वातन्त्र्यविश्रमराहित्यात्पूर्णरसभावमात्राच्च विलक्षणतया संचारिरसनाम्ना व्यपदेशः प्राच्यानाम्। अस्मत्पितामहानुजकविपण्डितमुख्यश्रीचण्डीदासपादानां तु खण्डरसनाम्ना। यदाहुः--

'अङ्गं बाध्योऽथ संसर्गी यद्यङ्गी स्याद्रसान्तरे। नास्वाद्यते समग्रं तत्ततः खण्डरसः स्मृतः॥' इति।

ननु 'आद्यः करुणबीभत्सरौद्रवीरभयानकैः' इत्युक्तनयेन विरोधिनोर्वीरशृङ्गारयोः कथमेकत्र-

'कपोले जानक्याः करिकलभदन्तद्युतिमुषि स्मरस्मेरस्फारोड्डमरपुलकं वक्त्रकमलम्।

मुहुः पश्यन्, शृण्वन् रजनीचरसेनाकलकलं जटाजूटग्रन्थिं द्रढयति रघूणां परिवृढः॥'

इत्यादौ समावेशः? अत्रोच्यते-इह खलु रसानां विरोधिताया अविरोधितायाश्च त्रिधा व्यवस्था। कयोश्चिदालम्बनैक्येन, कयोश्चिदाश्रयैक्येन, कयोश्चिन्नैरन्तर्येणेति। तत्र वीरशृंगारयोरालम्बनैक्येन विरोधः। तथा हास्यरौद्रबीभत्सैः संभोगस्य। वीरकरुणरौद्रादिभिर्विप्रलम्भस्य। आश्रयैक्येन च

वलग्नः' इत्यादि पदों से जो कार्य दिखाये हैं वे अग्नि और कामी में समान हैं, अतः इस समानता से 'कामीव' इस उपमा के कारण प्रतीत हुआ शृंगार, प्रकृत करुण का अङ्ग है। **एवञ्चेति**—इस प्रकार करुण भी अन्तिम आस्वाद का विषय (विश्रान्तिधाम) नहीं है। वह भी उत्साह का अङ्ग है। इस कारण करुण और शृङ्गार दोनों ही उत्साहपोषित भगवद्विषयक रति के उपकारक हैं, अतः इनका यहाँ यौगपद्य (एक काल में स्थिति) होने पर भी विरोध नहीं, क्योंकि ये दोनों रतिभाव के अङ्ग हैं। **नन्विति-प्रश्न**-रस तो विभावादिसमूहविषयक ज्ञानस्वरूप ही होता है, अतएव पहले इसे समूहालम्बन ज्ञान रूप सिद्ध कर आये हैं और इसे पूर्णघन तथा आनन्द स्वरूप मानते हैं। रस अविकल सान्द्रानन्द स्वरूप होता है—फिर एक रसका तत्सदृश दूसरे रस के साथ विरोध कैसे सम्भव है? एक वाक्य में उक्त स्वरूपों का निवेश या एक ही वाक्य से ऐसे दो रसों का एक समय में प्रादुर्भाव (व्यञ्जन) हो नहीं सकता—फिर एक, दूसरे का उपमर्द कैसे कर सकता है? जब दोनों एक समय में उपस्थित हों तभी एक दूसरे को बाध सकता है। सो तो यहाँ असम्भव है। **नापीति**--दो रसों का अङ्गाङ्गिभाव भी नहीं हो सकता। जब दोनों पूर्ण हैं तो स्वतन्त्रतापूर्वक दोनों ही पृथक् पृथक् विश्रान्त होंगे। **उत्तर-सत्यमिति**—बात तो ठीक है, अतएव जो रस प्रधान नहीं होते, जिनमें स्वतन्त्रता से पूर्ण विश्रान्ति नहीं होती, और जो पूर्ण रस और पूर्ण भावों से विलक्षण (अपूर्ण) होते हैं, उन्हें प्राचीन लोग 'संचारी रस' के नाम से व्यवहार करते हैं। **अस्मदिति**—हमारे (साहित्यदर्पणकार के) पितामह के भाई श्रीचण्डीदासजी तो इन्हें 'खण्डरस' के नाम से कहते हैं। उनकी यह कारिका है—**अङ्गमिति**--अङ्गी अर्थात् रसादिक यदि दूसरे रस में अंगभूत हो जाय या बाध्य होकर आये अथवा संसर्गी (साथी-साम्य से विवक्षित) हो तो वह पूर्णतया आस्वादित नहीं होता, अतः उसे 'खण्डरस' कहते हैं।

नन्विति—प्रश्न—'आद्य' इत्यादि पूर्वाचार्यों के वचनों में जब यह स्पष्ट है कि शृंगार रसका करुण, बीभत्स, रौद्र, वीर और भयानकरसों के साथ विरोध है, फिर निम्नलिखित 'कपोले' इत्यादि पद्य में शृंगार और वीर रस का समावेश कैसे किया है? **कपोले इति**—हाथी के बच्चेके दांत के समान कान्तियुक्त (गौरवर्ण) जिसके कपोल में काम से विकसित और प्रवृद्ध (स्फारोड्डमर) रोमाञ्च हो रहा है उस सीता के मुख-कमल को देखते हुए और बार-बार राक्षसों की सेना के कलकल शब्द को सुनते हुए श्रीरामचन्द्रजी अपने जटाजूट की ग्रन्थि को सम्हाल कर बाँध रहे हैं। यहाँ सीता को आलम्बन करके शृङ्गार और राक्षसों को आलम्बन करके वीररस एक ही (श्रीराम) में समाविष्ट किया है। उत्तर-- **अत्रोच्यते**—यहाँ रसों का विरोध या अविरोध तीन प्रकार से माना जाता है। कोई रस तो ऐसे हैं जो एक आलम्बन में विरुद्ध होते हैं, कोई आश्रय में विरुद्ध होते हैं और कोई एक दूसरे के बाद आगे पीछे विना व्यवधान के आने से विरुद्ध होते हैं। उनमें से वीर और शृंगार एक आलम्बन होने पर विरुद्ध होते हैं। जिसे देखकर शृङ्गार उत्पन्न हुआ है यदि उसी को आलम्ब बनाकर वीर रस पैदा हो तो विरुद्ध समझा जाता है। किन्तु प्रकृत पद्यमें ऐसा नहीं है। यहाँ तो शृङ्गार का आलम्बन सीता है और वीर रस का राक्षस लोग। **तथेति**—इसी प्रकार हास्य रौद्र और बीभत्सरस के

वीरभयानकयोः । नैरन्तर्यविभावैक्याभ्यां शान्तश्रृङ्गारयोः । त्रिधाप्यविरोधो वीरस्याद्भुतरौद्राभ्याम् । श्रृङ्गारस्याद्भुतेन । भयानकस्य बीभत्सेनेति तेनात्र वीरश्रृङ्गारयोर्भिन्नालम्बनत्वान्न विरोधः ।

एवं च वीरस्य नायकनिष्ठत्वेन भयानकस्य प्रतिनायकनिष्ठत्वेन निबन्धे भिन्नाश्रयत्वेन न विरोधः । यश्च नागान्दे प्रशमाश्रयस्यापि जीमूतवाहनस्य मलयवत्यनुरागो दर्शितः, तत्र 'अहो गीतमहो वादित्रम्' इत्यद्भुतस्यान्तरा निवेशनान्नैरन्तर्याभावान्न शान्तश्रृंगारयोर्विरोधः । एवमन्यदपि ज्ञेयम् । 'पाण्डुक्षामं वदनम् –' इत्यादौ च पाण्डुतादीनामङ्गभावः करुणविप्रलम्भेऽपीति न विरोधः ।

अनुकारे च सर्वेषां दोषाणां नैव दोषता ॥२१॥

सर्वेषां दुःश्रवत्वप्रभृतीनाम् । यथा–'एष दुश्च्यवनं नौमीत्यादि जल्पति कश्चन' । अत्र दुश्च्यवनशब्दोऽप्रयुक्तः ।

अन्येषामपि दोषाणामित्यौचित्यान्मनीषिभिः । अदोषता च गुणता ज्ञेया चानुभयात्मता ॥

अनुभयता अदोषगुणता ।

इति साहित्यदर्पणे दोषनिरूपणो नाम सप्तमः परिच्छेदः ।

——०——

साथ सम्भोग श्रृङ्गार का आलम्बन की एकता में विरोध होता है । वीर, करुण, रौद्र और भयानकादि के साथ विप्रलम्भ श्रृङ्गार का विरोध भी इसी प्रकार जानना । वीर और भयानक रसों का एक आश्रय में समावेश करना करना विरुद्ध है । निर्भय और निःशङ्क उत्साही महापुरुष वीर होता है । उस में यदि भय आ जाय तो फिर वीरता कहाँ ? यहाँ 'च' शब्द से पूर्वोक्त 'आलम्बनैक्य' का ग्रहण है । नैरन्तर्य और विभावों की एकता से शान्त और श्रृङ्गार विरुद्ध होते हैं । वीर रस का अद्भुत और रौद्र के साथ उक्त तीनों प्रकार से विरोध नहीं है। एवं श्रृंगार का अद्भुत के साथ तथा भयानक का बीभत्स के साथ भी किसी प्रकार विरोध नहीं है । एवं चेति–– इस कारण यदि वीररस को नायक में स्थित कहा गया हो और भयानक को प्रतिनायक में स्थित, तो इन दोनों का आश्रय भिन्न हो जाने से कोई विरोध नहीं होता । यश्चेति––'नागानन्द' नाटक में प्रशम के पात्र जीमूतवाहन का मलयवती में जो अनुराग दिखाया है वहाँ 'अहो गीतम्' इत्यादि के द्वारा बीच में अद्भुतरस का निवेश कर दिया गया है, अतः शान्त और श्रृङ्गार का नैरन्तर्यकृत विरोध नहीं है इसी प्रकार अन्यत्र भी जानना । विरुद्धरस के विभावादिकों की अदोषता दिखाते हैं । पाण्डुक्षामम्––इत्यादि पद्य में जो पाण्डुता आदि का वर्णन है, वह करुण विप्रलम्भ का भी अङ्ग हो सकता है, अतः विरोध नहीं है । जहाँ विरोधी रस के असाधारण अङ्गों का वर्णन हो वहीं दोष माना जाता है, उभय-साधारण अङ्गों के वर्णन में नहीं ।

यहाँ सब जगह रस पद से स्थायीभाव का ग्रहण जानना चाहिए—क्योंकि वास्तविक रस, एक तो नायकादिकों में रहता ही नहीं, यह सामाजिकों में ही रहता है—दूसरे अखण्ड, चिदानन्द स्वरूप रस में विरोध की सम्भावना ही नहीं होती ।

अनुकारे इति––अनुकरण यदि किया हो तो कोई भी दोष, दोष नहीं होता । जैसे एष इति—यहाँ 'दुश्च्यवन' शब्द इन्द्र के लिये अप्रयुक्त है, परन्तु अनुकरण के कारण दोष नहीं है । अन्येषामिति––इसी प्रकार औचित्य के अनुसार अन्यदोषों के अदोषत्व, गुणत्व और अदोषगुणत्व का निर्णय अन्यत्र भी बुद्धिमान् लोग स्वयं विचार के कर सकते हैं ।

इति सप्तमः परिच्छेदः ।

——०——

अष्टमः परिच्छेदः ।

गुणानाह—

रसस्याङ्गित्वमाप्तस्य धर्माः शौर्यादयो यथा । गुणाः

यथा खल्वङ्गित्वमाप्तस्यात्मन उत्कर्षहेतुत्वाच्छौर्यादयो गुणशब्दवाच्याः, तथा काव्येऽङ्गित्वमाप्तस्य धर्माः स्वरूपविशेषा माधुर्यादयोऽपि स्वसमर्पकपदसंदर्भस्य काव्यव्यपदेशस्यौपयिकानुगुण्यभाज इत्यर्थः । यथा चैषां रसमात्रस्य धर्मत्वं तथा दर्शितमेव ।

माधुर्यमोजोऽथ प्रसाद इति ते त्रिधा ॥१॥

ते गुणाः । तत्र— **चित्तद्रवीभावमयो ह्लादो माधुर्यमुच्यते ।**

यत्तु केनचिदुक्तम्—'माधुर्यं द्रुतिकारणम्' इति, तन्न । द्रवीभावस्यास्वादस्वरूपाह्लादाभिन्नत्वेन कार्यत्वाभावात् । द्रवीभावश्च स्वाभाविकानाविष्टत्वात्मककाठिन्यमन्युक्रोधादिकृतदीप्तत्वविस्मयहासाद्युपहितविक्षेपपरित्यागेन रत्याद्याकारानुविद्धानन्दोद्‌बोधेन सहृदयचित्तार्द्रप्रायत्वम् । तच्च—

लीलालोलमलोलेन मनसा संश्रितं श्रिया ।
श्रिया विजितकन्दर्पं नुमस्तं दर्पहं द्विषाम् ॥१॥

दोषों का निरूपण करके अब अवसर प्राप्त गुणों का निरूपण करते हैं । **रसस्येति**--देह में आत्मा के समान काव्य में अङ्गित्व अर्थात् प्रधानता को प्राप्त जो रस उसके धर्म (माधुर्यादिक) उसी प्रकार गुण कहाते हैं जैसे आत्मा के शौर्य आदि को गुण कहा जाता है । **यथा खल्विति**--जैसे देह में अङ्गित्व (प्रधानता) को प्राप्त आत्मा की उत्कृष्टता के निमित्त होने से शौर्यादि को गुण कहते हैं इसी प्रकार काव्य में प्रधानभूत रस के धर्म अर्थात् उसके स्वरूपविशेष माधुर्यादिक भी अपने समर्पक (व्यञ्जक) पद समुदाय काव्यत्वव्यवहार (व्यपदेश) के उपयोगी आनुगुण्य को सिद्ध करते हैं—तात्पर्य यह है कि जो समुदाय गुणों का व्यञ्जक होता है वह काव्य कहाता है, क्योंकि गुण रस के ही धर्म होते हैं, अतः जहाँ गुण हैं वहाँ रस भी अवश्य रहेगा और रसयुक्त वाक्य को ही काव्य कहते हैं (**'वाक्यं रसात्मकं काव्यम्'**) इस लिए गुणयुक्त पद समूह सरस होने के कारण काव्य भी अवश्य कहायेगा—इस प्रकार गुण अपने व्यञ्जक पदसमूह में 'काव्य' पद के व्यवहार की उपयोगिनी अनुकूलता को सिद्ध करते हैं । जैसे किसी वीर पुरुष के शरीर की रचना को देखने से ही उसकी वीरता प्रतीत होने लगती है वैसे ही कठोर पदसन्दर्भ को देखने से ओज गुण की प्रतीति होती है । जैसे वीरता आदि आत्मा के गुण हैं-देह के नहीं, इसी प्रकार ओज आदिक भी रस के ही गुण हैं-पदसमुदाय के नहीं । **यथाचेति**—गुण जिस प्रकार रस के धर्म्म माने जाते हैं सो सब प्रथम परिच्छेद में कह चुके हैं । **माधुर्यमिति**--वे गुण माधुर्य, ओज और प्रसाद इन तीन भेदों में विभक्त हैं । **चित्तेति**--उन में से चित्त का द्रुतिस्वरूप आह्लाद- जिसमें अन्तःकरण द्रुत हो जाय ऐसा आनन्द विशेष—माधुर्य कहाता है । **यत्तु**—यह जो किसी ने कहा है कि 'माधुर्य द्रुतिका कारण है' सो ठीक नहीं है, क्योंकि द्रवीभाव या द्रुति आस्वादस्वरूप आह्लाद से अभिन्न होने के कारण कार्य नहीं है । आस्वाद या आह्लाद रस के पर्याय हैं । द्रुति रस का ही स्वरूप है, उससे भिन्न नहीं है और रस, कार्य नहीं, अतएव द्रुति भी कार्य नहीं, जब द्रुति कार्य ही नहीं तो उसका कारण कैसा ?

द्रुति का लक्षण करते हैं—**द्रवीभावश्चेति**—रसकी भावना के समय चित्त की चार दशायें होती हैं—काठिन्य, दीप्तत्व, विक्षेप और द्रुति । किसी प्रकार का आवेश न होने पर अनाविष्ट चित्त की स्वभाव-सिद्ध कठिनता वीर आदि रसों में होती है । एवं क्रोध और मन्यु (अनुताप) आदि के कारण चित्त का 'दीप्तत्व' रौद्र आदि रसों में होता है, विस्मय और हास आदि उपाधियों से चित्त का विक्षेप अद्भुत और हास्यादि रसों में होता है । इन तीनों दशाओं—काठिन्य, दीप्तत्व और विक्षेप के न होने पर रति आदि के स्वरूप से अनुगत, आनन्द के उद्‌बुद्ध होने के कारण सहृदय पुरुषों के चित्त का पिघल सा जाना (आर्द्रप्रायत्व) द्रवीभाव या 'द्रुति' कहाता है ।

संभोगे करुणे विप्रलम्भे शान्तेऽधिकं क्रमात् ॥२॥

संभोगादिशब्दा उपलक्षणानि। तेन संभोगाभासादिष्वप्येतस्य स्थितिर्ज्ञेया।

मूर्ध्नि वर्गान्त्यवर्णेन युक्ताष्टठडढान्विना।
रणौ लघू च तद्व्यक्तौ वर्णाः कारणतां गताः ॥३॥
अवृत्तिरल्पवृत्तिर्वा मधुरा रचना तथा। यथा—

'अनङ्गमङ्गलभुवस्तदपाङ्गस्य भङ्गयः। जनयन्ति मुहुर्यूनामन्तः सन्तापसन्ततिम् ॥'

यथा वा मम—

'लताकुञ्जं गुञ्जन्मदवदलिपुञ्जं चपलयन् समालिङ्गन्नङ्गं द्रुततरमनङ्गं प्रबलयन्।
मरुन्मन्दं मन्दं दलितमरविन्दं तरलयन् रजोवृन्दं विन्दन् किरति मकरन्दं दिशि दिशि ॥'

ओजश्चित्तस्य विस्ताररूपं दीप्तत्वमुच्यते ॥४॥
वीरबीभत्सरौद्रेषु क्रमेणाधिक्यमस्य तु।

अस्यौजसः। अत्रापि वीरादिशब्दा उपलक्षणानि। तेन वीराभासादावप्यस्यावस्थितिः।

वर्गस्याद्यतृतीयाभ्यां युक्तौ वर्णौ तदन्तिमौ ॥५॥
उपर्यधो द्वयोर्वा सरेफाष्टठडढैः सह।
शकारश्च षकारश्च तस्य व्यञ्जकतां गताः ॥६॥
तथा समासो बहुलो घटनौद्धत्यशालिनी। यथा—'चञ्चद्भुज—' इत्यादि।
चित्तं व्याप्नोति यः क्षिप्रं शुष्केन्धनमिवानलः ॥७॥

तच्चेति—माधुर्य का विषय बताते हैं—**सम्भोगे इति**—सम्भोग शृंगार, करुण, विप्रलम्भ शृङ्गार और शान्त रसों में क्रम से 'माधुर्य' बढ़ा हुआ रहता है। शान्त रस में सबसे अधिक माधुर्य होता है। यहाँ सम्भोगादि पद उपलक्षण हैं, अतः सम्भोगाभासादि में भी माधुर्य की स्थिति जानना। **मूर्ध्नीति**। ट ठ ड ढ से भिन्न वर्ण, आदि में, वर्गों के अन्तिम वर्णों (ञ म ङ ण न) से युक्त होने पर—अर्थात् अपने पूर्व अपने वर्ग के पंचम अक्षर से संयुक्त होने पर माधुर्य के व्यञ्जक होते हैं। इसी प्रकार लघु 'र' 'ण' भी माधुर्य के व्यञ्जक वर्ण हैं। एवम् अवृत्ति = समास—रहित अथवा अल्पवृत्ति = छोटे छोटे समासों वाली मधुर रचना भी माधुर्य की व्यञ्जक होती है। उदाहरण—**अनङ्गेति**—कामदेव की मंगलभूमि उस नायिका के कटाक्षों की तरंगें यौवन-शाली पुरुषों के अंतःकरण में बार बार सन्ताप को विस्तारित करती है। इस श्लोक के पूर्वार्ध में ङ और ग का संयोग एवं उत्तरार्ध में न और त का संयोग माधुर्य का व्यञ्जक है। ग्रन्थकार अपना बनाया दूसरा उदाहरण देते हैं—**लतेति**—गुञ्जार करते हुए मस्त भ्रमरपुंजों से युक्त, लता कुंज को चञ्चल करता हुआ, देह का आलिङ्गन करके अति शीघ्र अनंग (काम) को बढ़ाता हुआ, विकसित कमल को धीरे धीरे कम्पित करता हुआ और पुष्प रजको धारण किये हुए मन्द मन्द चलता हुआ यह मलयसमीर प्रत्येक दिशा में पुष्परस को छिट-काता है। इस पद्य में ञ ज, ञ च, ङ ग, न द, आदि वर्णों का संयोग माधुर्य का व्यञ्जक है। इस श्लोक के अन्त्य में 'दिशिदिशि' के सब लघु और अप्रौढ वर्णों के कारण बन्ध में शिथिलता आ गई है। यदि इसके स्थान पर 'प्रतिदिशम्' पाठ कर दें तो यह 'हतवृत्तता' दोष दूर हो सकता है। **ओजइति**—चित्त का विस्तार-स्वरूप दीप्तत्व 'ओज' कहाता है। वीर, बीभत्स और रौद्र रसों में क्रम से इसकी अधिकता होती है। यहाँ भी वीर आदि शब्द उपलक्षण हैं, अतः वीराभास आदि में भी इसकी स्थिति जाननी चाहिये। **वर्गस्येति**—वर्गों के पहले अक्षर के साथ मिला हुआ उसी वर्ग का दूसरा अक्षर और तीसरे के साथ मिला हुआ उसी का अगला (चौथा) अक्षर तथा ऊपर या नीचे अथवा दोनों ओर रेफ से युक्त अक्षर एवं ट ठ ड ढ श और ष ये सब ओज के व्यञ्जक होते हैं। इसी प्रकार लम्बे लम्बे समास और उद्धत रचना ओज का व्यञ्जन करती है। उदाहरण जैसे पूर्वोक्त 'चञ्चद्भुज' इत्यादि। **चित्तमिति**—जैसे सूखे ईंधन में अग्नि झट से व्याप्त होती

स प्रसादः समस्तेषु रसेषु रचनासु च । व्याप्नोति आविष्करोति।

शब्दास्तद्व्यञ्जका अर्थबोधकाः श्रुतिमात्रतः ॥८॥ यथा—

'सूचीमुखेन सकृदेव कृतव्रणस्त्वं मुक्ताकलाप, लुठसि स्तनयोः प्रियायाः ।
बाणैः स्मरस्य शतशो विनिकृत्तमर्मा स्वप्नेऽपि तां कथमहं न विलोकयामि ॥'

एषां शब्दगुणत्वं च गुणवृत्त्योच्यते बुधैः । शरीरस्य शौर्यादिगुणयोग इव इति शेषः ।

श्लेषः समाधिरौदार्यं प्रसाद इति ये पुनः ॥९॥
गुणाश्चिरन्तनैरुक्ता ओजस्यन्तर्भवन्ति ते ।

ओजसि भक्त्या ओजःशब्दवाच्ये शब्दार्थधर्मविशेषे। तत्र **श्लेषो बहूनामपि पदानामेकपदवद्भासनात्मा** । यथा—

'उन्मज्जज्जलकुञ्जरेन्द्ररभसास्फालानुबन्धोद्धतः सर्वाः पर्वतकंदरोदरभुवः कुर्वन्प्रतिध्वानिनीः ।
उच्चैरुच्चरति ध्वनिः श्रुतिपथोन्माथी यथायं तथा प्रायप्रेङ्खदसंख्यशंखधवला वेलेयमुद्गच्छति ॥'

अयं बन्धवैकट्यात्मकत्वादोज एव । **समाधिरारोहावरोहक्रमः** । आरोह उत्कर्षः, अवरोहोऽपकर्षः, तयोः क्रमो वैरस्यतानावहो विन्यासः। यथा—'चञ्चद्भुज—' इत्यादि । अत्र पादत्रये क्रमेण बन्धस्य गाढता । चतुर्थपादे त्वपकर्षः। तस्यापि च तीव्रप्रयत्नोच्चार्यतया ओजस्विता। **उदारता विकटत्वलक्षणा** । विकटत्वं पदानां नृत्यत्प्रायत्वम् । यथा—

है, इसी प्रकार जो गुण चित्त में तुरन्त व्याप्त हो उसे 'प्रसाद' कहते हैं। यह गुण समस्त रसों और सम्पूर्ण रचनाओं में रह सकता है । **शब्दा इति**--सुनते ही जिनका अर्थ प्रतीत हो जाय ऐसे सरल और सुबोध पद 'प्रसाद' के व्यञ्जक होते हैं। जैसे **सूची**—हे मुक्ताकलाप, (मुक्ताहार) एक तुम हो जो केवल सुई की नोक से एक ही बार विद्ध होने पर सदा प्रिया के स्तनमण्डल पर लोटते रहते हो और एक मैं हूँ जो कामदेव के असंख्य बाणों से सैकड़ों बार मर्माहत होने पर भी कभी स्वप्न तक में उसके दर्शन नहीं पाता !!! इस पद्य के सरल पद प्रसाद के व्यञ्जक हैं। **एषामिति**—इन माधुर्यादिकों को शब्द का गुण अथवा अर्थ का गुण लक्षणा से कहा जाता है । जिन आचार्यों ने इन्हें शब्द और अर्थ का गुण कहा है वह लक्षणा से प्रयोग जानना। जैसे शौर्य आत्मा का ही धर्म है, परन्तु कभी कभी **'आकार एवास्य शूरः'** (इसके आकार में ही वीरभाव है) ऐसा लक्षणा से प्रयोग होता है उसी प्रकार रस के धर्म गुणों को भी काव्य के शरीरस्थानीय शब्द और अर्थ में स्थित कहा जाता है। प्राचीन आचार्यों ने दस शब्द के गुण और दस अर्थ के गुण माने हैं। उनको पृथक् मानने की आवश्यकता नहीं, इस अभिप्राय से पूर्वाचार्योक्त गुणों का उक्त तीन गुणों में यथासम्भव अन्तर्भाव दिखाते हैं-**श्लेष इति**-श्लेष, समाधि, औदार्य और प्रसाद ये जो शब्द के गुण प्राचीनों ने माने हैं वे सब ओज के अन्तर्गत हो जाते हैं। यहाँ 'ओज' पद लक्षणा से शब्द के धर्म विशेष को कहता है। ओजःशब्द वाच्य उसी धर्म में उक्त गुणों का अन्तर्भाव जानना। क्योंकि पूर्वोक्त चित्तविस्तार रूप ओज में श्लेष आदि शब्द के गुणों का समावेश नहीं हो सकता। **"शब्दार्थधर्मविशेषे"** इस मूल ग्रन्थ में--'अर्थ' पद अनावश्यक है, क्योंकि शब्द के श्लेषादि गुणों का अर्थ के धर्म में अन्तर्भाव नहीं हो सकता।

बहूनामिति—अनेक पदों का एक पद के समान भासित होना श्लेष कहाता है । प्राचीन सम्मत श्लेष का उदाहरण **उन्मज्जदिति**—प्रलयकाल के समुद्र का वर्णन है। उभरते हुए बड़े बड़े जलीय हाथियों के सवेग उछलने से उद्धत और सब पहाड़ों की कन्दराओं में प्रतिध्वनि पैदा करने वाली, कानों के पर्दों को फाड़ने वाली यह घोर ध्वनि उठ रही है, इससे मालूम होता है कि अधिकता से घूमते हुए असंख्य मरे हुए शंखों से शुक्ल यह समुद्र की वेला उमड़ रही है अर्थात् मर्यादा छोड़कर उदीर्ण होने लगा है। इस पद्यका बन्ध (रचना) विकट है। और बन्ध की विकटता ओज ही है, अतः श्लेष गुण ओज से पृथक् नहीं। दूसरा शब्द गुण 'समाधि' माना है । आरोह और अवरोह (उतार-चढ़ाव) के क्रम को समाधि कहते हैं। आरोह उत्कर्ष को कहते हैं और अपकर्ष का नाम अवरोह है । इन दोनों के विरसता न पैदा करने वाले विन्यास (रचना) को क्रम कहते हैं। जैसे **चञ्चद्भुज इत्यादि**—इस पद्य के तीन चरणों में रचना क्रम से चढ़ती गई है और चौथे

'सुचरणविनिविष्टैर्नूपुरैर्नर्तकीनां झणिति रणितमासीत्तत्र चित्रं कलं च।'

अत्र च तन्मतानुसारेण रसानुसंधानमन्तरेणैव शब्दप्रौढोक्तिमात्रेणौजः। प्रसाद ओजोमिश्रितशैथिल्यात्मा।

यथा—'यो यः शस्त्रं बिभर्ति स्वभुजगुरुमदः पाण्डवीनां चमूनाम्' इति।

माधुर्यव्यञ्जकत्वं यदसमासस्य दर्शितम् ॥१०॥
पृथक्पदत्वं माधुर्यं तेनैवाङ्गीकृतं पुनः।

यथा—'श्वासान्मुञ्चति—' इत्यादि।

अर्थव्यक्तेः प्रसादाख्यगुणेनैव परिग्रहः ॥११॥
अर्थव्यक्तिः पदानां हि झटित्यर्थसमर्पणम्। स्पष्टमुदाहरणम्।
ग्राम्यदुःश्रवतात्यागात्कान्तिश्च सुकुमारता ॥१२॥

अङ्गीकृतेति सम्बन्धः। कान्तिरौज्ज्वल्यम्। तच्च हालिकादिपदविन्यासवैपरीत्येन लौकिकशोभाशालित्वम्। सुकुमारता अपारुष्यम्। अनयोरुदाहरणे स्पष्टे।

क्वचिद्दोषस्तु समता मार्गाभेदस्वरूपिणी। अन्यथोक्तगुणेष्वस्या अन्तःपातो यथायथम् ॥

मसृणेन विकटेन वा मार्गेणोपक्रान्तस्य संदर्भस्य तेनैव परिनिष्ठानं मार्गाभेदः। स च क्वचिद्दोषः। तथाहि—

'अव्यूढाङ्गमरूढपाणिजठराभोगं च बिभ्रद्वपुः पारीन्द्रः शिशुरेष पाणिपुटके संमातु किं तावता।

चरण में कुछ उतरी है, पर वह भी तीव्र प्रयत्न से उच्चार्य होने के कारण अर्थात् महाप्राण प्रयत्न के अक्षरों से युक्त और क्रुद्ध भीमसेन के सवेग उच्चारण होने के कारण ओज के ही अनुरूप है, अतः समाधि को भी ओज के ही अन्तर्गत जानना। उदारता (औदार्य) विकटत्व का नाम है और विकटत्व पदों की नाचती हुई सी दशा को कहते हैं। जहाँ पद नाचते से हों—सब के सब झुमझुमाते हुए हों—वहाँ 'उदारता' गुण माना है। जैसे—**सुचरणेति**—नाचती हुई वेश्याओं के रमणीय चरणों में स्थित, नूपुरों से वहाँ विचित्र और मनोहर झनकार का शब्द (रणित) हुआ। **अत्रचेति**—इस पद्य में वामन आदि पूर्वाचार्यों के मत से रसानुसन्धान के विना ही शब्दों की प्रौढि (उत्कृष्टता) मात्र से ओजकी प्रतीति होती है।

ओज से मिले हुए शैथिल्य को प्रसाद माना है। जैसे 'यो यः शस्त्रम्' इत्यादि पद्य। ये दोनों भी पूर्वोक्त ओज के अन्तर्गत हैं। **माधुर्येति**—प्राचीनों ने 'माधुर्य' नामक एक शब्द का गुण माना है और उसका लक्षण किया है 'पृथक्पदत्व'। अर्थात् अलग अलग (समासरहित) पदों का होना माधुर्य कहाता है। यह माधुर्य, पहले जो असमास (समास के अभाव) को माधुर्य गुण का व्यञ्जक बताया है उसी से अङ्गीकृत जानना। यह उससे भिन्न नहीं है, अतः उसी के स्वीकार से इसका स्वीकार समझना। जैसे 'श्वासान्' इत्यादि पूर्वोक्त पद्य। **अर्थव्यक्तेरिति**—पदों का झट अर्थ को व्यक्त करना 'अर्थव्यक्ति' नामक गुण बताया है—सो यह गुण पूर्वोक्त 'प्रसाद' गुण अर्थात् उसके व्यञ्जक शब्दों के ही अन्तर्गत है, अतः इसे पृथक् मानने की कोई आवश्यकता नहीं।

ग्राम्येति—ग्राम्यत्व दोष के परित्याग से प्राचीन-सम्मत 'कान्ति' नामक शब्द गुण और 'दुःश्रवत्व' नामक दोष के परित्याग से 'सुकुमारता' नामक शब्द-गुण का स्वीकार जानना। उज्ज्वलता को कान्ति कहते हैं। सो हलवाहक=गँवार आदमियों के व्यवहृत पदों के परित्याग करने से लौकिक शोभा से युक्त होना ही उज्ज्वलता कहाती है, अतः ग्राम्यत्व दोष के छोड़ने से ही वह गतार्थ है। पारुष्य (कठोरता) न होने को सुकुमारता कहते हैं। इन दोनों के उदाहरण स्पष्ट हैं। 'कार्तार्थ्य' आदि कठोर पद और कटि आदि ग्राम्य पदों के अप्रयोग से ये गुण उत्पन्न होते हैं।

क्वचिद् दोष इति—मार्गाभेदरूप समता कहीं दोष हो जाती है। जहाँ दोष नहीं है वहाँ प्रसाद, माधुर्य और ओज में उसका अन्तर्भाव हो जाता है। **मसृणेनेति**—कोमल अथवा तीव्र रचना से प्रारम्भ किये हुए प्रकरण को उसी स्वरूप में समाप्त करना मार्गाभेद कहाता है। वह कहीं दोष होता है। जैसे **अव्यूढाङ्गमिति**—

उद्यद्दुर्धरगन्धसिन्धुरशतप्रोद्दामदानार्णवस्रोतःशोषणरोषणात्पुनरितः कल्पाग्निरल्पायते ॥'

अत्रोद्धतेऽर्थे वाच्ये सुकुमारबन्धत्यागो गुण एव। अनेवंविधस्थाने माधुर्यादावेवान्तःपातः। यथा--'लताकुञ्जं गुञ्जत्--' इत्यादि।

ओजः प्रसादो माधुर्यं सौकुमार्यमुदारता। तदभावस्य दोषत्वात्स्वीकृता अर्थगा गुणाः ॥

ओजः साभिप्रायत्वम्। प्रसादोऽर्थवैमल्यम्। माधुर्यमुक्तिवैचित्र्यम्। सौकुमार्यमपारुष्यम्। उदारता अग्राम्यत्वम्। एषां पञ्चानामप्यर्थगुणानां यथाक्रममपुष्टार्थाधिकपदानवीकृतामंगलरूपाश्लीलग्राम्यत्वानां निराकरणेनैवाङ्गीकारः। स्पष्टान्युदाहरणानि।

अर्थव्यक्तिः स्वभावोक्त्यालंकारेण तथा पुनः। रसध्वनिगुणीभूतव्यंग्यानां कान्तिनामकः ॥

अङ्गीकृत इति संबन्धः। अर्थव्यक्तिर्वस्तुस्वभावस्फुटत्वम्। कान्तिर्दीप्तरसत्वम्। स्पष्टे उदाहरणे।

श्लेषो विचित्रतामात्रमदोषः समता परम्।

श्लेषः क्रमकौटिल्यानुल्बणत्वोपपत्तियोगरूपघटनात्मा। तत्र क्रमः क्रियासंततिः, विदग्धचेष्टितं कौटिल्यम्, अप्रसिद्धवर्णनविरहोऽनुल्बणत्वम्, उपपादकयुक्तिविन्यास उपपत्तिः, एषां योगः संमे-

---

हाथ पैर पेट आदि अङ्गों के अव्यूढ (अपुष्ट) होने पर यह नन्हा सा शेर का बच्चा भले ही हाथ के संपुट में समा जाय, इससे क्या होता है? फिर जवान होने पर तो सैकड़ों मदान्ध हाथियों की प्रवृद्ध मद धारा को सुखाने वाले क्रोध से भीषण इस क्रूर से प्रलयकाल की अग्नि भी अल्प ही जचेगी। **उद्यतामुद्गच्छतान्दुर्धराणान्दुर्दमानां गन्धसिन्धुराणां मदान्धगजानां....दानार्णवस्य मदसागरस्य स्रोतसां प्रवाहाणां शोषणं रोषणं क्रोधो यस्य तस्मात्--'इतोऽस्मात्' पुनर्यौवनदशायामित्यर्थः।** इस पद्य के पूर्वार्ध की रचना कोमल है। परन्तु उत्तरार्ध में उसे बदल कर रचना कठोर कर दी है। उत्तरार्ध में उद्धत अर्थ (क्रूर केसरी) वाच्य है, अतः सुकुमार रचना का परित्याग करना गुण ही है। और जहाँ ऐसा स्थल नहीं है—जहाँ मार्ग का भेद करना आवश्यक नहीं है—वहाँ इस समता का माधुर्यादि गुणों में ही अन्तर्भाव होता है। सुकुमार बन्ध होने पर माधुर्य में और विकट बन्ध होने पर ओज में इसका अन्तर्भाव होता है। इस प्रकार दसों शब्द गुणों का अन्तर्भाव दिखाकर अब प्राचीन सम्मत अर्थ गुणों का अन्तर्भाव दिखाते हैं। **ओजइति**--ओज, प्रसाद, माधुर्य, सौकुमार्य और उदारता इनके अभाव की दोषों में गिनती की गई है, अतः इन्हें गुणपक्ष में स्वीकृत समझना। इनको यद्यपि नवीनों ने पृथक् नहीं माना है, परन्तु इनके अभाव को दोष माना है। पदों का साभिप्राय होना किसी विशेषभाव का सूचक होना--ओज कहाता है। 'अपुष्टार्थत्व' नामक दोष के परित्याग से इसका ग्रहण होता है। विना प्रयोजन के कोई पद रखने से अपुष्टार्थत्व दोष होता है। जब इस दोष का परित्याग किया जायगा तो पदों की साभिप्रायता अपने आप आ जायगी, अतः 'ओज' नामक अर्थ गुण के पृथक् मानने की कोई आवश्यकता नहीं है। अर्थ की विमलता को 'प्रसाद' कहते हैं। अधिकपदता दोष के परित्याग से इसका ग्रहण होता है। किसी पद का अधिक होना एक प्रकार का मल होता है, उसका परित्याग करने से ही विमलता आ जाती है। उक्ति की विचित्रता–कथन की अपूर्वता, को 'माधुर्य' माना है। यह 'अनवीकृतत्व' दोष के परित्याग से गृहीत होता है। उसके परित्याग करने पर उक्तवैचित्र्य आ ही जाता है। कठोरता न होने को 'सौकुमार्य' कहते हैं। यह अमंगलव्यञ्जक अश्लीलत्व के परित्याग से ही गतार्थ है। अमङ्गलव्यञ्जक अश्लील अर्थ में कठोरता रहती है। उसको छोड़ने से कठोरता छूट जाती है और सुकुमारता आ जाती है। अग्राम्यत्व को उदारता माना है, सो 'ग्राम्यत्व' दोष के परित्याग से गतार्थ जानना। इनके उदाहरण पहले आ चुके हैं।

अर्थव्यक्तिः—प्राचीन आचार्य वस्तु के स्वभाव की स्फुटता को 'अर्थव्यक्ति' नामक अर्थालङ्कार मानते हैं। यह 'स्वभावोक्ति' अलङ्कार के ही अन्तर्गत है। एवं रसकी 'प्रदीप्तता' को 'कान्ति' माना था—वह रसध्वनि और गुणीभूत व्यङ्ग्यों के अन्तर्भूत है। **श्लेषइति**—श्लेष केवल विचित्रता है। रस का विशिष्ट उपकारक न होने से इसे गुण नहीं कह सकते, और 'समता' केवल दोषाभाव रूप है, अतः इसको भी पृथक् गुण मानना आवश्यक नहीं। क्रम, कौटिल्य, अनुल्बणत्व और उपपत्ति इनके सम्मेलनस्वरूप रचना को 'श्लेष' कहते हैं

लनं स एव रूपं यस्या घटनायास्तद्रूपः श्लेषो वैचित्र्यमात्रम्। अनन्यसाधारणरसोपकारित्वातिशयविरहादिति भावः। यथा--

'दृष्ट्वैकासनसंस्थिते प्रियतमे--' इत्यादि।

अत्र दर्शनादयः क्रियाः, उभयसमर्थनरूपं कौटिल्यम्, लोकसंव्यवहाररूपमनुल्बणत्वम्, 'एकासनसंस्थिते', 'पश्चादुपेत्य', 'नयने पिधाय', 'ईषद्वक्रितकंधरः' इति चोपपादकानि, एषां योगः। अनेन च वाच्योपपत्तिग्रहणव्यग्रतया रसास्वादो व्यवहितप्राय इत्यस्यागुणता।

समता च प्रकान्तप्रकृतिप्रत्ययाविपर्यासेनार्थस्य विसंवादिताविच्छेदः स च प्रक्रमभङ्गरूपविरह एव स्पष्टमुदाहरणम्।

न गणत्वं समाधेश्च

समाधिश्चायोन्यन्यच्छायायोनिरूपद्विविधार्थदृष्टिरूपः। तत्रायोनिरर्थो यथा--

'सद्योमुण्डितमत्तहूणचिबुकप्रस्पर्धि नारङ्गकम्।' अन्यच्छायायोनिर्यथा--

'निजनयनप्रतिबिम्बैरम्बुनि बहुशः प्रतारिता कापि। नीलोत्पलेऽपि विमृशति करमर्पयितुं कुसुमलावी॥'

अत्र नीलोत्पलनयनयोरतिप्रसिद्धं सादृश्यं विच्छित्तिविशेषेण निबद्धम्। अस्य चासाधारणशोभानाधायकत्वान्न गुणत्वम्, किंतु काव्यशरीरमात्रनिर्वर्तकत्वम्।

क्वचित् 'चन्द्रम्' इत्येकस्मिन्पदार्थे वक्तव्ये 'अत्रेर्नयनसमुत्थं ज्योतिः' इति वाक्यवचनम्,

---

इनमें से क्रियाओं की परम्परा को क्रम कहते हैं। चतुर चेष्टाओं का नाम कौटिल्य है। अप्रसिद्ध वर्णन का न रखना अनुल्बणत्व कहाता है। काम को सिद्ध करने वाली युक्तियों का नाम उपपत्ति है। इन सब का मेल जिसमें हो वह रचना श्लेष कहाती है। सो यह श्लेष वैचित्र्यमात्र है। रस का असाधारण उपकारकत्व इसमें नहीं है और यही एक अतिशय (असाधारणधर्म) गुणत्व का प्रयोजक होता है। जो रसका असाधारण उपकारक होता है वही गुण माना जाता है। वह बात इस श्लेष में है नहीं, अतः यह गुण नहीं हो सकता। श्लेष का उदाहरण--'दृष्ट्वेका-' इत्यादि पूर्वोक्त पद्य है। इसमें दर्शन आदि क्रियायें हैं। दोनों स्त्रियों को प्रसन्न करना कौटिल्य है। लोक व्यवहार का ही कथन करना 'अनुल्बणत्व' है। एक आसन बैठा होना, (दोनों स्त्रियों का) पीछे से आना (नायक का), नेत्र मूँदना, थोड़ा कन्धा घुमाना आदि क्रियायें उपपादक (साधक) हैं। इन सबका यहाँ योग है। इस श्लेष के द्वारा वाच्य अर्थ के ग्रहण में ही बुद्धि व्यग्र रहती है, रसास्वाद प्रायः व्यवहित हो जाता है, अतः इसे गुण नहीं मानते। **समता चेति।** प्रारम्भ किये हुए प्रकृति प्रत्यय आदि में परिवर्तन के परित्याग को 'समता' माना है। यदि प्रकान्त प्रकृति, प्रत्यय आदि में विपर्यास कर दिया जाय तो भिन्न शब्द के द्वारा बोधित होने के कारण वही अर्थ कुछ भिन्न सा प्रतीत होने लगता है, अतएव उसमें विसंवादिता (भिन्नता) सी आ जाती है। और यदि प्रकृति प्रत्यय आदि न बदले जायँ तो इस 'अविपर्यास' के कारण अर्थ की विसंवादिता का विच्छेद होता है। जैसे--'उदेति सविता ताम्रः' के आगे यदि 'शोण एवास्तमृच्छति' कर दिया जाय तो 'समता' जाती रहेगी, जोकि यहाँ आवश्यक है। यह 'समता' 'भग्नप्रक्रम' नामक दोष का अभाव ही है, अतिरिक्त कुछ नहीं। **न गुणत्वमिति**--'समाधि' भी कोई गुण नहीं हो सकता। 'समाधि' दो प्रकार की मानी है। एक तो 'अयोनि' अर्थात् जिसमें अर्थ की बिलकुल नई कल्पना की गई हो, दूसरी 'अन्यच्छायायोनि' अर्थात् जिस अर्थ में दूसरे अर्थ की छाया ली गई हो। अयोनि का उदाहरण--जैसे **सद्य-इति**--किसी ने नारङ्गी को देखकर कहा कि--हाल के मुंडे हुए गोरे की ठोड़ी के समान लाल लाल नारंगी हैं। अन्यच्छायायोनि अर्थ का उदाहरण--**निजेति**--कोई मालिन पानी में अपने नेत्रों की छायासे बहुत बार धोखा खा चुकी है। खिला कमल समझकर उसे तोड़ने को हाथ चलाया, पर पीछे देखा तो कुछ नहीं, तब पता चला कि अपने नेत्र की छाया को ही कमल समझ कर तोड़ने चली थी, अतः अब वस्तुतः खिले कमल के ऊपर हाथ डालने में भी ठिठकती है। इस पद्य में नील कमल और नेत्र की अत्यंत प्रसिद्ध तुल्यता को ही विशेष चमत्कारक बनाया गया है। यह 'समाधि' असाधारण शोभा की आधायक नहीं, अतएव गुण भी नहीं, किन्तु काव्य के शरीरभूत अर्थ मात्र की साधक होती है। **क्वचिदिति**--कहीं एक 'चन्द्र' पद के अर्थ को बतलाने के लिये

क्वचित् 'निदाघशीतलहिमकालोष्णसुकुमारशरीरावयवा योषित्' इति वाक्यार्थे वक्तव्ये 'वरवर्णिनी' इति पदाभिधानम्। क्वचिदेकस्य वाक्यार्थस्य किंचिद्विशेषनिवेशादनेकैर्वाक्यैरभिधानमित्येवंरूपो व्यासः। क्वचिद् बहुवाक्यप्रतिपाद्यस्यैकवाक्येनाभिधानमित्येवंरूपः समासश्च। इत्येवमादीनामन्यैरुक्तानां न गुणत्वमुचितम्, अपि तु वैचित्र्यमात्रावहत्वम्।

तेन नार्थगुणाः पृथक् ॥१६॥

तेनोक्तप्रकारेण अर्थगुणा ओजःप्रभृतयः प्रोक्ताः॥

इति साहित्यदर्पणे गुणविवेचनो नामाष्टमः परिच्छेदः।

नवमः परिच्छेदः।

अथोद्देशक्रमप्राप्तमलंकारनिरूपणं बहुवक्तव्यत्वेनोल्लङ्घ्य रीतिमाह—

पदसंघटना रीतिरङ्गसंस्थाविशेषवत्। उपकर्त्री रसादीनां

रसादीनामर्थाच्छब्दार्थशरीरस्य काव्यस्यात्मभूतानाम्।

सा पुनः स्याच्चतुर्विधा ॥१॥

वैदर्भी चाथ गौडी च पाञ्चाली लाटिका तथा। सा रीतिः। तत्र—

माधुर्यव्यञ्जकैर्वर्णैः रचना ललितात्मिका ॥२॥

'अत्रि के नेत्र से उत्पन्न ज्योति' इतना बड़ा वाक्य बोला जाता है। और कहीं ''ग्रीष्मकाल में शीतल और शीत काल में उष्ण सुकुमार शरीर वाली सुन्दरी'' इतना बड़ा वाक्यार्थ बोलने की जगह केवल एक पद 'वरवर्णिनी' बोल दिया जाता है। कहीं एक ही वाक्यार्थ को कुछ कुछ विशेषतायें दिखा कर अनेक वाक्यों से कहा जाता है। इस प्रकार का व्यास (अर्थ का फैलाना) और कहीं कहीं अनेक वाक्यों के प्रतिपाद्य अर्थ को एक ही वाक्य से कहकर जो समास (संक्षेप) किया जाता है, ये दोनों (व्यास, समास) तथा इनके सदृश और प्राचीनसम्मत विचित्रतायें गुण नहीं कहा सकतीं। ये तो केवल वैचित्र्य हैं, रसके प्रधान उपकारक नहीं। **तेनेति**—इस लिये अर्थ के गुण भी पृथक् नहीं माने जाते। उक्त प्रकार से 'ओज' आदि अर्थ गुणों के पृथक् मानने की कोई आवश्यकता नहीं।

इति विमलायामष्टमः परिच्छेदः समाप्तः।

कलिन्दनन्दिन्यनुकूलफुल्लद्घनावलीमञ्जुलतान्तरेषु।
लवङ्गवल्लीवलिताङ्गकान्तिः समुल्लसन् पातु तरुस्तमालः ॥१॥

अथेति—यद्यपि 'उत्कर्षहेतवस्ते स्युर्गुणालङ्काररीतयः' इस उद्देशक्रम के अनुसार गुणों का निरूपण करने के अनन्तर अलङ्कारों का निरूपण प्रसक्त है, परन्तु अलङ्कारों में वक्तव्य बहुत है, अतः उसे छोड़कर 'सूचीकटाह' न्याय से पहले रीतियों का निरूपण करते हैं। **पदसंघटनेति**। पदों के मेल या संगठन को रीति कहते हैं। वह अङ्गसंस्थान की तरह मानी जाती है। जैसे पुरुषों के देह का संगठन होता है उसी प्रकार काव्यों के देहरूप शब्दों और अर्थों का भी संगठन होता है। इसी संगठन को रीति कहते हैं। यह काव्य के आत्मभूत रस, भाव आदि की उपकारक होती है। जिस प्रकार पुरुष या स्त्री की शरीररचना देखने से सुकुमारता, मधुरता अथवा क्रूरता कठिनता आदि उसके गुणों का ज्ञान होता है और उससे उस देहधारी की विशेषता का बोध होता है, इसी प्रकार काव्य में भी रचना से माधुर्य आदि गुणों के व्यञ्जन के द्वारा रसों का उपकार (उत्कर्ष) होता है। **सा पुनरिति**—वह रीति चार प्रकार की होती है। वैदर्भी, गौड़ी, पाञ्चाली और लाटी। उनमें से—**माधुर्येति**—माधुर्यव्यञ्जक पूर्वोक्त वर्णों के द्वारा की हुई समासरहित अथवा छोटे छोटे समासों से युक्त मनोहर रचना को

अवृत्तिरल्पवृत्तिर्वा वैदर्भी रीतिरिष्यते ।

यथा—'अनङ्गमङ्गलभुवः--' इत्यादि रुद्रटस्त्वाह--

'असमस्तैकसमस्ता युक्ता दशभिर्गुणैश्च वैदर्भी वर्गद्वितीयबहुला स्वल्पप्राणाक्षरा च सुविधेया ॥'

अत्र दशगुणास्तन्मतोक्ताः श्लेषादयः ।

ओजःप्रकाशकैर्वर्णैर्बन्ध आडम्बरः पुनः ॥३॥ समासबहुला गौडी

यथा—'चञ्चद्भुज'--इत्यादि। पुरुषोत्तमस्त्वाह —

'बहुतरसमासयुक्ता सुमहाप्राणाक्षरा च गौडी या। रीतिरनुप्रासमहिमपरतन्त्रा स्तोकवाक्या च ॥'

वर्णैः शेषैः पुनर्द्वयोः ।

समस्तपञ्चषपदो बन्धः पाञ्चालिका मता ॥४॥

द्वयोर्वैदर्भीगौड्योः। यथा—

'मधुरया मधुबोधितमाधवीमधुसमृद्धिसमेधितमेधया।
मधुकराङ्गनया मुहुरुन्मदध्वनिभृता निभृताक्षरमुज्जगे ॥' भोजस्त्वाह--

'समस्तपञ्चषपदामोजःकान्तिसमन्विताम्। मधुरां सुकुमारां च पाञ्चालीं कवयो विदुः॥'

लाटी तु रीतिर्वैदर्भीपाञ्चाल्योरन्तरे स्थिता । यथा—

'अयमुदयति मुद्राभञ्जनः पद्मिनीनामुदयगिरिवनालीबालमन्दारपुष्पम्।

वैदर्भी रीति कहते हैं। उदाहरण जैसे पूर्वोक्त 'अनङ्गेत्यादि'। रुद्रट ने वैदर्भी रीति का यह लक्षण किया है—**असमस्तेति**—समासरहित अथवा छोटे छोटे समासों से युक्त, श्लेषादि दस गुणों से युक्त एवं चवर्ग से अधिकतया युक्त, अल्पप्राण अक्षरों से व्याप्त सुन्दर वृत्ति 'वैदर्भी' कहाती है।

यहाँ दस गुण रुद्रट के मतानुसार जानना। यथा—"श्लेषः, प्रसादः, समता, माधुर्यं, सुकुमारता। अर्थव्यक्तिरुदारत्वमोजःकान्तिसमाधयः॥ इति वैदर्भमार्गस्य प्राणा दश गुणाः स्मृताः।" **ओज इति**—ओज को प्रकाशित करनेवाले कठिन वर्णों से बनाये हुए अधिक समासों से युक्त उद्धट बन्ध को 'गौड़ी' रीति कहते हैं। उदाहरण जैसे 'चञ्चद्भुज' इत्यादि। पुरुषोत्तमने गौडी का लक्षण यों किया है—**बहुतरेति**—बहुत से समासों से व्याप्त, बड़े बड़े महाप्राण प्रयत्न वाले अक्षरों से युक्त, अनुप्राण, यमक आदि शब्दमहिमा के रक्षणमें व्यग्र अर्थात् अधिकतर अनुप्रासादि से युक्त और थोड़े वाक्यों वाली रीति को गौडी कहते हैं। **वर्णैः**--उक्त दोनों रीतियों के जो शेषवर्ण हैं अर्थात् जो वर्ण न माधुर्य के व्यञ्जक हैं न ओज के-उनसे जो रचना की जाय, और जिसमें पाँच छः पदों तक का समास हो वह रीति 'पाञ्चाली' कहाती है। उदाहरण--**मधुरयेति**—पहले माधुर्य व्यञ्जक और ओजोव्यञ्जक जो वर्ण कहे हैं, इस पद्य की रचना उनसे भिन्न है। अर्थ—अर्थात् वसन्त से वोधित (खिलाई हुई) माधवी (वासन्तीलता) की मधु समृद्धि (पुष्परस की वृद्धि) से अर्थात् माधवी के पुष्परस का पान करने से बढ़ गई है बुद्धि अथवा मस्ती जिसकी उस मस्त ध्वनि वाली, मधुर स्वर युक्त भ्रमरी ने बार बार दबे हुए अक्षरों में गाना प्रारम्भ किया। इस प्रकार गाना प्रारम्भ किया जिसमें अक्षर प्रतीत नहीं होते—केवल गुनगुनाहट ही सुनाई देती है। भोज ने पाञ्चाली का यह लक्षण किया है--**समस्तेति**—जिसमें पाँच छः पदों का समास हो, ओज और कान्ति नामक गुण से जो युक्त हो और मधुर एवं सुकुमार हो उस रीति को कवि लोग 'पाञ्चाली' कहते हैं। **लाटी**—'वैदर्भी' और 'पांचाली' इन दोनों के मध्य की अर्थात् दोनों के लक्षणों से कुछ कुछ युक्त रीति को 'लाटी' कहते हैं। जैसे—**अयम्**—इस पद्य के पहले चरण की कोमल पद रचना तथा 'ञ्-न्द न्द' आदि माधुर्यव्यञ्जक वर्ण वैदर्भी रीति के पोषक हैं और द्वितीयादि चरण के समास तथा द्र-क-म्र ह-भ--आदि वर्ण ओज के व्यंजक तथा पाञ्चाली रीति के पोषक हैं। दोनों के लक्षण मिलने से यह लाटी रीति का उदाहरण है। अर्थ—(सूर्योदय का वर्णन है) पद्मिनियों की मौन मुद्रा को तोड़नेवाला अर्थात् कमलिनियों को खिलाने वाला, उदयाचल की वनपंक्ति में स्थित मन्दार (देववृक्ष) का नया फूल (उसके सदृश)

विरहविधुरकोकद्वन्द्वबन्धुर्विभिन्दन् कुपितकपिकपोलक्रोडताम्रस्तमांसि ॥'

कश्चिदाह—

'मृदुपदसमाससुभगा युक्तैर्वर्णैर्न चातिभूयिष्ठा । उचितविशेषणपूरितवस्तुन्यासा भवेल्लाटी ॥'

अन्ये त्वाहुः—

'गौडी डम्बरबद्धा स्याद्वैदर्भी ललितक्रमा । पाञ्चाली मिश्रभावेन लाटी तु मृदुभिः पदैः ॥

क्वचित्तु वक्त्राद्यौचित्यादन्यथा रचनादयः ॥ ५ ॥

वक्त्रादीत्यादिशब्दाद्वाच्यप्रबन्धौ । रचनादीत्यादिशब्दाद् वृत्तिवर्णौ । तत्र वक्त्रौचित्याद्यथा—

'मन्थायस्तार्णवाम्भःप्लुतकुहरचलन्मन्दरध्वानधीरः
कोणाघातेषु गर्जत्प्रलयघनघटान्योन्यसंघट्टचण्डः ।
कृष्णाक्रोधाग्रदूतः कुरुकुलनिधनोत्पातनिर्घातवातः
केनास्मत्सिंहनादप्रतिरसितसखो दुन्दुभिस्ताडितोऽयम् ॥'

अत्र वाच्यस्य क्रोधाद्यव्यञ्जकत्वेऽपि भीमसेनवक्तृत्वेनोद्धता रचनादयः । वाच्यौचित्याद्यथोदाहृते 'मूर्धव्याधूयमान—'इत्यादौ । प्रबन्धौचित्याद्यथा नाटकादौ रौद्रेऽप्यभिनयप्रतिकूलत्वेन न दीर्घसमासादयः । एवमाख्यायिकायां शृङ्गारेऽपि न मसृणवर्णादयः । कथायां रौद्रेऽपि नात्यन्तमुद्धताः । एवमन्यदपि ज्ञेयम् ॥

इति साहित्यदर्पणे रीतिविवेचनो नाम नवमः परिच्छेदः ।

और विरह से व्याकुल चक्रवाकों के जोड़ों का मित्र अर्थात् रात्रि में वियुक्त चक्रवाक और चक्रवाकियों को परस्पर मिलाने वाला, क्रोध में भरे बन्दर के गाल के समान लाल यह सूर्य अन्धकार को फाड़ता हुआ उदय होता है । किसी ने लाटी रीति का लक्षण यों किया है—**मृदुपदेति**—जो कोमल पदों और सुकुमार समासों से सुन्दर हो और बहुत से संयुक्त अक्षरों से युक्त न हो एवं समुचित विशेषणों के द्वारा जिसमें वस्तु वर्णित हो उसे लाटी रीति कहते हैं । और लोगों ने रीतियों के यह लक्षण किये हैं—**गौडीति**—आडम्बरयुक्त रीति को गौडी कहते हैं और सुललित विन्यास युक्त रीति का नाम वैदर्भी है । इन दोनों के मिश्रण से पांचाली रीति होती है और कोमल पदों से लाटी रीति बनती है । **क्वचित्तु**—कहीं कहीं वक्ता आदि के औचित्य से रचना आदि बदली जाती है—**'वक्त्रादीति'**—इस कारिका में प्रथम 'आदि' पद से वाच्य और प्रबन्ध का ग्रहण होता है एवं द्वितीय 'आदि' पद से समास और वर्णों का ग्रहण होता है । उनमें से वक्ता के औचित्य कारण बदली हुई रचना का उदाहरण—**मन्थायस्तेति**—द्रौपदी से बातें करते समय भीमसेन के कान में रण-दुन्दुभि की ध्वनि पड़ी । उसे सुनकर उन्होंने यह पद्य कहा है । मन्थन के समय अथवा मन्थन दंड=मन्दराचल के द्वारा चारों ओर उछलते हुए समुद्र के जल से व्याप्त हो गई हैं कन्दरायें (कुहर) जिसकी उस मन्दराचल के शब्द (घोरघर्राटे) के समान घोर (समुद्रमन्थन के समय मन्दराचल ही मन्थन दंड=रई बनाया गया था) और 'कोण'=बजाने का डंडा (नक्कारा) के आघात होने पर, प्रलयकाल में गरजते हुए बादलों की टक्कर के समान प्रचंड (जब नक्कारे की चोट पड़ती है तब ऐसा घोर शब्द होता है मानो घोर गर्जन करते हुए प्रलयकाल के बादल आपस में टकरा गये हों) द्रौपदी के क्रोध की सूचना देने वाला (दूत) कौरवों के कुलक्षय का सूचक उत्पातरूप निर्घात वायु, हमारे सिंहनाद के समान (भयानक) यह रणदुन्दुभि किसने बजाया ? **"यदाऽन्तरिक्षे बलवान् मारुतो मारुताहतः । पतत्यधः स निर्घातो जायते वायुसंभवः ॥"** आकाश में बलवान् वायु से टकराकर दूसरा वायु जब नीचे गिरता है तो उसे 'निर्घातवात' कहते हैं । इस प्रकार के अशुभ उत्पात राजा का क्षय सूचित किया करते हैं **' ढक्काशतसहस्राणि भेरीशतशतानि च । एकदा यत्र ताड्यन्ते कोणाघातः स उच्यते ॥''** सैकड़ों ढका और भेरी जब एकदम बजने लगते हैं तो उसे कोणाघात कहते हैं । अतः इस पद्य में 'कोणाघात' शब्द का यह दूसरा अर्थ भी हो सकता है । **अत्रेति**—यद्यपि यहाँ वाच्य (रण दुन्दुभि का ताड़न)

दशमः परिच्छेदः।

अथावसरप्राप्तानलंकारानाह—

शब्दार्थयोरस्थिरा ये धर्माः शोभातिशायिनः। रसादीनुपकुर्वन्तोऽलंकारास्तेऽङ्गदादिवत् ॥१॥

यथा अङ्गदादयः शरीरशोभातिशायिनः शरीरिणमुपकुर्वन्ति, तथानुप्रासोपमादयः शब्दार्थशोभातिशायिनो रसादेरुपकारकाः। अलंकारा अस्थिरा इति नैषां गुणवदावश्यकी स्थितिः।

क्रोध का व्यञ्जक नहीं, प्रत्युत हर्ष का कारण है, क्योंकि भीमसेन तो पहले से ही युद्ध के लिये रस्सियाँ तुड़ा रहे थे, केवल युधिष्ठिर ही बीच में बाधक थे, तथापि इस पद्य के बोलने वाले प्रसिद्ध क्रोधी भीमसेन हैं, अतः इसकी रचना उद्धत की गई है। वाच्य के औचित्य से रचना का भेद जैसे पूर्वोक्त 'मूर्धव्याधूयमान' इत्यादि पद्य। इसमें अर्थ उद्धत होने के कारण रचना में उद्धतता आई है। प्रबन्धौचित्य से रचना का भेद जैसे नाटकादिकों में। रौद्र रस में भी लम्बे समास नहीं किये जाते, क्योंकि वे अभिनय के प्रतिकूल पड़ते हैं। अभिनय करते समय ऐसे ही शब्द बोलना उचित हैं जिनका अर्थ लोग तुरन्त समझ लें। लम्बे समासों का अर्थ समझने में विलम्ब होता है, अतः वे अभिनय के अनुकूल नहीं होते। इसी प्रकार आख्यायिका में शृङ्गार रस में भी कोमल रचना कम होती है, क्योंकि वहाँ वक्ता कवि होता है, रागी नहीं। शृङ्गार में भी मधुर कोमल रचना अनुरागी के मुख से ही अच्छी लगती है। कथा में रौद्र रस में भी अत्यन्त उद्धत रचनादिक नहीं होते, क्योंकि वहाँ वक्ता स्वयं क्रोधाविष्ट नहीं होता। इसी प्रकार और भी जानना।

इति विमलायां नवमः परिच्छेदः।

कुण्डलमण्डितगण्डतटी, वरपीटपटी, कुनटीतिलकञ्च।
अञ्चितकुञ्चितमेचककेश, गवेशनिदेशवशीभवनं च॥
गोकुलहृत्तरलीकरणीमुरली, खुरलीजितकामकलं च।
यस्य न सत्त्वमहत्त्वमलं धवितुं तमहं समहं महयामि ॥१॥

अब रीति निरूपण के अनन्तर अवसर प्राप्त अलङ्कारों का निरूपण करते हैं। पहले अलङ्कारों का सामान्य लक्षण कहते हैं--**शब्दार्थयोरिति**—शोभा को अतिशयित करनेवाले, रस भाव आदि के उपकारक, जो शब्द और अर्थ के अस्थिर धर्म हैं वे अंगद (बाजूबन्द) आदि की तरह अलंकार कहाते हैं। जैसे मनुष्यों के अंगद आदि अलङ्कार होते हैं उसी तरह उपमा आदि काव्य के अलङ्कार होते हैं।

पूर्वोक्त रीति भी काव्य की शोभाधायक है। उसमें इस लक्षण की अतिव्याप्ति न हो, इसलिये 'अतिशायी' पद दिया है। रीति शोभा को पैदा करती है, उसे बढ़ाती नहीं और अलङ्कार उत्पन्न शोभा को अतिशयित (प्रवृद्ध) करते हैं, अतः अलङ्कार रीति से भिन्न हैं। नीरस वाक्य में पड़े हुए उपमा आदिक, अलङ्कार नहीं कहा सकते, क्योंकि यहाँ 'अलङ्कार' शब्द -करणप्रधान है। **अलङ्क्रियतेऽनेनेत्यलङ्कारः** अर्थात् जो किसी को सुशोभित करने का साधन हो वह अलङ्कार कहाता है। अलङ्कार रसादिकों को सुशोभित करता है। जहाँ रसादि नहीं हैं वहाँ वह किसी की शोभा का साधन नहीं, अतः वहाँ उसे अलङ्कार भी नहीं माना जाता, केवल विचित्रता मात्र मानते हैं। सरस वाक्य में ही उपमा आदिक अलङ्कार कहाते हैं, अतः 'रसादीनुपकुर्वन्तः' यह विशेषण दिया है। नीरस वाक्य में 'उपमा' आदि शब्दों का प्रयोग गौण वृत्ति से जानना।

शब्द और अर्थ दोनों ही काव्य के शरीर माने जाते हैं और इन दोनों के अलंकार भी पृथक् पृथक् होते हैं, अतः यहाँ कारिका में दोनों (शब्द अर्थ) का ग्रहण किया गया है। गुण भी रसादि के उपकारक होते हैं और शोभा को अतिशयित भी करते हैं एवं परम्परा सम्बन्ध (स्वाश्रय-व्यञ्जकत्व) से वे शब्द और अर्थ में रहते भी हैं। उनमें अतिव्याप्ति न हो इसलिये 'अस्थिराः' यह विशेषण दिया है। गुण स्थिर होते हैं। अलंकार अस्थिर होने के कारण उनसे भिन्न हैं। **यथेति**—जैसे अंगद आदि अलंकार शरीर की शोभा को बढ़ाते हैं और शरीरधारी के उपकारक होते हैं अर्थात् शरीर की शोभा को बढ़ाते हुए शरीरधारी की उत्कृष्टता

शब्दार्थयोः प्रथमं शब्दस्य बुद्धिविषयत्वाच्छब्दालङ्कारेषु वक्तव्येषु शब्दार्थालंकारस्यापि पुनरुक्तवदाभासस्य चिरंतनैः शब्दालंकारमध्ये लक्षितत्वात्प्रथमं तमेवाह—

आपाततो यदर्थस्य पौनरुक्त्येन भासनम् । पुनरुक्तवदाभासः स भिन्नाकारशब्दगः ॥२॥

उदाहरणम्--'भुजङ्गकुण्डली व्यक्तशशिशुभ्रांशुशीतगुः । जगन्त्यपि सदापायादव्याच्चेतोहरः शिवः ॥'

अत्र भुजङ्गकुण्डल्यादिशब्दानामापातमात्रेण सर्पाद्यर्थतया पौनरुक्त्यप्रतिभासनम् । पर्यवसाने तु भुजङ्गरूपं कुण्डलं विद्यते यस्येत्याद्यन्यार्थत्वम् । 'पायादव्यात्' इत्यत्र क्रियागतोऽयमलङ्कारः, 'पायात्' इत्यस्य 'अपायात्' इत्यत्र पर्यवसानात् । भुजंगकुण्डली' इति शब्दयोः प्रथमस्यैव परिवृत्तिसहत्वम् । 'हरः शिवः' इति द्वितीयस्यैव । 'शशिशुभ्रांशु' इति द्वयोरपि । 'भाति सदानत्यागः' इति न द्वयोरपि इति शब्दपरिवृत्तिसहत्वासहत्वाभ्यामस्योभयालङ्कारत्वम् ।

का बोधन करते हैं—उसके बड़प्पन को प्रकट करते हैं—इसी प्रकार अनुप्रास, उपमा आदि काव्यालंकार भी काव्य के शरीररूप शब्द-अर्थ की शोभा को बढ़ाते हैं और काव्य के आत्मभूत रसके उपकारक अर्थात् उसकी उत्कृष्टता के बोधक होते हैं । उक्तकारिका में अलंकारों को अस्थिर बतलाने से यह भी तात्पर्य है कि गुणों की भांति इनकी नियतरूप से काव्य में स्थिति आवश्यक नहीं है ।

शब्दार्थयोरिति—शब्द और अर्थ इनमें से पहले शब्द ही बुद्धि में उपस्थित होता है, अतः शब्दालङ्कार ही पहले कहने चाहिये थे, परन्तु प्राचीनों ने एक शब्दार्थालंकार—'पुनरुक्तवदाभास'—को भी शब्दालंकारों में गिना दिया है, अतः सबसे पहले उसे ही कहते हैं। **आपातत इति**—'आपाततः'=ऊपर ऊपर से (सरसरी नजर से) देखने पर जहाँ अर्थ की पुनरुक्ति प्रतीति होती हो वहाँ भिन्न स्वरूपवाले समानार्थक शब्दों में 'पुनरुक्तवदाभास' नामक अलंकार होता है । उदाहरण—भुजङ्गेति=सर्पों के कुण्डल धारण किये हुए, सुव्यक्त शश (कलङ्क) वाले श्वेत किरणयुक्त ('शीतगु') चन्द्रमा से युक्त, चित्तको हरण करनेवाले शिवजी सदा अपाय (विघ्न या विनाश) से जगत् की रक्षा करें । यहाँ आपाततः देखने में 'भुजङ्ग' और 'कुण्डली' दोनों सर्पवाचक प्रतीत होते हैं और अर्थ की पुनरुक्ति भासित होती है, परन्तु विचारने से 'कुण्डली' शब्द का 'कुण्डल वाला' यह अर्थ ज्ञात होता है और पुनरुक्ति दोष दूर हो जाता है, अतः यहाँ 'पुनरुक्तवदाभास' अलंकार है । इसी प्रकार 'शशि' 'शुभ्रांशु' और 'शीतगु' इन तीनों शब्दों के चन्द्रवाचक होने से अर्थकी पुनरुक्ति प्रतीत होती है, परन्तु 'शशी' का अर्थ 'लाञ्छन युक्त' और 'शुभ्रांशु' का अर्थ 'स्वच्छ किरण वाला' ज्ञात होने पर यह दोष नहीं रहता । एवम्—'पायात्' 'अव्यात्' और 'हरः' 'शिवः' इनमें भी आपाततः पुनरुक्ति प्रतीत होती है, परन्तु 'सदा अपायात्' ऐसा पदच्छेद ज्ञात होने पर, और 'हर' का संबन्ध 'चेतो' के साथ निश्चित होने पर चित्त को हरण करनेवाले (मनोहर) ऐसा अर्थ निश्चित होने से वह दूर हो जाती है । **अत्रेति**—यहाँ **'भुजङ्ग' 'कुण्डली'** आदि शब्दों का 'आपातमात्र' से पौनरुक्त्य भासित होता है, परन्तु पर्यवसान (अन्त) में 'भुजंग रूप कुण्डल हैं विद्यमान जिसके' इत्यादि अन्य अर्थों का निश्चय होता है । **'पायात्' 'अव्यात्'** इन शब्दों में यह अलंकार क्रियागत है । 'पायात्' का 'अपायात्' में पर्यवसान होता है ।

इस अलंकार का शब्दार्थालंकारत्व सिद्ध करते हैं—**'भुजङ्गकुण्डली'** इन शब्दों में से पहला (भुजङ्ग) ही परिवृत्ति को सहन कर सकता है। यदि 'भुजंग' पद को बदल कर उस के स्थान पर भुजंग का कोई पर्यायवाचक दूसरा शब्द रख दें तो भी यह अलंकार बना रहेगा, अतः 'भुजंग' शब्द परिवर्तन का सहिष्णु है, परन्तु 'कुण्डली' शब्द नहीं बदला जा सकता । 'कुण्डली' के स्थान पर 'अवतंसी' या 'कुण्डलयुक्त' आदि शब्दों को रख दें तो फिर यह अलंकार नहीं रहेगा, क्योंकि उस दशा में अर्थ की पुनरुक्ति भासित ही न होगी, अतः 'कुण्डली' पद परिवृत्ति को सहन नहीं करता । इसी प्रकार **'हरः शिवः'** यहाँ दूसरा (शिवः) ही बदला जा सकता है, पहला नहीं । **'शशिशुभ्रांशु'** इनमें दोनों परिवृत्तिसह हैं । 'अपि' शब्द से तीसरे 'शीतगु' शब्द का भी परिवृत्तिसहत्व जानना । 'भाति सदानत्यागः' इस पद्यांश में दोनों में से कोई नहीं बदला जा सकता ।

अरिवधदेहशरीरः सहसारथिसूततुरगपादातः । भाति सदानत्यागः स्थिरतायामवनितलतिलकः ॥ अरीणां वधं

अनुप्रासः शब्दसाम्यं वैषम्येऽपि स्वरस्य यत्।

स्वरमात्रसादृश्यं तु वैचित्र्याभावान्न गणितम्। रसाद्यनुगतत्वेन प्रकर्षेण न्यासोऽनुप्रासः।

छेको व्यञ्जनसंघस्य सकृत्साम्यमनेकधा ॥३॥

छेकश्छेकानुप्रासः। अनेकधेति स्वरूपतः क्रमतश्च। रसः सर इत्यादेः क्रमभेदेन सादृश्यं, नास्यालंकारस्य विषयः। उदाहरणं मम तातपादानाम्--

'आदाय बकुलगन्धानन्धीकुर्वन्पदे पदे भ्रमरान्। अयमेति मन्दमन्दं कावेरीवारिपावनः पवनः॥'

अत्र गन्धानन्धीति संयुक्तयोः, कावेरीवारीत्यसंयुक्तयोः, पावनः पवन इति व्यञ्जनानां बहूनां सकृदावृत्तिः। छेको विदग्धस्तत्प्रयोज्यत्वादेष छेकानुप्रासः।

अनेकस्यैकधा साम्यमसकृद् वाप्यनेकधा। एकस्य सकृदप्येष वृत्त्यनुप्रास उच्यते ॥४॥

ददातीति तादृशी ईहा येषां ते च ते शरिणः शरवन्तस्तानीरयति क्षिपतीत्यरिविधदेहशरीरः। सहसा शीघ्रं रथिभिः सुष्ठु ऊतास्तुरगाः पादाताश्च यस्य सः। स्थिरतायां स्थिरत्वे अगः पर्वततुल्यः अवनितलतिलको भूपतिः सतामानस्या, यद्वा सदा अनस्या शत्रुषु अनमनेन भाति शोभते। यहाँ 'देह शरीर', 'सारथि सूत', 'दान त्याग', इन शब्दों में यह अलङ्कार है। परन्तु शब्द परवृत्तिसह नहीं हैं अर्थात् उनके पर्यायवाचक रखने पर यह अलङ्कार नहीं रहता। भाषा में इसका उदाहरण 'पुनि फिरि राम निकट सो आई' इत्यादि हो सकते हैं। इस प्रकार कहीं शब्दपरिवृत्ति को सहन करने और कहीं न करने के कारण यह "पुनरुक्तवदाभास" उभयालंकार माना जाता है। शब्दालंकार वही होता है जो उस शब्द को बदलने पर न रहे। पुनरुक्तवदाभास कहीं तो शब्द बदलने पर भी बना रहता है और कहीं नहीं रहता, अतः यह शब्दार्थालंकार है। **अनुप्रास इति**—स्वर की विषमता रहने पर भी शब्द अर्थात् पद, पदांश के साम्य (सादृश्य) को 'अनुप्रास' कहते हैं। स्वरों की समानता हो, चाहे न हो, परन्तु अनेक व्यञ्जन जहाँ एक से मिल जायँ वहाँ अनुप्रास अलङ्कार होता है। **स्वरमात्रेति**--केवल स्वरों की समानता में विचित्रता नहीं होती। व्यंजनों की समता के समान चमत्कार उसमें नहीं होता, अतः उसे यहाँ नहीं गिना। व्यंजनों की समता के समान स्वरों की समता में अनुप्रासालङ्कार नहीं माना है। अनुप्रास शब्द का अक्षरार्थ बताते हैं—**रसेति**—रस, भावादि के अनुगत प्रकृष्ट न्यास को अनुप्रास कहते हैं। यहाँ 'अनु' का अर्थ 'अनुगत' और 'प्र' का प्रकृष्ट 'आस' का अर्थ न्यास है। रस की अनुगामिनी प्रकृष्ट रचना का नाम अनुप्रास है। इससे यह भी सिद्ध हुआ कि रस के प्रतिकूल वर्णों की समता को अलङ्कार नहीं माना जाता। यह अनुप्रासों का सामान्य लक्षण है। अब अनुप्रासों के विशेष लक्षण कहते हैं--**छेकइति**—व्यञ्जनों के समुदाय की एक ही बार अनेक प्रकार की समानता होने को 'छेक' अर्थात् छेकानुप्रास कहते हैं। यहाँ अनेक प्रकार की समानता से यह अभिप्राय है कि स्वरूप से भी समानता होनी चाहिए और क्रम से भी। एक ही स्वरूप के व्यंजन उसी क्रम से यदि दूसरी बार आयें तो छेकानुप्रास होगा। 'रसः सरः' यहाँ यद्यपि एक ही स्वरूप के व्यञ्जन 'र' और 'स' दूसरी बार आए हैं, परन्तु उसी क्रम से नहीं आए 'रसः' में 'र' पहले आया है और 'सरः' में 'स'। इस लिए ऐसे उदाहरण इस अनुप्रास के नहीं हो सकते। छेक का उदाहरण—**आदायेति**--बकुल (मौलसिरी) के गन्ध को लेकर, पद पद में भ्रमरों को मदान्ध करता हुआ, कावेरी के जल कणों से युक्त होने के कारण पवित्र करनेवाला यह पवन धीरे धीरे चला आ रहा है। **अत्रेति**—इस पद्य में 'गन्धानन्धी' यहाँ पर संयुक्त 'न' और 'ध' की उसी क्रम से एक ही बार आवृत्ति हुई है, अतः यह छेकानुप्रास का उदाहरण है। इसी प्रकार 'कावेरीवारि' यहाँ असंयुक्त 'व' और 'र' की तथा 'पावनः पवनः' यहाँ बहुत व्यञ्जनों (प-व-न) की एक ही बार आवृत्ति हुई है। छेक का अर्थ है 'चतुर पुरुष'। उनके प्रयोग के योग्य होने के कारण इसे छेकानुप्रास कहते हैं।

अनेकस्येति अनेक व्यंजनों की एक ही प्रकार से (केवल स्वरूप से ही, क्रम से नहीं) समानता होने पर, अथवा अनेक व्यञ्जनों की अनेक बार आवृत्ति होने पर यद्वा अनेक प्रकार से (स्वरूप और क्रम दोनों से) अनेकबार अनेक वर्णों की आवृत्ति होने पर, किंवा एक ही वर्ण की एक ही बार समानता (आवृत्ति द्वारा) होने पर, या एक ही वर्ण की अनेक बार आवृत्ति होने पर 'वृत्त्यनुप्रास' नामक शब्दा-

एकधा स्वरूपत एव, न तु क्रमतोऽपि । अनेकधा स्वरूपतः क्रमतश्च । सकृदपीत्यपिशब्दादसकृदपि । उदाहरणम्—

'उन्मीलन्मधुगन्धलुब्धमधुपव्याधूतचूताङ्कुर—
क्रीडत्कोकिलकाकलीकलकलैरुद्गीर्णकर्णज्वराः ।
नीयन्ते पथिकैः कथं कथमपि ध्यानावधानक्षण—
प्राप्तप्राणसमासमागमरसोल्लासैरमी वासराः ॥'

अत्र 'रसोल्लासैरमी' इति रसयोरेकधैव साम्यम्, न तु तेनैव क्रमेणापि । द्वितीये पादे कलयोरसकृत्तेनैव क्रमेण । प्रथमे, एकस्य मकारस्य सकृत्, धकारस्य चासकृत । रसविषयव्यापारवती वर्णरचना वृत्तिः, तदनुगतत्वेन प्रकर्षेण न्यसनाद् वृत्त्यनुप्रासः ।

उच्चार्यत्वाद्यदेकत्र स्थाने तालुरदादिके । सादृश्यं व्यञ्जनस्यैव श्रुत्यनुप्रास उच्यते ॥५॥

उदाहरणम्—

'दृशा दग्धं मनसिजं जीवयन्ति दृशैव याः । विरूपाक्षस्य जयिनीस्ताः स्तुमो वामलोचनाः ॥'

अत्र 'जीवयन्ति' इति, 'याः' इति, 'जयिनीः' इति— अत्र जकारयकारयोरेकत्र स्थाने तालावुच्चार्यत्वात्सादृश्यम् । एवं दन्त्यकण्ठ्यानामप्युदाहार्यम् । एष च सहृदयानामतीव श्रुतिसुखावहत्वाच्छ्रुत्यनुप्रासः ।

व्यञ्जनं चेद्यथावस्थं सहाद्येन स्वरेण तु । आवर्त्यतेऽन्त्ययोज्यत्वादन्त्यानुप्रास एव तत् ॥६॥

यथावस्थमिति यथासंभवमनुस्वारविसर्गस्वरयुक्ताक्षरविशिष्टम् । एष च प्रायेण पादस्य पदस्य चान्ते प्रयोज्यः । पादान्तगो यथा मम—

लङ्कार होता है । 'सकृदपि' यहाँ 'अपि' शब्द से 'असकृत्' (अनेकबार) का भी बोध होता है, इससे पूर्वोक्त अन्तिम अर्थ निकलता है । उदाहरण—**उन्मीलन्मधु**—उदित होते हुए मधु के गन्ध में लुब्ध भ्रमरों से कम्पित आमों की नवीन मंजरी पर क्रीडा करते हुए कोकिलों के मधुर मधुर सुरीले कलकूजितों से जिनके कानों में व्यथा उत्पन्न हो रही है वे विरही पथिक इन वसन्त ऋतु के दिनों को, ध्यान में चित के अवधान (एकाग्रता) के समय प्राप्त (स्मरण द्वारा) प्राणप्रिया के समागम सुख से जैसे तैसे (कथं कथमपि) बिताते हैं । **अत्रेति**—यहाँ 'रसोल्लासैरमी' इन शब्दों में 'र' और 'स' की एक ही प्रकार से समानता है । केवल स्वरूप ही मिलता है, क्रम नहीं । दूसरे चरण में 'क' और 'ल' की अनेक बार आवृत्ति हुई है और उसी क्रम से हुई है । सभी शब्दों में पहिले 'क' आया है, पीछे 'ल', इसलिए यह स्वरूप और क्रम दोनों से साम्य (अनेकधा साम्य) हुआ । प्रथम चरण में 'उन्मीलन्मधु' यहाँ एक व्यंजन मकार की एक ही वार और धकार की अनेक बार आवृत्ति हुई है, इसलिये यह 'एकस्य सकृदपि' का उदाहरण है । रस विषयक अनुकूल व्यापार से युक्त रचना को 'वृत्ति' कहते हैं, अर्थात् जो रचना रस के व्यक्त करने में अनुकूल हो उसे वृत्ति कहते हैं और उससे अनुगत प्रकृष्ट विन्यास को 'वृत्त्यनुप्रास' कहते हैं । यह इस पद का अक्षरार्थ है ।

उच्चार्यत्वादिति—तालु, कण्ठ, मूर्धा, दन्त आदि किसी एक स्थान में उच्चरित होने वाले व्यंजनों की (स्वरों की नहीं) समता को श्रुत्यनुप्रास कहते हैं। जैसे—**दृशेति**—दृष्टि से जले हुए कामदेव को जो दृष्टि से ही जीवित करती हैं, अर्थात् भगवान् भूतनाथ के भालानल से भस्म हुए कामदेव को जो अपने कटाक्षनिक्षेपमात्र से पुनरुज्जीवित करती हैं, ऐसी विरूपाक्ष (विरूप नेत्रवाले शिव) को जीतनेवाली सुलोचनाओं की हम स्तुति करते हैं । **अत्रेति**—यहाँ 'जीवयन्ति'—'याः'—'जयिनीः' इन पदों में जकार और यकार एक ही (तालु) स्थान से उच्चरित होते हैं, अतः यह श्रुत्यनुप्रास का उदाहरण है । इसी प्रकार दन्तस्थानीय और कण्ठस्थानीय आदि वर्णों के उदाहरण भी जानना । यह अनुप्रास सहृदय पुरुषों के कानों को बड़ा ही सुखप्रद होता है, अतः इसका नाम श्रुत्यनुप्रास है । **व्यञ्जनमिति**—पहले स्वर के साथ ही यदि यथावस्थ व्यंजन की आवृत्ति हो तो वह अन्त्यानुप्रास कहाता है । इस का प्रयोग पद अथवा पाद आदि के अन्त में ही होता है, अतः इसे अन्त्यानुप्रास कहते हैं । **यथेति**—'यथावस्थ' कहने से यह तात्पर्य है कि यहाँ यथासम्भव अनुस्वार विसर्ग स्वर आदि पूर्ववत्

'केशः काशस्तबकविकासः, कायः प्रकटितकरभविलासः ।
चक्षुर्दग्धवराटककल्पं, त्यजति न चेतः काममनल्पम् ॥'

पदान्तगो यथा - 'मन्दं हसन्तः पुलकं वहन्तः' इत्यादि ।

शब्दार्थयोः पौनरुक्त्यं भेदे तात्पर्यमात्रतः । लाटानुप्रास इत्युक्तो

उदाहरणम्—'स्मेरराजीवनयने, नयने किं निमीलिते । पश्य निर्जितकन्दर्पं कन्दर्पवशगं प्रियम् ॥'

अत्र विभक्त्यर्थस्यापौनरुक्त्येऽपि मुख्यतरस्य प्रातिपदिकांशद्योत्यधर्मिरूपस्याभिन्नार्थत्वाल्लाटानुप्रासत्वमेव । 'नयने तस्यैव नयने च ।'

अत्र द्वितीयनयनशब्दो भाग्यवत्त्वादिगुणविशिष्टत्वरूपतात्पर्यमात्रेण भिन्नार्थः ।

ही रहने चाहियें । अतएव **'अन्तेऽवसाने भवोऽन्त्यः', 'दिगादित्वाद्यत्' स चासावनुप्रासः'** यह अक्षरार्थ अनुगत होता है । **तर्कवागीशजीने** 'अन्त एवान्त्यः' व्युत्पत्ति लिखी है, यह व्याकरण से विरुद्ध है । स्वार्थ में यत् प्रत्यय यहाँ नहीं हो सकता । पादान्तगत का उदाहरण—**केशइति**—केश, कास के फूल के समान श्वेत हो चुके और देह ऐसा हो गया जैसा दो पैरों से खड़े हुए ऊँट के बच्चे का होता है । आँखें जली कौड़ी के सदृश हो गईं, परन्तु अब भी बढ़े हुए काम (विषय-तृष्णा) को चित्त नहीं छोड़ता । यहाँ प्रथम द्वितीय चरणों के अन्त्य में 'विकास' और 'विलास' इन पदों में 'आस' की आवृत्ति हुई है, एवं तृतीय तथा चतुर्थ चरणों के अन्त्य में 'अल्पम्' की आवृत्ति है । पदान्तगत अन्त्यानुप्रास का उदाहरण—**मन्दम्**—यहाँ 'हसन्तः' और 'वहन्तः' इन पदों के अन्त्य में 'अन्तः' की आवृत्ति हुई है ।

शब्दार्थयोरिति—केवल तात्पर्य भिन्न होने पर शब्द और अर्थ दोनों की आवृत्ति होने से लाटानुप्रास होता है । उदाहरण—**स्मेरेति—हे** विकसित कमल के तुल्य नेत्रवाली सखी ! तूने नेत्र क्यों मूँद लिए ? अपनी शोभा से काम को जीतनेवाले कामातुर प्रियतम की ओर देख । यहाँ 'नयने-नयने' और 'कन्दर्प-कन्दर्प' इन पदों में शब्द तथा अर्थ दोनों की आवृत्ति हुई है । शब्दों के अर्थ में भेद नहीं, परन्तु तात्पर्य विषयीभूतसम्बन्ध भिन्न है । पहला नयन पद सम्बोधनान्वयी अथवा उद्देश्यान्वयी है और दूसरा नयन पद क्रियान्वयी या विधेयान्वयी है । इसी प्रकार दो बार आए हुए 'कन्दर्प' पद के स्वरूप और अर्थ में कोई भेद नहीं । शब्द भी वही है और अर्थ भी वही, परन्तु पहले **'निर्जितः कन्दर्पः (शोभया) येन स तम्'** इस प्रकार का अर्थ है—उसमें कन्दर्प पद उपमान में पर्यवसित होता है—और 'निर्जित' का कर्म होकर आया है । दूसरी बार **'कन्दर्पस्य वशगम्'** ऐसा अर्थ है । यहाँ 'कन्दर्प' पदसम्बन्धी होकर अन्वित हुआ है । यही तात्पर्यभेद है । वाक्य में कर्तृत्व कर्मत्वादि रूप से सम्बन्ध को यहाँ तात्पर्य कहते हैं । उसका भेद होना चाहिये । **प्रश्न**—उक्त उदाहरण में 'नयन' तथा 'कन्दर्प' शब्द ही दो बार आए हैं । विभक्तियाँ उनकी एक नहीं हैं । वे बदली हुई हैं । फिर पूरे अर्थ का पौनरुक्त्य कहाँ हुआ ? विभक्त्यर्थ की तो आवृत्ति हुई ही नहीं ? उत्तर—**अत्रेति**—यहाँ विभक्त्यर्थ का पौनरुक्त्य (आवृत्ति) न होने पर भी जो प्रातिपदिक (नयन और कन्दर्प) रूप अंश (पद के) हैं, उनके बोध्य धर्मी रूप मुख्यतर अर्थ (नेत्र और काम) तो अभिन्न ही हैं । अतः प्रधान की अभिन्नता होने के कारण **'प्रधानेन हि व्यपदेशाः'** इस न्याय के अनुसार यहाँ लाटानुप्रास ही है ।

उक्त उदाहरण में विभक्ति भिन्न थी, अब ऐसा उदाहरण देते हैं जिसमें प्रकृति, प्रत्यय सबकी पुनरुक्ति है । **नयने इति**—उसी के नेत्र, नेत्र हैं । (जो इस कामिनी को देखे) **'धन्यः सएव तरुणो नयने तस्यैव नयने च । युवजनमोहनविद्या भवितेयं यस्य संमुखे सुमुखी ॥'** यह पद्य पहले आ चुका है । यहाँ पहला नयन पद उद्देश्य है और दूसरा विधेय । परन्तु जो उद्देश्य है वही विधेय नहीं हो सकता । विधेय में कुछ अपूर्वता अवश्य होनी चाहिये । **'अपूर्वबोध्यत्वम् विधित्वम्'** यह नियम है, अतः दूसरी बार आया हुआ 'नयन' पद अनन्वित और पुनरुक्त होने के कारण भाग्यवत्ता आदि गुणों की विशेषता को नेत्रों में बताता है । 'उसी के नेत्र, नेत्र हैं'—अर्थात् उसी के नेत्र भाग्यशाली नेत्र हैं । **अत्रेति**—यहाँ पहला 'नयन' पद नेत्रत्व-जात्यवच्छिन्न को बोधित करता है और दूसरा लक्षणा से भाग्यवत्त्वादिगुणविशिष्ट नेत्रों को बोधित करता

है। एवं भाग्य का अतिशय यहाँ व्यंग्य है। इसी अपूर्वता का बोध दूसरी बार आये हुए, विधेयान्वयी 'नयने' पद से होता है। यहाँ 'अर्थान्तरसंक्रमितवाच्य' ध्वनि है, क्योंकि दूसरा नयन पद अपने विशेष अर्थान्तर (भाग्यशाली नयन) में संक्रमित हुआ है। (**यह विषय चतुर्थ परिच्छेद में स्पष्ट हो चुका है**)। यहाँ एक 'नयने' उद्देश्य है, दूसरा विधेय। पहला सामान्यबोधक है, परन्तु दूसरा भाग्यवत्ता आदि गुणों की विशिष्टता रूप तात्पर्य से ही केवल भिन्न हैं। मतलब यह है कि दोनों 'नयन' पद कहते तो नेत्रों को ही हैं, परन्तु एक सामान्यतः बोधन करता है और दूसरा भाग्यशालिता आदि गुणों के साथ नेत्रों का बोधन करता है। एक उद्देश्य है; दूसरा विधेय। यहाँ शब्द भी वही है और अर्थ भी वही है। केवल तात्पर्य का भेद है, अतः यह लाटानुप्रास का उदाहरण है। इस उदाहरण में सम्पूर्ण पदार्थ का पौनरुक्त्य है।

श्रीतर्कवागीशजी ने इस पंक्ति पर बड़ा अकाण्डताण्डव किया है। वह कहते हैं कि 'नयने तस्यैव नयने' यह लाटानुप्रास का उदाहरण ही नहीं। यह तो 'अर्थान्तरसङ्क्रमित' वाच्य ध्वनि का उदाहरण है। फिर साहित्यदर्पणकार ने इसे लाटानुप्रास के उदाहरणों में रक्खा क्यों ? इसका उत्तर आप देते हैं कि कोई इसे लाटानुप्रास का उदाहरण न समझ ले, इसलिये यहाँ लिख दिया है !!!

आपको यह भ्रम क्यों हुआ, सो भी सुन लीजिये। सप्तम परिच्छेद में 'कथितपदत्व' दोष की अदोषता के जो स्थल बताये हैं उनमें लाटानुप्रास और अर्थान्तरसंक्रमितवाच्य ध्वनि इन दोनों को गिनाया है। बस, इसी से आपने यह सिद्धान्त निकाला है कि ये दोनों कभी एक हो ही नहीं सकते और मूल में 'अत्र द्वितीयनयनशब्दो....**तात्पर्यमात्रेण भिन्नार्थः**–यह पंक्ति, जो '**भेदे तात्पर्यमात्रतः**' इस लाटानुप्रास के लक्षण का स्पष्ट समन्वय समझा रही है उसे आप **योजना वैपरीत्य** से मरोड़ते हैं, परन्तु फिर भी बनता कुछ नहीं।

अब आप की बात को आप ही के श्रीमुख से सुनिये। '**नन्वर्थान्तरसंक्रमितवाच्ये ध्वनावापाततः शब्दार्थयोः पौनरुक्त्यावभासनेऽपि पर्यवसाने वक्तृतात्पर्यविषयविशेषणान्तरप्रतीत्या भिन्नार्थत्वावभासने नायमनुप्रास इत्यभिप्रायेणाह—नयने इति**"--अर्थात्–अर्थान्तरसंक्रमितवाच्य ध्वनि में यद्यपि आपाततः शब्द और अर्थ का पौनरुक्त्य भासित होता है, परन्तु विचार करने पर पर्यवसान में वक्ता का तात्पर्य किसी विशेषणान्तर में प्रतीत होता है, अतः भिन्नार्थता होने के कारण वहाँ (उक्त ध्वनिमें) यह अनुप्रास नहीं होता, इस अभिप्राय से प्रत्युदाहरण देते हैं—'नयने तस्यैव नयने' इति। (श्रीतर्कवागीशजी की इस पंक्ति में 'ननु' पद असंगत है, क्योंकि आपने यह कोई पूर्वपक्ष नहीं किया है, प्रत्युत अपने मतानुसार सिद्धान्त का प्रतिपादन किया है।)

परन्तु आप के इस मत में मूल ग्रन्थ की अगली पंक्ति संगत नहीं होती, अतः उसे आप विपरीत योजना करके लगाते हैं—"**द्वितीयेति** भाग्यवत्त्वादिगुणरूपं यद् विशिष्टत्वं **विशेषणं तन्मात्रेण वक्तृतात्पर्यमात्रेण भिन्नार्थ इति योजनावैपरीत्येनाऽन्वयः—अतएव 'दैन्येथ लाटानुप्रासेऽनुकम्पायां प्रसादने। अर्थान्तरसंक्रमिते वाच्ये हर्षेऽवधारणे'—इत्यर्थान्तरसंक्रमितवाच्यध्वनेः पृथगुपादानं संगच्छते। मात्रपदेन नयनत्वस्य व्यवच्छेदः**"।

इस अर्थ में मूलग्रन्थ की पंक्ति में 'मात्र' शब्द को 'तात्पर्य' शब्द के आगे से हटाकर 'विशिष्टत्व' के आगे रखना पड़ता है और 'विशिष्टत्व' के आगे रक्खे हुए 'रूप' शब्द को वहाँ से हटा के 'गुण' के आगे लगाना पड़ता है एवं 'विशिष्टत्वं' को विशेषणपरक मानना पड़ता है। यही यहाँ '**योजनावैपरीत्य**' है। वस्तुतः यह योजनावैपरीत्य अप्रामाणिक असंगत और अशुद्ध है, क्योंकि व्याकरण के अनुसार समास के अन्तर्गत उक्त पदों का दूसरे पदों के साथ उक्त प्रकार से अन्वय हो ही नहीं सकता और इस प्रकार संगति लगाने में कोई प्रमाण भी नहीं है।

श्रीतर्कवागीशजी 'विशिष्टत्व' के आगे चिपकाये हुए 'मात्र' शब्द से नयनत्व का व्यवच्छेद करना चाहते हैं। आपके मत से द्वितीय 'नयने' पद केवल भाग्यवत्त्व रूप गुणका बोधक है, नयनत्व का वाचक नहीं। वास्तव में यह मत भी अज्ञानमूलक है। इसे हम आगे स्पष्ट करेंगे।

अर्थान्तरसंक्रमितवाच्य ध्वनि में दूसरा पद स्वविशेषरूप अर्थान्तर में संक्रमित होता है, अतः 'नयने तस्यैव नयने' में दूसरा 'नयने' पद नयन विशेष अर्थात् भाग्यवत्त्वविशिष्ट नयनों का बोधक है। केवल भाग्यवत्त्व का बोधक—जैसा कि तर्कवागीशजी मानते हैं—नहीं हो सकता। क्योंकि भाग्यवत्व, नयनत्व का व्याप्य धर्म नहीं है। वह हस्त, पाद आदिक में भी हो सकता है। अतः नयनत्वका विशेष भाग्यवत्त्व नहीं, अपितु भाग्य-

'यस्य न सविधे दयिता दवदहनस्तुहिनदीधितिस्तस्य।
यस्य च सविधे दयिता दवदहनस्तुहिनदीधितिस्तस्य ॥'

अत्रानेकपदानां पौनरुक्त्यम्। एष च प्रायेण लाटजनप्रियत्वाल्लाटानुप्रासः।

वत्त्वविशिष्टनयनत्व ही हो सकता है, इस कारण यहाँ पहला 'नयन' पद सामान्यवाचक (नयनत्वावच्छिन्न-बोधक) और दूसरा लक्षणा के द्वारा विशेषवाचक (भाग्यवत्त्वविशिष्टनयनत्वावच्छिन्नबोधक) है। सामान्य और विशेष का अभेद सम्बन्ध ही हुआ करता है—जैसे 'आम्रो वृक्षः'—'राजा देवदत्तः' इत्यादिक में। एवञ्च अर्थान्तरसंक्रमितवाच्य ध्वनि में प्रधान अर्थ की अभिन्नता ही रहा करती है। इस कारण तर्कवागीशजी का यह कथन कि '**पर्यवसाने भिन्नार्थत्वावभासने नायमनुप्रासः**' असंगत है। वस्तुतः यहाँ भिन्नार्थता है ही नहीं। विशेषणकृत भिन्नता इस स्थान पर नहीं मानी जाती। 'प्रधानेन हि व्यपदेशाः' इस न्याय का आश्रयण होता है। यही बात '**स्मेरराजीवनयने**' इस पूर्वोदाहरण की व्याख्या करते समय सूचित की है। इस प्रकार प्रकृत में उक्त योजना वैपरीत्य की (जो शास्त्रविरुद्ध है) कोई आवश्यकता नहीं है।

अब रही कथितपदत्व के अदोषस्थल में उक्त ध्वनि के पृथक् निर्देश की बात। उसका उत्तर यह है कि लाटानुप्रास उक्त ध्वनि से अन्यत्र भी होता है—जैसे 'स्मेरराजीव' इत्यादि में उक्त ध्वनि के न होने पर भी लाटानुप्रास है, अतः उक्त स्थल में उसका नाम-निर्देश करना आवश्यक है। यह ठीक है कि उक्त ध्वनि लाटानुप्रास के अन्तर्गत हो सकता है, परन्तु अलंकारशास्त्र में ध्वनि की प्रतिष्ठा सबसे अधिक है। 'शब्दानुप्रास' एक बहुत छोटी वस्तु है, अतः ब्राह्मण-वशिष्ठन्याय से उसे पृथक् कहा है। जैसे कोई कहे कि 'सब ब्राह्मण आ गये और वशिष्ठ जी भी आ गये।' यहाँ यद्यपि वशिष्ठजी ब्राह्मणों के ही अन्तर्गत हो सकते हैं। सब ब्राह्मणों का आगमन बताने से उनका आना भी सूचित हो सकता है, तथापि उनकी प्रधानता सूचित करने के लिये उन का पृथक् निर्देश किया जाता है। इसी प्रकार उक्त स्थल में उक्त ध्वनि का पृथक् निर्देश किया गया है। इस पृथक् निर्देश के भरोसे तर्कवागीशजी का इस मुख्य ग्रन्थ को इस प्रकार भ्रष्ट कर डालना भ्रममूलक और प्रामादिक है।

यदि ग्रन्थकार 'नयने' को उदाहरण नहीं, प्रत्युत प्रत्युदाहरण समझते होते तो अवश्य स्पष्ट शब्दों में अपना अभिप्राय प्रकाशित कर देते। लाटानुप्रास के उदाहरणों में चुपके से उसका प्रत्युदाहरण रख के लोगों को चक्कर में न डालते। और न उसकी व्याख्या करते समय ऐसी ऊटपटांग पंक्ति लिखते, जिसे तर्कवागीशजी 'योजनावैपरीत्य' करके लगायें और उससे ग्रन्थकार की अव्युत्पन्नता सूचित हो। वस्तुतः पंक्ति सीधी सादी है। उसका अर्थ हम पहले कर चुके हैं।

इसके अतिरिक्त पूर्वोक्त वर्णन के अनुसार जब तक इसे उदाहरण न मान लिया जाय तब तक लाटानुप्रास के उदाहरण पूरे हो ही नहीं सकते। 'नयने तस्यैव नयने' के अतिरिक्त, सम्पूर्ण पद (प्रकृति और प्रत्यय) की आवृत्तिका, कोई उदाहरण है ही नहीं। 'स्मेरराजीव' पदांश की आवृत्ति का उदाहरण है और '**यस्य न सविधे**' अनेक पदों की आवृत्ति का उदाहरण है। एक पद की आवृत्ति का उदाहरण 'नयने' यही है।

तर्कवागीशजी ने 'मात्र' पद से नयनत्व का व्यवच्छेद किया है। तात्पर्य यह है कि यदि दूसरे नयन शब्द को भी नयनत्व का वाचक मान लेंगे तो उद्देश्यतावच्छेदक (नयनत्व) और विधेयतावच्छेदक दोनों के एक हो जाने से 'घटो घटः' की तरह यहाँ भी शाब्द बोध न हो सकेगा, अतः द्वितीय नयन शब्द नयनत्व का बोधक नहीं, केवल भाग्यवत्ता आदि गुणों का बोधक है। यह कथन भी असंगत है—क्योंकि अर्थान्तरसंक्रमितवाच्य ध्वनि में पुनरुक्त पद अपने विशेष का बोधन करता है, अन्य का नहीं। नयन का विशेष भाग्यवत् नयन ही हो सकता है, हस्त पाद आदि नहीं, अतः नयनत्व का बोधन अत्यन्त आवश्यक है। लक्षणा से भाग्यवत् नयन का ही भान होता है, गुण मात्र का नहीं। एवम् यहाँ 'घटो नीलघटः' की तरह **नयनत्वावच्छिन्नोद्देश्यताक-भाग्यवत्त्वविशिष्टनयनत्वावच्छिन्नविधेयताक** शाब्द बोध होता है।

अनेक पदों की पुनरुक्ति का उदाहरण—**यस्येति**—जिसके समीप प्रिया नहीं, उसके लिये चन्द्रमा भी दावानल है और जिसके पास वह विद्यमान है उसके लिये दावानल भी चन्द्रमा है। **अत्रेति**—यहाँ अनेक पदों का पौनरुक्त्य है। यहाँ 'पद' शब्द अर्थ का भी उपलक्षण है, अतः पद और अर्थ दोनों की पुनरुक्ति जानना।

ऽनुप्रासः पञ्चधा ततः ॥७॥　स्पष्टम्।

सत्यर्थे पृथगर्थायाः स्वरव्यञ्जनसंहतेः। क्रमेण तेनैवावृत्तिर्यमकं विनिगद्यते ॥८॥

अत्र द्वयोरपि पदयोः क्वचित्सार्थकत्वं क्वचिन्निरर्थकत्वम्। क्वचिदेकस्य सार्थकत्वमपरस्य निरर्थकत्वम्, अत उक्तम्—'सत्यर्थे' इति। 'तेनैव क्रमेणेति' दमो मोद इत्यादेर्विविक्तविषयत्वं सूचितम्। एतच्च पादपदार्धश्लोकावृत्तित्वेन पादाद्यावृत्तेश्चानेकविधतया प्रभूततमभेदम। दिङ्मात्रमुदाह्रियते—

'नवपलाश-पलाशवनं पुरः स्फुटपराग-परागत-पंकजम्।
मृदुल-तान्त-लतान्तमलोकयत्स सुरभिं सुरभिं सुमनोभरैः॥'

अत्र पदावृत्तिः। 'पलाशपलाश' इति 'सुरभिं सुरभिं' इत्यत्र च द्वयोः सार्थकत्वम्। 'लतान्तलतान्त' इत्यत्र प्रथमस्य निरर्थकत्वम्, 'परागपराग' इत्यत्र द्वितीयस्य। एवमन्यदप्युदाहार्यम्।

'यमकादौ भवेदैक्यं डलोर्बवोर्लरोस्तथा।'

इत्युक्तनयात् 'भुजलतां जडतामबलाजनः' इत्यत्र न यमकत्वहानिः।

**अन्यस्यान्यार्थकं वाक्यमन्यथा योजयेद्यदि।
अन्यः श्लेषेण काक्वा वा सा वक्रोक्तिस्ततो द्विधा ॥ ९ ॥**

इस पद्य के पूर्वार्द्ध में 'तुहिनदीधिति' उद्देश्य और 'दवदहनत्व' विधेय है और उत्तरार्ध में 'दवदहन' उद्देश्य और 'तुहिनदीधितित्व' विधेय है, अतः यहाँ उद्देश्यता विधेयता रूप सम्बन्ध का भेद है। बह अनुप्रास प्रायः लाट देश के निवासियों को प्रिय होता है, अतः इसे 'लाटानुप्रास' कहते हैं।

अनुप्रासेति—इस कारण अनुप्रास पाँच प्रकार का होता है—छेकानुप्रास, वृत्त्यनुप्रास, श्रुत्यनुप्रास, अन्त्यानुप्रास और लटानुप्रास।

यमक का लक्षण करते हैं—**सत्यर्थे इति**—यदि अर्थवान् हो, तो भिन्न अर्थ वाले, स्वर व्यञ्जन समुदाय की उसी क्रम से आवृत्ति को यमक कहते हैं। जिस समुदाय की आवृत्ति हो उसका एक अंश या सर्वांश यदि अनर्थक हो तो कोई आपत्ति नहीं, किन्तु उसके किसी एक अंश या सर्वांश के सार्थक होने पर आवृत्त समुदाय की भिन्नार्थकता आवश्यक है। समानार्थक शब्दों की आवृत्ति को यमक नहीं मानते। **अत्रेति**—यमक के उदाहरणों में कहीं दोनों पद सार्थक होते हैं, कहीं दोनों निरर्थक। एवं कहीं एक सार्थक होता है और एक निरर्थक, इस कारण 'सत्यर्थे' (यदि अर्थ हो तो) यह अंश लक्षणा में रखा है। **तनैवेति**—'उसी क्रम से' यह कहना 'दमो-मोदः' इत्यादिकों को यमक के उदाहरणों से पृथक् करता है। **एतच्चेति**—इस यमकालङ्कार के पादावृत्ति, पदावृत्ति, अर्धावृत्ति, श्लोकावृत्ति आदि भेदों के कारण और पादावृत्ति आदिक भेदों के भी अनेक प्रकार होने के कारण बहुत अधिक भेद होते हैं। **दिङ्मात्रमिति**—कुछ थोड़े उदाहरण देते हैं—**नवेति**—जिसमें पलाशों (ढाकों) का वन नवीन पलाशों (पत्तों) से युक्त हो गया है और कमल बढ़े हुए पराग (पुष्परज) से 'परागत' (युक्त) हो गये हैं एवं 'लतान्त' (लताओं के प्रान्त) जिसमें मृदुल (कोमल) और 'तान्त' (विस्तृत या झुके हुए) हो गये हैं, पुष्पों की अधिकता से सुरभि (सुगन्धित) उस सुरभि (वसन्त ऋतु) को श्रीकृष्ण ने रैवतक पर्वत पर देखा। **अत्रेति**—इस पद्य में पदावृत्ति यमक है। 'पलाश पलाश' और 'सुरभि सुरभि' इसमें दोनों पद सार्थक हैं। 'लतान्त लतान्त' में पहला निरर्थक है, क्योंकि इस (लतान्त) में 'ल' मृदुल शब्द से मिला है। 'पराग पराग' में दूसरा 'पराग' निरर्थक है, क्योंकि इसमें अगले 'गत' शब्द का 'ग' मिलाया गया है। इसी प्रकार और भी पादावृत्ति यमक आदि के उदाहरण जानना। **यमकेति**—"यमक, श्लेष और चित्रों में डकार लकार और बकार वकार एवं लकार डकार आपस में अभिन्न समझे जाते हैं, इस नियम के अनुसार 'भुजलताम्' इत्यादि पद्य में यमकत्व की क्षति नहीं होती। इसमें 'जलतां जडताम्' कायम अक्षत रहता है—क्योंकि ड और ल परस्पर अभिन्न समझे जाते हैं।

अन्यस्येति—जहाँ किसी के अन्यार्थक वाक्य को कोई दूसरा पुरुष श्लेष से या काकु से अन्य अर्थ में

द्विधेति श्लेषवक्रोक्तिः काकुवक्रोक्तिश्च। क्रमेणोदाहरणम्—

'के यूयं, स्थल एव संप्रति वयं, प्रश्नो विशेषाश्रयः,
किं ब्रूते विहगः, स वा फणिपतिर्यत्रास्ति सुप्तो हरिः।
वामा यूयमहो विडम्बरसिकः कीदृक्स्मरो वर्तते
येनास्मासु विवेकशून्यमनसः पुंस्वेव योषिद्भ्रमः॥'

अत्र विशेषपदस्य 'विः पक्षी' 'शेषो नागः' इत्यर्थद्वययोगात्सभङ्गश्लेषः। अन्यत्र त्वभङ्गः।

'काले कोकिलवाचाले सहकारमनोहरे। कृतागसः परित्यागात्तस्याश्चेतो न दूयते॥'

अत्र कयाचित्सख्या, निषेधार्थे नियुक्तो नञ्, अन्यथा काका, दूयत एवेति विध्यर्थे घटितः।

शब्दैरेकविधैरेव भाषासु विविधास्वपि। वाक्यं यत्र भवेत्सोऽयं भाषासम इतीष्यते॥१०॥

यथा मम—

'मञ्जुलमणिमञ्जीरे कलगम्भीरे विहारसरसीतीरे।
विरसासि केलिकीरे किमालि धीरे च गन्धसारसमीरे॥'

लगा दे वहाँ दो प्रकार की वक्रोक्ति होती है। एक 'श्लेषवक्रोक्ति' और दूसरी 'काकुवक्रोक्ति'। इनका क्रम से उदाहरण देते हैं—**के यूयमिति**—'के' पद किं शब्द से प्रथमा विभक्ति के बहुवचन में भी बन सकता है और जलवाचक 'क' शब्द से सप्तमी के एक वचन में भी बन सकता है। प्रश्न करनेवाले ने पूछा कि 'के यूयम्' अर्थात् आप कौन हैं? इस वाक्य में 'किं' शब्द का प्रथमान्त रूप है, परन्तु उत्तर देने वाले ने उस शब्द ('के') के दूसरे श्लिष्ट अर्थ (जल) को लक्ष्य करके उत्तर दिया कि—**स्थले इति**—हम तो इस समय स्थल में ही हैं (जल में नहीं)। प्रष्टा फिर कहता है कि—**प्रश्नो विशेषेति**—मेरा प्रश्न विशेषपरक है अर्थात् मैं आपकी विशेषता—नाम, ग्राम, जाति आदि जानना चाहता हूं। उत्तरदाता ने अब भी प्रष्टा के 'विशेष' शब्द का दूसरा अर्थ ('वि'=पक्षी और 'शेष'=शेषनाग) करके ही उत्तर दिया है। **किं ब्रूते इति**—अर्थात् यदि आपका प्रश्न 'विशेष' (पक्षी और नागराज) से है तो बताइये तो सही कि विहग और वह फणिपति—जिनके ऊपर विष्णु भगवान् सोते हैं—क्या कहते हैं? इस वाक्छल से तंग आकर प्रष्टा ने कहा कि—**वामा यूयम्** तुम कुटिल हो। उत्तरदाता ने इस पर फिर भी 'वामा' पद का दूसरा अर्थ (स्त्री) करके बेचारे प्रश्न करनेवाले को फटकारना शुरू कर दिया कि **अहो इति**—देखो कैसा धूर्त है, इसे कैसा काम ने सता रक्खा है जो इसे हमारे जैसे पुरुषों में भी स्त्री का भ्रम हो रहा है।

अत्रेति—इस पद्य में 'विशेष' पद में 'वि' (पक्षी) और 'शेष' (नाग) ये दो अर्थ निकलते हैं, अतः यहाँ सभङ्ग श्लेष है, क्योंकि यहाँ पद के अंशों को तोड़ कर (भङ्ग करके) दूसरा अर्थ निकलता है और पदों में ('के' आदि में) अभङ्गश्लेष है, क्योंकि वहाँ कोई पद तोड़ना नहीं पड़ता। यह 'श्लेषवक्रोक्ति' का उदाहरण है। काकुवक्रोक्ति का उदाहरण देते हैं। **काल इति**—कोकिल जिसमें कुहक रही है और बौरे हुए नवीन पल्लव युक्त आमों से जो मनोहर है उस (वसन्त) समय में कृतापराध पति के परित्याग से उस नायिका का चित्त खिन्न नहीं होता। **अत्रेति**—'न दूयते' का न' निषेध के सूचन करने को कहा गया था, उसे किसी सखी ने काकु (गले की ध्वनि) से उच्चारण करके 'दूयते एव (अवश्य खिन्न होता है)। इस प्रकार से विधि के स्वरूप में 'अन्यथा' परिणत कर दिया।

शब्दैरिति—जहाँ एक ही प्रकार के शब्दो से अनेक भाषाओं में वही वाक्य रहे उसे 'भाषासम' अलंकार कहते हैं। जब अनेक भाषाओं में वे ही पद रहें तब यह अलंकार होता है और यदि पद भिन्न हो जायँ तो 'भाषाश्लेष' होता है। जैसे वक्ष्यमाण 'महदेसु' इत्यादि में शब्दों को तोड़ने और अर्थ के भिन्न होने से भाषाश्लेष होता है।

मञ्जुलेति—मानवती के प्रति सखी का वचन है। हे आलि, मनोहर और गम्भीर ध्वनि करने वाले, रमणीय मणियुक्त, मञ्जीरों (पैरके भूषण=छागल) पर तथा क्रीड़ा शुक और धीर, (मन्द मन्द चलने वाले) चन्दनगन्ध से युक्त मलयानिल पर भी क्या तू रूठी (विरस=प्रेम रहित) है? जिस पर रूठी है उस

एष श्लोकः संस्कृतप्राकृतसौरसेनीप्राच्यावन्तीनागरापभ्रंशेष्वेकविध एव। 'सरसं कइण कव्वं' इत्यादौ तु 'सरसं' इत्यत्र संस्कृतप्राकृतयोः साम्येऽपि वाक्यगतत्वाभावे वैचित्र्याभावान्नायमलंकारः।

श्लिष्टैः पदैरनेकार्थाभिधाने श्लेष इष्यते।
वर्णप्रत्ययलिङ्गानां प्रकृत्योः पदयोरपि ॥११॥
श्लेषाद्विभक्तिवचनभाषाणामष्टधा च सः। क्रमेणोदाहरणम्—

'प्रतिकूलतामुपगते हि विधौ विफलत्वमेति बहुसाधनता।
अवलम्बनाय दिनभर्तुरभून्न पतिष्यतः करसहस्रमपि ॥'

अत्र 'विधौ' इति विधु-विधि-शब्दयोरुकारेकारयोरौकाररूपत्वात् श्लेषः।

'किरणा हरिणाङ्कस्य दक्षिणश्च समीरणः। कान्तोत्सङ्गजुषां नूनं सर्व एव सुधाकिरः॥'

अत्र 'सुधाकिरः' इति क्विप्-क-प्रत्यययोः। किं चात्र बहुवचनैकवचनयोरैकरूप्याद्वचनश्लेषोऽपि।

'विकसन्नेत्रनीलाब्जे तथा तन्व्याः स्तनद्वयी। तव दत्तां सदामोदं लसत्तरलहारिणी ॥'

से रूठी रह। इन बेचारे मञ्जीरादिकों ने क्या बिगाड़ा है ? मञ्जीर पहिन ले, क्रीड़ासरसी पर चल, क्रीड़ाशुक से बोल और मलयानिल का सेवन कर। जिस पर रूठी है उससे मत बोलना—'इति भावः'। एष इति—यह श्लोक संस्कृत, प्राकृत, सौरसेनी, प्राच्या, अवन्ती, आदि भाषाओं में एक सा ही है। इस के ये शब्द इन सब भाषाओं में इसी स्वरूप में बोले जाते हैं। सौरसेनी आदि प्राकृत के ही भेद हैं। 'सरसं कवेः काव्यम्' इस वाक्य में 'सरसम्' पद यद्यपि संस्कृत, प्राकृत में समान है, परन्तु वाक्यगत समानता नहीं है, अतः वैचित्र्य न होने से, यहाँ यह अलङ्कार नहीं है। श्लिष्टैरिति—श्लिष्ट पदों से अनेक अर्थों का अभिधान होने पर श्लेषालङ्कार होता है। वर्ण, प्रत्यय, लिङ्ग, प्रकृति, पद, विभक्ति, वचन और भाषा इनके श्लिष्ट होने के कारण वर्णश्लेष, प्रत्ययश्लेष आदि भेदों से यह अलंकार आठ प्रकार का होता है। क्रम से उदाहरण देते हैं—प्रतिकूलेति—विधि (दैव) अथवा विधु (चन्द्रमा) के प्रतिकूल होने पर सब साधन विफल हो जाते हैं। गिरने (अस्त होने) के समय सूर्य के हज़ार कर (किरण अथवा हाथ) भी सहारा देने को पर्याप्त न हो सके (क्योंकि विधु प्रतिकूल दिशा में स्थित था)। पूर्णिमा के दिन सूर्यास्त के समय सूर्य की विपरीत (पूर्व) दिशा में चन्द्रमा निकला करता है। जब सहस्र कर वाले सूर्य भी विधु की प्रतिकूलता के समय गिरने से न बच सके तो विधि की प्रतिकूलता में औरों की तो बात ही क्या। अत्रेति—यहाँ 'विधौ' इस पद में 'विधि' और 'विधु' शब्दों के अन्तिम वर्ण (इकार और उकार) औकार के रूप में आ गये हैं, अतः उक्त दोनों वर्णों का यहाँ श्लेष है। 'विधौ' पद से दोनों अर्थ प्रतीत होते हैं। इस औकार में केवल ङि प्रत्यय का 'औ' नहीं है, किन्तु प्रकृति के अत् आदेश को मिला कर भी वृद्धि हुई है, अतः इसे 'प्रत्ययश्लेष' नहीं कह सकते। 'वर्णश्लेष' ही कह सकते हैं। प्रत्ययश्लेष का उदाहरण देते हैं। किरणा इति—यहाँ 'सुधां किरति' इस विग्रह में 'कॄ-विक्षेपे' धातु से यदि क्विप् प्रत्यय करें तो हलन्त (रेफान्त) सुधाकिर्—शब्द बनता है और यदि उसी विग्रह में उसी धातु से 'इगुपधज्ञाप्रीकिरः कः' इस सूत्र से 'क' प्रत्यय करें तो अकारान्त 'सुधाकिर' शब्द बनता है और प्रथमा के एक वचन में 'सुधाकिरः' बन जाता है। इस प्रकार 'क्विप्' और 'क' इन प्रत्ययों तथा एकवचन और बहुवचन इन दोनों वचनों में यह पद श्लिष्ट है। इसी प्रकार 'एव' शब्द परे होने पर 'सर्वे' इस बहुवचनान्त का और 'सर्वः' इस एकवचनान्तका, सन्धि होने से, 'सर्व' यही रूप रहता है—अर्थ—चन्द्रमा के किरण और दक्षिण से आने वाला मलयानिल यह सब अथवा ये सब प्रियतमा के संग रहने वालों को सुधावर्षी हैं। यहाँ एकवचन तथा बहुवचन के भेद से दोनों अर्थ होते हैं। अत्रेति—'सुधाकिरः' में 'क्विप्' और 'क' प्रत्यय का श्लेष है। एवं बहुवचन तथा एकवचन के एक रूप होने के कारण यहाँ वचनश्लेष भी है। लिंगश्लेष का उदाहरण देते हैं—विकसन्निति—नपुंसक लिंग में 'लसत्तरलहारिन्' शब्द से प्रथमा के द्विवचन में 'लसत्तरलहारिणी' पद सिद्ध होता है और स्त्रीलिंग में लसत्तरलहारिणी शब्द से प्रथमा के एकवचन में वही पद सिद्ध होता है। इसी प्रकार आत्मनेपद में 'दा' धातु से लोट् लकार लाने पर प्रथमपुरुष के एकवचन में 'दत्ताम्' बनता है और

अत्र नपुंसकस्त्रीलिङ्गयोः श्लेषो वचनश्लेषोऽपि ।

'अयं सर्वाणि शास्त्राणि हृदि ज्ञेषु च वक्ष्यति। सामर्थ्यकृदमित्राणां मित्राणां च नृपात्मजः॥'

अत्र 'वक्ष्यति' इति वति-वच्योः, 'सामर्थ्यकृत्' इति कृन्तति-करोत्योः प्रकृत्योः।

'पृथुकार्तस्वरपात्रं'—इत्यादि। अत्र पदभङ्गे विभक्तिसमासयोरपि वैलक्षण्यात्पदश्लेषः, न तु प्रकृतिश्लेषः। एवं च—

'नीतानामाकुलीभावं लुब्धैर्भूरिशिलीमुखैः। सदृशे वनवृद्धानां कमलानां तदीक्षणे॥'

अत्र लुब्धशिलीमुखादिशब्दानां श्लिष्टत्वेऽपि विभक्तेरभेदात्प्रकृतिश्लेषः, अन्यथा सर्वत्र पदश्लेषप्रसङ्गः।

'सर्वस्वं हर सर्वस्य त्वं भवच्छेदतत्परः। नयोपकारसांमुख्यमायासि तनुवर्तनम्॥'

अत्र 'हर' इति पक्षे शिवसंबोधनमिति सुप्। पक्षे हृधातोस्तिङिति विभक्तेः। एवं 'भव'

परस्मैपद में उसी धातु से उसी लकार के उसी पुरुष के द्विवचन में भी यही रूप बनता है, अतः इन दोनों पदों का नपुंसकलिंग द्विवचनान्त 'विकसन्नेत्रलीलाब्जे' के साथ भी सम्बन्ध होता है और स्त्रीलिंग एकवचनान्त 'स्तनद्वयी' के साथ भी। इसलिये यह अर्थ होता है कि उस तन्वी के विलासयुक्त चञ्चल और मनोहारी दोनों खिले हुए नेत्ररूप नीलकमल, तुम्हें सदा आनन्द दें तथा सुशोभित, तरल (बीच की मणि) से युक्त मुक्ताहार वाली उसकी स्तनद्वयी तुम्हें सदा आनन्द दे। यहाँ 'लसत्तरलहारिणी' और 'दत्ताम्' दोनों ओर लगते हैं। **अत्रेति**—यहाँ नपुंसकलिंग और स्त्रीलिंग का एवं द्विवचन और एक वचन का श्लेष है।

प्रकृतिश्लेष का उदाहरण देते हैं—**अयमिति**--'वह् प्रापणे' और 'वच् परिभाषणे' दोनों धातुओं से लृट् लकार में 'वक्ष्यति' रूप बनता है और 'डुकृञ् करणे' तथा 'कृती छेदने' इन दोनों धातुओं से क्विप् प्रत्यय करने से 'कृत्' शब्द बनता है, अतः इस पद्य का यह अर्थ होता है कि वह राजकुमार हृदय में सब शास्त्रों को (वक्ष्यति वह धातु) धारण करेगा और विद्वानों के बीच में उन्हीं (सब शास्त्रों) को (वक्ष्यति वच् धातु) कहेगा। और यह मित्रों के सामर्थ्य को उत्पन्न करने वाला (कृत् = डुकृञ्) है तथा अमित्रों के सामर्थ्य को छेदन करने वाला (कृत् = कृती छेदने) है। **अत्रेति**—यहाँ 'वक्ष्यति' में वह और वच् एवं 'सामर्थ्यकृत्' में कृञ् और कृती इन प्रकृतियों का श्लेष है। **'पृथुकेति'**--इस पूर्वोक्त पद्य में पदभंग करने पर विभक्ति और समास भी भिन्न हो जाते हैं, अतः यहाँ पदश्लेष है, प्रकृतिश्लेष नहीं। इसी प्रकार **नीतानामिति**--लुब्धों (व्याधों) से भूरि = बहुत शिलीमुखों = बाणों के द्वारा आकुलीभाव = त्रास को प्राप्त वन में पले हुए कमलों = हरिणों के तुल्य (**'मृगभेदेऽपि कमलः'--इति मेदिनी**) अथवा लुब्ध (गन्ध के लोभी) बहुत शिलीमुखों = भ्रमरों से आकुलीभाव = संकुलत्व को प्राप्त वन = जल में (**'जीवनम् भुवनं वनम्' इत्यमरः**) बढ़े हुए कमलों = पद्मों के तुल्य उसके नेत्र हैं। **अत्रेति**—यहाँ यद्यपि 'लुब्ध' शिलीमुख' 'कमल' 'वन' आदि शब्द श्लिष्ट हैं, तथापि यह पदश्लेष नहीं, क्योंकि यहाँ विभक्तियों का भेद नहीं है। पदश्लेष वहीं माना जाता है जहाँ विभक्ति, समास आदि का भेद होता हो। जैसे 'पृथुकार्तस्वर' इत्यादि पद्य में। यदि विभक्त्यादि के अभेद में भी पदश्लेष मानें तो सब जगह पदश्लेष ही हो जाय, प्रकृतिश्लेष कहीं रहे ही नहीं, क्योंकि केवल प्रकृति का, विना प्रत्यय के तो कहीं प्रयोग होता ही नहीं। **'नापि केवला प्रकृतिः प्रयोक्तव्या, नापि केवलः प्रत्ययः'** यह महाभाष्य का नियम है, अतः प्रत्यय के अभेद में प्रकृतिश्लेष और प्रत्ययादि के भेद में पदश्लेष माना जाता है। विभक्तिश्लेष का उदाहरण देते हैं। **सर्वस्वमिति**--किसी पकड़े गये डाकू ने शिव मन्दिर के पास खड़े हुए अपने पुत्र को देख कर यह पद्य पढ़ा है। इस से शिवजी की स्तुति भी निकलती है और पुत्र को उपदेश भी निकलता है। शिवके पक्ष में इस प्रकार अर्थ होता है--हे हर, (शिव) तुम सबके सर्वस्व हो। अर्थात् सभी पुरुष तुम्हें अपना सर्वस्व समझते हैं और तुम भव (संसार) के छेदन करने में तत्पर हो। अर्थात् अपने भक्तों को संसार के बन्धनों से छुड़ाते हो एवं नय (न्याय) तथा उपकार का साम्मुख्य (साधन) करने वाली शरीरवृत्ति (तनुवर्त्तन) को प्राप्त हो। अर्थात् आप के सब व्यवहार ऐसे हैं जिन से परोपकार और न्याय होता है। दूसरे पक्ष में यह अर्थ है कि—हे पुत्र, **त्वं सर्वस्य सर्वस्वं हर** अर्थात् तू सब का सर्वस्व लूट ले। **'त्वं छेदतत्परो भव'** तू सब के छेदन में तत्पर हो। **'उपकारसाम्मुख्यं नय'** (अपनय) किसी का उपकार मत कर एवम् **'आयासि वर्तनं तनु'** अर्थात् दूसरों के पीड़ा देनेवाले व्यवहार को विस्तार कर। **अत्रेति**—यहाँ 'हर' पद एक पक्ष में शिवजी का सम्बोधन होने के कारण

इत्यादौ। अस्य च भेदस्य प्रत्ययश्लेषेणापि गतार्थत्वे प्रत्ययान्तरासाध्यसुबन्ततिङन्तगतत्वेन विच्छित्तिविशेषाश्रयणात्पृथगुक्तिः।

'महदे सुरसंधं मे तमव समासङ्गमागमाहरणे। हर बहुसरणं तं चित्तमोहमवसर उमे सहसा॥'

अत्र संस्कृतमहाराष्ट्र्योः।

पुनस्त्रिधा सभंगोऽथाभंगस्तदुभयात्मकः ॥१२॥

एतद्भेदत्रयं चोक्तभेदाष्टके यथासंभवं ज्ञेयम्। यथा वा—

'येन ध्वस्तमनोभवेन बलिजित्कायः पुरास्त्रीकृतो यश्चोद्वृत्तभुजंगहारवलयोगङ्गां च योऽधारयत्।
यस्याहुः शशिमच्छिरोहर इति स्तुत्यं च नामामराः पायात्स स्वयमन्धकक्षयकरस्त्वां सर्वदोमाधवः॥'

सुबन्त है, और दूसरे पक्ष में क्रिया होने के कारण तिङन्त है। इसी प्रकार 'भव' पद एक पक्ष में सम्बोधन सुबन्त है और दूसरे पक्ष में तिङन्त, अतः इन दोनों पदों में सुप्तिङ् रूप विभक्तियों का श्लेष है। यद्यपि सुप्तिङ् रूप विभक्ति भी प्रत्यय ही होती हैं, अतः विभक्तिश्लेष, प्रत्ययश्लेष के ही अन्तर्गत हो सकता है, तथापि दूसरे प्रत्ययों से साध्य न होने तथा विशेष चमत्कारक होने के कारण विभक्तिश्लेष का पृथक् कथन किया है। भाषा श्लेष का उदाहरण देते हैं--**महदे इत्यादि**--यह पद्य संस्कृत तथा महाराष्ट्र=प्राकृत दोनों में पढ़ा जा सकता है। संस्कृत का अर्थ--हे 'महदे' 'मह' अर्थात् उत्सव को देनेवाली उमा=पार्वती देवी, 'आगम' शास्त्र के 'आहरण' (उपार्जन=अध्ययन) में 'सुरसन्ध' देवताओं के भी प्रार्थनीय 'समासङ्ग'=प्रेम अथवा आसक्ति की 'अव' रक्षा करो और अवसर पड़ने पर अनेक प्रकार से फैलने वाले चित्त के व्यामोह को सहसा=शीघ्र 'हर'=हरण करो। यह किसी विद्यार्थी की भगवती से प्रार्थना है। प्राकृत पक्ष में अर्थ--'मह'=मुझे, 'देसु'=देओ, 'रसं'=प्रेम, 'धर्म्मे'=धर्म्म में--अर्थात् मुझे धर्म विषयक प्रेम प्रदान करो। 'तमवसं' तमोगुण-प्रधान, 'आसं'=आशाको, 'गमागमा'=संसार से 'हर'=हरण करो। 'णे'=नः हमारी तमोगुण प्रधान आशाको संसार से हटाओ। हे हरबहु=हरबधू=पार्वती 'तं'=तुम, 'सरणं'=शरण हो 'मे'=मेरा, 'चित्तमोहं'=चित्त का मोह, 'अवसरउ'=दूर हो, 'सहसा'=शीघ्र ही। मेरा चित्त का मोह शीघ्र ही दूर हो। इस प्राकृत पद्य की संस्कृत यह है—**मम देहि रसं धर्मे, तमोवशामाशां संसाराद्धर नः। हरवधु शरणं त्वं चित्तमोहोऽपसरतु मे सहसा॥ पुनस्त्रिधेति**--इस श्लेष के फिर तीन भेद होते हैं—एक सभङ्गश्लेष, दूसरा अभङ्गश्लेष और तीसरा उभयात्मक अर्थात् सभङ्गाभङ्गश्लेष। ये तीनों भेद यथासम्भव पूर्वोक्त आठ भेदों के ही अन्तर्भूत हो जाते हैं, अतः उक्त उदाहरणों में ही इनके भी उदाहरण जानना। अथवा दूसरा उदाहरण देखो--**येनेत्यादि**--इस पद्य में—'सर्वदोमाधवः' इस स्थान में 'सर्वदः माधवः' और 'सर्वदा उमाधवः' ये दोनों पदच्छेद हो सकते हैं, अतः माधव (विष्णु) और उमाधव (शिव) दोनों ही यहाँ वाच्य हैं। सभी विशेषण दोनों की ओर लग जाते हैं। विष्णु पक्ष में **'येन अभवेन अनः ध्वस्तम्'** जिन अजन्मा (जन्म रहित अथवा जन्म मरण आदि संसार के दुःखों से रहित कृष्ण) ने 'अनस्'=शकट का ध्वंस किया अर्थात् शकटासुर का नाश किया। और **पुरा बलिजित्कायः स्त्रीकृतः** पूर्वकाल में (अमृतमथन के समय) बलि को जीतने वाले अपने देह को स्त्री बना दिया--अर्थात् असुरों को छलने के लिये मोहनी रूप धारण किया। **'यश्च उद्वृत्तभुजङ्गहा'** उद्वृत्त अर्थात् चरित्र से उद्गत=दुश्चरित्र (निर्मर्याद) 'भुजङ्ग'=अघासुर या कालिय नाग का जिन्होंने हनन (मारण या दमन) किया और 'रव' अर्थात् निरपेक्ष--रव=वेदवाक्यों (**निरपेक्षो रवः श्रुतिः**) का जिनमें लय होता है। जो सब वेद और उपनिषदों के बोध्य हैं। **'अगं गां च यः अधारयत्'** अग=गोवर्धन पर्वत और गौ=पृथिवी को जिन्होंने धारण किया है। कृष्णरूप से गोवर्द्धन पर्वत और कूर्मरूप से पृथिवी को जिन्होंने धारण किया है। **'यस्य च शशिमच्छिरोहर इति स्तुत्यं नाम अमरा आहुः'** देवताओं ने 'शशिमच्छिरोहर' यह स्तुतियोग्य नाम जिनका बताया है। शशि का मथन करने वाले (शशिमथ्) राहु के सिर का हरण करनेवाले। और जिन्होंने अन्धक अर्थात् यादवों का क्षय (स्थान या नाश) स्वयं किया है। कृष्ण ने द्वारका को यादवों का स्थान बनाया और अन्त में यादवों का नाश भी स्वयं कराया। वह सब कुछ देनेवाले ('सर्वद') माधव=लक्ष्मीपति श्रीकृष्ण तुम्हारी रक्षा करें। शिव पक्ष में इस पद्य की योजना--**येन ध्वस्तमनोभवेन पुरा बलिजित्कायः अस्त्रीकृतः**—मनोभव का ध्वंस करने वाले जिन शिवजी ने पूर्वकाल में (त्रिपुरदाह के समय) 'बलिजित्'=विष्णु के शरीर को

अत्र 'येन'--इत्यादौ सभङ्गश्लेषः। 'अन्धक—' इत्यादावभङ्गः। अनयोश्चैकत्रसंभवात्सभङ्गाभङ्गात्मको ग्रन्थगौरवभयात् पृथङ् नोदाहृतः।

अत्र केचिदाहुः—'सभङ्गश्लेष एव शब्दश्लेषविषयः, यत्रोदात्तादिस्वरभेदाद्भिन्नप्रयत्नोच्चार्यत्वेन भिन्नयोः शब्दयोर्जतुकाष्ठन्यायेन श्लेषः। अभङ्गस्त्वर्थश्लेष एव। यत्र स्वराभेदादभिन्नप्रयत्नोच्चार्यतया शब्दाभेदादर्थयोरेकवृन्तगतफलद्वयन्यायेन श्लेषः। यो हि यदाश्रितः स तदलंकार एव। अलंकार्यालंकरणभावस्य लोकवदाश्रयाश्रयिभावेनोपपत्तिः' इति।

तदन्ये न क्षमन्ते। तथाहि—अत्र ध्वनिगुणीभूतव्यङ्ग्यदोषगुणालंकाराणां शब्दार्थगतत्वेन व्यवस्थितेरन्वयव्यतिरेकानुविधायित्वेन नियम इति। न च 'अन्धकक्षय—' इत्यादौ शब्दाभेदः, 'अर्थभेदेन शब्दभेदः' इति दर्शनात्।

अस्त्र (बाण) बनाया और जिन्होंने 'उद्वृत्त' = लपेटे हुए 'भुजङ्ग' = सर्प को ही हार और कङ्कण (वलय) बना रक्खा है एवं गङ्गा को जिन्होंने धारण किया है। जिनके शिर को देवता लोग 'शशिमत्' (चन्द्रयुक्त) कहते हैं और 'हर' यह स्तुत्य नाम जिनका बतलाते हैं, वह अन्धकासुर का नाश करनेवाले उमाधव (पार्वतीवल्लभ) 'सर्वदा' = सदा रक्षा करें। **अत्रेति**--इस पद्य में 'ध्वस्तमनोभव इत्यादि पदों में सभङ्गश्लेष है, क्योंकि यहाँ दूसरे पक्ष में उसी स्वरूप में पदों का सम्बन्ध नहीं होता, वे तोड़ने पड़ते हैं। और अन्धक इत्यादि पदों में अभङ्गश्लेष है, क्योंकि ये पद दोनों पक्षों में एक ही स्वरूप से सम्बद्ध हो जाते हैं। ये दोनों सभङ्ग और और अभङ्गश्लेष एक ही जगह मिल सकते हैं. अतः ग्रन्थगौरव के भय से पृथक् पृथक् उदाहरण नहीं दिये।

अत्र केचिदिति--यहाँ कोई कहते हैं कि सभङ्गश्लेष ही शब्दश्लेष है, अभङ्ग नहीं, अतः सभङ्गश्लेष ही शब्दालङ्कारों में परिगणनीय है, क्योंकि इस (सभङ्गश्लेष) में ही भिन्न स्वर (उदात्तादि) वाले और भिन्न प्रयत्नों से उच्चारणीय दो भिन्न शब्दों का 'जतुकाष्ठ' के समान श्लेष होता है। जैसे जतु (लाख) लकड़ी से भिन्न होती हुई भी उस पर चिपकी रहती है, इसी प्रकार सभङ्गश्लेष में दूसरा शब्द अत्यन्त भिन्न होने पर भी एक शब्द पर चिपका सा रहता है। जैसे 'येन' इत्यादि पद्य में ध्वस्त-मनो-भव और 'ध्वस्तम्—अनः—अभव' ये पद परस्पर भिन्न होने पर भी संश्लिष्ट हुए हैं। अभङ्गश्लेष को अर्थश्लेष ही मानना चाहिए, क्योंकि यहाँ दोनों पक्षों में शब्दों का स्वर भी अभिन्न रहता है और उच्चारण में भी प्रयत्नभेद नहीं होता, अतः यहाँ शब्द भेद भी नहीं होता। शब्द दोनों पक्षों में एक ही होता है, किन्तु अर्थ दो होते हैं। जैसे एक गुच्छे में दो फल लगे हों, इसी प्रकार एक शब्द में दो अर्थ श्लिष्ट दीखते हैं। जैसे—'अन्धक' पद उक्त पद्य में एक ही है। केवल अर्थ का भेद हुआ है, अतः इस अभङ्गश्लेष को अर्थश्लेष ही मानना चाहिए, क्योंकि यहाँ दो अर्थों का ही श्लेष (मेल) है, दो शब्दों का नहीं। **यो हीति**—जो जिसके आश्रित है, वह उसी का अलंकार माना जाता है, क्योंकि अलङ्कार्य और अलङ्कारों में आश्रयाश्रयिभाव की उपपत्ति लोक के ही समान होती है। जैसे लोक में सिर पर रहनेवाला मुकुट सिर का अलङ्कार माना जाता है और बाहु में रहनेवाला अङ्गद बाहु का ही भूषण माना जाता है, इसी प्रकार काव्य में भी जो अलङ्कार शब्द के आश्रित है वह शब्दालंकार और जो अर्थ के आश्रित है वह अर्थालङ्कार माना जाता है। इस कारण अभङ्गश्लेष अर्थालङ्कार ही है।

इस मत का खण्डन करते हैं। **तदन्ये इति**—इस मत का और लोग सहन नहीं करते—**तथा हि**—युक्ति दिखाते हैं--**अत्रेति**—यहाँ ध्वनि, गुणीभूतव्यंग्य, दोष, गुण और अलंकारों में से कौन शब्दगत है और कौन अर्थगत, इस व्यवस्था का नियम अन्वय-व्यतिरेक से ही किया जाता है। जो ध्वनि, अलंकार आदि किसी शब्द की स्थिति में रहे और उसके हटाने पर न रहे वह शब्दगत और जो उस शब्द के पर्यायों के रखने पर भी बना रहे वह ध्वनि, अलंकार आदि अर्थगत माना जाता है। प्रकृत में यदि 'अन्धक' पद के स्थान पर उसका पर्याय वाचक 'यादव' या उस असुर का बोधक कोई पद रख दें तो यह श्लेष नहीं रहेगा, अतः यह शब्दालंकार ही है। **न चेति**—और यह जो कहा है कि 'अन्धकक्षय' इत्यादि में शब्द का अभेद है, सो भी ठीक नहीं, क्योंकि **'अर्थभेदेन शब्दभेदः'** यह नियम है। **'प्रत्यर्थं शब्दनिवेशः'** यह सिद्धान्त है। 'जहाँ अर्थ का भेद होता है वहाँ शब्द का भी भेद होता है'—'प्रत्येक अर्थ के लिए एक शब्द चाहिये' अतः जहाँ दो अर्थ

किं चात्र शब्दस्यैव मुख्यतया वैचित्र्यबोधोपायत्वेन कविप्रतिभयोट्टङ्कनाच्छब्दालंकारत्वमेव। विसदृशशब्दद्वयस्य बन्धे चैवंविधवैचित्र्याभावाद्, वैचित्र्यस्यैव चालंकारत्वात्। अर्थमुखप्रेक्षितया चार्थालंकारत्वेऽनुप्रासादीनामपि रसादिपरत्वेनार्थमुखप्रेक्षितयार्थालंकारत्वप्रसङ्गः। शब्दस्याभिन्नप्रयत्नोच्चार्यत्वेनार्थालंकारत्वे 'प्रतिकूलतामुपगते हि विधौ' इत्यादौ शब्दभेदेऽप्यर्थालंकारत्वं तवापि प्रसज्ज्यतीत्युभयत्रापि शब्दालंकारत्वमेव। यत्र तु शब्दपरिवर्तनेऽपि न श्लेषत्वखण्डना, तत्र—

'स्तोकेनोन्नतिमायाति, स्तोकेनायात्यधोगतिम्। अहो सुसदृशी वृत्तिस्तुलाकोटेः खलस्य च॥'

इत्यादावर्थश्लेषः

अस्य चालंकारान्तरविविक्तविषयताया असंभवाद्विद्यमानेष्वलंकारान्तरेष्वपवादत्वेन तद्बाधकतया तत्प्रतिभोत्पत्तिहेतुत्वमिति केचित्।

प्रतीत होते हैं वहाँ दो शब्द भी अवश्य चाहियें। यदि एक से आकार के दोनों शब्द हैं तो उनकी दो बार आवृत्ति हो जायगी।

किंचेति—इस के अतिरिक्त यहाँ शब्द ही प्रधानतया चमत्कार का कारण है। विचित्रता के साधनभूत उस शब्द का ही कवि की प्रतिभा के द्वारा विशेष रूप से उट्टङ्कन (अनुसंधान या निवेश) हुआ है, अतः यह अभङ्गश्लेष शब्दालंकार ही है। यदि दूसरे प्रकार के दो शब्द यहाँ निबद्ध किये जायँ तो यह वैचित्र्य न रहेगा और वैचित्र्य ही अलंकार है। यदि कहो कि यह अलंकार अर्थ के अनुसन्धान की अपेक्षा करता है, अतः यह अर्थालंकार है, तो अनुप्रासादिक भी तो रसादिपरक होने के कारण अर्थानुसन्धान-सापेक्ष होते हैं। अनुप्रासादिक भी अर्थ का अनुसंधान चाहते ही हैं। तुम्हारे इस कथन के अनुसार तो वे भी अर्थालंकार हो जायँगे। और उन्हें तुम भी शब्दालंकार ही मानते हो। यदि कहो कि जहाँ शब्द अभिन्न (एक ही) प्रयत्न से उच्चारण किया जाता है वहाँ अर्थालंकार होता है तो यह भी ठीक नहीं, क्योंकि—'प्रतिकूलतामुपगते हि विधौ' यहाँ 'विधि' 'विधु' शब्दों का भेद होने पर भी 'विधौ' का उच्चारण अभिन्न प्रयत्न से ही होता है, अतः तुम्हारे मत में यह भी अर्थालंकार हो जायगा, परन्तु तुम इसे शब्दालंकार ही मानते हो, इसलिये 'अन्धके' त्यादि स्थल में तथा 'विधौ' में (दोनों जगह) शब्दालंकार मानना ही ठीक है। यदि यह कहो कि अभङ्ग को शब्द श्लेष मानने से अर्थश्लेष का कहीं अवसर ही न रहेगा सो भी ठीक नहीं, क्योंकि जहाँ एक शब्द का परिवर्तन करके, उसका पर्याय रखने पर भी श्लेष बना रहेगा, वहाँ अर्थश्लेष होगा। जैसे स्तोकेत्यादि—थोड़े में ही उठ जाता है और थोड़े में ही नीचे गिर जाता है। अहो! तराजू की डंडी और खल की कैसी समान वृत्ति है। दोनों ही जरा में उठ जाते हैं और जरासे में ही नीचे गिर जाते हैं। यहाँ स्तोक आदि पदों को हटाकर यदि उनके पर्याय 'स्वल्प' आदि रक्खे जायँ तो भी श्लेष बना रहता है, अतः यह अर्थश्लेष होगा।

उद्भट तथा राजानक रुय्यक (अलंकारसर्वस्वकार) आदि प्राचीन आचार्यों ने श्लेष को अन्य अलंकारों का अपवाद माना है। उनके मतानुसार जिन उदाहरणों में श्लेष का परिपोष होता है उनमें 'अन्य अलंकार रहते तो अवश्य है, किन्तु श्लेष के कारण उनकी 'प्रतिभा'=छाया (आभासमात्र) ही उत्पन्न होती है और अन्त में श्लेष उन्हें बाध लेता है। काव्यप्रकाश ने इस मत का विस्तार के साथ निराकरण किया है। उसी के अनुसार खण्डन करने के लिये प्राचीन मत का उपक्रम करते हैं—अस्य चेति—यह असम्भव है कि श्लेष का विषय अन्य अलंकारों से विविक्त (पृथग्भूत) मिल सके। जहाँ श्लेषालंकार होगा वहाँ कोई न कोई अन्य अलंकार अवश्य रहेगा, अतः अपवाद होने के कारण अर्थात् अलंकारान्तरों से विविक्त उदाहरण न पा सकने के कारण श्लेषालंकार अपने साथ विद्यमान अन्य अलंकारों का बाधक होता है और बाधक होकर ही अन्य अलकारों की प्रतीति कराता है। तात्पर्य यद्यपि जो सब से अन्त्य में प्रतीत हो वही प्रधान और उपस्कार्य माना जाता है—जैसे ध्वनि, परन्तु श्लेष के विषय में यह नियम शिथिल करना पड़ेगा, क्योंकि इसका उदाहरण ऐसा कोई मिल ही नहीं सकता कि जहाँ दूसरा अलंकार न हो। और यदि सब जगह अन्य अलंकारों के नाम से ही व्यवहार किया गया तो श्लेष का कहीं नाम न रहेगा। इसलिये श्लेष को बाधक मानना चाहिये और जहाँ कहीं श्लेष के अनन्तर और अलंकार प्रतीत होते हों वहाँ प्रथम प्रतीत हुए श्लेषालंकार के नाम से ही व्यवहार करना चाहिये। पीछे प्रतीत हुए उपमा आदि अलंकारों को प्रधानता नहीं देनी चाहिये—यह किन्हीं

इत्थमत्र विचार्यते—समासोक्त्यप्रस्तुतप्रशंसादौ द्वितीयार्थस्यानभिधेयतया नास्य गन्धोऽपि। 'विद्वन्मानसहंस'—इत्यादौ श्लेषगर्भे रूपकेऽपि मानसशब्दस्य चित्तसरोरूपोभयार्थत्वेऽपि रूपकेण श्लेषो बाध्यते। सरोरूपस्यैवार्थस्य विश्रान्तिधामतया प्राधान्यात्। श्लेषे ह्यर्थद्वयस्यापि समकक्षत्वम्। 'संनिहितबालान्धकारा भास्वन्मूर्तिश्च' इत्यादौ विरोधाभासेऽपि विरुद्धार्थस्य प्रतिभातमात्रस्य प्ररोहाभावान्न श्लेषः। एवं पुनरुक्तवदाभासेऽपि।

तेन 'येन ध्वस्त—' इत्यादौ प्राकरणिकयोः, 'नीतानाम्—' इत्यादावप्राकरणिकयोरेकधर्माभिसंबन्धात्तुल्ययोगितायाम्,

'स्वेच्छोपजातविषयोऽपि न याति वक्तुं देहीति मार्गणशतैश्च ददाति दुःखम्।
मोहात्समुत्क्षिपति जीवनमप्यकाण्डे कष्टं प्रसूनविशिखः प्रभुरल्पबुद्धिः॥'

इत्यादौ च प्राकरणिकाप्राकरणिकयोरेकधर्माभिसंबन्धाद्दीपके,

'सकलकलं पुरमेतज्जातं संप्रति सुधांशुबिम्बमिव।'

इत्यादौ चोपमायां विद्यमानायामपि श्लेषस्यैतद्विषयपरिहारेणासंभवाद् एषां च श्लेषविषय-

---

आचार्यों का मत है। इत्थमिति—वे लोग यहाँ इस प्रकार विचार करते हैं—समासोक्ति और अप्रस्तुतप्रशंसा आदि अलंकारों में तो दूसरा अर्थ अभिधेय होता नहीं, व्यंग्य होता है, अतः उनके साथ श्लेषालंकार का गन्ध (लेश) भी नहीं हो सकता, क्योंकि इसके लिये दोनो अर्थ अभिधेय होने चाहियें। 'विद्वन्मानसहंस' इत्यादिक श्लेषगर्भरूपक में यद्यपि 'मानस' शब्द के 'चित्त' और 'सरोवर' ये दोनों अर्थ वाच्य हैं तथापि वहाँ रूपक श्लेष का बाधक होता है, क्योंकि वहाँ सरोवर रूप अर्थ ही अन्तिम प्रतीति का विषय होने के कारण प्रधान है और मनोरूप अर्थ अप्रधान है, अतः वहाँ श्लेष नहीं हो सकता, क्योंकि श्लेष में दोनों अर्थों की समानता होनी चाहिये। प्रधान और अप्रधान अर्थों में श्लेष नहीं हुआ करता। संनिहितेत्यादि में भी यद्यपि यह अर्थ प्रतीत होता है कि 'अप्रौढ अन्धकार जिसके पास रहता है ऐसी सूर्य (भास्वत्) की मूर्ति।' परन्तु यह विरुद्ध अर्थ तो क्षण भर के लिये बिजली की भांति चमक दिखा जाता है। प्रतिभात मात्र होता है, स्थिर नहीं रहता। अन्त्य में तो यही अर्थ स्थिर रहता है कि 'बाल' (केश) रूप अन्धकार जिसके सन्निहित है ऐसी देदीप्यमान मूर्ति। अतः यहाँ भी दोनों अर्थों की समकक्षता न होने के कारण श्लेष नहीं हो सकता। विरोधाभास ही रहता है। इसी प्रकार पुनरुक्तवदाभास में भी दूसरा अर्थ प्रतिभात मात्र होता है, उसका प्ररोह (स्थिरता) नहीं होता, अतः वहाँ भी श्लेष नहीं हो सकता। इस प्रकार इन पूर्वोक्त अलंकारों में श्लेष का प्रवेश नहीं हो सकता, अतः 'येन ध्वस्त' इत्यादि पद्य में जहाँ प्रार्थनीय होने के कारण दोनों शिव और विष्णुरूप अर्थ प्राकरणिक (प्रकृत) हैं, वहाँ दोनों अर्थों के एक धर्म (अन्धकक्षयकरत्व आदि) से युक्त होने के कारण यद्यपि तुल्ययोगिता अलंकार प्राप्त है (**पदार्थानां प्रस्तुतानामन्येषां वा यदा भवेत्। एकधर्माभिसम्बन्धः स्यात्तदा तुल्ययोगिता॥**) और 'नीतानाम्' इत्यादि पूर्वोक्त पद्य में अप्राकरणिक (कमल और हरिण) दोनों अर्थों के एक धर्म (वनवृद्धत्वादि) से युक्त होने के कारण "**अप्रस्तुतप्रस्तुतयोर्दीपकं तु निगद्यते**" इस लक्षण के अनुसार, यद्यपि दीपक अलंकार प्राप्त है, तथापि यहाँ श्लेष ही मानना चाहिये। इसी प्रकार **स्वेच्छेति**—मूर्ख राजा के किसी सेवक की उक्ति है—अल्पबुद्धि प्रभु और प्रसूनविशिख (पुष्पशर=कामदेव) एक समान कष्टदायक हैं। कामदेव अपनी इच्छा के अनुसार विषयों (लक्ष्यों) को प्राप्त करता है। (**स्वेच्छया उपजाताः प्राप्ताः विषयाः लक्ष्याणि येन सः**) और सैकड़ों बाणों से दुःख देता है, परन्तु 'देही' (देहधारी) नहीं कहाता, अनङ्ग ही रहता है एवं मूर्च्छा (मोह) आदि के द्वारा अचानक प्राण भी हरण कर लेता है। इसी प्रकार मूर्ख स्वामी यथेच्छ विषयों=देशों को प्राप्त करके भी याचकों के द्वारा 'देहि' (दीजिये) इस प्रकार के याचना वचन को प्राप्त नहीं होता, तथापि दुःख देता है। विना माँगे ही दुःख देता है और कभी मोह (अपराध के भ्रमसे) प्राण भी ले लेता है, इसलिए मूर्ख स्वामी और कामदेव एक समान कष्टदायक अथवा कष्टसेव्य हैं। यहाँ भी प्रकृत (अल्पबुद्धि प्रभु) और अप्रकृत (कामदेव) का एक धर्म से सम्बन्ध होने के कारण यद्यपि दीपक अलंकार प्राप्त है। एवम् **सकलेति**—स-कलकल (कल कलशब्द से युक्त) यह नगर इस समय सकल-कल (सम्पूर्ण कलाओं से युक्त) चन्द्रमा के समान है। इस उदाहरण में भी यद्यपि उपमा अलंकार विद्यमान है, तथापि श्लेषालंकार तो इनके विना कहीं

परिहारेणापि स्थितेरेतद्विषये श्लेषस्य प्राधान्येन चमत्कारित्वप्रतीतेश्च श्लेषेणैव व्यपदेशो भवितुं युक्तः। अन्यथा तद्व्यपदेशस्य सर्वथाऽभावप्रसंगाच्चेति।

अत्रोच्यते--न तावत्परमार्थतः श्लेषस्यालंकारान्तराविविक्तविषयता, 'येन ध्वस्त-' इत्यादिना विविक्तविषयत्वात्। न चात्र तुल्ययोगिता, तस्याश्च द्वयोरप्यर्थयोर्वाच्यत्वनियमाभावात्। अत्र च माधवोमाधवयोरेकस्य वाच्यत्वनियमे परस्य व्यङ्ग्यत्वं स्यात्।

किं च तुल्ययोगितायामेकस्यैव धर्मस्यानेकधर्मिसंबन्धितया प्रतीतिः। इह त्वनेकेषां धर्मिणां पृथक्पृथग्धर्मसंबन्धतया। 'सकलकलम्--' इत्यादौ च नोपमाप्रतिभोत्पत्तिहेतुः श्लेषः, पूर्णोपमाया निर्विषयत्वापत्तेः। 'कमलमिव मुखं मनोज्ञमेतत्' इत्याद्यस्ति पूर्णोपमाविषय इति चेन्, न। यदि 'सकल--'इत्यादौ शब्दश्लेषतया नोपमा, तत्किमपराद्धं 'मनोज्ञम्' इत्यादावर्थश्लेषेण।

'स्फुटमर्थालंकारावेतावुपमासमुच्चयौ, किं तु। आश्रित्य शब्दमात्रं सामान्यमिहापि संभवतः॥'

इति रुद्रटोक्तदिशा गुणक्रियासाम्यवच्छब्दसाम्यस्याप्युपमाप्रयोजकत्वात्। ननु गुणक्रिया-

---

रह ही नहीं सकता और ये सब श्लेष के बिना भी रह सकते हैं, इसके अतिरिक्त उक्त उदाहरणों में प्रधानतया श्लेष का ही चमत्कार प्रतीत होता है, अतः इन सब पूर्वोक्त दीपक, तुल्ययोगिता उपमा आदि के स्थलों में श्लेषालंकारका ही व्यवहार होना चाहिये। इन उदाहरणों को श्लेष ही का प्रधान लक्ष्य समझना चाहिये, अन्यथा श्लेष के व्यवहारका सर्वथा अभाव हो जायगा, कहीं उसका उदाहरण ही नहीं रहेगा, क्योंकि वह इनसे विविक्त होता ही नहीं।

इस मत का खण्डन करते हैं। **न तावदिति**--वस्तुतः यह बात नहीं है कि श्लेषालङ्कार अन्य अलङ्कारों से विविक्त होता नहीं। 'येन ध्वस्त' इत्यादिक श्लेष के ही विविक्त उदाहरण हैं। पूर्वपक्षी ने जो यहाँ तुल्ययोगिता अलंकार बताया है सो ठीक नहीं, क्योंकि उसमें दोनों अर्थों के वाच्य होने का नियम नहीं है। येनेत्यादि में यदि माधव और उमाधव में से किसी एक को ही वाच्य मानोगे तो दूसरा व्यंग्य हो जायगा। फिर उस दशा में दोनों के वाच्य न रहने से श्लेष का गन्ध भी न रह सकेगा।

किञ्चेति—इसके अतिरिक्त तुल्ययोगिता में एक ही धर्म अनेक धर्मियों (सम्बन्धियों) में अनुगत प्रतीत होता है, परन्तु प्रकृत येनेत्यादि में तो अनेक धर्मियों में पृथक् पृथक् धर्मों का सम्बन्ध प्रतीत होता है। शिव के पक्ष में मनोभव का ध्वंस आदि प्रतीत होता है और विष्णु के पक्ष में शकटासुर का वध आदि। एक ही धर्म अनेक धर्मियों में अनुगत नहीं है, अतः यहाँ 'तुल्ययोगिता' अलङ्कार हो ही नहीं सकता। **सकलकलम् इति**—सकलेत्यादि में भी श्लेष, उपमा की 'प्रतिभा' (आभासमात्र) का उत्पादक नहीं है। भट्टोद्भट आदि प्राचीन आचार्यों के मतानुसार इस उदाहरण में श्लेष के कारण उपमा का आभासमात्र प्रतीत होता है, परन्तु वह परिपुष्ट नहीं हो पाती, क्योंकि श्लेष उसे बाध लेता है, अतः यहाँ श्लेष ही प्रधान अलङ्कार है, उपमा नहीं। इसका खण्डन करते हैं—**पूर्णोपमाया इति**—यदि ऐसे स्थलों में श्लेषालङ्कार को उपमा का बाधक मानोगे तो फिर पूर्णोपमा का कोई विषय (उदाहरण) ही न रहेगा। यदि कहो कि 'कमलमिव मुखं मनोज्ञमेतत्' इत्यादिक पूर्णोपमा के उदाहरण रहेंगे, यह ठीक नहीं। यदि सकलेत्यादि में शब्द-श्लेष के कारण उपमा नहीं मानते तो 'मनोज्ञम्' इस पद के अर्थश्लेष ने क्या अपराध किया है, जो उसे उपमा का बाधक नहीं मानते? जब श्लेषमात्र को उपमा का बाधक मानते हो तो जैसा ही शब्दश्लेष वैसा ही अर्थश्लेष। दोनों ही उपमा के बाधक होंगे, अतः पूर्णोपमा निर्विषय हो जायगी।

केवल शब्द की समानता में उपमा न होती हो, सो बात भी नहीं है, जैसा कि रुद्रट ने कहा है—**स्फुटमिति**--'उपमा और समुच्चय स्पष्ट ही अर्थालङ्कार हैं, किन्तु शब्द की समानता के कारण शब्द में भी होते हैं।' रुद्रटाचार्य के इस कथन के अनुसार गुणक्रियासाम्य की तरह शब्दसाम्य भी उपमा का प्रयोजक होता है। जैसे गुण और क्रिया की समानता में उपमा अलङ्कार होता है उसी प्रकार केवल शब्द की समानता में भी होता है।

प्रश्न—गुण और क्रिया की समानता को ही उपमा का प्रयोजक मानना ठीक है, क्योंकि जहाँ उपमान

साम्यस्यैवोपमाप्रयोजकता युक्ता, तत्र साधर्म्यस्य वास्तवत्वात्। शब्दसाम्यस्य तु न तथा, तत्र साधर्म्यस्यावास्तवत्वात्। ततश्च पूर्णोपमाया अन्यथानुपपत्त्या गुणक्रियासाम्यस्यैवार्थश्लेषविषयतया परित्यागे पूर्णोपमाविषयता युक्ता, नतु 'सकल—'इत्यादौ शब्दसाम्यस्यापीति चेत्, न। 'साधर्म्यमुपमा' इत्येवाविशिष्टस्योपमालक्षणस्य शब्दसाम्याद्व्यावृत्तेरभावात्। यदि च शब्दसाम्ये साधर्म्यमवास्तवत्वान्नोपमाप्रयोजकम्, तदा कथं 'विद्वन्मानस—' इत्यादावाधारभूते चित्तादौ सरोवराद्यारोपो राजादेर्हंसाद्यारोपप्रयोजकः।

किंच यदि वास्तवसाम्य एवोपमाङ्गीकार्या, कथं त्वयापि 'सकलकल—' इत्यादौ बाध्यभूतोपमाऽङ्गीक्रियते। किं चात्र श्लेषस्यैव साम्यनिर्वाहकता, न तु साम्यस्य श्लेषनिर्वाहकता। श्लेषबन्धतः प्रथमं साम्यस्यासंभवात् इत्युपमाया एवांगित्वेन व्यपदेशो ज्यायान्। 'प्रधानेन हि व्यपदेशा भवन्ति' न्यायात्।

और उपमेय के गुण क्रियारूप धर्मों की समानता हो, वहीं वास्तविक साधर्म्य होता है, और साधर्म्य ही उपमा का प्रयोजक है। केवल शब्द की समानता को तो उस प्रकार उपमा का प्रयोजक नहीं मानना चाहिये, क्योंकि ऐसे स्थलों पर उपमानोपमेय के किसी अर्थगत धर्म की समानता न रहने के कारण साधर्म्य अवास्तविक होता है। केवल शब्द ही समान होते हैं, अर्थ का सादृश्य वहाँ नहीं होता। **ततश्चेति**—केवल शब्द साम्य तो उपमा का प्रयोजक होता ही नहीं। 'अन्यथा'– अर्थात् यदि शब्दश्लेष और अर्थश्लेष इन दोनों में उपमा न मानी जाय तो पूर्णोपमा की कहीं उपपत्ति नहीं हो सकती, उसका कोई उदाहरण ही नहीं रहेगा, अतः गुण और क्रिया के साम्य को ही अर्थश्लेष की विषयता से हटाकर अर्थात् जहाँ गुणकृत अथवा क्रियाकृत समानता हो वहाँ श्लेष का उदाहरण न मान कर वह स्थल, पूर्णोपमा का विषय मानना चाहिये। उसी स्थल पर पूर्णोपमा मानना ठीक है। 'सकलकल' इत्यादि में, जहाँ केवल शब्द साम्य है, वहाँ भी उपमा मानना ठीक नहीं।

उत्तर देते हैं—**इतिचेत् न**—'साधर्म्यमुपमा' यही उपमा का लक्षण है, यह अविशिष्ट है। यहाँ साधर्म्य में किसी प्रकार की विशेषता नहीं दिखलाई गई है, अतः शब्दकृत साधर्म्य की व्यावृत्ति नहीं की जा सकती। साधारणतया शब्दकृत साधर्म्य और अर्थकृत साधर्म्य दोनों ही उपमा के प्रयोजक माने जाते हैं। **यदिचेति**—और यदि शब्दमात्र का साधर्म्य होने पर 'अवास्तविक' होनेके कारण साधर्म्य उपमा का प्रयोजक नहीं होता तो 'विद्वन्मानसहंस' इत्यादि स्थल में आधारभूत चित्तादि में सरोवरत्व आदि का आरोप, राजादि में हंसादि के आरोप का प्रयोजक कैसे होता है? तात्पर्य्य यह है कि उपमा और रूपक दोनों ही सादृश्यमूलक अलंकार हैं। भेद केवल इतना है कि उपमा में भेदघटित सादृश्य रहता है और रूपक में भेद तिरोहित रहता है (**उपमैव तिरोभूतभेदा रूपकमिष्यते**)। इसलिए यदि शब्दसाम्य को सादृश्यमूलक अलंकारों का प्रयोजक नहीं मानोगे तो जैसे शब्दसाम्य में उपमा नहीं होती वैसे ही उसमें रूपक भी नहीं होगा। फिर 'विद्वन्मानसहंस' इत्यादि में '**विदुषां मानसं = मन एव मानसं = सरः**' (विद्वानों का चित्त ही मानसरोवर है) यह रूपक भी नहीं हो सकेगा, क्योंकि शब्दसाम्य के अतिरिक्त चित्त और सरोवर का कोई अर्थसाम्य यहाँ निबद्ध नहीं है। 'मानस' शब्द से दोनों की उपस्थिति होने के कारण ही समानता मानी जाती है, अतः जब चित्त में सरोवरत्व का आरोप ही नहीं, तो फिर राजा में हंस का आरोप भी नहीं हो सकता। यहाँ श्लिष्टपरम्परित रूपक है और पहला रूपक (मानसत्वारोप) दूसरे रूपक (हंसत्वारोप) का कारण है। विद्वानों के चित्त को मानसरोवर बताके राजा को उस में विहार करने वाला हंस बताया गया है। जब आधारस्वरूप चित्त, मानसरोवर ही न बन सका (क्योंकि तुम शब्दमात्र के साम्य को सादृश्यमूलक अलंकारों का प्रयोजक नहीं मानते) तो फिर राजा को हंस बना कर कहाँ बिठाओगे? किसी के चित्त में तो हंस घुसा नहीं करते, अतः यह तुम्हारा उदाहरण ही तुम्हारे विपरीत पड़ेगा।

किंचेति—यदि वास्तविक साम्य में ही उपमा मानोगे तो 'सकलकल' इत्यादि में तुम बाध्यभूत उपमा कैसे मान सकोगे? इधर यह भी कहते हो कि 'सकलकल' में उपमा बाधरूप से रहती है, अर्थात् उपमा का आभास होता है, परन्तु श्लेष उसे बाध लेता है—और उधर यह भी बोलते हो कि केवल शब्द के साम्य में उपमा नहीं होती। जब शब्द-साम्य में उपमा होती ही नहीं तो सकलेत्यादि शब्दसाम्य में वह, बाध्य होकर भी, कैसे रहेगी? **किंचेति**—इसके अतिरिक्त यहाँ साम्य का निर्वाहक श्लेष ही है। श्लेष का निर्वाहक साम्य

ननु शब्दालंकारविषयेऽङ्गाङ्गिभावसंकरो नाङ्गीक्रियते, तत्कथमत्र श्लेषोपमयोरङ्गाङ्गिभावः संकर इति चेत् न। अर्थानुसंधानविरहिण्यनुप्रासादावेव तथानङ्गीकारात्। एवं दीपकादावपि ज्ञेयम्।

'सत्पक्षा मधुरगिरः प्रसाधिताशा मदोद्धतारम्भाः। निपतन्ति धार्तराष्ट्राः कालवशान्मेदिनीपृष्ठे ॥'

अत्र शरद्वर्णनया प्रकरणेन धार्तराष्ट्रादिशब्दानां हंसाद्यर्थाभिधाने नियमनाद् दुर्योधनादिरूपोऽर्थः शब्दशक्तिमूलो वस्तुध्वनिः। इह च प्रकृतप्रबन्धाभिधेयस्य द्वितीयार्थस्य सूच्यतयैव विवक्षितत्वादुपमानोपमेयभावो न विवक्षित इति नोपमाध्वनिर्न वा श्लेष इति सर्वमवदातम्।

पद्माद्याकारहेतुत्वे वर्णानां चित्रमुच्यते।

आदिशब्दात्खड्ग-मुरज-चक्र-गोमूत्रिकादयः।

अस्य च तथाविधलिपिसंनिवेशविशेषवशेन चमत्कारविधायिनामपि वर्णानां तथाविधश्रोत्रा-

---

नहीं है, क्योंकि श्लेष निबन्ध के पूर्व किसी प्रकार का साम्य (सादृश्य) पुर और चन्द्रमा में सम्भव नहीं है। इस कारण उपमा ही 'अङ्गी' अर्थात् प्रधान है, वही पीछे प्रतीत होती है। प्रथम प्रतीत होने वाला श्लेष तो उसका साधन होने से अप्रधान है, अतः यहाँ प्रधानभूत उपमा के नाम से ही व्यपदेश होना ठीक है, क्योंकि 'प्रधान से ही व्यवहार हुआ करता है' यह नियम है।

प्रश्न—'शब्दालंकारों में अङ्गांगिभावरूप संकर नहीं माना जाता' यह नियम है, फिर इन दोनों (श्लेष और उपमा) शब्दालंकारों का अङ्गाङ्गिभाव संकर कैसे होगा? यदि 'सकलकलम्' में शब्दश्लेष को शब्दसाम्यमूलक उपमा का साधक मानोगे तब तो यहाँ इन दो शब्दालंकारों में अङ्गांगिभाव मानना पड़ेगा। **उत्तर**—उक्त नियम उन्हीं शब्दालंकारों में माना जाता है जिनमें अर्थ के अनुसन्धान की आवश्यकता न पड़े। जैसे—अनुप्रासादिक। यहाँ वह नियम लागू नहीं है। इसी प्रकार शब्द की समानता होने पर दीपकादि अलंकारों में भी उन्हीं का प्राधान्य जानना, श्लेष का नहीं।

सत्पक्षा इति—अच्छे पक्ष (पङ्ख या साथी) वाले, मधुरभाषी, जिन्होंने दिशाओं को प्रसाधित (भूषित या वशीकृत) किया है, वे धार्तराष्ट्र (हंस या धृतराष्ट्र के पुत्र दुर्योधनादिक) काल (शरत् समय या मृत्यु) के वश होकर पृथ्वी पर गिरते हैं। **अत्रेति**—इस 'वेणीसंहार' नाटक के पद्य में शरद्वर्णन के प्रकृत होने के कारण 'धार्तराष्ट्र' आदि शब्दों की शक्ति हंसादि में नियन्त्रित है, अतः दुर्योधनादि रूप दूसरा अर्थ शब्दशक्तिमूलक वस्तु ध्वनि जानना। दुर्योधनादि के मरणादि रूप दूसरे अर्थ जो इस प्रबन्ध (ग्रन्थ) के प्रतिपाद्य है उनकी यहाँ सूचनामात्र विवक्षित है। उसकी ओर केवल इशारा करना ही अभीष्ट है। प्रधानतया उसका बोधन अभीष्ट नहीं, अतः यहाँ न वाच्य, व्यंग्य अर्थों का उपमानोपमेयभाव व्यंग्य है और न श्लेष है। केवल शब्द शक्ति मूलक वस्तुध्वनि है। **इति सर्वम्**—इस प्रकार सब विषय स्वच्छ हो गया।

पद्मेति—जिस काव्य (पद्य) के वर्ण कमल आदि के स्वरूप में परिणत हो जावें—अर्थात् उन अक्षरों को विशेष रूप में लिखने से कमल आदि के आकार स्फुट होने लगें उसे 'चित्र' कहते हैं। इस चित्र काव्य के लक्षण में '**पाठ्याक्षरापेक्षया लेख्याक्षराणां न्यूनत्वे**'—इतना और निवेश करना चाहिये। पढ़ने के अक्षरों की अपेक्षा लिखने के अक्षर कम होने चाहियें। अर्थात् सब या कुछ अक्षर एक बार लिख कर अनेक बार पढ़े जाने चाहियें, तभी चित्र माना जाता है। अन्यथा सभी पद्य किसी न किसी आकार में अवश्य लिखे जा सकते हैं, अतः सभी चित्र हो जावेंगे। **आदिशब्देति**—'पद्मादि' पद में आदि शब्द से खड्ग, मुरज, चक्र, गोमूत्रिका आदि चित्रों का ग्रहण जानना।

प्रश्न—चित्र को शब्दालङ्कार मानना ठीक नहीं। शब्द में जो रहे उसे शब्दालङ्कार कहना चाहिए। उक्त चित्र केवल लेख में देखने से वैचित्र्य पैदा करता है और जो लिखे जाते हैं वे केवल संकेत हैं, वर्ण या शब्द नहीं। शब्द तो आकाश का गुण है, आकाश में ही रहता है और कान से सुनाई देता है, किन्तु उक्त आकार तो आँख से ही दीखते हैं, कान से नहीं सुनाई देते और पत्रादि में रहते हैं, आकाश में नहीं, अतः वे शब्द नहीं हो सकते, अतएव उक्त चित्र शब्दालंकार नहीं हो सकता। **उत्तर—अस्य चेति**—यद्यपि इस (चित्र) के वर्ण उन २ आकारों में लेख द्वारा निविष्ट कर देने के कारण ही चमत्कारक होते हैं, तथापि जो

काशसमवायविशेषवशेन चमत्कारविधायिभिर्वर्णैरभेदेनोपचाराच्छब्दालंकारत्वम् । तत्र पद्मबन्धो यथा मम--

'मारमासुषमा चारुरुचा मारवधूत्तमा। मात्ताधूर्ततमावासा सा वामा मेऽस्तु मा रमा।।'

एषोऽष्टदलपद्मबन्धो दिग्दलेषु निर्गमप्रवेशाभ्यां श्लिष्टवर्णः, किंतु विदिग्दलेष्वन्यथा कर्णिकाक्षरं तु श्लिष्टमेव। एवं खड्गबन्धादिकमप्यूह्यम् । काव्यान्तर्गड्डुभूततया तु नेह प्रपञ्च्यते।

रसस्य परिपन्थित्वान्नालंकारः प्रहेलिका ।।१३।।

उक्तिवैचित्र्यमात्रं सा च्युतदत्ताक्षरादिका।

च्युताक्षरा-च्युतदत्ताक्षरा च। उदाहरणम्—

'कूजन्ति कोकिलाः साले यौवने फुल्लमम्बुजम्। किं करोतु कुरङ्गाक्षी वदनेन निपीडिता ।।'

वर्ण श्रोत्राकाश के साथ सम्बन्ध होने के कारण अर्थात् सुनाई देने पर चमत्कारक होते हैं उन आकाशनिष्ठ वर्णों के साथ उक्त आकारनिष्ठ वर्णों का औपचारिक (लाक्षणिक) अभेद मान लेने से इसे शब्दालंकार कहते हैं। तात्पर्य यह है कि लिखित अक्षरों को वास्तविक शब्द तो नहीं कह सकते, किन्तु शब्दों के ही संकेत होने के कारण लक्षणाद्वारा उनमें गौण रीति से वर्णादि शब्दों का प्रयोग करके चित्र को शब्दालङ्कार माना जाता है। पद्म बन्ध का अपना ही बनाया उदाहरण देते हैं। **मारमेत्यादि**--मार=कामदेव की मा=शोभा के समान सुषमा=सौन्दर्यवाली और रमणीयकान्ति के कारण मारवधू=रति से भी उत्तम एवम् धूर्त्ततमों से जिस का स्थान आक्रान्त नहीं है वह रमणी मुझे मिल जाय, रमा (लक्ष्मी) चाहे न मिले। यह अष्टदल कमलबन्ध है। इसमें दिशाओं के दलों में निर्गम और प्रवेश दोनों होते हैं। वहाँ के वर्ण दो बार पढ़े जाते हैं, किन्तु विदिशा (कोण) के दलों में स्थित वर्ण एक ही बार पढ़े जाते हैं। कर्णिका का अक्षर तो सबके साथ पढ़ा जाता है। आठ पत्तों का कमल इस प्रकार बनाना चाहिये जिससे उसके चार दल (पत्ते) तो पूर्व, दक्षिण आदि चार दिशाओं में रहें और चार आग्नेय, नैर्ऋत्य आदि विदिशाओं में रहें। इन सब के बीच में एक छोटा सा गोल केन्द्र बनाना चाहिये। इसे कर्णिका कहते हैं। यह उस वराटक के स्थान पर होती है जिसमें कमल की सब पंखड़ियाँ लगी रहती हैं। इस कर्णिका में इस पद्य का पहला अक्षर 'मा' लिखना चाहिये— फिर दक्षिण आदि के क्रम से प्रत्येक पत्ते में दो दो अक्षर लिखने चाहिये, पहले पत्ते में 'र' कर्णिका की ओर और 'मा' बाहर की ओर लिखना चाहिये। दूसरे में 'सु' बाहर की ओर 'ष' कर्णिका की ओर लिखना चाहिये। एवम् तीसरे में 'चा' कर्णिका की ओर और 'रु' बाहर की ओर लिखना चाहिये। इसी प्रकार आगे भी जानना। पढ़ने में पहले कर्णिका से प्रारम्भ करके दक्षिण दिशा के दल से बाहर निकलना चाहिये। और दूसरे (नैर्ऋत्य कोण के) दल के अक्षरों को क्रम से पढ़ते हुए भीतर (कर्णिका की ओर) घुसना चाहिए। यह कोण का दल है, अतः इसमें निर्गम नहीं होता--केवल प्रवेश होता है। फिर पश्चिम दिशा के पत्र में से बाहर निकल कर उसी पत्र में भीतर की ओर लौटना चाहिये और वायव्य से निकल कर उत्तर में निर्गम प्रवेश करने चाहियें। एवं ईशान से प्रवेशमात्र और पूर्व से निर्गम प्रवेश करके अग्निकोण से निर्गम और फिर दक्षिण से प्रवेश करके कर्णिका में जाकर पद्य पूरा करना चाहिये। इस प्रकार यहाँ सत्रह अक्षर लिखकर बत्तीस पढ़े जाते हैं। अन्य बन्धों के उदाहरण हम ग्रन्थविस्तार के भय से नहीं देते। चित्र-प्रकरणों में इनका प्रधानतया वर्णन है। इनके प्रेमी इन्हें वहीं खूब देख सकते हैं। **एवमिति**—इसी प्रकार खड्गादि बंध के उदाहरणों की भी ऊहा कर कर लेना। यहाँ उसका प्रपञ्च इसलिये नहीं किया गया कि वह काव्य के भीतर गड्डुभूत होता है। किसी किसी का गला फूलकर छोटे तरबूज की तरह लटकने लगता है। उसे गड्डु कहते हैं। जैसे वह शरीर का उपकारक न होकर बोझा मात्र होता है, उसी प्रकार ये चित्रकाव्य रस के तो कुछ उपकारक होते नहीं क्योंकि शीघ्रता से इनके अर्थ का पता नहीं लगता, प्रत्युत रसात्मक काव्य के भारभूत (अर्थ के विघातक) ही होते हैं। **रसस्येति**--रसका बाधक होने के कारण, प्रहेलिका (पहेली) को अलंकार नहीं मानते। वह उक्ति की विचित्रता मात्र होती है। च्युताक्षरा, च्युतदत्ताक्षरा आदि उसके भेद होते हैं। उदाहरण=**कूजन्तीति**--साल पर कोकिलाएँ कूक रही हैं

अत्र 'रसाले' इति वक्तव्ये 'साले' इति 'र' च्युतः। 'वने' इत्यत्र 'यौवने' इति 'यौ' दत्तः। 'वदनेन' इत्यत्र 'मदनेन' इति 'म' च्युतः 'व' दत्तः। आदिशब्दात्क्रियाकारकगुप्त्यादयः। तत्र क्रियागुप्तिर्यथा—

'पाण्डवानां सभामध्ये दुर्योधन उपागतः। तस्मै गां च सुवर्णं च सर्वाण्याभरणानि च ॥'

अत्र 'दुर्योधनः' इत्यत्र 'अदुर्योऽधनः' इति। 'अदुः' इति क्रियागुप्तिः। एवमन्यत्रापि।

अथावसरप्राप्तेष्वर्थालंकारेषु प्राधान्यात्सादृश्यमूलेषु लक्षितव्येषु तेषामप्युपजीव्यत्वेन प्रथममुपमामाह--

साम्यं वाच्यमवैधर्म्यं वाक्यैक्य उपमा द्वयोः ॥१४॥

रूपकादिषु साम्यस्य व्यङ्ग्यत्वम्, व्यतिरेके च वैधर्म्यस्याप्युक्तिः, उपमेयोपमायां वाक्यद्वयम्, अनन्वये त्वेकस्यैव साम्योक्तिरित्यस्या भेदः।

सा पूर्णा यदि सामान्यधर्म औपम्यवाचि च। उपमेयं चोपमानं भवेद्वाच्यम्

सा उपमा। साधारणधर्मो द्वयोः सादृश्यहेतू गुणक्रिये मनोज्ञत्वादि। औपम्यवाचकमिवादि। उपमेयं मुखादि। उपमानं चन्द्रादि। **इयं पुनः ॥१५॥**

और यौवन में कमल खिले हैं। वदन से निपीडित यह मृगनयनी क्या करे? यहाँ 'रसाले' कहना चाहिए था सो 'र' छोड़कर 'साले' ही कह दिया है, अतः यह च्युताक्षरा का उदाहरण है और वने = (जल में) कहना था सो वहाँ 'यौ' देकर 'यौवने' कर दिया है, अतः यह दत्ताक्षरा का उदाहरण हुआ। एवम् 'मदनेन' में 'म' निकालकर उसकी जगह 'व' रख दिया है, अतः यह च्युतदत्ताक्षरा का उदाहरण है। यहाँ आदि शब्द से से क्रियागुप्ति, कारकगुप्ति आदिक जानना। उनमें से क्रियागुप्ति का उदाहरण -- **पाण्डवानामिति**--यहाँ दुर्योधन यह एक पद मालूम होता है, परन्तु 'अदुः' क्रिया है और 'यः--अधनः' ये दो पृथक् पद हैं, अतः यह अर्थ है कि 'पाण्डवों की सभा में जो निर्धन गया उसे उन्होंने गौ, भूमि, सुवर्ण और अनेक प्रकार के रत्न दिये।' शीघ्र प्रतीत न होने के कारण यहाँ 'अदुः' क्रिया की गुप्ति है।

अथेति—शब्दालङ्कारों का निरूपण करने के अनन्तर अर्थालङ्कारों का निरूपण अवसर-प्राप्त है और उनमें भी प्रधान होने के कारण सादृश्यमूलक अलङ्कारों का पहले निरूपण उचित है, अतः सबसे पहले सादृश्यमूलक अलङ्कारों के प्राणभूत—उपजीव्य—उपमालङ्कार का निरूपण करते हैं। **साम्यमिति**—एक वाक्य में दो पदार्थों के, वैधर्म्य रहित, वाच्य सादृश्य को उपमा कहते हैं। **रूपकादिष्विति**—रूपक, दीपक, तुल्ययोगिता आदि में सादृश्य व्यङ्ग्य होता है, वाच्य नहीं और व्यतिरेकालङ्कार में वैधर्म्य का भी कथन होता है, एवम् उपमेयोपमा में दो वाक्य होते हैं और अनन्वयालङ्कार में एक ही पदार्थ का सादृश्य निरूपित रहता है, अतः इन सब अलङ्कारों से पृथक् करने के लिए उक्त विशेषण उपमा के लक्षण में दिये गये हैं। रूपक का उदाहरण है 'मुखं कमलम्'। यहाँ मुख में कमलत्व का ज्ञान आहार्य (कल्पित) है, क्योंकि ऐसे स्थलों में कमलत्व और कमलत्वाभाव का ज्ञान एक ही साथ रहता है। बाधकालिक इच्छाजन्य ज्ञान को आहार्य कहते हैं। रूपक के उदाहरणों में, सादृश्य में पर्यवसान ही इस प्रकार के आरोप का फल हुआ करता है, क्योंकि रूपक में आरोप होने के कारण सारोपा प्रयोजनवती लक्षणा रहा करती है और उसका व्यंग्य प्रयोजन सादृश्य ही होता है, अतः रूपक में सादृश्य व्यंग्य होता है। उपमा की भांति वाच्य नहीं होता। इसी प्रकार तुल्ययोगितादि में भी जानना। **'निष्कलङ्कं मुखं तस्या न कलङ्की विधुर्यथा'** यह व्यतिरेक का उदाहरण है। यहाँ कलंक का योग और वियोग दिखाकर वैधर्म्य का भी कथन किया गया है **'कमलेव मतिर्मतिरिव कमला'** यह उपमेयोपमा है। यहाँ दो वाक्य हैं। **'गगनं गगनाकारं सागरः सागरोपमः'** यहाँ अनन्वयालंकार है। इसमें उपमान और उपमेय एक ही है। अतः ये सब अलङ्कार उपमा से भिन्न हैं।

उपमा के भेद दिखाते हैं **सेति**—सामान्यधर्म, औपम्यवाची (उपमावाचक) उपमेय और उपमान ये चारों यदि वाच्य हों अर्थात् किसी शब्द से प्रतिपादित हों, व्यंग्य या आक्षेप्य न हों, तो उसे पूर्णोपमा कहते हैं। दो पदार्थों की तुल्यता के कारणीभूत गुण, क्रिया आदि को सामान्य धर्म या साधारण धर्म कहते हैं। जैसे

श्रौती यथेववाशब्दा इवार्थो वा वतिर्यदि। आर्थी तुल्यसमानाद्यास्तुल्यार्थो यत्र वा वतिः ॥१६॥

यथेववादयः शब्दा उपमानानन्तरप्रयुक्ततुल्यादिपदसाधारणा अपि श्रुतिमात्रेणोपमानोपमेयगतसादृश्यलक्षणसंबन्धं बोधयन्तीति तत्सद्भावे श्रौत्युपमा, एवं 'तत्र तस्येव' इत्यनेनेवार्थे विहितस्य वतेरुपादाने। तुल्यादयस्तु 'कमलेन तुल्यं मुखम्' इत्यादावुपमेय एव, 'कमलं मुखस्य तुल्यम्' इत्यादावुपमान एव, 'कमलं मुखं च तुल्यम्' इत्यादावुभयत्रापि विश्राम्यन्तीत्यर्थानुसंधानादेव साम्यं प्रतिपादयन्तीति तत्सद्भावे आर्थी। एवं 'तेन तुल्यं--' इत्यादिना तुल्यार्थे विहितस्य वतेरुपादाने।

मनोज्ञत्व, रमणीयत्व आदि साधारण धर्म होते हैं। इव, यथा, तुल्य, सदृश, सम, वत् आदि शब्दों का 'औपम्य' (सादृश्य) का वाचक कहते हैं। ये सब उपमान (सादृश्य) के वाचक होते हैं। प्रकरण में वर्णनीय-मुखादिक उपमेय माने जाते हैं और उनकी सुन्दरता आदि के निरूपक चन्द्रादिक उपमान कहाते हैं। जैसे किसी ने कहा कि '**चन्द्रवन्मुखं मनोज्ञमेतत्**' यहाँ चन्द्र उपमान, 'वत्' उपमावाचक, मुख उपमेय और मनोज्ञत्व साधारण धर्म है, अतः यह पूर्णोपमा का उदाहरण है। **इयमिति**—यह पूर्णोपमा दो प्रकार की होती है। एक श्रौती दूसरी आर्थी। जहां यथा, इव या वा शब्द हो अथवा-तत्र तस्येव ५।१।११६ इस सूत्रसे इव शब्द के अर्थ में षष्ठयन्त या सप्तम्यन्त से 'वति' प्रत्यय किया गया हो, वहाँ श्रौती उपमा जानना। दीर्घ 'वा' शब्द की तरह ह्रस्व व शब्द भी उपमा का वाचक देखा गया है—जैसे—'**दुर्योधनो वा शिखी**' (मृच्छकटिक) और '**शाङ्गर्व व पर्युदसः**' (रघुवंश) अतः यहाँ वा शब्द को 'व' आदि का भी उपलक्षण जानना। अतएव '**व वा यथेवैवं साम्ये**' यह अमरकोश में और '**वं प्रचेतसि जानीयादिवार्थे च तदव्ययम्**' यह मेदिनीकोश में लिखा है। एवं तुल्य समान आदि शब्द अथवा तुल्यार्थक 'वति' प्रत्यय होने से आर्थी उपमा मानी जाती है। श्रौती और आर्थी उपमा में क्या भेद है, यह दिखाते हैं-**यथेवेति**-यद्यपि 'यथा' 'इव' आदि शब्द, उन तुल्यादि पदों के समान ही होते हैं, जो उपमान वाचक शब्द के अनन्तर प्रयुक्त होते हैं। जैसे—'**कमलमिव मुखम्**'—इस वाक्य में 'इव' शब्द कमल की उपमानता का बोधन करता है, उसी प्रकार 'कमल तुल्यं मुखम्' इस वाक्य में तुल्य शब्द भी उसी की उपमानता का बोधन करता है, तथापि इवादिक शब्द श्रवणमात्र से ही उपमान और उपमेय में रहनेवाले सादृश्य नामक सम्बन्ध का बोधन करते हैं, इसलिये इवादि पदों के होने पर श्रौती उपमा मानी जाती है। और इसी प्रकार '**तत्र तस्येव**' इस सूत्र से किये हुए वति प्रत्यय के योग में भी श्रौती उपमा होती है। **तात्पर्य**—समान धर्म के सम्बन्ध का नाम उपमा है। जो शब्द उस सम्बन्ध के वाचक हैं। उनके रहने पर श्रौती उपमा होती है, क्योंकि वहाँ उपमा अर्थात् साधारण धर्म का सम्बन्ध 'श्रुति'--अर्थात् शब्द से या श्रवणमात्र से ही प्रतीत होता है। 'इवा'दि शब्द-अभिधाशक्ति से ही उसका बोधन करते हैं। यद्यपि इवादि शब्दों का प्रयोग उपमान के ही साथ रहता है, अतः वे उपमान के ही विशेषण होते हैं, इसलिये ये उपमानगत विशेषता के ही बोधक होने चाहियें, तथापि शब्दशक्ति स्वभाव से षष्ठी विभक्ति की तरह उपमान और उपमेय इन दोनों के सम्बन्ध का ये बोधन करते हैं। जैसे 'राज्ञः पुरुषः' यहाँ षष्ठी विभक्ति केवल राजपद के साथ प्रयुक्त होने पर भी राजप्रतियोगिक पुरुषानुयोगिक स्वस्वामिभाव सम्बन्ध बोधन करती है, इसी प्रकार '**कमलमिव मुखम् मनोज्ञमेतत्**' इत्यादि स्थलों में इवादि पद भी उपमान-प्रतियोगिक, उपमेयानुयोगिक सादृश्य सम्बन्ध का बोधन करते हैं और '**कमलनिरूपितसादृश्यप्रयोजकमनोज्ञत्ववदभिन्नं मुखम्**' इत्यादि शाब्दबोध होता है। ऐसे स्थलों पर एकदेशान्वय अलङ्कारशास्त्र में सिद्धान्तित है। यहाँ शब्द से ही साधर्म्य नामक सम्बन्ध का बोधन होता है, अतः यह श्रौती उपमा कहाती है। '**तुल्यादयस्तु**'--इवादि पदों का सम्बन्ध केवल उपमानवाचक पदों के साथ होता है, परन्तु, तुल्य, सदृश, सम इत्यादि पद '**कमलेन तुल्यं मुखम्**' इत्यादि वाक्यों में उपमेय (मुखादि) के साथ सम्बद्ध देखे जाते हैं, तथा '**कमलं मुखस्य तुल्यम्**' इत्यादि वाक्यों में वे उपमान (कमलादि) के साथ अन्वित रहते हैं, एवं 'कमलं मुखं च तुल्यम्' इत्यादि वाक्यों में उनका सम्बन्ध उपमान और उपमेय इन दोनों के साथ रहता है, अतः ये साम्य अर्थात् उक्त सम्बन्ध का अर्थानुसन्धान के अनन्तर ही बोधन करते हैं। इसलिए इन शब्दों के होने पर आर्थी उपमा होती है। इसी प्रकार **तेन तुल्यं क्रिया चेद्वतिः** ५।१।११५ इस सूत्र से किये हुए तुल्यार्थक वति प्रत्यय के होने पर भी आर्थी उपमा जानना। **तात्पर्य**—इवादि पद साधर्म्य (साधारण धर्म के संबंध) के वाचक होते हैं, किंतु तुल्यादि पद साधारण धर्मों से

द्वे तद्धिते समासेऽथ वाक्ये द्वे श्रौती आर्थी च। उदाहरणम्—

'सौरभमम्भोरुहवन्मुखस्य, कुम्भाविव स्तनौ पीनौ। हृदयं मदयति वदनं तव शरदिन्दुर्यथा बाले ॥'

अत्र क्रमेण त्रिविधा श्रौती।

'मधुरः सुधावदधरः पल्लवतुल्योऽतिपेलवः पाणिः।
चकितमृगलोचनाभ्यां सदृशी चपले च लोचने तस्याः ॥'

अत्र क्रमेण त्रिविधा आर्थी।

युक्त धर्मी के वाचक होते हैं। धर्म या संबंध के साक्षात् वाचक नहीं होते। **'मुख कमल के तुल्य है'** इसका यही अर्थ है कि मुख में कमल के अनेक गुण विद्यमान हैं। वह उन गुणों से युक्त है। कोई भी वस्तु तब तक तुल्य नहीं हो सकती जब तक उसमें दूसरी वस्तु के धर्म विद्यमान न हों। तुल्य वे ही वस्तु कहाती हैं जो आपस में मिलता-जुलता हों अर्थात् जिनके गुण या धर्म एक से हों, जिनमें समान धर्मों का सम्बन्ध विद्यमान हो। इससे यह बात अर्थतः सिद्ध होती है कि बिना साधारण धर्मों के साथ सम्बन्ध हुए कोई वस्तु तुल्य नहीं कहला सकती। अतः जिसे किसी के तुल्य कहा है उसमें उसके धर्मों का सम्बन्ध अवश्य होना चाहिये। 'मुख कमल के तुल्य है' इत्यादि वाक्यों में कमल की तुल्यता वाच्य है। वह बिना साधारण धर्म के सम्बन्ध (साधर्म्य) के बन नहीं सकती, अतः यहाँ अर्थ के बल से साधर्म्य का आक्षेप होता है। इसलिये साधर्म्य के अर्थाक्षिप्त होने के कारण ऐसे स्थलों पर आर्थी उपमा मानी जाती है। सारांश यह है कि साधर्म्य का नाम ही उपमा है। जहाँ वह (साधर्म्य) शब्द से ही वाच्य रहता है वहाँ श्रौती या शाब्दी उपमा कहाती है और जहाँ उसका वाचक कोई शब्द नहीं होता, किंतु अर्थ के बल से उसका आक्षेप करना पड़ता है वहाँ आर्थी उपमा होती है। इवादि पद उपमान के साथ ही अन्वित रहते हैं और साधर्म्य के वाचक होते हैं, अतः उनके योग में श्रौती उपमा होती है। एवम् तुल्यादि पद कभी उपमान के साथ अन्वित होते हैं, कभी उपमेय के साथ और कभी दोनों के साथ। एवं वे साधर्म्य के वाचक तो नहीं होते, किन्तु साधर्म्य के बिना उनका अर्थ उपपन्न नहीं होता, अतः उनके योग में अर्थाक्षिप्त साधर्म्य होने के कारण आर्थी उपमा होती है। इसी पूर्णोपमा के भेद दिखाते हैं। **द्वे इति**=पूर्वोक्त श्रौती और आर्थी ये दोनों उपमायें तद्धित, समास और वाक्य इन तीनों में होती हैं, अतः पूर्णोपमा के छः भेद होते हैं। उदाहरण—**सौरभमिति**—हे बाले, **'तव मुखस्य सौरभमम्भोरुहवत्'** अर्थात् तुम्हारे मुख का सौरभ कमल का सा है। इस वाक्य में तद्धितगत श्रौती पूर्णोपमा है। यहाँ **'अम्भोरुहस्येव'** इस विग्रह में **'तत्र तस्येव'** इस सूत्र से वति प्रत्यय हुआ है। यह प्रत्यय तद्धित के अधिकार में है और साधर्म्य का वाचक है, अतः यह तद्धितगत श्रौती उपमा है। एवम् उपमान, (अम्भोरुह) उपमेय, (मुख) साधारण धर्म (सौरभ) तथा उपमावाचक (वति प्रत्यय) इन चारों के होने से यह पूर्णोपमा है। **'तव स्तनौ कुम्भाविव पीनौ'** तुम्हारे स्तन कुम्भ जैसे पीन हैं। **'कुम्भाविव'** इस पद में **'इवेन सह समासो विभक्त्यलोपश्च'**—इस वार्तिक से समास और विभक्ति का अलुक् होता है। एवम् यहाँ 'कुम्भ' उपमान, 'स्तन' उपमेय, 'इव' उपमावाचक और पीनत्व साधारण धर्म है, अतः यह समासगत श्रौती पूर्णोपमा का उदाहरण है। **'शरदिन्दुर्यथा ते वदनं हृदयं मदयति'** शरदृतु का चन्द्रमा जैसा तुम्हारा मुख हृदय को प्रमत्त करता है। यह वाक्यगत श्रौती पूर्णोपमा है। यहाँ शरदिन्दु उपमान, वदन—उपमेय, 'यथा'—उपमावाचक और मस्त करना साधारण धर्म है। यह तीन प्रकार की श्रौती हुई। अब आर्थी उपमा के उदाहरण देते हैं। **मधुर इति**—**'तस्या अधरः सुधावन्मधुरोऽस्ति'** उसका अधरोष्ठ अमृत के तुल्य मधुर है। यह तद्धितगत आर्थी पूर्णोपमा है। यहाँ **'तेन तुल्यं क्रिया चेद्वतिः'** इस सूत्र से तुल्य अर्थ में तृतीयान्त सुधा शब्द से वति तद्धित प्रत्यय हुआ है और सुधा उपमान अधर-उपमेय, वति उपमावाचक तथा मधुरत्व साधारण धर्म है। तर्कवागीशजी ने **'सुधावदिति प्रथमान्तात्तुल्यार्थे वतिः'**—लिखा है। यह व्याकरण से विरुद्ध है। प्रथमान्त से तुल्य अर्थ में वतिप्रत्यय नहीं होता। **पल्लवेति**—उसके हाथ 'पल्लव'=नये पत्ते के तुल्य अति कोमल हैं। यहाँ **'तुल्यार्थैरतुलोपमाभ्यां तृतीयान्यतरस्याम्'** इस सूत्र से पल्लव शब्द के आगे षष्ठी विभक्ति होती है और **'षष्ठी'** २।२।८ सूत्र से समास होता है। यहाँ पल्लव-उपमान, पाणि उपमेय, पेलवत्व साधारण धर्म और तुल्य शब्द उपमावाचक है। यह समासगत आर्थी पूर्णोपमा है। **चकितेति**—उसके लोचन, चकित मृगों के लोचनों के समान चपल हैं। यहाँ समास और तद्धित न होने से वाक्यगत उपमा है। नायिका के लोचन उपमेय

पूर्णा षडेव तत् । स्पष्टम् ।

लुप्ता सामान्यधर्मादेरेकस्य यदि वा द्वयोः ॥१७॥
त्रयाणां वानुपादाने श्रौत्यार्थी सापि पूर्ववत् ।

सा लुप्ता । तद्भेदमाह—

पूर्णावद्धर्मलोपे सा विना श्रौतीं तु तद्धिते ॥१८॥

सा लुप्तोपमा धर्मस्य साधारणगुणक्रियारूपस्य लोपे पूर्णावदिति पूर्वोक्तरीत्या षट्प्रकारा, किं त्वत्र तद्धिते श्रौत्या असंभवात्पञ्चप्रकारा । उदाहरणम्—

'मुखमिन्दुर्यथा, पाणिः पल्लवेन समः प्रिये । वाचः सुधा इवोष्ठस्ते बिम्बतुल्यो, मनोऽश्मवत् ॥'

आधारकर्मविहिते द्विविधे च क्यचि क्यङि । कर्मकर्त्रोर्णमुलि च स्यादेवं पञ्चधा पुनः ॥

'धर्मलोपे लुप्ता' इत्यनुषज्यते । क्यच्-क्यङ्-णमुलः कलापमते यिन्नायिणमः । क्रमेणोदाहरणम्-

---

हैं, मृगलोचन उपमान हैं, चपलत्व साधारण धर्म है और 'सदृश' शब्द उपमावाचक है । यह वाक्यगत आर्थी पूर्णोपमा का उदाहरण है । **पूर्वेति**—इस प्रकार पूर्णोपमा छः प्रकार की होती है । **लुप्तेति**—उपमान, उपमेय, उपमावाचक और साधारण धर्म इन चारों के होने पर पूर्णोपमा होती है, यह कह चुके हैं । उनमें से सामान्य धर्म आदि किसी एक के अथवा दो तीन के न होने पर लुप्तोपमा होती है । इसमें कहीं तो प्रत्यय आदि का लोप सूत्रों से होता है और कहीं वाचक शब्द के न रहने से ही लोप समझा जाता है । इसे ऐच्छिक लोप और पहले को शास्त्रकृत लोप कहते हैं । इस लुप्तोपमा के भी श्रौती और आर्थी ये दो भेद पूर्ववत् ही जानना । अन्य भेद बताते हैं । **पूर्णावदिति**—गुणरूप अथवा क्रियारूप साधारण धर्म के अभाव में लुप्तोपमा भी पूर्णोपमा की तरह वाक्यगत, समासगत और तद्धितगत होती है । किन्तु साधारण धर्मवाचक पद न होने के कारण **'तत्र तस्येव'** इस सूत्र से यहाँ 'वति' प्रत्यय नहीं हो सकता, क्योंकि वह षष्ठ्यन्त और सप्तम्यन्त से ही होता है और षष्ठी, सप्तमी विभक्ति धर्मवाचक पद के विना, सम्बन्ध सूचित न होने के कारण हो नहीं सकती, अतः धर्मलुप्ता के उदाहरणों में तद्धितगत श्रौती नहीं हुआ करती । इसलिये धर्मलुप्ता पाँच ही प्रकार की होती है । उदाहरण देते हैं--**मुखमिति**—हे प्रिये ! तुम्हारा मुख चन्द्रमा जैसा है । यहाँ मुख उपमेय, 'इन्दु' उपमान, 'यथा' शब्द उपमावाचक है । साधारण धर्म का वाचक कोई शब्द नहीं है और समास या तद्धित भी नहीं है, अतः यह वाक्यगत श्रौती धर्मलुप्ता है । **पाणिरिति**—तुम्हारा हाथ पल्लव के तुल्य है । यह वाक्यगत आर्थी धर्मलुप्ता का उदाहरण है, क्योंकि यहाँ तुल्यार्थक 'सम' शब्द का ग्रहण किया है । **वाच इति**--तुम्हारी बात अमृत सी है । यहाँ 'सुधा इव' इस पद में पूर्ववत् समास और विभक्ति का अलुक् है । यह समासगत श्रौती धर्मलुप्ता है । **ओष्ठ इति**—तुम्हारा ओष्ठ बिम्बफल के तुल्य है । यह समासगत आर्थी धर्मलुप्ता का उदाहरण है । **मन इति**—तुम्हारा मन पत्थर के सदृश है । यहाँ काठिन्यरूप साधारण धर्म का कथन नहीं किया है और **'अश्मना तुल्यं'** इस विग्रह में तृतीयान्त से तुल्यार्थक वति प्रत्यय हुआ है, अतः यह तद्धितगत आर्थी धर्मलुप्ता का उदाहरण है । पूर्वोक्त सब उदाहरणों में साधारण धर्मों का लोप है । इनके क्या क्या साधारण धर्म लुप्त हुए हैं, यह स्पष्ट ही है और पहले पूर्णोपमा में उन्हें कह भी चुके हैं । धर्मलुप्ता के और उदाहरण दिखाते हैं । **आधारेति**— **उपमानादाचारे ३।१।१०** इस सूत्र से उपमानभूत कर्म से क्यच् प्रत्यय करने पर एक धर्मलुप्ता तथा इसी सूत्र के ऊपर कहे हुए **'अधिकरणाच्च'** इस वार्तिक से उपमानभूत आधार से क्यच् प्रत्यय करने पर दूसरी धर्मलुप्ता होती है । एवम् उपमानभूत कर्ता से **कर्तुः क्यङ् सलोपश्च ३।१।११** इस सूत्र से क्यङ् प्रत्यय करने पर तीसरी और **उपमाने कर्मणि च ३।४।४५** इस सूत्र से उपमानभूत कर्म तथा कर्ता उपपद होने पर किसी धातु से णमुल् प्रत्यय करने से चौथी और पाँचवीं धर्मलुप्ता होती है । इस सूत्र में 'च' शब्द के बल से 'कर्तृ' पद की अनुवृत्ति पूर्वसूत्र (**कर्त्रोर्जीवपुरुषयोर्नशिवहोः ३।४।४३**) से होती है और अर्थवश से उसके वचन का व्यत्यय करके एक वचनान्त 'कर्तरि'-का सम्बन्ध इस सूत्र में पठित 'उपमाने' के साथ होता है ।

क्यच्क्यङिति—कलाप व्याकरण में क्यच्, क्यङ् और णमुल् के स्थान में यिन्, आयि और णम्

'अन्तःपुरीयसि रणेषु, सुतीयसि त्वं पौरं जनं, तव सदा रमणीयते श्रीः ।
दृष्टः प्रियाभिरमृतद्युतिदर्शमिन्द्रसंचारमत्र भुवि संचरसि क्षितीश ॥'

अत्र 'अन्तःपुरीयसि' इत्यत्र सुखविहारास्पदत्वस्य, 'सुतीयसि' इत्यत्र स्नेहनिर्भरत्वस्य च साधारणधर्मस्य लोपः । एवमन्यत्र

इह च यथादितुल्यादिविरहाच्छ्रौत्यादिविशेषचिन्ता नास्ति । इदं च केचिदौपम्यप्रतिपादकस्येवादेर्लोप उदाहरन्ति । तदयुक्तम् । क्यङादेरपि तदर्थविहितत्वेनौपम्यप्रतिपादकत्वात् । ननु क्यङादिषु

प्रत्यय होते हैं, कलाप के मत में 'ईय्' प्रत्यय की 'यिन्' संज्ञा है । क्रम से उदाहरण देते हैं। **अन्तःपुरीयसीति**–हे क्षितीश, आप रणों में अन्तःपुर के समान आचरण करते हैं। अर्थात् जिस प्रकार रनवास में सुखपूर्वक विहार करते हो इसी प्रकार रणों में भी निर्भय और निश्शङ्क होकर विहार सा ही करते हो। यहाँ सुखपूर्वक विहार का आस्पद (स्थान) होना अन्तःपुर और रण का साधारण धर्म है । उसका किसी शब्द से कथन नहीं किया, अतः अनुपादान रूप लोप समझा जाता है। इस उदाहरण में **'अधिकरणाच्च'** इस वार्तिक से **'अन्तःपुर इव आचरसि'** इस विग्रह में क्यच् प्रत्यय हुआ है । दूसरा उदाहरण—**'त्वं पौरजनं सुतीयसि'** तुम अपने पुरवास (प्रजा) जनों को पुत्र के समान समझते हो । यहाँ **'उपमानादाचारे'** इस सूत्र से द्वितीयान्त (कर्म) सुत शब्द से **'सुतमिवाचरसि'** इस विग्रह में क्यच् हुआ है । यहाँ प्रेमपात्रत्व, प्रजा और पुत्र का साधारण धर्म है । इसका अग्रहण रूप लोप है । तीसरा उदाहरण-**तवेति**–हे राजन्, लक्ष्मी सदा रमणी की तरह आपकी सेवा करती है। जिस प्रकार पतिव्रता पत्नी अपने पति की देवता की तरह अविरुद्ध भाव से सेवा करता है इसी प्रकार लक्ष्मी अचञ्चला होकर आपकी सेवा करती है। यहाँ **'अनन्यभाव से सुखसाधन होना'** लक्ष्मी और रमणी का साधारण धर्म लुप्त है। चौथा और पाँचवाँ उदाहरण—**दृष्ट इति**–प्रियाओं से चन्द्रमा के समान देखे गये तुम इस पृथ्वी पर इन्द्र के समान विचरते हो । यहाँ 'अमृतद्युति' उपपद होने पर 'दृश' धातु से **'उपमाने कर्मणि च'** इससे णमुल् प्रत्यय हुआ है और **'कषादिषु यथाविध्यनुप्रयोगः** ३ । ४ । ४६ इस सूत्र से इसी धातु (दृश्) का अनुप्रयोग हुआ है । **'अमृतद्युतिरिव दृष्ट इति अमृतद्युतिदर्शं दृष्टः'** ऐसा विग्रह होता है। इस उदाहरण में चन्द्रमा और राजा का साधारण धर्म (आह्लादकत्व) लुप्त है। इसी प्रकार **'इन्द्र इव चरसि'** इस विग्रह में उपमानभूत कर्ता (इन्द्र) उपपद होने पर 'सम्' पूर्वक 'चर्' धातु से णमुल् हुआ है। और पूर्ववत् अनुप्रयोग हुआ है । यहाँ 'परमैश्वर्ययुक्तत्व' साधारण धर्म का लोप है । यही बात कहते हैं—**अत्रेति**। **इह चेति**—यहाँ इन उपमाओं का श्रौती और आर्थी रूप से विशेष विचार नहीं किया जा सकता । क्योंकि न तो यहाँ 'यथा' 'इव' आदि श्रौती के निर्णायक पद होते हैं और न आर्थी के निर्णायक तुल्यादि पद होते हैं।

कोई मानते हैं कि क्यच्, क्यङ् आदि प्रत्यय उपमान वाचक शब्द से आचार अर्थ में होते हैं और 'रमणीयते' इत्यादि पदों में 'रमणी' आदि 'प्रकृति' शब्द लक्षणा से अपने सदृश का बोधन करते हैं, इस प्रकार रमणी के सदृश आचरण करने वाले का बोध होता है।

किन्हीं का मत है कि समुदाय से ही विशिष्ट अर्थ (**रमणीसदृशाचारकर्तृत्व**) की उपस्थिति होती है । अवयवार्थ यहाँ कुछ नहीं होता।

एवम् कोई कहते हैं कि क्यच् आदि केवल आचारार्थक नहीं होते । वे सादृश्य विशिष्ट आचार के बोधक होते हैं। ये सब मत शास्त्रों में सिद्धान्तित हैं। इन सभी में सादृश्य का ज्ञान तो माना है, परन्तु यह तुल्यादि पदों के समान अर्थानुसन्धान के पीछे होता है या इवादि के समान साक्षात् बोधित होता है, इसका कोई विनिगमक नहीं है, अतः इस स्थान में श्रौती, आर्थी आदि का निर्णय करना कठिन है, यह ग्रन्थकार का आशय है।

श्रीतर्कवागीशजी ने इन पाँचों उपमाओं को आर्थी सिद्ध किया है और युक्ति यह दी है कि क्यच् आदि प्रत्यय 'तुल्य' पद के अर्थ में होते हैं और तुल्यादिक आर्थी के प्रयोजक हैं, अतः क्यजादि प्रत्यय भी आर्थी के प्रयोजक हैं।' **वस्तुतः** यह कथन असंगत है, क्योंकि क्यजादि के विधायक उक्त सूत्रों में कहीं भी तुल्य पद के अर्थ में प्रत्यय का विधान नहीं है ।

इदं चेति—कोई **'अन्तःपुरीयसि'** इत्यादि को वाचकलुप्ता का उदाहरण मानते हैं! उनका तात्पर्य यह

सम्यगौपम्यप्रतीतिर्नास्ति, प्रत्ययत्वेनास्वतन्त्रत्वाद् इवादिप्रयोगाभावाच्च इति न वाच्यम्। कल्पबादावपि तथा प्रसङ्गात्। न च कल्पबादीनामिवादितुल्यतयौपम्यस्य वाचकत्वम्, क्यङादीनां तु द्योतकत्वम्। इवादीनामपि वाचकत्वे निश्चयाभावात्। वाचकत्वे वा 'समुदितं पदं वाचकम्' 'प्रकृतिप्रत्ययौ स्वस्वार्थबोधकौ' इति च मतद्वयेऽपि वत्यादिक्यङाद्योः साम्यमेवेति। यच्च केचिदाहुः--'वत्यादय इवाद्यर्थेऽनुशिष्यन्ते, क्यङादयस्त्वाचाराद्यर्थे' इति, तदपि न। न खलु क्यङादय आचारमात्रार्थाः, अपि तु सादृश्याचारार्था इति। तदेवं धर्मलोपे दशप्रकारा लुप्ता।

उपमानानुपादाने द्विधा वाक्यसमासयोः।'

उदाहरणम्--'तस्या मुखेन सदृशं रम्यं नास्ते न वा नयनतुल्यम्।'

अत्र मुखनयनप्रतिनिधिवस्त्वन्तरयोर्गम्यमानत्वादुपमानलोपः। अत्रैव च 'मुखेन सदृशम्'

है कि यहाँ औपम्य (साधर्म्य) के प्रतिपादक इवादि शब्दों का अभाव है, अतः यह वाचकलुप्ता है। इस मत का खण्डन करते हैं—**तदयुक्तमिति**—यह मत ठीक नहीं, क्योंकि क्यङ् आदि प्रत्यय भी तो उसी अर्थ (औपम्य) में होते हैं, अतः वे ही साधर्म्य के प्रतिपादक हैं।

नन्विति—यदि कहो कि क्यङ् आदि प्रत्ययों से ठीक ठीक साधर्म्य की प्रतीति नहीं होती, क्योंकि ये प्रत्यय हैं—और प्रत्यय स्वतन्त्रता से अपने अर्थ के प्रतिपादक नहीं हुआ करते। वे सदा प्रकृति के अर्थ की अपेक्षा करते हैं, अतः क्यङादिक तो यहाँ स्वतन्त्रतापूर्वक सादृश्य का बोध कराते नहीं और इवादि पदों का अभाव है, इसलिए वह वाचकलुप्ता ही है। यह कहना भी ठीक नहीं, क्योंकि यदि सादृश्य वाचक प्रत्यय के अस्वतन्त्र होने के कारण वाचकलुप्ता मानोगे तो जहाँ 'कल्पप्' आदि प्रत्यय होते हैं वहाँ भी वाचकलुप्ता ही माननी पड़ेगी।

नचेति—कल्पप् आदि तो इवादि के समान होने के कारण साधर्म्य के वाचक होते हैं और क्यङ् आदि सादृश्य के द्योतक होते हैं, वाचक नहीं होते, यह कहना भी ठीक नहीं, क्योंकि इवादिकों की वाचकता का भी निश्चय नहीं है। इव आदि पद साधर्म्य के वाचक ही होते हैं, यह बात सब आचार्य नहीं मानते। कोई इन्हें भी द्योतक ही मानते हैं। उनका अनुमान है कि 'इवादयः, द्योतकाः, निपातत्वात्, उपसर्गवत्।' **वाचकत्वे इति**—यदि यह मान भी लिया जाय कि इवादिक वाचक होते हैं तो भी 'सम्पूर्ण पद वाचक होता है' इस मत में तथा 'प्रकृति और प्रत्यय अपने अपने अर्थों का पृथक् पृथक् बोधन करते हैं' इस मत में 'वति' आदिक और 'क्यङ्' आदिक प्रत्ययों का कोई भेद नहीं है। दोनों ही समान हैं।

यच्चेति—यह जो कोई कहते हैं कि 'वति' आदि प्रत्ययों का इवादि शब्दों के अर्थ में विधान होता है और क्यङ् आदि आचारादि अर्थ में होते हैं, वह भी ठीक नहीं, क्योंकि क्यङ् आदिक केवल आचार अर्थ में होते हों सो बात नहीं है। वे सादृश्यविशिष्ट आचार अर्थ में होते हैं। इसलिये जैसी सादृश्य की प्रतीति वति कल्पप् आदि प्रत्ययों से होती है वैसे ही क्यङ् आदिकों से भी होती है। इनमें कोई भिन्नता नहीं है। अतः 'वति' और 'कल्पप्' की तरह क्यङादि में भी वाचकलुप्ता नहीं हो सकती, धर्मलुप्ता ही होती है। इस प्रकार धर्म के लोप (अग्रहण) में दस प्रकार की लुप्ता उपमा होती है। **उपमानेति**—उपमान के अनुपादान = अग्रहण अर्थात् लोप में दो प्रकार की उपमानलुप्ता होती है। एक वाक्यगत, दूसरी समासगत। उदाहरण-**तस्या इति**—उसके मुख और नेत्रों के समान रमणीय वस्तु कोई नहीं है।

अत्रेति—यहाँ मुख और नेत्र का प्रतिनिधि (सदृश) दूसरी वस्तुयें प्रतीत तो होती हैं, परन्तु उनका कथन नहीं किया है, अतः यहाँ उपमान का लोप जानना। 'मुखेन सदृशं रम्यं नास्ते' यह वाक्यगत उदाहरण है और 'नयनतुल्यं' इत्यादि समासगत है।

प्रश्न—जब उक्त पद्य में 'सदृशं नास्ते' (सदृश है ही नहीं) यह साफ कहा है तो फिर सदृश वस्तु की प्रतीति कैसे होती है? यदि सत्ता का निषेध करने पर भी उस वस्तु की प्रतीति होने लगे तब तो 'शशशृङ्गं नास्ति' (खरगोश के सींग नहीं) यह कहने पर भी उसके सींगों की प्रतीति होने लगेगी!। **उत्तर**—वस्तुतः उपमानलुप्ता के उदाहरण वे ही हो सकते हैं जहाँ उपमान के ज्ञान का निषेध हो। जहाँ उसकी सत्ता का निषेध हो

इत्यत्र 'मुखं यथेदं' 'नयनतुल्यं' इत्यत्र 'दृगिव' इति पाठे श्रौत्यपि संभवतीत्यनयोर्भेदयोः प्रत्येकं श्रौत्यार्थीत्वभेदेन चतुर्विधत्वसंभवेऽपि प्राचीनानां रीत्या द्विप्रकारत्वमेवोक्तम्।

औपम्यवाचिनो लोपे समासे क्विपि च द्विधा ॥२०॥ क्रमेणोदाहरणम्—

'वदनं मृगशावाक्ष्या सुधाकरमनोहरम्।' 'गर्दभति श्रुतिपरुषं व्यक्तं निनदन्महात्मनां पुरतः'

अत्र 'गर्दभति' इत्यत्रौपम्यवाचिनः क्विपो लोपः। न चेहोपमेयस्यापि लोपः। 'निनदन्' इत्यनेनैव निर्देशात्।

द्विधा समासे वाक्ये च लोपे धर्मोपमानयोः।

वे इसके उदाहरण नहीं होते, अतएव लक्षण में **'उपमानानुपादाने'** यह कहा है **'उपमानासत्तायां'** यह नहीं कहा। इसलिए उक्त उदाहरण को यों बनना चाहिये—**'तस्या मुखेन सदृशं रम्यं नाऽलोकि नापि नयनाभम्'** अर्थात् अबतक न तो उस के मुख के सदृश रमणीय कोई वस्तु दीखी है और न उसके नयनों के समान मनोहर कुछ दीखा है। इससे यह प्रतीत होता है कि हमने उतना रमणीय कुछ नहीं देखा है। यह सम्भव है कि कहीं छिपी हुई अत्यन्त उत्कृष्टगुणयुक्त कोई वस्तु उसके सदृश निकल आये। सारा संसार तो हमने देख ही नहीं डाला है। इस कथन में सदृश वस्त्वन्तर की प्रतीति है, परन्तु यदि **'सदृशं नास्ते'** कहकर सदृश की सत्ता का ही निषेध कर देंगे तो फिर उपमान की प्रतीति होना कठिन है। सदृश की सत्ता का अभाव अनन्वयालङ्कार का विषय होता है, उपमा का नहीं। यद्वा मूलोक्त उदाहरण में ही **'ज्ञायमानम्'** पदका अध्याहार करके इसे उपमानलुप्ता का उदाहरण बना लेना। **'तस्या मुखेन सदृशं रम्यं ज्ञायमानम् नास्ते'** इत्यादि। अर्थात् उसके मुखके सदृश कोई रमणीय वस्तु ज्ञायमान नहीं है, अज्ञायमान शायद हो। **अत्रैव चेत**—इसी उक्त उदाहरण में यदि **'मुखेन सदृशं'** के स्थान पर **'मुखं यथेदं'** ऐसा पाठ कर दिया जाय और **'नयनतुल्यम्'** की जगह **'दृगिव'** रख दिया जाय तो ये ही उदाहरण श्रौती के भी हो सकते हैं। यद्यपि श्रौती, आर्थी भेद से उक्त दोनों (वाक्यगत उपमानलुप्ता और समासगत उपमानलुप्ता) उपमाओं के चार भेद हो सकते हैं, परन्तु प्राचीनों की रीति के अनुसार दोही भेद यहाँ कहे हैं।

औपम्येति—औपम्यवाचक के लोप में उपमा के दो भेद होते हैं, एक समासगत दूसरा क्विप् प्रत्ययगत। समास का उदाहरण देते हैं—**वदनमिति**—मृगशावक (हिरन के बच्चे) के सदृश नेत्रवाली उस कामिनी का मुख चन्द्रमा के समान मनोहर है। यहाँ **'सुधाकरमनोहरम्'** यह समासगत वाचकलुप्ता का उदाहरण है। **'सुधाकर इव मनोहरम्'** इस विग्रह में **'उपमानानि सामान्यवचनैः'** इस सूत्र से समास होता है। इसमें उपमावाचक **'इव'** शब्द का लोप है। यद्यपि 'इव' शब्द का लोप यहाँ किसी सूत्र से नहीं होता, वैयाकरणों के मत में समास की शक्ति से और नैयायिकों के मत में लक्षणा से सादृश्य का बोधन होता है, लौकिक विग्रह में समास की शक्ति या लक्षणा का सूचन करने के लिये इव शब्द बोला जाता है, अलौकिक विग्रह में उसे नहीं रखते, **सुधाकर-सु मनोहर-सु**—ऐसा ही रखते हैं, तथापि सादृश्यवाचक शब्द के न होने से ही यहाँ वाचकलुप्ता मानी जाती है।

नैयायिक लोग समास में अपूर्व शक्ति नहीं मानते। वे यहाँ पूर्वपद (सुधाकर) को लक्षणा से स्वसदृश का बोधक मानते हैं, परन्तु वैयाकरण लोग शक्ति मानते हैं। इन दोनों मतों में यहाँ वाचकलुप्ता हो सकती है, क्योंकि औपम्यवाचक किसी शब्द का प्रयोग नहीं है। **मृगशावाक्ष्याः**—यह उदाहरण प्रकृत उपमा का नहीं है। यह वक्ष्यमाण त्रिलुप्ता का उदाहरण है।

गर्दभतीति—यह पुरुष महात्माओं के सामने कर्णकटु नाद करता हुआ गधे की तरह आचरण करता है। **'गर्दभ इव आचरति'** इस विग्रह में गर्दभ शब्द से आचार अर्थ में **'सर्वप्रातिपदिकेभ्यः क्विब्वा वक्तव्यः'** इस वार्तिक से क्विप् प्रत्यय होता है। उसका लोप सूत्रों से होता है, अतः यह शास्त्रकृत लोप है, ऐच्छिक नहीं। इस में गदर्भ उपमान है, पुरुष उपमेय है और कटुनाद साधारणधर्म है। औपम्यवाचक क्विप् प्रत्यय का यहाँ लोप है। **न चेति**—यहाँ उपमेय का भी लोप है, यह नहीं कह सकते, क्योंकि 'निनदन्' पद से उपमेय (कर्ता) का स्पष्ट निर्देश किया है।

द्विधेति—साधारण धर्म और उपमान इन दोनों के लोप में दो भेद होते हैं। एक समासगत धर्मोप-

'तस्या मुखेन' इत्यादौ 'रम्यम्' इति स्थाने 'लोके' इति पाठेऽनयोरुदाहरणम्।

क्विप्समासगता द्वेधा धर्मेवादिविलोपने ॥२१॥

उदाहरणम्—'विधवति मुखाब्जमस्याः' अत्र 'विधवति' इति मनोहरत्व-क्विप्प्रत्यययोर्लोपः। केचित्त्वत्राऽऽयप्रत्ययलोपमाहुः। 'मुखाब्जम्' इति च समासगा।

उपमेयस्य लोपे तु स्यादेका प्रत्यये क्यचि।

यथा—'अरातिविक्रमालोकविकस्वरविलोचनः। कृपाणोदग्रदोर्दण्डः स सहस्रायुधीयति ॥'

अत्र 'सहस्रायुधमिवात्मानमाचरति' इति वाक्ये उपमेयस्यात्मनो लोपः। न चेहौपम्यवाचकलोपः, उक्तादेव न्यायात्। अत्र केचिदाहुः—'सहस्रायुधेन सह वर्तत इति ससहस्रायुधः' स इवाचरतीति-वाक्यात्ससहस्रायुधीयतीति पदसिद्धौ विशेष्यस्य शब्दानुपात्तत्वादिहोपमेयलोपः-' इति, तन्न विचारसहम्, कर्तरि क्यचोऽनुशासनविरुद्धत्वात्।

धर्मोपमेयलोपेऽन्या यथा—

'यशसि प्रसरति भवतः क्षीरोदीयन्ति सागराः सर्वे।'

मानलुप्ता और दूसरी वाक्यगत धर्मोपमानलुप्ता। पूर्वोक्त **'तस्या मुखेन तुल्यम्'** इस उपमानलुप्ता के उदाहरण में यदि साधारण धर्म के वाचक 'रम्यम्' पद को निकाल दें और उस स्थान की पूर्ति के लिये (श्लोक बनाने के लिये) 'लोके' पद रख दें तो वे दोनों उदाहरण इसी धर्मोपमानलुप्ता के हो जायँगे। **क्विप्समासेति**—साधारण धर्म और उपमावाचक इवादिकों के लोप में क्विप् प्रत्ययगत और समासगत दो उपमायें होती हैं। **विधवतीति**—यहाँ 'विधुरिवाऽऽचरति' इस विग्रह में पूर्वोक्त वार्तिक से आचारार्थक क्विप् प्रत्यय होकर उसका शास्त्रकृत लोप हुआ है और मनोहरत्व रूप साधारणधर्म का अनुपादानरूप ऐच्छिक लोप है। **केचित्तु**—कोई यहाँ 'आय' प्रत्यय का लोप करते हैं (क्विप् का नहीं)। कलाप आदि व्याकरणों में क्विप् प्रत्यय के स्थान में आय प्रत्यय का लोप होता है। **मुखाब्जमिति**—'मुखम् अब्जमिव' इस विग्रह में **'उपमितं व्याघ्रादिभिः सामान्याप्रयोगे'** इस सूत्र से समास हुआ है। यहाँ सादृश्य का समास से बोध होता है, अतः पूर्वोक्त रीति से वाचक का लोप जानना और रमणीयत्वादि साधारण धर्म का यहाँ अनुपादान रूप लोप है। **उपमेयस्येति**—उपमेय के लोप में एक ही उपमा, क्यच् प्रत्यय में, होती है। उदाहरण **अरातीति**—शत्रुओं के पराक्रम के देखने से जिनके नेत्र प्रफुल्लित हो गये हैं और तलवार के ग्रहण करने से जिसका भुजदंड उदग्र (उत्कृष्ट या भीषण) हो रहा है वह राजा सहस्रायुध (इन्द्र) के सदृश दीखता है। यहाँ **'सहस्रायुधमिवाऽऽत्मानमाचरति'** इस विग्रह में उपमानवाचक द्वितीयान्त सहस्रायुध शब्द से **'उपमानादाचारे'** इस सूत्र से क्यच् प्रत्यय होता है। इसमें सहस्रायुध उपमान है, आत्मा उपमेय और विकस्वरविलोचनत्व तथा उदग्रदोर्दण्डत्व साधारण धर्म एवम् क्यच् प्रत्यय उपमावाचक है। यहां उपमेय 'आत्मा' का अनुपादान रूप लोप है। **'विष्णूयति द्विजम्'** की तरह 'सहस्रायुधीयत्यात्मानम्' ऐसा प्रयोग भी हो सकता है। **न चेति**—यहां उपमावाचक का लोप न समझना, क्योंकि क्यच् आदिकों का उपमावाचकत्व (सादृश्यविशिष्टाचारार्थकत्व) पहले कहा जा चुका है। मूल में 'न्याय' शब्द से इसी उक्त व्यवस्था का परामर्श किया है। **अत्र केचित्**—यहाँ कोई कहते हैं कि 'सहस्रायुधेन सह वर्त्तते' इस विग्रह में **'तेन सहेति तुल्ययोगे'** इस सूत्र से समास और **'वोपसर्जनस्य'** इस सूत्र से 'सह' को 'स' आदेश करने पर 'ससहस्रायुध' शब्द बनता है। उससे फिर **'ससहस्रायुध इवाचरति'** इस विग्रह में क्यच् प्रत्यय करने पर 'ससहस्रायुधीयति' यह पद सिद्ध होता है। इस प्रकार उपमेय के शब्द से अनुपात्त होने के कारण अर्थात् उपमेयवाचक कोई शब्द न होने से यहां उपमेय का लोप होता है। अभिप्राय यह है कि यहां 'सः' पद पृथक् नहीं है। वह 'तत्' शब्द का रूप नहीं, किन्तु सह के स्थान में 'स' आदेश है, अतः यहां उपमेय का अनुपादानरूप लोप है। उक्त मत का खण्डन करते हैं-**तन्नेति**—यह मत विचार करने पर नहीं टिक सकता, क्योंकि क्यच् प्रत्यय का कर्ता में होना 'अनुशासन'=शब्दानुशासन अर्थात् व्याकरण के विरुद्ध है। **धर्मोपमेयेति**—धर्म और उपमेय का लोप होने पर क्यच् प्रत्यय में एक उपमा होती है। उदाहरण-**यशसीति**—हे राजन्! आप के यश के विस्तृत होने पर सभी समुद्र क्षीरसागर के सदृश हो रहे हैं। अर्थात्

अत्र क्षीरोदमिवात्मानमाचरन्तीत्युपमेय आत्मा साधारणधर्मः शुक्लता च लुप्तौ।

त्रिलोपे च समासगा ॥ २२ ॥ यथा—'राजते मृगलोचना।'

अत्र मृगस्य लोचने इव चञ्चले लोचने यस्या इति समासे उपमाप्रतिपादकसाधारणधर्मोपमानानां लोपः।

तेनोपमाया भेदाः स्युः सप्तविंशतिसंख्यकाः।

पूर्णा षड्विधा, लुप्ता चैकविंशतिविधेति मिलित्वा सप्तविंशतिप्रकारोपमा। एषु चोपमाभेदेषु मध्येऽलुप्तसाधारणधर्मेषु भेदेषु विशेषः प्रतिपाद्यते—

एकरूपः क्वचित्क्वापि भिन्नः साधारणो गुणः ॥ २३ ॥
भिन्ने बिम्बानुबिम्बत्वं शब्दमात्रेण वा भिदा।

एकरूपे यथा उदाहृतम्—'मधुरः सुधावदधरः'—इत्यादि। बिम्बप्रतिबिम्बत्वे यथा—

'भल्लापवर्जितैस्तेषां शिरोभिः श्मश्रुलैर्महीम्। तस्तार सरघाव्याप्तैः स क्षौद्रपटलैरिव ॥'

अतिशुक्ल आपके यश ने सब समुद्रों को श्वेत कर दिया, अतः सभी दुग्धसागर मालूम होते हैं। **अत्रेति**—यहां **'क्षीरोदमिवात्मनमाचरन्ति'** इस विग्रह में उक्तरीति से क्यच् प्रत्यय होता है, अतः उपमेय (आत्मा) और साधारण धर्म (शुक्लता) का लोप अर्थात् अग्रहण है।

इस प्रकार एकलुप्ता और द्विलुप्ता का उदाहरण देकर अब त्रिलुप्ता का निरूपण करते हैं। **त्रिलोपे चेति**—तीन के लोप में एक ही समासगत उपमा होती है। उदाहरण—**राजत इति**--**अत्रेति**—(मृग के लोचनों के तुल्य चञ्चल लोचन हैं जिसके) इस विग्रह में यहाँ बहुव्रीहि समास होता है, अतः उपमानभूत 'लोचन' का और उपमावाचक 'इव' पदका, एवम् साधारण धर्म के वाचक 'चञ्चल' पद का लोप हुआ है। यह लोप किसी सूत्र से नहीं होता, अग्रहण रूप है। समास की शक्ति से ही सब का बोध हो जाता है। यहाँ ज्ञापकसिद्ध व्यधिकरणबहुव्रीहि समास है। उपसंहार करते हैं—**तेनेति**—इस कारण उपमा के सत्ताईस भेद होते हैं। छः प्रकार की पूर्णोपमा और इक्कीस प्रकार की लुप्तोपमा (दस प्रकार की धर्मलुप्ता, दो प्रकार की उपमानलुप्ता, दो प्रकार की वाचकलुप्ता, दो प्रकार की धर्मोपमानलुप्ता, दो प्रकार की धर्मवाचकलुप्ता और एक एक प्रकार की उपमेयलुप्ता एवम् धर्मोपमेयलुप्ता और त्रिलुप्ता होता है। ये सब मिलकर इक्कीस) होती हैं। **एषु चेति**--इन उपमाओं के जिन भेदों में साधारण धर्म का लोप नहीं होता उनमें कुछ और विशेष (भेद) दिखाते हैं—**एकरूप इति**—उपमाओं में उपमान और उपमेय का साधारण गुण कहीं एक स्वरूप अथवा एकजातीय होता है और कहीं भिन्न होता है। जहां भिन्न होता है वहां या तो बिम्बप्रतिबिम्ब-भाव रहता है या शब्दमात्र से भेद होता है। अर्थ में कुछ भिन्नता नहीं होती है। गुणों के विषय में दो मत है। कोई तो कहते हैं गुण एक ही हैं। शुक्ल आदि रूप और मधुर आदि रस सम्पूर्ण शुक्लवर्णयुक्त तथा मधुररस युक्त द्रव्यों में एक ही होता है। जो शुक्ल गुण दूध में है वही शंख और बरफ में भी है। गुण तो एक ही है, परन्तु इनकी सफेदी में जो भेद प्रतीत होता है वह औपाधिक है, वास्तविक नहीं। जैसे तेल तलवार और शीशे में यदि मुँह देखा जाय तो परस्पर भिन्नता प्रतीत होगी। चमकती हुई तलवार में जैसा मुख का प्रतिबिम्ब दीखा है, दर्पण में उससे कुछ विलक्षण दीखेगा। मुख वही है, परन्तु तेल, तलवार और दर्पण रूप उपाधि के भिन्न होने से भिन्न सा प्रतीत होता है। इसी प्रकार शुक्ल आदिक गुण भी, अभिन्न होने पर भी, आश्रय भेद से भिन्न प्रतीत होते हैं। दूसरा मत है कि प्रत्येक द्रव्य के गुण भिन्न हैं। मुनक्के की मधुरता गुड़ और शहद की मधुरता से भिन्न है। हम चाहें शब्द से उसे न कह सकें, परन्तु अनुभव से यह बात सिद्ध है कि दूध का मिठास गन्ने के मिठास से भिन्न है। यह बात 'भामती' में सर्वतन्त्र स्वतंत्र श्रीवाचस्पति मिश्र ने भी कही है। **'द्राक्षामाक्षिकक्षीरेक्षुप्रभृतिषु स्फुटमनुभूयमाना अपि मधुरिमभेदाः न शक्याः सरस्वत्यापि शब्दैराख्यातुम्'** इन्हीं दोनों मतों के अनुसार प्रकृत कारिका में 'एकरूप' पद के 'एक स्वरूप' और 'एकजातीय' ये दोनों अर्थ होते हैं। **एकरूपे यथेति**—एक रूप का उदाहरण जैसे 'मधुरः' इत्यादि पूर्वोक्त पद्य। बिम्बप्रतिबिम्बभाव का उदाहरण जैसे--**भल्लेति**—मधुमक्षिकाओं

अत्र 'श्मश्रुलैः' इत्यस्य 'सरघाव्याप्तैः' इति दृष्टान्तवत्प्रतिबिम्बनम्। शब्दमात्रेण भिन्नत्वे यथा—

'स्मेरं विधाय नयनं विकसितमिव नीलमुत्पलं मयि सा।
कथयामास कृशाङ्गी मनोगतं निखिलमाकूतम्॥'

अत्रैके एव स्मेरत्वविकसितत्वे प्रतिवस्तूपमावच्छब्देन निर्दिष्टे।

एकदेशविवर्तिन्युपमा वाच्यत्वगम्यत्वे॥२४॥
भवेतां यत्र साम्यस्य यथा—

'नेत्रैरिवोत्पलैः पद्मैर्मुखैरिव सरःश्रियः। पदे पदे विभान्ति स्म चक्रवाकैः स्तनैरिव॥'

अत्रोत्पलादीनां नेत्रादीनां सादृश्यं वाच्यं, सरःश्रीणां चाङ्गनासाम्यं गम्यम्।

कथिता रशनोपमा।
यथोर्ध्वमुपमेयस्य यदि स्यादुपमानता॥२५॥ यथा—

'चन्द्रायते शुक्लरुचापि हंसो, हंसायते चारुगतेन कान्ता।
कान्तायते स्पर्शसुखेन वारि, वारीयते स्वच्छतया विहायः॥'

मालोपमा यदेकस्योपमानं बहु दृश्यते। यथा—

'वारिजेनेव सरसी शशिनेव निशीथिनी। यौवनेनेव वनिता नयेन श्रीर्मनोहरा॥'

से व्याप्त मौहाल के छत्तों के समान, भल्ल नामक बाणों से कटे हुए, उन यवनों के, दढ़ियल सिरों से रघु ने पृथ्वी को पाट दिया। रघु ने युद्ध में लम्बी चौड़ी डाढ़ियों से युक्त यवनों के बड़े बड़े सिर काट गिराये। वे ऐसे मालूम होते थे जैसे मक्खियों से भरे मौहाल के छत्ते पड़े हों। यहाँ सिर उपमेय, क्षौद्र पटल उपमान और इव शब्द उपमावाचक है। यहाँ साधारण धर्म भिन्न है, एक नहीं। क्षौद्र पटलों में 'सरघाव्याप्तत्व' है और मुखों में 'श्मश्रुलत्व' है। मुँह पर मक्खियाँ नहीं और छत्तों पर डाढ़ी नहीं। यद्यपि उपमान और उपमेय का धर्म एक नहीं है, तथापि श्यामत्व आदि साधर्म्य से सरघा और श्मश्रु आपस में बिम्ब-प्रतिबिम्बभाव से प्रतीत होते हैं। **अत्रेति**—यहाँ दृष्टान्तालंकार की तरह उपमानोपमेय का सादृश्य प्रतिबिम्बित होता है। 'बिम्ब' अर्थात् सादृश्य के 'अनुबिम्बत्व' अर्थात् प्रणिधानगम्यत्व को 'बिम्बानुबिम्बत्व' कहते हैं। जहाँ सादृश्य प्रणिधान से गम्य हो अर्थात् ध्यान देने से प्रतीत होता हो, स्पष्ट शब्दों से न कहा गया हो (जैसे सरघाव्याप्त और श्मश्रुल में है) वहाँ 'बिम्बानुबिम्बत्व' होता है। शब्दमात्र से भेद का उदाहरण देते हैं। **स्मेरमिति**—खिले हुए नीले कमल के समान प्रफुल्ल नेत्र से मेरी ओर देखकर उस कृशतनु कामिनी ने अपने मन का सभी भाव प्रकाशित कर दिया। **अत्रैके इति**—यहाँ स्मेरत्व और विकसितत्व एक ही है, भिन्न धर्म नहीं। प्रतिवस्तूपमालंकार की तरह यहाँ उसका दो शब्दों से निर्देश किया गया है। वस्तुतः संख्यावाचक 'एक' शब्द से द्विवचन नहीं हुआ करता, अतः यहाँ मूल का पाठ अशुद्ध है। यदि **'एकमेव स्मेरत्वं विकसितत्वञ्च'** ऐसा पाठ होता तो ठीक होता। **एकदेशेति**—जिस वाक्य में किसी का साधारण धर्म वाच्य हो और किसी का गम्य अर्थात् प्रतीयमान हो वहाँ एकदेशविवर्त्तिनी उपमा होती है। जैसे—**नेत्रैरिवेति**—नेत्रों के तुल्य नील कमलों, मुखों के सदृश रक्त कमलों और स्तनों के समान चक्रवाकों (चकवों) से सरोवरों की लक्ष्मी शरद् ऋतु में पद पद पर सुशोभित हो रही थीं। **अत्रेति**—यहाँ उत्पल (नील कमल) आदिकों का नेत्रादिकों के साथ साधर्म्य 'इव' से वाच्य है और सरोवर लक्ष्मियों का सुन्दरियों के साथ साधर्म्य गम्य है। मुख, नेत्र और स्तनों की उपमा देने से सरोवरश्री का नायिकात्व प्रतीत होता है। **कथितेति**—उपमेय जहाँ उत्तरोत्तर वाक्यों में उपमान हो जावे वहाँ रशनोपमा कहाती है। जैसे—**चन्द्रायत इति**—शरद् में शुक्ल कान्ति से युक्त हंस चन्द्रमा जैसा मालूम होता है और रमणीय गमन से युक्त कामिनी हंस जैसी प्रतीत होती है। एवम् स्पर्श में सुखकर होने के कारण जल कामिनी के सदृश मालूम होता है और स्वच्छता के कारण आकाश जलके सदृश दीखता है। **मालेति**—जहाँ एक उपमेय के अनेक उपमान हों वहाँ मालोपमा होती है। उदाहरण **वारिजेनेति**—जैसे कमलों से सरसी (सरोवर) मनोहर होती है, चन्द्रमा से निशा मनोहर होती है और यौवनोद्गम से कामिनी मनोहर होती है, इसी प्रकार नय अर्थात् सुनीति

क्वचिदुपमानोपमेययोर्द्वयोरपि प्रकृतत्वं दृश्यते—

'हंसश्चन्द्र इवाभाति जलं व्योमतलं यथा। विमलाः कुमुदानीव तारकाः शरदागमे॥'

'अस्य राज्ञो गृहे भान्ति भूपानां ता विभूतयः। पुरन्दरस्य भवने कल्पवृक्षभवा इव॥'

अत्रोपमेयभूतविभूतिभिः 'कल्पवृक्षभवा इव' इत्युपमानभूता विभूतय आक्षिप्यन्त इत्याक्षेपोपमा। अत्रैव 'गृहे' इत्यस्य 'भवने' इत्यनेन प्रतिनिर्देशात्प्रतिनिर्देशोपमा इत्यादयश्च न लक्षिताः। एवंविधवैचित्र्यस्य सहस्रधा दर्शनात्।

उपमानोपमेयत्वमेकस्यैव त्वनन्वयः॥ २६॥ अर्थादेकवाक्ये।

यथा—'राजीवमिव राजीवं, जलं जलमिवाजनि। चन्द्रश्चन्द्र इवातन्द्रः शरत्समुदयोद्यमे॥'

अत्र राजीवादीनामनन्यसदृशत्वप्रतिपादनार्थमुपमानोपमेयभावो वैवक्षिकः। 'राजीवमिव पाथोजम्' इति चास्य लाटानुप्रासाद्विविक्तो विषयः। किंत्वत्रोचितत्वादेकशब्दप्रयोग एव श्रेयान्। तदुक्तम्—

से राज्यश्री मनोहर होती है। यहां एक राज्यश्री के तीन उपमान हैं। **क्वचिदिति**--कहीं उपमान और उपमेय दोनों ही प्रकृत दीखते हैं। जैसे—**हंस इति**--शरद् ऋतु के आगमन में हंस चन्द्रमा के समान सुशोभित होता है और जल गगन के तुल्य मनोहर दीखता है एवम् निर्मल तारागण कुमुदों के सदृश दीखते हैं। यहाँ उपमान तथा उपमेय दोनों ही प्रस्तुत हैं। **अस्येति**--इस राजा के घर में भेंट या कर रूप से आई हुई अन्य राजाओं की सम्पत्तियां इस प्रकार सुशोभित होती हैं जैसे इन्द्र के घर में कल्पवृक्ष से उत्पन्न हुई (सम्पत्तियां) हों। **अत्रेति**—यहां उपमेय **'विभूति' है**, अतः 'कल्पवृक्षभवा इव' इस उपमान में भी विभूतियों का आक्षेप होता है। विभूति का उपमान विभूति ही हो सकती है, अतः 'कल्पवृक्षभवा' पद से भी विभूति ही ली जाती है। इस प्रकार आक्षेप होने से इसे आक्षेपोपमा कह सकते हैं। और इसी पद्य में 'गृहे' का उत्तर वाक्य में 'भवने' पद से प्रतिनिर्देश किया गया है, अतः इसे प्रतिनिर्देशोपमा भी कह सकते हैं, परन्तु हमने इनके लक्षण नहीं लिखे, क्योंकि इस प्रकार की विचित्रतायें तो हजारों तरह से हो सकती हैं—कहाँ तक गिनायेंगे। **उपमानेति**—एक वाक्य में एक ही वस्तु को उपमान और उपमेय बनाने से अनन्वय अलङ्कार होता है। दो वाक्यों में एक ही वस्तु की उपमानता और उपमेयता के होने पर रशनोपमा और उपमेयोपमा कही है, अतः अनन्वय में एक वाक्यगतत्व अर्थतः सिद्ध है। उदाहरण—**राजीवमिति**--शरद् ऋतु के भले प्रकार उदय होने पर कमल, कमल ही की तरह रमणीय हो गया और जल जल ही जैसा सुन्दर बन गया एवं चन्द्रमा भी चन्द्रमा ही के तुल्य अतन्द्र=तन्द्रा रहित अर्थात् कान्तियुक्त हो गया। यहां प्रत्येक वस्तु अपनी ही तरह बताई गई है, अतः यह अनन्वयालङ्कार है। **अत्रेति**--यद्यपि विना दो वस्तु हुए उपमानोपमेय भाव नहीं बन सकता। उपमा सादृश्य में होती है और सादृश्य दो भिन्न वस्तुओं के समान धर्म होने पर होता है अतः वही वस्तु अपने ही सदृश हो, यह ठीक नहीं, तथापि यहां (अनन्वयालङ्कार में) किसी वस्तु को अनन्य सदृश (अनुपम) बतलाने के लिये काल्पनिक उपमानोपमेयभाव मान लिया जाता है। राजीव के सदृश और कोई वस्तु है ही नहीं, यह सूचन करने के लिये, काल्पनिक भेद मानकर 'राजीवमिव राजीवम्' कहा जाता है। 'कमल, कमल के ही तुल्य है' अर्थात् और कोई उसके तुल्य नहीं। यदि यहां एक ही अर्थ का दो पर्यायवाचक पदों से कथन करें, एक ही शब्द न बोलें, जैसे—'राजीवमिव पाथोजम्' तो भी अनन्वयालङ्कार रहेगा, क्योंकि पद दो होने पर भी, एक ही अर्थ की उपमानोपमेयता, जो प्रकृत अलङ्कार का प्रयोजक है, बराबर बनी रहती है। यही इसके अर्थालङ्कार का प्रमाण है। उक्त परिवर्त्तन में लाटानुप्रास नहीं हो सकता, क्योंकि उसे एक से ही शब्द चाहिये। यही लाटानुप्रास और अनन्वय की विषय विवेचना है। किन्तु औचित्य के कारण अनन्वय में एक ही शब्द का बोलना अच्छा समझा जाता है। तात्पर्य यह है कि हम यदि एक ही वस्तु को दो शब्दों से कहते हैं तो उसमें कुछ भिन्नता सी प्रतीत होने लगती है, अतः जहां अभिन्नता सूचन करनी होती है वहां उसी शब्द का प्रयोग करते हैं। **'कमल पद्म के सदृश है'** इस कथन में उस प्रकार का अभेद नहीं प्रतीत होता जैसा **'कमल कमल के ही सदृश है'** इस कथन से होता है, अतः यहां उचित यही है कि उसी शब्द का प्रयोग किया जाय, किन्तु अनन्वय के लिये यह एक शब्द प्रयोग आवश्यक नहीं है, क्योंकि, इसके बिना भी वह उक्त प्रकार से हो सकता

'अनन्वये च शब्दैक्यमौचित्यादानुषङ्गिकम्। अस्मिंस्तु लाटानुप्रासे साक्षादेव प्रयोजकम्॥' इति।

पर्यायेण द्वयोरेतदुपमेयोपमा मता।

एतदुपमानोपमेयत्वम्। अर्थाद्वाक्यद्वये। यथा—

'कमलेव मतिर्मतिरिव कमला, तनुरिव विभा, विभेव तनुः।
धरणीव धृतिर्धृतिरिव धरणी सततं विभाति बत यस्य॥'

अत्रास्य राज्ञः श्रीबुद्ध्यादिसदृशं नान्यदस्तीत्यभिप्रायः।

सदृशानुभवाद्वस्तुस्मृतिः स्मरणमुच्यते ॥२७॥ यथा—

'अरविन्दमिदं वीक्ष्य खेलत्खञ्जनमञ्जुलम्। स्मरामि वदनं तस्याश्चारु चञ्चललोचनम्॥'

'मयि सकपटं—' इत्यादौ च स्मृतेः सादृश्यानुभवं विनोत्थापितत्वान्नायमलंकारः। राघवानन्दमहापात्रास्तु वैसादृश्यात्स्मृतिमपि स्मरणालंकारमिच्छन्ति। तत्रोदाहरणं तेषामेव यथा—

शिरीषमृद्वी गिरिषु प्रपेदे यदा यदा दुःखशतानि सीता।
तदा तदास्याः सदनेषु सौख्यलक्षाणि दध्यौ गलदश्रु रामः॥'

रूपकं रूपितारोपो विषये निरपह्नवे।

है, परन्तु लाटानुप्रास के लिये यह बात नहीं, उसके लिये एक शब्द प्रयोग ही आवश्यक है। इस प्रकार इन दोनों अलङ्कारों का विषय विभिन्न है, अतएव इनमें बाध्य बाधक भाव (जो समान विषय में हुआ करता है) भी नहीं। इसलिये उक्त उदाहरण में लाटानुप्रास और अनन्वय दोनों ही रह सकते हैं। इसका कोई विरोध नहीं। एक शब्द में रहेगा, दूसरा अर्थ में। उक्त कथन में प्रमाण देते हैं। **तदुक्तम्। अनन्वये इति**—अनन्वय में शब्द की एकता औचित्य के कारण आनुषङ्गिक अर्थात् प्रासाङ्गिक या गौण है, किन्तु इस लाटानुप्रास में तो वही साक्षात् प्रयोजक है। उसके विना यह हो ही नहीं सकता।

पर्यायेणेति—दो पदार्थों की जहाँ उपमानोपमेयता पर्याय (क्रम) से हो अर्थात् एक वाक्य में जो उपमान है वह अगले में उपमेय हो जाय और पहले में जो उपमेय था वह दूसरे में उपमान बन जाय तो वहाँ उपमेयोपमा नामक अलंकार होता है। इसमें वाक्यद्वय होना अर्थतः सिद्ध है। जैसे—**कमलेति**—उस राजा की राज्यश्री उतनी ही सुशोभित होती है जितनी उसकी बुद्धि और बुद्धि भी उतनी ही विभासित होती है जितनी उसकी राज्यश्री। इसी प्रकार जिसकी देह, कान्ति की तरह और कान्ति, देह की तरह, एवम् पृथिवी, धृति (धैर्य) की तरह और उसकी धृति, पृथ्वी की तरह विभासित होती हैं। **अत्रेति**—यहाँ यह अभिप्राय निकलता है कि इस राजा की श्री और बुद्धि के सदृश और कुछ नहीं है। अनन्वय में दूसरी वस्तु का व्यवच्छेद फलित होता है और उपमेयोपमा में तीसरी सदृश वस्तु का व्यवच्छेद फलित होता है। यही इन दोनों का परस्पर भेद है।

सदृशेति—किसी सदृश वस्तु के स्मरण का वर्णन करने से स्मरणालङ्कार होता है। जैसे—**अरविन्दमिति**—खेलते हुए खञ्जनों से रमणीय इस कमल को देखकर मुझे चञ्चल लोचनों से युक्त उसके सुन्दर मुख का स्मरण होता है। यहाँ अरविन्दको देखकर मुखारविन्द की याद आने से स्मरणालङ्कार है। 'मयि सकपटम्' इत्यादि पूर्वोक्त पद्य में यह अलंकार नहीं है, क्योंकि वहाँ सदृश वस्तु के अनुभव से स्मृति नहीं हुई। **राघवेति**—राघवानंद महापात्र तो विरुद्ध वस्तु के अनुभव से उत्पन्न हुए स्मरण को भी स्मरणालंकार मानते हैं। इसका उदाहरण भी उन्हीं का बनाया हुआ है, जैसे—**शिरीषेति**—सिरस के फूल के समान कोमलाङ्गी सीता पहाड़ों में जब जब सैंकड़ों दुःख पाती थी तब तब श्रीरामचन्द्रजी आँसू बहाते हुए, राजमहलों में होनेवाले उसके लाखों सुखों का अनुध्यान (स्मरण) करते थे कि यह सुकुमारी जो राजमहलों में इस प्रकार सुख पाती थी वह यहाँ अब ऐसे कष्ट भोग रही है। यहाँ दुःखों को देखकर सुखों की याद आई है, अतः विरुद्ध के अनुभव से विरुद्ध का स्मरण हुआ है।

रूपकमिति—निरपह्नव अर्थात् निषेधरहित विषय (उपमेय) में रूपित (अपह्नवभेद उपमान) के आरोप को रूपक अलंकार कहते हैं। जहाँ भेदरहित उपमान का उपमेय में आरोप हो, परन्तु उपमेय के स्वरूप

'रूपित—' इति परिणामाद् व्यवच्छेदः। एतच्च तत्प्रस्तावे विवेचयिष्यामः। 'निरपह्नवे' इत्यपह्नुतिव्यवच्छेदार्थम्।

तत्परम्परितं साङ्गं निरङ्गमिति च त्रिधा ॥२८॥ तद् रूपकम्। तत्र—

यत्र कस्यचिदारोपः परारोपणकारणम्। तत्परम्परितं श्लिष्टाश्लिष्टशब्दनिबन्धनम् ॥२९॥
प्रत्येकं केवलं मालारूपं चेति चतुर्विधम्।

तत्र श्लिष्टशब्दनिबन्धनं केवलपरम्परितं यथा—

'आहवे जगदुद्दण्डराजमण्डलराहवे। श्रीनृसिंहमहीपाल, स्वस्त्यस्तु तव बाहवे॥'

अत्र राजमण्डलं नृपसमूह एव चन्द्रबिम्बमित्यारोपो राजबाहो राहुत्वारोपे निमित्तम्। मालारूपं यथा—

'पद्मोदयदिनाधीशः सदागतिसमीरणः। भूभृदावलिदम्भोलिरेक एव भवान्भुवि॥'

अत्र पद्मायाः उदय एव पद्मानामुदयः, सतामागतिरेव सदागमनम्, भूभृतो राजान एव पर्वता इत्याद्यारोपो राज्ञः सूर्यत्वाद्यारोपे निमित्तम्।

अश्लिष्टशब्दनिबन्धनं केवलं यथा—

का निषेधक कोई शब्द न हो वहाँ रूपक होता है। 'रूपित' यह पद परिणाम से भेद करने के लिये कहा है। इस बात का परिणाम के प्रकरण में विवेचन करेंगे। 'निरपह्नवे' यह अपह्नुति से भेद करने के लिये कहा गया ह। अपह्नुति में उपमेय का निषेधक कोई शब्द अवश्य रहता है, जैसे--'नेदं नभोमण्डलमम्बुराशिः'-यहाँ 'न' पद है। रूपक के भेद दिखाते हैं— तदिति—वह रूपक तीन प्रकार का होता है। एक परम्परित, दूसरा सांग और तीसरा निरंग। उनमें से—यत्रेति--जहाँ किसी का आरोप दूसरे के आरोप का कारण हो, वह परम्परित रूपक होता है। वह दो प्रकार का है। एक श्लिष्टशब्दनिबन्धन जो अनेकार्थक शब्दों के कारण उत्पन्न हुआ हो, दूसरा अश्लिष्टशब्दनिबन्धन जो एकार्थक शब्दों से ही उत्पन्न हुआ हो। उक्त दोनों प्रकार का परम्परित रूपक, 'केवल-रूपक' भी होता है और 'माला-रूपक' भी। जहाँ एक ही आरोप दूसरे आरोप का कारण हो वह 'केवल परम्परित' कहाता है। एवम् जहाँ अनेक आरोप अनेक अन्य आरोपों के कारण हों वहाँ 'मालापरम्परित' होता है। श्लिष्ट शब्द मूलक केवल परम्परित का उदाहरण दिखाते हैं। **आहवे इति**—हे नृसिंह महीपते, रण में जगत् के उद्दण्ड राजमण्डल (चन्द्रमण्डलरूप नृपमण्डल) के लिये राहु रूप तुम्हारे बाहु का कल्याण हो। **अत्रेति**—यहाँ राजपद चन्द्रमा और नरेश दोनों का वाचक होने से श्लिष्ट है। उसी के कारण नरपतियों के मण्डल में चन्द्रमण्डलत्व का आरोप किया गया है। यही आरोप बाहु के आरोप का कारण है। राजाओं का जब चन्द्रमा मान लिया गया तभी तो बाहु को राहु मानने से उसका दमनकारित्व सिद्ध होता है, अन्यथा बाहु को राहु कहना व्यर्थ ही है। जब राजा लोग चन्द्रमा हैं तभी उनके दमन करनेवाले को राहु कहना ठीक होता है। यहाँ एक (राजाओं में चन्द्रत्व का) आरोप, दूसरे (बाहु में राहुत्व के) आरोप का कारण है, अतः यह श्लिष्टशब्दमूलक 'केवल परम्परित' रूपक है। श्लिष्टशब्द मूलक 'मालापरम्परित' रूपक का उदाहरण— **पद्मोदयेति**—हे राजन् पद्मा (लक्ष्मी) के उदयरूप पद्मोदय (कमलोदय) के लिए सूर्यरूप और सज्जनों के आगमनरूप सदागति (सदा चलने) के लिये वायु स्वरूप एवम् राजपंक्तिरूप पर्वत पंक्ति के लिये वज्ररूप आप पृथ्वी में एक ही हैं। यहाँ पद्मोदय पद श्लिष्ट है। इसमें से पद्म और पद्मा दोनों निकलते हैं। इसी श्लेष के कारण लक्ष्मी के उदय को कमलोदय का रूपक दिया गया है और यह रूपक राजा में सूर्यत्व के आरोप का कारण है, अतः यह श्लिष्टशब्द निबन्धन परम्परित रूपक हुआ। यहाँ 'उदय' शब्द भी श्लिष्ट है। कमलों के पक्ष में 'उदय' का अर्थ है 'विकास' और लक्ष्मी के पक्ष में इसका अर्थ है 'वृद्धि'। इसी प्रकार 'सदागति' पद से 'सतामागतिः' और 'सदागमनम्' ये दोनों अर्थ निकलते हैं। अतएव पहले अर्थ पर दूसरे का आरोप और उसके कारण राजा पर वायुत्वारोप सिद्ध होता है। एवम् 'भूभृत्' शब्द राजा और पर्वत दोनों का वाचक है, इससे राजाओं पर पर्वतत्व का आरोप करके प्रकृत राजा पर उनका शासक होने के कारण बज्रत्व का आरोप होता है। यहाँ अनेक आरोपों के कारण हैं, अतः यह मालारूपक है। अश्लिष्ट शब्द मूलक केवल रूपक का उदा-

'पान्तु वो जलदश्यामाः शार्ङ्गज्याघातकर्कशाः। त्रैलोक्यमण्डपस्तम्भाश्चत्वारो हरिबाहवः ॥'

अत्र त्रैलोक्यस्य मण्डपत्वारोपो हरिबाहूनां स्तम्भत्वारोपे निमित्तम्। मालारूपं यथा—

'मनोजराजस्य सितातपत्रं श्रीखण्डचित्रं हरिदङ्गनायाः।
विराजते व्योमसरःसरोजं कर्पूरपूरप्रभमिन्दुबिम्बम् ॥'

अत्र मनोजादे राजत्वाद्यारोपश्चन्द्रबिम्बस्य सितातपत्रत्वाद्यारोपे निमित्तम्। 'तत्र च राजभुजादीनां राहुत्वाद्यारोपो राजमण्डलादीनां चन्द्रमण्डलत्वाद्यारोपे निमित्तम्' इति केचित्।

अङ्गिनो यदि साङ्गस्य रूपणं सांगमेव तत् ॥३०॥

समस्तवस्तुविषयमेकदेशविवर्ति च। तत्र—

आरोप्याणामशेषाणां शाब्दत्वे प्रथमं मतम् ॥३१॥

प्रथमं समस्तवस्तुविषयम्। यथा—

'रावणावग्रहक्लान्तमितिवागमृतेन सः। अभिवृष्य मरुत्सस्यं कृष्णमेघस्तिरोदधे ॥'

अत्र कृष्णस्य मेघत्वारोपे वागादीनाममृतत्वादिकमारोपितम्।

यत्र कस्यचिदार्थत्वमेकदेशविवर्ति तत्। कस्यचिदारोप्यमाणस्य। यथा—

'लावण्यमधुभिः पूर्णमास्यमस्या विकस्वरम्। लोकलोचनरोलम्बकदम्बैः कैर्न पीयते ॥'

अत्र लावण्यादौ मधुत्वारोपः शाब्दः, मुखस्य पद्मत्वाद्यारोप आर्थः। न चेयमेकदेशविवर्तिन्युपमा। विकस्वरत्वधर्मस्यारोप्यमाणे पद्मे मुख्यतया वर्तमानत्वान्मुखे चोपचरितत्वात्।

हरण—पान्तु—इति—मेघ के सदृश श्याम, शार्ङ्ग धनुष की प्रत्यञ्चा के आघात से कर्कश और त्रैलोक्यरूप मण्डप के स्तम्भस्वरूप विष्णु के चारों भुजदण्ड आपकी रक्षा करें। **अत्रेति**—यहाँ त्रैलोक्य में मण्डपत्व का आरोप, हरिबाहुओं में स्तम्भत्व के आरोप का कारण है। अश्लिष्टशब्दमूलक मालारूप जैसे **मनोजेति**—कामदेवरूप राजा का श्वेतच्छत्रस्वरूप और पूर्वदिशारूप कामिनी का चन्दन तिलकरूप एवम् आकाशरूप सरोवर का सरोजरूप यह कर्पूर के महापिण्ड के समान चन्द्रमण्डल सुशोभित हो रहा है। यहाँ कामदेवादिकों में राजत्वादि का आरोप चन्द्रमा में सितच्छत्रत्व आदि आरोपों का कारण है। **तत्र चेति**—'आहवे' इत्यादि पूर्वोक्त पद्य में राजभुज में राहुत्व का आरोप नृपमण्डल के चन्द्रमण्डलत्वारोप का कारण है, ऐसा कोई कहते हैं। यहाँ 'केचित्' शब्द इस मत में अपनी अरुचि सूचन का है। उसका कारण यह है कि किसी प्रसिद्ध को लेकर ही आरोप होता है। जैसे प्रसिद्ध सादृश्य के कारण मुख में कमलत्व या चन्द्रत्व का आरोप होता है इस प्रकार बाहु और राहु का कोई साधारणधर्म प्रसिद्ध नहीं है, अतः जब तक राजाओं का आह्लादकत्व आदि प्रसिद्ध साधर्म्य के बल से चन्द्रमा न मान लिया जाय तब तक बाहु में राहुत्वारोप हो ही नहीं सकता, अतः चन्द्रत्वारोप ही राहुत्वारोप का कारण है, राहुत्वारोप चन्द्रत्वारोप का कारण नहीं हो सकता। **अङ्गिन इति**—यदि अङ्गी के सब अङ्गों का रूपण किया जाय तो साङ्गरूपक होता है। यह साङ्गरूपक भी दो प्रकार का होता है। एक समस्तवस्तुविषय, दूसरा एकदेशविवर्ति। **आरोप्येति**—जहाँ सब आरोप्य शब्द से बोधित हों वहाँ 'समस्तवस्तुविषय' रूपक होता है, जैसे—**रावणेति**—रावणरूप अवग्रह (अवर्षण) से क्लान्त देवतारूप सस्य (खेती) को इस प्रकार वाणीरूप अमृत (जल) से सींच कर वह कृष्ण (विष्णु) रूप मेघ अन्तर्हित हो गया। जैसे—अवर्षण से सूखती हुई खेती पर कोई काला बादल यथेष्ट वर्षा करके तिरोहित हो जाय इसी प्रकार रावण से पीड़ित देवताओं को अपने रामरूप में अवतार लेने की बात सुनाकर भगवान् विष्णु अन्तर्धान हो गये। यहाँ विष्णु को मेघत्व रूप से वर्णन करना ही वाणी आदि में अमृतत्व आदि के आरोप का कारण है। एकदेशविवर्ती साङ्गरूपक का लक्षण करते हैं। **यत्रेति**—जहाँ आरोप्यमाणों में से कोई अर्थबल से लभ्य हो, सबका शब्द से कथन न हो, वहाँ एकदेशविवर्तिरूपक होता है। जैसे—**लावण्येति**—लावण्य रूप मधु (पुष्परस) से पूर्ण इसका खिला हुआ मुख लोगों के किन नेत्र रूप भ्रमरों से नहीं पिया जाता? अर्थात् सभी के नयन रूप भ्रमर इस खिले कमल के मधु का पान करते हैं। **अत्रेति**—यहाँ लावण्यादिकों में मधुत्व आदि का आरोप तो शब्दों से ही कह दिया है, परन्तु मुख में कमलत्व का आरोप अर्थबल से लभ्य है। उसे शब्द से नहीं कहा है। **नचेति**—

निरंगं केवलस्यैव रूपणं तदपि द्विधा ॥३२॥

मालाकेवलरूपत्वात् तत्र मालारूपं निरङ्गं यथा--

'निर्माणकौशलं धातुश्चन्द्रिका लोकचक्षुषाम्। क्रीडागृहमनङ्गस्य सेयमिन्दीवरेक्षणा ॥'

केवलं यथा—

'दासे कृतागसि भवेदुचितः प्रभूणां पादप्रहार इति सुन्दरि नास्मि दूये।
उद्यत्कठोरपुलाङ्कुरकण्टकाग्रैर्यत्खिद्यते मृदु पदं ननु सा व्यथा मे ॥'

तेनाष्टौ रूपके भिदाः।

'चिरंतनैरुक्ताः' इति शेषः। क्वचित्परम्परितमप्येकदेशविवर्ति यथा—

'खड्गः क्ष्मासौविदल्लः समिति विजयते मालवाखण्डलस्य ॥'

अत्राऽऽर्थः क्ष्मायां महिषीत्वारोपः खड्गे सौविदल्लत्वारोपे निमित्तम्। अस्य भेदस्य पूर्ववन्मालारोपत्वेऽप्युदाहरणं मृग्यम्।

दृश्यन्ते क्वचिदारोप्याः श्लिष्टाः सांगेऽपि रूपके ॥ ३३ ॥

तत्रैकदेशविवर्ति श्लिष्टं यथा मम—

'करमुदयमहीधरस्तनाग्रे गलिततमःपटलांशुके निवेश्य।
विकसितकुमुदेक्षणं विचुम्बत्ययममरेशदिशो मुखं सुधांशुः ॥'

यह कहना ठीक नहीं कि यहाँ एक देशविवर्तिनी उपमा है, क्योंकि विकस्वरत्व (खिलना) पद्म में मुख्य रूप से रहता है और मुख में गौण रूप से। यदि मुख का कमलत्व रूप से वर्णन हो तभी विकस्वरत्व मुख्यरूप से सम्बद्ध हो सकता है।

निरङ्गमिति—जहाँ किसी का साङ्गोपाङ्ग वर्णन न हो, केवल अंगी का ही रूपक हो, वहाँ निरंगरूपक होता है। मालारूपक और केवलरूपक इन भेदों से यह भी दो प्रकार का होता है। निरंग मालारूपक का उदाहरण—**निर्माणेति**—ब्रह्मा की निर्माणशक्ति की कौशल-स्वरूप, लोगों के नेत्रों की चन्द्रिका रूप और कामदेव की क्रीडागृहस्वरूप यह वही नीलकमलनयनी है। केवल रूपक का उदाहरण—**दासे इति**--दास यदि कोई अपराध करे तो प्रभु लोगों का लात मारना उचित ही है, इस लिये हे सुन्दरि! तुमने जो लात मारी है, इस बात का तो मुझे कुछ दुःख नहीं, किन्तु तुम्हारे पादस्पर्श से मेरे देह में उदित हुए रोमांचरूप कठोर काँटों से जो तुम्हारा कोमल चरण खिन्न हो रहा है, इसका मुझे दुःख है। यहाँ पुलकाङ्कुर में कण्टकत्व का आरोप है। **तेनेति**--इसलिए प्राचीनों के मतानुसार उक्तरीति से रूपक के आठ भेद होते हैं। चार प्रकार का परम्परित रूपक दो प्रकार का साङ्गरूपक और दो प्रकार का निरंग रूपक। रूपक के और भेद भी दिखाते हैं--**क्वचिदिति**—कहीं परम्परित--रूपक भी एकदेशविवर्ति होता है—जैसे--**खड्ग इति**--पृथ्वी का कंचुकीरूप मालवेश्वर खड्ग युद्ध में विजय पाता है। **अत्रेति**—इसमें खड्ग को कंचुकी कहा है, अतः पृथ्वी का रानी स्वरूप होना अर्थतः सिद्ध है। वही पृथ्वी में राज्ञीत्व का आरोप खड्ग के कंचुकीत्वारोप का कारण है। **अस्येति**--यह भेद पूर्ववत् केवल और मालारूप में भी हो सकता है। केवल का तो यही एक चरण उदाहरण है और यह सम्पूर्ण पद्य 'एकदेशविवर्ति' परम्परित मालारूपक का उदाहरण है। यथा—

'पर्यङ्को राजलक्ष्म्या हरितमणिमयः, पौरुषाब्धेस्तरङ्गो
भग्नप्रत्यर्थिवंशोल्बणविजयकरिस्त्यानदानाम्बुपट्टः।
संग्रामत्रासताम्यन्मुरलपतियशोहंसनीलाम्बुवाहः—
खड्गः क्ष्मा-सौविदल्लः समिति विजयते मालवाखण्डलस्य।'

दृश्यन्ते इति--कहीं कहीं साङ्गरूपक में भी आरोप्य (उपमान) श्लिष्ट शब्द से कहे जाते हैं। **एकदेशविवर्तिश्लिष्टसाङ्गरूपक** का अपना बनाया उदाहरण देते हैं—**करमिति**--जिस पर से अन्धकारपटलरूप वस्त्र गिर गया है, उस उदयाचलरूप स्तन के अग्रभाग में किरणरूप अपना हाथ रखकर, खिले हुए कुमुदरूप नेत्रों से युक्त इन्द्र दिशा (पूर्व दिशा) के मुख को यह चन्द्रमा चूमता है। यहां 'कर' शब्द किरण और

समस्तवस्तुविषयं यथा—अत्रैव 'विचुम्बति' इत्यादौ 'चुचुम्बे हरिदबलामुखमिन्दुनायकेन' इति पाठे। न चात्र श्लिष्टपरम्परितम्। तत्र हि 'भूभृदावलिदम्भोलिः' इत्यादौ राजादौ पर्वतत्वाद्यारोपं विना वर्णनीयस्य राजादेर्दम्भोलितादिरूपणं सर्वथैव सादृश्याभावादसंगतम्। तर्हि कथं 'पद्मोदयदिनाधीशः'—इत्यादौ परम्परितम्, राजादेः सूर्यादिना सादृश्यस्य तेजस्वितादिहेतुकस्य संभवात् इति न वाच्यम्। तथा हि--राजादेस्तेजस्वितादिहेतुकं सुव्यक्तं सादृश्यं, न तु प्रकृते विवक्षितम्। पद्मोदयादेरेव द्वयोः साधारणधर्मतया विवक्षितत्वात्। इह तु महीधरादेः स्तनादिना सादृश्यं पीनोत्तुङ्गत्वादिना सुव्यक्तमेव इति न श्लिष्टपरम्परितम्। दृश्यते क्वचित्समासाभावेऽपि रूपकम्—'मुखं तव कुरङ्गाक्षि सरोजमिति नान्यथा।'

क्वचिद्वैयधिकरण्येऽपि यथा--'विदधे मधुपश्रेणीमिह भ्रूलतया विधिः।' क्वचिद्वैधर्म्येऽपि यथा--

सौजन्याम्बुमरुस्थली सुचरितालेख्यद्युभित्तिर्गुणज्योत्स्नाकृष्णचतुर्दशी सरलतायोगश्वपुच्छच्छटा।
यैरेषापि दुराशया कलियुगे राजावली सेविता तेषां शूलिनि भक्तिमात्रसुलभे सेवा कियत्कौशलम्॥

हाथ दोनों का वाचक होने से श्लिष्ट है। किरण में हस्तत्व आरोप्य है। करः किरण एव करो हस्तः, तम इत्यर्थः--इस में उदयाचल का स्तनत्व, अन्धकार का वस्त्रत्व और खिले हुए कुमुदों का नेत्रत्व शब्द से कहा है एवं पूर्व दिशा का स्त्रीत्व (नायिकात्व) तथा चन्द्रमा का नायकत्व प्रतीयमान है, वह शब्द से नहीं कहा, अतः यह एक देशविवर्ति रूपक है। साङ्गोपाङ्ग वर्णन होने से यह साङ्ग है। समस्तेति--इसी उदाहरण में यदि 'चुचुम्बे' इत्यादिक मूलोक्त पाठ कर दें तो यह समस्त वस्तुविषयक हो जायगा, क्योंकि वैसा करने से दिशा का नायिकात्व और चन्द्रमा का नायकत्व भी शब्दोपात्त हो जायगा।

प्रश्न—नचेति--यह श्लिष्टपरम्परित रूपक होना चाहिए, क्योंकि महीधर को स्तन मानने के कारण ही यहां अंधकार को वस्त्र मानना पड़ा है और 'कर' शब्द श्लिष्ट है। उत्तर—यह मत ठीक नहीं। परम्परित रूपक वहीं होता है जहां कारणभूत आरोप के विना कार्यभूत आरोप असंगत सा मालूम पड़ता हो अर्थात् प्रसिद्ध सादृश्य न होने के कारण आरोप का तत्त्व ठीक २ समझ में न आता हो। जैसे—'भूभृदित्यादि' पद्य में जब तक शत्रु पक्ष के राजाओं को पर्वत न माना जाय तब तब तक प्रकृत (वर्णनीय) राजा को वज्र बताना कुछ ठीक नहीं जँचता। वज्र के साथ राजा का सादृश्य प्रसिद्ध न होने के कारण प्रथम आरोप के विना वह सर्वथा असंगत है, परन्तु प्रकृत पद्य में तो महीधर के साथ स्तन का सादृश्य और 'तम' के साथ वस्त्र का सादृश्य अति प्रसिद्ध है। एक आरोप दूसरे आरोप की अपेक्षा के विना ही सुसंगत है, अतः यहां 'श्लिष्टपरम्परित' नहीं। तर्हीति--यदि अप्रसिद्ध सादृश्य में ही परम्परित रूपक माना जाया तो 'पद्मोदयदिनाधीशः' यहां परम्परित रूपक कैसे माना है? तेजस्वी होने के कारण सूर्य के साथ राजा का सादृश्य तो अत्यन्त प्रसिद्ध है। इसका उत्तर देते हैं—नेति तथाह--यह कथन ठीक नहीं। यद्यपि राजादिक के साथ तेजस्वितादिनिमित्तक सूर्य का सादृश्य प्रसिद्ध है, परन्तु यहां वह विवक्षित नहीं है। यहां उस सादृश्य को बताना अभिलषित नहीं है। यहां तो पद्मोदय को ही दोनों का साधारण धर्म बताना अभीष्ट ह। वह कहीं प्रसिद्ध नहीं है, अतः यह परम्परित रूपक का ही उदाहरण है। प्रकृत पद्य में पीनत्व और उन्नतत्व आदि धर्मों से महीधरादि के साथ स्तनादि का सादृश्य अति प्रसिद्ध है, इसलिये यहां श्लिष्टपरम्परित नहीं है। कहीं समास के विना भी रूपक होता है। जैसे—मुखमिति। कहीं उपमानोपमेयों में भिन्न विभक्तियाँ होने पर भी रूपक होता है, जैसे-विदधे इति--'भ्रूलतया' इस पद में 'धान्येन धनवान्' की तरह 'प्रकृत्यादिभ्य उपसंख्यानम्' इस वार्तिक से अभेद में तृतीया है। कहीं विरुद्ध धर्मों के होने पर भी रूपक होता है। जैसे--सौजन्येति—जिन्होंने कलियुग की इस दुष्ट आशयवाली राजावली (राजसमूह) की सेवा कर ली है उनके लिये भक्तिमात्र से सुलभ भगवान् शङ्कर की सेवा कर लेना क्या कठिन है। भगवान् शङ्कर केवल भक्ति से ही सन्तुष्ट हो जाते हैं, परन्तु यह राजावली सज्जनता रूप जल के लिये मरुस्थल स्वरूप है। इसमें सज्जनता उतनी ही है जितना मारवाड़ में पानी। और सच्चरित्र रूप आलेख्य के लिये यह आकाशभित्ति स्वरूप है। इसमें सच्चरित्र उतने ही हो सकते हैं जितनी आकाश में तसवीरें बनाई जा सकती हैं। गुणरूप चन्द्रिका के लिये यह कृष्ण चतुर्दशी है। इसमें उतने ही गुण हैं जितनी अँधेरी चौदस में चन्द्रिका। एवम् सरलता के सम्बन्ध के लिये यह कुत्ते की पूँछ है। इसमें सीधा पन उतना ही

अत्र केषांचिद्रूपकाणां शब्दश्लेषमूलत्वेऽपि रूपकविशेषत्वादर्थालंकारमध्ये गणनम्। एवं वक्ष्यमाणालंकारेष्वपि बोध्यम्।

अधिकारूढवैशिष्ट्यं रूपकं यत्, तदेव तत्।

तदेवाधिकारूढवैशिष्ट्यसंज्ञकम् यथा मम—

'इदं वक्त्रं साक्षाद्विरहितकलङ्कः शशधरः सुधाधाराधारश्चिरपरिणतं बिम्बमधरः।
इमे नेत्रे रात्रिंदिवमधिकशोभे कुवलये तनुर्लावण्यानां जलधिरवगाहे सुखतरः॥'

अत्र कलङ्कराहित्यादिनाऽधिकं वैशिष्ट्यम्।

विषयात्मतयारोप्ये प्रकृतार्थोपयोगिनि ॥३४॥
परिणामो भवेत्तुल्यातुल्याधिकरणो द्विधा।

आरोप्यमाणस्यारोपविषयात्मतया परिणमनात्परिणामः, यथा—

'स्मितेनोपायनं दूरादागतस्य कृतं मम। स्तनोपपीडमाश्लेषः कृतो द्यूते पणस्तया॥'

अन्यत्रोपायनपणौ वसनाभरणादिभावेनोपयुज्येते। अत्र तु नायकसंभावनद्यूतयोः स्मिताश्लेषरूपतया। प्रथमार्धे वैयधिकरण्येन प्रयोगः, द्वितीये सामानाधिकरण्येन। रूपके 'मुखचन्द्रं पश्यामि' इत्यादावारोप्यमाणचन्द्रादेरुपरञ्जकतामात्रम्, न तु प्रकृते दर्शनादावुपयोगः। इह तूपायनादेर्विषयेण तादात्म्यं प्रकृते च नायकसंभावनादावुपयोगः। अत एव रूपके आरोप्यस्यावच्छेदकत्वमात्रेणान्वयः।

होता है जितना कुत्ते की पूँछ में। फिर जिन्होंने इसकी भी सेवा कर ली उन्हें शिव की आराधना में कितना कौशल अपेक्षित है। यहाँ मरुस्थलीत्वादिक विरुद्ध धर्म आरोप्य हैं। **अत्रेति**—यद्यपि कई रूपक शब्दश्लेषमूलक भी होते हैं, परन्तु रूपक विशेष होने के कारण उनका अर्थालंकारों में ही परिगणन किया है। वे भी हैं तो रूपक ही और सामान्यतः रूपक अर्थालंकार है, अतः उन्हें भी यहीं कह दिया है। इसी प्रकार अगले अलंकारों में भी जानना। **अधिकेति**—जिस रूपक में वैशिष्ट्य (विशेषण) अधिक आरूढ हो अर्थात् आरोप्यमाण की अपेक्षा भी आरोप विषय में कुछ विशेषता अधिक दिखाई जाय वहाँ उसी नाम का (अधिकारूढवैशिष्ट्य नामक) रूपक होता है। **जैसे-इदमिति**—यह मुख साक्षात् कलङ्करहित चन्द्रमा है। यहाँ मुख में चन्द्रत्व आरोप्यमाण है, परन्तु चन्द्रमा की अपेक्षा मुख में-कलंकरहितत्व अधिक बताया गया है। **सुधेति**—अमृतधारा का आधारभूत यह अधरोष्ठ भी खूब पका हुआ बिम्बफल है। बिम्ब अमृतधारा का आधार नहीं होता। अधर में यही वैशिष्ट्य है। **इमे इति**—ये नेत्र रात दिन सुशोभित होनेवाले नील कमल हैं। कमल रात्रि में नहीं खिलते, अतः नेत्र उनसे विशिष्ट हैं। **तनुरिति**—देह लावण्य का सागर है, परन्तु अवगाहन में सुख से तरने योग्य है। वहाँ भी सुखतरत्व वैशिष्ट्य है।

विषयेति—जहाँ आरोप्य पदार्थ, विषय (उपमेय) के स्वरूप से ही प्रस्तुत कार्य में उपयोगी हो, वहाँ परिणामालंकार होता है। वह दो प्रकार का होता है। एक तुल्याधिकरणक दूसरा अतुल्याधिकरणक अर्थात् विरुद्धाधिकरणक। **आरोप्येति**—आरोप्य वस्तुके-आरोप विषय के रूप में-परिणत होने से यह परिणाम कहाता है। **उदाहरण-स्मितेनेति**—दूर से आने पर उसने स्मितरूप भेंट मुझे दी और द्यूत में स्तनोपपीडनपूर्वक—आलिङ्गनरूप पण (बाज़ी) किया। **अन्यत्रेति**—और जगह भेंट तथा पण, वस्त्रभूषणादि के रूप में उपयुक्त होते हैं, परन्तु यहाँ नायक की सम्भावना (आदर) और द्यूत में स्मित तथा आलिंगन के रूप से ही उनका उपयोग है। पूर्वार्द्ध में स्मित और उपायन में विभक्तियां भिन्न हैं, अतः वहाँ अतुल्याधिकरण परिणाम का उदाहरण जानना। 'स्मितेन' यहाँ अभेद में तृतीया है। उत्तरार्द्ध में आश्लेष और पण का समानाधिकरण्य से निर्देश है, अतः वहां तुल्याधिकरणक परिणामालंकार है।

रूपके इति—मुखचन्द्रं पश्यामि—इत्यादि रूपक के उदाहरणों में आरोप्यमाण चन्द्र आदिक केवल उपरञ्जक हैं। शोभातिशय आदि विशेषताओं के द्योतक हैं। मुखचन्द्र कहने से मुख में आह्लादकत्व अथवा शोभा का उत्कर्ष प्रतीत होता है, किन्तु प्रस्तुत कार्य दर्शन (पश्यामि) में चन्द्रमा का कोई उपयोग नहीं। दर्शन का विषय मुख ही है, चन्द्रमा नहीं। **इहतु**—किन्तु परिणाम में ऐसा नहीं होता। प्रकृत उदाहरण

अत्र तु तादात्म्येन। 'दासे कृतागसि--' इत्यादौ रूपकमेव, न तु परिणामः। आरोप्यमाणकण्टकस्य पादभेदनकार्यस्याप्रस्तुतत्वात्। न खलु तत्कस्यचिदपि प्रस्तुतकार्यस्य घटनार्थमनुसंधीयते।

अयमपि रूपकवदधिकारूढवैशिष्ट्ये दृश्यते। यथा—

'वनेचराणां वनितासखानां दरीगृहोत्संगनिषक्तभासः।
भवन्ति यत्रौषधयो रजन्यामतैलपूराः सुरतप्रदीपाः॥'

अत्र प्रदीपानामौषध्यात्मतया प्रकृते सुरतोपयोगिन्यन्धकारनाशे उपयोगोऽतैलपूरत्वेनाधिकारूढवैशिष्ट्यम्।

संदेहः प्रकृतेऽन्यस्य संशयः प्रतिभोत्थितः॥३५॥
शुद्धो निश्चयगर्भोऽसौ निश्चयान्त इति त्रिधा।

'स्मितेन' इत्यादि में उपायनादिकों का स्मित आदि विषय के साथ तादात्म्य (एकरूपता) प्रतीत होता है। और नायक के संभावन आदि प्रकृत कार्य में उसका उपयोग भी होता है। इसी कारण रूपक में आरोप्य (चन्द्रत्वादि) अवच्छेदक रूप से अन्वित होते हैं और परिणाम में वे तादात्म्य सम्बन्ध से अन्वित होते हैं। रूपक में 'मुखं कमलम्' का अर्थ होता है 'कमलत्वावच्छिन्नं मुखम्' और 'परिणाम' में इसका अर्थ होता है 'कमलाभिन्नं मुखम्'—यह विश्वनाथजी का तात्पर्य है।

वस्तुतः परिणामालंकार में उपमान का अभेद उपमेय में भासित होता है और रूपक में उपमेय का अभेद उपमान भासित होता है। यही इन दोनों का परस्पर भेद है।

'श्रावं-श्रावं वचःसुधाम्' यह परिणाम का उदाहरण है। श्रवण क्रिया में कर्म होकर वचन ही अन्वित हो सकता है, सुधा नहीं, अतः यहाँ उपमान (सुधा) का उपमेय (वचन) के रूप से ही प्रकृत क्रिया में उपयोग है। यहाँ सुधानिष्ठाऽभेदप्रतियोगिकं वचनम्—ऐसा बोध होता है। 'पायं-पायं वचःसुधाम्' यह रूपक का उदाहरण है। पान क्रिया में वचन के स्वरूप का उपयोग नहीं हो सकता, अतः यहाँ रूपक है और वचननिष्ठाऽभेदप्रतियोगिनीं सुधाम् ऐसा शाब्दबोध होता है। इस प्रकार परिणाम और रूपक के सम्बन्धों में परस्पर वैपरीत्य होता है। यही इनका भेद है। '**विषयिणः प्रकृतोपयोगिताया अवच्छेदकीभूतं विषयतादूप्यं परिणामः। विषयी यत्र विषयात्मतयैव प्रकृतोपयोगी, न स्वातन्त्र्येण स परिणामः। अत्र च विषयाऽभेदो विषयिण्युपयुज्यते, रूपके तु नैवमिति रूपकादस्य भेदः**' (रसगङ्गाधर)।

'दासे' इत्यादि पद्य में रूपक ही है, परिणाम नहीं, क्योंकि रोमाञ्च में आरोप्यमाण जो कण्टक का स्वरूप है उसका कार्य पैर का छेदना आदि प्रस्तुत नहीं। यहाँ कण्टक का कोई कार्य प्रकृत नहीं है। मानिनी के मानभंग करने की ही बात चल रही है। यद्यपि रोमाञ्चरूप कण्टकों से पैर का खिन्न होना कहा गया है, तथापि वह किसी प्रस्तुत कार्य की सिद्धि के लिये उपात्त नहीं है। मानिनी का मानभंग करने के लिये उसके पैरों में कांटे चुभोना 'विधिविहित' नहीं है। केवल यही सूचित करना है कि देखो तुम्हारे चरणस्पर्श से भी मेरे शरीर में रोमाञ्च होता है। मैं तुम्हारे प्रेम में इतना मग्न हूँ कि लात मारने पर भी पुलकित होता हूँ। परन्तु तुम्हारी यह दशा है कि इस प्रकार के अन्य प्रेमी के ऊपर भी अकारण कुपित होती हो—इत्यादि।

अयमपीति—यह परिणाम भी रूपक की तरह अधिकारूढवैशिष्ट्य होता है, यथा **वनेचरेति**—दरी (गुफा) रूप गृह के मध्य में जिनकी किरणें फैली रहती हैं वे दिव्य औषधियाँ, जिस हिमालय में, प्रिया के साथ रमण करने वाले वनचरों (भिल्लादिकों) को बिना तेल डाले ही सुरत-प्रदीप का काम देती हैं। यहाँ औषधियों में दीपकत्व आरोप्य है, सो रमण के उपयोगी अन्धकार-नाश रूप कार्य में ओषधिरूप से ही उपयुक्त होता है, अतः यह परिणाम है। 'अतैलपूर' शब्द से दीपकों की अपेक्षा औषधियों में अधिकता प्रतीत होती। दीपों में तेल डालना पड़ता है, परन्तु ये विना ही तेल के दीये हैं और अन्धकार को दूर करने में विषय (औषधि) के रूप से ही उपयुक्त हैं।

सन्देहालङ्कार का निरूपण करते हैं—**संदेह इति**—प्रकृत अर्थात् उपमेय में अन्य अर्थात् उपमान के संशय को संदेहालङ्कार कहते हैं, परन्तु उस संशय को कवि की प्रतिभा से उत्थित होना चाहिए। चमत्कारक संशय ही

यत्र संशय एव पर्यवसानं स शुद्धः । यथा--

"किं तारुण्यतरोरियं रसभरोद्भिन्ना नवा वल्लरी, वेलाप्रोच्छलितस्य किं लहरिका लावण्यवारांनिधेः।
उद्गाढोत्कलिकावतां स्वसमयोपन्यासविश्रम्भिणः किं साक्षादुपदेशयष्टिरथवा देवस्य शृङ्गारिणः ॥"

यत्रादावन्ते च संशय एव, मध्ये निश्चयः, स निश्चयमध्यः । यथा--

"अयं मार्तण्डः किं, स खलु तुरगैः सप्तभिरितः कृशानुः किं, सर्वाः प्रसरति दिशो नैष नियतम् ।
कृतान्तः किं, साक्षान्महिषवहनोऽसाविति पुनः समालोक्याजौ त्वां विदधति विकल्पान् प्रतिभटाः ॥"

अत्र मध्ये मार्तण्डाद्यभावनिश्चयो, राजनिश्चये द्वितीयसंशयोत्थानासंभवात् । यत्राऽऽदौ संशयोऽन्ते च निश्चयः स निश्चयान्तः । यथा—

"किं तावत् सरसि सरोजमेतदारादाहोस्विन्मुखमवभासते तरुण्याः ।
संशय्य क्षणमिति निश्चिकाय कश्चिद् बिब्बोकैर्बकसहवासिनां परोक्षैः ॥"

अप्रतिभोत्थापिते तु 'स्थाणुर्वा पुरुषो वा' इत्यादिसंशये नाऽयमलंकारः ।

'मध्यं तव सरोजाक्षि, पयोधरभरार्दितम् अस्ति नास्तीति संदेहः कस्य चित्ते न भासते ।'

अत्रातिशयोक्तिरेव, उपमेये उपमानसंशयस्यैवैतदलंकारविषयत्वात् ।

अलङ्कार कहाता है, अन्य लौकिक संशय नहीं। यह संदेहालङ्कार तीन प्रकार का होता है। शुद्ध, निश्चयगर्भ और निश्चयान्त। **यत्रेति**—जहाँ संशय में ही वर्णन की समाप्ति हो जाय वहाँ शुद्ध सन्देह कहाता है। यथा—**किमिति**—किसी सुन्दरी का वर्णन है। रस की अधिकता के कारण खिली हुई यौवनरूप वृक्ष की क्या यह नवीन मञ्जरी है? अथवा वेला (समुद्रतट) तक उछलते हुए लावण्यसागर की यह लहर है? या बढ़ी हुई उमंगों वाले (प्रगाढोत्कण्ठित) पुरुषों को 'स्वसमय' = अपने सिद्धान्तों (कामशास्त्र के व्यवहारों) की शिक्षा देने में तत्पर शृङ्गार के अधिष्ठातृदेव (कामदेव) की यह उपदेशयष्टि है? नटखट छात्रों का शासन करनेवाली गुरुजी की छड़ी का नाम 'उपदेशयष्टि' है। यहाँ किसी कामिनी का वर्णन संशय में ही समाप्त हुआ, अतः यह शुद्ध सन्देह का उदाहरण है।

यत्रादाविति—जहाँ आदि तथा अन्त्य में संशय हो और मध्य में निश्चय हो उसे निश्चयगर्भ सन्देहालंकार कहते हैं। यथा—**अयमिति**—"क्या यह साक्षात् सूर्य है? सूर्य तो सात घोड़ों (सात घोड़ों के रथ) से युक्त रहता है। तब क्या यह अग्नि है? अग्नि सब दिशाओं में नियम से नहीं फैलता। वह केवल ऊर्ध्व-ज्वलनशील होता है। फिर क्या यह यम है? यम तो भैंसे पर सवार रहते हैं" हे राजन्, आपको रण में देखकर प्रतिपक्षी वीर इस प्रकार के सन्देह किया करते हैं। यहाँ सन्देह के अनन्तर कहे हुए वाक्यों से पहले विकल्प का निराकरण हो जाता है। 'सूर्य सात घोड़ों से युक्त होता है' इस कथन से यह निश्चय होता है कि यह सूर्य नहीं है, क्योंकि यह एक ही घोड़े पर सवार है। इसी प्रकार अन्य वाक्यों में भी जानना। **अत्रेति**—यहाँ मध्य में सूर्यादि के अभाव का निश्चय होता है। यह निश्चय तो होता है कि यह सूर्य नहीं है, किन्तु यह पता नहीं चलता कि यह है कौन? **राजनिश्चये इति**--यदि प्रकृत राजा का निश्चय हो जाय तब तो अगले अग्नि, यम आदि के विकल्पों का उत्थान ही न हो।

यत्रेति—जहाँ आदि में संशय और अन्त्य में निश्चय हो वहाँ निश्चयान्त 'सन्देह' जानना। यथा—**किंतावदिति**—सरोवर (तालाब) में क्या यह कमल है? अथवा किसी तरुणी का मुख शोभायमान है? क्षणभर इस प्रकार सन्देह करके किसीने कटाक्षादि विलासों (बिब्बोक) को देखकर—जो कि बकसहवासी = कमलों में नहीं हुआ करते—निश्चय कर लिया। यह निश्चयान्त सन्देह है, क्योंकि यहाँ अन्त्य में तरुणी का निश्चय हो गया। **अप्रतिमेति**--जो संशय कवि की प्रतिभा से उत्थापित नहीं है वहाँ यह अलंकार नहीं होता। जैसे '**स्थाणुर्वा पुरुषो वा**' इत्यादि। रास्ते में किसी को खड़ा देखकर यदि किसी के मन में यह सन्देह हुआ कि 'यह आदमी है या खम्भा' तो यह सन्देह, अलंकार नहीं कहायेगा। **मध्यमिति**—हे सरोजनयनि, पयोधरों के भार से निपीडित तुम्हारी कमर है या नहीं, यह सन्देह किसके हृदय में नहीं उठता? इस पद्य में अतिशयोक्ति ही है, सन्देहालङ्कार नहीं, क्योंकि उपमेय में उपमान का संशय होने से ही यह अलङ्कार माना जाता है।

साम्यादतस्मिंस्तद्बुद्धिर्भ्रान्तिमान् प्रतिभोत्थितः ॥३६॥ यथा—

'मुग्धा दुग्धधिया गवां विदधते कुम्भानधो बल्लवाः कर्णे कैरवशङ्कया कुवलयं कुर्वन्ति कान्ता अपि।
कर्कन्धूफलमुच्चिनोति शबरी मुक्ताफलाशङ्कया सान्द्रा चन्द्रमसो न कस्य कुरुते चित्तभ्रमं चन्द्रिका'

अस्वरसोत्थापिता भ्रान्तिर्नायमलंकारः।—यथा 'शुक्तिकायां रजतम्' इति। न चाऽसादृश्यमूला यथा—

'संगमविरहविकल्पे वरमिह विरहो न संगमस्तस्याः सङ्गे सैव तथैका त्रिभुवनमपि तन्मयं विरहे।'

क्वचिद् भेदाद् ग्रहीतॄणां विषयाणां तथा क्वचित्। एकस्यानेकधोल्लेखो यः, स उल्लेख उच्यते॥

क्रमेणोदाहरणम्—

'प्रिय इति गोपवधूभिः, शिशुरिति वृद्धैरधीश इति देवैः। नारायण इति भक्तैर्ब्रह्मेत्यग्राहि योगिभिर्देवः॥'

अत्रैकस्यापि भगवतस्तत्तद्गुणयोगादनेकधोल्लेखे गोपवधूप्रभृतीनां रुच्यादयो यथायोगं प्रयोजकाः। यदाहुः—

'यथारुचि, यथार्थित्वं, यथाव्युत्पत्ति भिद्यते। आभासोऽप्यर्थ एकस्मिन्ननुसंधानसाधितः॥'

अत्र भगवतः प्रियत्वादीनां वास्तवत्वाद् ग्रहीतृभेदाच्च न मालारूपकम्। न च भ्रान्तिमान्।

साम्यादिति— सादृश्य के कारण अन्य वस्तु में अन्य वस्तु के निश्चयात्मक ज्ञान को—यदि वह कवि की प्रतिभा से उट्टङ्कित हो—भ्रान्तिमान् अलंकार कहते हैं। उदाहरण—**मुग्धा इति**— देखो, सान्द्रचन्द्रिका किसके चित्त में भ्रम नहीं पैदा करती। विमुग्ध ग्वाले दूध बहता जान, गौओं के नीचे घड़े लगा रहे हैं। गौओं के थनों के नीचे सघन चाँदनी की किरणों को छिटका देख गोपालों को यह भ्रम हुआ कि हमारी गौओं के थनों में से दूध की धारायें बही जा रही हैं और उन्होंने उनके नीचे घड़े लगा दिये। शुक्लाभिसारिका कामिनी कुमुद (श्वेत कमल = फफूले) के धोखे कान में कुवलय (नील कमल) पहिन रही हैं। और भीलिन (भील की स्त्री) मोती समझकर झरबेरी के बेर बटोर रही है। **अस्वरसेति**—चमत्कारशून्य भ्रान्ति अलङ्कार नहीं कहाती। जैसे सीप में किसी को चांदी का भ्रम हो जाय तो उसे भ्रान्तिमान् अलंकार नहीं कहेंगे। भ्रान्ति के सादृश्य मूलक न होने पर भी यह अलङ्कार नहीं होता। जैसे—**संगमेति**— समागम और वियोग विकल्प में उसका वियोग ही श्रेष्ठ है—समागम नहीं। क्योंकि समागम में तो वह अकेली ही रहती और वियोग में समस्त संसार ही तन्मय दीखता है। यहाँ भ्रान्ति के सादृश्यमूलक न होने के कारण उक्त अलंकार नहीं है।

उल्लेखालंकार का निरूपण करते हैं—**क्वचिदिति**—ग्रहीता अर्थात् ज्ञाताओं के भेद से या विषय अर्थात् हेतु और अवच्छेदक आदि के भेद से एक वस्तु का अनेक प्रकार से उल्लेख (वर्णन या ज्ञान) करना उल्लेखालंकार कहाता है यथा—**प्रिय इति**—भगवान् कृष्णचन्द्र को देखकर गोपियों ने उन्हें प्रियतम समझा। नन्द आदि वृद्ध गोपों ने शिशु, देवताओं ने अधीश्वर, भक्तों ने नारायण और योगियों ने उन्हें साक्षात् ब्रह्म समझा। **अत्रेति**— यहाँ भगवान् एक ही थे और उनमें प्रियत्व, शिशुत्व, अधीशत्व नारायणत्व तथा ब्रह्मस्वरूप अवच्छेदक धर्म भी विद्यमान थे, परन्तु गोपियों ने उन्हें प्रियतम ही समझा, शिशु अथवा ब्रह्म आदि नहीं। इसी प्रकार वृद्ध आदिकों ने भी कुछ और और ही समझा। इन सबका कारण उनकी अपनी अपनी रुचि आदिक थी। जिसकी जैसे रुचि या कामना थी और जिसकी जैसी भावना थी उसने उन्हें उसी प्रकार देखा। **'जिनकी रही भावना जैसी। प्रभु मूरति देखी तिन तैसी।'**

रुच्यादि के भेद से ज्ञान के भेद में प्रमाण (उपष्टम्भक वाक्य) देते हैं—**यथारुचीति**—इस पद्य में 'अपि' शब्द भिन्नक्रम है। इसका अन्वय इस प्रकार है—**एकस्मिन्नप्यर्थे अनुसंधानसाधित आभासः (ज्ञानम्) यथारुचि, यथार्थित्वम्, यथाव्युत्पत्ति च भिद्यते।** अर्थ—एक ही वस्तु होने पर भी अनुसंधान अर्थात् विशेषणों के बल से उत्पन्न हुआ ज्ञान रुचि, अर्थित्व और व्युत्पत्ति के अनुसार भिन्न हो जाता है। जिसकी जैसी रुचि होती है, जिसका जैसा मतलब (अर्थित्व) होता है और जिसकी जैसी भावना (व्युत्पत्ति) होती है उसे वह वस्तु वैसी ही दीखती है। जैसे उक्त पद्य में भगवान् कृष्ण के अनेकविध दर्शन।

अत्रेति—उक्त पद्य (प्रिय इति गोपेत्यादि) में माला रूपक नहीं है—क्योंकि भगवान् में प्रियत्वादिक

न चाऽयमभेदे भेद इत्येवंरूपाऽतिशयोक्तिः। तथाहि--'अन्यदेवाङ्गलावण्यम्' इत्यादौ लावण्यादेर्विषयस्य पृथक्त्वेनाऽध्यवसानम्। न चेह भगवति गोपवधूप्रभृतिभिः प्रियत्वाद्यध्यवसीयते। प्रियत्वादेर्भगवति तत्काले तात्त्विकत्वात्। केचिदाहुः—अयमलंकारो नियमेनाऽलंकारान्तरविच्छित्तिमूलः, उक्तोदाहरणे च शिशुत्वादीनां नियमनाभिप्रायात्प्रियत्वादीनां भिन्नत्वाध्यवसाय इत्यतिशयोक्तिरस्ति। तत्सद्भावेऽपि प्रत्येतृभेदेन नानात्वप्रतीतिरूपो विच्छित्तिविशेष उल्लेखाख्यभिन्नालंकारप्रयोजकः। श्रीकण्ठजनपदवर्णने--'वज्रपञ्जरमिति शरणागतैः, अम्बरविवरमिति वातिकैः'--इत्यादिश्चातिशयोक्तेर्विविक्तो विषयः। इह च रूपकाऽलंकारयोगः। वस्तुतस्तु--'अम्बरविवरम्'—इत्यादौ भ्रान्तिमत्त्वमेवेच्छन्ति-न रूपकम्, भेदप्रतीतिपुरःसरस्यैवाऽऽरोपस्य गौणीमूलरूपकादिप्रयोजकत्वात्। यदाहुः--शारीरकमीमांसाभाष्यव्याख्याने श्रीवाचस्पतिमिश्राः--

'अपि च परशब्दः परत्र लक्ष्यमाणगुणयोगेन वर्तते इति यत्र प्रयोक्तृप्रतिपत्त्रोः संप्रतिपत्तिः स गौणः। स च भेदप्रत्ययपुरःसरः' इति। इह तु वातिकानां श्रीकण्ठजनपदवर्णने भ्रान्तिकृत एवा

धर्म वास्तविक हैं—आरोपित नहीं और रूपक आरोप में ही होता है। ग्रहीतृभेदाच्चेति—इसके अतिरिक्त यहां ग्रहीताओं (ज्ञाता) का भी भेद है। गोपी, वृद्ध, देवता आदि अनेक ज्ञाता हैं। मालारूपक में एक ही ज्ञाता रहता है। प्रियत्वादि के वास्तविक होने के कारण ही यहां भ्रान्तिमान् अलंकार भी नहीं है। भगवान् में गोपियों को सादृश्यमूलक भ्रम से प्रियत्वज्ञान नहीं हुआ है। वस्तुतः वे उन्हें अपना प्रिय ही समझती हैं।

न चेति—इसे 'अभेद में भेद' रूप अतिशयोक्ति भी नहीं कह सकते। उक्त अतिशयोक्ति का उदाहरण है 'अन्यदेवाङ्गलावण्यम्' इत्यादि। इसमें लावण्य आदिक प्रकृत विषय (उपमेय) का अन्य रूप से अध्यवसान किया है। अतएव यहां अतिशयोक्ति है। जहां अभेद होने पर भी किसी वस्तु को अन्य रूप में मानें वहां उक्त अतिशयोक्ति होती है। परन्तु गोपियों को जो भगवान् में प्रियत्वज्ञान है वह तात्त्विक (वास्तविक) है। अन्य में अन्य रूप से अध्यवसित नहीं है।

केचिदिति—कोई यह कहते हैं कि यह अलंकार नियम से अलंकारान्तर विच्छित्तिमूलक है अर्थात् जहां यह अलंकार होता है वहां दूसरे अलंकार की विच्छित्ति (चमत्कार) मूल में अवश्य रहती है। बिना किसी दूसरे अलंकार के यह अकेला कभी नहीं रहता। 'प्रिय' इत्यादि उक्त उदाहरण में दूसरा अतिशयोक्ति अलंकार है, क्योंकि वहां शिशुत्वादिक नियम के अभिप्राय से बोले गये हैं। 'वृद्धैः शिशुरेवेत्यग्राहि' इत्यादि वाक्यार्थ होता है। यद्यपि भगवान् में प्रियत्वादिक धर्म भी थे, परन्तु वृद्धों ने उन्हें शिशु ही समझा और कुछ नहीं। इस नियम से प्रियत्वादिक धर्मों का भेद अध्यवसित होता है। प्रियत्वादिक धर्म होने पर भी वृद्धों ने उनमें शिशुत्व ही देखा-प्रियत्वादिक नहीं, इससे 'अभेद में भेद' रूप अतिशयोक्ति सिद्ध हुई। तत्सद्भाव इति—इस अतिशयोक्ति के होने पर भी यहां उल्लेख नामक दूसरा अलंकार माना जाता है, क्योंकि 'ज्ञाताओं के भेद से एक वस्तु में अनेक प्रकार का ज्ञान होना' यह एक चमत्कारविशेष यहाँ विद्यमान है। यही इस अलंकार का प्रयोजक है। यह नहीं कह सकते कि सब जगह अतिशयोक्ति ही इस अलंकार के साथ रहती है। बाणकृत हर्षचरित में श्रीकण्ठ नामक जनपद के वर्णन में लिखा है—'वज्रेति' यहाँ उल्लेख अलंकार का विषय अतिशयोक्ति से विविक्त (पृथक्) है। यहाँ रूपक अलंकार साथ है।

वस्तुतः इति--वास्तव में तो यहाँ रूपक नहीं है। भ्रान्तिमान् ही है। रूपकादि अलंकार गौणीलक्षणा के आधार पर ही बनते हैं और गौणीलक्षणा वहीं होती है जहाँ भेद ज्ञानपूर्वक आरोप किया जाय—अर्थात् भिन्नरूप में जानी हुई वस्तुओं का काल्पनिक अभेद कहा जाय। जैसे 'सिंहो माणवकः' इत्यादि में सिंह और बालक दोनों का पृथक् ज्ञान होने पर, वीरता आदि सादृश्य के कारण बालक में सिंहत्व का आरोप किया है। यदाहुरिति—यही बात शारीरक भाष्य की व्याख्या करते हुए 'भामती' में श्रीवाचस्पति मिश्र ने कही है।

अपि चेति—लक्ष्यमाण गुणों के सम्बन्ध से अन्य शब्द (सिंहादि) अन्य विषय (माणवकादि) में प्रयुक्त होता है। जहाँ प्रयोक्ता (कहनेवाले) और प्रतिपत्ता (सुननेवाले) की प्रतिपत्ति (ज्ञान) समान होती है, वह गौण शब्द कहाता है। वह भेदज्ञानपूर्वक ही होता है। इससे यह स्पष्ट है कि गौण शब्द का प्रयोग

ऽम्बरविवराद्यारोप इति । अत्रैव च 'तपोवनमिति मुनिभिः, कामायतनमिति वेश्याभिः' इत्यादौ परिणामालंकारयोगः ।

'गाम्भीर्येण समुद्रोऽसि गौरवेणासि पर्वतः' ।

इत्यादौ चानेकधोल्लेखे गाम्भीर्यादिविषयभेदः प्रयोजकः । अत्र च रूपकयोगः । 'गुरुवचसि, पृथुरुरसि, अर्जुनो यशसि' इत्यादिषु चाऽस्य रूपकाद् विविक्तो विषय इति । अत्र हि श्लेषमूलातिशयोक्तियोगः ।

प्रकृतं प्रतिषिध्यान्यस्थापनं स्यादपह्नुतिः ।

इयं द्विधा । क्वचिदपह्नवपूर्वक आरोपः, क्वचिदारोपपूर्वकोऽपह्नव इति । क्रमेणोदाहरणम्--

'नेदं नभोमण्डलमम्बुराशिर्नैताश्च तारा, नवफेनभङ्गाः ।
नाऽयं शशी, कुण्डलितः फणीन्द्रो, नाऽसौ कलङ्कः, शयितो मुरारिः ॥'

'एतद् विभाति चरमाचलचूलचुम्बि हिण्डीरपिण्डरुचि शीतमरीचिबिम्बम् ।
उज्ज्वालितस्य रजनीं मदनाऽनलस्य धूमं दधत्प्रकटलाञ्छनकैतवेन' ।

इदं मम । एवम् 'विराजति व्योमवपुः पयोधिस्तारामयास्तत्र च फेनभङ्गाः' इत्याकारेण च प्रकृतनिषेधो बोध्यः ।

गोपनीयं कमप्यर्थं द्योतयित्वा कथंचन ॥ ३९ ॥

भेदज्ञानपूर्वक ही होता है—परन्तु—इह तु इति 'अम्बरे'त्यादि पूर्वोक्त उदाहरण में तो वातिकों ने जो नगर में अम्बरविवरत्व का आरोप किया है वह भ्रान्तिजन्य ही है । सादृश्यातिशय के कारण भ्रम से उन्होंने उसे अम्बरविवर समझ लिया है, अतः यहाँ भ्रान्तिमान् अलंकार ही हो सकता है, रूपक नहीं । अत्रैवेति—इसी नगर के वर्णन में 'तपोवनम्' इत्यादि उदाहरणों में उल्लेख के साथ परिणामालंकार का योग है । मुनियों के समाधिभावन आदि कार्यों में जनपदरूप से ही आरोप्य (तपोवनत्व) उपयोगी है, अतः यहाँ परिणाम है ।

विषय भेद से उत्पन्न उल्लेख का उदाहरण देते हैं—**गाम्भीर्येणेति**--'**कामदत्वाच्च लोकानामसि त्वं कल्पपादपः**' यह इस पद्य का उत्तरार्द्ध है । **इत्यादाविति**—इन उदाहरणों में अनेक प्रकार से उल्लेख करने में गाम्भीर्य आदि विषयों का भेद प्रयोजक है । गाम्भीर्य के कारण समुद्रत्व और गौरव के कारण पर्वतत्व आरोपित है । यहाँ उल्लेख के साथ रूपकालंकार का सम्बन्ध है । 'गुरुर्वचसि' इत्यादि उदाहरणों में रूपक के विना भी उल्लेख दीख पड़ता है । यह इसका रूपक से विविक्त विषय है । यहाँ श्लेषमूलक अतिशयोक्ति है । 'गुरु' शब्द भारी को भी कहता है और बृहस्पति को भी । एवं पृथु शब्द महाराज पृथु का भी बोधक है और मोटे का भी । अतः यहाँ श्लेष है और इन दोनों भिन्न अर्थों के एक शब्द से बोधित होने के कारण यहाँ अभेदाध्यवसान हुआ है, अतः यह श्लेषानुप्राणित अतिशयोक्ति है ।

अपह्नुति का वर्णन करते हैं—**प्रकृतमिति**—प्रकृत (उपमेय) का प्रतिषेध करके अन्य (उपमान) का स्थापन अर्थात् आरोप करना अपह्नुति कहाता है । **इयमिति**—यह दो प्रकार की होती है । एक वह जहाँ अपह्नव करके अर्थात् पहले प्रकृत का निषेध करके पीछे आरोप किया जाय और दूसरी वह जहाँ आरोप करके अपह्नव किया जाय । क्रम से उदाहरण—**नेदमिति**—आकाश का वर्णन है । यह आकाशमण्डल नहीं है, समुद्र है । और न ये तारे हैं, बल्कि नवीन फेनों के खण्ड हैं । न यह चन्द्रमा है, यह तो कुण्डल मारकर बैठे हुए शेषनाग हैं और यह काला-काला जो दीखता है यह कलङ्क नहीं है, किन्तु शेषनाग पर भगवान् विष्णु सो रहे हैं । यहाँ पहले आकाशादि के स्वरूप का निषेध द्वारा अपह्नव किया है और फिर उसमें समुद्रत्व आदि धर्मों का आरोप किया गया है । दूसरी अपह्नुति का उदाहरण—**एतदिति**—अस्ताचल के शिखर पर फेनपिण्ड के समान धुँधला चन्द्रबिम्ब, कलङ्क के बहाने, रातभर जलाये हुए मदनाग्नि के धूम को धारण कर रहा है । यहाँ पहले धूमत्व का आरोप है और पीछे 'कैतव' शब्द से लाञ्छन के स्वरूप का अपह्नव किया गया है । **एवमिति**—इसी प्रकार विराजति, इत्यादि पद्य में 'वपु' शब्द से प्रकृत का निषेध जानना ।

यदि श्लेषेणाऽन्यथा वान्यथयेत्साऽप्यपह्नुतिः । श्लेषेण यथा--

'काले वारिधराणामपतितया नैव शक्यते स्थातुम् ।
उत्कण्ठितासि तरले, नहि नहि सखि, पिच्छिलः पन्थाः ॥'

अत्र 'अपतितया' इत्यत्र पतिं विनेत्युक्त्वा पश्चात्पतनाभावेनान्यथा कृतम् । अश्लेषेण यथा--

'इह पुरोऽनिलकम्पितविग्रहा मिलति का न वनस्पतिना लता ।
स्मरसि किं सखि, कान्तरतोत्सवं नहि घनागमरीति रुदाहृता ॥'

वक्रोक्तौ परोक्तेरन्यथाकारः, इह तु स्वोक्तेरेवेति भेदः । गोपनकृता गोपनीयस्यापि प्रथममभिहितत्वाच्च व्याजोक्तेः ।

अन्यन्निषिध्य प्रकृतस्थापनं निश्चयः पुनः ॥ ३९ ॥

निश्चयाख्योऽयमलंकारः । अन्यदित्यारोप्यमाणम् । यथा मम—

'वदनमिदं, न सरोजं, नयने, नेन्दीवरे एते । इह सविधे मुग्धदृशो भ्रमर, मुधा किं परिभ्रमसि ॥'

यथा वा--

'हृदि बिसलताहारो, नाऽयं भुजङ्गमनायकः कुवलयदलश्रेणी कण्ठे, न सा गरलद्युतिः ।
मलयजरजो, नेदं भस्म, प्रियारहिते मयि प्रहर न हरभ्रान्त्याऽनङ्ग क्रुधा किमु धावसि ॥'

गोपनीयमिति--किसी गोपनीय बात को किसी प्रकार सूचित करके फिर श्लेष से या किसी अन्य प्रकार से यदि उसे छिपाया जाय तो भी 'अपह्नुति' अलंकार होता है । यह अपह्नुति का दूसरा लक्षण है । श्लेषमूलक अपह्नुति का उदाहरण--**काले इति**--इस पद्य में 'अपतितया' पद दो प्रकार से बनता है और उसके दो अर्थ होते हैं । एक तो **'न पतिर्यस्याः सा अपतिः, तस्या भावस्तत्ता, तया अपतितया'** । पति रहित का नाम 'अपति' उसकी दशा का नाम 'अपतिता' । दूसरे **'न पतिता अपतिता तया'** । 'पतिता' का अर्थ है गिरी हुई या फिसली हुई । जो न गिरे सो 'अपतिता' ।

बादलों को देखकर किसी विरहिणी ने कहा कि वर्षाकाल में 'अपतिता' से रहना हो नहीं सकता । सखी उसका मतलब समझ गई । उसने पूछा कि **'उत्कण्ठितासि तरले ?'** क्यों क्या पति में प्रचण्ड उत्कण्ठा पैदा हो गई है ? अर्थात् क्या तेरा यह मतलब है कि वर्षाकाल में पति के विना (अपतितया) रहा नहीं जा सकता ? यहाँ **'तरले'** सम्बोधन से कुछ फटकार भी सूचित होती है । नायिका सखी की इस उक्ति से मन में लज्जित हो गई और उसने झट बात बदलकर कहा कि **नहि नहि सखि, पिच्छिलः पन्थाः'** नहीं सखी—तू मेरा मतलब नहीं समझी । अरी, रास्ते में फिसलन बहुत है । मैं तो यह कह रही हूँ कि वर्षा के समय रास्ते में इतनी फिसलन है कि बिना पतित हुए अर्थात् विना फिसले या गिरे (अपतिता) कोई रह नहीं सकती । **अश्लेषेणेति**—श्लेष के विना उदाहरण—**इहेति**—नायिका की उक्ति है । यहाँ पुरवाई से कंपित शरीरवाली कौन सी लता वनस्पति के साथ नहीं मिलती ? सखी की उक्ति—**स्मरसीति**—हे सखि, क्या प्रियतम के रतोत्सव का स्मरण करती है ? अर्थात् कम्पितलता को वनस्पति के साथ लिपटती देखकर क्या तू कम्पितगात्री नायिका के (अपने) आलिङ्गन का स्मरण कर रही है ? नायिका की उक्ति—**नहीति**--नहीं नहीं—वर्षाकाल का स्वभाव ही कहा है । मेरा विशेष कुछ मतलब नहीं । यहाँ विना श्लेष के ही सादृश्य से अभिप्राय सूचन करके फिर उसका निराकरण किया गया है । **वक्रोक्ताविति**--वक्रोक्ति में दूसरे की उक्ति का दूसरा अर्थ किया जाता है और यहाँ अपनी उक्ति का ही । यही इन दोनों का भेद है । छिपानेवाला गोपनीय बात को भी पहले यहाँ कह देता है, अतः यह अलंकार व्याजोक्ति से भी भिन्न है । उसमें गोपनीय का कथन नहीं होता ।

निश्चयालंकार का निरूपण करते हैं--**अन्यदिति**--उपमान का निषेध करके उपमेय के स्थापन करने को 'निश्चय' अलंकार कहते--जैसे--**वदनमिति**--हे भ्रमर, यह मुख है, कमल नहीं । और ये दोनों नेत्र हैं, नील कमल नहीं । तुम इस सुन्दरी के समीप क्यों व्यर्थ ही चक्कर काटते हो । दूसरा उदाहरण--**हृदीति**--हे कामदेव, तुम शङ्कर के धोखे मेरे ऊपर क्यों दौड़ते हो ? मुझे न मारो । मैं तो विरही हूँ, शङ्कर नहीं । मेरे हृदय में विरहाग्नि शान्त करने के लिये यह कमलनाल का हार है, सर्पराज वासुकि नहीं है । कण्ठ में नीले

नह्ययं निश्चयान्तः सन्देहः। तत्र संशयनिश्चययोरेकाश्रयत्वेनाऽवस्थानात्। अत्र तु भ्रमरादेः संशयो नायकादेर्निश्चयः। किञ्च न भ्रमरादेरपि संशयः। एककोट्यनधिके ज्ञाने तथा समीपगमनाऽसंभवात्। तर्हि भ्रान्तिमानस्तु। अस्तु नाम भ्रमरादेर्भ्रान्तिः। न चेह तस्याश्चमत्कारविधायित्वम्। अपि तु तथाविधनायकाद्युक्तेरेवेति सहृदयसंवेद्यम्। किञ्चाविवक्षितेऽपि भ्रमरादेः पतनादौ भ्रान्तौ वा नायिकाचाटूवादिरूपेणैव संभवति तथाविधोक्तिः। न च रूपकध्वनिरयम्, मुखस्य कमलत्वेनाऽनिर्धारणत्। न चापह्नुतिः, प्रस्तुतस्यानिषेधात् इति। पृथगेवाऽयमलंकारश्चिरन्तनोक्तालंकारेभ्यः। शुक्तिकायां रजतधिया पतति पुरुषे 'शुक्तिकेयं न रजत'मिति कस्यचिदुक्तिर्नायमलंकारो वैचित्र्याभावात्।

भवेत्संभावनोत्प्रेक्षा प्रकृतस्य परात्मना। वाच्या प्रतीयमाना सा प्रथमं द्विविधा मता ॥४०॥
वाच्येवादिप्रयोगे स्यादप्रयोगे परा पुनः। जातिर्गुणः क्रिया द्रव्यं यदुत्प्रेक्ष्यं द्वयोरपि ॥

कमल के पत्ते हैं, विष की काली छवि नहीं। प्रिया के विरह से युक्त मेरे देह में यह चन्दन का चूर्ण लिपटा है, भस्म नहीं है। इस अलंकार का अन्य अलंकारों से भेद सिद्ध करते हैं—**नह्ययमिति**—इसे निश्चयान्त सन्देहालंकार नहीं कह सकते, क्योंकि उसमें संशय और निश्चय एक ही में रहा करते हैं। और यहां संशय तो भ्रमर को है, उसी ने मुख को कमल समझा है, और निश्चय नायक को है, जो यह कह रहा है कि 'न सरोजम्।' इसके सिवा भ्रमर को भी सन्देह नहीं है। सन्देह जिस विषय में होता है उसमें प्रवृत्ति नहीं होती। जबतक विरुद्ध ज्ञानों की दोनों कोटि बराबर रहती हैं--एक कोटि अधिक नहीं होती—तबतक प्रवृत्ति नहीं हुआ करती, अतः यदि भ्रमर को पूरा सन्देह होता तो मुख के पास न जाता। उसके समीपगमन से ही प्रतीत होता है कि उसे कमलत्व का निश्चय है, संशय नहीं। **तर्हीति**--अच्छा तो फिर यहाँ भ्रान्तिमान् अलंकार सही, क्योंकि मुख में कमल की भ्रान्ति हुई है। इसका खण्डन करते हैं—**अस्तु नाम**—यहां भ्रमर को भले ही भ्रान्ति रहे, परन्तु वह तो चमत्कारक नहीं है। उस प्रकार की नायकोक्ति ही चमत्कारक है। इसके अतिरिक्त चाहे भ्रमर को भ्रान्ति न हो और वह मुख के पास न भी आये तो भी नायिका को प्रसन्न करने के लिये उस प्रकार का कथन संभव है। इसे रूपकध्वनि भी नहीं कह सकते, क्योंकि यहाँ मुख का कमलत्व रूप से निर्धारण नहीं किया है। यह अपह्नुति भी नहीं है। अपह्नुति में प्रकृत का निषेध किया जाता है, परन्तु यहाँ मुख के स्वरूप का निषेध नहीं किया गया है। इस लिये यह निश्चयालंकार प्राचीन आचार्यों के कहे हुए अलंकारों से पृथक् ही है। यदि कोई आदमी सीप को चांदी समझकर उठाने लगे और दूसरा उससे कहे कि 'अरे, यह तो सीप है, चाँदी नहीं' तो वहाँ यह अलङ्कार नहीं माना जायगा, क्योंकि वहाँ कोई चमत्कार नहीं। कविप्रतिभोत्थितनिश्चय ही चमत्कारक होता है।

उत्प्रेक्षाऽलङ्कार का निरूपण करते हैं—**भवेदिति**—किसी प्रस्तुत वस्तु की अप्रस्तुत के रूप में संभावना करने को उत्प्रेक्षा कहते हैं। जिसमें एक कोटि उत्कृष्ट रहे उस संशयज्ञान को सम्भावना कहते हैं। संशय में दो या इससे अधिक कोटियाँ रहा करती हैं, परन्तु रहतीं सब समान हैं। जैसे कुछ कुछ अंधेरे में खम्भे को देखकर किसी को संदेह हुआ कि यह खम्भा है या आदमी। यहाँ एक वस्तु में स्थाणुत्व और पुरुषत्व दो धर्मों का विकल्प है। इसमें दोनों ज्ञानों की कोटि समान है, कोई अधिक नहीं है। जब इनमें से एक ज्ञान की कोटि प्रबल हो तो उसे सम्भावना कहते हैं। परन्तु इस प्रकार का ज्ञान जब कवि की प्रतिभा से उत्पन्न हो अर्थात् चमत्कारक हो तब उसे उत्प्रेक्षालङ्कार कहते हैं, अन्यथा सम्भावना ही कहाती है। सन्देह में ज्ञान की अनेक कोटियाँ समबल होती हैं, भ्रान्ति में विपरीत कोटि में निश्चय होता है और संभावना में एक कोटि प्रबल होती है, किन्तु निश्चय पर्यन्त नहीं पहुँचती, यही इनका परस्पर भेद है। उत्प्रेक्षालङ्कार में उपमान की ही कोटि प्रबल रहती है। और उपमेय भी ज्ञात रहता है। संशय इसमें कल्पित होता है, वास्तविक नहीं। धर्मी की उत्प्रेक्षा जहाँ होती है वहाँ तादात्म्य सम्बन्ध हुआ करता है और धर्म की उत्प्रेक्षा में अन्य सम्बन्ध रहा करते हैं। एवं धर्मी की उत्प्रेक्षा में साधारण धर्म (उपमान और उपमेय का) उत्प्रेक्षा का निमित्त हुआ करता है और धर्मोत्प्रेक्षा में समानाधिकरण धर्म निमित्त होता है।

तदष्टधाऽपि प्रत्येकं भावाभावाभिमानतः । गुणक्रियास्वरूपत्वान्निमित्तस्य पुनश्च ताः ॥
द्वात्रिंशद्विधतां यान्ति—तत्र वाच्योत्प्रेक्षायामुदाहरणं दिङ्मात्रं यथा—

'ऊरुः कुरङ्गकदृशश्चञ्चलचेलाञ्चलो भाति । सपताकः कनकमयो विजयस्तम्भः स्मरस्येव ॥'

अत्र विजयस्तम्भस्य बहुवाचकत्वाज्जात्युत्प्रेक्षा

'ज्ञाने मौनं, क्षमा शक्तौ, त्यागे श्लाघाविपर्ययः । गुणा गुणानुबन्धित्वात्तस्य सप्रसवा इव ॥'

श्रीतर्कवागीशजीने—लिखा है कि 'परात्मना' यहाँ 'आत्म' पद तादात्म्य सम्बन्ध का बोधन करने के लिये है, अतः उपमानप्रकारक, उपमेयविशेष्यक, तादात्म्यसंसर्गक, उत्कटैककोटिक संशय को उत्प्रेक्षा कहते हैं। यह लक्षण असंगत है, क्योंकि सब उत्प्रेक्षाओं में तादात्म्य संसर्ग नहीं हुआ करता, केवल धर्म्युत्प्रेक्षा में ही होता है, अन्यत्र अन्य संसर्ग हुआ करते हैं, अतः उत्प्रेक्षा के सामान्य लक्षण में 'तादात्म्य' का निवेश करना अनुचित है। इसके अतिरिक्त उत्प्रेक्षालङ्कार में संशय आहार्य होता है, वास्तविक नहीं। कवि को या कविकल्पित वक्ता को प्रस्तुत का यथार्थज्ञान अवश्य रहता है। वक्ता मुख को मुख समझता हुआ ही उसका चन्द्रत्वेन संभावना करता है कि **'मुखमेणीदृशो भाति पूर्णचन्द्र इवापरः'**। अतः इस लक्षण में केवल 'संशय' पद दे देना पर्याप्त नहीं है। आहार्य संशय कहना चाहिये। **वाच्येति**—प्रथम उत्प्रेक्षा के दो भेद होते हैं। एक वाच्योत्प्रेक्षा, दूसरी प्रतीयमानोत्प्रेक्षा। जहाँ 'इव' आदिक उत्प्रेक्षावाचक शब्दों का प्रयोग होता है वहाँ वाच्योत्प्रेक्षा होती है और जहाँ नहीं होता वहाँ प्रतीयमाना होती है। इन दोनों में कहीं जाति उत्प्रेक्ष्य रहती, कहीं गुण। एवं कहीं क्रिया उत्प्रेक्ष्य रहती है, कहीं द्रव्य, अतः उक्त दोनों के ये चार चार भेद होते हैं। इन आठों में कहीं भाव उत्प्रेक्ष्य रहता है, कहीं अभाव, अतः फिर दो भेद होने से सोलह भेद हुए। इन सोलहों में उत्प्रेक्षा का निमित्त कहीं गुण होता है—और कहीं क्रिया, अतः ये सब मिल कर बत्तीस प्रकार की हुईं।

तत्रेति—वाच्योत्प्रेक्षा के कुछ उदाहरण देते हैं। **ऊरुरिति**—चञ्चल वस्त्राञ्चल से रमणीय, मृगनयनी का ऊरु ऐसा मालूम होता है मानो कामदेव का, पताका से युक्त, स्वर्णमय विजयस्तम्भ हो। **अत्रेति**—यहाँ ऊरु में विजयस्तम्भ का स्वरूप उत्प्रेक्षित है। इसमें तादात्म्य सम्बन्ध है और स्वरूपोत्प्रेक्षा है। स्तम्भ शब्द जातिवाचक है, अतः यह जात्युत्प्रेक्षा है। गौरत्वादि साधारण धर्म उत्प्रेक्षा के निमित्त हैं।

रघुवंश में राजा दिलीप का वर्णन है—**ज्ञान इति**—महाराज दिलीप में ज्ञान के साथ मौन भी रहता था। सब बातों का पूर्ण ज्ञान होने पर भी वह थोड़ा बोलते थे। उनमें शक्ति होने पर भी क्षमा रहती थी—और दान में आत्मश्लाघा का अभाव रहता था। गुणानुबन्धी होने के कारण उनके गुण सप्रसव (सोदर भाई) से थे। **अत्रेति**—यहाँ गुणों में सप्रसवत्व रूप गुण उत्प्रेक्षित है। यद्यपि प्रसव शब्द में सू धातु से भाव में अप् प्रत्यय हुआ है, इस कारण यह क्रियावाचक शब्द है, गुणवाचक नहीं है। इसका अर्थ है प्रजनन अर्थात् सन्तान उत्पन्न करना, तथापि जैसे संयोग, विभाग, ज्ञान, इच्छा, आदि शब्द भावप्रत्ययान्त होने पर भी गुणवाचक माने जाते हैं उसी प्रकार इसे मानकर यह उदाहरण दिया है।

यद्यपि वैशेषिक में परिगणित रूप, रस आदि गुणों में कहीं 'प्रसव' का साक्षात् पाठ नहीं है, तथापि इसे विभाग के अन्तगत समझ कर गुणोत्प्रेक्षा का उदाहरण बताया है। गर्भाशय में गर्भस्थित बच्चे के विभाग को यहां 'प्रसव' कहा है।

वस्तुतः ग्रन्थकार का यह उदाहरण और उक्त अर्थ दोनों असंगत हैं। जिस प्रकार बन्दरियों की गोद में एक एक बचा चिपटा रहता है उसी प्रकार राजा दिलीप के गुण भी बच्चेदार थे, यह कविकुलगुरु श्रीकालिदास का तात्पर्य नहीं है। यदि उनका यह तात्पर्य होता कि एक गुण के पेट में से दूसरा गुण निकल पड़ा तो 'ज्ञाने मौनं' के स्थान पर **'ज्ञानान्मौनम्'** इत्यादि पाठ बनाते। इसके अतिरिक्त प्रसव स्त्रियों को ही होता है, पुरुष और नपुंसकों को नहीं होता। कालिदास जैसे कविकुलगुरु, पुरुषों और नपुंसकों को बच्चे जनने का काम दें, यह कैसे हो सकता है ? 'गुणाः' पुल्लिङ्ग है और 'ज्ञान' नपुंसक है। 'त्याग' भी पुल्लिङ्ग है। ये बेचारे कैसे प्रसव करेंगे, यह बात विश्वनाथजी ने नहीं सोची।

यहाँ **श्रीतर्कवागीशजीने** भी इस प्रसव कार्य में विश्वनाथजी की पूरी मदद की है। आप लिखते हैं **'कुक्षिगर्भयोर्विभागः प्रसवः। ज्ञानादीनां मौनाद्युत्पादने प्रसवसम्भावना।'**

अत्र सप्रसवत्वं गुणः।

'गङ्गाम्भसि सुरत्राण, तव निःशाननिःस्वनः। स्नातीवारिवधूवर्गगर्भपातनपातकी॥'

अत्र स्नातीति क्रिया। 'मुखमणीदृशो भाति पूर्णचन्द्र इवाऽपरः'।

अत्र 'चन्द्र' इत्येकद्रव्यवाचकत्वाद् द्रव्यशब्दः। एते भावाभिमाने। अभावाभिमाने यथा--

'कपोलफलकावस्याः कष्टं भूत्वा तथाविधौ। अपश्यन्ताविवान्योन्यमीदृक्षां क्षामतां गतौ॥'

अत्रापश्यन्ताविति क्रियाया अभावः। एवमन्यत्। निमित्तस्य गुणक्रियारूपत्वे यथा--'गङ्गाम्भसि--' इत्यादौ स्नातीवेत्युत्प्रेक्षानिमित्तं पातकित्वं गुणः। 'अपश्यन्तौ' इत्यादौ क्षामतागमनरूपं निमित्तं क्रिया। एवमन्यत्। प्रतीयमानोत्प्रेक्षा यथा--

---

वस्तुतः कालिदास ने दिलीप की अलौकिक महापुरुषता सूचित करने के लिए उनमें विरोधी गुणों का समावेश दिखाया है। ज्ञान रहने पर भी मौन होना साधारण बात नहीं और शक्ति होने पर भी क्षमा करना सबका काम नहीं, एवं पुष्कल दान देने पर भी आत्मश्लाघा न होना बहुत कम देखा जाता है। परन्तु महाराज दिलीप में ये सब गुण थे। ज्ञान और मौन क्षमा और शक्ति आदिक परस्परविरोधी गुण भी उनमें थे और इस प्रकार मिले-जुले थे कि मानो वे भाई भाई हों। 'सप्रसव' का यहाँ 'प्रसवेन सह वर्तमाना' यह अर्थ नहीं है, अपि तु 'सह प्रसवो येषां ते सप्रसवाः' यह अर्थ है। सह शब्द के साथ प्रसव शब्द का बहुव्रीहि समास हुआ है और 'वोपसर्जनस्य' ६।३।८२ से 'सह' के स्थान में 'स' आदेश हुआ है। इस पद्य की व्याख्या में यही अर्थ श्रीमल्लिनाथजी ने भी लिखा है।

'गुणानुबन्धी' में अनुबन्धी का अर्थ है—अनुकूल रहनेवाला = आज्ञाकारी या वशवर्ती। जैसे प्रचण्ड पराक्रमी और क्रोधी भीमसेन, सहोदर होने के कारण, युधिष्ठिर के साथ मिल-जुलकर रहते थे। भीम के क्रोध को युधिष्ठिर की शान्ति के आगे दबना पड़ता था। इसी प्रकार दिलीप की शक्ति को उनकी क्षमा के आगे सिर झुकाना पड़ता था, इत्यादि तात्पर्य जानना।

इस प्रकार यह उदाहरण गुणोत्प्रेक्षा का नहीं हो सकता। भ्रातृस्वरूप की ही यहाँ उत्प्रेक्षा है, अतः इसे जात्युत्प्रेक्षा ही कह सकते हैं, गुणोत्प्रेक्षा नहीं। गुणस्वरूपोत्प्रेक्षा का यह उदाहरण हो सकता है।

'अम्भोजिनीबान्धवनन्दनायां कूजन् बकानां समजो विरेजे।
रूपान्तराक्रान्तगृहः समन्तात्पुञ्जीभवन् शुक्ल इवाश्रयार्थी॥'

यहाँ बगलों के समूह में शुक्ल गुण का स्वरूप उत्प्रेक्ष्य है। पण्डितेन्द्र जगन्नाथ ने यह अपना बनाया पद्य रसगङ्गाधर में गुणोत्प्रेक्षा के उदाहरण में दिया है। इसमें 'समज' शब्द चिन्त्य है, क्योंकि 'समुदोरजः पशुषु' इस पाणिनि सूत्र से सम् पूर्वक अज धातु से पशुसमुदाय के वाच्य होने पर अप् प्रत्यय होता है। परन्तु बगले पशु नहीं होते, पक्षी होते हैं, अतः बगलों के समूह का 'समज' कहना विशेष सुन्दर नहीं है।

क्रियोत्प्रेक्षा का उदाहरण। गङ्गेति—हे सुरत्राण! (देवताओं के रक्षक) शत्रुओं के वधूवर्ग के गर्भ गिराने का पातक लगने के कारण तुम्हारी विजययात्रा के बाजे (निःशान) का शब्द गंगाजल में मानो स्नान कर रहा है।

किसी राजा ने विजय यात्रा की। उस समय जो बाजे बजे उनका शब्द गंगाजल में भी प्रतिध्वनित हुआ। उसे देखकर कवि ने उत्प्रेक्षा की कि 'इस शब्द को सुनकर शत्रुनारियों के गर्भ गिरे हैं। उसका पातक इसके सिर पर चढ़ा है। उसे दूर करने के लिए मानो यह गंगाजल में स्नान कर रहा है।' यहाँ स्नान क्रिया उत्प्रेक्ष्य है।

द्रव्य-स्वरूपोत्प्रेक्षा का उदाहरण देते हैं—मुखमिति—मृगनयनी का मुख ऐसा शोभायमान है मानो दूसरा पूर्णचन्द्र हो। अत्रेति—चन्द्रमा एक ही है, अतः चन्द्रत्व जाति नहीं हो सकती, इस कारण यहाँ द्रव्योत्प्रेक्षा है, जात्युत्प्रेक्षा नहीं। एते इति—ये पूर्वोक्त चारों श्लोक भावाभिमान के उदाहरण हैं, इन सब में भावरूप पदार्थ उत्प्रेक्ष्य है।

अब अभावोत्प्रेक्षा का उदाहरण दिखाते हैं—कपोलेति—कितने कष्ट की बात है कि इस सुन्दरी के कमनीय कपोल, जो किसी दिन बड़े सुन्दर और सुडौल थे, वे आज इतने क्षाम (कृश) हो गये हैं कि मानों

'तन्वङ्ग्याः स्तनयुग्मेन मुखं न प्रकटीकृतम्। हाराय गुणिने स्थानं न दत्तमिति लज्जया ॥'

अत्र लज्जयेवेतीवाद्यभावात्प्रतीयमानोत्प्रेक्षा। एवमन्यत्। ननु ध्वनिनिरूपणप्रस्तावेऽलंकाराणां सर्वेषामपि व्यंग्यत्वं भवतीत्युक्तम्। संप्रति पुनर्विशिष्य कथमुत्प्रेक्षायाः प्रतीयमानत्वम्? उच्यते--व्यङ्ग्योत्प्रेक्षायां 'महिलासहस्स—' इत्यदावुत्प्रेक्षणं विनापि वाक्यविश्रान्तिः। इह तु स्तनयोर्लज्जाया असंभवाल्लज्जयेवेत्युत्प्रेक्षयैवेति व्यङ्ग्यप्रतीयमानोत्प्रेक्षयोर्भेदः। अत्र वाच्योत्प्रेक्षायाः षोडशसु भेदेषु मध्ये विशेषमाह--

---

एक दूसरे को देखते ही नहीं। कृश हो जाने के कारण मानो एक दूसरे के दर्शन से वञ्चित या संकुचित हैं। **अत्रेति**—यहाँ—**'अपश्यन्ताविव'** इस शब्द से दर्शन क्रिया का अभाव उत्प्रेक्ष्य है। और क्षामतागमन उसका कारण है।

श्रीतर्कवागीशजी ने लिखा है कि यहाँ दर्शनाभाव के कारण उत्पन्न कृशत्व की संभावना में तात्पर्य है। **"विरहजनितकृशत्वे परस्परदर्शनाभावजन्यकृशत्वसंभावनायां तात्पर्यात्"**। यह अत्यन्त असंगत और अज्ञानपूर्ण कथन है। मूल ग्रन्थ में तो स्पष्ट लिखा है कि यहाँ दर्शनाभाव उत्प्रेक्ष्य है और क्षामतागमन उसका निमित्त है। परन्तु आप लिखते हैं कि परस्पर दर्शनाभाव निमित्त है। और कृशत्व (क्षामता) की संभावना अर्थात् उत्प्रेक्षा है !! यदि ठीक हो तो इसे अभावोत्प्रेक्षा कही नहीं सकते, क्योंकि क्षामता भावरूप है। दर्शनाभाव को तो आप उत्प्रेक्ष्य मानते नहीं। उसे तो उत्प्रेक्षा का निमित्त मानते हैं। फिर ग्रन्थकार ने इसे अभावोत्प्रेक्षा के उदाहरण में क्यों रक्खा? और आपने इसे इसका ठीक उदाहरण क्यों माना?

निमित्तस्येति—'गंगाम्भसि' इत्यादि पद्य में 'स्नातीव' इस क्रियोत्प्रेक्षा का निमित्त पातकित्व है। वह गुणस्वरूप है। 'अपश्यन्तौ' इत्यादि में उत्प्रेक्षा का निमित्त क्षामतागमनरूप क्रिया है। पातकित्व का अर्थ है पातक—और पातक अन्तःकरण या आत्मा में रहनेवाला अदृष्टनामक गुण है, जो निषिद्ध कर्मों के आचरण से उत्पन्न होता है और दुःख को उत्पन्न करता है। गङ्गास्नानादि से उसका क्षय होता है।

वस्तुतः शब्द जड़ पदार्थ है, वह ज्ञानपूर्वक कुछ आचरण नहीं करता, अतएव न तो उसे पाप-पुण्य लग सकता है और न उसमें उनका फल भोगने की योग्यता है, परन्तु यहाँ कवि ने शब्द को एक चेतन पुरुष का स्वरूप दिया है और गङ्गाजल में उसके प्रवेश को स्नान करना बतलाया है। गङ्गास्नान करने का कुछ निमित्त अवश्य होना चाहिये, अतः उसमें पातकरूप हेतु की भी उत्प्रेक्षा की है। परन्तु प्रधान न होने के कारण हेतूत्प्रेक्षा यहाँ नहीं कहलाती। क्रियोत्प्रेक्षा प्रधान है। उसी के नाम से व्यवहार होता है।

यद्यपि शब्द गुण है और गुणों में गुण अथवा क्रिया की स्थिति नहीं हुआ करती **'गुणादिर्निर्गुणक्रियः'**—यह नैयायिकों का सिद्धान्त है, अतः शब्द में पातक भी नहीं रह सकता, परन्तु यहाँ तो शब्द में चेतन पुरुष के स्वरूप का संभावन किया गया है। यदि शब्द को द्रव्य मान लें तो भी विना चैतन्य और रागद्वेष के उसमें पातक नहीं रह सकेगा। इसलिये तर्कवागीशजी का यह कथन कि **"पातकित्वं पापजननयोग्यत्वं गुणक्रियातिरिक्तो धर्मः—यथाश्रुतस्य शब्देऽसंभव इति ध्येयम्"** सर्वथा असमञ्जस है। मूलग्रन्थकार तो 'पातकित्व' को गुण बतलायें और गुण निमित्तक उत्प्रेक्षा के उदाहरण में उसे रक्खें और आप टीका करते हुए उसी (पातकित्व) को गुणक्रिया से अतिरिक्त धर्म कह डालें !!! और इसके लिये युक्ति भी क्या! **'यथाश्रुतस्य शब्देऽसम्भवः'**। क्या अतिरिक्त धर्म मानने पर आप मूलग्रन्थ की संगति लगा सकेंगे? फिर अतिरिक्त होने पर भी आपका 'असम्भव' दूर नहीं होता! **'भक्षितेऽपि लशुने न शान्तो व्याधिः'** !!

प्रतीयमानोत्प्रेक्षा का उदाहरण—**तन्वङ्ग्या इति**—गुणी (सूत्रयुक्त) हार के लिये स्थान नहीं दिया, इस लज्जा से तन्वङ्गी के स्तनद्वन्द्व ने मुख प्रकट नहीं किया। संहतस्तनी अनुद्भिन्नचूचुका तरुणी को देखकर यह उत्प्रेक्षा की है, क्योंकि स्तनों में न तो वास्तविक लज्जा हो सकता है, न मुख होता है। **अत्रेति**—यहाँ लज्जा हेतु उत्प्रेक्ष्य है। इवादि पदों के न होने से यह प्रतीयमानोत्प्रेक्षा है। इसी प्रकार और उदाहरण भी जानना।

नन्विति—ध्वनि के प्रकरण में सभी अलंकारों को व्यङ्ग्य कहा है। फिर अब उत्प्रेक्षा को विशेषरूप से प्रतीयमान (व्यङ्ग्य) क्यों कहते हो? **उत्तर**—पहले जो व्यङ्ग्योत्प्रेक्षा का उदाहरण दिया है उस (महिचेत्यादि) में यदि उत्प्रेक्षा न करें तो भी वाक्यार्थ की विश्रान्ति हो जाती है, परन्तु यहाँ तो स्तनों में लज्जा

तत्र वाच्याभिदा पुनः।

विना द्रव्यं त्रिधा सर्वाः स्वरूपफलहेतुगाः॥ ४२॥

तत्रोक्तेषु वाच्यप्रतीयमानोत्प्रेक्षयोर्भेदेषु मध्ये ये वाच्योत्प्रेक्षायाः षोडश भेदास्तेषु च जात्यादीनां त्रयाणां ये द्वादश भेदास्तेषां प्रत्येकं स्वरूपफलहेतुगम्यत्वेन द्वादशभेदतया षट्त्रिंशद्भेदाः। द्रव्यस्य स्वरूपोत्प्रेक्षणमेव संभवतीति चत्वार इति मिलित्वा चत्वारिंशद् भेदाः। अत्र स्वरूपोत्प्रेक्षा यथा पूर्वोदाहरणेषु 'स्मरस्य विजयस्तम्भः—' इति। 'सप्रसवा इव–' इत्यादयो जातिगुणस्वरूपगाः। फलोत्प्रेक्षा यथा--

'रावणस्यापि रामास्तो भित्त्वा हृदयमाशुगः। विवेश भुवमाख्यातुमुरगेभ्य इव प्रियम्॥'

अत्राख्यातुमिति भूप्रवेशस्य फलं क्रियारूपमुत्प्रेक्षितम्। हेतूत्प्रेक्षा यथा--

'सैषा स्थली यत्र विचिन्वता त्वां भ्रष्टं मया नूपुरमेकमुर्व्याम्।
अदृश्यत, त्वच्चरणारविन्दविश्लेषदुःखादिव बद्धमौनम्॥'

अत्र दुःखरूपो गुणो हेतुत्वेनोत्प्रेक्षितः। एवमन्यत्।

उक्त्यनुक्त्योर्निमित्तस्य द्विधा तत्र स्वरूपगाः।

तेषु चत्वारिंशत्संख्याकेषु भेदेषु मध्ये ये स्वरूपगायाः षोडश भेदास्ते उत्प्रेक्षानिमित्तस्योपादानानुपादानाभ्यां द्वात्रिंशद्भेदा इति मिलित्वा षट्पञ्चाशद्भेदा वाच्योत्प्रेक्षायाः। तत्र निमित्तस्योपादानं यथा पूर्वोदाहृते 'स्नातीव—' इत्युत्प्रेक्षाया निमित्तं पातकित्वमुपात्तम्। अनुपादाने यथा—'चन्द्र इवापरः' इत्यत्र तथाविधसौन्दर्याद्यतिशयो नोपात्तः। हेतुफलयोस्तु नियमेन निमित्तस्योपादानमेव।

का होना असम्भव है, अतः जबतक 'लज्जया इव' इस रूप में उत्प्रेक्षा न करें तबतक वाक्यार्थ पूरा ही नहीं होता। यही व्यङ्ग्योत्प्रेक्षा और प्रतीयमानोत्प्रेक्षा का भेद है। **अत्रेति**— उक्त वाच्योत्प्रेक्षा के सोलह भेदों में कुछ और विशेष दिखाते हैं। **तत्रेति**—पूर्वोक्त वाच्य और प्रतीयमान उत्प्रेक्षाओं के भेदों में से वाच्योत्प्रेक्षा के जो सोलह भेद हैं उनमें द्रव्य को छोड़कर जाति गुण और क्रियोत्प्रेक्षाओं के बारह भेदों में प्रत्येक के तीन भेद होते हैं। एक स्वरूपोत्प्रेक्षा–दूसरी हेतूत्प्रेक्षा—तीसरी फलोत्प्रेक्षा। इस प्रकार उक्त बारह भेदों के छत्तीस भेद होते हैं। द्रव्य में केवल स्वरूप की ही उत्प्रेक्षा हो सकती है, अतः उसके चार ही (पूर्वोक्त) भेद होते हैं। इसलिये ये सब मिलकर चालीस भेद होते हैं। उक्त उदाहरणों में 'स्मरस्येत्यादि' जातिस्वरूपोत्प्रेक्षा का उदाहरण है और 'सप्रसवाः' इत्यादि अथवा 'अम्भोजिनी' इत्यादि गुणस्वरूपोत्प्रेक्षा का उदाहरण है। फलोत्प्रेक्षा का उदाहरण देते हैं। **रावणस्येति**--श्रीरामचन्द्रजी का फेंका हुआ बाण रावण के हृदय को भेदन करके पार निकला और पृथ्वी में घुस गया। मानो पाताल लोक के निवासियों से रावण के वध का प्रिय समाचार कहने जा रहा है। **अत्रेति**—यहाँ बाण के पृथ्वीप्रवेश का क्रियारूप फल (आख्यातुमित्र) उत्प्रेक्षित है।

हेतूत्प्रेक्षा का उदाहरण--**सैषेति**--लङ्का से लौटते समय पुष्पक विमान पर बैठे हुए श्रीरामचन्द्रजी ने सीता से कहा है। यह वह स्थान है जहाँ तुम्हें ढूँढते हुए मैंने तुम्हारे पैर मे से पृथ्वी पर गिरा हुआ एक नूपुर देखा था। उस समय वह निःशब्द था--मानों तुम्हारे चरणारविन्द के वियोग-दुःख से मौन धारण किये हो। **अत्रेति**—यहाँ दुःखरूप गुण, हेतुरूप से उत्प्रेक्षित है, क्योंकि जड़े नूपुर में वास्तविक दुःख नहीं हो सकता। और भेद दिखाते हैं। **उक्त्यनुक्त्योरिति**—उक्त इन चालीस भेदों में से स्वरूपोत्प्रेक्षा के जो सोलह भेद हैं उनमें कहीं उत्प्रेक्षा का निमित्त (पूर्वोक्त गुण क्रिया रूप) शब्द से ही उक्त होता है और कहीं आक्षेप से लभ्य होता है, अतः इन सोलह के बत्तीस भेद होते हैं।

पहले चालीस भेद थे--उनमें सोहल और मिल गये तो सब मिलकर वाच्योत्प्रेक्षा के छप्पन भेद हुए।

तत्रेति--उनमें निमित्त के उपादान का उदाहरण **'स्नातीव'** इत्यादि पूर्वोक्त पद्य। इसमें स्नान का निमित्त पातकित्व शब्द से ही उक्त है। निमित्त के अनुपादान का उदाहरण 'चन्द्र इवाऽपरः'। यहाँ अलौकिक सौन्दर्य का अतिशय, जो मुख में चन्द्रत्व सम्भावना का निमित्त था, वह शब्द से गृहीत नहीं है।

तथाहि—'विश्लेषदुःखादिव' इत्यत्र यन्निमित्तं बद्धमौनत्वम् 'आख्यातुमिव' इत्यत्र च भूप्रवेशस्तयोरनुपादानेऽसंगतमेव वाक्यं स्यात्। प्रतीयमानायाः षोडशसु भेदेषु विशेषमाह—

प्रतीयमाना भेदाश्च प्रत्येकं फलहेतुगाः ॥ ४४ ॥

यथोदाहृते 'तन्वङ्ग्याः स्तनयुग्मेन--'इत्यत्र लज्जयेवेति हेतुरुत्प्रेक्षितः। अस्यामपि निमित्तस्यानुपादानं न संभवति। इवाद्यनुपादाने निमित्तस्य चाऽकीर्तने उत्प्रेक्षणस्य प्रमातुर्निश्चेतुमशक्यत्वात्। स्वरूपोत्प्रेक्षाप्यत्र न भवति। धर्म्यन्तरतादात्म्यनिबन्धनायामस्यामिवाद्यप्रयोगे विशेषणयोगे सत्यतिशयोक्तेरभ्युपगमात्। यथा--'अयं राजा परः पाकशासनः' इति। तदेवं द्वात्रिंशत्प्रकारा प्रतीयमानोत्प्रेक्षा।

उक्त्यनुक्त्योः प्रस्तुतस्य प्रत्येकं ता अपि द्विधा।

ता उत्प्रेक्षाः। उक्तौ यथा—'ऊरुः कुरङ्गकदृशः—' इति। अनुक्तौ यथा मम प्रभावत्याम्—प्रद्युम्नः—'इह हि संप्रति दिगन्तरमाच्छादयता तिमिरपटलेन—

घटितमिवाञ्जनपुञ्जैः पूरितमिव मृगमदक्षोदैः। ततमिव तमालतरुभिर्वृतमिव नीलांशुकैर्भुवनम् ॥'

हेतुफलयोरिति--हेतूत्प्रेक्षा और फलोत्प्रेक्षा में तो निमित्त का ग्रहण अवश्य करना पड़ता है। इसी को स्पष्ट करते हैं। **तथाहीति**--**'विश्लेषदुःखादिव'** यहाँ नूपुर में हेतुरूप से दुःख उत्प्रेक्ष्य है। और उस उत्प्रेक्षा का निमित्त है 'बद्धमौनत्व'। नूपुर का चुपचाप पड़ा देख कर ही यह सम्भावना की गई है कि यह मानो वियोग दुःख के मारे चुप है। इसी प्रकार **'आख्यातुमिव'** इस फलोत्प्रेक्षा में भूप्रवेश निमित्त है। बाण को पृथ्वी में घुसता देख कर ही यह सम्भावना की गई है कि मानो पाताल लोक में शुभ समाचार देने जा रहा है। इन उदाहरणों में से **'बद्धमौनम्'** 'और **'विवेश भुवम्'** इन पदों को यदि निकाल दें तो वाक्य ही असंगत हो जायगा। इस कारण हेतूत्प्रेक्षा और फलोत्प्रेक्षा में निमित्त का ग्रहण करना ही पड़ता है। मूलग्रन्थ में **'यन्निमित्त'** इसके 'संभावनायाः' इस पद का अध्याहार करके अन्वय करना चाहिये। 'संभावनायाः यन्निमित्तं' ऐसा अन्वय है।

अब प्रतीयमानोत्प्रेक्षा के सोलह भेदों में भी कुछ विशेष दिखाते हैं। **प्रतीयमानेति**--प्रतीयमानोत्प्रेक्षा में कहीं फल उत्प्रेक्षित होता है और कहीं हेतु। जैसे पूर्वोक्त **'तन्वङ्ग्याः'** इस पद्य में लज्जारूप हेतु उत्प्रेक्षित है। यहाँ भी निमित्त का अनुपादान नहीं हो सकता--क्योंकि जब न तो इवादि पद रहेंगे (प्रतीयमाना होने के कारण) और न उत्प्रेक्षा का निमित्त ही रहेगा, तब प्रमाता (श्रोता) को उत्प्रेक्षा का निश्चय करना ही अशक्य हो जायगा। उक्त **'तन्वङ्ग्याः'** इत्यादि वाक्य में से यदि **'मुखं न प्रकटीकृतम्'** इस अंश को निकाल दें तो वाक्य असंगत हो जायगा और शेष वाक्य को सुनकर कोई यह नहीं समझ सकेगा कि यहाँ उत्प्रेक्षा की जा रही है। **स्वरूपेति**--इसमें स्वरूप का उत्प्रेक्षण भी नहीं हुआ करता। **धर्म्यन्तरेति**--क्योंकि दूसरे धर्मी के साथ तादात्म्यसम्भावन में ही स्वरूपोत्प्रेक्षा होती है। सो इसमें यदि इवादि शब्दों का प्रयोग न रहे और संभाव्यमान वस्तु का वाचक पद, प्रकृत पदार्थ का विशेषण रख दिया जाय तो उत्प्रेक्षा की प्रतीति नहीं हो सकती, किन्तु अतिशयोक्ति की प्रतीति होगी। जैसे--**अयमित्यादि**—यहाँ राजा के साथ 'पाकशासन' (इन्द्र) विशेषण दिया है और इवादि नहीं हैं। यहाँ अतिशयोक्ति का ही अनुभव होता है, उत्प्रेक्षा का नहीं। राजा में पाकशासनत्व का अध्यवसान प्रतीत होता है। यद्यपि **'अयं राजा'** इस रूप से विषय उक्त है तथापि अतिशयोक्ति में विषय के अधःकरण होने से ही अध्यवसान हो जाता है। विषय उपात्त हो या अनुपात्त। यह बात अतिशयोक्ति के प्रकरण में स्पष्ट करेंगे। इस प्रकार पूर्वोक्त सोलह भेदों के फलगामी और हेतुगामी होने से प्रतीयमानोत्प्रेक्षा के बत्तीस ही भेद होते हैं। **उक्त्यनुक्त्योरिति**--पूर्वोक्त छप्पन वाच्योत्प्रेक्षा और बत्तीस प्रतीयमानोत्प्रेक्षा मिलकर अठासी भेद होते हैं। इन सबमें कहीं प्रस्तुत पदार्थ (विषय) शब्दोक्त होता है, कहीं गम्यमान, अतः फिर प्रत्येक के दो भेद होने से सब मिलकर उत्प्रेक्षाओं के एक सौ छिहत्तर (१७६) भेद होते हैं। यह साहित्यदर्पणकार का मत है। अन्य आचार्यों के मत में इससे अधिक भी होते हैं।

प्रस्तुत के शब्दोपात्त होने का उदाहरण—'ऊरुः' इत्यादि उक्त पद्य। यहाँ विषय ऊरु शब्द से उक्त है। अनुक्तविषया का उदाहरण—**घटितमिति**—दिगन्त को आच्छादित करनेवाले इस अन्धकार ने संसार को

अत्राञ्जनेन घटितत्वादेरुत्प्रेक्षणीयस्य विषयो व्याप्तत्वं नोपात्तम्। यथा वा—

'लिम्पतीव तमोऽङ्गानि वर्षतीवाञ्जनं नभः।'

अत्र तमसो लेपनस्य व्यापनरूपो विषयो नोपात्तः। अञ्जनवर्षणस्य तमःसंपातः। अनयोरुत्प्रेक्षानिमित्तं च तमसोऽतिबहुलत्वं धारारूपेणाधःसंयोगश्च यथासंख्यम्। केचित्तु—'अलेपनकर्तृभूतमपि तमो लेपनकर्तृत्वेनोत्प्रेक्षितं व्यापनं च निमित्तम्, एवं नभोऽपि वर्षणक्रियाकर्तृत्वेन' इत्याहुः।

अलंकारान्तरोत्था सा वैचित्र्यमधिकं भजेत्॥४५॥

तत्र सापह्नवोत्प्रेक्षा यथा मम—

'अश्रुच्छलेन सुदृशो हुतपावकधूमकलुषाद्दयाः। अप्राप्य मानमङ्गे विगलति लावण्यवारिपूर इव॥'

श्लेषहेतुगा यथा—

'मुक्तोत्करः संकटशुक्तिमध्याद्विनिर्गतः सारसलोचनायाः।
जानीमहेऽस्याः कमनीयकम्बुग्रीवाधिवासाद् गुणवत्त्वमाप॥'

अत्र गुणवत्त्वे श्लेषः कम्बुग्रीवाधिवासादिवेति हेतूत्प्रेक्षाया हेतुः। अत्र 'जानीमहे' इत्युत्प्रेक्षावाचकम्। एवम्—

मानों अञ्जन के पुञ्ज से संघटित कर दिया है, कस्तूरी के चूर्ण से भर सा दिया है, आबनूस के वृक्षों से मानों व्याप्त कर दिया है और नीले कपड़ों से ढक सा दिया है। **अत्रेति**—यहाँ अन्धकार की व्याप्ति विषय है। उसमें अञ्जनघटितत्व आदि उत्प्रेक्ष्य है। परन्तु व्याप्तत्वरूप विषय यहाँ शब्दोक्त नहीं है।

उक्त उदाहरण में '**दिगन्तरमाच्छादयता तिमिरपटलेन**' यहाँ 'आच्छादन' से व्याप्ति का भान होता है, इस अरुचि के कारण दूसरा उदाहरण देते हैं—**लिम्पतीवेति**—अन्धकार अङ्गों को लीपे देता है और आसमान काजल सा बरसा रहा है। **अत्रेति**—यहाँ भी अन्धकार के व्यापनरूप विषय में लेपन और वर्षण की उत्प्रेक्षा है, किन्तु वह (विषय) शब्द से उपात्त नहीं है। यहाँ पहली उत्प्रेक्षा (लेपन) का निमित्त है—अन्धकार की अत्यन्त सान्द्रता और दूसरी (वर्षण) का निमित्त है अन्धकार का धारारूप से नीचे गिरना। ये दोनों यहाँ शब्द से अनुपात्त हैं।

वैयाकरण लोग व्यापारप्रधान शाब्द बोध मानते हैं और आलङ्कारिकों का भी प्रायः यही मत है। उनके मत से उक्त वर्णन करके अब प्रथमान्त प्रधान शाब्द बोध मानने वाले नैयायिकों के मत से इस पद्य में उत्प्रेक्षा का वर्णन करते हैं—**केचित्तु इति**—यद्यपि न तो अन्धकार लेपन करता है और न आकाश का जल की वर्षा करता है, लेपन और वर्षणरूप क्रियाओं के ये दोनों कर्ता नहीं हैं, तथापि इन अकर्ताओं को कर्ता कह कर इनमें उक्त क्रियाओं का कर्तृत्व उत्प्रेक्षित है। इनमें कर्ता का स्वरूप उत्प्रेक्ष्य है। अन्धकार का व्यापन उसका निमित्त है। तम और नभ के शब्दोपात्त होने के कारण इस मत में यह उक्तविषया अनुक्तनिमित्ता उत्प्रेक्षा है। ग्रन्थान्तरों में विशेष विचार सहित इस मत का खण्डन है। ग्रन्थविस्तार के भय से हम उसे यहाँ नहीं लिखते।

अलङ्कारेति—यह उत्प्रेक्षा यदि किसी दूसरे अलङ्कार से उत्थापित हो अर्थात् उसके मूल में यदि कोई दूसरा अलङ्कार हो तो वह अधिक चमत्कारक होती है—**तत्रेति**—अपह्नुतिमूलक उत्प्रेक्षा का अपना बनाया उदाहरण देते हैं—**अश्रुच्छलेनेति**—वैवाहिक हवन के धूम से आकुलनयनी इस कामिनी के नेत्रों से आँसुओं के बहाने, देह में न समाये हुए लावण्यरूप जल का प्रवाह निकल रहा है। यहाँ छल शब्द से अश्रु के स्वरूप का अपह्नव करके उसमें लावण्यवारिपूर की संभावना की गई है। यद्यपि यहाँ अपह्नुति अलङ्कार का पूरा स्वरूप नहीं है, तथापि अपह्नव होने से ही इसे सापह्नवोत्प्रेक्षा कहते हैं।

श्लेषमूला उत्प्रेक्षा का उदाहरण—**मुक्तेति**—संकटमय शुक्ति (सीप या संसार) से निकला हुआ मुक्तोत्कर (मोतियों या मुक्त पुरुषों का समूह) इस सारसलोचना (कमलनयनी) की शंखतुल्य ग्रीवा के अधिवास (निवास या वासना) से मानो गुणवान् (सूत्रयुक्त या सत्त्वादिगुणमय अन्तःकरण से युक्त) हो गया है। '**पङ्केरुहं तामरसं सारसं सरसीरुहम्**' इत्यमरः। **अत्रेति**—यहाँ 'गुणवत्त्व' का श्लेष, '**कम्बुग्रीवाधिवासादिव**' इस उत्प्रेक्षा का हेतु है। 'जानीमहे' यह पद उत्प्रेक्षावाचक है।

मन्ये शङ्के ध्रुवं प्रायो नूनमित्येवमादयः । क्वचिदुपमोपक्रमोत्प्रेक्षा यथा--

'पारेजलं नीरनिधेरपश्यन्मुरारिरानीलपलाशराशीः ।
वनावलीरुत्कलिकासहस्रप्रतिक्षणोत्कूलितशैवलाभाः ।।'

इत्यत्राभाशब्दस्योपमावाचकत्वादुपक्रमे उपमा । पर्यवसाने तु जलधितीरे शैवालस्थितेः संभावनोत्थानमित्युत्प्रेक्षा। एवं विरहवर्णने--'केयूरायितमङ्गदैः--' इत्यत्र 'विकासिनीलोत्पलति स्म कर्णे मृगायताक्ष्याः कुटिलः कटाक्षः' इत्यादौ च ज्ञेयम् । भ्रान्तिमदलंकारे 'मुग्धा दुग्धधिया--' इत्यादौ भ्रान्तानां बल्लवादीनां विषयस्य चन्द्रिकादेर्ज्ञानमेव नास्ति । तदुपनिबन्धनस्य कविनैव कृतत्वात् । इह तु संभावनाकर्तुर्विषयस्यापि ज्ञानमिति द्वयोर्भेदः। संदेहे तु समकक्षतया कोटिद्वयस्य प्रतीतिः। इह तूत्कटा संभाव्यभूतैका कोटिः । अतिशयोक्तौ विषयिणः प्रतीतस्य पर्यवसानेऽसत्यता प्रतीयते । इह तु प्रतीतिकाल एवेति भेदः ।

'रञ्जिता नु विविधास्तरुशैला नामितं नु गगनं स्थगितं नु ।
पूरिता नु विषमेषु धरित्री संहृता नु ककुभस्तिमिरेण ।।'

इत्यत्र यत्तर्वादौ तिमिराक्रान्तता रञ्जनादिरूपेण संदिह्यत इति संदेहालंकार इति केचिदाहुः, तन्न—एकविषये समानबलतयाऽनेककोटिस्फुरणस्यैव संदेहत्वात् । इह तु तर्वादिव्याप्तेः प्रतिसंबन्धिभेदो व्यापनादेर्निगरणेन रञ्जनादेः स्फुरणं च । अन्ये तु—'अनेकत्वनिर्धारणरूपविच्छित्त्याश्रयत्वेनैककोट्यधिकोऽपि भिन्नोऽयं संदेहप्रकारः' इति वदन्ति स्म, तदप्ययुक्तम् । निगीर्णस्वरूपस्यान्यतादात्म्यप्रतीतिर्हि संभावना । तस्याश्चात्र स्फुटतया सद्भावान्नुशब्देन चेवशब्दवत्तस्या द्योतनादुत्प्रेक्षैवेयं भवितुं युक्ता । अलमदृष्टसंदेहप्रकारकल्पनया ।

इसी प्रकार—**मन्ये इति**— मन्ये, शङ्के, ध्रुवम् , प्रायः, नूनम् , जाने, अवैमि, ऊहे, तर्कयामि, इव इत्यादि पद उत्प्रेक्षा के वाचक होते हैं।

क्वचिदिति—कहीं उपमोपक्रमोत्प्रेक्षा होती है—जैसे—**पारेजलमिति**—द्वारका से निकल कर श्रीकृष्ण को समुद्र के पार हरे हरे पत्तों से युक्त वनपंक्ति ऐसी दीखी मानों लहरों से फेंकी हुई सिवाल किनारे पर पहुंची हो । यहाँ 'आभा' शब्द उपमावाचक है, अतः प्रारम्भ में उपमा प्रतीत होती है, परन्तु समुद्र के किनारे सिवाल का होना सम्भव नहीं, अतः अन्त्य में शैवल की सम्भावना प्रतीत होती है, इस कारण उत्प्रेक्षा में पर्यवसान होता है । **एवमिति**—इसी प्रकार 'केयूरायितम्' इत्यादि पूर्वोक्त विरह वर्णन के पद्य में क्यङ् प्रत्यय के उपमावाचक होने के कारण पहले तो उपमा प्रतीत होती है, परन्तु कङ्कण का भुज में और कटाक्ष का कर्ण में रहना सम्भव नहीं, अतः पर्यवसान में उत्प्रेक्षा प्रतीत होती है। इस कारण यह भी 'उपमोपक्रमोत्प्रेक्षा' का उदाहरण जानना ।

और अलङ्कारों से उत्प्रेक्षा का भेद दिखाते हैं— **भ्रान्तीति**--'मुग्धाः' इत्यादिक भ्रान्तिमान् अलंकार के उदाहरण में भ्रान्त गोपों को विषयभूत चन्द्रिका का ज्ञान ही नहीं है । वे उसे दूध ही समझते हैं । चन्द्रिका का कथन कवि ने ही किया है, परन्तु उत्प्रेक्षा में जो सम्भावना करता है उसे विषय के असली स्वरूप का भी ज्ञान रहता है, यही इन दोनों का भेद है । सन्देहालंकार में दोनों कोटियाँ (ज्ञान की) समकक्ष प्रतीत होती हैं, परन्तु यहाँ सम्भाव्य कोटि उत्कृष्ट रहती है । अतिशयोक्ति में विषयी (उपमान) पहले ज्ञात हो लेता है । अन्त में फिर उसकी असत्यता प्रतीत होती है, किन्तु यहाँ ज्ञानकाल में ही असत्यता ज्ञात रहती है ।

रञ्जिता इति—अन्धकार ने, विविध तरु, पर्वतों को रंग दिया है ? अथवा आकाश को नीचे झुका दिया है ? या स्थगित कर दिया है ? पृथ्वी के नीचे ऊँचे भागों को भर दिया है ? या दिशाओं को इकट्ठा कर दिया है ? **इत्यत्रेति**—'यहाँ वृक्षादिकों का अन्धकारपूर्णता में रँगने आदि का सन्देह किया है, अतः यह सन्देहालंकार है'—यह कोई लोग कहते हैं— सो ठीक नहीं, क्योंकि यदि किसी एक वस्तु में अनेक प्रकार के समकोटिक ज्ञान हों तभी सन्देह माना जाता है । यहाँ तो तरु, शैल, आकाशादिरूप प्रत्येक सम्बन्धी के साथ तम की व्याप्ति का रञ्जन, नामन, स्थगन आदि के रूप में भेद है और तमोव्याप्ति का निगरण करके रञ्जन आदि की उसमें सम्भावना की गई है।

'यदेतच्चन्द्रान्तर्जलदलवलीलां वितनुते तदाचष्टे लोकः शशक इति नो मां प्रति तथा ।
अहं त्विन्दुं मन्ये त्वदरिविरहाक्रान्ततरुणीकटाक्षोल्कापातव्रणकिणकलङ्काङ्किततनुम् ॥'

इत्यत्र मन्येशब्दप्रयोगेऽप्युक्तरूपायाः संभावनाया अप्रतीतेर्वितर्कमात्रं नासावपह्नवोत्प्रेक्षा ।

सिद्धत्वेऽध्यवसायस्यातिशयोक्तिर्निगद्यते ॥४६॥

विषयनिगरणेनाभेदप्रतिपत्तिर्विषयिणोऽध्यवसायः । अस्य चोत्प्रेक्षायां विषयिणोऽनिश्चितत्वेन निर्देशात्साध्यत्वम् । इह तु निश्चितत्वेनैव प्रतीतिरिति सिद्धत्वम् । विषयनिगरणं चोत्प्रेक्षायां विषयस्याधःकरणमात्रेण । इहापि 'मुखं द्वितीयश्चन्द्र' इत्यादौ । यदाहुः—

'विषयस्यानुपादानेऽप्युपादानेऽपि सूरयः । अधःकरणमात्रेण निगीर्णत्वं प्रचक्षते ॥' इति ।

भेदेऽप्यभेदः संबन्धेऽसंबन्धस्तद्विपर्ययौ । पौर्वापर्यात्ययः कार्यहेत्वोः सा पञ्चधा ततः ॥४७॥

तद्विपर्ययौ अभेदे भेदः, असंबन्धे संबन्धः । साऽतिशयोक्तिः । अत्र भेदेऽभेदो यथा मम—

'कथमुपरि कलापिनः कलापो विलसति तस्य तलेऽष्टमीन्दुखण्डम् ।

कोई यह कहते हैं कि 'यद्यपि यहाँ ज्ञान की एक कोटि अधिक है,—दोनों समान बल नहीं—तथापि रञ्जन, नामन, स्थगन आदि अनेक वस्तुओं का ज्ञान हुआ है, अतः यह भी एक सन्देह का ही प्रकार है ।' यह मत भी ठीक नहीं—किसी पदार्थ का स्वरूप निगीर्ण करके उसकी अन्य पदार्थ के साथ तादात्म्य (एकता) की प्रतीति को ही सम्भावना कहते हैं—सो यहाँ स्पष्ट ही है—अन्धकार की व्याप्ति के स्वरूप को निगरण करके उसमें रञ्जन आदि सम्भावित हुए हैं । और जैसे 'इव' शब्द से उत्प्रेक्षा द्योतित होती है वैसे ही यहाँ 'नु' शब्द से द्योतित हुई है, अतः यह उत्प्रेक्षा ही है । यहाँ के लिये एक अपूर्व (एककोट्यधिक) सन्देह का स्वरूप कल्पन करने की कोई आवश्यकता नहीं है । वस्तु के असली स्वरूप को दबा देने का नाम निगरण या अधःकरण है । इसके लिये यह आवश्यक नहीं कि उसका नाम न लिया जाय । जहाँ संभाव्यमान रूप ही प्रधानता से भासित होता हो—वही चमत्कारक हो, वहाँ विषय का निर्देश होने पर भी उत्प्रेक्षा मानी जाती है—जैसे 'ऊरुः' इत्यादि । इसी प्रकार अतिशयोक्ति में भी जानना ।

यदेतदिति—चन्द्रमा में यह जो काला काला बादल का सा टुकड़ा दीखता है, इसे लोग शश (खरगोश) बतलाते हैं, परन्तु मैं तो यह नहीं मानता । हे राजन्, मैं तो यह समझता हूँ कि तुमने जिन वैरी राजाओं को मार दिया है उनकी विरहिणी स्त्रियों के क्रोध भरे तीव्र कटाक्षों से उत्पन्न अग्नि से झुलस जाने के कारण यह चन्द्रमा उन 'व्रणकिणों' (जखमों के दागों) से चिह्नित है । इत्यत्रेति—यहाँ 'मन्ये' शब्द का प्रयोग होने पर भी उक्त सम्भावना (निगीर्ण स्वरूप की अन्य तादात्म्य प्रतीति) न होने के कारण यह वितर्कमात्र है, उत्प्रेक्षालंकार नहीं ।

सिद्धत्वे इति—अध्यवसाय के सिद्ध होने पर अतिशयोक्ति अलंकार होता है । विषय (उपमेय) का निगरण करके विषयी (उपमान) के साथ उसके अभेदज्ञान को अध्यवसाय कहते हैं । उत्प्रेक्षा में उपमेय का अनिश्चितरूप से कथन रहता है, अतः वहाँ अध्यवसाय साध्य रहता है । और यहाँ उसकी निश्चितरूप से प्रतीति होती है, अतः यहाँ अध्यवसाय सिद्ध होता है ।

उत्प्रेक्षा में और 'मुखं द्वितीयश्चन्द्रः' इत्यादि अतिशयोक्ति में विषय के अधःकरणमात्र से अर्थात् उसके असली स्वरूप को दबा देने ही से निगरण माना जाता है । अतिशयोक्ति के अन्य उदाहरणों में विषय के अनुपादान से भी निगरण होता है । इसमें प्रमाण देते हैं—विषयस्येति—प्रस्तुत विषय का शब्द से कथन हो या न हो—केवल उसके स्वरूप के छिप जाने अर्थात् चमत्कार के प्रति अप्रयोजक होने ही से निगीर्णत्व माना जाता है ।

अतिशयोक्ति के भेद दिखाते हैं—भेदे इति—१ वास्तविक भेद होने पर भी अभेद वर्णन करने और २ वास्तविक सम्बन्ध रहते हुए भी असम्बन्ध का कीर्तन करने, इसी प्रकार इन दोनों का विपर्यय अर्थात् ३ अभेद में भेद और ४ असम्बन्ध में सम्बन्ध का कथन करने एवम् ५ कार्य और कारणों के पौर्वापर्य नियम का व्यत्यय करने से पांच प्रकार की अतिशयोक्ति होती है ।

भेद में अभेद का उदाहरण—कथमिति—किसी कामिनी को देखकर किसी की उक्ति है । देखो कैसा

कुवलययुगलं ततो विलोलं तिलकुसुमं तदधः प्रवालमस्मात् ॥'

अत्र कान्ताकेशपाशादेर्मयूरकलापादिभिरभेदेनाध्यवसायः । यथा वा--'विश्लेषदुःखादिव बद्धमौनम्' । अत्र चेतनगतमौनित्वमन्यदचेतनगतं चान्यदिति द्वयोर्भेदेऽप्यभेदः । एवम--

'सहाधरदलेनास्या यौवने रागभाक्प्रियः ।'

अत्राधरस्य रागो लौहित्यम्, प्रियस्य रागः प्रेम, द्वयोरभेदः । अभेदे भेदो यथा--

'अन्यदेवाङ्गलावण्यमन्याः सौरभसंपदः । तस्याः पद्मपलाशाक्ष्याः सरसत्वमलौकिकम् ॥'

सम्बन्धेऽसंबन्धो यथा—

'अस्याः सर्गविधौ प्रजापतिरभूच्चन्द्रो नु कान्तिप्रदः, शृङ्गारैकरसः स्वयं नु मदनो, मासो नु पुष्पाकरः ।
वेदाभ्यासजडः कथं नु विषयव्यावृत्तकौतूहलो निर्मातुं प्रभवेन्मनोहरमिदं रूपं पुराणो मुनिः ॥'

अत्र पुराणप्रजापतिनिर्माणसंबन्धेऽप्यसंबन्धः । असंबन्धे संबन्धो यथा—

'यदि स्यान्मण्डले सक्तमिन्दोरिन्दीवरद्वयम् । तदोपमीयते तस्या वदनं चारुलोचनम् ॥'

आश्चर्य है । सबसे ऊपर मयूर का कलाप (पूंछ) है, उसके नीचे अष्टमी का चन्द्रमा विराजमान है । उसके नीचे दो चपल नीले कमल हैं । उनके नीचे तिल का फूल और उसके नीचे सुन्दर विद्रुम (मूंगे) का खण्ड सुशोभित है ।

अत्रेति--यहाँ कामिनी के केशपाश का मयूरपिच्छ के रूप में, उसके ललाट का अष्टमी के चन्द्रमा के स्वरूप में, नासिका का तिलपुष्प के स्वरूप में और अधरोष्ठ का विद्रुम के स्वरूप में अध्यवसान हुआ है। **अथवा**--पूर्वोक्त 'विश्लेष' इत्यादि पद्य में 'बद्धमौनम्' इस पद में अतिशयोक्ति है । मौन का अर्थ जड़ वस्तुओं में तो निःशब्दत्व (शब्द न करना) होता है और चेतन के मौन का अर्थ होता है वाचंयमत्व अर्थात् वाणी को रोकना । जड़ पदार्थ के वाणी होती ही नहीं, अतः उसमें मौन का यह अर्थ नहीं हो सकता । दुःख से जो 'मौन' होता है वह चेतनगत ही होता है, परन्तु यहाँ अचेतनगत मौन का पहले चेतनगत मौन के साथ अभेदाध्यवसान किया है तभी दुःख की हेतुरूप से सम्भावना की है । अन्यथा अचेतनगत मौन का हेतु दुःख होही नहीं सकता । नूपुर, झांझ, ढोलक आदि जड़ पदार्थों के चुप रहने का कारण दुःख नहीं हुआ करता । मनुष्यादिक प्राणियों के चुप रहने का ही वह निमित्त होता है, अतः दो भिन्न मौनों में अभेदाध्यवसान करने से यहाँ भी अतिशयोक्ति है । तन्मूलक ही उत्प्रेक्षा होती है ।

अन्य उदाहरण **सहेति**—सखी की उक्ति है । इस सुन्दरी के यौवनकाल में इसका अधरोष्ठ और प्रियतम दोनों साथ ही साथ रागयुक्त हुए हैं । यहाँ अधर का 'राग' तो रंग है और प्रियतम का 'राग' अनुराग (प्रेम) है । दोनों का वाचक पद (राग) एक ही है, अतः दोनों अर्थों के भेद में भी अभेदाध्यवसान किया है ।

अभेद में भेद का उदाहरण—**अन्यदिति**--उस कमलनयनी के अङ्गों का लावण्य कुछ और ही है । उसका मुखसौरभ कुछ दूसरा ही है और उसकी सरसता कुछ विलक्षण (अलौकिक) ही है । यहाँ लौकिक वस्तुओं का ही अलौकिक अर्थात् भिन्नरूप से अध्यवसान किया है । अभिन्न वस्तुओं की भी भिन्नता का स्वरूप दिया है ।

सम्बन्ध में असम्बन्ध का उदाहरण—**अस्या इति**—उर्वशी को देखकर राजा पुरूरवा की उक्ति है । इसके बनाने के समय ब्रह्मा का कार्य क्या कान्तिदायक चन्द्रमा ने किया था ? या शृङ्गाररस के अनन्य देवता (कामदेव) ने स्वयम् इसे रचा है ? अथवा कुसुमाकर वसन्त मास (चैत्र) इसका विधाता है ? दिन रात वेद पाठ करने से जड़ीभूत पुराने मुनि ब्रह्माजी ऐसा मनोहर रूप कैसे बना सकते हैं ? उनका तो कौतूहल (उत्कण्ठा या प्रेम) विषयों से एकदम हट गया है । वह इस अद्भुत शृंगारमूर्ति की रचना कैसे कर सकते हैं ? उनके कुशग्रहण से खुरखुर हाथों से इन हावभावपूर्ण स्निग्ध मधुर विलासों की और इन चमत्कारपूर्ण कटाक्षच्छटाओं की रचना कैसे हो सकती है ? यहाँ रचना से ब्रह्माजी का सम्बन्ध होने पर भी उनका असम्बन्ध बताया गया है ।

असम्बन्ध में सम्बन्ध का उदाहरण—**यदीति**--यदि चन्द्रमण्डल में दो नील कमल लग जायें तो रमणीय नेत्रों से युक्त उसके मुख की उपमा दी जा सके । यहाँ 'यदि' पद के अर्थबल से चन्द्रमा में कमलों

अत्र यद्यर्थबलादाहृतेन संबन्धेन संभावनया सम्बन्धः। कार्यकारणयोः पौर्वापर्यविपर्ययश्च द्विधा भवति। कारणात्प्रथमं कार्यस्य भावे, द्वयोः समकालत्वे च। क्रमेण यथा—

'प्रागेव हरिणाक्षीणां चित्तमुत्कलिकाकुलम्। पश्चादुद्भिन्नबकुलरसालमुकुलश्रियः॥'

'सममेव समाक्रान्तं द्वयं द्विरदगामिना। तेन सिंहासनं पित्र्यं मण्डलं च महीक्षिताम्॥'

इह केचिदाहुः—'केशपाशादिगतो लौकिकोऽतिशयोऽलौकिकत्वेनाध्यवसीयते। केशपाशादीनां कलापादिभिरध्यवसाये 'अन्यदेवाङ्गलावण्यं—' इत्यादिप्रकारेष्वव्याप्तिर्लक्षणस्य' इति तन्न। तत्रापि ह्यन्यदङ्गलावण्यमन्यत्वेनाध्यवसीयते। तथाहि 'अन्यदेव' इति स्थाने 'अन्यदिव' इति पाठेऽध्यव-

---

के कल्पित सम्बन्ध की सम्भावना की है, अतः चन्द्रमा में कमलों के असम्बन्ध में भी सम्बन्ध बताया गया है।

कार्येति--कार्य कारण के पौर्वापर्य-नियम का विपर्यय दो प्रकार से हो सकता है—एक तो कारण के पहले ही कार्य को कह देने से और दूसरा दोनों के साथ कहने से। नियम यह है कि पहले कारण होता है उसके पीछे कार्य। न तो कारण से पहले कार्य हो सकता है और न उसके साथ ही उत्पन्न हो सकता है। इसलिये कारण से पूर्व कार्य का कथन या दोनों का साथ कथन विपर्यय समझा जाता है। क्रम से उदाहरण--प्रागेवेति--मृगनयनियों का चित्त पहले ही उमंगों से भर गया। खिले हुए बकुल (मोलसिरी) और आमों की मञ्जरियों की शोभा पीछे पैदा हुई। यहाँ वसन्त शोभा कारण है, उसे पीछे कहा है और चित्त का आनन्दित होना कार्य है, क्योंकि वसन्तशोभा को देखकर चित्त आनन्दित होता है—सो उसे कारण से पहले कहा है, अतः यह पौर्वापर्यव्यत्यय रूप अतिशयोक्ति का उदाहरण है।

दूसरे प्रकार का उदाहरण--सममेवेति—गजगामी महाराज रघु, पिता के सिंहासन और अखिल राजमण्डल पर, एक साथ ही, आरूढ हुए। पैतृक सिंहासन पाने के पीछे राजाओं का वशीकरण होता है। सिंहासनारोहण कारण है और शत्रुवशीकरण आदि उसके कार्य हैं। इन दोनों को एक साथ ही कहा है। आक्रमण का अर्थ आरोहण और विजय या वशीकरण दोनों ही हैं। एक ही 'आक्रान्त' पद से दोनों का बोधन किया है। उक्त दोनों उदाहरणों में कार्य की अत्यन्त शीघ्र उत्पत्ति व्यञ्जन करना विपर्यय का प्रयोजन है।

अलंकार सर्वस्वकार राजानक रुय्यक के मत का खण्डन करने के लिये उपक्रम करते हैं-इह केचिदिति-यहाँ कोई कहते हैं कि 'कथमुपरि॰' इत्यादि पद्य में केशपाशादिकों का लौकिक अतिशय (सौन्दर्यरूप धर्म) अलौकिक सौन्दर्य रूप धर्म के साथ अभिन्नरूप से अध्यवसित हुआ है। यदि केशपाशादि रूप धर्मी का मयूर कलाप आदि धर्मी के साथ अध्यवसाय मानोगे तो 'अन्यदेवाङ्ग॰' इत्यादि उक्त उदाहरणों में अतिशयोक्ति का लक्षण नहीं जायगा।

तात्पर्य यह है कि 'कथमुपरि॰' और 'अन्यदेवाङ्ग॰' ये दोनों पद्य अतिशयोक्ति के उदाहरण हैं। और अतिशयोक्ति तब होती है जब अध्यवसाय सिद्ध हो। 'सिद्धत्वेऽध्यवसायस्यातिशयोक्तिः' यह उसका सामान्य लक्षण है। 'अन्यदेवाङ्ग' इस पद्य में कविकल्पित लोकोत्तर सौन्दर्य के साथ अर्थात् धर्म विशेष के साथ अध्यवसाय हुआ है। धर्मी के साथ यहाँ अध्यवसाय नहीं हो सकता। यदि 'कथमुपरि॰' में केशपाश का कलाप के साथ अध्यवसाय मानोगे अर्थात् किसी धर्मी का दूसरे धर्मी के साथ अध्यवसाय होने पर ही अतिशयोक्ति माना करोगे तो 'अन्यदेव' इत्यादिक उदाहरणों में तुम्हारा अतिशयोक्ति का लक्षण नहीं जायगा, क्योंकि वहाँ एक धर्म का दूसरे धर्म के साथ अध्यवसाय हुआ है। धर्मी का किसी धर्मी के साथ अभेदाध्यवसाय नहीं हुआ है, अतः वहाँ लक्षण की अव्याप्ति होगी। इस लिये दो धर्मों के अभेदाध्यवसाय में ही अतिशयोक्ति माननी चाहिये और 'कथमुपरि' इत्यादिकों में भी लौकिक सौन्दर्यरूप धर्म ('अतिशय') का लौकिक सौन्दर्यरूप धर्म के साथ अध्यवसाय करके उसके फलस्वरूप में केशपाशादि को कलाप आदि मानना चाहिये। जब धर्मों का अभेद हो गया तो धर्मी का अभेद फलित हो ही जायगा। इस प्रकार एक सा धर्माध्यवसाय मानने से सब उदाहरणों में लक्षण समञ्जस हो जाता है। कहीं धर्म का और कहीं धर्मी का अभेदाध्यवसाय मानने में गौरव होगा और यदि सर्वत्र धर्मी का अभेदाध्यवसाय मानें तो 'अन्यदेवाङ्ग॰' के सदृश उदाहरणों में अव्याप्ति होगी। यह श्रीराजानकरुय्यकाचार्य का तात्पर्य है।

सायस्य साध्यत्वमेवेत्युत्प्रेक्षाङ्गीक्रियते। 'प्रागेव हरिणाक्षीणां—' इत्यत्र बकुलादिश्रीणां प्रथमभावितापि पश्चाद्भावित्वेनाध्यवसिता। अत एवात्रापीवशब्दप्रयोगे उत्प्रेक्षा। एवमन्यत्र।

उक्त मत का खण्डन करते हैं— तन्नेति—'अन्यदेवाङ्ग' इत्यादिक उदाहरणों में भी तो अन्य अङ्ग-लावण्य अन्य के रूप में अध्यवसित होता है। तात्पर्य यह है कि अतिशयोक्ति का लक्षण तो इतना ही है कि 'भिन्न वस्तुओं का सिद्ध अभेदाध्यवसाय'। भिन्न वस्तुएँ चाहें धर्मरूप हों धर्मिरूप। इनकी कोई विशेषता लक्षण में निविष्ट नहीं है। 'कथमुपरि०' धर्मी के अभेदाध्यवसाय का उदाहरण है और 'अन्यदेव' धर्म के अभेदाध्यवसाय का। अन्यत्व अर्थात् भेद दोनों जगह समान है। यहाँ लक्षण के बीच में यह अड़ङ्गा लगाना कि 'धर्म का ही अध्यवसाय होना चाहिये' न केवल अनावश्यक ही है, अनुचित भी है। यदि धर्म के अध्यवसाय में ही अतिशयोक्ति मानोगे तो 'कथमुपरि०' इत्यादि में अनुभवसिद्ध धर्मी के अध्यवसाय का अपलाप करना पड़ेगा।

तथाहीति— और 'अन्यदेव' के स्थान में यदि 'अन्यदिव' पढ़ दें तो अध्यवसाय के साध्य हो जाने से इस पद्य में उत्प्रेक्षा मानी जाती है। फिर 'इव' की जगह 'एव' पढ़ने से जब अध्यवसाय सिद्ध हो गया तो अतिशयोक्ति क्यों न मानी जाय ? अध्यवसाय यदि साध्य हो तो उत्प्रेक्षा और सिद्ध हो तो अतिशयोक्ति मानी जाती है। 'प्रागेव' इत्यादि पद्य में बकुलादि लक्ष्मी का पहले होना भी पीछे होने के रूप में अध्यवसित हुआ है। अतएव यहाँ भी 'एव' के स्थान में 'इव' शब्द का प्रयोग करने से उत्प्रेक्षा होती है।

श्रीतर्कवागीशजी ने उक्त पंक्ति की व्याख्या करते हुए लिखा है कि "अव्याप्तिरिति—अन्यदेवेत्यत्र-लावण्यान्तरभेदसत्त्वेनाध्यवसायरूपत्वाभावादिति भावः" यह एक प्रकार का प्रमत्तप्रलाप है। मूल ग्रन्थ में तो 'अन्यदेव०' को अतिशयोक्ति के मुख्य उदाहरणों में लिखा है और आप कहते हैं कि 'अध्यवसायरूपत्वाभावात्' अर्थात् यहाँ अध्यवसाय है ही नहीं। यदि अध्यवसाय नहीं है तो फिर यहाँ अतिशयोक्ति हो कैसे गई ? और इसकी टीका करते हुए आपने भी इसे अतिशयोक्ति का उदाहरण कैसे माना ?

इसके अतिरिक्त मूल की पंक्ति तो यह कह रही है कि 'कथमुपरि०' में यदि केशपाशादिकों का कलापादि के साथ अध्यवसाय मानोगे तो 'अन्यदेवाङ्ग' में लक्षण अव्याप्त होगा। परन्तु आपकी व्याख्या से तो उक्त दोनों पद्यों में कोई सम्बन्ध सिद्ध ही नहीं होता। अध्यवसाय का अभाव बता के तो आपने अतिशयोक्ति की जड़ ही काट डाली। यदि अध्यवसाय ही नहीं तब तो फिर किसी प्रकार अतिशयोक्ति हो ही नहीं सकती। 'कथमुपरि०' की चर्चा ही व्यर्थ है।

और सुनिये, अध्यवसाय न होने का हेतु आप देते हैं 'लावण्यान्तरभेदसत्त्वेन' अर्थात् अलौकिक लावण्य के भिन्न होने के कारण लौकक लावण्य का उसके साथ अभेदाध्यवसाय नहीं है। वास्तव में अभेदाध्यवसाय भिन्न वस्तुओं में ही हुआ करता है। जब चन्द्रमा और मुख भिन्न हैं तभी मुख को 'चन्द्रः' कहने से अतिशयोक्ति होती है। यदि कलाप आदिक केशादिकों से भिन्न न हों तब 'कथमुपरि' में अध्यवसाय क्या होगा ? वास्तविक भेद होने पर ही कल्पित अभेद हो सकता है। यदि वास्तविक अभेद हो तो कल्पित अभेद क्या खाक होगा !! जो अध्यवसाय का कारण है उसे आप अध्यवसायाऽभाव का कारण बताते हैं !!!

इसे देखकर कोई कह सकता है कि तर्कवागीशजी ने यह पंक्ति भांग खाकर लिखी है। परन्तु हमारी सम्मति में विश्वनाथजी ने जो मूल ग्रन्थ में इस स्थान पर पंक्तियाँ लिखी हैं वे ही अत्यन्त संकीर्ण और अस्पष्ट हैं। उन्हें देख कर ठीक तात्पर्य समझना अत्यन्त कठिन है। जिसने अलङ्कार सर्वस्व के इस स्थल का अच्छे प्रकार मनन नहीं किया उसके लिये इन पंक्तियों से ठीक तात्पर्य समझ लेना असंभव है। सब से बड़ी कठिनता तो यह है कि मूल ग्रन्थ में किस आचार्य के किस ग्रन्थ का खण्डन कर रहे हैं इसका कुछ पता नहीं चलता। 'केचिदाहुः' से कोई क्या समझे ? और कहाँ ढूंढे ? सम्भव है तर्कवागीशजी की भूल का भी यही कारण हो, तथापि यदि किसी ग्रन्थ का कोई अंश समझ में न आये तो उस पर अण्ड बण्ड बोलने की अपेक्षा कुछ न बोलना अच्छा है। श्रीतर्कवागीशजी यदि उक्त पंक्ति न लिखते तो कुछ हर्ज नहीं था।

वस्तुतस्तु विश्वनाथजी ने ही यहाँ बड़ी गड़बड़ की है। 'केचिदाहुः' के आगे जिस मत का निरूपण करके आपने उसका खण्डन किया है वह अलंकारसर्वस्वकार श्रीराजानकरुय्यक का मत ही नहीं है, प्रत्युत

पदार्थानां प्रस्तुतानामन्येषां वा यदा भवेत् । एकधर्माभिसंबन्धः स्यात्तदा तुल्ययोगिता ॥४८॥

अन्येषामप्रस्तुतानाम् । धर्मो गुणक्रियारूपः । उदाहरणम्—

'अनुलेपनानि कुसुमान्यबलाः कृतमन्यवः पतिषु, दीपदशाः ।
समयेन तेन सुचिरं शयितप्रतिबोधितस्मरमबोधिषत ॥'

अत्र संध्यावर्णनस्य प्रस्तुतत्वात्प्रस्तुतानामनुलेपनादीनामेकबोधनक्रियाभिसंबन्धः ।

लेखकों के प्रमाद से आया हुआ, मूलग्रन्थ से विरुद्ध, एक असंगत अंश है। उस स्थान का मूलपाठ देखने से यह बात स्पष्ट हो जाती है। टीकाकार ने भी वहीं इसे असंगत और अपपाठ बताया है। यह सब कुछ होने पर भी विश्वनाथजी ने उसे यहाँ असमञ्जसरूप से उद्धृत करके न जाने क्यों, विद्यार्थियों और अध्यापकों के लिये एक उलझन पैदा कर दी है। हम यहाँ बुद्धिमान् विवेचकों के मनोरञ्जनार्थ **'अलंकारसर्वस्व'** और उसकी टीका के दो-एक अंश उद्धृत करते हैं।

अतिशयोक्ति के लक्षण में सबसे पहले 'भेदेऽप्यभेदः' का उदाहरण देते हुए मूलग्रन्थ में लिखा है—

'तत्र भेदेऽभेदो यथा—

'कमलमनम्भसि कमले च कुवलये तानि कनकलतिकायाम् । सा च सुकुमारसुभगेत्युत्पातपरम्परा केयम् ॥'

अत्र मुखादीनां कमलाद्यैर्भेदेऽप्यभेदः'

यह उदाहरण विश्वनाथजी के 'कथमुपरि कलापिनः कलापः' से बिल्कुल मिलता-जुलता है और इसके विवरण में ग्रन्थकार ने स्वयं ही मुखादिक धर्मियों के साथ अभेदाध्यवसान बताया है। इस दशा में यह कहना कि राजानकरुय्यक धर्मियों के अध्यवसान में अतिशयोक्ति नहीं मानते, नितान्त मिथ्या प्रलाप है।

यहाँ पर टीकाकार ने धर्मी के अध्यवसान का दिग्दर्शन कराते हुए अगले ग्रन्थ को स्पष्टरूप से असंगत और लेखकों के प्रमाद से आया हुआ बताया है। देखिये—

'मुखादीनामिति—न तु वास्तवस्य सौन्दर्यस्य। कमलाद्यैरिति—न तु कविन्मर्पितेन सौन्दर्येण। अतएव च—अत्रातिशयाख्यमित्यादि—तदभिप्रायेणैवाध्यवसितप्राधान्यमित्यन्तश्च उत्तरकालिको ग्रन्थः स्वमतिजाड्याल्लेखकैरन्यथा लिखित इति निश्चिनुमः। अयं हि ग्रन्थकृतः पश्चात् कैश्चिद्विपश्चिद्भिः पत्रिकाभिर्लिखित इत्यवगीता प्रसिद्धिः। ततश्च तैरनवधानेन ग्रन्थान्तरप्रसङ्गत्वादनुपयुक्तत्वाद् वा पत्रिकान्तरादयमसमञ्जसप्रायो ग्रन्थखण्डो लिखित इति। न पुनरेकत्रैव तदैव मखादीनां कमलाद्यैर्भेदेप्यभेद इत्युक्त्वापि—न तु वदनादीनां कमलादिभिरभेदाध्यवसायो योजनीय इत्यादिवचनं पूर्वापरपराहतम् अस्य वैदुष्यशालिनो ग्रन्थकारस्य संभाव्यम्।

विश्वनाथजी ने 'केचिदाहुः' के आगे जिस मत का अत्यन्त अस्पष्ट उल्लेख किया है उसका मूलपाठ इस प्रकार है—

'एषु पञ्चसु भेदेषु भेदेऽभेदादिवचनं लोकातिक्रान्तगोचरम्। अत्र चाऽतिशयाख्यं यत्फलं प्रयोजकत्वान्निमित्तं तत्राऽभेदाध्यवसायः। तथा हि—कमलमनम्भसीत्यादौ वदनादीनां कमलाद्यैर्भेदेपि वास्तवं सौन्दर्यं कविसमर्पितेन सौन्दर्येण अभेदेनाध्यवसितं भेदेऽभेदवचनस्य निमित्तम्। तत्र च सिद्धोऽध्यवसाय इत्यध्यवसितप्राधान्यम्। न तु वदनादीनां कमलादिभिरभेदाध्यवसायो योजनीयः, अभेदे भेद इत्यादिषु प्रकारेष्वव्याप्तेः'।

यही वह असंगत ग्रन्थ है जिसका उल्लेख विश्वनाथजी ने किया है। इसकी टीका करते हुए टीकाकार ने इसका खण्डन भी किया है और इसे असंगत भी बताया है। **"यावता हि अध्यवसितप्राधान्यमस्या लक्षणम्। तच्च धर्मिणामस्तु धर्माणां वेति को विशेषो येनाऽव्याप्तिः स्यात्........इत्यलमसङ्गतग्रन्थार्थोदीरणेन"**

'तुल्ययोगिता' अलङ्कार का लक्षण करते हैं—**पदार्थेति**—केवल प्रकृत या केवल अप्रकृत पदार्थों में एक धर्म के सम्बन्ध का नाम 'तुल्ययोगिता' है। यह धर्म कहीं गुणरूप होता है कहीं क्रियारूप।

उदाहरण—**अनुलेपनेति—'तेन समयेन कर्त्रा सुचिरं शयितप्रतिबोधितस्मरं यथा स्यात्तथा अनुलेपनानि, कुसुमानि, पतिषु कृतमन्यवः अबलाः दीपदशाश्च अबोधिषत' इत्यन्वयः।** उस सन्ध्या समय ने बहुत देर तक (दिन भर) सोया हुआ कामदेव जिससे जग उठे इस प्रकार अनुलेपन अर्थात् चन्दन कस्तूरी आदि के लेपों, पुष्पों, पतियों पर क्रुद्ध अबलाओं और दीपों की बत्तियों को प्रतिबोधित किया। **अत्रेति—**इसमें सन्ध्या का वर्णन प्रस्तुत है, अतः अनुलेपन आदिक भी सब प्रकृत हैं। उन सबके साथ बोधनक्रियारूप **एक धर्म का यहाँ सम्बन्ध है।**

'तदङ्गमार्दवं द्रष्टुः कस्य चित्ते न भासते। मालतीशशभृल्लेखाकदलीनां कठोरता ॥'

इत्यत्र मालत्यादीनामप्रस्तुतानां कठोरतारूपैकगुणसंबन्धः।

एवम्—'दानं वित्तादृतं वाचः कीर्त्तिधर्मौ तथायुषः। परोपकरणं कायादसारात्सारमाहरेत् ॥'

अत्र दानादीनां कर्मभूतानां सारतारूपैकगुणसंबन्ध एकाहरणक्रियासंबन्धः।

अप्रस्तुतप्रस्तुतयोर्दीपकं तु निगद्यते। अथ कारकमेकं स्यादनेकासु क्रियासु चेत् ॥४९॥

क्रमेणोदाहरणम्—

'बलावलेपादधुनापि पूर्ववत् प्रबाध्यते तेन जगज्जिगीषुणा।
सती च योषित्प्रकृतिश्च निश्चला पुमांसमभ्येति भवान्तरेष्वपि ॥'

अत्र प्रस्तुताया निश्चलायाः प्रकृतेः अप्रस्तुतायाश्च सत्या योषित एकानुगमनक्रियासंबन्धः।

'दूरं समागतवति त्वयि जीवनाथे भिन्ना मनोभवशरेण तपस्विनी सा।
उत्तिष्ठति स्वपिति वासगृहं त्वदीयमायाति याति हसति श्वसिति क्षणेन ॥'

यद्यपि यहाँ बोधनक्रिया एक नहीं है। प्रत्येक सम्बन्धी के साथ भिन्न रूप है। अनुलेपनों का बोधन किया अर्थात् सन्ध्या समय ने कामुक और कामिनियों को कस्तूरी, केसर, चन्दन आदि के लेपन का स्मरण दिलाया। पुष्पों (रात्रि में खिलनेवालों) का बोधन किया अर्थात् उन्हें खिलाया। अबलाओं को बोधन किया अर्थात् रूठ कर बैठी हुई कामिनियों को मान छोड़कर शृङ्गार करने का पाठ पढ़ाया और दीये की बत्तियों का बोधन किया अर्थात् उन्हें प्रज्वलित कराया। बोधन का अर्थ जलाना भी है। और यह सब काम इतनी सुन्दरता से किया कि चिर-काल का सोया हुआ कामदेव जग उठे। इस प्रकार देखने से बोधन क्रिया का प्रत्येक सम्बन्धी के साथ भिन्न होना स्पष्ट है, तथापि एक ही धातु से सब अर्थों के बोधित होने के कारण इन सब क्रियाओं में एकत्व बुद्धि करके यह उदाहरण दिया है। दूसरा उदाहरण—

'न्यञ्चति वयसि प्रथमे समुदञ्चति किञ्च तरुणिमनि सुदृशः। उल्लसति कापि शोभा वचसां च दृ[illegible] विभ्रमाणाञ्च ॥'

यहाँ प्रस्तुत वाणी, नयन और विलासों में अलौकिक शोभा रूप एक धर्म का सम्बन्ध कहा गया है।

अप्रस्तुत पदार्थों में एक धर्म के सम्बन्ध का उदाहरण देते हैं—तदङ्गेति—उस सुन्दरी के अङ्गों की कोमलता को देखनेवाले किस मनुष्य के हृदय में मालती के पुष्प, चन्द्रमा की कला और कदली के कामल दल भी कठोर नहीं जचते ? उसके कोमलतम कलेवर को देखकर ये सब कठोर प्रतीत होते हैं। **अत्रेति—**यहाँ मालती आदि अप्रस्तुत पदार्थों में कठोरतारूप एक गुण का सम्बन्ध बताया गया है।

इसी प्रकार—दानमिति—संसार की असार वस्तुओं में से सार का ग्रहण करे। असार धन से दानरूप सार का ग्रहण करे, असार वाणी से साररूप सत्य का, असार आयु से कीर्ति और धर्मरूप सार का, असार शरीर से परोपकाररूप सार का ग्रहण करे। अत्रेति—यहाँ कर्मभूत दानादिकों में सारत्व रूप एक गुण और आहरण (ग्रहण) रूप एक क्रिया का सम्बन्ध है।

दीपक—अप्रस्तुतेति—जहाँ अप्रस्तुत और प्रस्तुत पदार्थों में एक धर्मका सम्बन्ध हो अथवा अनेकक्रियाओं का एक ही कारक हो वहाँ दीपक अलङ्कार होता है।

क्रम से उदाहरण—बलेति—नारदजी की श्रीकृष्णजी के प्रति उक्ति है। वह विजयेच्छुक शिशुपाल आज भी पहले की भांति संसार को सता रहा है। पतिव्रता पत्नी और निश्चल प्रकृति जन्मान्तर में भी मनुष्य के साथ जाती है। अत्रेति—यहाँ प्रस्तुत निश्चल प्रकृति और अप्रस्तुत सती स्त्री का एक अनुगमनरूप क्रिया के साथ सम्बन्ध वर्णित है।

अनेक क्रियाओं में एक कारक का उदाहरण—दूरमिति—दूती का वचन नायक से—तुम उसके प्राण-नाथ हो, तुम्हारे दूर चले आने पर वह बेचारी कामदेव के बाणों से बिधी हुई, कभी उठती है, फिर लेट जाती है। तुम्हारे निवासस्थान की ओर आती है और फिर झट लौट पड़ती है। कभी हँसती है और कभी लम्बी सांसें लेती है। यह विश्वनाथजी का ही बनाया पद्य है। इसमें एक नायिका का कर्तृरूप से उठना आदि अनेक क्रियाओं के साथ सम्बन्ध दिखाया है।

इदं मम। अत्रैकस्या नायिकाया उत्थानाद्यनेकक्रियासंबन्धः। अत्र च गुणक्रिययोरादि-मध्यावसानसद्भावेन त्रैविध्यं न लक्षितम्। तथाविधवैचित्र्यस्य सर्वत्रापि सहस्रधा संभवात्।

प्रतिवस्तूपमा सा स्याद्वाक्ययोर्गम्यसाम्ययोः। एकोऽपि धर्मः सामान्यो यत्र निर्दिश्यते पृथक्॥

यथा—'धन्यासि वैदर्भि गुणैरुदारैर्यया समाकृष्यत नैषधोऽपि।
इतः स्तुतिः का खलु चन्द्रिकाया यदब्धिमप्युत्तरलीकरोति॥'

अत्र समाकर्षणमुत्तरलीकरणं च क्रियैकैव पौनरुक्त्यनिरासाय भिन्नवाचकतया निर्दिष्टा। इयं मालयापि दृश्यते। यथा—

'विमल एव रविर्विशदः शशी प्रकृतिशोभन एव हि दर्पणः।
शिवगिरिः शिवहाससहोदरः सहजसुन्दर एव हि सज्जनः॥'

अत्र विमलविशदादिरर्थत एक एव। वैधर्म्येण यथा—

'चकोर्य एव चतुराश्चन्द्रिकाचामकर्मणि। विनावन्तीर्न निपुणाः सुदृशो रतनर्मणि॥'

दृष्टान्तस्तु सधर्मस्य वस्तुनः प्रतिबिम्बनम्।

सधर्मस्येति प्रतिवस्तूपमाव्यवच्छेदः। अयमपि साधर्म्यवैधर्म्याभ्यां द्विधा। क्रमेणोदाहरणम्—

अत्र चेति—यहाँ यद्यपि गुण और क्रियारूप धर्मों के आदि, मध्य, तथा अन्त्य में होने के कारण तीन भेद हो सकते हैं, तथापि उन्हें नहीं दिखाया, क्योंकि इस प्रकार की विचित्रतायें तो सहस्रों प्रकार से हो सकती हैं।

प्रतिवस्तूपमालङ्कार—**प्रतीति**—जिन दो वाक्यार्थों में सादृश्य प्रतीयमान होता हो (वाच्य न हो) उनमें यदि एक ही साधारण धर्म को पृथक् पृथक् शब्दों से कहा जाय तो 'प्रतिवस्तूपमा' अलङ्कार होता है। जैसे—**धन्येति**—हंस की उक्ति है—हे दमयन्ति, तुम धन्य हो, जिसने अपने उदार गुणों से महाराज नल को भी अपनी ओर खींच लिया। चन्द्रिका की इससे अधिक और क्या प्रशंसा हो सकती है कि वह समुद्र को भी चञ्चल कर देती है। **अत्रेति**—यहाँ आकर्षण और उत्तरलीकरण एक ही पदार्थ (क्रिया) है, परन्तु पुनरुक्ति-दोष दूर करने के लिये उसे दो शब्दों से कह दिया है।

इयमिति—यह प्रतिवस्तूपमा माला के रूप में भी मिलती है—जैसे—**विमल इति**—सूर्य निर्मल है—चन्द्रमा भी विशद है और दर्पण (आईना) भी स्वभाव से ही सुन्दर है। कैलाश शिवजी के अट्टहास के समान शुभ्र है और सज्जन भी स्वभाव से ही सुन्दर होते हैं। **अत्रेति**—यहाँ तात्पर्यार्थ यदि देखा जाय तो विमल और विशदादि पदों का एक ही है।

वैधर्म्य से उदाहरण—**चकोर्य इति**—चन्द्रिका के पान करने में चकोरी ही चतुर होती हैं। अवन्ती के विना और कहीं की सुन्दरियाँ सुरतनर्म में निपुण नहीं हुआ करतीं। यहाँ चतुरत्व और निपुणत्वरूप धर्म एक है। उत्तरार्ध में निषेधरूप से वाक्यार्थ है, अतः यहाँ वैधर्म्य है। यद्यपि वैधर्म्य के उदाहरण में दोनों वाक्यार्थों का साम्य नहीं हो सकता। जैसे '**पचति न पचति**' इन दोनों वाक्यों में पाकक्रियानिरूपित सादृश्य का होना सम्भव नहीं, इसी प्रकार '**विनावन्तीर्न निपुणाः**' इस वाक्य में जब निपुणत्व का स्पष्ट निषेध कर दिया है तो फिर पूर्व वाक्यार्थ के 'चतुरत्व' के साथ उसका साम्य सम्भव नहीं, तथापि इस व्यतिरेक से आक्षिप्त वैपरीत्य के साथ ही साम्य फलित होता है। 'विनावन्तीर्न निपुणाः' से यह प्रतीत होता है कि अवन्ती की ही स्त्रियाँ रतनर्म में निपुण होती हैं। इसी निपुणता से पूर्वार्ध की चतुरता का ऐक्य है। ऐसा ही अन्यत्र भी जानना।

जिन अनेक वाक्यार्थों में साधर्म्य, वस्तुप्रतिवस्तुभाव को प्राप्त हो उनके आर्थ औपम्य को प्रतिवस्तूपमा कहते हैं। इसमें वस्तुप्रतिवस्तु भाव अवश्य रहता है। एक ही धर्म को दो शब्दों से पृथक् निर्देश करना वस्तुप्रतिवस्तुभाव कहाता है। '**प्रतिवस्तु=प्रतिवाक्यार्थमुपमा=सादृश्यं यस्यां सा प्रतिवस्तूपमा।**

दृष्टान्त इति—दो वाक्यों में धर्म सहित, 'वस्तु' अर्थात् उपमानोपमेय के प्रतिबिम्बन को दृष्टान्तालङ्कार **कहते हैं**। सादृश्य के अवधानगम्य होने को 'प्रतिबिम्बन' कहते है। पृथक् निर्दिष्ट, धर्मसहित धर्मी का सादृश्य जहाँ ध्यान देने से प्रतीत होता हो, शब्द से निर्दिष्ट न हो वहाँ दृष्टान्तालंकार जानना। **सधर्मस्येति**—प्रतिवस्तू

'अविदितगुणापि सत्कविभणितिः कर्णेषु वमति मधुधाराम्।

पमा में साधारण धर्म का बिम्बप्रतिबिम्बभाव नहीं रहता, केवल उपमान तथा उपमेय रूप धर्मियों का बिम्बप्रतिबिम्बभाव होता है, अतः उसमें लक्षण न चला जाय इस लिये 'सधर्मस्य' कहा है। दृष्टान्त में धर्म सहित धर्मी का प्रतिबिम्बन होना चाहिये, केवल धर्मी का नहीं।

श्रीतर्कवागीशजी ने इस कारिका का अर्थ लिखा है कि "**सधर्मस्य सदृशस्य, वस्तुनः सामान्यधर्मस्य, प्रतिबिम्बनम् प्रणिधानगम्यसाम्यत्वम्**" यह अशुद्ध भी है और असंगत भी है। 'सधर्मस्य' का अर्थ यदि 'सदृशस्य' करें तो '**समानः धर्मो यस्य**' ऐसा विग्रह करके बहुव्रीहि समास करना पड़ेगा। यदि '**समानस्यच्छन्दस्य-मूर्धप्रभृत्युदर्केषु**' इस सूत्र में योगविभाग मानें तो 'समान' को 'स' आदेश हो जायगा, अन्यथा समान वाचक 'सह' शब्द के साथ समास करके '**वोपसर्जनस्य**' इस सूत्र से 'स' आदेश हो सकता है। परन्तु चाहे जो करें-- बहुव्रीहि समास में '**धर्मादनिच् केवलात्**' इस सूत्र से 'अनिच्' समासान्त अनिवार्य है, अतः 'सधर्मणः' यही होगा, 'सधर्मस्य' अशुद्ध है।

आपने '**वस्तुनः**' का अर्थ किया है '**सामान्यधर्मस्य**' यह असंगत है। 'वस्तु' शब्द पदार्थ मात्र का बोधक है। उससे सामान्यधर्म का विशेष रूप से भान नहीं हो सकता। जिस प्रकार 'देवदत्त को बुलाओ' इस वाक्य के स्थान में 'प्राणी को बुलाओ' या 'पदार्थ को बुलाओ' यह कहना असंगत है, उसी प्रकार सामान्यधर्म के लिये 'वस्तु' शब्द का प्रयोग करना भी असंगत है। वस्तुतः ग्रन्थकार का यह तात्पर्य है ही नहीं।

इसके पूर्व 'प्रतिवस्तूपमा' अलंकार का वर्णन कर चुके हैं। उसमें भी दो वाक्यार्थों का सादृश्य गम्य होता है और दृष्टान्त में भी। परन्तु इन दोनों में भेद यह है कि प्रतिवस्तूपमा में केवल उपमान और उपमेय में सादृश्य गम्यमान होता है, किन्तु इन दोनों का धर्म एक ही होता है। शब्द की पुनरुक्ति बचाने के लिये केवल शब्दभेद से उसका निर्देश रहता है। वहाँ बिम्बप्रतिबिम्बभाव नहीं रहता। 'दृष्टान्त' में उपमान, उपमेय तथा उनके धर्मों में भी बिम्बप्रतिबिम्बभाव रहता है। इसलिये काव्यप्रकाशकार ने लिखा है—'**दृष्टान्तः पुनरेतेषां सर्वेष प्रतिबिम्बनम्**'--'**एतेषां साधारणधर्मादीनाम्**'। दृष्टान्त में साधारण धर्म का भी प्रति होता है जो कि 'प्रतिवस्तूपमा' में नहीं होता। यही बात 'अलङ्कारसर्वस्व' में भी लिखी है।

'**तस्यापि बिम्बप्रतिबिम्बभावतया निर्देशे दृष्टान्तः' तस्यापीति न केवलमुपमानोपमेययोः। तच्छब्देन सामान्यधर्मः प्रत्यवमृष्टः।**

'रसगङ्गाधर' ने इन सब बातों को और भी स्पष्ट करके 'दृष्टान्त' अलङ्कार का वर्णन इस प्रकार किया है—'**प्रकृतवाक्यार्थघटकानाम् उपमानादीनां साधारणधर्मस्य च बिम्बप्रतिबिम्बभावे दृष्टान्तः**'। प्रतिवस्तूपमा का दृष्टान्त के साथ भेद दिखाते हुए इसकी व्याख्या में लिखा है '**अस्य चालङ्कारस्य प्रतिवस्तूपमया भेदकमेतदेव यत्तस्यां धर्मो न प्रतिबिम्बितः, किन्तु शुद्धसामान्यात्मनैव स्थितः, इहतु प्रतिबिम्बितः।**

सारांश यह है कि दृष्टान्त अलंकार में धर्मिरूप वस्तुओं (उपमान, उपमेयों) के समान उनके धर्म भी परस्पर प्रतिबिम्बित होते हैं। उपमान के साथ उपमेय का और उपमानधर्म के साथ उपमेयधर्म का बिम्बप्रतिबिम्बभाव रहता है। '**अविदितगुणापि**' इत्यादिक उदाहरण में सूक्ति के साथ माला का और गुण के साथ परिमल का बिम्बप्रतिबिम्बभाव है।

तर्कवागीशजी ने जो अर्थ किया है उसके अनुसार केवल सामान्यधर्म का प्रतिबिम्बन प्रतीत होता है, धर्मी का नहीं, अतः उनका कथन अज्ञानमूलक है। यदि उनका कथन माना जाय तो मूलोक्त 'सधर्मस्य' पद व्यर्थ भी हो जायगा, क्योंकि सदृश वस्तुओं के धर्म में ही समानता होती है। विसदृश वस्तुओं के धर्म को 'सामान्यधर्म' नहीं कहा जा सकता, अतः 'सामान्यधर्मस्य प्रतिबिम्बनम्' इतने से ही काम चल सकता था।

अदन्त 'सधर्म' शब्द 'सद्रोणा खारी' के समान निष्पन्न होता है। '**ग्रन्थान्ताधिके च**' ६।३।७९ इस सूत्र से 'सह' के स्थान में 'स' आदेश होता है। आधिक्य अर्थ में यहाँ 'सह' शब्द का प्रयोग है। 'प्रतिवस्तूपमा' में केवल वस्तु (धर्मी) का प्रतिबिम्बन होता है और 'दृष्टान्त' में उसकी अपेक्षा धर्म अधिक रहता है। यहाँ यह भी प्रतिबिम्बित होता है। '**सधर्मस्य' धर्मेण अधिकस्य – धर्मसहितस्येति यावत् – 'वस्तुनः' = धर्मिणः प्रतिबिम्बनं दृष्टान्तः।**

अनधिगतपरिमलापि हि हरति दृशं मालतीमाला॥'

'त्वयि दृष्टे कुरङ्गाक्ष्याः स्रंसते मदनव्यथा। दृष्टानुदयभाजीन्दौ ग्लानिः कुमुदसंहतेः॥'

'वसन्तलेखैकनिबद्धभावं परासु कान्तासु मनः कुतो नः।
प्रफुल्लमल्लीमधुलम्पटः किं मधुव्रतः काङ्क्षति वल्लिमन्याम्॥

इदं पद्यं मम। अत्र 'मनः कुतो नः' इत्यस्य 'काङ्क्षति वल्लिमन्याम्' इत्यस्य चैकरूपतयैव पर्यवसानात्प्रतिवस्तूपमैव। इह तु कर्णे मधुधारावमनस्य नेत्रहरणस्य च साम्यमेव, न त्वैकरूप्यम्। अत्र समर्थ्यसमर्थकवाक्ययोः सामान्यविशेषभावोऽर्थान्तरन्यासः। प्रतिवस्तूपमादृष्टान्तयोस्तु न तथेति भेदः।

संभवन्वस्तुसंबन्धोऽसंभवन्वापि कुत्रचित् ॥५१॥
यत्र बिम्बानुबिम्बत्वं बोधयेत् सा निदर्शना।

तत्र संभवद्वस्तुसंबन्धनिदर्शना यथा—

'कोऽत्र भूमिवलये जनान्मुधा तापयन्सुचिरमेति संपदम्।
वेदयन्निति दिनेन भानुमानाससाद चरमाचलं ततः॥'

अत्र रवेरीदृशार्थवेदनक्रियायां वक्तृत्वेनान्वयः संभवत्येव। ईदृशार्थज्ञापनसमर्थचरमाचलप्राप्तिरूपकर्मवत्त्वात्। स च रवेरस्ताचलगमनस्य परितापिनां विपत्प्राप्तेश्च बिम्बप्रतिबिम्बभावं बोधयति। असंभवद्वस्तुनिदर्शना त्वेकवाक्यानेकवाक्यगतत्वेन द्विविधा। यत्रैकवाक्यगा यथा—

अयमपीति—यह दृष्टान्ताऽङ्कार भी साधर्म्य और वैधर्म्य से दो प्रकार का होता है। क्रम से उदाहरण—**अविदितेति**—अच्छे कवि की उक्ति के गुण चाहे न मालूम हुए हों तो भी वह केवल सुनने से ही कानों में मधुरस बरसाती है। यह देखा गया है कि दूर होने आदि के कारण मालती की माला का गन्ध चाहे प्रतीत न होता हो तो भी वह दृष्टि को अपनी ओर खींच ही लेती है। यहाँ यद्यपि इवादि शब्द नहीं हैं, तथापि मालतीमाला के साथ कवि की सूक्ति का और सुगन्ध के साथ कविता के गुणों का सादृश्य प्रतीत होता है।

वैधर्म्य का उदाहरण—**त्वयीति**—तुम्हारे देखने पर मृगलोचनी की मदनव्यथा दूर होती है। चन्द्रमा के उदय न होने पर ही कुमुदावली की ग्लानि देखी गई है। यहाँ ध्यान देने से कामिनी और कुमुदावली, नायक और चन्द्रमा एवं मदनव्यथा और ग्लानि की समता प्रतीत होती है।

दूसरे अलंकारों से इसका भेद दिखाते हैं—**वसन्तेति**—वसन्तलेखा में लगा हुआ हमारा मन और रमणियों में कैसे जा सकता है? खिली हुई चमेली के मधु रस में अटका हुआ भ्रमर क्या दूसरी बेल को चाहता है? **अत्रेति**—यहाँ 'मन का अन्यत्र नहीं जाना' और 'अन्य को नहीं चाहना' ये दोनों बातें एक ही हैं। केवल पुनरुक्ति के भय से भिन्न शब्दों से निर्देश किया गया है, अतः यहाँ प्रतिवस्तूपमा ही है। **इहतु**—दृष्टान्तालंकार के प्रकृत उदाहरण '**अविदितगुणापि**' इत्यादि में तो 'मधुरस बरसाना' और 'दृष्टि को खींचना' इन दोनों धर्मों की समानता ही है एकरूपता नहीं। **अत्रेति**—समर्थ्य और समर्थक वाक्यों में से यदि एक सामान्य हो और दूसरा विशेष हो तो 'अर्थान्तरन्यास' होता है, परन्तु प्रतिवस्तूपमा और दृष्टान्त में सामान्यविशेषभाव नहीं होता। यही इनका भेद है।

अथ निदर्शना-**सम्भवन्निति**-जहाँ वस्तुओं का परस्पर सम्बन्ध सम्भव (अबाधित) अथवा असम्भव (बाधित) होकर उनके बिम्बप्रतिबिम्बभाव का बोधन करे वहाँ निदर्शना अलङ्कार होता है। सम्भव का उदाहरण—**कोत्रेति**—इस भूमि पर लोगों को व्यर्थ सन्ताप देता हुआ कौन अधिक समय तक सम्पत्ति का उपभोग कर सकता है? सन्तापदायक ग्रीष्म दिन के द्वारा यह सूचना देता हुआ सूर्य अस्ताचल की ओर चल दिया। **अत्रेति**—यहाँ इस प्रकार की बोधन क्रिया में सूर्य का वक्ता के रूप से सम्बन्ध हो सकता है, क्योंकि अस्ताचल का गमन उसमें विद्यमान है। उसी से उक्त सूचना होती है। **सचेति**- वक्तारूप से इस संबन्ध के द्वारा सूर्य के अस्त होने और सन्तापदायक लोगों के विपत्ति में पड़ने इन दोनों क्रियाओं में बिम्बप्रतिबिम्बभाव (**सादृश्य**) प्रतीत होता है।

'कलयति कुवलयमालाललितं कुटिलः कटाक्षविक्षेपः ।
अधरः किसलयलीलामाननमस्याः कलानिधिविलासम् ॥'

अत्रान्यस्य धर्मं कथमन्यो वहत्विति कटाक्षविक्षेपादीनां कुवलयमालादिगतललितादीनां कलनमसंभवत्तल्ललितादिसदृशं ललितादिकमवगमयत्कटाक्षविक्षेपादेः कुवलयमालादेश्च बिम्बप्रतिबिम्बभावं बोधयति । यथा वा —

'प्रयाणे तव राजेन्द्र मुक्ता वैरिमृगीदृशाम् । राजहंसगतिः पद्भ्यामाननेन शशिद्युतिः ॥'

अत्र पादाभ्यामसंबद्धराजहंसगतेस्त्यागोऽनुपपन्न इति तयोस्तत्संबन्धः कल्प्यते, स चासंभवन्राजहंसगतिमिव गतिं बोधयति । अनेकवाक्यगा यथा—

'इदं किलाव्याजमनोहरं वपुस्तपःक्षमं साधयितुं य इच्छति ।
ध्रुवं स नीलोत्पलपत्त्रधारया समिल्लतां छेत्तुमृषिर्व्यवस्यति ॥'

अत्र यत्तच्छब्दनिर्दिष्टवाक्यार्थयोरभेदेनान्वयोऽनुपपद्यमानस्तादृशवपुषस्तपःक्षमत्वसाधनेच्छा नीलोत्पलपत्त्रधारया समिल्लताछेदनेच्छेवेति बिम्बप्रतिबिम्बभावे पर्यवस्यति । यथा वा—

'जन्मेदं वन्ध्यतां नीतं भवभोगोपलिप्सया । काचमूल्येन विक्रीतो हन्त चिन्तामणिर्मया ॥'

अत्र भवभोगलोभेन जन्मनो व्यर्थतानयनं काचमूल्येन चिन्तामणिविक्रय इवेति पर्यवसानम् । एवम्—

'क्व सूर्यप्रभवो वंशः क्व चाल्पविषया मतिः । तितीर्षुर्दुस्तरं मोहादुडुपेनास्मि सागरम् ॥'

अत्र मन्मत्या सूर्यवंशवर्णनमुडुपेन सागरतरणमिवेति पर्यवसानम् । ईयं च क्वचिदुपमेयवृत्तस्योपमानेऽसंभवेऽपि भवति । यथा—

असम्भव की निदर्शना दो प्रकार की होती है । एक तो वह जो एक ही वाक्य में हो और दूसरी अनेक वाक्यों में होने वाली । पहली का उदाहरण—**कलयतीति**—इसके कुटिल कटाक्ष का विक्षेप नील कमलों की माला के विलास को धारण करता है और अधरोष्ठ पल्लव की शोभा को एवं मुख चन्द्रमा के विलास को धारण करता है । **अत्रेति**—अन्य के धर्म का अन्य में जाना असम्भव है—अतः कुवलयमाला आदिकों के विलासादिक कटाक्षादिकों में नहीं रह सकते—इस लिये यहाँ वाक्यार्थ का सादृश्य में पर्यवसान होता है । कटाक्षविक्षेप की शोभा नीलकमलमाला की शोभा के समान है—इत्यादिक ज्ञान होता है । इससे कटाक्ष और नीलकमलमाला का बिम्बप्रतिबिम्बभाव प्रतीत होता है । दूसरा उदाहरण—**प्रयाणे इति**—हे राजन्, तुम्हारी विजय यात्रा के समय शत्रुनारियों के पैरों ने राजहंसों की चाल छोड़ दी और उनके मुख ने चन्द्रमा की शोभा छोड़ दी । **अत्रेति**—छोड़ी वही वस्तु जा सकती है जो कभी गृहीत हो, इसलिये राजहंस की गति का पैरों के साथ संबन्ध मानना पड़ेगा । क्योंकि बिना सम्बन्ध के पैर उसे छोड़ नहीं सकते । परन्तु राजहंस की चाल उसी के साथ समवाय संबन्ध से रहती है । वह अन्यत्र जा नहीं सकती । अतः वाक्यार्थ असम्भव होने के कारण 'राजहंसगति' का अर्थ है—राजहंस की गति के सदृश गति ।

अनेक वाक्यों की निदर्शना का उदाहरण=**इदमिति**—शकुन्तला को देखकर राजा दुष्यन्त की उक्ति है । जो ऋषि स्वभाव से सुन्दर इस कोमल देह को तपस्या के योग्य बनाना चाहते हैं वे निश्चय ही नीले कमल के कोमल पत्ते की किनार से शमीवृक्ष (जंट) को काटना चाहते हैं । **यत्रेति**—यहाँ 'यत्तत्' शब्दों से जिन दो वाक्यों का पूर्वार्ध और उत्तरार्ध में निर्देश किया है वे आपस में अभेदरूप से अन्वित नहीं हो सकते, अतः यहाँ इस बिम्बप्रतिबिम्बभाव में वाक्यार्थ का पर्यवसान होता है कि 'इस कोमलाङ्गी से तपस्या कराने की इच्छा, कमल के पत्ते से शमीवृक्ष काटने की इच्छा के समान है ।' इन दोनों इच्छाओं में बिम्बप्रतिबिम्बभाव है ।

और उदाहरण—**जन्मेति**—संसार के सुख भोगों के लालच में फँस कर मैंने यह अपना जन्म व्यर्थ खो दिया । हाय, मैंने चिन्तामणि को काच के मोल में बेंच दिया । यहाँ इन दोनों वाक्यों का इस प्रकार बिम्बप्रतिबिम्बभाव में पर्यवसान होता है कि 'विषयों के लोभ से जन्म गँवाना वैसा ही है जैसा चिन्तामणि को काच के दामों में बेच देना ।'

क्वेति—कहाँ सूर्य से उत्पन्न वंश ! और कहाँ मेरी अल्पज्ञ बुद्धि ! मैं अज्ञानवश उडुप (तम्हेड—या

'योऽनुभूतः कुरङ्गाक्ष्यास्तस्या मधुरिमाधरे। समास्वादि स मृद्वीकारसे रसविशारदैः॥'

अत्र प्रकृतस्याधरस्य मधुरिमधर्मस्य द्राक्षारसेऽसंभवात्पूर्ववत्साम्ये पर्यवसानम्। मालारूपापि। यथा मम—

'क्षिपसि शुकं वृषदंशकवदने मृगमर्पयसि मृगादनरदने।
वितरसि तुरगं महिषविषाणे निदधच्चेतो भोगवितानै॥'

इह बिम्बप्रतिबिम्बताक्षेपं विना वाक्यार्थापर्यवसानम्। दृष्टान्ते तु पर्यवसितेन वाक्यार्थेन सामर्थ्याद् बिम्बप्रतिबिम्बताप्रत्यायनम्। नापीयमर्थापत्तिः। तत्र 'हारोऽयं हरिणाक्षीणां—' इत्यादौ सादृश्यपर्यवसानाभावात्।

आधिक्यमुपमेयस्योपमानान्न्यूनताथवा ॥५२॥ व्यतिरेकः

स च एक उक्तेऽनुक्ते हेतौ पुनस्त्रिधा। चतुर्विधोऽपि साम्यस्य बोधनाच्छब्दतोऽर्थतः॥

आक्षेपाच्च द्वादशधा श्लेषेऽपीति त्रिरष्टधा। प्रत्येकं स्यान्मिलित्वाष्टचत्वारिंशद्विधः पुनः॥

उपमेयस्योपमानादाधिक्ये हेतुरुपमेयगतमुत्कर्षकारणमुपमानगतं निकर्षकारणं च। तयोर्द्वयोरप्युक्तावेकः, प्रत्येकं समुदायेन वानुक्तौ त्रिविध इति चतुर्विधेऽप्यस्मिन्नुपमानोपमेयभावस्य निवेदनं शब्देनार्थेनाक्षेपेण चेति द्वादशप्रकारोऽपि श्लेषे, 'अपि' शब्दादश्लेषेऽपि चेति चतुर्विंशतिप्रकारः। उपमानान्न्यूनतायामप्यनयैव भङ्ग्या चतुर्विंशतिप्रकारतेति मिलित्वाष्टचत्वारिंशत्प्रकारो व्यतिरेकः। उदाहरणम्—

डोंगी) के द्वारा दुस्तर समुद्र को पार करना चाहता हूँ। **अत्रेति**— यहाँ 'मेरी मति से सूर्यवंश का वर्णन वैसा ही है जैसा उडुप से समुद्रतरण' इस प्रकार वाक्यार्थ का पर्यवसान होता है।

इयच्चेति—जहाँ कहीं उपमेय का धर्म उपमान में असम्भव हो वहाँ भी यह (निदर्शना) होती है। जैसे—**योनु०**—उस मृगनयनी के अधर में जो मधुरता पाई थी उसका रसज्ञों ने मृद्वीका (अंगूर) के रस में आस्वाद पाया। **अत्रेति**—अधर की मधुरता द्राक्षारस में नहीं हो सकती, अतः यहाँ भी पूर्ववत् सादृश्य में पर्यवसान होता है।

निदर्शना, मालारूप भी होती है—जैसे—**क्षिपसीति**—तुम जो चित्त को भोगों में लगा रहे हो—सो याद रक्खो, तोते को बिलाव के मुँह में झोंक रहे हो, हिरन को बघेरे के दाँतों में दे रहे हो और घोड़े को भैंसे के सींगों पर रख रहे हो। 'विषयों में चित्त का लगाना, तोते को बिलाव के मुख में फेंकने आदि के तुल्य है' इस रूप से यहाँ सादृश्य में वाक्य की विश्रान्ति होती है। **इहेति**—निदर्शना में जब तक बिम्बप्रतिबिम्बभाव का आक्षेप न किया जाय तब तक वाक्यार्थ की विश्रान्ति नहीं होती, किन्तु दृष्टान्त में वाक्यार्थ पर्यवसित होने के पीछे सामर्थ्यवश से सादृश्य की प्रतीति होती है। इसे अर्थापत्ति भी नहीं कह सकते, क्योंकि 'हारोयम्' इत्यादिक अर्थापत्ति के उदाहरणों में वाक्यार्थ का सादृश्य में पर्यवसान नहीं होता।

अथ व्यतिरेकः—**आधिक्यमिति**—उपमान से उपमेय का आधिक्य अथवा उपमान से उपमेय की न्यूनता में वर्णन करने में व्यतिरेकालङ्कार होता है। **उपमेयस्येति**—उपमेय का जहाँ उपमान से आधिक्य वर्णित हो वहाँ (१) उपमेय की उत्कृष्टता और उपमान की अपकृष्टता (हीनता) का कारण (दोनों का हेतु) यदि शब्द से कह दिया हो तो एक प्रकार का व्यतिरेक होता है। और इनमें से (२) उत्कृष्टता का कारण न कहा हो अपकृष्टता का ही कहा हो या (३) अपकृष्टता का न कहा हो उत्कृष्टता का ही कहा हो अथवा (४) दोनों न कहे हों तो इस प्रकार हेतु की अनुक्ति में तीन प्रकार का व्यतिरेक होता है। इन चारों में उपमानोपमेय भाव का कथन कहीं शब्द से होता है, कहीं अर्थबल से लभ्य होता और कहीं आक्षेप से गम्य होता है, अतः प्रत्येक के तीन भेद होने के कारण, बारह भेद हुए। ये सब श्लेष में भी होते हैं और अश्लेष में भी। कारिका में 'अपि' शब्द (श्लेषेऽपीति) पढ़ा है। उससे अश्लेष का भी ग्रहण होता है। एवंच उक्त बारह के चौबीस भेद हुए। इसी प्रकार उपमान से उपमेय की हीनता में भी चौबीस भेद होते हैं। सब मिलकर व्यतिरेक के अड़तालीस भेद होते हैं।

'अकलङ्कं मुखं तस्या न कलङ्की विधुर्यथा।'

अत्रोपमेयगतमकलङ्कत्वमुपमानगतं च कलङ्कित्वं हेतुद्वयमप्युक्तम्। यथाशब्दप्रतिपादनाच्च शाब्दमौपम्यम्। अत्रैव 'न कलङ्किविधूपमम्' इति पाठे आर्थम्। 'जयतीन्दुं कलङ्किनम्' इति पाठे त्विववत्तुल्यादिपदविरहादाक्षिप्तम्। अत्रैवाकलंकपदत्यागे उपमेयगतोत्कर्षकारणानुक्तिः। कलंकिपदत्यागे चोपमानगतनिकर्षकारणानुक्तिः। द्वयोरनुक्तौ द्वयोरनुक्तिः। श्लेषे यथा—

'अतिगाढगुणायाश्च नाब्जवद्भङ्गुरा गुणाः।'

अत्रेवार्थे वतिरिति शाब्दमौपम्यम्। उत्कर्षनिकर्षकारणयोर्द्वयोरप्युक्तिः। गुणशब्दः श्लिष्टः अन्ये भेदाः पूर्ववदूह्याः। एतानि चोपमेयस्योपमानादाधिक्य उदाहरणानि। न्यूनत्वे दिङ्मात्रं यथा—

'क्षीणः क्षीणोऽपि शशी भूयो भूयोऽभिवर्धते सत्यम्। विरम प्रसीद सुन्दरि यौवनमनिवर्ति यातं तु॥'

अत्रोपमेयभूतयौवनास्थैर्यस्याधिक्यम्। तेनात्र 'उपमानादुपमेयस्याधिक्ये विपर्यये वा व्यतिरेकः' इति केषांचिल्लक्षणे 'विपर्यये वेतिपदमनर्थकम्' इति यत्केचिदाहुः, तन्न विचारसहम्। तथाहि—अत्राधिकन्यूनत्वे सत्त्वासत्त्वे एव विवक्षिते। अत्र च चन्द्रापेक्षया यौवनस्यासत्त्वं स्फुटमेव। अस्तु वात्रोदाहरणे यथाकथंचिद्गतिः।

'हनूमदाद्यैर्यशसा मया पुनर्द्विषां हसैर्दूतपथः सितीकृतः।'

उदाहरण—अकलङ्कमिति—उसका निष्कलङ्क मुख कलंकी चन्द्रमा जैसा नहीं है। अत्रेति—यहाँ उपमेय (मुख) की उत्कृष्टता का कारण निष्कलंकत्व और उपमा (चन्द्र) की हीनता का कारण कलंकित्व ये दोनों हेतु शब्द से ही उक्त हैं और 'यथा' शब्द का प्रयोग है, अतः उपमानोपमेयभाव शाब्द है। अत्रैवेति—इसी उदाहरण में यदि 'विधूपमम्' पाठ करदें तो आर्थ औपम्य हो जायगा और यदि 'जयतीन्दुम्' ऐसा पाठ करदें तो इव और तुल्यादि पदों के न रहने के कारण औपम्य आक्षेप से लभ्य होगा।

इसी उदाहरण में यदि 'अकलङ्कम्' पद को निकाल दें तो उपमेय के उत्कर्ष हेतु की अनुक्ति हो जायगी और यदि 'कलंकी' पद को छोड़ दें तो उपमानगत अपकर्ष के कारण की अनुक्ति हो जायगी। एवं यदि दोनों पदों को छोड़ें तो दोनों हेतुओं की अनुक्ति होगी।

श्लेष का उदाहरण—अतिगाढेति—अत्रेति—यहाँ 'तत्र तस्येव' इस सूत्र से इव के अर्थ में वति प्रत्यय हुआ है; अतः औपम्य शाब्द है। उत्कर्ष और अपकर्ष के कारण उक्त हैं। 'गुण' शब्द श्लिष्ट है। यह दया, दाक्षिण्य आदि गुणों को भी कहता है और तन्तुओं को भी। नायिका के पक्ष में पहले गुण हैं और कमल के पक्ष में तन्तु। और भेद पूर्ववत् जानना। ये सब आधिक्य के उदाहरण हैं।

न्यूनता के उदाहरण—क्षीण इति—हे सुन्दरि, यह ठीक है कि चन्द्रमा बार-बार क्षीण होकर भी फिर बढ़ जाता है, परन्तु गया हुआ यौवन फिर नहीं लौटता। देखो, मान मत करो। प्रसन्न हो जाओ। यहाँ चन्द्रमा की अपेक्षा यौवन (उपमेय) में अस्थिरता बताई है, अतः उपमान से उपमेय की न्यूनता है। हेतु दोनों उक्त हैं। औपम्य प्रतीयमान है। अत्रेति—यहाँ कोई (काव्यप्रकाशकार) कहते हैं कि उपमेयभूत यौवन में उपमानभूत चन्द्रमा की अपेक्षा अस्थिरता का आधिक्य है। चन्द्रमा में अस्थिरता नहीं, परन्तु यौवन में है, इस लिये यह भी आधिक्य का ही उदाहरण हो सकता है। अतएव व्यतिरेक का जो यह लक्षण किसी ने (अलंकारसर्वस्वकार ने) किया है कि 'उपमेय के आधिक्य में और विपर्यय (हीनता) में व्यतिरेक होता है' इसमें 'विपर्यय' कहना व्यर्थ है, क्योंकि उक्त उदाहरण के ही लिये यह कहा गया था, सो उक्त रीति से आधिक्य का ही उदाहरण हो सकता है। इसका खण्डन करते हैं—तन्नेति—यह ठीक नहीं—क्योंकि यहाँ अधिकत्व से वस्तु का सत्त्व (उत्कृष्टता) और न्यूनत्व से असत्त्व (अपकर्ष) विवक्षित है। प्रकृत उदाहरण में चन्द्रमा की अपेक्षा यौवन का अपकर्ष स्पष्ट ही है। अतः उक्त लक्षण में 'विपर्यये वा' यह अंश होना ही चाहिये। अस्तु, वेति—अथवा इस उदाहरण में जैसे तैसे संगति कर भी लो, परन्तु 'हनुमदाद्यैः' इत्यादिक पद्यों में क्या करोगे? हनूमदिति—राजा नल की उक्ति है—हनूमान् आदिकों ने दूतमार्ग (दूतकृत्य) को यश से शुभ्र किया था, परन्तु मैंने उसे शत्रुओं की हँसी से शुभ्र किया। जो दूतकार्य मुझे दिया गया था मैं उसमें कृतकार्य न हो

इत्यादिषु का गतिरिति सुष्ठूक्तं न्यूनताथवा' इति।

सहार्थस्य बलादेकं यत्र स्याद्वाचकं द्वयोः। सा सहोक्तिर्मूलभूतातिशयोक्तिर्यदा भवेत् ॥

अतिशयोक्तिरप्यत्राभेदाध्यवसायमूला कार्यकारणपौर्वापर्यविपर्ययरूपा च। अभेदाध्यवसायमूलापि श्लेषभित्तिकान्यथा च। क्रमेणोदाहरणम्--

'सहाधरदलेनास्या यौवने रागभाक्प्रियः।' अत्र रागपदे श्लेषः।

'सह कुमुदकदम्बैः काममुल्लासयन्तः सह घनतमिरौघैर्धैर्यमुत्सारयन्तः।
सह सरजसिजषण्डैः स्वान्तमामीलयन्तः प्रतिदिशममृतांशोरंशवः संचरन्ति ॥'

इदं मम। अत्रोल्लासादीनां संबन्धिभेदादेव भेदः, न तु श्लिष्टतया।

समभेव नराधिपेन सा गुरुसंमोहविलुप्तचेतना।
अगमत्सह तैलबिन्दुना ननु दीपार्चिरिव क्षितेस्तलम् ॥'

इयं च मालयापि संभवति। यथोदाहृते 'सह कुमुदकदम्बैः--इत्यादौ।

'लक्ष्मणेन समं रामः काननं गहनं ययौ।' इत्यादौ चातिशयोक्तिमूलाभावान्नायमलंकारः।

सका। शत्रु इसे देखकर अवश्य हँसेंगे। जो मार्ग पहले यशोधवल था आज वही विपक्षहास से धवल होगा। यहाँ उपमेय (नल) का अपकर्ष स्पष्ट है, अतः लक्षण में 'न्यूनता' कहना ठीक ही है।

अथ सहोक्ति--**सहेति**--सह शब्दार्थ के बल से जहाँ एक शब्द दो अर्थों का वाचक हो वहाँ 'सहोक्ति' अलङ्कार होता है--परन्तु इसके मूल में अतिशयोक्ति अवश्य रहनी चाहिये। यहाँ अतिशयोक्ति या तो अभेदाध्यवसाय मूलक होती है या कार्य कारण के पौर्वापर्य-विपर्यय के कारण होती है। अभेदाध्यवसाय में भी कहीं श्लेषमूलक और कहीं अश्लेष मूलक। क्रम से उदाहरण--**सहेति**--यौवन काल से इस सुन्दरी का अधरोष्ठ और प्रियतम दोनों साथ ही साथ रागयुक्त हुए हैं। यहाँ 'राग' पद श्लेष है। अधर के पक्ष में राग का अर्थ है लाल रंग और नायक के पक्ष में अनुराग। इन दोनों का अभेदाध्यवसाय होने के कारण यहाँ मूल में अतिशयोक्ति है और सह शब्द होने के कारण सहोक्ति अलङ्कार है।

वस्तुतः यह शुद्ध उदाहरण नहीं है, क्योंकि अधर का राग प्रिय के राग का कारण है, उसे कार्य के साथ कहा है, अतः यहाँ कार्य कारण के पौर्वापर्य का विपर्यय भी है। शुद्ध उदाहरण यह हो सकता है--

"मान्थर्यमाप गमनं सह शैशवेन, रक्तं सहैव मनसाऽधरबिम्बमासीत्।
किञ्चाभवन्मृगकिशोरदृशो नितम्बः, सर्वाधिको गुरुरयं सह मन्मथेन ॥'

यहाँ दूसरे चौथे चरणों में श्लेष है। **सहकुमुदेति**--कुमुद समूह के साथ काम को भी उल्लासित करती हुई, घनतिमिर के साथ धैर्य को भी दूर करती हुई, कमल समूहों के साथ हृदय को भी निर्मीलित करती हुई ये चन्द्रमा की किरणें चारों ओर फैल रही हैं। **अत्रेति**--यहाँ उल्लासादि पद श्लिष्ट तो नहीं हैं, किन्तु संबंधी के भेद से औचित्य के कारण उनके अर्थों में भेद होता है। कुमुदों के पक्ष में उल्लास का अर्थ है खिलाना (विकसित करना) और काम के पक्ष में है बढ़ाना। तिमिर के साथ उत्सारण का अर्थ है हटाना और धैर्य के साथ है नाश करना। एवं कमलों का आमीलन है संकोच और हृदय का आमीलन है और सब विषयों को छोड़कर एक काम रस में निमग्न होना। ये सब भिन्न अर्थ सम्बन्धिभेद के कारण होते हैं। इनमें दो दो का अभेदाध्यवसाय होता है।

पौर्वापर्यविपर्यय का उदाहरण--**सममिति**--छाती पर नारदजी की माला गिरने के अनन्तर अत्यन्त संमोह के कारण जिसका चैतन्य नष्ट हो गया है ऐसी वह इन्दुमती राजा अज के साथ ही इस प्रकार पृथ्वी पर गिरी जैसे तैलबिन्दु के साथ दीपक की लौ (प्रकाश) नीचे गिरती है। यहाँ इन्दुमती के गिरने के कारण ही राजा अज गिरे थे। उसे मरी हुई जान कर ही वे व्याकुल होकर गिरे थे। इन्दुमती का गिरना कारण है और अज का गिरना कार्य है। इन दोनों के साथ कहने से कार्य कारण के पौर्वापर्य का विपर्यय हुआ है। सह शब्द का पर्याय 'समम्' होने से यह सहोक्ति है। **इयं चेति**--सहोक्ति मालारूप भी होती है--जैसे पूर्वोक्त 'सहकुमुद' इत्यादि पद्य में। **लक्ष्मणेति**--यहाँ अतिशयोक्ति मूल में नहीं है, अतः सहोक्ति भी नहीं है।

विनोक्तिर्यद्विनान्येन नासाध्वन्यदसाधु वा ।

नासाधु अशोभनं न भवति । एवं च यद्यपि शोभनत्व एव पर्यवसानं तथाप्यशोभनत्वाभाव-मुखेन शोभनवचनस्यायमभिप्रायो यत्कस्यचिद्वर्णनीयस्याशोभनत्वं तत्परसंनिधेरेव दोषः । तस्य पुनः स्वभावतः शोभनत्वमेवेति । यथा—

'विना जलदकालेन चन्द्रो निस्तन्द्रतां गतः । विना ग्रीष्मोष्मणा मञ्जुर्वनराजिरजायत ॥'

असाध्वशोभनं यथा--

'अनुयान्त्या जनातीतं कान्तं साधु त्वया कृतम् । का दिनश्रीर्विनार्केण का निशा शशिना विना ॥'

'निरर्थकं जन्म गतं नलिन्या यया न दृष्टं तुहिनांशुबिम्बम् ।
उत्पत्तिरिन्दोरपि निष्फलैव दृष्टा विनिद्रा नलिनी न येन ॥'

अत्र परस्परविनोक्तिभङ्ग्या चमत्कारातिशयः विनाशब्दप्रयोगाभावेऽपि विनार्थविवक्षायां विनोक्तिरेवेयम् । एवं सहोक्तिरपि सहशब्दप्रयोगाभावेऽपि सहार्थविवक्षाया भवतीति बोध्यम् ।

समासोक्तिः समैर्यत्र कार्यलिङ्गविशेषणैः ॥५६॥

व्यवहारसमारोपः प्रस्तुतेऽन्यस्य वस्तुनः ।

अत्र समेन कार्येण प्रस्तुतेऽप्रस्तुतव्यवहारसमारोपः । यथा—

'व्याधूय यद्वसनमम्बुजलोचनाया वक्षोजयोः कनककुम्भविलासभाजोः ।
आलिङ्गसि प्रसभमङ्गमशेषमस्या धन्यस्त्वमेव मलयाचलगन्धवाह ॥'

अथ विनोक्ति—**विनेति**—जहाँ एक के विना दूसरा अशोभन (बुरा) नहीं होता अथवा हो जाता है वहाँ विनोक्ति होती है । **एवं चेति**—यद्यपि 'अशोभन नहीं होता' इसका भी तात्पर्य यही है कि 'शोभन होता है', परन्तु अभाव के द्वारा कहने का यह अभिप्राय है कि किसी वर्णनीय में जो अशोभनता आती है वह दूसरे के साथ रहने से ही उत्पन्न हुई है-उसके विना वह अशोभन नहीं है अर्थात् स्वभाव से शोभन ही है । उदाहरण-**विनेति**—वर्षाकाल के विना चन्द्रमा स्वच्छ हो गया और ग्रीष्म की गरमी न होने से वनपंक्ति रमणीय हो गई । यहाँ वर्षा के विना चन्द्रमा अशोभन नहीं है और ग्रीष्म के विना वनपंक्ति भी बुरी नहीं है । स्वभाव से तो दोनों अच्छे ही हैं, किन्तु वर्षा और गरमी के कारण बिगड़ जाते हैं ।

अशोभन का उदाहरण—**अनुयान्त्येति**—लोकोत्तर पति का अनुगमन करके तुमने अच्छा ही किया । सूर्य के विना दिन लक्ष्मी किस काम की ! और चन्द्रमा के विना रात्रि की क्या शोभा ! यहाँ एक विना दूसरा अशोभन है ।

निरर्थकमिति—कमलिनी का जन्म व्यर्थ ही गया—जिसने शीतल किरणों वाले चन्द्रबिम्ब को न देखा और चन्द्रमा की उत्पत्ति भी निष्फल ही हुई जिसने प्रफुल्लित कमलिनी के दर्शन नहीं किये । **अत्रेति**—यहाँ एक दूसरे के विना दोनों की व्यर्थता के कथन से चमत्कार विशेष हुआ है । यद्यपि यहाँ विना शब्द नहीं है, तथापि विना शब्द के अर्थ की विवक्षा होने के कारण यह 'विनोक्ति' ही है । इसी प्रकार सहोक्ति भी सह शब्द के अर्थ की विवक्षा होने पर ('सह' शब्द का प्रयोग न होने पर भी) हो सकती है ।

समासोक्तिरिति—जिस वाक्य में 'सम' अर्थात् प्रस्तुत और अप्रस्तुत में समान रूप से अन्वित होनेवाले कार्य, लिङ्ग और विशेषणों से प्रस्तुत में अप्रस्तुत के व्यवहार का आरोप किया जाय वहाँ समासोक्ति अलङ्कार होता है । '**व्यवह्रियते विशेषेण प्रतीयतेऽनेनेति व्यवहारोऽवस्थाभेदः**' श्री० त० वा० । अवस्था भेद को यहाँ व्यवहार कहते हैं ।

श्रीतर्कवागीशजी ने इस कारिका में लिखा है '**यत्रेत्यव्ययं य इत्यर्थे**' यह ठीक नहीं है । क्योंकि पहले तो इस अर्थ में ऐसा अव्यय प्रसिद्ध नहीं, दूसरे यहाँ उसकी आवश्यकता भी नहीं । 'यत्र' पद अध्याहृत 'वाक्ये' का विशेषण है ।

जहाँ समान कार्य के द्वारा प्रस्तुत में अप्रस्तुत के व्यवहार का आरोप होता है उसका उदाहरण देते हैं—**व्याधूयेति**—हे मलयानिल, इस कमलनयनी के सुवर्णकलश तुल्य कुचों के वस्त्र को झिटक के हठपूर्वक जो तुम

अत्र गन्धवाहे हठकामुकव्यवहारसमारोपः। लिङ्गसाम्येन यथा—

'असमाप्तजिगीषस्य स्त्रीचिन्ता का मनस्विनः। अनाक्रम्य जगत्कृत्स्नं नो संध्यां भजते रविः॥'

अत्र पुंस्त्रीलिङ्गमात्रेण रविसंध्ययोर्नायकनायिकाव्यवहारः। विशेषणसाम्यं तु श्लिष्टतया, साधारण्येन, औपम्यगर्भत्वेन च त्रिधा। तत्र श्लिष्टतया यथा मम—

'विकसितमुखीं रागासङ्गाद् गलत्तिमिरावृतिं दिनकरकरस्पृष्टामैन्द्रीं निरीक्ष्य दिशं पुरः।
जरठलवलीपाण्डुच्छायो भृशं कलुषान्तरः श्रयति हरितं हन्त प्राचेतसीं तुहिनद्युतिः॥'

अत्र मुखरागादिशब्दानां श्लिष्टता। अत्रैव हि 'तिमिरावृतिम्' इत्यत्र 'तिमिरांशुकाम्' इति पाठे एकदेशस्य रूपणेऽपि समासोक्तिरेव, नत्वेकदेशविवर्ति रूपकम्। तत्र हि तिमिरांशुकयो रूप्यरूपकभावो द्वयोरावरकत्वेन स्फुटसादृश्यतया परसाचिव्यमनपेक्ष्यापि स्वमात्रविश्रान्त इति न समासोक्तिबुद्धिं व्याहन्तुमीशः। यत्र तु रूप्यरूपकयोः सादृश्यमस्फुटं तत्रैकदेशान्तररूपणं विना तदसंगतं स्यादित्यशाब्दमप्येकदेशान्तररूपणमार्थमपेक्षत एवेति तत्रैकदेशविवर्तिरूपकमेव। यथा—

'जस्स रणन्तेउरए करे कुणन्तस्स मण्डलग्गलअम्। रससंमुहीवि सहसा परम्मुही होइ रिउसेणा॥'

इसका सर्वाङ्गीण आलिङ्गन करते हो, अतः तुम धन्य हो। यहाँ हठकामुक और वायु का कार्य समान है, अतः प्रस्तुत वायु में अप्रस्तुत—हठकामुक—के व्यवहार (अवस्था) का आरोप है।

स्त्रीलिङ्ग पुंल्लिङ्ग की तुल्यता से व्यवहार के आरोप का उदाहरण—**असमाप्तेति**—जिसका विजयाभिलाष पूर्ण नहीं हुआ है उस वीर मनस्वी पुरुष को स्त्री (विवाह) की चिन्ता कैसी? सम्पूर्ण संसार को आक्रान्त किये विना सूर्य सन्ध्या का संग नहीं करता। **अत्रेति**—यहाँ सन्ध्या के स्त्रीलिङ्ग और सूर्य के पुँल्लिङ्ग होने से इसमें नायक और नायिका के व्यवहार का आरोप किया गया है।

विशेषणों की समानता तीन प्रकार से हो सकती है—एक तो प्रस्तुत और अप्रस्तुत अर्थों में विशेषणों के श्लिष्ट होने के कारण—दूसरे दोनों अर्थों में विशेषणों की साधारणता (समानरूप से अन्वय) के कारण और तीसरे औपम्यगर्भता के कारण। श्लेष का उदाहरण—**विकसितेति**—प्रातःकाल जब चन्द्रमा अस्तोन्मुख है और सूर्य उदयोन्मुख है, उस समय का वर्णन है। 'करों' (किरणों या हाथों) से स्पर्श होने के कारण 'राग' (प्रातःकालिक सन्ध्या की लालिमा या अनुराग) के आसङ्ग से जिसका 'मुख' (अग्रभाग या मुँह) 'विकसित' (प्रफुल्लित या प्रकाशित) हो रहा है और जिसकी अन्धकाररूप 'आवृति' (आवरण या वस्त्र) खिसक रही है, ऐसी इन्द्रसम्बन्धिनी (पूर्व) दिशा को सामने (अपनी आंखों के आगे) देखकर पकी हुई लवली (हरफारेवड़ी) के समान पीला पड़ा हुआ और 'आन्तर' (मध्यभाग या हृदय) में अत्यन्त 'कलुषित' (मलिन या दुःखी) होकर यह चन्द्रमा 'प्राचेतस' (वरुण या यम) की 'दिशा' (पश्चिम या मृत्यु) का आश्रय लेता है। जैसे कोई अपनी पूर्वानुरक्त कामिनी को अपने सामने अन्य पुरुष में अनुरक्त देखकर मरने को तयार होता है उसी प्रकार की अवस्था के सूचक श्लिष्ट शब्दों का यहाँ सन्निवेश है। 'ऐन्द्री' कहने से परकीयात्व की प्रतीति होती है। वह पहले तो चन्द्रमा में अनुरक्त थी, परन्तु रात्रि के बीतने पर जब उसका वैभव कम हुआ तब उसने उसे छोड़ दूसरे (सूर्य) से प्रेम पैदा कर लिया। इसे देख चन्द्रमा की उक्त दशा हुई। यहाँ श्लिष्ट (दो अर्थवाले) शब्दों के सामर्थ्य से पूर्व दिशा में परकीया नायिका (कुलटा) का व्यवहार और चन्द्रमा में पूर्वानुरक्त पुरुष का व्यवहार एवं सूर्य में अन्तिम अनुरागी का व्यवहार प्रतीत होता है।

अत्रेति—यहाँ मुख, राग आदि शब्दों में श्लेष है। यहीं **'तिमिरावृतिम्'** के स्थान पर यदि **'तिमिरांशुकाम्'** पाठ कर दें तो, यद्यपि एक अंश में आरोप की प्रतीति होने लगेगी, तथापि उस दशा में भी यहाँ समासोक्ति अलंकार ही रहेगा, एकदेशविवर्तिरूपक नहीं होगा, क्योंकि अन्धकार और वस्त्र इन दोनों का आवरकत्व (ढाकना) रूप सादृश्य अत्यन्त स्फुट है। वह किसी दूसरे की अपेक्षा विना किये ही अपने आप प्रकट हो जाता है। अतः वह सादृश्य (जो रूपक का मूल है) समासोक्ति को हटा नहीं सकता। परन्तु जहाँ रूप्य और रूपक का सादृश्य अस्फुट होता है वहाँ यदि दूसरे अंशों में रूपण (आरोप) न करें तो वह (अस्फुट सादृश्य) असंगत ही हो जाय, इस कारण दूसरे अंशों का आरोप शाब्द न होने पर भी अर्थबल से आक्षिप्त हो जाता है, अतः वहाँ एकदेशविवर्तिरूपक ही माना जाता है—जैसे—**जस्सेति**—**'यस्य रणान्तःपुरे करे**

अत्र रणान्तःपुरयोः सादृश्यमस्फुटमेव । कचिच्च यत्र स्फुटसादृश्यानामपि बहूनां रूपणं शाब्दमेकदेशस्य चार्थं तत्रैकदेशिविवर्ति रूपकमेव । रूपकप्रतीतेर्व्यापितया समासोक्तिप्रतीतितिरोधायकत्वात् । नन्वस्ति रणान्तःपुरयोरपि सुखसंचारतया स्फुटं सादृश्यमिति चेत्, सत्यमुक्तम् । अस्त्येव, किंतु वाक्यार्थपर्यालोचनसापेक्षम्, न खलु निरपेक्षम् । मुखचन्द्रादेर्मनोहरत्वादिवद्रणान्तःपुरयोः स्वतः सुखसंचारत्वाभावात् । साधारण्येन यथा –

'निसर्गसौरभोद्भ्रान्तभृङ्गसंगीतशालिनी । उदिते वासराधीशे स्मेराऽजनि सरोजिनी ॥'

अत्र निसर्गत्यादिविशेषणसाम्यात्सरोजिन्या नायिकाव्यवहारप्रतीतौ स्त्रीमात्रगामिनः स्मेरत्वधर्मस्य समारोपः कारणम् । तेन विना विशेषणसाम्यमात्रेण नायिकाव्यवहारप्रतीतेरसंभवात् । औपम्यगर्भत्वं पुनस्त्रिधा संभवति, उपमारूपकसंकरगर्भत्वात् । तत्रोपमागर्भत्वे यथा—

'दन्तप्रभापुष्पचिता पाणिपल्लवशोभिनी । केशपाशालिवृन्देन सुवेषा हरिणेक्षणा ॥'

कुर्वाणस्य मण्डलाग्रलताम् । रसोन्मुख्यपि सहसा पराङ्मुखी भवति रिपुसेना ॥' रणरूप रनवास में करवालवल्ली (तलवार) को हाथ में पकड़े हुए जिस राजा को देखकर शत्रुओं की सेना रसोन्मुख होने पर भी मुँह फेर लेती है। यहाँ कहना तो यही है कि यह राजा जब तलवार पकड़ कर रण में पहुँचता है तो वीररस में भरी हुई भी शत्रुसेना पीछे हट जाती है, परन्तु रण को अन्तःपुर का रूपक दिया है और रण तथा अन्तःपुर में कोई स्फुट सादृश्य नहीं है, अतः 'मण्डलाग्रलता' और 'सेना' शब्दों के स्त्रीलिङ्ग होने के कारण यद्यपि यहाँ यह प्रतीति होती है कि अन्तःपुर में जैसे किसी एक सुन्दरी का हाथ पकड़े हुए नायक को आते देख दूसरी सुन्दरी शृङ्गार रसोन्मुख (प्रेमपूर्ण) होने पर भी मुँह फेर कर चल देती है वही अवस्था हाथ में तलवार पकड़े हुए इस राजा को देख रिपुसेना की होती है, तथापि प्रस्तुत में इस अप्रस्तुत व्यवहार के आरोप होने पर भी समासोक्ति नहीं मानी जाती, क्योंकि रण और अन्तःपुर का सादृश्य इतना अस्फुट है कि यदि मण्डलाग्रलता में नायिकात्व का आरोप न करें और सेना में प्रतिनायिकात्व का आरोप न करें तो पहला आरोप असंगत ही हो जाय। अतः पिछले दो स्थानों में शब्दोक्त न होने पर भी अर्थबल से आरोप हो जाता है, अतः यहाँ एकदेशविवर्तिरूपक ही है—समासोक्ति नहीं।

क्वचिच्चेति—और जहाँ कहीं सादृश्य के स्फुट होने पर भी बहुत से स्थानों में आरोप शब्दसिद्ध हो और किसी एकदेश में अर्थसिद्ध हो तो वहाँ भी एकदेशविवर्ति रूपक ही जानना। क्योंकि ऐसे स्थलों में रूपक की प्रतीति व्यापक होती है। वह समासोक्ति की प्रतीति को ढाँक लेती है।

नन्विति—प्रश्न-रण और अन्तःपुर का भी तो सादृश्य स्फुट है। सुखपूर्वक संचार के योग्य होना इन दोनों का स्पष्ट साधारण धर्म है। फिर 'जस्स' इत्यादि पद्य में भी समासोक्ति क्यों नहीं मानते ? **सत्यमिति**—ठीक है, सादृश्य स्फुट है, परन्तु वह वाक्यार्थ की पर्यालोचना करने के पीछे ही प्रतीत होता है, तत्सापेक्ष है, निरपेक्ष नहीं। जैसे मुख और चन्द्रमा में स्वतःसिद्ध मनोहरत्व है वैसे रण में स्वयं सिद्ध सुखसंचारत्व नहीं है। जब तक राजा की शक्ति का ज्ञान न हो तब तक रण में सुखसचार ज्ञात नहीं हो सकता।

साधारण्य का उदाहरण—**निसर्गेति**—स्वाभाविक गन्ध से (मुग्ध होकर) जिसके चारों ओर भ्रमर गूँज रहे हैं, वह पद्मिनी सूर्य के उदय होने पर मुसकुराने लगी (खिलने लगी) **अत्रेति**—यहाँ निसर्गेत्यादि विशेषण (पूर्वार्ध) साधारण है। पद्मिनी स्त्री और कमलिनी में वह समान रूप से अन्वित होता है। यहाँ कमलिनी प्रस्तुत है। उस में अप्रस्तुत नायिका के व्यवहार का आरोप साधारण विशेषण के कारण होता है—परन्तु इस व्यवहार की प्रतीति का कारण है केवल स्त्री ही में रहनेवाले स्मेरत्व रूप धर्म का आरोप। स्मेरत्व (मुसकुराना) स्त्री में ही हो सकता है, कमलिनी में नहीं, अतः कमलिनी के खिलने (विकसनरूप धर्म) में स्मेरत्व का आरोप है। यही आरोप कमलिनी में नायिका की अवस्था का द्योतक है। इसके विना केवल 'निसर्गेत्यादि' विशेषण से नायिका के व्यवहार की प्रतीति होना असम्भव है।

औपम्यगर्भत्वमिति—औपम्यगर्भत्व तीन प्रकार से हो सकता है। एक तो वह जहाँ उपमा मध्य में आ गई हो, दूसरा वह जहाँ रूपक (समासोक्ति के) मध्य में आ गया हो और तीसरा वह जहाँ इन दोनों का

अत्र सुवेषत्ववशात्प्रथमं दन्तप्रभाः पुष्पाणीवेत्युपमागर्भत्वेन समासः अनन्तरं च दन्तप्रभासदृशैः पुष्पैश्चितेत्यादिसमासान्तराश्रयेण समानविशेषणमाहात्म्याद्धरिणेक्षणायां लताव्यवहारप्रतीतिः। रूपकगर्भत्वे यथा—'लावण्यमधुभिः पूर्णं-' इत्यादि । संकरगर्भत्वे यथा-'दन्तप्रभापुष्प—' इत्यादि । 'सुवेषा' इत्यत्र 'परीता' इति पाठे ह्युपमारूपकसाधकाभावात्संकरसमाश्रयणम् । समासान्तरं पूर्ववत्। समासान्तरमहिम्ना लताप्रतीतिः । एषु च येषां मते उपमासंकरयोरेकदेशविवर्तिता नास्ति तन्मते आद्यतृतीययोः समासोक्तिः। द्वितीयस्तु प्रकार एकदेशविवर्तिरूपकविषय एव। पर्यालोचने त्वाद्ये प्रकारे एकदेशविवर्तिन्युपमैवाङ्गीकर्तुमुचिता। अन्यथा—

'ऐन्द्रं धनुः पाण्डुपयोधरेण शरद्दधानार्द्रनखक्षताभम्।
प्रमोदयन्ती सकलङ्कमिन्दुं तापं रवेरभ्यधिकं चकार ॥'

इत्यत्र कथं शरदि नायिकाव्यवहारप्रतीतिः। नायिकापयोधरेणार्द्रनखक्षताभशक्रचापधारणासंभवात्। ननु 'आर्द्रनखक्षताभम्' इत्यत्र स्थितमप्युमानत्वं वस्तुपर्यालोचनया ऐन्द्रे धनुषि संचार-

---

सन्देह संकर हो । प्रथम का उदाहरण दन्तेति— अत्रेति—'वेष' का अर्थ है 'कृत्रिम आकार' अर्थात् वस्त्र भूषण आदि की रचना से उत्पन्न शोभा । परन्तु लता में गहने, कपड़ों का होना सम्भव नहीं, अतः 'सुवेषत्व' के कारण पहले यहाँ प्रधानतया नायिका की प्रतीति होती है और 'दन्तप्रभाः पुष्पाणि इव' इस विग्रह में 'उपमितं व्याघ्रादिभिः सामान्याप्रयोगे' इस सूत्र से समास होता है, एव 'फूलों के सदृश जो दांतों की कान्ति उससे युक्त' यह अर्थ होता है । इसी प्रकार 'पाणिः पल्लव इव'—'केशपाशः अलिवृन्दमिव' इन विग्रहों में भी उक्त सूत्र से समास होकर—'पल्लव तुल्य हाथ से सुशोभित' और—'भ्रमरों के समान केशों से रमणीय' ये अर्थ होते हैं। इस समास से उपमा प्रतीत होती है। इसके अनन्तर विशेषणों की समानता के कारण मृगनयनी नायिका (हरिणेक्षणा) में लता के व्यवहार की प्रतीति होती है और लता के पक्ष में उक्त विशेषणों का दूसरे विग्रह में समास होता है । यथा—दन्तप्रभासदृशैः पुष्पैः चिता, पाणिसदृशेन पल्लवेन शोभते तच्छीला, केशपाशसदृशेन अलिवृन्देन। यहाँ शाकपार्थिवादि मानकर समास और उत्तर पद का लोप करना पड़ेगा।

रूपकगर्भ का उदाहरण—लावण्येत्यादि पूर्वोक्त पद्य । यहाँ 'लावण्यमेव मधूनि तैः' इस विग्रह में समास हुआ है । 'विशेषणं विशेष्येण बहुलम्' इस सूत्र से अथवा 'मयूरव्यंसकादयश्च' इस सूत्र से रूपक समास होता है। 'दन्ते' त्यादि पद्य में 'सुवेषा' के स्थान पर 'परीता' पाठ कर देने से यह उदाहरण संकर का हो जायगा— क्योंकि उपमा का साधक सुवेषत्व ही था, सो तो अब रहा नहीं, अतः उपमा और रूपक इन दोनों का सन्देह रूप संकर होगा। यहाँ दूसरा समास पूर्ववत् जानना। उसी से लता की प्रतीति होती है।

एषु चेति—जो लोग उपमालंकार और संकरालङ्कार का एकदेशविवर्ती होना नहीं मानते हैं उनके मत में आद्य (दन्तप्रभेत्यादि) और तृतीय (सुवेषा के स्थान में परीता पढ़ने पर) भेद में समासोक्ति अलङ्कार है । परन्तु दूसरा भेद (लावण्येत्यादि) एक देशविवर्ति रूपक का ही उदाहरण है।

तात्पर्य यह है कि इस उदाहरण में विकस्वरत्व रूप धर्म का मुख में बाध है, अतः कमलत्व का आरोप किये विना वाक्यार्थ ही नहीं बन सकता । अतः लक्षणा से ही कमलत्व की प्रतीति हो जायगी। समासोक्ति तो तब हो जब व्यंजनावृत्ति से व्यवहार का आरोप प्रतीत होता हो ।

पर्यालोचने—यदि विचार करके देखा जाय तो प्रथम प्रकार में भी एक देशविवर्तिनी उपमा ही माननी चाहिये। अन्यथा 'ऐन्द्रम्' इत्यादि पद्य में नायिका के व्यवहार की प्रतीति न हो सकेगी । ऐन्द्रमिति—पाण्डुवर्ण पयोधर (बादल या स्तन) पर नवीन नखक्षत के समान इन्द्र धनुष को धारण करती हुई और कलङ्की चन्द्रमा को प्रसन्न (प्रकाशित या सुखी) करती हुई इस शरद् ने सूर्य के ताप (गरमी या दुःख) को अधिक बढ़ा दिया। यहाँ समासोक्ति नहीं हो सकती । समासोक्ति वहीं होती है जहाँ प्रस्तुत और अप्रस्तुत में विशेषण समान रूप से अन्वित होते हों । परन्तु इस पद्य में शरद् का जो विशेषण है—'ऐन्द्रं धनुः दधाना,' यह नायिका में अन्वित नहीं हो सकता। कोई भी नायिका अपने पयोधर (स्तन) पर इन्द्र धनुष को धारण नहीं कर सकती। फिर यदि एकदेशविवर्तिनी उपमा नहीं मानोगे तो यहाँ शरद् में नायिका के व्यवहार की प्रतीति कैसे होगी ? अतः एक-

णीयम्। यथा—'दध्ना जुहोति' इत्यादौ हवनस्यान्यथासिद्धेर्दध्नि संचार्यते विधिः। एवं चेन्द्रचापाभमार्द्रनखक्षतं दधानेति प्रतीतिर्भविष्यतीति चेत्, न। एवंविधानिर्वाहे कष्टसृष्टिकल्पनादेकदेशविवर्त्युपमाङ्गीकारस्यैव ज्यायस्त्वात्। अस्तु वात्र यथाकथंचित्समासोक्तिः, 'नेत्रैरिवोत्पलैः पद्मैः–' इत्यादौ

देशविवर्तिनी उपमा माननी ही पड़ेगी। उसी के उदाहरण में दन्तप्रभेत्यादि पद्य भी आयेगा, अतः यहाँ भी पर्यालोचन करने से एकदेशविवर्तिनी उपमा ही सिद्ध होती है।

नन्विति--प्रश्न-- अदग्धदहन' न्याय से अप्राप्त वस्तु की ही विधि होती है। जो वस्तु या बात और किसी प्रकार प्राप्त नहीं है उसी में विधिवाक्य का तात्पर्य माना जाता है, अन्यत्र नहीं। 'दध्ना जुहोति' यह विधि वाक्य है। यहाँ विचारना यह है कि विधान कितने अंश में है। 'जुहोति' लट् लकार का रूप ह अथवा लिङ् के अर्थ में लट् लकार का वैदिक प्रयोग है। इसका अर्थ है 'दही से हवन करना चाहिये।' इसमें दो अंश हैं--एक साधन रूप दही और दूसरा साध्य रूप हवन। परन्तु हवन तो सामान्य विधि से अन्यथाप्राप्त है 'सायं प्रातरग्निहोत्रं जुहोति' इस वाक्य से साधारण हवन तो सिद्ध ही है, अतः उसकी विधि नहीं हो सकती। इस कारण केवल दही की और उसमें भी विभक्त्यर्थ (साधनता) मात्र की विधि मानी जाती है। यद्यपि 'जुहोति' पद में लकार का अर्थ विधि है और वह 'हु' धातु से सम्बद्ध है। उससे पृथक् नहीं किया जा सकता। तथापि उस (लकार) के अर्थ (विधि) का सम्बन्ध दधि के साथ ही जिस प्रकार माना जाता है उसी प्रकार प्रकृत पद्य में भी यद्यपि 'आर्द्रनखक्षताभम्' पद में उपमावाचक 'आभा' पद का समास है, तथापि नायिका के पक्ष में योग्यता के अनुसार उसका सम्बन्ध इन्द्रधनुष के साथ किया जा सकता है। इससे यह अर्थ होगा कि 'इन्द्रधनुष के समान नखक्षत को स्तन पर धारण करती हुई'—इस प्रकार यह विशेषण प्रस्तुत और अप्रस्तुत में लग जायगा और इस पद्य में भी समासोक्ति के द्वारा ही शरद् में नायिका के व्यवहार की प्रतीति हो जायगी। इसके लिये एकदेशविवर्तिनी उपमा मानने की कोई आवश्यकता नहीं।

इसका खण्डन करते हैं—इति चेन्न–एवंविधेति–इस प्रकार के स्थलों में जहाँ निर्वाह नहीं होता—ऐसी कष्ट कल्पनाओं की अपेक्षा एकदेशविवर्तिनी उपमा मानना ही ठीक है।

वस्तुतः 'दध्ना जुहोति' के दृष्टान्त से 'ऐन्द्रं धनुः' इत्यादि पद्य का समर्थन नहीं किया जा सकता। 'अपूर्वबोधयत्वं विधित्वम्' इस लक्षण के अनुसार जितने अंश में अपूर्वबोधयत्व होता है उतने को ही विधि मानी जाती है। 'लोहितोष्णीषा ऋत्विजः प्रचरन्ति' इत्यादि विधि वाक्यों में यदि वाक्यान्तर से कोई बात प्राप्त न हो तो लोहित, उष्णीष और प्रचरण इन तीनों की विधि मानी जाती है। यदि ऋत्विक् प्रचरण अन्यतः सिद्ध हो तो लोहित और उष्णीष इन दो की विधि मानी जाती है और यदि उष्णीष भी किसी दूसरे वाक्य से विहित हो तो केवल लोहित वर्ण की विधि मानी जाती है। साराश यह कि वाक्य में जितना अंश अपूर्वबोध्य होता है—जो किसी वाक्यान्तर से प्राप्त नहीं होता—उतने की ही विधि मानी जाती है। 'दध्ना जुहोति' इस वाक्य में दधिसाधनक हवन का विधान है। इसमें हवन का विधान दूसरे वाक्य से प्राप्त होने के कारण अपूर्वबोध्य नहीं है, अतएव उसकी विधि नहीं हो सकती। दधि सिद्ध पदार्थ है, अतः उसकी भी विधि नहीं हो सकती, परन्तु दधि में जो साधनता है वह किसी अन्य प्रकार से प्राप्त नहीं है, अतः उतने ही अंश की विधि मानी जाती है। इससे इतना ही सिद्ध होता है कि विधायक वाक्य का जितना अंश अपूर्व होता है उसीमें विधि पर्यवसित होती है, किन्तु इससे यह कदापि सिद्ध नहीं होता कि चाहें जिस समासयुक्त पद के चाहें जिस अंश को समास से निकालकर चाहें जिस असम्बद्ध पद के साथ जोड़ा जा सकता है। 'ऐन्द्रं धनुः' इत्यादि पद्य में न तो कोई विधि है और न कोई अपूर्वबोधयत्व का ही प्रकरण है। फिर यहाँ समास के अन्तर्गत 'आभा' शब्द को ''आर्द्रनखक्षताभम्' में से निकालकर 'ऐन्द्रं धनुः' के साथ कैसे जोड़ा जा सकता है? इसके अतिरिक्त 'ऐन्द्रम्' के अण् प्रत्यय को जबतक निकाल न डाला जाय और इन्द्र तथा धनुष् शब्द की विभक्तियाँ बदलकर उनके साथ आभा शब्द का समास न कर दिया जाय तब तक इन्द्रधनुःसदृशं नखक्षतम् यह अर्थ हो ही नहीं सकता। परन्तु इतना सब प्रपञ्च में तो 'दध्ना जुहोति' के सदृश कहा जा सकता है और न उसके आधार पर कोई ऐसा नियम बनाया जा सकता है जिससे इस 'अकाण्डताण्डव' का समर्थन किया जा सके।

अलंकारसर्वस्वकार ने दध्ना जुहोति की पूर्वोक्त प्रक्रिया के अनुसार ऐन्द्रं धनुः में उपमानुप्राणित समासोक्ति

चान्यगत्यसंभवात्। किं चोपमायां व्यवहारप्रतीतेरभावात्कथं तदुपजीविकायाः समासोक्तेः प्रवेशः। यदाहुः—'व्यवहारोऽथवा तत्त्वमौपम्ये यत्प्रतीयते। तन्नौपम्यं समासोक्तिरेकदेशोपमा स्फुटा ॥'

एवं चोपमारूपकयोरेकदेशविवर्तिताङ्गीकारे तन्मूलसंकरेऽपि समासोक्तेरप्रवेशो न्यायसिद्ध एव। तेनौपम्यगर्भविशेषणोत्थापितत्वं नास्या विषय इति। विशेषणसाम्ये श्लिष्टविशेषणोत्थापिता साधारणविशेषणोत्थापिता चेति द्विधा। कार्यलिङ्गयोस्तुल्यत्वे च द्विविधेति चतुःप्रकारा समासोक्तिः। सर्वत्रैवात्र व्यवहारसमारोपः कारणम्। स च क्वचिल्लौकिके वस्तुनि लौकिकवस्तुव्यवहारसमारोपः। शास्त्रीये वस्तुनि शास्त्रीयवस्तुव्यवहारसमारोपः। लौकिके वा शास्त्रीयवस्तुव्यवहारसमारोपः। शास्त्रीये वा लौकिकवस्तुव्यवहारसमारोप इति चतुर्धा। तत्र लौकिकवस्त्वपि रसादिभेदादनेकविधम्। शास्त्रीयमपि तर्कायुर्वेदज्योतिःशास्त्रप्रसिद्धतयेति बहुप्रकारा समासोक्तिः। दिङ्मात्रं यथा—'व्याधूय यद्वसनं—' इत्यादौ लौकिके वस्तुनि लौकिकस्य हठकामुकव्यवहारादेः समारोपः।

'यैरेकरूपमखिलास्वपि वृत्तिषु त्वां पश्यद्भिरव्ययमसंख्यतया प्रवृत्तम्।
लोपः कृतः किल परत्वजुषो विभक्तेस्तैर्लक्षणं तव कृतं ध्रुवमेव मन्ये ॥'

अत्रागमशास्त्रप्रसिद्धे वस्तुनि व्याकरणप्रसिद्धवस्तुव्यवहारसमारोपः। एवमन्यत्र। रूपकेऽ-

---

मानी है और **नेत्रैरिवोत्पलैः**—इत्यादि पद्य में अगत्या एकदेशविवर्तिनी उपमा मानी है। इनमें से प्रथम अंश में अरुचि दिखा कर दूसरे को अपने मत का उपष्टम्भक सिद्ध करते हैं—**अस्तुवाऽत्रेति**—अथवा इस पद्य में जैसे-तैसे समासोक्ति मान-भी लो—तथापि **'नेत्रैः'** इत्यादि उक्त पद्य में तो विना उपमा माने काम चल ही नहीं सकता। सरसी में केवल कमल हैं और नायिका में नेत्र। दोनों दोनों में अन्वित नहीं।

किञ्चेति—इसके अतिरिक्त उपमा में सादृश्य की ही प्रतीति होती है—व्यवहार की नहीं—फिर व्यवहारमात्र की प्रतीति में होनेवाली समासोक्ति उपमा में कैसे हो सकेगी? यही कहा है **व्यवहार इति**—उपमा में जो व्यवहार या स्वरूप की प्रतीति होती है उसे समासोक्ति मत समझना। वह तो स्पष्ट एकदेशोपमा अर्थात् एकदेशविवर्तिनी उपमा है।

एवं चेति ते—इसी प्रकार जब उपमा और रूपक इन दोनों में एकदेशविवर्तित्व सिद्ध हो गया तो तन्मूलक संकरालंकार में भी समासोक्ति का अप्रवेश उचित ही है। **तेनेति**—इससे यह सिद्ध है कि औपम्यगर्भ विशेषणों से समासोक्ति नहीं होती। श्लिष्ट और साधारण विशेषणों की समानता में दो प्रकार की और कार्य तथा लिङ्ग की समानता में दो प्रकार की समासोक्ति होती है। इस प्रकार चार भेद कहते हैं। **सर्वत्रेति**—इन सब भेदों में व्यवहार का आरोप ही इस अलंकार का प्रयोजक (कारण) है। कहीं तो किसी लौकिक वस्तु में दूसरा लौकिक वस्तु के ही व्यवहार का आरोप होता है और कहीं शास्त्रीय वस्तु में शास्त्रीय वस्त्वन्तर के व्यवहार का आरोप होता है। एवं कहीं लौकिक में शास्त्रीय के और कहीं शास्त्रीय में लौकिक वस्तु के व्यवहार का आरोप होता है। ये चार प्रकार हैं। **तत्रेति**—उनमें लौकिक वस्तु भी रसादि के भेद से अनेक प्रकार की है। और शास्त्रीय भी तर्क, आयुर्वेद, ज्योतिःशास्त्रादि में प्रसिद्ध अनेक प्रकार की होती है, अतः समासोक्ति भी बहुत प्रकार की होती है।

व्याधूय—इत्यादि में लौकिक वस्तु (वायु) में लौकिक हठ कामुक के व्यवहार का आरोप है। शास्त्रीय वस्तु में शास्त्रीय व्यवहार के आरोप का उदाहरण—**यैरिति**—अव्यय ब्रह्म की स्तुति है—हे भगवन्, जिन लोगों ने सम्पूर्ण 'वृत्तियों'=अन्तःकरण के परिणामों यद्वा स्त्री, पुरुष, नपुंसकों अथवा स्त्रीलिङ्ग, पुंलिङ्ग, नपुंसकलिङ्गों में एक रूप रहने वाले 'अव्यय'=विकाररहित और 'असंख्यता'=अनेकरूपता या एकत्वद्वित्वादि-बोधन के राहित्य से प्रवृत्त आपको देखते हुए आपसे परे की 'विभक्ति'=कक्षा या सु, औ, जस् आदि का 'लोप'=अस्वीकार या अदर्शन कर दिया है उन्होंने निश्चय ही आपका 'लक्षण'=स्वरूप जान लिया है।

अत्रेति—इस पद्य में विशेषणों की समानता के कारण प्रस्तुत ईश्वर में अप्रस्तुत अव्यय के व्यवहार का आरोप होता है। ये दोनों शास्त्रीय हैं, अतः शास्त्रीय वस्तु में शास्त्रीय वस्तु का आरोप है। वेदान्त और योगशास्त्र में यह बात प्रसिद्ध है कि ब्रह्म या चैतन्य सब वृत्तियों में एक सा रहता है। अंतःकरण में राग, द्वेष, काम, क्रोध आदिक चाहे कोई विकार (वृत्ति) होता रहे, आत्मा में कोई विकार नहीं आता—क्योंकि वह

प्रकृतमात्मस्वरूपसंनिवेशेन प्रकृतस्य रूपमवच्छादयति। इह तु स्वावस्थासमारोपेणानवच्छादितस्वरूपमेव तं पूर्वावस्थातो विशेषयति। अत एवात्र व्यवहारसमारोपः, न तु स्वरूपसमारोप इत्याहुः। उपमाध्वनौ श्लेषे च विशेष्यस्यापि साम्यम्, इह तु विशेषणमात्रस्य। अप्रस्तुतप्रशंसायां प्रस्तुतस्य गम्यत्वम्, इह त्वप्रस्तुतस्येति भेदः।

उक्तैर्विशेषणैः साभिप्रायैः परिकरो मतः ॥५७॥

यथा—'अङ्गराज सेनापते द्रोणोपहासिन कर्ण, रक्षैनं भीमाद् दुःशासनम्।'

शब्दैः स्वभावादेकार्थैः श्लेषोऽनेकार्थवाचनम्।

'स्वभावादेकार्थैः' इति शब्दश्लेषाद् व्यवच्छेदः। 'वाचनम्' इति च ध्वनेः। उदाहरणम्—
'प्रवर्तयन्क्रियाः साध्वीर्मालिन्यं हरितां हरन्। महसा भूयसा दीप्तो विराजति विभाकरः॥'

अत्र प्रकरणादिनियमाभावाद् द्वावपि राजसूर्यौ वाच्यौ।

क्वचिद्विशेषः सामान्यात्सामान्यं वा विशेषतः ॥५८॥
कार्यान्निमित्तं कार्यं च हेतोरथ समासमम्।

अपरिणामी है, अप्रतिसंक्रम है, शुद्ध है, निर्विकार है। अथवा स्त्री, पुरुष, नपुंसक चाहे किसी का शरीर हो ब्रह्म सब में एकरूप ही रहता है। व्याकरण-प्रसिद्ध अव्यय भी स्त्रीलिङ्ग, पुंल्लिङ्ग और नपुंसकलिङ्गों में एकरूप रहता है—'**सदृशं त्रिषु लिङ्गेषु**'। ब्रह्म भी व्यय अर्थात् विकार से रहित है अर्थात् उसमें कोई परिणाम नहीं होता। और च, वा, ह आदिक अव्ययों में भी विकार अर्थात् आदेश नहीं होता। एवम् ब्रह्म असंख्य वस्तुओं में—संसार की सभी वस्तुओं में—विद्यमान है—'**रूपंरूपं प्रतिरूपो बभूव**'—और अव्यय 'असंख्य' अर्थात् एकवचन द्विवचन आदि संख्या से रहित है। वह किसी विशेष संख्या का बोधन नहीं करता—'**वचनेषु च सर्वेषु यन्न व्येति तदव्ययम्।**' ब्रह्म के आगे कोई विभक्ति (विभाग) नहीं अर्थात् ब्रह्म से उत्कृष्ट कुछ नहीं है '**पुरुषान्न परं किञ्चित्सा काष्ठा सा परा गतिः**' और अव्यय के आगे भी कोई विभक्ति सु आदिक नहीं रहती, सब का लोप हो जाता है—'**सर्वासु च विभक्तिषु।**' इस प्रकार विशेषणों के द्वारा शास्त्रप्रसिद्ध ब्रह्म में शास्त्रान्तरप्रसिद्ध अव्यय के व्यवहार का आरोप होता है। इसी प्रकार और उदाहरण जानना।

दूसरे अलङ्कारों से समासोक्ति का भेद दिखाते हैं। **रूपके इति**—रूपक में अप्रकृत वस्तु अपने स्वरूप से प्रकृत के स्वरूप को आच्छादित कर लेती है, परन्तु यहाँ अप्रकृत वस्तु प्रकृत वस्तु के स्वरूप का आच्छादन विना किये ही उसे पहली अवस्था से अधिक उत्कृष्ट बना देती है। इसी कारण 'यहाँ व्यवहार का आरोप होता है, स्वरूप का नहीं'—यह पूर्वाचार्य कहते हैं। व्यङ्ग्योपमा और श्लेष में विशेष्य की भी तुल्यता रहती है, किन्तु यहाँ केवल विशेषण ही समान होते हैं। अप्रस्तुतप्रशंसा में प्रस्तुत व्यङ्ग्य रहता है और यहाँ अप्रस्तुत व्यंग्य रहता है। यही इनका भेद है।

अथ परिकरः—**उक्तैरिति**—कहे हुए विशेषण यदि विशेष अभिप्राय का बोधन करते हों तो परिकरालङ्कार होता है। जैसे—**अङ्गराजेत्यादि**—अपने को छोड़ कर कर्ण को सेनापति बना देने से क्रुद्ध, अश्वत्थामा की 'वेणीसंहार' नाटक में भीमसेन से आक्रान्त दुःशासन का आर्तनाद सुनकर यह उक्ति है। कर्ण से पहले द्रोणाचार्य सेनापति थे। उनके निःशस्त्र मारे जाने का कर्ण ने उपहास किया था। इन विशेषणों से कर्ण की उन्नत पदप्राप्ति की अयोग्यता और कार्याक्षमता व्यञ्जित होती है।

श्लेषः—**शब्दैरिति**—स्वभाव से एकार्थक शब्दों के द्वारा अनेक अर्थों के अभिधान करने को श्लेष कहते हैं। शब्दश्लेष से हटाने के लिये '**स्वभाव से एकार्थक**' कहा है। श्लेषध्वनि से व्यावृत्ति करने के लिये '**वाचन**' पद कहा है। अभिधान होना चाहिये, व्यञ्जन नहीं। उदाहरण—**प्रवर्तयन्निति**—अच्छी क्रियाओं (धार्मिक कार्यों) को प्रवृत्त कराते हुए, दिशाओं की मलिनता को हटाते हुए, बड़े तेज से दीप्त यह विभाकर (सूर्य या विभाकर राजा) सुशोभित हैं। प्रकरणादि का नियन्त्रण न होने के कारण यहाँ राजा और सूर्य दोनों वाच्य हैं।

अप्रस्तुतात्प्रस्तुतं चेद् गम्यते पञ्चधा ततः ॥५६॥

अप्रस्तुतप्रशंसा स्याद् क्रमेणोदाहरणम्—

'पादाहतं यदुत्थाय मूर्धानमधिरोहति । स्वस्थादेवापमानेऽपि देहिनस्तद्वरं रजः ॥'

अत्रास्मदपेक्षया रजोऽपि वरमिति विशेषे प्रस्तुते सामान्यमभिहितम् ।

'स्रगियं यदि जीवितापहा हृदये किं निहिता न हन्ति माम् ।
विषमप्यमृतं क्वचिद्भवेदमृतं वा विषमीश्वरेच्छया ॥'

अत्रेश्वरेच्छया क्वचिदहितकारिणोऽपि हितकारित्वं हितकारिणोऽप्यहितकारित्वमिति सामान्ये प्रस्तुते विशेषोऽभिहितः । एवं चाऽत्राप्रस्तुतप्रशंसामूलोऽर्थान्तरन्यासः । दृष्टान्ते प्रख्यातमेव वस्तु प्रतिबिम्बत्वेनोपादीयते । इह तु विषामृतयोरमृतविषीभावस्याप्रसिद्धेर्न तस्य सद्भावः ।

'इन्दुर्लिप्त इवाञ्जनेन जडिता दृष्टिर्मृगीणामिव प्रम्लानारुणिमेव विद्रुमदलं श्यामेव हेमप्रभा ।
कार्कश्यं कलया च कोकिलवधूकण्ठेष्विव प्रस्तुतं सीतायाः पुरतश्च हन्त शिखिनां बर्हाः सगर्हा इव ॥'

अत्र संभाव्यमानेभ्य इन्द्वादिगताञ्जनलिप्तत्वादिभ्यः कार्येभ्यो वदनादिगतसौन्दर्यविशेषरूपं प्रस्तुतं कारणं प्रतीयते ।

'गच्छामीति मयोक्तया मृगदृशा निश्वासमुद्रेकिणं त्यक्त्वा तिर्यगवेक्ष्य बाष्पकलुषेणैकेन मां चक्षुषा ।
अद्य प्रेम मदर्पितं प्रियसखीवृन्दे त्वया बध्यतामित्थं स्नेहविवर्धितो मृगशिशुः सोत्प्रासमाभाषितः ॥'

अत्र कस्यचिद्गमनरूपे कार्ये कारणमभिहितम् । तुल्ये प्रस्तुते तुल्याभिधाने च द्विधा, श्लेषमूला

अप्रस्तुतप्रशंसा—क्वचिदिति—१ अप्रस्तुत सामान्य से प्रस्तुत विशेष जहाँ व्यंग्य होता हो अथवा २ अप्रस्तुत विशेष से प्रस्तुत सामान्य सूचित होता हो यद्वा ३ अप्रस्तुत कार्य से प्रस्तुत कारण द्योतित होता हो किंवा ४ अप्रस्तुत कारण से प्रस्तुत कार्य व्यञ्जित होता हो या ५ अप्रस्तुत समान वस्तु से प्रस्तुत किसी समान वस्तु का व्यञ्जन होता हो तो यह पाँच प्रकार की अप्रस्तुतप्रशंसा होती है। क्रम से उदाहरण—पादेति—श्री कृष्ण के प्रति बलभद्र की उक्ति है—अपना अपमान होने पर भी चुप बैठे रहने वाले मनुष्यों से तो वह धूल भी अच्छी है जो ठोकर लगने पर ठोकर मारने वाले के सिर पर पहुँचती है। अत्रेति—शिशुपाल के अपमानों को सहन करने वाले हम लोगों की अपेक्षा धूल भी अच्छी है—यह विशेष यहाँ प्रस्तुत है। परन्तु सामान्य (देही) का अभिधान किया है। उससे उक्त विशेष गम्य है।

स्रगिति—इन्दुमती के प्राणान्त होने पर अज का विलाप है। यदि यह माला प्राणहारिणी है तो हृदय पर रक्खी हुई मेरे प्राणों को क्यों नहीं हरती ? ईश्वर की इच्छा से कहीं विष भी अमृत हो जाता है और कहीं अमृत भी विष हो जाता है। अत्रेति—'ईश्वर की इच्छा से कहीं अहित करनेवाले भी हितकारी हो जाते हैं और कहीं हितकारी भी अहित करने लगते हैं' यह सामान्य यहाँ प्रस्तुत है—परन्तु विशेष (विष और अमृत) का अभिधान किया है। उससे सामान्य व्यंग्य है। एवंचेति—इस प्रकार यहाँ अप्रस्तुतप्रशंसामूलक अर्थान्तरन्यास है। दृष्टान्तालङ्कार में प्रसिद्ध वस्तु ही प्रतिबिम्ब रूप से गृहीत होती है। किन्तु विष का अमृत और अमृत का विष होना प्रसिद्ध नहीं, अतः यहाँ दृष्टान्तालङ्कार नहीं है।

इन्दुरिति—सीता के आगे चन्द्रमा काजल से पोता हुआ सा प्रतीत होता है और हिरनियों के नेत्र जड़ीभूत से जचते हैं। मूंगे की लालिमा मलिन सी लगती है और सोने की कान्ति काली सी दीखती है। कोकिलों के गले में कर्कशता प्रतीत होती है और मयूरों के पिच्छ भी निकम्मे से मालूम होते हैं। अत्रेति—यहाँ चन्द्रमा आदिकों में अञ्जनलेपादि की सम्भावना की गई है। उस अञ्जनलेपादिक अप्रस्तुत कार्य से सीता के मुख, नेत्र, ओष्ठ, शरीर, कण्ठ और केशपाश की अतिशयित शोभारूप प्रस्तुत कारण प्रतीत होता है।

गच्छामीति—'मैं जाता हूं यह कहने पर, उस मृगनयनी ने 'उद्रेकी' अर्थात् लम्बा निश्वास छोड़कर और आँसूभरे तिरछे नेत्र से मुझे देखकर प्रेम से पाले हुए मृगछौने से कुछ मुसकुराते हुए यह कहा कि तूने जो प्रेम मुझसे कर रक्खा है उसे अब मेरी प्रिय सखियों में अर्पण कर। अत्रेति—किसी ने अपने मित्र से पूछा कि तुम तो जाने वाले थे गये नहीं ? तब उसने उक्त श्लोक कहा। नायिका की मरणसूचक उक्ति नायक के न जाने का कारण है। उसके अभिधान से प्रस्तुत कार्य (न जाना) व्यंग्य है।

सादृश्यमात्रमूला च। श्लेषमूलापि समासोक्तिवद्विशेषणमात्रश्लेषे, श्लेषवद्विशेष्यस्यापि श्लेषे भवतीति द्विधा। क्रमेण यथा—

'सहकारः सदामोदो वसन्तश्रीसमन्वितः। समुज्ज्वलरुचिः श्रीमान्प्रभूतोत्कलिकाकुलः॥'

अत्र विशेषणमात्रश्लेषवशादप्रस्तुतात्सहकारात्कस्यचित्प्रस्तुतस्य नायकस्य प्रतीतिः।

'पुंस्त्वादपि प्रविचलेद्यदि यद्यधोऽपि यायाद्यदि प्रणयने न महानपि स्यात्।
अभ्युद्धरेत्तदपि विश्वमितीदृशीयं केनापि दिक् प्रकटिता पुरुषोत्तमेन॥'

अत्र पुरुषोत्तमपदेन विशेष्येणापि श्लिष्टेन प्रचुरप्रसिद्ध्या प्रथमं विष्णुरेव बोध्यते। तेन वर्णनीयः कश्चित्पुरुषः प्रतीयते। सादृश्यमात्रमूला यथा—

'एकः कपोतपोतः शतशः श्येनाः क्षुधाऽभिधावन्ति। अम्बरमावृतिशून्यं हर हर शरणं विधेः करुणा॥'

अत्र कपोतादप्रस्तुतात्कश्चित्प्रस्तुतः प्रतीयते। इयं च क्वचिद्वैधर्म्येणापि भवति।

'धन्याः खलु वने वाताः कह्लारस्पर्शशीतलाः। राममिन्दीवरश्यामं ये स्पृशन्त्यनिवारिताः॥'

अत्र वाता धन्या अहमधन्य इति वैधर्म्येण प्रस्तुतः प्रतीयते। वाच्यस्य संभवासंभवोभयरूपतया त्रिप्रकारेयम्। तत्र संभवे उक्तोदाहरणान्येव। असंभवे यथा—

'कोकिलोऽहं भवान्काकः समानः कालिमावयोः। अन्तरं कथयिष्यन्ति काकलीकोविदाः पुनः॥'

अत्र काककोकिलयोर्वाकोवाक्यं प्रस्तुताध्यारोपणं विनाऽसंभवि। उभयरूपत्वे यथा—

तुल्ये इति—तुल्य के प्रस्तुत होने पर तुल्यके अभिधान मे दो प्रकार होते हैं—एक श्लेषमूलक दूसरा सादृश्यमात्रमूलक। श्लेषमूलक भी समासोक्ति की भांति केवल विशेषणों के श्लिष्ट होने पर भी होता है और श्लेष की तरह विशेषण तथा विशेष्य सबके श्लिष्ट होने पर भी होता है। जैसे—**सहकार इति**—सदा आमोद (सुगन्ध) से युक्त अथवा सदा मोद (आनन्द) से युक्त, वसन्त की श्री (शोभा या वेष) से भूषित, उज्ज्वल कान्तिवाला या शृंगार में रुचि रखनेवाला, बहुत उत्कलिकाओं (कलियों या उत्कण्ठाओं) से पूर्ण सुशोभित आम का पेड़ होता है। यहाँ केवल विशेषणों के श्लेष से अप्रस्तुत आम के द्वारा प्रस्तुत अनुरागी नायक की प्रतीति होती है।

पुंस्त्वादिति—चाहे पुरुषत्व (वीरता या पुरुष का स्वरूप) छोड़ना पड़े, और चाहे नीचे (पाताल में या नीचे स्थान पर) जाना पड़े और चाहे प्रणयन (आकार या प्रतिष्ठा) में बड़ाई न भी मिले तो भी संसार का उद्धार करना चाहिये। यह मार्ग किसी (अलौकिक) पुरुषोत्तम (मोहिनी रूप, वाराह रूप और वामन रूप विष्णु अथवा पुरुषोत्तम नामक किसी राजा) ने प्रकट कर दिया है। यहाँ विशेष्य 'पुरुषोत्तम' भी श्लिष्ट है। परन्तु अधिक प्रसिद्धि के कारण पहले विष्णु का ही बोध होता है। अनन्तर प्रस्तुत (राजा) की प्रतीति व्यञ्जना से होती है।

सादृश्यमात्रमूलक अप्रस्तुत प्रशंसा का उदाहरण—**'एक इति'**—अकेला कबूतर का बच्चा है! और सैकड़ों भूखे बाज उसके ऊपर टूट रहे हैं!! आकाश में कहीं छिपने का स्थान (आवृति) नहीं!!! शिव, शिव, ईश्वर की कृपा का ही भरोसा है। **अत्रेति**—यहाँ अप्रस्तुत कबूतर से कोई विपत्तिग्रस्त प्रस्तुत पुरुष प्रतीत होता है।

इयञ्चेति—यह कहीं वैधर्म्य से भी होती है। जैसे—**धन्या इति**—कमलों के स्पर्श से शीतल वन के वायु धन्य हैं जो विना रोक टोक के नील कमल सम श्याम श्रीरामचन्द्र का स्पर्श करने पाते हैं। यह भरत की उक्ति है। **अत्रेति**—यहाँ 'वायु धन्य ह, परन्तु मैं अधन्य हूँ,' इस प्रकार वैधर्म्य से प्रस्तुत की प्रतीति होती है।

वाच्यस्येति—इसमें वाच्यार्थ कहीं सम्भवी होता है, कहीं असम्भवी और कहीं दोनों प्रकार का—इसलिये यह तीन प्रकार की होती है। उनमें सम्भव के उदाहरण तो उक्त ही हैं। असम्भव का जैसे—**कोकिल इति**—मैं कोकिल हूँ—तुम कौआ हो—कालापन दोनों में समान है, परन्तु मुझमें और तुममें भेद क्या है—यह बात वे ही बतलायेंगे जो मधुर स्वर के परीक्षक हैं। इसमें जब तक किन्हीं प्रस्तुत पुरुषों के स्वरूप की प्रतीति न हो तब तक केवल कोकिल और कौवे के प्रश्नोत्तर रूप में इस पद्य का ज्ञान होना सम्भव नहीं। कोकिल और कौवे इस प्रकार श्लोकों में प्रश्नोत्तर नहीं कर सकते।

'अन्तश्छिद्राणि भूयांसि कण्टका बहवो बहिः । कथं कमलनालस्य मा भूवन्भङ्गुरा गुणाः ॥

अत्र प्रस्तुतस्य कस्यचिदध्यारोपणं विना कमलनालान्तश्छिद्राणां गुणभंगुरीकरणे हेतुत्वमसंभवि। अन्येषां तु संभवीत्युभयरूपत्वम् । अस्याश्च समासोक्तिवद् व्यवहारसमारोपप्राणत्वाच्छब्दशक्तिमूलाद्वस्तुध्वनेर्भेदः । उपमाध्वनावप्रस्तुतस्य व्यङ्ग्यत्वम् । एवं समासोक्तौ । श्लेषे द्वयोरपि वाच्यत्वम् ।

उक्ता व्याजस्तुतिः पुनः ।

निन्दास्तुतिभ्यां वाच्याभ्यां गम्यत्वे स्तुतिनिन्दयोः ॥ ६० ॥

निन्दया स्तुतेर्गम्यत्वे व्याजेन स्तुतिरिति व्युत्पत्त्या व्याजस्तुतिः। स्तुत्या निन्दाया गम्यत्वे व्याजरूपा स्तुतिः । क्रमेण यथा—

'स्तनयुगमुक्ताभरणाः कण्टककलिताङ्गयष्टयो देव त्वयि कुपितेऽपि प्रागिव विश्वस्ता द्विट्स्त्रियो जाताः॥'

इदं मम । 'व्याजस्तुतिस्तव पयोद मयोदितेयं यज्जीवनाय जगतस्तव जीवनानि ।
स्तोत्रं तु ते महदिदं घन, धर्मराजसाहाय्यमर्जयसि यत् पथिकान्निहत्य ॥'

पर्यायोक्तं यदा भङ्ग्या गम्यमेवाभिधीयते । उदाहरणम्—

'स्पृष्टास्ता नन्दने शच्याः केशसंभोगलालिताः । सावज्ञं पारिजातस्य मञ्जर्यो यस्य सैनिकैः ॥'

अत्र हयग्रीवेण स्वर्गो विजित इति प्रस्तुतमेव गम्यं कारणं वैचित्र्यविशेषप्रतिपत्तये सैन्यस्य

उभयरूप का उदाहरण—**अन्तरिति**—भीतर तो छेद भरे हैं और ऊपर कांटों की बाड़ खड़ी है। फिर कमलनाल के गुण भंगुर क्यों न हों? **अत्रेति**—यहाँ जब तक किसी प्रस्तुत पुरुष के स्वरूप का ज्ञान न हो तब तक कमलदण्ड के भीतरी छेदों का उसके गुणों (तन्तुओं) के तोड़ने में कारण होना सम्भव नहीं। **अन्येषामिति**—तन्तुओं के तोड़ने में कांटों की कारणता बन सकती है, अतः यहाँ एक वाच्य असम्भवी है—दूसरा सम्भवी, अतः यह उभयरूप वाच्यार्थ का उदाहरण है। पुरुष के पक्ष में छिद्र का अर्थ दोष है, कण्टक का क्षुद्र पुरुष और गुण का अर्थ दया, दाक्षिण्यादि है। **अस्याश्चेति**—समासोक्ति की तरह यहां व्यवहार का आरोप आवश्यक है, अतएव शब्दशक्तिमूलकवस्तुध्वनि से इसका भेद है। उसमें आरोप नहीं होता। उपमाध्वनि में अप्रस्तुत व्यङ्ग्य रहता है, परन्तु यहाँ वाच्य रहता है। इसी प्रकार समासोक्ति में भी अप्रस्तुत व्यङ्ग्य रहता है। अतः इनसे अप्रस्तुतप्रशंसा भिन्न है। श्लेष में दोनों (प्रस्तुताप्रस्तुत) वाच्य रहते हैं, यहां नहीं।

अथ व्याजस्तुति—**उक्तेति**—वाच्य निन्दा से स्तुति के व्यङ्ग्य होने पर और वाच्य स्तुति से निन्दा के व्यङ्ग्य होने पर व्याजस्तुति अलंकार होता है। **निन्दयेति**—व्याजस्तुति पद के दो अर्थ हैं एक **'व्याजेन स्तुतिः'** निन्दा के बहाने स्तुति करना और दूसरा **'व्याजरूपा स्तुतिः'** स्तुति का बहानामात्र। जहां निन्दा से स्तुति व्यङ्ग्य होती है वहां पहला अर्थ जानना और जहां स्तुति से निन्दा व्यङ्ग्य होती है वहां दूसरा अर्थ समझना। क्रम से उदाहरण—**स्तनेति**—हे राजन्, तुम्हारे कुपित होने पर भी शत्रुओं की स्त्रियाँ पहले ही की भांति विश्वस्त हैं। उनके स्तनयुग पहले मुक्ताभरण (मोतियों के आभरणों से युक्त) थे और अब भी 'मुक्ताभरण' (आभरणमुक्त = भूषणरहित) हैं। पहले उनके अङ्ग 'कण्टककलित' (रति से रोमाञ्चयुक्त) थे और अब भी 'कण्टककलित' (जंगली कांटों से युक्त) हैं। पहले वह विश्वस्त (विश्वासयुक्त-निश्चिन्त) और अब भी विश्वस्त (विधवा = **'विश्वस्ता विधवा समे इत्यमरः'**) हैं। यहां पहले तो शत्रुओं का कुछ न बिगाड़ सकने के कारण निन्दा प्रतीत होती है, परन्तु अन्त में शत्रुनाशकता से स्तुति व्यक्त होती है। यह श्लेषमूलक उदाहरण है। दूसरा उदाहरण—**व्याजेति**—हे मेघ, तुम्हारा जल जगत् के जीवन के लिये है, यह तो मैंने तुम्हारी व्याजस्तुति की है, हे घन, (कठोर) तुम्हारी वास्तविक और सबसे बड़ी स्तुति तो यह है कि तुम पथिकों को मारकर धर्मराज (यमराज) की सहायता करते हो। यहां स्तुति के बहाने निन्दा की है।

पर्यायेति—यदि दूसरे रूप में, व्यङ्ग्य बात को ही अभिधा से कह दिया जाय तो पर्यायोक्त अलंकार होता है। जैसे—**स्पृष्टा इति**—नन्दन वन में इन्द्राणी के केशों को अलंकृत करने के लिये सुरक्षित वे पारिजात की मञ्जरियां जिस (हयग्रीवासुर) के सिपाहियों ने अनादरपूर्वक खसोटीं। **अत्रेति**—यहां हयग्रीव का स्वर्ग-विजय-

पारिजातमञ्जरीसावज्ञस्पर्शनरूपकार्यद्वारेणाभिहितम्। न चेदं कार्यात्कारणप्रतीतिरूपाप्रस्तुतप्रशंसा। तत्र कार्यस्याप्रस्तुतत्वात्। इह तु वर्णनीयस्य प्रभावातिशयबोधकत्वेन कार्यमपि कारणवत्प्रस्तुतम्। एवं च—

'अनेन पर्यासयताश्रुबिन्दून्मुक्ताफलस्थूलतमान्स्तनेषु।
प्रत्यर्पिताः शत्रुविलासिनीनामाक्षेपसूत्रेण विनैव हाराः॥'

अत्र वर्णनीयस्य राज्ञो गम्यभूतशत्रुमारणरूपकारणवत्कार्यभूतं तथाविधशत्रुस्त्रीक्रन्दनजलमपि प्रभावातिशयबोधकत्वेन वर्णनार्हमिति पर्यायोक्तमेव।

'राजन्राजसुता न पाठयति मां देव्योऽपि तूष्णीं स्थिताः
कुब्जे भोजय मां, कुमार, सचिवैर्नाद्यापि किं भुज्यते।
इत्थं राजशुकस्तवारिभवने मुक्तोऽध्वगैः पञ्जरा-
च्चित्रस्थानवलोक्य शून्यवलभावेकैकमाभाषते।'

अत्र प्रस्थानोद्यतं भवन्तं श्रुत्वा सहसैवारयः पलायिता इति कारणं प्रस्तुतम्।

'कार्यमपि वर्णनार्हत्वेन प्रस्तुतम्' इति केचित्। अन्ये तु—'राजशुकवृत्तान्तेन कोऽपि प्रस्तुतप्रभावो बोध्यत इत्यप्रस्तुतप्रशंसैव' इत्याहुः।

सामान्यं वा विशेषेण विशेषस्तेन वा यदि॥ ६१॥

रूप प्रस्तुत कारण व्यङ्ग्य है। विचित्रता के लिये, सेना के द्वारा अवज्ञापूवक पारिजात की मञ्जरियों के स्पर्शरूप कार्य के द्वारा उसी का यहां कथन किया है। विजय होने पर ही किसी के बाग की मञ्जरियों को शत्रु के सैनिक तोड़ सकते हैं, अतः जब मञ्जरी-मोटन का वर्णन है तो उसका कारण विजय भी व्यक्त हो ही जाता है। वही यहां प्रकृत है।

प्रश्न—इस पर्यायोक्त में कार्य से कारण प्रतीत होता है और अप्रस्तुतप्रशंसा के एक भेद में भी कार्य से कारण की प्रतीति हुआ करती है—फिर इसे उसी के अन्तर्गत क्यों न माना जाय? उत्तर—**नचेदमिति**—यह कार्य से कारण प्रतीति रूप अप्रस्तुतप्रशंसा नहीं है। उसमें कार्य प्रस्तुत नहीं हुआ करता—किन्तु यहाँ (पर्यायोक्त में) वर्णनीय (हयग्रीव) का प्रभावातिशय बोधन करने के कारण विजय रूप कारण की भांति मञ्जरीस्पर्शरूप कार्य भी प्रस्तुत है। इसी प्रकार—**अनेनेति**—मोतियों के समान मोटे मोटे रिपुनारियों के आंसुओं को उनके स्तनों पर बरसानेवाले इस राजा ने उनको सूत्र के विना ही मुक्ताहार दिये हैं—**अत्रेति**—यहां प्रकृत राजा के शत्रुमारणरूप कारण की तरह उसका कार्य—शत्रुनारियों का रोदनजल—(आँसू) भी प्रभावातिशय का बोधक होने के कारण वर्णनीय है, अतः यहाँ भी पर्यायोक्त ही है।

दूसरा उदाहरण—किसी राजाने अपने शत्रु पर चढ़ाई की। इसे सुनकर शत्रु राजा अपना घर-बार छोड़ कर भाग गया। परन्तु जल्दी और घबराहट के कारण अपने तोते का पिंजरा वहीं भूल गया। इधर सूने मकान में तोता-रामजी को पढ़ते देखकर पथिकों को उनकी दशा पर दया आई और उन्होंने उन्हें पिंजड़े से निकाल **'यथेच्छं गच्छ'** कहकर छोड़ दिया, परन्तु पालतू तोता-राम अधिक न उड़ सके। दो चार कदम फुदक के वहीं बैठ गये और उसी चित्रसारी अटारी में लगी हुई राजा, रानी, राजकुमार आदि की तसवीरों से बातें करने लगे। वेही बातें अपने विजयी राजा को प्रसन्न करने के लिये राजकवि ने निम्नलिखित पद्य में उसे सुनाई है—**राजन्निति**—हे राजन्! तुम्हारे शत्रु के भवन में पथिकों के द्वारा दयावश पिंजड़े से निकाला हुआ राजशुक शून्य वलभी (अटारी) में अपने राजा आदि की तसवीरों को देख देखकर इस प्रकार कहता है—'हे राजन्! मुझे राज-कन्या पढ़ाती नहीं। और ये महारानियाँ भी चुप बैठी हैं। अरी कुब्जा, मुझे खिला तो सही। हे राज-कुमार, तुम मन्त्रियों के साथ, इस समय तक, भोजन क्यों नहीं करते?' **अत्रेति**—'तुम्हारी विजय यात्रा की तयारी को सुन शत्रु लोग एकदम भाग गये' यह कारण यहाँ प्रस्तुत है और कार्य (तोते की वह उक्ति) भी वर्णनीय होने के कारण प्रस्तुत है, अतः यहाँ भी पर्यायोक्त अलंकार ही है—यह कोई मानते हैं। **अन्येत्विति**—और लोग तो यह कहते हैं कि अप्रस्तुत राजशुक के वृत्तान्त से कोई प्रस्तुत-प्रभाव राजा बोधित होता है, अतः यहाँ अप्रस्तुतप्रशंसा ही है।

कार्यं च कारणेनेदं कार्येण च समर्थ्यते ।
साधर्म्येणेतरेणार्थान्तरन्यासोऽष्टधा ततः ॥ ६३ ॥

क्रमेणोदाहरणम्—

'बृहत्सहायः कार्यान्तं क्षोदीयानपि गच्छति । संभूयाम्भोधिमभ्येति महानद्या नगापगा ॥'

अत्र द्वितीयार्धगतेन विशेषरूपेणार्थेन प्रथमार्धगतः सामान्योऽर्थः सोपपत्तिकः क्रियते ।

'यावदर्थपदां वाचमेवमादाय माधवः । विरराम महीयांसः प्रकृत्या मितभाषिणः ॥'

'पृथ्वि स्थिरा भव भुजङ्गम धारयैनां त्वं कूर्मराज तदिदं द्वितयं दधीथाः ।
दिक्कुञ्जराः कुरुत तत्त्रितये दिधीर्षां, देवः करोति हरकार्मुकमाततज्यम् ॥'

अत्र कारणभूतं हरकार्मुकाततज्यीकरणं पृथिवीस्थैर्यादेः कार्यस्य समर्थकम् । 'सहसा विदधीत न क्रियां'--इत्यादौ संपत्करणं कार्यं सहसा विधानाभावस्य विमृश्यकारित्वरूपस्य कारणस्य समर्थकम् । एतानि साधर्म्ये उदाहरणानि । वैधर्म्ये यथा--

'इत्थमाराध्यमानोऽपि क्लिश्नाति भुवनत्रयम् । शाम्येत्प्रत्यपकारेण नोपकारेण दुर्जनः ॥'

अत्र सामान्यं विशेषस्य समर्थकम् । 'सहसा विदधीत—' इत्यत्र सहसा विधानाभावस्यापत्प्रदत्वं विरुद्धं कार्यं समर्थकम् । एवमन्यत् ।

हेतोर्वाक्यपदार्थत्वे काव्यलिङ्गं निगद्यते । तत्र वाक्यार्थता यथा—

'यत्त्वन्नेत्रसमानकान्ति सलिले मग्नं तदिन्दीवरं मेघैरन्तरितः प्रिये तव मुखच्छायानुकारी शशी ।
येऽपि त्वद्गमनानुसारिगतयस्ते राजहंसा गतास्त्वत्सादृश्यविनोदमात्रमपि मे दैवेन न क्षम्यते ॥'

अर्थान्तरन्यास—सामान्यमिति—जहाँ १ विशेष से सामान्य या २ सामान्य से विशेष अथवा ३ कारण से कार्य या ४ कार्य से कारण साधर्म्य के द्वारा किंवा वैधर्म्य के द्वारा समर्थित होता हो उसे अर्थान्तरन्यास कहते हैं । यह उक्त रीति से चार साधर्म्य और चार वैधर्म्य के भेद होने से आठ प्रकार का होता है ।

विशेष से सामान्य के समर्थन का उदाहरण—बृहदिति--बड़े की सहायता पाकर छोटा आदमी भी कार्य पूरा कर लेता है । बड़ी नदी के साथ मिलकर छोटी पहाड़ी नदी भी समुद्र तक पहुंच जाती है । अत्रेति-यहाँ पूर्वार्ध का अर्थ सामान्य है । उसका समर्थन उत्तरार्ध की विशेष घटना के द्वारा साधर्म्य से किया गया है ।

यावदिति—जिसमें शब्द और अर्थ तुले हुये हैं ऐसी वाणी को बोलकर श्रीकृष्णजी चुप हो गये । बड़े लोग स्वभाव से ही मितभाषी (परिमित भाषण करने वाले) होते हैं । यहाँ प्रथम वाक्य विशेष है । उसका समर्थन दूसरे सामान्य वाक्य से किया गया है । दूसरा वाक्य पहले को उपपन्न करता है ।

पृथ्वीति—लक्ष्मण की उक्ति है । हे पृथ्वी, सम्हल जाओ ! स्थिर हो जाओ ! हे शेषनाग, तुम पृथ्वी को रोके रहना ! हे कूर्मराज, तुम इन दोनों को साधे रहना ! देखो कहीं गिर न जायें । हे दिग्गजो, उक्त तीनों तुम्हारे सिपुर्द हैं । इन तीनों को सम्हाले रहना । इस समय श्रीरामचन्द्र जी शिवजी के धनुष को चढ़ा रहे हैं । अत्रेति—यहाँ शिव धनुष का चढ़ाना पृथ्वी आदि के स्थैर्यादि कार्यों का समर्थक है ।

'सहसा' इत्यादि पद्य में सम्पत्ति की प्राप्ति कार्य है और जल्दी न करना—विचार पूर्वक काम करना--उसका कारण है । यहाँ कार्य, कारण का समर्थक है । ये सब साधर्म्य के उदाहरण हैं । वैधर्म्य के उदाहरण--इत्थमिति--हे ब्रह्माजी, इस प्रकार आराधना करने पर भी वह दुष्ट (तारकासुर) त्रैलोक्य को क्लेश देता है । दुर्जन प्रत्यपकार से शान्त होता है, उपकार से नहीं । यहाँ उत्तरार्ध का सामान्य अर्थ पूर्वार्ध के विशेष वाक्यार्थ का समर्थक है । 'सहसा' इत्यादि पद्य में विना विचारे काम करने को आपत्तियों का पद (आस्पद) बताया गया है । यह आपत्प्रदत्वरूप विरुद्ध कार्य (द्वितीय चरणोक्त) प्रथम चरणोक्त सहसा विधानाभाव का समर्थक है । इसी प्रकार और उदाहरण जानना ।

अथ काव्यलिङ्ग--वाक्यार्थ अथवा पदार्थ जहाँ किसी का हेतु हो वहाँ काव्यलिङ्ग अलङ्कार होता है । वाक्यार्थगत हेतु का उदाहरण--यदिति--हे प्रिये, तुम्हारे नेत्र के समान कान्तिवाले नील कमल पानी में डूब गये । हे प्रिये, तुम्हारे मुख को छाया का अनुकरण करने वाला चन्द्रमा को बादलों ने ढाँक लिया और जो तुम्हारी

अत्र चतुर्थपादे पादत्रयवाक्यानि हेतवः । पदार्थता यथा मम—

'त्वद्वाजिराजिनिर्धूतधूलीपटलपङ्किलाम् । न धत्ते शिरसा गङ्गां भूरिभारभिया हरः ॥'

अत्र द्वितीयार्धं प्रथमार्धमेकपदं हेतुः । अनेकपदं यथा मम—

'पश्यन्त्यसंख्यपथगां त्वद्दानजलवाहिनीम् । देव त्रिपथगात्मानं गोपयत्युग्रमूर्धनि ॥'

इह केचिद् वाक्यार्थगतेन काव्यलिङ्गेनैव गतार्थतया कार्यकारणभावेऽर्थान्तरन्यासं नाद्रियन्ते, तदयुक्तम् । तथा ह्यत्र हेतुस्त्रिधा भवति--ज्ञापको निष्पादकः समर्थकश्चेति । तत्र ज्ञापकोऽनुमानस्य विषयः, निष्पादकः काव्यलिङ्गस्य, समर्थकोऽर्थान्तरन्यासस्य इति पृथगेव कार्यकारणभावेऽर्थान्तरन्यासः काव्यलिङ्गात् । तथाहि--'यत्त्वन्नेत्र--' इत्यादौ चतुर्थपादवाक्यम्, अन्यथा साकांक्षतयाऽसमञ्जसमेव स्यात् इति पादत्रयगतवाक्यं निष्पादकत्वेनापेक्षते 'सहसा विदधीत'--इत्यादौ तु—

'परापकारनिरतैर्दुर्जनैः सह संगतिः । वदामि भवतस्तत्त्वं न विधेया कदाचन ॥'

इत्यादिवदुपदेशमात्रेणापि निराकांक्षतया स्वतोऽपि गतार्थं सहसा विधानाभावं संपद्वरणं सोपपत्तिकमेव करोतीति पृथगेव कार्यकारणभावेऽर्थान्तरन्यासः काव्यलिङ्गात् ।

'न धत्ते शिरसा गङ्गां भूरिभारभिया हरः । त्वद्वाजिराजिनिर्धूतधूलिभिः पङ्किला हि सा ॥'

इत्यत्र हिशब्दोपादानेन पङ्किलत्वादितिवद्धेतुत्वस्य स्फुटतया नायमलंकारः, वैचित्र्यस्यैवालंकारत्वात् ।

अनुमानं तु विच्छित्त्या ज्ञानं साध्यस्य साधनात् ॥६३॥ यथा—

'जानीमहेऽस्या हृदि सारसाक्ष्या विराजतेऽन्तः प्रियवक्त्रचन्द्रः ।
उत्कान्तिजालैः प्रसृतैस्तदङ्गेष्वापाण्डुता, कुड्मलताक्षिपद्मे ॥'

गति के समान गतिवाले राजहंस थे वे सब भी (वर्षा के कारण) चले गये। देखो, दैव कितना प्रतिकूल है। तुम्हारे सादृश्य के साथ भी मेरे विनोद को नहीं सहन करता। जिन जिन वस्तुओं को तुम्हारे सदृश समझ कर मैं उनसे जी बहलाता था उन सबको दूर कर दिया। अत्रेति— यहाँ पहले तीन चरणों के वाक्यार्थ चौथे चरण के वाक्यार्थ के हेतु हैं।

पदार्थगत हेतुता का उदाहरण—त्वदिति—हे राजन्, रण में तुम्हारे घोड़ों से उड़ाई हुई धूलि से पंकिल (कीचड़युक्त) गंगा को बहुत बोझ के डर के मारे शिवजी सिर पर नहीं रखते। यहाँ पूर्वार्ध में समस्त एक पद है। वह उत्तरार्ध का हेतु है। अनेकपदगत हेतुता का उदाहरण—पश्यन्तीति--हे राजन्, तुम्हारे दान के जल से उत्पन्न नदी को असंख्य मार्गों से चलती देखकर केवल तीन मार्गों से चलने वाली त्रिपथगा = गङ्गा अपने को शिवजी की जटाओं में छिपा रही है। यहाँ पूर्वार्धगत अनेक पदों के अर्थ उत्तरार्ध के हेतु हैं।

इहेति—कोई लोग कार्यकारणभाव में अर्थान्तरन्यास नहीं मानते। वाक्यार्थगत काव्यलिङ्ग से ही उसे गतार्थ समझते हैं। सो ठीक नहीं। तथाहीति—हेतु तीन प्रकार का होता है। एक ज्ञापक, दूसरा निष्पादक, तीसरा समर्थक। इनमें से जहाँ ज्ञापक हेतु हो उसे अनुमानालङ्कार का विषय जानना और निष्पादक हेतु को काव्य-लिङ्ग का एवं समर्थक हेतु को अर्थान्तरन्यास का विषय समझना। इस प्रकार कार्य कारण भाव का अर्थान्तरन्यास काव्यलिङ्ग से भिन्न ही होता है—जैसे, 'यत्त्वन्नेत्र' इत्यादि का चौथा चरण। यह वाक्य साकांक्ष है, अतः अपने निष्पादक पहले तीन चरणों की अपेक्षा करता है। उनके बिना यह असमंजस ही है। परन्तु 'सहसा' इत्यादि पद्य में--परेति--'दूसरे का अपकार करने में तत्पर दुर्जनों के साथ कभी संगति न करनी चाहिये, यह मैं तुम्हें तत्त्व बताता हूँ'—इत्यादि वाक्यों की भांति केवल उपदेशरूप से भी वाक्यार्थ निष्पन्न हो सकता है। वाक्य निराकांक्ष है, अतः सम्पत्ति का वरण सहसा विधानाभाव को युक्तियुक्त ही करता है। जल्दी काम न करने या विचार पूवक करने का सम्पत्ति वरण से समर्थन ही होता है, अतः कार्यकारणभाव में अर्थान्तरन्यास काव्यलिङ्ग से भिन्न ही है। न धत्ते इति--यहाँ हि-शब्द के उपादान से 'पङ्किलत्वात्' इस शब्द की तरह हेतुता स्पष्ट हो जाती है, कुछ विचित्रता नहीं रहती, अतः यह अलङ्कार भी इस दशा में नहीं रहता। विचित्रता ही अलङ्कार कहाती है।

अनुमानमिति—हेतु के द्वारा साध्य के चमत्कारपूर्ण ज्ञान को अनुमानालंकार कहते हैं। जैसे—जानीमहे

अत्र रूपकवशाद्विच्छित्तिः। यथा वा—

'यत्र पतत्यबलानां दृष्टिर्निशिताः पतन्ति तत्र शराः।
तच्चापरोपितशरो धावत्यासां पुरः स्मरो मन्ये॥'

अत्र कविप्रौढोक्तिवशाद्विच्छित्तिः। उत्प्रेक्षायामनिश्चिततया प्रतीतिः, इह तु निश्चिततयेत्युभयोर्भेदः।

अभेदेनाभिधा हेतुर्हेतोर्हेतुमता सह।

यथा मम—'तारुण्यस्य विलासः—' इत्यत्र वशीकरणहेतुर्नायिका वशीकरणत्वेनोक्ता। विलासहासयोस्त्वध्यवसायमूलोऽयमलंकारः

अनुकूलं प्रातिकूल्यमनुकूलानुबन्धि चेत्॥६४॥ यथा—

'कुपितासि यदा तन्वि निधाय करजक्षतम्। बधान भुजपाशाभ्यां कण्ठमस्य दृढं तथा॥'

अस्य च विच्छित्तिविशेषस्य सर्वालंकारविलक्षणत्वेन स्फुरणात्पृथगलंकारत्वमेव न्याय्यम्।

वस्तुनो वक्तुमिष्टस्य विशेषप्रतिपत्तये। निषेधाभास आक्षेपो वक्ष्यमाणोक्तगो द्विधा॥६५॥

तत्र वक्ष्यमाणविषये क्वचित्सर्वस्यापि सामान्यतः सूचितस्य निषेधः, क्वचिदंशोक्तावंशान्तरे निषेध इति द्वौ भेदौ। उक्तविषये च क्वचिद्वस्तुस्वरूपस्य निषेधः, क्वचिद्वस्तुकथनस्येति द्वौ। इत्याक्षेपस्य चत्वारो भेदाः। क्रमेण यथा—

'स्मरशरशतविधुराया भणामि सख्याः कृते किमपि।
क्षणमिह विश्रम्य सखे, निर्दयहृदयस्य किं वदाम्यथवा॥'

अत्र सख्या विरहस्य सामान्यतः सूचितस्य वक्ष्यमाणविशेषे निषेधः।

इति—हम समझते हैं कि इस 'सारसाक्षी' (कमलनयनी) के हृदय में प्रियतम का मुखचन्द्र विराजमान है। उस की चारों ओर फैलनेवाली शुभ्रकान्ति से इसके अङ्ग पाण्डुर (श्वेत) हो गये हैं और नयनकमल मुकुलित होने (मिचने) लगे हैं। 'सारसं सरसीरुहम्' इत्यमरः। यहाँ 'वक्त्रचन्द्र' और 'अक्षिपद्म' के रूपकों के कारण चमत्कार हुआ है।

दूसरा उदाहरण—यत्रेति—जहाँ कामिनियों की दृष्टि पड़ती है वहीं कामदेव के पैने बाण बरसने लगते हैं। इससे मालूम होता है कि इनके आगे आगे धनुष पर बाण चढ़ाये कामदेव दौड़ता रहता है—जो इनकी नजर का इशारा पाते ही बाणों से बेधने लगता है। यत्रेति—यहाँ कवि की प्रौढोक्ति के कारण चमत्कार होता है। काम और उसके बाण वस्तुसिद्ध नहीं, केवल कवि की प्रौढोक्ति से ही सिद्ध हैं। उत्प्रेक्षा में अनिश्चितरूप से प्रतीति होती है, किन्तु यहाँ निश्चितरूप से होती है।

अभेदेनेति—हेतु और हेतुमान् का अभेद से कथन करने में हेतु अलंकार होता है। जैसे पूर्वोक्त 'तारुण्यस्य' इत्यादि। यहाँ नायिका वशीकरण का हेतु है, उसे वशीकरण ही कह दिया है। विलास और हास में अभेदाध्यवसायमूलक हेत्वलंकार है। हास और विलास के साथ नायिका का अभेदाध्यवसान है।

अनुकूलमिति—यदि प्रतिकूलता ही अनुकूल कार्य का सम्पादन करे तो अनुकूलालंकार होता है। जैसे—कुपितेति—हे तन्वि, यदि तू कुपित हुई है तो इसके (नायक के) देह में नखक्षत करके इसके कण्ठ को बाहुपाश से मजबूत बाँध दे। यहाँ सब अलंकारों से विलक्षण चमत्कार है, अतः इसे अलग ही मानना चाहिए।

वस्तुन इति—विवक्षित वस्तु की कुछ विशेषता प्रतिपादन करने के लिये निषेधसा करना आक्षेपालङ्कार कहलाता है। यह दो प्रकार का होता है—एक तो वक्ष्यमाण वस्तु का निषेध करने पर और दूसरा उक्त वस्तु का निषेध करने पर। तत्रेति—उनमें से वक्ष्यमाण के विषय में कहीं तो सामान्यरूप से सूचित की हुई सम्पूर्ण वस्तु का निषेध होता है और कहीं एक अंश कहकर दूसरे अंश का निषेध होता है। ये दो भेद हैं। उक्त विषय में कहीं वस्तु के स्वरूप का निषेध होता है और कहीं उसके कथन का। ये भी दो भेद हैं। इस प्रकार आक्षेप के चार भेद होते हैं।

क्रम से उदाहरण—स्मरेति—हे सखे, क्षण भर यहाँ विश्राम करके मैं कामदेव के सैकड़ों बाणों से खिन्न अपनी सखी विषय में कुछ कहूँगी। अथवा तुम जैसे निर्दय हृदय के आगे क्या कहूँ!! अत्रेति—यहाँ

'तव विरहे हरिणाक्षी निरीक्ष्य नवमालिकां दलिताम्।
हन्त नितान्तमिदानीमाः ! किं हतजल्पितैरथवा ॥'

अत्र मरिष्यतीत्यंशो नोक्तः।

'बालअ णाहं दूती तुअ प्पिओसि त्ति ण मह वावारो।
सा मरइ तुज्झ अअसो एअं धम्मक्खरं भणिमो ॥'

अत्र दूतीत्वस्य वस्तुनो निषेधः।

'विरहे तव तन्वङ्गी कथं क्षपयतु क्षपाम्। दारुणव्यवसायस्य पुरस्ते भणितेन किम्॥'

अत्र कथनस्योक्तस्यैव निषेधः। प्रथमोदाहरणे सख्या अवश्यंभावि मरणमिति विशेषः प्रतीयते। द्वितीयेऽशक्यवक्तव्यत्वादि। तृतीये दूतीत्वे यथार्थवादित्वम्। चतुर्थे दुःखस्यातिशयः। न चायं विहितनिषेधः। अत्र निषेधस्याभासत्वात्।

अनिष्टस्य तथार्थस्य विध्याभासः परो मतः।

तथेति पूर्ववद्विशेषप्रतिपत्तये। यथा—

'गच्छ गच्छसि चेत्कान्त पन्थानः सन्तु ते शिवाः। ममापि जन्म तत्रैव भूयाद्यत्र गतो भवान्॥'

अत्रानिष्टत्वाद् गमनस्य विधिः प्रस्खलद्रूपो निषेधे पर्यवस्यति। विशेषश्च गमनस्यात्यन्तपरिहार्यत्वरूपः प्रतीयते।

विभावना विना हेतुं कार्योत्पत्तिर्यदुच्यते ॥६६॥
उक्तानुक्तनिमित्तत्वाद् द्विधा सा परिकीर्तिता।

विना कारणमुपनिबध्यमानोऽपि कार्योदयः किञ्चिदन्यत्कारणमपेक्ष्यैव भवितुं युक्तः। तच्च कारणान्तरं क्वचिदुक्तं क्वचिदनुक्तमिति द्विधा। यथा—

सामान्यरूप से सूचित सखी के विरह का वक्ष्यमाण विशेषरूप के विषय में निषेध है। **तवेति—**तुम्हारे विरह में वह मृगनयनी इस समय नवमल्लिका को खिली हुई देखकर निःसन्देह....। अथवा इन हत वचनों से क्या लाभ ? यहाँ 'मर जायगी' यह वाक्यांश नहीं कहा। **बालअ—'बालक, नाहं दूती, तस्याः प्रियोऽसीति नमे व्यापारः,। सा म्रियते तवाऽयश एतद्धर्माक्षरं भणामः ॥'** बच्चा, मैं दूती नहीं हूं। तुम उसके प्रिय हो, इसलिये भी मैं नहीं आयी हूं। वह मरेगी और तुम्हें अपयश लगेगा, मैं केवल ये धर्माक्षर कहती हूँ। यहाँ दूती ने अपने स्वरूप (वस्तु) का निषेध किया है। **विरह इति—**तुम्हारे विरह में वह कृशतनु सुकुमारी कैसे निशा व्यतीत करे ? अथवा तुम्हारे जैसे दारुणाचार के आगे कहने से ही क्या फल ? यहाँ कही हुई बात का ही निषेध है। पहले उदाहरण में 'सखी का मरण अवश्यम्भावी है'—यह विशेषता प्रतीत होती है। दूसरे में बात कहने की अशक्यता प्रतीत होती है। तीसरे में दूती की सत्यवादिता और चौथे में दुःख का आधिक्य प्रतीत होता है। इसे विहित का निषेध नहीं कह सकते, क्योंकि यहाँ निषेध केवल आभासित होता है, वास्तविक निषेध नहीं है।

अनिष्टस्येति—अनिष्ट वस्तु का विधान जहाँ आभासित होता हो वह दूसरा आक्षेपालङ्कार होता है। जैसे—**गच्छेति—**हे कान्त, जाते हो तो जाओ, तुम्हारे मार्ग मङ्गलकारी हों। और मेरा जन्म भी, ईश्वर करे, वहीं हो जहाँ आप जा रहे हो। **अत्रेति—**यहाँ नायिका को नायक का गमन इष्ट नहीं, अतः गमन की विधि प्रस्खलित होकर निषेध में विश्रान्त होती है। उत्तरार्ध के आत्माशीर्वाद से नायक के विरह में उसका मरण निश्चितरूप से प्रतीत होता है। फिर अपने अनिष्टकर प्रियगमन का कोई विधान करे, यह अत्यन्त असम्भव है, अतः विधि अनुपपन्न होकर निषेध के रूप में परिणत होती है। विधि का आपाततः आभासमात्र है। यहाँ गमन का अत्यन्त परिहार प्रतीत होता है। यही विशेष है। इसी की प्रतिपत्ति के लिये विध्याभास है। इस लक्षण में भी **'विशेषप्रतिपत्तये'** पद का सम्बन्ध होता है।

विभावनेति—हेतु के विना यदि कार्य की उत्पत्ति का वर्णन हो तो विभावना अलङ्कार होता है। इसके दो भेद होते हैं—एक वह जिसमें निमित्त उक्त हो और दूसरा वह जहाँ निमित्त अनुक्त हो। विना कारण के जो कार्य की उत्पत्ति वर्णित होती है वहाँ कुछ न कुछ दूसरा कारण अवश्य रहता है। वह कहीं उक्त होता है,

'अनायासकृशं मध्यमशङ्कतरले दृशौ । अभूषणमनोहारि वपुर्वयसि सुभ्रुवः ॥'

अत्र वयोरूपनिमित्तमुक्तम् । अत्रैव 'वपुर्भाति मृगीदृशः' इति पाठेऽनुक्तम् ।

सति हेतौ फलाभावे विशेषोक्तिस्तथा द्विधा ॥६७॥

तथेत्युक्तानुक्तनिमित्तत्वात् । तत्रोक्तनिमित्ता यथा--

'धनिनोऽपि निरुन्मादा युवानोऽपि न चञ्चलाः । प्रभवोऽप्यप्रमत्तास्ते महामहिमशालिनः ॥

अत्र महामहिमशालित्वं निमित्तमुक्तम् । अत्रैव चतुर्थपादे 'कियन्तः सन्ति भूतले' इति पाठे त्वनुक्तम् । अचिन्त्यनिमित्तत्वं चानुक्तनिमित्तस्यैव भेद इति पृथङ् नोक्तम् । यथा--

'स एकस्त्रीणि जयति जगन्ति कुसुमायुधः । हरतापि तनुं यस्य शम्भुना न हृतं बलम् ॥'

अत्र तनूहरणेऽपि बलाहरणे निमित्तमचिन्त्यम् । इह च कार्याभावः कार्यविरुद्धसद्भावमुखेनापि निबद्ध्यते । विभावनायामपि कारणाभावः कारणविरुद्धसद्भावमुखेन । एवं च 'यः कौमारहरः--' इत्यादेरुत्कण्ठाकारणविरुद्धस्य निबन्धमाद्विभावना । 'यः कौमार--' इत्यादेः कारणस्य च कार्यविरुद्धाया उत्कण्ठाया निबन्धनाद्विशेषोक्तिः । एवं चात्र विभावनाविशेषोक्त्योः संकरः । शुद्धोदाहरणं तु मृग्यम् ।

जातिश्चतुर्भिर्जात्याद्यैर्गुणो गुणादिभिस्त्रिभिः ।
क्रिया क्रियाद्रव्याभ्यां यद् द्रव्यं द्रव्येण वा मिथः ॥ ६८ ॥
विरुद्धमेव भासेत विरोधोऽसौ दशाकृतिः । क्रमेण यथा—

'तव विरहे मलयमरुद्दवानलः, शशिरुचोऽपि सोष्माणः ।

कहीं अनुक्त । उदाहरण—**अनायासेति**—यौवनकाल में सुन्दर भृकुटीवाली इस नायिका की कमर विना श्रम के ही दुबली हो रही है और नेत्र विना ही शङ्का के चञ्चल हैं एवं शरीर विना ही भूषणों के रमणीय है । यहाँ इन सबका निमित्त 'यौवन' उक्त है । इसी पद्य में यदि '**वपुर्भाति मृगीदृशः**' ऐसा पाठ कर दें तो अनुक्तनिमित्ता विभावना हो जायगी ।

सति इति--हेतु के रहते हुए भी फल के न होने पर विशेषोक्ति अलङ्कार होता है । यह भी पूर्ववत् उक्त और अनुक्त निमित्त होने से दो प्रकार का होता है । उक्त निमित्त का उदाहरण—**धनिन इति**--वे महामहिमशाली पुरुष धनी होने पर भी उन्माद से रहित हैं, जवान होने पर भी चञ्चल नहीं हैं, प्रभु होने पर भी प्रमाद से शून्य हैं । यहाँ धन, यौवन और प्रभुतारूप हेतुओं के होने पर भी उनके कार्य उन्माद, चञ्चलता और प्रमाद नहीं हुए । इनका निमित्त, 'महामहिमशालित्व' उक्त है । **अत्रैवेति**--इसी पद्य के चतुर्थ चरण में '**कियन्तः सन्ति भूतले**' बना दें तो अनुक्तनिमित्ता हो जायगी । अचिन्त्यनिमित्तत्व तो अनुक्तनिमित्तत्व का ही भेद है, अतः उसे पृथक् नहीं कहा । जैसे--**स इति**—वह अकेला पुष्पबाण (काम) तीनों लोकों का विजय करता है, जिसके देह का हरण करते हुए भी, शङ्कर ने उसका बल नहीं हरण किया । **अत्रेति**—यहाँ देह का हरण करने पर भी बल के हरण न करने में निमित्त अचिन्त्य है । **इह चेति**—यहाँ कार्य-विरोधी वस्तु की सत्ता के द्वारा भी कार्याभाव वर्णित होता है । विभावना में भी कारण विरोधी वस्तु की सत्ता के द्वारा कारणाभाव वर्जित होता है । इस प्रकार '**यः कौमार**' इत्यादि पद्य में उत्कण्ठा के कारण के विरोधी का वर्णन करने से विभावना है । वस्तु की नवीनता उत्कण्ठा का कारण होती है—उसकी विरोधी सब वस्तुओं की अनवीनता और अनुभूतता का इस पद्य में '**स एव**' इत्यादि से वर्णन किया है । एवम् इसी पद्य में विशेषोक्ति भी हो सकती है, क्योंकि उत्कण्ठाऽभाव के कारणों की सत्ता में उनके विरुद्ध उत्कण्ठा की उत्पत्ति दिखाई गई है । इस प्रकार यहाँ विभावना और विशेषोक्ति का संकर है । इसका शुद्ध उदाहरण ढूँढ़ लेना ।

अथ विरोधः—जातिरिति—जाति जहाँ जाति, गुण क्रिया और द्रव्यों के साथ विरुद्ध भासित हो, गुण, गुणादिक तीन के साथ, क्रिया, क्रिया और द्रव्य के साथ एवं द्रव्य, द्रव्य के साथ विरुद्ध भासित हो वहाँ विरोधालङ्कार होता है । यह दस प्रकार का होता है ।

हृदयमलिरुतमपि भिन्ते, नलिनीदलमपि निदाघरविरस्याः ॥'

'संततमुसलासङ्गाद् बहुतरगृहकर्मघटनया नृपते।
द्विजपत्नीनां कठिनाः सति भवति कराः सरोजसुकुमाराः ॥'

'अजस्य गृह्णतो जन्म निरीहस्य हतद्विषः। स्वपतो जागरूकस्य याथार्थ्यं वेद कस्तव ॥'

'वल्लभोत्सङ्गसङ्गेन विना हरिणचक्षुष। राकाविभावरीजानिर्विषज्वालाकुलोऽभवत् ॥'

'नयनयुगासेचनकं मानसवृत्त्यापि दुष्प्रापम्। रूपमिदं मदिराक्ष्या मदयति हृदयं दुनोति च मे॥'

'त्वद्वाजि--' इत्यादि।

'वल्लभोत्सङ्ग--' इत्यादिश्लोके चतुर्थपादे 'मध्यंदिनदिनाधिप' इति पाठे द्रव्ययोर्विरोधः। अत्र 'तव विरह--' इत्यादौ पवनादीनां बहुव्यक्तिवाचकत्वाज्जातिशब्दानां दवानलोष्महृदयभेदनसूर्यैर्जातिगुणक्रियाद्रव्यरूपैरन्योन्यं विरोधो मुखत आभासते। विरहहेतुकत्वात्समाधानम्। अत्र 'अजस्य--' इत्यादावजत्वादिगुणस्य जन्मग्रहणादिक्रियया विरोधः। भगवतः प्रभावस्यातिशयित्वात्तु समाधानम्। 'त्वद्वाजि—' इत्यादौ 'हरोऽपि शिरसा गङ्गां न धत्ते' इति विरोधः। कविप्रौढोक्त्या तु समाधानम्। स्पष्टमन्यत्। विभावनायां कारणाभावेनोपनिबध्यमानत्वात्कार्यमेव

क्रम से उदाहरण—तुम्हारे वियोग में उस कामिनी को मलयानिल दावानल हो रहा है, चन्द्रमा की किरणें भी गरम लगती हैं, भ्रमरों की गुञ्जार भी हृदय को बेधती है और कमल का पत्ता भी ग्रीष्म का सूर्य हो रहा है। यहाँ शीतल मलय समीर और वन की अग्नि दोनों ही विरुद्ध हैं। ये दोनों शब्द जातिवाचक हैं, अतः जाति का जाति के साथ आपाततः विरोध भासित होता है। अन्त में विरहजन्य होने से समाधान होता है। किरणशब्द जातिवाचक है और ऊष्मा गुण (स्पर्शविशेष) है। यहाँ क्रिया और गुण का विरोध है। अलिगुञ्जित से भेदन क्रिया का विरोध है। 'नलिनीदल' जातिवाचक है, उसका निदाघरवि (द्रव्य) के साथ विरोध है। ठण्डा कमलपत्र सूर्य के समान गरम नहीं हो सकता। विरहहेतुक होने से समाधान होता है।

गुणका, गुणके साथ विरोध दिखाते हैं- सन्ततेति—हे राजन्, दिन रात घर का काम करने और बराबर मूसल उठाने (धान कूटने) के कारण ब्राह्मणों की स्त्रियों के कठिन हाथ आज आपके होने से कमल के समान कोमल हो रहे हैं। अर्थात् आपने इतना धन दिया है कि अब उन्हें हाथ से काम नहीं करना पड़ता। यहाँ कठिनता और कोमलता रूप गुणों का विरोध भासित होता है। कालभेद से समाधान है। अजस्येति—हे भगवन्, (विष्णो) आप अज होकर भी जन्म ग्रहण करते हैं--निरीह होकर भी शत्रुओं को मारते हैं। सोते हुए भी जागरूक रहते हैं। आपका यथार्थ स्वरूप कौन जान सकता है? यहाँ अजत्व गुण का जन्मग्रहण रूप क्रिया के साथ विरोध है। यत्नरूप ईहा (गुण) का हनन क्रिया से विरोध है। स्मृतिज्ञानरूप स्वप्न गुण का जागरण क्रिया से विरोध।

गुण का द्रव्य के साथ विरोध दिखाते हैं—वल्लभेति--प्रियतम के अङ्क का सम्बन्ध न होने के कारण उस मृगनयनी को पूर्णिमा का चन्द्रमा विष की ज्वालाओं से पूर्ण हो गया। यहाँ उष्ण गुण (ज्वालाकुलत्व) के साथ द्रव्य (चन्द्रमा) का विरोध है। क्रिया के साथ क्रिया के विरोध का उदाहरण--नयनेति--यह पद्य पहले आचुका है। यहाँ आनन्दित करना और दुःखी करना ये दोनों क्रियायें परस्पर विरुद्ध हैं। क्रिया का द्रव्य के साथ विरोध—त्वद्वाजीति—यहाँ शिव का और अभाव--प्रतियोगिनी धारणक्रिया का विरोध है। 'वल्लभ' इत्यादि पद्य के चतुर्थ चरण में यदि 'मध्यन्दिनदिनाधिपः' ऐसा पाठ कर दें तो सूर्य और चन्द्रमा इन दो द्रव्यों का विरोध होगा।

अत्र तवेति--इस पद्य में पवनादिक बहुव्यक्तिवाचक होने से जातिशब्द हैं, उनका दावानलादि के साथ विरोध है। विरहहेतुक होने से समाधान होता है। अजस्येत्यादि में गुण और क्रिया का विरोध है। भगवान् विष्णु के अचिन्त्य प्रभाव होने से समाधान होता है। यहाँ जाति और क्रिया से भिन्न विशेषणों को गुण समझकर 'अजत्व' (जन्माभाव) आदि को भी गुण माना है। त्वद्वाजि०—यहां हर भी गंगा को नहीं धारण

बाध्यत्वेन प्रतीयते। विशेषोक्तौ च कार्याभावेन कारणमेव। इह त्वन्योन्यं द्वयोरपि बाध्यत्वमिति भेदः।

कार्यकारणयोर्भिन्नदेशतायामसंगतिः ॥ ६९ ॥ यथा—

'सा बाला, वयमप्रगल्भमनसः, सा स्त्री, वयं कातराः सा पीनोन्नतिमत्पयोधरयुगं धत्ते, सखेदा वयम्।
साक्रान्ता जघनस्थलेन गुरुणा, गन्तुं न शक्ता वयं दोषैरन्यजनाश्रयैरपटवो जाताः स्म इत्यद्भुतम् ॥'

अस्याश्चापवादकत्वादेकदेशस्थयोर्विरोधे विरोधालंकारः।

गुणौ क्रिये वा चेत्स्यातां विरुद्धे हेतुकार्ययोः।
यद्वारब्धस्य वैफल्यमनर्थस्य च संभवः ॥७०॥
विरूपयोः संघटना या च तद्विषमं मतम्। क्रमेण यथा—

'सद्यः करस्पर्शमवाप्य चित्रं रणे रणे यस्य कृपाणलेखा।
तमालनीला शरदिन्दुपाण्डु यशस्त्रिलोकाभरणं प्रसूते ॥'

अत्र कारणरूपासिलतायाः 'कारणगुणा हि कार्यगुणमारभन्ते' इति स्थितेर्विरुद्धा शुक्लयशस उत्पत्तिः।

'आनन्दममन्दमिमं कुवलयदललोचने ददासि त्वम्। विरहस्त्वयैव जनितस्तापयतितरां शरीरं मे ॥'

अत्रानन्दजनकस्त्रीरूपकारणात्तापजनकविरहोत्पत्तिः।

'अयं रत्नाकरोऽम्भोधिरित्यसेवि धनाशया। धनं दूरेऽस्तु वदनमपूरि क्षारवारिभिः ॥'

अत्र न केवलं कांक्षितधनलाभो नाभूत्, प्रत्युत क्षारवारिभिर्वदनपूरणम्।

'क्व वनं तरुवल्कभूषणं नृपलक्ष्मीः क्व महेन्द्रवन्दिता। नियतं प्रतिकूलवर्तिनो बत धातुश्चरितं सुदुःसहम् ॥'

करते यह क्रिया के साथ द्रव्य का विरोध है। यह कविप्रौढोक्ति है, वस्तुवृत्त नहीं, इससे समाधान होता है। विभावना में कारण न होने से कार्य ही बाध्य प्रतीत होता है और विशेषोक्ति में कार्य न होने से कारण ही बाध्य प्रतीत होता है, किन्तु यहां परस्पर दोनों की बाध्यता प्रतीत होती है।

असंगति—कार्येति—कार्य और कारण यदि भिन्न भिन्न देशों में हों तो असंगति अलंकार होता है। जैसे—सेति—अवस्था उस कामिनी की थोड़ी है, परन्तु मन हमारा अप्रगल्भ है। पीन पयोधरों को धारण वह करती है और खिन्न हम हैं। गुरुतर जघनस्थल उसका है और चला हमसे नहीं जाता। देखो कैसी अद्भुत बात है! दूसरे के दोषों से हम अपटु हो रहे हैं। यह विरोधालंकार का अपवाद है, अतः विरोधालंकार वहीं माना जाता है जहाँ एक देश में ही स्थित वस्तुओं का विरोध हो। भिन्न देश के विरोध में असंगति ही मानी जाती है। अन्यथा इसका कहीं उदाहरण ही न रहेगा।

विषमालंकार—गुणाविति—यदि कार्य और कारण के गुण या क्रियायें परस्पर विरुद्ध हों अथवा आरम्भ किया हुआ कार्य तो पूरा न हो, प्रत्युत कुछ अनर्थ आ पड़े यद्वा दो विरूप पदार्थों का मेल हो तो वहां विषम अलंकार होता है।

क्रम से उदाहरण—सद्य इति—देखो कैसे आश्चर्य की बात है, प्रत्येक रण में इस राजा के हाथ का स्पर्श पाके तमाल के तुल्य काली इसकी तलवार शरच्चन्द्र के समान गौर यश को उत्पन्न करती है। अत्रेति—'कारण के गुण कार्य के गुणों को उत्पन्न करते हैं'—यह नियम है, परन्तु यहाँ काली तलवार से शुक्ल यश की विरुद्ध उत्पत्ति हुई है। यहाँ कार्य और कारण के गुण विरुद्ध हैं।

कार्य कारण की क्रियाओं के विरोध का उदाहरण—आनन्दमिति—हे कमललोचनि, तुम तो अमन्द आनन्द देती हो, किन्तु तुम्हारा ही पैदा किया हुआ विरह मेरे शरीर को अत्यन्त सन्ताप देता है। यहाँ आनन्द देनेवाले कारण से सन्तापदायक कार्य (विरह) की उत्पत्ति हुई है। अयमिति—यह समुद्र रत्नों का आकर है, यह समझकर धन की आशा से हमने इसकी सेवा की थी, सो धन तो दूर रहा, यहाँ उलटा खारा पानी से मुंह भर गया। यहाँ केवल धनाशा का ही नाश नहीं हुआ, प्रत्युत मुख में खारा पानी भरने से कुछ अनर्थ भी हुआ। क्वेति—कहाँ वह वन जिसमें पेड़ों के बकलही शरीर के आभूषण होते हैं और कहाँ वह राज्यलक्ष्मी जिसकी

अत्र वनराज्यश्रियोर्विरूपयोः संघटना। इदं मम। यथा वा—

'विपुलेन सागरशयस्य कुक्षिणा भुवनानि यस्य पपिरे युगक्षये।
मदविभ्रमासकलया पपे पुनः स पुरस्त्रियैकतमयैकया दृशा॥'

समं स्यादानुरूप्येण श्लाघा योग्यस्य वस्तुनः॥७१॥ यथा—

'शशिनमुपगतेयं कौमुदी मेघमुक्तं जलनिधिमनुरूपं जह्नुकन्यावतीर्णा।
इति समगुणयोगप्रीतयस्तत्र पौराः श्रवणकटु नृपाणामेकवाक्यं विवव्रुः॥'

विचित्रं तद्विरुद्धस्य कृतिरिष्टफलाय चेत्। यथा—

'प्रणमत्युन्नतिहेतोर्जीवितहेतोर्विमुञ्चति प्राणान्। दुःखीयति सुखहेतोः को मूढः सेवकादन्यः॥'

आश्रयाश्रयिणोरेकस्याधिक्येऽधिकमुच्यते॥७२॥ आश्रयाधिक्ये यथा—

'किमधिकमस्य ब्रूमो महिमानं वारिधेर्हरिर्यत्र। अज्ञात एव शेते कुक्षौ निक्षिप्य भुवनानि॥'

आश्रिताधिक्ये यथा—

'युगान्तकालप्रतिसंहृतात्मनो जगन्ति यस्यां सविकासमासत।
तनौ ममुस्तत्र न कैटभद्विषस्तपोधनाभ्यागमसंभवा मुदः॥'

अन्योन्यमुभयोरेकक्रियायाः करणं मिथः।

'त्वया सा शोभते तन्वी तया त्वमपि शोभसे। रजन्या शोभते चन्द्रश्चन्द्रेणापि निशीथिनी॥'

यदाधेयमनाधारमेकं चानेकगोचरम्॥७३॥

इन्द्रादिक भी वन्दना करते हैं। निःसन्देह प्रतिकूलगामी दैव का चरित्र अतिदुःसह होता है। यहाँ वन और राज्यलक्ष्मी इन दोनों विरूप पदार्थों की योजना हुई है।

दूसरा उदाहरण—**विपुलेनेति**—जिन सागरशायी भगवान् की कुक्षि प्रलय काल में समस्त भुवनों को पी जाती है, आज उन्हीं (श्रीकृष्णजी) को महाराज युधिष्ठिर की नगरनिवासिनी एक एक रमणी की मदविलास से असम्पूर्ण=(तिरछी) एक ही कटाक्ष की कोर ने पी लिया। जिसकी कुक्षि समस्त ब्रह्माण्ड को पी जाती है वही आज अकेली स्त्री की अपूर्ण दृष्टि से पी लिया गया। यहाँ दो विरूपों का मेल है।

समालङ्कार—सममिति—योग्य वस्तुओं की अनुरूपता के कारण प्रशंसा को समालङ्कार कहते हैं। जैसे—**शशिनमिति**—यह चन्द्रिका (शरदृतु के) चन्द्रमा को प्राप्त हो गई। अपने अनुरूप समुद्र में यह गंगा अवतीर्ण हो गई। इस प्रकार अज और इन्दुमती के जोड़े की प्रशंसा करते हुए, समान गुणों के संयोग से प्रसन्न नगरनिवासी लोग अन्य राजाओं के कानों में खटकने वाले उक्त वाक्यों को एक स्वर से कहने लगे। यहाँ दोनों योग्यों के मेल की श्लाघा होने से समालङ्कार है।

विचित्रमिति—यदि अपने अभीष्ट की प्राप्ति के लिये उसके विरुद्ध ही अनुष्ठान किया जाय तो 'विचित्र' अलङ्कार होता है। जैसे—**प्रणमतीति**—सेवक से अधिक मूढ़ कौन है, जो उन्नति के लिये प्रणाम करता है, जीने के लिये प्राण छोड़ता है और सुख के लिये दुःख चाहता है!!

आश्रयेति—आधार और आधेय में से एक के अधिक होने पर अधिकालंकार होता है। आधार की अधिकता का उदाहरण—**किमिति**—इस समुद्र की अधिक महिमा हम क्या कहें, जिसके किसी एक कोने में अज्ञातरूप से भगवान् विष्णु सम्पूर्ण संसार को अपनी कुक्षि में समेट कर (प्रलय में) सोया करते हैं। यहाँ समुद्र का आधिक्य है। आधेय की अधिकता का उदाहरण—**युगेति**—जिन भगवान् कृष्ण के देह में प्रलय के समय समस्त ब्रह्माण्ड के लोक फैलफूट कर समा जाते हैं, उन्हीं के देह में नारद मुनि के आने से उत्पन्न हुआ आनन्द न समा सका।

अन्योन्यमिति—दोनों जब एक ही क्रिया को परस्पर करें तब अन्योन्यालंकार होता है। यथा—**त्वयेति**—तुम से वह रमणी शोभित होती है और उससे तुम शोभित होते हो। रात्रि से चन्द्रमा की शोभा होती है और चन्द्रमा से रात्रि की।

यदाधेयमिति—जहाँ विना आधार के ही आधेय रहे यद्वा एक वस्तु अनेकों में रहे अथवा कुछ काम

किञ्चित्प्रकुर्वतः कार्यमशक्यस्येतरस्य वा।

कार्यस्य करणं दैवाद्विशेषस्त्रिविधस्ततः ॥७४॥ क्रमेण यथा—

दिवमप्युपयातानामाकल्पमनल्पगुणा येषाम्। रमयन्ति जगन्ति गिरः, कथमिव कवयो न ते वन्द्याः॥'

'कानने सरिदुद्देशे गिरीणामपि कन्दरे। पश्यन्त्यन्तकसंकाशं त्वामेकं रिपवः पुरः॥'

'गृहिणी सचिवः सखी मिथः प्रियशिष्या ललिते कलाविधौ।
करुणाविमुखेन मृत्युना हरता त्वां वद किं न मे हृतम्॥'

व्याघातः स तु केनापि वस्तु येन यथाकृतम्।
तेनैव चेदुपायेन कुरुतेऽन्यस्तदन्यथा ॥ ७५ ॥

यथा—'दृशा दग्धं मनसिजं—'इत्यादि।

सौकर्येण च कार्यस्य विरुद्धं क्रियते यदि। व्याघात इत्येव।

'इहैव त्वं तिष्ठ द्रुतमहमहोभिः कतिपयैः समागन्ता कान्ते मृदुरसि न चायाससहना।
मृदुत्वं मे हेतुः सुभग भवता गन्तुमधिकं न मृद्वी सोढा यद्विरहकृतमायासमसमम्॥'

अत्र नायकेन नायिकाया मृदुत्वं सहगमनाभावहेतुत्वेनोक्तम्। नायिकया च प्रत्युत सहगमने ततोऽपि सौकर्येण हेतुतयोपन्यस्तम्।

परं परं प्रति यदा पूर्वपूर्वस्य हेतुता ॥ ७६ ॥ तदा कारणमाला स्यात् यथा—

'श्रुतं कृतधियां सङ्गाज्जायते विनयः श्रुतात्। लोकानुरागो विनयान्न किं लोकानुरागतः॥'

तन्मालादीपकं पुनः।

धर्मिणामेकधर्मेण संबन्धो यद्यथोत्तरम् ॥ ७७ ॥ यथा—

'त्वयि संगरसंप्राप्ते धनुषासादिताः शराः। शरैररिशिरस्तेन भूस्तया त्वं त्वया यशः॥'

करते हुए, दैववश किसी अशक्य कार्य की सिद्धि हो जाय तो यह तीन प्रकार का विशेषालंकार होता है। क्रम से उदाहरण—**दिवमिति**--स्वर्ग चले जाने पर भी जिनकी अधिक गुणयुक्त वाणी लोगों को कल्प पर्यन्त आनन्दित करती है वे कवि लोग वन्दनीय क्यों नहीं? यहाँ कविरूप आधार के विना आधेय (वाणी) का निरूपण है। **कानने इति**--वन में, नदी पर और पर्वतों की कन्दराओं में सभी जगह शत्रु लोग यमराज के तुल्य तुम्हें देखते हैं। यहाँ एक राजा की अनेक स्थानों पर स्थिति बतलाई है। **गृहिणीति**--हे इन्दुमति, निर्दय मृत्यु ने तुम्हें हरण करते हुए मेरा क्या नहीं छीन लिया!! तुम मेरी गृहिणी थीं, सचिव थीं, सखी थीं और ललित कलाओं में प्रिय शिष्या भी थीं। यहाँ एक के हरण से इन सब अशक्य वस्तुओं का हरण हुआ है।

व्याघात इति—जो वस्तु किसी एक ने एक प्रकार से सिद्ध की है, दूसरा यदि उसी उपाय से उसी वस्तु को पहले से विपरीत कर दे तो व्याघात अलंकार होता है। जैसे—**दृशेत्यादि**, पूर्वोक्त पद्य। शिवजी ने कामदेव को दृष्टि से जलाया और स्त्रियों ने उसे दृष्टि से ही जिलाया, अतः यहाँ व्याघात अलंकार है। **सौकर्येणेति**—यदि कोई सुगमता से किसी कार्य को उलट दे तो भी व्याघात अलंकार होता है। जैसे—**इहैवेति**—हे कान्ते, तुम यहीं ठहरो, मैं थोड़े ही दिनों में लौट आऊँगा। तुम सुकुमार हो, मार्ग का खेद नहीं सह सकोगी। **उत्तर**—हे कान्त, मेरी सुकुमारता तो आपके साथ जाने की ही साधक है। जब मैं सुकुमार हूं तो विरह के विषम खेद को कैसे सह सकूँगी? **अत्रेति**—यहाँ नायक ने नायिका की सुकुमारता को साथ न जाने का हेतु बतलाया था, परन्तु नायिका ने उसी को अति सुगमता से साथ जाने का ही हेतु बना दिया।

परमिति—अगले अगले के प्रति जहाँ पहली पहली वस्तु हेतु होती जाय वहाँ कारणमाला अलंकार होता है, जैसे—**श्रुतमिति**--विद्वानों के संग से शास्त्र प्राप्त होता है और शास्त्र से विनय प्राप्त होता है। विनय से लोग अनुराग करते हैं और लोगों के अनुराग करने पर फिर क्या नहीं होता?

तदिति—यदि अनेक धर्मियों का उत्तरोत्तर एक धर्म से सम्बन्ध होता जाय तो मालादीपक होता है। जैसे--**त्वयीति**—हे राजन्, रण में पहुंचने पर तुम्हारे धनुष ने शर प्राप्त किये, शरों ने शत्रुओं के शिर प्राप्त

अत्रासादनक्रिया धर्मः ।

पूर्वं पूर्वं प्रति विशेषणत्वेन परं परम् । स्थाप्यतेऽपोह्यते वा चेत्स्यात्तदैकावली द्विधा ॥ ७८ ॥

क्रमेणोदाहरणम्—

'सरोविकसिताम्भोजमम्भोजं भृङ्गसंगतम् । भृङ्गा यत्र ससंगीताः संगीतं सस्मरोदयम् ॥'

'न तज्जलं यन्न सुचारुपङ्कजं न पङ्कजं तद्यदलीनषट्पदम् ।
न षट्पदोऽसौ न जुगुञ्ज यः कलं न गुञ्जितं तन्न जहार यन्मनः ॥'

क्वचिद्विशेष्यमपि यथोत्तरं विशेषणतया स्थापितमपोहितं च दृश्यते । यथा—

'वाप्यो भवन्ति विमलाः स्फुटन्ति कमलानि वापीषु । कमलेषु पतन्त्यलयः करोति संगीतमलिषु पदम् ॥'

एवमपोहनेऽपि । **उत्तरोत्तरमुत्कर्षो वस्तुनः सार उच्यते ।** यथा—

'राज्ये सारं वसुधा वसुधायामपि पुरं पुरे सौधम् । सौधे तल्पं तल्पे वराङ्गनानङ्गसर्वस्वम् ॥'

यथासंख्यमनूद्देश उद्दिष्टानां क्रमेण यत् ॥ ७९ ॥ यथा—

'उन्मीलन्ति, नखैर्लुनीहि, वहति, क्षौमाञ्चलेनावृणु क्रीडाकाननमाविशन्ति, वलयक्वाणैः समुत्त्रासय ।
इत्थं वञ्जुलदक्षिणानिलकुहूकण्ठेषु सांकेतिकव्याहाराः सुभग, त्वदीयविरहे तस्याः सखीनां मिथः ॥

क्वचिदेकमनेकस्मिन्ननेकं चैकगं क्रमात् । भवति क्रियते वा चेत्तदा पर्याय इष्यते ॥ ८० ॥

किये और शत्रुओं के शिरों ने पृथ्वी प्राप्त की (गिरकर), पृथ्वी ने आपको प्राप्त किया और आपने यश प्राप्त किया । यहाँ प्राप्त करना धर्म है। वह सबमें है।

पूर्वमिति—पूर्व पूर्व के प्रति अगले अगले को विशेषण के रूप में स्थापित करें या उसे हटावें तो यह दो प्रकार से एकावली अलंकार होता है । तालाब में कमल खिलें हैं और कमलों में भ्रमर बैठे हैं। भ्रमरों में संगीत (गुञ्जार) है और संगीत में कामकलाओं के विकास करने का सामर्थ्य है । यहाँ उत्तरोत्तर में एक एक विशेषता स्थापित की है । नेति—विश्वामित्रजी के साथ जाते हुये श्रीरामचन्द्रजी के मार्ग में ऐसा कोई जल (जलाशय = सरोवर) नहीं था जिस में रमणीय कमल न हों और ऐसा कोई कमल नहीं था जिसमें भ्रमर न बैठे हों, एवम् ऐसा कोई भ्रमर नहीं था जो मनोहर गुञ्जित न कर रहा हो और ऐसा कोई गुंजित भी नहीं था जो जी को न लुभाता हो । यहाँ उत्तरोत्तर में अपोह है ।

क्वचिदिति—कहीं विशेष्य भी उत्तरोत्तर विशेषण के रूप से स्थापित होता है अथवा अपोहित होता है—जैसे—**वाप्य इति**—वापियाँ (बाउड़ी) निर्मल होती हैं और कमल वापियों में खिलते हैं। कमलों पर भ्रमर आते हैं और भ्रमरों में संगीत अपना पैर जमाये रहता है। इसी प्रकार अपोहन में भी जानना ।

उत्तरोत्तरमिति—वस्तु का उत्तरोत्तर उत्कर्ष वर्णन करने से सार अलंकार होता है । **राज्ये इति**—राज्य में सारभूत पृथ्वी है और पृथ्वी में सारभूत नगर है। एवं नगर में अटारी और अटारी में पलंग और पलंग पर काम सर्वस्व कामिनी सारभूत है ।

यथासंख्यमिति—उद्दिष्ट अर्थात् कहे हुए पदार्थों का यदि फिर उसी क्रम से कथन हो तो यथासंख्य अलंकार होता है । जैसे—**उन्मीलन्तीति**—हे सुभग, तुम्हारे वियोग में उसकी सखियाँ परस्पर संकेत से इस प्रकार व्यवहार करती हैं। जब एक कहती है, 'उन्मीलन्ति' = खिलते हैं तो दूसरी कहती है नखों से नोच डाल । जब कोई कहती है 'चल रहा है' तो दूसरी कहती है 'रेशमी दुपट्टे से रोक दे' । इधर जब कोई बोलती है कि 'क्रीडावन में घुस रही हैं' तो उधर से आवाज आती है कि कंकण के शब्द से डराके भगा दे । सखियाँ वेत्र, दक्षिणानिल और कोकिलों के विषय में इसी प्रकार संकेत से व्यवहार करती हैं, विरह की उद्दीपक इन वस्तुओं का नाम नहीं लेतीं । यह नहीं कहतीं कि वेंत खिलते हैं। दक्षिणानिल चलता है और क्रीडावन में कोयलें घुस रही हैं । यहाँ वञ्जुल दक्षिणानिल और कुहूकण्ठ का 'उन्मीलन्ति' 'वहति' और 'आविशन्ति' इन तीन पूर्वोक्त क्रियाओं के साथ यथासंख्य से कर्तृत्व सम्बन्ध होता है। वस्तुतः किसी क्रम से निर्दिष्ट पदार्थों के साथ उसी क्रम से समन्वय को 'यथासंख्य' अलंकार कहते हैं।

क्वचिदिति—एक वस्तु अनेकों में या अनेक वस्तु एक में क्रम से हो या की जाय तो 'पर्याय'

क्रमेण यथा—'स्थिताः क्षणं पक्ष्मसु ताडिताधराः पयोधरोत्सेधनिपातचूर्णिताः ।
वलीषु तस्याः स्खलिताः प्रपेदिरे क्रमेण नाभिं प्रथमोदबिन्दवः ॥'
'विचरन्ति विलासिन्यो यत्र श्रोणिभरालसाः । वृककाकशिवास्तत्र धावन्त्यरिपुरे तव ॥'
'विसृष्टरागादधरान्निवर्तितः स्तनाङ्गरागादरुणाच्च कन्दुकात् ।
कुशाङ्कुरादानपरिक्षताङ्गुलिः कृतोऽक्षसूत्रप्रणयी तया करः ॥'
'ययोरारोपितस्तारो हारस्तेऽरिवधूजनैः । निधीयन्ते तयोः स्थूलाः स्तनयोरश्रुबिन्दवः ॥'

एषु च कचिदाधारः संहतरूपोऽसंहतरूपश्च । कचिदाधेयमपि । यथा—'स्थिताः क्षणं—' इत्यत्रोदबिन्दवः पक्ष्मादावसंहतरूप आधारे क्रमेणाभवन् । 'विचरन्ति—' इत्यत्राधेयभूता वृकादयः संहतरूपारिपुरे क्रमेणाभवन् । एवमन्यत् । अत्र चैकस्यानेकत्र क्रमेणैव वृत्तेर्विशेषालंकाराद् भेदः । विनिमयाभावात्परिवृत्तेः ।

परिवृत्तिर्विनिमयः समन्यूनाधिकैर्भवेत् ।

क्रमेणोदाहरणम्—
'दत्त्वा कटाक्षमेणाक्षी जग्राह हृदयं मम । मया तु हृदयं दत्त्वा गृहीतो मदनज्वरः ॥'
अत्र प्रथमेऽर्धे समेन, द्वितीयेऽर्धे न्यूनेन ।
'तस्य च प्रवयसो जटायुषः स्वर्गिणः किमिव शोच्यतेऽधुना ।
येन जर्जरकलेवरव्ययात्क्रीतमिन्दुकिरणोज्ज्वलं यशः ॥' अत्राधिकेन ।

प्रश्नादप्रश्नतो वापि कथिताद्वस्तुनो भवेत् ॥ ८१ ॥

अलंकार होता है । क्रम से उदाहरण—स्थिता इति—तपस्या करती हुई पार्वती के ऊपर गिरी हुई पहली वर्षा की बूँदें क्षण भर पलकों पर रुकीं, फिर वहाँ से अधरोष्ठ पर गिरीं और इसके अनन्तर उन्नत पयोधरों पर गिरकर चूर्णित हुईं, फिर त्रिवली में स्खलित हुईं और बहुत देर में नाभि तक पहुंचीं । यहाँ एक ही वस्तु (बिन्दु) अनेकों में स्थित हुई है । विचरन्तीति—तुम्हारे रिपुनगर में जहाँ पहले धन जघनवाली विलासिनी मन्द मन्द गति से चला करती थीं वहीं अब भेड़िये, कौए और गीदड़ कबड्डी लगाते हैं । यहाँ अनेक वस्तु एक ही नगर में हुई हैं ।

विसृष्टेति—जिस पर लाक्षाराग लगाना बन्द कर दिया है उस अधरोष्ठ से और अङ्गराग से तथा स्तन के अङ्गराग और लाल कन्दुक से हटाकर कुश उखाड़ने के कारण जिसकी उँगलियाँ क्षत हो गई हैं ऐसा अपना हाथ पार्वती ने केवल रुद्राक्ष की माला का प्रणयी कर दिया । उस समय न अधरोष्ठ के राग में हाथ लगता था, न कन्दुक की क्रीड़ा में, न और किसी शृङ्गार में । केवल रुद्राक्ष की माला के ग्रहण में ही निमग्न था । यहाँ एक ही हाथ को क्रम से अनेक कार्यों में प्रवृत्त किया है । तपस्या से पहले सिंगार और क्रीड़ा में हाथ लगता था और तपस्या के समय रुद्राक्ष और कुशग्रहण में लगा । ययोरिति—हे राजन्, तुम्हारी रिपुनारियों ने जिनमें पहले विशुद्ध मोतियों का हार आरोपित किया था उन्हीं स्तनों में अब मोटे मोटे अश्रुबिन्दुओं को आरोपित करती हैं । यहाँ एक स्थान में अनेक वस्तु हैं । एषु चेति—इनमें आधार कहीं संहत (मिलित) रूप होता है कहीं असंहत । 'स्थिता' इत्यादि में जलबिन्दु क्रम से अमिलित आधार (पलक आदि) में स्थित हुए हैं । 'विचरन्ति' इसमें मिलित आधार (नगर) में आधेयभूत वृकादिक क्रम से दिखाये हैं । अत्र चेति—यहाँ एक वस्तु अनेकों में क्रम से जाती है, एक ही समय में नहीं, अतः विशेषालङ्कार से इसका भेद है । बदला न होने से परिवृत्ति से भेद है ।

परिवृत्तिरिति—समान, न्यून अथवा अधिक के साथ विनिमय (बदला) करने से परिवृत्ति अलंकार होता है । क्रम से उदाहरण—दत्त्वेति—उस मृगनयनी ने कटाक्ष देकर मेरा हृदय ले लिया और मैंने हृदय देकर कामज्वर खरीदा । यहाँ पूर्वार्ध में समान के साथ और उत्तरार्ध में न्यून के साथ विनिमय है । तस्येति—स्वर्गगामी उस वृद्ध जटायु के विषय में अब क्या सोच करते हो ? जिसने जीर्ण शरीर देकर चन्द्रमा की किरणों के समान उज्ज्वल यश मोल ले लिया । यहाँ अधिक गुणवाली वस्तु (यश) के साथ विनिमय हुआ

तादृगन्यव्यपोहश्चेच्छाब्द आर्थोऽथवा तदा । परिसंख्या क्रमेणोदाहरणम्--

किं भूषणं सुदृढमत्र यशो न रत्नं किं कार्यमार्यचरितं सुकृतं न दोषः ।
किं चक्षुरप्रतिहतं धिषणा न नेत्रं जानाति कस्त्वदपरः सदसद्विवेकम् ॥'

अत्र व्यवच्छेद्यं रत्नादि शाब्दम् ।

'किमाराध्यं सदा पुण्यं कश्च सेव्यः सदागमः । को ध्येयो भगवान्विष्णुः किं काम्यं परमं पदम् ॥'

अत्र व्यवच्छेद्यं पापाद्यार्थम् । अनयोः प्रश्नपूर्वकत्वम् । अप्रश्नपूर्वकत्वे यथा—

'भक्तिर्भवे न विभवे व्यसनं शास्त्रे न युवतिकामास्त्रे । चिन्ता यशसि न वपुषि प्रायः परिदृश्यते महताम् ॥'

'बलमार्तभयोपशान्तये विदुषां संमतये बहु श्रुतम् । वसु तस्य न केवलं विभोर्गुणवत्तापि परप्रयोजना ॥'

श्लेषमूलत्वे चास्य वैचित्र्यविशेषो यथा –

'यस्मिंश्च राजनि जितजगति पालयति महीं चित्रकर्मसु वर्णसंकराश्चापेषु गुणच्छेदाः—' इत्यादि ।

उत्तरं प्रश्नस्योत्तरादुन्नयो यदि ॥ ८२ ॥

यच्चासकृदसंभाव्यं सत्यपि प्रश्न उत्तरम् । यथा मम—

'वीक्षितुं न क्षमा श्वश्रूः स्वामी दूरतरं गतः । अहमेकाकिनी बाला तवेह वसतिः कुतः ॥'

अनेन पथिकस्य वसतियाचनं प्रतीयते ।

'का विसमा देव्वगई, किं लद्धव्वं जणो गुणग्गाही । किं सोक्खं सुकलत्तं, किं दुग्गेज्झं खलो लोओ ॥'

है । **प्रश्नादिति**—प्रश्नपूर्वक या विना ही प्रश्न के जहाँ कही हुई वस्तु से अन्य की शब्द के द्वारा व्यावृत्ति होती हो अथवा अर्थसिद्ध व्यावृत्ति (व्यवच्छेद) होती हो वहाँ परिसंख्यालङ्कार होता है । क्रम से उदाहरण--संसार में सुदृढ भूषण क्या है ? यश है, रत्न नहीं । कर्त्तव्य क्या है ? सत्पुरुषों से आचरित पुण्य, दोष नहीं । अप्रतिहत चक्षु क्या है ? बुद्धि है, नेत्र नहीं । तुम्हारे सिवा दूसरा कौन सत् और असत् का विवेक कर सकता है । **अत्रेति**--यहाँ पहले प्रश्न किया है । फिर यश को भूषण बताया और उससे अन्य रत्नादि की शब्द से ही व्यावृत्ति कर दी । **'न रत्नम्'** कहकर उसकी दृढभूषणता का व्यवच्छेद किया है । इसी प्रकार अगले अर्ध में भी जानना । **किमिति**—आराध्य क्या है ? पुण्य । सेवनीय क्या है ? सच्छास्त्र । ध्यान करने योग्य कौन है ? भगवान् विष्णु । इच्छा करने योग्य क्या है ? मुक्ति । यहां पुण्यादि शब्दों का व्यवच्छेद्य पापादिक अर्थसिद्ध है । शब्द से उसका कथन नहीं है । इसमें भी प्रश्नपूर्वक वाक्य है । अप्रश्न का उदाहरण—**भक्तिरिति**—बड़े लोगों की भक्ति भव (शिव) में होती है, विभव (धन) में नहीं । व्यसन शास्त्रों में होता है, युवतियों के कामास्त्र में नहीं । चिन्ता यश की होती है, देह की नहीं । यहां प्रश्न तो नहीं है, परन्तु **'न विभवे'** इत्यादि व्यवच्छेद्य शब्दोक्त है । **बलमिति**—उस राजा का बल आर्त पुरुषों का भय दूर करने के लिये था, बढ़ा हुआ शास्त्रज्ञान विद्वानों का सम्मान करने के लिये था । केवल धन ही नहीं–उसके गुण भी दूसरों के उपकार के ही लिये थे । यहां प्रश्न नहीं है और अन्य का व्यवच्छेद आर्थ है । यदि यह अलंकार श्लेषमूलक हो तो विचित्रता अधिक होती है—जैसे—**यस्मिन्निति**—जगत् को जीतकर पृथ्वी का पालन करते हुए जिस राजा के समय में तसवीरों में ही वर्णों का साङ्कर्य होता था और धनुषों में ही गुणों का विच्छेद होता था । यहां वर्ण शब्द का अर्थ ब्राह्मणादिक भी है और शुक्लादिक भी है । राजा शूद्रक के राज्य में वर्णों का साङ्कर्य यदि कहीं था तो केवल तसवीरों में—प्रजा में वर्णसङ्करता का गन्ध भी नहीं था । यहां प्रश्न नहीं है । अन्यव्यवच्छेद आर्थ है । श्लेष होने से चमत्कार विशेष है । इसी प्रकार गुण शब्द भी दया, दाक्षिण्यादि और प्रत्यञ्चा का वाचक है । **उत्तरमिति**—उत्तर से यदि प्रश्न की ऊहा हो जाय अथवा प्रश्न होने पर अनेक बार असम्भाव्य उत्तर दिया जाय तो उत्तरालङ्कार होता है । जैसे—**वीक्षितुमिति**—'सास को दीखता नहीं, स्वामी अति दूर देश गये हैं । मैं बाला अकेली हूं, तुझे यहां रहने का स्थान कैसे मिल सकता है ? इस उत्तर से यह प्रतीत होता है कि कोई बटोही (पथिक) ठहरना चाहता है । उसके प्रश्न की प्रतीति इसी से होती है । **का इति**–'**का विषमा दैवगतिः किं लब्धव्यं जनो गुणग्राही । किं सौख्यं सुकलत्रं किं दुर्ग्राह्यं खलो लोकः** ॥' विषम वस्तु क्या है ? दैवगति । प्राप्तव्य क्या है ? गुणग्राही जन ।

अत्रान्यव्यपोहे तात्पर्याभावात्परिसंख्यातो भेदः। न चेदमनुमानम्, साध्यसाधनयोर्द्वयोर्निर्देश एव तस्याङ्गीकारात्। न च काव्यलिङ्गम्, उत्तरस्य प्रश्नं प्रत्यजनकत्वात्।

दण्डापूपिकयान्यार्थागमोऽर्थापत्तिरिष्यते ॥८३॥

मूषकेण दण्डो भक्षित इत्यनेन तत्सहचरितापूपभक्षणमर्थादायातं भवतीति नियतसमानन्यायादर्थान्तरमापततीत्येष न्यायो दण्डापूपिका। अत्र च क्वचित्प्राकरणिकादर्थादप्राकरणिकस्यार्थस्यापतनं क्वचिदप्राकरणिकार्थात्प्राकरणिकार्थस्येति द्वौ भेदौ। क्रमेणोदाहरणम्—

'हारोऽयं हरिणाक्षीणां लुठति स्तनमण्डले। मुक्तानामप्यवस्थेयं के वयं स्मरकिंकराः॥'

'विललाप स बाष्पगद्गदं सहजामप्यपहाय धीरताम्।
अतितप्तमयोऽपि मार्दवं भजते कैव कथा शरीरिणाम्॥'

अत्र च समानन्यायस्य श्लेषमूलत्वे वैचित्र्यविशेषो यथादाहृते 'हारोऽयं—' इत्यादौ। न चेदमनुमानम्, समानन्यायस्य संबन्धरूपत्वाभावात्।

विकल्पस्तुल्यबलयोर्विरोधश्चातुरीयुतः।

यथा—'नमयन्तु शिरांसि धनूंषि वा कर्णपूरीक्रियन्तामाज्ञा मौर्व्यो वा।' अत्र शिरसां धनुषां च नमनयोः संधिविग्रहोपलक्षणत्वात् संधिविग्रहयोश्चैकदा कर्तुमशक्यत्वाद्विरोधः। स चैकपक्षाश्रयणपर्यवसानः। तुल्यबलत्वं चात्र धनुःशिरोनमनयोर्द्वयोरपि स्पर्धया संभाव्यमानत्वात्। चातुर्यं चात्रौपम्यगर्भत्वेन। एवं 'कर्णपूरीक्रियन्ताम्' इत्यत्रापि। एवं 'युष्माकं कुरुतां भवार्तिशमनं नेत्रे तनुर्वा हरेः'। अत्र श्लेषावष्टम्भेन चारुत्वम्।

सौख्य क्या है? सुशील स्त्री। दुराराध्य क्या है? दुष्ट पुरुष। यहाँ अन्य व्यवच्छेद में तात्पर्य नहीं रहता। यहाँ यह अभिप्राय नहीं है कि दैवगति के अतिरिक्त और कुछ विषम नहीं। यही इसका 'परिसंख्या' से भेद है। इसे अनुमान भी नहीं कह सकते, क्योंकि अनुमान वहीं माना जाता है जहाँ साध्य और साधन दोनों ही का निर्देश हो। यह काव्यलिङ्ग भी नहीं—क्योंकि यहाँ उत्तर, प्रश्न का उत्पादक हेतु नहीं है।

अर्थापत्ति—दण्डेति—'दण्डापूपिका' न्याय से दूसरे अर्थ का ज्ञान होने पर 'अर्थापत्ति' अलङ्कार होता है। **मूषकेणेति**—किसी ने कहा कि 'दण्डा चूहे ने खा लिया' तो इससे यह बात भी आ गई कि उस डण्डे में बँधे हुए अपूप (मालपुए) भी उसने खा लिये। जिसने डण्डे जैसी कठोर वस्तु नहीं छोड़ी वह मुलायम और मीठे अपूपों को कब छोड़ने वाला है। इसी तुल्यन्याय से जहाँ अर्थान्तर की अर्थबल से सिद्धि होती हो वहाँ 'दण्डापूपिका' न्याय कहाता है। जहाँ किसी दुष्कर कार्य की सिद्धि के द्वारा सुकर कार्य की सुगम सिद्धि इसी प्रकार प्रतीत होती हो वही इस न्याय का विषय होता है।—**अत्र चेति**—इसमें कहीं प्रकृत अर्थ से अप्रकृत अर्थ की प्रतीति होती है और कहीं अप्रकृत से प्रकृत की। क्रम से उदाहरण—**हार इति**—यह हार मृगनयनियों के स्तनमण्डलों पर लोट रहा है। जब मुक्तों (या मुक्ताओं) की भी यह दशा है तो हमारे जैसे कामकिङ्करों की तो बात ही क्या? यहाँ 'मुक्तानाम्' पद श्लिष्ट है। **विललापेति**—महाराज अज स्वाभाविक धैर्य को भी छोड़कर आँसू बहा बहा कर रोने लगे। अत्यन्त संतप्त होने पर लोहा भी मृदु हो जाता है, प्राणियों की तो बात ही क्या? इन उदाहरणों में मुक्तों के वशीभूत होने और लोहे के तपने पर मृदु होने से औरों का सुगमतया वशीभूत होना तथा मृदु होना अर्थापन्न है। यहाँ श्लेष होने पर चमत्कार विशेष होता है, जैसे 'हार' इत्यादि। यह अनुमान नहीं है, क्योंकि तुल्यन्याय, हेतुरूप या व्याप्तिरूप नहीं होता। औचित्य से ही अर्थान्तर की प्रतीति होती है।

विकल्प इति—समान बलवाली वस्तुओं का चतुरतापूर्वक दिखाया हुआ विरोध विकल्पालंकार कहाता है। जैसे—**नमयन्तु इति**—सिर झुकाओ या धनुष झुकाओ। हमारी आज्ञा को कान पर चढ़ाओ या प्रत्यञ्चा को चढ़ाओ। **अत्रेति**—यहाँ सिर झुकाना सन्धि करने का उपलक्षण है और धनुष झुकाना विग्रह का। ये दोनों (सन्धि और विग्रह) एक समय में हो नहीं सकते, अतः विरोध है। उसका पर्यवसान एक पक्ष के आश्रय करने में होता है। दोनों तो हो नहीं सकते, अतः चाहे सन्धि कर लो, चाहे विग्रह कर लो—यह तात्पर्य है। स्पर्धा के कारण वक्ता को प्रतिपक्षी के शिरोनमन और धनुर्नमन इन दोनों की सम्भावना है, अतः इनका तुल्यबलत्व है। इस अलंकार में

'दीयतामर्जितं वित्तं देवाय ब्राह्मणाय वा।' इत्यत्र चातुर्याभावान्नायमलंकारः।

समुच्चयोऽयमेकस्मिन्सति कार्यस्य साधके ॥ ८४ ॥

खले कपोतिकान्यायात्तत्करः स्यात्परोऽपि चेत् ।

गुणौ क्रिये वा युगपत्स्यातां यद्वा गुणक्रिये ॥ ८५ ॥ यथा मम—

'हंहो धीरसमीर हन्त जननं ते चन्दनक्ष्माभृतो दाक्षिण्यं जगदुत्तरं परिचयो गोदावरीवारिभिः।
प्रत्यङ्गं दहसीति मे त्वमपि चेदुद्दामदावाग्निवन्मत्तोऽयं मलिनात्मको वनचरः किं वक्ष्यते कोकिलः॥'

अत्र दाहे एकस्मिंश्चन्दनक्ष्माभृज्जन्मरूपे कारणे सत्यपि दाक्षिण्यादीनां हेत्वन्तराणामुपादानम्। अत्र सर्वेषामपि हेतूनां शोभनत्वात्सद्योगः। अत्रैव चतुर्थपादे मत्तादीनामशोभनानां योगादसद्योगः। सदसद्योगो यथा—

'शशी दिवसधूसरो गलितयौवना कामिनी सरो विगतवारिजं मुखमनक्षरं स्वाकृतेः।
प्रभुर्धनपरायणः सततदुर्गतः सज्जनो नृपाङ्गनगतः खलो मनसि सप्त शल्यानि मे॥'

इह केचिदाहुः—'शशिप्रभृतीनां शोभनत्वं खलस्याशोभनत्वमिति सदसद्योगः' इति। अन्ये तु 'शशिप्रभृतीनां स्वतः शोभनत्वं धूसरत्वादीनां त्वशोभनत्वमिति सदसद्योगः।' अत्र हि शशिप्रभृतिषु

सादृश्य-गर्भित निर्देश करने में ही चातुर्य होता है। नमन रूप साधारण धर्म का अन्वय धनुष में भी होता है और सिरमें भी, अतएव यहाँ सादृश्य अन्तर्हित होने के कारण प्रकृत उदाहरण में औपम्यगर्भत्व है। इसी प्रकार '**कर्ण**' इत्यादि में भी जानना। निम्न लिखित पद्य में श्लेष के कारण चारुता है।

'भक्तिप्रह्वविलोकनप्रणयिनी नीलोत्पलस्पर्धिनी ध्यानालम्बनतां समाधिनिरतैर्नीते हितप्राप्तये।
लावण्यस्य महानिधी रसिकतां लक्ष्मीदृशोस्तन्वती युष्माकं कुरुतां भवार्तिशमनं नेत्रे तनुर्वा हरेः॥'

इस पद्य में लिंग-श्लेष भी है और वचन-श्लेष भी है। उसी के कारण 'नीलोत्पलस्पर्धित्व' आदि साधारण धर्मों का अन्वय नेत्रों के साथ भी होता और तनु के साथ भी। इसी से यहाँ श्लेष-मूलक औपम्य-गर्भत्व है। यही चारुता का हेतु है। **प्रश्न**—तुल्यबल वस्तुओं के विरोध में ही विकल्प अलंकार होता है, परन्तु प्रकृत उदाहरण में कोई विरोध नहीं है। हरि के नेत्र और उनकी तनु में परस्पर विरोध क्या हो सकता है? **उत्तर**—तनु के भीतर नेत्र भी आही जाते हैं, फिर नेत्रों का पृथक् ग्रहण क्यों किया? इस पृथक् निर्देश से ही स्पर्धा प्रतीत होती है और यह स्पर्धा ही विरोध का बीज है।

दीयतामिति—इस पद्य में चारुता नहीं, अतः यहाँ यह अलंकार भी नहीं है।

समुच्चय इति—जहाँ कार्य के साधक किसी एक के होने पर भी '**खलकपोत**' न्याय से दूसरा भी उसी कार्य का साधक हो तो समुच्चयालङ्कार होता है। एवं दो गुणों अथवा दो क्रियाओं या गुण और क्रियाओं के एक साथ होने पर भी समुच्चयालङ्कार होता है। **हंहो**—हे धीर समीर, तुम्हारी उत्पत्ति चन्दनवनों से युक्त मलयाचल से हुई है, दाक्षिण्य तुम्हारा लोकोत्तर है, और मित्रता तुम्हारी पवित्र गोदावरी के स्वच्छ जल के साथ है, तथापि प्रचण्ड अग्नि के समान तुम मेरे प्रत्येक अङ्ग को दग्ध करते हो तो फिर वह मदान्ध, जङ्गली काली कोयल क्या करेगी? जब तुम सत् होकर इतना दुःख देते हो तो उस मतवाले वनचर से कैसे बनेगी? **अत्रेति**—यहाँ चन्दनाचल से जन्म होना एक कारण था ही–तिसपर भी दाक्षिण्यादि और हेतुओं का उपादान किया है। उत्तम कुल प्रसूत होने के कारण ही जलाना अनुचित था, फिर दाक्षिण्यादि के होने पर तो अविनय अत्यन्त अनुचित है। एवं मदान्ध होना ही दुःख देने का कारण है, उस पर फिर काला और वनचर होना 'करेले और नीम चढ़े' की भांति है। **अत्रेति**—यहाँ पहले तीन चरणों में सब हेतुओं के शोभन होने के कारण सद्योग है और अन्तिम चरण में असद्योग है। सदसद्योग का उदाहरण—**शशीति**—दिन की प्रभा से मलिन चन्द्रमा, गलितयौवना कामिनी, कमलरहित सरोवर, सुन्दर पुरुष का विद्याशून्य मुख, लोभी स्वामी, दरिद्रता से अभिभूत सज्जन और राजदरबार में पहुंचा हुआ दुष्ट पुरुष--ये सात मेरे हृदय में शल्य की तरह चुभते हैं। **इहेति**--यहाँ कोई कहते हैं कि शशी आदिक शोभन हैं और खल अशोभन है, अतः यहाँ सदसद्योग है।

धूसरत्वादेरत्यन्तमनुचितत्वमिति विच्छित्तिविशेषस्यैव चमत्कारविधायित्वम्। मनसि सप्त शल्यानीति-सप्तानामपि शल्यत्वेनोपसंहारश्च। 'नृपाङ्गनगतः खल' इति प्रत्युत क्रमभेदाद्दुष्टत्वमावहति। सर्वत्र विशेष्यस्यैव शोभनत्वेन प्रक्रमादिति। इह च खले कपोतवत्सर्वेषां कारणानां साहित्येनावतारः। समाध्यलंकारे त्वेककार्यं प्रति साधके समग्रेऽप्यन्यस्य काकतालीयन्यायेनापतनमिति भेदः।

'अरुणे च तरुणि नयने तव, मलिनं च प्रियस्य मुखम्।
मुखमानतं च सखि ते ज्वलितश्चास्यान्तरे स्मरज्वलनः॥'

अत्राद्येऽर्धे गुणयोर्यौगपद्यम्, द्वितीये क्रिययोः। उभयोर्यौगपद्ये यथा—

'कलुषं च तवाहितेष्वकस्मात्सितपङ्केरुहसोदरश्रि चक्षुः।
पतितं च महीपतीन्द्र तेषां वपुषि प्रस्फुटमापदां कटाक्षैः॥'

'धुनोति चासिं तनुते च कीर्तिम्।' इत्यादावेकाधिकरणेऽप्येष दृश्यते। न चात्र दीपकम्। एते हि गुणक्रियायौगपद्ये समुच्चयप्रकारा नियमेन कार्यकारणकालनियमविपर्ययरूपातिशयोक्तिमूलाः। दीपकस्य चातिशयोक्तिमूलत्वाभावः।

समाधिः सुकरे कार्ये दैवाद्वस्त्वन्तरागमात्। यथा—

'मानमस्या निराकर्तुं पादयोर्मे पतिष्यतः। उपकाराय दिष्ट्येदमुदीर्णं घनगर्जितम्॥'

प्रत्यनीकमशक्तेन प्रतीकारे रिपोर्यदि ॥ ८६ ॥
तदीयस्य तिरस्कारस्तस्यैवोत्कर्षसाधकः। तस्यैवेति रिपोरेव। यथा मम—

अन्ये—दूसरे लोग यह मानते हैं कि शशी आदिक स्वयम् शोभन हैं, किन्तु धूसरत्वादिक अशोभन हैं। इस प्रकार यहाँ सदसद्योग है। शशी आदिकों में धूसरत्वादिक अत्यन्त अनुचित हैं—यही वैचित्र्यविशेष यहाँ चमत्कारक है और अन्त्य में सातों को शल्य कहकर उपसंहार किया है, अतः इसी प्रकार से प्रत्येक में सत् और असत् का योग मानना चाहिए। अन्यथा यदि शशी आदि अच्छे हैं और केवल खल ही बुरा है तो एक ही शल्य होना चाहिये। सातों शल्य तभी होंगे जब सब में कुछ कुछ असद् वस्तु मानी जाय। 'नृपाङ्गन' इत्यादि अंश विशुद्ध अलंकारत्व का प्रयोजक नहीं, प्रत्युत 'भग्नप्रक्रम' नामक दोष का प्रयोजक है। पहले सबमें विशेष्य अच्छा और विशेषण बुरा है, किन्तु यहाँ विशेष्य (खल) ही बुरा हो गया है। इह चेति—जैसे दोनों पर कबूतर एकदम गिरते हैं उसी प्रकार यहाँ सब कारण एक साथ कार्यक्षेत्र में उतरते हैं, परन्तु समाधि अलंकार में पर्याप्तरूप से कार्यसाधक एक हेतु के होने पर अकस्मात् दूसरा आ पड़ता है, यही इनका भेद है। अरुणे चेति—हे तरुणि, तुम्हारे नेत्र लाल हुए और तुम्हारे प्रियतम का मुख मलिन पड़ गया और इधर तुम्हारा सिर नीचा हुआ (कोपशान्ति से) कि उधर उसके हृदय में कामानल प्रदीप्त होने लगा। यहाँ पूर्वार्ध में लालिमा और मलिनतारूप गुणों का यौगपद्य (साथ) है और उत्तरार्ध में नमन और ज्वलनरूप क्रियाओं की एककालिकता है। दोनों की एककालिकता का उदाहरण—कलुषमिति—हे राजन्, शुक्ल कमल के समान सुन्दर तुम्हारे नेत्र जहाँ शत्रुओं के ऊपर कलुषित हुए कि उसी समय उनके ऊपर आपत्तियों के कटाक्ष बरसने लगे। यहाँ कलुषतारूप गुण और कटाक्ष पतनरूप क्रिया एक काल में वर्णित हैं। धुनोति—इत्यादिकों में एक अधिकरण में भी समुच्चय मिलता है। यहाँ 'दीपक' न समझना, क्योंकि उसमें अतिशयोक्ति मूलभूत नहीं होती, किन्तु यहां गुण क्रिया के यौगपद्य में कार्य कारण का पौर्वापर्य विपर्यस्त रहता है, अतएव समुच्चय के इन भेदों में अतिशयोक्ति अवश्य रहती है।

समाधिरिति—दैववश आई हुई किसी वस्तु के कारण यदि प्रस्तुत कार्य सुकर हो जाय तो 'समाधि' अलङ्कार होता है। जैसे मानमिति—मैं इस मानिनी का मान दूर करने के लिये पैरों पर गिरने को तैयार ही था कि मेरे प्रारब्ध से यह मेघगर्जन उदित हो गया। यहाँ अचानक उदित हुए मेघगर्जन से मानापनोदन सुगम हो गया है।

प्रत्यनीकमिति—प्रधान शत्रु के तिरस्कार करने में अशक्त होने से यदि उसके किसी सम्बन्धी का तिरस्कार किया जाय जिससे शत्रु या प्रतिपक्ष का ही उत्कर्ष प्रकट होता हो, तो प्रत्यनीक अलङ्कार होता है।

'मध्येन तनुमध्या मे मध्यं जितवतीत्ययम्। इभकुम्भौ भिनत्त्यस्याः कुचकुम्भनिभौ हरिः ॥'

प्रसिद्धस्योपमानस्योपमेयत्वप्रकल्पनम् ॥ ८७ ॥

निष्फलत्वाभिधानं वा प्रतीपमिति कथ्यते । क्रमेण यथा—

'यस्त्वन्नेत्रसमानकान्ति सलिले मग्नं तदिन्दीवरं—' इत्यादि।

'तद्वक्त्रं यदि, मुद्रिता शशिकथा हा हेम, सा चेद् द्युति-
स्तच्चक्षुर्यदि, हारितं कुवलयैस्तच्चेत्स्मितं, का सुधा।
धिक्कन्दर्पधनुर्भ्रुवौ यदि च ते किं वा बहु ब्रूमहे
यत्सत्यं पुनरुक्तवस्तुविमुखः सर्गक्रमो वेधसः ॥'

अत्र वक्त्रादिभिरेव चन्द्रादीनां शोभातिवहनात्तेषां निष्फलत्वम्।

उक्त्वा चात्यन्तमुत्कर्षमत्युत्कृष्टस्य वस्तुनः ॥ ८८ ॥

कल्पितेऽप्युपमानत्वे प्रतीपं केचिदूचिरे । यथा—

'अहमेव गुरुः सुदारुणानामिति हालाहल तात मा स्म दृप्यः।
ननु सन्ति भवादृशानि भूयो भुवनेऽस्मिन्वचनानि दुर्जनानाम् ॥'

अत्र प्रथमपादेनोत्कर्षातिशय उक्तः। तदनुक्तौ तु नायमलंकारः यथा—'ब्रह्मेव ब्राह्मणो वदति' इत्यादि।

मीलितं वस्तुनो गुप्तिः केनचित् तुल्यलक्ष्मणा ॥ ८९ ॥

अत्र समानलक्षणं वस्तु क्वचित्सहजं क्वचिदागन्तुकम्। क्रमेण यथा—

'लक्ष्मीवक्षोजकस्तूरीलक्ष्म वक्षःस्थले हरेः। ग्रस्तं नालक्षि भारत्या भासा नीलोत्पलाभया ॥'

अत्र भगवतः श्यामा कान्तिः सहजा।

'सदैव शोणोपलकुण्डलस्थ· यस्यां मयूखैररुणीकृतानि।

उदाहरण—मध्येनेति—इस तनुमध्या ने अपने मध्य (कमर) से मेरी कमर को जीत लिया है—यह समझकर सिंह इस कामिनी के कुचकलशों के तुल्य गजराज के मस्तक को विदीर्ण करता है। यहां कमर को जीतनेवाली 'तनुमध्या' प्रधान शत्रु है, गजराज नहीं, परन्तु तिरस्कार उसी का हुआ है।

प्रसिद्धस्येति—प्रसिद्ध उपमान को उपमेय बनाना या उसको निष्फल बताना प्रतीप अलंकार कहाता है। **यदिति**—यह काव्यलिङ्ग में आ चुका है। नेत्रादिकों का उपमान कमलादिक प्रसिद्ध हैं। उसे यहाँ उपमेय बनाया है। **तद्वक्त्रमिति**—यदि वह मुख है तो चन्द्रमा की बात समाप्त हुई और जब उसके अङ्ग की छवि का ध्यान आता है तो सुवर्ण कुछ नहीं जचता। यदि वे चक्षु हैं तो नील कमल हार गये और उस स्मित के आगे अमृत भी क्या है। यदि उन भृकुटियों की बात है तो काम के धनुष को भी धिक्कार है। अधिक क्या कहें, सच पूछो तो ब्रह्मा की सृष्टि में एक के जोड़ की दूसरी वस्तु है ही नहीं। तात्पर्य यह है कि इस नायिका के जोड़ का भी कोई उपमान नहीं। यहाँ उपमानरूप से प्रसिद्ध चन्द्रादि का वैयर्थ्य कहा है।

उक्त्वेति—किसी अत्युत्कृष्ट वस्तु का अत्यन्त उत्कर्ष वर्णन करके पीछे किसी दूसरी वस्तु को उसका उपमान बना देने पर भी कोई लोग प्रतीपालङ्कार मानते हैं। जैसे—**अहमिति**—हे तात हालाहल, (कालकूट.... विष,) यह घमण्ड मत करो कि दारुण वस्तुओं में सबके गुरु हम ही हैं। तुम्हारे जैसे प्राणघातक इस संसार में दुर्जनों के बहुतेरे वचन विद्यमान हैं। यहां प्रथम चरण में हालाहल का उत्कर्ष कहा, फिर उसे दुर्जन वचनों का उपमान बना दिया। उत्कर्ष बिना कहे 'ब्रह्मेव ब्राह्मणो वदति' इत्यादि स्थल में यह अलङ्कार नहीं होता।

मीलितमिति—किसी तुल्यलक्षण वस्तु से किसी अन्य वस्तु के छिप जाने पर मीलितालङ्कार होता है। **अत्रेति**—तुल्य लक्षण वस्तु कहीं तो स्वाभाविक होती है और कहीं बाहर से आई हुई। क्रम से उदाहरण— **लक्ष्मीति**—विष्णु के वक्षःस्थल में लगा हुआ लक्ष्मी के कुचस्थल की कस्तूरी का चिह्न सरस्वती ने नहीं पहिचाना, क्योंकि वह नीलकमल सदृश भगवान की शरीरकान्ति से एकरूप हो रहा था। **अत्रेति**—यहां भगवान् की श्याम

कोपोपरक्तान्यपि कामिनीनां मुखानि शङ्कां विदधुर्न यूनाम् ॥'

अत्र माणिक्यकुण्डलस्यारुणिमा मुखे आगन्तुकः।

सामान्यं प्रकृतस्यान्यतादात्म्यं सदृशैर्गुणैः ॥ यथा—

मल्लिकाचितधम्मिल्लाश्चारुचन्दनचर्चिताः। अविभाव्याः सुखं यान्ति चन्द्रिकास्वभिसारिकाः ॥'

मीलिते उत्कृष्टगुणेन निकृष्टगुणस्य तिरोधानम्। इह तूभयोस्तुल्यगुणतया भेदाग्रहः।

तद्गुणः स्वगुणत्यागादत्युत्कृष्टगुणग्रहः ॥ ६० ॥ यथा—

'जगाद वदनच्छद्मपद्मपर्यन्तपातिनः नयन्मधुलिहः श्वैत्यमुदग्रदशनांशुभिः ॥'

मीलिते प्रकृतस्य वस्तुनो वस्त्वन्तरेणाच्छादनम्। इह तु वस्त्वन्तरगुणेनाक्रान्तता प्रतीयत इति भेदः।

तद्रूपाननुहारस्तु हेतौ सत्यप्यतद्गुणः । यथा--

'हन्त सान्द्रेण रागेण भृतेऽपि हृदये मम। गुणगौर निषण्णोऽपि कथं नाम न रज्यसि ॥'

यथा—'गाङ्गमम्बु सितमम्बु यामुनं कज्जलाभमुभयत्र मज्जतः।
राजहंस तव सैव शुभ्रता चीयते न च न चापचीयते ॥'

पूर्वत्रातिरक्तहृदयसंपर्कात्प्राप्तवदपि गुणगौरशब्दवाच्यस्य नायकस्य रक्तत्वं न निष्पन्नम्। उत्तरत्राप्रस्तुतप्रशंसायां विद्यमानायामपि गङ्गायमुनापेक्षया प्रकृतस्य हंसस्य गङ्गायमुनयोः संपर्केऽपि न तद्रूपता। अत्र च गुणाग्रहणरूपविच्छित्तिविशेषाश्रयाद्विशेषोक्तेर्भेदः। वर्णान्तरोत्पत्त्यभावाच्च विषमात्।

छवि स्वाभाविक है। उससे तुल्य वर्ण (श्याम) कस्तूरी का चिह्न छिपा है। दूसरा उदाहरण—**यस्यामिति**—जिस नगरी में लाल रत्नों से जटित कुण्डलों की किरणों से सदा लाल रहनेवाले कामिनियों के मुख क्रोध से रक्त होने पर भी कामुकों को कुछ शङ्का नहीं पैदा करते थे। यह उनकी समझ में ही न आता था कि ये क्रोध से लाल हैं। वे उन्हें कुण्डल की किरणों से ही रक्त समझते थे। **अत्रेति**—यहां मणिकुण्डलों की लालिमा मुख में आगन्तुक है।

सामान्यमिति—सदृश गुणों के कारण प्रकृत वस्तु का अन्य वस्तु के साथ भेद प्रतीत न होने से सामान्यालङ्कार होता है। **मल्लिकेति**—जिनका केशपाश मल्लिका के शुक्ल पुष्पों से आचित है और अङ्ग सब शुक्ल चन्दन से सुलिप्त हैं--वे शुक्लाभिसारिकायें चन्द्रिका में सुख से (निःशङ्क) गमन करती हैं, पहिचानी नहीं जातीं। मीलित में उत्कृष्ट गुणवाली वस्तु में निकृष्ट गुणवाली वस्तु छिप जाती है, किन्तु यहां दोनों वस्तुओं के समान गुण होने के कारण उनका भेद प्रतीत नहीं होता। **वस्तुतः**—मीलित में गोपन होता है और यहां तादात्म्य होता है।

तद्गुण इति--अपने गुणों को छोड़कर अत्यन्त उत्कृष्टके गुणों को ग्रहण करने से तद्गुणालङ्कार होता है। जैसे **जगादेति**--मुखरूप कमल के समीप उड़नेवाले भ्रमरों को अपने दांतों की द्युति से शुक्ल करते हुए बलभद्रजी बोले। यहां भ्रमरों ने कृष्णवर्ण छोड़कर शुक्लवर्ण प्राप्त किया है। मीलित में प्रकृत वस्तु का दूसरी वस्तु से आच्छादन होता है, किन्तु यहां दूसरी वस्तु के गुणों से प्रकृत वस्तु आक्रान्त प्रतीत होती है, वस्तु से नहीं।

तद्रूपेति--कारण होने पर भी दूसरी वस्तु के गुणों का ग्रहण न करने से अतद्गुणालङ्कार होता है। जैसे--**हन्तेति**--हे कान्त, तुम गुणों से शुभ्र हो और मेरा हृदय तुम्हारे प्रगाढ़ राग से भरा हुआ है, परन्तु उसमें रहने पर भी तुम रक्त (या अनुरक्त) क्यों नहीं होते? शुक्ल वस्तु तो रंग में पड़कर रँग जाती है। दूसरा उदाहरण—**गाङ्गमिति**—गङ्गा का जल श्वेत है और यमुना का कृष्ण। हे राजहंस, इन दोनों में स्नान करने पर भी तुम्हारी शुक्लता वैसी ही है। न बढ़ती है-न घटती है। यहाँ अप्रस्तुतप्रशंसा के कारण कोई ऐसा दृढनिश्चय पुरुष व्यंग्य है, जिस पर किसी की भलाई बुराई का असर नहीं होता। 'गंगा' से मतलब शुक्ल गुणों वाली सज्जनमण्डली से है और 'यमुना' से काले गुणोंवाली दुर्जनमण्डली का तात्पर्य है। एवं 'राजहंस' से कोई ऐसा प्रस्तुत महापुरुष विवक्षित है, जो इन सबके बीच में रहकर भी इनके भले बुरे प्रभावों से प्रभावित नहीं होता, अपने

संलक्षितस्तु सूक्ष्मोऽर्थ आकारेणेङ्गितेन वा ॥९१॥
कयापि सूच्यते भङ्ग्या यत्र सूक्ष्मं तदुच्यते।

सूक्ष्मः स्थूलमतिभिरसंलक्ष्यः। अत्राकारेण यथा—

'वक्त्रस्यन्दिस्वेदबिन्दुप्रबन्धैर्दृष्ट्वा भिन्नं कुंकुमं कापि कण्ठे।
पुंस्त्वं तन्व्या व्यञ्जयन्ती वयस्या स्मित्वा पाणौ खड्गलेखां लिलेख॥'

अत्र कयाचित्कुंकुमभेदेन संलक्षितं कस्याश्चित्पुरुषायितं पाणौ पुरुषचिह्नखड्गलेखालिखनेन सूचितम्। इङ्गितेन यथा—

'संकेतकालमनसं विटं ज्ञात्वा विदग्धया। हसन्नेत्रार्पिताकूतं लीलापद्मं निमीलितम्॥'

अत्र विटस्य भ्रूविक्षेपादिना लक्षितः संकेतकालाभिप्रायो रजनीकालभाविना पद्मनिमीलनेन प्रकाशितः।

व्याजोक्तिर्गोपनं व्याजादुद्भिन्नस्यापि वस्तुनः ॥९२॥ यथा—

'शैलेन्द्रप्रतिपाद्यमानगिरिजाहस्तोपगूढोल्लसद्रोमाञ्चादिविसंस्थुलाखिलविधिव्यासङ्गभङ्गाकुलः।
आः शैत्यं तुहिनाचलस्य करयोरित्यूचिवान्सस्मितं शैलान्तःपुरमातृमण्डलगणैर्दृष्टोऽवताद्वः शिवः॥'

नेयं प्रथमापह्नुतिः अपह्नवकारिणो विषयस्यानभिधानात् द्वितीयापह्नुतेर्भेदश्च तत्प्रस्तावे दर्शितः।

स्वरूप और निश्चय में अचल रहता है। उसीकी प्रशंसा है। पूर्वत्रेति—यहाँ पहले पद्य में अतिरिक्त हृदय के सम्बन्ध से गुणगौरनायक का रक्त होना प्राप्त है–पर हुआ नहीं–और दूसरे में अप्रस्तुतप्रशंसा के होने पर भी गङ्गा यमुना की अपेक्षा प्रस्तुत हंस का उन दोनों के साथ सम्बन्ध होने पर भी वैसा वर्ण नहीं हुआ। तात्पर्य यह है कि यद्यपि अप्रस्तुतप्रशंसा में वर्ण्यमान अर्थ प्रस्तुत नहीं होता, किसी अप्रस्तुत के वर्णन से प्रस्तुत अर्थ व्यंग्य होता है, एवंच प्रकृत पद्य में वर्णित हंस प्रस्तुत नहीं हो सकता—तथापि गङ्गा यमुना की अपेक्षा से तो उनके पास हंस मानना ही पड़ेगा। यही बात यहाँ 'प्रकृत' पद से विवक्षित है, वर्ण्यमानत्व नहीं। यहाँ हेतु होने पर भी कार्य के न होने से विशेषोक्ति प्राप्त है, परन्तु गुणों के ग्रहण न करने से यहाँ विशेष चमत्कार है, अतः तन्मूलक ही यह अलङ्कारान्तर है। वर्णान्तर की उत्पत्ति न होने से यह विषमालंकार नहीं है।

'सूक्ष्म'--संलक्षित इति—आकार अथवा चेष्टा से पहिचाना हुआ सूक्ष्म अर्थ जहाँ किसी युक्ति से सूचित किया जाय वहाँ सूक्ष्म अलंकार होता है। यह स्थूलबुद्धियों से ज्ञेय नहीं है, अतः सूक्ष्म कहाता है। आकार का उदाहरण—वक्त्रेति—मुख पर बहे हुए पसीने के बिन्दुओं से गले के कुंकुम को भिन्न हुआ देखकर किसी सखी ने उस तन्वी का पुरुषत्व सूचन करने के लिये मुसकुरा कर उसके हाथ पर खड्ग का आकार बना दिया। यहाँ आकार (कुंकुम भेद) से सूक्ष्म अर्थ—विपरीतरमण—लक्षित हुआ है। इङ्गित का उदाहरण—संकेतेति—विटको संकेतकाल का जिज्ञासु जानकर हँसते हुए नेत्रों से अभिप्राय बताती हुई किसी चतुर नायिका ने क्रीडा-कमल को मूंद दिया। यहाँ विट के भृकुटि-भङ्गादिरूप इङ्गित (चेष्टा) से उसका अभिप्राय (संकेतकाल की जिज्ञासा) ज्ञात हुआ है। सन्ध्या काल में होनेवाले कमलनिमीलन से वह सूचित होता है।

व्याजेति--किसी प्रकट हुई वस्तु का किसी बहाने से छिपाना 'व्याजोक्ति' कहाता है। जैसे—शैलेति—हिमाचल के कन्यादान के समय पार्वती के कर स्पर्श से रोमाञ्चादि सात्त्विक विकारों के उदय होने पर विधिभङ्ग से व्याकुल होकर बात छिपाने के लिये, 'अहो हिमाचल के हाथों में बड़ी ठण्ड है', यह कहते हुए और उसी समय हिमालय के अन्तःपुर में स्थित मातृमण्डल से स्मितपूर्वक देखे गये शिवजी तुम्हारी रक्षा करें। विवाह के समय शिवजी ने जब पार्वती का हाथ पकड़ा तो सात्त्विक भाव (रोमाञ्च और कम्प) का आविर्भाव हुआ। इससे उस समय की विधि (पूजन आदि) में कुछ गड़बड़ हुई। इससे व्याकुल होकर शिवजी ने असली बात छिपाने के लिये ठण्ड का बहाना किया। उधर अन्तःपुर में बैठी हुई देवमातायें–जो यह जानती थीं कि इस रोमाञ्च और कम्प का कारण शीताधिक्य नहीं, कुछ और ही है–शिवजी के–'आः शैत्यम्'–इस बहाने को सुनकर इनकी ओर कुछ मुसकुराकर देखने लगीं। यहाँ प्रकट हुए सात्त्विक भावों को शीत के बहाने से छिपाया है, अतः यह 'व्याजोक्ति' अलङ्कार है। नेति–यह प्रथम अपह्नुति नहीं है, क्योंकि यहाँ विषय (उपमेय) का कथन नहीं है।

स्वभावोक्तिर्दुरूहार्थस्वक्रियारूपवर्णनम्।

दुरूहयोः कविमात्रवेद्ययोरर्थस्य डिम्भादेः स्वयोस्तदेकाश्रययोश्चेष्टास्वरूपयोः। यथा मम—
'लांगूलेनाभिहत्य क्षितितलमसकृद्दारयन्नग्रपद्भ्यामात्मन्येवावलीय द्रुतमथ गगनं प्रोत्पतन्विक्रमेण।
स्फूर्जद्धुंकारघोषः प्रतिदिशमखिलान्द्रावयन्नेव जन्तून्कोपाविष्टः प्रविष्टः प्रतिवनमरुणोच्छूनचक्षुस्तरक्षुः॥

अद्भुतस्य पदार्थस्य भूतस्याथ भविष्यतः॥ ९३॥
यत्प्रत्यक्षायमाणत्वं तद्भाविकमुदाहृतम्। यथा—

'मुनिर्जयति योगीन्द्रो महात्मा कुम्भसंभवः। येनैकचुलुके दृष्टौ दिव्यौ तौ मत्स्यकच्छपौ॥'

यथा वा— 'आसीदञ्जनमत्रेति पश्यामि तव लोचने। भाविभूषणसंभारां साक्षात्कुर्वे तवाकृतिम्॥'

न चायं प्रसादाख्यो गुणः। भूतभाविनोः प्रत्यक्षायमाणत्वे तस्याहेतुत्वात्। न चाद्भुतो रसः। विस्मयं प्रत्यस्य हेतुत्वात्। न चातिशयोक्तिरलंकारः, अध्यवसायाभावात्। न च भ्रान्तिमान्, भूतभाविनोर्भूतभावितयैव प्रकाशनात्। न च स्वभावोक्तिः, तस्य लौकिकवस्तुगतसूक्ष्मधर्मस्वभावस्यैव यथावद्वर्णनं स्वरूपम्। अस्य तु वस्तुनः प्रत्यक्षायमाणत्वरूपो विच्छित्तिविशेषोऽस्तीति। यदि पुनर्वस्तुनः क्वचित्स्वभावोक्तावप्यन्या विच्छित्तेः संभवस्तदोभयोः संकरः।

'अनातपत्रोऽप्ययमत्र लक्ष्यते सितातपत्रैरिव सर्वतो वृतः।
अचामरोऽप्येष सदैव वीज्यते विलासबालव्यजनेन कोऽप्ययम्॥'

अत्र प्रत्यक्षायमाणस्यैव वर्णनान्नायमलंकारः। वर्णनावशेन प्रत्यक्षायमाणत्वस्यास्य स्वरूपत्वात्। यत्पुनरप्रत्यक्षायमाणस्यापि वर्णने प्रत्यक्षायमाणत्वं तत्रायमलंकारो भवितुं युक्तः। यथोदाहृते 'आसीदञ्जनम्-' इत्यादौ।

लोकातिशयसंपत्तिवर्णनोदात्तमुच्यते॥ ९४॥

द्वितीय अपह्नुति से इसका भेद तो वहीं कह चुके हैं कि उसमें छिपानेवाला गोप्य वस्तु का पहले स्वयं कथन कर देता है, फिर छिपाता है। यहाँ वह बात नहीं है। **स्वभावेति—दुरूहयोरिति**—दुरूह अर्थात् कविमात्र से ज्ञातव्य जो बच्चे आदिकों की चेष्टायें या स्वरूप उनके वर्णन को स्वभावोक्ति कहते हैं। जैसे—**लांगूलेति**—बार बार पूँछ पटककर अगले पैरों से पृथ्वी को खोदता हुआ, बड़े वेग से घूँ घूँ शब्द करता हुआ, सभी जीवों को चारो ओर भगाता हुआ, क्रोध में भरा, लाल लाल उभरे हुये नेत्रोंवाले तरक्षु (बघेरा=चरख) वन में घुसा। '**तरक्षुस्तु मृगादनः**'।

अद्भुतस्येति—भूत या भविष्यत् किसी अद्भुत पदार्थ को प्रत्यक्षवत् अनुभव करने पर भाविक अलङ्कार होता है। **मुनिरिति**—योगिराज महात्मा कुम्भजन्मा मुनि (अगस्त्य) सबसे उत्कृष्ट हैं, जिन्होंने समुद्र का आचमन करते समय अपने एक चुल्लू में उन दोनों अद्भुत मत्स्य और कच्छप (मत्स्यावतार और कूर्मावतार) को देखा। यहाँ भूतकालिक मुनि, विशेष घटना के साथ, प्रत्यक्षवत् भासित होते हैं। दूसरा उदाहरण—**आसीदिति**—तुम्हारे इन नेत्रों की वह अवस्था, जब इनमें अञ्जन लगा था, अब भी मेरी आँखों के सामने है। और आगे होनेवाले भूषणों से रमणीय तुम्हारी आकृति भी मेरे सामने खड़ी सी है। औरों से इसका भेद दिखाते हैं। **न चेति**—इसे प्रसाद गुण के अन्तर्गत नहीं कह सकते, क्योंकि भूत भविष्यत् के प्रत्यक्षवत् भासित होने में प्रसाद गुण हेतु नहीं है। यह अद्भुत रस भी नहीं है, क्योंकि यह (भाविक) विस्मय का हेतु है और अद्भुत रस विस्मयस्वरूप होता है। अतिशयोक्ति भी यह नहीं, क्योंकि यहाँ अध्यवसाय नहीं है। भूत और भविष्यत् वस्तुओं के ठीक उसी वास्तविकरूप में प्रकाशित होने के कारण यह भ्रान्तिमान् भी नहीं है। स्वभावोक्ति में वस्तु का सूक्ष्म स्वरूप वर्णित रहता है। वही अलंकार का स्वरूप है—किन्तु यहाँ वस्तु की प्रत्यक्षायमाणता विशेष है। यदि कहीं स्वभावोक्ति में यह चमत्कार दीखे तो इन दोनों (भाविक और स्वभावोक्ति) अलंकारों का संकर जानना। **अनातपत्रेति**—छत्र के विना भी यह अनेक शुक्ल छत्रों से घिरा सा प्रतीत होता है। चामर के विना भी यह सदा चामरों से वीजित सा होता है। यह कोई महापुरुष है। यहाँ भाविक अलंकार नहीं है—क्योंकि यहां साक्षात् (चक्षु से ही) प्रत्यक्ष हो रहा है। वर्णन के कारण वस्तु का प्रत्यक्षवत् भान होने पर यह अलंकार होता

यद्वापि प्रस्तुतस्याङ्गं महतां चरितं भवेत्। क्रमेणोदाहरणम्—

'अधःकृताम्भोधरमण्डलानां यस्यां शशाङ्कोपलकुट्टिमानाम्।
ज्योत्स्नानिपातात्क्षरतां पयोभिः केलीवनं वृद्धिमुरीकरोति॥'
'नाभिप्रभिन्नाम्बुरुहासनेन संस्तूयमानः प्रथमेन धात्रा।
अमुं युगान्तोचितयोगनिद्रः संहृत्य लोकान्पुरुषोऽधिशेते॥'

रसभावौ तदाभासौ भावस्य प्रशमस्तथा॥ ९५॥
गुणीभूतत्वमायान्ति यदालंकृतयस्तदा।
रसवत्प्रेय ऊर्जस्वि समाहितमिति क्रमात्॥ ९६॥

तदाभासौ रसाभासो भावाभासश्च। तत्र रसयोगाद्रसवदलंकारो यथा—'अयं स रशनोत्कर्षी—' इत्यादि। अत्र शृङ्गारः करुणस्याङ्गम्। एवमन्यत्रापि। प्रकृष्टप्रियत्वात्प्रेयः यथा मम—

आमीलितालसविवर्तिततारकाक्षीं मत्कण्ठबन्धनदरश्लथबाहुवल्लीम्।
प्रस्वेदवारिकणिकाचितगण्डबिम्बां संस्मृत्य तामनिशमेति न शान्तिमन्तः॥'

अत्र संभोगशृङ्गारः स्मरणाख्यभावस्याङ्गम्। स च विप्रलम्भस्य। ऊर्जो बलम्, अनौचित्यप्रवृत्तौ तदत्रास्तीत्यूर्जस्वि। यथा—

'वनेऽखिलकलासक्ताः परिहृत्य निजस्त्रियः। त्वद्वैरिवनितावृन्दे पुलिन्दाः कुर्वते रतिम्॥'

अत्र शृङ्गाराभासो राजविषयरतिभावस्याङ्गम्। एवं भावाभासोऽपि। समाहितं परीहारः। यथा—

'अविरलकरवालकम्पनैर्भ्रुकुटीतर्जनगर्जनैर्मुहुः। ददृशे तव वैरिणां मदः स गतः क्वापि तवेक्षणेक्षणात्॥'

है—जैसे—आसीदित्यादि में। **लोकेति**—लोकोत्तर सम्पत्ति का वर्णन 'उदात्त' अलंकार कहलाता है—और यदि महापुरुष आदिकों का चरित प्रस्तुत वस्तु का अङ्ग हो तब भी यही अलङ्कार होता है। जैसे—**अध इति**—जिस नगरी में मेघमण्डलों से भी ऊँचे और चन्द्रमा की किरणों के पड़ने से टपकते हुए चन्द्रकान्त मणिमय (प्रासादस्थ) कुट्टिमों (फर्शों) के जलसे क्रीडावन बढ़ता है। महलों की अटारियाँ मेघों से भी ऊँचा हैं, अतः उनमें चन्द्रमा की किरणें सदा प्रकाशित रहती हैं—नीचा होने के कारण बादल वहाँ की चान्द्रका का रोक नहीं सकता, अतः वहाँ से चन्द्रकान्तमणि जल टपकाया करते हैं और उससे क्रीडावन के वृक्ष फलते फूलते हैं। यह लोकोत्तर सम्पत्ति का वर्णन है। दूसरे का उदाहरण—**नाभीति**—हे सीते, नाभि से निकले कमल पर बैठे हुए ब्रह्माजी से स्तूयमान भगवान् विष्णु प्रलय में सब लोकों का संहार करके इसी (समुद्र) में शयन करते हैं। यहाँ विष्णु का चरित समुद्रवर्णन का अङ्ग है।

रसेति—रस और भाव, रसाभास और भावाभास एवं भाव का प्रशम ये जब किसी के अङ्ग हो जाते हैं तो क्रम से रसवत्, प्रेयस्, ऊर्जस्वि और समाहित अलंकार होते हैं। रस यदि किसी का अङ्ग हो तो रसवत् अलंकार होता है—जैसे—**अयमिति**—यहाँ शृङ्गार करुण का अङ्ग है। भाव यदि किसी का अंग हो तो प्रेयस् अलंकार होता है। अत्यन्त प्रिय होने से इसे प्रेयस् कहते हैं—जैसे—**आमीलितेति**—जिसके नेत्रों की तारकायें ईषत् मीलित और शिथिलता से विवर्तित हैं, जिसकी भुजलता मेरे कण्ठबन्धन से कुछ शिथिल हो गई है और पसीने की बूँदें जिसके कपोलतल पर झलक रही हैं उस मृगनयनी का स्मरण करके चित्त शान्त नहीं पाता। यहाँ स्मरणाख्य भाव विप्रलम्भ शृंगार का अंग है। अनौचित्य से प्रवृत्ति में ऊर्जस् अर्थात् बलात्कार जहाँ रहे उसे 'ऊर्जस्वि' कहते हैं। रसाभास और भावाभास जहाँ दूसरे के अङ्ग हों वहाँ यह अलंकार होता है। **वन इति**—वन में निखिलकलासक्त अपनी स्त्रियों को छोड़कर भील लोग तुम्हारे शत्रुओं की स्त्रियों से प्रेम करते हैं। **अत्रेति**—यहाँ रति उभयनिष्ठ नहीं है। पुलिन्द (भील) लोग प्रेम रहित पर नारी में प्रवृत्त हुए हैं, अतः अनौचित्य के कारण शृंगाराभास है। वह वक्ता की राजविषयक रति का—जो इस पद्य से प्रधानतया प्रतीयमान है—अङ्ग है। इसी प्रकार भावाभास में भी जानना। समाहित का अर्थ है परीहार (दूर

अत्र मदाख्यभावस्य प्रशमो राजविषयरतिभावस्याङ्गम् ।

भावस्य चोदये संधौ मिश्रत्वे च तदाख्यकाः ।

तदाख्यका भावोदयभावसंधिभावशबलनामानोऽलंकाराः । क्रमेणोदाहरणम्—

'मधुपानप्रवृत्तास्ते सुहृद्भिः सह वैरिणः । श्रुत्वा कुतोऽपि त्वन्नाम लेभिरे विषमां दशाम् ॥'

अत्र त्रासादयो राजविषयरतिभावस्याङ्गम् ।

'जन्मान्तरीणरमणस्याङ्गसङ्गसमुत्सुका । सलज्जा चान्तिके सख्याः पातु नः पार्वती सदा ॥'

अत्रौत्सुक्यलज्जयोश्च संधिर्देवताविषयरतिभावस्याङ्गम् ।

'पश्येत्कश्चिच्चल चपल रे का त्वराहं कुमारी हस्तालम्बं वितर हहहा व्युत्क्रमः क्वासि यासि ।
इत्थं पृथ्वीपरिवृढ, भवद्विद्विषोऽरण्यवृत्तेः कन्या कंचित्फलकिसलयान्याददानाभिधत्ते ॥'

अत्र शङ्कासूयाधृतिस्मृतिश्रमदैन्यविबोधौत्सुक्यानां शबलता राजविषयरतिभावस्याङ्गम् । इह केचिदाहुः—'वाच्यवाचकरूपालंकरणमुखेन रसाद्युपकारका एवालंकाराः । रसादयस्तु वाच्यवाचकाभ्यामुपकार्या एवेति न तेषामलंकारता भवितुं युक्ता' इति । अन्ये तु—'रसाद्युपकारमात्रेणेहालंकृतिव्यपदेशो भाक्तश्चिरंतनप्रसिद्ध्याङ्गीकार्य एव' इति । अपरे च—'रसाद्युपकारमात्रेणालंकारत्वं मुख्यतो, रूपकादौ तु वाच्याद्युपधानम् अजागलस्तनन्यायेन' इति । अभियुक्तास्तु—'स्वव्यञ्जकवाच्य-

---

होना) जैसे—**अविरलेति**—हे राजन्, पहले तो तलवार घुमाने, भौंहें चढाने तर्जन और गर्जन करने से तुम्हारे शत्रुओं में बड़ा मद दीखता था, किन्तु तुम्हारे सामने आते ही वह न जाने किधर उड़ गया। यहाँ मद नामक भाव का प्रशम राजविषयक रतिभाव का अङ्ग है। **भावस्येति**—किसी भाव (संचारी) के उदय होने, सन्धि होने और मिश्रित होने में क्रम से भावोदय, भावसन्धि और भावशबलता नामक अलंकार होते हैं। क्रम से उदाहरण—**मधु इति**—तुम्हारे शत्रु लोग पहले तो अपने मित्रों के साथ मद्यपान में प्रवृत्त थे, परन्तु किसी के मुँह से तुम्हारा नाम सुनकर उन बेचारों की बुरी दशा हो गई। **अत्रेति**—यहाँ त्रासादिक राजविषयक रति के अङ्ग हैं। **जन्मेति**—जन्मान्तर के पति के अङ्ग का सङ्ग (स्पर्श) करने के लिये समुत्कण्ठित किन्तु सखी के सामीप्य से लज्जित पार्वती सदा हमारी रक्षा करे। यहाँ उत्कण्ठा और लज्जा की सन्धि है—वह देवताविषयक रति का अङ्ग है। **पश्येदिति**—"कोई देख लेगा! १, अरे चञ्चल, चल हट परे हो २, जल्दी क्या है? ३, (मन में) मैं तो कुमारी हूं ४, (प्रकट) अरे मेरा हाथ पकड़ ले ५, हन्त! अत्यन्त कष्ट है ६, बड़ी गड़बड़ है ७, अरे कहाँ जाता है?" ८, हे राजन्, अरण्य में गये हुए तुम्हारे शत्रु की कन्या फल और पत्र लिये हुए, इस प्रकार किसी से कह रही है। यहाँ कन्या के वाक्यों में क्रम से शङ्का, असूया, धृति, स्मृति, श्रम, दैन्य, विबोध और औत्सुक्य नामक आठ भावों की प्रतीति होती है। यहाँ इन भावों की शबलता (मिश्रण) है। **इहेति**—यहाँ किन्हीं का मत है कि रसवदादिक अलंकार नहीं हो सकते, क्योंकि अलङ्कार वे ही होते हैं जो वाच्य, वाचक (शब्द, अर्थ) की शोभा को उत्पन्न करते हुए रसादि के उपकारक हों। तात्पर्य यह है कि जैसे कुण्डलादिक अलङ्कार शरीर की शोभा को बढ़ाते हुए आत्मा की उत्कृष्टता का बोधन करते हैं इसी प्रकार काव्य के शरीरभूत शब्द और अर्थ को सुभूषित करते हुए जो अनुप्रास रूपकादि आत्मभूत रस के उपकारक होते हैं वे ही काव्यालङ्कार माने जाते हैं। रसभावादिक तो शब्द और अर्थ के उपकार्य हैं, उपकारक नहीं, अतः वे अलङ्कार नहीं हो सकते।

अन्ये तु—दूसरे यह मानते हैं कि रसवदादिकों को भी प्राचीन आचार्यों की प्रसिद्धि के अनुसार अलङ्कार मानना ही चाहिये। जैसे रूपकादिक रस के उपकारक होते हैं वैसे ही अङ्गभूत रसादिक भी प्रधान रसादिक के उपकारक होते ही हैं। केवल शब्दादि के उपकारक नहीं होते, अतः यहाँ 'अलङ्कार' शब्द का लाक्षणिक (गौण) प्रयोग जानना।

अपरे चेति—अन्य लोग यह कहते हैं कि केवल रसादि का उपकार करने से ही प्रधान अलङ्कारत्व होता है, अतः रसवदादिक ही प्रधान अलङ्कार हैं। रूपकादिक तो प्रधानतया अर्थादि के उपकारक होते हैं और उसके द्वारा रस के उपकारक होते हैं, अतः उन्हें अजागलस्तनन्याय से अलङ्कार कहा जाता है। जैसे

वाचकाद्युपकृतैरङ्गभूतै रसादिभिरङ्गिनो रसादेर्वाच्यवाचकोपस्कारद्वारेणोपकुर्वद्भिरलंकृतिव्यपदेशो लभ्यते। समासोक्तौ तु नायिकादिव्यवहारमात्रस्यैवालंकृतिता, न त्वास्वादस्य, तस्योक्तरीतिविरहात्' इति मन्यन्ते। अत एव ध्वनिकारेणोक्तम्--

'प्रधानेऽन्यत्र वाक्यार्थे यत्राङ्गं तु रसादयः। काव्ये तस्मिन्नलंकारो रसादिरिति मे मतिः॥'

यदि च रसाद्युपकारमात्रेणालंकृतित्वं तदा वाचकादिष्वपि तथा प्रसज्येत। एवं च यच्च कैश्चिदुक्तम्--'रसादीनामङ्गित्वे रसवदाद्यलंकारः, अङ्गत्वे तु द्वितीयोदात्तालंकारः', तदपि परास्तम्।

यद्येत एवालंकाराः परस्परविमिश्रिताः॥ ९७॥

तदा पृथगलंकारौ संसृष्टिः संकरस्तथा।

यथा लौकिकालंकाराणामपि परस्परमिश्रणे पृथक्चारुत्वेन पृथगलंकारत्वं तथोक्तरूपाणां काव्यालंकाराणामपि परस्परमिश्रत्वे संसृष्टिसंकराख्यौ पृथगलंकारौ। तत्र—

मिथोऽनपेक्षयैतेषां स्थितः संसृष्टिरुच्यते॥९८॥ एतेषां शब्दार्थालंकाराणाम्। यथा—

'देवः पायादपायान्नः स्मरेन्दीवरलोचनः। संसारध्वान्तविध्वंसहंसः कंसनिषूदनः॥'

अत्र पायादपायादिति यमकम्। संसारेत्यादौ चानुप्रास इति शब्दालंकारयोः संसृष्टिः। द्वितीये पादे उपमा, द्वितीयार्धे च रूपकमित्यर्थालंकारयोः संसृष्टिः। एवमुभयोः स्थितत्वाच्छब्दार्थालंकारसंसृष्टिः।

अङ्गाङ्गित्वेऽलंकृतीनां तद्वदेकाश्रयस्थितौ। संदिग्धत्वे च भवति संकरस्त्रिविधः पुनः॥ ९९॥

अङ्गाङ्गिभावो यथा—

बकरी के गले में लटकते हुए मांसखण्ड थनों की जगह नहीं होते और न थनों का काम (दूध देना) करते हैं, तथापि आकारसाम्य से उन्हें भी स्तन कहा जाता है, इसी प्रकार रूपकादि में अलंकार पद का गौण प्रयोग होता है।

अभियुक्ताः--प्रामाणिक आचार्यों का यह कथन है कि अङ्गभूत रसादिक अपने व्यञ्जक शब्द और अर्थ से उपकृत होकर प्रधान रस के व्यंजक शब्द और अर्थों के उपकार के द्वारा ही प्रधान रस का उपकार करते हैं। अतएव मुख्य वृत्ति से ही उनमें अलंकार पद का प्रयोग होता है। समासोक्ति में नायिका आदि के व्यवहार का आरोप ही अलंकार कहलाता है। उस आरोप से उत्पन्न आस्वाद को अलंकार नहीं कहते, क्योंकि वह उक्त लक्षण (वाच्य वाचकालङ्करण द्वारा रसोपकारकत्व) के अनुसार अलंकार नहीं है। इसी लिये ध्वनिकार ने कहा है—**प्रधाने इति**--रसादिक जहाँ किसी अन्य वाक्यार्थ में अङ्गभूत हों वहां वे अलंकार होते हैं।

पहले कहे **अपरे च** के मत में दोष देते हैं। **यदि चेति**—यदि केवल रसादि के उपकार करने मात्र से अलंकार होना मानोगे तो शब्द और अर्थ भी अलंकार हो जायेंगे। **एवञ्च**—इसी प्रकार यह जो किन्हीं ने (ध्वन्यभाववादियों ने) कहा था कि रसादिकों की प्रधानता में रसवदादि अलंकार होते हैं और यदि वे अप्रधान हों तो दूसरा 'उदात्त' (**प्रस्तुतस्याङ्गं महतां चरितम्**) अलंकार होता है—वह मत भी परास्त हुआ। क्योंकि रसादिकों की प्रधानता में तो रसादि ध्वनि सिद्ध कर चुके हैं और अप्रधानता में रसवदादि अलंकार सिद्ध किया है, अतः यहाँ उदात्तालङ्कार का विषय ही नहीं बचता।

यद्येते--जहाँ ये ही सब अलङ्कार आपस में मिले हों वहाँ संसृष्टि और संकर नामक दो अलङ्कार पृथक् २ माने जाते हैं। **यथेति**--लौकिक अलंकारों की भांति काव्यालंकारों में भी दो के मिलने पर पृथक् चारुता होती है।

मिथ इति--उक्त शब्दालंकार और अर्थालंकार यदि परस्पर निरपेक्ष होकर स्थित हों तो संसृष्टि होती है। **देव इति**--यहाँ '**पायादपायात्**' में यमक है और उत्तरार्ध में वृत्त्यनुप्रास है, अतः इन दो शब्दालंकारों की संसृष्टि है। एवं 'स्मेरे-' त्यादि में उपमा है और 'संसाररूप अन्धकार को दूर करने में हंस (सूर्य) रूप' इसमें रूपक है, अतः दो अर्थालंकारों की संसृष्टि है। इस प्रकार शब्दालंकार और अर्थालंकारों की यहाँ संसृष्टि है।

अङ्गेति--संकर तीन प्रकार का होता है—एक तो जहाँ कई अलंकारों में अङ्गाङ्गिभाव हो, दूसरे जहाँ एकही आश्रय (शब्द या अर्थ) में अनेक अलंकारों की स्थिति हो, तीसरे जहाँ कई अलंकारों का सन्देह होता हो।

'आकृष्टिवेगविगलद्भुजगेन्द्रभोगनिर्मोकपट्टपरिवेष्टनयाम्बुराशेः।
मन्थव्यथाव्युपशमार्थमिवाशु यस्य मन्दाकिनी चिरमवेष्टत पादमूले॥'

अत्र निर्मोकपट्टापह्नवेन मन्दाकिन्या आरोप इत्यपह्नुतिः। सा च मन्दाकिन्या वस्तुवृत्तेन यत्पादमूलवेष्टनं तच्चरणमूलवेष्टनमिति श्लेषमुत्थापयतीति तस्याङ्गम्। श्लेषश्च पादमूलवेष्टनमेव चरणमूलवेष्टनमित्यतिशयोक्तेरङ्गम्। अतिशयोक्तिश्च मन्थव्यथाव्युपशमार्थमिवेत्युत्प्रेक्षाया अङ्गम्। उत्प्रेक्षा चाम्बुराशिमन्दाकिन्योर्नायकनायिकाव्यवहारं गमयतीति समासोक्तेरङ्गम्। यथा वा—

'अनुरागवती संध्या दिवसस्तत्पुरःसरः। अहो दैवगतिश्चित्रा तथापि न समागमः॥'

अत्र समासोक्तिर्विशेषोक्तेरङ्गम्। संदेहसंकरो यथा—

'इदमाभाति गगने भिन्दानं संततं तमः। अमन्दनयनानन्दकरं मण्डलमैन्दवम्॥'

अत्र किं मुखस्य चन्द्रतयाध्यवसानादतिशयोक्तिः, उत इदमिति मुखं निर्दिश्य चन्द्रत्वारोपाद्रूपकम्, अथवा इदमिति मुखस्य चन्द्रमण्डलस्य च द्वयोरपि प्रकृतयोरेकधर्माभिसंबन्धात्तुल्ययोगिता, आहोस्विच्चन्द्रस्याप्रकृतत्वाद्दीपकम्, किं वा विशेषणसाम्यादप्रस्तुतस्य मुखस्य गम्यत्वात्समासोक्तिः, यद्वाऽप्रस्तुतचन्द्रवर्णनया प्रस्तुतस्य मुखस्यावगतिरित्यप्रस्तुतप्रशंसा, यद्वा मन्मथोद्दीपनः कालः स्वकार्यभूतचन्द्रवर्णनामुखेन वर्णित इति पर्यायोक्तिरिति बहूनामलंकाराणां संदेहात्संदेहसंकरः।

यथा वा—'मुखचन्द्रं पश्यामि' इत्यत्र किं मुखं चन्द्र इवेत्युपमा, उत चन्द्र एवेति रूपकमिति संदेहः। साधकबाधकयोर्द्वयोरेकतरस्य सद्भावे न पुनः संदेहः। यथा—'मुखचन्द्रं चुम्बति' इत्यत्र चुम्बनं मुखस्यानुकूलमित्युपमायाः साधकम्, चन्द्रस्य तु प्रतिकूलमिति रूपकस्य बाधकम्। 'मुखचन्द्रः प्रकाशते' इत्यत्र प्रकाशाख्यो धर्मो रूपकस्य साधको, मुखे उपचरितत्वेन संभवतीति नोपमाबाधकः।

है पहला उदाहरण--आकृष्टीति--मन्थन के अनन्तर आकर्षण के वेग से छूटकर गिरी हुई शेषनाग की केंचली के बहाने मानों मन्थन की व्यथा को दूर करने के लिये श्रीगङ्गाजी चरणसेवा करने को जिस (समुद्र) के समीप उपस्थित हुई थीं। अत्रेति—यहां निर्मोक पट्ट (केंचली) का अपह्नव करके मन्दाकिनी का आरोप किया है, अतः अपह्नुति है--और वह, मन्दाकिनी का वास्तविक जो पादमूल का वेष्टन (समीप स्थिति) वही चरणमूलवेष्टन (पैर दबाना) है--इस प्रकार श्लेष को उत्थापित करती है, अतः उसका अङ्ग है। और श्लेष 'पादमूलवेष्टन' ही चरणवेष्टन है, इस अभेदाध्यवसायरूप अतिशयोक्ति का अङ्ग है। यह अतिशयोक्ति 'मानों मन्थनखेद दूर करने के लिये' इस उत्प्रेक्षा का अङ्ग है। एवम् यह उत्प्रेक्षा. समुद्र और गङ्गा में नायक-नायिका का व्यवहार को सूचित करती है, अतः समासोक्ति का अङ्ग है। इस प्रकार यहां इन अलंकारों का अङ्गाङ्गिभाव होने से सङ्करालंकार है।

दूसरा उदाहरण--अनुरागेति--संध्या अनुरागयुक्त है और दिन उसके सामने उपस्थित है। किन्तु दैवगति विचित्र है, जो इतने पर भी समागम नहीं होता। यहां समासोक्ति, विशेषोक्ति का अङ्ग है।

सन्देहसंकर का उदाहरण–इदमिति–अन्धकार को दूर करता हुआ नयनानन्ददायी यह इन्दुमण्डल आकाश में सुशोभित हो रहा है। अत्रेति--यहां मुख को चन्द्ररूप से अध्यवसाय करने से क्या अतिशयोक्ति है? अथवा 'इदम्' पद से मुख का निर्देश करके चन्द्रत्व का आरोप करने से यहां रूपक है? या मुख और चन्द्र दोनों प्रकृत हैं और उनमें एक धर्म (नयनानन्दकरत्वादि) का सम्बन्ध होने से तुल्ययोगिता है? किंवा चन्द्रमा के अप्रकृत होने के कारण दीपक है? यद्वा विशेषण की समता के कारण अप्रस्तुत मुख गम्यमान है, अतः समासोक्ति है? या अप्रस्तुत चन्द्रमा से प्रस्तुत मुख का व्यञ्जन होने के कारण अप्रस्तुतप्रशंसा है? आहोस्वित् काम के उद्दीपक समयका वर्णन चन्द्रवर्णन के द्वारा किया गया है, अतः पर्यायोक्त है? इस प्रकार यहां बहुत अलंकारों का संदेह होने से सन्देहसंकर है।

दूसरा उदाहरण—'मुखचन्द्रं पश्यामि' क्या यहाँ मुख चन्द्रमा के सदृश है, इस प्रकार का अर्थ है और उपमा है? अथवा मुख चन्द्र ही है–ऐसा अर्थ है और रूपक अलंकार है? इस प्रकार यहाँ भी सन्देह संकर है।

यदि किसी एक पक्ष की साधक या बाधक युक्ति मिलती हो तो फिर सन्देह नहीं होता। जैसे 'मुखचन्द्रं

'राजनारायणं लक्ष्मीस्त्वामालिंगति निर्भरम् ।'

अत्र योषित आलिङ्गनं नायकस्य सदृशे नोचितमिति लक्ष्म्यालिङ्गनस्य राजन्यसंभवादुपमा-बाधकम्, नारायणे संभवाद्रूपकम् । एवम्--

'वदनाम्बुजमेणाक्ष्या भाति चञ्चललोचनम् ।'

अत्र वदने लोचनस्य संभवादुपमायाः साधकता, अम्बुजे चासंभवाद् रूपकस्य बाधकता। एवं 'सुन्दरं वदनाम्बुजम्' इत्यादौ साधारणधर्मप्रयोगे 'उपमितं व्याघ्रादिभिः सामान्याप्रयोगे' इति वचनादुपमासमासो न संभवीत्युपमाया बाधकः एवं चात्र मयूरव्यंसकादित्वाद्रूपकसमास एव। एकाश्रयानुप्रवेशो यथा मम—

'कटाक्षेणापीषत्क्षणमपि निरीक्षेत यदि सा तदानन्दः सान्द्रः स्फुरति पिहिताशेषविषयः।
सरोमाञ्चोदञ्चत्कुचकलशनिर्भिन्नवसनः परीरम्भारम्भः क इव भविताम्भोरुहदृशः ॥'

अत्र कटाक्षेणापीषत्क्षणमपीत्यत्र च्छेकानुप्रासस्य निरीक्षेतेत्यत्र क्षकारमादाय वृत्त्यनुप्रासस्य चैकाश्रयेऽनुप्रवेशः। एवं चात्रैवानुप्रासार्थापत्त्यलंकारयोः। यथा वा—'संसारध्वान्तविध्वंस—' इत्यत्र रूपकानुप्रासयोः। यथा वा—'कुरवका रवकारणतां ययुः' इत्यत्र रवका इत्येकं बकार-वकार इत्येकमिति यमकयोः। यथा वा—

'अहिणअपओअररसिएसु पहिअसामाइएसु दिअहेसु ।
रहसपसारिअगीआण णच्चिअं मोरविन्दाणम् ॥'

अत्र 'पहिअसामाइएसु' इत्येकाश्रये पथिकश्यामायितेत्युपमा। पथिकसामाजिकेष्विति रूपकं प्रविष्टमिति।

श्रीचन्द्रशेखरमहाकविचन्द्रसूनुश्रीविश्वनाथकविराजकृतं प्रबन्धम् ।

चुम्बति' यहाँ चुम्बन मुख में ही हो सकता है, अतः उपमा का साधक है। चन्द्रमा में नहीं हो सकता, अतः रूपक का बाधक है। **'मुखचन्द्रः प्रकाशते'** यहाँ प्रकाशन रूप धर्म चन्द्रमा में प्रधानता से रहता है, अतः रूपक का साधक है, किन्तु गौण रीति से मुख में भी रह सकता है, अतः उपमा का बाधक नहीं है।

राजनारायणमिति—नायक के सदृश पुरुष में पतिव्रता स्त्री का आलिंगन नहीं हो सकता, अतः लक्ष्मी का आलिंगन नारायण सदृश राजा में असम्भव है—इस कारण यहाँ उपमा का बाध है। नारायण के स्वरूप का आरोप ही यहाँ है, अतः **राजा एव नारायणः** ऐसा समास जानना। यह रूपक है। **वदनाम्बुजमिति**--चंचल लोचन मुख में ही हो सकते हैं, अतः **'वदनमम्बुजमिव'** यही उपमा समास यहाँ सिद्ध होता है। कमल में लोचन नहीं होते, अतः रूपक का बाध है। एवं **'सुन्दरं वदनाम्बुजम्'** यहाँ साधारण धर्म (सौन्दर्य) का कथन होने से उपमासमास नहीं हो सकता, क्योंकि **'उपमितम्'** इत्यादि सूत्र से सामान्य धर्म का अप्रयोग होने पर ही समास होता है। इस कारण यहाँ **'मयूरव्यंसकादयश्च'** इस सूत्र से रूपक समास ही होता है।

एकाश्रयानुप्रवेश का उदाहरण—**कटाक्षेणेति**—यदि वह कामिनी जरा कटाक्ष से भी देख देती है तो वह सान्द्र आनन्द होता है-जिसमें सब कुछ भूल जाता है, फिर उसकी रोमांच सहित आलिंगन कैसे होगा। **अत्रेति**—यहाँ पहले दो क्षकरों में छेकानुप्रास और उनके साथ तीसरे को भी मिला देने से वृत्त्यनुप्रास होता है। ये दोनों अनुप्रास एक आश्रय (क्ष) में अनुप्रविष्ट हैं। इसी प्रकार यहाँ उत्तरार्ध में वृत्त्यनुप्रास और अर्थापत्ति अलंकारों का संकर है। संसारेत्यादि पूर्वोक्त पद्य में रूपक और अनुप्रास एक आश्रय में प्रविष्ट हैं। **कुरवका इति**--यहाँ दो यमक हैं—एक **'रवका रवका'** और दूसरा **'बकारवकार'**—ये दोनों समान अक्षरों में प्रविष्ट हैं।

अहिण इति—"**अभिनवपयोधररसितेषु पथिकश्यामायितेषु दिवसेषु। रभसप्रसारितग्रीवाणां नृत्यं मयूरवृन्दानाम् ॥**" यहाँ **'एहिअसामाइएसु'** इस प्राकृत पद का यदि **'पथिकश्यामायितेषु'** यह अर्थ करें तो 'श्यामायित' में क्यङ् प्रत्यय से उपमा बोधित होती है और यदि **'पथिकसामाजिकेषु'** यह अर्थ करें तो **'पथिका एव सामाजिकाः'** ऐसा मानने से रूपक होता है—इन दोनों का संकर है। दोनों एकाश्रय में अनुप्रविष्ट हैं।

साहित्यदर्पणममुं सुधियो विलोक्य साहित्यतत्त्वमखिलं सुखमेव वित्त ॥१००॥
यावत्प्रसन्नेन्दुनिभानना श्रीर्नारायणस्याङ्कमलंकरोति ।
तावन्मनः संमदयन्कवीनामेष प्रबन्धः प्रथितोऽस्तु लोके ॥१०१॥

इत्यालंकारिकचक्रवर्तिसांधिविग्रहिकमहापात्रश्रीविश्वनाथकविराजकृते
साहित्यदर्पणे दशमः परिच्छेदः ।
समाप्तश्चायं प्रबन्धः ।

—❀—

श्रीचन्द्रेति—श्रीचन्द्रशेखर कवि के पुत्र श्रीविश्वनाथ कवि के बनाये इस साहित्यदर्पण को देखकर, हे बुद्धिमान् लोगों, साहित्य का सम्पूर्ण तत्त्व सुख से ही जान लो ।

यावदिति—प्रसन्न चन्द्रतुल्य मुखवाली लक्ष्मी जबतक नारायण के अङ्ग में विराजमान है तबतक कविय के मन को आनन्दित करता हुआ यह ग्रन्थ संसार में प्रसिद्ध हो ।

इति ॥

—०—

युद्धे सन्नद्धमिद्धोद्धतमधिकधुतं यत्र यूरोपखण्डं
श्रीजार्जः पञ्चमोऽयं विभजति च यदा भारतं भागधेयम् ।
रामर्ष्यङ्केन्दुसंख्ये १९७३ कृतिरियमुदिता वैक्रमे तत्र वर्षे
विश्वेशानान्नपूर्णापदपयसिजयोरर्पिता प्रीतयेऽस्तु ॥ १ ॥
'विमलया' विमलीकृतमानसो निखिलमर्थगणं प्रविकाशयन् ।
इह यथायथमेष सुदर्पणो मनसि मोदमुदापयतां सताम् ॥ २ ॥
सर्वतन्त्रेषु निर्भ्रान्तसिद्धान्तार्थावगाहिनाम् । वेदान्तैकनिधानानामद्वैतामृतवर्षिणाम् ॥ ३ ॥
श्रीकाशीनाथपादानामाज्ञामाधाय मूर्धनि । भाषयैषा मयाऽकारि 'विमला'ऽर्थप्रकाशिनी ॥ ४ ॥ (युग्मम्)
यद्यस्ति वस्तु किमपीह तथाऽनवद्यं द्योतेत तत्स्वयमुदेष्यति चानुरागः ।
नोचेत् कृतं कृतकवाग्भिरलं प्रपञ्चैर्निर्दोहधेनुमहिमा नहि किंकिणीभिः ॥ ५ ॥
न स्पर्धाभिः कलुषमनसा नापि पाण्डित्यगर्वात् प्राचां टीकाः क्वचिदपि मयाऽऽलोचिताःपुण्यभाजाम् ।
किन्तु व्यक्तं मतमिह निजं प्रत्यपादि प्रयत्नाद् युक्त्या युक्तं तदिह सदसन्निर्णयन्तु प्रविज्ञाः ॥ ६ ॥
बरेलीनगरस्थेन सनाढ्यकुलजन्मना । कृतेयं कौतुकाद् व्याख्या श्रीशालग्रामशर्मणा ॥ ७ ॥
जटिलेषु स्थलेष्वत्र न वक्तव्यमुपेक्षितम् । सरलेषु च नाकारि वृथैव ग्रन्थविस्तरः ॥ ८ ॥
दुर्मोषो दोषसंघः क्षणमपि न दृढा शेमुषी मानुषीयं
गम्भीराम्भोधितुल्यं दुरधिगममहो शास्त्रतत्त्वं च किञ्चित् ।
अद्धा बद्धाञ्जलिस्तद् गुणगणनिकषान् प्रार्थये प्रार्थनीयान्
जोषं जोषं विदोषं कलयितुमखिलं जोषमेवानतोऽहम् ॥ ९ ॥

❀❀❀

भूमिनवाङ्कशशाङ्के १९९१विक्रमवर्षे पुनस्तस्याः । श्रीमृत्युञ्जयभवने जाता लक्ष्मणपुरे द्विरावृत्तिः ॥१०॥

इति विमलायां दशमः परिच्छेदः ।

समाप्तश्चाऽयं ग्रन्थः ।

साहित्यदर्पण, दशमपरिच्छेद, पृष्ठ २६१ पर उदाहृत पद्मबन्ध—

'मारमासुषमा चारुरुचा मारवधूत्तमा ।
मात्तधूर्ततमावासा सा वामा मेऽस्तु मा रमा ।'

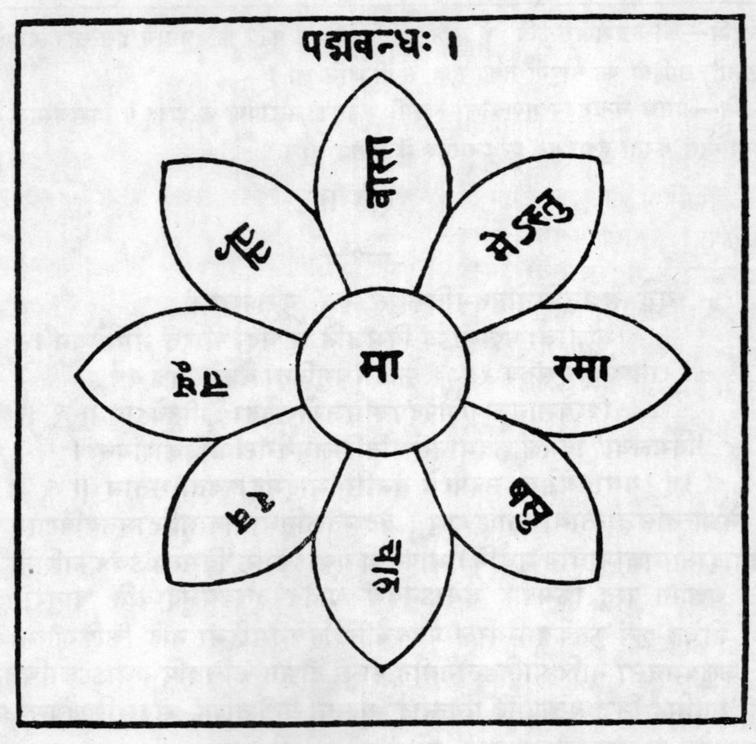

परिशिष्ट-१

निर्वेद या क्रोध

संस्कृत-साहित्य-ग्रन्थों में अनेक जगह एक पद्य आया है, जिसके व्यङ्ग्य अर्थ के संबन्ध में बहुत से आचार्यों का मतभेद है। कोई उसका व्यङ्ग्य निर्वेद बताता है और कोई उसमें से क्रोध का व्यक्त होना मानता है। आज इसी के संबन्ध में हमें पाठकों से दो-दो बातें करनी हैं।

यह पद्य साहित्यदर्पण में भी आया है और इसके प्राचीन तथा सुप्रतिष्ठित संस्कृत-टीकाकार श्रीरामचरण तर्कवागीशजी ने इससे 'निर्वेद' का अभिव्यक्त होना स्वीकार किया है। केवल इन्हीं ने नहीं, काव्यप्रकाश के अनेक टीकाकारों ने भी इसमें निर्वेद को ही व्यङ्ग्य माना है। बहुमत इसी पक्ष में है। क्रोध की व्यञ्जना माननेवालों की संख्या तो शायद एक-दो से आगे न बढ़ सकेगी। इस दशा में, आजकल के 'वोटयुग' में, अन्तिम पक्ष का दुर्बल समझा जाना स्वभावसिद्ध है। हमने अपनी टीका में अल्प मत का पक्ष लिया है और साथ ही इस पद्य में अनेक प्राचीन आचार्यों द्वारा माने गये 'विधेयाविमर्श' नामक दोष को भी अस्वीकार किया है। क्रोध की व्यञ्जनीयता के संबन्ध में तो कुछ उपपत्ति भी दिखाई है, परन्तु इस दोष को अस्वीकार करते हुए कोई कारण नहीं बताया। विद्यार्थियों को पढ़ाते समय तो उसका उपपादन किया, परन्तु टीका में किसी युक्ति या तर्क का उल्लेख नहीं किया। विचारणीय पद्य इस प्रकार है—

"न्यक्कारो ह्ययमेव मे यदरयस्तत्राऽप्यसौ तापसः सोऽप्यत्रैव निहन्ति राक्षसकुलं जीवत्यहो रावणः।
धिग्धिक् शक्रजितं प्रबोधितवता किं कुम्भकर्णेन वा स्वर्गग्रामटिकाविलुण्ठनवृथोच्छूनैः किमेभिर्भुजैः॥'

राम-रावण-युद्ध के समय मेघनाद और कुम्भकर्ण के मारे जाने के बाद जब प्रधान पुरुषों में रावण ही अकेला रह गया था, उस समय उसने यह पद्य कहा था। इसका सीधा-सीधा अक्षरार्थ इस प्रकार है—

"सबसे पहले तो मेरा यही विचार तिरस्कार है कि मेरे शत्रु हैं। मेरे शत्रु हों और फिर वे जीवित रहें, सबसे प्रथम तो मेरे लिये यही तिरस्कार की बात है। फिर शत्रु भी कौन ? यह 'तापस' (भिखमंगा) राम। फिर वह भी कहीं दूर नहीं, यहीं सिर पर (लंका में) मौजूद !! न केवल मौजूद है, बल्कि राक्षसों का बीजनाश कर रहा है, और रावण के जीते-जी यह सब हो रहा है !!! इंद्रजित् (मेघनाद) को धिक्कार है। सोते से जगाये हुये कुम्भकर्ण से भी कुछ न बना, और स्वर्गरूपी क्षुद्रग्राम के लूट लेने-मात्र से व्यर्थ फूली हुई ये मेरी भुजायें भी व्यर्थ हैं।" यह तो हुआ इस पद्य का अक्षरार्थ। अब सोचना यह है कि रावण के प्रकृत कथन से उसके हृदय का क्रोध प्रकट होता है या निर्वेद ?

साहित्य और सब शास्त्रों से कठिन है। अन्य शास्त्रों में तो शब्द और उसके वाच्य अर्थ से काम चल जाता है। यदि आपको किसी पङ्क्ति का वाच्यार्थ आ गया, तो आप उसके ज्ञाता हो गए। अन्यत्र अभिधा-वृत्ति का सबसे बड़ा आदर है। जो बात स्पष्ट शब्दों में साफ-साफ कह दी है, वह सबसे पुष्ट और सर्वाधिक प्रामाणिक समझी जाती है, परन्तु साहित्य में यह बात नहीं। यहाँ अभिधा की कोई कद्र नहीं। वह ग्राम्यवृत्ति-कहाती है। "देवदत्त के हृदय में इन्दिरा को देखकर अनुराग उत्पन्न हुआ और इन्दिरा देवदत्त की प्रेम-पूर्ण दृष्टि देखकर लज्जित हो गई" यह इतनी-सी बात यदि इसी तरह कह दी जाय, तो साहित्य-शास्त्र में इसका कहने वाला गँवार समझा जायगा। यह इतिहास में लिखा जाय तो ठीक हो सकता है; परन्तु काव्य में इसका आदर नहीं हो सकता। 'अनुराग' और लज्जा यदि काव्यों में कोई दिखाना चाहे, तो उसे इनका नाम हर्गिज नहीं लेना चाहिये, बल्कि इन दोनों के कारण सामग्री की ओर इशारा करके उसके कार्यों का वर्णन करना चाहिये, जिससे व्यञ्जना-वृत्ति के द्वारा लज्जा और अनुराग का भाव श्रोता के हृदय में भासित हो जाय। जिस तरह सभ्य-समाज मे नंगा शरीर दिखाना अभद्रता समझी जाती है, उसी प्रकार काव्य में वर्णनीय भाव को नंगीवृत्ति—अभिधा—के द्वारा बोधित करना अनुचित समझा जाता है। झीने पट की ओट से छनछनकर झलकनेवाली कमनीय-काय-कान्ति के समान व्यञ्जना के द्वारा चमकनेवाले भावों का ही यहाँ समादर है। दूसरे शास्त्रों में शब्द और उनका अर्थ पढ़ा जाता है, परन्तु साहित्य में उस पर कोई आस्था नहीं, यहाँ तो वक्ता का हृदय पढ़ा जा सकता है। उलटे शब्दों से सीधा और सीधे शब्दों से उलटा मतलब निकाला जाता है। 'अहह नहि नहि' इत्यादि से स्वीकारोक्ति समझी जाती है, और 'उपकृतं बहु तत्र किमुच्यते' से बोद्धव्य का

घोर अपकारी तथा अत्यन्त नीच होना समझा जाता है। फिर यह नियम नहीं कि हर जगह ऐसा ही हो। बिलकुल भोलेपन की सीधी सची, सरल और स्वाभाविक बात भी कहीं-कहीं अद्भुत चमत्कार दिखाती है। इसी से तो कहते हैं कि साहित्य अन्य सब शास्त्रों से कठिन है। यहाँ न सीधा लिया जाय, न उलटा। शब्द की नहीं बल्कि उसके कहनेवाले के हृदय की जाँच करनी पड़ती है। वक्ता के मन के अन्तस्तल में घुसकर यह देखना पड़ता है कि जो कुछ यह कह रहा है—वह इसके मनोगत कौन से भाव का कार्य हो सकता है। उसका कार्य कारण भाव किस प्रकार सुसंगत हो सकता है। इस प्रकरण में, इस दशा में, ऐसी अवस्था के वक्ता के मुख से, इस प्रकार, इस रूप में निकली वचनावली उसके कौन से मनोभाव की द्योतक है, इस बात की पूरी परख कर सकनेवाली अप्रतिहत प्रतिभा जिसे प्राप्त नहीं, वह साहित्य-शास्त्र का अधिकारी नहीं हो सकता है

एक बच्चा आपके सामने घबराया हुआ आता है। अब आपको यह जानना है कि इसकी घबराहट किस कारण से उत्पन्न हुई है। धुएँ के पास बैठे रहने से भी उसकी सूरत पर घबराहट के चिह्न दिखाई दे सकते हैं। भूख-प्यास के कारण ऐसा हो सकता है, कुत्ता पीछे दौड़ा हो या किसी आदमी ने ही उसे डरा दिया हो, तब भी घबराहट पैदा हो सकती है। उसका भाई किसी मेले-तमाशे में चला गया और इसे नहीं ले गया, यह उसके पाछे दौड़ा, परन्तु उसे न पा सका, इससे भी घबराहट हो सकती है, और भी अनेक कारणों से बालक घबरा सकता है। यदि ईश्वर ने आपको प्रतिभा दी है, तो उस बालक की दशा देखकर और कुछ आगे पीछे की बातों का अनुमान करके, विना किसी से पूछे ही आप समझ सकेंगे कि बच्चे की घबराहट का कारण क्या है। अब इसी घटना को प्रकृति-परिशीलन में निष्णात कोई कवि यदि शब्दमय चित्र का रूप दे दे, तो आपको उसके वर्णन को ध्यानपूर्वक देखने से यह मालूम हो जायगा कि बच्चे की घबराहट का कारण क्या है। प्रकृति की परख में प्रवीण सच्चा कवि इस घबराहट का वर्णन करते हुए उन विशेषताओं का स्पष्ट उल्लेख करेगा, जिनसे उस घबराहट के कारण का—बच्चे के उस मनोभाव का, जिसने उसे विचलित किया है—साफ-साफ अभिव्यंजना हो सके। जिसे इतनी नजर नहीं, वह कवि कहाने योग्य ही नहीं।

आपने किसी को मुस्कराते देखा। अब आपको यह जानना है कि इस मुस्कराहट का कारण क्या है? अभीष्ट वस्तु की प्राप्ति में भी मुस्कराहट होती है। बच्चा खिलौना देखकर मुस्कराता है, और प्रोषितपतिका नायिका प्रियागमन की बात सुनकर मुस्कराती है। अन्यत्र भी मुस्कराहट होती है। वीर पुरुष रणभूमि में अपने विरोधी की अकड़ देखकर मुस्कराता है और वेश्या अपने संपन्न प्रेमी की ओर देखकर मुस्कराती है। मनस्वी पुरुष अपने ऊपर विपत्ति पर विपत्ति पड़तीं देखकर अपने प्रारब्ध पर भी मुस्कराता है, परन्तु इन सब अवस्थाओं की मुस्कुराहट एक-सी नहीं होती। जिन्हें ईश्वर ने प्रतिभा और प्रज्ञा का प्रकाश दिया है, वे ही परख सकते हैं कि कौन-सी मुस्कुराहट किस मनोभाव से उत्पन्न हुई है। यदि किसी सच्चे कवि ने कोई ऐसा ही चित्र खिंचा, तो वहाँ इसका विचार करना होता है कि उस पात्र के हृदय के कौन से भाव जो व्यंजित कराने के लिए कवि ने यह प्रयत्न किया है। इसका ठीक-ठीक समझ लेना साधारण काम नहीं। यह ऐसा विकट विषय है कि बड़े बड़े धुरन्धर विद्वानों की प्रौढा बुद्धि भी इस में पड़कर चक्कर खाने लगती है। बेचारी किशोरी और बाला की तो बिसात ही क्या, जो इसके सामने टिक सके। 'किं तत्र परमाणुर्वै यत्र मज्जति मन्दरः' यह ऐसा विषय नहीं जिस पर हर कोई 'ऐरा गेरा पचकल्यानी' उठकर तीरंदाजी के हाथ दिखाने लगे।

प्रस्तुत पद्य को ही देखिये। किसी की राय में इससे निर्वेद, ग्लानि, दैन्य और अनौजस्य व्यंजित होता है, और किसी की राय में यहाँ गर्व, अमर्ष और क्रोध की ध्वनि निकलती है। आज आपको इसी बात पर विचार करना है।

सबसे पहले आप यह समझ लीजिये कि 'दैन्य' 'ग्लानि' और 'निर्वेद' कहते किसे है।

'दुःखदारिद्र्याऽपराधादिजनितः स्वाऽपकर्षभाषणादिहेतुश्चित्तवृत्तिविशेषो दैन्यम्'

'दैन्य'—मन की उस दशा का नाम है, जो दुःख, दरिद्रता या किसी भारी अपराध करने के कारण उत्पन्न होती है, और जिसके उत्पन्न होने पर मनुष्य अपनी हीनता, निकृष्टता या अकिंचित्करता का कथन आदि करने लगता है।

'दौर्गत्यादेरनौजस्यं दैन्यं मलिनतादिकृत्' अपनी दुर्गति आदि के कारण जो ओजोहीनता (अनौजस्य) है, उसे 'दैन्य' कहते हैं। इसके कारण मनुष्य में मलिनता आदि उत्पन्न होती है।

'चिन्तौत्सुक्यमनस्तापाद्दौर्गत्याच्च विभावतः। अनुभावात्तु शिरसो व्यावृत्तेर्गात्रगौरवात् ॥
देहोपस्करणत्यागात् 'दैन्यं' भावं विभावयेत् ॥'

'दैन्य' भाव को प्रकाशित करने के लिए उसके कारण रूप से चिंता, उत्कंठा, मानसिक ताप और दुर्गति आदि का वर्णन करना चाहिये और उसके कार्यस्वरूप में शरीर के उपस्करण (वेष, भूषा, स्नान, आदि) का त्याग दिखाना चाहिये। जिस मनुष्य का दैन्य दिखाना हो, उसके वर्णन में पहले पूर्वोक्त कारण में से एक या अनेक का वर्णन इस प्रकार करना चाहिये, जिससे उस (दैन्य) की स्वाभाविकता श्रोता को हृदयंगम हो जाय। सुननेवाला उस दैन्य को बनावटी न समझे, वह यह समझे कि 'दैन्य' उत्पन्न होने के पुष्कल कारण मौजूद है। इसके बाद उस दीनता के कार्यों का वर्णन होना चाहिए।

उदाहरण—

'हतकेन मया वनान्तरे वनजाक्षी सहसा विवासिता। अधुना मम कुत्र सा सती पतितस्येव परा सरस्वती ॥'

सीता का परित्याग करने के बाद दुःखितहृदय राम के यह दैन्य-पूर्ण उद्‌गार हैं। वह कहते है कि मेरे जैसे 'हतक' क्षुद्र पातकी ने उस कमलनयनी को 'सहसा' (बिना विचारे ही) बनवास दे दिया। अब वह सती मुझे कहाँ मिल सकती है? मुझसे वह उसी प्रकार दूर हो गई, जैसे पतित पुरुष से वेदविद्या दूर हो जाती है। 'सहसा' कहने से मालूम होता है कि राम इस समय सीता को निर्दोष समझ रहे हैं और उस निरपराधिनी को बिना विचारे घोरतम दण्ड दे डालने के कारण अपने को अपराधी और पातकी समझ रहे हैं। कमलनयनी कहने से सीता की सुकुमारता, भोलापन और सौंदर्यातिशय प्रतीत होता है। उसके ये गुण इस समय राम के हृदय में रह-रहकर शल्य की तरह मर्मान्तिक वेदना पैदा कर रहे हैं। ऐसी भोली, सुन्दर सुकुमारी को बिना किसी अपराध के 'वनान्तर' घोर निर्जन बन में छोड़ देना कितना कठोर दण्ड है। और वह भी उसी के प्राणाधार के द्वारा, जिनके लिए उसने कैसी-कैसी घोर यातनायें सहीं !!!! इसके पद्य के तीसरे चरण (अब वह सती कहाँ मिल सकती है) से राम के हृदय की उत्कण्ठा और साथ ही निराशा प्रतीत होती है। ये सब राम की दीनता के कारण हैं और अपने को पतित की उपमा देना एवं क्षुद्र पातकी बताना उस दैन्य के कार्य हैं। मन में दैन्य उत्पन्न होने पर मनुष्य अपने को दीन, हीन, नीच, पतित समझने लगता है।

'रत्यायासमनस्तापक्षुत्पिपासादिसम्भवा। ग्लानिर्निष्प्राणताकम्पकार्यानुत्साहतादिकृत् ॥'

परिश्रम, दुःख, भूख, प्यास आदि के कारण उत्पन्न हुई विशेष निर्बलता का नाम ग्लानि है। इससे देह का काँपना, किसी काम में उत्साह न होना आदि होते हैं।

'तत्त्वज्ञानाऽऽपदीर्ष्यादेर्निर्वेदः स्वावमाननम्। दैन्यचिन्ताश्रुनिश्वासवैवर्ण्योच्छ्वसितादिकृत् ॥'

तत्त्वज्ञान (आत्मज्ञान अथवा विषयों की नश्वरता के ज्ञान) के कारण अथवा आपत्ति और ईर्ष्या आदि के कारण उत्पन्न हुई उस चित्तवृत्ति को 'निर्वेद' कहते हैं, जिसमें मनुष्य स्वयं = अपने आप अपना अपमान करने लगता है। इस निर्वेद के कारण दैन्य, चिन्ता आँसू बहाना, दीर्घ निश्वास और विवर्णता (चेहरे का रंग उतर जाना) आदि कार्य उत्पन्न होते हैं, जैसे—

'मृत्कुम्भवालुकारन्ध्रपिधानरचनार्थिना: दक्षिणावर्तशङ्खोऽयं हन्त चूर्णीकृतो मया ॥'

अपने पूर्व-जीवन को विषय-सुखों की साधना में नष्ट हुआ देखकर किसी निर्विण्ण पुरुष की यह उक्ति है। मिट्टी के घड़े के छेद को बंद करने के लिये मैंने अपना दक्षिणावर्त शंख चूर्ण कर डाला, यह कितने दुःख की बात है। यहाँ शरीर या वैषयिक सुख को मिट्टी का घड़ा कहा गया है और जीवन को अमूल्य दक्षिणावर्त शंख बताया गया है। विषय-सुख के लिये जीवन नष्ट करना वैसा ही है, जैसा पुराने फूटे घड़े का छेद बंद करने के लिये अमूल्य गजमुक्ताओं को पीस डालना।

अच्छा, अब मतलब की बात पर ध्यान दीजिये। पूर्वोक्त पद्य ('न्यक्कारो ह्ययमेव') की व्याख्या करते हुए श्रीरामचरणतर्कवागीशजी ने लिखा है—'जीवद्गहो रावण' इत्यादिना व्यज्यमानेन स्वानौजस्यरूपदैन्येनानुभावेन संवलितं स्वावमाननं निर्वेदाख्यभावरूपोऽसंलक्ष्यक्रमव्यङ्ग्यो ध्वनिः' उसका तात्पर्य यह है कि इस पद्य में रावण के हृदय का 'निर्वेद'-नामक भाव ध्वनित होता है। 'निर्वेद' का अर्थ है 'स्वाऽवमानन' = अपने-आप अपना तिरस्कार करना। तत्त्वज्ञान, आपत्ति और ईर्ष्या आदि के कारण यह भाव उत्पन्न होता है। यहाँ रावण के ऊपर आपत्ति पड़ी है। उसका पुत्र (इन्द्रजित्) और भाई (कुम्भकर्ण) मारे गये हैं। इसी विपत्ति के

कारण उसे निर्वेद हुआ है। निर्वेद होने पर दैन्य, चिन्ता, अश्रुनिपात आदि होते हैं, सो प्रकृत पद्य में रावण ने अपना अनौजस्य, हीनता, दीनता आदि कहकर अपना अपमान स्वयं प्रकट किया है, अतः यह दैन्य उसी निर्वेद का अनुभाव हैं। इस प्रकार विपत्ति निर्वेद का कारण है, और दैन्य उसका कार्य है। साहित्य में जिस भाव का वर्णन करना अभीष्ट होता है उसका साक्षात् नाम नहीं लिया जाता, बल्कि उसके कारणों और कार्यों का वर्णन करके उसे व्यञ्जित करना पड़ता है। प्रकृत पद्य में भी निर्वेद का नाम नहीं है, वह ध्वनित होता है और उसके कारण (विपत्ति) एवं उसके कार्य (दैन्य) का वर्णन स्पष्टरूप से किया गया है। इस पद्य में 'निर्वेद' माननेवाले लोगों का तर्क, दलील और उपपादन, जो कुछ है, बस यही। इसी पर आज हमें विचार करना है।

'जीवत्यहो रावणः' इसी वाक्य से तर्कवागीशजी 'दैन्य' संवलित 'निर्वेद' का ध्वनित होना बताते हैं। यही इनका सबसे प्रधान सहारा है, परन्तु देखना यह है कि इससे दैन्य या निर्वेद क्योंकर व्यञ्जित होता है। इसका अक्षरार्थ है कि 'आश्चर्य है कि रावण जी रहा है' अर्थात् रावण के जीते-जी एक तापस राक्षस-कुल का संहार कर रहा है, यह बड़े आश्चर्य की बात है। अब सोचना यह है कि इस वाक्य से दीनता या दुःख किधर से प्रकट हुआ?-किसी बड़े प्रसिद्ध योद्धा के घर में चोर घुसें, और माल लेकर चलने लगें उस समय वह डपटकर कहे कि 'अरे मेरे जीते-जी ये क्षुद्र जीव मेरा माल लिये जा रहे हैं, जरा लाना तो मेरी तलवार!' तब बताइए कि आप क्या समझेंगें? आप इससे यह ध्वनि निकालेंगे कि वह योद्धा विपत्ति के कारण दीन होकर निर्वेद के आँसू बहा रहा है, या यह समझेंगे कि चोरों को अति तुच्छ समझकर उनके इस दुःसाहस पर आश्चर्य प्रकट करते हुए उन्हें अच्छी तरह दण्ड देने की तैयारी कर रहा है? रावण ने 'तापस' ('तपस्वी' नहीं) कहकर राम को अत्यन्त क्षुद्रकाय (कष्ट-सहन करनेवाला) भिक्षुक बताया है, और एक ऐसे पुरुष के लंका में घुसकर (रावण के जीते-जी) राक्षस-वध करने पर आश्चर्य प्रकट किया हैं। इससे उसके हृदय की दीनता क्योंकर व्यञ्जित हुई?

जिस प्रकार मुस्कराहट और घबराहट अनेक कारणों से हो सकती है, न हर किसी मुस्कराहट से प्रसन्नता व्यञ्जित होती है, न हर एक घबराहट से कुत्ते का पीछे दौड़ना ही प्रतीत होता है। कहने को घबराहट और मुस्कराहट एक ही है, परन्तु अवस्था-भेद से, देश, काल आदि की परिस्थिति के अनुसार हर एक मुस्कराहट और घबराहट का व्यञ्जन भिन्न-भिन्न होता है. इसी प्रकार एक ही शब्द, वक्ता और बोद्धव्य की अवस्था के भेद से अनेक मानसिक भावों का व्यञ्जक होता है। एक ही शब्द से काम, क्रोध, वत्सलता, आतुरता, भक्ति और आत्म-समर्पण आदि अनेक भाव व्यक्त होते हैं। रास-क्रीड़ा के समय जब गोपियों ने 'कृष्ण' कहकर पुकारा था, तब इस शब्द से अनुराग प्रकट हुआ था, परन्तु कृष्ण के जंगल में अन्तर्धान हो जाने पर जब उन्होंने घबराई हुई अवस्था में 'कृष्ण' कहा था, तब इससे आर्ति व्यञ्जित हुई थी। मथुरा के अखाड़े के भीतर खड़े चाणूर ने जब यही शब्द कहा था तो उससे अनादर व्यक्त हुआ था और वहीं कंस ने ललकारते हुए जब इसी शब्द का उच्चारण किया था तो इससे क्रोध प्रकट हुआ था। द्रौपदी ने भरी सभा में अपनी लाज जाते समय जब यही शब्द कहा था, तो इससे आतुरतापूर्ण शरणागति ध्वनित हुई थी, और ग्राह के फंदे में फँसे गजराज ने जब यह कहा था, तो इससे भय तथा उद्वेग भी प्रकट हुए थे। यशोदा ने जब यही कहा था, वत्सलता व्यञ्जित हुई थी और नारद ने जब इसका उच्चारण किया था तब इसी से परम भक्ति और आत्म समर्पण की ध्वनि निकली थी। शब्द एक ही था, परन्तु कहनेवाले के ढंग से और उसके गले की काकु (ध्वनि = Tone) की भिन्नता के कारण सुननेवालों ने फौरन समझ लिया था कि 'कृष्ण' कहनेवाले के मन में कौन-सा भाव उदय हो रहा है। परन्तु यह वहीं संभव है—जहाँ असली कहनेवाला सामने हो। कागज पर लिखे केवल 'कृष्ण' शब्द को देखकर यह कहना सम्भव नहीं कि इसके वक्ता के हृदय में कौन-से भाव का आविर्भाव हुआ है--उसके लिये कुछ और परिस्थिति के जानने की भी आवश्यकता होगी। असली वक्ता को देखकर जो बहुत-सी बातें प्रत्यक्ष द्वारा ज्ञात हो सकती हैं, उन्हें यहाँ किसी शब्द के द्वारा जान लेने पर ही आप असली भाव समझ सकेंगे। जब तक आपको यह नहीं मालूम हो कि गोपियों ने रास-क्रीड़ा के समय यह शब्द ('कृष्ण') कहा है, या जंगल में कृष्ण के अन्तर्धान होने पर, तब तक आप इसके उस असली व्यङ्ग्य का पता न पा सकेंगे।

अब 'जीवत्यहो रावणः' को देखिये। यह वाक्य दैन्य की दशा में भी बोला जा सकता है और क्रोध की दशा में भी कहा जा सकता। और भी अनेक अवस्थाओं में कहा जा सकता है, अतः केवल इतने ही वाक्य

को लिखा देखकर किसी व्यङ्ग्य का फैसला नहीं किया जा सकता। इसके लिये कुछ और परिस्थिति पर भी ध्यान देना होगा। हाँ, यदि खास रावण के ही मुँह से इसके सुनने का मौका मिलता, तो अलबत्ता बिना किसी दूसरी सहायता के व्यङ्ग्यार्थ का बोध हो सकता था। परन्तु यहाँ तो केवल कवि की प्रतिभा से उत्थापित वाक्य कागज पर लिखा रक्खा है, अतः इधर-उधर दृष्टि दौड़ाना आवश्यक है।

यह एक साधारण नियम है कि विपत्ति के समय मनुष्य में (बल्कि प्राणिमात्र में) दीनता का संचार होने लगता है, परन्तु इस नियम का अपवाद भी है। ऐसे लोग भी हैं (यद्यपि कम हैं) जो बड़ी-से-बड़ी विपत्ति में भी नहीं घबराते। अभी कल की बात जब सिक्खों के किशोर बालक दीवार में चुन दिए जाने पर भी अपनी आन से नहीं डिगे थे। अब हमें यह देखना है कि कवि ने प्रकृत पद्य में रावण को किस रूप में चित्रित किया है। उसे विपत्ति पड़ने पर 'दैन्य' में निमग्न हो जानेवाले साधारण प्राणियों के समान अङ्कित किया है, या बड़ी-से बड़ी विपत्तियों की आँधी और घोर-से-घोर शत्रुओं के घन-गर्जन में पर्वत की तरह अटल रहनेवाले विकट वीर के रूप में चित्रित किया है। वाल्मीकीय रामायण ने जो रावण का चित्र खींचा है, वह तो असाधारण वीर का ही है। जब रावण से सीता के लौटा देने और राम से संधि कर लेने की बात कही गई, तो उसने जबाब दिया—

'अपि द्विधा विभज्येय न नमेयं तु कस्यचित्'

उसने अपनी तुलना फ़ौलाद से की, और कहा कि मैं बीच से दो टूक भले ही हो जाऊँ, परन्तु किसी के सामने झुक नहीं सकता। प्रकृत पद्य में कैसा भाव है, यह आगे प्रकट होगा।

अब इसी के साथ ज़रा 'दैन्य' की दशा को भी याद कर लीजिये। हम 'दैन्य' का लक्षण और उदाहरण बता चुके है। दैन्य 'निर्वेद' का अनुभाव हैं, और 'निर्वेद' का अर्थ है 'स्वाऽवमानन' अर्थात् स्वयं अपना अनादर करना। इस दशा में मनुष्य अपने दोषों को देखने लगता है, और अपने दोषों के कारण जिस-जिस को कष्ट भोगना पड़ा है, उसके ऊपर दया या पश्चात्ताप करके दुःखी होने लगता है। राम ने जब सीता को बिना विचारे वनवास दिया, तो उन्हें निर्वेद हुआ, और उसमें उन्होंने अपने को क्षुद्र तथा पतित कहा, एवं सीता की सरलता, निरपराधता आदि का ध्यान करके उनका दुःख असीम हो गया। आप समझते हैं कि मेघनाद और कुम्भकर्ण के मरने पर यदि रावण को निर्वेद हुआ होता, तो वह क्या कहता? वह कहता—'मैं अत्यन्त नीच और क्षुद्र हूँ। मैंने काम के वश में पड़कर पराई स्त्री चुराई, और नीचता के निमित्त अपने इन्द्र-विजयी मेघनाद जैसे पुत्र और त्रैलोक्य-विजयी कुम्भकर्ण जैसे भाई से हाथ धोया। इन बेचारों को मैंने बेकसूर कटवा दिया। इस सब अनर्थ का मूल मैं ही हूँ। मैंने बुढ़ापे में कामाविष्ट होकर अपना वंश नष्ट कराया और अपने माथे पर अमिट कलङ्क का टीका लगवाया' इत्यादि। यदि रावण ने ऐसा कहा होता, तो निश्चय ही उसका 'दैन्य' प्रकट होता। यह भी प्रकट होता कि उसके हृदय पर आपत्ति का प्रभाव पड़ा है, और यह भी मालूम होता कि उसे वास्तविक 'तत्त्व का ज्ञान' हो गया है। उस दशा में इसे 'निर्वेद' मानने में किसी को इनकार नहीं हो सकता था। परन्तु प्रकृत पद्य की परिस्थिति तो एकदम भिन्न है। आप इसे आदि से अन्त तक एक-एक अक्षर करके बड़े ध्यान से पढ़ जाइए। आपको एक भी अक्षर (पद की तो बात ही क्या) ऐसा नहीं मिलेगा, जिससे यह सिद्ध हो कि रावण अपने को दीन, हीन, या नीच बता रहा है। कहीं भी आपको यह प्रतीत नहीं होगा कि वह अपना अनादर कर रहा है। 'स्वावमानन' का यहाँ कहीं नाम-निशान तक नहीं है। फिर यह 'निर्वेद' कैसा? फिर जिन्होंने इसी के लिए अपने प्राण गंवाए हैं, जो इसके औरस पुत्र और सहोदर भाई थे, उनके प्रति सहानुभूति का एक शब्द भी यह नहीं कह रहा है। उनके लिए रोना और दुःखी होना तो दूर रहा, यह तो उन्हें कठोरतम शब्दों में साफ-साफ 'धिक्कार' रहा है!! 'धिग्धिक् शक्रजितं' कहनेवाले के हृदय में आप 'निर्वेद' की तलाश करने चले हैं! कुम्भकर्ण तक को निकम्मा और बेकार कहनेवाले के मन में आप 'दीनता' टटोलने चले हैं! जो स्वर्ग को क्षुद्र ग्राम से अधिक नहीं समझता, और उसकी स्वच्छन्द लूटको भी कोई महत्त्व नहीं देता, जो परशुराम और वाली जैसे महावीरों को निग्रह करनेवाले दिव्याऽस्त्रसंपन्न राम जैसे अतुलबल-शाली शत्रु को भी 'क्षुद्र तापस' समझ रहा है, क्या आप उसके हृदय में 'दीनता' का पता पाने की आशा करते हैं! जो शत्रुओं की सत्ता को भी अपना तिरस्कार समझता है, उसके हृदय में दीनता है या गर्व? जो

'मे' कहकर अपने सब प्राचीन चरित्रों और सकल दिक्पाल विजयों की याद दिला रहा है, उसका हृदय अभिमान से पूर्ण कहा जा सकता है, या दीनता से अभिभूत ? जिसका आत्मोत्कर्ष यहाँतक बढ़ा-चढ़ा है कि भाई और पुत्र के साथ अपने शरीर भी अङ्गभूत 'भुजाओं' को भी पृथक् पुरुष की तरह फटकार रहा है, क्या वह दीन है ? यह संभव है कि रावण के वंश नाश की भावना करके साहित्यदर्पण के टीकाकार श्रीरामचरण तर्कवागीशजी के मन में 'दैन्य' और निर्वेद का दौरा हो गया हो, परन्तु हमें यहाँ उनके हृदय की धड़कन की परीक्षा नहीं करनी है । हमें तो राक्षसराज रावण के मनस्वी मानस की तह का पता लगाना है, और यह देखना है कि कवि ने उसे यहाँ किस रूप में अङ्कित किया है ।

दैन्य का उदाहरण, जो अभी हम दे चुके हैं, आपको याद होगा । यदि राम सीता-परित्याग पर खेद और दुःख प्रकाशित करने के बजाय यह कहते कि 'धिक्कार है उस मूर्ख सीता को, जो मुझे छोड़कर चलती बनी, और लानत है नालायक लक्ष्मण को, तथा सौ-सौ बार धिक्कार है मेरी इन व्यर्थ भुजाओं को, जो जरा-सी उस लंका नाम की तुच्छ ग्रामटिका के (जिसमें रावण कुम्भकर्ण आदि थोड़ से चरकटे और कुछ कीड़े-मकोड़े रहते थे) विजय पर मोटर के टायर की तरह फूलकर कुप्पा हो रही है' इत्यादि तो आप क्या समझते ? अपने हृदय पर हाथ रखकर—'खुदा को हाजिर-नाजिर जानकर'—सच-सच बताइए कि क्या आप उस दशा में इस वर्णन से 'दैन्य' और 'निर्वेद' का गन्ध भी पा सकते थे ? अब हम तर्कवागीशजी को क्या कहें, और उनका नाम लेकर अक्ल के पिछे लट्ठ लेकर दौड़नेवालों का क्या समझाएँ ? यदि रावण के हृदय में निर्वेद का उदय हुआ होता, तो वह युद्ध करके मरता, या सब कुछ छोड-छाड के लँगोटा लगाकर जङ्गल में तपस्या करता ?

अच्छा, अब लगे हाथों जरा 'गर्व', 'अमर्ष', 'क्रोध' और 'असूया' को भी समझते चलिए।

"रूपधनविद्यादिप्रयुक्तात्मोत्कर्षज्ञानाधीनपराऽवहेलनं गर्वः ।"

अपने रूप, विद्या, ऐश्वर्य, बल, बुद्धि आदि के उत्कर्ष का अति महत्त्व मानकर दूसरे [illegible] तुच्छ समझना 'गर्व' कहाता है । अब आप पूर्वोक्त पद्य को फिर ध्यानपूर्वक पढ़िए और देखिए कि पहले ही वाक्य से—जिसमें रावण ने शत्रु-सत्ता को ही अपना तिरस्कार बताया है—कितना गर्व टपकता है । उसे अपने बल, पौरुष, ऐश्वर्य आदि का इतना गर्व है कि उसे देखते हुए वह अपने शत्रुओं का नाम सुनना भी अपने लिये अपमान-जनक समझता है । उसका शत्रु हो और फिर वह जीता रहे, यह उसे बर्दाश्त नहीं । अब आप ही निर्णय करें कि इससे रावण का गर्व व्यंजित होता है या उसकी दीनता द्योतित होती है । राम को तुच्छ समझना, स्वर्ग की लूट को क्षुद्र समझना, मेघनाद और कुम्भकर्ण की वीरता को भी नगण्य समझना गर्व के सूचक हैं, या दीनता के !

'परकृताऽवज्ञादिनानापराधजन्यो मौनवाक्पारुष्यादिकारणीभूतश्चित्तवृत्तिविशेषोऽमर्षः ।'

दूसरे के द्वारा किए गए अपमान या अपराध के कारण उत्पन्न हुई मन की उस उग्रवृत्ति को 'अमर्ष' कहते हैं, जिसमें मनुष्य या तो एकदम चुप हो जाता है, अथवा कठोर शब्द कहने लगता है । आप इस लक्षण को पूर्वोक्त पद्य से जरा मिलकर देखिए तो सही ।

'परोत्कर्षदर्शनादिजन्यः परनिन्दादिकारणीभूतश्चित्तवृत्ति विशेषोऽसूया ।'

दूसरे का उत्कर्ष देखकर, उसे न सह सकने के कारण, उत्पन्न हुई उस चित्तवृत्ति का नाम 'असूया' है, जिसके कारण मनुष्य दूसरे की निन्दा आदि करने लगता है । यह संभव नहीं कि रावण ने राम के किये वालि वध, परशुराम का निग्रह तथा समुद्र में सेतु बन्धन आदि की बात सुनी ही न हो । और तो और, मेघनाद और कुम्भकर्ण के वध की बात वह कैसे भुला सकता था ? परन्तु 'असूया' के कारण वह नाम का उत्कर्ष सहन न कर सका, और क्षुद्र तापस' कहकर उनका अनादर करने लगा । 'तत्राप्यसौ तापसः' इस वाक्य से उसकी 'असूया' प्रकट होती है ।

क्रोध रौद्र-रस का स्थायिभाव है । शत्रु उसका आलम्बन है, और शत्रु की चेष्टा से वह उद्दीप्त होता है । राम रावण के शत्रु हैं, और उनकी चेष्टा—कुम्भकर्ण वध, मेघनाद वध और राक्षस-कुलसंहार—जिनका

मुख्यतया वर्णन इस पद्य में है—रावण के क्रोध को प्रज्वलित करनेवाली प्रचुर सामग्री यहाँ मौजूद है। उग्रता, अमर्ष, असूया आदि क्रोध के अनुभाव हैं। क्रोध आने पर मनुष्य अपने उत्कर्ष का कथन तथा शत्रु का निरादर आदि करने लगता है। यह सब कुछ क्रोध की सामग्री प्रस्तुत होने के कारण पद्य से रावण का क्रोध ही प्रधानतया ध्वनित होता है, परन्तु वह इतना परिपुष्ट नहीं हो पाता कि उसे रौद्र-रस की संज्ञा दी जा सके। यदि राम सामने होते, युद्धस्थल में यह घटना घटती, राम-रावण का संग्राम होता, और रावण के भ्रूभङ्ग, ओष्ठ दंशन, बाहुस्फोटन, आवेग, रोमाञ्च और गर्जन-तर्जन भी इस पद्य में वर्णित होते, तब इससे रौद्र-रस की अभिव्यक्ति हो सकती थी, परन्तु यह सब साधन न होने के कारण केवल क्रोध इसका व्यङ्ग्य है, रौद्र-रस नहीं।

साहित्य के एक अतिप्राचीन आचार्य जिन्हें काव्यप्रकाशकार जैसे सरस्वती के अवतार भी अपने पूज्य गुरु के सदृश समझते हैं, और आज तक के सभी अलंकार-शास्त्र के आचार्य, जिनका चरण-चुम्बन करते आये हैं, उन श्रीमदभिनवगुप्तपादाचार्य ने भी इस पद्य में क्रोध की ही ध्वनि मानी है, परन्तु यह हमारा मतलब हर्गिज नहीं है कि एक प्राचीन आचार्य के अनुकूल होने के कारण आप हमारी बात मान लीजिए। साहित्य शास्त्र व्याकरण और वेद की तरह परतन्त्र नहीं है। न तो यहाँ व्याकरण के पाणिनि, कात्यायन, पतंजलि की तरह, पद पद पर किसी की नाम पर दुहाई दी जाती है, और न वेद की तरह मात्रा, बिन्दु, विसर्ग का परिवर्तन करना ही पाप समझा जाता है। यह तो एक प्रकार का दर्शन है। यहाँ युक्ति, तर्क, कल्पना और प्रकृति-परिशीलन के आधार पर दिए गए प्रमाणों का प्राबल्य है। काम-शास्त्र, धर्म-शास्त्र, अर्थ-शास्त्र और शब्द-शास्त्र सभी से यहाँ काम पड़ता है, परन्तु प्रकृति के विरुद्ध किसी की बात नहीं सुनी जाती। हम अपने मत को किसी आचार्य की दुहाई देकर स्वीकार कराना कदापि नहीं चाहते। यदि आपको ईश्वर ने प्रतिभा और विवेक के नेत्र दिए हैं, तो हमारी दी हुई युक्तियों और उपपत्तियों पर विचार कीजिए। यदि हमारी बात समझ में आए, तो मानिए, न आए, न मानिए। 'ध्वन्यालोक' के रचयिता श्रीआनन्दवर्धनाचार्य ने भी इस पद्य में क्रोध ही व्यङ्ग्य माना है। उसी की टीका में अभिनवगुप्तपादाचार्य ने उसे स्पष्ट किया है। इन्होंने तो इस पद्य के सम्बन्ध में यहाँ तक कहा है कि यदि इसके तिल-तिल भर टुकड़े करके देखा जाय, तो भी इसमें उत्तरोत्तर व्यंजना का चमत्कार बढ़ता ही जायगा, परन्तु यहाँ उन सब बातों का छेड़ना शक्य नहीं। उसके लिये संस्कृत बिना पढ़े काम नहीं चल सकता। यहाँ तो हमें इस संपूर्ण पद्य के व्यङ्ग्य 'निर्वेद' और 'क्रोध' के ऊपर ही दो-चार बातें कहनी थीं, सो कह चुके

यद्यपि लेख कुछ लंबा हो गया है, परन्तु 'विधेयाऽविमर्श' के विषय में भी यहीं कुछ कह देना आवश्यक है। यदि आलस्य-वश हमने इसे यों ही छोड़ दिया, तो फिर कौन इस पर लिखेगा, और कौन कहाँ से पढ़ेगा, यह ऐसा विषय है कि आज तक के उपलब्ध किसी भी साहित्य-ग्रन्थ में इस पर प्रकाश नहीं डाला गया है। अच्छा सुनिए, 'विधेयाऽविमर्श' शब्द 'विधेय' और 'अविमर्श' इन दो शब्दों के समास से बना है। 'विमर्श' का अर्थ है विचार और परामर्श। विधेय का जहाँ प्रधान रूप से परामर्श न किया जाय, वहाँ यह दोष होता है वाक्य में दो अंश होते हैं। एक उद्देश्य और दूसरा विधेय। विधेय इन में प्रधान होता है। वाक्य के द्वारा जो अपूर्व बोध्य होता है, उसका निर्देश इसी (विधेय) से होता है। यदि इसको अपने स्थान से हटाकर उद्देश्य के स्थान पर बिठा दिया जाय, तो इसका प्राधान्य छिप जाता है, या नष्ट हो जाता है। उस दशा में विधेयाविमर्श दोष होता है। राजा की शोभा सिंहासन पर बैठने में ही है। यदि उसे वहाँ से हटाके चोबदार की जगह पर खड़ा कर दिया जाय, तो अवश्य खटकेगा। तो इसलिये यह कहा है—'अनुवाद्यमनुक्त्वैव न विधेयमुदीरयेत्। न ह्यलब्धास्पदं किंचित्कुत्रचित्प्रतितिष्ठति ॥' 'अनुवाद्य' अर्थात् उद्देश्य का निर्देश बिना किये, विधेय नहीं बोलना चाहिए, यही इस पद्य का भावार्थ है। पहले उद्देश्य कहना चाहिये, उसके बाद विधेय। उद्देश्य से पहले विधेय नहीं बोलना चाहिये। 'देवदत्त जाता है' इस वाक्य में 'देवदत्त' उद्देश्य है, और जाना विधेय है। अतः 'जाता है' इसके पूर्व 'देवदत्त' का बोलना आवश्यक है। यदि उसे उलटकर 'जाता है देवदत्त' इस प्रकार कर दिया जाय, तो 'विधेयाविमर्श' दोष होगा। प्रकृत पद्य में 'अयमेव न्यक्कारः' इस प्रकार कहना उचित है। 'अयमेव' से वर्तमान दशा—अरिसत्त्व को सूचित करके उसमें न्यक्कारत्व का आरोप किया गया है, और वही यहाँ विधेय है, अतः इस विधेय 'न्यक्कारः' के पूर्व 'अयमेव' इस उद्देश्य को अवश्य आ जाना चाहिये। लेकिन उक्त पद्य में

यह क्रम उलट गया है। 'न्यक्कारो ह्ययमेव' इसमें विधेय का निर्देश पहले हुआ, और उद्देश्य पीछे पड़ गया, अतः यहाँ 'विधेयाविमर्श' दोष हुआ।

यह ठीक है कि उद्देश्य को विधेय से पूर्व आना चाहिये, परन्तु यह साधारण नियम है, जिस प्रकार अन्य समस्त नियमों का अपवाद हुआ करते हैं, उसी तरह यह भी अपवाद से खाली नहीं। राजा घर के भीतर जिस नियम से बैठा करता है, शिकार या रण-स्थल में उसका उस तरह बैठा रहना सम्भव नहीं। वह अपवाद का स्थल है, साधारण नियम का नहीं। राजा जब अपने मन्त्री आदि के विवाह में सम्मिलित होता है, तब उसे भी वर के पीछे चलना पड़ता है। वहाँ उसका साधारण नियम नहीं चलता। उद्देश्य विधेय की स्थापना के संबन्ध में भी यही बात है। अनेक ऐसे स्थल होते हैं, जहाँ विधेय का उद्देश्य के पूर्व रखना अनिवार्य रूप आवश्यक होता है। यदि वैसा न किया जाय, तो वाक्य का तात्पर्य ही भ्रष्ट हो जाय। जो कुछ भाव अभिव्यक्त करना है, वह हो ही न सके। विधेय का प्राधान्य उसके उद्देश्यानन्तर निर्देश में ही नहीं है, बल्कि समुचित स्थान पर उसका निर्देश करने में है। जहाँ विधेय के रखने से अभीष्ट भाव अभिव्यक्त हो सकता है, वहाँ से उसके हटाने में 'विधेयाविमर्श' होता है, केवल आगे-पीछेमात्र से नहीं। आगे-पीछे की बात एक साधारण नियम है, परन्तु विशेष स्थलों में इसका परिवर्तन अनिवार्य होता है।

उदाहरण—

'देवदत्तो गच्छति' (देवदत्त जाता है) इस वाक्य में उद्देश्य विधेय के साधारण नियम की बात हम कह चुके हैं। अब विशेष स्थल पर ध्यान दीजिए। आपने देवदत्त को कहीं भेजा, परन्तु आपको संदेह बना रहा कि यह शायद जाए या न जाए। उस दशा में कोई आदमी आपका सन्देह दूर करने के लिए 'गच्छति देवदत्तः' इस प्रकार बोलेगा। यहाँ 'गच्छति'—जो विधेय है—उसके पूर्व निर्देश से उसमें निश्चितता उचित होती है, और 'गच्छत्येव देवदत्तः' ऐसा तात्पर्य निकलता है, एवं 'मास्म सन्देहं कार्षीः' यह इसका व्यङ्ग्य है, जो कि काकु-विशेष से परिस्फुट होता है। इस वाक्य को बोलनेवाला 'गच्छति' पर जोर देगा और उसे विशेष कण्ठध्वनि से कहेगा। इसी का नाम 'काकु' है, और इसी से भावविशेष के व्यंजन में सहायता मिलती है। यदि आपको सन्देह होने लगे कि देवदत्त मुझसे लिया हुआ ऋण चुकाएगा या नहीं, तब समाधान करनेवाला यही कहेगा कि 'दास्यत्यसौ' इन वाक्योंमें 'दास्यति' और 'गच्छति' को यदि कर्तृपद के बाद रक्खा जाय, तो तात्पर्य ही भ्रष्ट हो जायगा। यहाँ विधेय का पूर्व निर्देश करने में ही उसका प्राधान्य है। वहीं रहकर वह अपने व्यंजनीय अर्थ को व्यक्त करने में समर्थ हो सकता है, अन्यथा नहीं।

कहीं-कहीं विधेय की अविलम्ब अनुष्ठेयता सूचित करने के लिए और उद्देश्यगत हेतुता का प्रतिपादन करने के लिये विधेय का उद्देश्य से पूर्व रखना आवश्यक होता है। जैसे—

'गृह्यतां गृह्यतां पापां बध्यतां बध्यतां शठः। याज्ञसेनीहरः क्षुद्रो न्यक्कारो नोऽस्य जीवनम् ॥'

पांडवों की अनुपस्थिति में वन में से द्रौपदी को पकड़कर जब जयद्रथ भागा था, तब उसका पता पाकर पांडवों ने उक्त वाक्य कहे थे। यहाँ 'गृह्यतां' विधेय है, परन्तु ग्रहण क्रिया की अति शीघ्र आवश्यकता सूचित करने के लिए उसे उद्देश्य से पूर्व रक्खा गया है। 'पापः' से हेतुता भी सूचित होती है 'पापत्वात् अयं त्वरिततरं गृह्यताम्' (यह जयद्रथ पापी है, अतः इसे अति शीघ्र पकड़ो) यह वक्ता का तात्पर्य है। यदि इस वाक्य को बदल दिया जाय और उद्देश्य को विधेय के पूर्व रख दिया जाय तो असली तात्पर्य ही नष्ट हो जाय। उससे यह व्यङ्ग्य अर्थ निकल ही न सके। उत्तर वाक्य में भी शठत्व में वध और बन्धन का हेतुत्व और वध-बन्धन का अति शीघ्र सम्पाद्यत्व छिपा है। वह तभी प्रकट हो सकता है, जब विधेय को उद्देश्य से पूर्व निर्दिष्ट किया जाय।

कहीं-कहीं विधेयगत वैशिष्ट्य और अतिशय का सूचन करने के लिए भी उसका पूर्व निर्देश किया जात है। जैसे इसी पद्य के चतुर्थ चरण में किया गया है। 'नः' के बहुवचन से अपनी कुलीनता, शक्तिमत्ता, तेजस्विता, देवांशता आदि के द्वारा अपना महत्त्व सूचित किया है। 'अस्य' के एकवचन से जयद्रथ की क्षुद्रता तथा नीचता व्यङ्ग्य है, और 'याज्ञसेनी' शब्द से द्रौपदी की पवित्रता व्यङ्ग्य है, एवं इसी कारण—एक अति क्षुद्र नीच के द्वारा अपने जैसे महामहिमाशालियों की यशोद्भूत पत्नी के हरण का अति अनौचित्य होने के कारण—उसका जीता रहना भी पाण्डवों का तिरस्कार है। उसे अवश्य मारना ही चाहिए, यह व्यङ्ग्य है।

यदि यहाँ 'अस्य जीवनं नो न्यक्कारः' कहा जाता, तो 'जीवन' में न्यक्कारत्व का आरोप प्रतीत होता, जो कि रूपक अलंकार का बीज है। परन्तु 'न्यक्कारः' का पूर्व निर्देश करने से आरोप के बजाय अध्यवसान की प्रतीति होने लगती है। उद्देश्य का पूर्व निर्देश होने से उसका पूर्ण स्वरूप सामने आ जाने के कारण विषय (उपमेय) निगीर्ण नहीं हो पाता, और अनिगीर्ण विषय में 'जीवन' और 'न्यक्कार' का अभेद प्रतीत होने से आरोप होता है, परन्तु 'न्यक्कारः' के पूर्व निर्देश से विषयी की पूर्ण प्रतीति और विषय का निगरण हो जाता है, अतः आरोप के बजाय यहाँ अध्यवसान प्रतीत होता है, जो कि अतिशयोक्ति अलंकार का बीज है। इस प्रकार का अतिशय जहाँ बोधित करना अभीष्ट होता है, वहाँ विधेय को उद्देश्य से पूर्व रखना आवश्यक होता है। यदि आप किसी स्त्री के शील, सौन्दर्य आदि का वर्णन करें, तो 'इयं गेहे लक्ष्मीः' कहकर काम चला सकते हैं। इससे उस स्त्री में लक्ष्मीत्व का आरोप सिद्ध होता है, परन्तु यदि किसी ने उस स्त्री को चुड़ैल बताया, और अमङ्गलकारिणी कहा, तो आपका काम केवल इस लक्ष्मीत्व के आरोप से न चल सकेगा। वहाँ आपको कहना होगा 'लक्ष्मीः खल्वियं गेहे'। यहाँ 'लक्ष्मी' के पूर्व निर्देश से लक्ष्मीत्व आरोपित नहीं, बल्कि अध्यवसित होता है, और इससे निन्दा करनेवाले का झूठा होना, उस पर फटकार, और आपकी तबियत का जोश भी ध्वनित होने लगता है। यह बात पहले वाक्य से व्यक्त नहीं होती। इस प्रकार के और भी अनेक स्थल होते हैं, जहाँ विशेष कारण-वश विधेय का पूर्व निर्देश आवश्यक होता है, और यदि वैसा न किया जाय, तो उसका प्राधान्य नष्ट होता है। जिन लोगों ने 'न्यक्कारो ह्ययमेव' इस पद्य में विधेयाविमर्श दोष बताया है, उन्होंने साधारण नियम और सामान्य अर्थ को ही ध्यान में रक्खा है। उस दशा में वह दोष मानना ही पड़ेगा, परन्तु यदि पूर्वोक्त विशेषताओं पर ध्यान दिया जाय, जो कि इस अत्युत्कृष्ट व्यङ्ग्यप्रधान पद्य का प्राण हैं, तो फिर यह दोष यहाँ नहीं रहता, और 'न्यक्कारो ह्ययमेव' में अतिशयोक्ति के द्वारा न्यक्कार का अतिशय प्रतीत होता है, जिसकी पुष्टि 'मे' 'अरयः' 'तापसः' आदि अनेक पद करते हैं, जिनके व्यङ्ग्य का वर्णन साहित्यदर्पण आदि अनेक ग्रन्थों में मौजूद है।

'वृथोच्छूनैः किमेभिर्भुजैः' इस अंश में भी साहित्य के अनेक ग्रन्थकारों ने 'विधेयाविमर्श' माना है। 'किमेभिः' इससे वृथात्व ही विधेय है, फिर उसको समास के भीतर ('वृथोच्छूनैः' इसमें) डालकर उपसर्जन क्यों किया? यह न केवल अर्थ-पुनरुक्ति हुई, बल्कि 'विधेयाविमर्श' भी हो गया।

हम इस मत से सहमत नहीं। 'वृथोच्छूनैः' के 'वृथा' शब्द ने 'उच्छूनत्व' का वृथात्व बताया है, और 'किमेभिर्भुजैः' ने भुजों का वृथात्व बताया है, अतः यहाँ कोई दोष नहीं। अन्य के वृथात्व से किसी अन्य का वृथात्व कैसे पुनरुक्त हो जायगा? 'किमेभिः' से भुजों का वृथात्व विधेय है, उच्छूनत्व का नहीं। 'वृथोच्छूनैः' में जो वृथात्व है, उससे भुजों से कोई संबन्ध ही नहीं। उसका संबन्ध है उच्छूनत्व के वृथात्व से, फिर यहाँ 'विधेयाविमर्श' का क्या जिक्र?

'न्यक्कारो ह्ययमेव' इत्यादिक पद्य अति प्राचीन है। यह किस ग्रंथ का है, इसका कुछ पता नहीं चलता। हाँ, हनुमन्नाटक में इसका उल्लेख अवश्य मिलता है, परन्तु 'हनुमन्नाटक' में तो 'भानमती का कुनबा' है। तमाम इधर-उधर के पद्य इस काँजीहौस में बंद हैं। इस पद्य का भी यही हाल है। जैसे काँजीहौस में पड़े पशु की दुर्गति होती है, वैसे ही वहाँ इसकी भी हुई है। सबसे पहली बात तो यह कि वहाँ इस पद्य के सिर की जगह पैर और पैरों की जगह सिर जोड़ दिया गया है। पूर्वार्ध के स्थान में उत्तरार्ध और उत्तरार्ध के स्थान में पूर्वार्ध रख दिया गया है। फिर 'स्वर्गग्रामटिकाविलुण्ठनवृथोच्छूनैः किमेभिर्भुजैः।' इसकी जगह 'स्वर्गग्रामटिकाविलुण्ठनपरैः पीनैः किमेभिर्भुजैः' यह पाठ कर दिया गया है। जिस 'वृथोच्छूनैः' के ऊपर तमाम साहित्य ग्रन्थ लड़ झगड़ रहे हैं, वहाँ उसका पता ही नहीं। इसीसे हमारा खयाल है कि यह पद्य हनुमन्नाटक का नहीं। ११-१२ सौ वर्ष पुरानी पुस्तकों तक में इसका उल्लेख पाया जाता है। जिस कवि ने यह बनाया है, उसका निर्मित ग्रन्थ निःसन्देह अद्भुत रहा होगा।

(२)

आचार्य धनञ्जय ने 'दशरूपक' में तत्त्वज्ञान, आपत्ति और ईर्ष्या से उत्पन्न 'निर्वेद' के अलग-अलग उदाहरण दिये हैं। उन्होंने ईर्ष्या से उत्पन्न निर्वेद के उदाहरण में इसी पद्य ('न्यक्कारो ह्ययमेव') का उल्लेख

किया है। यही इस निर्वेद-भ्रम के प्रवाह का मूल-स्रोत प्रतीत होता है। काव्यप्रकाश के अनेक टीकाकार तथा स्वयं श्रीतर्कवागीशजी इसी भ्रान्त-परम्परा के शिकार हुए हैं। इसी की देखा-देखी अनेक आचार्य, बिना किसी सूक्ष्म विचार के, इस पद्य में 'निर्वेद' की ध्वनि बताते चले गये हैं, परन्तु इस पद्य से निर्वेद व्यक्त होना संभव नहीं है, यह हम स्पष्ट कर चुके।

'तत्त्वज्ञानापदीर्ष्यादेर्निर्वेदः स्वावमाननम्। तत्र चिन्ताऽश्रुनिश्वासवैवर्ण्योच्छ्वासदीनताः'॥

यह 'दशरूपक' में 'निर्वेद' का लक्षण लिखा है। इस श्लोक के प्रथम चरण में निर्वेद के कारणों का निर्देश है और उत्तरार्ध में उसके कार्यों का उल्लेख है। लक्षण केवल द्वितीय चरण में कहा गया है।

'स्वाऽवमाननं निर्वेदः' यह लक्षण हुआ। 'स्वावमाननम्' षष्ठी समास है। (स्वस्य अवमाननम्=स्वावमाननम्) 'स्वस्य' में षष्ठी है। यह कर्ता में भी हो सकती है और कर्म में भी। 'अवमाननम्' यह भावप्रत्ययान्त है, अतः 'स्वस्य' उसका कर्ता भी हो सकता है और कर्म भी। 'कर्तृकर्मणोः कृति' इस पाणिनिसूत्र के अनुसार कर्ता और कर्म इन दोनों में यहाँ षष्ठी हो सकती है। श्लेष अथवा आवृत्ति के द्वारा ये दोनों अर्थ यहाँ वक्ता को विवक्षित हैं, अतः प्रकृत लक्षण का अर्थ हुआ—'स्वकर्तृकं स्वविषयकम् अवमाननम् निर्वेदः'—अर्थात् अपने आप अपना तिरस्कार (अपनों या आत्मीयों का तिरस्कार नहीं) करना 'निर्वेद' कहाता है।

केवल स्व-कर्तृक अथवा केवल स्व-कर्मक अवमानन को निर्वेद नहीं माना जा सकता। कल्पना कीजिये कि देवदत्त ने किसी की ताड़ना या भर्त्सना की, तो क्या आप इस ताड़न-भर्त्सन को देवदत्त का 'निर्वेद' मानेंगे और क्या किसी अन्य पुरुष का तिरस्कार करनेवाला यह देवदत्त निर्विण्ण कहायेगा? यदि केवल 'स्व-कर्तृक अवमानन' को निर्वेद माना जाय तो यहाँ अतिव्याप्ति होगी। देवदत्तकर्तृक अवमानन को देवदत्त का निर्वेद मानना पड़ेगा।

इसी प्रकार यदि केवल स्व-कर्मक अवमाननको निर्वेद माना गया तो देवदत्त के द्वारा तिरस्कृत अन्य पुरुष को निर्विण्ण मानना पड़ेगा। किसी अन्य के द्वारा किया हुआ तिरस्कार भी 'निर्वेद' कहाने लगेगा।

यह और बात है कि अन्यकर्तृक तिरस्कार के बाद कोई पुरुष अपनी असमर्थता का अनुभव करके स्वयं अपना अपमान करने लगे और उससे निर्वेद व्यक्त हो, परन्तु अन्य-कर्तृक तिरस्कार का नाम निर्वेद नहीं हो सकता। अन्यकर्तृक तिरस्कार के बाद तिरस्कृत पुरुष के हृदय में क्रोध भी हो सकता है, अमर्ष, गर्व, असूया और मान भी हो सकता है। एवं किसी के हृदय में तिरस्कार के अनन्तर निर्वेद भी हो सकता है, परन्तु ये सब बिलकुल भिन्न वस्तु हैं। इनकी उत्पत्ति अन्यकर्तृक तिरस्कार के बाद होती है। ये स्वयं तिरस्कारस्वरूप नहीं है। सारांश यह कि अन्यकर्तृक तिरस्कार का नाम निर्वेद नहीं हो सकता। इन दोनों अतिव्याप्तियों से बचने के लिये 'स्व-कर्तृक स्वविषयक अवमानन' को ही 'निर्वेद' मानना आवश्यक है, अतः पूर्वोक्त लक्षण ('स्वावमाननम्') में श्लेष अथवा आवृत्ति के द्वारा उक्त दोनों अर्थों की विवक्षा मानना अनिवार्य है।

स्वयं अपना तिरस्कार करना निर्वेद का स्वरूप (लक्षण) है और वह (निर्वेद) तत्त्व ज्ञान, आपत्ति तथा ईर्ष्या आदि के कारण उत्पन्न होता है, एवं इसके उत्पन्न होने पर चिन्ता, अश्रुपात, वैवर्ण्य और दीनता आदि होते हैं।

'हतकेन मया वनान्तरे' इत्यादि पूर्वोक्त पद्य 'निर्वेद' का उत्कृष्ट उदाहरण है। "मेरे जैसे नीच पापी ने उस कमलनयनी को, विना विचारे, घोर वनवास दे दिया। अब सती मुझसे उसी तरह सदा के लिये दूर हो गई जैसे पतित पुरुष से वेद-विद्या दूर हो जाती है।" इस पद्य में सीता का परित्याग करने के बाद राम स्वयं अपना तिरस्कार कर रहे हैं। यह निर्वेद पत्नी-वियोग या लोकाऽपवाद-रूप विपत्ति के कारण उत्पन्न हुआ है और इससे राम को चिन्ता, अश्रुनिपात, निःश्वास तथा दीनता आदि सब कुछ हो रहा है।

तत्त्वज्ञान से उत्पन्न निर्वेद के उदाहरण में 'मृत्कुम्भबालुकारन्ध्र-' इत्यादि पूर्वोक्त पद्य दिया जा सकता है। "मैंने मिट्टी के घड़े के समान नश्वर विषय-सुख के लिये अपना जीवनरूप अमूल्य दक्षिणावर्त शंख चूर्ण कर डाला" इस पद्य में वक्ता अपने को स्वयं धिक्कार रहा है। मिट्टी के घड़े का छिद्र बन्द करने के लिये दुर्लभ

शंख को चूर्ण कर डालना कितनी बड़ी मूर्खता है ? आज तत्वज्ञान से उत्पन्न निर्वेद की दशा में वक्ता अपनी इसी मूर्खता पर पश्चात्ताप कर रहा है।

'राज्ञो विपद्, बन्धुवियोगदुःखं, देशच्युतिर्दुर्गममार्गखेदः।
आस्वाद्यतेऽस्याः कटुनिष्फलायाः फलं मयैतच्चिरजीवितायाः ॥'

इस पद्य में विपत्ति के कारण दुःख भोगनेवाला (धृतराष्ट्र या तादृश अन्य कोई) अपनी लंबी आयु के लिये रो रहा है। न इतने दिनों तक जीते , न ये सब दुःख देखने पड़ते इत्यादि।

'लब्धाः श्रियः सकलकामदुघास्ततः किम् ? दत्तं पदं शिरसि विद्विषतां ततः किम् ?'

इत्यादिक पद्य भी तत्त्वज्ञान से उत्पन्न निर्वेद के उदाहरण में दिया जा सकता है। इस पद्य में कर्ता और कर्म के स्थान में अस्मद् शब्द के रूपों का अध्याहार करने से 'निर्वेद' का स्वरूप (स्वावमानन) स्फुट होता है।

अब 'न्यक्कारो ह्ययमेव' को देखिये और यह पता लगाइये कि इसमें रावण ने अपने तिरस्कार किया है या नहीं ? दूसरों को धिक्कारना और जिन्होंने अपने लिये (रावण के लिये) ही प्राण दिये हों उन्हें इस प्रकार कटु वचन कहना ('धिक् धिक् शक्रजितम्' इत्यादि) क्या निर्वेद की दशा में संभव है ?

शायद कोई कह बैठे कि यहाँ तो आरम्भ में ही तिरस्कार (न्यक्कारः) मौजूद है। रावण कह रहा है कि 'शत्रुओं का होना ही मेरा तिरस्कार है।' जब वह स्वयं शत्रुओं की सत्ता को अपना तिरस्कार बता रहा है, उसके शत्रु मौजूद ही हैं और साफ 'न्यक्कार' शब्द, तिरस्कार का वाचक, इस पद्य में विद्यमान है तो फिर इससे बढ़कर और क्या प्रमाण चाहिये ? क्या इतने पर भी कोई कह सकता है कि रावण अपना तिरस्कार नहीं कर रहा है ? जब यहाँ स्पष्ट शब्दों में रावण स्वयं अपना तिरस्कार कर रहा है तब कौन कह सकता है कि यहाँ निर्वेद नहीं ? इसमें निर्वेद को छिपाना तो सूर्य पर धूल फेंकने के समान होगा इत्यादि।

हम कह चुके हैं साहित्य अन्य सब शास्त्रों से कठिन है, क्योंकि यहाँ अभिधावृत्ति की कोई कद्र नहीं। वह यहाँ ग्राम्यवृत्ति कहाती है। यहाँ वाक्य के वाच्य अर्थ को प्रधानता नहीं दी जाती, बल्कि उसका व्यङ्ग्य अर्थ प्रधान माना जाता है। यहाँ वक्ता के वाक्य का नहीं, अपितु उसके हृदय का तात्पर्य देखना पड़ता है और यह समझना पड़ता है कि वक्ता का उक्त वाक्य—फिर उसका वाच्य अर्थ चाहे जो कुछ भी हो—उसके कौन से मनोभाव का सूचक है। 'न्यक्कारो ह्ययमेव'—इस पद्य में साफ-साफ तिरस्कार वाच्य है, रावण स्पष्ट शब्दों में शत्रुसत्ता को अपना तिरस्कार बता रहा है, परन्तु हमें देखना यह कि उसके इस वाक्य का व्यङ्ग्य अर्थ क्या है। उसी की यहाँ प्रधानता रहेगी।

सबसे पहली बात तो यह है कि यहाँ वास्तविक तिरस्कार नहीं है, बल्कि शत्रुसत्ता में तिरस्कारत्व का आरोप है। जिस प्रकार मुख में चन्द्रत्व का आरोप या अध्यवसान कर लेने पर भी वह (मुख) वास्तविक चन्द्रमा नहीं हो सकता उसी प्रकार आरोपित तिरस्कारत्व से भी वास्तविक तिरस्कार नहीं हो सकता। अब देखना यह है कि रावण शत्रुसत्ता को अपना तिरस्कार क्यों समझता ? और उसके ऐसा समझने से उसके हृदय का 'निर्वेद' व्यञ्जित होता है, या कुछ और ?

एक बाँके हेकड़ का कहना है कि 'यदि किसी ने मेरी उँगली भी उठाई तो मैं अपना तिरस्कार समझता हूँ और उँगली उठानेवाले का हाथ काट लेना उचित समझता हूँ।' दूसरे अकड़खाँ कहते हैं कि 'अगर कोई मेरी तरफ आँख उठाये तो मैं अपनी हतक (अपमान) समझता हूँ और उसकी आँख निकाल लेना ही मुनासिब समझता हूं' अब देखना यह है कि क्या इन दोनों वाक्यों में वक्ता वस्तुतः अपना तिरस्कार कर रहा है अथवा अपनी अलौकिक वीरता को ध्वनित करके अपने मानसिक गर्व का परिचय दे रहा है। समझना यही है कि उक्त वक्ता के हृदय में दीनता, निर्वेद या ग्लानि प्रतीत होती है अथवा इसके विरुद्ध कुछ और। किसी की ओर देखना या उँगली उठाना साधारण बात है। देखने और उँगली उठाने में ये लोग तिरस्कारत्व का आरोप क्यों कर रहे हैं ? क्या दीनता के कारण ? अथवा गर्व के कारण ?

यू० पी० में एक प्रसिद्ध नवाब साहब थे—जो अभी हाल में मरे हैं—जिन्हें गाने-बजाने और नाचने का

बड़ा शौक था। इतना ही नहीं, आपको शागिर्द बनाने का भी पूरा मिराक था। बड़े-बड़े उस्तादों के-जो आपके दरबार में किसी तरह जा फँसे— आपने गण्डा बाँध दिया। आप जब नाचने खड़े होते, तब यह हुक्म रहता कि सब लोग हुजूर के पैरों पर नजर रक्खें। यदि किसी कम्बख्ती के मारेने आपके मुँह की तरफ ताक दिया तो आप अपना अपमान समझते और ताकनेवाले को कोड़े या बेंत लगवा देते। अब जानना यह है कि अपने मुँह की ओर देखने को जो यह नवाब साहब अपना तिरस्कार समझते थे, इस देखने में जो उन्होंने तिरस्कारत्व का आरोप कर लिया था—क्योंकि किसी के मुँह की ओर ताकना वास्तविक तिरस्कार तो है नहीं—सो क्या दीनता या निर्वेद के कारण ? अथवा अपनी शान को बहुत उँचा समझने के कारण ?

शत्रु, संसार में सभी के होते हैं। अजातशत्रु युधिष्ठिर और महामहर्षि वशिष्ठ के भी शत्रु थे। शत्रुओं का होना कोई तिरस्कार की बात नहीं, फिर रावण इसी शत्रु-सत्ता को अपना तिरस्कार क्यों समझ रहा है ? शत्रु-सत्ता में तिरस्कारत्व का आरोप वह क्यों कर रहा है ? आखिर उसमें कौनसी विशेषता है जिसके कारण शत्रुओं की सत्ता ही उसके लिये तिरस्कारस्वरूप बन गई है ? इस प्रश्न का उत्तर आपको रावण की इसी उक्ति में पढ़े हुए 'मे' पद की व्यञ्जना से मिलेगा ? 'ध्वन्यालोक' में इस पद की व्यञ्जना बताते हुए लिखा है—'मे यदरयः इति सुप्सम्बन्धवचनानामभिव्यञ्जकत्वम्'— अर्थात् 'मे' और 'अरयः' इन पदों में सुप्, सम्बन्ध और वचन (बहुवचन) के द्वारा व्यङ्ग्य अर्थ प्रतीत होता है। इस पर टीका करते हुए श्रीअभिनवगुप्तपादाऽऽचार्य लिखते हैं—'ममाऽरय इति मम शत्रुसद्भावो नोचित इति सम्बन्धानौचित्यं क्रोधविभावं व्यनक्ति'—अर्थात् मेरे शत्रु हों, यह अत्यन्त अनुचित है, इससे रावण के हृदय का क्रोध व्यञ्जित होता है।

यह तो हुई पुष्टतम प्रमाण की बात। अब आप इसे उपपत्ति के द्वारा यों समझिये। रावण कहता है कि—'मेरे शत्रु हों !! और फिर वे जीते रहें !!! यह अत्यन्त अनुचित और अत्यन्त आश्चर्य की बात है। जानते हो, मैं कौन हूँ ? मेरे भय से इन्द्र और वरुण थर-थर काँपते हैं। यमराज को मेरी ओर आँख उठाकर देखने की हिम्मत नहीं। कुबेर का पुष्पक विमान मैंने छीन लिया। समस्त सुराऽसुरों का दर्प मैंने चूर्ण कर दिया। ऐसा मैं—उसके शत्रु हों !! शिव-शिव !!! और फिर वे जीते रहें !!!" ये सब बातें 'मे' पद के सम्बन्धानौचित्य से व्यञ्जित होती हैं। रावण ने अपने पुराने अवदान और पौरुष की याद इस 'मे' पद से दिलाई है, एवं उस महत्त्व की ओर इशारा करते हुए अपने साथ शत्रु-सम्बन्ध का अनौचित्य सूचित किया है। इतने बड़े, इतने पराक्रमी, ऐसे भयानक त्रैलोक्यरावण के शत्रु हों, यह कितनी अनुचित बात है, यही यहाँ 'मे' का व्यङ्ग्य तात्पर्य है। इसी लोकोत्तर महत्त्व को देखते हुए वह शत्रु-सत्ता को भी अपना तिरस्कार समझता है, ठीक उसी तरह जिस तरह पूर्वोक्त नवाब साहब अपने मुँह की ओर ताकने को अपना अपमान समझकर देखनेवाले को कोड़े लगवाया करते थे।

जिस प्रकार उक्त नवाब साहब के अपने को तिरस्कृत समझने से वास्तविक तिरस्कार का कोई सम्बन्ध नहीं, वह सिर्फ उनके मन की एक शान है, वह अपने को कोई लोकोत्तर फरिश्ता समझकर ऐसा करते हैं, उनके इस तिरस्कार समझने से उनके मन की दीनता, ग्लानि या निर्वेद का कहीं गन्ध तक नहीं है, बल्कि उनका अभिमान, शौर्य और गर्व ही उक्त घटना से व्यक्त होता है, उसी प्रकार शत्रु-सत्ता को अपना अपमान समझनेवाले रावण के प्रकृत वाक्य से भी उसका हृदयगत गर्व और क्रोध ही व्यक्त होता है, निर्वेद या दीनता हर्गिज नहीं।

मतलब यह कि 'निर्वेद' के लिये एक तो वास्तविक 'स्वाऽवमानन' (स्वयं अपना तिरस्कार करने) की आवश्यकता है, कल्पित, आरोपित या अध्यवसित तिरस्कार में 'निर्वेद' नहीं हुआ करता। दूसरे, वाक्य का प्रधान तात्पर्य जहाँ 'स्वाऽवमानन' में होता है वहीं निर्वेद हुआ करता है। तिरस्कार वाच्य होने पर भी यदि वाक्य का प्रधान तात्पर्य (व्यङ्ग्य) तिरस्कार में नहीं है, तो वहाँ 'निर्वेद' कदापि न होगा।

प्रकृत पद्य ('न्यक्कारो ह्ययमेव') में यद्यपि तिरस्कार वाच्य है, परन्तु प्रथम तो वह वास्तविक तिरस्कार नहीं, दूसरे वह प्रधान तात्पर्य का विषय भीं नहीं। जब तक आप 'मे' पद के व्यङ्ग्य अर्थ (रावण के पूर्व पौरुष) को ध्यान में न लायें, तब तक यह समझ में नहीं आ सकता कि शत्रु-सत्ता को तिरस्कार का रूप क्यों दिया गया है। उसके बिना शत्रु-सत्ता में तिरस्कारत्व का आरोप अनुपपन्न है। और जब 'मे' के व्यङ्ग्य के द्वारा

रावण का अलौकिक पुरुषार्थ श्रोता के मन में भासित हो गया और उसने यह समझ लिया कि रावण अपने को इतना बड़ा महामहिमशाली समझने के कारण शत्रु-सत्ता को भी अपना 'न्यक्कार' समझ रहा है, तब उस दशा में, किसी मूर्ख के हृदय में भी यह बात नहीं बैठ सकती कि इस समय रावण दीन, दुःखी, निर्विण्ण और चिन्तित होकर आँसू बहाता हुआ स्वयं अपना तिरस्कार कर रहा है। उस समय तो उसे रावण के हृदय का मूर्तिमान् गर्व और क्रोध ही सामने खड़ा दीखेगा।

जिन जिन प्राचीन आचार्यों ने इस पद्य में निर्वेद की ध्वनि मानी है, उन्होंने इसके वाच्य अर्थ को देखकर—स्पष्ट शब्दों में तिरस्कार का उल्लेख देखकर—ही ऐसा किया है। उन्होंने इस बात पर विचार नहीं किया कि यहाँ तिरस्कार वास्तविक नहीं, प्रत्युत आरोपित मात्र है। दूसरे यह कि इस आरोप के लिये जो 'मे' पद का व्यङ्ग्य, प्राणभूत है, उसके सामने आते ही, निर्वेद हवा हो जाता है।

निर्वेद की ध्वनि माननेवालों के सर्वप्रथम नेता सम्भवतः आचार्य धनञ्जय ही हैं। आप महाराज मुञ्ज (महाराज भोज के चचा) के सभा-पण्डित थे। इस प्रकार कम से कम एक सहस्र वर्ष से इस पद्य (न्यक्कारो-) के व्यङ्ग्यार्थ के सम्बन्ध में भ्रान्त धारणा का प्रवाह चला आ रहा है। आचार्य धनञ्जय अलंकारशास्त्र के अतिरिक्त अन्य शास्त्रों के भी परिनिष्ठित विद्वान् थे। आपको तथा आपके अनुयायी अन्य आचार्यों को हम अत्यन्त आदर और पूजा की दृष्टि से देखते हैं एवं अपने अतिक्षुद्र ज्ञान-लव को इन्हीं की कृपा का फल समझते हैं, परन्तु यह सब कुछ होने पर भी हम अपनी बुद्धि और विवेचना को किसी के नाम पर बेंच देने को तयार नहीं जो कुछ हमारा मत है उसे दृढ़ता के साथ प्रतिपादित करना हम अपना कर्तव्य समझते हैं, और अपने पाठकों से भी यही अनुरोध करते हैं कि वे अपनी स्वतन्त्रता प्रतिभा के आधार पर हमारी बातों के तारतम्य का विचार करें।

'सन्तो विविच्याऽन्यतरद् भजन्ते, मूढः परप्रत्ययनेयबुद्धिः।'

हाँ, यदि प्रकृत पद्य के भावार्थ को निम्नलिखित रूप देकर पद्य-बद्ध किया जाय, तो अलबत्ता इससे ईर्ष्या-जन्य निर्वेद की ध्वनि निकलने लगेगी। यथा—

दिगीशदर्पोद्दलनान् सुरद्विषो निहन्त्यहो मानुष एष तापसः।
विकुण्ठिताः स्वर्गविलुण्ठनोद्भटा भुजाश्च मे हन्त, दुरत्ययो विधिः॥

अर्थात्—दिक्पालों के दर्प का दलन करनेवाले देवविजयी राक्षसों को यह भिखारी नरकीट मार रहा है और स्वर्ग की अनवरत लूट करने में उद्भट ये मेरी भुजायें कुण्ठित (व्यर्थ) हो गई? हाय-हाय, प्रारब्ध अनिवार्य है।

अब इस दशा में यह निर्वेद का उदाहरण हो जायेगा।

'हन्त दुरत्ययो विधिः'—इस अन्तिम वाक्य से प्रारब्ध की निन्दा के द्वारा अपनी असमर्थता, विषाद और 'स्वावमानन' प्रकट होता है 'मानुष एष तापसः' के द्वारा रावण की राम के प्रति ईर्ष्या प्रतीत होती है। वह राम के लोकोत्तर पराक्रम को अवश्य जानता है, परन्तु ईर्ष्या के कारण उन्हें 'तापस' (भिखारी) और 'मानुष' (क्षुद्र मनुष्य) बता रहा है। इस प्रकार यह इर्ष्याजन्य निर्वेद का उदाहरण होगा। जिन्होंने इसके (रावण के) लिये प्राण दिये हैं, उनके प्रति सहानुभूति और उसके द्वारा उनकी मृत्यु का खेद भी रावण के हृदय में प्रकृत पद्य के प्रथम चरण से भासित होता है, अतः इसमें ईर्ष्या और निर्वेद की सामग्री एकत्रित है, परन्तु 'न्यक्कारः' इत्यादि की रचना इससे एकदम भिन्न है। प्रकृत पद्य में रावण ने अपने लिये मरनेवालों का गुणगान किया है और उसमें ('न्यक्कारो ह्ययमेव' में) उन्हें धिक्कार दिया है। इसमें उसने प्रारब्ध-निन्दा के द्वारा अपनी बे-बसी दिखाई है और उसमें अपने पराक्रम की याद दिलाकर अपना गर्व दिखाया है। इसमें अपनी भुजाओं का कुण्ठित होना स्वीकार किया है और उसमें उन्हें उनकी उदासीनता पर फटकारा है। जैसे कोई राजा अपने ऊपर शत्रु की चढ़ाई को देखकर अपने यहाँ निश्चिन्त बैठे वीरों को फटकारे कि एक क्षुद्र ग्राम का जीतकर फूले हुए यह सेनापति भी व्यर्थ हैं, जब कि मेरा शत्रु मेरे आदमियों को मार डालता है। इसमें सेनापति को उत्साहित और क्रोधित करने के लिये उसकी व्यर्थता कही गई है। इसी प्रकार 'न्यक्कारः' इत्यादि पद्य में 'एभिर्भुजैः' पदों से भुजाओं का सामने खड़े पुरुष की तरह परत्वेन निर्देश किया गया है।

प्रकृत पद्य में यह बात नहीं है। इसमें 'मे भुजाः' कह कर पहले आत्मीयत्व (ममत्व) सूचित किया है और फिर 'विकुण्ठिताः' शब्द से उनका निकम्मा हो जाना—शत्रु के प्रतीकार में असमर्थ हो जाना—भूतार्थक 'क्त' प्रत्यय से सूचित किया है। एवं 'वि' उपसर्ग से उनका अत्यन्त वैयर्थ्य सूचन किया है। इन सब बातों से रावण की असमर्थता और दीनता प्रकट होती है। 'न्यक्कारः' इत्यादि पद्य में स्वर्ग की लूट से पीन भुजाओं का गर्वातिरेक तो सूचित किया है, परन्तु यह नहीं कहा है कि राम के पराक्रम के आगे वे व्यर्थ हो गईं, इसी से वहाँ न तो असमर्थता है, न हीनता, न दीनता और न निर्वेद। सारांश यह कि 'न्यक्कारः' इत्यादि पद्य के भाव को यदि 'दिगीशदर्पोद्दलनान्' का रूप दे दिया जाय तो यह ईर्ष्याजन्य निर्वेद का उदाहरण हो सकता है।

ईर्ष्या को यदि कई मानसिक भावों का संगमस्थल (Junction) कहें तो अत्युक्ति न होगी। ईर्ष्या के बाद निर्वेद, क्रोध और मान आदि अनेक भावों की ओर मार्ग बदल जाता है। यदि ईर्ष्या के बाद अपनी असमर्थता, क्षीणता, दीनता, प्रारब्ध निन्दा आदि चल पड़ी तब तो निर्वेद समझिये; और यदि असूया गर्व, अमर्ष आदि की ओर प्रवृत्ति हो गई तो क्रोध का मार्ग समझिये। और यदि इन दोनों के अतिरिक्त कुछ और ही हुआ तो फिर कोई तीसरा मार्ग समझिये। यदि हमारे इस दिग्दर्शन के अनुसार आप विचार करेंगे तो साफ-साफ समझ में आ जायगा कि कहाँ निर्वेद है और कहाँ क्रोध। फिर न किसी से कुछ पूछने की आवश्यकता रह जायगी, न कहीं बहकना पड़ेगा। 'न्यक्कारः' इत्यादिक पद्य 'हनुमन्नाटक' का नहीं है, अपितु वहाँ कहीं अन्यत्र से लेकर उद्धृत किया है, यह बात हम पहले कह चुके हैं।

आचार्य विश्वनाथ एवं उनका ग्रंथ साहित्यदर्पण

विश्वनाथ का कुल—संस्कृत-साहित्य में दो विश्वनाथ प्रसिद्ध हैं—एक हैं न्यायसिद्धान्त-मुक्तावली के प्रणेता विश्वनाथ, जो नैयायिक हैं और दूसरे हैं विश्वनाथ कविराज, जिन्होंने साहित्यदर्पण की रचना की है। दर्पणकार ने अपने और अपने कुल के सम्बन्ध में स्वयं बहुत कुछ परिचय दे रखा है। उन्होंने ऐसे कुल में जन्म लिया, जो विद्या का धनी और कवि-जगत् में उच्च स्थान प्राप्त किये हुए था। इनके पिता चन्द्रशेखर एक प्रकाण्ड विद्वान् और महाकवि थे, जिनका इन्होंने साहित्यदर्पण की समाप्ति पर महाकवि-मण्डली के चन्द्र रूप में इस तरह स्मरण किया है—

श्रीचन्द्रशेखर-महाकवि-चन्द्र-सूनु-श्रीविश्वनाथकविराज-कृतं प्रबन्धम्।

साथ ही अपने ग्रन्थ में **यथा मम तातपादानाम्** रूप में पिता का उल्लेख करते हुए इन्होंने उनके कितने ही पद्य उदाहरण के रूप में दे रखे हैं जैसेः—

मुग्धानायिका (प्रथमावतीर्णयौवना) : मध्यस्य प्रथिमानमेति जघनं वक्षोजयोर्मन्दता दूरं यात्युदरं च रोमलतिका नेत्रार्जवं धावति। कन्दर्पं परिवीक्ष्य नूतनमनोराज्याभिषिक्तं क्षणादङ्गानीव परस्परं विदधते निर्लुण्ठनं सुभ्रुवः। कलहान्तरिता नायिका का **नो चाटुश्रवणं कृतम्** यह उदाहरण भी इन्होंने पिता का ही दिया है। प्रवासितपतिका का **चिन्ताभिः स्तिमितं मनः** उदाहरण भी पिता का ही है। छेकानुप्रास का उदाहरण इन्होंने अपने पिता का बनाया हुआ इस प्रकार दिया है :—

आदाय बकुलगन्धानन्धीकुर्वन् पदेपदे भ्रमरान्।
अयमेति मन्दमन्दं कावेरीवारिपावनः पवनः॥

विश्वनाथ ने अपने पिता द्वारा प्रणीत दो ग्रन्थों—**'पुष्पमाला'** और **'भाषार्णव'**—का उल्लेख अपने साहित्यदर्पण में कर रखा है। 'पुष्पमाला' एक नाट्य-रचना है, जिसके सम्बन्ध में इन्होंने छठे परिच्छेद के नाटक-प्रकरण में इस प्रकार लिखा है—

द्वादशपदा (नान्दी) यथा मम तातपादानां पुष्पमालायाम्—शिरसि धृतसुरापगे।

इससे विदित होता है कि इनके पिता महाकवि होने के साथ-साथ नाटककार भी थे। उनके **भाषार्णव** का उल्लेख इन्होंने छठे परिच्छेद में नाटक-भाषाओं के प्रकरण में इस तरह कर रखा है—**भाषालक्षणानि यथा मम तातपादानां भाषार्णवे।** प्रवासानन्तर संभोग शृंगार का नायक-नायिका के मध्य मिश्रित भाषा में हुए वार्तालाप के रूप में इनके पिता का बनाया उदाहरण भी देखिए :—

क्षेमं ते ननु पक्ष्मलाक्षि ! किसअं खेमं मवंगंविअं 'एतावत्कृशता कुतः? तुहपुणो पुट्ठं सरीरं जदो। केनाहं पृथुलः प्रिये? पणइणीदेहस्स सम्मेलनात् त्वत्तः सुभ्रु ! न कापि मे जइ इवं खेमं कुदो पुच्छसि इससे सिद्ध होता है कि इनके पिता चन्द्रशेखर प्राकृत भाषाओं के भी प्रकाण्ड विद्वान् थे। विश्वनाथ ने तृतीय परिच्छेद में रस को काव्य का प्राण-तत्त्व बतलाते हुए अपने वृद्ध-प्रपितामह (दादे के दादे) नारायण का इस प्रकार उल्लेख किया है—

तत्प्राणत्वं चास्मद्-वृद्धप्रपितामह-सहृदयगोष्ठीगरिष्ठ-कवि-पण्डितमुख्य-श्रीमन्नारायणपादैरुक्तम्।

वृद्धप्रपितामह के 'सहृदयगोष्ठीगरिष्ठ', 'कविपण्डितमुख्य' विशेषणों से नारायण का विपुल पाण्डित्य और काव्यनैपुण्य प्रमाणित हो जाता है। डा० सत्यव्रतसिंह ने **काव्यप्रकाश** पर विश्वनाथ-रचित **काव्यप्रकाश-दर्पण** नामक टीका का उद्धरण देकर सिद्ध किया है कि नारायण उनके पितामह थे, किन्तु हमारे विचार से पितामह और वृद्धप्रपितामह के मध्य एकदम दो पीढ़ियों का अन्तर एक विसंगति ही है अथवा हो सकता है कि पितामह और वृद्धप्रपितामह का नाम एक ही रहा हो। विश्वनाथ ने सप्तम परिच्छेद में अपने पितामह के अनुज को इस प्रकार स्मरण किया है—**अस्मत्पितामहानुज-कविपण्डितमुख्य-श्रीचण्डीदासपादानां तु खण्डरसनाम्ना। यदाहुः।**

विश्वनाथ का देश-काल—विश्वनाथ ने ग्रन्थ के अन्त में अपने पिता का और अपना परिचय **'सान्धिविग्रहिक-महापात्र** के रूप में दिया है जिससे मालूम होता है कि ये किसी राजा के मंत्री थे जो राज्य

का सन्धि-विग्रह विभाग संभाले हुए थे। इतिहासानुसार ब्राह्मण पहले मन्त्री रहते ही थे। इन्हें यह पद कुल-क्रम से प्राप्त हुआ था। अब हमें यह देखना है कि यह कौन सा और कहाँ का राजा था, जिसके यह मन्त्री रहे। जैसे हम आगे बताएंगे, विश्वनाथ की कृतियों में से एक **प्रशस्तिरत्नावली** भी है, जिसमें कलिंगाधिपति नृसिंह की स्तुति की गई है। साहित्यदर्पण में व्याजस्तुति अलंकार का उदाहरण 'इदं मम' कहकर इन्होंने यह दिया है :—

स्तनयुगमुक्ताभरणाः कण्टककलिताङ्गयष्टयो देव।
त्वयि कुपितेऽपि प्रागिव विश्वस्ता द्विट्-स्त्रियो जाताः॥

इसी तरह परम्परितरूपक का यह उदाहरण दिया है—

आहवे जगदुद्दण्डराजमण्डलराहवे।
श्रीनृसिंहमहीपाल स्वस्त्यस्तु तव बाहवे॥

मालुम होता है कि ये पद्य इन्होंने अपनी 'प्रशस्तिरत्नावली' से लिये हैं। डा० सत्यव्रतसिंह के अनुसार साहित्यदर्पण पर इनके पुत्र अनन्तदास द्वारा कृत 'लोचन' टीका में यह उल्लेख मिलता है—'**यथा मम तातपादानां विजयनरसिंहे** इससे सिद्ध होता है कि इन्होंने अपने आश्रयदाता कलिंग नरेश का नाम अमर करने हेतु **नरसिंह-विजय** काव्य लिखा है। इस तरह विश्वनाथ का कलिंग देश-वासी होना निश्चित हो जाता है। साहित्यदर्पण में आये हुए 'कलिङ्गः साहसिकः', 'राजा (नरसिंहः) गौडेन्द्र कण्टकं शोधयति' इत्यादि प्रयोग भी इसी बात की ओर संकेत करते हैं, क्योंकि गौडदेश कलिंग का प्रत्यासन्न शत्रुदेश है।

जहाँ तक विश्वनाथ के स्थिति-काल का सम्बन्ध है, वह निश्चित-प्राय ही है। इन्होंने प्रतिवस्तूपमा अलंकार का उदाहरण नैषधकाव्य से इस तरह उद्धृत किया है :—

धन्यासि वैदर्भि गुणैरुदारैर्यया समाकृष्यत नैषधोऽपि।
इतः स्तुतिः का खलु चन्द्रिकाया यदब्धिमप्युत्तरलीकरोति॥

इसी तरह व्यतिरेकालंकार का उदाहरण भी नैषध से ही दिया है :—

हनूमदाद्यैर्यशसा मया पुनर्द्विषां हसैर्दूतपथः सितीकृतः।

नैषधकार श्रीहर्ष का स्थितिकाल बारहवीं शताब्दी का उत्तरार्ध है। इससे सिद्ध होता है कि दर्पणकार श्रीहर्ष के बाद में हुए हैं। इसी प्रकार साहित्यदर्पण में किसी कवि का बनाया **अस्फुट** गुणीभूत व्यङ्ग्य का उदाहरण यह आया हुआ है :—

सन्धौ सर्वस्व-हरणं विग्रहे प्राणनिग्रहः।
अल्लाबुद्दीन-नृपतौ न सन्धिर्न च विग्रहः॥

अल्लाउद्दीन को भारत में मुस्लिम साम्राज्य का आदि संस्थापक माना गया है। इतिहासानुसार इसका शासन-काल १२८६-१३१६ ई० है। इससे भी सिद्ध होता है कि विश्वनाथ कविराज का स्थितिकाल चौदहवीं शती के पूर्वार्ध के बाद का है। पन्द्रहवीं शताब्दी में गोविन्द ठाकुर ने मम्मट के काव्यप्रकाश पर 'प्रदीप' नामक टीका लिखी है, जिसमें उसने विश्वनाथ द्वारा प्रतिपादित बातों का उल्लेख किया है। इसी समय के बाद कितने ही अन्य अलंकार-शास्त्रियों ने साहित्यदर्पण का उल्लेख किया है। इससे दर्पणकार का समय चौदहवीं शताब्दी का उत्तरार्ध ठहरता है।

विश्वनाथ का व्यक्तित्व—साहित्यदर्पण के प्रथम परिच्छेद की समाप्ति में विश्वनाथ कविराज ने अपनी ही श्री लेखनी से स्वयं अपने व्यक्तित्व का चित्र इस तरह खींच रखा है—**श्रीमन्नारायणचरणारविन्दमधुव्रत-साहित्यार्णवकर्णधार-ध्वनिप्रस्थापनपरमाचार्य-कवि-सूक्तिरत्नाकराष्टादशभाषावारविलासिनी-भुजङ्ग-सान्धिविग्रहिकमहापात्र-श्रीविश्वनाथकविराजकृतौ साहित्यदर्पणकाव्य-स्वरूपनिरूपणो नाम प्रथमः परिच्छेदः**। इससे स्पष्ट है कि यह नारायण के परम भक्त, साहित्य-समुद्र के कर्णधार, ध्वनि-प्रस्थापना के परमाचार्य, कवि, सूक्तियों के रत्नाकर, अट्ठारह भाषाओं के मर्मज्ञ तथा राज्य का संधि-विग्रह विभाग संभालने वाले मंत्री थे। ये सभी बातें इन्हें कुलक्रम से दाय-रूप में प्राप्त थीं। इनका कविकर्म ध्वनियों का ध्वनन, सूक्ति-रचना-चातुरी एवं विविधभाषाभिज्ञता साहित्यदर्पण में अपनी अनेक कृतियों में से उदाहरण-रूप में उद्धृत पद्यों और संदर्भों में स्पष्ट हो जाती है। हमारी गणना के अनुसार इन्होंने साहित्यदर्पण में लगभग ४० स्थलों में 'इदं मम' कहकर अपनी तत्तत् काव्य अथवा नाट्य-कृतियों से

उद्धत या स्वरचित उदाहरण दे रखे हैं जिससे सिद्ध हो जाता है कि इनका क्या काव्य और क्या नाट्य—दोनों में कितना पूरा अधिकार है । कवियों में यह कालिदास आदि की तरह मुख्यतः शृंगारी कवि हैं जैसे इनके उदाहरणों से सिद्ध होता है । साहित्यदर्पण में इनके कितने ही मार्मिक शृंगारचित्र देखने को मिल जाते हैं । विस्तार के भय से हम यहाँ कतिपय चित्र ही देना चाहेंगे जैसे :—

प्रथमावतीर्णयौवना (मुग्धा नायिका)

धत्ते सालसमन्थरं भुवि पदं निर्याति नान्तःपुरात्, नो हासं हसति, क्षणात्कलयते ह्रीयंत्रणां कामपि ।
किञ्चिद्भावगभीरवक्रिमलवस्पृष्टं मनाग्भाषते, सभ्रूभङ्गमुदीक्षितं प्रियकथामुल्लापयन्तीं सखीम् ॥

दीपिकालंकार के प्रसङ्ग में विरहिणी:

दूरं समागतवति त्वयि जीवनाथे
भिन्ना मनोभवशरेण तपस्विनी सा ।
उत्तिष्ठति स्वपिति वासगृहं त्वदीय-
मायाति याति हसति श्वसिति क्षणेन ॥

इसी तरह नादसौन्दर्य भरा स्वाभाविक मधुर प्रकृति-चित्र भी उद्दीपन विभाव के रूप में देखिये:—

लताकुञ्जं गुञ्जन्, मदवदलिपुञ्जं चपलयन्
समालिङ्गन्नङ्गं द्रुततरमनङ्गं प्रबलयन् ।
मरुन्मन्दं मन्दं दलितमरविन्दं तरलयन्
रजोवृन्दं विन्दन् किरति मकरन्दं दिशिदिशि ॥

वर्ण्य विषय जहाँ ओज-पूर्ण और उद्धत होता है तो गौड़ी शैली अपनाकर इनकी भाषा उत्कट, ओजस्वी और शब्दाडम्बरी बन जाती है । इसके लिये इनका उद्धत शिव-ताण्डव देखिए :—

मूर्धव्याधूयमानध्वनदमरधुनीलोलकल्लोलजालो-
द्धूताम्भःक्षोदवम्भात् प्रसभमभिनभःक्षिप्तनक्षत्रजालम् ।
ऊर्ध्वन्यस्ताङ्घ्रिदण्डभ्रमिभररभसोद्यन्नभस्वत्प्रवेग-
भ्रान्तब्रह्माण्डखण्डं प्रवितरतु शिवं शाम्भवं ताण्डवं वः ॥ (परि० ६)

जहाँ तक धर्म का प्रश्न है, विश्वनाथ वैष्णव सम्प्रदाय के अनुगामी थे जैसे कि आसाम और कलिंग (उड़ीसा) के लोग प्रायः हुआ ही करते हैं । प्रथम परिच्छेद की समाप्ति पर इन्होंने स्वयं को **श्रीमन्नारायण-चरणारविन्दमधुव्रतं** कहा है और ग्रन्थ-समाप्ति पर भी **यावत्प्रसन्नेन्दुनिभाननश्रीर्नारायणस्याङ्कमलङ्करोति** कहकर विष्णु भगवान से अपने ग्रन्थ के उज्ज्वल भविष्य हेतु अभ्यर्थना की है ।

काव्य नाटक और अनेक भाषाओं के ज्ञान के अतिरिक्त 'सान्धिविग्रहिक' राज्यमन्त्री होने से सिद्ध होता है कि विश्वनाथ राजनीति शास्त्र के भी मर्मज्ञ रहे होंगे । 'राजा गौडेन्द्रं कण्टकं शोधयति' में इनकी राजनीति झलक रही है ।

विश्वनाथ की कृतियाँ

विश्वनाथ कविराज ने साहित्यदर्पण में अपनी कृतियों का स्वयं यत्र-तत्र नामोल्लेख कर रखा है । इन्होंने दो नाटिकायें—**प्रभावतीपरिणय और चन्द्रकला** लिखी है । वीथी नामक नाटक के अंगों में से असत्प्रलाप का उदाहरण **प्रभावती-परिणय** से इन्होंने इस प्रकार दिया है: —

तत्र आद्यं यथा मम प्रभावत्याम् —

प्रद्युम्नः —(सहकारवल्लीमवलोक्य सानन्दम्) अहो ! कथमिहैव —

अलिकुलमञ्जुलकेशी परिमलबहला रसावहा तन्वी ।
किसलयपेशलपाणिः कोकिलकलभाषिणी प्रियतमा मे ॥

इसी तरह नाटक के अंगों में से 'विचार' का चन्द्रकला से यह उदाहरण दिया है —

यथा मम चन्द्रकलायाम् :

राजा—नूनमियमन्तःपिहितमदनविकारा वर्तते, यतः —

हसति परितोषरहितं निरीक्ष्यमाणापि नेक्षते किञ्चित् ।
सख्यामुदाहरन्त्यामसमञ्जसमुत्तरं दत्ते ॥

महाकाव्य के लक्षणों का निरूपण करके उदाहरण-स्वरूप रघुवंश शिशुपालवध और नैषध के साथ-साथ इन्होंने अपने **राघवविलास** महाकाव्य का 'यथा मम **राघवविलासादि**' कहकर उल्लेख किया है। विषमालङ्कार के उदाहरण 'इदं मम' कहकर दिया हुआ निम्नलिखित पद्य 'राघवविलास' का ही लगता है :—

क्व वनं तरुवल्कभूषणं नृपलक्ष्मीः क्व महेन्द्रवन्दिता।
नियतं प्रतिकूलवर्तिनो बत धातुश्चरितं सुदुःसहम् ॥

इन्होंने दो प्राकृत काव्य भी लिखे हैं, जिनमें 'कुवलयाश्वचरित' का उल्लेख व्यभिचारी भावों में जड़ता के उदाहरण में इन्होंने इस प्रकार किया है—'यथा मम 'कुवलयाश्वचरिते' प्राकृतकाव्ये

णवरिअ तं जुअजुअलं अण्णोण्णं णिहिवसजलमन्थरदिट्ठिं।
आलेक्खओपिअं विअ खणमेत्त तत्थ सट्ठिअ मुअसण्णं ॥
(केवलं तद्युवयुगलमन्योऽन्यं निहितसजलमन्थरदृष्टिम्।
आलेख्यार्पितमिव क्षणमात्रं तत्र स्थितं मुक्तसञ्ज्ञम् ॥)

इनका दूसरा काव्य करंभक जाति का काव्य है जो विविध भाषाओं में लिखा हुआ होता है। उदाहरण-स्वरूप छठे परिच्छेद में सोलह भाषाओं में लिखी **प्रशस्तिरत्नावली** का उल्लेख इन्होंने इस प्रकार किया है—

करम्भकं तु भाषाभिर्विविधाभिर्विनिर्मितम्।
यथा मम षोडशभाषामयी **प्रशस्तिरत्नावली।**

विश्वनाथ के पुत्र अनन्तदास ने साहित्यदर्पण की स्वरचित टीका में निज पिता द्वारा प्रणीत 'नृसिंहकाव्य' का भी उल्लेख कर रखा है। इस तरह दर्पणकार के बनाये नाटक और काव्यों की संख्या कुल मिलाकर छः हो जाती है। इनकी सूक्तियाँ भी ग्रन्थों में यत्र-तत्र बिखरी पड़ी हुई हैं। गद्य-काव्य के सम्बन्ध में दर्पणकार ने **वृत्तगन्धि उत्कलिकाप्राय** और **चूर्णक** गद्यों के नमूने अपने ही दे रखे हैं। इससे अनुमान किया जा सकता है कि संभवतः इन्होंने कोई गद्यकाव्य भी लिखा होगा, किन्तु इन्होंने उसका कोई उल्लेख नहीं किया है।

उपरोक्त कृतियों के अतिरिक्त विश्वनाथ कविराज की दो रचनायें और भी हैं—एक है काव्य-प्रकाश पर 'दर्पण' नामक टीका और दूसरी है यह साहित्यदर्पण, जो साहित्य अथवा काव्य का लक्षण-ग्रन्थ है। इन दो रचनाओं को छोड़कर दर्पणकार की पूर्वोक्त सभी कृतियाँ संस्कृत के दुर्भाग्य से काल-कवलित हो गई हैं।

साहित्यदर्पण—हम कह चुके हैं कि साहित्यदर्पण भी काव्यप्रकाश, ध्वन्यालोक रसगङ्गाधर आदि की तरह काव्य का लक्षण-ग्रन्थ है जिसे अलंकारशास्त्र कहा जाता है। इसके दस परिच्छेद हैं, जिनमें ग्रन्थकार ने क्रमशः काव्यस्वरूप शब्द-शक्ति, रस, ध्वनि, व्यञ्जना, काव्यभेद, दोष, रीति, गुण और अलङ्कार—इन दस काव्य के निर्मापक अथवा प्रतिबन्धक तत्त्वों का विस्तारपूर्वक निरूपण करके सोदाहरण समन्वय कर रखा है। इसीलिए इस ग्रन्थ का साभिप्राय नाम 'साहित्यदर्पण' पड़ा है। दर्पण शब्द को यहाँ 'दर्पण इव'—इस प्रकार सादृश्यपरक लेकर प्रकाशक अर्थ में ल क्षणिक समझिए।

वैसे तो साहित्य शब्द आजकल व्यापक अर्थ में लिया जा रहा है और उसके भीतर हम सभी तरह का लेखबद्ध वाङ्मय समाहित कर देते हैं। क्या ज्योतिष क्या दर्शन क्या व्याकरण आदि विषय—सभी आज साहित्य कहलाया जा रहा है। किन्तु हमारा जिस साहित्य से सम्बन्ध है, वह इतना व्यापक नहीं है। इसकी सीमा कवि-वाणी में मानव-जीवन की नाना प्रकार की रागात्मक अनुभूतियों अथवा संवेदनों, अन्तर्भावों और उनके संघर्षों की मर्मस्पर्शी अभिव्यक्तियों, सौन्दर्य के सूक्ष्मातिसूक्ष्म वैविध्य-भरे चित्रों द्वारा सहृदयों के हृदयों को रसात्मक अनिर्वचनीय आनन्द-प्रदानों तथा जीवन अथवा समाज के उत्थान हेतु उदात्त आदर्शों की प्रतिष्ठापना तक ही रहती है। दूसरे शब्दों में साहित्य हृदय की भाषा का भाव-भीना लिखित वाङ्मय है। शुष्क मस्तिष्क की भाषा का नहीं जैसे विज्ञान आदि साहित्य होते हैं। साहित्य को ही हम काव्य-कला कहेंगे। इसी बात को लक्ष्य करके भर्तृहरि ने बहुत समय पहले कह रखा है :—

साहित्य-संगीतकलाविहीनः
साक्षात् पशुः पुच्छ-विषाणहीनः ।

प्रसिद्ध जर्मन कवि गेटे ने भी भर्तृहरि के स्वर में स्वर मिलाकर कहा है—He, who has no ear for poetry is a barbarian be he who may अर्थात् जिसके कान काव्य सुनने के इच्छुक नहीं हैं, वह बर्बर है चाहे वह कोई भी क्यों न हो।

साहित्य शब्द की व्युत्पत्ति—साहित्य को काव्य नाम देते हुए प्रसिद्ध साहित्य-शास्त्री कुन्तक प्रसंगवश इस शब्द की व्युत्पत्ति भी कर गए हैं—'शब्दार्थौ सहितौ काव्यम् अन्यूनानतिरिक्तत्वमनोहारिण्यवस्थितिः ('वक्रोक्ति-जीवित') अर्थात् शब्द और अर्थ दोनों का सहभाव (द्वयोः सहितयोः भावः), आगे पीछे न हो। कन्धे से कन्धा मिलाकर साथ-साथ संतुलित रूप में शब्द और अर्थ की सुन्दर अवस्थिति काव्य है। काव्य-शरीर-रूप शब्द और अर्थ—इन दोनों तत्त्वों में से किसी भी एक के प्रबल (अतिरिक्त) अथवा दुर्बल (न्यून) पड़ते ही कोमल काव्य-कला एकदम दम तोड़ बैठेगी किन्तु हमारे विचार से इस व्युत्पत्ति को शब्द और अर्थ तक ही सीमित कर देना ठीक नहीं है। वह एक देशी है। हमें काव्य में हृदय-पक्ष के भावों का भी सहभाव अपेक्षित है। कलाकार को कोई वस्तु देखकर अपने भीतर उठे भावों को इस तरह सम्प्रेषण अथवा अभिव्यक्ति देनी होती है कि वह पाठकों के अन्तस् को छू दे और उसमें भी वैसा ही स्पन्दन एवं भावोद्रेक उत्पन्न कर दे, जो उस वस्तु को देखकर स्वयं कलाकार को हुआ हो, साथ ही—जैसे कि दर्पणकार बताएंगे—'स्वनिबद्ध वक्ताओं'—अपने हाथों चित्रित दुष्यन्त, शकुन्तला आदि पात्रों के साथ पाठकों को अपने साधारणीकरण' व्यापार द्वारा सह-संवेदक अथवा एकाकार कर देना भी होता है। इसी में साहित्य अथवा काव्य की इतिकर्त्तव्यता निहित है।

काव्य का ध्येय—पाश्चात्य मनीषी भले ही कहते फिरें कि 'कला कला के लिए हुआ करती है' अर्थात् उसमें कलाकार को जीवन का यथातथ्य चित्र मात्र खींच देना है, उससे आगे नहीं जाना है। किन्तु भारतीय साहित्यकार कभी भी यह मानने को तय्यार नहीं हैं। वे जन जीवन अथवा समाज के यथातथ्य चित्र के साथ साथ उसके उत्थान हेतु उच्च आदर्श की संस्थापना भी काव्य का अपरिहार्य अङ्ग समझते हैं। प्रेमचन्द्र के शब्दों में **कला वह है जिसमें जीवन का सौन्दर्य हो, सृजन की आत्मा हो, जो हम में गति, संघर्ष और बेचैनी पैदा करे, सुलाये नहीं** फलतः काव्य जीवन के 'सत्यम्' और 'सुन्दरम्' तत्त्वों के साथ-साथ 'शिवम्' तत्त्व का भी हमारे यहाँ अपना बड़ा महत्वपूर्ण स्थान रहा है। यदि काव्य से शिवम् तत्त्व हटा दिया जाय तो वह कुकाव्य है। सभी साहित्यकारों ने सबसे पहले काव्य के ध्येय पर ही विचार किया है और वे सभी कुछ शब्दों के हेरफेर के साथ अन्त में एक ही निष्कर्ष पर पहुँचे हैं। काव्यप्रकाशकार ने व्यवहार, ज्ञान, यश और धन प्राप्ति के साथ-साथ सद्यः परनिर्वृतये और शिवेतरक्षतये कहकर रस–द्वारा निरतिशय आनन्द की उपलब्धि तथा शिवेतरक्षति—जीवन का शिव निर्माण या भव्य आदर्श बताया है आदर्श का उपदेश काव्य में किसी नीतिकार या प्रभु के वेदवाक्य—जैसे अनुल्लङ्घ्य अध्यादेश के रूप में नहीं प्रत्युत 'कान्तासम्मिततया' होता है अर्थात् जिस प्रकार कान्ता मधुर हाव-भावों के साथ रस भरे वचनों से प्रियतम को समझाती हुई अभीष्ट मार्ग की ओर उन्मुख करती है वैसे ही काव्य कला भी रस स्यन्द द्वारा अलौकिक आनन्द सृजन करती हुई सहृदयों अथवा सामाजिकों को कल्याण की ओर अग्रसर करती है। मम्मट द्वारा अभिहित काव्य के इस षट्-सूत्री ध्येय में सभी अन्य आलंकारिकों के कहे काव्य-ध्येय समाविष्ट हो जाते हैं। साहित्यदर्पणकार ने **चतुर्वर्गफलप्राप्तिः सुखादल्पधियामपि** कहा है। चतुर्वर्ग से अभिप्रेत जीवन के धर्म, अर्थ, काम और मोक्ष —ये चार ध्येय होते हैं। इन्हें पुरुषार्थ चतुष्टय भी कहते हैं। रामायण आदि काव्यों के अनुशीलन से अन्ततोगत्वा रामादिवत् प्रवर्तितव्यम्, न रावणादिवदिति कृत्याकृत्यप्रवृत्तिनिवृत्त्युपदेशः—अर्थात् रामादि की तरह हमारी सत्कार्यों में प्रवृत्ति होनी चाहिये और रावणादि द्वारा किये अपकृत्यों से हमें दूर रहना चाहिये'—इस उपदेश को प्राप्त करके हम जीवन का भव्य निर्माण करने लगते हैं। और इसी का नाम धर्म होता है। अर्थ धन को कहते हैं जो मम्मटाचार्य ऊपर बता ही आए हैं। काम सुखोपभोग है जो अर्थाधीन रहता है। हाँ, दर्पणकार ध्येयों में मम्मट की तरह यश का उल्लेख न करके मोक्ष को गिना रहे हैं और परम्परा सम्बन्ध की कल्पना करके कठिनाई के साथ उसका काव्य से सम्बन्ध जोड़ रहे हैं। हमारे विचार से अच्छा होता यदि वे मम्मट के बताये सद्यः परनिर्वृतिः को ही अपना लेते तथा

आध्यात्मिकता में न जाते। वास्तव में विश्वनाथ ने भामह के निम्नलिखित श्लोक का ही अनुकरण किया है : —

धर्मार्थ-काम-मोक्षेषु वैचक्षण्यं कलासु च ।
करोति कीर्ति प्रीतिं च साधु काव्यनिषेवणम् ।। [काव्यालंकार]

काव्य का लक्षण—साहित्य शब्द के विवेचन के समय हम पीछे काव्यकला पर हल्का-सा प्रकाश डाल आए हैं। किन्तु काव्य का निश्चित लक्षण अथवा स्वरूप बताना सभी अलंकारिकों ने आवश्यक समझा है। और अपनी-अपनी दृष्टि से उसका निरूपण भी किया है। यदि साहित्य शब्द की तरह यहाँ हम काव्य शब्द की भी व्युत्पत्ति करना चाहें तो वह इस प्रकार होगी —'कौति कवते कवयति वा (कु+इ) कविः तस्य कर्म काव्यम्' अर्थात् जो व्यक्ति शब्द करे अथवा मुख से शब्दों को निकाले वह कवि है और उसका कर्म काव्य है। किन्तु शब्द कभी अकेले नहीं रहा करते हैं। उनके साथ कालिदास की **वागर्थाविव सम्पृक्तौ** इस उक्ति के अनुसार अर्थों का सम्पर्क —अविनाभाव सम्बन्ध—स्वतः सदा बना ही रहता है। इस तरह अर्थानुगत शब्दों का समुदाय काव्य शब्द का व्युत्पत्ति-लभ्य अर्थ निकलता है। इसीलिए पूर्ववर्ती साहित्यशास्त्रियों—भामह, मम्मट, कुन्तक, रुद्रट आदि—ने काव्य का लक्षण साधारणतः 'शब्दार्थौ काव्यम्' अथवा **शब्दार्थौ सहितौ काव्यम्** किया है। किन्तु प्रश्न उठता है कि क्या सभी शब्दार्थ काव्य होते हैं ? इसका उत्तर हमारे पास नकारात्मक होगा क्योंकि सभी शब्दार्थ काव्य नहीं बन सकते। उदाहरण के लिए, सुनते हैं कि राजा भोज की सभा में एक बार कोई दीन ब्राह्मण भोजन की भिक्षा माँगता हुआ निवेदन कर बैठाः—

भोजनं देहि मे राजन् ! घृतसूपसमन्वितम्। इन शब्दार्थों का राजा पर कोई प्रभाव नहीं पड़ सका। यह तो कालिदास ही थे, जिन्होंने ब्राह्मण पर दया खाकर झट ब्राह्मण की तरफ से स्वयं छन्द-पूर्ति कर दी :—

माहिषं च शरच्चन्द्र-चन्द्रिका-धवलं दधि ।।

सुनते ही राजा प्रभावित हो गए और उन्होंने ब्राह्मण की कामना पूरी कर दी. इसी प्रकार का प्रश्न आचार्य भामह ने भी उठाया और स्वयं ही उसका उत्तर भी दे दिया :—

'गतोऽस्तमर्को भातीन्दुः यान्ति वासाय पक्षिणः ।
इत्येवमादिकं काव्यं वार्तामेतां प्रचक्षते ।।

'सूर्य छिप गया; चन्द्रमा चमक रहा है, पक्षीगण घोंसलों की ओर प्रस्थान कर रहे हैं। इत्यादि शब्दार्थ काव्य हैं क्या ? नहीं, यह तो साधारण जन भाषा की बातचीत है। एक उदाहरण कविभाषा का भी लीजिए। मुगल सम्राट शाहजहाँ के पास अन्तरङ्ग सभा में पण्डितराज जगन्नाथ बैठे थे और विद्यासम्बन्धी चर्चा चल रही थी। इस बीच पण्डितराज को प्यास लग गई और उन्होंने पानी मंगवाया। शाही फरमान पर एक नवयुवा लड़की सिर पर कलश लिये मटकती छमछमाती आ पहुँची और जल पिलाकर चल दी। पण्डित जी की आँखें उस पर उलझ गईं। वे उसे पानी के बदले हृदय दे बैठे। बादशाह के आगे वे हृदयोद्गार नहीं रोक सके और बोल ही पड़ेः—

इयं सुस्तनी मस्तकन्यस्तकुम्भा
कुसुम्भारुणं चारु देहं वसाना ।
समस्तस्य लोकस्य चेतः प्रवृत्तिं
गृहीत्वा घटे न्यस्य यातीव भाति ।।

सुनते ही सम्राट का हृदय उछल पड़ा और वे गद्गद हो उठे। शब्दार्थ ही पण्डितराज के बड़े चमत्कार-विशिष्ट एवं मर्मस्पर्शी थे—बोल उठे—'पण्डितराज' माँगो क्या माँगते हो ? हम तुम्हारी कविता पर 'मुग्ध' हैं। किन्तु पण्डित जी भोजराज दरबार वाले ब्राह्मण की तरह भोजन-भिक्षु तो थे नहीं, वे मन की मुराद माँग बैठेः—

न याचे गजालिं न वा वाजिराजं
न वित्तेषु चित्तं मदीयं कदाचित् ।

इयं सुस्तनी मस्तकन्यस्तकुम्भा
लवङ्गी कुरङ्गी मदङ्गीकरोतु ॥

सम्राट ने झट लवङ्गी बुलाई और उसको पण्डितराज के हाथ पकड़ा दिया। यह है कविभाषा के शब्दार्थों का जादू, जो सिर पर चढ़कर बोलता है। ऊपर के उदाहरणों से स्पष्ट हो जाता है कि काव्यत्व साधारण जन भाषा के बोलचाल के शब्दार्थों में नहीं, बल्कि कवि भाषा के शब्दार्थों में रहता है। काव्यत्व-प्रयोजक शब्दार्थ विशिष्ट ही होते हैं साधारण नहीं। वह वैशिष्टच शब्दार्थों में क्या है —इस सम्बन्ध में आलंकारिकों में विभिन्न दृष्टिकोणों को दर्पणकार ने दिया है। और साथ ही उनका खण्डन भी कर दिया है सबसे पहले वे मम्मटाचार्य को लेते हैं, जिन्होंने काव्य का लक्षण इस प्रकार किया है:—**तददोषौ शब्दार्थौ सगुणावनलङ्कृती पुनः क्वापि**। अर्थात् दोषाभाव, गुण और मर्वत्र अलंकार विशिष्ट शब्दार्थ काव्य होते हैं। किन्तु दर्पणकार का कहना है कि दोषाभाव काव्य का निर्मापक तत्त्व नहीं हो सकता क्योंकि दोष होने पर भी शब्दार्थों में काव्यत्व यथावत् बना ही रहता है, भले ही उपादेयता उसकी कम हो जाय। गुण शब्दार्थों में रह ही नहीं सकते क्योंकि वे रस धर्म हैं। अलंकार भी अनिवार्य तत्त्व नहीं, आगन्तुक धर्म है। इसके बाद दर्पणकार ने कुन्तक के **वक्रोक्तिः काव्यजीवितम्** इस लक्षण पर प्रहार करते हुए कहा कि वक्रोक्ति तो एक अलङ्कारमात्र है। वह भला काव्यात्मा कैसे बन सकती है? इसी तरह उन्होंने ध्वनिप्रतिष्ठापनाचार्य आनन्दवर्धन के **काव्यस्यात्मा ध्वनिः** इस लक्षण पर भी आपत्ति उठाई है कि ध्वनिविशिष्ट शब्दार्थ काव्य नहीं हो सकते हैं। क्योंकि ध्वनि का क्षेत्र बड़ा व्यापक होता है। वह काव्य सीमा से बाहर वस्तु और अलंकार को भी अपने भीतर समेटे रहती है, काव्य तक सीमित नहीं है। अन्त में रीति (पदरचना) को काव्यात्मा मानने वाले वामनाचार्य को भी दर्पणकार ने नहीं छोड़ा यह कहते हुए कि रीति जो एक तरह का वचोविन्यास मात्र है, शरीर में अवयव -संस्थान का रूप है। वह काव्य नहीं बन सकती है। दर्पणकार के बहुत समय बाद पण्डितराज जगन्नाथ ने **रमणीयार्थप्रतिपादकः शब्दः काव्यम्** कहा है। यदि पण्डितराज पहले हुए होते, तो दर्पणकार शब्द को काव्य मानने वाले इन्हें भी इसी तरह फटकार देते। किन्तु हमें दर्पणकार की ये सभी बातें अच्छी नहीं लगतीं। यह उक्त काव्यालोचक मान्य प्राचीन आचार्यों के सिद्धान्त की ऊपरी सतह तक ही रह गए, गहरे में नहीं बैठे। दर्पणकार ने '**रसात्मकं वाक्यं काव्यम्**' यह जो अपना शुद्ध काव्य -लक्षण होने का दावा किया है, इस पर भी हम इन्हें पूछ सकते हैं कि वाक्य आखिरकार अर्थानुगत शब्द -समुदाय नहीं है तो क्या है? (**वाक्यं स्याद् योग्यताकांक्षासत्तियुक्तः पदोच्चयः**) शब्द को ही विशेष्य मानकर रस का उसमें इन्होंने वैशिष्टच माना है। मम्मट ने ग्रन्थ के प्रारम्भ में ही **सकलप्रयोजनमौलिभूतं विगलितवेद्यान्तरमानन्दम्** कहकर रस को काव्य में मूर्धन्य स्थान दिया है। अन्यत्र स्थान-स्थान में भी रस का वैशिष्टच स्वीकार कर रखा है। लक्षण में भी उनका **सगुणौ** शब्द परम्परा-सम्बन्ध से रस को ही बता रहा है। अन्यथा दर्पणकार को ही हम पूछेंगे कि उनके शब्दरूप वाक्य में भी रस की सत्ता कैसे हो सकती है। शब्द आकाश का गुण है और रस—आनन्दमय रागात्मक अनुभूति—आत्मा का गुण है। वह आत्मा में ही रहेगा, शब्द में नहीं। गुण गुण में कहाँ रहता है? यदि परम्परा सम्बन्ध की कल्पना करके शब्द द्वारा आत्मा में अनुभूति मानते हो तो हम दर्पणकार को फिर पूछेंगे कि परम्परा सम्बन्ध से गुण द्वारा रस-ग्रहण करने में क्यों उन्हें साँप सूँघ जाता है?

उपरोक्त बात आनन्दवर्धनाचार्य के सम्बन्ध में भी समझिए। उन्होंने भी रसध्वनि को सर्वत्र प्रमुखता दे रखी है। इस ध्वनि से अतिरिक्त वस्तु और अलंकार ध्वनि तक भी काव्यक्षेत्र का विस्तार मानने में, हम समझते हैं, ध्वनिकार ने कोई गलती नहीं की है। ध्वनि प्रकरण में स्वयं विश्वनाथ ने **वस्त्वलंकाररूपत्वात् शब्दशक्त्युद्भवो द्विधा** कह कर रस-ध्वनि के अतिरिक्त वस्तु और अलंकार ध्वनि में काव्यत्व मान ही रखा है। इसी तरह गुणीभूत-व्यङ्ग्य काव्यों में से तुल्य-प्राधान्य, अस्फुट-व्यङ्ग्य, अगूढ-व्यङ्ग्य आदि भेदों के उदाहरणों में दिये हुए **ब्राह्मणातिक्रम-त्यागो, सन्धौ सर्वस्वहरणम्** आदि में हम रसध्वनि का स्पर्श तक भी नहीं पाते, लेकिन दर्पणकार ने काव्य ही माना है। **रमणीयार्थप्रतिपादकः शब्दः काव्यम्** इस काव्य लक्षण में पण्डितराज को रमणीयता से अभिप्रेत केवल रस ही नहीं, बल्कि अर्थ में रमणीयता लाने वाली रस से भिन्न और भी चीजें हैं। वर्णन में चमत्कार होना चाहिए। तारों के रूप में सितारे-जड़ी नीली साड़ी पहने रजनी अथवा अचेत सोये पड़े जगत को धवल परिधान से आच्छादित किए

चन्द्रज्योत्स्ना अथवा मधुर कल्लोलों से इठलाती, बलखाती, कलकल निनादिनी नदी आदि प्रकृति-तत्त्वों के आलम्बनात्मक, स्वतन्त्र आकर्षक सौन्दर्य-चित्र किस सहृदय के हृदय को आनन्दोद्वेलित नहीं करते ? इन सौन्दर्यानुभूतियां को हम काव्य-क्षेत्र से बाहर नहीं निकाल सकते हैं। इस तरह नीरस होते हुए भी चमत्कारी, वस्तु एवं अलंकार के व्यञ्जक शब्दार्थों में ध्वनिकार ही नहीं, बल्कि अन्य आलंकारिकों ने भी निश्चितरूप से काव्यत्व मान रखा है।

रीति और वक्रोक्ति को काव्यात्मा मानने वाले वामनाचार्य और कुन्तक ने भी काव्य में रस का महत्त्व एवं अनिवार्यता स्वीकार न की हो, यह बात नहीं। रीति का अर्थ होता है वचोविन्यास का विशिष्ट प्रकार--ऐसा प्रकार जिसमें शब्दों के भीतर रसानुकूल वर्णों का चयन हुआ हो। यदि रसानुकूल शब्द अथवा वर्ण-चयन न हो तो रस की अभिव्यक्ति कदापि हो ही नहीं सकती। सारी अनुभूति उलट जाएगी। इसी आधार पर रीति-सिद्धान्त की स्थापना हुई है और वामन ने उसे काव्य में मुख्य स्थान दिया। वक्रोक्ति भी कोई अलंकार मात्र नहीं जैसे दर्पणकार मान बैठे हैं। यह भी एक सिद्धान्त है, जिसमें शब्दार्थ साधारण जनभाषा के न होकर 'वक्र' अर्थात् वैचित्र्यपूर्ण रहते हैं। यह वैचित्र्य रस ही नहीं, बल्कि शब्द, अर्थ और वर्ण आदि गत सभी प्रकार का सौन्दर्य अपने में अन्तर्मुक्त किये रहता है। भामह ने भी लोकातिक्रान्त-गोचर उक्ति को काव्य का मूल तत्त्व कहा है। इस तरह काव्य क्षेत्र विशाल है।

सच पूछो तो काव्य-स्वरूप के सम्बन्ध में दर्पणकार की तरह खण्डन-मण्डन हमें नहीं रुचता। अन्य कलाओं की तरह काव्य-कला भी इतनी विविध-रूप और सूक्ष्म है कि उसे सर्व-सम्मत निश्चित परिधि के भीतर बाँध देना बड़ा कठिन है। अपनी-अपनी अनुभूति के अनुसार जिस-जिस परिप्रेक्ष्य से जिसने उसे निहारा अथवा उसका स्वाद लिया उसने उसका वही रूप मान लिया, किन्तु वह गलती में नहीं रहा, क्योंकि वह रूप कला का एकदेश अवश्य है। यहाँ हम गजान्ध-न्याय लगा सकते हैं। गज कैसा होता है—यह जानने हेतु पाँच-छः अन्धे चिड़ियाघर चल पड़े। उनमें किसी ने गज की पूँछ, किसी ने सूंड, किसी ने पैर, किसी ने कान और किसी ने शरीर छुआ। घर लौटकर अपने साथियों को गज का परिचय देने लगे तो पूंछ पकड़ने वाला बोला कि वह रस्सी जैसा है, सूंड़ पकड़ने वाला बोला नहीं अजगर जैसा है, पैर पकडने वाला बोला वह खम्भा-जैसा है, कान पकड़ने वाला बोला, वह छाज-जैसा है और शरीर पकड़ने काला बोला वह दीवार-सा है। यही हाल काव्य लक्षणकारों का भी है। काव्य के सम्बन्ध में हमारे यहाँ ही विभिन्न दृष्टिकोण हों, सो बात नहीं। पाश्चात्य विद्वानों में भी मतभेद पाया जाता है। कालरिज जैसे कवि जहाँ शब्द को प्राधान्य देते हैं वहाँ शैले, हैजलिट् आदि भावों की उत्कटता को काव्य का मूल तत्त्व मानते हैं। कोई जातितत्त्व के समर्थक हैं। इस तरह हम देखते हैं कि कोई काव्य के शब्दार्थों—शरीर—अथवा कला-पक्ष पर बल देता है तो कोई उसके हृदय अर्थात् भाव-पक्ष को अपनाता है। किन्तु सभी दृष्टिकोणों से देखा जाय तो कुल मिलाकर अन्तिम निष्कर्ष यही निकलता है कि काव्य लेखबद्ध वह रचना है, जिसमें शब्द, अर्थ, और भाव ऐसे बिशिष्ट अर्थात् चमत्कार-पूर्ण हों जो हृत्पिण्ड को छूते हुए हमारे भीतर प्रस्तुत वस्तु की मार्मिक भावना को उभार दें और हमें अलौकिक आनन्द में मग्न कर दें। केवल भावपक्ष की बात लक्ष्य करके विश्वनाथ कविराज ने काव्य की भाव-प्रधान परिभाषा यह की है—'वाक्यं रसात्मकं काव्यम्'। आत्मा शरीर के बिना टिक नहीं सकती शरीर के साथ यथास्थान अवयव-संस्थान चाहिए, उसमें गुण और दोषाभाव और शोभाधायक भूषण भी चाहिएं। तब जाकर वह अपना पूर्ण रूप अपना पाएगी। इसलिए दर्पणकार ने काव्य कला को भौतिक रूप देते हुए शब्दार्थ रूपी दो तत्त्वों से उसका शरीर-निर्माण किया, रीतियाँ अवयव-संस्थान रखीं, माधुर्यादिगुण शौर्यादि-स्थानीय किये, दोष काणत्व खञ्जत्व आदि के रूप में लिए और उपमा आदि अलंकारों को कटक कुंडल आदि का रूप दिया। अन्त में रस की प्राण-प्रतिष्ठा करके देह को सात्म बना कर उसका जीवन्त रूप हमारे आगे खड़ा कर दिया है कि देखो यह है काव्यकामिनी।

शब्द-शक्तियाँ--ऊपर स्पष्ट कर दिया गया है कि काव्य वह वाक्य होता है जिसके भीतर रस आत्म-स्थानीय हो अथवा जिसमें रस प्राण-तत्त्व का काम करता हो, वाक्य के सम्बन्ध में हम पीछे संकेत कर आए हैं कि वह 'वाक्यं स्याद् योग्यताकांक्षाऽऽसक्तियुक्तः पदोच्चयः' हुआ करता है, अर्थात् वाक्य ऐसे

विशिष्ट शब्दों का समुदाय है जिनकी आपस में योग्यता—ठीक-ठीक तालमेल—बैठ जाय, जो परस्पर सापेक्ष हों और देशतः कालतः एक-दूसरे के निकट हों। ऐसे शब्दों में ही अर्थ-प्रतिपादन की क्षमता रहती है अन्यथा नहीं। 'आकाश में फूलों की क्यारियाँ बनाओ, और उन्हें आग से सींचो' 'लड्डू, घोड़ा, चमली, बेल' एवं 'गुरु' खाओ, आम को प्रणाम करो, अथवा 'राम वन' आज बोलो और 'जाता है' कल बोलो—ये ऐसे शब्दों के समुदाय हैं जिन्हें योग्यता आदि के अभाव के कारण हम उन्मत्त-प्रलाप कहेंगे। ये वाक्य की सीमा के भीतर नहीं आ सकते हैं। इनसे कुछ भी वाक्यार्थ प्रतिपादन नहीं होता है हां, यदि 'उद्यान में क्यारियाँ बनाओ और उन्हें पानी से सींचो।' 'लड्डू खाकर घोड़े पर चढ़ो,' 'चमेली की बेल लाओ,' 'गुरु को प्रणाम करो, आम को खाओ अथवा एक साथ कहिए, 'राम वन जाता है' तो योग्यता आकांक्षा और आसत्ति से युक्त यह शब्द समूह वाक्य बन जाएंगे।

साहित्यकार तिस्रः शब्दस्य शक्तयः मानते हैं जो अर्थ का प्रतिपादन करती हैं। ये तीन शक्तियाँ हैं—अभिधा, लक्षणा और व्यञ्जना। शक्ति को शब्द-व्यापार अथवा शब्द-वृत्ति भी कह सकते हैं।

अभिधा का सर्व-प्रथम स्थान है। जन-भाषा के निर्माण में इसका बड़ा हाथ रहता है। इससे शब्दों का वह अर्थ बताया जाता है जो आम व्यवहार में आता है। इसे शब्द का मुख्य अर्थ भी कहते हैं। इसका पारिभाषिक नाम संकेतित अर्थ है। संकेत शब्द और अर्थ का साक्षात्सम्बन्ध कहलाता है जिसका रूप है 'अस्मात् पदादयमर्थो बोद्धव्यः'। 'गौ' शब्द को उच्चारण करते ही अभिधा शक्ति द्वारा हमें खुर, सींग, सास्ना आदि से युक्त एक पशु-विशेष का बोध होता है। अभिधा द्वारा बताये जाने से इसे अभिधेय अथवा वाच्य अर्थ कहते हैं और शब्द को अभिधायक अथवा वाचक शब्द। प्रश्न उठता है कि संकेत का ज्ञान अर्थात् इस शब्द का मुख्य अर्थ यह है कैसे होता है? उत्तर में विश्वनाथ ने नैयायिकों द्वारा गिनाये संकेत-बोध के निम्नलिखित साधन बताए हैं—

शक्तिग्रहं व्याकरणोपमान-कोशाप्तवाक्याद् व्यवहारतश्च।
वाक्यस्य शेषाद् विवृतेर्वदन्ति सान्निध्यतः सिद्धपदस्य वृद्धाः॥

यहाँ यों क्रम रखिए—सबसे पहले बच्चा घर में माँ बाप आदि का शब्द-प्रयोग सुनता है, फिर स्कूल में गुरुजनों से सुनता है, बाद को कोष, व्याकरण, टीका आदि से शब्दों का अर्थ ग्रहण करता है। अभिधा के उदाहरण के लिए पीछे दी हुई भामह की 'गतोऽस्तमर्कः' वाली उक्ति देखिए अथवा गौः घासं चरति।

लक्षणा—अभिधा के बाद दूसरा स्थान लक्षणा का आता है जिसका स्वरूप दर्पणकार के अनुसार यह है:—

मुख्यार्थबाधे तद्-युक्तो ययान्योऽर्थः प्रतीयते।
रूढेः प्रयोजनाद् वासौ लक्षणा शक्तिरर्पिता॥

हम पीछे देख आए हैं कि वाक्य बनने के लिए शब्दों में 'योग्यता' होनी चाहिए अर्थात् मुख्य अर्थों में परस्पर ठीक-ठीक सम्बन्ध बना रहे। यदि सम्बन्ध में बाधा आ पड़े, तो मुख्यार्थ में सम्बन्ध रखने वाला दूसरा अर्थ लेकर वहाँ वाक्यता बनानी पड़ती है, लेकिन यह अपवादस्वरूप है। कारण यह कि ऐसा हमें तभी करना पड़ता है जबकि अन्य अर्थ लेने में कोई रूढ़ि हो अथवा लोकप्रसिद्धि हो या तो फिर वक्ता का कोई विशेष प्रयोजन हो। यह दूसरा अर्थ लक्षणा शक्ति द्वारा ही प्रतिपादित होता है। यह 'अर्पित' अर्थात् कल्पित शक्ति है, अभिधा की तरह स्वाभाविक नहीं। हमने अभिधा के सम्बन्ध में गौः घासं चरति कहा था। लक्षणा के सम्बन्ध में हम कहेंगे गौः जल्पति। जरा सोचिए कि सींग-पूछवाला चौपय्या जानवर क्या कभी बोल सकता है। कदापि नहीं। बोलता तो मनुष्य है। लक्षणा यहां गौ से सादृश्य सम्बन्ध रखने वाला सीधा सादा, जड़-मन्दमति व्यक्ति रूप दूसरा अर्थ बतला देती है अर्थात् बड़ा भोला आदमी बोल रहा है। अब अर्थसंगति ठीक बैठ जाती है। इसमें वक्ता का प्रयोजन उस व्यक्ति का अत्यन्त भोलापन और मतिमान्द्य बताना है। इसी तरह 'वह गधा है,' 'उल्लू है' आदि समझ लें। कभी-कभी लोक प्रसिद्धि के कारण भी लक्षणा करनी पड़ती है, जैसे—कलिङ्गः साहसिकः। साहस चेतना का धर्म है। वह जड़ भूखण्डविशेष कलिङ्ग देश में कैसे हो सकता है? लेकिन यह लोक प्रसिद्धि है कि देश से देश-वासी लोग लिये जाते हैं। इसलिए लक्षणा यहाँ कलिंग शब्द से कलिंगदेश-वासी रूप दूसरा अर्थ बताती है। कलिंगदेश-वासी लोग साहसी होते हैं—यह अर्थ

ठीक संगत हो जाता है। इसी तरह पंजाब वीर है, बंगाल बुद्धिमान् है, इंग्लैण्ड कूटनीतिज्ञ है इत्यादि भी समझ लीजिए।

दर्पणकार के अनुसार लक्षणा के लिए चार बातें अपेक्षित हैं—१—मुख्यार्थबाध, २—मुख्यार्थसम्बन्धी अन्य अर्थ, ३—रूढि और ४—प्रयोजन। इनसे अन्यत्र लक्षणागति नहीं। यदि कोई करता है तो दोष है। हमें मुख्यार्थबाध और मुख्यार्थसम्बन्धी अन्य अर्थ—इन दोनों पर कुछ विचार करना है। मुख्यार्थ-बाध का अर्थ मुख्यार्थों में परस्पर सम्बन्ध का अभाव अथवा अन्वयानुपपत्ति किया जाता है। किन्तु इस तरह अर्थ करने में लक्षणा का क्षेत्र संकुचित हो जाएगा और लक्षण में अव्याप्ति दोष भी आ जाएगा। 'गौः जल्पति' 'कलिङ्गः साहसिकः' आदि में तो ठीक है, क्योंकि वहाँ अन्वय उपपन्न नहीं है किन्तु हम देखते हैं कि कितने ही ऐसे भी लक्षणा के स्थल हैं, जहाँ मुख्यार्थ-बाध नहीं होता है जैसे–घर के लिए पत्ते के दोने में दही देकर बाप पुत्र को कहता है—'काकेभ्यो दधि रक्ष्यताम्' (कौओं से दही बचाना) कौओं से दही बचाने अर्थ में कोई अन्वयानुपपत्ति नहीं, किन्तु बापका यह मतलब नहीं कि बेटा, कौओं से ही दही बचाना लेकिन यदि चील आदि दही खावें, तो खाने देना। इसलिए 'काकेभ्यः' शब्द से यहाँ लक्षणा द्वारा दध्युपघातक जीवमात्र रूप अन्य अर्थ लिया जाता है। इसी तरह गंगायां घोषः में जल-प्रवाह रूप गंगा में घोष—गोपाल-ग्रामक सम्बन्ध बाधित होने पर गंगा शब्द से गंगा समीपवर्ती तीर-रूप अर्थ लिया जाता है अर्थात् गंगा के तीर पर घोष है। इस तरह यहाँ गंगा शब्द लाक्षणिक माना गया है और घोष शब्द को मुख्यार्थ का वाचक कहते हैं। किन्तु कभी-कभी हम देखते हैं कि गंगा में मछली मारने वाला कोई धीवर एक जगह जल में इकट्ठी हुई ढेरों मछलियों को देख करके साथियों को बोल देता है गंगायां घोषः। ऐसी हालत में घोष शब्द की लक्षणा घोष में इकट्ठे रहने वाले मनुष्यों के सादृश्य से जल में इकट्ठा हुई मछलियों के ढेर में की जाती है। यहाँ गंगा शब्द अपने जलप्रवाह-रूप मुख्यार्थ का ही वाचक है जबकि घोष शब्द लाक्षणिक है। ऐसी स्थिति में हम दर्पणकार को पूछ सकते हैं कि इस बात का विनिगमक अथवा व्यवस्थापक कौन है कि यहाँ लक्षणा गंगा शब्द में करनी है या घोष शब्द में? लक्षणा प्रयोजक मुख्यार्थ-बाध तो दोनों जगह एक-सा है? इसलिए मानना पड़ेगा कि लक्षणा का मूल कारण मुख्यार्थों में अन्वय-बाध नहीं बल्कि तात्पर्य–बाध है। तात्पर्य वक्ता की इच्छा को कहते हैं। वक्ता के कहने का तात्पर्य यदि घोष शब्द से ग्राम में है, तो गंगा शब्द में लक्षणा होगी और यदि उसका तात्पर्य मछलियों के ढेर में है तो लक्षणा घोष शब्द में होगी। इस तरह लक्षणा का बीज अन्वयानुपपत्ति नहीं बल्कि तात्पर्यानुपपत्ति है।

अब तद्-युक्तः अन्योर्थः को भी लीजिए। दर्पणकार ने प्रयोजनवती लक्षणा का एक उदाहरण यह दिया है :—

स्निग्धश्यामलकान्तिलिप्तवियतो वेल्लद्-बलाका घना
वाताः शीकरिणः पयोदसुहृदामानन्दकेकाः कलाः।
कामं सन्तु दृढं कठोरहृदयो रामोऽस्मि सर्वं सहे
वैदेही तु कथं भविष्यति हहो हा देवि, धीरा भव॥

यहाँ बोलने वाला स्वयं राम है, अतः 'अस्मि' पद से ही राम अर्थ निकल जाता है। फिर राम का स्वयं को राम शब्द से कहने में पुनरुक्ति होने से मुख्यार्थ-बाध है। इसलिए दर्पणकार ने राम शब्द की अत्यन्त दुःखसहिष्णु रूप राम में लक्षणा की है। हमें यहाँ अब यह देखना है कि क्या लक्ष्यार्थ अत्यन्तदुःखसहिष्णु राम मुख्यार्थ राम से अन्य अर्थात् भिन्न है? हमारी दृष्टि में दोनों जगह व्यक्ति-रूप राम एक ही हैं दो नहीं। फिर मुख्यार्थ से अन्य अर्थ न होने पर यहाँ लक्षणा कैसे? इसका उत्तर यही हो सकता है कि हम यहाँ मुख्यार्थ से अन्य का अर्थ मुख्यार्थतावच्छेदकधर्मातिरिक्तधर्मावच्छिन्न लें। मुख्यार्थता राम में है, तदवच्छेदक धर्म (शुद्ध) रामत्व है, उससे भिन्न धर्म अत्यन्तदुःखसहिष्णुरामत्व होगा जिससे अवच्छिन्न राम अन्य सिद्ध हो ही जाता है, क्योंकि व्यक्तिरूप से दोनों राम एक होने पर भी रामत्वेन और अत्यन्त-दुःखसहिष्णु-रामत्वेन दो भिन्न-भिन्न राम हो सकते हैं। इसलिए अन्य होने में कोई बाधक नहीं। विशेषण भेदक होता ही है। इस तरह लक्षणा के लक्षण में 'मुख्यार्थबाध' और 'अन्य अर्थ' को लेकर ऊपर उठाये शंका-समाधान की बातें न्यायसिद्धान्तमुक्तावलीकार विश्वनाथ ने खोली हैं, साहित्यदर्पणकार विश्वनाथ एकदम चुप ही हैं। उन्हें अवश्य विवेचन करना चाहिए था।

रूढ़ि और प्रयोजन को लेकर दर्पणकार ने पद और वाक्य में विभक्त करके लक्षणा के कुल मिलाकर अस्सी भेद गिनाये हैं। दूसरे शब्दों में यों समझ लीजिए कि साहित्य-क्षेत्र में लक्षणा शक्ति का प्रयोग हम अधिक से अधिक अस्सी स्थलों तक ही सीमित पाते हैं जबकि अभिधा सर्व-व्यापक है। किन्तु ध्यान रहे कि लक्षणा एक कल्पित शक्ति है। गंगा का तीर अर्थ कल्पित है, स्वाभाविक नहीं, लक्षणा ही से कवि-भाषा बननी आरम्भ होती है। उसे जब व्यञ्जना शक्ति का सहयोग मिलने लगता है, तो वह कवि के लिए एक विचित्र कल्पनालोक का सृजन कर बैठती है। लक्षणा द्वारा किया कल्पना का एक उदाहरण लीजिए :—

कमलमनम्भसि, कमले कुवलये, तानि च कनकलतिकायाम्।
सा च सुकुमार-सुभगेत्युत्पात-परम्परा केयम्॥

अर्थात् जल के बिना कमल है, कमल पर दो कुवलय हैं और ये तीनों सोने की लता पर हैं। लता बेचारी बड़ी सुकुमार है। उन्हें धारण करने में उसे कितनी मुसीबतें उठानी पड़ रही हैं। कमल से मतलब मुख, कुवलयों से मतलब मुख पर दो आँखें, कनकलता से मतलब नायिका की स्वर्णिम गाल है। वह सब लक्षणा का ही तो विलास है।

व्यञ्जना—अभिधा और लक्षणा के बाद दर्पणकार व्यञ्जना शक्ति का स्वरूप इस प्रकार बतलाते हैं—

विरतास्वभिधाद्यासु ययाऽर्थो बोध्यते परः।
सा शक्तिर्व्यञ्जना नाम शब्दस्यार्थादिकस्य च॥

अभिधा और लक्षणा जब काम कर चुकती हैं, तो वे समाप्त हो जाती हैं किन्तु उसके बाद भी जानने को कुछ अर्थ शेष रह जाता है। उसे बताने हेतु ही व्यञ्जना शक्ति उपादेय होती है। लक्षणा ने गङ्गायां घोषः में गंगा से गङ्गा-समीपवर्ती तीर-प्रदेश बता दिया है, लेकिन वहां का घोष कितना ठंडा और पावन है— यह भी बता देना लक्षणा का काम नहीं है, क्योंकि शब्द का व्यापार एक ही बार होता है, बार-बार नहीं (**शब्दबुद्धिकर्मणां विरम्य व्यापाराभावः**) इसी तरह 'गौर्जल्पति' में गो-सदृश व्यक्ति में जाड्य और मान्द्यातिशय बताने में भी लक्षणा सक्षम नहीं। यह काम तो व्यञ्जना शक्ति का ही है। लक्षणा के प्रयोजन को ही नहीं, प्रत्युत, जैसा हम आगे स्पष्ट करेंगे, काव्य के आत्म-भूत रस, उसके 'सहकारी भावों' तथा 'अन्तर्जगत्' की विविध अनुभूतियों को अभिव्यक्ति व्यञ्जना शक्ति ही देती है। इसके द्वारा बोध्य अर्थ व्यङ्ग्यार्थ कहा जाता है। व्यञ्जना का कार्य-क्षेत्र बहुत ही बड़ा है। यह अभिधा और लक्षणा के साथ रहकर भी काम करती है और इसका स्वतन्त्र क्षेत्र भी अपना बड़ा व्यापक है। यह शब्दों के साथ-साथ शब्दों के अंश—प्रकृति-प्रत्ययों—तक में भी रहती है। अर्थ-क्षेत्र में यह वक्ता, श्रोता, वाक्य, अन्य के सान्निध्य प्रकरण, देश, काल और चेष्टा तक के भी वैशिष्ट्य में पहुँची रहती है। रसानुभाव करना भी इसी का काम है इसके द्वारा बताया जाने वाला अर्थ व्यङ्ग्य कहलाता है।

रस और उसका इतिहास

विश्वनाथ ने **वाक्यं रसात्मकं काव्यम्** कहा है। वाक्य का विवेचन करने के बाद रस का विश्लेषण भी अब आवश्यक है। वैसे तो ब्रह्मा-निर्मित जगत् में भौतिक दृष्टि से रस जिह्वेन्द्रिय से ग्रहण किये जाने वाले गुण-विशेष को कहते हैं जैसे—मधुर कटु आदि। किन्तु कवि-जगत् का रस इससे बिलकुल भिन्न है। वह इन्द्रिय-ग्राह्य नहीं होता है। वह तो एक अनिर्वचनीय, केवल हृदयसंवेद्य आनन्द-विशेष का नाम है, जो काव्य पढ़ने, सुनने अथवा नाटक देखने से सहृदय लोगों को हुआ करता है। इसे हम काव्यीय रस कहेंगे।

रस-तत्त्व विश्लेषण करने से पूर्व हम चाहेंगे कि इसके इतिहास पर थोड़ा-सा प्रकाश डाल दिया जाय। इसमें दो मत नहीं हो सकते कि काव्य-क्षेत्र में रस की उद्भावना का श्रेय भरतमुनि को है। वही रसप्रतिष्ठापनाचार्य हैं। प्रश्न उठता है कि उनसे पहले रसवाद के अभाव में फिर काव्य की क्या स्थिति थी? आदिकाव्य रामायण के बाद उल्लेख मिलते हैं कि सूत्रकार पाणिनि ने **पाताल-विजय** और **जाम्बवतीविजय** तथा वार्त्तिककार कात्यायन मुनि ने **वाररुचं काव्यम्** लिखे थे। सुनते हैं भास ने 'विष्णधर्म' काव्य भी लिखा था। ये सब अब लुप्त हैं। सौभाग्य से भास के लिखे नाटक खोज निकाले गए हैं। इनसे ही कुछ अन्दाजा लगाया जा सकता है। अध्ययन से मालूम हो जाता है कि तुलना में कालिदास और भवभूति आदि में नाटकों के आगे भास के नाटक जरा भी टिक नहीं पाते हैं। कारण स्पष्ट है।

परवर्ती कालिदास आदि नाट्यकारों को भरतमुनि की आविष्कृत रसप्रक्रिया प्राप्त थी। वे नाटक का सर्वस्व रसाभिव्यञ्जना में ही देखते थे, अन्य उपकरणों में नहीं। इसके विपरीत पूर्ववर्ती भास आदि को रस-प्रक्रिया का पता नहीं रहा। उस समय अन्तर्जगत् की वृत्तियाँ अर्थात् रति हास आदि भाव अपने यथास्थिति, मौलिक रूप में रख दिये जाते थे। वे प्रदीप्त मात्र होकर हमारे चिन्तन के विषय भले ही बन जाते थे, लेकिन चर्वणा के विषय नहीं होते थे। उन्हें 'विभावित', 'अनुभावित' और 'सञ्चारित' करके अलौकिक 'साधारणीकरण व्यापार' द्वारा प्रेक्षकों अथवा श्रोताओं और पाठकों को मूल पात्रों के साथ एकीकृत करते हुए उन्हें 'ब्रह्मानन्द-सहोदर' आनन्द में विभोर कर देने की बात तब थी ही नहीं, जो भास आदि आदियुगीन कलाकारों में आ पाती। इसके अतिरिक्त रस-प्रक्रिया हेतु सामग्री बटोरने की आवश्यकता ने बाद के कलाकारों में जहाँ कल्पना-शक्ति उभारी वहाँ भास आदि उससे वञ्चित रह गए। इससे उनकी कला धरा पर ही उछलती रही, आकाश में न उड़ सकी।

रस क्या है--इसके सम्बन्ध में भरतमुनि का मूल-सूत्र यह है—**विभावानुभावव्यभिचारि-संयोगाद् रसनिष्पत्तिः**। इसकी व्याख्या विश्वनाथ कविराज ने इस प्रकार की है :—

विभावेनानुभावेन व्यक्तः सञ्चारिणा तथा।
रसतामेति रत्यादिःस्थायिभावः सचेतसाम्।

विभाव, अनुभाव और सञ्चारी भाव के संयोग से अभिव्यक्त हुआ स्थायिभाव ही सहृदयों के लिए रस बन जाता है। विभाव बहिरिन्द्रिय- बाह्य मूर्त पदार्थ नायक-नायिकादि होते हैं, जो हमारे हृदय के भाव को उद्बुद्ध करते हैं। भाव के उद्बुद्ध हो जाने पर विभाव में पीछे (–अनु) होने वाली बाह्य प्रतिक्रिया अथवा कार्य अनुभाव कहलाता है। सञ्चारी और स्थायी—ये तो हृदय-गत भाव होते हैं जो अमूर्त हैं। सञ्चारी चल अर्थात् अस्थिर भाव होता है जबकि स्थायी स्थिर भाव होता है, जो बना ही रहता है। शब्दान्तर में समूहात्मक आस्वाद वाले प्रपाणक रस की तरह मिलकर एक साथ अभिव्यक्त हुए विभाव, अनुभाव, सञ्चारी और स्थायी भावों का समूहात्मक विचित्र आस्वाद ही रस है, जो विश्वनाथ के शब्दों में, स्वप्रकाश, अखण्ड, अद्भुत, आनन्द और चिद्रूप है। संक्षेप में यों समझ लीजिए कि रसास्वाद ब्रह्मास्वाद का सहोदर है। ब्रह्मास्वाद के क्षण में जिस प्रकार योगी अपने व्यक्तित्व को भूल कर तन्मय हो जाता है, दीन-दुनिया की उसे कुछ सूझ नहीं रहती, वही हाल रसानन्दभोगी सहृदय का भी समझें। 'ब्रह्मानन्दसहोदर' इसलिए कहा है कि रसानन्द और ब्रह्मानन्द में कुछ भेद है वह यह कि रसानन्द में सांसारिक विषयों का सम्बन्ध बना रहता है जबकि ब्रह्मानन्द सांसारिक विषयों से सर्वथा रहित है। इसी अभिप्राय से यह कहा गया है—**पुण्यवन्तः प्रमिण्वन्ति योगिवद् रससन्ततिम्**। दर्पणकार का भी यही कहना है—'**कैश्चित् प्रमातृभिः--प्राक्तनपुण्यशालिभिः स रस आस्वाद्यते**'। इसी लिए ब्रह्मास्वाद के अधिकारी योगी की तरह उसने '**सचेतसाम्**' को ही रसास्वाद का अधिकारी चुना है। जिनका चेतस् कोमल है, जो दूसरे के दुःख -विपत्तियों में द्रवित होना जानते हैं, क्रूर व्याध द्वारा मारे क्रौञ्च के विरह में विलखती--तड़पती क्रौञ्ची को देख कर जिनका हृदय वाल्मीकि की तरह तत्काल रो उठता है, दूसरे के हर्ष में जो फूले नहीं समाते, वन में बिखरी वासन्ती सौन्दर्य छटा निहारने, कोयल की मधुर काकली सुनने एवं तारों से टिमटिमाती रजनी की आकर्षक रमणीयता देखने से मुग्ध हो जाते हैं वही सचेतस् सहृदय अथवा सामाजिक अथवा प्रमाता कहलाते हैं। इसके लिए 'प्राक्तनी वासना' और ऐहलौकिक साहित्य अनुशीलना दोनों अपेक्षित हैं। नहीं तो उन्हें **काष्ठकुड्याश्मसन्निभा** स्टेज पर लगी कुर्सी-मेज, अथवा स्टेज की दीवार और दीवार के पत्थर-जैसे हृदय-शून्य साक्षात् पशु-पुच्छ-विषाणहीन ही समझिए। लेकिन ध्यान रहे कि सचेतस् लोगों को भी रसानन्द जब कभी नहीं बल्कि **सत्त्वोद्रेकात्** ही होगा अर्थात् जब उनका चेतस् रजोगुण और तमोगुण से अछूता, सत्त्वगुणस्थित तथा शान्त-प्रसन्न हो। विकृत विक्षिप्त चेतस् अनुभूति नहीं होने देता है। वह उसमें बाधक बन जाता है।

रस की अलौकिकता

प्रश्न उठता है कि विभावादि रस-सामग्री के लौकिक होने से रस की अलौकिकता कैसे? ठीक है। किन्तु विधाता के लोक की कोई भी तो बात इसमें नहीं मिलती जिससे यह लौकिक हो सके : हम कार्य तो इसे कह नहीं सकते, क्योंकि यह किसी से भी उत्पन्न नहीं होता है बल्कि विभावादि समूहात्मक है। कार्य नहीं तो ज्ञाप्य तो है? नहीं, यह ज्ञाप्य भी नहीं, क्योंकि रस अपने सत्ता-

काल में अनिवार्यतः प्रतीत होने वाला, है जब कि ज्ञाप्य वस्तु सत्ता-काल में कभी प्रतीत भी नहीं होती, लेकिन रहती अवश्य है। रस को हम नित्य पदार्थ भी नहीं कह सकते क्योंकि अनुभूति के अभाव में इसकी कोई सत्ता नहीं होती। नित्य पदार्थ आकाश आदि को देखो, तो अज्ञात होने पर भी वे बने ही रहते हैं। तब तो इसे भविष्यत्कालीन मान लेना चाहिए। नहीं, यह स्वप्रकाश आनन्द रूप में साक्षात्कार का विषय होता है। भविष्यत् का साक्षात्कार कहीं भी नहीं होता। इसे फिर वर्तमान मानो, नहीं, हम वर्तमान भी नहीं कह सकते, क्योंकि वर्तमान वस्तु कार्य और ज्ञाप्य दो ही तरह की होती हैं किन्तु इसे कार्य और ज्ञाप्य कोटि से बाहर हम ऊपर बता ही आए हैं। यदि कहो कि यह तब परोक्ष की चीज हुई। नहीं, क्योंकि यह साक्षात्कार अनुभूति विषय है परोक्ष कैसे? फिर इसे प्रत्यक्ष कहो, नहीं इसे हम प्रत्यक्ष भी नहीं कह सकते, क्योंकि यह काव्य आदि के शब्दों से होता है, इन्द्रिय से नहीं। नाटकों में यद्यपि हमारी चक्षु काम करती है, किन्तु वह अभिनेताओं को देख सकती है। रस कोई नहीं देखता वह तो अनुभूति रूप होता है। इस तरह रस में कोई भी लौकिक धर्म न दिखाई देने से इसकी अलौकिकता ही सिद्ध होती है। **तस्माद् अद्भुतमेवाह रसं नारायणः कृती**—अपने वृद्धप्रमातामह के स्वर से स्वर मिलाकर विश्वनाथ को भी कहना पड़ा **तस्मादलौकिकः सत्यं वेद्यः सहृदयैरयम्।**

रस की अलौकिकता के विरोध में एक प्रश्न छूट गया है। वह यह कि रस यदि कार्य नहीं तो भरत मुनि **'विभावानुभावव्यभिचारिसंयोगात् रसनिष्पत्तिः** कैसे कह गए? निष्पत्ति उत्पत्ति को कहते हैं। रस की उत्पत्ति का कारण विभावादि का संयोग है फिर निष्पद्यमान रस क्यों कार्य नहीं? सुनिए इसलिए नहीं कि यहाँ निष्पत्ति शब्द लाक्षणिक है, जो चर्वणा के लिए प्रयुक्त हुआ है। कार्य की तरह चर्वणा कभी-कभी हुआ करती है। इसलिए चर्वणागत कार्यता रस में उपचरित अर्थात् गौण रूप से प्रयुक्त की गई है। वास्तविक कार्यता रस में कभी होती ही नहीं। वह तो समष्टि रूप अनिर्वचनीय आनन्द स्वरूप है। समष्टि उत्पन्न नहीं हुआ करती। वह तो सम्मिश्रण है अथवा भावों की सम्मिश्रित रूप अभिव्यक्ति है। प्रपाणक रस से इसकी तुलना कर लीजिए।

रस का उत्पत्तिवाद हम ऊपर स्पष्ट कर चुके हैं कि आनन्द-रूप रस की अभिव्यक्ति 'सचेतस्' लोगों को हुआ करती है, अन्यों को नहीं किन्तु भरत मुनि के उक्त सूत्र की साहित्यालोचकों ने भिन्न-भिन्न व्याख्या करके रस के अधिकारियों के सम्बन्ध में भी अपना मत-भेद दिखाया है। भट्ट लोल्लट उक्त सूत्र में विभावादिसंयोग और रस में कार्यकारणभाव सम्बन्ध मानते हैं। उनके अनुसार उक्त संयोग से रस उत्पन्न होता है और वह अनुकार्यों में अर्थात् जिन दुष्यन्त, शकुन्तला आदि मूल पात्रों की अभिनेता और अभिनेत्रियां भूमिका अपनाते हैं उनमें रहता है। दुष्यन्तादि मूल पात्रों का कार्य व्यापार अभिनेताओं में आरोपित करके लोग देखा करते हैं और उससे आनन्द लेते हैं।

दूसरे शब्दों में विश्वनाथ नाटक को तभी तो **तद्-रोपात् तु रूपकम्** कहते हैं। यहाँ यह समझ लेना चाहिये कि दूसरे शब्दों में, नटनटी अथवा अभिनेता-अभिनेत्री का रंगमंच पर जो कुछ भी क्रिया-कलाप अथवा अनुभूति होती है, वह उनकी अपनी नहीं बल्कि वह मूल पात्रों की नकल है, अतः रस मूल पात्रों को ही होता है। इसीलिए उत्पत्तिवाद को आरोपवाद भी कहते हैं। परन्तु भट्ट जी की यह व्याख्या तर्क के आगे टिक नहीं सकती। दुष्यन्त को देखकर शकुन्तला को अथवा शकुन्तला को देखकर दुष्यन्त को रत्युद्भव हो—तो इससे क्या? प्रेमी-प्रेमिकाओं के मध्य लोक में आज भी यह देखने को मिलता है। यह तो लौकिक बात हुई। यह रस कैसे हो सकता है? रस तो अलौकिक है। दूसरे, यह रत्युद्बोध केवल दोनों में होने से सीमित है, जबकि रस असीमित है। तीसरे, दुष्यन्तादि को हुए युग बीत गए। अब देखने-सुनने वालों का उनके साथ भला क्या सम्बन्ध? किसी को भी अब नाटक नहीं देखने चाहिएं, न काव्य पढ़ने चाहिएं। अतः मूल पात्रों में रस की स्थिति सर्वथा अनुपपन्न है।

रस का अनुमितिवाद—आचार्य शंकुक भरत के उक्त सूत्र में 'संयोगात्' से उत्पादक कारण नहीं बल्कि धूमात् आदि की तरह अनुमापक लिंग लेते हैं। उनका कहना है कि विभावादि के संयोग से रस की निष्पत्ति—अनुमिति होती है। इस तरह विभावादि-संयोग का निष्पत्ति के साथ परस्पर अनुमाप्य-अनुमापक-भाव सम्बन्ध है। विभावादि लिङ्ग से मूल नायक-नायिका-गत रत्यादि का अभिनेताओं में अनुमान किया जाता है, अभिनेता निःसन्देह असली नायक नहीं होते हैं तथापि हम उन्हें असली समझ बैठते हैं।

यहाँ चित्र-तुरगन्याय लगा लीजिए। जैसे राम के अश्वमेधीय घोड़े को पकड़े लव-कुश का चित्र देख कर हम उनका असली लव-कुश के साथ तादात्म्य कर बैठते हैं वैसे ही यहाँ भी हो जाता है। इस तरह अनुकार्य-गत रस अनुकर्त्ता—अभिनेता—में अनुमानित किया जाता है। अतः रस अनुकर्त्ता में रहता है, मूलपात्र में नहीं। रस के अनुमितिवाद में निःसन्देह शंकुक भट्ट से कुछ आगे बढ़े हैं। मूल पात्रगत इत्यादि को रस न मानने से उन्होंने उसकी लौकिकता नहीं मानी, अभिनेता-गत होने से अलौकिकता ही सिद्ध की है। मूलपात्र और अभिनेता के बीच तादात्म्यभाव में आंशिक साधारणीकरण की ओर भी वे चले हैं। तथापि यह मत त्रुटियों से खाली नहीं है। पहली बात तो यह है कि नाटक देखकर हमें 'आनन्दमय रस की साक्षात् अनुभूति होती है इस रूप में उसका अनुव्यवसायात्मक ज्ञान होता है, नकि इस रूप में कि 'हमें रस का अनुमान होता है। अनुमान से वास्तविक अनुभूति हो ही नहीं सकती। दूसरे अभिनेता या नट लोग वेतन-भोगी कलाकार होते हैं। अपना-अपना पाठ याद करके—जैसी निदेशक उन्हें आज्ञा देता है—वैसा बोल देते और क्रिया कर देते हैं। अभिनय उनकी वृत्ति है, पेशा है। उनका भला रसास्वाद से क्या सम्बन्ध? तीसरे यदि तर्क के लिए उनमें रसास्वाद या आनन्द मान भी लिया जाय तो उसका देखने-सुनने वालों ने क्या करना है? क्या किसी सम्पन्न व्यक्ति के आनन्दमय जीवन को देखकर किसी निर्धन को किसी ने आनन्दित हुआ कभी पाया? अतः रस नटों में नहीं है। लेकिन हाँ। इसका एक अपवाद है। अभिनेता यदि सही अर्थ में अपना स्वतन्त्र व्यक्तित्व अथवा अपनी अहंता खोकर अभिनयदशा में अभिनीयमान दुष्यन्त आदि मूल पात्र के साथ अपना पूरा ऐकात्म्य—साधारणीकरण—स्थापित करता हुआ दर्शकों या सामाजिकों की सी आनन्दानुभूति प्राप्त कर लेता है तो उसमें भी रस मानने में हमें कोई आपत्ति नहीं होगी। कितने ही कुशल अभिनेताओं के सम्बन्ध में हमने सुना है और देखा भी है कि वे तन्मयता में आकर मूल पात्रों के बड़े-बड़े कामों तक को पूरी तरह से कर दिखा गए। वैसी स्थिति में हम उन्हें अनुकर्त्ता या अभिनेता नहीं, बल्कि दर्पणकार के शब्दों में 'सभ्यपदास्पदम्' प्राप्त किये कहेंगे।

भुक्तिवाद—आचार्य भट्टनायक रस-सूत्र की व्याख्या में 'विभावादि-संयोग' और 'निष्पत्ति' में भोज्य-भोजकभाव सम्बन्ध मानते हैं। उनके अनुसार भोज्य हुआ रस और भोजक हुआ विभावादि-संयोग अर्थात् विभावादि-संयोग भोग-साधन बनकर सहृदयों को रस की 'निष्पत्ति'–भुक्ति (भोग) का रस देता है। इस मत में भुक्ति अर्थात् रसास्वाद न मूल-पात्रों में होता है न ही अभिनेताओं में। अभिनेता तो अपनी अभिनय कुशलता से मूलपात्रों का अनुकरण मात्र कर देते हैं। ये तो दर्शक, श्रोता या पाठक ही होते हैं, जिन्हें रसास्वाद होता है। वे नाटक देखते हुए अथवा काव्य पढ़ते हुए मूलपात्र दुष्यन्त आदि के साथ **परस्य, न परस्य, मम, न ममेति** के रूप का भेद भाव मिटाकर अपने को विभावन आदि विलक्षण व्यापार द्वारा दुष्यन्त और शकुन्तला ही समझकर उसी तरह रस का भोग करते हैं जैसे मूलरूप में कभी दुष्यन्त और शकुन्तला को हुआ था। भेद इतना ही है कि मूल अवस्था में दुष्यन्त आदि पात्रों में होने वाला आनन्द लौकिक परिच्छिन्न और व्यक्तिगत रहा, जिसे हम रस नहीं कहेंगे, जबकि उनका नाटक देखकर आजकल सचेतस् लोगों को होने वाला अपरिमित, अनिर्वचनीय आनन्द अलौकिक होता है, जिसे हम रस कहेंगे।

रस का अभिव्यक्तिवाद—आचार्य अभिनवगुप्त भरत-सूत्र में 'संयोगात्' और 'निष्पत्ति' में व्यङ्ग्य-व्यञ्जकभाव सम्बन्ध मानते हैं। उनका कहना है कि विभावादि-संयोग व्यञ्जक बनकर रत्यादि भाव को व्यक्त कर देता है, जो द्रष्टाओं और श्रोताओं में प्रसुप्त रूप से पहले से ही मौजूद रहता है। वैसे तो वे भट्टनायक द्वारा ऊपर बताई रस-प्रक्रिया को यथावत् मान गए हैं, किन्तु उनका भोज्य-भोजकभाव सम्बन्ध उन्हें अस्पष्ट लगा, अतः उनके मत के अनुसार विभावादि के संयोग–अभिव्यञ्जन से अभिव्यक्त हुआ रत्यादि भाव रस-रूप में परिणत हो जाता है। रस का यह अभिव्यक्तिवाद बाद को सभी आचार्यों को मान्य हो गया। इसीलिए विश्वनाथ ने भी **विभावेनानुभावेन व्यक्तः** लिखा है। सभी रस को व्यङ्ग्य ही मानते हैं। अभिधा रस को नहीं बता सकती है। 'श्रृंगार रस हो रहा है' ऐसा कहने से भला श्रृंगार रस कभी किसी को हुआ? लक्षणा मुख्यार्थबाध चाहती है जो यहाँ होता ही नहीं इसलिए यह व्यञ्जना शक्ति ही है जिससे हमें रस-बोध होता है। व्यङ्ग्य होने से रस की अलौकिकता की एक बात और देखिए। व्यञ्जना-व्यापार ज्ञान-रूप है और रत्युद्बोध-रूप रस भी ज्ञान रूप है तो ज्ञान होने से दो ज्ञानों में व्यङ्ग्य-व्यञ्जकभाव हो ही नहीं सकता। दीप-घट न्याय से व्यङ्ग्य और व्यञ्जक पृथक्-पृथक् हुआ करते

हैं। बात तो ठीक कही, किन्तु आप क्यों भूलते हैं कि लौकिक न्याय अलौकिक रस में नहीं लग सकता। एक होने पर भी दोनों में व्यङ्ग्य-व्यञ्जकभाव न मानें तो रस सदा के लिए अज्ञात ही रह जाएगा'। इसलिए अगतिकगति न्याय ही शरण है। यही इसकी अलौकिकता है।

करुण आदि रसों की आनन्दरूपता—प्रश्न उठता है कि शृंगाररस-प्रधान शकुन्तला आदि नाटक देखकर प्रेक्षकों को आनन्दानुभूति होनी ठीक है क्योंकि रति आनन्द रूप होती है लेकिन करुण रस में शोक स्थायिभाव होने से दर्शकों को आनन्द कैसे? रंगमञ्च पर मृत पुत्र को देख कर रोते-विल विलाते हरिश्चन्द्र और तारामती के दृश्य के सामने कौन ऐसा 'सचेतस्' होगा जो आनन्द मनायेगा? यदि कहो कि रंगमञ्चीय हरिश्चन्द्र आदि तो कल्पित हैं, अभिनेता हैं। असली नहीं। कल्पितों से दुःख काहे को? नहीं, यदि कल्पितों से दुःख नहीं होता है, तो रस्सी पर कल्पित सर्प से लोग क्यों डरते और भागते हैं? अतः जिस किसी भी रूप में करुण रस दुःखजनक ही है। ठीक है, किन्तु ऐसा प्रश्न रस की अलौकिकता न समझकर ही किया जाता है। हम पीछे बता आए हैं कि अलौकिक रस पर लौकिक नियम नहीं लगा करते हैं। इसलिए शृंगार आदि की तरह नाटक अथवा काव्यगत करुण में भी अलौकिक विभावन आदि व्यापार के प्रभाव से सुख ही होता है, दुःख नहीं, इस पर प्रमाण के लिए सचेतस् लोगों का हृदय पूछिए, जैसे विश्वनाथ भी पूछते हैं :—

> **करुणादावपि रसे जायते यत् परं सुखम्।**
> **सचेतसामनुभवः प्रमाणं तत्र केवलम्॥**

तर्क की दृष्टि से भी हम पूछना चाहेंगे कि यदि करुण रस दुःखजनक ही है तो लोग क्यों करुण रस वाले नाटक देखने जाते हैं अथवा वैसे काव्य पढते हैं? वह मूर्ख ही होगा जो अपने को दुःख में डाले। न्यायशास्त्रियों का कहना है कि किसी भी काम में लोगों की प्रवृत्ति के पीछे दृष्टसाधनता—ज्ञान कारण होता है अर्थात् लोग किसी भी काम में तब प्रवृत्त होते हैं जब कि उन्हें यह ज्ञान हो जाता है कि इसमें मेरा दृष्ट (हित) होना है। क्या दुःख में भी किसी का कभी हित हुआ? इसलिए करुण में भी आनन्द जनकता ही रहती है। इसीलिए किसी पाश्चात्य मनीषी के शब्दों में 'अवर स्वीटेस्ट सॉंग्स आर दोज, दैट टैल ऑफ सैडेस्ट थाट्स्' अर्थात् हमारे मधुरतम काव्य—गीत वे हैं जो बड़े दर्द-भरे रहते हैं। सच पूछिए तो महर्षि वाल्मीकि की रामायण, भवभूति के उत्तररामचरित और शेक्सपिअर के ऑथेलो आदि की लोकप्रियता का रहस्य उनमें विचित्र करुण रस द्वारा आनन्द–जनकता में ही निहित है। हाँ, अब आप पूछेंगे कि आनन्दजनक करुण रस में फिर प्रेक्षक लोग क्यों रोते हैं, और क्यों आंसू टपकाते हैं? उत्तर में निवेदन है कि रोना और आँसू टपकाना दुःख में ही नहीं, सुख में भी होता है। आपका तर्क ही अनैकान्तिक है। हम ही पूछते हैं कि वर्षों बाद प्रवास से घर आए हुए पुत्र को गले लगाती हुई ममतामयी मां की आँखों में आंसुओं की जो झड़ी लग जाती है वह क्या दुःख के कारण लगती है या आनन्द के कारण! हमने तो यहाँ तक समाचार सुन रखा है कि एक भाग्यवान के नाम लाखों की लॉटरी निकली तो उसका अतिशय आनन्द जब हृदय में न समा सका तो वह फट ही गया, आँसू बहाना दूर रहा। मिली हुई सारी द्रव्य–राशि धरी की धरी रह गई। इसी प्रकार चैतन्य प्रभु सदृश भक्त लोगों का भक्ति-द्रवित हृदय अश्रुधारा-रूप में बाहर बहता हुआ हम भक्तिरस में भी पाते हैं, करुण में ही नहीं। अतः करुणादि रस काव्य-नाटकों में आनन्द-परक ही होते हैं, दुःखपरक नहीं। यही काव्य-व्यापार की विलक्षणता है। रसगङ्गाधरकार के शब्दों में 'अयं हि लोकोत्तरस्य काव्य-व्यापारस्य महिमा यत्प्रयोज्या अरमणीया अपि शोकादयः पदार्थाः आह्लादमलौकिकं जनयन्ति। विलक्षणो हि कमनीयः काव्यव्यापारज आस्वादः प्रमाणान्तरजाद् अनुभवात्'। यही बात विश्वनाथ भी कह गए हैं :—

> **हेतुत्वं शोकहर्षादिर्गतेभ्यो लोकसंश्रयात्।**
> **शोकहर्षादयो लोके जायन्तां नाम लौकिकाः॥**
> **अलौकिकविभावत्वं प्राप्तेभ्यः काव्यसंश्रयात्।**
> **सुखं संजायते तेभ्यः सर्वेभ्योऽपीति का क्षतिः॥**

रससंख्या और उनका परस्पर संबन्ध—वैसे आचार्यों ने शृङ्गार, हास्य, करुण, रौद्र, वीर, भयानक, बीभत्स और अद्भुत—ये आठ रस माने हैं, किंतु बाद को शान्तरस की भी पृथक् सत्ता

स्वीकार कर ली है। मम्मट और विश्वनाथ भी शान्त रस के समर्थक हैं। शृङ्गार आदि जैसे अपने रति आदि आठ स्थायिभावों पर आधारित हैं। वैसे शान्तरस का भी शम नामक अपना स्वतंत्र स्थायी भाव है। कई साहित्यिक निर्वेद को शान्त का स्थायी मानते हैं। मम्मट ने भी निर्वेद को व्यभिचारी भावों में न गिनकर उसे शान्त का स्थायी माना है। किंतु विश्वनाथ शम को स्थायी भाव और निर्वेद को उसका सञ्चारी भाव मानते हैं। विश्वनाथ निर्वेद में तत्त्वज्ञानादि के कारण 'स्वावमाननम्' मानते हैं जब कि शम में 'निरीहावस्थायां स्वात्मविश्रामजं सुखम्' लेते हैं।

विश्वनाथ ने दसवाँ रस वात्सल्य भी माना है, जिसे वे 'भरत मुनि-सम्मत' कहते हैं। इसका स्थायी भाव वे वत्सलता (बच्चों के प्रति स्नेह) को मानते हैं। कुछ आचार्य स्वतंत्र भक्तिरस भी मानते हैं। किन्तु विश्वनाथ ने इसे देवताविषयक रति मानकर भाव के ही अन्तर्गत कर दिया है। इसी तरह राजभक्ति, देशभक्ति, गुरुभक्ति, मातृ-पितृभक्ति आदि सब भाव हैं जो रस नहीं बन सकते।

अपने में स्वाद-दशा में आनन्द रूप होते हुए भी रसों में ग्रहों की तरह परस्पर मित्रभाव और शत्रुभाव भी रहता है। जो रस दूसरे रस को पुष्टि दे वह मित्र रस होगा, अन्यथा शत्रु रस। शृंगार को हास्य से बल मिलता है, अतः हास्य शृंगार का मित्र रस है, लेकिन करुण रस शृंगार की जड़ ही काट देता है अतः वह उसका शत्रु रस है। करुण की तरह बीभत्स, रौद्र, वीर और भयानक भी शृंगार के विरोधी रस हैं। इसी तरह भयानक और करुण हास्य के विरोधी हैं। भयानक और शान्त वीर के विरुद्ध हैं तो भयानक शृंगार, वीर, रौद्र और हास्य शान्त के विरुद्ध हैं।

मूल रस अद्भुत, करुण, शान्त या शृंगार?—विश्वनाथ ने रस का विश्लेषण करते हुए उसे **लोकोत्तरचमत्कारप्राण**: कहा है। चमत्कार विस्मय का पर्याय समझिए। विस्मय 'चित्तविस्तार' रूप होता है। रागद्वेषादि से निर्मुक्त होकर चित्त का अपना पूर्ण सात्त्विक विकास अपनी संकुचित परिधि से बाहर निकलकर विश्व के साथ ऐकात्म्य अपना लेना ही उसका विस्तार है। यही अलौकिक आनन्द का रूप भी होता है। यह चमत्कार सभी रसों में समान रूप से पाया जाता है। इसलिए विश्वनाथ के वृद्धप्रपितामह नारायण अद्भुत को ही मूल रस और शेषों को उसी का विस्तार मानते हैं:—

रसे सारश्चमत्कारः सर्वत्राप्यनुभूयते।
तच्चमत्कारसारत्वे सर्वत्राऽप्यद्भुतो रसः।
तस्मादद्भुतमेवाह कृती नारायणो रसम्॥

नारायण का मत उद्धृत करने से दर्पणकार भी अद्भुत को ही मूल रस माने हुए प्रतीत होते हैं।

करुण रस के प्रसिद्ध चितेरे नाटककार भवभूति रसों के मूल में मुख्य भाव करुणा मानकर करुण को ही आदि और मूल रस कहते हैं। उन्होंने अपने उत्तररामचरित में इस बात को निम्नलिखित रूप में स्पष्ट किया है:--

एको रसः करुण एव निमित्तभेदाद्
भिन्नः पृथक् पृथगिवाश्रयते विवर्तान्।
आवर्त-बुद्बुद-तरङ्गमयान् विकारान्
अम्भो यथा सलिलमेव तु तत्समस्तम्॥

अर्थात् अपने मूल-रूप में विद्यमान जल जिस प्रकार विविध कारणों से तरङ्ग, बुलबुला, भँवर और हिम आदि रूप में परिणत हुआ दिखाई देता है, वैसे ही करुण रस भी समझ लीजिए। यह करुण ही है जो निमित्त भेद से शृंगार, हास्य आदि रूपों को अपनाये रहता है। हो सकता है कि भवभूति के इस सिद्धान्त के पीछे व्याध द्वारा मारे गए काम मोहित क्रौञ्च के वियोग में तड़पती हुई क्रौञ्ची के दृश्य से आदि कवि वालमीकि के द्रवित हृदय से निम्नलिखित आदि-कविता के रूप में वही हुई करुणा हो:—

मा निषाद! प्रतिष्ठां त्वमगमः शाश्वतीः समाः।
यत्क्रौञ्चमिथुनादेकमवधीः काममोहितम्॥

ध्वनिकार आनन्दवर्धनाचार्य का भी ऐसा ही मत है:—

काव्यस्यात्मा स एवार्थस्तथा चादिकवेः पुरा।
क्रौञ्चद्वन्द्ववियोगोत्थः शोकः श्लोकत्वमागतः॥

अभिनवगुप्ताचार्य मूल रस शान्त को लेते हैं। कारण कि किसी भी रस के अनुभूति-क्षण में हमारा चित्त शान्त हुआ रहता है। रजोगुण और तमोगुण की रागद्वेषादि सभी वृत्तियों से रहित हो कर वह जगत् के सभी बाह्य पदार्थों से विमुख बना रहता है यहाँ तक कि उस समय निज देह तक का भी भान नहीं रहता है। ऐसी 'विदेहावस्था' शान्त की ही है। कहा हुआ भी है:

न यत्र दुःखं न सुखं न चिन्ता न द्वेषरागौ न च काचिदिच्छा।
रसः स शान्तः कथितो मुनीन्द्रैः सर्वेषु भावेषु शमप्रधानः॥

इसलिए मूल रस शान्त है, जिसके विकार अन्य रस हैं।

भोजराज का मत है कि मूल रस करुण आदि नहीं, प्रत्युत शृंगार है। इसका स्थायिभाव रति है; जिसका स्वरूप दर्पणकार के शब्दों में **रतिर्मनोऽनुकूलेऽर्थे मनसः प्रवणायितम्** अर्थात् अनुकूल अथवा प्रिय वस्तु अथवा व्यक्ति के प्रति मन का **प्रवणायित**-झुकाव अथवा लगाव अथवा आसक्ति है। इसी को प्रेम भी कहते हैं। जीवन तथा साहित्य में जितनी व्यापकता प्रेम की है, उतनी अन्य भावों की नहीं। यही कारण है कि प्रेम-भाव पर आधारित शृंगार साहित्य में **रसराज** कहलाता है। यदि मन के लगाव को प्रणयी-प्रणयिनी तक सीमित न करके उसे व्यापक रूप में लिया जाय तो हमारे विचार से करुणादि रस इसी के अन्तर्गत हो जाते हैं। वाल्मीकि की करुणा के मूल में उनका प्राणिमात्र के प्रति हृदय का लगाव नहीं था क्या? भवभूति के करुण रस में भी तो राम का सीता के प्रति लगाव ही रहा। शान्त में मोक्ष के प्रति लगाव है, तो भक्ति में परमात्मा के प्रति लगाव, वत्सल रस में माता–पिता का अपने बच्चों के लिए लगाव ही रहता है। वीरता में देश अथवा कर्तव्य प्रेम ही प्रेरक होता है। हास्य में भी सखा-प्रेम काम करता है। प्रणय-कोप में शृंगार की पुष्टि छिपी रहती है। इस तरह किसी न किसी रूप से सभी रसों में मन का **प्रवणायित** मिल ही जाता है, जिससे शृंगार को मूल रस मानने में हमारे विचारानुसार कोई आपत्ति नहीं होनी चाहिए।

रस की रस्यमानता—रस को उपरोक्त नौ-दस भागों में विभक्त देखकर यह नहीं समझ लेना चाहिए कि रस इन तक ही सीमित है। **वाक्यं रसात्मकं काव्यम्** में रसशब्द रूढ़ नहीं, प्रत्युत अपना **रसयते= आस्वाद्यते इति रसः**' यह व्युत्पत्तिलभ्य अर्थ लेकर रसन-योग्य रसों के साथ–साथ रसाभास, भाव, भावाभास, भावोदय आदि को भी लेकर चलता है। जहाँ भी रस्यमानता अथवा रसन–व्यापार हो, वह सभी रस कहलाता है। दर्पणकार ने स्वयं स्वीकार किया है:—

रसभावौ तदाभासौ भावस्य प्रशमोदयौ।
सन्धिः शबलता चेति सर्वेऽपि रसनाद्रसाः॥

नियमानुसार रस को उचित पात्रों में ही दिखाना होता है। जहाँ उसमें अनौचित्य आया कि वह रसाभास वन जाता है। उदाहरण के लिए शृंगार को ले लीजिए। विवाहित युगल अथवा भावी पति-पत्नी में रति शृंगार रस ही वनाएगी किन्तु प्रेम अथवा व्यभिचार अथवा पशु-पक्षी वाली रति शृंगार रसाभास हो जाएगी। इसी तरह श्रेष्ठ पुरुषों के साथ हास या क्रोध तथा नीच में शम रसाभास के ही प्रयोजक बनेंगे, हास्य, रौद्र और शान्त रस के नहीं। रति आदि स्थायिभाव भी यदि उद्‌बुद्ध मात्र हों, विभाव आदि पूरी सामग्री से सम्पन्न न हों तो वे भाव होते हुए भी रसन योग से रस ही कहलाएंगे। इसी तरह अन्य भी समझ लीजिए।

आनन्द व धन का ध्वनिवाद—रस काव्य का मुख्य तत्त्व बनकर चला ही आ रहा था कि इस वीच आचार्य आनन्दवर्धन ने काव्य क्षेत्र में पदार्पण किया और **काव्यस्यात्मा ध्वनिः** का डिंडिम पीटकर वे काव्य के लिए एक नया आयाम खोल गए और वह है उनका ध्वनिवाद। ध्वनि से उनका अभिप्राय अनुरणन न्याय से शब्द और अर्थ आदि से प्रतिमान अथव अभिव्यज्यमान अन्य ही वस्तु से है। घड़ियाल पर डंडे से चोट मारने से पहले जोर के हुए स्थूल शब्द के बाद हम देखते हैं कि क्रमशः अनुरणन अर्थात् हल्की-हल्की और फिर और हल्की आवाजों का सिलसिला कुछ समय तक चलता रहता है। उसी तरह कवि वाणी में छिपी सूक्ष्म सूक्ष्मतर ध्वनि समझिए। इसे प्रतीयमान अथवा व्यङ्ग्य अर्थ कहते हैं। ध्वनिकार के शब्दों में:—

प्रतीयमानं पुनरन्यदेव वस्त्वस्ति वाणीषु महाकवीनाम् ।
यत् तत् प्रसिद्धावयवातिरिक्तं विभाति लावण्यमिवाङ्गनासु ॥ (ध्वन्यालोक)

अर्थात् जिस प्रकार अङ्गनाओं में मुख, नेत्र आदि अवयवों से भिन्न ही कोई लावण्य नामक वस्तु झलकती रहती है वैसे ही महाकवियों की वाणी में प्रतीयमान अर्थ साधारण शब्दार्थ से भिन्न ही हुआ करता है। इसी ध्वनि में आचार्य आनन्दवर्धन काव्य का जीवातु पाते हैं। किन्तु इससे यह न समझ लें कि वे रस को काव्य में अपने उच्च आसन से गिरा बैठे हों। रस का उन्होंने वही उत्तम स्थान बनाए रखा और उसे रसध्वनि नाम से पुकारा, लेकिन रसध्वनि के अतिरिक्त वस्तुध्वनि और अलंकारध्वनि को भी वे काव्य-क्षेत्र के भीतर लाए हैं। बाद को मम्मट, विश्वनाथ आदि साहित्य-शास्त्रियों ने भी उनका यह ध्वनिवाद बिना ननु नच के स्वीकार कर लिया। विश्वनाथ **'वाच्यातिशयिने व्यङ्ग्ये ध्वनिस्तत् काव्यमुत्तमम्'** अर्थात् 'व्यङ्ग्यार्थ यदि वाच्यार्थ को पछाड़ दे, उससे अधिक चमत्कारक हो तो वह उत्तम काव्य होगा' कहकर ध्वनिवाले काव्य को उत्तम काव्य की कोटि में ले गए और एक तरह से रस-ध्वनि से अतिरिक्त ध्वनि स्थलों में भी उत्तम काव्यता मान गए हैं। किन्तु जहाँ 'व्यङ्ग्य गुणीभूत हो जाय अर्थात् वाच्य की अपेक्षा हीन रहे उसे उत्तम काव्य न मानकर उन्होंने गुणीभूत व्यङ्ग्य काव्य कहा है। गुणीभूत व्यङ्ग्य का उदाहरण लीजिए :—

वानीरकुञ्जोड्डीनशकुनिकुलकोलाहलं हि शृण्वन्त्याः ।
गृहकर्मव्यापृताया वध्वा सीदन्त्यङ्गानि ।

यहाँ ध्वनि यह निकल रही है कि संकेत-स्थान में वह पहुँच गया है, किन्तु वधू के अङ्ग-अङ्ग बैठे जा रहे हैं—यह वाच्यार्थ अधिक चमत्कारक है।

दर्पणकार ने ध्वनि के मुख्य भेद दो गिनाये हैं — अभिधामूलक और लक्षणामूलक, जिन्हें उन्होंने क्रमशः विवक्षितान्यपरवाच्य और अविवक्षितवाच्य भी कहा है। लक्षणामूलक के केवल दो ही भेद बताकर अभिधामूलक ध्वनि पर बड़ा विस्तार किया है और हजारों तक की संख्या में ले गए। रस और भाव आदि को इन्होंने असंलक्ष्यक्रमव्यङ्ग्य ध्वनि कहा है। क्योंकि इनका आस्वाद समूहात्मक होता है। इसलिए इसके घटकों का क्रम होते हुए भी सूक्ष्म होने के कारण वह 'उत्पलशतपत्रव्यतिभेदवत्' परिलक्षित नहीं होता। ध्यान रहे कि उक्त सभी ध्वनियाँ व्यङ्ग्य अर्थात् व्यञ्जनाशक्ति-बोध्य ही होती हैं। अभिधा और लक्षणा की इनमें कोई गति नहीं।

व्यञ्जना को पृथक् न मानने वाले नैयायिकों ने इसका बड़ा विरोध किया। वे अभिधा और लक्षणा दो ही शब्द-शक्तियाँ मानते हैं। उनके अनुसार रसादि सभी व्यङ्ग्यार्थ अनुमान द्वारा ही जाने जा सकते हैं। उनका खण्डन करने में ग्रन्थकार साहित्यदर्पण का पाँचवाँ परिच्छेद साधारण छात्र हेतु अंशतः टैकनीकल और क्लिष्ट बन गया है। पहले उसने बड़े पुष्ट और प्रबल तर्कों से अनेक उदाहरण देकर व्यङ्ग्यार्थ की वाच्यार्थ और लक्ष्यार्थ से सुतराम् भिन्नता सिद्ध की है; फिर रस, वस्तु और अलंकार ध्वनियों में नैयायिकों की एक-एक करके सभी अनुमान-प्रक्रियाओं का निराकरण किया। उदाहरणार्थ रस-सम्बन्ध में नैयायिकों की अनुमान-प्रक्रिया लीजिए—'नाटक-द्रष्टारः काव्याध्येतारो वा रसप्रतीतिमन्तः विभावादिप्रतीतिमत्त्वात्, यत्र यत्र विभावादिप्रतीतिः तत्र तत्र रसप्रतीतिः देवदत्तादिवत्'। किन्तु दर्पणकार के अनुसार 'विभावादि-प्रतीतिमत्त्वात्' यह हेतु नहीं हो सकता है, क्योंकि 'काष्ठकुड्याश्मसन्निभ' जरन्नैयायिक आदि को विभावादि-प्रतीति तो होती है, किन्तु उनमें रस-प्रतीति नहीं होती, इसलिए यहाँ हेतु अनैकान्तिक हेत्वाभास (Fallacy) बन जाता है जो साध्य को सिद्ध नहीं कर पाता है। इसी तरह वस्तु और अलंकार ध्वनियों में भी नैयायिकों के सभी अनुमापक हेतु 'पर्वतो धूमवान् वह्निमत्त्वात् महानसवत्,' की तरह व्यभिचरित हो जाते हैं अतएव व्यङ्ग्यार्थ बोध कराने वाली वृत्ति व्यञ्जना है :—

सा चेयं व्यञ्जना नाम वृत्तिरित्युच्यते बुधैः ।
रसव्यक्तौ पुनर्वृत्तिं रसनाख्यां परे विदुः ॥

काव्यभेद दृश्य:—'रसात्मक वाक्य' काव्य के दर्पणकार ने कितने ही भेद बताये हैं जिनको हम दृश्य और श्रव्य के भीतर अन्तर्गत करेंगे। चक्षु से ग्रहण किये जाने वाले काव्य दृश्य कहलाते हैं जब कि श्रोत्रेन्द्रिय-ग्राह्य अथवा अध्येतव्य काव्य श्रव्य होते हैं। दृश्य को हम रङ्गमञ्च पर अभिनीत हुआ देखते हैं। जन साधारण आज-कल दृश्य को नाटक नाम से पुकारता है, लेकिन बात ऐसी नहीं है। दर्पणकार ने दृश्य को

रूपक कहा है और उसकी व्युत्पत्ति तद्रूपात् तु रूपकम् अर्थात् इसमें मूल पात्र दुष्यन्त शकुन्तला आदि का आरोप अथवा तादात्म्य किया जाता है जैसे कि मुख आदि पर चन्द्र आदि का आरोप होता है। नाटक तो रूपकों का एक भेद-विशेष है, जिसकी कथावस्तु इतिहास पर आधारित रहती है जब कि अन्यों की नहीं। दृश्य को ही अभिनय भी कहते हैं (दृश्यं तत्राभिनेयम्), क्योंकि इसमें अभिनय होता है, जिसका स्वरूप और विभाजन दर्पणकार ने इस प्रकार किया है :—

भवेदभिनयोऽवस्थानुकारः स चतुर्विधः।
आङ्गिको वाचिकश्चैवमाहार्यः सात्त्विकस्तथा॥

मूल पात्रों की अवस्थाओं का अनुकरण अभिनय कहा जाता है। यदि इस शब्द की व्युत्पत्ति जानना चाहें तो भरत मुनि को देखिए :—

अभिपूर्वस्तु णीञ् धातुराभिमुख्यार्थनिर्णये।
यस्मात् पदार्थान् नयति तस्मादभिनयः स्मृतः॥

अर्थात् अभि-हमारे आगे (आरोपित पदार्थों—मूलपात्रों, उनकी अवस्थाओं, वेषभूषा आदि—को) नयति-ले आता है। उक्त अभिनय अथवा अनुकरण आङ्गिक, वाचिक, आहार्य और सात्त्विक—चार प्रकार का होता है। आङ्गिक में मूल पात्रों के मुख, आँख, हाथ, पैर, कमर आदि की तादात्म्य रूप से की जाने वाली क्रियाओं की यथातथ्य अनुकृति आती है। वाचिक में वाणी, गीत आदि का अभिनय आता है; आहार्य के भीतर वेष-भूषा आती है और सात्त्विक में आठ सात्त्विक भावों—स्तम्भ, स्वेद रोमाञ्च, स्वरभङ्ग, प्रकम्प चेहरा फीका पड़ जाना, आँसू बहाना और सुख अथवा दुःख में शारीरिक चेष्टा और ज्ञान की शून्यता की गिनती होती है। किसी भी कलाकार की अभिनय-कुशलता उक्त सात्त्विक भावों के सफल अभिनय से ही आँकी जाती है।

हम कह आए हैं कि टैकनीक की दृष्टि से नाटक रूपक का पर्याय नहीं हो सकता है, हाँ, नाट्य पर्याय अवश्य हो सकता है, क्योंकि सभी रूपक नाटित (अभिनीत) होते हैं। दर्पणकार ने रूपक के दश और उपरूपक के अट्ठारह प्रकार बताये हैं। पश्चिम-पक्षपाती भारतीयों को यों ही भ्रम हो रखा है कि हिन्दी-साहित्य में अधुनातन एकांकी तत्त्व पश्चिम से आयातित साहित्य की देन है। लेकिन उन्हें पता होना चाहिए कि दर्पणकार के अनुसार संस्कृत के रूपक और उपरूपक के उक्त प्रकारों में बहुत से एकांकी ही हैं। भास के 'नाटक चक्र' में भी अधिकतर एकांकी ही मिलेंगे। इस तरह एकांकी शुद्ध भारतीय उपज है।

कुछ पाश्चात्य समीक्षक किसी नाटक की सफलता के लिए अन्विति-त्रय (Three unities) का होना आवश्यक समझते हैं। वे हैं स्थान-अन्विति (unity of place) काल अन्विति (unity of time) और क्रिया-अन्विति (unity of action)। दूसरे शब्दों में, नाटक का घटनाचक्र ऐसा होना चाहिए कि जो एक ही स्थान, एक ही समय और एक ही क्रिया अथवा कार्य से सम्बन्ध रखता हो। किन्तु भारतीय नाट्य-विधान में ऐसी कोई व्यवस्था नहीं है। स्थान के सम्बन्ध में शकुन्तला नाटक ही देखें तो घटनाचक्र कभी हस्तिनापुर, कभी कण्वाश्रम और कभी हेमकूट पर्वत में बिखरा पड़ा है। यही बात काल के सम्बन्ध में भी है। वर्षों बाद दुष्यन्त मारीचाश्रम में शकुन्तला और अपने बच्चे भरत से मिलते हैं। किन्तु हाँ काल भंग के विषय में हमारे नाट्यशास्त्रियों ने कुछ नियम अवश्य बनाये हैं। वर्षों का लंबा काल-व्यवधान प्रेक्षकों में वैरस्य या रुचिभङ्ग पैदा न कर दे इसके लिए काल की इस खाई को पाटने हेतु, दर्पणकार के शब्दों में:—

या च स्याद् वर्षपर्यन्तं कथा दिनद्वयादिजा।
अन्या च विस्तरा सूच्या सार्थोपक्षेपकैर्बुधैः॥

विष्कम्भक, प्रवेशक आदि 'अर्थोपक्षेपकों' का प्रयोग करके प्रेक्षकों को सूचना दे देनी चाहिए।

जहाँ तक क्रिया-अन्विति का प्रश्न है, वह तो सभी को मान्य है। नाटक की सभी घटनायें ऐसी होनी चाहिएँ जो कार्य-व्यापार को अग्रसर कर रही हैं। 'पताका' 'प्रकरी' आदि सभी प्रासङ्गिक वस्तुओं की 'आधिकारिक' वस्तु से पूरी-पूरी अन्विति आवश्यक है। उन सब की प्रयोजनीयता कथावस्तु को कार्य के चरम विन्दु तक पहुँचाने में रहती है। कार्य का स्वरूप दर्पणकार ने इस प्रकार बताया है:—

अपेक्षितं तु यत्साध्यमारम्भो यन्निबन्धनः।
समापनं तु यत्सिद्ध्यै तत्कार्यमिति संमतम्॥

कहना न होगा कि आधुनिक वैज्ञानिक युग में जहाँ जीवन के हरेक क्षेत्र में क्रान्ति ला दी गई है, वहाँ कला-क्षेत्र को भी अछूता नहीं छोड़ा है। भरत मुनि आदि नाट्याचार्यों के रंगमञ्च का काम अब अधिकतर सिनेमा के प्रदर्शन-पटों ने ले लिया है और रंगमञ्चीय जीते-जागते प्रत्यक्ष अभिनेता-अभिनेत्रियाँ चित्रमय बन गए हैं। सिनेमा और दूरदर्शन यन्त्रों ने नाटकों का दृश्य-रूप तो यथावत् कायम रखा हुआ है, लेकिन रेडियो ने उनका दृश्य-रूप एकदम समाप्त कर दिया है। नाटक अब 'ध्वनि-रूपकों' में बदल कर दृश्य काव्य की जाति से हट गए और श्रव्य काव्य की जाति से जा मिले।

काव्यभद श्रव्य:—विश्वनाथ कविराज ने काव्य के दृश्य रूप के सम्बन्ध में तो विस्तृत विवरण दिया है किन्तु उसके श्रव्य रूप के सम्बन्ध में वे संक्षेप अपना बैठे हैं। रचना शैली की दृष्टि से श्रव्य काव्य के उन्होंने तीन भेद किये हैं—पद्य, गद्य और पद्यगद्योभय। पद्य वर्ण, मात्रा, यति, गति, आदि के नियमों से बँधा रहता है और छन्दोवद्ध होता है, जब कि गद्य में ऐसा कोई बन्धन रहीं रहता। वह स्वतन्त्र होता है। पद्य महाकाव्य, खण्डकाव्य और मुक्तक—इन तीन रूपों में चलता है और गद्य के कथा तथा आख्यायिका—ये दो ही भेद होते हैं।

महाकाव्य—काव्य के साथ 'महान्' विशेषण जुड़ने से पता चल ही जाता है कि इसका कलेवर बड़ा होता है। यह सर्गों में चलता है, जो न बहुत बड़े और न बहुत छोटे होते हैं और एक ही छन्द में चलते हैं सिवा इसके कि सर्ग के अन्त में कुछ पद्यों का छन्द बदल देना पड़ता है। इसमें कथा-नायक कोई देवता, या कोई कुलीन क्षत्रिय अथवा एकवंशीय बहुत से राजा भी बन सकते हैं। अङ्गी रस शृंगार, वीर और शान्त—इन तीनों में से कोई एक रहता है। बीच-बीच में युद्ध, अभियान, विवाह, प्रातः सन्ध्या, रात्रि-सन्ध्या, रात्रि, वन, पर्वत आदि प्रकृति-तत्त्वों का भी चित्रण चलता रहता है। दूसरे शब्दों में, महाकाव्य इतिवृत्तात्मक प्रबन्ध काव्य होता है। इसे हम विषय-प्रधान वर्णनात्मक काव्य भी कह सकते हैं। इसमें कवि का भीतरी कलाकार बहिर्मुख होकर जगत् में विचरता है और उसके साथ अपना रागात्मक सम्बन्ध स्थापित करके किसी देश, समाज, उसकी संस्कृति अथवा उसके किसी महापुरुष के जीवन को मुखरित कर देता है। इसमें इतिहास और पुराणों का बड़ा योगदान रहता है। वाल्मीकि की रामायण, कालिदास का रघुवंश और कुमारसंभव, भारवि का किरातार्जुनीय, माघ का शिशुपालवध, श्रीहर्ष का नैषधीयचरित और स्वयं विश्वनाथ का राघव-विलास—ये सब महाकाव्य के भीतर आते हैं।

खण्डकाव्य:— इस काव्य के साथ भी खण्ड विशेषण होने से यह सिद्ध हो जाता है कि यह कलेवर में छोटा और इसके साथ-साथ इसमें महाकाव्य की तरह मानव का समूचा चित्र न होकर उसका खण्ड-चित्र ही मिलता है जिसे हम काव्य का एक देश कहेंगे। दूसरे शब्दों में हम यह कह सकते हैं कि महाकाव्य जहाँ एक उद्यान है वहाँ खण्डकाव्य उस उद्यान के फूलों की एक क्यारी है। इसलिए दर्पणकार ने खण्डकाव्य का स्वरूप इस तरह बताया है :—

खण्डकाव्यं भवेत्काव्यस्यैकदेशानुसारि च।

हम पीछे देख आए हैं कि महाकाव्य विषय-प्रधान (objective) होता है जब कि खण्ड-काव्य विषयि-प्रधान (Subjective)। विषयी ज्ञान व भाव को कहते हैं। इसमें कलाकार महाकाव्य की तरह बहिर्मुख न होकर अन्तर्मुख बन जाता है अथवा यों समझ लीजिए कि वह बाह्य जगत् को छोड़कर अन्तर्जगत् में बैठ जाता है और इस तरह उसका काव्य व्यक्तिपरक अथवा आत्मपरक हो जाता है, विश्व-परक नहीं रहता। उसमें मानव-जीवन के किसी एक ही मनोवेग अथवा भाव की अभिव्यक्ति रहती है जो अपने में व्यक्तिगत होता हुआ भी विश्व-मानव की अनुभूति बन जाता है। ऐसे भाव-प्रधान काव्य की परिणति, हमेशा हम देखते हैं कि प्रायः वेदना या करुणा में होती है। उदाहरण के लिए कालिदास का खण्ड-काव्य 'मेघदूत' ले लीजिए, जिसके प्रत्येक श्लोक में, श्लोक के शब्द-शब्द और अक्षर-अक्षर में यक्ष युगल के माध्यम से विरह-व्यथित मानव-हृदय की गहरी आह और सूक्ष्म धड़कन तक सुनाई देती है। जयशंकर प्रसाद के **'आँसू'** का भी यही हाल है। इसी खण्डकाव्य को हम गीतिकाव्य भी कहते हैं।

मुक्तक—मुक्तक वह पद्य-रचना होती है, जो पूर्वापर सम्बन्ध रखे बिना अपने में स्वतन्त्र रहती है। प्रबन्ध काव्यों में तो विभावादि सामग्री के आगे-पीछे बिखरी रहने के कारण रसयोजना पर

सापेक्ष रहती है किन्तु मुक्तक में ऐसी कोई बात नहीं। वह तो सब कुछ अपने में समेटे हुए एक स्वतन्त्र रस-भरी कलशी होती है। मुक्तक का ही दूसरा नाम सूक्ति है। संस्कृत-साहित्य में मुक्तक रचनाओं का बड़ा भारी भण्डार है। अमरुकवि का 'शतक' भर्तृहरि के शृंगार शतक, नीति शतक और वैराग्य शतक बड़े प्रसिद्ध हैं। सुभाषित-रत्नभाण्डागार आदि जैसे कितने ही सूक्ति-संग्रह ग्रन्थ भी मिलते हैं।

गद्य—गद्य-पद्योभय—गद्य काव्य के दो रूप होते हैं —कथा और आख्यायिका। इनमें इतना ही भेद है कि कथा की वस्तु कवि-कल्पना-प्रसूत होती है और इसमें कहीं-कहीं आर्या आदि छन्द भी रहते हैं। इसे हम उपन्यास भी कह सकते हैं, किन्तु आख्यायिका की कथावस्तु ऐतिहासिक होती है। इसमें कथांशों का विभाग उच्छ्वासों में होता है जिनके आरम्भ में अन्योक्ति द्वारा आर्या आदि छन्दों में भविष्य-कालीन बात का पूर्वाभास दिया जाता है। कादम्बरी संस्कृत-साहित्य की प्रसिद्ध कथा अथवा उपन्यास है। हर्षचरित, शिवराजविजय आदि आख्यायिकायें हैं । इन्हें काव्यमय जीवनियां भी कह सकते हैं। गद्यपद्योभय रचना को चम्पू कहते हैं। जैसे 'नलचम्पू' रामायणचम्पू, देशराजचरितम्' इत्यादि। प्राचीन शिलालेख भी चम्पू-शैली में होते हैं।

रसापकर्षक दोष—पीछे बताया जा चुका है कि काव्य की आत्मा रस में रहती है। यदि कोई वस्तु ऐसी आ जाय, जो इसमें अपकर्ष अथवा बिगाड़ पैदा कर दे तो वह दोष कोटि में आ जाएगी। रस में अपकर्ष कई प्रकारों आ जाया करता है, जैसे:—रसास्वाद में कोई रुकावट पड़ जाना, रसास्वाद में किसी बिलम्ब-कारण का आ जाना, रस की उत्कृष्टता के विघातक की उपस्थिति, रस और व्यभिचारी भावादि का स्वशब्द से अभिधान, रसों में परस्पर टक्कर आदि। इनका विस्तार से विवरण विश्वनाथ ने इस तरह दिया है :—

रसस्योक्तिः स्वशब्देन स्थायिसञ्चारिणोरपि।
परिपन्थिरसाङ्गस्य विभावादेः परिग्रहः ॥
आक्षेपः कल्पितः कृच्छ्राद्‌नुभावविभावयोः।
अकाण्डे प्रथन-च्छेदौ तथा दीप्तिः पुनः पुनः ॥
अङ्गिनोऽननुसंधानमनङ्गस्य च कीर्तनम्।
अतिविस्तृतिरङ्गस्य प्रकृतीनां विपर्ययः ॥
अर्थानौचित्यमन्यच्च दोषा रसगता मताः।

प्रश्न उठता है कि दर्पणकार के किये दोष-लक्षण के अनुसार काव्य के दोष क्या ये ही हैं, जो ऊपर गिनाये गये हैं ? फिर तो उन्होंने इनके अतिरिक्त जो शब्दगत, अर्थगत और अलंकार-गत कितने ही अन्य दोष भी गिना रखे हैं, उनकी दोषता नहीं होनी चाहिये क्योंकि उनका रस से सम्बन्ध नहीं है, शब्दार्थ से सम्बन्ध है। हमारे विचार से इस सम्बन्ध में मम्मटाचार्य ही ठीक रहे जिन्होंने काव्य का लक्षण करते हुए **अदोषौ शब्दार्थौ** कहा है। उनके अनुसार दोष शब्दगत और अर्थगत भी होते हैं। शब्द से अभिप्रेत यहाँ पदगत, पदांशगत और वाक्यगत दोष भी हैं। मालूम होता है कि दोषों को शब्दार्थगत भी मानने में दर्पणकार मम्मट के अनुकरण पर चले हैं अथवा इसका हमारे विचार से स्वतन्त्र समाधान भी हो सकता है और वह है दर्पणकार की अलंकारों के सम्बन्ध में कही निम्नलिखित उक्ति :—

शब्दार्थयोरस्थिरा ये धर्माः शोभातिशायिनः
रसादीनुपकुर्वन्तोऽलंकाराः .... ॥

अर्थात् अलंकार शब्दार्थ-रूप काव्यशरीर की शोभा बढ़ाते हुए शोभित शरीर के माध्यम से शरीरी—काव्यात्मभूत रस —की भी शोभा बढ़ा देते हैं। यहाँ अलंकारों का रस के साथ परम्परा सम्बन्ध जोड़ा गया है। यही बात शब्दार्थगत दोषों के सम्बन्ध में भी कही जा सकती है। रसगत दोषों का रस का अपकर्ष अथवा बिगाड़ करने में तो साक्षात्सम्बन्ध अर्थात् सीधा हाथ रहता है किन्तु दोष जब शब्दार्थगत होते हैं तो काव्यशरीर को बिगाड़कर वे बिगड़े हुए काव्यशरीर के माध्यम से शरीरी रस को भी बिगाड़ देते हैं। इस तरह दोषों का रस के साथ दो प्रकार का सम्बन्ध —साक्षात् और परम्परा —सिद्ध होता है। अतः **रसापकर्षकाः दोषाः** लक्षण में अपकर्ष दोनों सम्बन्धों से समझना चाहिए, एक ही सम्बन्ध से नहीं। लोक में भी हम देखते हैं कि कोई सुन्दर लड़की शरीरतः कानी हो अथवा लंगड़ाती हो तो उसका यह

शरीर-गत दोष स्वयं उसे उसके व्यक्तित्व को नवयुवकों की निगाह में गिरा देता है। इस तरह दोषों से काव्य ही नहीं बल्कि किसी भी वस्तु या व्यक्ति की उपादेयता घट जाती है।

दोषों के सम्बन्ध में एक बात और। हम देखते हैं कि कवि-वाणी में कितनी ही बातें ऐसी-ऐसी भी मिलती हैं, जो विधाता के जगत् में होती ही नहीं हैं। कितनी ही तो असंभव और बिलकुल असंगत दिखाई देती हैं। एक-दो उदाहरण लीजिए। कवि लोग हास और यश को सफेद कहते हैं। भोजराज का यश-गान करता हुआ कोई कवि कहता है 'महाराज आपके यश से सारे जगत् के सफेद हो जाने पर महादेव को पता ही नहीं चल रहा है कि मेरा कैलास कहाँ है और इन्द्र भी अपने ऐरावत को ढूंढ नहीं पा रहा है। भला यश कोई इतनी व्यापक चूने की सी सफेदी है? अनुराग को कवि-लोगों ने लाल रंग का कहा है। क्या अनुराग फूल की तरह कोई मूर्त वस्तु है जो लाल हो? यह तो नीरूप भाव है। इसी तरह कवियों का कहना है कि चकोर पक्षी चाँदनी को पीता है। क्या चाँदनी कोई पानी है जो वह उसे पी जाय? ऐसी-ऐसी अनर्गल, अटपटी, और विसंगति-पूर्ण कल्पना की बातें क्या काव्य में दोष नहीं बनेंगी? इनसे क्या रस का अपकर्ष नहीं होगा? प्रश्न तो ठीक किया है। किन्तु प्रश्नकर्ता को कविजगत् की विशेषताओं का पूरा-पूरा पता नहीं है। हम पीछे बता आये हैं कि पहले कवि-जगत् का रस-तत्त्व ही लीजिए कि वह किस तरह विलक्षण और अलौकिक होता है। मम्मट के शब्दों में **कविभारती नवरस-रुचिरा आह्लादैक-मयी अनन्य-परतन्त्रा** होती है। वह कल्पना-लोक में विचरा करती है। उसने वैदिक ऋषि के मुख से उषा का—

एषा दिवो दुहिता प्रत्यदर्शि
ज्योतिर्वसाना समना पुरस्तात्।
ऋतस्य पन्थामन्वेति साधु
प्रजानतीव न दिशो मिनाति॥

इस तरह द्युदुहिता के रूप में तथा जयशंकर प्रसाद के मुख से—

घूंघट खोल उषा ने झांका और फिर,
अरुण अपांगों से देखा कुछ हंस पड़ी।
लगी टहलने प्राची के प्रांगण में तभी॥

इस तरह नारी के रूप में चित्र खींच रखे हैं। ये कल्पनायें ही तो हैं। ये भी अटपटी और अनहोनी नहीं हैं क्या? इस तरह 'कवि-भारती' में ऐसी-ऐसी बहुत सी बातें होती हैं जो भले ही लोक और शास्त्र की दृष्टि से विपरीत लगती हों, एवं देखने में असंभव, असत्य और अटपटी होती हों। किन्तु अनादिकाल से चली आ रही उनकी भी अपनी एक स्वस्थ परम्परा है, जो कवि-जगत् में छायी रहती है। इसी को 'कवि-समय' 'कवि-ख्याति' अथवा 'कवि-प्रसिद्धि' भी कहते हैं। गीताकार ने 'सत्त्व' को सफेद, 'रज' को लाल और 'तम' को काला जो कहा है वह **अजामेकां लोहितशुक्लकृष्णाम्** इस वैदिक आधार पर ही कहा है। इसी तरह पाप काला और पुण्य सफेद होता है। दर्पणकार ने **मालिन्यं व्योम्नि पापे, यशसि धवलता**······ से लेकर **इत्याद्युन्नेयमन्यत् कविसमयगतं सत्कवीनां प्रबन्धे** तक बड़े विस्तार के साथ कवि-जगत की इन सारी विशेषताओं का अभिधान कर रखा है। इस सम्बन्ध में वे द्रष्टव्य हैं। किन्तु ध्यान रहे कि कवि-कल्पना अथवा 'कविसमय' के पीछे भी कुछ न कुछ आधार अवश्य रहता है। उदाहरणार्थ हास की सफेदी को लीजिए। हमारे विचार से इसका आधार हँसते समय स्वच्छ दन्त-पंक्तियों से बाहर निकल रही निर्मल, धवल दीप्ति - च्छटा हो सकती है इसलिए लोक और शास्त्र विरुद्ध अथवा असंगत लग रही कोई बात यदि कवि-ख्याति के अनुकूल हो अथवा उसमें पाई जाती हो, तो वह दोषाधायक नहीं बन सकती, बल्कि गुण-कोटि में आ जाती है **(कवीनां समये ख्याते गुण-ख्यात-विरुद्धता)**। किन्तु हाँ, यदि वह लोक और 'कवि-समय'—दोनों के विरुद्ध जाती हो, तो अवश्य दोष बन जाएगी। उदाहरण के लिए नैषध-काव्य में श्रीहर्ष की यह उक्ति देखिए—**अमोचि चञ्चूपुट-मौनमुद्रा विहायसा तेन विहस्य भूयः**। अनुप्रास के प्रवाह में बहकर कवि हंस में हंसी बता रहा है, लेकिन प्राणीजगत् में मनुष्य को छोड़कर किसी भी अन्य जीव में हँसी नहीं पाई गई है, न ही पक्षियों के हँसने में कोई कवि-ख्याति ही है। इसलिए यह अवश्य प्रकृति-विरुद्धता दोष के भीतर आ जाता है। यदि कहो कि जिस तरह देवत्वांश होने

के कारण हस प्रकृति-विरुद्ध मनुष्य-वाणी बोल सकता है, वैसे ही प्रकृति-विरुद्ध मनुष्यों की हँसी भी हँस सकता है, तो बात दूसरी है लेकिन पक्षियों के मुख पर निश्चय हंसी झलकती ही नहीं, मानुषी वाणी बेशक मुंह से निकल जाय।

रसोत्कर्षक गुण—रसस्याङ्गित्वमाप्तस्य धर्माः शौर्यादयो गुणाः। अर्थात् जिस तरह मनुष्य के शरीर के भीतर रहने वाले शरीरी-आत्मा—में शौर्य औदार्य आदि गुण उसके उत्कर्ष को बढ़ाते हैं उसे उत्कृष्ट मनुष्य बना देते हैं, वैसे ही काव्य के शरीरभूत शब्दार्थ के भीतर रहने वाले अङ्गी अथवा शरीरी अथवा आत्मा में भी कुछ ऐसे गुण हुआ करते हैं, जो उसे उत्कर्ष प्रदान करते हैं। रस और गुणों का परस्पर समवाय सम्बन्ध रहता है। अलंकारों की तरह संयोग सम्बन्ध नहीं। फिर भी किसी मनुष्य के शरीर-गठन को देखकर हमें उसके शूर वीर होने का ज्ञान हो ही जाता है। यही बात गुण और रस में भी समझ लें। काव्य की पद-रचना को देखकर रस में गुणों की प्रतीति हो जाया करती है लेकिन जैसे वीरता आदि गुण आत्मा के होते हैं, शरीर के नहीं, वैसे ही काव्य में काव्यीय गुण भी रस के धर्म हैं। पद रचना के नहीं। इसे परम्परा या अनुमाप्य-अनुमापक भाव सम्बन्ध कहें तो कह लीजिए। रस के गुण तीन होते हैं। और वे हैं **माधुर्य ओज और प्रसाद**। माधुर्य दर्पणकार के शब्दों में, **चित्तद्रवीभावमयो ह्लादः** को कहते हैं। ध्यान रहे कि रसानुभूति-क्षण में चित्त को हम चार अवस्थाओं में पाते हैं—द्रुति, दीप्तत्व, काठिन्य और विक्षेप। द्रुति चित्त का द्रवीभाव अथवा पिघलाव कहा जाता है जो स्वरूपतः आह्लाद या आनन्द-रूप होता है। यही माधुर्य गुण कहलाता है। यह संभोग-शृंगार, करुण, विप्रलम्भ शृंगार और शान्त में रहता है और उनमें भी क्रमशः उत्तरोत्तर में अधिकाधिक मात्रा में पाया जाता है। इसकी अभिव्यक्ति के लिए मधुर, ललित, कोमल भाषा होनी चाहिए, क्योंकि रति, करुणा और शम स्वयं कोमल भाव हैं। मधुर, ललित भाषा से अभिप्रेत वह भाषा होती है, जिसके बोलने में वागिन्द्रिय को कोई कष्ट या रुकावट न हो, बल्कि जो सहज ही मुंह से निकल जाय जैसे 'लाईन क्लियर' पर गाड़ी निकला करती है। इसमें **शुष्को वृक्षस्तिष्ठत्यग्रे** वाली टकराती भाषा नहीं; किन्तु **नीरसतरुरिह विलसति पुरतः** वाली सीधी भाषा अपेक्षित है।

ओज गुण चित्त की दीप्तावस्था होती है। इसका रूप दर्पणकार के शब्दों में—'चित्त-विस्तार' है। जिस तरह अग्नि के प्रदीप्त होने से गर्मी उत्पन्न हो जाती है, वसे ही ओज चित्त में गरमाहट ला देता है। यह वीर, रौद्र और बीभत्स में रहता है और उत्तरोत्तर में अधिकाधिक होता जाता है। चित्त में काठिन्य आ जाने से इसे अभिव्यक्ति देने के लिए भाषा भी कठिन बन जाती है, जिसे ओजस्विनी भाषा कहते हैं। संयुक्त और कठोर टवर्गीय वर्णों का प्रयोग तथा 'समास - भूयस्त्व' इसकी विशेषता होती है (**'ओजः समास-भूयस्त्वम्'**)।

प्रसाद रस का वह गुण होता है, जिसमें काव्य के पढ़ते अथवा सुनते ही अर्थ तत्काल चित्त में ऐसा व्याप्त अथवा भासित हो जाता है जैसे सूखी लकड़ी में अग्नि अथवा स्वच्छ जल में पड़ी हुई कोई वस्तु। इसमें पद-योजना सरल होती है और भाषा सुबोध। यह सभी रसों में रहता है क्योंकि बिना सुबोध भाषा के रसाभिव्यक्ति में विलम्ब हो जाता है। कालिदास की भाषा प्रसाद गुण के लिए प्रसिद्ध है।

ध्यान रहे कि दर्पणकार ने चित्त की द्रुत अवस्था में शृंगार, करुण तथा शान्त रस गिनाये और दीप्तत्व और काठिन्य की अवस्थाओं में वीर, रौद्र और बीभत्स किन्तु अद्भुत, भयानक और हास्य रसों के सम्बन्ध में उन्होंने चुप्पी साध रखी है। हमारे विचार से ये तीनों रस चित्त की विक्षेपावस्था वाले होते हैं।

वैसे तो प्राचीन साहित्यिकों ने रस के गुणों की संख्या दस बता रखी है—श्लेष, प्रसाद, समता, समाधि, माधुर्य, ओज, उदारता, पृथक्-पदत्व, अर्थव्यक्ति और कान्ति, किन्तु मम्मट ने इन सबको उक्त माधुर्य, ओज और प्रसाद इन तीनों के भीतर समाहित कर दिया है। विश्वनाथ ने भी इस सम्बन्ध में मम्मट का ही अनुसरण किया है।

पदसंघटना रीतिः—रीति को दर्पणकार ने **अवयवसंस्थानवत्** कहा है अर्थात् जिस प्रकार किसी नारी या नर के अवयव-प्रत्यवयवों की स्थिति अथवा रचना यथास्थान ठीक-ठीक रहकर शरीर को सुन्दर बनाए उसके व्यक्तित्व को चार चाँद लगा देती है वैसा ही काम काव्य में रीति किया करती है। वह पद-संघटना-रूप होती है। जिस-जिस रस के साथ रहने वाले जिस-जिस गुण को कलाकार ने अभिव्यक्ति

देनी होती है, वह उसके अनुकूल ही पद-संरचना किया करता है जिससे कि काव्य-रस का पूरा-पूरा आनन्द आ जाय। माधुर्य गुण लीजिए। उसके लिए—जैसा कि हम पीछे स्पष्ट कर आए है—मधुर पदविन्यास अपेक्षित होता है। इसे वैदर्भी रीति कहते हैं। इसमें कोमल वर्णों के शब्द होते हैं, समास नहीं होते; यदि होते भी हैं तो बहुत छोटे-छोटे और सुबोध होते हैं। ऐसा ही विश्वनाथ भी कहते हैं:—

माधुर्यव्यञ्जकैर्वर्णैरचना ललितात्मका।
अवृत्तिरल्पवृत्तिर्वा वैदर्भी रीतिरिष्यते ॥

यदि वीर या रौद्र रस की अभिव्यञ्जना अपेक्षित हो तो पद-रचना ओजगुण वाली बनेगी। चित्त की गरमाहट की तरह वाक्य में वर्णों की योजना भी गरमाहट उगलने लग जायेगी। शब्दों में समास आडम्बर और औद्धत्य आ जाएंगे। इसे गौडी रीति कहते हैं जैसा विश्वनाथ भी कहते हैं:—

ओजःप्रकाशकैर्वर्णैर्बन्ध आडम्बरः पुनः।
समासबहुला गौडी .... ॥

जहाँ वैदर्भी और गौडी वाली पदरचनाओं से अतिरिक्त बचे वर्ण हों, और पाँच छः पदों का समास हो, वह पाञ्चाली रीति कहलाती है। यदि वैदर्भी शृंगारादि के अभिव्यञ्जक माधुर्यगुण-परक और गौडी रौद्रादि के अभिव्यञ्जक ओजगुण-परक है तो पाञ्चाली को हम प्रसादगुण-परक कहेंगे, किन्तु पाञ्चाली का रस के साथ क्या सम्बन्ध है—इस विषय में विश्वनाथ चुप हैं।

प्रसिद्ध गद्य-सम्राट् बाण ने 'हर्षचरित' में विभिन्न देशों की रचना-शैलियों के सम्बन्ध में यह लिखा है:—

श्लेषप्रायमुदीच्येषु प्रतीच्येष्वर्थमात्रकम्।
उत्प्रेक्षा दाक्षिणात्येषु गौडेष्वक्षरडम्बरम् ॥

उन्होंने उक्त चारों प्रतिपादन-प्रकारों का समन्वय करके अपने लिए जो समन्वित शैली चुनी, उसे अन्य साहित्यिकों ने पाञ्चाली नाम दिया है :—

शब्दार्थयोः समो गुम्फः पाञ्चाली रीतिरिष्यते।
शीलाभट्टारिकावाचि बाणोक्तिषु च सा यदि ॥

अर्थात् पाञ्चाली रीति वह होती है, जिसमें शब्दार्थों का 'सम गुम्फ' रहता है अथवा दूसरे शब्दों में जहाँ अर्थानुसार शब्द-योजना रहती है ; अर्थ अथवा भाव यदि विकट हो, तो पदयोजना भी विकट रहे और अर्थ यदि कोमल और मधुर हो, तो पद-योजना भी कोमल-मधुर रहे—इस तरह शब्दों और अर्थों की परस्पर समन्वयात्मक शैली—जैसे हम कादम्बरी आदि ग्रन्थों में पाते हैं—पाञ्चाली रीति होती है। इससे यही सिद्ध होता है कि पाञ्चाली की अपनी स्वतन्त्र सत्ता नहीं है। वह वैदर्भी और गौड़ी का सम्मिश्रणात्मक अथवा समन्वित रूप है।

हमारे विचार से वैदर्भी का विदर्भ-देश, गौडी का गौड देश और पाञ्चाली का पञ्चाल देश से सम्बन्ध रखकर ही उक्त रीतियों का नामकरण हुआ है, क्योंकि उनकी भाषाओं में वैसी ही विशेषतायें रही होंगी। बाद को ये काव्य की शैलियों के रूप में अपनायी गई।

अलंकार—जैसा हम दोष-प्रकरण में पीछे स्पष्ट कर आए हैं कि विश्वनाथ अलंकारों को शब्दार्थ की शोभा बढ़ाते हुए रस के उपकारक अथवा उसकी अभिव्यञ्जना में सहायक मानते हैं। इनकी तुलना वे किसी नारी के शरीर पर धारण किये कटक-कुण्डल आदि वेष-भूषा से करते हैं, जो नारी के सौन्दर्य पर चार चाँद लगा देते हैं। अलंकारों का यह स्वरूप बताने में दर्पणकार ने मम्मट के निम्नलिखित अलंकार लक्षण का ही अनुसरण किया है :—

उपकुर्वन्ति ते सन्तं येऽङ्गद्वारेण जातुचित्।
हारादिवदलंकारास्तेऽनुप्रासोपमादयः ॥

इससे यही विदित होता है कि अलंकार काव्य-सौन्दर्य के वर्धक बहिरङ्ग साधन हैं। रस में गुणों की तरह इनकी काव्य में अनिवार्य स्थिति नहीं है। लेकिन दर्पणकार ने कटककुण्डलादिवत् कहकर उसी साँस में अलंकारों के लिए, धर्माः शोभातिशायिनः जो कहा है उससे शंका उठ सकती है कि धर्म भी क्या कहीं

बहिरङ्ग हुए ? वे तो **शौर्यादय इवात्मनः** की तरह अन्तरङ्ग होते हैं। बहिरङ्ग तो साधन ही होते हैं, धर्म नहीं। अग्नि के उष्णत्व धर्म को भला कौन बहिरङ्ग कहेगा ? दूसरे, एक रस और भाव आदि के दूसरे रसादि का अङ्ग बन जाने पर उसे रसवत् आदि अलंकार कहने में भी दर्पणकार को कोई आपत्ति नहीं दीखती, क्योंकि अङ्गभूत रसादि कटक-कुण्डल की तरह बहिरङ्ग नहीं, अन्तरङ्ग हैं। इसी तरह मम्मट ने काव्य-निर्मापक तत्त्वों में शब्दार्थों को **अनलंकृती पुनः क्वापि** जो कहा है वह भी शङ्का-जनक बन रहा है। इसका **सर्वत्र सालङ्कारौ क्वचिदस्फुटालङ्कारावपि शब्दार्थौ काव्यम्** अर्थ करके उन्होंने सामान्यतः सर्वत्र ही अलंकारों को काव्यत्वाधायकता स्वीकार कर ली है। सौ में एकाध अपवाद इसका उन्होंने अवश्य माना है, जिसका उदाहरण वे स्वयं **यः कौमारहरः** को बता गए हैं किन्तु तत्त्वतः देखा जाय, तो वह भी अलंकार से खाली नहीं है। 'दर्पणकार' ने वहाँ विभावना और विशेषोक्ति का सन्देह-संकरालङ्कार स्पष्ट करके दिखा दिया है।

सचाई तो यह है कि काव्य-सृजन करते समय कुछ अलंकार ऐसे हैं, जो कवि के आगे परस्पर होड़ लगाकर स्वतः स्फूर्त होते जाते हैं। उनको लाने के लिए उसे कोई प्रयत्न नहीं करना पड़ता है। वे 'अपृथग्यत्ननिर्वर्त्य' होकर रस और सौन्दर्य की अभिव्यक्ति के अंग बनकर आते हैं और उससे पृथक् नहीं रहते। अलंकार-ध्वनि का भी तो यही रहस्य है। इसीलिए आनन्दवर्धनाचार्य को कहना पड़ा है—**'अलंकारान्तराणि हि निरूप्यमाणदुर्घटान्यपि रससमाहितचेतसः प्रतिभावतः कवेरहम्पूर्विकया परापतन्ति ···तस्मान्न तेषां बहिरङ्गत्वं रसाभिव्यक्तौ'** (ध्वन्यालोक)। उदाहरण के लिए पीछे बताई पण्डितराज की कवि-भाषा की पंक्तियाँ लीजिए:—

समस्तस्य लोकस्य चेतः प्रवृत्तं
गृहीत्वा घटे न्यस्य यातीव भाति।

इसमें से उत्प्रेक्षा हटा दो और कह दो कि 'वह सब का मन हरकर जा रही है'। क्या इस जनभाषा में किसी चमत्कार या सौन्दर्य की अनुभूति होगी ? कालिदास शकुन्तला का चित्रण कर रहे हैं:—

अनाघ्रातं पुष्पं किसलयमलूनं कररुहै-
रनाविद्धं रत्नं मधु नवमनास्वादितरसम्।
अखण्डं पुण्यानां फलमिव च तद्रूपमनघं
न जाने भोक्तारं कमिह समुपस्थास्यति विधिः॥

यहाँ बहिरङ्ग समझकर रूपक और उत्प्रेक्षा को हटा दीजिए और फिर देखिए कि अनुभूति के लिए क्या सौन्दर्य बचा रहता है। कालिदास से प्रेरणा लेकर ही हिन्दी के प्रसिद्ध कवि गुरुभक्तसिंह ने भी नूरजहाँ के नवोदित यौवन का ऐसा ही और भी अच्छा सौन्दर्य-चित्र खींचा है:—

यह मुकुल अभी ही खिलकर, मुख खोल अवाक् हुआ है।
है अभी अछूता वामन मधुपों ने नहीं छुआ है।
है हृदय पुष्प अनबेधा, नहीं किसी ने तोड़ा।
भृंगार हार का करके, नहीं गले में छोड़ा॥
मन मन्दिर सुरुचि बना है, प्रतिमा अभी न थापी।
यौवन है उठा घटा-सा, नाचा है नहीं कलापी॥

इसमें से भी रूपक, उपमा और अप्रस्तुतप्रशंसा यदि हम हटा दें तो बताइए कविता क्या रहेगी ? सारी अनुभूति समाप्त हो जाएगी। इसी प्रकार अगम्य, अरूपरूप, अध्यातमपरक अनुभूति को अभिव्यक्ति देना चाह रहे एक वैदिक कवि को देखिए किस तरह अप्रस्तुतप्रशंसा की शरण पड़ रहा है:—

द्वा सुपर्णा सयुजा सखाया
समानं वृक्षं परिषस्वजाते।
तयोरन्यः पिप्पलं स्वाद्वत्त्य-
नश्नन्नन्यो अभिचाकशीति॥

अर्थात् सुमित्रानन्दन पन्त के शब्दों में:—

> दो पक्षी हैं, सहज सखा, संयुक्त निरन्तर
> दोनों ही बैठे अनादि से उसी वृक्ष पर।
> एक ले रहा है फल का स्वाद प्रतिक्षण
> बिना अशन, दूसरा देखता अन्तर्लोचन।।

इस तरह रूपक, समासोक्ति, अप्रस्तुतप्रशंसा जैसे अलंकारों से ही हम अपनी आध्यात्मिक सौन्दर्य की अनुभूतियों को नायक-नायिका के रूप में शृंगाररस का बाना पहनाकर अभिव्यक्त कर सकते हैं। यदि ये न हों तो इन्हीं के आधार पर जायसी, कबीर, महादेवी, जयशंकर जैसे प्रसिद्ध हिन्दी के रहस्यवादी तथा निराला, पन्त आदि छायावादी कवियों के खड़े किये हुए पद्मावत, कामायनी जैसे भव्य कला निकेतन एकदम धराशायी हो जाएंगे। संस्कृत के प्रबोधचन्द्रोदय—जैसे नाटक भी कहीं के नहीं रहेंगे। इसलिए अलंकारों की बहिरङ्गता मात्र से काम नहीं चलेगा। तभी तो प्रसिद्ध संस्कृत-मनीषी डा० राघवन् ने कहा है और ठीक ही कहा है :—

Such figures can hardly be considered 'Bahiraṅga' in Kāvya and comparable to the 'Kaṭaka' and 'Keyūra' the removable ornaments. They should properly be compared to the Alaṅkāras of damsels, which Bharata speaks of under Sāmānyābhinaya, Bhāva, Hāva etc. and not to the 'Kaṭaka' and 'Keyūra' ['Some concepts of Alaṅkāra Śāstra']

अर्थात् ऐसे अलंकार बहिरङ्ग नहीं हो सकते। इन अलंकारों की तुलना कटक-केयूरों से नहीं बल्कि उन अलंकारों से करनी होगी, जिन्हें भरत ने सामान्याभिनय में नायिकाओं के शरीर के अन्तरङ्ग हाव, भाव आदि नामों से अभिहित किया है। यदि कुण्डल आदि से ही तुलना करने का आग्रह हो, तो हमारे विचार से नायिका के बहिरङ्ग, कुण्डल से नहीं प्रत्युत कर्ण के सहजात अन्तरङ्ग कुण्डल से तुलना कीजिए। तभी बात बनेगी।

किन्तु हमारे कहने का यह अभिप्राय कभी नहीं कि सभी अलंकार अन्तरङ्ग हैं, बहिरङ्ग होते ही नहीं। जो प्रयत्न-निर्वर्त्य हैं और भावोद्रेक, रागात्मक अनुभूति में सहायक नहीं होते, प्रत्युत भाव-पक्ष का गला घोंटकर उसे निश्चेतन बनाकर अपनी कला-नैपुणी बताने के लिए ही बाहर से ला-लाकर लाद दिये जाते हैं, वे स्पष्टतः बहिरङ्ग ही हैं। कला-सरणि के काव्यकारों ने यही तो किया। उन्होंने मस्तिष्क से काम लिया, हृदय से नहीं, इसलिए वे काव्य को बिगाड़ गए। आत्मा अथवा रागात्मक तत्त्व से रहित काव्य-शरीर का विविध अलंकारों से सँवारना मुर्दे का शृंगार नहीं तो क्या है।

अलंकारों का वर्गीकरण—वैसे विश्वनाथ कविराज ने अलंकारों के तीन ही वर्ग बताये हैं शब्दगत, अर्थगत और शब्दार्थोभयगत। शब्दगत वे होते हैं जो केवल शब्दाश्रित रहते हैं। शब्दों के हटते ही उनकी सत्ता भी मिट जाती है जैसे अनुप्रास, यमक आदि। इसके ठीक विपरीत अर्थालंकारों की सत्ता केवल अर्थ पर आश्रित रहती है। जहाँ अर्थ बदला कि उनकी सत्ता भी गई जैसे उपमा आदि। शब्दार्थोभयगतों में दोनों बातें पाई जाती हैं जैसे पुनरुक्तावदाभास, श्लेष आदि।

उपरोक्त अलंकारों में से अनुभूति की दृष्टि से मुख्यता अथवा महत्ता अर्थालंकारों को ही दी जाती है, किन्तु दर्पणकार ने इनका कोई पृथक् वर्गीकरण नहीं किया, न ही मम्मट ने किया। यों ही रख दिए हैं। लेकिन अन्य आचार्यों ने अर्थालंकारों के पाँच-छः वर्ग किए हैं—(१) सादृश्य-मूलक, (२) विरोध-मूलक, (३) शृङ्खला-मूलक (४) न्याय-मूलक और (५) गूढार्थप्रतीति-मूलक।

१—सादृश्य-मूलकों का आधार प्रकृत और अप्रकृत अथवा वर्ण्य और अवर्ण्य में सादृश्य की स्थापना करना रहता है। इसे सादृश्य विधान या अप्रस्तुत-योजना भी कहते हैं। प्रस्तुत या प्रकृत के समानान्तर अप्रस्तुत की योजना से भावों में मार्मिक अभिव्यक्ति और प्रेषणीयता आ जाती है तथा वे झट हृदयंगम हो जाते हैं। इसके चमत्कारी प्रभाव के लिए हम पीछे कालिदास द्वारा खींचा शकुन्तला का सौन्दर्य-चित्र देख आए हैं। सादृश्यमूलकों में सब से प्रमुख स्थान उपमा का होता है। इसे सादृश्यमूलकों की मां कहते हैं। हम तो कहेंगे कि नटी की तरह उपमा ही भेष और नाम बदलकर रूपक, उत्प्रेक्षा, दृष्टान्त, निदर्शना आदि की भूमिकाओं में खेल दिखाती रहती है जैसे कि अप्पयदीक्षित ने कहा है :—

उपमैषा शैलूषी संप्राप्ता चित्रभूमिकाभेदान् ।
रंजयति काव्यरंगे नृत्यन्ती तद्विदां चेतः ।।

२–विरोध-मूलकों में सादृश्य के ठीक विपरीत प्रस्तुत को अप्रस्तुत के प्रातीप्य में रखा जाता है जिससे उनकी दिशा एक-दूसरे से विरुद्ध हो जाती है जैसे विरोधाभास, विषम, असंगति, विभावना, विशेषोक्ति आदि ।

३–शृंखला-मूलकों में यह होता है कि दो या दो से अधिक वस्तुओं का क्रमिक वर्णन चलता है और ऐसा लगता है कि जैसे वे शृंखला से बँधी हों जैसे एकावली, कारणमाला, मालादीपक, सार आदि ।

४– न्यायमूलक अलंकारों में न्याय अथवा तर्क अथवा प्रमाण काम करता है जैसे काव्यलिङ्ग, अनुमान, यथासंख्य, विकल्प, हेतु आदि ।

५–गूढार्थ प्रतीति-मूलकों की बात यह है कि इनमें कोई बात व्यङ्ग्य-रूप में छिपाकर रखी जाती है या उलटी बातें कही जाती हैं जैसे व्याजोक्ति, सूक्ष्म आदि ।

दर्पणकार ने उपरोक्त शब्द, अर्थ और उभयालंकारों के अतिरिक्त दोषों की तरह कुछ रस और भाव सम्बन्धी अलंकार भी गिनाये हैं । वे हैं—रसवत्, प्रेय, ऊर्जस्वि और समाहित । रस के किसी दूसरे रस का अङ्ग बन जाने पर रसवत् तथा भाव का अङ्ग बन जाने पर प्रेय होता है । रसाभास और भावाभास के किसी अन्य का अङ्ग होने पर ऊर्जस्वि और भावप्रशम एवं भाव-शबलता के अन्य का अङ्ग बन जाने पर समाहित अलंकार होता है । किन्तु इनकी अलंकारता विचारणीय है । जैसे हम पीछे देख आए हैं, रस के अन्य के प्रति अङ्ग अथवा गुणीभूत बन जाने पर दर्पणकार ने स्वयं वहाँ गुणीभूत-व्यङ्ग्य काव्य माना है । फिर उसकी अलङ्कारता कैसे? रस तो सर्वत्र अलंकार्य ही होता है । विश्वनाथ ने ऐसे गुणीभूत रस के विषय में अपने पितामह के अनुज चण्डीदास का मत दिखाया है कि वे इसे खण्ड-रस कहते हैं । परन्तु रस खण्ड-रूप कहाँ होता है ? वह तो 'पूर्णघनानन्दरूप' है । स्वयं विश्वनाथ ने रस को अखण्डस्वप्रकाशानन्द-चिन्मयः कह रखा है । कोई इसे 'संचारिरस' नाम से पुकारता है लेकिन उसने इसका स्वरूप स्पष्ट नहीं किया है । अतः सब कुछ विवादास्पद ही है । तथापि ध्वनिकार ने यहाँ व्यक्तिगत निर्णय अपना यह दिया है :—

प्रधानेऽन्यत्र वाक्यार्थे यत्राङ्गं तु रसादयः ।
काव्ये तस्मिन्नलङ्कारो रसादिरिति मे मतिः ।।

स्पष्ट है कि विश्वनाथ कविराज अपने साहित्यदर्पण में न्यूनाधिक रूप से काव्य के सभी अङ्गों पर प्रकाश डाल गए हैं । निस्सन्देह इससे उत्कृष्ट काव्य के लक्षण-ग्रन्थ भी संस्कृत में हैं जिनसे अपेक्षाकृत अधिक गम्भीरता से और वैज्ञानिक ढंग से काव्य-तत्त्वों का विवेचन हो रखा है तथा जिनको अपना आधार बनाकर ही दर्पणकार ने यह ग्रन्थ रचा है । किन्तु उन सभी में सभी बातें विवेचित नहीं हुई हैं । दशरूपक जैसों में दृश्य काव्य को प्रमुखता दी गई है तो काव्यप्रकाश जैसों में उसे छुआ तक नहीं गया है । दण्डी के काव्यादर्श का भी यही हाल है । यह तो विश्वनाथ कविराज ही हैं जो सब कुछ पर लिख गए हैं । दूसरे विषय की गम्भीरता और प्रतिपादन-प्रकार की सूक्ष्मता के कारण अन्य ग्रन्थ कुछ कठिन हैं । काव्य-प्रकाश अथवा रसगङ्गाधर जैसे साहित्य-ग्रन्थों को सब नहीं समझ सकते, किन्तु तुलनात्मक दृष्टि से साहित्यदर्पण सरल-सुबोध है और यही कारण है कि आज पठन-पाठन में जितना इसका प्रचार है, उतना अन्यों का नहीं । हम मानते हैं कि इसकी मौलिकता कम ही है, क्योंकि दर्पणकार ने मान्यता में प्रायः अपने पूर्ववर्त्ती आचार्यों का अनुकरण किया है, उन्हीं के लक्षण शब्दान्तर में लिख दिए हैं और उदाहरण तक भी उन्हीं के दिए हैं तथापि लोकप्रियता में इनका साहित्यदर्पण आज संस्कृत जगत् में सबसे आगे है । ऐसी विरली ही साहित्य परीक्षा होगी जिसमें यह पाठ्य-ग्रन्थ रूप में नियत न हो । इस ग्रन्थ की समाप्ति पर ग्रन्थकार ने जो इसके सम्बन्ध में यह भविष्य-वाणी की थी :—

यावत्प्रसन्नेन्दुनिभानना श्री-
र्नारायणस्याङ्कमलङ्करोति ।
तावन्मनः संमदयन् कवीना-
मेष प्रबन्धः प्रथितोऽस्तु लोके ।

वह पूरी तरह सही निकली ।

परिशिष्ट-३

श्लोकानुक्रमणिका

इति।

—❀—